Allgemeine Gesellschaft für Philosophie in Deutschland e.V.
in Verbindung mit dem Institut für Philosophie,
Wissenschaftstheorie, Wissenschafts-
und Technikgeschichte
der TU Berlin

XVI. Deutscher
Kongreß für Philosophie

Neue Realitäten
Herausforderung der Philosophie

20.–24. September 1993
TU Berlin

Sektionsbeiträge I

Berlin 1993

Herausgeber: Allgemeine Gesellschaft für Philosophie in Deutschland
in Verbindung mit dem
Institut für Philosophie, Wissenschaftstheorie, Wissenschafts- und Technikgeschichte
der Technischen Universität Berlin
Sekr. TEL 2
Ernst-Reuter-Platz 7, 10587 BERLIN
Telefon: (030) 314-22606, - 24841. Fax: (030) 314-25962
E-mail: ehkn0132@mailszrz.zrz.tu-berlin.de

ISBN 3 7983 1553 1

Druck: Offset-Druckerei Gerhard Weinert GmbH, 12099 BERLIN
Vertrieb: Technische Universität Berlin, Universitätsbibliothek
- Abt. Publikationen -

Straße des 17. Juni 135, 10623 BERLIN

Verkaufs- Gebäude FRA-B (Berlin-Tiergarten, Franklinstr. 15, 1. OG.)
stelle: Telefon: (030) 314-22976, -23676. Fax: (030) 314-24743.

VORWORT

Neue Realitäten - politische wie technische wie wissenschaftliche - stellen eine Herausforderung für die Philosophie dar: Die veränderte Welt der Gegenwart bedarf eines Neudurchdenkens unserer Vorstellungen von verantwortlichem Handeln in ihr, sie verlangt eine staats- und gesellschaftsphilosophische Reflexion unserer Lage geradeso wie ein tiefergehendes Verständnis des Verhältnisses von Theorie und Praxis in den Wissenschaften. Der XVI. Deutsche Kongreß für Philosophie soll diesen Problemen gewidmet sein - als Beitrag der Philosophie, wenn nicht im Sinne einer Lösung, so doch einer Analyse.

Der Deutsche Kongreß findet erstmals in Berlin und erstmals an einer Technischen Universität statt. Zugleich bietet er zum ersten Mal die Möglichkeit, Kollegen auch aus den Nachbarländern, die früher gerade in der Philosophie durch mehr als Mauern und Stacheldraht vom freien Austausch der Argumente abgeschnitten waren, einzubeziehen, und so in der Problemanalyse und in der Diskussion ihre eigenen Erfahrungen und Perspektiven zur Geltung kommen zu lassen. Es werden Referenten aus 18 Ländern teilnehmen, darunter aus Polen, Ungarn, Rußland, Lettland, der Tschechischen Republik, aus Slowenien, Kroatien und Bulgarien. So weit gespannt damit der Teilnehmerkreis ist, so deutlich ist die Konzentration auf Fragestellungen von unmittelbarer Bedeutung für die Probleme der Gegenwart. Der nüchterne, sachbezogene und kritische Geist einer Technischen Universität - zugleich der einzigen deutschsprachigen Hochschule, an der Ludwig Wittgenstein studierte - mag die Richtung weisen für eine analytische, tiefgehende und realitätsbezogene Behandlung dieser Probleme.

Der Kongreß gliedert sich in Kolloquien und Sektionen. Erstmals werden hier die Sektionsbeiträge schon zu Kongreßbeginn vorgelegt, um auch sie - anders als bei den voraufgegangenen Kongressen - möglichst geschlossen dokumentieren zu können. Einige Referenten haben jedoch auf eine Manuskriptablieferung verzichtet; längere Beiträge mußten auf die Obergrenze von acht Seiten gekürzt werden. Schließlich weichen manche Titel in der vorgelegten Publikationsfassung von der Formulierung im Programm ab, eine Angleichung hätte jedoch erhebliche Zusatzkosten verursacht; aus diesem Grunde wurde auch auf einen nochmaligen Abdruck des Gesamtprogramms verzichtet. Die Arbeiten selbst sind in der Gestalt wiedergegeben, in der sie von den Autoren als kopierfähige Druckvorlage abgeliefert wurden.

Anstelle einer gesonderten Liste aller Kongreßteilnehmer ist im Band ein Verzeichnis aller Kolloquiumsleiter, Kolloquiumsvortragenden, Sektionsleiter, Sektionsreferenten und eingeladenen Vortragenden beigegeben. Sie möge zu einer Kontaktaufnahme vor allem über die Grenzen hinweg anregen und dazu verhelfen, das in Berlin begonnene Gespräch in die Zukunft zu tragen.

Hans Lenk
Präsident der Allgemeinen
Gesellschaft für Philosophie
in Deutschland

Hans Poser
Örtlicher Tagungsleiter

Inhaltsübersicht

Vorwort I

Inhaltsübersicht (Sektionsbeiträge) .... III-IX

Sektionsbeiträge 1-1104

Adressenliste der Kolloquiums- und Sektionsleiter und Referenten 1105

Sektionsbeiträge

Sektion 1: Technikphilosophie und Technikethik 1-32

Andreas Luckner: Technik als Sphäre "ungehemmter Begierde"? Zur Frage der Begründung von Technikphilosophie 2

Eva Jelden: Leibhaftige Erkenntnis und technisierte Welterfahrung 10

Gottfried Seebaß: Kollektive Verantwortung 17

Klaus Kornwachs: Diskurs zwischen Zeitdruck und Wertepluralität 25

Sektion 2: Ethik und ihre Anwendung 33-64

Viola Schubert-Lehnhardt: Das Verständnis von Verantwortung für Gesundheit - Wertewandel und Probleme bei gesellschaftlichen Umbrüchen 34

Matthias Kettner: Anwendungsmodelle. Über einige notorische Probleme im Diskurs der angewandten Ethik 41

Annette Kleinfeld-Wernicke: Person oder Institution - Zur Frage nach dem Subjekt ethischen als verantwortlichen Handelns des Unternehmens 49

Detlev Horster: Markt und Moral 57

Sektion 3: Selbstorganisation, Naturalismus, Biophilosophie 65-101

Johann Götschl: Zur philosophischen Bedeutung des Paradigmas der Selbstorganisation 66

Michael Heidelberger: Die Wirklichkeit emergenter Eigenschaften 74

Manfred Stöckler: Selbstorganisation und Reduktionismus 82

Geert Keil: Biosemantik: ein degenerierendes Forschungsprogramm? 86

Aldona Pobojewska: Die Umweltkonzeption Jacob von Uexkülls: eine neue Idee des Untersuchungsgegenstandes von der Wissenschaft 94

Sektion 4: Code, Medium, Computer - Künstliche Welten 102-134

Wladimir Geroimenko: Mensch -Computer - Implizites Wissen 103

Axel Orzechowski: Der Computer - eine Vollendung des Turmbaus zu Babel? 106

Hermann Rampacher: Ethisch-gesellschaftliche Randbedingungen von Informatik-Innovationen 114

Matthias Rauterberg, K. Schlagenhauf, S. Urech: Realitätskonstruktion und Kommunikation mittels moderner Technologie 122

Sabine Thürmel: Imagination und Fiktion in virtuellen Welten 130

Sektion 5: Mentale Modelle: Gehirn, phänomenale Zustände und Realitätsbezug 135-191

Dieter Münch: Das Vorbild des Computers 136

Matthias Rath: "Logik ist nichts oder sie ist Psychologie" - Zum Psychologismus in der deutschen Philosophie am Beispiel Theodor Lipps' 144

Helmut Schnelle: "Computational Mind - Computational Brain" - Eine leibnizsche Analyse ihrer Beziehung 152

Matjaz Potrc: Phänomenologie, ökologischer Ansatz und neuronale Netze 160

Klaus Sachs-Hombach: Mentale Simulation - Eine neue Gestalt der Hermeneutik? 168

Achim Stephan: C.D. Broads a priori-Argument für die Emergenz phänomenaler Qualitäten 176

Bernhard Thöle: Naturalismus und irreduzible Subjektivität 184

Sektion 6: Symbol und Sprache: Interpretationswelten 192-295

Renate Schlesier: Pathos und Wahrheit. Zur Rivalität zwischen Tragödie und Philosophie 193

Igors Suvajevs: Der Symbolismus von Belyj-Bugajew 201

Andrea Esser: Der Ort des Ästhetischen. Überlegungen im Anschluß an Kants "Kritik der Urteilskraft". 207

Peter Vollbrecht: Diskursironie. Paul de Mans Theorie der Dekonstruktion 215

Käthe Trettin: "Ich weiß, daß das ein Baum ist." - Bemerkungen zur feministischen Erkenntnistheorie 223

Christoph Kann: Materiale Supposition und die Erwähnung von Sprachzeichen 231

Udo Tietz: Begründung aus dem Kontext 239

Dieter Teichert: Intratextueller und kontextueller Zirkel 248

Gabriele Goslich: Vom Zeichen zum Symbol: Sprache als Ausdruck von Weltansichten. Aspekte der Sprachtheorie Wilhelm von Humboldts. 256

Bernhard Debatin: Symbolische Welten und die Möglichkeit der Metaphernreflexion 264

Gregor Paul: Der schlechte Mythos von einer östlichen Logik 272

Werner Stegmaier: Einstellung auf neue Realitäten. Orientierung als philosophischer Begriff 280

Dieter Thomä: Die Interpretation des Lebens als Erzählung 288

Sektion 7: Politische Utopien und gesellschaftliche Wirklichkeit 296-364

Josef Früchtl: 'Die Phantasie an die Macht'. Eine zeitgemäße Utopie des Liberalismus. 297

Dimitri Ginev: Das utopische Defizit der Moderne. Die Perspektive des hermeneutischen Anarchismus 305

Stefan Gosepath: Zur Neutralität des liberalen Staates 313

Mirko Wischke: Birgt die Struktur der Moral eine gelingende Weise von gesellschaftlicher Organisation in sich? Kritische Bemerkungen zum Verhältnis von Moralphilosophie und Sozialutopie am Beispiel von Theodor W. Adorno 321

Peter Prechtl: Das Utopische als konstitutives Moment politischen Handlungswillens 329

Walter Reese-Schäfer: Kritik des Müßiggangs als Topos utopiekritischen Denkens in Hans Jonas'"Prinzip Verantwortung" 333

Anton Grabner-Haider: Nation und Humanität. Kulturphilosophische Überlegungen 341

Ludger Heidbrink: Utopie und Verantwortung... 349

Bernhard H. F. Taureck: Eine künftig denkbare Utopienbalance 357

Sektion 8: Idee und Realität Europas als philosophische Herausforderung 365-404

Reinhart Maurer: Der metatechnische Sinn Europas... 366

Julian Nida-Rümelin: Citizenship, Rationalität und Europa............................... 374

Maciej Potepa: Revolution, bürgerliche Gesellschaft, Demokratie 382

Juris Rozenvalds: Phänomenologie in Lettland - Übernationale Tradition oder nationale Eigenheiten?.. 389

Ladislav Tondl: Die Erneuerungs- und Transformationsprozesse im Herzen Europas und die Rolle der Philosophie... 397

Sektion 9: Das metaphysische Realitätsproblem einst und heute 405-558

Horst Seidl: Zum Verhältnis von Realität und Bewußtsein.................................. 406

Matthias Kaufmann: Ockhams Kritik der Formaldistinktion: Überwindung oder petitio principii? 414

Reiner Hedrich: "Neuroepistemologie". Plädoyer für eine synthetische Erkenntnistheorie. 422

Maria-Sibylla Lotter: Metaphysik und Kritik... 430

Vladimir Malachov: Nationale Utopien als Objekt der philosophischen Ethnologie 438

Friedrich Glauner: Der sprachlogische Ort der Außenwelt im Spätwerk Heideggers. Eine kritische Überlegung zur 'metaphysischen Wende' der Zeichenphilosophie. 444

Reinhard Kleinknecht: Immanente und transzendente Wirklichkeit..................... 452

Claus v. Bormann: Unbewußtes und Realität 457

Christa Hackenesch: Weltoffenheit und Welterzeugung. Zur nachmetaphysischen Theorie des Menschen. 465

Gottfried Heinemann: Bemerkungen zum Naturbegriff 473

Claudia Bickmann: Kants Idee der 'Vollendung der Kopernikanischen Wende' in Sachen Metaphysik. 479

János Boros: Palimpsestische Epistemologie - Ein Vorschlag zur Überwindung klassischer Gegensätze. 487

Michael Esfeld: Mechanismus und Subjektivität. Hobbes' Realitätskonzeption und die Problematik des menschlichen Selbstverständnisses in der modernen Welt 495

Klaus Erich Kaehler: Der Grund der Realität in Kants Idealismus 503

Walter Mesch: Was ist das Seiende? Bemerkungen zum Realitätsbegriff der aristotelischen Ontologie 511

Ante Pazanin: Die phänomenologische Erneuerung des europäischen Menschentums 519

Gisela Raupach-Strey: Leonard Nelsons Philosophie der Erkenntnis aus heutiger Sicht 527

Hans-Christoph Rauh: Zum Realitätsproblem in der "Ontologie der Wirklichkeit" des Greifswalder Universitätsphilosophen Günther Jacoby 535

Hans Scholl: Günther Jacobys "Theologische Ontologie" und die Grenzbestimmung zwischen philosophischer Metaphysik und Theologie 543

Andrzej Przylebski: Rickerts ontologische Wende 551

Sektion 10: Zur Realismusdebatte in der analytischen Philosophie 559-639

Julian Pacho: Realismus-Krise, Naturalismus und der "Skandal der Philosophie" 560

Marcus Willaschek: Direkter Realismus. Wahrnehmung, Intentionalität und der Status der Wirklichkeit 568

Dirk Koppelberg: Erkenntnistheorie ohne erkenntnistheoretischen Realismus 576

Wilhelm Lütterfelds: Die Realismus-Kontroverse - ein Scheinproblem? Zu Wittgensteins Versuch einer sprachanalytischen Problem-Therapie. 584

Steffi Hobuß: "Bloß noch Worte"? - Die neue Ontologiediskussion und die Aktualität des späten Wittgenstein. 592

Thomas Zoglauer: Kann der Realismus wissenschaftlich begründet werden? 600

Friederike Schick: Ähnlichkeit als letztes Universale? Überlegungen zu einem Argument Bertrand Russels 608

Achim Engstler: Helden, Dämonen und Gehirne im Tank. Das Dilemma der Anschaulichkeit im erkenntnistheoretischen Skeptizismus 616

Andreas Bartels: Die Kopenhagener Interpretation der Quantenmechanik und der Realismus 624

Geo Siegwart: Zur Explikation abstraktiver Vokabeln im (Anti)Realismusstreit. Ein Vergleich von Abstraktionsprozeduren 632

Sektion 11: Logik 640-679

Michael Astroh: Subjekt, Prädikat und Modalität. Ein Beitrag zur logischen Rekonstruktion einer kategorischen Syllogistik 641

Barbara Brüning: Identitätsaussagen in natürlichen Sprachen 649

Ulrich Metschl: Konstruktive Wahrheitsbegriffe 657

Niels Öffenberger: Zur Frage der Verneinung strikt partikulärer Urteilsarten 665

Klaus Wuttich: Eine Wertlückensemantik für die nichttraditionelle Prädikationstheorie 672

Sektion 12: Philosophie der Mathematik und Logik 680-718

Herbert Breger: Mathematisches Sehen und Notation 681

Elke Brendel: Partielle Welten und Paradoxien 688

Uwe Meixner: Formale Logik ohne Modelltheorie 696

W. F. Niebel: Hat Frege einen Paradigmenwechsel im Quantifikationskonzept vollzogen? 703

Pirmin Stekeler-Weithofer: Was sind Modelle axiomatischer Theorien? Zum Problem der Konstitution konkreter mathematischer Strukturen 711

Sektion 13: Probleme der Realität 719-751

Endre Kiss: Die Neukonstitution der philosophischen Wissenschaften als Nietzsches Lösung des Bewußtseinsproblems 720

Rainer Marten: Praktische Realität - Praktische Hermeneutik 728

Peter L. Oesterreich: Kulturnation ohne Nationalstaat? Die Idee politischer und kultureller Selbstbestimmung im Denken des deutschen Idealismus 736

Marek J. Siemek: Dialogisches und Monologisches in der Realität der gesellschaftlichen Kommunikation 744

Sektion 14: Soziale Realitäten 752-786

Alexius J. Bucher: Armut als Herausforderung an eine universale Ethik 753

Georg Meggle: Gemeinsamer Glaube und Gemeinsames Wissen 761

Julian Roberts: Konflikt, Fremde und Rationalität 768

Christiane Voss: Kriterien sozialer Macht 774

Ernest Wolf-Gazo: Kann der amerikanische Pragmatismus Grundlage einer neuen Weltordnung sein? 782

Sektion 15a: Theorie und Realität in der Physik 787-823

Renate Wahsner: Idealität und Realität der Physik 788

Brigitte Falkenburg: Substanz und Attribut in der Physik 794

Ulrich Röseberg: Deutungen und Kritiken quantenmechanischer Komplementarität 802

Giridhari Lal Pandit: Die andere Seite des wissenschaftlichen Realismus 810

Andreas Hüttemann: Das Ziel der Physik 818

Sektion 15b: Die wissenschaftstheoretische Diskussion über Theorie und Realität in den Naturwissenschaften 824-864

Frank Haney: Jakob Friedrich Fries' Einfluß auf die Physik im 19. Jahrhundert 825

Helmut Pulte: Zum Niedergang des Euklidianismus in der Mechanik des
19. Jahrhunderts 833

Joachim Stolz: Einstein, Whitehead und das Kovarianzprinzip 841

Thomas Bonk: Bestätigung und epistemischer Holismus 849

Thomas Kohl: Was ist Wirklichkeit? Fußnoten zu den metaphysischen
Grundlagen der modernen Physik. 857

Sektion 15c: Theorie und Realität als philosophisches Problem 865-900

Franz Josef Wetz: Ist der Naturalismus ein Nihilismus? 866

Arnd Mehrtens: Empirische Anteile philosophischer Theorien 873

Rainer P. Born: Sprache - Information - Wirklichkeit: Zum Verhältnis von
Theorie und Realität 877

Thomas Gerstmeyer: Die Struktur des Substrats von >Theorie< und
>Realität< 885

Bernward Grünewald: Verstehen und Begreifen. Über das Verhältnis von
Theorie und Realität in den Sozialwissenschaften 893

Sektion 16: Neue Realitäten? Denken der Geschlechterdifferenz 901-923

Saskia Wendel: Die Kritik des Subjekts bei Jean-François Lyotard -
Anknüpfungspunkt für einen Entwurf weiblicher Subjektivität? 902

Angela Grooten: Die Psychoanalyse als post-ontologisches Modell des
Subjekts 910

Sabine Gürtler: Emmanuel Lévinas: Die Bedeutung der Geschlechterdifferenz für das Denken des Anderen 918

Sektion 17: Feministische Ethik 924-944

Herta Nagl-Docekal: Geschlechterdifferente Moral oder feministische
Ethik? Eine Einführung 925

Gertrud Nunner-Winkler: Zum Mythos von den zwei Moralen 933

Annemarie Pieper: Feministische Ethik aus existenzphilosophischer
Perspektive 938

Sektion 18: Probleme der Bioethik 945-974

Jan P. Beckmann: Neue Realitäten? Über die Unwirklichkeit des Todes und die Wirklichkeit des Sterbens 946

Christof Schorsch: Zwischen den Stühlen - Bioethik und der Zwang der Entscheidung 954

Jochen Vollmann: Zwischen Patientenautonomie und Forschungsbedarf. Ein ethisches Dilemma in der Gerontopsychiatrie 962

Jürgen Court: Ich-Identität und Doping 969

Sektion 19: Strategien der Moralbegründung 975-1055

Ilja Lazari-Pawlowska: Zum Problem der Toleranz 976

Andreas Wildt: Eine Humesche Konzeption der Moralphilosophie 984

Uwe Justus Wenzel: Anthroponomie. Thesen im Anschluß an Kant 992

Walter Pfannkuche: Die Leistung formaler Eigenschaften moralischer Aussagen für die Moralbegründung 1000

Ulrike Heuer: Die Gründe des Internalisten. 1008

Peter Bachmaier: Ist kommunikatives Handeln angesichts der Wirklichkeit Utopie? 1016

Jolán Orbán: In-Differentia-Ethica - Versuch über die Ethik der Dekonstruktion 1024

Wlodzimierz Galewicz: Das Dilemma spezieller Ethik 1032

Helmut Linneweber-Lammerskitten: X hat als Y ein Recht auf Z. 1040

Wolfgang Malzkorn: Ist es rational, religiös zu leben? Mathematische Modelle im Anschluß an Pascals Wettargument. 1048

Sektion 20: Ethik als Schulfach 1056-1078

Ruth Dölle-Oelmüller: Ethik als philosophisches Orientierungswissen 1057

Meinert A. Meyer: Curriculumtheoretische Betrachtungen zu den Problemen der Entwicklung eines Lehrplans Ethik 1065

Winfried Franzen: Ethik-Studiengänge für das Lehramt - Perspektiven und Probleme. 1071

Sektion 21: Philosophische Jokologie 1079-1104

Roland Simon-Schaefer: Vom Ernst der Witze 1080

Leo Hartmann: Wörter, die in keinem Lexikon stehen: Sophologie und
Hypertheismus 1088

Wolfgang Breidert: Seriöse? serielle Philosophiekondensate 1092

Renate Dürr: Was ist ein ...? 1100

Sektion 1

Technikphilosophie und Technikethik

Andreas Luckner (Leipzig):
Technik als Sphäre "ungehemmter Begierde"? Zur Frage der Begründung von Technikphilosophie.

Eine entscheidende Rolle bei Versuchen einer Gesamtdeutung von Technik, die ich in einem Vorbegriff zunächst rein formal als mittelorientiertes Vorgehen auffasse, spielt die Frage nach deren Verankerung im Handeln und Denken des Menschen.

In naturalistisch orientierten Anthropologien, wie beispielweise derjenigen Gehlens oder (neueren Datums) Sachsses[1], wird der Mensch dem herderschen Begriff nach als *Mängelwesen* aufgefaßt; in solchen Ansätzen ist instrumentales, mittelorientiertes Handeln demzufolge als Kompensation natürlich-menschlicher Mangelhaftigkeit aufgefaßt. Dies scheint plausibel und soll auch nicht bestritten werden.

Fraglich ist jedoch, ob ein solcher Ansatz, sofern er begründend gemeint ist, im Verweis auf Kosubjekte wie die Natur bzw. Evolution philosophisch zufriedenstellen kann. Ist denn tatsächlich etwas über das gesagt, was wir unter dem Namen Technik verstehen, wenn wir sie von ihrer Genese, nicht aber von ihrer Genealogie her betrachten? Der Satz: "Wir sind technische Wesen, weil wir Mängelwesen sind", scheint mir trivial zu sein.

Ich behaupte zunächst: Die Bedingungen der Möglichkeit von Technik sind in einer Wesens- oder Funktionsbetrachtung der Technik, die mit faktenorientierter "Blick-von-außen"-Perspektive operiert, gar nicht einholbar. Freilich: wenn Technik eine bestimmte Weise des Vorgehens ist, dann kann sie von "außen", wie ein *Vorgang* beschrieben werden, eben z. B. wie ein von Natur aus mängelbehaftetes Wesen eine Umweg qua Mittel wählende Verhaltensweise zur Erreichung von Zielen vornimmt. Sie kann auch von "innen", aus der Warte des Vorgehenden selbst, der sein Vorgehen durch die Angabe von Zwecken subjektiver Art begründen wird, nachvollziehend beschrieben werden. Beide Weisen der Beschreibung sind irreduzibel aufeinander.

Eine naturalistische Begründung von Technik muß zu kurz greifen, weil sie keine Gründe technischen Handelns (Bedingungen der Möglichkeit), sondern lediglich Ursachen technischen Verhaltens (Bedingungen der Wirklichkeit) angeben kann. Für eine allgemeine Technologie oder Technikwissenschaft mögen letztere vollkommen ausreichen, für eine Technikphilosophie muß auf die Explizierung der ersteren, d. h. den Möglichkeitsbedingungen bestanden werden[2].

Die Crux naturalistisch-anthropologischer Ansätze, die Technik im Organersatz eines Mängelwesens zu fundamentalisieren versuchen, liegt darin, daß sie uns zwar einen Ursprung der Technik vorführen und erklären können, nicht aber, warum wir zu mittelfindenden Handeln überhaupt fähig sind. Ein *Verlust von*, ein *Mangel an* etwas kann niemals die *Fähigkeit zu* etwas begründen, so wie der Mangel an Vitamin C nicht der Grund dafür ist, daß wir Orangensaft trinken können, sondern bestenfalls dafür, daß wir Lust auf ihn haben bzw. ihn trinken wollen.

Die Immunisierung und Verwesentlichung einer Fähigkeit versperrt die Möglichkeit einer weitergehenden Reflexion auf deren Bedingungen. Ich will genau eine solche Reflexion hier nun andeutungsweise versuchen, auch um eine Handhabe zu finden, dem Phänomen der modernen Technik, das allenthalben Doppelungen und Zwiespältigkeiten aufweist, beizukommen: einerseits erscheint sie als dämonische Quasi-Natur, die wie eine Bestie in die Welt hineinwütet, wie sich Heidegger ausdrückte, andererseits besitzt sie selbst in den jeweils neuesten Entwicklungen eine langweilende Normalität, insofern ständig neue "Mängel" zur Kompensation anstehen; mit den immer reicheren Erweiterungen technischer Handlungsmöglichkeiten geht eine Monotonisierung der Wirklichkeit technischen Handlungswirklichkeit einher, die krass widersprüchlich zu sein scheint; anzunehmen ist, daß dies nicht erst ein Merkmal der modernen Technik ist, sondern technisches Handeln in jeglicher Form betrifft.[3]

Die Mangelkompensationstheorien können diese Erscheinungsweise der Technik weder erklären, noch zu verstehen helfen. Deswegen möchte ich dem Konzept von Technik als Kompensation von *Mangelhaftigkeit* ein Konzept von Technik als Versuch der Überwindung von *Endlichkeit* gegenüberstellen; dieses erlaubt nämlich, Einsatz von Mitteln phänomenologisch als ein wesentliches (nicht-akzidentielles) Vermögen, d. h. als Fähigkeit zu formulieren, dessen *Herkunft* aber, im Unterschied zu den essentialistischen Ansätzen der Technikphilosophie, beschreibbar und rekonstruierbar ist.

Dabei ist Endlichkeit genau dasjenige Selbstverhältnis, daß ein *Innesein der eigenen Grenzen* impliziert, während Mangelhaftigkeit gerade dies nicht erfordert, ja ausschließt; ein Computer kann mangelhaft sein, wenn er den an ihn gestellten Anforderungen nicht entsprechen kann, aber er kann nicht endlich sein in dem Sinne, daß er um seine zeitlich begrenzte Tätigkeit hienieden wüßte. Endlichkeit ist nicht akzidentielle Eigenschaft eines Lebewesens, sondern durch Erfahrung indizierte und nur über Erfahrung eines Subjekts, also phänomenologisch im weitesten Sinne, explizierbare Lebensform. Mangelhaftigkeit kann repariert oder kompensiert werden, Endlichkeit dagegen muß übernommen werden - oder eben nicht, wie im Falle des über sich selbst unaufgeklärten technischen Handelns.[4]

Wenn Technik mittelorientiertes Handeln ist, Handeln sich aber von bloßem Verhalten durch die Identität der Instanz des Handelnden wie der Handlung unterscheidet[5], dann kann unsere Frage nach der Technik an die Frage nach der Ich-Identität gekoppelt werden[6].

Daß es Mangel gibt, ist unstreitig. Aber hier geht es um das Verständnis dessen, warum wir es vermögen, eine *nicht vorgeprägte* Antwort auf die Fragen, die eine Situation an ein Leben stellt, zu finden, die dann zum Beispiel in der Wahl und der Erfindung bisher nicht verwendeter Mittel liegen kann, also dem eigentlichen technischen Handeln. Der Begriff eines dafür verantwortlichen "Instinktverlustes" benennt dabei das Problem eher, als daß er eine Lösung beinhalten würde. Mit Bernhard Waldenfels können wir annehmen, das ein Spezifikum der Technik gerade in der *Fähigkeit des Erfindens* liegt. Woher kommt nun aber die?

Günter Ropohl schreibt zu der Erfindung als Grundzug technischen Handelns, (das übrigens in dieser Hinsicht vom instrumentalen Handeln, bei dem die Erfindung keine Rolle spielt, unterschieden werden muß): Das Bewußtsein kann Mittel erfinden, "indem es bekannte Elemente der Wirklichkeit in einem "internen Modell" [K. Steinbuch] neu arrangiert. So antizipiert das Bewußtsein künftige Wirklichkeit und konstruiert in theoretischer und experimenteller Überprüfung das real Mögliche."[7]

Meine Ausgangsfrage nach der Begründung einer Technikphilosophie kann ich also folgendermaßen zuspitzen, unter Aufnahme des Erfindungsmoments der Technik: "Woher kommt es, daß wir Elemente unserer Wirklichkeit im Bewußtsein modellhaft neu arrangieren, also erfinden können?"

Die Findigkeit oder *Inventionalität* des Menschen als ein Hauptcharakteristikum technischen Handelns bezeichnet den Kern einer Philosophie der Technik[8]. *Das Erfinden hat den Zweck, Mittel zu organisieren*; wenn dies als grob-formale Struktur des Erfindens angenommen werden kann, dann scheint sich beim Versuch einer transzendentalen Begründung von Technikphilosophie ein Regreß anzubahnen, weil immer wieder sich die Frage nach denjenigen Mitteln erhebt, deren sich wiederum die Erfindungstätigkeit bedient.

Schon auf dieser mehr formalen Ebene weist das Begründungsproblem eine Verwandtschaft mit dem ganz ähnlich gelagerten Problem der Konstitution der Ich-Identität auf. Dort ist es unter dem Titel "reflexionstheoretisches Dilemma" prominent und betrifft alle transzendentalen Begründungsversuche von Subjektivität[9].

Andreas Luckner (Leipzig)

Ein, wenn nicht *der* Grundtext für Endlichkeitsproblematiken und Ich-Identität ist, wie ich es schon hinsichtlich des Begriffs der Zeit zu zeigen versucht habe[10], die *Phänomenologie des Geistes* Hegels. Einer ihrer Grundgedanken ist: Jede Form des Verhältnisses zu Gegenständen, mithin jede Bewußtseinsgestalt ist prinzipiell unvollständig (oder: endlich). Die Denkform, welche die Realität als eine solche betrachtet, die ohne unser Denken und Wahrnehmen existiert, kann nicht zu deren vollständigen Erkenntnis gelangen, wenn sie vergißt, daß der Akt der Betrachtung der Realität ein Teil der Realität selbst sein muß (der dann aber *erschlossen* werden muß, weil sie nicht in demselben Sinne zugänglich ist). Leszek Kolakowski schrieb zu diesem Punkt: "Jede Weltsicht ist [...] falsch, die nicht in der Lage ist, den eigenen Verstehensprozeß in die Welt zu integrieren."[11] Die Widersprüchlichkeit, die eine Bewußtseinsform an ihrer Welt erfährt, wenn sie genau dies nicht tut, ist dabei Motor des Prozesses, immer tiefer angesiedelter Schichten der Subjektivität zu erschließen, oder: sich zu erkennen, bis schließlich der Grund in dieser Differenzen bildenden und zurücknehmenden Prozessualität selbst, der Sprache, durch Spekulation erschlossen wird. Ohne Hegel hier bis zuletzt folgen zu müssen, haben wir in diesem Gedankengang den Prototypen einer von mir anfangs in Aussicht gestellten "Blick-von-innen"-Theorie, einer solchen also, die die Konstitutionsleistung der Bestimmung selbst als Realität in derselben Welt, in der die bestimmten Gegenstände vorhanden sind, anerkennt.

Unsere Frage lautete: "Woher kommt es, daß wir erfinden können?" Ich will hier ohne große Problementwicklung sogleich eine zunächst trivial scheinende Antwort geben: Es kommt daher, weil wir ein Verhältnis zu den Elementen unserer Wirklichkeit besitzen solcherart, daß sie uns als bestimmte Elemente, d. h. abgegrenzte, uns äußerliche Objekte erscheinen. Diese Antwort ist aber genau dann nicht-trivial, wenn man, Hegel folgend, die Relation von Subjekt und Objekt darin begründet sieht, daß wir ein Verhältnis *zu uns selbst* besitzen können. In Bezug auf die Technik formuliert heißt dies nichts anderes als: Wir können aus demselben Grunde Mittel *als* Mittel (und das sind etwa Werkzeuge im Unterschied zu bloßem Organersatz) erfinden und gebrauchen, weil wir *selbst* Mittel bzw. Werkzeuge sein können. Der Mensch als Werkzeug, als Mittel zum Zweck aber ist der unfreie Mensch, oder, wie es bei Hegel heißt, der Knecht[12].

Dies ist, zugegeben, zunächst etwas undeutlich und bedarf einer näheren Erläuterung. Wir müssen uns dazu dem Problem über die Konstitution der Ich-Identität annähern. Das schon erwähnte reflexionstheoretische Dilemma, daß in diesem Zusammenhang aufgeworfen wird, besteht kurz gesagt darin, daß wir von einer Selbstgegebenheit nicht anders denn als zirkulär sprechen können, weil wir in der Rede vom "Ich" dieses als Instanz der Rede immer schon voraussetzen müssen. Hegel bot eine Lösung des Dilemmas, indem er im Selbstbewußtseinskapitel der *Phänomenologie des Geistes* auf die Konstruktivität dieses Selbstverhältnisses hinwies. Selbst-Bewußtsein ist demnach nicht nur kein Verhältnis subjektinternes Verhältnis eines Subjekt-Ichs zu einem Objekt-Ich im Sinne einer Metarepräsentation, sondern darüber hinaus ist das in Frage stehende Subjekt auch gar nicht zu erkennen, sondern lediglich *anzuerkennen*. Mit Anerkennung aber ist nicht eine einseitige Setzung des Erkenntnissubjektes gemeint (wie bei den objektivierenden Formen des Bewußtseins), sondern eine wechselseitige Aufhebung der Determiniertheit von Handlungssubjekten. Diesen Interaktionszusammenhang (Habermas) nennt Hegel bekanntlich "Geist", der somit nicht als Fundament der Ich-Identität, sondern vielmehr das Medium der Anerkennung qua Konstitution der Ich-Identitäten aufzufassen ist.

Das Ich, oder das Bewußtsein ist eben dasjenige, dem es prinzipiell nicht gelingen kann, sich als identisch zu erfahren, wenn es solipsistisch auf sich selbst gestellt ist: ich kann mich nämlich selbst nicht identifizieren, so Hegel, ohne mich dabei zu verändern. Genau das ist es auch, was Hegel "Erfahrung" nennt, welche bekanntlich das *Leben* des Selbstbewußtseins ausmacht. Dieses Leben ist zudem eines, das prinzipiell unter dem Zeichen der *Endlichkeit* steht, da die Lebenswelt in ihrer Vollständigkeit aus prinzipiellen Gründen (und nicht, weil wir kontingenterweise mangelhaft oder unvollkommen wären) niemals in den Horizont eines Bewußtseins treten kann.

Wenn Bewußtsein aber nichts anderes als das Verhältnis von Instanzen-Ich und Gegenstand ist, oder, postidealistisch ausgedrückt, Intentionalität, der Gegenstand im Selbstbewußtsein aber wiederum dieses reine Ich ist, kommt es zu der unendlichen "achsendrehenden" Bewegung, die an die berühmte Katze, die sich in den Schwanz beißen möchte, denken läßt. Das Entscheidende dabei ist der Vollzug des Bestimmungswunsches der Subjektivität: Hegel nennt ihn ausdrücklich die "Begierde". Das Bewußtsein erfährt an sich selbst, daß sein Verhältnis zu sich nicht von ihm selbst konstituiert ist und muß sich also seiner Selbstbestimmung in intentio recta enthalten. Dies ist es, was Hegel "Arbeit" nennt, die nichts anderes ist als "gehemmte Begierde".

Für Hegel ist demnach der Grund dafür, daß wir zu den Dingen im Verhältnis der Arbeit stehen, zugleich derjenige der Ich-Identität. Begierdehemmung ist nach ihm Resultat eines "Kampfes", denn begehrt

Andreas Luckner (Leipzig)

wird ja gerade die Determination qua Bestimmung des Ich, aber dieses entzieht sich aus genannten Gründen ständig einer Bestimmung. Das Ich, welches sich ständig entzieht, das gesuchte, das begehrte Ich, das Ich, wie es als Subjekt nicht zu bestimmen ist, hat so die Macht über das Ich, das mit den Ketten der Bestimmungstätigkeit, eben Arbeit, an seine Welt geschmiedet ist. Dieses wird zum Dinge formierender und Formen revidierenden Knecht, jenes reine Ich als unerreichbare Instanz, die scheinbar alles "hat" und daher keine Begierde kennt, zum "Herrn".

In der Knechtschaft ist das Ich selbst ein Ding unter Dingen, erfährt sich gerade dadurch aber als fähig, mit Dingen umzugehen, gerade weil deren Existenz, ihr Daß-Sein nicht der souveränen Setzung des Ich, sondern der Sphäre des "Herrn der Welt" entstammen. Das macht den *Objektcharakter* der Dinge aus, das Getrenntsein vom Ich und ist damit auch der Grund für die Fähigkeit, die Elemente der Wirklichkeit modellhaft neu zu arrangieren, und das heißt: erfinden zu können.

Die Befreiung des "Knechtes", also die Selbstentlassung aus dem Verhältnis der gehemmten Begierde, macht nun genau unsere gesuchte Motivation für das technische Handeln aus, denn die Befreiung besteht darin, die Relation zu sich, also Selbstbewußtsein, arbeitend zu erzeugen. In der Arbeit kann dieses Ich allererst werden, Arbeit ist notwendige (allerdings nicht hinreichende) Bedingung für Ich-Identität, denn in ihr erfährt der Knecht, daß er selbst es ist, der es macht, daß Gegenstände sind, wie sie sind. Er erfährt in seiner Arbeit darüber hinaus, daß sogar "das reine Ich" als Instanz, die Herrschaft über die Dinge, letzlich nur durch seine Anerkennungstätigkeit besteht. Wie könnte nun die "Befreiung" aussehen? Was könnte ihr Ziel sein?

Wir hatten gesagt: die Technik ist eine Weise des Vorgehens, die sich umweghaft, über durch Erfindung zu schaffender Mittel auf ihre Zwecke bezieht. Insofern ist sie eine Art Arbeit, denn Arbeit impliziert gerade die Getrenntheit der Mittel von den Zielen und Dingen, also die Hemmnis der Begierde durch die Ferne einer nicht bestimmbaren Identität. Aber sie ist eine widersprüchliche Form der Arbeit, insofern sie gerade darauf ausgeht, Mittel dafür einzusetzen, diese Trennung zu *überwinden*. Damit wird aber auch eine notwendige Bedingung für Identität übersprungen, weil die Endlichkeit, die für ein Individuum nur in der Arbeit erfahrbar ist, Grundbedingung für die identitätsstiftende Anerkennung ist. Nur endliche Subjekte können sich überhaupt anerkennen; wollen die Knechte einfach nur Herren werden, d.

h. der Endlichkeit entfliehen, bringen sie sich um ihre Daseinswirklichkeit.

Ortega y Gassets Diktum, daß Technik die Anstrengung sei, Anstrengung zu vermeiden, kann hier eingeholt werden: Technik ist demnach die Arbeit, Arbeit zu vermeiden, oder, "uneigentliche" Arbeit, "unendliche" Arbeit im schlechten Sinne. Das arbeitende Subjekt hat es nicht mit selbstbestimmten, sondern fremdbestimmten Zielvorgaben zu tun; selbstbestimmt geht es nur mit den vorhandenen oder zu schaffenden *Mitteln* um. Technik, in ihrem Kern "knechtisches Arbeiten", ist also zunächst daraufhin angelegt, diese Endlichkeit, die als Mangel erfahren wird, zu überwinden, wir können auch sagen, um Begierde zu enthemmen. Der Herr ist als Imago des Knechtes ein Identitätspol, an dem scheinbar die Begierde nach Identität gestillt wäre. Tatsächlich ist dieser Pol völlig leer; der Knecht, in dieser Hinsicht unerfahren und unbefreit, versucht in der Ersetzung und Verdinglichung seiner Arbeit, in Form von Maschinen etwa, sich in eine *Sphäre ungehemmter Begierde* aufzuschwingen, um befreit zu sein: ein Trugschluß, wie man in dieser Rekonstruktion leicht sehen kann:

Die Freiheit, die der Knecht sich durch die Arbeit erschließen kann, ist lediglich eine der Negativität, denn in seinem formierenden Tun erfährt er nur, daß Bestehen bzw. Veränderung des Gegenstands in seiner Macht liegen. Befreiung *durch* Technik, d. h. durch den Versuch, sich dem Herrn anzuverwandeln, ist daher illusorisch, lediglich eine Simulation von Befreiung, insofern nur intendiert wird, den Status der Knechtschaft, d. h. die Begierdehemmung zu überwinden. Damit wird aber die Aufgabe, ein Ich zu sein, nur verlagert, keinesfalls aufgehoben. Hegel spricht diesen Gedanken in seiner Jenenser Realphilosophie klar aus: "Indem er [der Mensch, A. L.] die Natur durch mancherlei Maschinen bearbeiten läßt, so hebt er die Notwendigkeit seines Arbeiten nicht auf, sondern schiebt es nur hinaus, entfernt es von seiner Natur, und richtet sich nicht lebendig auf sie als eine lebendige; sondern es entflieht diese negative Lebendigkeit, und das Arbeiten, das ihm übrigbleibt, wird selbst maschinenmäßiger."[13]

Ersetzung der Arbeit, zugleich Versuch der Überwindung von Endlichkeit, bedeutet Wert- und Identitätsverlust. Die Befreiung des Knechtes liegt dagegen vielmehr in der *Übernahme* der Endlichkeit, bei Hegel ausgeführt in der *Phänomenologie* in dem Abschnitt über die "Individualität". Dort arbeitet das Individuum nicht mehr in diesem einfachen Sinne technisch mit der Intention, Endlichkeit zu überwinden, sondern aufgeklärt-technisch. Die Dinge, welche die arbeitende Subjektivität, d. h. Endlichkeit und Prozessualität des Individuums selber darstellen können, werden, nicht nur von Hegel, Werke genannt. Diese sind, wie die Individualität, der diese entstammen, wesenhaft begrenzt und endlich, weil sie einzigartig sind.[14] Aber auch die Werke, die ja bekanntlich den Menschen, die sie geschaffen haben, nachfolgen, können die Identität des Handelnden nicht gründen. Dies kann nur durch den Austausch der endlichen Individuen in der Anerkennung erfolgen.

Eine philosophische Technikbegründung, die nicht die Mangelkompensation als ultima ratio ansetzt, sondern dagegen die Mangelerfahrung als defizienten Modus einer wertschöpfenden und identitätsbildenden Endlichkeitserfahrung rekonstruiert, kann auch ein Bewertungskriterium für Technik an die Hand geben: nur solche Techniken, die nicht unsere wertschöpfende und identitätsbildende Endlichkeit zu überwinden trachtet, die uns also nicht von Arbeit überhaupt befreit, sondern uns in einem gewissen Sinne Arbeit allererst ermöglicht, wäre demgemäß zu akzeptieren.

Anmerkungen

[1] Vgl. H. Sachsse, *Anthropologie der Technik*, Braunschweig 1978, S. 9 ff.
[2] Diese Forderung ist freilich nicht neu, in neuerer Zeit wurde sie v. a. von H. Marcuse und J. Habermas erhoben
[3] B. Waldenfels, *Umdenken der Technik*, in: W. Chr. Zimmerli (Hg.), *Technologisches Zeitalter oder Postmoderne?*, München 1988, 199 - 211, S.205.
[4] Über die Notwendigkeit eine technologischen Aufklärung vgl. jüngst G. Ropohl, *Technologische Aufklärung. Beiträge zur Technikphilosophie*, Frankfurt/M. 1991.
[5] Vgl. hierzu Chr. Hubig, *Handlung - Identität - Verstehen*, Weinheim 1985, 144 ff.
[6] Schon der Mangelbegriff selbst verweist auf die hier geltend zu machende subjektive Dimension des technischen Handelns: Ein Mangel muß *als* Mangel allererst konstatiert werden, er ist immer Mangel *an etwas* (bestimmten). Es müßte also auch in den anthropologisch orientierten Ansätzen genauer danach gefragt werden, wie es überhaupt möglich (im Sinne von denkbar) ist, daß ein so geartetes Verhältnis zu einem Gegenstand entsteht, daß wir an ihm Mangel leiden können bzw. "Techniken" entwickeln können, um diesen Mangel zu beheben.
[7] Ropohl, a. a. O., S. 66.
[8] Waldenfels, a. a. O., S. 205; Ropohl, a. a. O., S. 65.
[9] Dieses Problem wurde v. a. von Henrich an Fichte expliziert, vgl. D. Henrich, *Fichtes ursprüngliche Einsicht*, Frankfurt/M. 1967.
[10] A. Luckner, *Genealogie der Zeit*, Berlin 1994. Schon Jürgen Habermas wies auf die fruchtbare Auseinandersetzung mit dem Jenenser Hegel bezüglich der Frage nach technischem Handeln hin, in: *Arbeit und Interaktion. Bemerkungen zu Hegels Jenenser "Philosophie des Geistes"*, in: *Technik und Wissenschaft als "Ideologie"*, Frankfurt a. M. 1969, S. 9 - 47, v. a. S. 25 ff.
[11] L. Kolakowski, *Marxismus - Utopie und Anti-Utopie*, Stuttgart/Berlin/Köln/Mainz 1974, S. 13.
[12] Vgl. hier und im folgenden: G. W. F. Hegel, *Phänomenologie des Geistes*, Hamburg 1988, S.129 ff.
[13] G. W. F. Hegel, *Jenenser Realphilosophie I*, S. W. Bd. 19 (Lasson), Leipzig 1923, S. 237.
[14] Werke unterscheiden sich von Dingen, wie auch W. Benjamin für den spezielleren Bereich der Kunstwerke geltend gemacht hat, dadurch, daß sie, bei Strafe des Verlustes ihrer "Aura", nur begrenzt reproduzierbar sind. Vgl. W. Benjamin, *Das Kunstwerk im Zeitalter seiner technischen Reproduzierbarkeit*, Frankfurt/M., S. 16 ff.

Eva Jelden, Leipzig

Leibhaftige Erkenntnis und technisierte Welterfahrung

Die verschiedensten Diskurse der deutschen Gegenwartsphilosophie – über Erkenntnistheorie, Sprachphilosophie und Hermeneutik, aber auch Anthropologie, Identitätstheorien oder Ästhetik – weisen in jüngerer Zeit zunehmend einen übereinstimmenden Schwerpunkt auf: Immer häufiger münden Konzepte einer begrifflichen Ordnung ungegliederter Empfindung, einer Begründung intentionaler Setzung, menschlicher Wesens- und Identitätsbestimmung in den Versuch, einen ersten Begründungsanfang nicht in einem Reflexionsakt, sondern in einer (auch) körperlichen Aktion in der materialen Welt zu setzen. Wenn ein solcher Anfang weder eine dogmatische Setzung sein soll noch auf einen andernorts, etwa im Status einer prima philosophia, erbrachten Legitimationsausweis angewiesen, muß er sich selbst zum Gegenstand nehmen können. Im theoretisch-rationalen Zugriff, den die abendländische Philosophie kennzeichnet, bedeutete dies vor allem den besonders seit Descartes immer wieder neu und anders unternommenen Versuch, das Denken und die in ihm vorgenommenen Bestimmungen von Wahrheit, Wirklichkeit und denkendem Subjekt in sich selbst zu begründen. Die Leerstellen solch eines letztbegründenden Reflexionsaktes sind bekannt. Nur formal kann er einen Anfang geben; er fundiert nur Identität, nicht Individualität; er kann schlüssig die Notwendigkeit der Freiheit von deterministischer Kausalität aufzeigen, bedeutet aber noch nicht die Möglichkeit zu frei bestimmtem Tun. Paradigmatisch hierfür kann etwa Kants Metaphysik der Sitten stehen, die Freiheit von innerem und äußerem Zwang als notwendige Bedingung der Möglichkeit sittlichen Handelns ausweisen kann, damit aber noch keinen *hinreichenden* Möglichkeitsgrund hierfür nennt. Denn hierzu gehört, über negative Freiheit als bloße Möglichkeit der Wahl hinaus, positive Freiheit als Nutzung einer dieser Möglichkeiten (und damit Negation aller anderen). Nur dann kann freie Wahl unterschieden werden von Zufall, Willkür und Determination. Ebenso bekannt wie diese Defizite sind jedoch die Zirkel, die mit jeglicher Bestimmung von Aktion als Erstem Grund des Philosophierens drohen: Aktion setzt, als willentliches, gerichtetes Handeln verstanden, bereits die gedankliche Bestimmung von Ich und Welt voraus; aktive Welterfahrung ist angewiesen auf sprachliche Gliederung und Bedeutungszuweisung als ihrem Instrument, das seinerseits in praktischer Erfahrung erworben werden muß; jede Erklärung von Intentionalität und Ich-Identität als durch Handeln Gewordenes setzt in der Bestimmung dieses Handelns immer schon ein intentionales, handelndes Subjekt voraus. Wenn jedoch – gewissermaßen mit einem aus der Erkenntnis des Münchhausen-Trilemmas heraus geborenen 'Reflexionsverbot' – versucht wird, eine allererste inhaltliche Füllung von Erkenntnis, Selbstbewußtsein, Wollen in einer innerpsychischen Wertzuweisung inneren oder äußeren Empfindens zu sehen, wird dies gemeinhin unter dem Vorwurf des Psychologismus zurückgewiesen.

Mit dieser Charakterisierung wird nun aber vorschnell auch ein Ansatz abgeurteilt, der zwischen beidem vermitteln könnte. Zwar muß eine (argumentative) Letztbegründung in psychologisch-biologischen Kategorien, wie sie insbesondere für die Logik versucht wurde, als gescheitert betrachtet werden. Wenn die Psychologie anderen Wissenschaften und, mit Logik und Philosophie, wissenschaftlichem Denken überhaupt eine Gründung geben will in empirisch deduziertem psychologischen Geschehen, dann vollzieht sie genau den obengenannten Zirkelschluß und setzt für ihr eigenes Vorgehen voraus, was sie in eben dieser Erörterung selbst herleiten will. Dies ist eine Verunmöglichung von Theorie überhaupt, die, wie Husserl zeigte, nur den skeptizistischen Relativismus als Ausweg zuläßt. Damit waren nun zwar die Grenzen psychologischer Analyse gezogen, das ursprüngliche Begründungsproblem jedoch noch nicht gelöst. So überrascht es nicht, daß das Konfliktmuster im jüngsten Diskurs um die Evolutionäre Erkenntnistheorie nahezu ungebrochen wieder auftaucht: In ihrer schärfsten Variante, dem Radikalen Konstruktivismus, versucht – wie ehedem die Psychologie der Logik – nun die Biologie der Philosophie ihren Anfangsgrund zu geben. Biologisch begründete Selektion von Wahrnehmung und Handlungsrelevanzen muß aber, wie etwa Kambartel sprachanalytisch deutlich machte[1], schon deshalb unseren Denkgesetzen entsprechen, weil sie immer nur *unsere Konzeption* von biologischer Selektion sein kann, kann also unser Denken gerade nicht begründen. Der Ansatz kann keine (meta)philosophische Erkenntnis- und Vernunftkritik leisten, wie dies von führenden Vertretern immer wieder reklamiert wird, sondern muß im Gegenteil, wie von Stegmüller stichhaltig nachgewiesen[2], selbst in eine solche eingebettet sein.

Wenn aber die Setzung eines Anfangs in einem körperlichen Akt nicht als Grund für Sprach-, Erkenntnisphilosophie und Identitätstheorie überhaupt, sondern als letzter Grund *jeweiliger* sprachlicher Ordnung, wissenschaftlicher Erkenntnis, Welt- und Selbsterfahrung verstanden wird, ergibt sich eine andere Modellierung. Hier soll nicht die transzendentale Deduktion abgelöst werden durch psychisch-biologische Gegebenheiten, weil diese immer erst ex post und durch erstere, also auch durch sie determiniert, reflexiv zugänglich sein können. Es soll keine neue prima philosophia geschaffen werden. Vielmehr soll, in Aktualisierung der in diesem Zusammenhang viel zu wenig beachteten kantischen Unterscheidung von psychisch-Subjektivem und Transzendental-Subjektivem, Kants Erkenntnistheo-

---

[1] W. Kambartel, 1984, Zur grammatischen Unmöglichkeit einer erkenntnistheoretischen Erklärung der humanen Welt; in: R. Spaemann, R. Löw, P. Koslowski, 1984/Hg., Evolutionstheorie und menschliches Selbstverständnis, Weinheim, S. 35-53
[2] W. Stegmüller, 1984, Evolutionäre Erkenntnistheorie, Realismus und Wissenschaftstheorie, S. 28ff, in: Spaemann u.a. (s.o.), S. 5-34

rie nicht korrigiert, sondern ergänzt werden, um hinreichender Grund nicht nur für das Möglichsein, sondern für das Wirklichwerden von Selbstbestimmung, Welterfahrung und Wissenschaft zu sein. Kant unternimmt mit dem Aufweis der Kategorien und Anschauungsformen eine weder phylo- noch ontogenetische, sondern logische Rekonstruktion, die eine erste[3] innere Grenzziehung menschlicher Erkenntnis ist und die, wie oben eingefordert, als Vernunftkritik überhaupt, auch der (vernünftigen) Konstitution von Erkenntnistheorie vorauszugehen hat. Die Anschauungsformen sind „nichts weiter als formale Bedingungen unserer Sinnlichkeit" und sind der Grund, daß unsere Realitätskonzeption nicht die eine, sondern unsere zwar autonome, aber auch bloß mögliche Rekonstruktion ist: Sie „lassen die Gegenstände [...] bloß für Erscheinungen gelten; denn alsdann kann die Form der Erscheinungen, d.i. die reine Anschauung, allerdings aus uns selbst, d.i. a priori vorgestellt werden."[4] Ihre apriorische Notwendigkeit ist, als eine für menschliche Erkenntnis gültige, allein eine für uns gültige, und die ontogenetische Frage nach ihrer Entstehung ist die Frage nach einem Grund für das So-Sein des Menschen schlechthin – eine Frage, die Kant für naturwissenschaftlich unbeantwortbar hält.

Hermann Krings aber zeigte in seiner Konzeption eines Generierungsgrundes auf, daß auch diesem ersten formallogischen Apriori bereits eine Vorgabe vorausliegt, nämlich im Unterfangen einer *vernünftigen* Erkenntnis- und Handlungskritik die Bestimmung des Menschen als Vernunftwesen. In Anerkennung dieser Struktur jeder argumentativen Begründung sieht er einen allerersten Grund jeder tranzendentalen Deduktion in einem (ebenfalls transzendentalen) *Akt*: dem der Anerkennung von Freiheit in Freiheit. In einem solchen Konzept wird Freiheit nicht allein in kritischer Reflexion als notwendige Bedingung der Möglichkeit, also als notwendig *Gegebenes*, nachgewiesen, sondern mit Krings wird, in der aktiven Setzung, aus der von Kant erkenntnislogisch deduzierten negativen Freiheit unseres Denkens und Handelns von Determiniertheit nun die praktische Konsequenz gezogen. In Anerkennung des Nichtvorliegens einer letzten Kausalursache wird das transzendentale Subjekt als frei bestimmt zur autonomen Ausfüllung dieser Leerstellen, zur spontanen Setzung eines Grundes, der eine Setzung nicht seinerseits wieder argumentativ reflektiert, sondern ihr eine Herkunft gibt, einen „Generierungsgrund".

Damit scheint ein letztes Wort gesprochen, aber nur für eine transzendentale Deduktion. Was dort als Anerkennung zu autonomer Intentionalität in letzter Abstraktion positiver Freiheit nicht weiter hintergehbar ist, bekommt mit jeder Wahrnehmung dieser Freiheit ei-

---

[3] Sie wird nämlich in der äußersten Kategorie der Möglichkeit, der erkenntnislogischen, vorgenommen – s. H. Poser, 1989, Kants absolute Modalitäten, Atti del Convegno Internaz. de Storia della Logica, 5.–8.12.1989, Bologna

[4] I. Kant, 1783, Prolegomena zu einer jeden künftigen Metaphysik, § 11, A 55, Werke Bd. 5, S. 146, Darmstadt 1983

ne nicht mehr transzendentale, sondern praktische Ausrichtung. Erstere gibt der Metaphysik in der abstrakten Bestimmung eines jeden ersten Grundes als autonom generiert einen Anfang; letztere gibt nun jeder praktischen Philosophie einen konkreten Herkunftsgrund. Der Existenzialismus hat sattsam deutlich gemacht, wie sehr die notwendige Bedingung negativer Freiheit, um wirkliche Aktion und Reflexion hinreichend begründen zu können, wahrgenommen, d.h. positiv ausgefüllt werden muß. Jede Setzung aber wird, sobald sie als solche erkannt ist, ja immer reflexiv zugänglich und fordert damit zu einer Begründung heraus, zur Suche nach einem tieferliegenden Grund – der *jeweils* erste Akt spontaner Wertzuweisung kann damit gerade nicht selbst Reflexion sein, sondern muß (auch) körperlicher Akt sein. Das Agens dieser gesuchten ersten Bewegung ist als abstrakte Leerstelle auch in der Transzendentalphilosophie und insbesondere der Analytischen Sprachphilosophie bereits vielfach benannt: Ob als Interesse, Intentionalität, Relevanzzuschreibung – stets ist es ein nicht nur freies, sondern auch gerichtetes Vermögen, das zwar als notwendige Bedingung im Anfangen überhaupt freie Richtungsmöglichkeit voraussetzt, als hinreichende Bedingung im konkreten Anfang darüberhinaus aber immer auch Gerichtetheit.

Eine solche Auffassung muß sich weder dem Determinismus-Vorwurf noch dem Beliebigkeitsargument beugen: Deterministisch ist eine Zuweisung nicht schon allein durch ihr Gegebensein, sondern erst mit einem nicht aufhebbaren Gegebensein; und beliebig ist eine Setzung nicht allein schon als unbegründete, sondern erst als bewußte *und* willkürliche Wahl. Das beides ist hier aber nicht der Fall, denn wo immer die Zuweisung oder Setzung als eine solche erkannt wird, kann dies ja stets nur in Abgrenzung zu anderem, in Rekonstruktion anderer Möglichkeiten geschehen. Zuweisung und Setzung werden also in eben dem Moment reflexiv hintergehbar, wo sie überhaupt dem Vorwurf einer willkürlichen Zuweisung oder Setzung ausgesetzt werden können, und damit gerade in ihrer Beliebigkeit und zufälligen Bestimmung korrigiert. Die Rolle der Philosophie ist damit auch in ihren praktischen Bereichen Rekonstruktion und Kritik der Bedingungen der Möglichkeit menschlichen Erkennens und Handelns, aber nun nicht der logischen, sondern der Möglichkeiten de dicto und de re in ihren jeweiligen räumlichen und zeitlichen Grenzen. Die Grenzziehung macht, obzwar von innen vorgenommen, durch diese Abgrenzung von anderem die eigenen – sprachlogischen, gesellschaftlichen, alltäglichen ... – Restriktionen als *eine* Wirklichkeit der formallogisch möglichen und, in erneuter Negation, Alternativen sichtbar und der Kritik zugänglich. Der raumzeitliche, leibliche Akt der Stellung(-nahme) wird damit erneut in einem Reflexionsakt hintergangen, aber immer nur als konkreter, und setzt in der Reflexion wieder einen neuen Generierungsgrund voraus. Dies ist tatsächlich ein unendlicher Regreß, der aber nie abgebrochen wird, sondern ein Leben (bzw. eine Wissenschaft) lang weitergeführt wird: Regreß als Progreß. Der Verzicht auf eine Weltdeutung, die eine oberste Wahrheit als letzte Ordnung der Welt annimmt, kann auch keinen letzten Grund für das So-Sein von Erkenntnis und Individualität erwarten. Weil dieser aber stets nur (und immer dann) in Frage gestellt werden kann, wenn er als solcher erkannt worden ist, ist er in genau jenem Moment, wo er beliebig zu werden droht, reflexiv zugänglich. Wir erfahren damit nicht Beliebigkeit, sondern *Kontingenz;* wie sich der Mensch in der transzendentalen Deduktion als Vernunftswesen bestimmt, erfährt er sich hier als Lebewesen.

Während aus Sprachphilosophie, Geschichtstheorie, Ethik und anderen praktischen Philosophien bereits seit längerem Ansätze vorliegen, die obige Erkenntnis konsequent zum Ausgangspunkt nehmen, blieb dies, abgesehen von vereinzelten Hinweisen, in der Technikphilosophie hingegen weitgehend unbeachtet. Auch hier jedoch hat ein solcher Ansatz der immer neuen reflexiven Hintergehbarkeit der jeweils erstbegründenden materialen Auseinandersetzung mit Welt und Selbst erhebliche Relevanz: Da unser Weltzugang und unsere Eigenwahrnehmung in immer höherem Maße vorabselektiert wird durch die Zwischenschaltung technischer Handlungsmittel und technisierter Erkenntnisschemata, wird Materialität und Leiblichkeit zunehmend nur noch vermittelt erfahren, gegliedert in Disparitäten, die durch die Konstruktion des technischen Artefaktes bereits vorgegeben sind. Eine Reflexion der konkreten Bedingtheiten, also das kritische Hintergehen der eigenen Wahrnehmung als nur eine mögliche durch die Rekonstruktion anderer Deutungsmöglichkeiten, findet hier notwendig ein oft sehr frühes, immer aber definitives, fremdbestimmtes, technisch gesetztes Ende. In nicht-technischer Welterfahrung wird diese disparate Gliederung des Kontinuums der Sinneseindrücke vor allem von der sprachlichen Ordnung vorgenommen, die aus der ununterschiedenen Flut von Sinnesreizen allererst Erkenntnisobjekte generiert und damit Relevanzsetzung und Bedeutungszuweisung, also Wahrnehmung, ermöglicht (und, in dieser Bedingung unserer Wirklichkeit, zugleich restringiert). Die sprachphilosophische Diskussion hat im Anschluß an Wittgensteins Theorie des Sprachspiels und in Anlehnung an Lebenswelt-Konzepte aber eindrücklich zeigen können, wie sehr eine Begrifflichkeit nicht ein einmal erlerntes, strikt vorgegebenes Muster der eineindeutigen Zuweisung von Bedeutung ist, sondern unabdingbar an einen intentionalen praktischen Gebrauch, also an den oben eingeforderten praktischen *Akt* gebunden: Die Funktionsbestimmung des Denotats als Argument der Denotation geht der Praxis nicht voraus, sondern *ist* diese Praxis. Sie ist, als Regelfolgen, durch die historisch gewordene Regelpraxis restringiert, ist aber zugleich, als Fortschreiben dieser Praxis, eine nur für den intentionalen, mithin subjektiv Stellung nehmenden Moment der Anwendung gültige Funktion. Dies gilt gleichermaßen für den Umgang mit Wissen wie mit Dingen. Damit ist zwar nicht unsere sprachliche Ordnung schlechthin hintergehbar; das Sprachspiel als ganzes wird, als für Erkenntnis und Reflexion notwendiges Instrumentarium, auch in der Kritik der sprachlichen Ordnung der Dinge benutzt und damit in großen Teilen der Reflexion entzogen. Wohl aber ist jede konkrete Sprachpraxis rekursiv hintergehbar: Regeln legen Möglichkeitsspielräume fest, keine Wirklichkeiten; erst Regelfolgen, das daher ein intentionales

Vermögen ist, aktualisiert die Regel im Gebrauch im Blick auf die individuellen und situativen Erfordernisse und verfügt daher auch über die Regel selbst.

Dies ist in unseren alltagstechnischen Möglichkeiten zunehmend nicht mehr der Fall. Technikvermittelter Weltzugang und technisiertes Eingreifen, insbesondere informationstechnisches 'Begreifen', findet nicht statt im grundsätzlich unbegrenzten, nämlich regelgeleitet sukzessive erschließbaren Möglichkeitsspielraum intentionaler Gliederung von Kontingenz. Sondern der Zugang hierzu wird versperrt durch eine technische Aufbereitung von Wirklichkeit, die in ihrer vorabbestimmten Selektion vom individuellen Anwender nicht mehr aufgehoben werden kann. Techniken, allenfalls noch Technologien stellen Möglichkeitsräume bereit; technische Geräte und Systeme jedoch legen Wirklichkeiten fest. Sie eröffnen zwar immer auch neue Möglichkeiten einer schnellern, genaueren, höheren Zweckerreichung, restringieren deren Verwirklichung aber strikt durch den vorschriftsmäßigen Umgang mit ihnen, durch ihr definitives, vergegenständlichtes Gegebensein, und können im praktischen Gebrauch nur verschlissen, kaum aber situationsspezifisch verändert werden. Mangelhafte Adäquatheit führt zu Fehlleistungen und Zerstörung, kaum zu konstruktiv-intentionalen Eingriffsmöglichkeiten: Während Regeln die Erstellung von Handlungsschemata ermöglichen, stellt Technik solche Handlungsschemata dar und ermöglicht deren Anwendung. Damit wird ein Möglichkeitsspielraum vorgegeben, der zwar zunächst größer als der bisher dem Technikbenutzer bekannte sein mag, ihm auf der anderen Seite aber starre, von anderen vorgedachte, unter fremden Bedingungen gezogene Grenzen des Wirklichkeitszugangs setzt. Das technische Mittel ist für den Anwender nicht mehr hintergehbar im Blick auf die spezifischen Bedingungen des Möglichkeitsspielraums, die es dem Handeln und Erkennen des Anwenders gibt, weil es in seiner Komplexität selbst als Regelsystem nicht zugänglich ist. Es beruht zwar auf Regeln, ist aber selbst kein regelhaftes Instrumentarium, sondern verkörpert Gesetze.

Damit ist der jeweils letztbegründende *Akt* der subjektiven Stellung in (Lebens-)Praxis, die der Intentionalität des Regelfolgens eine jeweils erste Bestimmung gibt, im Umgang mit Technik kein autonomer Akt der Stellung*nahme* mehr, der – als jeweils konkret reflexiv zugänglicher – anerkannt werden kann vom Individuum als frei gesetzt, sondern Technik gibt diese letzte Stellung vor. Die technisierte Gesellschaft ersetzt den unendlichen Regreß der jeweiligen handlungsermöglichenden lebensweltlichen Stellungnahme, des nachfolgenden reflexiven Zugriffs auf die jeweils konkret erfahren_en Bedingtheiten dieser Möglichkeiten und – in dieser Reflexion – einer erneuten Stellungnahme durch einen materialen Rahmen, der in einer vorabbestimmten Ebene dieses lebenspraktisch progressiven Regresses dem Subjekt eine Stellung *gibt*. Diese fremdbestimmte Standort-Vorgabe, die in ihrer

(Welt-)gesellschaftsumgreifenden Systemstruktur zunehmend auch den Standort des reflektierenden Subjekts mit bedingt[5], ist aber in ihrer vergegenständlichten Algorithmisierung der Handlungsmöglichkeiten nicht mehr, wie die regelgeleitete Eröffnung von Möglichkeitsspielräumen, einer inneren Grenzerkundung und -erweiterung zugänglich. Starre, im Blick auf historisch kontingente Erfordernisse (wenn überhaupt) zweckbestimmte Technik restringiert so mehr und mehr einen endlichen Möglichkeitsspielraum, in dem nicht mehr nur unser zweckgerichtetes Alltagshandeln, sondern immer mehr auch welt- und selbsterfahrende und -erzeugende Prozesse stattfinden. Wenn aber kritische Gesellschaftstheorie und Selbstbestimmung strukturell zu bestimmen sind als fortschreitende Rekursion der Reflexion der eigenen Position und, dieser Reflexion vorausliegend, jeweils erneute tiefere Stellungnahme, Technik hingegen als endlicher Spielraum von Handeln und Erkennen sich einer inneren Erfahrung nicht erschließt, dann löst sich damit auch die Kontroverse über die Aufgabe der Geisteswissenschaften im Kontext der Technikkritik: Die Forderung der Herstellung einer Kontingenzerfahrungskultur (Lübbe) auf der einen Seite und diejenige nach einer systemtheoretischen Rekonstruktion technischer Determiniertheit (Ropohl) auf der anderen Seite stellt sich so nicht mehr als Alternative, sondern als Perspektivendualismus dar.

---

[5] Man denke hier nur an die Leib-Seele-Diskussion, die zunehmend auf der Folie des psycho physischen Parallelismus und seiner elektronischen Implementierbarkeit geführt wird.

Gottfried Seebaß
Kollektive Verantwortung

1. Jedes Zusammenleben von Menschen verlangt, daß dem einzelnen *Grenzen* gesetzt werden - wenn nicht aus weiterreichenden Gründen, so doch zumindest aus dem, daß die elementaren Interessen anderer unverletzt bleiben. Das traditionell bedeutendste Mittel dazu ist das System der *normativen Verhaltenskontrolle*, das drei zentrale Teile umfaßt. Erstens werden alle Mitglieder, formell oder informell, dazu *erzogen*, normengeleitet zu handeln und die Normen zugrundezulegen, die für die Gruppe konstitutiv sind. Zweitens werden *Sanktionen* eingeführt, positive wie negative, die normenkonformes Verhalten fördern sollen, was ebenfalls entweder informell geschehen kann, wie in der Alltagsmoral, oder formell in einem Rechtssystem. Drittens schließlich werden für die Bereiche, bei denen man sich auf Erziehung und Sanktionierung allein nicht verlassen will, Vorkehrungen getroffen, die Normenverletzungen *objektiv unmöglich* machen oder zumindest *erschweren*. Diebstahl und Mord z.B. werden universell geächtet und mit Strafe bedroht; dennoch verzichtet man nicht auf Türen und Schlösser und läßt es nicht zu, daß Schußwaffen ebenso leicht zu erwerben sind wie eine Boulevardzeitung.

Normenverletzungen sind damit eingedämmt, nicht aber ausgeschlossen. Theoretisch wäre es denkbar, die Vorkehrungen so auszuweiten oder die Sozialisierung so radikal zu betreiben (genmanipulativ z.B.), daß keine Grenzüberschreitungen auftreten. Faktisch geschieht das nicht. Es wäre kaum durchführbar und es würde die Freiheit des einzelnen, die geschützt werden sollte, inhuman einschränken. Abgesehen von (mehr oder weniger großen) Teilbereichen verläßt die Gemeinschaft sich vielmehr darauf, daß die Kontrolle durch Erziehung und Sanktionierung genügt. Dieses Vertrauen setzt zweierlei voraus: (1) die grundlegenden Normen müssen hinreichend *klar* und gesellschaftlich *unumstritten* sein und (2) die *Personen*, an die sie sich richten, müssen normengeleitet handeln *können*. Was dieses Können beinhaltet, ist in der europäischen Tradition maßgeblich durch die Aristotelische Theorie des zweckrationalen Handelns und die Augustinische Willenstheorie bestimmt, läßt sich aber auch losgelöst von diesem Hintergrund relativ klar umreißen. Normativ steuerbare Personen müssen über genügend *Wissen* verfügen und *überlegen* können, insbesondere folgenorientiert *schließen* und eruierte Optionen gegeneinander *abwägen*. Sie müssen *besonnen* genug sein, um diese Fähigkeiten beim Handeln anzuwenden. Und sie müssen *frei* sein, willensgemäß zu *handeln* und ihren Willen überlegungsabhängig *auszubilden*. Nur unter diesen Bedingungen kann das System der normativen Verhaltenskontrolle greifen.

2. Beide Prämissen, auf denen das Vertrauen in seine Wirksamkeit fußt, sind in neuerer Zeit unter Druck geraten. Das gilt zunächst für die überlieferten *Normen*. Sie erscheinen, gleichgültig in welcher Gesellschaft oder Kultur, großenteils nicht mehr als selbstverständlich. Zudem sind sie nicht klar genug für die wichtigsten Fragen. Die Kontroversen um die friedliche wie militärische Nutzung der Kern- und Biotechnik, die ökologischen und sozialen Folgen der Industrialisierung, die Grenzen der Medizin, sowie Beginn und Ende des menschlichen bzw. menschenwürdigen Lebens haben die latente normative Verunsicherung bloßgelegt. Tatsächlich dürfte die Herstellung eines normativen Grundkonsenses, der präzise genug ist und (wie heute erforderlich) alle Kulturen und Staaten umfaßt, die wichtigste Bedingung dafür sein, daß es auch künftig bei einem System der Verhaltenssteuerung bleiben kann, das die Freiheit der Individuen wahrt. Ob das in praxi zu leisten ist, weiß ich nicht. Ich kann es nur hoffen, möchte aber einmal als Optimist davon ausgehen, daß bei den *Normen* keine Differenzen bestehen, die sich als prinzipiell unüberwindlich erweisen. Insoweit soll das Vertrauen in das tradierte System gerechtfertigt sein.

Wie aber steht es mit den Bedenken gegen die Fähigkeit, normengeleitet zu *handeln*? Seit Nietzsche hat in der intellektuellen Welt, teilweise auch in der breiteren Öffentlichkeit, der Gedanke Einfluß gewonnen, daß das tradierte Bild vom Menschen als freiem, rational handlungsfähigem Wesen entweder gänzlich *unangemessen* ist oder so *eingeschränkt* in seiner Geltung, daß es für die Verhaltenssteuerung keine Bedeutung hat. Die Psychoanalyse und der Behaviorismus haben diesen Eindruck verstärkt. Ich habe an anderer Stelle zu zeigen versucht,[1] daß diese Radikalkritik fehlgeht, und lasse sie deshalb unberücksichtigt. Ernstzunehmen aber ist der Verdacht, daß das Modell der normativen Verhaltenskontrolle, das für die private Lebensführung, Kleingruppen und traditionelle Gesellschaften ausreicht, in modernen Großgesellschaften an seine *Grenzen* stößt. Diese sind maßgeblich durch technisch-wissenschaftliche Entwicklungen bestimmt, die von den meisten Betroffenen nicht überblickt werden und schwer kontrollierbar erscheinen. Gleichwohl erstreckt sich die Technisierung und Rationalisierung auf alle Lebensbereiche. Die Komplexität der Mittel und die fortschreitende soziale Differenzierung lassen die Handlungsabläufe unübersichtlich werden. Zugleich werden sie kompliziert, weil jedes Individuum diverse Rollen spielen muß, die sich in ihrer Handlungsstruktur und ihren relevanten Folgen und Normen wesentlich unterscheiden. Im Widerspruch zur Voraussetzung des traditionellen Konzepts scheint die Situation des *einzelnen*, der überlegt und normengeleitet handeln soll, weitgehend durch *Unwissenheit* und *Ohnmacht* gekennzeichnet. Die Sachverhalte, auf die es ankommt, erscheinen ihm großenteils unklar und unsicher in ihren Zusammenhängen, zu weit von der eigenen Handlung entfernt und zu abhängig von unkalkulierbaren Handlungen anderer. Entsprechend klein wirkt sein Anteil an ihrem Eintreten. Vielfach hat er das Gefühl, daß die entscheidenden Dinge sich *ohne* sein Zutun vollziehen oder daß er, soweit er zu ihnen beiträgt, in dieser Funktion beliebig *ersetzbar* ist, so daß es auf sein Handeln und vorheriges, normengeleitetes Überlegen nicht ankommt.

Die praktische Konsequenz, die der "moderne Mensch" aus dem Bewußtsein des rationalen wie normativen Verunsichert- und Überfordertseins zieht, artikuliert sich am klarsten in den *Entschuldigungen*, die Menschen geben, die mit dem Vorwurf konfrontiert sind, daß ihr Verhalten die normativ tragbaren Grenzen verletzt. Politiker etwa, die sich nicht für ein Tempolimit auf Autobahnen und für ein Steuersystem einsetzen möchten, das schadstoffarme Kleinwagen begünstigt, werden zunächst einmal geltend machen, der Einfluß der Autoabgase aufs Waldsterben sei ungeklärt, wie der Expertenstreit zeige. Danach werden sie sagen, ein nationaler Alleingang nütze nichts, da die Nachbarländer nicht mitziehen, und auch im eigenen Land würde ihr autofeindliches Handeln nur dazu führen, daß sie abgewählt und durch weniger skrupulöse Akteure ersetzt würden. Zudem sei es nicht ausgemacht, daß die Reduzierung des Waldbestands tatsächlich schlimmer wäre als ein Zusammenbruch der heimischen Autoindustrie mit unabsehbaren politischen Risiken. Der BMW-Fahrer wiederum, der mit Vollgas durch den Bayerischen Wald brettert, wird ebenfalls auf den Expertenstreit abstellen, der Industrie und den Kohlekraftwerken die Hauptschuld geben und sich darauf berufen, daß sein partikularer Autoverzicht generell ohnehin nichts bewirkt. Und die Beschäftigten in der Atomindustrie, Großchemie oder Genforschung werden sich, sollten sie Skrupel befallen, ebenfalls damit beruhigen, daß sie nur ein kleines, ersetzbares Rädchen sind, daß der Fortschritt nicht aufzuhalten, die Menschheit aber noch immer erfinderisch genug gewesen ist, um selbstgeschaffene Risiken in den Griff zu bekommen - Risiken schließlich, deren Übergewicht über die Chancen nicht als erwiesen gelten kann.

Natürlich sind solche Erklärungen, die in jeder Talkshow zu hören sind, nicht nur von partikulären, generell nicht konsensfähigen Wertvorstellungen bestimmt, sondern auch von Egoismus, Wunschdenken und Leichtsinn. Intensivere Aufklärung und soziale Erziehung könnten die Lage verbessern. Doch wie weit *reicht* ihr Einfluß, und kommt es auf solche Verbesserungen wirklich *entscheidend* an? Unterstellen wir einmal das Optimum. Nehmen wir also an, daß Einigkeit über die Normen besteht, daß sie einschlägig sanktioniert und alle Betroffenen so gut informiert sind über die Lebensbereiche, in denen sie tätig sind, so rational, besonnen und normativ gutwillig, wie es von normalen Menschen eben im günstigen Fall zu erwarten ist. Bestünde dann, so ist zu fragen, nicht immer noch ein so großer Bereich der Unwissenheit, Unsicherheit und persönlichen Ohnmacht, daß wir nicht damit rechnen können, daß geltende Normen im wünschenswerten oder notwendigen Umfang erfüllt werden? Und wenn ja, können wir uns dann weiterhin auf das tradierte System der normativen Verhaltenskontrolle verlassen?

3. Zwei *Extreme* sollten wir bei der Beantwortung dieser Frage ausschließen. Das eine Extrem ist jener Gedanke, der plakativen Thesen von der "Autonomie der Technik" (u.ä.) zugrundeliegt und den systemtheoretische Beschreibungsmodelle zumindest nahelegen, sc. daß eine Kontrolle komplexer Hand-

lungsabläufe in modernen Gesellschaften *objektiv unmöglich* ist, da diese den Status von integrierten, wenn auch vielfältig in sich gestuften und ausdifferenzierten, Systemen haben, die funktional *selbstorganisierend* sind. Dieser Gedanke geht fehl, so verlockend die intellektuelle und moralische Entlastung auch sein mag, die er zu geben verspricht. Er diskreditiert sich durch seinen Fatalismus nicht nur in praktischer Hinsicht, sondern auch in theoretischer durch seine krause, begrifflich ungeklärte und empirisch unausgewiesene Teleologie. Ebenso unangemessen aber ist das zweite Extrem, das in der Annahme besteht, komplexe Handlungsabläufe ließen sich *unabhängig* von Normen und Sanktionen *lückenlos* steuern. Gewiß, der objektive Verhaltensspielraum *kann* eingeengt werden und *sollte* es in bekannt gefährlichen oder unkalkulierbar riskanten Bereichen. Doch es ist illusorisch zu glauben, daß eine solche Kontrolle *lückenlos* ist, von ihrer Inhumanität ganz zu schweigen. Auch im perfekten "Atom-" oder "Gen-Staat", der extreme Freiheitsbeschränkungen zuläßt, bliebe man immer noch auf das verantwortliche, normengeleitete Handeln derjenigen Personen und Institutionen angewiesen, die riskante Techniken anwenden, ihren Betrieb beaufsichtigen oder die Personen auswählen, denen man die theoretische, praktische und moralische Kompetenz zum verantwortlichen Umgang mit ihnen zutrauen kann.

Damit aber entsteht ein *Dilemma*. Entweder wir *belassen* es beim tradierten Modell der individuenbezogenen Verhaltenskontrolle, dessen Effektivität in der "modernen Welt" zweifelhaft ist. Dann müssen wir zwar nicht so weit gehen wie der funktionalistische Fatalist, der allenfalls auf die Gunst der evolutiven Selbstregulierung hoffen kann, müssen angesichts der immensen Risiken, die verbleiben, aber doch eine Art fatalistischen Leichtsinn entwickeln oder den irrationalen Glauben an das verborgene Walten gütiger "unsichtbarer Hände". Diese Haltung ist heute weit verbreitet, moralisch vertretbar allerdings nicht. Oder aber, und das ist das zweite Horn des Dilemmas, wir versuchen die Risiken abzubauen, indem wir die "Modernität" unserer Welt soweit *zurückfahren* wie nötig, um das System der normativen Verhaltenssteuerung wirksam zu machen. Dann muß die Menschheit zwar nicht, wie die unbeirrt Fortschrittsgläubigen sagen, "in die Steinzeit" zurückkehren, wohl aber das Rad der Geschichte deutlich zurückdrehen, was nicht nur wegen des fehlenden normativen Konsenses, sondern auch praktisch schwer vorstellbar ist. Schließlich müssen wir bei dem Versuch, einen solchen Plan zu verwirklichen, von der bestehenden Lage ausgehen, die all jene Probleme wirksamer Verhaltenskontrolle aufwirft, nach deren Lösung wir suchen. Die Schwierigkeiten beim Kernwaffenabbau und bei der Kontrolle des Atomwaffensperrvertrags zeigen das exemplarisch. Gibt es einen Ausweg aus diesem Dilemma?

4. Ein Vorschlag, der in der neueren Literatur mehrfach gemacht wurde,[2] scheint einen dritten Weg zu eröffnen. Können wir vielleicht überall dort, wo ein Risikospielraum besteht, frei handelnde *Individuen* aber (moralisch, praktisch, epistemisch und rational) überfordert zu sein scheinen, das tradierte System der Verhaltenskontrolle dadurch verstärken, daß wir *Kollektive* normativ ansprechen: *Gruppen* kooperierender Individuen oder nicht individuengebundene *Korporationen* und *Institutionen*? Dies ist der Gedanke, daß es neben der individuellen noch andere, überindividuelle Formen moralischer oder rechtlicher Verantwortlichkeit gibt. Ich werde sie summarisch als *"kollektive Verantwortung"* bezeichnen. *Daß* man mit Sinn davon sprechen kann, daß auch Kollektive, nicht nur Individuen, Verantwortung für etwas tragen, steht außer Frage. In der Philosophie und Rechtstheorie ist es seit langem gängige Praxis. Fraglich ist nur, in *welchem* Sinne. Ist es ein Sinn, der *normative* Verhaltenssteuerung möglich macht und die Erwartung stützt, daß die Wahrnehmung "kollektiver Verantwortung" die faktische Normenkonformität erhöht? Und wenn ja, ist es ein Sinn, der substantiell über die individuelle Verantwortung *hinausführt* und nicht etwa, direkt oder indirekt, auf sie zurück?

Ich bezweifle das und möchte die wichtigsten Gründe im folgenden darlegen. Zuvor aber muß die Rede von der *"Verantwortlichkeit"* etwas präziser gefaßt werden. Zwei Begriffe sind auseinanderzuhalten. Der eine ist der *"Zurechenbarkeit"* im prägnanten Sinn. Er betrifft die Bedingungen, unter denen etwas als der "aktive Urheber" dessen gelten kann, wofür es verantwortlich ist. Dagegen bezieht der Begriff der *"Haftbarkeit"* sich auf Bedingungen, unter denen etwas moralisch oder rechtlich zur Verantwortung gezogen wird, speziell in der Form von Sanktionen. *"Sanktion"* ist dabei in einem weiten Sinn zu verstehen, der Erziehungsmaßnahmen, Belohnungen und Strafen, aber auch bloße Kompensationsleistungen einschließt. Haftbar können auch Personen sein (Eltern spielender Kinder z.B.), die das, wofür sie haften, nicht selbst herbeigeführt haben und das man ihnen deshalb *nicht* zurechnen kann. Die zivilrechtliche und öffentlich rechtliche Haftung beschränkt sich gewöhnlich auf diese Form. Die strafrechtliche und die moralische Haftung dagegen, die Lohn und Strafe begründen, sind meist an Zurechenbarkeitskriterien *gebunden*. Diese schließen gewöhnlich die kausale Rückführung des Geschehens aufs Handeln und Wollen ein, gehen aber nicht unbedingt so weit, auch die Freiheit und Aktivität der fundierenden Willensbildung zu fordern. In der Praxis genügen weniger starke Kriterien. Um dieser Abschwächung Rechnung zu tragen, die der Praktikabilität der normativen Verhaltenskontrolle dient, spreche ich im folgenden nur von *"normativer Zurechenbarkeit"*, nicht von "Zurechenbarkeit" schlechthin.

5. Wenden wir uns mit diesen Unterscheidungen nun dem Begriff der "kollektiven Verantwortung" zu und beschränken wir uns zunächst auf *Korporationen* und *Institutionen*. Diese sind dadurch gekennzeichnet, daß sie unabhängig davon Bestand haben, welche Individuen (oder Gruppen von Individuen) als ihre Eigner, Aufsichtsorgane, Leiter oder unmittelbare Akteure fungieren. Die Individuen sind ersetzbar und werden über die Zeit hin ersetzt. Dennoch steht außer Frage, daß Institutionen und Korporationen haften können. Die Erwerber einer Chemiefabrik z.B. haften für Bodenverunreinigungen und Gesundheitsschäden, die ihnen nicht normativ zurechenbar sind, oder sie könnten es wenigstens, je nach Gesetzeslage. Ebenso könnte der Staat Regreßpflichten übernehmen, wenn technische Anlagen in seinem Kontrollbereich ausfallen oder die vorsorgende Verbrechensbekämpfung versagt. Die "Eigner" des Staats, also die Bürger und Steuerzahler, wären dann haftbar, obwohl sie für die betreffenden Sachverhalte nichts können, weder als Individuen noch als Kollektiv. Man könnte sogar von ihrer Strafbarkeit sprechen im Hinblick darauf, daß sie es sind, die nach dieser Regelung vom Schicksal so gestraft werden wie heute die glücklosen Einzelpersonen, die Opfer von Verbrechen oder technischen Zufällen werden. Diese Beschreibung macht deutlich, daß prinzipiell nichts dagegen spricht, Korporationen und Institutionen über Kompensationsleistungen hinaus zu behaften, sie unter Umständen also auch zu belohnen oder zu strafen. Eine Chemiefabrik, die den Boden verseucht oder Menschen zu Schaden bringt, könnte über die Bodensanierung und die Zahlung von Pflege-, Invaliden- und Schmerzensgeld hinaus auch zu drastischen Geldstrafen oder zur Schließung ihres Betriebes verurteilt werden. Dabei könnten die Haftungsmodalitäten, wie bei der Individuenhaftung, sehr variabel gestaltet werden, abgestimmt auf verschiedene Sachverhalte, Entstehungshintergründe und Ausführungsumstände, sowie auf die Ziele, die die Gesellschaft mit ihrer Sanktionierung verfolgt. Es scheint daher, daß der Begriff der "Verantwortlichkeit" im Sinne von "Haftbarkeit" auf Institutionen und Korporationen ebenso anwendbar ist wie auf Individuen. Die Rechtstheorie spricht sie mit Recht als "juristische Personen" an, da sie, wie alle Personen, für ihre Tätigkeiten und deren Folgen haften.

Doch es gibt signifikante Unterschiede. Sie zeigen sich zuerst bei den *Sanktionen*. Geldstrafen kann man verhängen und Prämien verteilen. Ebenso denkbar wäre es, daß Korporationen und Institutionen, die sich rechtswidrig oder unmoralisch verhalten haben, ihre Reputation verlieren oder in ihrer Handlungsfreiheit beschränkt werden. Das kann sie, gegebenenfalls, empfindlich treffen oder die Existenz kosten. Doch macht es Sinn, eine staatliche Behörde zu Zahlungen an den Staat zu verurteilen, Steuergelder also nur umzuverteilen? Macht es Sinn, die städtische Bauaufsicht oder die Schutzpolizei, die sich als schlafmützig erwiesen haben, als Institutionen aufzulösen oder dem einzigen Stromversorger der Stadt Versorgungsverbot zu erteilen? Kaum. Und der Grund dafür scheint tiefer zu liegen als der, der auch die individuelle Kontrolle einschränkt, sc. die Tatsache, daß nicht alle Sanktionsformen sachgerecht sind und gewisse Sanktionen nicht greifen. Dieser Verdacht wird verstärkt durch die Beobachtung, daß Kriterien der *normativen Zurechenbarkeit* bei der korporativen und institutionellen Haftung offenbar wenig Sinn machen. Sinnvoll ist die kausale Rückführung aufs Handeln. Die Rückführung aufs Wollen oder die freie, aktive Willensbildung dagegen entfällt. Oder können wir sinnvoll sagen, daß Institutionen und Korporationen praktische Überlegungen anstellen und willentlich handeln können? Und wenn nicht, wie können Normen und Sanktionen dann ihr Verhalten steuern?

Damit stehen wir an dem entscheidenden Punkt. Ehe wir Analogien ziehen oder Disanalogien festschreiben können, müssen wir Rechenschaft darüber geben, welche *Funktion* die Haftung bzw. Haftbarmachung von Korporationen und Institutionen erfüllen soll. Soll sie nicht mehr sein als ein Mittel zur Kompensation *eingetretener* Handlungsfolgen, etwa zur Kostenverteilung im Schadensfall? Das wäre wenig, und die darauf bezogene Rede von "kollektiver Verantwortung" hätte einen so schwachen Sinn, daß sie diesen Namen eigentlich nicht verdient. Offenkundig geht es um mehr. Die Hauptfunktion jeder rechtlichen oder moralischen Haftung ist *prospektiv*: die Verantwortlichen sollen dazu *gebracht* werden, bestimmte Dinge zu tun und andere nicht. Das gilt auch hier. Eine Firma, die weiß, daß sie für Schäden unbegrenzt haften und Geldstrafen oder Betätigungsverbote fürchten muß, wird größere Sorgfalt walten lassen. Ebenso werden Unternehmen sich eher auf schadstoffarme Produkte umstellen, wenn sie wissen, daß Steuervorteile winken oder Verkaufsvorteile durch bessere Reputation. Das ist der primäre Sinn ihrer Haftbarmachung. Sind *sie* es jedoch *als* Korporationen und Institutionen, die "Kenntnis" von Normen und Sanktionen haben und sich entsprechend "entscheiden" können? Natürlich nicht. Diese Beschreibung ist metaphorisch. Und die Metaphorik liegt nicht etwa darin, daß sie in Wahrheit überlegungs- und willenlos auf die Vorgaben reagieren, sich im Prinzip also so verhalten wie ein Pawlowscher Hund, der durch Belohnung und Strafe konditioniert wird. So kann es nur aus der simplifizierten Makroperspektive erscheinen. Metaphorisch ist nicht die Beschreibung der Steuerungsvorgänge, sondern die ihrer Träger. Nicht die abstrakten Gebilde der Korporation und Institution sind es, die von Normen und Sanktionen geleitet werden, sondern die Menschen, die *durch* sie und *in* ihnen handeln. Das sind zunächst die *Eigner*, die um ihr Eigentum und (eventuell) ihren Ruf und ihre Freiheit besorgt sind. Und es sind zweitens die direkt oder indirekt von ihnen *Beauftragten*, deren Job auf dem Spiel steht mitsamt (eventuell) auch ihres Besitzes, ihrer Freiheit und Reputation. Wenn die faktische Haftung von Zugehörigen zu "juristischen Personen" in unserer Gesellschaft laxer ausfällt als die von Privatpersonen, so zeigt das nicht, daß das System der normativen Verhaltenssteuerung in diesem Bereich nicht *anwendbar* ist oder anders *funktioniert*, sondern nur, daß seine konsequente Anwendung gesellschaftlich nicht *gewollt* oder *durchgesetzt* wird. Und wenn das Kriterium der normativen Zurechenbarkeit bei Korporationen und Institutionen sinnlos erscheint oder bewährte Sanktionen nicht greifen, dann nur, weil die Haftungspraxis (aus welchen Gründen auch immer) nicht oder nicht konsequent genug auf die menschlichen Träger *zurückgeht*.

Wir kommen somit zu folgendem Zwischenergebnis. Nicht individuengebundene Kollektive, Korporationen und Institutionen, können moralisch und rechtlich haftbar sein und als solche sie im *weiten* Sinne "Personen". Normativ steuerbar aber werden sie nur, wenn "Personen" im *engeren* Sinne im Spiel sind, d.h. Personen, die überlegen, wollen und willensabhängig handeln können. Nur solche sind normativ ansprechbar, und bei solchen Personen macht es auch Sinn, ihre Haftbarkeit (uneingeschränkt) an Kriterien der normativen Zurechenbarkeit zu binden. Korporationen und Institutionen erfüllen *als solche* diese Kriterien nicht; sie sind nur normativ steuerbar *durch* ihre menschlichen Träger. Auf der Ebene nicht individuengebundener Kollektive also ist unsere Suche nach einem Begriff der "kollektiven Verantwortung", der nicht auf die individuelle zurückführt und das tradierte System der normativen Verhaltenskontrolle ergänzen könnte, gescheitert.

6. Wenn ein solcher Begriff zu finden ist, dann offenbar nur auf der Ebene von *Gruppen*, d.h. von Kollektiven, die durch die Kooperation und Interaktion konkreter Individuen definiert sind.[3] Gruppen können so etwas wie einen gemeinsamen Willen bilden und sich von Normen und Sanktionen leiten lassen. Folglich sind sie normativ ansprechbar. Von einer irreduzibel "kollektiven Verantwortung" allerdings könnte erst dann die Rede sein, wenn feststünde, daß Gruppen, anders als Korporationen und Institutionen, *genuine* "Personen" im engeren Sinne sind. Sie selbst, nicht nur die sie konstituierenden Individuen, müßten sich als Träger willensbildender Überlegungen und resultierender, gemeinsamer Haltungen des Wollens verstehen lassen. Beides ist zweifelhaft. Gewiß, Gruppen sind in verschiedenen Hinsichten *analog* zu überlegungs- und willensfähigen Individuen. Doch die Analogie ist *begrenzt* und führt, wo sie zutrifft, auf *individuelles* Wollen und Überlegen zurück.

Am größten ist sie zweifellos dort, wo die Gruppenmitglieder herrschaftsfrei, ohne inneren oder äußeren Zwang miteinander beraten und durch die Beratung zu einem Ergebnis geführt werden, das *konsensuell* von allen vertreten wird. Faktisch ist diese Situation nicht nur in größeren Gruppen, sondern bereits in Kleingruppen, relativ *selten*, da Zeit- und Dominanzprobleme immer hineinspielen, ebenso Unterschiede an Charisma, Reputation und Kompetenz. Doch man mag geltend machen, ausgehend etwa vom psychoanalytischen Instanzenmodell, daß auch die individuelle Überlegung nicht immer "herrschaftsfrei" verläuft, und die Analogie insofern aufrechterhalten. Entscheidend ist, daß sie uns *konzeptionell* nicht weiterführt. Denn gerade wenn die Beratung optimal verläuft, ist die Willensbildung bei allen Beteiligten offenbar die gewohnte. Jeder kommt dann ja durch *eigenes* (wenn auch beratenes und partiell öffentlich durchgeführtes) Überlegen zu einem Ergebnis, für das *er* haftbar ist, obwohl es sich *inhaltlich* mit dem der anderen deckt. Jedes Mitglied eines Operationsteams z.B., das sich konsensuell zu einem Eingriff entschlossen hat, kann bei *seinem* Willen, ihn kooperativ mit den anderen durchzuführen, behaftet werden. Ebenso haftbar sind die Vorstandsmitglieder eines Konzerns, die einvernehmlich entscheiden, der Öffentlichkeit einen Betriebsunfall zu verschweigen. Der Einfluß von Normen und Sanktionen läuft, wenn sie wirksam sind, *über* die Individuen und folgt dem tradierten Modell. Entsprechend kann deren Haftbarkeit an Kriterien der normativen Zurechenbarkeit gebunden werden. So kann man ihre Haftung, anteilig oder gewichtet, distribuieren oder (bei externem oder internem Zwang) reduzieren im Hinblick auf ihre unfreie Willensbildung. Die gesamte Palette der individuenbezogenen Steuerung kommt in Betracht. Von einer besonderen Form der "kollektiven Verantwortung" kann keine Rede sein.

7. Ist die Lage aber entscheidend verändert, wenn wir den Sonderfall willenskonsensuell agierender Gruppen hinter uns lassen und Fälle betrachten, bei denen der individuelle Willensanteil geringer ist? Nicht willensbestimmte Formen des Gruppenverhaltens (Panik, Ekstase u.a.) können wir ausscheiden, da sie der normativen Kontrolle nicht zugänglich sind.[4] Drei Formen willensbestimmter Gruppentätigkeit aber sind zu berücksichtigen. Einschlägig ist (1) ein Verhalten, das auf *keinem* gemeinsamen Wollen beruht, sondern nur auf dem faktisch kooperierenden und interagierenden Wollen von Individuen. Beispiele dafür liefern der Applaus nach einem Konzert, die Gewalttätigkeit eines Mobs oder Smog als "synergistischer Kombinationseffekt"[5] unabhängig agierender einzelner. Daneben haben wir Fälle ins Auge zu fassen, in denen ein Gruppenwille *besteht*, der aber entweder (2) *ohne* gemeinsame Beratung entstanden ist, wie der "Volkswille" bei einer Parlamentswahl, oder der (3) zwar auf Beratung beruht, aber nicht durch sie *allein* bestimmt ist, sondern durch nichtkonsensuellen Entscheid. Das ist z.B. der Fall, wenn der Aufsichtsrat eines Konzerns ein riskantes Forschungsvorhaben mehrheitlich absegnet, das alle Mitgliedern gemeinsam tragen, obwohl nicht alle mit Ja gestimmt haben und individuelle Vorbehalte bestehen bleiben. Ein anderes Beispiel ist der ohne Abstimmung, inegalitär zustandegekommene Entschluß einer Jugendgang, Autos zu demolieren, wobei einige Jugendliche nur widerwillig mitmachen. Hier kann man, anders als beim konsensuellen Gruppenhandeln, nicht ohne weiteres sagen, daß alle Beteiligten *denselben* gemeinsamen Willen haben, auch wenn ein solcher in einer Reihe von Fällen als *Teil* der im übrigen divergierenden *komplexen* Willenslage der einzelnen Gruppenmitglieder aufweisbar sein wird. *Fehlt* ein gemeinsamer Wille jedoch, erhebt sich die Frage, worauf sich die Rede von einem Wollen, das die Gruppe zum Träger hat, *überhaupt* noch beziehen könnte. Und worauf vor allem soll sich die These gründen, daß es die *Gruppe* ist, nicht die beteiligten Individuen, deren willensbildende Überlegungen durch Normen und Sanktionen geleitet werden?

Die Antwort ist beidemal negativ. Die Situation ist komplizierter geworden, aber im Kern noch dieselbe. Wie immer es mit dem Gruppenwillen steht, in jedem Fall sind es die Individuen, die für die Normenkonformität des Gruppenverhaltens sorgen müssen, indem sie ihr eigenes Wollen und Handeln danach einrichten, was es in Kombination mit dem bekannten bzw. zu erwartenden Wollen und Handeln der anderen Gruppenmitglieder bewirkt. Nur ist ihre Aufgabe beim nicht willenskonsensuellen Handeln in doppelter Hinsicht *erschwert*. Zum einen wird die *Prognostizierbarkeit* der Handlungsabläufe und Ergebnisse durch die Vielzahl der Akteure drastisch verringert. Das gilt insbesondere dann, wenn kein gemeinsamer Wille besteht. Der einzelne Mensch z.B., dessen (isoliert unbedenkliches) Handeln erst in

Verbindung mit den Handlungen zahlreicher anderer Menschen zur Umweltverschmutzung führt, muß, um gebotsgemäß handeln zu können, nicht nur die chemischen und physikalischen Prozesse kennen, sondern auch wissen, daß welche anderen wann und wie ebenfalls tätig werden. Vielfach ist dieses Wissen nicht gegeben, was zu den früher erwähnten Problemen führt. Diese aber werden nicht dadurch lösbarer, daß man *anstelle* der Individuen Gruppen normativ anspricht und haftbar macht. Lösbar, wenn überhaupt, werden sie nur, wenn man das Wissen der Gruppenmitglieder *erweitert* und, wo das nicht möglich ist, die relevanten Normen und die Kriterien der Haftbarkeit so formuliert, daß sie die Individuen *effektiv* ansprechen. Wie das geschehen kann, ist *formal* ziemlich klar. Unter Bedingungen epistemischer Unsicherheit müssen die *Sorgfaltspflichten* verstärkt und die Normen nicht nur auf kategorische, sondern auf *probabilistische* Sachverhalte bezogen werden. Die Herbeiführung oder Erhöhung bestimmter *Risikozustände* ist der primäre Gegenstand sachgerechter *Verbote*, ihre Verminderung bzw. Vermeidung durch Informationsbeschaffung und bedachtsames Handeln der primäre Inhalt sachgerechter *Gebote*. Beide bleiben an Individuen adressiert. Anders läßt sich die normative Verhaltenssteuerung in epistemischer Hinsicht nicht verbessern.

Ähnliches gilt für die zweite Komplikation. Sie besteht darin, daß die Haftbarkeit von Individuen, die in Gruppen agieren, *anteilig reduziert* zu sein scheint. So wird es schwieriger, sie *als einzelne* normativ zu beeinflussen. In der neueren Literatur ist dieses Problem unter dem Stichwort "Verantwortungsverdünnung" öfter erörtert worden, meist in Verbindung mit dem schon angesprochenen epistemischen.[6] Um es in seiner Besonderheit richtig einschätzen zu können, müssen beide Probleme jedoch getrennt werden. Nehmen wir deshalb an, daß die Individuen wissen, wie sich die anderen Gruppenmitglieder verhalten und welche Ergebnisse zu erwarten sind. Dann sind vier verschiedene Fälle ins Auge zu fassen. Wenn der Beitrag des einzelnen (1) unter den vorliegenden Umständen *notwendig* und *hinreichend* ist, um ein bestimmtes Ergebnis eintreten zu lassen, unterscheidet sich seine Situation beim Handeln *in* der Gruppe prinzipiell nicht von der beim Handeln *außerhalb*. Ein Heben des Arms bei einer Abstimmung kann, gleichgültig wie groß die Zahl der Stimmberechtigten ist, dieselbe ausschlaggebende Bedeutung haben wie die ebenfalls nur geringfügig kontribuierende Fingerkrümmung, mit der eine atomare Kettenreaktion ausgelöst wird. Die Probleme der Haftbarkeit und normativen Zurechenbarkeit sind dieselben. Nicht wesentlich anders aber steht es in Fällen, in denen der Beitrag (2) den Eintritt *wahrscheinlicher* macht, *ohne* hinreichend oder notwendig für ihn zu sein. Der einzelne Steinewerfer in einer Menge, die Brandflaschen und Steine auf andere wirft, erhöht, auch wenn seine Würfe nicht treffen, ebenso die Gefahr für Gesundheit und Leben anderer Menschen wie der isoliert agierende Umweltverschmutzer, der skrupellos oder fahrlässig Altöl ins Grundwasser bringt.

Kritisch sind allenfalls Situationen, in denen es (3) auf den Beitrag des einzelnen Gruppenmitglieds *nicht ankommt* oder in denen (4) sein Wille ganz oder teilweise vom Willen der Gruppe *abweicht*. Solche Fälle sind seltener, als es zunächst erscheint. Wer überstimmt wird und sich der Mehrheit unterwirft, macht sich den Gruppenwillen zu eigen. Wer es als versierter Schwimmer unterläßt, einem ertrinkenden Kind zu Hilfe zu kommen, kann sich nicht damit entschuldigen, daß andere fähige Retter zugegen waren, denn er konnte nicht sicher sein, daß sie eingreifen, und ihre Tatenlosigkeit wurde zunehmend klarer. Der einzelne Soldat dagegen, der sich an einer Geiselerschießung beteiligt hat, kann mit Grund geltend machen, daß sein Schuß (neben den sicher vorauszusehenden Schüssen der anderen) objektiv unnötig war, daß er die Erschießung nicht wollte, daß seine Weigerung, an ihr teilzunehmen, aber objektiv nichts bewirkt hätte als eine Vergrößerung des unvermeidlichen Übels durch das Übel seiner Bestrafung. Kann er sich damit moralisch entschuldigen? Sicher nicht. Und genausowenig kann es, mutatis mutandis, der einzelne Wähler einer kriegstreibenden Partei, die auch ohne seine Stimme gesiegt hätte, oder das einzelne "kleine Rädchen" in einem Konzern oder Großforschungsbetrieb, in dem, mit oder ohne sein Zutun, bekannt gefährliche Projekte laufen. Auch kleine Mitläufer *können* moralisch und, wenn der Gesetzgeber will, rechtlich haftbar sein, unabhängig vom Stellenwert ihres Verhaltens und ihrer Willenslage. Ein Grund dafür ist die utilitaristische Überlegung, daß das gute Beispiel einer Verweigerung langfristig bessere Folgen haben könnte. Doch es ist nicht der einzige. Denn unter Umständen kommt es auf die tatsächliche Beteiligung an der Aktion gar nicht an. Das primäre Kriterium der Haftbarkeit einzelner beim Gruppenverhalten, das hier zugrundeliegt und generelle Bedeutung hat, ist das ihrer *Mitgliedschaft* in der Gruppe. Das Sprichwort "Mitgegangen - mitgehangen" artikuliert einen Gedanken, der sich nicht nur auf den kleinen, gewissensgeplagten Eckensteher beim Einbruch oder auf Demonstrationsteilnehmer anwenden läßt, die sich nicht von Gewalttätern distanzieren, sondern prinzipiell auch auf Angestellte, Aktionäre und Aufsichtsratsmitglieder, die ihre Posten nicht niederlegen oder die Öffentlichkeit informieren, wenn die Firmenpolitik gemeingefährlich wird. Außer in Sonderfällen (Volkszugehörigkeit, Zwangsrekrutierung) *muß* eben, und *sollte* eventuell, niemand Mitglied einer Gruppe *sein* oder *bleiben*, die sich nicht normenkonform verhält. Umgekehrt *könnte*, und *sollte* eventuell, jeder vorhandene Möglichkeiten ergreifen, einer bestehenden Gruppe *beizutreten* oder (worauf May aufmerksam gemacht hat [7]) eine Gruppe zu *konstituieren*, deren Kooperation zur Realisierung bestimmter Ziele erforderlich ist, Verletzten zu helfen z.B. oder gefährliche Aktionen zu stoppen. Entschuldigungsgründe für individuell falsches Verhalten im Gruppenkontext folgen denselben, bekannten Prinzipien wie beim Individualverhalten: Zumutbarkeit, persönlicher Anteil am Ergebnis, Freiheit der Willensbildung, Rücksicht auf konfligierende Normen etc. Das System der individuenbezogen, normativen Verhaltenskontrolle kompliziert sich, bleibt aber anwendbar. Auch die nichtkonsensuellen Formen des willensbestimmten Gruppenverhaltens können daher, wie schon die konsensuellen und die Aktivitäten nicht individuengebundener Kollektive, keine besondere Form der "kollektive Verantwortung" begründen.

8. Ziehen wir eine Bilanz. Auch in der "modernen Welt" gibt es, wie sich gezeigt hat, letztlich keine Alternative zum tradierten System der individuenbezogenen, normativen Verhaltenskontrolle mit seinen drei Säulen: Erziehung, Sanktionierung und objektive Spielraumbeschränkung. Doch es hat sich zugleich gezeigt, daß sein Potential weit über das Gebiet des privaten Handelns hinausreicht. Auch das kollektive Handeln von Gruppen, Korporationen und Institutionen ist normativ steuerbar - vorausgesetzt die verfügbaren Ressourcen werden sinnvoll und konsequent angewandt. Hier gibt es, so scheint mir, bei allen drei Säulen des Systems noch viel zu verbessern. Die Kluft zwischen einem verantwortungslos *riskanten* Leben und einem verantwortbar *sicheren*, das uns in dem Maße, in dem wir die *Freiheit* der Individuen nicht einschränken können oder wollen, dazu zwingt, die "Modernität" unserer Welt abzubauen, dürfte sich zwar nicht völlig beseitigen, wohl aber merklich verkleinern lassen. Darin liegt immerhin eine Chance. Sie zu nutzen ist eine *Gemeinschaftsaufgabe*. Das aber heißt: es ist niemals *nur* die Aufgabe irgendwelcher bestehender Kollektive, geschweige denn die einer innersystemischen Selbstentwicklung oder der gütigen Hand des Schicksals, sondern in letzter Instanz *immer* die Aufgabe aller lebenden, willentlich handlungsfähigen Individuen. Von dieser Form der Verantwortlichkeit kann sich niemand entlasten. Denn wenn es auch so etwas wie eine überindividuell "kollektive Verantwortung" nicht gibt, so gibt es doch eine kollektive Verantwortung aller willens- und handlungsfähigen Individuen für die Welt, in der Menschen zusammen mit anderen leben wollen.

[1] G.Seebaß: Wollen, Frankfurt 1993.
[2] Vgl. z.B. H.Lenk: Über Verantwortungsbegriffe und das Verantwortungsproblem in der Technik, in: ders. (ed.): Technik und Ethik, Stuttgart 1987,127; ders.: Zwischen Wissenschaft und Ethik, Frankfurt 1992, 109.122.128ff.; G.Ropohl: Neue Wege, die Technik zu verantworten, in: Lenk a.a.O., 158ff.,170; ders.: Technologische Aufklärung, Frankfurt 1991,29; R.Scruton: Corporate Persons, in: PASS 63 (1989), 239-266.
[3] Dazu gehören auch *höherstufige Gruppen*, die durch die Kooperation bzw. Interaktion von *Subgruppen* definiert sind. Sie führen, vollständig analysiert, auf konkrete Individuen zurück. Das gemeinsame Abgrenzungsmerkmal gegenüber Korporationen und Institutionen ist die fehlende individuelle Austauschbarkeit.
[4] Das gilt für *zweifelsfrei* nichtwillentliche Verhaltensweisen, die empirisch relativ selten sind. Auch sie sind *insoweit* normativ kontrollierbar, als ihre *Auslösebedingungen* oder *Habituierungsprozesse*, die ihr Auftreten fördern oder behindern, willentlich zu beeinflussen sind. Dann aber gibt es kein normengeleitetes Handeln mehr, sondern ein Verhalten, dessen Normenkonformität durch *objektive* Spielraumbeschränkungen erzwungen wird.
[5] Vgl. Lenk, a.a.O.: 1987, 128ff.; 1992, 130ff.
[6] Vgl. vor allem G.Mellema: Individuals, Groups, and Shared Responsibility, New York 1988
[7] L.May: Collective Inaction and Shared Responsibility, in: Nous 24 (1990), 269-278.

K. Kornwachs   (Cottbus)

Diskurs zwischen Zeitdruck und Wertepluralität

1. Einleitung

Die Frage, welche Nutzungsformen von Computern denkbar sind, die nicht nur sozial oder kulturell unbedenklich[1] sein könnten, sondern die auch bestimmten ethischen Forderungen gerecht werden sollen, wird vielfach gestellt - gerade auch im Kontext der Technikfolgenabschätzung (ZIMMERLI 1987, 1991). Dabei wird der Computer primär als Instrument verstanden, das bei vorgegebenen Zielen und Zwecken die Durchführung (überwiegend wirtschaftlich orientierter) Handlungen mehr oder weniger unterstützt.

Zu den Voraussetzungen verantwortbaren Handelns gehört - inbesondere dann, wenn das Subjekt der Verantwortung (vgl. LENK 1987) im technischen Handlungskontext festliegt - neben der Handlungsfreiheit (d.h. Existenz von Optionen) auch die Möglichkeit, die Situation ausreichend bedenken zu können, um der "Pflicht zum (Erwerb des) Wissen(s)" (JONAS 1979) auch nachkommen zu können. Handeln wir instrumental, müssen wir über die Eigenheiten unseres Instruments Bescheid wissen.

Dieser Zusammenhang enttrivialisiert sich rasch, wenn man die Möglichkeit einräumt, daß die Instumente selbst die Bedigungen verantwortlichen Handelns tangieren. Das schlagendste Beispiel ist die Kernwaffe: *"Mit ihr verlassen wir das Reich der praktischen Vernunft, wo man Zwecke mit angemessenen Mitteln verfolgt. Die Bombe ist längst kein Mittel zum Zweck mehr, denn sie ist das maßlose Mittel, das jeden möglichen Zweck übersteigt".* [2] Hier führt die Anwendung zum Wegfall der Voraussetzungen für die weitere Anwendung. Damit hebt sich dieses Mittel als Mittel zu verantwortlichem Handeln selbst auf. Weniger drastisch, aber mit der gebotenen Sorgfalt zu diskutieren, wären nun die Änderungen, denen die Bedingungen verantwortlichen Handelns bei der Verwendung von Computern und von Computern abhängigen technischen Systemen auftreten können.

Zunächst soll auf eine Besonderheit eingegangen werden, die bei Infomationstechniken gegeben ist, vor allem dann, wenn sie entscheidungunterstützend und womöglich in entscheidungsersetzenden Absicht eingesetzt werden.[3]

Unter entscheidungsunterstützendem Einsatz soll hier der Gebrauch des Rechners verstanden werden, der die Informationen und das Wissen, das man für das Fällen einer Entscheidung braucht, zur Verfügung stellt und entsprechend der Rezeptionsbedingungen in einer konkreten Situation adäquat aufbereitet (einschließlich visueller Techniken). Die Entscheidung wird dabei immer noch von einem Subjekt gefällt. Die entscheidungsersetzende Weise des Gebrauchs eines Computers delegiert die Entscheidung an ihn, d.h. automatisiert den Entscheidungsprozeß durch die Präparation einer Ja-nein Situation, die entschieden wird, ja nachdem, wie bestimmte Kriterien ausfallen oder nicht (z.B. Schwellwertentscheidungen). Die konkrete Entscheidung ist demnach an einen Algorithmus delegiert worden, dessen Ergebnis festliegt, wenn die Eingabewerte festliegen, unabhängig davon, ob sie der Benutzer des Rechners im Detail kennt oder nicht. Die davor liegende Entscheidung, ob eine solche Entscheidung an den Rechner delegiert werden soll oder nicht, liegt letztlich wieder bei einem Subjekt.

Der Computer ist ein Instrument, das den Prozeß, in dem es eingesetzt wird, verändert. Was als sozial und kulturell unbedenklich gilt, ändert sich mit eben diesen Verhältnissen. Philosophische Ethik ist jedoch an der Formulierung von Normen interessiert, die invariant von diesen Verhältnissen gelten

---

[1] Fragen dieser Art werden gerne in Hearings gestellt, so z.B. im Ausschuß für Technologie des Landtags von Nordrhein-Westfalen 1992.
[2] So SLOTERDIJK 1983, S. 258, wo er sich auf G. ANDERS 1992 bezieht. Vgl. auch dort, insbes. von S. 233-263
[3] Die Ausführungen gelten in gewisser Weise auch für die Kommunikatonstechniken, da sie erstens sich zunehmend der Rechnertechnik bedienen und zweitens sie die Wirkung der Distanz immer radikaler aufzuheben beginnen.

sollen. Der internationale Vergleich der Debatte über den Datenschutz zeigt die Relativität dieser Gültigkeiten in Bezug auf soziale und kulturelle Akzeptabilitäten. In der Ethik lautet die Frage jedoch nicht, wo und wie Computer eingesetzt werden dürfen, sondern ob eine Handlung, deren Folgen bekannt sind, sittlich gerechtfertigt ist oder nicht. Ob dabei ein Instrument, z.B. ein Computer verwendet werden darf/soll, ist ethisch erst dann relevant, wenn die Benutzung eines <u>Computers</u> bei einer Handlung in unumgänglicher Weise zu einem Spektrum von Folgen führen kann, die für den Anwender nicht mehr absehbar sind.[4] Die Nichtabsehbarkeit wird damit zu einem interessanten Prüfkriterium in ethischer und praktischer Hinsicht.

Eine der Bedingungen für verantwortbares Handeln wäre nach dem oben Gesagten dann verletzt, wenn sich herausstellt, daß der Rechner in Situationen benutzt wird, in denen er entscheidungsersetzend oder entscheidungsunterstützend so verwendet werden muß, daß die Zeit für eine "vernünftige" Entscheidung oder die Zeit für eine (Meta-) Entscheidung, was "automatisiert" werden soll und was nicht, nicht mehr zur Verfügung steht. Was bedeutet dies?

2. Zeithorizonte

Eine Überlegung zeigt hierzu Bild 1: Die Verhältnisse zwischen den verschiedenen Zeithorizonten bei einer Entscheidung sind im Alltag in etwa ausgeglichen. Die *Denkzeit* wäre die Zeit, die man benötigt, um zu einem vernünftigen Konzept zu kommen. Die *Planzeit* ist diejenige Zeit, in der die Planungsaufgabe erledigt werden muß. Der *Planungshorizont* hingegen bezeichnet den Zeitraum, über den sich die Planung erstreckt. Der *Entscheidungshorizont* ist der Zeitraum, für den eine gefällte Entscheidung gültig sein soll. Der *Handlungshorizont* ist die absehbare Zeit, in der bestimmte Handlungen durchführbar sind. Die *Entscheidungszeit* ist die Zeit, in der die Entscheidung gefällt werden kann oder muß. Die *Handlungszeit* ist die Zeit, die man zum aktuellen Handeln braucht (vgl. KORNWACHS 1993).

Zwar laufen viele Schritte bei einer Entscheidung iterativ ab, jedoch ist intuitiv klar, daß z.B. Denkzeit und Planzeit als Summe in das Zeitintervall der Entscheidungszeit hineinpassen müssen. Auch sollte der Planungshorizont nicht wesentlich kleiner sein als der Entscheidungshorizont.

Es ist nun durchaus denkbar, daß durch die entscheidungsunterstützenden Systeme, die ja auch schon als entscheidungsersetzende Systeme propagiert worden sind,[5] sich diese Zeitverhältnisse verschieben können. Es bedarf deshalb einer näheren Klärung des scheinbar einfachen Umstandes, weshalb man Zeit zum Nachdenken braucht.

Die Pflicht zu wissen impliziert, daß bei Handlungen, deren gewollte oder auch nicht beabsichtigten Folgen einen längeren Zeithorizont haben, der Entscheidungshorizont, d.h. also die Zeitspanne, über die man noch etwas Verläßliches sagen kann, möglichst durch den Planungshorizont abgedeckt ist, also die Zeitspanne, für die man plant - und damit auch Verantwortung übernimmt. Bei längstfristigen, bekannten Folgen wie dem Problem der Umweltverschmutzung, der Entsorgung von radioaktivem Abfall und anderem, ist diese Forderung nicht immer erfüllt bzw. kann gar nicht erfüllt werden. Dies ist bereits gründlich an anderer Stelle diskutiert worden (z.B. SPAEMANN 1981).

Die Pflicht zu wissen impliziert aber auch, daß keine Denk- und Planzeit die zur Verfügung stehende Entscheidungszeit überschreiten dürfte - Nachdenken und Handeln sollten zeitlich aufeinander folgen.

---

[4] Kann man also nicht ausschließen, daß der Computer-Einsatz im Rahmen einer Handlung Folgen hat, die nicht verantwortet werden können (z.B. weil sie für andere Betroffene nicht akzeptabel sind), wäre das Durchführen einer solchen Handlung unmoralisch, sofern nicht vorher mit den Betroffenen ein Konsens erreicht worden wäre. Das kann man nun für viele Bereiche durchspielen. Was eine soziale und kulturelle Unbedenklichkeit ist, ist ad hoc nicht zu bestimmen. Dies erscheint mir eher im Sinne von K.O. APEL (1993) danach zu beurteilen zu sein, ob ein Einsatz nicht die Bedingung der Möglichkeit des Diskurses verletzt. Wenn er dies tut, dann ist er abzulehnen, tut er dies nicht, heißt das noch lange nicht, daß man ohne weiteres dann ein "nihil obstat" erteilen könnten.

[5] Dies gilt zumindest für die Expertensysteme und die entsprechend vollmundigen Ankündigungen, die sich als ungerechtfertigt herausgestellt haben; gl. auch BULLINGER, KORNWACHS 1990.

Die Praxis des industriellen Alltags ist von Verletzungen dieser Forderung gekennzeichnet. Dies ist dann nicht sonderlich tragisch, wenn die Entscheidungen im Mikrobereich in gewisser Weise reversibel sind, so daß der Prozeß noch einmal von vorne gegebenenfalls korrigierend aufgerollt werden kann. Schwierig wird die Situation, wenn das Mittel zum Denken und Planen die erforderliche Zeit zum Denken und Planen zwangsläufig verkürzten muß. Dies tut der Computer, wenn er in eben dieser unterstützenden oder ersetzenden Weise eingesetzt wird. Er tut dies auch in seiner Verknüpfung mit dem System, das er steuert und kontrolliert, weil sonst der angestrebte Rationalisierungeffekt gar nicht eintreten würde.

Der Einwand, daß dadurch lediglich die Denk- und Planzeit nach vorne vorschoben wird, da man die Weise des Computereinsatzes ja auch planen und bedenken sollte, ist richtig: Vielfach steht jedoch für eine überlegte Einführung eines Rechners in einen bestimmten Ablauf technologischer oder organisatorischer Natur nicht genügend Zeit zur Verfügung.

Es bleibt jedoch zu bedenken, daß der Rechner durch die Beschleunigung der Wissensdarstellung und der Informationsgewinnung die Handlungszeit extrem verkürzen kann und die Planzeit de facto extrem verkürzt. Wegen der Universalisierbarkeit seiner Anwendungen übt er einen Druck in Richtung auf Verlängerung des Entscheidungshorizontes aus. Die Optimalisierungsstrategie, die sich herausstellt, läuft auf einen extrem langen Planungshorizont (z. B. durch den Wiederholungscharakter der Produktionsprozesse) bei einer Kompression von Planungszeit und Handlungszeit hinaus, da hier die "unproduktiven" Aufwände liegen. In Konsequenz dessen wird auch ein Druck in Richtung auf Kompression der Denkzeit sichtbar. Dies schlägt sich in der zunehmenden Standardisierung und Automatisierung der Softwareerstellung nieder (Vgl. KORNWACHS, BETZL et. al. 1992).

Das Dilemma des verantwortlichen Handelns unter Zeitdruck ist sicher nicht neu. Der Computer erhöht diesen Zeitdruck und bringt in der Folge neuerer technischer Entwicklungen Instrumente hervor, mit denen diesem Zeitdruck begegnet werden kann, z.B. durch Rationalisierung der erforderlichen Denk- und Planungsarbeit. Hier ist wieder eine Verschiebung in die Ebene der Metaentscheidung zu finden: Es muß dann entschieden werden, welche Planungs- und Softwareerstellungsprozesse einer solchen Rationalisierung unterwofen werden sollen und welche nicht. Der zeitliche Druck auf diese Entscheidung wird spürbar, da ja mit der Rationalisierung möglichst früh begonnen werden soll. Und auch die Verlängerung des Entscheidungshorizonts ist dadurch ersichtlich, da ja die Werkzeuge (Tools) der Softwareerstellung dann auf eine ganze Klasse möglicher zukünftiger Softwareprogramme ausgerichtet sind, deren Einzeleigenschaften ja noch nicht bekannt sind.

Im Unterschied zum Einsatz "normaler" Maschinen, deren Gebrauch infolge eines übersehbaren Handlungshorizontes auch in geeigneter Zeit geplant werden kann, da alle erforderlichen Informationen zugänglich sind oder gemacht werden können, erzeugt der Rechner - sei es im Planungsprozeß oder auch im eigentlichen "Betrieb" - die Informationen und das Wissen, das man für die Einsatzplanung eigentlich gebraucht hätte. Darüber hinaus verändert ein Rechner durch seinen Einsatz erfahrungsgemäß sein organisatorisches Umfeld, sodaß eine hinreichend befriedigende Planung seines Einsatzes nur in einem Zeitraum zu leisten wäre, der die ökonomischen Vorteile seines Einsatzes wieder zunichte machen würde.[6]

Die Frage, ob deshalb der Gebrauch des Mittels Computer per se wegen dieser Eigenschaften eine nicht zu verantwortende Entscheidung darstellt, weil es einige Bedingungen für verantwortliches Handeln tangiert, hängt davon ab, ob es gelingt, Verfahrensweisen zu finden, die verhindern, daß der Gebrauch aus "dem Ruder läuft".

---

[6]Ein ähnliches Argument gilt für die Expertensysteme: Die Nachkontrolle der Zuverlässigkeit einer Antwort des Systems würde in Extremfällen das Überprüfen von mehr als 10 000 Schlüssen erforderlich machen. Diese Zeit hebt den Rationalisierungseffekt des Systems bei weitem auf. Allerdings sind die Schlüsse und damit die Antworten nur bis "auf Plausibilitätsebene" zuverlässig, da sie z.T. Schlußweisen verwendet werden, die in der klassischen Logik nicht erlaubt sind, z.B. if (a->b) und b, dann auch a.
Bemerkenswert ist auch, daß die prinzipielle Fehlerhaftigkeit von Software überwiegend nicht zur Kenntnis genommen wird. Vgl. auch die neuere Arbeit von LITTLEWOOD, STRIGINI 1993.

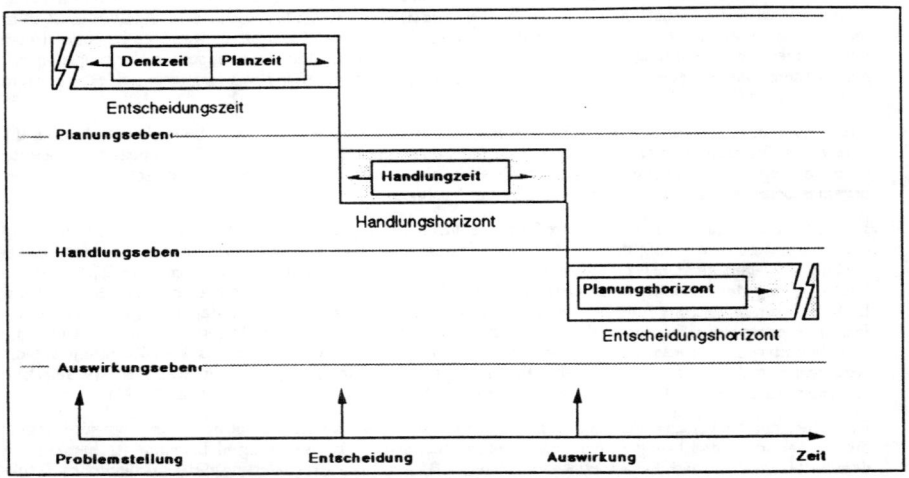

Bild 1 Zeithorizonte bei Entscheidungen

3. Diskurs und Wissen

Ein mögliches Verfahren, die Zeitverhältnisse wie die oben genannten Zeithorizonte wieder auf ein überschaubares Maß zu bringen, stellt der Diskurs dar. Dabei muß die Frage nach Bewertung eines Einsatzes oder Nicht-Einsatzes einer Technologie, die ja auch gesetzgeberische Konsequenzen nach sich ziehen kann, gestellt werden. Diese Bewertung evoziert eine Problematisierung von Werten, wie dies im ethischen Diskurs zu geschehen pflegt.

Das "Anstrengende" an einem solchen Diskurs ist, daß die Werte explizit gemacht werden müssen, will man den Anderen auch nur zu verstehen suchen. Dabei geht es noch nicht einmal darum, um jeden Preis einen - womöglich voreiligen - Konsens herbeizuführen, sondern vielmehr darum, sich Konflikte und Widersprüche zwischen den Wertvorstellungen der Beteiligten überhaupt erst klar zu machen.

In seiner Richtlinie über Technikbewertung (Nr. 3780) hat der VDI explizit solche möglichen Werte genannt und auch die Konfliktrelationen aufgezeigt. Eine solche Struktur könnte - im Sinne eines praxeologischen Vorgehens - am Beginn eines Diskurses stehen, ihn begleiten und von ihm im Laufe der Zeit modifiziert werden.

Ein Beispiel für die Prüfung, ob ein bestimmtes (Rechner-)System z.B. für die Steuerung eines Produktionssystems eingesetzt werden soll oder nicht, kann in folgenden Fragen bestehen:

1. Welche Folgen für Menschen und Sachen (Güter) hat ein Systemfehler der Produktionsanlage, der bei menschlicher (Nach-) Kontrolle mit größerer Wahrscheinlichkeit hätte vermieden werden können?

2. Welche Folgen für Menschen und Sachen (Güter) hat ein Systemfehler der Produktionsanlage, der bei maschineller, zum Beispiel expertensysteminduzierter Kontrolle mit größerer Wahrscheinlichkeit hätte vermieden werden können?

3. Sind die Folgen abschätzbar, überhaupt vergleichbar und sind sie in abwägender Haltung durch den Systembetreiber zu verantworten?
4. Auf welcher Norm begründet sich die vom Systembetreiber eingeschätzte Verantwortbarkeit der Folgen und ihrer Eintretenswahrscheinlichkeit in beiden Fällen?
5. Sind die Fragen nicht oder nur mit sehr großem Aufwand zu beantworten, den der Systembetreiber nicht vertreten will, so ist nach der Norm zu fragen, die ein Einsatz oder Nicht-Einsatz z. B. einer entscheidungsautomatisierenden Technologie rechtfertigen kann.

Es ist offenkundig, daß die Prüfung dieser Fragen eines bestimmten Zeithorizontes bedarf, der sich billigerweise am Planungs- und Entscheidungshorizont messen muß. Man sieht auch, daß solche Entscheidungen nicht unter Zeitdruck gefällt werden sollten, weil sie der sorgfältigen Prüfung aller obwaltenden Umstände bedürfen - einschließlich der Ermittlung der Betroffenen und der Sorge darum, ihnen Gehör zu verschaffen.

In der Regel wird der Systembetreiber nicht ein einzelnes Subjekt sein, sondern eine Institution. (Firma, Behörde, Arbeitsgruppe etc.) Die Probleme einer Ethik institutionellen Handelns (vgl. z.B. HUBIG 1982) bis hin zu einer kollektiven Ethik (JONAS 1979) sind bei weitem nicht gelöst,[7] jedoch kann man sich auf eine Minimalforderung verstehen, wenn man letzlich die Verantwortung einem leitenden Subjekt zuweist, das stellvertretend (auf Zeit) für die Institution steht: Um die Entscheidung verantworten z können, wird die Institution bestrebt sein müssen, dem verantwortlichen Leitungssubjekt soviel wie möglich "gute Gründe" zu liefern. Der Aufwand für dieses Bereitstellen von Wissen ist erfahrungsgemäß proportional zur Extension des Enstcheidungshorizontes, also zur Reichweite der zu verantwortenden Entscheidung.

Wieder gilt, daß die entscheidunsbeschleunigenden Faktoren in der Technik und ihrer Anwendungsstruktur liegen und nicht allein im - wie immer auch zu bewertenden - Streben nach einer optimalen Verwertung einer Technologie. Da der Computer all das kann, was formal möglich ist, wird das Mögliche auch genutzt. Die Nutzung des Formalen erweitert die Reichweite formal unterstützter Entscheidungen - das ist ja eben der große Vorteil, den man mit dem Computer ausnutzt.

In der Regel sind jedoch die Entscheidungssituationen, in denen gehandelt werden muß, und bei denen man sich mittels Computer eine Unterstützung erhofft, eher komplex. Unter Komplexität soll hier nicht die Anzahl möglicher Einzelprobleme oder der Vernetzungsgrad eines Problems (einschließlich möglichen nichtlinearen Verhaltens) verstanden werden, sondern der Umstand, daß sich während der Problemlösung die Strukturen und die Bedingungen, die Grundlage für die Entscheidung waren, ändern. Streng genommen ist dann auch formal kein Hilfsmittel mehr angebbar, wie man ein solches Problem lösen könnte.[8] In der Regel geht man dann "heuristisch" vor.

In einer solchen Lage gehört es wohl unstrittig zum verantwortlichen Handeln, daß man sich der prinzipiellen Mangelhaftigkeit des Wissens, das zur Entscheidung beitragen soll, bewußt wird und dies im Diskurs auch offen ausspricht. Die Unvollständigkeit der Entscheidungsgrundlage ist in der Praxis sogar die Regel, wenn auch aus verschiedenen Gründen. Der Computer suggeriert jedoch eine Vollständigkeit, die er formal nur liefern kann, wenn die Probleme *einfach* (= nicht komplex im obigen Sinne) sind, aber die nicht mehr gegeben ist, wenn komplexe Systeme entschieden werden müssen.

Eine Entscheidung bei einer mehr oder weniger unvollständigen Basis des Wissens zu vertreten, fällt einer Institution wohl leichter als einem einzelnen Subjekt, da die Erfüllung der Pflicht, sich um Information und Wissen zu bemühen, eher einer Institution als einer einzelnen Person zugeschrieben wird. Daß dies ein Irrtum ist, weiß man aus der politischen Praxis. Gleichwohl hat eine Institution in

---

[7]Vergleiche auch die Kontroverse darüber bei ROPOHL 1993 und Kritiken von ZIMMERLI und anderen in *Ethik und Sozialwissenschaften* EuS 4 (1993) Heft 4 (Im Druck)
[8]Vergl. KORNWACHS, LUCADOU 1984. Man kann in der Tat zeigen, daß komplexe Systeme im obigen Sinne nicht mehr vollständig beschreibbar sind - d.h. daß das Wissen über sie prinzipiell unvollständig ist. Damit ist auch jede theoretische Basis und jeder prognostische Versuch unvollständig.

der Regel die besseren Möglichkeiten, trotz prinzipieller Ungewißheit, soviel wie möglich an Wissen zu einer Entscheidung beizutragen, auch wenn Institutionen eigene Zwecke und Ziele verfolgen, und somit - auch intentional gesehen - Subjektcharakter haben können.

Hinzu kommt, daß Institutionen eher in der Lage sind, den oben geforderten Diskurs in der notwendigen Breite zu initiieren und durchzuführen. Dabei spielt es eine entscheidende Rolle, daß der Diskurs, <u>wenn</u> er einmal geführt wird, bereits eine Institution im weitesten Sinne darstellt.

4. Diskursprinzipien

Diskutiert man solche Fragen, dann zeigt sich immer wieder, daß es drei Prinzipien sind, die es erst ermöglichen, daß zwischen Handlungssubjekt (Betreiber) und Instanz (Betroffenem) - mit den oben genannten Modifikationen hinsichtlich der "Realisierung" des Verantwortungssubjekts) ein Diskurs entsteht, der schließlich eine Entscheidung als (immer) vorläufig legitimiert herbeiführen kann:

Prinzip der Mehrwertigkeit:

> Es muß keinen einzelnen, primären Wert geben, dem sich alle anderen Werte unterordnen müßten - sofern Konsens besteht, kann man sich darauf einigen.
>
> Es kann Werte geben, die gleichrangig sind.
>
> Es kann Werte geben mit einer in der Zeit veränderlichen Präferenzrelation.

Das Prinzip der Mehrwertigkeit ist erst dann als Prinzip praktikabel, wenn es nicht auf sich selbst angewandt werden darf: <u>Daß</u> mehrere Werte konkurrierend überhaupt in der Debatte als Argumentation benutzt werden dürfen, schließt nicht ein, daß ein Meta-Wert wie: "Es darf nur einen primären leitenden Wert geben und er heißt xyz" ebenfalls im Rahmen der Mehrwertigkeit zugelassen wäre. Positiv gewendet heißt dies, daß ein Prinzip der Mehrwertigkeit ohne den Wert, der dieses Prinzip ausmacht, nicht auskommt.

Prinzip der Kontextualität:

> Was in einer Kommunikationsgemeinschaft (z.B. im Rahmen der Institutionen eines Technikherstellers, Softwarelieferanten etc.) einen Wert darstellt, ist nicht unbedingt für eine andere Kommunikationsgemeinschaft (z.B. eine Benutzervereinigung) ein Wert.[9]

Diese "multikulturelle" Erfahrung setzt sich fort bis zur Erfahrung bei verschiedenen "Firmenkulturen" (als innerbetrieblicher Kampfbegriff gelegentlich "Corporate Identity" genannt), Disziplinen und verschiedenen Abteilungen und Arbeitsgruppen. Gerade da wir nicht alles wissen können, und unser - auch technisches Wissen - in der Regel vage ist, wenn es nicht gerade unser Spezialgebiet betrifft, stellt das Feststellen von Unterschieden und deren zumindest vorläufige Akzeptanz ein Akt der Klugheit dar, der geboten ist.

---

[9]Auf die Frage, wie Werte selbst entstehen und begründet werden können, kann hier, auch aus Umfangsgründen nicht eingegangen werden. Diese Frage setzt nicht nur eine Auseinandersetzung mit der Geschichte von Werten, sondern auch mit den in verschiedenen Kommunikationsgemeinschaften geltenden verschiedenen Begründungs- und Instandsetzungsmethoden voraus.
Eine Technikfolgenabschätzung selbst wird diese Auseinandersetzung wohl nicht leisten können. Deshalb muß sie ja auch in den ethischen Diskurs kulturell und politisch eingebettet sein.

Prinzip der Interkontextualität:

    Zwischen den Werten,

    den Präferenzrelationen und

    den Diskursregeln

verschiedener Kommunikationsgemeinschaften müssen Transformationsregeln erarbeitet werden.

Das Erarbeiten solcher Transformationsregeln wird als Bedingung der Möglichkeit von ethischen Diskursen zwischen den Kommunikationsgemeinschaften zur Pflicht.[10]

Dieses Prinzip darf ebenfalls nicht dem Prinzip der Mehrwertigkeit unterworfen werden, da es sonst unpraktikabel gemacht werden könnte.

Es ist klar, daß das Erarbeiten von Transformationsregeln Zeit benötigt, ebenfalls benötigt die Vertretungsregelung verschiedener Kommunikationsgemeinschaften Zeit. In der betrieblichen Praxis spricht man hier oft von Abstimmungsaufwand den man dann als Ursache für die zeitliche Verzögerung einer Entscheidung benennt. In der Politik gibt es ähnliche Argumentationsmuster.

Das Prinzip der Interkontextualität scheint eine notwendige Voraussetzung bei der Institutionalisierung von Diskurs zu formulieren. Von einer Technikfolgenabschätzung würde man sich wünschen, daß sie in Eigenforschung und durch eine "Inszenierung des Wissens" (H. Krupp) Konsens verhandelbar machen kann. Durch Einbeziehen eines Netzwerkes, d.h. anderer Institutionen und Wissensquellen und durch die themengeleitete Organisation des Diskurses sollte sie auch in der Lage sein, Konsens zwischen Handlungssubjekten und Instanz zu stiften. Dann wäre sie auch als ein ethisches Projekt legitimierbar.

5. Zeittransformation im Diskurs

Angewendet auf das Problem der möglichen Tangierung der Bedingungen für verantwortliches Handeln durch die Verschiebung der Zeithorizonte, ergibt nun das Prinzip der Interkontextualität eine Forderung, die sich im Dilaog um Technikkritik, Technikpolitik und Technikverantwortung als nützlich erweisen könnte.

In den verschiedenen Kommunikationsgemeinschaften kann man davon ausgehen, daß die notwendigen Zeithorizonte, die für Planung und Handlung angesetzt werden, von denen anderer Kommunikationsgemeinschaften verschieden sind. So ist das Verhältnis zur Zeit in verschiedenen Kulturen ein jeweils anders bestimmtes gewesen, selbst verschiedene Disziplinen fassen Zeit verschieden auf. So ist es auch nicht verwunderlich, daß Anwender und Hersteller beispielsweise von den erforderlichen Zeithorizonten für Lernprozesse, Einführungszeiten für neue Systeme, Umstellungen für Organisationen und dergleichen unterschiedliche Vorstellungen haben.

Diese unterschiedlichen Vorstellungen kommen, um dies thesenartig verkürzt auszudrücken, aus unterschiedlichen Wertevorstellungen. Ob man für etwas *Zeit braucht*, hängt davon ab, ob man meint, sich Zeit nehmen zu müssen - also ob eine Verpflichtung dahinter steht, die zur Verfügung stehende Zeit diesem oder jenem Problem zu widmen. Was wichtig ist, *bekommt* auch sein Zeitkontingent in der individuellen wie in der institutionellen Entscheidung. Was jedoch wichtig ist, bestimmt sich dadurch, was letzlich durch Wertepräferenzen festgelegt wird - also durch eine Werteentscheidung.

---

[10] Anders wäre ein vernünftiges Gespräch zwischen Befürwortern und Gegnern einer bestimmten Technologie nicht möglich - man denke an die Auseinandersetzung um Umweltbelastung, Toxizität oder Kernenergie.

Diskutiert man deshalb zwischen verschiedenen Kommunikationsgemeinschaften unterschiedliche Zeithorizonte, so verhandelt man implizit Werte. Das Prinzip der Interkontextualität verlangt dann, daß man zwischen den verschiedenen Zeithorizonten im Diskurs Transformationsformeln finden muß, sodaß für jede Kommunikatonsgemeinschaft das für eine verantwortliche Entscheidung notwendige ausgewogene Verhältnis der Zeithorizonte zustande gebracht werden kann. Jede Ausübung von Zeitdruck wäre in diesem Zusammenhang dann eine Verletzung von Mehrwertigkeit und Kontextualität.

Literatur

ANDRES, G.: Die Antiquiertheit des Menschen. Bd.1, Über die Seele im Zeitalter der zweiten industriellen Revolution. C.H. Beck, München 1992, 7. Aufl.

APEL, K.-O.: Ist die philosophische Letztbegründung moralischer Normen auf die reale Praxis anwendbar? In: Funkkolleg Praktische Philosophie/Ethik, Studienbegleitbrief 8, Kollegstunde 20, S. 72-100. Deutsches Institut für Fernstudien, Tübingen 1981 (Beltz, Weinheim 1981)

BULLINGER, H.-J., KORNWACHS, K.: Expertensysteme. Anwendungen und Auswirkungen im Produktionsbetrieb. C.H. Beck, München 1990

HUBIG, Ch. (Hrsg.): Ethik institutionellen Handelns. Campus, Frankfurt a.M., New York 1982

JONAS, H.: Prinzip Verantwortung. suhrkamp Frankfurt a.M. 1979 und weitere Auflagen

KORNWACHS, K., LUCADOU, W. von: Komplexe Systeme. In: KORNWACHS 1984, S. 110-165

KORNWACHS, K. (Hrsg.): Offenheit - Zeitlichkeit - Komplexität. Zur Theorie der Offenen Systeme. Campus Frankfurt a.M., New York 1984

KORNWACHS,K., BETZL, K.,BERNDES, S., NIEMEIER, J., PRAEGERT, M., WASSERLOS, G., WETZELS, W., WEISBECKER, A.: Auswirkungen der Softwaregestaltung. Vorstudie zur Technikfolgenabschätzung für das Bundesministerium für Forschung und Technologie, Bonn. Aus dem Fraunhofer-Institut für Arbeitswirtschaft und Organisation, Stuttgart 1992

KORNWACHS, K.: Mensch und Technik - zur systemischen Gestaltung der Informations- und Kommuniationstechnologie. Edition SEL-Stiftung Springer Heidelberg, Berlin 1993 (im Druck).

LENK, H.: Verantwortungsbegriffe in der Technik. In: LENK, ROPOHL 1987, S. 112-148

LENK, H., ROPOHL, G. (Hrsg.): Technik und Ethik. Reclam, Stuttgart 1987.

LITTLEWOOD, B., STRIGINI, L.: Software - das unterschätzte Sicherheitsrisiko. Spektrum der Wissenschaft Januar 1993,S. 64-72

ROPOHL, G.: Das Risiko im Prinzip Verantwortung. Ethik und Sozialwissenschaften EuS 4 (1993) (im Druck)

SPAEMANN, R.: Die technologische und ökologische Krisenerfahrung als Herausforderung an die Praktische Vernunft. In: Funkkolleg Praktische Philosophie/Ethik, Studienbegleitbrief 6, 15 Kollegstunde, S. 47-69. Deutsches Institut für Fernstudien Tübingen 1983 (Beltz, Weinheim 1981)

SLOTERDIJK: Kritik der zynischen Vernunft Bd.1. suhrkamp Frankfurt a.M.1983

ZIMMERLI, W. Ch.: Wandelt sich die Verantwortung mit dem technischen Wissen? In: LENK, ROPOHL 1987, S. 92-111

ZIMMERLI, W. CH.: Was hat Ethik mit Technik zu tun? Der Mensch und sein Handeln im technologischen Zeitalter. In: Wils, J.P., Mieth, D. (Hrsg.): Ethik ohne Chance? Attempto, Tübingen 1991, S.69-88

Sektion 2

Ethik und ihre Anwendung

Viola Schubert-Lehnhardt

Das Verständnis von Verantwortung für Gesundheit - Wertewandel und Probleme bei gesellschaftlichen Umbrüchen

Verantwortungsprobleme speziell auch in der Gesundheitsförderung lassen sich auf drei Ebenen realisieren: die individuelle (bis hin zur familiären), die professionelle (Ärzte, Gesundheitswesen insgesamt, Sozialarbeiter usw.) und die kommunale (bzw. staatliche). Ethische Probleme entstehen verstärkt u.a. dadurch, welche der Ebenen den Vorrang bekommt.

Durch den Übergang der postsozialistischen Länder zum System der freien Marktwirtschaft haben hier einschneidende Veränderungen in den Präferenzen stattgefunden, die bestehende Probleme weiter verschärft haben. Ich möchte daher in meinem Referat zunächst

- als Ausgangspunkt kurz das im Sozialismus erwünschte und real praktizierte Verständnis von Verantwortung für Gesundheit umreißen;
- dann in einem 2. Schritt die Auswirkungen des quasi "über Nacht" erfolgten Bruchs mit bestimmten "Selbstverständlichkeiten" und eingeschliffenen Verhaltensweisen am Beispiel Ostdeutschlands aufzeigen;
- um dann abschließend auf den erfolgten Wertgewinn und Wertverlust im Prozeß des Überganges von einem paternalistischen zu einem autonomieorientierten Gesundheits- und Sozialwesen einzugehen.

1) Das in den postsozialistischen Ländern vorherrschende Verständnis von Gesundheit und seine Auswirkungen auf entsprechende Verhaltensweisen der Bürger[1]

Sowohl das Verständnis von Verantwortung im allgemeinen, als auch in bezug auf Gesundheit im speziellen ist im engen Zusammenhang mit dem "marxistischen"[2] Menschenbild und der dort vertretenen Beziehung von Individuum und Gesellschaft zu sehen. Damit ist ein weites Feld abgesteckt, in das das Thema einzuordnen ist, ohne das es hier aus Platzgründen erschöpfend behandelt werden kann.

Für die Beurteilung des Verhältnisses der Bürger zum staatlich organisierten Gesundheitsschutz trifft m.E. die von Kellner und Soldan für das gesamte gesellschaftliche Leben in der sozialistischen Gesellschaft getroffene Einschätzung der **patriarchalischen Fürsorglichkeit**[3] zu.

N.B. ist hier der Begriff "patriarchalisch" im wahrsten Sinne des Wortes angemessener als der, in der medizin-ethischen Literatur heute anzutreffende Begriff "paternalistisch". Allerdings nicht nur für die postsozialistischen Länder - z.B. wurde über die neue Regelung des Schwangerschaftsabbruches in Deutschland, also über eine in erster Linie und vor allem die Frauen betreffende Regelung, in der Hauptsache durch Männer abgestimmt und entschieden - auf diesen interessanten, und m.E. für das gesamte Feld des Gesundheitswesens durchaus als typisch anzusehenden Aspekt kann leider nicht weiter eingegangen werden. Er sollte jedoch zumindest genannt werden. Die sich derzeit in vielen Ländern entwickelnde feministische Bioethik (bzw. "care ethics" als ein neues Konzept von "bioethics") hat hier deshalb bewußt mit einer neuen Art des Herangehens und Wertens medizinethischer Fragen begonnen.

In der sozialistischen Gesellschaft wurde von einer grundlegenden Interessenübereinstimmung aller Mitglieder ausgegangen, von der wiederum die Berechtigung zur Umsetzung von (autoritären) Normen durch die

Gesellschaft/den Staat abgeleitet wurde - in bezug auf den Gesundheitsschutz z.B. die Fürsorge des Staates für die Gesundheit seiner Bürger (was zunächst durchaus als positiver Wert einzuschätzen ist). Diese möglichst allumfassende Fürsorge führte jedoch u.a. auch dazu, daß Verantwortung für Gesundheit in erster Linie auf seiten des Staates gesehen wurde. Zentral angeordnete, organisierte und durchgeführte Reihenuntersuchungen, Pflichtschutzimpfungen etc. haben diese weiter Sichtweise begünstigt.

Kellner und Soldan schreiben, daß durch die Auflösung der "société civile" (einer vom Staat relativ unabhängigen Wirkungssphäre der Bürger) Desinteresse, Mangel an Initiative, Verantwortung und Risikofreude ständige Begleiterscheinungen sozialistischer Entwicklung waren[4] - dies galt auch auf dem Gebiet der Gesundheitssorge. Hier kommt hinzu, daß eine Reihe durchaus vorhandener anderer Ansätze, z.B. die Gründung von Selbsthilfegruppen und Patienteninitiativen oftmals administrativ verhindert und ideologisch verketzert wurde. Lediglich im Rahmen der Kirche konnten sich einige Formen und Gruppen entwickeln.[5] Gleiches trifft auf die in modernen Industriestaaten üblichen Bürgerinitiativen zur Lösung solcher, die Gesundheit der Bevölkerung beeinflußender Probleme wie Umweltschutz, behindertengerechte Verkehrs- und Wohnlagen, Anlage von Kinderspielplätzen und Freizeiteinrichtungen (z.B. an Stelle von Parkplätzen) etc. zu. Das heißt, das Individuum im Sozialismus war entscheidender Triebkräfte subjektiver und intersubjektiver Aktivität innerhalb der Gesellschaft beraubt, seine theoretische und praktische Autonomie vielfach eliminiert[6].

Diese, durch das gesamte Lebensgefüge und Erziehungssystem in der DDR geprägte Haltung widerspiegelt sich sich auch im Gesundheitsverhalten der Bürger bzw. in ihrem Umgang mit den Einrichtungen und Leistungen des Gesundheitswesens. Zentraler Punkt, der sich durch alle heutigen Beschreibungen "des" Patienten/"des" Bürgers der DDR hindurchzieht, ist dessen mangelnde soziale Kompetenz, gepaart mit sozialer Passivität. Sehr treffend schreibt Kunzendorff, daß "der größte Teil der früheren DDR-Bevölkerung unzureichend gelernt hat, sich selbst zu behaupten, Entscheidungen im öffentlichen Leben frei zu wählen und zu erkämpfen und dabei anforderungsgerechte Konfliktlösungen zu entwickeln"[7]. Dadurch wurde die Herausbildung einer eher passiven "Anspruchsmentalität" bzw. einer Sichtweise von "Recht auf Dienstleistungen des Gesundheits- und Sozialwesens im Krankheits- und Versorgungsfalle" begünstigt; häufig noch verbunden mit einem Vakuum an Kenntnissen, Erfahrungen und Verantwortungsbewußtsein. Diese Mentalität hat auch mit zur Herausbildung eines risikovollen Lebensstiles bei einem großen Teil der Bevölkerung geführt, da man meinte, für den Fall des Eintritts eines Schadens "abgesichert" zu sein.

2) Auswirkungen des plötzlichen Bruches mit bisher üblichen Verhaltensweisen und Denkstrukturen:
- Junge Mütter verlassen häufig aus Unkenntnis, daß Untersuchungen und Impfungen Neugeborener jetzt explizit abzufordern sind, die Klinik ohne die früher vom medizinischen Personal "automatisch" durchgeführten Untersuchungen und Maßnahmen. Von den Ärzten wird deshalb befürchtet, daß eine Reihe bereits als überwunden angesehener Krankheiten (wie z.B. Poliomyelitis) dadurch wieder neu auftreten werden.
- Früher in bestimmten Abständen erfolgende regelmäßige (und kostenlose) Untersuchungen von Kindern und Jugendlichen werden nicht mehr von allen Eltern wahrgenommen, auftretende Fehlentwicklungen dadurch erst sehr viel später erkannt, sie sind dann nur mit größerem Aufwand und teilweise nicht mehr vollständig zu korrigieren.

- Durch den Wegfall der früher während der Arbeitszeit möglichen Untersuchung nehmen auch viele Erwachsene jetzt die ihnen angebotenen Möglichkeiten prophylaktischer Maßnahmen nicht mehr in notwendigem Umfang war. Allgemein wird eingeschätzt, daß auch prophylaktische Kuren und rechtzeitige Behandlung kleinerer Schäden aus Angst vor Verdienst- und Arbeitsplatzverlust weniger in Anspruch genommen werden. Weitere Ursachen dafür sind in der Unsicherheit bzw. Unkenntnis über neue Möglichkeiten bzw. Wege der Erlangung dieser Maßnahmen zu sehen (wie ist z.B. ein Kurantrag zu stellen), sowie im Wegfall des Prinzips der Unentgeltlichkeit für eine ganze Reihe von Leistungen (auf die derzeit in Deutschland laufende Strukturreform des Gesundheitswesens, insbesondere die zu erwartenden Auswirkungen der Karenztage ohne Lohnfortzahlung, kann hier nur verwiesen werden).

- Hinzu kommt, daß der Bürger nun selbst entscheiden soll/muß, in welcher Qualität (und damit mit welchem Anteil an Eigenfinanzierung) er eine bestimmte Maßnahme (z.B. Zahnersatz) oder ein bestimmtes Medikament wünscht. In Deutschland sind es oft gerade die neuen Bundesbürger (aber nicht nur sie), die auf solche Entscheidungen nicht vorbereitet sind. Da die Bürger zum Umgang mit der ihnen nun abverlangten Autonomie kaum befähigt worden sind, betrachten sie sie daher häufig nicht als Wert.

- Als weiteres Beispiel sei der Wegfall solcher früher "zwangsweise" (paternalistisch) durchgeführten staatlichen prophylaktischen Maßnahmen wie Fluoridierung von Trinkwasser oder Jodierung des Speisesalzes genannt. Auch hier zeigt sich, daß Freiheit und Selbstbestimmung allein als Werte eines von Gedanken der Autonomie ausgehenden Gesundheitswesens keinesfalls zu prophylaktischem Denken und gesunder Lebensführung führen müssen. In der DDR z.B. gingen durch die umfassende Verwendung jodierten Speisesalzes sowohl in den Haushalten als auch Gemeinschaftsküchen die Schilddrüsenerkrankungen bei Neugeborenen von 12% auf 1% in den 80er Jahren zurück. Bei Jugendlichen nahm die Häufigkeit um 30 - 50%, bei Erwachsenen um weitere 10% ab. In Westdeutschland hat das Recht der "freien Verbraucherentscheidung" keinesfalls zu solchen Ergebnissen geführt - 6% der Neugeborenen leiden an Struma - insgesamt bildet Westdeutschland das Schlußlicht im europäischen Bereich[8].

Diese, keinesfalls vollständige Aufzählung von Verhaltensweisen und daraus resultierenden Problemen zeigt m.E., daß der von außen aufgezwungene bzw. "übergestülpte" Wertewandel von einem paternalistischen Gesundheitssystem zu einem, daß wesentlich durch die Autonomie der Bürger bestimmt werden soll nicht automatisch zur Umsetzung dieser Werte in entsprechende gesundheitsfördernde Verhaltensweisen führt. Es muß auch darauf verwiesen werden, daß es sich vielfach nur um eine scheinbare Autonomie handelt, denn Freiheit und Selbstbestimmung des einzelnen sind im System der freien Marktwirtschaft, das auch einen Markt für Gesundheitsdienste und -leistungen hervorbringt, eben auch diesem Markt, seinen Gesetzen und Prinzipien unterworfen. Freiheit ist auch hier vielfach nur die Freiheit desjenigen, der sich die autonom gewählte gesundheitliche Betreuung finanziell leisten kann.

<u>3) Einschätzungen zum Wertgewinn und Wertverlust für die Bürger der neuen Bundesländer durch die eingetretenen Veränderungen</u>

Aussagen zu diesen Einschätzungen sind zunächst nach den Gruppen der Ärzte, des mittleren medizinischen Personales und den Patienten zu differenzieren. Die jeweiligen Veränderungen können hier nur summarisch angeführt werden, ausführlich ist dies in unserer Studie erläutert[9].

Wertgewinn für den Patienten/Bürger
- freie Arztwahl

Diese Möglichkeit gehörte auch in der DDR zu den verfassungsmäßig verankerten Rechten der Bürger. Allerdings klaffte hier (wie in vielen anderen Bereichen auch) meist ein Widerspruch zwischen den proklamierten Rechten bzw. angestrebten sozialistischen Idealen im Gesundheitswesen und der Wirklichkeit[10]. Ohne hierauf näher eingehen zu können sei an dieser Stelle vermerkt, daß dieser Widerspruch zwischen Anspruch und Realität nicht nur für die sozialistischen Länder typisch war (und ist) - auf die deshalb seit Jahrzehnten geführten medizin-ethischen Debatten kann hier nur summarisch verwiesen werden. Das Typische für die sozialistische Gesellschaft ist also weniger in der Existenz als vielmehr im Umgang mit diesen Widersprüchen zu sehen.[11]

An dieser Stelle sei darauf hingewiesen, daß die vorgelegte Analyse des Wertewandels gegenwärtig mehr auf theoretisch-analytischen Literaturdarstellungen beruht; seitens ihrer Verifizierung durch soziologische Erhebungen ist momentan noch ein Forschungsdefizit zu konstatieren. Es ist m.E. hervorhebenswert, daß sich bisher durchgeführte Untersuchungen überwiegend nur mit den Erwartungshaltungen der Ärzte an die Umgestaltung des Gesundheitswesen (z.B. Felsch u.a., 1991) bzw. mit der inzwischen für diese Berufsgruppe eingetretenen Situation nach der Wende beschäftigen (Dathe/Werner, 1991; Reckers, 1992; Deppe et.al., 1993). Demgegenüber gibt es bisher weder publizierten Studien zur Situation des mittleren medizinischen Personals[12] noch zu den Erwartungshaltungen bzw. heutigen Wertungen aus der Sicht des Patienten/Betroffenen. Hier herrscht daher verstärkt Handlungs(Forschungs)bedarf. Dies m.E. um so mehr, da vergleichende Erhebungen zur Gesundheitszufriedenheit der Bevölkerung in den alten und neuen Bundesländern nach der Vereinigung (z.B. Habich et. al. 1990; Dehlinger/Ortmann 1991) eine größere Zufriedenheit der Bevölkerung in den neuen Bundesländern ausweisen. Als mögliche Ursachen für diese größere subjektive Zufriedenheit bei objektiv ungünstigerer gesundheitlicher Lage werden zum einen ein anderes Gesundheitsverständnis (mehr auf körperliche Aspekte denn auf Wohlbefinden insgesamt ausgerichtet) als auch der Fakt angeführt, daß unter der Vielzahl der Lebensfaktoren, mit denen die Bevölkerung in den neuen Bundesländern unzufrieden ist, Gesundheit nur einer und nicht der wichtigste ist.

Weitere in der Literatur genannte Positionen des Wertgewinnes für den Bürger sind:
- breitere Aufklärung
- Mitbestimmung bei Auswahl der Diagnose- Therapie- und Rehabilitationsmöglichkeiten
- Wegfall von einer Reihe von Pflichtuntersuchungen und Bevormundungen zur Wahrnahme bestimmter Leistungen
- größere Palette der angebotenen Leistungen
- Möglichkeiten zur Gründung von Selbsthilfegruppen bzw. Wahrnehmung ihrer Angebote
- Realisierung von Eigenverantwortung und Umsetzung persönlicher Wertvorstellungen und Lebensziele
- Möglichkeit zur Gründung und Mitarbeit in Patienteninitiativen.[13]

Wertgewinn für mittleres medizinisches Personal
- Wegfall berufsfremder Arbeitsaufgaben (z.B. Reinigungsarbeiten etc.), dadurch Zeitgewinn für Arbeit mit Patienten
- klarere Aufgabeneinteilung

Wertgewinn für den Arzt
- Befreiung von berufsfremden Auflagen (Wegfall von verordneten Versammlungen, bestimmten Berichten etc.)
- mehr Entscheidungs- und Gestaltungsfreiheit
- Verwirklichung eines befriedigenden (auch in der DDR angestrebten) Arzt-Patient-Verhältnisses im Sinne des Hausarztprinzipes
- damit verbunden größere Arbeitsfreude und Zufriedenheit, Ansehenssteigerung und Patientenzuwendung.

Demgegenüber wird als Wertverlust für den Patienten angeführt:
- strikte Trennung zwischen ambulanter und stationärer Behandlung sowie Untersuchung und Behandlung; dadurch Mehraufwand an Zeit, Dopplung von Untersuchungen (zusätzliche Kosten); und Wechsel des Personals, vertrauensvolle Beziehung muß stets neu aufgebaut werden
- Verlust der Betriebspolikliniken und div. Dispensaire (z.B. für Diabetiker)
- Wegfall einer Reihe präventiver Maßnahmen und Untersuchungen
- Abkehr von der Impfpflicht
- Selbstbestimmungsprinzip kann aus Kostengründen nicht seine volle Entfaltung erfahren, d.h. die früher aus strukturellen Gründen nicht gewährleistete Autonomie des Patienten ist heute oftmals aus finanziellen Gründen wiederum nicht gegeben
- Klassenmedizin bzw. generelle Ausgrenzung von immer mehr Menschen/Patientengruppen aus der Solidargemeinschaft
- hohe Selbstbeteiligung, dadurch teilweise Verzicht auf Leistungen des Gesundheitswesens (ist bisher vor allem durch den drastischen Rückgang bei der Inanspruchnahme von Kuren in den neuen Bundesländern thematisiert worden) bzw. verzögerter Arztbesuch; beides ist sowohl unter prophylaktischen Aspekten als auch vom Gesichtspunkt der Endkosten einer (verspätet behandelt und damit weiter fortgeschrittenen) Krankheit negativ zu sehen
- mangelnde Durchschaubarkeit des Angebots- und Versicherungssystems, daher wählen die Betroffen oft nicht das für sie persönlich vorteilhafteste Angebot aus
- verändertes Krankheitspanorama auf Grund einer Vielzahl von bisher unbekannten oder sich verstärkenden psychosozialen Benachteiligungen und interferierenden Streßfaktoren, die zu psychonerval und behavioral vermittelten Störungsformen führen[14].

Wertverlust für mittleres medizinisches Personal
- Wegfall bestimmter Sozialleistungen (z.B. verkürzte Arbeitszeit für Mütter mit kleinen Kindern etc.)
- größere Arbeitsbelastung
- Rückgang von Kollegialität

Wertverlust für den Arzt
- Niederlassungszwang durch Schließung bzw. Wegfall der Unterstützung für Polikliniken und Ambulatorien
- unüberschaubarer Pharmamarkt, Macht der Pharmakonzerne
- übertriebener Datenschutz (z.B. Behinderung bestimmter Forschungen durch nicht-Weiterführung vorhandener Register)
- Kommerzialisierung und Vermarktung der Arzt- Patient- Beziehung
- Ausprägung einer Klassenmedizin
- Unübersichtlichkeit der Versicherungs- und Abrechnungssysteme (der o.g. Zeitgewinn durch Wegfall früherer berufsfremder Leistungen wird teilw. bereits wieder durch den notwendigen größeren Zeitaufwand bei der Abrechnung kompensiert)
- Rückgang der Kollegialität
- Verlust des bisherigen als gut eingeschätzen Fort- und Weiterbildungssystems.

<u>Resümee</u>

Die eingetretenen Strukturveränderungen und der beschriebene Wertewandel führen nun auch im Osten Deutschlands (ähnlich wie in den anderen postsozialistischen Ländern) zu der für die westlichen Länder seit langem bestehenden Frage, ob man sich verstärkt auf die Wahrnehmung der individuellen Verantwortung mit den dadurch auch gegebenen Risiken orientieren soll oder auf den Ausbau der professionellen und gesellschaftlichen Ebene. Auf keinem anderen Gebiet sind die Unterschiede in Westeuropa bezüglich der Gesetzgebung, bestehender Strukturen etc. so groß wie im Gesundheitswesen (s. z.B. Auffassungen über aktive und passive Euthanasie, Regelungen zum Schwangerschaftsabbruch u.a.m.). Insofern stellen die angeschnittenen Problemkreise unter dem Gesichtspunkt eines vereinten Europa auch zukünftig Schwerpunkte der medizin-ethischen Diskussion dar.

1. Wie in den westlichen Ländern hat es natürlich auch in den östlichen Ländern durchaus unterschiedliche Sichtweisen und Regelungen gegeben. Hier geht es mir um Darstellung der Grundtendenzen am Beispiel der DDR.

2. Der Begriff "marxistisch" ist in Klammern gesetzt um darauf zu verweisen, daß vieles, was in den damaligen Auffassungen und Publikationen als "marxistisch" interpretiert wurde, gerade eine Verkehrung der Marx'schen Gedanken war, d.h. zu unrecht mit dem Adjektiv "marxistisch" versehen wurde. Hier ist jedoch nicht der Raum, auf diese, erst am Beginn stehende erneute Auseinandersetzung mit Marx'schen Gedankengut und seiner Interpretation in den sozialistischen Ländern einzugehen.

3. vgl. Kellner E. Soldan A. Die Reduktion des Individuums - Versuch einer Auseinandersetzung mit der realsozialistischen Ethik. Deutsche Zeitschrift für Philosophie 39(1991)4, S.433
s. weiterhin dazu Hocek R. Vom Patriarchensozialismus zur sozialistischen Demokratie. Überlegungen zu einer neuen Theorie der Gesellschaft. In: Initial. Heft 1, 1990

4. s. Kellner/Soldan a.a.O., S. 432 - 433

5. Eine Darstellung dieser Probleme findet sich z.B. in: Selbsthilfegruppen - Entwicklungen in der DDR. Nakos. extra. Juli, 1990

6. vgl. wiederum Kellner/Soldan a.a.O.

7. Kunzendorff E. Arbeitslosigkeit: Psychosoziale Begleiterscheinungen, mögliche gesundheitliche Auswirkungen und ihre Bewältigung. Zeitschrift für ärztl. Fortbildg. 85(1993)23: 1139

8. s. die dazu vorliegenden Studien - Zusammengestellt in: "Staatlich verordnete Salzjodierung" in der DDR ließ Strumaerkrankungen zurückgehen. Jetzt geraten alle guten Ergebnisse in Gefahr. Neues Deutschland vom 31.3.1991

9. ausführlich s. die Studie "Wertgewinn und Wertverlust im Prozeß des überganges von einem paternalistischen zu einem autonomieorientierten Gesundheits- und Sozialwesen - die Auswirkungen der Reform im Gesundheitssektor auf präventive und curative Verhaltensweisen der Menschen im Osten Deutschlands als ein Beispiel für die Grundtenzenz dieser Entwicklung in den postsozialistischen Ländern Europas" - angefertigt V. Schubert-Lehnhardt und E. Luther im Auftrag der KSPW Halle

10. ausführlich habe ich mich damit beschäftigt in "Gesundheit und Gerechtigkeit" in: Schubert-Lehnhardt V. Ethik zwischen Anspruch und Wirklichkeit. Halle, 1992

11. bezüglich der Situation im Gesundheitswesen s. ausführlich die (in Anm. 9 genannte) Studie von Schubert-Lehnhardt und Luther

12. auf eine noch laufende Studie des ZAROF zur "Beschäftigungsgerechten Gestaltung der Arbeit im Pflegebereich der neuen Bundesländer - Anforderungen an eine präventive Sozialpolitik - dargestellt an ausgewählten Bereichen im Ost-West-Vergleich" sei deshalb hier explizit hingewiesen

13. Auch hier fällt wiederum auf, daß z.B. in einer von Wilhelm u. a. durchgeführten Untersuchung über Positionen Hallenser Ärzte zu Chancen und Risiken privater Niederlassung die befragten Ärzte eintretende Wertverluste bzw. -konflikte zwar für sich selbst jedoch nicht für Patienten und mittleres medizinisches Personal thematisiert haben. Die Studie ist publiziert in: Deppe U. Friedrich H. Müller R. Gesundheitssystem im Umbruch: Von der DDR zur BRD. Campus Verlag: Frankfurt/New York, 1993

14. Hierzu liegen noch keine repräsentativen, empririsch ermittelten Untersuchungsergebnisse aus den neuen Bundesländern vor -eine Prognose auf Grund erster Erkundungen wurde jedoch von Kunzendorff (s. Anm. 7) publiziert.

Matthias Kettner, Frankfurt

Anwendungsmodelle.
Über einige notorische Probleme im Diskurs der angewandten Ethik.

<u>Übersicht</u>: Unter "angewandter Ethik" verstehe ich Versuche, normative Moraltheorien in bestimmten Praxisbereichen zu verwenden oder so verwendbare Moraltheorien zu entwickeln, um dort anfallende Problemfälle besser, und zwar in einem moralisch qualifizierten Sinne von "besser", zu bewältigen. Bisher vor allem in bezug auf die Bereiche des therapeutischen und wirtschaftlichen Handelns sowie im Hinblick auf unsere Natureinstellungen haben sich dichte Diskurskomplexe angewandter Ethik entwickelt, nämlich Medizinethik, Wirtschaftsethik, Tier- und Umweltethik.

Das Kardinalproblem angewandter Ethik ist die Frage, wie mit den normativen Grundtheorien, die die angewandte Ethik, aller Kasuistik zum Trotz, vorausetzt,[1] das Theorie-Praxis Verhältnis angemessen berücksichtigt werden *kann*, in das angewandte Ethik, im Unterschied zu Grundtheorien, eintreten *muß*.

Angewandte Ethik, anders als der philosophische Rechtfertigungsdiskurs über normtive Grundtheorien, muß Anwendungsbedingungen reflektieren, die durch die tatsächliche Verfassung bestimmter Praxisbereiche vorgegeben sind und sich der moralischen Legislation entziehen. Das bekannte Prinzip

---

[1] Vgl. M. Kettner (1992): Drei Dilemmata angewandter Ethik. In: K.-O. Apel & M. Kettner (Hg.): Zur Anwendung der Diskursethik in Politik, Recht und Wissenschaft. Frankfurt: Suhrkamp (S. 9-28)

praktischer Rationalität - auch Kant benutzt es -, daß Sollen Können impliziert, stellt sich für angewandte Ethik vor allem in bezug auf die Verfassung durchschnittlicher Adressaten moralischer Präskriptivität, die in den unterschiedlichen Praxisbereichen erwartet werden können. (Ein Arzt kann als Arzt manches, und manches nicht, wenn er soll, was ein Unternehmer als Unternehmer kann bzw. nicht kann, wenn er soll, etc.) Das erfordert eine Reflexion auf die für die Begründung von normativen Theorien unerläßlichen Idealisierungen, insbesonders auf den Unterschied der hypothetischen Geltung eines präskriptiven Gehalts P (z.B. einer Norm) und dem Befolgtwerden von P unter gewissen Praktizierbarkeitsbedingungen (eines Praxisbereichs). Mit welchem Recht wird (in einem Anwendungsmodell) postuliert, daß der Adressat kann, was er soll?

Die Arbeit normativer Moraltheorie ist keineswegs erledigt, wenn sie ein Verfahren angibt, mit dem bestimmt werden kann, was die gültigen moralischen Sollensforderungen wären in einer möglichen Welt von als freie Willen vorgestellten Vernunftwesen; normative Moraltheorie muß vielmehr Verfahren angeben, mit denen aufgewiesen werden kann, was gültige moralische Sollensforderungen sind für Adressaten, die als konkrete Personen Handelnde in der wirklichen Welt sind. Diese Erweiterungsforderung ist charakteristisch für alle Programme von "angewandter Ethik" und wohl die theoretisch fruchtbarste Herausforderung, die von der angewandten Ethik auf die nicht angewandte ("reine") Ethik ausgeht.

Nun könnte man einwenden, die Erweiterungsforderung sei doch
trivialerweise erfüllt, da das Gültige eben das Gültige ist, und
wenn handelnde Personen in der wirklichen Welt meinen, nicht so
handeln zu können, wie sie rein als freie Willen betrachtet
handeln sollten, nämlich gemäß dem Gültigen, dann um so schlimmer
für die Personen (die so willensschwach, faul, geldgierig,
machthungrig, etc. sind) bzw. um so schlimmer für die reale Welt
(die so schlecht, ungerecht, strategisch, korrumpierend, etc.
ist). Kant hat bisweilen so gesinnungsethisch argumentiert.
Konsequentialistische, d.h. Handlungsergebnisse und -folgen
normativ berücksichtigende Moraltheorien (wie z.B.
Kontraktualismus und Utilitarismus) sind hingegen
Verantwortungsethiken in dem minimalen Sinne, daß sie sich ihre
Adressaten moralischer Sollensforderungen nicht nur als frei ihre
Intentionen bestimmende Willen vorstellen, sondern auch als mit
Voraussicht auf erwartbare Handlungsfolgen begabte Aktoren.
Diskursethik ist selbstverständlich eine Verantwortungsethik in
diesem Sinne. Das liegt schon in ihrem Universalisierungsprinzip
(*Prinzip U*) für reale praktische Diskurse, demzufolge für
moralische Richtigkeit Konsentierbarkeit, unter
Diskursbedingungen, seitens eines jeden Betroffenen notwendig
ist.

Die konsequentialistische Anreicherung der Adressatenvorstellung
in den konsequentialistischen Moraltheorien, ebenso wie in der
Diskursethik, kommt der Erweiterungsforderung entgegen, doch
offenbar nicht weit genug. Denn diese Moraltheorien sind so
angelegt, daß die - mit anderen Prinzipien zwar als dem

kantisch-deontologischen des Kategorischen Imperativs, doch eben mit *Prinzipien* operierenden - Verfahren, die sie zur Aufweisung gültiger moralischer Sollensforderungen ausarbeiten, *starke Idealisierungen* enthalten. Auch dort, wo solche Idealisierungen gedanklich in andere mögliche Welten als die Kant-Welt radikal freier Vernunftwesen leiten, leiten sie gedanklich doch stets in *idealisierte* mögliche Welten: z.B. in eine mögliche Welt von allwissenden Folgenkalkulierern; in eine Welt von unparteilichen Allesbeobachtern; von nimmermüden Optimieren; von gutgesinnten und sich deshalb hinter einen Schleier des Nichtwissens zurückziehenden Egoisten (Rawls) oder - in eine Welt von Personen mit Doppelmitgliedschaft in einer akutalen und in einer unbegrenzten potentiellen Kommunikationsgemeinschaft (Apel). Die Rechtfertigungstheorien von verschiedenen Prinzipienmoralen rekurrieren implizit auf verschiedene ideale Welten mit entsprechenden idealweltlichen Adressaten. Also nicht auf die Welt, wie sie wirklich ist. Die für angewandte Ethik essentielle Erweiterungsforderung aber fordert die Aufweisung gültiger moralischer Sollensforderungen für die Welt, wie sie wirklich ist.

Ich diskutiere einige hieraus entspringende Probleme. Insbesonders zeige ich, daß der von Klaus Günter eingeführte Begriff der "Anwendungsdiskurse"[2] theorietechnisch entbehrlich ist, da er kein Problem löst, das nicht schon vom generischen

---

[2] K. Günther (1988): Der Sinn für Angemessenheit. Anwendungsdiskurse in Moral und Recht. Frankfurt: Suhrkamp

Begriff praktischer Diskurse gelöst wird, und keinem der
Anwendungsprobleme entgeht, die sich für praktische Diskurse, dem
Anwendungsmodell der Apelschen Diskursethik, stellen.

Ich entwickele dann eine Matrix von Anwendungsproblemen der
Diskursethik, die an der Frage der moralischen Autorität von
Konsensbildungsprozessen orientiert ist. Tatsächlich kann ja
jemand Konsens, d.h. die geteilte Einwilligung, Zustimmung oder
Übereinstimmung, ganz unterschiedlich interpretieren. Man könnte
z.B. die entwicklungspsychologische Moralbewußtseinstheorie von
Lawrence Kohlberg als Heuristik nehmen und moralstufenspezifische
Interpretationen von Konsens ableiten. Auf Stufe 2 der
Kohlberg-Stufen wäre Konsens vielleicht als Gratifikation zu
beschreiben, auf Stufe 3 vielleicht als Affirmation von
Gruppenkonformität, auf Stufe 4 als anerkennenswerter Faktor
einer harmonischen Ordnung, auf Stufe 5 als ein
sozialvertragliches Instrument der Transformation von
eigennutzeninteressierter Kooperation in gemeinwohlorientierte
Kooperation, und auf der Spitze postkonventioneller
Konzeptualisierungen schließlich wäre Konsens vielleicht als ein
Gut zu beschreiben, dessen Gutsein darin besteht, daß es die
Reproduktion vernünftiger Autonomie ermöglicht.

Daß eine bestimmte konsente Sicht und Bewältigung einer
Problemlage *moralischen* Wert hat und deshalb für die, die zum
Konsens kommen, moralisch bindend ist, moralische
Verpflichtungskraft hat, läßt sich jedenfalls nicht hinreichend
einfach nur daraus erklären, daß jeder Teilnehmer aktiven oder
passiven Anteil im Prozeß der Artikulation dieser Sicht genommen

hat. Durch den passiven oder aktiven Anteil, den jeder genommen hat im Artikulationsprozeß der am Ende konsenten Sicht, hat zwar jeder Teilnehmer seine zumindest stillschweigende Zustimmung gegeben. Also hat der Konsens immerhin eine gewisse präskriptive Bindekraft unter den Teilnehmern. Denn nun kann jeder von jedem Teilnehmer erwarten, daß erwartet werden kann, daß man sich konform zum Konsens verhält; daß man sich nicht grundlos inkonsistent zu dem ausgedrückten Einverständnis (Konsens, Zustimmung) verhält. Als solcher genommen verkörpert er aber nur erst die *Authentizität* der Teilnehmer. Das ist zwar eine notwendige, doch keine hinreichende Bedingung dafür, daß der Konsens der Teilnehmer *moralische Autorität* hat. Nur wenn darüberhinaus diese präskriptive Bindekraft des Konsenses unter den Teilnehmern auf der geeigneten Art von Gründen beruht, ist diese authentische Bindekraft moralisch rational. Was als geeignete Art von Gründen zählen soll, das läßt sich nur im Licht moralischer Regeln und Prinzipien angeben und rechtfertigen bzw. von der Warte einer Moraltheorie aus, die solche Regeln und Prinzipien ihrerseits expliziert, rechtfertigt, systematisiert. Unter Voraussetzung von Apels Theorie der Diskursethik ist die Rationalität eines konsensuellen Diskursergebnisses, wenn (aber nicht immer nur dann wenn) es für einen präskriptiven Gehalt P spezifisch *moralische* Autorität beanspruchen will, mindestens durch die folgenden fünf Idealisierungen parametrisiert: (1) *Betroffenentotalisierung* – daß die Menge der Teilnehmer der Argumentation offen ist für die oder in relevanten Hinsichten zusammenfällt mit der Menge aller Betroffenen; (2) *Autonome*

Bedürfnisartikulation – daß jeder Beteiligte in der Lage ist, seine Bedürfnisse vernünftig zu interpretieren und daher angesichts der Frage, was denn seine Interessen wirklich sind, nonpaternalistisch das letzte Wort hat; (3) *Ideale Rollenübernahme* – daß jeder Beteiligte in der Lage ist, sich von seinen eigenen Interessen wenigstens hypothetisch zu distanzieren und sich in die Lage und Interessenperspektive eines jeden anderen zu versetzen; (4) *Machtdifferenzenausgleich* – daß eventuell bestehende Machtunterschiede zwischen den Beteiligten bei keinem der Beteiligten die Urteilsbildung maßgeblich beeinflussen; (5) *Transparenz* – daß alle Beteiligten die Interpretationen ihrer Interessen vorbehaltlos einander mitteilen, sich also nicht strategisch verhalten.

Geht man realistisch, wie es angewandter Ethik unabdingbar ist, von zwei allgemeinen lebensweltlichen Tatsachen aus – der Tatsache der Diversität von Moralen in der Lebenswelt, und der Tatsache, daß strategisches Handeln stets möglich ist, man also immer damit rechnen muß – dann lassen sich aus jeder dieser beiden Tatsachen in bezug auf jeden der genannten fünf Diskursparameter besondere Möglichkeiten des Fehlgehens von diskursiver Willensbildung markieren. Die Anwendung der Diskursethik in einem bestimmten, durch leitende Zwecke zweckgebundenen Kommunikationsprozess (z.B. dem der klinischen Ethikkomitees, als Hilfs-Überichartiger Beratungsorgane im Praxisbereich therapeutischen Handelns), hätte konstruktiv die Aufgabe, in bezug auf die bestimmten Zwecke des jeweiligen Handlungssystems hinreichende Realisierungen der fünf

Diskursparameter zu bestimmen; und sie hätte kritisch die
Aufgabe, das so parametrisierte Handlungssystem auf die 10
Fehlerquellen hin zu untersuchen, die sich ergeben aufgrund der
zwei genannten Tatsachen, daß nämlich Moralen divers sind und daß
mit strategischen, d.h. erfolgsorientierten, von
Eigennutzenkalkülen gesteuerten Verzerrungen eines Parameters
stets zu rechnen ist.

Person oder Institution - Zur Frage nach dem Subjekt ethischen als verantwortlichen Handelns des Unternehmens

von

Annette Kleinfeld-Wernicke

Hannover

Im Zentrum auch theoretischer und praktischer Ansätze bzw. Beiträge zur Unternehmensethik als "Meso-Ebene" der Wirtschaftsethik steht der "Ruf nach Verantwortung"[1], d.h. die moralische Kategorie der Verantwortung.

Subjekt moralischer Verantwortung kann dem traditionellen moralphilosophischen Verständnis gemäß nur das menschliche Individuum sein. Verantwortung ist aber in unserem Zeitalter vor allem im Hinblick auf die Folgen und Nebenwirkungen arbeitsteiliger Handlungsketten und Aktivitäten von Bedeutung, deren Träger Institutionen und Organisationen sind. Dieser Sachverhalt hat während der letzten Jahre zu einer, zunächst auf die USA beschränkten Diskussion einer organisationalen oder korporativen Ethik ("ethics of organisazations" oder "corporate ethics") geführt, die sich u.a. mit der Frage nach dem moral-ontologischen Status von Organisationen bzw. Korporationen wie Wirtschaftsunternehmen, Behörden oder Gewerkschaften, die selbst strategisch-intentional handeln können[2], beschäftigt. Nach einigen allgemeinen Betrachtungen zum Phänomen moralischer Verantwortung und ihren ontologischen bzw. anthropologischen Voraussetzungen soll dieser Frage auch hier nachgegangen werden.

1. Die moralische Kategorie der Verantwortung und die Frage nach ihrem Subjekt

Der Begriff der Verantwortung hat stets normativen Charakter. Als solcher bezeichnet er zum einen und primär eine grundsätzlich bestehende Rechenschaftspflicht aller faktischen oder potentiellen Handlungsträger für ihre Aktivitäten, die darin gründet, daß sich Handeln nicht in einem Vakuum vollzieht, sondern Auswirkungen auf Dritte hat, zum anderen kann er sich als Aufgaben- oder Rollenverantwortung auf die Pflicht zur angemessenen Erfüllung einer zuvor übernommenen Aufgabe beziehen. In beiden Fällen ist der Verantwortungsbegriff neben einem Subjekt als Träger und einem Objekt als Gegenstand durch die dritte Dimension eines Adressaten als Gegenüber der Verantwortung bestimmt. Neben der genannten Aufgaben- und der juristischen Verantwortung stellt moralische Verantwortung eine dritte Unterkategorie dar, deren Subjekt nach traditioneller Auffassung stets das menschliche Individuum als moralische Person ist[3]. Moralische Verantwortung kann nicht nur in einem juristisch geprägten Sinn, d.h. in kausaler Hinsicht als Geradestehen für die Auswirkungen des eigenen Tuns bestehen, sondern auch in einem erweiterten Sinn von Verantwortung als Fürsorgepflicht für ein unmittelbares Gegenüber in der Form von natürlichen Wesen oder anderen Personen. Beiden Formen moralischer Verantwortung kommen unterschiedliche Verpflichtungsgrade zu, die in den qua persönlicher Situation oder rollenabhängiger Position jeweils bestehenden Handlungsmöglichkeiten und -freiräumen gründen[4].

Unter den Bedingungen der modernen arbeitsteiligen Gesellschaft[5] ist aber sowohl die Zurechnung der Auswirkungen von Handlungen, die im Rahmen einer beruflichen Aufgabe und Rolle ausgeführt wurden, ebenso wie die Zuschreibung der damit verbundenen Verantwortung nicht mehr ohne weiteres möglich. Vielmehr entsteht im Zusammenspiel einzelner Teilhandlungen als Untereinheiten eines Arbeitsprozesses ein über die bloße Summe der sie konstituierenden Einzelhandlungen hinausgehendes Gesamtergebnis. Der Umstand, daß es Organisationen wie Unternehmen gerade um dieses Ergebnis geht, scheint es zu rechtfertigen, ihnen eine eigene Intentionalität zuzuschreiben, die nicht identisch ist mit der Summe der Absichten der einzelnen Mitglieder. Dies hat zwangsläufig Konsequenzen für die traditionelle Deutung der Verantwortungsproblematik auf der Basis individualethischer Reflexion, allem voran für die Frage nach dem Subjekt moralischer Verantwortung in Organisationen oder Korporationen[6].

Als eine mögliche Antwort wird dabei Korporationen als solchen der Status eines moralischen Akteurs zuerkannt: Die moralische Verantwortung für die Folgen des genannten Zusammenspiels von Einzelhandlungen wird dem Träger der ihnen zugrundeliegenden Zwecksetzung zugeschrieben als derjenigen Instanz, die die Folgen dieses interdependenten Prozesses intendiert hat und davon profitiert: im Bereich der Ökonomie die Unternehmensorganisation. Diese gilt in dem Maße als moralisch verantwortlich in dem sie Subjekt von durch den jeweiligen Organisationszweck begründeten Aktivitäten ist. Die Frage der moralischen Verantwortung des einzelnen wird dabei zur Frage nach der Mitverantwortung beim externen korporativen Handeln bzw. zur Frage der internen Verantwortungsverteilung qua Organisations- und korporativer Entscheidungsstruktur.

Dem doppelten Bedeutungssinn des Begriffs der "Wahrnehmung" entsprechend vollzieht sich die Übernahme von Verantwortung in zwei Schritten: Zum einen durch die Erfüllung der bestehenden Rechenschaftsverpflichtung als Geradestehen oder Haften für die Auswirkungen und verursachten Schäden des eigenen Tuns, zum anderen durch die dieser eigentlichen Übernahme der Verantwortung vorausgehende Einsicht in die bestehende Verantwortung als Akt des Erkennens in der Form der Selbstzuschreibung bzw. als Akt der Anerkennung einer dem betreffenden Subjekt von außen zugeschriebenen Verantwor-

tungspflicht. Erst durch diesen mit der freiwilligen Selbstverpflichtung verbundenen Aspekt der Freiheit wird Verantwortung zur eigentlich moralischen Kategorie. Die dazu notwendige moralisch-kognitive Fähigkeit gehört als Spezialfall des moralischen Vermögens zusammen mit dem kognitiven und kommunikativen Vermögen zu den notwendigen, nur gemeinsam hinreichenden Voraussetzungen moralisch verantwortlichen Handelns[7].
Bezieht man also die Kategorie der Verantwortung nicht nur in juristisch-kausaler Hinsicht auf Organisationen, sondern auch als spezifisch moralische Kategorie, dann setzt dies auf der Seite der verursachenden Organisation eine Instanz voraus, die bestimmte Handlungs- oder Vorgehensweisen der Organisation und damit verbundene Sachverhalte allein aufgrund von moralischen Überlegungen als zu verantwortende erkennt bzw. anerkennt.

2. Das Unternehmen als moralischer Akteur?

Ausgehend von der Einsicht, daß Organisationen wie Wirtschaftsunternehmen, indem sie in zunehmendem Maße ein von ihren Gliedern unabhängiges Wirkungs- und Aktionspotential entfalten, natürlichen Akteuren analog für ihre Handlungen auch moralische Verantwortung zugeschrieben werden muß, wurden im Rahmen der "corporate ethics"-Debatte während der letzten Jahre die bestehenden Deutungen von Organisationen bzw. Korporationen, die die Möglichkeit einer solchen Zuschreibung moralischer Verantwortung a priori ausschließen, kritisch beleuchtet und alternative Modelle entwickelt[8]. Anlaß zur Kritik gaben dabei vor allem mechanistische Deutungen, die eine Korporation und ihre Organisationsstruktur in Analogie zu einer Maschine deuten, wobei das Handeln der Organisationsmitglieder auf das jeweilige Rollenhandeln zur Erreichung der korporativen Ziele reduziert wird, die Intentionalität des einzelnen in den Zwecken der Korporation aufgeht, unter die folglich auch alle etwaigen moralischen Überlegungen subsumiert werden. Die so gedeutete Korporation kann in keiner Weise zum moralischen Akteur werden und moralische Verantwortung zugeschrieben bekommen[9]. Auch das in kritischer Absicht zu diesem statischen Maschinenmodell entwickelte dynamische Organismusmodell Kenneth Goodpasters, demzufolge eine Korporation nicht auf ein rein instrumentelles Verfolgen der a priori festgelegten Ziele reduziert werden, sondern auch die Ziele selbst beeinflussen kann[10], ist nicht in der Lage, den moralischen Status einer Korporation hinreichend zu begründen[11].
Demgegenüber haben die beiden amerikanischen Autoren, Peter French und Patricia Werhane, Deutungsvorschläge von Organisationen entwickelt, die die Zuschreibung moralischer Verantwortung nicht nur theoretisch ermöglichen, sondern praktisch nahelegen. Erster Schritt dabei ist die jeweilige Abgrenzung von einem dritten Unternehmens- bzw.

Korporationsmodell, dem vor allem in der individualistischen Sozialtheorie weit verbreiteten sogenannten Aggregatmodell, das davon ausgeht, daß alle Aktivitäten einer Organisation auf bestimmte, im Rahmen ihrer jeweiligen Rolle und Aufgaben ausgeführte Handlungen individueller Akteure zurückgeführt und die Auswirkungen entsprechend einzelnen Organisationsmitgliedern zugerechnet werden können. Moralisch verantwortlich sind folgerichtig auch nur die im Dienste der Korporation stehenden Akteure und Entscheidungsträger als Einzelpersonen. Da die Korporation als solche kein eigenständiger Akteur ist, kann ihr kein moralischer Status und keine moralische Verantwortung zugeschrieben werden[12].

Frenchs Gegenmodell geht nun so weit, Korporationen selbst als vollwertige moralische Personen zu deuten mit deren Privilegien, Rechten und Pflichten. Als Grund dafür nennt French die Erfüllung der Kriterien personalen Seins in der Form 1. eines möglichen nicht-eliminierbaren Handlungssubjekts als Subjekt moralischer Verantwortungszuschreibung, 2. einer eigenen, nicht auf Absichten der konstituierenden Glieder reduzierbaren Intentionalität. Voraussetzung für letzteres wiederum ist das Vorhandensein einer korporativen internen Entscheidungsstruktur, wobei die Absichten und Handlungen der verschiedenen (natürlichen) Einzelpersonen zu einer korporativen Entscheidung synthetisiert und transformiert werden[13]. Die in der so beschaffenen Entscheidungsstruktur gründende korporatives Handeln garantierende Intentionalität, wird von French als hinreichend betrachtet, um die Korporation als metaphysische und moralische Person zu konstituieren.

Patricia Werhane[14] grenzt sich mit ihrem Modell "sekundärer moralischer Verantwortung" von Frenchs Identifizierung der Korporation mit einer moralischen Person ab ohne jedoch deshalb die Möglichkeit korporativer als nicht auf das Handeln der einzelnen Korporationsmitglieder reduzierbarer Aktivitäten auszuschließen. Im Unterschied zu French bezeichnet sie letztere als sekundäre, kollektive Handlungen, die durch primäre Handlungen, d.h. durch individuelle Handlungen von Personen konstituiert werden und aus solchen hervorgehen. Kollektive, korporative Handlungen sind demzufolge auf individuelle Handlungen reduzierbar, jedoch nur in ontologischer Hinsicht, da - wie Werhane mit French anerkennt - das Zusammenspiel von Einzelhandlungen ebenso wie das Rollenhandeln von Korporationsmitgliedern, das den spezifisch korporativen Zielen der jeweiligen Organisation folgt, zu einem Handlungsergebnis führt, das nicht mehr vollständig auf Absichten und Entscheidungen der handelnden Einzelpersonen zurückgeführt werden kann[15]. In entsprechender Weise erkennt Werhane Korporationen den Status eines intentionalen Systems und schließlich auch moralische Verantwortlichkeit zu. Moralischer Personstatus und damit die Möglichkeit primärer Handlungen, primärer Intentionalität und primärer moralischer Verantwortung kann einer Korporation deshalb nicht zugeschrieben werden, weil sie weder eine psycho-physische Entität noch Selbstzweck ist, noch über Selbstbewußtsein verfügt, weil die internen Entscheidungsprozesse nicht unter Beteiligung aller konstituierenden Glieder stattfinden, und weil es Korporationen an der notwendigen Autonomie fehlt[16]. Die hier geteilte Kritik an Frenchs Identifizierung von Korporationen mit moralischen Personen soll im folgenden vertieft werden.

3. Die menschliche Person als Subjekt der Wahrnehmung moralischer Verantwortung des Unternehmens

Bei den beiden von French genannten Kriterien handelt es sich um zwei notwendige und hinreichende Bedingungen der Zuschreibung moralischer Verantwortung, die Zuschreibung des Status einer moralischen Person kann damit aber nicht begründet werden. Vor allem die von French angeführte, spezifisch korporative Intentionalität und Zielgerichtetheit scheint als zentrales Kriterium für den moralischen Person-Status von Korporationen kritikwürdig zu sein, weil die Intentionalität einer moralischen Person der Art und dem Inhalt nach von der korporativen Ausrichtung und Intentionalität grundsätzlich verschieden ist. Korporative Intentionalität ist dem "Wesen" von Organisationen und Korporationen entsprechend rein zweckrationaler Natur, d.h sie basiert auf der konsequenten, möglichst effizienten und erfolgreichen Verfolgung von korporativ gesetzten Zielen. Über "natürliche" Interessen verfügt eine Korporation nur als Interessen, die an der Natur ihrer Sache, d.h. an ihrem von natürlichen Personen so bestimmten Sachzweck orientiert sind.

Ausgehend von der Annahme, daß die Intentionalität einer "künstlichen" Entität als solcher letztlich in den Zwecken gründet, durch die sie definiert ist und daß der konstituierende Zweck von Organisationen in den seltensten Fällen sittlicher Art ist, wird hier als ausschlaggebendes notwendiges, wenn auch nicht hinreichendes Zuschreibungskriterium moralischen Person-Seins nicht der Aufweis einer eigenständigen Intentionalität angesehen, sondern das Vermögen, sich zu der von der eigenen Zweckverfolgung bestimmten Intentionalität distanzieren und zugunsten von der jeweiligen "Systemrationalität" externen Interessen davon absehen zu können. Während dieses aller Moralität notwendig zugrundeliegende Vermögen konstitutives Element menschlichen Person-Seins ist und seine Realisierung untrennbar mit dessen wesentlichen Zwecken in der Form personaler Selbstentfaltung und Selbstverwirklichung verbunden, läßt sich für letzteres in der Definition und Zwecksetzung von Organisationen wie Unternehmen kein Grund finden, besteht vielmehr die Gefahr, daß eine Organisation ihre korporative Identität dadurch verliert. Damit fehlt der Korporation als solcher nicht nur jegliche Motivation, die ihr zugeschriebene moralische Verantwortung von sich aus "wahrzunehmen", sie könnte, sofern sie primär durch ihre spezifische Intentionalität konstituiert ist, auch Gefahr laufen, sich selbst aufzuheben, wenn die geforderte moralische Verantwortungsübernahme nicht der unmittelbaren Verfolgung ihrer Zwecke dient. Diese Gefahr besteht nur dann nicht, wenn es sich bei der betreffenden Korporation um eine gemeinnützige, soziale oder karitative Einrichtung handelt, deren Zweckerreichung altruistisches Handeln und Verhalten gerade voraussetzt, oder aber, wenn ex negativo die Nicht-Wahrnehmung der Verantwortung mit Konsequenzen verbunden ist, die für die jeweilige Zweckverfolgung noch abträglicher wären als die Erfüllung der moralischen Verantwortlichkeit, z.B. wenn staatliche und gesetzliche Maßnahmen für entsprechende Sanktionen sorgen. Eine dritte denkbare Motivationsmöglichkeit für die moralische Selbstverpflichtung von Korporationen besteht darin, den unternehmerischen Gewinninteressen unmittelbar zuträgliche Gründe dafür zu finden wie beispielsweise Imagepflege, Mitarbeitermotivation etc.[17]. In beiden der zuletztgenannten Fälle geht jedoch der spezifisch moralische Charakter des Aktes der Verantwortungswahrnehmung verloren[18].

Sowohl durch die von French als Kriterium moralischen Person-Seins und damit zugleich als Kriterium der Zuschreibung moralischer Verantwortung ins Feld geführten eigenen Intentionalität von Korporationen als auch aus der von Maring vorgeschlagenen Deutung von Korporationen als intentionalen, handlungsfähigen Systemen läßt sich zwar die Zuschreibung moralischer Verantwortung im Sinne einer über die juristische Verantwortung hinausgehenden Rechenschaftspflicht für die Auswirkungen korporativer Aktivitäten begründen, daraus aber nicht gleichzeitig und automatisch das Vermögen der Wahrnehmung der bestehenden Verantwortung in dem eingangs genannten doppelten Sinn ableiten. Mit De George sind wir demgegenüber der Auffassung, daß die einzige Instanz, die über die für die Wahrnehmung moralischer Verantwortlichkeit im ersteren, d.h. kognitiven Sinne notwendigen moralischen Fähigkeiten verfügt, der Mensch als Person, in der Organisation das einzelne Wirtschaftssubjekt in seiner personalen Dimension ist[19]. Das mit dem menschlichen Person-Sein verbundene sittliche Bewußtsein (Gewissen) und moralische Empfinden, vor allem aber das Vermögen der Abstraktion von den bzw. die Transzendenz der rein subjektiven Interessen, die praktische Vernunft also, ist notwendige Vermittlungsinstanz für die Wahrnehmung moralischer Verantwortung als Selbstzuschreibung und Anerkenntnis bestehender Verantwortlichkeiten von Organisationen, so die hier vertretene These.

Korporative moralische Verantwortung setzt das einzelne Korporationsmitglied in seinem moralischen Person-Sein auch und gerade im Hinblick auf jene eindeutigen Fälle korporativer Verantwortung voraus, wo das je moralisch gerechtfertigte Handeln der einzelnen zu unmoralischen Ergebnissen führt[20]: Ohne das sittliche Bewußtsein der involvierten Individuen, allem voran der Unternehmensrepräsentanten wie Vorstandsmitglieder, Führungskräfte etc., die um ihres eigenen moralischen Person-Seins willen die mit ihrer jeweiligen Funktion und Position verbundene Rollenverantwortung auch in moralischer Hinsicht "wahrnehmen", ist der freiwillige Akt der Selbstzuschreibung der korporativen Verantwortung für die betreffenden, nicht-intendierten Ergebnisse als eigentlich moralische Verantwortungswahrnehmung nicht möglich. Daraus ergeben sich normative Ansprüche an die Gestaltung von Handlungs- und Entscheidungsstrukturen in Unternehmen, die so zu ändern sind, daß es dem einzelnen möglich ist, seiner je individuellen persönlichen ebenso wie seiner positionsbedingten moralischen Verantwortung zu entsprechen.

Mit der hier vertretenen Auffassung soll keineswegs geleugnet werden, daß Organisationen über eine von den sie konstituierenden Gliedern unabhängige Intentionalität und einen "objektiven Geist" in der Form von spezifischen Werten, Ideen, Werken verfügen, der eine je eigene kulturelle Identität begründet[21]. Es scheint jedoch nicht gerechtfertigt, von dieser geistigen Identität auf eine, moralische Verantwortungsfähigkeit begründende personale Seinsweise zu schließen. Wir stimmen folglich Werhanes Modell der sekundären moralischen Verantwortung ebenso wie der von Goodpaster und Matthew geforderten "Projektion" moralischer Verantwortung auf Korporationen zu unter besonderer Betonung des bloß analogen Charakters des Begriffs "moralisch"[22] und der Notwendigkeit einer personalen Deutung des einzelnen Wirtschaftsakteurs als dem eigentlichen Subjekt moralischer Verantwortung eines Unternehmens.

Indem der Begriff der Person aufgrund des ihm immanenten Relationalitätsaspekts die grundsätzlich gegebene Interdependenz menschlichen Handelns zum Ausdruck bringt, kann durch Bezug des Personbegriffs auf die einzelnen Unternehmensmitglieder deren Vermögen der Teilhabe an einer Interessens- bzw. Wertegemeinschaft, hier an der kollektiven korporativen Intentionalität eines Unternehmens, bei gleichzeitiger Wahrung ihrer Individualität und Einzigartigkeit erfaßt und der von einem isolierten Handeln der Wirtschaftsakteure ausgehende, dem methodologischen Individualismus zugrundeliegende Handlungsbegriff der klassischen ökonomischen Theorie in der Form des "homo oeconomicus" kritisiert werden[23].

---

[1] Vgl. F. X. Kaufmann: Der Ruf nach Verantwortung. Freiburg (Herder Spektrum) 1993.
[2] Vgl. dazu M. Maring: "Modelle korporativer Verantwortung", in: Conceptus 23 (1989), No. 58, S.25-41, hier S.25f.
[3] Vgl. dazu F. X. Kaufmann: Der Ruf nach Verantwortung, a.a.O., S.75ff.

[4] Besonders im Falle der fürsorgenden Verantwortung ist der Grad der Verpflichtung ebenso wie der Grund für die Zuschreibung überhaupt abhängig vom Grad der Macht als Überlegenheit des Subjekts gegenüber dem Objekt der Verantwortung. Vgl. dazu R. Spaemann: "Verantwortung", in: Geach, Inciarte, Spaemann: Persönliche Verantwortung. Köln (Adamas) 1982 (Lindenthal Institut, Colloquium), S.11-40, hier S.25 und 33f.; vgl. zum Problem der Macht als Verpflichtungsgrund unternehmerischer Verantwortung P. Koslowski: Wirtschaft als Kultur. Wirtschaftskultur und Wirtschaftsethik in der Postmoderne, Wien (Ed. Passagen) 1989, S.106ff; vgl. dazu ebenso wie zum Phänomen moralischer Verantwortung allgemein A. Kleinfeld-Wernicke/ P. Koslowski: Suchtkrankheit als unternehmensethisches Problem. Eine ethische Fallstudie über den Umgang mit Suchtkranken, in: K. Homann (Hrsg.): Wirtschaftsethische Perspektiven des Drogenproblems. Berlin (Duncker und Humblot) 1992, S.87-112, hier S.95ff.

[5] Vgl. dazu auch H. Lenk/ M. Maring: "Korporative und kollektive Verantwortung", in: H.Lenk/ M. Maring (Hrsg.): Wirtschaft und Ethik. Stuttgart (Reclam) 1992, S.153-164, hier S.154 und 161.

[6] Vgl. dazu auch M. Maring: "Modelle korporativer Verantwortung", a.a.O., S.39.

[7] Vgl. dazu F. X. Kaufmann: Der Ruf nach Verantwortung, a.a.O., S.78f.

[8] Eine ausführliche Darstellung der einzelnen Modelle findet sich bei P. H. Werhane: Persons, Rights, and Corporations. Englewood Cliffs, NJ (Prentice Hall) 1985, S.40-50; eine kurze Übersicht bietet im deutschsprachigen Raum der genannte Aufsatz von M. Maring: "Modelle korporativer Verantwortung", a.a.O, auf den sich die folgenden Ausführungen u.a. beziehen.

[9] Vgl. J. Ladd: "Morality and the Ideal of Rationality in Formal Organizations", in: T. Donaldson/ P. H. Werhane (Hrsg.):.Ethical Issues in Business. Englewood Cliffs, NJ (Prentice Hall) 1983, S.125-136, hier S.128f., 134.

[10] Vgl. M. Goodpaster: "Morality and Organizations", in: T. Donaldson/ P. H. Werhane (Hrsg.): Ethical Issues in Business, a.a.O., S.137-145, hier S.143f.

[11] Vgl. M. Maring: "Modelle korporativer Verantwortung", a.a.O., S.28.

[12] Vgl. P. H. Werhane: Persons, Rights, and Corporations, a.a.O., S.40f.

[13] Vgl. dazu R. T. De George: "Can Corporations have Moral Responsibility?", in: T. L. Beauchamps und N. E. Bowie (Hrsg.): Ethical Theory and Business Ethics. Englewood Cliffs, NJ (Prentice Hall) 1983.

[14] Vgl. dazu P. French: Collective and Corporate Responsibility, a.a.O., S.5, 12 und 39; vgl. auch ders.: "Die Korporation als moralische Person", in: H. Lenk/ M.Maring (Hrsg.): Wirtschaft und Ethik, a.a.O., S.317-328, hier S. 319 und 327.

[15] Vgl. dazu und für das folgende P. H. Werhane: Persons, Rights, and Corporations, a.a.O., S.49-59;

[16] Vgl. dazu P. H. Werhane: Persons, Rights, and Corporations, a.a.O., S.57ff.

[17] Vgl. dazu F. X. Kaufmann, Der Ruf nach Verantwortung, a.a.O., S.92ff.

[18] Vgl. zur Problematik der Funktionalisierung von firmeneigenen Ethik-Codes P. Koslowski: "Über die Notwendigkeit von ethischen und zugleich ökonomischen Urteilen", in: Orientierungen zur Wirtschafts- und Gesellschaftspolitik 33, 3 1987, S.7-13, hier S.12f.

[19] Vgl. dazu R. T. De George: "Can Corporations have Moral Responsibility?", a.a.O., S.62f.

[20] Vgl. ebda., S.64.

[21] Vgl. dazu P. Koslowski: Wirtschaft als Kultur, a.a.O., S.83f.

[22] Vgl. dazu K. E. Goodpaster/ J. B. Matthews: "Können Unternehmen ein Gewissen haben?", in: Harvard Manager: Unternehmensethik. Bd. 1, Hamburg (Manager Magazin) o.J, S.9-18, hier S.17; Die Identifizierung von moralischer und moralanaloger Verantwortung, wie beispielsweise Matthias Maring sie vornimmt, scheint im Rahmen der Diskussion um den moralischen Status von Korporationen einer näheren Erläuterung zu bedürfen. Vgl. dazu M. Maring: "Modelle korporativer Verantwortung", a.a.O., S.25 bzw. 37, Anm. 17.

[23] Vgl. zur unternehmensethischen Relevanz des Person-Begriffs A. Kleinfeld-Wernicke: "The Concept of a Person as the Anthropological Basis of Business and Corporate Ethics", in P. Koslowski (Hrsg.): Ethics in Economics, Business, and Economic Policy. Berlin, Heidelberg, New York u.a. (Springer) 1992, S.119-137.

Detlef Horster

Markt und Moral

- Über die Wirksamkeit von moralischen Regeln auf dem Markt und die Möglichkeit einer Verbraucher-Ethik-

Der Vorstandsvorsitzende der Daimler-Benz AG, Werner Breitschwerdt, kennzeichnete die Wertekonkurrenz, in der sich die Unternehmer heute angesichts der ökologischen Probleme befinden, mit folgenden Worten: "Wir haben die Aufgabe, eingetretene Pfade zu verlassen, Neues anzustoßen und durch neue oder technisch verbesserte Produkte und Produktionsverfahren den Wandel im Markt selbst zu gestalten. Ich meine, wir sollten diese ureigene Verantwortung des Unternehmers nicht gegen eine wie auch immer geartete gesellschaftspolitische Verantwortung ausspielen lassen. Gerade indem wir als Unternehmer unsere Verantwortung für den wirtschaftlichen Erfolg unseres Unternehmens wahrnehmen, erfüllen wir einen - ich würde sogar sagen, den wesentlichen - Teil unserer gesellschaftspolitischen Verantwortung: Erfolgreiche Unternehmensführung ist [...] ein besonders wichtiger Dienst an der Gesellschaft." [1]

Der Gesichtspunkt, daß Unternehmer, wie alle anderen, deren Handeln Auswirkungen auf die Umwelt hat, Verantwortung für die Folgen tragen, ist mit dem Titel "Business Ethics" im Amerika der siebziger Jahren "als Reaktion auf Skandale in Verbindung mit Präsident Nixons Wiederwahlkomitee, mit den DC-10-Abstürzen, mit Bestechungen, Schmiergeldzahlungen und anderen neuen Fällen" [2] ins öffentliche Bewußtsein gerückt. Und 1985 wurde Unternehmensethik dort zur akademischen Disziplin. Heute stehen die von der Industrie verursachten Umweltbelastungen im Mittelpunkt dieses Universitäts-Fachs. Unter diesem Gesichtspunkt und unter einem ganz anderen Blickwinkel als der des Vorstandsvorsitzenden der Daimler-Benz AG findet Wirtschaftsethik - mit der üblichen Verzögerung [3] - inzwischen auch bei uns Interesse. "Nicht nur in der 'Frankfurter Rundschau' werden abgeklärte ökonomische Debatten über Umweltschutz geführt und diesem selbst eine regelmäßige Seite eingeräumt, auch der 'Blick durch die Wirtschaft' widmet dem Gegenstand ganze Serien. Zwar liefern diese Trends noch kein scharfes Bild. Als sicher gelten kann jedoch, daß umweltgerechtes Wirtschaften für die Unternehmen schon bedeutet, sich nicht im Konflikt mit ihrem gesellschaftlichen Umfeld zu befinden." [4] Der Trend hin zu einem verstärkten Interesse an Moralfragen im Zusammenhang mit der Wirtschaft bestätigt sich auf vielfältige Weise und verschiedenen Feldern: "Wurde noch vor wenigen Jahren jeder mitleidig belächelt, der im Zusammenhang mit den 'harten wirtschaftlichen Realitäten' auf besondere ethische Probleme hinwies, so ist heutzutage eine wahre Flut von Tagungen, Seminaren, Vorträgen und Publikationen zur Unternehmensethik zu registrieren." [5]

Meist gehen angesichts der drohenden ökologischen Katastrophe die Empfehlungen in die Richtung von Selbstverpflichtungen für Unternehmer: Sie sollten ihr "ungezügelte Gewinnstreben" so einschränken, ohne daß man gleich die Überlebensfrage des Betriebes stellen müßte. [6] Niklas Luhmann spricht in diesem Zusammenhang sarkastisch von Appellitis. [7] Ethische Appelle verfehlen stets ihre Wirkung. Befolgt werden moralische Einsichten erst dann, wenn sie zum untrennbaren Bestandteil des eigenen Selbst geworden sind. [8]

Führt man diese Argumente gegen die Empfehlung von Appellen zur Selbstverpflichtung ins Feld, schließen sich meist Vorschläge für verschärftere Maßnahmen des Gesetzgebers an: "Wenn ethische Appelle allein nicht ausreichen, sollte man sich überlegen, welche (rechtlichen, allgemein: institutionellen oder politischen) Maßnahmen greifen." [9] Solche rechtlichen Regelungen werden - wenn es um das Überleben des Betriebes geht - unterlaufen. Dazu ein Beispiel: Sondermüll wird einfach anders deklariert und schon ist er in Frankreich oder in osteuropäischen Ländern. Die zu beobachtende Tendenz ist nicht, sich beim Umweltschutz Selbstbeschränkungen aufzuerlegen, sondern die Lücken in Umweltgesetzen für Extra-Profite zu nutzen.

Was steht denn der Wirksamkeit von gesetzlichen Regelungen entgegen? Um diese Frage beantworten zu können, will ich einige Kernaussagen der Untersuchungen von Marx im dritten Band des "Kapital" referieren, um die innere Struktur der gegenwärtigen Produktionsweise, die sich gegenüber den Anfängen der Marktwirtschaft nicht geändert hat, zu durchleuchten. [10]

Den Gewinn, den ein Unternehmer macht, nennt Marx Profit. Der Profit muß sich auf das gesamte Kapital, das eingesetzt wird, beziehen (Profitrate), denn nur so kann der Kapitalist überhaupt beurteilen, ob er sein Kapital rentabel eingesetzt hat oder ob er nicht mehr Gewinn erzielt, wenn er das Unternehmen verkauft und anderswo profitabler investiert. Heute gibt es dafür natürlich vielfältigere Möglichkeiten als zu Marx' Zeiten, der noch konstatieren mußte, daß es sich für einen Unternehmer, in dessen Betrieb die Profitrate niedriger wäre als der übliche Bankzins, nicht mehr lohne, in seiner Sparte zu investieren.

Im Kapitalismus - so Marx - kann es nie eine individuelle Profitrate geben, weil die Konkurrenz wirksam ist und die Profitrate sich zu einer Durchschnittsprofitrate ausgleicht. Dennoch ist es so, daß in den unterschiedlichen Industriezweigen unterschiedliche Profitraten erwirtschaftet werden, die sich erst dann auf Dauer ausgleichen. Die unterschiedlichen Profitraten müssen sich ausgleichen, denn die kapitalistische Produktion ist nur unter den Gesetzen der Konkurrenz möglich. Gäbe es keine Konkurrenz, gäbe es keine kapitalistische Produktion. Der Begriff der "kapitalistischen Produktion" impliziert nach Marx die Konkurrenz. Darum müssen sich die Profitraten zwangsläufig ausgleichen. Die Frage ist nur, wie stellt sich dieser Ausgleich her. Es gibt zwei Ausgleichsbewegungen: Innerhalb eines Industriezweiges gleicht sich die Profitrate dadurch aus, daß die einzelnen Produzenten ihre Produktionsbedingungen den jeweils günstigeren Bedingungen angleichen. Außerdem gibt es für die Produzenten - da der Markt offen ist - die Möglichkeit, in andere Industriezweige auszuweichen, in denen es höhere Gewinnchancen gibt. "Das Kapital entzieht sich [...] einer Sphäre mit niedriger Profitrate und wirft sich auf die andre, die höheren Profit abwirft. Durch diese beständige Aus- und Einwanderung, mit einem Wort, durch seine Verteilung zwischen den verschiednen Sphären, je nachdem dort die Profitrate sinkt, hier steigt, bewirkt es solches Verhältnis der Zufuhr und Nachfrage, daß der Durchschnittsprofit in den verschiednen Produktionssphären derselbe wird." [11]

Die Ausgleichung der Profitraten geschieht natürlich durch Maßnahmen der Unternehmer. Sie können sich diesem Prozeß, der ihnen gewissermaßen vom Markt vorgegeben wird, nur bei Strafe des Untergangs entziehen. "Eine einzelne Unternehmung kann nicht das Gewinnprinzip schlechthin außer Kraft setzen." [12] Somit ist - was Marx im dritten Band des "Kapital" nicht müde wird zu betonen - die kapitalistische Ausbeutung, die er in den vorhergehenden Bänden analysiert hatte, für ihn kein moralisches Problem, weil auch für den Kapitalisten die Ausbeutung genausowenig sichtbar sei wie für jedermann sonst. Somit könne man den Kapitalisten auch keinen moralischen Vorwurf machen. [13]

Angesichts dieser Sachlage heißt die treffend richtige Frage: "Wie gelingt es, den eigennützigen Homo oeconomicus auf moralische Normen zu verpflichten, die in den weitaus meisten Fällen sein Eigeninteresse einschränken?" [14] Widmet man der eingangs zitierten Rede von Werner Breitschwerdt gesteigerte Aufmerksamkeit, so wird unüberhörbar, daß der Wertekonflikt für ihn klar entschieden zugunsten der Profitmaximierung ist. Das liegt in der Natur der Marktwirtschaft. Wäre der wachsende Gewinn nicht das Hauptziel der Unternehmenspolitik, würde das den Ruin des Unternehmens bedeuten. Nicht nur den Aktiengesellschaften würden durch ihre Aktionäre die finanzielle Grundlage entzogen, sondern vor allem mittelständischen Unternehmen im derzeitigen und jederzeitigen harten Konkurrenzkampf. Darum liest man in den Unternehmensleitlinien der BASF auch: "Dauerhaft gute Ertragskraft auf der Grundlage einer soliden Finanzstruktur" sei das Ziel, um im internationalen Wettbewerb bestehen zu können. Und im Selbstverständnispapier der Hoechst AG heißt es: "Gewinn ist Maßstab und Lohn für erfolgreiches Wirtschaften. Ein guter Gewinn ist ein

Zeichen für ein gesundes Unternehmertum der Zukunft. Hoechst will seinen Aktionären eine angemessene Verzinsung für ihr Kapital bieten. Nur ein gesundes Unternehmen kann sichere Arbeitsplätze bieten und mit seinen Steuern zu den Gemeinschaftsaufgaben von Staat und Gesellschaft beitragen." [15]

Doch lesen wir in den BASF-Leitlinien wie im Hoechster Selbstverständnis ebenso von dem "Verantwortungsbewußtsein gegenüber Mensch und Natur": "Sicherheit und Umweltschutz sind für Hoechst ein Gebot vorausschauenden Handelns und eigener Verantwortung. Sicherheit und Umweltschutz stehen gleichrangig neben dem Ziel der Leistungsfähigkeit im internationalen Wettbewerb. Unsere Produkte sollen umweltverträglich sein. Bei der Herstellung soll die Umwelt möglichst wenig belastet werden. Wirtschaftliche Gesichtspunkte dürfen niemals zu Lasten der Sicherheit gehen." Und in den Rahmenrichtlinien der amerikanischen Ingenieursvereinigung heißt es: "Ingenieure, die bei der Ausübung ihrer beruflichen Pflichten eine Folgewirkung bemerken, die das Wohlergehen und die Sicherheit der Allgemeinheit in Gegenwart oder in Zukunft nachhaltig beeinflußt, sollen ihre Arbeitgeber oder Kunden in aller Form darüber unterrichten und, wenn nötig, eine darüber hinausgehende Offenlegung in Betracht ziehen." [16] An diesen unternehmensbezogenen Ethik-Kodizes, die den hypokratischen Eiden vergleichbar sind, die Wissenschaftler nach dem Bau der Atombombe entwickelten, fällt es auf, daß 1973 von einer Umweltverantwortung noch nicht die Rede war, seit zehn Jahren aber eine immer zentralere Stellung in diesen Schriftstücken bekommt.

Unternehmer stehen demnach vor einer Wertekonkurrenz. Auf der einen Seite steht die Notwendigkeit der Profitmaximierung und auf der anderen Seite der Zwang zum Umweltschutz. Wir konnten sehen, daß es für den Unternehmer bei allen anderslautenden Beteuerungen die Möglichkeit einer freien Entscheidung in diesem Wertekonflikt nicht geben kann.

Für den Unternehmer gilt dasselbe, was Karl-Otto Apel für den Sportler als geltend annimmt: "Ein *solches* Versprechen [hier die Einhaltung der Spielregeln als unbedingte Verpflichtung, D.H.] hat kein Spieler gegeben, denn es wäre *moralisch unverantwortlich*; kann doch jederzeit ein Umstand eintreten, der es geradezu zur moralischen Pflicht macht, bestimmte sportliche Spielregeln zu verletzen, um anderen Pflichten zu genügen - etwa der, sich selbst oder andere vor ernsthafter Verletzung zu bewahren." [17] Unbedingte Einhaltung des Gebots umweltfreundlichen Produzierens und Herstellung umweltfreundlicher Produkte könnte mit dem Untergang des Unternehmens bestraft werden. Dies kann im Ernst von keinem Unternehmer verlangt werden.

Wenn das so ist, stellt sich um so dringlicher die Frage nach den Möglichkeiten des Eingreifens angesichts der drohenden Gefahren ökologischer Katastrophen. Zum profitablen Wirtschaften gehört es, daß man mit dem gesellschaftlichen Umfeld nicht in Konflikt kommt. Der Druck der Öffentlichkeit, Unternehmer zu umweltbewußtem Produzieren und zur Herstellung umweltfreundlicher Produkte zu zwingen, muß von den Firmen abgefangen werden. Die Betonung umweltfreundlichen Wirtschaftens im eigenen Betrieb ist meist natürlich nichts anderes als die Legitimation für den besseren Absatz der eigenen Produkte: "Unternehmen, die soziale, umweltbezogene, ethische [...] Belange berücksichtigen, erfreuen sich steigender Nachfrage und wachsender Gewinne." [18] So selbstregulierend wie es scheint, ist der Markt also nicht. Wenn die Verbraucher Lebensmittel, die beim Verzehr zum Krebsrisiko führen, ebensowenig kaufen wie Lindan-haltige Farben, Formaldehydverdunstende Möbel oder Produkte von skandalbelasteten Firmen, dann könnte eine auf Verbraucher-Aufklärung basierende "Verbraucher-Ethik" über Gewinn und Verlust entscheiden. Dies ist derzeit ein weitverbreiteter Trend. "Mittlerweile versprechen sogenannte Ethik-Fonds solventen Anlegern, beispielsweise nur in umweltfreundliche Produktion zu investieren." [19] Dieser Trend zieht weitere Kreise und macht vor den Arbeitnehmern nicht halt: "So geben über 50% hochqualifizierter Angestellter in Metall- und knapp 40% in Chemie-Berufen an, sich während ihrer Tätigkeit mit ethischen Fragen konfrontiert zu sehen. Insgesamt lehnt lediglich ein Sechstel praktische Widerstandshaltungen von vornherein ab. Die Bedeutung solcher Einstellungen läßt sich daran ablesen, daß bei Umweltschutzdelikten etwa die Hälfte der ein staatsanwaltschaftliches Ermittlungsverfahren auslösenden Hinweise von Betriebsangehörigen oder ehemaligen Mitarbeitern stammen. Daneben sind einer breiteren Öffentlichkeit bekanntgeworden die Weigerung eines Druckers und einer Packerin, kriegsverherrlichende Schriften herzustellen bzw. Metallteile in den Irak zu versenden, oder der Fall von Laborärzten, die ihre Mitwirkung an Forschungsarbeiten für ein Mittel zur Unterdrückung von Brechreiz einstellten, weil dadurch ein Beitrag zur Führbarkeit von begrenzten Atomkriegen geleistet werde." [20]

Dieser Trend führte dazu, daß auch Unternehmer reagieren mußten. "So liegen mittlerweile eine Vielzahl entsprechender Betriebsvereinbarungen vor, deren Existenz nicht nur den bislang hartnäckig behaupteten Widerspruch zwischen Ökonomie und Ökologie in Frage stellt, sondern auch die Annahme, Arbeitnehmer seien gegenüber Umweltschutzaspekten aufgrund ihres primären Arbeitsplatzinteresses indifferent." [21]

Eine Tendenz also ist sichtbar: Sowohl die Verbraucher wie die Arbeitnehmer nehmen mehr und mehr Einfluß auf die Qualitätskontrolle der am Markt angebotenen Produkte. Maßstab für die Qualität unter anderem ist auch der ökologische Gesichtspunkt. Halten die Produkte diesem Maßstab nicht stand, werden sie nicht gekauft. Eine Verbraucher-Aufklärung führt also zu einer Verbraucher-Moral, die die Unternehmer zur Produktion umweltverträglicher Produkte und zur Herstellung umweltverträglicher Produktionsbedingungen zwingt. Nur Produkte, die unter solchen Bedingungen hergestellt wurden und selbst auch umweltfreundlich sind, werden gekauft. So wird die Wertekonkurrenz zwischen dem unternehmerisch vorrangigen Wert der Profitmaximierung und dem Wert der Umweltverträglichkeit aufgehoben. Über den Markt kommen beide zur Deckung.

Unbestritten sind Verbraucher-Manipulationen durch Interessensverbände und gesponsorte "Aufklärung", die professionalisierte Öffentlichkeitsarbeit betreiben, möglich. Darauf bin ich hier nicht weiter eingegangen. Mir kam es darauf an, herauszustellen, daß ausschließlich der Markt das Forum ist, über den sich kurzfristig eine Unternehmer-Moral konstituieren kann. Es muß sich zeigen, ob sich eine nicht kapitalgesteuerte Öffentlichkeit durchsetzen und die Themen bestimmen kann, über die gestritten wird. Es gibt eine Vielzahl von Teilöffentlichkeiten, die "porös füreinander" sind und bleiben werden. [22]

Anmerkungen

[1] Werner Breitschwerdt, Technischer Fortschritt und unternehmerische Verantwortung, Privatdruck eines Vortrags vom 5. Februar 1987 der Bank Hofmann AG, Zürich, S. 5 f.
[2] Richard T. De George, Unternehmensethik aus amerikanischer Sicht, in: Hans Lenk/Matthias Maring (Hg.), Wirtschaft und Ethik, Stuttgart 1992, S. 305.
[3] Horst Steinmann/Albert Löhr, Die Diskussion um eine Unternehmensethik in der Bundesrepublik Deutschland, in: Hans Lenk/Matthias Maring (Hg.), a. a. O., S. 237.
[4] Thomas Kreuder, Clean Production: Die wahre Revolution in der Industrie, in: Die Neue Gesellschaft/Frankfurter Hefte, 39. Jg., Nr. 8/1992, S. 708 f.
[5] Horst Steinmann/Albert Löhr, a. a. O., S. 236.
[6] Vgl. ebenda, S. 244 ff.
[7] Niklas Luhmann, Wirtschaftsethik - als Ethik?, in: Josef Wieland (Hg.), Wirtschaftsethik und Theorie der Gesellschaft, Frankfurt/M. 1993, S. 134.
[8] Vgl. Amitai Etzioni, Über den Eigennutz hinaus, in: Josef Wieland (Hg.), a. a. O., S. 114.
[9] Hans Lenk/Matthias Maring, Wirtschaftsethik - ein Widerspruch in sich selbst?, in: dieselben (Hg.), a. a. O., S. 25.
[10] Die ausführliche Analyse, auf die ich mich beziehe, findet sich in: Detlef Horster, Die Subjekt-Objekt-Beziehung im Deutschen Idealismus und in der Marxschen Philosophie, Frankfurt/M. 1979, S. 223 ff.
[11] Marx-Engels Werke, Berlin 1957 ff., Band 25, S. 206.
[12] Horst Steinmann/Albert Löhr, a. a. O., S. 246.
[13] Vgl. ebenda, S. 148.
[14] Josef Meran, Wirtschaftsethik. Über den Stand der Wiederentdeckung einer philosophischen Disziplin, in: Hans Lenk/Matthias Maring (Hg.), a. a. O., S. 64.
[15] In: Hans Lenk/Matthias Maring (Hg.), a. a. O., S. 356 und 374.
[16] Thomas Kreuder, a. a. O., S. 709.
[17] Karl-Otto Apel, Diskurs und Verantwortung, Frankfurt/M. 1988, S. 229.
[18] Hans Lenk/Matthias Maring (Hg.), a. a. O., S. 8.
[19] Thomas Kreuder, a. a. O., S. 707.
[20] Ebenda, S. 708.
[21] Ebenda, S. 710.
[22] Vgl. zu diesem Komplex Jürgen Habermas, Faktizität und Geltung, Frankfurt/M. 1992, S. 451 ff.

Sektion 3

Selbstorganisation, Naturalismus, Biophilosophie

Johann Götschl Graz

Zur philosophischen Bedeutung des Paradigmas der Selbstorganisation

Johann Götschl

Mit dem Erscheinen der Theorie der Selbstorganisation (TSO) werden die Möglichkeiten zum Aufbau einer Prozeßontologie erkennbar. Hierdurch kommt es zu einem Durchbrechen einiger Voraussetzungen des traditionellen Systems der Klassifikation der Wissenschaften. Das neue Wissen von der Selbststrukturierung konstituiert ein kategorial neues Verständnis von Natur und wird zur Voraussetzung für ein neues Selbstverständnis. Die (TSO), die Prinzipien der Emergenz bzw. der Produktivität (Selbsterzeugung) von neuen Formen bzw. Strukturen explizit macht, führt zur philosophischen Möglichkeit nach einer Prozeßontologie, die die tradierten Wissenschaftsklassifikationen aufbricht. Neue Erkenntnisse haben den Begriffen der Konfiguration und Transformation der Materie einen neuen spezifischen Bedeutungsgehalt gegeben und diejenigen Prinzipien, die gemäß der (TSO) zur Erzeugung bzw. Emergenz von dissipativen Strukturen führen, sind, naturphilosophisch gesehen, Prinzipien, die den Aufbau von Natur als durchgehende Materiekonfigurationen behandeln. Es sind Konfigurationen, die das Produkt einer transformatorischen Eigendynamik der Materie unter gewissen Bedingungen sind. Diese Eigendynamik der Materie wird nach der (TSO) bekanntlich durch die drei Prinzipien (i) der energetischen Offenheit, (ii) der operationalen Geschlossenheit und (iii) der Stabilitätsbedingungen beschrieben. Diese drei Prinzipien der Eigendynamik der Materie (Natur) liefern das Grundgerüst für eine Prozeßontologie. Zu ihrem Kern gehört, daß eine Realitätskonzeption heranreift, in der eine einheitlichere und konsistentere Darstellung nicht mehr allein nur der Natur (Materie) erreicht werden kann, sondern darüber hinaus, was bisher noch völlig aussteht, eine Darstellung des "Mensch-Natur-Gefüges".

Diese mit der (TSO) aufkommende Prozeßontologie hält nicht mehr an der Idee von kategorial zu unterscheidenden Materiekonfigurationen fest, sondern geht dazu über, die Mannigfaltigkeit von Erscheinungen als Resultat von spezifischen (Rand-)Bedingungen zu verstehen. Diese Vertiefung des Verständnisses der Dynamik von Materie eröffnet Denkmöglichkeiten, die in einigen Metaphysiken und Naturphilosophien schon lange angelegt

Johann, Götschl, Graz

waren und erst jetzt eine empirisch-wissenschaftliche Begründung erhalten. Die mit der (TSO) vermittelte Methodologie liefert Möglichkeiten, anders als bisher über die für die Wissenschaft zentralen Methodologien wie jenen der (i) Voraussagbarkeit und (ii) der Kausalität denken zu können. Durch die (TSO) werden (i) und (ii) ergänzt bzw. ersetzt durch ein Modell, in dem die Verträglichkeit von Determinismus und Unvorhersehbarkeit von Materieprozessen im Konzept der Bifurkation ausgewiesen wird. Hinzu kommt, daß die Kausalität - verstanden als Modell für Linearität - nun ergänzt bzw. ersetzt zu werden vermag durch das Konzept der Verkettung von Linearität und Nichtlinearität einer Systemevolution. Beides: Vereinbarkeit von Determinismus und Unvorhersehbarkeit einerseits und Verkettung von Linearität und Nichtlinearität andererseits, sind neue Voraussetzungen, die in den Aufbau einer Prozeßphilosophie Eingang finden und heuristisch fruchtbar gemacht werden müßten.

Bisher, seit Newton etwa, verlief die Wissenschaftsentwicklung anders: neue Theorien traten auf, die methodologischen Prinzipien und im wesentlichen auch die Ontologie blieben dieselben. Die (TSO) verändert die Lage radikal: Theorie, Methodologie und Ontologie treten als Neuerung in vernetzter Weise in Erscheinung. Die Prinzipien der klassischen Ontologie repräsentieren eine Strukturontologie und keine Prozeßontologie, wie sich dies an den drei bekannten hier zusammengefaßten Formeln darstellen läßt: (i) das Prinzip der limitierten Potentialität der Materie (Anordnungspotentialität), (ii) das Prinzip der durchgängigen Reversibilität von Materieprozessen (Symmetrieprinzip) und (iii) das Prinzip von der kategorialen Separiertheit von Natur und Mensch bzw. von Objekt und Subjekt (Prinzip der Nichtkohärenz von Objekt und Subjekt).

Diese drei Prinzipien repräsentieren die klassische Strukturontologie und umfassen die klassische Physik, weitgehend auch die Relativitätstheorie und die Quantentheorie, trotz erheblicher ontologischer Differenzen zwischen diesen. Erst die (TSO) liefert den entscheidenden Vorstoß zum Aufbau einer Prozeßontologie, auf deren Basis weniger artifiziell als bisher zwischen Naturwissenschaften und Geisteswissenschaften vermittelt werden kann. Der philosophische Gehalt der (TSO) begründet ein Postulat der Konsistenz der dynamischen Einheit der Natur.

Dieser Grundgedanke der (TSO), herangezogen für den Aufbau einer Prozeßontologie, ermöglicht auch eine Explikation der Voraussetzungen für eine Neuklassifikation der Wissenschaften. Welche Voraussetzungen sind dies? Mit der (TSO) wird nicht einfach ausgesagt, daß eine Eigenschaft mehr von der Materie entdeckt worden ist, die sich gewissermaßen additiv zu den bisher bekannten Klassen von Materieeigenschaften hinzufü-

Johann, Götschl, Graz

gen läßt. Mittels der eben genannten drei Erzeugungsprinzipien wird vielmehr ausgesagt, daß Realität als Konfiguration und Transformation von Elementen und Strukturen zu sehen ist. Und das Auftreten von solchen Bedingungen, die zur eigendynamischen transformatorischen Generierung von materiellen Systemen führen, sind innerhalb gewisser Grenzen als immanenter Teil des Systems selbst einzustufen. Ein solcherart durch die (TSO) konstituierter Begriff des materiellen Gegenstandes repräsentiert Materie bzw. Natur in einer Weise, die die vor allem seit der Neuzeit sich etablierte Strukturontologie, nach der sich Materie bzw. Natur letztlich als Invarianten denken lassen mußten, aufbricht.

Diese Denkfigur, die im Laufe der neuzeitlichen Wissenschaftsentwickung einen zentralen Status erreicht hat, verlangte, die Mannigfaltigkeit von Naturerscheinungen aus einer Totalität heraus zu verstehen. Sie beruht im wesentlichen auf der Voraussetzung, die in je spezifischer Weise von der (TSO) korrigiert bzw. aufgehoben wird: Die Strukturontologie führt die neuzeitliche Wissenschaftsentwicklung zu erheblichen theoretischen Entfaltungen und praktischen Erfolgen. Diese Erfolge verwandelten "pragmatisch" die Strukturontologie von der Modalität der Möglichkeit in die Modalität der Notwendigkeit.

In naturphilosophisch-wissenschaftstheoretischer Sicht handelt es sich bei diesen Struktur- bzw. Ordnungsbildungen um Selbstorganisationsprozesse, die Ausdruck eines evolutionär-emergenten Geschehens sind. Die Herausbildung von Strukturen ist es ja primär, die durch die (TSO) zwar nicht erklärt, wohl aber plausibel beschrieben wird. Aber dies reicht vorderhand einmal dafür, um besser zu verstehen, daß die (TSO) nicht allein für einen neuen Materiebegriff von Bedeutung ist, sondern weit darüber hinaus für die Herstellung von Zusammenhängen mit Strukturen Bedeutsamkeit hat, welche repräsentiert sind durch die Gesamtheit von Objekten und Prozessen, von präbiotischen und biotischen Systemen, von Lebewesen bis hin zum menschlichen Bewußtsein. Die sich in Entwicklung befindliche Prozeßontologie lenkt die Orientierung auf Formen in der Gesamtheit von Objekten und Prozessen und wird somit schrittweise zu einer neuartigen vermittelnden Kategorie zwischen bisher scheinbar kategorial verschiedenen Ereignisebenen. Das tiefere Eindringen in die Strukturbildung bzw. die Strukturdynamik der Materie führt zu zweifellos überraschenden, wenn auch in der traditionellen Metaphysik schon angelegten Gedankengängen, die in einem Satz ausgedrückt werden sollen:

Die (TSO) legt die begründbare Vermutung nahe, daß ab einem bestimmten Entwicklungsniveau der naturwissenschaftlichen Erkenntnisentwicklung eben diese Erkenntnis eine spezifische Bedeutung für Selbsterkenntnis erhält.

Johann, Götschl, Graz

Epistemologisch läßt sich diese Hypothese dahingehend verallgemeinern, daß ab einem bestimmten Entwicklungsniveau wissenschaftliche Erkenntnis der Außenwelt potentielle Erkenntnis der Innenwelt repräsentiert. Ein prozeßontologisches Verständnis von Welt, von Natur bzw. Materie vermittelt in nichtreduktionistischer Weise zwischen verschiedenen Strukturen durch die Kenntnis der Bedingungen für das Auftreten von verschiedenen Formen. Jetzt wird in ersten Konturen sichtbar, daß der klassische Kanon der Wissenschaftsklassifikation, demgemäß aus ontologischen Gründen zwischen Formal- Natur- und Kultur- (Geistes-)wissenschaften kategorial zu unterscheiden ist, nicht mehr haltbar ist. Obwohl auch schon ohne die (TSO) sich die Erkenntnis der Einheit von Naturgeschichte und Kulturgeschichte anbahnte, so gelangt man doch erst mit Hilfe der (TSO) ein erhebliches Stück weiter. Denn erst jetzt kann identifiziert und expliziert werden, wie es um die Koppelungsprozesse zwischen Naturdynamik und Kulturdynamik steht. Die klassische Wissenschaftsdifferenzierung nach bestimmten "gegebenen" Gegenständen - nach einer vorgegebenen Ontologie - ist offensichtlich überholt. Die "Wissenschaften von der Natur" und die "Wissenschaften vom Menschen" rekrutieren eine Synthese, auch wenn hierfür noch kein eigener Name vorhanden ist.

Die mit der (TSO) erbrachten Voraussetzungen für den Aufbau einer Prozeßontologie, durch die es zu einer einheitlicheren und konsistenteren Darstellung des "Natur-Mensch-Gefüges" kommen kann, bedeutet in philosophischer Hinsicht vor allem zweierlei:

(i) mit der (TSO) wird die Möglichkeit einer neuartigen Verbesserung einer naturtheoretischen Selbstinterpretation des Menschen eingebracht: die (TSO) erleichtert den Selbstbezug.

(ii) Mit der (TSO) ist eine Stufe der Konvergenz zwischen den "Wissenschaften von der Materie (Natur)" und den "Wissenschaften vom Menschen (Geist)" erreicht worden, die einen ersten Einblick in den Kohärenzgrad zwischen Objekt und Subjekt erlaubt.

Damit aber wird eine neue und existentiell bedeutungsvolle Erkenntnisebene erreicht. Mit dem Deskriptions- und Erklärungspotential der (TSO) wird die Erkenntnis vermittelt, daß die Referenz der (TSO) nicht allein durch das dem erkennenden Subjekt gegenüberliegende Objekt (Natur) repräsentiert wird, sondern bis zu einem gewissen Grade durch das "Natur-Mensch-Gefüge". Die "Mensch-Natur-Beziehung" bzw. das "Mensch-Natur-Gefüge" ist durch die (TSO) wie folgt charakterisierbar: (1) Nicht durch einen wie immer

Johann, Götschl, Graz

gearteten Reduktionismus; dieser wird ersetzt durch eine spezifische Form eines Emergentismus; (2) Nicht durch Herstellung von bloßen Ähnlichkeiten bzw. Analogien; sie werden abgelöst von "strukturellen Vernetzungen" zwischen den verschiedenen Ebenen; (3) Nicht allein durch systemtheoretische Abstraktionen und Subsumptionen; an deren Stelle treten Systemintegrationen zu dynamischen Systemen; (4) Nicht durch eine bloße Identifikation von Subjekt und Objekt; an deren Stelle treten kybernetische Systemvernetzungen; (5) Nicht durch einen verdeckten Anthropomorphismus; die Konzeption eines holistischen Naturalismus tritt hervor.

Diese fünf Charakteristika machen deutlich, daß die Referenz der (TSO) nicht auf Materie per se gerichtet ist, sondern auf das "Mensch-Natur-Gefüge". Sie deuten auch an, inwiefern die (TSO) einen Beitrag zur Homogenisierung von Mensch und Natur bzw. Mensch und Materie leistet, auch wenn dorthin noch weite empirische und analytische Wege zurückzulegen sein werden. Die (TSO), philosophisch-ontologisch hinterfragt, zeigt jedenfalls in die Richtung, daß die Struktur dessen, was gemeinhin als "Außenwelt" bezeichnet wird und die Struktur dessen, was gemeinhin als "Innenwelt" erfaßt wird, starke Isomorphien aufweisen.

Die (TSO) begründet also weitgehendst, Natur und Mensch als kohärente Konstrukte zu modellieren. Diese Kohärenz legt nahe, Natur und Mensch höhere ontologische Affinität zuzuordnen, als dies bisher möglich war.

Dieser Zugang besagt: Die "Wissenschaften von der Natur" und die "Wissenschaften vom Menschen" sind ontologisch gesehen voneinander nicht separierbare Bereiche. Dies bedeutet, daß die typischen Gegenstände der "Wissenschaften von der Natur (Materie)", nämlich die Organisationsformen der Materie einerseits, und die typischen Gegenstände der "Wissenschaften vom Menschen (Geisteswissenschaften)", nämlich die sprachlich-symbolischen Hervorbringungen als Sinngebilde andererseits, nicht mehr als kategorial verschieden bzw. als unvereinbar einzustufen sind. Das Bild, das der Mensch sich von der Natur durch die (TSO) macht, ist konstituiert für das Bild, das sich der Mensch von sich selbst macht. Dieses Selbstbild ist - dies eben vermittelt der Inhalt der (TSO) - immer schon notwendigerweise durchdrungen von der Repräsentation der "Außenwelt" bzw. der "Materiewelt", auch wenn dies zu selten explizit gemacht worden ist. Erst die (TSO) liefert eine Weise der Außenweltrepräsentation, in der die unterschiedlichen Organisationsstufen von Materiekonfigurationen so erfaßt sind, daß es möglich wird, Zusammenhänge der Eigendynamik der Natur mit der Eigendynamik der Kultur leichter herzustellen. Der Begriffsrahmen der (TSO) erlaubt es, gezielter danach zu suchen, inwieweit ein tieferes Eindrin-

Johann, Götschl, Graz

gen in die Naturdynamik zur Kulturdynamik und umgekehrt ein tieferes Eindringen in die Kulturdynamik zur Naturdynamik führt. Die (TSO) geht den Weg hierzu vorerst von "unten", d.h. ausgehend von den dynamischen Materiestrukturen, ohne reduktionistisch sein zu müssen.

Die mit der (TSO) vermittelte Prozeßontologie, im Unterschied zur Strukturontologie, liefert eine weitere Einsicht, wodurch die ganze epistemologisch-ontologische Tragweite und Bedeutung der (TSO) für eine kohärente Darstellung des "Mensch-Natur-Gefüges" zur Geltung gebracht wird: Denn die (TSO) begründet die Evidenz dafür, daß jede Erkenntnis der "Außenwelt" (materiellen Welt) im Prinzip Erkenntnis der Innenwelt (der sozio-kulturellen Sinngebilde) repräsentiert.

Seit der Existenz der (TSO) sind in bezug auf die Fragen nach der Kohärenz bzw. jetzt nach dem Kohärenzgrad von Natur und Mensch zumindest drei ontologische Modelle voneinander unterscheidbarer geworden:

(1) Die Strukturontologie, die dem Newton-Modell von Materie/Natur zugrunde liegt.
(2) Die Funktionsontologie, die dem relativistischen und dem quantentheoretischen Modell von Materie/Natur zugrunde liegt.
(3) Die Prozeßontologie, die dem selbstorganisatorischen Modell von Materie/Natur zugrunde liegt.

In der Strukturontologie, deren zentrale Kennzeichen in den Prinzipien der "limitierten Potentialität der Materie", der "durchgängigen Symmetrie" und der "kategorialen Differenz von Objekt und Subjekt" besteht, ist überhaupt kein Raum für Kohärenz von Objekt und Subjekt: Der Kohärenzgrad könnte als Nahe bei Null eingestuft werden. Trotz relevanter Unterschiede zwischen Relativitätstheorie (RT) und Quantentheorie (QT) haben sie doch für das hier interessierende Problem der Feststellung des Kohärenzgrades Wichtiges gemeinsam: in je unterschiedlicher Weise machen diese beiden Theorien die Kohärenz von Objekt und Subjekt sichtbar. Diese Konturen der Kohärenz von Natur und Mensch treten mit der (RT) und der (QT) bekanntlich dadurch erstmals in der Wissenschaftsgeschichte in Erscheinung, daß ein notwendiger Zusammenhang zwischen dem zu erkennenden Objekt (Natur) einerseits und dem erkennenden Subjekt (Mensch) andererseits nachgewiesen wird. Denn sowohl (RT) wie auch (QT) verdeutlichen den unauflöslichen Zusammenhang von physikalischer Theorie, Meßvorschriften, Meßoperationen und erkanntem (gemessenem) Objekt. Hierdurch erhält die "Natur-Mensch-Beziehung" eine neue Qualität,

Johann, Götschl, Graz

sodaß zu Recht von einem "Mensch-Natur-Gefüge" die Rede sein konnte. Die hiermit skizzierte Funktionsontologie hebt die Strukturontologie schon auf, - die objektive Darstellung der Welt erfordert die Einbeziehung des Subjekts. Erst und gerade die Einbeziehung des Subjekts erhöht die Objektivität.

Durch die (TSO) ergeben sich für erkenntnistheoretische und ontologische Fragen nach der Kohärenz von Natur und Mensch die folgenden drei Erkenntnisse, die es erlauben, einen wesentlichen Schritt weiter zum Aufbau einer Prozeßontologie zu gelangen:

Erkenntnis A:
Die (TSO) hebt die Imkompatibilität zwischen dem Entstehen und Vergehen von Ordnung auf.

Erkenntnis B:
Die (TSO) überbrückt weitgehend Differenzen zwischen sowohl deterministischen und indeterministischen wie auch zwischen Makro- und Mikroprozessen.

Erkenntnis C:
Die (TSO) führt auf physikalischer Basis in der Tendenz zur Fusion nicht zur Reduktion von Evolutionstheorie und Genetik (Molekulargenetik).

Was wird durch diese drei Erkenntnisse nahegelegt? Dies kann als folgendes Ergebnis zusammengefaßt werden: Die philosophische Bedeutung der (TSO) besteht im Kern darin, daß genau diejenigen Voraussetzungen für materielle Ordnungsbildungen explizit gemacht werden, durch die eine durch innere Zeitlichkeit konstituierte Integration von Naturverständnis und Selbstverständnis möglich erscheint. Denn die (TSO) repräsentiert eigentlich bestimmte Weltmöglichkeiten, wodurch Formen und Inhalte des "Außenbezugs" und Formen und Inhalte des "Selbstbezuges" konvergieren.

Es ist nunmehr möglich, jenes Wissen zu generieren, das zeigt, daß die Rekonstruktion der Außenwelt, die zum Naturverständnis führt, und die Rekonstruktion der Innenwelt (des Selbst), die zum Selbstverständnis führt, auf die gleichen Voraussetzungen ihrer je unterschiedlichen Erscheinungsformen abzielen. Mit zunehmender Wissenschaftsentwicklung läßt sich eine Zunahme des Kohärenzgrades von Natur und Mensch erkennen.

Johann, Götschl, Graz

Literatur

Bateson, G.: Geist und Natur. Eine notwendige Einheit, Frankfurt 1982
Bohm, D.: Die implizite Ordnung, München 1985
Dress, A./Hendrichs, H./Küppers, G. (Hg.): Selbstorganisation. Die Entstehung von Ordnung in Natur und Gesellschaft, München 1986
Foerster, H.v.: Sicht und Einsicht. Versuche zu einer operationalen Erkenntnistheorie, Braunschweig 1985
"**Götschl**, J. (Ed.): Erwin Schrödinger's World View. The Dynamics of Knowledge and Reality, Dordrecht, 1992
Götschl, J.: "Hypercritical Physical Realism and the Categorial Changes in the Subject-Object-Relations", in: La Nuova Critica, Rom, 1991, S. 5-19
Götschl, J.: "Zur philosophischen Bedeutung des Paradigmas der Selbstorganisation für den Zusammenhang von Naturverständnis und Selbstverständnis", in: Krohn, W./Küppers, G. (Hrsg.): Selbstorganisation - Aspekte einer wissenschaftlichen Revolution, Braunschweig 1990, S. 181-199
Götschl, J.: "Verantwortung in der Wissenschaft: Die dynamische Einheit von Mensch und Natur", in: Mensch-Natur-Gesellschaft, Jg. 9, 1992
Jantsch, E.: Die Selbstorganisation des Universums. Vom Urknall zum menschlichen Geist, München 1979
Poser, H.: "The Notion of Consciousness in Schrödinger's Philosophy of Nature", in: J. Götschl (Ed.): Erwin Schrödinger's World View. The Dynamics of Knowledge and Reality, Dordrecht, 1992, S. 153-169
Schilpp, P. A. (Ed.): The Philosophy of A. N. Whitehead, New York 1951
Schrödinger, E.: Geist und Materie. Braunschweig 1959
Schrödinger, E.: Was ist Leben? Bern 1946
Varela, F. J.: "Self-Organization: Beyond Appearances and into the Mechanism", in: La Nuova Critica, 64 (1982/IV), S. 31-49
Vollmer, G.: Was können wir wissen? Band 2. Die Erkenntnis der Natur, Stuttgart 1986
Whitehead, A. N.: Prozeß und Realität, Frankfurt 1984

Die Wirklichkeit emergenter Eigenschaften
Michael Heidelberger

Der Begriff der Emergenz hat etwas von einem faulen Zauber an sich, hinter dem sich die eigene Unwissenheit der natürlichen Ursachen eines Phänomens verstecken läßt. Lange Zeit begegnete man ihm deshalb mit großem Mißtrauen, das bis heute noch nicht abgeklungen ist. Der Emergenzbegriff schien sich von der Kritik und Trivialisierung, die er besonders von Seiten des logischen Empirismus erfuhr, nicht mehr erholen zu können. Die Annahme emergenter, also holistischer, systemischer Eigenschaften ist mit dem eigenartigen, vielleicht sogar üblen Beigeschmack längst vergangener und verstaubter Diskussionen behaftet, als noch aufrechte Kämpfer den Vitalismus vor dem Mechanismus zu retten suchten.

Seit ungefähr zehn bis fünfzehn Jahren hat jedoch die Idee der Emergenz eine kleine Renaissance erfahren und scheint in der Wissenschaftstheorie allmählich wieder hoffähig zu werden. (Siehe Bunge 1977, Popper/Eccles 1977, Sperry 1980, Smart 1981, Stöckler 1990, Stephan 1990, Beckermann 1992, Hoyningen-Huene, im Druck.) Ein Grund dafür liegt in der gegenwärtig recht stürmischen Debatte des psychophysischen Problems, in der fast jedes Mittel recht zu sein scheint, das vertrackte Verhältnis zwischen Leib und Geist zu erfassen. Neben vielen neuen, ausgefeilten Vorschlägen werden dabei verstärkt auch wieder ältere Ideen aufgegriffen und umgearbeitet. Ein anderer Grund ist darin zu sehen, daß zur Zeit Positionen beliebt sind, die quer zu den alten Fronten liegen: Ein platter, alles auf Physik reduzierender Materialismus soll vermieden werden, aber gleichzeitig sollen Physikalismus und Naturalismus erhalten bleiben. Die Autonomie "höherer", komplexer Wissenschaften wie Biologie und Psychologie wird gegenüber der Physik eingefordert, ohne daß die grundlegende Ontologie mehr als materielle Bestandteile und ihre Eigenschaften beinhalten soll. Der mit diesen Versuchen hervortretende Trend zum nichtreduktiven Materialismus legte es nahe, sich wieder an den Emergenzbegriff zu erinnern. Zumindest in seiner ursprünglichen Form verstand sich der Emergentismus als durch und durch naturalistische und physikalistische Position, die gleichwohl von der Möglichkeit und Wirklichkeit nichtreduzierbarer Eigenschaften ausging.

Im folgenden möchte ich zur Renaissance des Emergenzbegriffs beitragen, indem ich versuche, (1) ein Hauptargument des logischen Empirismus, mit dem er sich die Emergenz gefügig machen wollte, zu entkräften und (2) eine allgemeine Überlegung zu entwickeln, die zeigt, daß emergente Eigenschaften prinzipiell möglich sind und daß es in unserer Welt mit hoher Wahrscheinlichkeit emergente Eigenschaften gibt.

1. Die Kritik des logischen Empirismus an der Emergenz

Der Begriff der Emergenz bezieht sich auf Eigenschaften von komplexen Systemen. In der ursprünglichen Diskussion wurden zwei grundverschiedene mögliche Klassen von Eigenschaften von materiellen Systemen unterschieden: Eigenschaften, die sich aus den Eigenschaften der Bestandteile eines Systems und davon, wie es zusammengesetzt ist, ergeben (resultante, additive oder mikrodeterminierte Eigenschaften) und solche Eigenschaften, die die Eigenschaften der Bestandteile irgendwie übersteigen und über sie hinausgehen (emergente Eigenschaften).

Im Bestreben, diese intuitive Charakterisierung genauer zu fassen, wurden im Laufe der Zeit eine ganze Reihe von Definitionen vorgeschlagen, die alle auf denselben Grundgedanken hinauslaufen: Eine Eigenschaft eines komplexen Systems ist emergent, wenn sie in Bezug auf die Eigenschaften der Bestandteile neuartig, oder nicht ableitbar, nicht vorhersagbar, nicht reduzierbar, nicht explizit definierbar usw. ist. (Siehe Stephan 1992 für einen detaillierten Überblick über die verschiedenen vorgeschlagenen Varianten.) Entsprechend dazu heißt dann eine Eigenschaft resultant oder additiv, wenn sie nicht emergent ist. Manchmal spricht man auch von einem emergenten *System*. Dies wäre zu definieren als ein System mit mindestens einer emergenten Eigenschaft. Auch von Gesetzen oder Kräften wird bisweilen gesagt, daß sie emergent sein können.

Zur Illustration der Definition wurden und werden fast ausschließlich Eigenschaften von chemischen Verbindungen herangezogen: Daß Wasser flüssig und transparent ist, ist nicht ableitbar, nicht vorhersagbar, nicht explizit definierbar ... allein aus den Beschreibungen der Eigenschaften von Wasserstoff- und Sauerstoffmolekülen und der Art und Weise, wie sie zusammengesetzt ist. Wohl aber können wir das Gewicht eines Wasservolumens aus dem Gewicht seiner Bestandteile, die man zusammengegossen hat, ableiten; Gewicht ist also eine resultante Eigenschaft.

(Um Trivialisierungen zu vermeiden, muß man die Definition von Emergenz auf solche Eigenschaften eines Systems einschränken, die nicht einfach nur Relationen zwischen den Bestandteilen und etwas anderem sind. Sonst hätte kein System emergente Eigenschaften. Man könnte nämlich z.B. sagen: Daß Wasser flüssig ist, ergibt sich aus der Eigenschaft des Wasserstoffs, bei so und so gearteter Zusammensetzung mit Sauerstoff eine Flüssigkeit zu bilden. (Siehe Hempel/Oppenheim 1948, 260).)

An dem Grundgedanken, der den verschiedenen früheren Fassungen der Emergenz zugrundeliegt, haben Hempel und Oppenheim eine (mittlerweile klassisch zu nennende) Kritik geübt, die auch heute noch häufig ins Feld geführt wird (Hempel/Oppenheim 1948, 258-264, später übernommen von Nagel 1961, Kapitel 11; heute noch vertreten z.B. von Lambert/Brittan 1991, 250f.). Sie läßt sich in drei Schritten darstellen:

1. Wenn eine Eigenschaft eines Systems aus den (nichtrelationalen) Eigenschaften seiner Teile ableitbar, (oder neuartig oder definierbar usw.) sein soll, dann kann das immer nur Ableitbarkeit ... in Bezug auf eine *Theorie* sein, die mit der Annahme empirischer Gesetze einen Zusammenhang zwischen den Eigenschaften des Ganzen und den Eigenschaften der Bestandteile behauptet. Ohne eine solche Theorie ließen sich trivialerweise selbst additive Eigenschaften eines Systems nicht aus den Eigenschaften der Komponenten ableiten. Die Konklusion einer (deduktiven) Ableitung kann nicht mehr Informationsgehalt enthalten als in den Prämissen gegeben ist. Man muß also eine Theorie als Prämisse einführen, um überhaupt Ableitbarkeit zu ermöglichen.

2. Wenn aber die Ableitbarkeit ... einer Eigenschaft aus anderen Eigenschaften eine Theorie voraussetzt, dann kann die Emergenz einer Eigenschaft immer nur in Bezug auf eine Theorie behauptet werden. Wir können also höchstens den Begriff der "Emergenz relativ zu einer Theorie" bilden. Wenn wir eine Eigenschaft als emergent bezeichnen, meinen wir damit, daß ihr Auftreten nicht aus den Eigenschaften der Bestandteile *und der in Frage stehenden Theorie* ableitbar ist.

3. Hängt aber die Emergenz einer Eigenschaft von einer Theorie ab, so ist sie "kein ontologisches Merkmal, das gewissen Phänomenen zukommt, sondern sie bringt das Ausmaß unseres Wissens zu einer bestimmten Zeit zum Ausdruck; sie ist daher nicht absolut, sondern nur relativ; und was in Bezug zu heutigen Theorien emergent ist, kann morgen seinen emergenten Status wieder verlieren." (Hempel/Oppenheim 1948, 263; ähnlich Nagel 1961, 369.)

Mit dieser Relativierung ist der Emergenz ihr Biß genommen und sie wird zu einer uninteressanten und theoretisch sterilen Eigenschaft. Von einem System zu behaupten, es sei emergent, drückt jetzt nurmehr den Vorbehalt aus, daß bisher noch keine Theorie bekannt ist, die eine Ableitung aus den Eigenschaften der Komponenten gestattet. Will man also dem Emergenzbegriff zu neuer Brisanz verhelfen, muß man ihn unabhängig von den jeweils kontingenten Beschränkungen des naturwissenschaftlichen Wissens definieren und ihm zu einer ontischen Interpretation verhelfen.

2. Vom epistemischen zum ontischen Begriff der Erklärung

Wenn wir die verschiedenen Varianten der Standarddefinition von Emergenz betrachten, zeigt es sich, daß sie in einer bestimmten entscheidenden Hinsicht der bekannten Konzeption von Erklärung gleichen, die ebenfalls auf Hempel und Oppenheim zurückgeht. Nach diesem sogenannten "covering law"-Modell der wissenschaftlichen Erklärung (Modell der umfassenden Gesetze) ist ein Phänomen erklärt, wenn man zeigt ist, daß sein Auftreten im Lichte eines bestimmten Wissens über Gesetze und Randbedingungen *"zu erwarten war"* (Hempel 1965, 337). Mit der Auffassung von Hempel und Oppenheim wird also die "gesetzmäßige Erwartbarkeit" (Salmon 1984, 16, 84) des Explanandums durch Personen zum grundlegenden Merkmal, das ein Explanans erzeugen muß, um eine wissenschaftliche Erklärung zu sein. Eine Erklärung erreicht ihren Zweck, wenn sie ein Wissen über Tatsachen liefert, aufgrund dessen das zu erklärende Phänomen erwartbar ist.

Mit diesem Bezug auf die Erwartung von Personen zeigt sich das Hempel-Oppenheim-Modell als eine zutiefst *epistemische* Konzeption: Eine Erklärung ist eine Beziehung zwischen einem Phänomen und einem psychischen Zustand von Personen. Um der Erwartbarkeit einen objektiven Anstrich zu geben, wird sie im Hempel-Oppenheim-Modell zu *rationaler* Erwartbarkeit, von der angenommen wird, daß sie sich in der logischen Ableitbarkeit manifestiert: Ein Ereignis ist genau dann im Lichte einer Theorie rational erwartbar, wenn es aus ihr ableitbar ist. Dieser Kunstgriff ändert aber nichts an dem epistemischen Charakter des Hempel-Oppenheim-Schemas.

Ich möchte nun behaupten, daß für Hempel und Oppenheim die Rolle, die die gesetzmäßige Erwartbarkeit für die Explikation der Emergenz spielt, dieselbe ist, die sie auch für die Explikation der wissenschaftlichen Erklärung spielt. Demnach ist eine Eigenschaft eines Systems emergent, wenn wir sie aufgrund unseres Wissens über die Systemkomponenten und der für sie gültigen Gesetze nicht (rational) erwarten können. Emergenz ist also für Hempel und Oppenheim wie die Erklärung ein Begriff, der einen Bezug auf den psychischen Zustand von Personen beinhaltet. Die Emergenz in diesem Sinne epistemisch aufzufassen, war für Hempel und Oppenheim um so naheliegender, als schon die englischen "emergenten Evolutionisten" der zwanziger Jahre stark zu einer epistemischen Interpretation neigten. (Zum emergenten Evolutionismus vgl. Stephan 1990, 1992, Stöckler 1990, 11-13.)

In der letzten Zeit ist die Angemessenheit des Hempel-Oppenheim-Modells der Erklärung stark in Zweifel gezogen worden. (Zum Stand der Diskussion vgl. zusammenfassend Schurz 1988.) Die Hinweise dafür mehren sich, daß die epistemische Auffassung der Erklärung am Kern der Sache vorbeigeht. Zwar ist es richtig, daß eine erfolgreiche Erklärung auch die Erwartbarkeit eines Phänomens aufzeigt, aber Erwartbarkeit kann nicht schon allein deswegen eine hinreichende Bedingung für eine wissenschaftliche Erklärung sein. Wir verwerfen eine überholte wissenschaftliche Erklärung ja nicht deswegen, weil sie im Lichte der herangezogenen Theorie keine Erwartbarkeit mehr erzeugen kann, sondern weil sie einen Zusammenhang zwischen gewissen Tatsachen und dem zu erklärenden Phänomen herstellt, der nach unserer aktuellen Überzeugung aus guten Gründen in Wirklichkeit nicht besteht. (Siehe Salmon 1984, 15ff., 84ff. für eine Darstellung dieser Kritik.) Nicht der Bezug einer Tatsache auf den Zustand der Erwartung von Personen macht eine Erklärung aus, sondern ihr Bezug auf andere subjektunabhängige Fakten. Statt epistemisch muß die wissenschaftliche Erklärung also *ontisch* aufgefaßt werden.

Welches ist nun der Zusammenhang, den wir mit einer (ontisch verstandenen) Erklärung zwischen Explanans und Explanandum behaupten? Wir behaupten einen *kausalen* Zusammenhang. Erklären heißt zeigen, daß das zu erklärende Phänomen mit dem erklärenden kausal verbunden ist. Eine Erklärung ist nicht, wie in der epistemischen Auffassung, relativ zu einem kontingenten Wissensstand, sondern relativ zu einem kausalen Mechanismus. Eine Erklärung zielt auf die kausale Herkunft des Explanandums ab, den kausalen Mechanismus, der zu ihm führte und nicht auf seine gesetzmäßige Erwartbarkeit.

Die Unterscheidung zwischen der epistemischen und der ontischen Konzeption der Erklärung ist keine bloß philosophische Haarspalterei. Betrachten wir z.B. das Boyle-Mariottesche Gesetz, das eine funktionale Abhängigkeit zwischen Druck, Volumen und Temperatur eines Gases behauptet, ohne etwas über kausale Abhängigkeiten zu sagen. Nach der epistemischen Konzeption wäre jede Ableitung eines Ereignisses aus diesem Gesetz (zusammen mit geeigneten Randbedingungen) eine wissenschaftliche Erklärung. Die abgeleitete Tatsache ist im Lichte des Gesetzes und der Randbedingungen zu erwarten. Die ontische Konzeption wäre damit noch nicht zufrieden, sondern würde für eine angemessene Erklärung einen Bezug auf den zugrundeliegenden kausalen Prozeß fordern. Um den Druckanstieg eines Gases (im ontischen Sinne) zu erklären, genügt es nicht, auf die Verkleinerung seines Volumens bei konstanter Temperatur hinzuweisen; erst der Bezug auf eine bestimmte Ursache, die zu einem veränderten Verhalten der Gasmoleküle führte, macht eine wirkliche Erklärung daraus. Für den Vertreter der ontischen Auffassung liefert die Anwendung des Boyle-Mariotteschen Gesetzes nur einen Teil einer Erklärung. Sie muß um einen kausalen Gehalt vervollständigt werden, um wirklich erklären zu können.

Aus diesem Beispiel wird ersichtlich, daß die ursprüngliche Intuition, die zum epistemischen Verständnis der Erklärung führte, auch in der ontischen Interpretation durchaus noch erhalten bleibt. Ist ein Ereignis im ontischen Sinne erklärt, so folgt daraus, daß es aufgrund der Information über den zugrundeliegenden kausalen Mechanismus zu erwarten war. Es ist also auch im epistemischen Sinne erklärt. Aber umgekehrt gilt natürlich nicht, daß jede Information, die ein Ereignis erwarten läßt, es auch im ontischen Sinne erklärt.

Es ist kein Einwand gegen die ontische Fassung der Erklärung, auf unsere prinzipielle Beschränktheit als endliche epistemische Subjekte hinzuweisen und zu sagen, man könne nur epistemisch und nie wirklich ontisch erklären, da man sich nie des wirklichen kausalen Prozesses sicher sein könne. Auch der Begriff des Naturgesetzes wird nicht dadurch zu einem epistemischen Begriff, daß unsere Überzeugung, ein Naturgesetz gefunden zu haben, immer von unserem beschränkten Wissen zu einer bestimmten Zeit abhängt und daher grundsätzlich revidierbar ist.

3. Ein Beispiel für Emergenz

Wenn sich der Schritt von der epistemisch zur ontisch verstandenen Erklärung analog auch bei der Emergenz machen ließe, dann könnte der Emergenzbegriff seine alte Brisanz wiedergewinnen. Bevor wir jedoch die Kritik an der epistemischen Deutung der Erklärung und ihre ontische Neufassung auf die der Emergenz zu übertragen versuchen, ist es sinnvoll, sich ein naturwissenschaftliches Beispiel genauer anzusehen. Besonders geeignet scheint hierfür eine elektrodynamische Theorie des 19. Jahrhunderts zu sein, die, ohne die Bezeichnung zu gebrauchen, von der Existenz emergenter Eigenschaften im ontischen Sinne ausging. Die Probleme, die diese Theorie aufwarf, trugen zum Niedergang der mechanischen Weltsicht bei und bereiteten indirekt den Boden für den Aufstieg der Feldtheorie.

Im Jahre 1846 schlug der Physiker Wilhelm Weber (1804-1891) ein elektrodynamisches Grundgesetz vor, nach dem die Kraft zwischen zwei elektrischen "Massen" (wir würden heute von "Ladungen" sprechen) nicht nur vom umgekehrten Quadrat ihrer Entfernung voneinander abhängt, sondern auch von ihrer relativen Geschwindigkeit und relativen Beschleunigung. (Weber 1846. Vgl. Rosenberger 1887, Wiederkehr 1960, Wise 1981, 1990, Archibald 1989.) Mit diesem Gesetz gelang es Weber, die Gesetzmäßigkeiten der drei wichtigsten, damals bekannten Phänomenbereiche der Elektrizität zusammenzufassen: elektrostatische Kräfte zwischen elektrischen Massen (Coulomb), elektromagnetische Kräfte zwischen Leitern und Magneten (Ampère) und die elektromagnetische Induktion (Faraday).

Wenn man mit der Newtonschen und Laplaceschen Weltsicht davon ausgeht, daß zwischen Massen nur anziehende und abstoßende Kräfte wirken können, dann ist das Webersche Gesetz gleichbedeutend mit der Annahme, daß die Kraft zwischen zwei elektrischen Partikeln nicht nur von den Eigenschaften der beiden Partikel und ihrer räumlichen Beziehung, sondern auch von der Gegenwart weiterer Massen beeinflußt wird. Die Gesamtkraft eines Systems von Massen mit mehr als zwei Elementen hängt also nicht allein von den Eigenschaften ab, die die einzelnen Elemente haben, sondern auch von den Beziehungen, in denen sie zu anderen Elementen des Systems stehen. Je nach Komplexität des Systems ändert sich das Kraftgesetz.

Webers Gesetz bildete für lange Zeit den Kern eines sehr erfolgreichen Forschungsprogramms, an dem viele Physiker in Deutschland mitarbeiteten, darunter Riemann, Clausius, Carl Neumann, Eduard Riecke und Hermann Grassmann. Im Jahre 1872 versuchte der Astrophysiker Karl Friedrich Zöllner Webers Gesetz zu verallgemeinern und ihm sogar Newtons Gravitationsgesetz unterzuordnen. Es gab auch Versuche, das Gesetz zur Erklärung der spezifisch biologischen Phänomene heranzuziehen (Fechner 1855, 185-187, Lotze 1842). Man kann nicht sagen, daß Webers Gesetz jemals widerlegt worden wäre. Es wurde schließlich von Maxwells Theorie abgelöst. Die von H. A. Lorentz 1892 aufgestellte Elektronentheorie bildete in vieler Hinsicht eine Synthese der Maxwellschen Theorie mit der Weber-Tradition.

Der schärfste zeitgenössische Kritiker Webers war Hermann von Helmholtz (1821-1894), der Webers Gesetz genau wegen seiner holistischen Implikationen angriff. Helmholtz war der Überzeugung, daß geschwindigkeitsabhängige Potentiale, wie sie in Webers Theorie als Folge der Annahme emergenter Kräfte auftauchen, gegen den Energieerhaltungssatz verstoßen. Obwohl er sich stark darum bemühte, konnte er jedoch keinen klaren und eindeutigen Beweis für diesen Verstoß finden. Sein eigenes Argument für die Energieerhaltung ruhte auf der Voraussetzung, daß die letzten elementaren Kräfte in der Natur zentrale Fernkräfte sind, die nicht von der Existenz dritter Massen abhängen. Helmholtz hatte also jedes Interesse daran, Webers Gesetz zu bekämpfen. Wie so viele andere Kontroversen in der Geschichte der Naturwissenschaften wurde auch diese Auseinandersetzung zwischen Weber und Helmholtz über die Natur physikalischer Kräfte nicht gelöst, sondern nach dem Aufkommen der Maxwellschen Feldtheorie schlicht vergessen.

Webers Kraftbegriff ist nun ein sehr guter Kandidat für eine emergente Eigenschaft. Eine Kraft, die gemäß dem Weberschen Gesetz in einem System von mehr als zwei Partikeln wirkt, kann nicht zurückgeführt werden auf die Zusammensetzung der Wirkungen von Elementarkräften zwischen je zwei Partikeln. Es ist nicht möglich, die Kräfte zwischen den einzelnen Paaren zu "summieren", da die Größe jeder Paarkraft abhängt von den weiteren Partikeln, mit denen das Paar zusammen ein System bildet. Die Gesamtkraft des Systems enthält die Kräfte der sie konstituierenden Zwei-Partikel-Systeme nicht als Teile (zumindest in keinem gewöhnlichen Sinn des Wortes "enthalten" mehr).

An dieser Stelle ist noch ein Wort zur Geschichte des Emergenzbegriffs angebracht. In heutigen Darstellungen dieser Geschichte (Stephan 1990, 1992, 25f., Stöckler 1990, 9f., verschiedene Beiträge in Beckermann 1992) wird der Ursprung des Emergenzgedankens in Mills *System of Logic* von 1843 gesehen. Mill diskutiert dort (Buch III, Kap. VI) die Frage, ob die Eigenschaften des Wassers andere sind als die von Wasserstoff und Sauerstoff und ob sich lebendige Organismen auf die Wirkungen rein mechanisch wirkender Komponenten zurückführen lassen oder nicht. Es ist sehr wahrscheinlich, daß Mill mit seinen Beispielen aus der Chemie auf dieselbe Quelle zurückgreift, aus der auch Weber schöpft. Weber beruft sich auf die Forschungen des Chemikers Jöns Jacob Berzelius (1779-1848) zu katalytischen Phänomenen. Aus dem elektrodynamischen Grundgesetz scheint zu folgen, schreibt Weber, "daß die *unmittelbare Wechselwirkung zweier elektrischen Massen* nicht ausschließlich von diesen Massen selbst und ihren Verhältnissen zu einander, sondern auch von der Gegenwart *dritter Körper* abhängig sei. Nun ist bekannt, daß Berzelius eine solche *Abhängigkeit der unmittelbaren Wechselwirkung zweier Körper von der Gegenwart eines dritten* schon vermutet hat, und die daraus resultierenden Kräfte mit dem Namen der *katalytischen* bezeichnet hat. Bedienen wir uns dieses Namens, so kann hiernach gesagt werden, daß die *elektrischen Erscheinungen* zum Teil von *katalytischen* Kräften herrühren." (Weber 1846, 376.)

Berzelius hatte 1836 zur Erklärung verschiedener rätselhafter chemischer Vorgänge (Entzündung von Knallgas durch Platin usw.) den Begriff der katalytischen Kraft eingeführt. Eine solche Kraft schien nach seiner Meinung dann zu bestehen, wenn "Körper durch ihre blosse Gegenwart, und nicht durch ihre Verwandtschaft [Affinität] chemische Tätigkeiten hervorrufen, die ohne sie nicht stattfinden. Berzelius äußerte die Vermutung, daß "in den lebenden Pflanzen und Thieren tausende von katalytischen Prozessen zwischen den Geweben und den Flüssigkeiten vor sich gehen." (Berzelius 1836, 243.) Während Berzelius noch überzeugt war, daß die katalytischen Kräfte eines Tages elektrochemisch erklärt werden können, interpretierte Weber sie wie viele seiner Zeitgenossen als emergente Eigenschaften und machte sie zur nicht weiter reduzierbaren Grundlage seiner Elektrizitätslehre.

Auch der Mediziner und Philosoph Hermann Lotze, der mit Weber befreundet war, diskutierte schon vor Mill, im Jahre 1842, mit Beispielen aus der Chemie und Biologie den Unterschied zwischen einerseits "mechanischen" Wirkungen, die auf die Komposition einzelner Kräfte zurückgehen, und "dynamischen" Wirkungen andererseits, die von den Beziehungen abhängen, in denen einzelne Teile zum Ganzen stehen. Daß Lotze emergente Wirkungsformen als "dynamisch" den mechanischen Wirkungen gegenüberstellt, zeigt den naturphilosophischen Unterton seiner Begrifflichkeit (Lotze 1842, 142-145, 165, 167, 170).

Bei Lotze finden sich schon fast alle Elemente, die in späteren Diskussionen um die Emergenz eine Rolle spielen. Man könne sich denken, schreibt er, daß "die Verbindung einzelner chemischer Grundstoffe ... Eigenschaften und Wirkungsformen entfalte, die nicht nur unsere Erkenntniss nicht als Resultate aus den Eigenschaften der Bestandtheile begreifen könne, sondern die selbst objectiv keineswegs aus deren Zusammensetzung hervorgehen." (Lotze 1842, 142f.)

Lotze spricht von "neuauftretenden Eigenschaften" bei Zusammensetzung von Bestandteilen und ihrer "mangelnden Ableitbarkeit". Als Beispiel bezieht er sich auf die chemischen Eigenschaften von Schwefel und Sauerstoff, die einzeln ganz andere sind als die Eigenschaften der Schwefelsäure selbst. Auch weist er darauf hin, daß sich der Geschmack von Schwefelsäure nicht aus dem Geschmack von Schwefel und von Sauerstoff erzeugen läßt.

4. Emergenz im ontischen Sinne

Kann Webers Konzeption einer irreduziblen Gesamtkraft als Modell für eine ontische Definition der Emergenz dienen? Kann man wie Lotze von Eigenschaften sprechen, die nicht bloß unsere Erkenntnis nicht als Resultat aus den Eigenschaften der Bestandteile begreifen kann, sondern die objektiv nicht aus deren Zusammensetzung hervorgehen? Der entscheidende Punkt bei Weber und Lotze scheint zu sein, daß die Komplexität eines Systems von einem gewissen Grad an die Eigenschaften der einzelnen Bestandteile außer Kraft setzt und eine neue Eigenschaft führt. Als Quintessenz bietet sich folgende Definition an:

Eine Eigenschaft eines Systems heißt emergent, wenn sich ihre kausale Rolle im System nicht aus der kausalen Wechselwirkung der einzelnen Bestandteile des Systems ergibt.

Während in der ontischen Konzeption der Erklärung die Existenz eines speziellen kausalen Mechanismus *behauptet* wird, der ein Ereignis mit einem anderen verbindet, wird in der ontischen Konzeption der Emergenz ein kausaler Mechanismus *geleugnet*. Es wird das Fehlen einer (vollständigen) kausalen Verbindung der zu erklärenden Eigenschaft mit den Eigenschaften der Bestandteile konstatiert. In Webers Elektrodynamik ausgedrückt: Durch das Zusammenbringen zweier Massen mit einer dritten, die sie bisher noch nicht beeinflußt hat, entsteht eine Gesamtkraft, die einem anderen Gesetz folgt als die Kraft im Zwei-Massen-System.

Der Einwand, der erhoben werden könnte, daß die Nichtexistenz einer Kausalverbindung nicht schlüssig nachzuweisen sei, zieht nicht. Würde man ihn ernstnehmen, müßte man analog auch die Behauptung der Existenz einer Kausalverbindung ablehnen. So wenig wir uns dadurch vom Erklären abbringen lassen, daß sich jede behauptete Ursache prinzipiell als vermeintlich herausstellen kann, so wenig müssen wir den Begriff der Emergenz schon deshalb verwerfen, weil sich die Behauptung einer fehlenden Kausalverbindung als zu voreilig erweisen kann. Die Plausibilität von Behauptungen über Existenz oder Nichtexistenz von Ursachen wird durch den Erfolg des Erklärungsgeflechts der Wissenschaft im Ganzen verstärkt oder vermindert. Sie kann aber nicht streng bewiesen werden.

Um die Tragweite der ontischen Konzeption von Emergenz auszuloten, überlegen wir uns, bei welcher Art von Theoriebildung sie Verwendung finden könnte. Robert Cummins unterscheidet zwei grundsätzlich verschiedene Arten von Theorien: "Veränderungstheorien" (transition theories) auf der einen Seite, mit deren Hilfe wir Veränderungen von Systemen auf bestimmte Ursachen zurückführen, und "Eigenschaftstheorien" andererseits, mit denen wir erklären, welche Besonderheiten eines Systems für eine bestimmte Eigenschaft verantwortlich sind, auf welchem Zusammenspiel von welchen Elementen eine bestimmte Systemeigenschaft beruht (Cummins 1983, Kap. 1). Die kinetische Gastheorie, als eine Eigenschaftstheorie, identifiziert die Temperatur eines Gases mit der mittleren kinetischen Energie der Moleküle, aus denen das Gas besteht. Als eine Veränderungstheorie sagt sie uns, warum z.B. die Erniedrigung der Temperatur eines Gases bei gleichem Druck zu einer Verringerung seines Volumens führt.

Welcher Art ist eine Theorie, die gewisse Phänomene in der Welt durch Hinweis auf ihren emergenten Charakter erklärt? Wir haben hier eine Theorieart vor uns, die von beiden Theorietypen einen Teil übernimmt, so daß eine Art "Eigenschaftsveränderungs-Theorie" oder auch "morphogenetische Theorie" entsteht. Wenn wir sagen, daß die Eigenschaft eines Systems emergent ist, implizieren wir, daß eine Zustandsänderung stattgefunden hat und daß die Ursache dafür, daß das System nun eine andere Eigenschaft hat, nicht in den Eigenschaften seiner Bestandteile liegt. Unter dieser Perspektive wird der ontische Charakter der hier vorgeschlagenen Konzeption der Emergenz besonders deutlich.

Mit der ontischen Definition der Emergenz ist nun der (im Abschnitt 1 dargestellten) Kritik des logischen Empirismus der Boden entzogen. Eine Eigenschaft emergent zu nennen heißt nun nicht mehr, eine Behauptung über ihre Beziehung zum Zustand einer Person (nämlich ihre Erwartbarkeit in Bezug auf eine Theorie, an die die Person glaubt) aufzustellen, sondern eine Behauptung über ihre Beziehung zu den Bestandteilen des Systems (nämlich die Nichtexistenz einer Kausalverbindung).

Trotzdem bleibt aber die ursprüngliche Intuition der frühen Emergenz-Theoretiker gewahrt. Analog zu der ontisch interpretierten Erklärung gilt auch hier: Ist eine Eigenschaft im ontischen Sinne emergent, so folgt daraus, daß sie neuartig (aus keiner Theorie ableitbar, vorhersagbar usw.) ist. Aber es gilt natürlich nicht, daß jede Eigenschaft, die nicht aus den bisherigen Theorien ableitbar ist, auch emergent wäre.

5. Die Wirklichkeit emergenter Eigenschaften

Nun stellt sich sofort die Frage, ob es tatsächlich emergente Eigenschaften in der Welt gibt. Dies ist gleichbedeutend mit der Frage, ob man in den Wissenschaften notwendigerweise verschiedene Erklärungsebenen unterscheiden muß, die zwar aufeinander aufbauen, aber nicht durch Bezugnahme auf fundamentale Eigenschaften aus einer jeweils tieferen Ebene erklärt werden können. Wieder anders formuliert würde die Frage lauten, ob es mikroindeterminierte Eigenschaften gibt, also Eigenschaften von Systemen, die nicht durch die Eigenschaften der Komponenten determiniert sind.

Es liegt auf der Hand, daß es für eine bejahende Antwort keinen strengen Beweis geben kann. Die Behauptung, eine bestimmte Eigenschaft sei emergent, kann, wie schon gesagt, mit dem Bekanntwerden neuer Erfahrungen prinzipiell immer widerlegt werden. Wenn es eine Theorie gibt, nach der eine für emergent gehaltene Systemeigenschaft nur kraft der Komponenteneigenschaften besteht, also mikrodeterminiert ist, dann ist die Vermutung der Emergenz in dem Maße entkräftet, in dem die besagte Theorie empirisch bestätigt ist.

Mit diesem Zugeständnis werden Vermutungen über bestehende Emergenzen aber nicht sinnlos. In dieser Hinsicht geht es dem Emergenzbegriff nicht besser und nicht schlechter als vielen anderen Begriffen mit ähnlichem Status, z.B. dem des Indeterminismus: Die Behauptung, ein Ereignis sei kausal indeterminiert, kann prinzipiell immer dadurch widerlegt werden, daß man eine Erklärung mit deterministischen Kausalgesetzen dafür vorlegt. Dies ändert jedoch nichts an der Möglichkeit, daß das Universum, wie dies die Naturwissenschaft der Gegenwart auf vielen Gebieten nahelegt, bis zu einem gewissen Grade indeterminiert ist. Diese Eigenschaft des Universums läßt sich nicht direkt beweisen, aber indirekt aus den besten Theorien, die uns zur Zeit zur Verfügung stehen, erschließen.

Auch für die Realität der Emergenz gibt es indirekte Hinweise, die von dem eben genannten Indeterminismus geliefert werden. Ich möchte die Behauptung verteidigen, daß unter Zugrundelegung eines bestimmten Ereignisbegriffs aus der Annahme der partiellen kausalen Indeterminiertheit des Universums die Existenz emergenter Eigenschaften folgt. Mit anderen Worten: In einem indeterministischen Universum, in dem Ereignisse eine ganz bestimmte Form haben, muß es notwendig irgendwann und irgendwo zu emergenten Eigenschaften kommen. Falls sich diese These als plausibel erweist, ist sicher noch zu wenig für die Identifizierbarkeit konkreter emergenter Eigenschaften gewonnen. Es wird aber die *prinzipielle* Möglichkeit und Wirklichkeit der Emergenz eingeräumt und damit wenigstens eine "kosmologische" Perspektive auf das Problem der Emergenz ins Blickfeld gerückt.

Achim Stephan hat zurecht betont, daß die Abwesenheit von Emergenz allein noch nicht den Determinismus impliziert (Stephan 1992, 35f.), man also nicht schlechthin vom Indeterminismus auf die Emergenz rückschließen kann. Ich möchte aber im folgenden zeigen, daß dieser Rückschluß wenigstens in einem Universum, dessen Ereignisse durch Umgruppierung seiner Bestandteile zustandekommen, zulässig ist. Es scheint mir unproblematisch zu sein, anzunehmen, daß die Ereignisse unserer Welt alle von dieser Art sind.

Ich definiere zunächst einige Begriffe: Ein Ereignis heiße zusammengesetzt, wenn es dadurch zustandekommt, daß sich Komponenten eines Bereichs zu einem System zusammensetzen, das bisher nicht bestand oder ein System verlassen, mit dem sie bisher für eine Zeit verbunden waren. Ein zusammengesetztes Ereignis kann also durch das Zusammenbringen oder Auseinandertreten von Komponenten gekennzeichnet werden. Ein System heiße nun *mikrodeterminiert, wenn seine Eigenschaften mikrodeterminiert sind und wenn die Ereignisse, in die es involviert ist, im definierten Sinn zusammengesetzt sind.

Nun kann die These, die ich verteidigen möchte, so umformuliert werden: Wenn das Universum *mikrodeterminiert ist, dann ist es auch kausal determiniert. Dies ist gleichbedeutend mit der Behauptung: Wenn die Ereignisse im Universum zusammengesetzt sind und wenn es indeterminierte Ereignisse gibt, dann ist das Universum mikro-indeterminiert, d.h. dann gibt es emergente Eigenschaften.

Falls ein System mikrodeterminiert ist, dann ist diese Eigenschaft durchgängig: d.h. nicht nur die Eigenschaften dieses einen Systems werden durch die Eigenschaften der Komponenten bestimmt, sondern die Eigenschaften aller möglichen Systeme, die sich aus allen oder einem Teil der Komponenten zusammensetzen lassen. Wenn also das Universum mikrodeterminiert ist, dann gibt es Gesetze, nach denen der Zustand der einzelnen Komponenten des Universums den Zustand aller Systeme determiniert, die aus ihnen zusammensetzbar sind.

Wenn nun das Universum *mikrodeterminiert ist, dann werden alle Ereignisse durch Umgruppierung der Komponenten des Universums verwirklicht. Greifen wir nun ein beliebiges Ereignis E zu einem bestimmten Zeitpunkt heraus. Es kam dadurch zustande, daß sich gewisse Komponenten zu einem System S zusammenfanden, das vorher nicht (oder wenigstens für eine Zeit nicht) bestand. Das Ereignis E ist also eine Instantiierung von Eigenschaften von S zu einem bestimmten Zeitpunkt.

Da S nach Voraussetzung mikrodeterminiert ist, hängen seine Eigenschaften von den Eigenschaften seiner Bestandteile ab. Diese Eigenschaften waren aber schon zu früheren Zeiten realisiert und mikrodeterminieren durchgängig alle möglichen Zusammensetzungen. Also ist E von solchen früheren Ereignissen bestimmt, in denen schon die gleichen Komponenten wirksam waren wie in ihm selbst. Hätten die Bestandteile zu früheren Zeitpunkten andere Eigenschaften besessen, so wäre auch das Ereignis E nicht eingetreten, sondern ein anderes. Damit ist gezeigt, daß ein *mikrodeterminiertes Universum deterministisch wäre. Da aber der Indeterminismus wahrscheinlich in unserer Welt partiell realisiert ist, folgt schließlich, was zu zeigen war, daß es in unserer Welt wahrscheinlich emergente Eigenschaften gibt.

Der Determinist behauptet, wie Charles Sanders Peirce es ausdrückte, "daß der zu irgendeiner Zeit vorliegende Zustand der Dinge zusammen mit gewissen unveränderlichen Gesetzen den Zustand der Dinge zu jeder anderen Zeit ... vollständig determiniere." (Peirce 1892, 161). Der Indeterminist hält dem entgegen, daß es Zustände der Dinge gibt, die durch keinen (zu irgendeiner anderen Zeit vorliegenden) Zustand der Dinge, zusammen mit den Gesetzen, vollständig determiniert sind.

Wenn man die Emergenz in so engem Zusammenhang mit dem Indeterminismus bringt, wie es hier versucht wird, dann sind die Anfangsbedingungen des Universums der springende Punkt bei der ganzen Sache. Falls nämlich emergente Eigenschaften tatsächlich auftreten, dann heißt dies nichts anderes, als daß sich die Anfangsbedingungen des Universums im Laufe der Zeit verändern (unabhängig davon, ob das Universum nun einen zeitlichen Anfang besitzt oder nicht). Das Problem, woher diese Veränderungen kommen, ist nicht mehr, aber auch nicht weniger rätselhaft als das Problem, warum ein determiniertes Universum gerade diese und keine anderen Anfangsbedingungen hat, die es faktisch besitzt.

Im Abschnitt 4 wurde die Ansicht vertreten, daß der Emergenzbegriff in einer Theorie Verwendung finden könnte, die Eigenschaftsveränderungen erklärt. Den überzeugendsten Versuch in dieser Richtung hat Peirce unternommen. Wir müssen zugeben, sagte er, daß unser Universum immer komplexer und vielfältiger wird. In einer deterministischen Theorie kann es keine Erklärung dafür geben; sie kann das Anwachsen der Vielfalt nur als *factum brutum* hinnehmen. Wenn man jedoch ein gewisses Maß an Indeterminiertheit und damit emergente, kausal wirksame Eigenschaften zuläßt, dann trägt man, in den Worten von Peirce, "all der Vielfalt und Verschiedenheit des Universums in dem einzigen Sinn Rechnung, in dem man sagen kann, daß einer Sache, die wirklich *sui generis* und neu ist, Rechnung getragen wird." (Peirce 1892, 173).

6. Emergenz und kausale Notwendigkeit

Zum Schluß möchte ich mich mit einem Einwand auseinandersetzen, den Thomas Nagel gegen die Annahme emergenter Eigenschaften komplexer Systeme gerichtet hat (Nagel 1984, besonders 204-206). Nagel unterscheidet zwei Konzeptionen der Kausalität: die Konzeption David Humes, nach der Kausalität mit konstanter regelmäßiger Abfolge identifiziert wird und die anti-Humesche Konzeption, die dies für nicht ausreichend hält und zusätzlich noch die Existenz notwendiger Ursache-Wirkungs-Verknüpfungen in der Welt annimmt. Für einen Anti-Humeaner ist eine generelle Korrelation höchstens ein *Indiz* für Kausalität, aber noch nicht die Kausalität selbst. Nagel hält es für offenkundig, daß es kausal notwendige Zusammenhänge gibt, woraus er folgert, daß Humes Regularitätstheorie der Kausalität inadäquat ist.

Er versucht nun zu zeigen, daß das Auftreten kausal wirksamer, emergenter Eigenschaften nur mit Humes Konzeption der Kausalität, nicht aber mit kausaler Notwendigkeit vereinbar ist. In einer Welt kausaler Notwendigkeiten hält Nagel emergente Eigenschaften für undenkbar, da in einer solchen Welt alle Eigenschaften notwendigerweise von den physikalischen Eigenschaften und Relationen der Bestandteile abhängen. Mit der Zurückweisung des Humeschen Kausalitätsbegriffs fällt also auch der Emergenzbegriff.

Abgesehen davon, daß sich die Humesche Theorie nicht so leicht vom Tisch wischen läßt, wie Nagel sich dies vorstellt, scheint mir der Fall gerade umgekehrt zu liegen: In einer Humeschen Welt hat es überhaupt keinen Sinn, vom regelmäßigen Auftreten emergenter Eigenschaften zu sprechen. Nach der Konzeption Humes ist jede Eigenschaft eines komplexen Systems *per definitionem* von den Komponenteneigenschaften verursacht, wenn sie regelmäßig mit ihnen korreliert. In einer Welt kausaler Notwendigkeiten lassen sich jedoch prinzipiell zweierlei Arten von Regelmäßigkeiten unterscheiden: solche, die auf kausaler Notwendigkeit beruhen und solche, die das nicht tun. Da bei emergenten Eigenschaften *per definitionem* eine notwendige Verbindung zu den Eigenschaften der Bestandteile fehlt, kann also nur in einer Welt notwendiger Ursache-Wirkungs-Verhältnisse sinnvollerweise von dem regelmäßigen oder häufigen Auftreten emergenter Eigenschaften von Systemen gesprochen werden.

In der Welt Humes dagegen ist nicht zu unterscheiden, ob Ereignisse der Art A einen Mechanismus in Gang setzen, der zufälligerweise häufig zu Ereignissen der Art B führt oder ob eine "echte" naturbedingte regelmäßige Aufeinanderfolge von A und B vorliegt. Der Humeaner kann also so tun, als sei der Zufall (die kontingente Regelmäßigkeit) selbst eine Ursache. In einer Welt kausaler Notwendigkeiten läßt sich jedoch Platz finden für emergente Eigenschaften, die regelmäßig (oder mit konstanter relativer Häufigkeit) auftreten.

Ich stimme mit Thomas Nagel überein, daß die Auskunft, mentale Zustände seien emergente Eigenschaften, beim gegenwärtigen Wissensstand mehr eine Ausflucht als eine Erklärung darstellt. Im vorliegenden Aufsatz sollte auch nicht die Emergenz des Mentalen verteidigt werden, sondern die prinzipielle Möglichkeit und Wahrscheinlichkeit ontisch verstandener emergenter Eigenschaften in unserem Universum, das durch objektive Indeterminiertheit und durch stetig wachsende Komplexität und Vielfalt gekennzeichnet ist.

Literatur

Archibald, Thomas
[1989] "Energy and the Mathematization of Electrodynamics in Germany, 1845-1875", *Archives internationales d'histoire des sciences 39*, 276-308

Beckermann, Ansgar, Hans Flohr und Jaegwon Kim
[1992] *Emergence or Reduction? Essays on the Prospects of Nonreductive Physicalism*, Berlin: de Gruyter

Berzelius, Jacob
[1836] "Einige Ideen über eine bei der Bildung organischer Verbindungen in der lebenden Natur wirksame, aber bisher nicht bemerkte Kraft", *Jahres-Bericht über die Fortschritte der physischen Wissenschaften von Jacob Berzelius 15*, 1836, 237-245

Bunge, Mario
[1977] "Emergence and the Mind", *Neuroscience 2*, 501-509

Cummins, Robert
[1983] *The Nature of Psychological Explanation*, Cambridge: Bradford Books

Fechner, Gustav Theodor
[1855] *Über die physikalische und philosophische Atomenlehre*, Leipzig: Mendelssohn 1855

Hempel, Carl G. und Paul Oppenheim
  [1948] "Studies in the Logic of Explanation", *Philosophy of Science 15*, 135-175. Zitiert nach Hempel 1965, 245-290
Hempel, Carl G.
  [1965] *Aspects of Scientific Explanation*, New York: Free Press
Hoyningen-Huene, Paul
  [im Druck] "Emergenz versus Reduktion", *Proceedings of 'Analyomen'*, hrsg. Georg Meggle und Ulla Wessels, Berlin: de Gruyter
Lambert, Karel und Gordon G. Brittan
  [1991] *Eine Einführung in die Wissenschaftsphilosophie*, Berlin: de Gruyter
Lotze, Hermann
  [1842] "Leben. Lebenskraft", *Handwörterbuch der Physiologie*, hrsg. Rudolph Wagner, Bd. 1, Braunschweig: Vieweg, S. IX-LVIII. Zitiert nach Lotze, *Kleine Schriften*, Leipzig: Hirzel 1885, 139-220
Mill, John Stuart
  [1843] *A System of Logic, Ratiocinative and Inductive*, London. Zitiert nach Mill, *Collected Works*, Bd. VII, Toronto 1973
Nagel, Ernest
  [1961] *The Structure of Science*, London: Routledge
Nagel, Thomas
  [1984] "Panpsychismus", in: Nagel, *Über das Leben, die Seele und den Tod*, Königsberg: Hain, 200-214
Peirce, Charles S.
  [1892] "Untersuchung der Lehre vom Determinismus", in: Peirce, *Naturordnung und Zeichenprozeß*, hrsg. Helmut Pape, Aachen: Alano 1988, 159-178 (engl. in: *Collected Papers of Charles Sanders Peirce*, Bd. 6: *Scientific Metaphysics*, hrsg. Ch. Hartshorne und P. Weiss, 3. Aufl., Cambridge, Ma.: Harvard University Press 1965, § 35-65)
Popper, Karl R. und John C. Eccles
  [1977] *Das Ich und sein Gehirn*, München: Piper 1982 (engl. 1977)
Rosenberger, Ferdinand
  [1887] *Die Geschichte der Physik*, Bd. 3, Braunschweig: Vieweg
Salmon, Wesley C.
  [1984] *Scientific Explanation and the Causal Structure of the World*, Princeton: Princeton University Press 1984
Schurz, Gerhard
  [1988] *Erklären und Verstehen in der Wissenschaft*, München: Oldenbourg 1988
Smart, J. J. C.
  [1981] "Physicalism and Emergence", *Neuroscience 6*, 109-113
Sperry, Roger W.
  [1980] "Mind-brain interaction, yes; dualism, no", *Neuroscience 5*, 195-206
Stephan, Achim
  [1990] "Einige Überlegungen zum Begriff der Emergenz", Ms.
  [1992] "Emergence - A Systematic View on its Historical Facets", in: Beckermann 1992, 25-48
Stöckler, Manfred
  [1990] "Emergenz. Bausteine für eine Begriffsexplikation", *Conceptus 24*, 7-24
Weber, Wilhelm
  [1846] "Elektrodynamische Maassbestimmungen insbesondere über ein allgemeines Grundgesetz der elektrischen Wirkung", *Abhandlungen bei Begründung der Königlich Sächsischen Gesellschaft der Wissenschaften*, 1846, 209-378
Wiederkehr, Karl Heinrich
  [1960] *Wilhelm Webers Stellung in der Entwicklung der Elektrizitätslehre*, Diss., Math.-Nat. Fak., Universität Hamburg
Wise, M. Norton
  [1981] "German Concepts of Force, Energy, and the Electromagnetic Ether: 1845-1880", *Conceptions of Ether: Studies in the History of Ether Theories, 1740-1900*, hrsg. G. N. Cantor und M. J. S. Hodge, Cambridge: Cambridge University Press, 269-307
  [1990] "Electromagnetic Theory in the Nineteenth Century", *Companion to the History of Science*, hrsg. R. C. Olby et al., London: Routledge, 342-356

SELBSTORGANISATION UND REDUKTIONISMUS

Manfred Stöckler, Bremen

Die neueren Theorien der Selbstorganisation (Synergetik, Autopoiese, Theorie der dissipativen Strukturen u.a.) gelten als Elemente eines neuen Paradigmas der Naturwissenschaften. In einer *revolutionären* Interpretation wendet sich diese Neuerung gegen das Feindbild der mechanistischen Physik, die als gefährliche Verirrung des westlichen Denkens gesehen wird. Aber auch die Rettung wird aus den harten Naturwissenschaften erwartet. Die Selbstorganisation führe zur "Aufhebung des Reduktionismus" und die heilsamen Folgen blieben nicht aus: Die Theorie offener Systeme sei z. B. nicht vereinbar mit der Forderung nach ungehemmtem zerstörerischem Gebrauch der Technik. In meinem Vortrag folge ich dagegen der *konservativen* Interpretation, die in der Theorie der Selbstorganisation der Materie eine Weiterentwicklung des mechanistischen Programms und eine Stütze des naturalistischen Weltbilds sieht. Grundlage meiner Untersuchung ist eine Analyse von H. Hakens Lasertheorie, die als Paradepferd der Synergetik betrachtet werden kann.

Laser und approximative Erklärung

Kernstück dieser *Lasertheorie* ist die näherungsweise Lösung eines Systems von Differentialgleichungen, bei der eine phänomenologische makroskopische Beschreibung auf die zuständige fundamtenale physikalische Theorie zurückgeführt wird. An diesem Beispiel kann man verfolgen, wie die grundlegenden nichtlinearen Gleichungen für das Feld und die mit ihm wechselwirkenden Atome vereinfacht und approximativ gelöst werden. Auf diese Weise wird die makroskopische Beschreibung durch stehende Wellen verständlich, wenn man spezielle Bedingungen vorgibt. Bei der Selbstorganisation des Lasers wird also gezeigt, wie die halbklassische optische Beschreibung durch einen quantenfeldtheoretischen Ansatz erklärt werden kann.

Reduktion und Versklavungsprinzip

Vor diesem Hintergrund will ich untersuchen, in welchem Sinn die Lasertheorie ein Anwendungsfall der Synergetik ist und wie sich diese Disziplin zu den fundamentalen Theorien der Physik (etwa zur Quantentheorie) verhält. Exemplarisch wird der erkenntnistheoretische Status des Versklavungsprinzips analysiert. Dieses "Prinzip" ist eine Strategie zur approximativen Erklärung.

Manfred Stöckler, Bremen

In der Lasertheorie wird expliziert, wie Mikro- und Makroebene zusammenhängen, d. h. wie Beschreibungen und Erklärungen, die in verschiedenen Schichten der Komplexität angesiedelt sind, zusammenwirken. Gegen eine *reduktionistische Interpretation* dieses Vorgangs könnte sprechen, daß Erklärungen im Bereich der Selbstorganisation oft nicht atomistisch in der tieferen Ebene ansetzen, sondern eher das funktionelle Zusammenspiel von vernetzten Wirkungseinheiten analysieren. So hat schon L. von Bertalanffy seine allgemeine Systemtheorie im Gegensatz zu einem reduktionistischen Programm gesehen. Eine solche Schlußfolgerung verkennt allerdings die methodologische Rolle von Selbstorganisationstheorien.

Einheit durch Analogie

Generell liefern moderne Selbstorganisationstheorien einen Beitrag zur Vereinheitlichung unseres Wissens nicht in erster Linie durch Zurückführung der Phänomene auf fundamentale Theorien, sondern durch Anwendung der gleichen Konzepte und der gleichen mathematischen Methoden in verschiedenen Bereichen der Realität. Das ist jedoch nicht neu, sondern die bekannte Universalität mathematischer Strukturen, die es erlaubt, nach den gleichen Regeln Birnen und Äpfel zu addieren, aber auch Phasenwinkel, Feldstärken, Steuereinnahmen und Wählerstimmen. In der Physik können z. B. viele Objekte als harmonischer Oszillator betrachtet werden. Das bedeutet jedoch nur, daß ein System zumindest in erster Näherung durch eine bestimmte Differentialgleichung beschrieben werden kann.

Solche formalen Analogien ("Isomorphien") erlauben es, Lösungsstrategien und anschauliche Intuitionen aus einem Anwendungsbereich in andere zu übertragen. Offen bleibt dabei die Frage, wie die formale Struktur jeweils materiell realisiert wird, d. h. welche fundamentalen Naturgesetze die Prozesse beschreiben.

Substantielle Gesetze und Prozeßtyp-Gesetze

Ich schlage deshalb die Unterscheidung von zwei Sorten von Gesetzen vor: 1. *substantielle Gesetze* (wie das Gravitationsgesetz oder Maxwells Theorie des Elektromagnetismus) und 2. *Prozeßtyp-Gesetze*, die einen bestimmten Ablauf mathematisch abbilden, aber den Mechanismus offenlassen, durch den er zustandekommt. Interessiert man sich für die konkrete Realisierung, muß man die zuständige physikalische Fundamentaltheorie hinzuziehen. Während bei einem substantiellen Gesetz die Terme eine fixierte Bedeutung haben (z. B. m für die Masse der gravitierenden Körper), können die analogen Größen in Prozeßtyp-Gesetzen unterschiedlich interpretiert werden: x kann als Auslenkwinkel eines Federpendels oder als Position eines Elektrons in einem Potential aufgefaßt werden. Prozeßtyp-Gesetze sind für die Thermodynamik, für die Evolutionstheorie und eben auch für die Selbstorganisationstheorien typisch. Sie können die Frage, ob Maikäfer aus den gleichen Elementarteilchen bestehen und den gleichen Naturgesetzen gehorchen, die wir aus der Physik der unbelebten Materie kennen, nicht beantworten. Man kann mit Prozeßtyp-Gesetzen *nicht* gegen einen ontologischen Reduktionismus argumentieren.

Ontologischer Reduktionismus und methodologischer Pluralismus

Selbstorganisationstheorien sind eher eine Stütze für eine monistische Ontologie, allerdings zeigen sie die Grenzen einer reduktionistischen *Methodologie*. Die Untersuchung komplexer Phänomene erfordert andere Methoden als die Erforschung von Gegenständen, mit denen sich die Physik bisher hauptsächlich beschäftigt hat (nämlich mit einfachen Objekten oder mit Systemen, in denen grobe Mittelungen und Vereinfachungen zum Verständnis des Systemverhaltens ausreichen). Aber auch wenn man glaubt, daß die Physik im Prinzip ausreichen müßte, um alle materiellen Prozesse zu erklären, kann man zugeben, daß aus pragmatischen Gründen, z. B. wegen der Begrenztheit des menschlichen Gedächtnisses, der Langsamkeit der Computer oder der endlichen Dauer der menschlichen Existenz meist auf die explizite Durchführung der Reduktion verzichtet werden muß.

Der Fortschritt der Selbstorganisationstheorien

Die Kunst der WissenschaftlerInnen zeigt sich in der Optimierung zweier sich ausschließender Ziele. Einerseits müssen bei der Beschreibung komplexer Systeme so viele Details weggelassen werden, wie es nötig ist, um Berechnungen tatsächlich durchführen und überprüfbare Aussagen gewinnen zu können. Andererseits muß durch die Auswahl passender Kenngrößen sichergestellt sein, daß möglichst viele wichtige Strukturen und Abläufe wenigstens näherungsweise erfaßt werden.

Die Grundideen der Methodologie der Selbstorganisationstheorien ist in den Wissenschaften, die sich mit komplexen Systemen beschäftigen, nicht neu. Neu sind mathematische Modelle, die spektakuläre Erfolge hervorgebracht haben. Allerdings hat die moderne Philosophie der Naturwissenschaften die angewandten Disziplinen und ihre Methoden zur Analyse komplexer Systeme bisher weitgehend nicht beachtet oder nur stiefmütterlich behandelt. Die metatheoretische Entdeckung der Komplexität konnte so den Eindruck erwecken, als sei ein neues Naturprinzip zum Vorschein gekommen.

Biosemantik: ein degenerierendes Forschungsprogramm?

Geert Keil (Berlin)

Als "Biosemantik" kann man ein Theorieprogramm bezeichnen, das sich zum Ziel gesetzt hat, die Kategorie des *Bedeutens* oder *Repräsentierens* in biologischen Begriffen zu definieren. Dieses Programm hat in der Wissenschaftsgeschichte verschiedene Wurzeln, die zum Teil weit zurückreichen. Ich möchte drei dieser Wurzeln unterscheiden, um dann die Biosemantik im engeren Sinne zu diskutieren.

Zunächst ist der naturphilosophische Topos einer nichtkonventionellen 'Sprache der Natur' zu nennen. Dieser Auffassung zufolge haben wir uns das Ensemble der natürlichen Gegenstände als einen umfassenden Symbolzusammenhang vorzustellen, durch den sich die Natur denen offenbart, die ihre Sprache verstehen, die das 'Buch der Natur' zu lesen imstande sind. Diese "pansemiotische Metaphysik", wie Umberto Eco sie genannt hat, ist zum letzten Mal in der deutschen Romantik vertreten worden. Mit der semiotischen Begründung dieser These haben sich ihre Vertreter nicht allzu große Mühe gegeben; die Natursprachenthese war sicherlich auch nicht primär sprachphilosophisch motiviert, eher handelte es sich um einen "spekulativ eingekleidete[n] Protest gegen die wachsende Instrumentalisierung des menschlichen Naturverhältnisses", wie Zimmermann (1978, 244) zusammenfassend feststellt.

Eine zweite Wurzel der Biosemantik bilden die Forschungen über Kommunikationsformen im Tierreich. Die vergleichende Ethologie drängt uns die Einsicht geradezu auf, daß auch Tiere in ihren Interaktionen Ausdrucksformen verwenden, die, um das mindeste zu sagen, als evolutionäre Vorstufen der menschlichen Begriffssprache gelten müssen. Am suggestivsten sind diese Befunde bei höheren Säugetieren, längst hat man sie aber auf niedere Gattungen ausgeweitet und spricht in der gesamten belebten Natur von Sprache und Information. Man ist nicht bei der zu einiger Prominenz gelangten "Sprache der Bienen" stehengeblieben, sondern fortgeschritten zu den Pflanzen, bis in die Molekularbiologie und die Biochemie; ich nenne nur die chemischen Botenstoffe und die Rede vom genetischen Code.

Dies führt uns zur dritten Wurzel der Biosemantik, die in einer informationstheoretischen Überhöhung dieser biologischen Befunde besteht. Ich meine die Praxis, natürliche Prozesse grundsätzlich als Informationsprozesse zu beschreiben. Diese Praxis hat sich seit dem Aufkommen der Kybernetik und der allgemeinen Systemtheorien der Jahrhundertmitte kontinuierlich verbreitet. Sie hat sich zudem mit evolutionstheoretischen Überlegungen verbunden, so daß man schließlich die Evolution des Lebens insgesamt als einen *Informationsprozeß* bezeichnet hat, der sich von der Amöbe bis zu Einstein fortgesetzt habe. Solche Theorien bleiben nicht auf die Biologie beschränkt, sondern haben über das Theorem der Selbstorganisation der Materie eine Verlängerung bis in die Physik erfahren (so etwa bei Bernd-Olaf Küppers). Nimmt man das Vokabular der Informationsverarbeitung und der Sprache in diesem Zusammenhang ernst – statt es etwa für metaphorisch zu halten –, so handelt es sich zweifellos um eine Art *revival* des Pansemiotismus. Der Hauptunterschied zur romantischen Natursprachenthese dürfte darin bestehen, daß nun die zeicheninterpretierenden Subjekte, die Leser des Buchs der Natur, endgültig aus dem Spiel sind. Ein natürlicher Prozeß soll intrinsisch informationshaltig sein können, ohne daß zur Dekodierung eine Instanz nach dem Modell zeicheninterpretierender menschlicher Subjekte angenommen werden müßte. Dem neuen Pansemiotismus zufolge sind Bedeutung und Information auf Produzenten- *und* auf Interpretenseite naturalisiert. Am Beispiel der chemischen Botenstoffe oder des genetischen Codes zeige sich, daß sowohl Codierung als auch Decodierung von Naturprozessen selbst geleistet würden; die Natur sorge sozusagen semiotisch für sich selbst.

Obwohl diese Darstellung m.E. nicht zu halten ist, verzichte ich an dieser Stelle auf eine Auseinandersetzung.[1] Da jeder, der an Diskussionen über diese Fragen teilgenommen hat, weiß, wie hartnäckig sich der neue Pansemiotismus mittlerweile in der scientific community etabliert hat und wie aussichtslos es ist, ihn direkt und ohne sprachphilosophische Unterfütterung anzugreifen, gehe ich umstandslos zur Biosemantik im engeren Sinne über und damit zu meinem eigentlichen Thema.

Seit einigen Jahren gibt es nämlich erstmals *sprachphilosophische* Theorien, die den Versuch unternehmen, der bisher semiotisch nicht eben reflektierten Idee der biologischen Semantik eine theoretische Grundlage zu geben. In diesen Theorien hat das Projekt der Biosemantik erstmals Anschluß an Grundsatzdiskussionen der allgemeinen Bedeutungstheorie gefunden, nämlich an die auf breiter Front unternommenen Versuche einer *Naturalisierung der Bedeutungsrelation*. Autoren wie Fodor, Bennett, Stampe, Stalnaker, Millikan, Papineau und einige andere haben sich die Grundfrage einer naturalistischen Bedeutungstheorie vorgelegt, und diese Frage heißt: Was macht eigentlich natürliche Prozesse oder physische Strukturen bedeutungshaltig? Wie ist es möglich, daß ein Stück Welt ein anderes Stück Welt *repräsentiert*? Wann ist etwas "über" etwas anderes? Oder, in den Worten Jerry Fodors: "I want a *naturalized* theory of meaning; a theory that articulates, in nonsemantic and nonintentional terms, sufficient conditions for one bit of the world to *be about* (to express, represent, or be true of) another bit" (Fodor 1987, 98).

Damit liefert Fodor zugleich eine Erläuterung dafür, in welchem Sinne wir eine solche Theorie "naturalistisch" nennen können: Naturalistisch ist eine solche Theorie genau dann, wenn es ihr gelingt, die fragliche Relation des Bedeutens auf eine solche Relation zurückzuführen, deren Erläuterung weder intentionale noch semantische Begriffe voraussetzt. In diesem Fall wäre gezeigt, wie semantische und intentionale Phänomene Teil der natürlichen Welt sein können; nichts anderes ist das Programm des zeitgenössischen Naturalismus.[2] Die Konjunktion "semantische und intentionale Phänomene" ist natürlich, was ich hier überspringe, erläuterungsbedürftig. Es läßt sich aber zeigen, man denke nur an Quine, daß das semantische und das mentalistische Idiom hier in der Tat dieselben Probleme aufwerfen. – "Mental" und "intentional" gebrauche ich übrigens gleichbedeutend, weil ich der Brentano-These anhänge, derzufolge wir das Mentale durch seine Intentionalität *definieren* sollten.

Bei der Biosemantik handelt es sich also eine interne Entwicklung der philosophischen Bedeutungstheorie. Nachdem man es in diesem Jahrhundert mit Verifikationstheorien der Bedeutung, mit Gebrauchstheorien, mit wahrheitskonditionalen Theorien, mit behavioristischen Theorien und mit einigen anderen versucht hat, und nachdem die Frage, von welchem Theorietyp eine arbeitsfähige Bedeutungstheorie sein sollte, nach wie vor als ungeklärt gelten muß, zieht man in den letzten Jahren verstärkt die naturalistische Karte und stellt sich die genannte Frage, ob es etwas gibt, das physische Strukturen oder Prozesse intrinsisch bedeutungshaltig macht.

Nun, welcher Art könnte diese natürliche Relation sein, die es erlaubt, nichtsemantische und nichtintentionale Bedingungen für Bedeutungshaftigkeit oder repräsentationalen Gehalt anzugeben? Soweit ich sehe, sind bisher drei Kandidaten ausprobiert worden.[3] Am nächstliegenden ist die Relation der *Ähnlichkeit* oder *Ikonizität*. Ein Tier reagiert mit Angst- und/oder Fluchtverhalten, wenn es eines Objektes gewahr wird, das seinem Aggressorschema hinreichend ähnlich ist. In diesem Sinne "bedeutet" die Silhouette eines Greifvogels für das Kaninchen Lebensgefahr. Die ikonische Theorie hat gerade in biologischen Kontexten eine anfängliche Plausibilität. Gleichwohl scheidet dieser Kandidat, wie viel-

---

[1] Vgl. aber Keil 1993, 84ff.
[2] Zur Illustration eine exemplarische Formulierung von Stalnaker (1984, 6): "The challenge presented to the philosopher who wants to regard human beings and mental phenomena as part of the natural order is to explain intentional relations in naturalistic terms".
[3] Vgl. zu diesen drei Paradigmen etwa Cummins 1989. Cummins führt noch eine vierte Version der *functional role semantics* an, die er selbst vertritt, die aber m.E. gegenüber den anderen nicht hinreichend distinktiv ist.

fach demonstriert worden ist, schnell aus. Man stelle sich zwei Fotografien vor, die eine zeigt den Delphin Flipper, die zweite seinen Zwillingsbruder Flopper. Würden wir nun sagen, daß das zweite Foto Flipper repräsentiert? Wohl kaum. Und warum nicht, wenn doch Flipper und Flopper sich gleichen wie ein Ei dem anderen, und wenn auch die Fotos ununterscheidbar sind, so daß alle Kinder, die das Flopper-Bild in der Fernsehzeitung sehen, sagen, "Mami, darf ich heute 'Flipper' sehen?" – ein Effekt, den sich die Filmindustrie bekanntlich zunutze gemacht hat, und das gleich mehrfach.

Wie reagiert eine naturalistische Semantik auf solche Problemfälle? Entweder kann sie zu Baudrillard überlaufen oder sie begibt sich auf die Suche nach einer anderen Relation, die an die Stelle der Ähnlichkeitsrelation treten kann. Die naturalistischen Semantiker taten das letztere. In neueren Theorien ist die Ähnlichkeitsbeziehung, mit denen man es in älteren Natursprachentheorien versucht hatte, völlig aus dem Spiel. Seit etwa zwei Jahrzehnten nennen die naturalistischen Bedeutungstheoretiker unisono einen anderen Kandidaten: es soll sich um eine *kausale* Relation handeln. Ein Bedeutungs- oder Repräsentationsverhältnis komme dadurch in die Welt, daß ein bestimmtes Verhältnis der *kausalen Abhängigkeit* zwischen bestimmten Zuständen oder Ereignissen bestehe. – Der Fortschritt leuchtet unmittelbar ein: die Fotografie von Flopper ist *deshalb* keine von Flipper, weil Flipper nicht zugegen, sondern längst im Delphinhimmel war, als das Foto entstand. Das Foto hat also die falsche kausale Geschichte, um Flipper zu repräsentieren. Ebenso ist die von der Ameise in den Sand gezogene Spur auch bei täuschender Ähnlichkeit kein Portrait Winston Churchills, denn sie hat die falsche kausale Genese.

Wenn dagegen zwischen zwei physischen Ereignissen oder Gegenständen die richtige Kausalbeziehung besteht – "the right sort of causal history" –, kann es sich der Kausaltheorie zufolge um eine Repräsentation handeln. In diesem Sinne repräsentieren die Jahresringe eines Baumes sein Alter, rote Gesichtsflecken einer bestimmten Art bedeuten Masern, ein Foto von Flipper repräsentiert Flipper.

Die Kausaltheorie der Repräsentation ist noch keine Biosemantik im engeren Sinn. Der Übergang zur Biosemantik wird erst durch ein Problem motiviert, das die Kausaltheorie ihren Kritikern zufolge nicht lösen kann.

Bislang sieht es so aus, als sei jedes Paar von kausal verbundenen Ereignissen auch semantisch oder repräsentational miteinander verbunden. Dieses Ergebnis läuft aber unseren Intuitionen zuwider. Hier wird es Restriktionen geben müssen, wie auch die Kausaltheoretiker einräumen. "Kausales Verbundensein" heißt für die Kausaltheoretiker zunächst einmal *Kovarianz*, denn man legt, um Komplikationen und metaphysische Exzesse zu vermeiden, zunächst einmal eine Hume'sche Regularitätstheorie der Kausalität zugrunde. Die "richtige" Beziehung besteht demnach dann, wenn repräsentiertes und repräsentierendes Ereignis kovariieren, d.h. regelmäßig gemeinsam vorkommen (weshalb wir, wenn wir tatsächlich eine Regularitätstheorie der Kausalität zugrundelegen, von Ereignis*typen* sprechen müssen). Wenn wir aber neben der Kovarianz keine weiteren Restriktionen annehmen, ergibt sich ein Problem, das Fodor das "Disjunktionsproblem" getauft hat.

Auf der Netzhaut eines Froschauges, so ein einschlägiges Beispiel, ergibt sich dasselbe Muster, wenn dem Frosch *a)* eine Fliege oder *b)* ein kleiner beweglicher schwarzer Fleck präsentiert wird. Was nimmt der Frosch wahr? Sind wir berechtigt zu sagen, daß des Frosches Repräsentation eine von "Fliege" ist und nicht von "kleiner schwarzer Fleck" oder "Partikel"? Sind nicht alle Fliegen zugleich kleine schwarze Flecken? Muß man nicht zulassen, daß die Wahrnehmung des Frosches den Repräsentationsgehalt "Fliege *oder* schwarzer Fleck" hat? Sind vielleicht alle Repräsentationen in dieser Weise disjunktiv?

Ein zweites Beispiel, das Fred Dretske in die Diskussion eingeführt hat: Es gibt in den Ozeanen der nördlichen Hemisphäre eine Spezies von Bakterien, die im sauerstoffreichen Oberflächenwasser nicht überleben können. Ihr Orientierungsmechanismus ist aber ein magnetischer. Sie bewegen sich vom geomagnetischen Nordpol weg, um in das sauerstoffarme Tiefenwasser zu gelangen. Auf der südlichen

Hemisphäre sind diese Bakterien deshalb umgekehrt gepolt. Welches ist nun die Funktion dieses Orientierungsmechanismus? Dretske: "It was said that it was the function of their magnetotactic system to indicate the whereabouts of oxygen-free environments. But why describe the function of this system in this way? Why not say that it is the function of this system to indicate the direction of geomagnetic north?" (Dretske 1986, zit. nach Millikan 1991, 160).

Müssen wir also folgern, daß natürliche Repräsentationen sämtlich in dieser Weise disjunktiv oder gar unbestimmt sind? Dieses Ergebnis wäre unbefriedigend. Disjunktive Prädikate sind etwas Unnatürliches, Künstliches. Wenn wir immer nur zu in dieser Weise disjunktiven Bedeutungen gelangen, sieht es schlecht aus für eine naturalistische Semantik. Entweder, so möchte man sagen, hat der Frosch eine Repräsentation der Fliege oder er hat sie nicht.

Er hat sie, antworten die Kausaltheoretiker, aber er hat sie nur *unter Normalbedingungen*. Die Welt mag voll sein von mehr oder weniger interessanten Kovarianzen, aber nur einige von ihnen haben den Status von natürlichen Repräsentationen. Dies wird eben in der Bedingung ausgedrückt, daß es sich um die "richtigen" Kausalketten handeln muß. – Welche Kausalverbindungen sind aber die richtigen? In den Versuchen, diese Frage zu beantworten, scheiden sich die Wege zwischen den Kausaltheoretikern und den Biosemantikern. Die ersteren versuchen, diese Frage durch die Spezifizierung von bestimmten Arten von kontrafaktischen Konditionalen innerhalb des begrifflichen Rahmens der Kausaltheorie zu beantworten. Der elaborierteste dieser Versuche ist Jerry Fodors (1987) Theorie der asymmetrischen Dependenz von Kausalketten, eine Theorie, die die meisten Kommentatoren für gescheitert halten. Auf diese Theorie kann ich hier nicht eingehen; was man ihr vorwirft, ist, daß sie entweder nicht funktioniert, also ihr Ziel nicht erreicht, oder aber in ihrer Spezifizierung der 'richtigen' Kausalketten auf verdeckt *teleologische* Bestimmungen zurückgreift und damit den kausaltheoretischen Begriffsrahmen verläßt (vgl. dazu etwa Millikan 1991).

Wie löst nun die Biosemantik das Problem? Die "richtigen" Kausalketten, so heißt es, seien diejenigen, die das, was als die Repräsentation anzusehen ist, *unter Normalbedingungen* hervorbringen. Nun sind sowohl "normal" als auch "richtig" zweifellos normative Begriffe und damit solche, die naturalistischen Theorien nicht ohne weiteres zur Verfügung stehen. Die Rede von Normalität impliziert immer die Abweichung von einem bestimmten Standard, von etwas, das so sein *soll*, und solche Standards innerhalb der Natur zu suchen gilt in der Philosophie bekanntlich nicht als aussichtsreiches Unterfangen. Für eine Naturalisierung der Bedeutungsrelation ist also eine Naturalisierung des Normativen erforderlich. Ruth Millikan und David Papineau, die Protagonisten der Biosemantik, sind sich darüber im klaren. Um diese Naturalisierung zu erreichen, tun sie nun genau das, was die Kausaltheoretiker sich versagen zu müssen glauben: sie machen offen von teleologischen Begriffen Gebrauch. Ihre Rechtfertigung dafür ist eine evolutionstheoretische, eben dies macht die Biosemantik zu einer biologischen Theorie. Es hat sich für diesen Theorietyp auch der Begriff "Teleofunktionalismus" eingebürgert, denn diese Autoren haben weitaus mehr im Sinn als bloß eine Naturalisierung der Semantik. Die Biosemantik ist nur ein allerdings zentraler Anwendungsfall eines breitangelegten Naturalisierungsprojekts, das sich auf intentionale Phänomene überhaupt bezieht. Der Grundgedanke Millikans besteht darin, daß bestimmte biologische Ausstattungen oder Organe eine 'eigentliche Funktion' haben, eine "proper function", wobei "[h]aving a proper function is a matter of having been 'designed to' or being 'supposed to' (impersonal) perform a certain function. The task of the theory of proper functions is to define this sense of 'designed to' or 'supposed to' in naturalist, nonnormative, and nonmysterious terms" (Millikan 1984, 17).

Man vergleiche mit dieser Formulierung eine parallele Stelle bei Fodor. Für Fodor muß die Repräsentationsrelation "in nonintentional, nonsemantical, nonteleological, and, in general, non-question-begging vocabulary" formuliert werden (1987, 126). "Teleologisch" fehlt in Millikans Liste, während bei Fodor teleologische Begriffe ausdrücklich verboten werden;[4] dies markiert den Unterschied zwischen Kausaltheorie und Biosemantik. Dabei kann Millikan es sich leisten, scharfsinnig die tatsächlich kryptoteleologischen Anteile der Kausaltheorie aufzudecken. Sie selbst kommt zwar auch nicht ohne Teleologie aus, glaubt aber, über eine unabhängige nichtmentalistische Rekonstruktion des Teleologischen zu verfügen. Für die Naturalisierung des Teleologischen soll die Evolutionstheorie sorgen. Millikan und Papineau sind der Überzeugung (wie übrigens auch Dennett), daß die von der Evolutionstheorie beschriebenen natürlichen Selektionsprozesse den *originalen Anwendungsfall* normativer und teleologischer Begriffe darstellen, sozusagen die Quelle von Zwecken in der Welt. Millikan schlägt also vor "to let Darwinian natural purposes set the standards against which failures, untruths, incorrectnesses, etc. are measured" (1991, 151). Naturalistische Theorien haben es ja grundsätzlich mit der Frage zu tun, wie sie es mit normativen und teleologischen Begriffen halten, und diejenigen naturalistischen Theorien, die auf solche Begriffe *nicht* verzichten möchten, müssen erklären, woher sie sie nehmen wollen. Der Teleofunktionalismus möchte sie aus der Evolutionsbiologie nehmen, denn dort scheinen sie ja gleichsam auf der Straße zu liegen. "In evolutionary biology", so ein Kommentator, "we seem to have a paradigm of how naturalistically *un*problematic facts about an object can determine that it or some feature of it has a function" (Forbes 1989, 534).

Wenn man nun "proper functions" im Sinne von Naturzwecken einführt, dann scheint sich das Disjunktionsproblem im zitierten Beispiel einfach auflösen zu lassen: Da nämlich für den Überlebenserfolg von Fröschen nicht etwa die Wahrnehmung von kleinen schwarzen Flecken kausal verantwortlich war, sondern die Wahrnehmung von Fliegen, ist die Repräsentation des Frosches eindeutig die einer Fliege. Wäre das, wofür der Frosch Detektoren hat, nicht in den 'normalen' Fällen tatsächlich oft eine Fliege gewesen, wäre es der Spezies schlecht ergangen. Daß die Normalität von Normalbedingungen hier nicht etwa statistisch zu verstehen ist, sondern tatsächlich teleologisch (vgl. Millikan 1989, 285), wird in biologischen Beispielen besonders deutlich. Der Frosch mag sich durchaus häufig 'geirrt' haben, wenn er nur hinreichend oft echte Fliegen erwischt hat, um nicht zu verhungern. So ist etwa von Goldfischen bekannt, daß sie im Wasser schwebende Teilchen einer bestimmten Größe wahllos aufnehmen, um dann alles, was sich als nicht eßbar erweist, wieder auszuspucken (vgl. Millikan 1991, 161).

Wie steht es nun mit der Behauptung, daß mit dem Rückgriff auf die biologische Evolution natürlicher Funktionen eine naturalistische Explikation des Teleologischen in dem beschriebenen Sinne gelungen sei? Inwiefern ist das "um zu" einer teleologischen Erklärung in das "weil" einer Kausalerklärung überführt worden? Der Anspruch des Teleofunktionalismus lautet, daß "when we talk of some characteristic C being present *in order to* produce E, we should understand ourselves to be claiming that C is now present because of some past selection process that favoured C because it produced E" (Papineau 1987, 65).

Ich möchte behaupten, daß dieses "because", das hier oberflächengrammatisch so einleuchtend erscheint, tatsächlich erschlichen ist. Übrigens ist diese Art und Weise, die teleologische an die kausale Erklärung zu assimilieren, keinesfalls neu. Larry Wright und William Wimsatt haben sie schon in den 70er Jahren vorgeschlagen, und diese Versuche sind überzeugend kritisiert worden. Wrights Formel "X is there *because* it does Z" liefert nicht wirklich eine kausale Erklärung, denn, so Ernest Nagel, "whether an organism survives to reproduce itself, does not depend on whether it has traits that would be advantageous to it in some *future* environment" (Nagel 1977, 286). Ebensowenig erklärt sich das Vorhandensein einzelner Organe *kausal* aus ihren Funktionen, denn, so ein anderer Kritiker, "[m]y heart was not caused to exist by the fact that it pumps my blood" (Achinstein 1977, 365). Die teleologische Charakterisierung einer organischen Ausstattung als nützlich oder angepaßt bezieht sich nicht bloß auf faktische Bedingungen der Vergangenheit, sondern auch auf *mögliche* und *zukünftige* Bedin-

---

[4] Dies gilt nur für die jüngeren Arbeiten Fodors. Noch in (1984) vertritt Fodor selbst eine teleologische Theorie.

gungen. "Angepaßt sein" darf nicht bloß heißen "hat unter den gegebenen Bedingungen bis jetzt überlebt", denn schließlich möchte man den Tautologieeinwand vom "survival of the survivors" abwehren. Die angestrebte kausalistische Reduktion des "um zu" scheitert am *dispositionalen* und damit am *antizipatorischen Moment* teleologischer oder funktionaler Erklärungen, welches in einer Kausalerklärung nicht einholbar ist. Auch die bei Kybernetikern und Systemtheoretikern so beliebte Unterscheidung zwischen teleologischen und funktionalen Erklärungen – etwa Luhmanns Ersetzung des Zweckbegriffs durch den Funktionsbegriff – taugt lediglich dazu, das Problem zu verschieben (vgl. Engels 1982, 206ff), denn auch funktionale Erklärungen enthalten dieses dispositionale, kontrafaktische Kontexte einschließende Moment. Beiseite bemerkt: In Kybernetik und Systemtheorie sollte der Funktionsbegriff gerade dazu dienen, teleologische Erklärungen und ihren impliziten Mentalismus zu umgehen. In diesem Lichte ist es eine ironische Volte der Teleologiediskussion in der neueren Wissenschaftstheorie, daß Autoren wie Wright, Wimsatt und die Teleofunktionalisten beanspruchen, funktionale Erklärungen gerade durch die Einbeziehung der evolutionären Entstehung der Funktion und durch die Rede von "teleofunctional roles" (Millikan) wissenschaftlich respektabel zu machen.

Der Teleofunktionalismus bietet keine neue Lösung für das Teleologieproblem. Er arbeitet mit Versatzstücken aus früheren naturalistischen Theorien, in ihm kehren die wissenschaftstheoretischen Probleme wieder, die in der Philosophie der Biologie seit langem diskutiert werden. Der Rekurs auf "proper functions" und Normalbedingungen ist nicht dazu geeignet, den evolutionstheoretischen Begriffsapparat in nichtteleologischer Weise zu fundieren. *Die Erläuterung dessen, was Normalbedingungen sind, setzt den Begriff des funktionierenden Organismus schon voraus.* Es ist ja der sich gegenüber seiner Umwelt abgrenzende Organismus, dessen 'ordnungsgemäßes' Funktionieren den (einzigen!) Standard für die Normalität von Normalbedingungen abgibt. Die den Organismus konstituierende System/Umwelt-Grenze ist aber naturalistisch im Sinne von nicht-teleologisch nicht zu spezifizieren. Für den kosmischen Beobachter ist die Natur ein Kontinuum, und System/Umwelt-Grenzen werden erst sichtbar, wenn wir die Natur von einem teleologischen oder kybernetischen Standpunkt aus *beurteilen*, wenn wir uns also (mit guten Gründen) dazu entschließen, ein Stück Welt als ein System, als ein organisiertes Ganzes anzusehen. Die von vielen Autoren so suggestiv ins Spiel gebrachte "Selbsterhaltung", "Selbstorganisation" oder "Selbstreproduktion" natürlicher Systeme[5] kann den Systembegriff solange nicht fundieren, wie das "Selbst" unanalysiert bleibt, das sich da zu erhalten strebt. Es verlangt selbst schon eine Beurteilung unter Gesichtspunkten der Zweckmäßigkeit, die Frage zu beantworten, welche Einheit, welche Portion Welt es denn ist, die sich da selbst erhält und reproduziert. Kurz: Ohne den vorausgesetzten Organismusbegriff macht die Rede von Normalbedingungen und "proper functions" keinen Sinn. Dies ist aber der Kantische Stand aus *Kritik der teleologischen Urteilskraft*, ein Stand, den die Teleofunktionalisten leider unterbieten.

Zurück zum biosemantischen Theorieteil des Teleofunktionalismus. Es schien so, als löste der Rekurs auf "proper functions" zumindest Fodors Disjunktionsproblem. Die alternativen Beschreibungen seien nicht gleichwertig; was sich dem Frosch präsentiert, sollte als das beschrieben werden, was für den Überlebenserfolg von Fröschen verantwortlich ist. Nun *sind* aber Fliegen zugleich kleine schwarze Flecken. Jede einzelne Fliege, die der Frosch bisher erbeutet hat, war zugleich ein kleiner schwarzer Fleck. Was hindert uns also daran zu sagen, daß kleine schwarze Flecken das Überleben des Frosches ermöglichten?!

Nichts hindert uns daran, und so müssen wir folgern, daß die Biosemantik auch dieses Problem nicht löst. Millikan kapituliert letztlich vor dieser Frage, wenn sie von "multiple functions" spricht, die durch biologische Mechanismen erfüllt würden. "Natural selection doesn't care about coextensiveness",

---

[5] "Wir können aus diesen Überlegungen den Schluß ziehen, daß die Ursemantik biologischer Information durch die Fähigkeit eines lebenden Systems definiert ist, sich reproduktiv zu erhalten." (Küppers 1986, 84).

so daß wir in den beschriebenen Fällen (Frosch/Fliege, Orientierung der Bakterien) tatsächlich alle koextensiven Beschreibungen als repräsentationale Gehalte zulassen müssen (Millikan 1991, 161).

In diesem Zusammenhang wird von manchen Autoren die grundsätzliche *Unbestimmtheit semantischer Gehalte* ins Feld geführt. Im Anschluß an Quine behauptet etwa Dennett, daß es schlicht "no fact of the matter" gebe, in solchen Fällen zwischen alternativen Beschreibungen zu entscheiden. Doch dieser semantische Defätismus scheint mir durch nichts gerechtfertigt. Daß es hier "no fact of the matter" gebe, ist schlicht falsch. *Für uns* gibt es einen Unterschied, sonst hätte Fodor das Disjunktionsproblem nicht entdecken können. Für uns haben mentale oder semantische Repräsentate neben ihrer Extension immer auch eine *Intension*, und die Intension, d.h. die *Bedeutung* von "Fliege" und "kleiner schwarzer Fleck" ist für Wesen, die über Möglichkeiten verfügen, beides zu unterscheiden, eben verschieden. Dies mag für den Frosch anders sein, weil seine kognitive Nische eine andere ist als die unsere. *Was aber ist das anderes als ein Argument dagegen, die System-Umwelt-Interaktionen von Wesen, deren kognitive Nische gegenüber derjenigen des homo sapiens (die wir durch Naturwissenschaft noch vergrößert haben) reduziert ist, zum Modell einer allgemeinen Semantik zu machen?!* Schon aufgrund unterschiedlicher sensorischer Ausstattungen kann ja kein Zweifel daran bestehen, daß die Unbestimmtheitsthese speziesrelativ ist. Für den Frosch, für die Bakterie mögen Repräsentationsgehalte semantisch unbestimmt sein, die es für uns nicht sind – umso schlechter für eine Biosemantik unterhalb des Niveaus einer differenzierten menschlichen Begriffssprache. In der Tat liegt hier eine Unterbestimmung vor, und zwar eine, die aus Diskussionen über die Evolutionäre Erkenntnistheorie wohlbekannt ist: Biologische "proper functions" sind eben eine Unterbestimmung dessen, was menschliche Subjekte alltäglich und wissenschaftlich über die natürliche Welt wissen. Man muß dabei die Inselhaftigkeit menschlichen Wissens in einem Ozean des Nichtwissens nicht leugnen, um diese Folgerung zu ziehen und die biologistischen Reduktionen abzulehnen.

Zum Schluß möchte ich noch ein allgemeineres Argument anführen, das zeigen soll, daß die Biosemantik selbst dann gescheitert wäre, wenn sie die genannten Probleme gelöst hätte. Nehmen wir an, es wäre der Biosemantik oder einer anderen naturalistischen Semantik gelungen, die "richtigen" Kausalketten derart zu spezifizieren, daß jede Art von Unbestimmtheit oder Fehlrepräsentation unmöglich wäre. Ich möchte behaupten, daß eine naturalistische Semantik in diesem Falle *erst recht* gescheitert wäre – gescheitert in dem Sinne, daß es ihr nicht gelungen wäre, das *Gemeinsame* von 'natürlicher' und konventioneller Bedeutung zu rekonstruieren. Naturalistische Semantiken sind auf der Suche nach den von Grice so genannten "natürlichen Zeichen", um dann solche Zeichen, wie etwa die Jahresringe eines Baumes, als Basisfälle des Bedeutens auszuzeichnen. Nun sind aber solche "natürlichen Zeichen" überhaupt keine Zeichen, vielmehr sind sie *Anzeichen* oder Indikatoren. Der Unterschied zwischen konventionellen Zeichen und kausalen Anzeichen besteht darin, daß Zeichen fehlrepräsentieren können, Anzeichen aber nicht. Natürliche Anzeichen in dem Sinne, wie etwa Dretske sie einführt, können *per definitionem* nicht fehlgehen. Was fehlgehen kann, ist unser *Wissen* um Kausalbeziehungen. *Wenn* aber die angenommene kausale oder nomologische Korrelation zwischen zwei Ereignissen tatsächlich besteht, dann gibt es keinen Raum für Fehlrepräsentation (vgl. Dretske 1988, 56). Hätte nun eine naturalistische Semantik ihre natürlichen Indikatoren gefunden, so wäre dies ein Pyrrhussieg. Was auch immer sie dann rekonstruiert hätte, sie hätte nicht die Art und Weise konstruiert, wie wir uns mit Worten auf die Welt beziehen. Menschliche Sprache zeichnet sich, als ein intentionales Phänomen, unter anderem dadurch aus, daß Fehlrepräsentation möglich ist, denn sprachliche Referenz kann stets fehlgehen. Wir können etwa eine angesprochene Person für jemand anderen halten, wir können uns stets darin täuschen, auf welche Gegenstände wir uns in der Rede beziehen.

Was also der naturalistischen Bedeutungstheorie mißlungen wäre, wäre die *Vereinheitlichung* von natürlichem und konventionellem Bedeuten. Nach wie vor wäre der *Übergang* zwischen einer 'objektiven' und einer intentionalen Relation nicht rekonstruiert. Ich möchte daher behaupten, daß die Suche nach dem, was naturalistische Semantiken "reliable indication" nennen, überhaupt nicht in die Bedeutungstheorie gehört. Wenn man eine solche Indikationsbeziehung nach dem Modell der Jahresringe gefunden hat, ist dies eher ein Indiz dafür, und zwar ein schwerwiegendes, daß eine Rekonstruktion und/oder Präzisierung des alltagssprachlichen Bedeutungsbegriffs *nicht* gelungen ist. Man kann dies auch so ausdrücken, daß eine naturalistische Theorie immer bloß zu den Extensionen gelangen wird, nicht aber zu den Intensionen. Der Zusammenhang mit dem Fehlrepräsentationsproblem liegt auf der Hand: Nur *weil* sprachliche Referenz grundsätzlich fehlgehen kann, sind *intensionale* Differenzierungen überhaupt entstanden. Sprachlicher Sinn ist erst möglich geworden durch das Faktum unserer Fehlbarkeit – wobei wir zugleich über Ressourcen verfügen müssen, Fehler zu entdecken und als solche zu beschreiben, denn ohne Korrekturmöglichkeit sind Fehler keine Fehler. Kurz: Wo es nur stabile Korrelationen von Außenweltereignissen und Wahrnehmungen oder Reaktionen gibt, dort kann keine Differenz von Extension und Intension entstehen, dort gibt es keine Sprache in unserem Sinne.

Wir haben deshalb den klassischen Fall einer Theorie vor uns, bei der weitere Elaborierungen nichts an ihren grundsätzlichen Defekten ändern würden. Ich streiche deshalb das Fragezeichen aus meinem Vortragstitel: in der Tat, die Biosemantik *ist* ein degenerierendes Forschungsprogramm.

Literatur

Achinstein, Peter 1977: "Function Statements", *Philosophy of Science* 44 (1977), 341-367.
Cummins, Robert 1989: *Meaning and Mental Representation*, Cambridge, Mass./London 1989.
Dretske, Fred I. 1986: "Misrepresentation", in: *Belief: Form, Content, and Function*, ed. by Radu Bogdan, Oxford 1986, 17-36.
— 1988: *Explaining Behavior. Reasons in a World of Causes*, Cambridge, Mass. 1988.
Engels, Eve-Marie 1982: *Die Teleologie des Lebendigen. Kritische Überlegungen zur Neuformulierung des Teleologieproblems in der angloamerikanischen Wissenschaftstheorie*, Berlin 1982.
Fodor, Jerry A. 1984: "Semantics, Wisconsin Style" *Synthese* 59 (1984), 231-250.
— 1987: *Psychosemantics. The Problem of Meaning in the Philosophy of Mind*, Cambridge, Mass. 1987.
Forbes, Graeme 1989: "Biosemantics and the Normative Properties of Thought", in: *Philosophical Perspectives*, Vol. 3, *Philosophy of Mind and Action Theory*, ed. by James E. Tomberlin, Atascadero, Cal. 1989, 533-547.
Keil, Geert 1993: *Kritik des Naturalismus*, Berlin/New York 1993.
Küppers, Bernd-Olaf 1986: *Der Ursprung biologischer Information. Zur Naturphilosophie der Lebensentstehung*, München/Zürich 1986.
Millikan, Ruth Garrett 1984: *Language, Thought, and Other Biological Categories. New Foundations for Realism*, Cambridge, Mass./London 1984.
— 1989: "Biosemantics", *Journal of Philosophy* 86 (1989), 281-297.
— 1991: "Speaking Up for Darwin", in: *Meaning in Mind. Fodor and his Critics*, ed. by Barry Loewer and Georges Rey, Oxford/Cambridge, Mass. 1991, 151-164.
Nagel, Ernest 1977: "Teleology Revisited", *Journal of Philosophy* 74 (1977), 261-301.
Papineau, David 1987: *Reality and Representation*, Oxford 1987.
Stalnaker, Robert C. 1984: *Inquiry*, Cambridge, Mass./London 1984.
Wimsatt, William C. 1972: "Teleology and the Logical Structure of Function Statements", *Studies in the History and Philosophy of Science* 3 (1972), 1-80.
Wright, Larry 1976: *Teleological Explanations. An Etiological Analysis of Goals and Functions*, Berkeley/Los Angeles/London 1976.
Zimmermann, Jörg 1978: "Ästhetische Erfahrung und die 'Sprache der Natur'", in: Ders. (Hrsg.): *Sprache und Welterfahrung*, München 1978, 234-256.

Aldona Pobojewska, Polen/Lodz

Die Umweltkonzeption Jacob von Uexkülls:
eine neue Idee des Untersuchungsgegenstandes von der Wissenschaft

Die Aufgabe, die Jacob Johannes von Uexküll (1864-1944) sich stellt, hat fast eine kopernikanische Dimension. Er ist sicher, daß die Biologie sich zur Zeit der Jahrhundertwende auf keinem guten Wege befindet, weil es ihr nach dem Sturz des Darwinismus - wie es Uexküll als überzeugter Antidarwinist meint - an einem **Basisgedanken**, der ihren verschiedene Disziplinen vereinigt, fehlt und Uexküll versucht eine solche Idee zu finden.[1] Seiner Meinung nach erhebt die Biologie den Anspruch darauf, "nicht bloß ein bestimmtes Wissensgebiet zu umfassen, sondern auch ihre eigentümliche theoretische Grundlage zu besitzen, die keineswegs aus den physikalischen oder chemischen Grundbegriffen abgeleitet werden kann."[2]

Das Fundament, auf dem Uexküll die gegenwärtige Biologie aufbauen möchte, ist die Erkenntnistheorie.[3] Er setzt das **Kantsche** Modell der Erkenntnis voraus, nach dem die Welt der Wissenschaft kein "objektiver Tatbestand" ist, sondern den Status des Phänomens hat, das seinen "Aufbau dem Subjekt verdankt".[4] Es bedeutet, daß **das Subjekt eine aktive Rolle gegenüber dem Objekt spielt**, denn es kreiert ein Objekt nach eigenen Prinzipien. Das hat zur Folge, daß das Objekt nur durch seinen Bezug auf das Subjekt vorhanden ist, aber auch das Subjekt kann nur in der Relation zum Objekt bestimmt werden. Das Subjekt und das Objekt sind also keine unterschiedlichen ontischen Kategorien, die unabhängig voneinander existieren, sondern zwei untrennbar miteinander verbundene Glieder einer Subjekt-Objekt-Relation. Diese Denkfigur der Kantschen Philosophie nimmt Uexküll bewußt an und meint, daß die Idee: "die Gegenstände sind Erscheinungen" nicht nur in einzigartiger Weise den Boden vorbereitet, um "das Gebäude aller Naturwissenschaft zu tragen",[5] sondern auch die Biologie gestalten soll. (Anzumerken wäre, daß Uexküll sich mit dem letzten Postulat nicht mehr auf der Ebene der Philosophie der Erkenntnis, sondern auf dem Gebiete - sagen wir - der Metatheorie der Biologie befindet. Er denkt nicht mehr über den Status der Wissenschaft nach, sondern sucht nach einer Entwicklungsbasis der Biologie.)

---

1. Jacob von Uexküll, *Leitfaden in das Studium der experimentellen Biologie der Wassertiere*, Wiesbaden 1905, S. 3f.; ders.: *Umwelt und Innenwelt der Tiere*, Berlin 1921, S. 1f. (weiter als *Umwelt...*).
2. Ders.: *Theoretische Biologie*, Frankfurt 1973, S. 7.
3. Ders.: *Umwelt...*, S. 26.
4. Ders.: *Theoretische Biologie*, S. 9.
5. A.a.O.

Uexküll beharrt nicht auf der Kantschen Lehre. Er deklariert es wörtlich, wenn er nach der Devise der philosophischen Konjunktur um die Jahrhundertwende - die lautet: "die Kantische Philosophie verstehen, heißt über sie hinausgehen" - die Ergebnisse der Forschungen Kants in zwei Richtungen im Biologiebereich **erweitern** möchte. Die Biologie soll: erstens - die Rolle unseres Körpers, besonders unserer Sinnesorgane und unseres Zentralnervensystems mit berücksichtigen; zweitens - die Beziehungen anderer Subjekte (Tiere) zu den Gegenständen erforschen.[6]

Es ist an dieser Stelle wesentlich, sich klar zu machen, daß den beiden genannten Punkten eine andere als die Kantische Konzeption des Subjekts zugrundeliegt. Das Subjekt ist nicht ein Wissenschaftler (wie bei Kant), sondern ein Lebewesen. Das bedeutet, daß Uexküll die Kantische Konzeption weitgehend uminterpretiert hatte, bevor er anfing sie auf jegliche Weise in der Biologie weiterzubilden. Die Annahme einer anderen als der Kantschen Bedeutung des Terminus "Subjekt" hat zur Folge, daß die These: "alle Wirklichkeit ist subjektive Erscheinung" in der Uexküllschen Auslegung bedeutet: "alle Wirklichkeit ist eine Erscheinung der Lebewesen". Diese Prämisse und nicht die Kantsche - soll den Leitgedanken der Biologie bilden. Dementsprechend behandelt die Biologie **Lebewesen als Subjekte.**[7]

Wenn jedes Lebewesen ein Subjekt ist, dann entsteht sofort die Frage nach dem Sinn des Begriffs "Subjekt". Die Subjektivität ist nach Uexküll mit dem **souveränen**, für jedes Lebewesen spezifischen, **Merken** und **Wirken** verbunden,[8] das nicht bewußt werden muß. Als die Möglichkeitsbedingung des Vorhanden von diesem Handeln setzt Uexküll die Existenz der apriorischen Form dieser Aktivität voraus. Im Verhältnis zu Kant "erweitert" Uexküll also den Gültigkeitsbereich des Apriorischen: Es ist für ihn nicht die Struktur der wissenschaftlichen Erkenntnis, sondern die Struktur jeglicher Aktivität aller Lebewesen (und ist natürlich kein a priori im Sinne Kants mehr). Die Lebewesen sind also keine Subjekte der Erkenntnis, sondern des Handelns und dementsprechend werden nicht nur Objekte der Erkenntnis, sondern alle möglichen Objekte in der Subjekt-Objekt Relation konstruiert. Die Subjekt-Objekt Relation gewinnt hier einen totalen Charakter. Es ist aber in dieser Konzeption die

---

6. A.a.O., S. 10.
7. Ders.: *Biologie oder Physiologie*, (1930), in: ders.: *Kompositionslehre der Natur. Biologie als undogmatische Naturwissenschaft. Ausgewählte Schriften Jacob von Uexkülls*, Frankfurt/M 1980, S. 100-122, hier S. 122.
8. G.Kirszat, J.v.Uexküll, *Streifzüge durch die Umwelten von Tieren und Menschen*, Hamburg 1956, S. 4.

obenerwähnte Idee der Kantschen Philosophie erhalten geblieben - und zwar das Prinzip, daß die Form sowohl für das Subjekt als auch für das Objekt identisch ist, weil sie vom Subjekt stammt. Das Subjekt und das Objekt bilden ein untrennbares Ganzes, eines wird ohne das andere nicht bestehen können.

Die vor aller Erfahrung vorhandene Form der Aktivität des Lebewesens bezeichnet Uexküll - als einen **Bauplan**. "Der Bauplan eines jeden Lebewesens drückt sich nicht nur im Gefüge seines Körpers aus, sondern auch in den Beziehungen des Körpers zu der ihm umgebenden Welt."[9] Der Bauplan der Lebewesen entscheidet, was für dieses Individuums möglich zu merken und zu wirken ist, auf welche Weise es merkt und wirkt, welche Elemente dieses Merkens und Wirkens inflexibel sind, und welche im Leben dieses Individuum verändert werden können. Er determiniert auch die Materie der Empfindungen, anders gesagt, der subjektiven Qualitäten oder der Merkzeichen.[10] Weil nach Uexküll die Merkzeichen des Subjekts zu Merkmalen der Gegenstände werden, so bestimmt der Bauplan die Zahl, Form und Materie der Gegenstände der Welt. Sie ist für jedes Subjekt eigenen Welt, weil ihre Gegenstände aus den eigenen Qualitäten dieses Subjekts konstruiert wurden und nur für ihn Gegenstände sind. In der Welt des Regenwurmes gibt es also nur Regenwurmdinge, in der Welt der Libelle gibt es nur Libellendinge usw.[11] Die Welt, die um jedes Lebewesen ausgespannt ist und die nur es erleben kann, nennt Uexküll die **Erscheinungswelt**.[12]

Wenn wir zur Untersuchung eines fremden Subjekts oder Objekts übergehen, dann ist es unmöglich sie isoliert voneinander zu erkennen. Sie müssen als Glieder eines Ganzes betrachtet werden. Weil Uexküll diese Ganzheit nach der Idee der Aktivität des Subjekts (das Handelsubjekt ist) konzipiert, dann besteht sie aus folgenden Teilen: aus dem Bauplan des Subjekts, seiner Tätigkeit, die immer von dem Bauplan determiniert wird und aus den Objekten dieses Handelns. Er bezeichnet diese Ganzheit als die **Umwelt**. Es ist zu betonen, daß es hier nicht um unsere eigene Erlebenswelt geht, sondern um die fremde Welt eines anderen Subjekts, die wir nur als außenstehende Beobachter betrachten können.[13] Von diesem Gesichtspunkt aus sind weder die apriorische Struktur der Subjektivität (der Bauplan des Lebewesens), noch sein Merken und die Bedeutung seiner Objekte als immaterielle Faktoren den wissenschaftlichen Methoden (die nach Uexküll objektiv, d.h. intersubjektiv sein sollen) direkt zugänglich. Aus dem Forschungsobjekt "Umwelt" können wir nur das

---

9. Jacob von Uexküll, *Umwelt...*, S. 4.
10. Ders.: *Theoretische Biologie*, S. 102.
11. Ders.: *Umwelt...*, S. 45.
12. Ders.: *Theoretische Biologie*, S. 96.
13. A.a.O. S. 110.

Verhalten des untersuchten Lebewesens beobachten. Weil wir aber hier mit einer Ganzheit zu tun haben, d.h. alle ihre Elemente sind eindeutig miteinander verbunden, so es ist gleichgültig, vom welchen Punkt man ausgeht, um das Ganze zu erkennen. Wir können daher bei einer Analyse der Verhaltensweisen des Subjekts sowohl auf seine Objekte, als auch auf die Struktur seiner Subjektivität (den Bauplan) schließen.[14]

Die Umwelt ist ein theoretisches Modell, das uns erlaubt, die Kontakte des Lebewesens mit seiner Welt zu verstehen. Jeder Biologe soll - postuliert Uexküll - dieses Modell im Gedächtnis bewahren, um die Einheit, die ein Lebewesen mit seinen Objekten bildet, niemals verloren gehen zu lassen.[15] Die Konzeption der Umwelt organisiert die Untersuchungen auf epistemischer Ebene der Wissenschaft. Der Gegenstand der Forschung ist hier kein Lebewesen, das mit seiner Haut endet, auch keine isolierten Verhaltensweisen, sondern seine Umwelt. Die Umwelt ist kein Ausschnitt der sogenannten realen Welt, die das Tier umgibt - wie einige Interpreten Uexkülls denken;[16] die Umwelt steht auch dem Tier nicht gegenüber - wie andere meinen.[17] Meines Erachtens ist die Umwelt vielmehr eine Ganzheit, die nach der Idee der Aktivität des Subjekts konzipiert wurde und vom Lebewesen, seinem Verhalten und den Objekten dieses Verhaltens gebildet ist.

Wann gelingt es uns, die Umwelt eines Subjekts zu untersuchen? Wenn wir ein paar verschiedene Tiere und die Dinge, die sie umgehen, sehen, ist es keine Umwelt dieser Tiere, sondern ihre Umgebung. Die Umwelt des Lebewesens ist immer ein Teil dieses Subjekts selbst, durch seinen Bauplan aufgebaut und zu einem Unauslöslichen Ganzen mit ihm verarbeitet. Der Bauplan wird wie ein Stempel den Objekten aufgedrückt, der diese zu Bedeutungsträgern des Subjekts macht.[18] Der Bauplan objektiviert sich nicht in einer intersubjektiven, von dem Subjekt unabhängigen Form der Dinge, sondern in der nur für dieses Subjekt lesbaren **Bedeutung** des Objekts. Daher kann derselbe, aus unsere Perspektive beobachtete Gegenstand, nicht nur für verschiedene Tiere unterschiedliche Bedeutungen annehmen, weil sie verschiedene Baupläne besitzen, sondern auch für ein und dasselbe Subjekt andere Eigenschaften haben, je nach der inneren Stimmung des Lebewesen.[19] Die Umweltdinge eines Subjekts kann man nur dann

---

14. A.a.O. S. 96.
15. Ders.: *Umwelt...*, S. 45.
16. W.A.Müller, *Von der Seele zur Information H.Driesch, J.v.Uexküll, E.v,Holst*, in: Sechshundert Jahre Ruprecht-Karls-Universität-Heidelberg 1386 -1986, Hrsg. W.Doerr, Berlin 1985, Bd. 3, S. 316.
17. H.Peterson, *Die Eigenwelt des Menschen*, Leipzig 1937, S. 9f.
18. J.v.Uexküll, *Die Bedeutung der Umweltforschung für die Erkenntnis des Lebens*, in: *Kompositionslehre...*, S. 367.
19. Jacob von Uexküll, *Bedeutungslehre*, Leipzig 1940, S. 36.

erkennen, wenn man den Bauplan dieses Subjekts erkennt und auf ihn schließen wir aus dem Verhalten des Tieres. ("Die Handlungen sind keine bloße Bewegungen oder Tropismen, sondern bestehen aus Merken und Wirken und sind nicht mechanisch, sondern bedeutungsvoll geregelt."[1]) Aus den Handlungen des fremden Subjekts und aus den Objekten dieser Handlungen muß ein Forscher die Bedeutung dieses Objekts für das beobachtete Subjekts rekonstruieren.

Die Umwelt gehört keinem traditionellen Wissenschaftszweig an, weil sie anders als bisherige Untersuchungsobjekte strukturiert wurde. Deswegen begründet Uexküll eine neue Disziplin: die Umweltlehre. Der direkte Untersuchungsgegenstand der Umweltlehre sind Verhaltensweisen des Lebewesens, sie werden aber nur als Mittel betrachtet, um die Umwelt des Lebewesens zu entdecken. Die Umweltlehre ist also im gewissem Sinne die Verhaltenslehre. Sie unterscheidet sich durch das Axiom des Bauplanes, auch nach Ansicht Uexkülls, von anderen damaligen Verhaltensforschungen.[21] Uexküll bearbeitet methodologische Instrumente: Begriffe, Termini und Denkfiguren (der Funktionskreis, die Merkwelt, die Wirkwelt usw.), die dem Forscher ermöglichen, sich mit dieser neuen Problematik naturwissenschaftlich auseinanderzusetzen. Die Umweltlehre ist keine Metaphysik, wie gewisse Interpreten der Uexküllschen Anschauungen vermuten. Sie ist ein Wissenschaftszweig und transzendiert den menschlichen Standpunkt nicht. Der Forscher "kennt andere Eigenschaften als die seiner eigenen Welt nicht".[22] Er muß sich darüber klar sein, daß das Material, aus dem er eine fremde Umwelt aufbaut,

---

20. A.a.O. S. 2.
21. Uexküll will mit der Umweltlehre einen Mittelweg zwischen der Skylla **der mechanischen Physiologie** und der Charibdis **der introspektiven Psychologie** finden. Diese beiden Strömungen haben den Anspruch erhoben, eine alleingültige Antwort auf die Frage nach dem Verhältnis zwischen dem Nervensystem und der tierischen Verhaltensweise. (J.v.Uexküll, *Psychologie und Biologie in Ihrer Stellung zur Tierseele*, (1902) in: *Kompositionslehre...*, S. 100f.) Die physiko-chemische Einstellung der Physiologie schließt jedoch, meint Uexküll, die spezifischen Lebenserscheinungen aus (Jacob von Uexküll, *Theoretische Biologie*, S. 7). Sie kann mit ihren Mitteln die Autonomie der Lebewesen überhaupt nicht erfassen. Die vergleichende introspektive Psychologie wollte dagegen, behauptet Uexküll, den Sinn der tierischen Handlungen durch Einfühlung in die Tierseele entdecken. Dazu müsse der Psychologe mit Hilfe von Analogieschlüssen aus der eigenen Seele schöpfen und beurteilt die Tiere nach menschlichen Maßstäben. (T.Beer, A.Behte, J.v.Uexküll, *Vorschläge zu einer objektivierenden Nomenklatur in der Physiologie des Nervensystems*, in: J.v. Uexküll, *Kompositionslehre...*, S. 92f.; J.v.Uexküll, *Vorschläge zu einer subjektbezogenen Nomenklatur in der Biologie*, in: ders.; *Kompositionslehre..*, S. 132.
22. Ders.; *Wie sehen wir die Natur und wie sieht sie sich selber?*, in: ders.: *Kompositionslehre...*, S. 183.

unter allen Umständen aus seiner eigenen objektivierten Qualität besteht.[23] Er muß sich dessen immer bewußt sein, obwohl er sich in der naturwissenschaftlichen Arbeit - bemerkt Uexküll - so benehmen sollte, als ob er keine Erscheinungswelt, sondern eine objektiv materiell existierende Welt betrachten würde.[24] Man kann sagen, daß der Wissenschaftler - nach Uexküll - durch eine doppelte Einstellung charakterisiert sein sollte: Auf der epistemologischen Ebene soll er der Relativismus und als seine Konsequenz den Anthropomorphismmus, auf der epistemischen den (erkenntnistheoretischen und ontologischen) Realismus, vertreten.

Meines Erachtens überbrückt Uexküll mit der Umweltlehre die von Dilthey festgesetzte Kluft zwischen Natur- und Geisteswissenschaften. Die Umweltlehre widerspricht der kartesianischen Tradition und macht keinen kardinalen Unterschied zwischen **Tier und Mensch**, Körper und Seele. Im Gegenteil behauptet Uexküll: es besteht kein Grund anzunehmen, daß die Organisation der Tiere mit anderen Faktoren als die menschliche Organisation arbeitet.[25] Die ganze theoretische Basis seiner Konzeption, ihre methodologischen Modelle einschließend, betrifft die Lebewesen-Mensch-Relation und nicht nur die Tier-Welt-Relation. Kurz gesagt: die theoretische Grundlage der Umweltlehre anbelangt auch das Verhältnis Mensch-Welt. Einen solchen Standpunkt nimmt Jacob von Uexküll explizite nicht nur im Buch "Theoretische Biologie" (Erste Auflage 1920) ein, das die vollständige Version seiner Umweltkonzeption beinhaltet, sondern auch schon in früheren Arbeiten, wo wir nur den Keim dieser Theorie finden können: In dem Beitrag von 1902 "Psychologie und Biologie in ihrer Stellung zur Tierseele" bemerkt Uexküll, daß sich sowohl die experimentelle wie die theoretische Ebene seiner Sinnesphysiologie auf alle Lebewesen beziehen.[26] "Die Lehre Kants ist für alle Zeiten die Grundlage jeder physiologischen Forschungen geworden."[27]

Der Tatbestand, daß Jacob von Uexküll die universale Theorie, oder besser - Philosophie der Sinnlichkeit und des Handels schafft, bedeutet nicht, daß er die animalische und die menschliche Subjektivität als identisch betrachtet. Vielmehr nimmt er an, daß die tierischen und die menschlichen Subjekte zum großen Teil durch andere Faktoren bestimmt werden. Diese Feststellung begrenzt eben - meines Erachtens - den Bereich der Umweltlehre, mit der sich Uexküll praktisch beschäftigt, auf das

---

23. Ders.: *Theoretische Biologie*, S. 104.
24. T.Beer, A.Behte, J.v.Uexküll, *Vorschläge zu einer objektivierenden Nomenklatur in der Physiologie des Nervensystems*, in: J.v. Uexküll, *Kompositionslehre...*, S. 92.
25. Jacob von Uexküll, *Theoretische Biologie*, S. 174.
26. Ders.: *Psychologie und Biologie in Ihrer Stellung zur Tierseele*, in: *Kompositionslehre...*, S. 102.
27. A.a.O.. S. 105.

Tierreich. Der Forscher befindet sich - laut Uexküll - gegenüber den Tieren in einer anderen Situation, als gegenüber den Menschen. Nämlich: Alle Gegenstände, deren Gebrauch wir kennen, erkennen wir als Träger einer spezifischen Bedeutung. Und so vermuten wir, daß diese Objekte für unsere Mitmenschen, mit denen wir gemeinsame Bedeutungsfelder besitzen, den gleichen Sinn haben. Wir dürfen aber nicht vergessen, daß diese Bedeutung nicht unmittelbar sinnlich wahrnehmbar ist, sondern daß sie im Gegenteil durchaus unsichtbar ist.[28] Wir können sagen, daß laut Uexküll keine objektive Beziehung zwischen dem Gegenstand und dem Sinnesorgan des Subjekts vorhanden ist. Der Zoologe, der die Regel der animalischen Subjektivität nicht kennt, kann aus den Sachen, die das Tier umgeben, nicht schließen, welche Bedeutung diese Dinge für das Tier haben. Die "tierische" Umweltlehre wurde also aus - meine ich - **methodischen und nicht prinzipiellen Gründen** von der "menschlichen" Umweltlehre abgesondert. Es ist nicht der Fall, daß Uexküll etwas von der Zoologie auf den Menschen überträgt - wie behauptet wurde,[29] sondern er arbeitet schon am Anfang seiner theoretischen Reflexion (d.h. in den ersten Jahren des 20. Jahrhunderts) die Grundlagen einer für Tiere und Menschen gemeinsamen Theorie der Sinnlichkeit aus und entwickelt sie später konsequent zu einer vollständigen Konzeption.

Die Umweltlehre findet keinen Platz in den von Dilthey gespaltenen Wissenschaften, auch darum, weil sie **Körper und Seele** gemeinsam untersucht, ohne sie aufeinander zu reduzieren. Nach den theoretischen Entscheidungen Uexkülls, bildet der Bauplan die Strukturen (Schemata), die gemeinsam für Körper und Seele sind und diese These ist, wie alle theoretischen Erwägungen Uexkülls, auch für die eventuelle menschliche Umweltlehre gültig. Es stimmt also nicht, daß die menschliche Umwelt laut seiner Konzeption nur biologisch, physiologisch oder organisch bedingt wird, wie die Kritiker behaupten.[30] Meiner Meinung nach betreffen die obengenannten Vorwürfe diese Konzeption überhaupt nicht. Ich belege es mit folgenden Argumenten:

Erstens: Die Uexküllsche Konzeption stammt aus dem Kantschen Paradigma, das aus der Ablehnung des Dualismus zwischen Objekt und Subjekt, Sein und Wissen, Natur und Mensch entstanden ist.

---

28. Ders.: *Vorschläge zu einer subjektbezogenen Nomenklatur in der Biologie*, in: ders.; *Kompositionslehre..*, S. 133
29. Ch. Helbach, *Die Umweltlehre Jacob von Uexküll. Ein Beispiel für die Genese von Theorien in der Biologie zu Beginn des 20. Jahrhunderts.* Diss. Aachen 1989, S. 11.
30. L.v. Bertalanffy, *Die organismische Auffassung und ihre Auswirkungen*, Der Biologe 9/10 (1941), S. 337; A.Gehlen, *Der Begriff der Umwelt in der Anthropologie*, Forschung und Fortschritte 1/2 (1941) S. 45;

Zweitens: Die Konzeption von Uexküll überbrückt auch eine Zwiespältigkeit zwischen Sinnlichkeit und Verstand, die Kant annimmt und welche die Neukantianer später fortsetzen. Nach Uexküll ist es nicht so, daß die Sinne objektiv funktionieren, d.h., daß sie zuerst objektive Qualitäten perzipieren, und erst später das passive Chaos von Wahrnehmungen in die Welt des rein geistigen Ausdrucks umgesetzt wird.[31] Man kann sagen, daß nach Uexküll schon die Sinne Theoretiker sind. Selbstverständlich können wir – was Üexküll ständig betont[32] – nur diejenigen Gegenstände der Welt apperzipieren, die mit unserem Körper und zwar mit bestimmten Teilen des Körpers, die wir Sinnesorgane nennen in Beziehung treten. Sie funktionieren aber von Anfang an den Schemata nach, die nicht aus dem Verstand stammen, sondern durch den Bauplan des Subjekts bedingt werden. Der Bauplan steht über der Seele und der Sinnlichkeit, und arbeitet ständig mit neuen aktuellen Schemata ("Niemals trifft den Reiz zum zweiten Mal das gleiche Tier"[33]), die er aus verschiedenen Quellen stammenden Inhalten zu neuen Ganzheiten synthetisiert. Die einzelne Wahrnehmung, jeder neue Inhalt (siehe die magische Umwelt), wird nicht einfach zum Schema addiert, sondern er wird in die Ganzheit eingeschlossen. Von dieser Ganzheit wurde ihm eine Bedeutung verliehen. Dabei bleibt die Ganzheit nicht unveränderlich, sondern jeder neue Inhalt das Ganze ändert und aktualisiert das Ganze. Ein neugebildetes Schema ist eine Vorbedingung der kommenden Perzeption. Es entscheidet, was von den Sinnesorganen bemerkt wird und auf welche Weise der Organismus reagiert. Körper und Seele funktionieren nach ein und derselben Struktur.

Zusammenfassend möchte ich hervorheben, daß Uexkülls großes Verdienst darin besteht, daß er von der Kantschen Reflexion, die die ontische Antithetik des Subjekts und des Objekts aufhebt und eine subjektbezogene Philosophie ist, ausgehend, einen neuen Gegenstand der Wissenschaft konstruiert : die Umwelt eines Lebewesens. Diese Idee erlaubt anders als bisher die Tiere und Menschen (die Lebewesen) zu untersuchen, und hat viele neue Forschungen inspiriert, z.B. Ethologie, ökologische Medizin, psychosomatische Medizin, u.a.

---

31. E.Cassirer, *Philosophie der symbolischen Formen*, Berlin 1923, Bd. 1, Einleitung, S. 53.
32. Jacob von Uexküll, *Psychologie und Biologie in Ihrer Stellung zur Tierseele*, in: *Kompositionslehre...*, S. 110.
33. Ders.: *Umwelt...*, S. 20.

Sektion 4

Code, Medium, Computer - Künstliche Welten

MENSCH - COMPUTER - IMPLIZITES WISSEN

Mensch und Computer sind informationelle Systeme, die jedes für sich besondere verborgene Komponenten enthalten. Die wichtigsten von ihnen sind:

1. IMPLIZITES EXPERTENWISSEN. Ein guter Spezialist verfügt über Wissen und Methoden, die sich nur ungenügend in der Form von "Instruktionen" verbalisieren lassen, die aber für die Lösung komplexer Probleme sehr wichtig sind. Die Konstruktion effektiver wissensbasierter Computersysteme erfordert die Translation dieses impliziten Wissens in den Computer. Im folgenden benennen und charakterisieren wir einige Abarten des impliziten Expertenwissens:

1.1. *Peripheres (marginales) implizites Wissen.* Seine Natur besteht darin, daß die Fokusierung der Aufmerksamkeit auf bestimmte Elemente des begrifflichen Systems unausweichlich dazu führt, daß die anderen Wissensfragmente eher eine Art Hintergrund der geistigen Aktivität bilden.

1.2. *Instrumentales implizites Wissen* hängt mit der vorigen Abart zusammen. Als periphere, bewußt nicht reflektierte Bereiche des impliziten Wissens können die Instrumente, die Mittel der Erkenntnistätigkeit wirken.

1.3. *Implizites Wissen, das in der praktisch-gegenständlichen Tätigkeit entsteht.* (Fähigkeiten, Fertigkeiten etc.) Dieses kann im Prinzip nicht vollständig von seinem subjektiven Träger (Experten) getrennt werden und verbalisiert werden. Seine intersubjektive Mitteilung erfordert ein intensives und ausgedehntes Lehrer-Schüler-Verhältnis.

1.4. *Objektiviertes und paradigmatisches implizites Wissen auf der Ebene Persönlichkeit.* Das individuelle Subjekt interiorisiert Wissensfragmente, die Eigentum der Gesellschaft oder der scientific community als Subjekte des Wissenserwerbs sind, vor allem auch die in diesem impliziten Elemente, d.h. solche, die allen Mitglieder der community unbewußt sind. Diese Elemente können im Kontext des persönlichen Wissens der Wissenschaftler expliziert werden. (Als Beispiel mag eine Situation dienen, wo der Forscher Widersprüche aufdeckt, die implizit schon lange mit der allgemein anerkannten Theorie verbunden waren.)

1.5. *Systemisches implizites Wissen.* Da vermöge seiner Organisation das persönliche Wissen des Subjekts eine unikale systemische Ganzheit bildet, ist die Existenz neuer (emergenter) Systemeigenschaften unausweichlich. Diese sind ihrem Träger häufig unbewußt, so z.B. persönlichkeitsgebundene Sinngebungen.

1.6. *Kontextuales implizites Wissen* ist seiner Natur nach eng mit der systemischen Form verbunden. Mit diesem oder jenem Element des individuellen Wissens sind implizite Komponenten verbunden, die vom ganzen Kontext des persönlichen Wissens abhängig sind. (z.B. ein besonderes, persönliches Verständnis eines Problems, von Fakten etc.)

1.7. *Reduzierte, "verborgene" Verbindungen und Verhältnisse.* Zum Beispiel kann die logische Schlußkette "Wenn A, dann B.", "Wenn B, dann C.", "Wenn C, dann D." im persönlichen Wissen bloß durch die Implikation "Wenn A, dann D." repräsentiert werden.

1.8. *Assoziatives implizites Wissen.* Individuelle Bedeutungen (Strukturelemente des persönlichen Wissens) sind durch ein vielfältiges System von Assoziationen wechselseitig verbunden. Die Mehrheit dieser Verbindungen existiert in nichtreflexiver, impliziter Form. In einer bestimmtem Etappe der schöpferischen Problemlösung, im Resultat angespannter investigativer Tätigkeit läuft eine Assoziationskette ab, die für den Träger nicht vorhersehbar war.

1.9. Unterbewußtes implizites Wissen. Das Funktionieren des professionalen Wissens ist einer Reihe von Gesetzmäßigkeiten unterworfen, die z.B. von der Psychoanalyse erforscht werden. Danach ist die Verdrängung von für das Subjekt nicht unmittelbar verwertbaren Gedanken in den nichtreflexiven Bereich des Unterbewußten möglich.

1.10. Verborgenes implizites Wissen. Der forschende Experte kann mehr oder weniger bewußt Schwierigkeiten oder Geheimnisse seiner Forschungstätigkeit verbergen. Er kann Argumente auslassen oder nicht ausformulieren, die ihm schlicht zu trivial für einen Forscher seines Niveaus erscheinen, die aber in Wirklichkeit eine große Rolle spielen.

1.11. Averbal-ideales implizites Wissen. Weil das persönliche Wissen zum großen Teil in nichtverbaler Form auftritt, erfolgt sogar seine adäquate Verkörperung in Zeichen und Symbolen unter der Voraussetzung eines bestimmten nicht verbalisierbaren, impliziten Restes.

1.12. Antiparadigmatisches, "falsches" und nichtwissenschaftliches implizites Wissen. Einen wesentlichen Einfluß auf die Ansichten des Wissenschaftlers können Konzeptionen und Ideen haben, deren Bedeutung von ihm nicht mit innerer Überzeugung anerkannt werden kann. Diese Konzeptionen gehören zu alternativen Paradigmen oder außerwissenschaftlichen geistigen Orientierungen.

1.13. Voraussetzungsartiges implizites Wissen. Die Rekonstruktion der Vorstellungen des Forschers erlaubt, allgemeine weltanschauliche und methodologische Prinzipien, Ideale und Normen festzustellen, auf die implizit seine Urteile stützt.

1.14. Allgemein Bekanntes, für als nicht Verstandenes erscheinendes implizites Wissen. Nicht selten übergeht der Wissenschaftler Aussagen, deren Herkunft und Bedeutung ihm evident sind. Aber das, was im Kontext seine persönlichen Wissens ist, muß dem Adressaten (Leser, Kognitologen, etc.) noch lange nicht evident sein.

2. IMPLIZITE STRUKTUREN DES SOGENANNTEN GESUNDEN MENSCHENVERSTANDES. Der gesunde Menschenverstand, einer der wichtigsten Faktoren im täglichen Leben des Individuums, funktioniert vor allem auf der Basis impliziter Modelle. Computersysteme ohne die Repräsentationsmöglichkeit der unscharfen Logik des gesunden Menschenverstandes modellieren nur einen auf die Rechenfertigkeit reduzierten Menschentyp, der aber ansonsten ein Idiot ist.

3. DEM COMPUTER UNZUGÄNGLICHE NICHTKOGNITIVE KOMPONENTEN DES MENSCHLICHEN BEWUßTSEINS. Die Begrenztheit des kognitiven Zugangs zum Bewußtsein, auf dem seine Computermodellierung im wesentlichen beruht, besteht darin, daß wesentliche seiner Komponenten (Emotionen, Überzeugungen, Werte, Motivationen etc.) für den Computer unzugänglich, "verborgen", sind.

4. IMPLIZIT EXISTIERENDE SOZIOKULTURELLE FAKTOREN wie ein bestimmter Typ der Mentalität, kollektiv Unbewußtes, nationaler Charakter, moralische Werte etc. In der Zukunft können sie wesentliche Bedeutung für das "gegenseitige Verständnis" von natürlicher Welt des Menschen und künstlicher Welt des Computers haben. Das gleiche gilt für das wechselseitige Verständnis von Völkern im Vorcomputerzeitalter mit solchen, die diese Schwelle bereits überschritten haben.

5. UNSICHTBARE WERTE VON COMPUTERPROGRAMMEN. Nicht nur der Mensch sondern auch der Computer kann Geheimnisse haben, die entweder bewußt oder unbewußt bei seiner Programmierung erzeugt wurden, oder die Produkte seiner eigenen inneren Zustände sind. Letztere können häufig bereits in kritischen Betriebszuständen auftreten. Man sollte auch nicht vergessen, daß sich die Operationen des Computers größtenteils unbeobachtbar durch den Menschen vollziehen. Sein Bewußtsein ist nicht in der Lage, den Computer wegen der großen Komplexität und des großen Datenumfanges zu kontrollieren.

Eine allseitige Analyse der verborgenen Aspekte des menschlichen Bewußtseins und der Computerprogramme wird mit der progressiven Entwicklung der Computertechnologie und der immer stärkeren Beeinflussung des menschlichen Seins durch diese Technik eine große Bedeutung erhalten.

Axel Orzechowski, Berlin
Der Computer - eine Vollendung des Turmbaus zu Babel?

Sollte die Computertechnologie eine „neue Realität" im Sinne des Kongreß-Themas darstellen, dann bedeutet sie auch eine - bislang freilich weitgehend ignorierte - Herausforderung an die Philosophie, die ihre Zeit, nach Hegel, in Gedanken zu fassen hat. Es stellt sich allerdings die Frage, ob die Philosophie diese neue Realität überhaupt noch erfassen kann, oder ob diese sich nicht vielmehr anschickt, ihrerseits die Philosophie zu erfassen. Eine so weitreichende Frage wird im Folgenden natürlich nicht wirklich zu beantworten, sondern nur in eine möglichst ungewohnte Perspektive zu rücken sein, um einige bisher wenig beachtete Aspekte anzudeuten.

Der Gedankengang gliedert sich in drei Teile. Zuerst wird eine Szene entworfen, auf der sich Philosophie und Computer in sachlicher Hinsicht begegnen können. Ein zweiter Schritt entwickelt aus der Begegnungsszene eine konkrete Fragestellung, welche das Verhältnis der beiden Protagonisten in die versprochen ungewohnte Perspektive setzt. Schließlich werden einige Thesen zum Verhältnis von Urgeschichte und Technik exponiert, die den Ansatz einer philosophischen Deutung jener „neuen Realität" der Computertechnologie umschreiben.

1. Ausgangspunkt

Eine Kurzgeschichte der Philosophie könnte auch so lauten: am Anfang war die Philosophie alles Wichtige; dann war sie alles, bis auf das Wichtigste: den Glauben; dann war sie alles, bis auf das Nützlichste: die empirische Forschung; und dann begann sie sich zu fragen, was sie denn überhaupt noch sei. Im Nachdenken über sich selbst wurde sie reflexiv: Kants *Kritik der reinen Vernunft* gibt dieser Selbstreflexion ihren ersten klassischen Ausdruck. Lange hielt das gute Gewissen des reflexiven Denkens jedoch nicht an; der Philosophie wurde ihr reflexiver Selbstbezug bald zu unmittelbar, trug ihr die Selbstthematisierung im Denken des Denkens doch den Vorwurf der „Realitätsferne" ein. Deshalb behandelt sie in jüngerer Zeit wieder bevorzugt eine objektiv bzw. intersubjektiv gegebene Realität, die dem Subjekt zuvorkommt, nämlich die Sprache. Die meisten heute herrschenden philosophischen Schulen kommen hierin überein: die von Wittgenstein inspirierte Sprachanalyse, die bis auf Herder und Humboldt zurückgehende hermeneutische Sprachphilosophie, der von Saussure sich herschreibende Strukturalismus. Angesichts der Universalität des Phänomens Sprache und der zunehmenden Dominanz der sprachlichen Orientierung in der vom „linguistic turn" geprägten Wissenschaftslandschaft gibt sich die Philosophie heutzutage der - verschwiegenen - Hoffnung hin, doch wieder den Inbegriff alles Wichtigen zum Gegenstand zu haben.

Hier könnte die Philosophie nun aufatmen, wäre ihr nicht in letzter Zeit ein seltsamer Konkurrent erwachsen. Ein radikal unheimlicher, unvertrauter Konkurrent: er denkt, aber ganz anders als der Philosoph; er spricht, aber seine Sprache gehört nicht zum Thema der universalen Sprachtheorie. Mithin neigt die Philosophie dazu, ihn zu ignorieren und überlegen zu erklären, dieses Denken und Sprechen sei eigentlich keines. Doch heimlich nährt sie den Verdacht, es könnte - eines Tages - doch eines sein, und der Computer könnte - eines Tages - die Selbstgewißheit jenes Ignorierens nachhaltig zerstören, indem er sich in die dann nicht länger inneren Angelegenheiten der Philosophie einmischt.

Anlässe für die Mutmaßung, jener Tag könnte plötzlich ganz nahe gerückt sein, gibt es genug. So veröffentlichte unlängst eine Computerfirma folgenden Werbetext: *Mit unseren offenen Systemen kann der Turm zu Babel jetzt endlich fertiggestellt werden.*[1] Diese Ankündigung läßt weit zurückblicken. Einst, als alle Welt noch einerlei Zunge und Sprache hatte, beschlossen die Menschen, eine Stadt und einen Turm zu bauen, dessen Spitze bis an den Himmel reiche, damit sie sich einen Namen machten, ansonsten sie in alle Länder zerstreut würden. ,,Und der Herr sprach: Siehe, es ist einerlei Volk und einerlei Sprache unter ihnen allen, und dies ist der Anfang ihres Tuns; nun wird ihnen nichts mehr verwehrt werden können von allem, was sie sich vorgenommen haben zu tun. Wohlauf, laßt uns herniederfahren und dort ihre Sprache verwirren, daß keiner des andern Sprache verstehe!'' (*Gen* 11,6f) So kam es, daß das Unternehmen zum Schutz vor der Zerstreuung diese herbeirief: der Turmbau zu Babel, ersonnen, die Einheit und Macht der Menschheit zu sichern, konnte nicht vollendet werden.

Doch die Idee des gescheiterten Unternehmens mußte paradox fortwirken in der Gestalt seiner unbeabsichtigten Folge, der Sprachverwirrung, der es nun nicht länger vorzubeugen, die es aber zu überwinden galt. Mancherlei Wege taten sich auf, doch wurde für Europa eine Religion zur bestimmenden Macht, zu deren Ursprungswundern die Wiederherstellung der Völkerverständigung an einem Pfingsttage gehört. ,,Sie wurden alle mit dem heiligen Geist erfüllt und fingen an, in andern Sprachen zu predigen, wie der Geist es ihnen eingab.'' (*Apg* 2,4) Diese Predigt bewies in Europa lange ihre einigende Macht, verblaßte dann aber mit dem Beginn der Neuzeit, um schließlich ganz abhanden zu kommen. Gleichwohl scheint der Gedanke zulässig, daß die heutigen Ansätze der Philosophie, über die Sprache im *Singular* nachzudenken, durchaus eine Fortsetzung jener Tradition des Pfingstfestes darstellen, auf die Tatsache der Sprachenvielfalt mit Reflexion (Geist) zu antworten. Sollte nun im scharfen Gegensatz hierzu die mit der Neuzeit beginnende Säkularisierung und Technisierung den Versuch bedeuten, anstelle des ohnmächtig gewordenen Pfingstwunders wieder auf das ältere Projekt zurückzugreifen, die Menschheit vermittels eines technischen Großprojektes zu einigen? Gründet somit die epochale Macht, mit der die Technik die Gegenwart beherrscht, weniger in einer Zukunft, die sie zu eröffnen verspricht, als in einer Vergangenheit, mit der sie untergründig korrespondiert?

2. Fragestellung

Es soll nun versucht werden, aus den zuletzt aufgeworfenen Fragen eine genauere Fragestellung zu entwickeln. Sie wird zwei Aufgaben zu erfüllen haben: zum einen ist die ,,neue Realität'' der Computertechnologie noch bestimmter in eine Perspektive zu rücken, die das Neuartige des ,,Neuen'' mit dem ,,Alten'' der Vergangenheit korrespondieren läßt, und

---

[1] DER SPIEGEL vom 11.3.1991, S.121

zum anderen muß die Vermutung präzisiert werden, daß sich die Nähe und Distanz zwischen Computertechnologie und philosophischer Reflexion auch so beschreiben läßt, daß beide auf den *gleichen* Problemstand mit ganz *unterschiedlichen* Lösungsstrategien reagieren.

Die einfache Beobachtung, daß die angeführte Annonce auf ein urgeschichtliches ,,Ereignis'' (Babel) zurückgreift, um das Neuartige der Computertechnologie ins rechte Licht zu setzen, kann als erster Hinweis auf die gesuchte Fragestellung dienen, wenn der Rückgriff nicht als belangloser Zufall abgetan wird. Sollte die Annonce also mit jener schlafwandlerischen Sicherheit, die der Werbung manchmal eigen ist, einen sachlich relevanten Punkt getroffen haben, so läßt sich diese Vermutung sicherlich am besten dadurch erhärten, daß ganz analoge, doch systematisch ergiebigere Hinweise von Seiten wissenschaftlicher Theoriebildung angeführt werden, die ebenfalls eine Verbindung zwischen dem Neusten der durch die Kybernetik ausgelösten technischen Revolution und dem Ältesten der menschlichen Urgeschichte herstellen. Die Ausarbeitung der Fragestellung wird deshalb in einer kritischen Auseinandersetzung mit diesen Hinweisen erfolgen.

Der erste Hinweis findet sich bei jenem Philosophen, der bislang wohl als einziger mit Nachdruck eine Verschränkung von biblischer Urgeschichte und moderner Technik thematisiert hat. Gotthard Günther, der die menschliche Zukunft ausdrücklich kybernetischen Maschinen überläßt, denen er mit einer ,,transklassischen Maschinentheorie'' den Weg ebnen will, weiß sein Programm nicht anders als anhand des alttestamentarischen Schöpfungsberichts zu erläutern. Er geht von der inneren Differenzierung des berichteten Schöpfungsaktes aus, der zunächst die in sich geschlossene Naturwelt, am Ende aber den in sich nicht abgeschlossenen Menschen schafft. Die Naturwelt schöpft Gott kraft seiner ihm eigenen Macht, ohne ihr diese Macht selbst mitzuteilen; der Mensch ist hingegen gerade darin Gottes Ebenbild, daß ihm diese reflexive Macht der Subjektivität mitgeteilt wird, welche der geschlossenen Naturwelt fehlt. Nachdem Gott sich im Menschen dergestalt vollständig objektiviert hat, zieht er sich in die Verborgenheit des siebten Schöpfungstages zurück; mit dem achten Tag beginnt etwas völlig neues: die Geschichte des Menschen.

Diese Geschichte des Menschen will Günther als *Wiederholung der Schöpfung im Medium der Technik* verstehen. Zunächst schafft der Mensch stufenweise immer komplexere Produkte, die aber alle in sich abgeschlossen bleiben. Am Ende jedoch objektiviert er auch die eigene Subjektivität, sein Vermögen, Neues zu schaffen. Die Anverwandlung des Menschen an seinen Schöpfer vollendet sich: sein letztes und größtes Produkt reicht tatsächlich ,,bis an den Himmel''; der fertiggestellte Turm zu Babel ist Günther zufolge der Computer, die ,,nicht-klassische'' Maschine, die das Subjekt einer künftigen, neuen Geschichte sein wird. ,,In der Idee der Kybernetik ist das Prinzip der bisherigen Geschichte durchbrochen ... Vor uns liegt eine unendliche Folge welthistorischer Epochen''.[2] Der Mensch verabschiedet sich als Subjekt der Geschichte und überläßt das mühsame Geschäft der Reflexion fortan den kybernetischen Maschinen.

---

2 Gotthard Günther: Schöpfung, Reflexion und Geschichte, in: ders., Beiträge zur Grundlegung einer operationsfähigen Dialektik III, Hamburg: Meiner 1980, S.56

Die von Günther behauptete Übertragung der reflexiven Kompetenz vom Menschen auf den Computer hätte allerdings zur Folge, daß dem menschlichen Denken ein wirkliches Verständnis der ,,neuen Realität", die mit dem Computer in die Geschichte gekommen ist, grundsätzlich verwehrt ist, da der Mensch an der ,,unendlichen Folge welthistorischer Epochen", welche die Idee der Kybernetik eröffnet, keinen aktiven Anteil haben wird. Wer diesen kybernetischen Enthusiasmus Günthers nicht zu teilen vermag, sieht sich damit vor der Aufgabe gestellt, jene Reflexion zu leisten, deren Möglichkeit er bestreitet. Günther ist zwar insoweit zuzustimmen, daß angesichts der hergebrachten Kategorien philosophischen Denkens die Möglichkeit einer kritischen Vergegenwärtigung der Technik im allgemeinen, der Computertechnologie im besonderen zweifelhaft zu sein scheint, doch bedeutet das doch nur, daß ein Experiment mit neuen Kategorien gewagt werden muß. Als ein solches Experiment versteht sich denn auch der gegenwärtige Versuch, der Korrespondenz zwischen Technik und Urvergangenheit eine Schlüsselrolle zukommen zu lassen, wohingegen sie bei Günther eher einen Riegel vor jeder weiterführenden Reflexion bildete.

Der Zweifel an der Reichweite hergebrachter Kategorien findet sich auch in dem zweiten Hinweis, der hier angeführt werden soll. Stefan Breuer hat vor wenigen Jahren zu bedenken gegeben: ,,Ob Kritik im ursprünglichen emphatischen Sinne des Wortes überhaupt noch möglich ist, erscheint ungewiß. Gewiß ist nur, daß die bisherigen Versuche es sich zu leicht gemacht haben, indem sie Technik und Wissenschaft zu bloßen Erscheinungsformen eines konstitutiven, wie immer gearteten Humanum reduzierten". Sein experimenteller Lösungsvorschlag besteht darin, daß man vielleicht mehr begreifen würde, ,,wenn man Wissenschaft und Technik nicht länger auf den Menschen bezieht, sondern auf Strukturen und Kräfte, die jenseits seiner Verfügungsgewalt liegen, mögen sie sich auch zunächst nur durch menschliche Aktivität manifestieren."[3] Die genannten Strukturen und Kräfte, die jenseits der menschlichen Verfügungsgewalt liegen, werden des näheren ,,das Heilige" genannt. Dieser von Eliade[4] und Caillois[5] übernommene Begriff ist bei Breuer freilich weit von jedweder Erbaulichkeit entfernt: ,,Anstatt auf dem Weg in eine Risikogesellschaft, in der Unsicherheit bestimmbar und kalkulierbar wäre, sind wir auf dem Weg in eine Hochgefahrenzivilisation, in der uns das Heilige wieder seine elementare Erscheinungsform zukehrt: die einer gefährlichen, undurchschaubaren, kaum zu steuernden Energie von außerordentlicher Wirkungskraft." Daß die Aufklärung, die auf eine immer weiter fortschreitende Eindämmung der Dämonie des Elementaren abzielte, am Ende zu seiner erneuten Ermächtigung vermittels der entfesselten Technik geführt hat, ist Breuer zufolge ,,die eigentliche Dialektik der Aufklärung". Deshalb sei weder eine naive Fortschreibung, noch eine pauschale Verabschiedung der Aufklärung geboten, ,,sondern: Aufklärung über eine Aufklärung, die diese Wiederkehr des Heiligen zu verantworten hat."[6]

Bei aller Sympathie mit diesem Ansatz beim ,,Heiligen" kann ihm wohl kaum der Vorwurf erspart werden, daß er in seiner Absicht, sich von ,,Reduktionen auf ein wie

---

3 Stefan Breuer, Technik und Wissenschaft als Hierophanie, in: Merkur 3/1990, S.198f
4 Mircea Eliade: Das Heilige und Profane, Ffm: Insel 1985
5 Roger Caillois: Der Mensch und das Heilige, München: Hanser 1988
6 Breuer, a.a.O., S.206

immer geartetes Humanum" frei zu halten, über das Ziel hinausschießt. Es ist zwar sicher richtig, daß die gängigen Technikdeutungen zu kurz greifen, die sie als bloßes ,,Werkzeug" in den Händen einer souverän über sie verfügenden Menschheit auffassen, doch darf die berechtigte Kritik an dieser Vorstellung nicht in das gegenteilige Extrem umschlagen, die Vermittlung zwischen Technik und Mensch völlig zu kappen. Ein solcher Ansatz, der die Technik zu einem numinosen und letztlich unbegreiflichen Schicksal der Menschheit werden läßt, gibt dem Verständnis mit der einen Hand, nur um es ihm sogleich mit der anderen wieder zu nehmen. Deshalb muß Breuers Ansatz stärker zum Menschen und seiner Geschichte vermittelt werden, ohne darüber seine Grundintention aufzugeben, die Fremdartigkeit der Technik zu betonen, die ihre Gewalt begründet und sich einer einfachen Vermittlung zum Menschen entzieht. In welche Richtung eine solche Fragestellung weiterentwickelt werden könnte, sollen die abschließenden Thesen erläutern, in welche die verstreuten Hinweise der bisherigen Erörterung zusammengefaßt werden.

3. Thesen

Die Eingangsthese lautet, daß die überwältigende Macht technischer Revolutionen[7] zwar nicht als eine ,,Wiederkehr des Heiligen" im Sinne Breuers, wohl aber als eine ,,Wiederkehr des Verdrängten" im Sinne Freuds verstanden werden kann.

Um diese These zu erläutern, muß kurz an das angeführte Konzept erinnert werden. Bei Freud heißt es dazu: ,,Erfaßt man die Menschheit als ein Ganzes und setzt sie an die Stelle des einzelnen menschlichen Individuums, so findet man, daß auch sie Wahnbildungen entwickelt hat, die der logischen Kritik unzugänglich sind und der Wirklichkeit widersprechen. Wenn sie trotzdem eine außerordentliche Gewalt über die Menschen äußern können, so führt die Untersuchung zum gleichen Schluß wie beim einzelnen Individuum. Sie danken ihre Macht dem Gehalt an *historischer Wahrheit*, die sie aus der Verdrängung vergessener Urzeiten heraufgeholt haben."[8] Die Passage macht die Ausgangsfrage, auf die sie eine Antwort geben will, sehr gut deutlich. Es finden sich menschliche Überzeugungen, die ,,der Wirklichkeit widersprechen"; woher beziehen sie dann aber ihre ,,außerordentliche Gewalt

---

7 ,,Wir stehen heute am Steilhang einer dritten technologischen Revolution." (Daniel Bell: Die dritte technologische Revolution, in: Merkur 1/1990, S.28) Die erste technische Revolution verknüpft Bell mit der Erfindung der Dampfmaschine, die zweite mit den Entdeckungen auf den Gebieten der Elektrizität und der Chemie. Die dritte Revolution wird durch die elektronische Informationsverarbeitung ausgelöst.

8 Freud: Ges. Werke, London 1940-52, Bd.16, S.56. - Die Behauptung einer *historischen* Wahrheit der Religionen gehört zu den dramatischsten Umorientierungen in der bewegten Entwicklung des Freudschen Denkens. Die zitierten Sätze stammen aus den Jahren nach 1933. Kurz zuvor (1932/33) hatte Freud noch eine ganz andere Auffassung vertreten: ,,Das zusammenfassende Urteil der Wissenschaft über die religiöse Weltanschauung lautet also: Während die einzelnen Religionen miteinander hadern, welche von ihnen im Besitz der Wahrheit ist, meinen wir, daß der Wahrheitsgehalt der Religion überhaupt vernachlässigt werden darf." (Freud, a.a.O., Bd.15, S.181) Die Umorientierung nach 1933 schuf die Voraussetzung für eines der bedeutendsten Werke Freuds: *Der Mann Moses* (1934-38).

über die Menschen", wenn der „normale" Grund hierfür, nämlich die „materielle Wahrheit" einer Übereinstimmung mit dem Wirklichen, nicht in Frage kommt?

Freuds Konzept einer *historischen* Wahrheit, das hier weiterhelfen soll, läßt die Macht jener Überzeugungen in einer Wiederkehr „aus der Verdrängung vergessener Urzeiten" wurzeln. Dieses ursprünglich am „einzelnen menschlichen Individuum" entwickelte Konzept will Freud auch auf „die Menschheit" übertragen wissen. Solche *kollektiven* Überzeugungen ohne materielle Grundlage bilden für ihn den Kernbestand der Religionen, denn einen bestimmten „Gehalt an *historisch* zu nennender Wahrheit müssen wir auch den Glaubenssätzen der Religionen zugestehen".[9] – So weit, so gut, wird man vielleicht an dieser Stelle sagen; doch wie soll von hier aus der anvisierte Brückenschlag zur Technik möglich sein? Schließlich scheint der Technik, ist auch sonst vieles strittig, das eine kaum bestreitbar zu sein, nämlich ihre „materielle" Wahrheit im Sinne der Realitätsangemessenheit, die ihr praktischer Erfolg tagtäglich unter Beweis stellt. Hinter die vorgebliche Realitätsangemessenheit der Technik ist aber durchaus ein Fragezeichen zu setzen. Diese „Angemessenheit" entsteht nämlich auf so eigentümliche Weise, daß es zweifelhaft werden muß, ob dieser Begriff der technischen Realität noch angemessen ist.

Könnte nicht ein Gegner der Gentechnologie sagen, der Gedanke, gentechnisch eine Kuh mit zwei Eutern herzustellen, sei ein „Wahn" zu nennen, da er der Realität im Sinne der natürlichen „Gegebenheit" widerspricht? In der Tat: wer hartnäckig behaupten würde, eine Kuh habe zwei Euter, litte offenkundig an Realitätsverkennung. Bei der Technik liegt der Fall jedoch ganz anders: sie liefert zu dem „irrealen" Gedanken einer Kuh mit zwei Eutern die Realität sozusagen nach, indem sie in die „alte" Realität eingreift und eine neue schafft. Kann man aber hier noch sinnvoll von Realitätsangemessenheit bzw. -unangemessenheit sprechen, wo der vermeintliche Fixpunkt „Realität" zur Variablen geworden ist? Was Kant als erkenntnistheoretische Maxime formulierte, wird durch die Technik globale Wirklichkeit: die Eigenschaften der Dinge richten sich nach unserer Vorstellung von ihnen, nicht umgekehrt. Bekanntlich hatte Kant die „wahnhaften" Implikationen dieser Maxime durch die Unterscheidung zwischen Erscheinung und Ding an sich eingegrenzt. Gerade diese Unterscheidung wird aber angesichts der Technik zweifelhaft: wer wollte noch ernsthaft von einer „Kuh an sich" sprechen, um so dem technischen Umgestaltungswillen Einhalt zu gebieten? Deshalb gehört es zu den prinzipiellen Schwächen der fundamentalistischen Technikkritik, daß sie sich gegenüber der neuen zweiten Natur der Technik nur auf die vermeintlich erste berufen kann, der damit eine Eindeutigkeit und vorbildhafte „Ding-an-sich-Dignität" zugesprochen wird, die ihr von sich aus wohl kaum zukommt.

Damit ist deutlich gemacht worden, in welchem Sinne von *zwei* Formen kollektiven Widerspruchs gegen die Wirklichkeit gesprochen werden kann. Beidesmal ist der Widerspruch als Einspruch gegen das unmittelbar Gegebene zu verstehen. Allerdings wird er in der Religion zumeist im Namen einer Alternative erhoben, die nicht von dieser Welt ist, wohingegen die Technik ihren Einspruch im Namen eines völlig diesseitigen Fortschritts erhebt und ihm die Form einer radikalen *Neugestaltung* der Welt verleiht. Es könnte sich

---

[9] Freud, a.a.O., Bd.16, S.191

daher als fruchtbar erweisen, die Technik als eine alternative Genesis oder Weltschöpfung anzusehen: sie „schafft sich", wie Marx es im Manifest von 1848 ausdrückt, „eine Welt nach ihrem eigenen Bilde." Diese zweite Schöpfung wäre ein Gegenentwurf zur ersten, d.h. der Versuch, den Tücken der natürlichen Welt durch das Erbauen einer künstlichen Welt zu entkommen. In diesem Sinne ist dann auch jene Ankündigung zu verstehen, durch die Computertechnik werde jetzt das Projekt des Turmbaus endlich vollendet, das nach der Sprachenverwirrung also nur unterbrochen, nicht aber aufgegeben wurde.

Die untergründige Bezugnahme auf eine menschliche Urvergangenheit, die hier sowohl von der Religion als auch von der Technik behauptet wird, wird noch deutlicher, wenn man sich vergegenwärtigt, wie der gemeinsame Bezugspunkt ihres kollektiven Widerspruchs gegenüber dem Gegebenen in der Religion gedeutet wird. Was hier „die Tücken der natürlichen Welt" genannt wurde, ist aus pathetischeren Zusammenhängen als „Negativität der conditio humana" bekannt. Diese Negativität wird aber, wie die Religionen zeigen, vom Menschen unwillkürlich als Schuld, genauer: Verschuldung gedeutet, d.h. durch eine *Vergangenheit* erklärt, die in der Gegenwart zwar verborgen ist, aber dennoch in sie fortwirkt. Das Alte Testament beschreibt sie als Folge einer urgeschichtlichen Versündigung, durch welche die Not in die Welt kam. Die Religion wie die Technik verheißen je auf ihre Weise eine Befreiung von diesen weltlichen Urnöten. Der epochale Erfolg der technischen Orientierung rührt nicht zuletzt daher, daß sie ihr Versprechen treuer zu erfüllen scheint als die religiöse Alternative. Das in letzter Zeit gleichwohl anwachsende Unbehagen am Siegeszug der Technik rührt dagegen von der Beobachtung her, daß die Technik nicht nur von uralten Nöten befreit, sondern zugleich neue schafft. Und angesichts der bangen Frage, welcher Aspekt der Technik am Ende überwiegen und sich durchsetzen wird, entsteht tatsächlich eine Herausforderung für die Philosophie: sie hat diese genuine Zwiespältigkeit der Technik in Gedanken zu fassen.

Die hermeneutische Fruchtbarkeit des neu entwickelten Ansatzes muß sich also dadurch ausweisen, daß es von ihm aus möglich wird, den zwiespältigen Charakter der modernen Technik in einen begrifflichen Zusammenhang zu bringen, der sich gleich weit von rückhaltloser Begeisterung wie pauschaler Verdammung entfernt hält.

Als Vorbereitung hierfür sind zunächst - wiederum in Anlehnung an Freud - zwei Formen zu unterscheiden, in denen das Vergangene auf die Gegenwart einwirken kann. Das Verdrängte kann nämlich bei seiner Wiederkehr entweder agiert, oder erinnert werden. Die beiden Formen schließen sich gegenseitig aus. Liegt der erste Fall vor, heißt es bei Freud, „so dürfen wir sagen, der Analysierte *erinnere* überhaupt nichts von dem Vergessenen und Verdrängten, sondern er *agiere* es. Er reproduziert es nicht als Erinnerung, sondern als Tat, er *wiederholt* es, ohne natürlich zu wissen, daß er es wiederholt."[10] Die Handlung vertritt also das ausbleibende Bewußtsein. Oder anders gewendet: solange der aus der Vergangenheit aufsteigende Impuls unbewußt bleibt, setzt er sich in Handlungen um, die das Vergangene reproduzieren. Im Agieren untersteht die Gegenwart somit den Gesetzen der Vergangenheit, während die Erinnerung das Vergangene in der Reflexion vergegenwärtigt.

---

10 Freud, a.a.O., Bd.10, S.129f

Die moderne Technik stellt sich damit als eine Wiederholung urgeschichtlicher Motive im Modus des Agierens dar, der zugleich die Möglichkeit der Erinnerung einbeschrieben ist. Hieraus erklärt sich ihre epochale Macht über die Gegenwart und zugleich ihr genuin zwiespältiger Charakter. In der Technik wirken, wie bereits gesagt wurde, die Zwänge und Nöte fort, unter denen die menschliche Geschichte seit ihrem bewußten Anfang leidet, so daß ihr Versprechen, hier Abhilfe zu schaffen, in eine direkte Konkurrenz zum Heilsversprechen der Religionen tritt. Wo aber eine solche Abhilfe konkret vorstellbar wird, da könnte sich das Bewußtsein aus seiner agierenden Befangenheit im Vergangenen befreien und der bislang verdrängte Urgrund der Geschichte erinnert werden. Das Zwiespältige der Technik gründet nun genau in dieser Möglichkeit, da die Gefahr besteht, daß sie nicht genutzt wird, womit die einzigartige Korrespondenz zur Urgeschichte *unreflektiert* zur bloßen Steigerung des Status quo führen würde. An die Stelle der möglichen Erinnerung träte ein Reflexionsverlust, der sich in zunehmend blinder werdenden Handlungen ausagieren muß.

Für die Psychoanalyse ist das Medium der Reflexion die Sprache. Freud bindet deshalb seine zentrale Unterscheidung zwischen Bewußtem und Unbewußtem in besonderer Weise an sprachliche Erwägungen.[11] Mit ihrer Hilfe läßt sich ihmzufolge „präzise ausdrücken, was die Verdrängung ... der zurückgewiesenen Vorstellung verweigert: Die Übersetzung in Worte".[12] In diesem Sinne besteht die Aufgabe, vor die sich die Philosophie durch die „neue Realität" der Computertechnologie gestellt sieht, darin, die Dinge beim rechten Namen zu nennen, sie auf den Begriff zu bringen, um so dem Reflexionsverlust zu begegnen, der mit der Totalisierung der technischen Orientierung einherzugehen droht. Die mannigfaltigen Bemühungen der Gegenwartsphilosophie um die Sprache müssen jetzt als Ahnung gedeutet werden, wie prekär es um sie bestellt ist.

Blickt man von hier aus noch einmal auf den kybernetischen Enthusiasmus Günthers zurück, so schreckt im Grunde gerade die *Realistik* seiner Vision, daß die Übertragung der Geschichtsmacht an kybernetische Maschinen die Menschen dazu führen könnte, daß „ihnen nun nichts mehr verwehrt werden können wird von allem, was sie sich vorgenommen haben zu tun". Die immer dringlicher werdende Frage lautet deshalb, was der Mensch sich vielleicht doch von dem verwehren sollte, was er im Prinzip könnte. Günther ist zwar beizupflichten, daß die Herausforderung der Kybernetik tatsächlich eine ist und nicht länger ignoriert werden darf. Diese Herausforderung anzunehmen, kann aber nur bedeuten, die Besinnung auf das Projekt des Turmbaus zu Babel nicht länger nur anderen zu überlassen.

---

11 Der Verfasser arbeitet z.Z. an einer Freud-Studie mit dem Arbeitstitel: *Bewußtsein als Übersetzung*.
12 Freud, a.a.O., Bd.10, S.300

ETHISCH-GESELLSCHAFTLICHE RANDBEDINGUNGEN VON INFORMATIK-INNOVATIONEN
Hermann Rampacher

1. Einführung und Fragestellung

Wer Macht über Menschen ausübt, der trägt Verantwortung und muß sich für absehbaren Folgen seiner Taten vor den davon Betroffenen rechtfertigen. Je größer seiner Macht, sein freies Ermessen und sein Wissen über Folgen, desto größer seine Verantwortung.

Bereits 1620 erkannte Francis Bacon (1): "Scientia et potentia humana in idem coincidunt, quia ignoratio causae destituit effectum". Die empirisch gehaltvollen und mächtigen Theorien der Naturwissenschaften bezweckten eine Erklärung der Welt, nicht ihre Veränderung; doch gerade der hohe empirische Gehalt der kognitiven Komponente der Naturwissenschaften ermöglicht durch ihr systematisches Ursachenwissen deren innovative Komponente und damit den Erfolg der Technik.

Am Beispiel der Informatik als der zentralen Disziplin des "Informationszeitalters" sollen spezifische Aspekte der Verantwortung in den innovativen Wissenschaften untersucht werden. Während ingenieurwissenschaftliche Innovationen sich darauf beschränken, körperliche Arbeit Maschinen zu übertragen, zielt die Informatik darauf ab, auch typische geistige Arbeiten von eigens dafür konstruierten "Informatik-Systemen" ausführen zu lassen. Dies hat zur Folge, daß die Informatik, hier gleich den Ingenieurwissenschaften, einmal gezielt die Lebenswelt verändert, zum andern aber, ungleich den Ingenieurwissenschaften, durch ihre hohe Potentialität nicht absehbare Veränderungen bewirkt, hier durchaus vergleichbar der kognitiven Komponente der Naturwissenschaften.

Folgen menschlichen Verhaltens sind nie sicher vorhersehbar. Deshalb haben sich im Laufe der geschichtlichen Entwicklung moralische Normen herausgebildet, meist individuelle Handlungsverbote, die - freilich nur im Falle ihrer universellen Befolgung - bestimmte negative Folgen für betroffene Menschen ausschließen. Wegen der in ihrer Wirkung eng begrenzten technischen Mittel handelt es sich bei überkommenen moralischen Normen um typische Kleingruppen-Normen, welche die bisherige philophische Ethik zu begründen suchte.

Wegen der Globalisierung unserer Lebensbedingungen durch Wissenschaft und Technik, reichen überkommene moralische Normen nicht mehr aus, befriedigen bisherige ethische Begründungsversuche nicht mehr, muß der Verantwortungsbegriff erweitert werden: Hans Jonas (2) verdanken wir die wohl eindrucksvollste Darlegung der Notwendigkeit einer umfassenderen Verantwortungsethik.

Auf der Grundlage eines postulierten Modells sollen Verhaltensnormen ohne Rückgriff auf die Metaphysik begründet, Normenkonflikte besprochen und erste Anwendungen des Modells auf typische Problemstellungen in der Informatik skizziert werden. Abschließend wird - gewissermaßen als praktische Konsquenz - vorgeschlagen, wie wissenschaftliche Fachgesellschaften zu einer sinnvollen Aufteilung individueller Verantwortung in der Informatik beitragen können.

Hermann Rampacher, Bonn

2. Verhaltensnormen als universell geltende Handlungsanweisungen in einer gewaltfreien humanen Gesellschaft

Folgende Postulate konstituieren " Die Theorie der Lebenschancen" als Modell einer humanen Gesellschaft:

(I) Humanität: Eine Gesellschaft ist genau dann human, wenn alles auf das Zusammenleben ausgerichtete Handeln bezweckt, die aufgrund des wissenschaftlich-technischen Status der Gesellschaft möglichen Lebenschancen relativ zu optimieren: individuelle für alle Menschen unter der Randbedingung einer optimalen Lebensqualität, auf Art und Gattung bezogene für alle übrigen Lebewesen.

(II) Stabilität: Eine vorgegebene Handlungsanweisung ist dann eine moralische Norm, wenn ihre universelle Geltung für die soziale Stabilisierung von (I) argumentativ notwendig ist.

(III) Subsidiarität: Alle Handlungssubjekte, also Individuen, Gruppen und Gruppen von Gruppen, genießen im Rahmen von (1) jeweils relativ optimale Gestaltungsfreiräume, für die sie Verantwortung tragen; genau die Entscheidungen bezüglich des humanen Zusammenlebens nach (1), die nicht von den Individuen oder den kleinst möglichen betroffenen Gruppen kompetent getroffenen werden können, werden allein aus vernünftiger Einsicht an kompetentere Handlungssubjekte delegiert.

Zu (I):
Bis heute kennen wir keine vernünftige und zugleich verbindliche Antwort auf die alte Frage nach dem "glücklichen Leben", somit existiert keine schwächere Voraussetzung als (I), modellhaft eine humane Gesellschaft einzuführen. Lebenschancen sind alle realisierbaren alternativen Optionen, das eigene Leben frei und damit in eigener Verantwortung zu gestalten. Lebensqualität bedeutet die über alle Individuen gemittelten realisierten Lebenschancen. Eine humane Gesellschaft ist notwendig pluralistisch.

Art und Umfang der Lebenschancen - diesen Begriff verdankt der Autor Ralf Dahrendorf (3) - hängen von den natürlichen Gaben und der spezifischen Biographie eines Menschen, von der Art des Zusammenlebens sowie offensichtlich vom wissenschaftlich-technischen Status der humanen Gesellschaft ab. So lassen sich zwei Gesellschaften denken, bei denen die erste fast allen Individuen weitgehend einheitliche Lebenschancen einräumt, die zweite dagegen unterschiedliche mit einer gegenüber der ersten Gesellschaft höheren Lebensqualität: damit ist im Sinne von (I) die zweite die bessere!

Zu (II):
Keine Gesellschaft kann ohne Regeln des Zusammenlebens stabil existieren und damit ihren Gesellschaftszweck erfüllen. Ein Beispiel: die "Verkehrsgesellschaft". Ihr funktionaler Zweck ist, relativ optimal zu individuellen Zielen zu gelangen; diese Ziele sind nur dann sicher erreichbar, wenn alle Verkehrsteilnehmer auf der Basis der Verkehrstechnik individuelle Verkehrsregeln, Gebote und Verbote, strikt einhalten. Auch der funktionale Zweck jeder humanen Gesellschaft, individuelle Lebenschancen relativ zu optimieren, ist nur dann gesichert, wenn sich alle Bürger einzeln und in Gruppen an Verhaltensnormen halten, die nur durch ihre universelle Geltung ihre

Hermann Rampacher, Bonn

Funktion für die Gesellschaft erfüllen können. Das Modell anerkannt nur solche Verhaltensnormen, die eine humane Gesellschaft, und nur eine humane Gesellschaft, stabilisieren. Wenn diese Verhaltensnormen, durch reine Argumentation gewonnen, aus vernünftiger Einsicht strikt eingehalten werden, sprechen wir von einer - gewaltfreien - idealen Bürgergesellschaft.

Zu (III)
Wir empfinden eine Ordnung als human, die notwendige Entscheidungen auf die unmittelbare soziale Umgebung konzentrieren, also "höhere Instanzen" genau dann einschalten, wenn die Kompetenz des Individuums oder der direkt betroffenen kleinsten Gruppen zur relativen Optimierung individueller Lebenschancen nicht ausreicht, die Entscheidung nicht "verantwortet werden kann". In der Informatik spricht man von "verteilter Intelligenz", in Betrieben von einer möglichst weitgehenden Delegation von Entscheidungsbefugnissen "vor Ort", in der Volkswirtschaftslehre von einer Marktwirtschaft, im staatlichen Bereich von föderalen Strukturen, in der Sozialethik von Subsidiarität. Mitverantwortung von Individuen in Gruppen (4) setzt anteilige individuelle Entscheidungsfreiräume voraus.

"Eine Theorie der Gerechtigkeit" von John Rawls (5,6), hat Gemeinsamkeiten mit "Der Theorie der Lebenschancen". Rawls Grundgedanke: die gültigen universellen Verhaltensnormen einer Gesellschaft werden durch einen gedachten rationalen Diskurs freier und mündiger Bürger unter dem "Schleier der Ungewißheit" gewonnen. Der methodische Evaluierungsprozeß steht unter dem obersten Prinzip "Gerechtigkeit als Fairneß": alle Verhaltensnormen, die in dem gedachten Diskurs als fair angenommen werden, gelten als ethisch gerechtfertigt. Welche Abweichungen zwischen beiden Modellen existieren, bedarf einer sehr detaillierten Untersuchung.

3. Normenkonflikte und das Handlungsprinzip "Duldung und Einmischung"

Keine reale Gesellschaften ist gewaltfrei, damit treten Normenkonflikte auf, welche notwendig die Symmetrie der Universalität von Verhaltensnormen brechen, wie sie in der idealen und nur in der idealen Bürgergesellschaft begründbar sind. Normenkonflikte sind die grundlegendsten sozialen Konflikte (7). Die meisten Demokratien des Westens kommen einer "realen Bürgergesellschaft" (7) nahe: in dieser orientieren sich die meisten Bürgerinnen oder Bürger in ihrem für das Zusammenleben wichtigen Handeln an (I), (II) und (III) orientieren; die Orientierung geschieht entweder aus vernünftiger Einsicht oder aus Furcht vor Strafe, weil aus Gründen der Stabilität der Gesellschaft die wichtigsten moralischen Normen in Rechtsnormen überführt und deren universelle Geltung durch Strafandrohungen erzwungen werden.

Ursachen von Normenkonflikten: erstens mangelnde vernünftige Einsicht in die Notwendigkeit von moralischen Normen nach (II) oder fehlende Bereitschaft, überlieferte, z.B. religiöse, moralische Normen unbesehen einzuhalten; zweitens Unkenntnis der tatsächlichen Zusammenhänge (mangelnde Kompetenz) in der komplexen modernen Gesellschaft, so daß Normenverstöße gar nicht als solche erkannt werden; drittens fehlender Wille vieler Bürger, moralische Normen, de-

Hermann Rampacher, Bonn

ren Notwendigkeit sie einsehen, deren Einhaltung sie bei anderen voraussetzen, auch für sich selbst gelten zu lassen; viertens sogenannte "pathologischen Gesellschaften", wo Regierung, Behörden, Schichten oder Gruppen laufend und systematisch gegen Verhaltensnormen verstoßen, deren Einhaltung sie von ihren Bürgern fordern.

In realen Gesellschaften verhindert eine strenge Orientierung an Verhaltensnormen, die eine gewaltfreie humane Gesellschaft stabilisieren, nicht notwendig negative absehbare Folgen für Betroffene. Auch reichen klassische Normen, welche die Form von Verboten haben, für die Erreichung des Zwecks (I) nicht aus. Die strenge Orientierung verantwortlichen Verhaltens an universellen Normen wird ersetzt durch das

(IV) Handlungsprinzip "Duldung und Einmischung": Einmischung ist genau dann geboten, wenn die relative Optimierung von Lebenschancen im eigenen Entscheidungsbereich nur durch eine relative Beschränkung individueller Lebenschancen solcher Personen erreicht werden kann, die durch einen Normenverstoß einen Normenkonflikt provoziert haben; absehbar negative Folgen werden dadurch vermindert, daß höheren Verhaltensnormen zu Lasten der niedrigeren Geltung verschafft wird.

Das postulierte Handlungsprinzip könnte Kants (8) Kategorischen Imperativ ersetzen. Es gilt für Individuen wie für gesellschaftliche oder staatliche Institutionen im moralischen oder im rechtlichen Bereich, wenn der Normenbegriff entsprechend verwandt wird. Die bloße Existenz von Normenkonflikten erzwingt eine Aufspaltung der nach (II) zu begründenden universellen Handlungsanweisungen, die in einer idealen Bürgergesellschaft alle gleichwertig sind: Normen können in realen Gesellschaften nur in erster Näherung universelle Geltung beanspruchen, sie werden in einer realen Bürgergesellschaft in ihrer Bedeutung für die Sicherung von (I), (II) und (III) bewertet, in einer beliebigen Gesellschaft für die Sicherung von (I) und (II) nur im eigen Entscheidungsbereich.

Immanuel Kant (9) und John L. Mackie (10) suchen - ähnlich wie der Autor - zu begründen, daß selbst "ein Volk von Teufeln" oder auch "Kriminelle und Diebe", wenn sie nur vernünftig sind, allgemeine Regeln nach Art von (II) in wohlverstandenen eigenen Interesse einhalten. In realen Bürgergesellschaften sind diese Regeln die Grundrechte und Gesetze, die durch Konsens, nicht aber durch Argumentation gewonnen und deren Geltung notfalls durch Strafandrohung durchgesetzt wird. Gesetze sind aber, da sie rasch veralten, weniger effektiv als die den Notwendigkeiten der modernen komplexen Gesellschaft flexibler anpaßbaren, der Höhe nach geordneten moralischen Normen nach (I) und (II).

4. Normen für verantwortbare Entscheidungen in der Informatik
Sprachlich sind Verhaltensnormen universelle Soll-Vorschriften, keine Tatsachenaussagen. Z.B. als Verhaltensnorm, die auch für Institutionen sinnvoll ist: "Erhalte Leben!", auf der individuellen Ebene als intensional eingeschränktes Verbot "Töte nicht!" Da die den Aufforderungscharakter der Soll-Vorschrift korrekt wiedergebende Befehlsform psychologisch abschreckend wirkt - man sieht förmlich den erhobenen Zeigefinger! -, hat das Grundgesetz die - falsche - Form

einer Tatsachenbehauptung vorgezogen, z.B. die Formulierung "Die
Würde des Menschen ist unantastbar!" gewählt.

Sprachlich und intentional unterschiedliche moralische Normen hängen bisweilen eng zusammenhängen: wer ein Informatik-System entwickelt, von dem Menschenleben abhängen, gefährdet durch Lügen beim späteren Einsatz Menschenleben. Zahl, Auswahl oder sprachliche Formulierung von moralischen Normen ist somit in gewisser Weise willkürlich. So sei nach Gegenstandsbereichen geordnet: Leben, funktionale und zeitliche Stabilität; beispielhaft seien einige für verantwortliches Verhalten in der Informatik typische Normen genannt.

4.1 Leben
Nach Definition der WHO von 1948 ist Gesundheit der Zustand vollkommenen physischen, psychischen und sozialen Wohlbefindens. Die Norm "Gesundheit zu erhalten" ist die umfassendts Norm, menschliches Leben zu erhalten; sie gilt in der Informatik immer, da Gefährdungspotentiale ausgeschlossen sind. Daraus folgen Regeln für die Systemgestaltung: z.B. fehlertolerable Systeme, Hard- und Softwareergonomie, sowie die Aufforderung, im Sinne von (I) spezielle Systeme für Behinderte und Informatik-Systeme für Diagnostik, Therapie, Überwachung und Vorsorge zu entwickeln. Leben zu erhalten ist die höchste aller sozialen (moralischen und rechtlichen) Normen.

4.2 Funktionale Stabilität
Jede humane Gesellschaft kann ihre Aufgabe für die in ihr lebenden Individuen nur bei stabilen Zusammenleben erfolgreich erfüllen.

4.2.1 Wahrheit
Universelle Lügen destabilisieren alle sozialen Systeme. Beruflich gilt diese Norm in der Informatik ohne alle Einschränkung, sei es individuell, sei es, wenn nach (III) innerhalb von Gruppen anteilig Verantwortung zu tragen ist; ein Informatiker handelt individuell der Norm entsprechend z.B. durch Ablehnung von Arbeit außerhalb seines Kompetenzbereichs und Erhaltung seiner fachlichen Kompetenz. Wahrhaftigkeit ist zusammen mit der Norm, die Gesundheit und den "Frieden mit der Natur" zu erhalten, die höchste Verhaltensnorm.

4.2.2 Effizienz
Informatik kann nur bei effizientem Einsatz sämtlicher personeller und materieller Ressourcen Lebenschancen optimieren: Diese Verhaltensnorm gilt universell. Auf der individuellen Ebene heißt dies: "Sei bereit, im Rahmen deiner Möglichkeiten dein Bestes zu geben!"

4.2.3 Aufklärung
Aufklärung ist in der realen Bürgergesellschaft notwendige Bedingung für deren Funktionsfähigkeit. Die geforderte Aufklärung ist nur möglich, wenn die Informatik auch "Visionen" bereitstellen, technisch mögliche Szenarien, die zur Optimierung von Lebenschancen beitragen können. Auch wenn selbst bei besten Methoden die tatsächlichen Folgen des wissenschaftlich-technischen Wandels nicht absehbar sind, wären Aufklärung und Beratung ohne Wirkungs-, und Risikoforschung sowie möglichst zuverlässiger Technik-Folgenabschätzung bei allen Informatik-Entwicklungen unverantwortlich.

Hermann Rampacher, Bonn

4.3 Zeitliche Stabilität

Wegen des absehbar hohen Gefährdungspotentials durch Wissenschaft und Technik trägt die heutige Generation, insbesondere auch in der Informatik, Verantwortung für alle zukünftigen Generationen. Andererseits kann nur eine aktive Wissenschaft notwendige Voraussetzungen für eine wirksame Zukunftsvorsorge schaffen.

4.3.1 Frieden mit der Natur

Die Appelle, den "Frieden mit der Natur zu sichern" (11) und "Leben zu erhalten" gehören gemäß (I) zu den höchsten Verhaltensnormen für die Zukunftsvorsorge, da sie in allen Gesellschaften universell gelten. Ohne eine weitgehende Erhaltung bzw. Wiederherstellung der natürlichen Regelkreise ist die biologische Zukunft dieser Erde gefährdet. Dies impliziert nach (I) auch eine Erhaltung der Tier- und Pflanzenwelt. Die Informatik vermag wegen der "Intelligenz" ihrer Systeme entscheidende Beiträge zu einer umfassenden "Kreislaufwirtschaft" und zur Überwachung der Umwelt zu leisten.

4.3.2 Bildung

Die Informatik stellt neben Lesen, Schreiben, Rechnen eine neue maschinell orientierte Kulturtechnik bereit, ohne die kaum noch eine Berufstätigkeit übernommen werden kann. Gesellschaftliche Verantwortung in der Informatik impliziert, Umfang und Tiefe dieser "Informatik-Grundbildung" zusammen mit den zuständigen Behörden kompetent festzulegen. Dazu gehört, im Unterricht für alle Stufen Chancen wie Risiken der Informatik gleichermaßen gründlich zu behandeln, was erfordert, "Informatik und Gesellschaft" als Studien- und Forschungsfach für Lehrer einzuführen.

5. Beispiele relevanter Normenkonflikte in der Informatik

5.1 Maschinelle Entscheidungssysteme

Der Ersatz menschlicher durch maschinelle Intelligenz in dedizierten Informatik-Systemen scheint keine prinzipiellen Grenzen zu haben. So liegt der Versuch nahe, in bestimmten Grenzsituationen auch menschliche Entscheidungen an Informatik-Systeme zu delegieren, z.B. dann, wenn lebensrettende Maßnahmen in der Unfall-Medizin oder bei Angriffshandlungen im Kriegsfall so schnell getroffen werden müssen, daß ein Mensch wegen seiner psycho-physischen Grenzen weder die entscheidungsrelevanten Informationen rasch genug aufnehmen noch dem Zeitablauf entsprechend rasch auswerten kann. Das Dilemma: bleibt die Entscheidung dem Menschen überlassen, kann er sie aus Zeitgründen nicht wahrnehmen, wird sie an das System delegiert, existiert keine verantwortliche Instanz.

5.2 Wettbewerb und Solidarität

Das Dilemma: Rationalisierung durch Informatik vermindert die Zahl der "einfacheren" Arbeitsplätze, stabilisiert andererseits die Wettbewerbsfähigkeit der "schlankeren" Unternehmen und erhält so wenigstens die reduzierte Zahl der Arbeitsplätze. Ein lenkender öffentlicher Eingriff in das Wettbewerbsverhalten müßte das Subsystem Wirtschaft destabilisieren, seinen Beitrag zur relativen Optimierung von Lebenschancen äußerst gefährden. Der Konflikt ist zwischen Wettbewerb als Überlebensstrategie nach außen und Solidarität als Stabi-

Hermann Rampacher, Bonn

litätsforderung nach innen ist nur politisch zu lösen, er muß der
Öffentlichkeit durch die Informatik bewußt gemacht werden.

5.3 Selbstbestimmung und innere Sicherheit
Der "gläserne Mensch" stellt eine Horrorvision dar. In realen Bürgergesellschaften darf die Selbstbestimmung über die eigenen Daten grundsätzlich nicht angetastet werden. Andererseits kann die rechtzeitige Verfügung über bestimmte Angaben bei Verdächtigen Leben und Gesundheit anderer Menschen bewahren. Entscheidungen über den Datenschutz sind politisch äußerst sensibel. Das verantwortliche Verhalten in der Informatik beschränkt sich auf eine kompetente Aufklärung der Öffentlichkeit über Chancen und Risiken.

5.4 Verteidigung
Auch jeder Verteidigungskrieg zerstört Lebenschancen irreversibel, widerspricht also (I). Bürgergesellschaften werden die Norm "Frieden zu erhalten", selten verletzen, wenn freilich eine "pathologische Gesellschaft" Bürgergesellschaften angreift, besteht die Gefahr, daß der Angreifer bei einem potentiellen Sieg elementare Menschenrechte in der angegriffenen Gesellschaft unterdrückt; dies führt zu weiteren Normenkonflikten. Bei der Bedeutung der Informatik-Komponente bei fast alle modernen Waffen, kommen Informatiker nicht um die Entscheidung herum, ob sie sich an direkten militärischen Entwicklungen beteiligen sollen oder nicht. Außerdem lassen sich viele Informatik-Systeme, auch wenn bei ihrer Konstruktion nicht an eine militärische Verwendung gedacht wurde, wegen ihrer "Potentialität" für die Entwicklung oder den Einsatz von Waffen einsetzen.

6. Individuelle und gemeinschaftlich getragene Verantwortung in der Informatik
Die typische Verantwortung in der Informatik besteht ausschließlich in dem von ihr bereitgestellten theoretischen und experimentellen Wissen über Ursachen und Zusammenhänge, in der umfassenden Potentialität der meisten Informatik-Systeme und - eher in Ausnahmefällen - in der Entwicklung dedizierter Programme und Systeme für bestimmte Anwendungen. Über Entwicklung und praktischen Einsatz von Informatik-Systemen entscheiden meist Nichtinformatiker.

Personen, die selbst einen geringen Entscheidungsspielraum haben, tragen nur begrenzt Verantwortung. Nur Informatik-Fachgesellschaften können warnend und für die jeweilige Öffentlichkeit mit dem genügenden Nachdruck ihre Stimme erheben, um auf nicht genutzte entscheidende Chancen oder aber auf Gefährdungspotentiale aufklärend hinzuweisen. Für die erfolgreiche Übernahme dieser Rolle ist aber die Erfüllung zweier Randbedingungen notwendig. Erstens: Die "innovative Informatik" muß das Fachgebiet "Informatik und Gesellschaft" genau so erforschen wie rein technische Fachgebiete; ihre Forschungsergebnisse müssen verstärkt in Wirkungs- und Risikoforschung, in Technikbewertung und Technik-Folgenabschätzung eingehen, um Kriterien der ökologischen Verträglichkeit, der sozialen und kulturellen Verantwortbarkeit in den potentiellen Entwicklungsprozeß von Informatik-Systemen einzubringen, ohne die heute Informatik-Innovationen nicht mehr verantwortbar sind. Zweitens: Die Gemeinschaft der Informatikfachleute muß sich gesellschaftlich handlungsfähig durch geeignete

Hermann Rampacher, Bonn

Fachgesellschaften organisieren; dazu müssen sich Infomatikerinnen und Informatiker in repräsentativen nationalen Fachgesellschaften zusammenschließen, die europäische und internationale Dachgesellschaften bilden. Regelmäßige geheime Wahlen müssen zu Leitungsgremien aus kompetenten Fachleuten aller Gebiete und Bereiche der Informatik führen; diese Gremien übernehmen zusätzlich zu ihrer bisherigen Aufgabe, fachliche Kommunikationsforen bereitzustellen, die Verantwortung für die kompetente Politikberatung, die fachliche Aufklärung der Öffentlichkeit und die Aufarbeitung von beruflich bedingten Normenkonflikten, etwa durch Verabschiedung von "Ethischen Leitlinien" und Einsetzung von Ethikkommissionen. Informatikfachleute delegieren den Teil ihrer individuellen Verantwortung, den sie aufgrund ihres gegebenenfalls geringen beruflichen Ermessens nicht selbst wahrnehmen können.

Literatur:
- (1) Francis Bacon, Novum Organum 1,3; London 1620
- (3) Ralf Dahrendorf, Lebenschancen; Frankfurt 1979
- (7) Ralf Dahrendorf, Der moderne soziale Konflikt; Stuttgart 1992
- (2) Hans Jonas, Das Prinzip Verantwortung; Frankfurt 1979
- (4) Hans Lenk, Über Verantwortungsbegriffe und das Verantwortungsproblem in der Technik, in: Hans Lenk, Günter Ropohl (Hsg.), Technik und Ethik; Stuttgart 1987
- (8) Immanuel Kant, Kritik der Praktischen Vernunft, Analytik, J 7. Grundgesetz der reinen praktischen Vernunft; Werke; Darmstadt 1983
- (9) Immanuel Kant, Zum ewigen Frieden; Werke; Darmstadt 1983
- (10) John L. Mackie, Ethik; Stuttgart 1981
- (11) Klaus Michael Meyer-Abich, Wege zum Frieden mit der Natur; München 1984
- (5) John Rawls, Eine Theorie der Gerechtigkeit; Frankfurt 1979
- (6) John Rawls, Die Idee des politischen Liberalismus; Frankfurt 1992

REALITÄTSKONSTRUKTION UND KOMMUNIKATION MITTELS MODERNER TECHNOLOGIE.

M. Rauterberg   K. Schlagenhauf   S. Urech

Zürich   Karlsruhe   Zürich

ZUSAMMENFASSUNG

Die Frage, was reale Welten ("echte" Realität) sind und was virtuelle Welten ("künstliche" Realität) sind, ist gar nicht so leicht zu beantworten, wie es auf den ersten Blick scheint. Wie nehmen wir reale oder virtuelle Welten wahr? Wie lassen sich reale und virtuelle Welten unterscheiden? Um zu verstehen, was reale und virtuelle Welten sind und was allenfalls ihre Unterschiede ausmacht, müssen zuerst grundlegende Aspekte der Wahrnehmung und des Wissens, sowie Annahmen verschiedener erkenntnistheoretischer Positionen skizziert werden. Da sich die Bedeutung von Welt erst in der Handlung konstituiert, ist das individuelle Wissen über Welt handlungsbezogen gespeichert. Die Welt wird nicht passiv abgebildet, sondern aktiv bestimmt. Erst in der Re-Konstruktion von Welt wird Erkenntnis möglich. Intersubjektiv sinnlich erlebbare Re-Konstruktionen in einer ver-"objektivierten", bzw. intersubjektiv vermittelbaren Form ermöglichen neue Dimensionen der Kommunikation. Moderne Technologie kann hierzu ihren Beitrag leisten.

1. WAHRNEHMEN UND ERKENNEN

Es besteht ein grundlegendes und noch weitgehend ungelöstes Problem in der Erkennung und Benennung unbekannter Muster in der Wahrnehmungsgesamtheit. "Die Wahrnehmung sinnvoller Einheiten in der visuellen Welt hängt anscheinend von komplexen Operationen ab, die nicht bewußt zugänglich sind und sich nur indirekt nachweisen lassen" (TREISMAN, 1990, S. 134). Die traditionelle Semantikforschung hat dieses Problem entweder ausgeklammert (ECO, 1972) oder ihn in den Zuständigkeitsbereich der Sigmatik verwiesen (KLAUS, 1972, S. 70), um sich jedoch gleich darauf von ihr zu distanzieren. Diesem Ausweichen liegt möglicherweise das noch ungelöste Universalienproblem zugrunde. Haben Universalien (im Sinne von 'objektiven Begriffen') überhaupt eine eigene Existenz außerhalb des Geistes eines erkennenden, bzw. wahrnehmenden Subjektes? Wir werden aufzuzeigen versuchen, daß – wenn es überhaupt Universalien gibt – sie nicht als statische Entitäten (zB. 'Begriffe'), sondern als dynamische Prozesse (zB. 'Handlungen') gegeben sind.

Die folgenden Positionen zur Universalienfrage wurden bezogen: (1.) Der *Nominalismus* (vertreten durch Ockham) beantwortet die Universalienfrage eindeutig mit 'ja'. Universalien sind gemäß dieser Position Namen für Individuen und es gibt *nur* Individuen, die in der objektiven Realität existieren. (2.) Der *Positivismus* läßt sich in zwei unterschiedliche Auffassungen unterteilen. Die eine dieser beiden Auffassungen kann als *transzendentaler Realismus* (auch häufig als 'Idealismus' bezeichnet und durch Platon vertreten) umrissen werden. Demnach existiert die platonische 'Idee' als objektiver Begriff überhaupt ewig und unabhängig von einem erkennenden Geist. Diese Auffassung wird daher auch der *extreme Realismus* genannt. Die andere Auffassung kann als *immanenter, bzw. gemässigter Realismus* bezeichnet werden und wurde durch Aristoteles begründet. Aristoteles unterschied in zwei Prinzipien. Das eine Prinzip nannte er 'Materie' und bildet sozusagen als Rohmaterial das individuierende, unabhängige und universale Prinzip; das andere Prinzip nannte er die 'Form'. Diese Form ist das verstehbare und erkennbare Wesen, bzw. die Natur der «Dinge ansich». Die Form ist zwar universal, aber abhängig von der Existenz eines erkennenden Geistes. (3.) Die dritte Position ist der *Konzeptualismus*. Für den Konzeptualismus gibt es keine Universalien, da die Begriffe durch ihre Bedeutung definiert werden und lediglich als Assoziationen im Geiste des erkennenden Systems vorkommen. Diese Assoziation hat lediglich psychologische Relevanz, aber keinerlei transzendentale Gültigkeit, da sie *nur* vom "Geiste erschaffen" wird.

Die im folgenden vorgebrachte Darstellung des erkennenden Wahrnehmungsaktes lassen den immanenten Realismus in einem modernen Licht erscheinen. Wenden wir die Position des immanenten Realismus unter Einbezug konstruktiver Anteile auf das Bedeutungsproblem der 'Extension' an, so lassen sich insgesamt unter einer Realismus-Position folgende zwei Bedeutungen für 'Extension' anführen: (1.) Die «Dinge ansich» haben von sich aus genau bestimmbare (d.h. angebbare), endlich viele Merkmale; diese endlich vielen Merkmale konstituieren in ihrer Gesamtheit das jeweilige «Ding ansich». Man braucht nur noch diese Merkmale zu entdecken, und die Extension ist ein für alle mal festgelegt. (2.) Die «Dinge ansich» haben von sich aus unendlich viele Merkmale (d.h. Dimensionen, nach denen sie von anderen Phänomenen, bzw. Gegebenheiten *unterschieden* werden können); aus dieser unendlichen Mannigfaltigkeit 'wählt' die jeweilige Sprachgemeinschaft, bzw. Kultur diejenigen Unterscheidungsdimensionen aus, die einerseits phylogenetisch mitgegeben sind (zB. die Wahrnehmungsdimensionen der einzelnen Sinnesbereiche) und darüber hinaus andererseits im gesellschaftlichen Reproduktionsprozeß erworben wurden (siehe DAHLBERG, 1979, S. 58). "Im sinnlich wahrgenommenen Ding werden solche Merkmale, Eigenschaften ausgegliedert, die als Signale seiner wesentlichen Eigenschaften fungieren, die es als eben dieses Ding bestimmen; die übrigen Eigenschaften treten in der Wahrnehmung mehr oder weniger in den Hintergrund" (RUBINSTEIN, 1972, S. 85).

Nach der ersten Position läßt sich durch Änderung der Intension (als das kognitive Abbild von den *Dingen ansich*) *keine* Änderung der Extension erreichen. Nach der zweiten Position gibt es keine «Dinge ansich», sondern nur unendliche Mannigfaltigkeiten. Von daher würde eine Intensionsänderung auch eine Extensionsänderung nach sich ziehen, ohne jedoch die unendliche Mannigfaltigkeit (die 'Materie' nach Aristoteles) in ihrer unendlichen Mannigfaltigkeit auch nur in irgendeiner Weise zu verändern. Da bei dieser letzten Position der Prozeß zentral ist, bei dem die einzelnen, die «Dinge ansich» konstituierenden Merkmale bestimmt werden, ist es notwendig, diesen *Bestimmungsprozeß* genauer zu erläutern.

2. HANDELN UND BESTIMMEN

Aus der Fülle der Unterscheidungsmöglichkeiten, welche die Realität zur Verfügung stellt, werden durch den Bestimmungsprozeß diejenigen Unterschiede festgestellt, die zur Konstituierung als notwendig erachtet worden sind. Der Bestimmungsprozeß ist als umfassende Kategorie menschlichen Handelns zu verstehen. Nach NEISSER (1979) ist das Verhältnis von Wahrnehmen und Handeln ein irreversibler, zyklischer Prozeß: die Wahrnehmungserkundung als Handlung wählt die relevanten Aspekte aus der Menge aller potentiell verfügbaren Unterscheidungsmerkmalen aus, welche dann wiederum die in der individuellen Wissensstruktur vorhandenen Interpretationsschemata und Invarianten verändern. Eine ähnliche Sichtweise hatte bereits PIAGET (1947) mit den beiden Prozessen Assimilation und Akkomodation im Auge.

Handlungen dienen der Erkundung, bzw. der Bestimmung und damit immer auch der Re-Konstruktion von Realität. "Man darf Handlung nicht auf ihren äußeren Ausdruck reduzieren; dieser ist nur ihr Ausführungsteil. Zur Handlung gehört auch die sinnliche Erkenntnis" (RUBINSTEIN, 1972, S. 224). In diesem Sinne lassen sich Handlungen als Bestimmungsprozesse verstehen, welche sowohl aus der Anwendung einfacher, konkreter Meßgeräte (wie etwa: Thermometer, Armbanduhr, Drehzahlmesser, etc.), bis hin zur Anwendung komplexer, abstrakter Theorien (zB. 'Kapitalismus', 'Relativitätstheorie', etc.) und Praktiken (zB. 'Psychoanalyse', 'Rechtsprechung', etc.) bestehen. Jedes erkennende System hat als Erkenntnisquellen eine Fülle von Bestimmungsprozessen zur Verfügung. Der einfachste Bestimmungsprozeß ist ein binärer Schalter ('an/aus', '1/0', 'wahr/falsch', etc.). Sehr komplexe von Menschenhand entwickelte Bestimmungsprozesse sind etwa: Computer, Teilchenbeschleuniger, Gerichtsbarkeit, etc. Darüber hinaus können Bestimmungsprozesse auch als Meinungen, kognitive Einstellungen, bis hin zu weltanschaulichen Ideologien die erkenntnisrelevanten Unterscheidungsdimensionen festlegen. Bestimmungsprozesse können äußerst komplex sein und auch wiederum andere Bestimmungsprozesse enthalten, bzw. sich aus anderen zusammensetzen.

In den Wissenschaften taucht als eine wichtige Art von Bestimmungsprozeß die 'objektive Wahrheit' auf. Nach KÜNNE (1985, S. 122) lassen sich die folgenden Positionen unterscheiden: epistemische (EW) vs. nicht-epistemische Wahrheitsauffassungen (NEW); die nicht-epistemischen Wahrheitsauffassungen lassen sich noch in relationale (NERW) und nicht-relationale (NENRW) klassifizieren. Die verschiedenen EWen umfassen Evidenztheorien (z.B. Brentano), Kohärenztheorien (zB. Neurath) und Konsenstheorien (zB. Peirce, James). Im Rahmen einer EW gilt etwas als 'wahr', wenn dieses etwas – nach verschiedenen Kriterien – 'für wahr gehalten' wird. Bei der Übereinstimmungstheorie als NERW ist Wahrheit eine zweistellige Relation: w = (E,G). Eine Erkenntnis E ist dann 'wahr', wenn eine "Übereinstimmung der Erkenntnis mit ihrem Gegenstand" gegeben ist (KANT, 1911, S. 82f.). Der Gegenstand G kann eine Sache, eine Tatsache, ein Urteil, etc. sein. Die Kritik Freges an dieser Wahrheitsauffassung greift jedoch zu kurz: zwar ist es zutreffend, daß der Gegenstand G nicht apriori gegeben ist, sondern sich erst über – in der Regel nicht-sprachliche Bestimmungsprozesse – erschließt, dennoch kann man auf der Grundlage einer Kohärenztheorie zB. die Widerspruchsfreiheit zwischen den Ergebnissen verschiedener Bestimmungsprozesse (zB. zwischen sprachlichen {Propositionen} und nicht-sprachlichen {experimentellen Ergebnissen}) fordern. Natürlich wird dadurch das erkenntnistheoretische Problem auf die Ebene der Zulässigkeit der außersprachlichen Bestimmungsprozesse verlagert, nur kann man – bei der Diskussion um die Zulässigkeit eines Bestimmungsprozesses – diese Diskussion weitgehend unabhängig von dem jeweils konkreten auf ihren Wahrheitsgehalt hin zu überprüfenden Erkenntnis führen (BRANDMÜLLER, 1982; HOLZKAMP, 1981; KREPPNER, 1975).

Je nach Art und Vielfalt der zur Verfügung stehenden Bestimmungsprozesse ist das Bewußtsein des erkennenden Systems ausgebildet. Zwei erkennende Systeme mit vollständig unterschiedlichen Bestimmungsprozessen existieren dann in zwei völlig unterschiedlichen Welten. Gleiche Bestimmungsprozesse ermöglichen gleichen Realitätsbezug. Für den Menschen gibt es eine Reihe von phylogenetisch erworbenen Bestimmungsprozessen: die Sinnesorgane, das zentrale Nervensystem und die angeborenen Verhaltensweisen (REMANE, 1981). Der Vorteil dieser phylogenetisch mitgegebenen Bestimmungsprozesse liegt darin, daß sie Menschen aufgrund der direkten Umsetzbarkeit optimal schnelle und adäquate Handlungsmöglichkeiten erlauben. Mit diesen phylogenetisch mitgegebenen Bestimmungsprozessen ist der Mensch in die evolutionäre Wissenstruktur der Menschheit eingebettet. Für andere Systeme auf dieser Welt gelten andere Einbettungen.

Damit sich der Mensch als makroskopische Gestalt in dieser Welt verhalten kann, muß er die materielle, makroskopische Struktur seiner Umgebung wahrnehmen können. Bei einem ausgebildeten erwachsenen Menschen ist ein grosser Teil seines Wissens- und damit seiner Handlungsstruktur zusätzlich aus einer Vielzahl an komplexen Bestimmungsprozessen zusammengestzt, die es ihm ermöglichen, am natürlichen und gesellschaftlichen Leben teilzunehmen. "Das allgemeine Ziel menschlicher Informationsverarbeitung läßt sich wohl am ehesten dahingehend beschreiben, Verhalten so zu steuern, daß Verhaltensziele auch erreicht werden. Diesem Sinn ist die Repräsentation von Wissen untergeordnet. ... Ausgangspunkt für den Erwerb von Wissen sind die von dem System ausführbaren Handlungen. ... Begriffe werden nicht mehr betrachtet als im Gedächtnis repräsentierte symbolische Einheiten, sondern als flüchtige Zustände, die ihre Bedeutung durch die Handlungen erfahren, die sie jeweils aktivieren" (HOFFMANN, 1988, S. 201-202). Der Mensch konstruiert in dieser Fülle die 'Realität' gemäß den erlernten Bestimmungsprozessen. "Genetisch folgt die Handlung nicht der Wahrnehmung, sondern die Handlung geht der Wahrnehmung voraus" (PRINZ, 1983, S. 3-4). So ungewohnt dies auch zunächst klingen mag, löst diese Sichtweise gerade deshalb die von PUTNAM (1975) behandelten Probleme mit seinem flüssidentischen H₂0 und XYZ-Molekül schlagartig, ohne dabei die objektive Existenz von Realität (im Sinne der 'unendlichen Mannigfaltigkeit') verleugnen zu müssen (siehe RAUTERBERG 1985, S. 46ff).

Die Bestimmungsprozesse bilden wahrscheinlich den größten Teil der Wissensstruktur des Menschen. Die Differenz zwischen den durch die kognitiven Bestimmungsprozesse umrissenen Komplexität und der durch die Sinnesorgane gelieferten Komplexität bildet die Grundlage für Information (RAUTERBERG, 1985). Um nun ein bestimmtes Ausmaß an Information aufrecht zu erhalten, muß der Mensch fortlaufend 'handeln'. Handlung ist in diesem Sinne die Anwendung und Aktualisierung von Bestimmungsprozessen. Will ich zB. wissen, ob ein «Ding ansich» hart oder weich ist, muß ich den Bestimmungsprozeß 'Anfassen' realisieren. Erziehung und Sozialisation ist der Vermittlungsprozeß der gesellschaftlich relevanten, sprich: oftmals lebensnotwendigen Bestimmungsprozesse. "Bei jeder neuen Handlung sind die Akte des Entdeckens und des Veränderns untrennbar miteinander verbunden" (PIAGET & INHELDER, 1970, S. 135). Menschliche Handlungen unterliegen nicht primär dem Rationalitätskalkül (SCHLAGENHAUF, 1984), sondern sind in kultur-historischen Wissensstrukturen und Denktraditionen eingebettet, bzw. in diesen aufgehoben (OERTER, 1988). Das in einer Kultur hervorgebrachte und durch sie tradierte Wissen ist mehr: es umfaßt die Summe aller kulturellen Bestimmungsprozesse zur Realitätskonstruktion von Welt, welche jedem Individuum dieser Kultur als einzig mögliche und richtige erscheint (SCHÜTZ, 1932; MEHAN & WOOD, 1975).

PIAGET (1972) konnte empirisch plausibel machen, daß ein heranwachsender Mensch "sein Wissen und seine Erkenntnis von Realität weder passiv übernimmt, noch a priori besitzt und von 'innen heraus' entwickelt. Vielmehr baut er seine Realität aktiv konstruierend auf" (OERTER, 1988, S. 350). Wenden wir diese Sichtweise auf eine Weltausschnitt, zB. auf menschliches Verhalten an, welches als Handlung interpretiert wird, so kommt LENK (1978, S. 345) zu dem Schluß: "Handlungen sind Interpretationskonstrukte. Handeln kann aufgefaßt werden als situations-, kontext- und institutionsabhängiges, regelbezogenes normen-, wert- oder zielorientiertes, systemhaft eingebettetes, wenigstens partiell ablaufkontrolliertes oder teilbewußtes motiviertes Verhalten eines personalen oder kollektiven Akteurs, das diesem als von ihm durchgeführt zugeschrieben wird".

3. BEWUSSTSEIN UND ERKENNEN

"Nichts ist subjektiver als eine Objektivität, die gegen die eigene Subjektivität blind ist" (LAING, 1982, S. 24)

Nach HUSSERL ist Bewußtsein immer Bewußtsein von etwas: "Die Erinnerung selbst ist nicht ein 'Akt', sondern ein momentanes Bewußtsein der vorausgegangenen Phase und gleichzeitig die Grundlage für die Erinnerung der nächsten Bewußtseinsphase. Da jede dieser Phasen das Bewußtsein der jeweils vorausgegangenen darstellt, schließt sie, in einer Kette von vermittelten Intentionen, die gesamte Sequenz von Erinnerungen in sich, die bis dahin abgelaufen sind" (HUSSERL, 1964, S. 161-162). Durch die permanente Bestätigung schon ausgebildeter Interpretationsschemata und Invarianten aufgrund gleichgebliebener Wahrnehmungsgesamtheiten kommt es zu einem komplexen Prozeß der Gewohnheitsbildung auf den verschiedenen Ebenen des Bewußtseins, welcher als ein Absinken des Wissens auf immer tiefere Strukturen beschrieben werden kann. Von daher wissen wir sozusagen dasjenige am besten, "dessen wir uns am wenigsten bewußt sind" (BATESON, 1983, S. 199). Gewohnheitsbildung als Bestätigung von Invarianten ist bedingt durch die Ökonomie des bewußten Denkens. "Grundsätzlich können wir es uns leisten, diejenigen Formen des Wissens zu versenken, die ohne Rücksicht auf Veränderungen in der Umgebung wahr bleiben, aber wir müssen alle jene Verhaltenskontrollen an einer zugänglichen Stelle behalten, die in jedem Einzelfall modifiziert werden müssen" (BATESON, 1983, S. 193). Aus Gründen der Ökonomie werden diejenigen Invarianten der Beziehung zwischen Mensch und Umgebung ins Unbewußte versenkt, die beständig, d.h. konstant, bzw. 'wahr' bleiben.

Bewußtsein entsteht aufgrund pragmatisch relevanter Information, "denn unerwartet auftretende Störungen oder Hindernisse lösen Bewußtwerdungs- bzw. Denk- oder Lernprozesse aus" (KESSELRING, 1984, S. 145). Dieser Aspekt ist von grundlegender Bedeutung für das Bewußtsein. Wahrnehmendes Erkennen wäre die Verarbeitung der extern-internen Information, während Denken die Verarbeitung von der internen 'extern-internen' Information ist - sozusagen die Verarbeitung der im verinnerlichten Modell von Welt vorhandenen Inkongruenz (RAUTERBERG, 1985).

Wenn die Deduktion als Schlußverfahren die Information immanente Inkonsistenz weitgehend ausschließt, so 'staut' sich diese Inkonsistenz bei den beiden anderen Schlußverfahren auf. Dies ist jedem sofort einsichtig, der einmal versucht hat, Beschreibungen (insbesondere sprachliche) von Realität in die formalen Strukturen von Logik (im engeren Sinne, wie zB. 'Aussagenlogik', 'Prädikatenkalkül') adäquat umzusetzen. Wie viele Schwierigkeiten und unterschiedliche Möglichkeiten gibt es, eine nicht-triviale Aussage, bzw. eine komplexe Argumentationskette – eine triviale Aussage wäre zB. 'Sokrates ist ein Mensch' (sofern man den nicht-trivialen Zeitaspekt außer Acht läßt) – in ein entsprechendes Schema des Kalküls umzusetzen. Als sogar völlig hoffnungslos – kann allgemein unterstellt werden – sind Emotionen (bzw. die ganze Welt der Gefühle) mit Formalisierungen und Logik in Einklang zubringen. Dennoch wird wohl niemand die Existenzberechtigung und realitätsbeeinflussende Wirkung der Emotionen verleugnen wollen. Bisher gab es zwei Reaktionen auf dieses Problem: Die *klassischen Logiker* bestritten die Existenz von Inkonsistenz in der realen Welt, um die Gültigkeit ihres Kalküls zu bewahren, von notwendigen Wahrheiten', auch 'Wahrheiten aus logischen Gründen' genannt (in der Regel *Tautologien*). Die *transklassischen Logiker* stellten dagegen die generelle Gültigkeit der allgemein akzeptierten Kalküle in Frage und begaben sich auf die Suche nach Kalkülen, die eher in der Lage waren, einen Teil der real existierenden Inkonsistenzen einzufangen (zB. im Rahmen von 'Modallogik', 'Fuzzylogik', etc.).

Während individuelle Erkenntnis über die Bewußtwerdung der eigenen Bestimmungsprozesse erfolgt, hängt die kollektive Erkenntnis im spezifischen Sinne als gesellschaftlicher, historischer Prozeß mit der Sprache zusammen. "Erst das Wort bietet die Möglichkeit, die Erkenntnisergebnisse zu fixieren und zu übertragen" (RUBINSTEIN, 1972, S. 28). Wenn auch Sprache so mächtig ist, so ist sie dennoch mit Vagheit versehen, welche nur sehr begrenzt vermeidbar ist (zB. durch formale Systeme, etc.). Erst eine Versinnlichung kann Vagheit in Konkretheit umsetzen! Dieser Umsetzungprozeß wird durch neue Kommunikationsmedien dann möglich, wenn die Umsetzung für jeden verfügbar ist und im Rahmen eines intersubjektiven Dialoges unmittelbar realisiert werden kann. Moderne Technologie als Kommunikationsmedium und Kulturtechnik kann hier ihren Beitrag leisten. Wesentliche Voraussetzung hierfür ist die raum-zeitliche Beständigkeit der 'virtuellen Welten' als kommunikative Versinnlichungen.

4. "ECHTE" UND "KÜNSTLICHE" REALITÄT

Versucht man, eine Definition der realen Welt zu geben, so merkt man, daß es sehr schwer fällt, eine genügend starke, nicht zyklische Definition für "reale Welt" anzugeben. Ist die reale Welt das, was "wirklich" um uns herum ist? Was heisst dann "wirklich"? Ist die reale Welt das, was nicht simuliert ist? Gehört dann die künstliche Blume auf dem Tisch nicht zur realen Welt, denn es ist ja eigentlich eine simulierte Blume?

4.1. Die "echte" Realität (reale Welten)

Meistens ist es intuitiv klar, was zur realen Welt gehört und was nicht. Der Kinosessel gehört zur realen Welt, ebenso die Leinwand; aber der Film, der darauf projiziert wird, gehört nicht zur realen Welt. Gehört ein Ding nur dann zur realen Welt, wenn man es berühren kann? Wohl kaum, denn in neuerer Zeit werden auch Ein-Ausgabegeräte für Computer mit Kraftrückkopplung und Berührungssimulation angeboten, so daß der Eindruck eines "anfaßbaren" Objekts entsteht. Es gibt Dinge, die man nicht eindeutig der realen oder einer virtuellen Welt zuordnen kann. Entscheidend dafür ist die Betrachtungsweise, d.h. der verwertungsorientiert gesteuerte Bestimmungsprozeß. Betrachtet man die Kulissen in Hollywood die für das Drehen von Filmen gebraucht werden, als Kulissen aus Sperrholz und Karton, so gehören sie zur realen Welt. Betrachtet man sie hingegen als richtige Häuser, so gehören sie zu einer virtuellen Welt. Ebenso das Spielzeugauto gehört als Modell zur realen Welt, aber als 'Auto' zu einer virtuellen Welt des Kindes. Die Eigenschaft, ob ein Objekt zur realen Welt oder zu einer virtuellen Welt gehört, ist also nicht dem Objekt inhärent, sondern ist abhängig von seiner Bestimmung im jeweiligen Handlungskontext.

Stellen wir uns vor, wir wären in der Simulation von Realität schon sehr weit gekommen. Wir könnten eine beliebige Welt aufbauen und diese Welt mit Wesen nach unserem Geschmack "bevölkern". Wir hätten irgend eine Art von Grundelement, zum Beispiel ein Voxel (voluminöses Pixel; URECH, 1992, S. 5). Mit diesen Grundelementen würden wir die wahrscheinlich endliche, gequantelte Welt aufbauen. Die Wesen, die wir kreieren, wären intelligent, so daß sie ein interessantes Verhalten zeigen. Nach einer Weile würden die Wesen vielleicht sogar versuchen, ihre eigenen virtuellen Realitäten zu bauen. Vielleicht würden wir auch eine Art *Verschleierungstaktik* einbauen, so daß unsere Wesen ihre Welt nicht so genau vermessen, d.h. bestimmen können. Gehen wir jetzt eine Ebene höher hinauf in unsere reale Welt. Die Grundelemente unsere Welt sind Elementarteilchen und sie ist wahrscheinlich endlich. Wir haben herausgefunden, daß sie in vielen, vielleicht in allen Belangen gequantelt ist und sogar eine *Verschleierungstaktik* gibt es: die Heisenberg'sche Unschärferelation. Wäre es also nicht denkbar, daß unsere ganze Welt von irgend einem übergeordneten Wesen simuliert, bzw. erschaffen worden ist? (BRODY, 1991; STRYKER, 1991).

Anzumerken ist außerdem, daß es unter Umständen nicht sinnvoll ist, von "der realen Welt" zu reden. Gibt es in unserer Vorstellung nicht vielmehr verschiedene reale Welten? Man redet ja auch beispielsweise von der "Arbeitswelt" oder von der "Welt des Wertschriftenhandels". Wenn wir von der Arbeit nach Hause und danach ins Fußballtraining gehen, so bewegen wir uns von der Arbeitswelt über die Privatwelt zur Welt des Fußballclubs. Alle diese Welten sind verschieden und wir verhalten uns auch verschieden in diesen Welten. Die verschiedenen Welten haben oft nur wenige für uns erkennbare Verbindungen untereinander und es ist verwirrend und überraschend zugleich, zum Beispiel Leute, die in der einen Welt vorkommen, in der anderen Welt wieder anzutreffen. Diese Unterteilung der "realen Welt" in kleinere, kontextabhängige Welten ist sehr nützlich bei der Simulation. Ohne große Realitätseinbusse genügt es, nur eine dieser Teilwelten zu simulieren.

4.2. Die "künstliche" Realität (virtuelle Welten)

Virtuelle Welten gibt es nicht erst seit der Erfindung des Computers. Der Computer ist nur ein neues (allerdings ziemlich mächtiges) Hilfsmittel zur Herstellung von künstlichen Realitäten. Man braucht jedoch längst nicht so teure und hochentwickelte Hilfsmittel. Die grundlegendste Form von künstlicher Realität ist das Spiel. Wer schon einmal Kinder oder zum Teil auch Erwachsene beim Spielen beobachtet hat, weiß, daß sie völlig konzentriert dabei sein können und kaum etwas außerhalb des Spiels wahrnehmen. Man sagt, sie seien "wie in einer anderen Welt". Spiele brauchen grundsätzlich wenige oder gar keine Hilfsmittel. Ein Kind kann mit einem Stock in der Luft herumstochern, aber in seiner virtuellen Welt befindet es sich in der entscheidenden Phase eines Kampfes auf Leben und Tod. Ein Stock oder eine Puppe genügen unter Umständen vollständig, um in der Phantasie des Kindes eine vollständige virtuelle Welt aufzubauen. Es gibt jedoch auch kompliziertere Hilfsmittel zum Aufbau künstlicher Realitäten. Schon ein Buch kann eine virtuelle Welt aufbauen. Manche Bücher nehmen einen so gefangen, daß man richtig mitfiebert, sich mit den Hauptpersonen identifiziert und mit ihnen mitleidet. Wird man dann unterbrochen, ist man erstaunt, daß man sich nicht in der virtuellen Welt befindet. Mit Hilfe des Texts wird in der Phantasie eine eigene, neue Welt aufgebaut. Die nächste Stufe sind bildhafte Medien, angefangen mit der Malerei. Bilder sind zumeist ziemlich statisch, daher eignen sie sich nicht besonders gut für künstliche Realitäten. Die logische Fortsetzung von Bildern sind Film und Fernsehen. Auch im Kino oder vor dem Fernseher kann man total konzentriert und "abwesend" sein, man hat eine künstliche Realität aufgebaut. Der grösste Mangel an Film und Fernsehen auf dem Weg zur Simulation der Wirklichkeit ist die fehlende Interaktivität. Es nützt nichts, wenn man versucht, ins Geschehen einzugreifen, denn der Film läuft unbeeindruckt weiter.

Diesen Mangel kennen die Computerspiele nicht. Graphische Computerspiele sind zum Teil schon ziemlich weit in der Simulation der Wirklichkeit. Trotzdem fehlt ihnen noch einiges. Das Wichtigste ist wohl die nicht angemessene Eingabe von Befehlen via Tastatur, Maus oder Joystick. Diese Geräte geben keine Rückkopplung in irgendeiner Art, es gibt kein Berührungsempfinden der in der virtuellen Welt manipulierten Objekte. Der zweite Punkt ist die mangelhafte Bildqualität. Die Bilder sind gerastert, bewegen sich ruckartig und die Farben sind nicht realitätsnah. Außerdem ist das Bild zu klein und es fehlt stereoskopische Tiefenwahrnehmung, man hat immer noch den Eindruck eines Bildes, nicht den, wirklich dort zu sein. Ein nächster Schritt sind die Flug- und Fahrsimulatoren. Hier sind ganze nachgebildete Cockpits auf riesigen Hebebühnen montiert, die die entstehenden Beschleunigungen simulieren sollen. Aber auch hier ist die Bildqualität oft noch schlecht und die erzeugten Beschleunigungen wirken nicht immer echt.

Eine ganz andere Art von virtuellen Welten sind die Träume. Da im Schlaf die Wirklichkeit praktisch vollständig ausgeschaltet ist, wird die Phantasie nicht von störenden Sinneseindrücken belästigt. Sie kann sich frei entfalten und Realitäten erzeugen, die man auf keine andere Art herstellen könnte. Die meisten Träume sind sehr alltäglich und man kann sich nicht mehr daran erinnern, wenn man aufwacht. Die "verrückten" Träume, an die man sich erinnern kann, sind eher selten. Ein Hilfsmittel, das auf ganz anderer Ebene zur Erzeugung virtueller Welten beiträgt, sind die Drogen. Viele Menschen nehmen Drogen, weil sie aus der Realität flüchten wollen, weil es ihnen in der von den Drogen erzeugten virtuellen Welt besser geht als in der realen Welt. KRUEGER (1983) hält selbst Systeme wie eine Klimaanlage für Erzeuger von virtuellen Welten. Dabei betont er vor allem die "Responsivität". Eine Klimaanlage besitzt Sensoren, die Temperaturen und andere Parameter messen und die Heiz- oder Kühlleistung, Luftfeuchtigkeit, etc. entsprechend anpassen und damit eine künstliche Realität aufrechterhalten. Zur Zeit werden interaktive Computersysteme mit dreidimensionaler stereoskopischer Aus- und Eingabe von Gesten mit Hilfe von Datenhandschuhen entwickelt. Es gibt auch Systeme mit Kraftrückkopplung und Berührungssimulation der Objekte in der virtuellen Welt. All diese Systeme versuchen, einen Teilbereich der Realität mit Hilfe eines Computers möglichst genau nachzubilden. Diese Systeme werden VR-Systeme genannt (STRYKER, 1991).

4.3. Reale und virtuelle Welten

Wir haben gesehen, daß es nicht einfach ist, reale und virtuelle Welten zu unterscheiden. Vielleicht leben wir ganz in einer virtuellen Welt, die ein übergeordnetes Wesen zu seiner Belustigung oder zu Forschungszwecken angelegt hat. Obwohl wir uns sehr schwer tun, eine hinreichende und vollständige Definition von "reale Welt", so wie wir sie verstehen, zu geben, macht es uns im Normalfall keine Probleme, zu entscheiden, zu welcher Welt ein Eindruck gehört. Das kommt jedoch vor allem daher, daß unsere virtuellen Welten noch zu wenig realitätsnah, d.h. sinnlich erlebbar sind. Meist kann man sehr leicht an irgendeinem Merkmal feststellen, daß die Welt eben nicht real, sondern simuliert ist. Im Kino sieht man die Umrandung der Leinwand und die Köpfe der Leute in den vorderen Reihen, bei Animationen am Computer bemerkt man die gerasterten, ruckartigen Bilder, die nicht vollständige Tiefenwahrnehmung, den Bildrand, die fehlenden Berührungsmöglichkeiten. Die Entwicklung geht heute dahin, diese Beschränkungen zu überwinden. Die Unterscheidung von realer und virtueller Welt wird immer schwieriger. Wollen wir entscheiden, ob das Ergebnis eines (Sinnes-)Urteils zur realen oder zur virtuellen Welt gehört, so müssen wir uns also auf unsere Sinne (unmittelbar oder vermittelt über Meßgeräte, bzw. Bestimmungsprozesse) verlassen. Die meisten heutigen virtuellen Realitäten bauen vor allem auf visuelle und auditive Eindrücke auf. Diese beiden Sinne lassen sich am leichtesten täuschen. Trotzdem gibt es vor allem bei visuellen Eindrücken charakteristische Merkmale, die auf eine künstliche Realität hindeuten. Bei computergenerierten Bildern fällt meist die Rasterung der Bilder auf, ebenso die ruckartige Animation. Häufig sind auch Spiegelungen, Nebel und gewisse Lichteffekte noch nicht realistisch nachgebildet (WATANABE & SUENAGA, 1991; PUEYO, 1991).

Ein stark einschränkender Faktor für die Qualität von Computergraphik ist die zur Zeit zur Verfügung stehende Rechenleistung. Da sich diese Rechenleistung im Moment noch alle zwei Jahre verdoppelt, wird auch die Qualität der Bilder noch stark zunehmen. Daher wird man sich alsbald nicht mehr nur auf den visuellen Sinn verlassen können, wenn man bestimmen will, daß ein Eindruck zur realen Welt gehört; zudem werden immer noch neue Algorithmen für eine schnellere und bessere Modellierung der Wirklichkeit erfunden. Film und Fernsehen haben grundsätzlich den Nachteil des zu kleinen Bildes. Die besten visuellen Eindrücke geben heute wohl die Rundum-Kinos. Hier ist man schon fast auf andere Sinne angewiesen, um festzustellen, daß man sich in einer virtuellen Welt befindet. Auditive Eindrücke sind heute annähernd realistisch geworden. Mit Kopfhörern lassen sich zB. räumliche Hörerlebnisse vermitteln, die der Realität schon so nahe kommen, daß sie nur noch von Experten als synthetisch identifiziert werden können.

Die stärksten Anhaltspunkte für eine Unterscheidung geben die anderen drei Sinne. Der Gleichgewichtssinn wird von den meisten VR-Systemen nicht oder nur unvollständig angesprochen. Einzig in Flug- und Fahrsimulatoren versucht man, einen realistischen Gleichgewichtseindruck zu schaffen; dies gelingt aufgrund der begrenzten mechanischen Möglichkeiten nur zum Teil. Der Tastsinn kann noch am wenigsten genau nachgebildet werden. Der menschliche Tastsinn hat eine so hohe Auflösung und ist so genau, daß er auch in absehbarer Zeit nicht sehr gut simuliert werden kann. Es gibt allerdings virtuelle Welten, wie zB. Flugsimulatoren, in denen alle Objekte in Griffweite real nachgebildet sind, so daß hier der Tastsinn auch keine Anhaltspunkte für eine Unterscheidung zwischen realer und virtueller Welt liefert. Diese künstlichen Realitäten dienen jedoch alle einem sehr speziellen Zweck. In Griffweite sind keine anderen als die nachgebildeten Objekte darstellbar. Es gibt nur sehr wenige, hoch spezialisierte VR-Systeme, die den Geruchs-, bzw. Geschmackssinn ansprechen können. Heute ist die Unterscheidung zwischen Realität und Simulation in den meisten Fällen noch sehr einfach, sofern man überhaupt gewillt ist, diese Unterscheidung zu bestimmen. In Zukunft ist jedoch damit zu rechnen, daß die Simulationen besser werden und daher die Unterscheidung schwieriger wird.

4.4. Die Welt der Information

Zu Beginn dieses Beitrages haben wir das Universalienproblem unter dem Gesichtspunkt der 'objektiven Wahrheit', d.h. ewig gültigen Beständigkeit von *Dingen ansich* außerhalb und unabhängig vom erkennenden System erörtert. An dieser Stelle werden wir uns nun mit dem Universalienproblem unter dem Gesichtspunkt der 'Existenz' der «Dinge ansich» auseinandersetzen. Woraus setzt sich das real existierende Sein in seiner Gesamtheit zusammen? Der von Wiener stammende - und zu viel Mißverständnissen anregende - Ausspruch: "Information ist Information, weder Energie noch Materie", läßt die Existenzberechtigung einer "dritten Welt" (POPPER & ECCLES, 1977, S. 64) in eine greifbare Nähe rücken. Die Unterscheidung in das subjektive und das objektive Moment der Realität scheint den Kern des Problems nicht zu treffen. Die häufig anzutreffende Meinung, daß subjektive Phänomene keinerlei Realitätsgehalt hätten, läßt sich mit Descartes nach wie vor plausibel widerlegen: "Cogito, ergo sum" als Beleg für das Vorhandensein von dem rein subjektiven Phänomen der Gedanken ist noch genauso aussagekräftig wie zu Zeiten von Descartes. Was hat also diejenigen Vertreter, die den subjektiven Phänomenen keinerlei Existenzberechtigung zukommen lassen wollen, bewogen, die Trennung von Objektivem und Subjektivem mit der Trennung zwischen real Existierendem und irrealen Phantastereien zu koppeln? Der Grund liegt in der Auffassung von dem, was unter 'Wahrheit', bzw. 'wahrer Erkenntnis' gegenüber der 'falschen' und 'unwahren' verstanden wird. Was unterscheidet denn die subjektiven Phänomene von dem objektiven Sein so stark, daß der Subjektivität die Existenzberechtigung abgesprochen werden muß? Eine mögliche Antwort lautet: das unterschiedliche Ausmaß in ihrer *raum-zeitlichen Beständigkeit*. Während objektive Phänomene, wie etwa Materie und Energie, als überdauernde, zeit-unabhängige und damit ewig bestehende Kategorien gedacht werden, sind Vorstellungen, Gedanken und sonstige geistige, respektive psychische Zustände von hoher Variabilität und Vergänglichkeit gekennzeichnet.

Unter dem Wahrheitsparadigma des ewig Gültigen muß dann zwangsläufig jede Erscheinung von unwiderruflicher raum-zeitlicher Beschränktheit aus dem Bereich des objektiv Existierenden ausgeschlossen bleiben. Diese irreversible raum-zeitliche Beschränktheit in dem Andauern der subjektiven Phänomene spiegelt sich auch in ihrer Bestimmbarkeit wieder. Während Tische, Stühle, Bleistifte, etc. als 'objektive' Formen durch ihre Materialität intersubjektiv in ähnlicher Weise (durch Anfassen, etc.) wiederholt bestimmbar und damit re-konstruierbar sind, können psychische Zustände nicht in vergleichbarer Weise 'erfaßt' werden. Der Grund dafür liegt in dem hohen Ausmaß an der irreversiblen Veränderung informationeller Prozesse. Ähnliche Probleme tauchen in den Forschungsgebieten der modernen experimentellen Kernteilchenphysik auf, wo es um Phänomene von äußerster Kurzlebigkeit geht. Man behilft sich jedoch mit der Annahme der prinzipiellen Wiederholbarkeit und damit beliebigen Reproduzierbarkeit der Phänomene. Dies ist jedoch bei lernenden Systemen wie dem Menschen nur unter weitgehendem Ausschluß von Lernen möglich. Das analoge Problem in der Physik ist die Wechselwirkung des Elementarteilchens mit dem Feld, in dem es sich aufhält. Durch diese Wechselwirkung kommen Veränderungsprozesse des 'Kontextes' zustande, welche eine Reproduzierbarkeit der Ergebnisse einschränken, bzw. verhindern würden. Daher ist man in der Regel darum bemüht, diese Wechselwirkungen als "Störgrößen" möglichst gering zu halten.

Durch den prozessualen Charakter mit einem hohen Ausmaß an Irreversibilität kann *Information* nur als eine von konkreten Gegebenheiten abstrahierende Kategorie gefaßt werden (RAUTERBERG, 1985). Wir sind bei der Wahrnehmung von einer Realität ausgegangen und haben diese Realität als eine unendliche Mannigfaltigkeit an Merkmalen, etc. konstituiert. Objektiv ist daher einmal diese Mannigfaltigkeit selbst, aber auch die Möglichkeit zum Unterscheiden in dieser Mannigfaltigkeit (URSUL, 1975, S. 194). Welche Formen jedoch unterschieden werden, haben wir der subjektiven Seite zugeordnet. Zur Beantwortung der Frage, ob nun auch diese subjektive Seite als existent bezeichnet werden kann, besteht die attraktive Möglichkeit, den Bedeutungsgehalt des Begriffes 'Existenz' von seiner nicht-zeitlichen, a-historischen Hülle zu befreien und temporal neu zu bestimmen. Von daher muß bei einer Frage nach der Existenz eines Phänomens ab jetzt auch immer der zeitliche Kontext mitspezifiziert werden. In diesem Sinne haben immaterielle, abstrakte Entitäten - und *Information* als Sammelbegriff für alle diese Phänomene - sehr wohl eine objektive Existenzberechtigung neben den anderen objektiven Entitäten dieser Welt. Das Maß an Objektivität von *Information* wächst mit ihrer raum-zeitlichen Beständig- und damit Bestimmbarkeit.

Allein die Beständigkeit des Kontextes garantiert die Reproduzierbarkeit der Phänomene, die dieser Kontext innerhalb seines Rahmens zuläßt. Ändert sich der Kontext, verschwinden auch die Phänomene und es tauchen neue Gestalten und Formen auf. Von daher ist die Existenzfrage eines Phänomens - sei es objektiv oder subjektiv - ein Frage nach der Beständigkeit des dazugehörigen Kontextes. Der Kontext für die Veränderungsprozesse im Universum insgesamt ändert sich im Bezug auf menschliche Zeitdimensionen so gut wie nicht. Der Kontext, insbesondere der sozio-kulturelle Kontext eines individuellen, lernenden Systems auf dieser Erde ändert sich dagegen verhältnismäßig schnell. Gibt es dann noch Phänomene, die *nicht* existent sind? Diese Frage läßt sich nur historisch beantworten. So sind Phänomene wie bestimmte Arten von Lebewesen als reale Gegenstände unserer Gegenwart nicht mehr existent, wohl aber sind Beschreibungen und 'wissenschaftliche Erinnerungen' von diesen Lebewesen existent. Man muß also wieder mal zwischen den Phänomenen selbst und den Beschreibungen über diese Phänomene sauber trennen. Daraus ergibt sich auch, daß wohl sehr viele Phänomene in der jeweils aktuellen Gegenwart nur als Erinnerungen, bzw. als Beschreibungen existieren und nicht diese Phänomene selbst!

5. MODERNE TECHNOLOGIE ALS KULTURTECHNIK

Lernen als die Verwirklichung neuer Bestimmungsprozesse in der Mensch-Computer-Interaktion wird erst dann zur Kulturtechnik, wenn sie jedem zugänglich ist. Die Zugänglichkeit vermittelt über entsprechende Interaktionstechniken muß die alltäglichen Handlungspotentiale des Benutzers ausschöpfen; und genau hier setzen VR-Systeme an. Beim Einsatz von VR-Systemen wird nun dem Benutzer die Möglichkeit gegeben, sich vergleichbar zur realen Welt verhalten zu können. Dadurch besteht die Möglichkeit, sich ein neues Verständnis von virtuellen Welten zu erschliessen, welches in der Form zur Zeit nur über den aufwendigen Erstellungsprozeß von künstlichen Realitäten wie Film, etc. gegeben ist. Das hohe Ausmaß an Sinnlichkeit, Interaktivität und Unmittelbarkeit mit der Mächtigkeit der schnellen Anpassung an die Vorstellungen des Benutzers führt zum ersten Mal in der Menschheitsgeschichte zu einem intersubjektiv-vermittelbaren Austausch über sinnlich wahrnehmbare Vorstellungswelten. Die unmittelbar erlebbare 'Materialisation' von Ideen wird – vergleichbar mit der Einführung der Sprache – eine neue Ära von Erkenntnissen ermöglichen. VR-Systeme können also in zweierlei Hinsicht sinnvoll sein: (1.) als Re-Konstruktionsmaschinen von Ideen und (2.) als Kommunikationsmedium dieser Re-Konstruktionen. Für beide Fälle gilt: erst in der Handlung erschließt sich die Bedeutung.

6. LITERATUR

Bateson G. (1983). Ökologie des Geistes. Frankfurt: Suhrkamp.
Brandmüller, W. (1982). Galilei und die Kirche oder Das Recht auf Irrtum. Regensburg: Pustet.
Brody, F. (1991). How Virtual is Reality? in T. Feldman (ed.), Virtual Reality '91: Impacts and Applications (pp. 18-20), London: Meckler.
Dahlberg, W. (1979). Zur Geometrie der Grundbegriffe. in I. Dahlberg & W. Dahlberg (Hrsg.) Studien zur Klassifikation, Band 4 "Klassifikation und Erkenntnis I". Frankfurt: Gesellschaft für Klassifikation.
Eco, U. (1972). Einführung in die Semiotik. München: Fink.
Hoffmann, J. (1988). Wird Wissen in Begriffen repräsentiert? *Sprache & Kognition* 7(4):193-204.
Holzkamp, K. (1981). Theorie und Experiment in der Psychologie. Berlin New York: Walter de Gruyter.
Husserl, E. (1964). The phenomenology of internal time consciousness. The Hague: Nijhoff.
Kant, I. (1911). Kritik der reinen Vernunft.Berlin: Akademie-Ausgabe.
Kesselring, T. (1984). Die Produktivität der Antinomie. Frankfurt: Suhrkamp.
Klaus, G. (1972). Semiotik und Erkenntnistheorie. Berlin: Deutscher Verlag der Wissenschaften.
Kreppner, K. (1975). Zur Problematik des Messens in den Sozialwissenschaften. Stuttgart: Klett.
Krueger, M. W. (1983). Artificial Reality. Reading: Addison Wesley.
Künne, W. (1985). Wahrheit. in E. Mertens & H. Schnädelbach (Hrsg.) Philosophie – ein Grundkurs. (S. 116-171), Reinbeck: Rowohlt.
Laing, R.D. (1983). Die Stimme der Erfahrung. Köln: Kiepenheuer & Witsch.
Lenk, H.. (1978). Handlung als Interpretationskonstrukt – Entwurf einer Konstituenten- und beschreibungstheoretischen Handlungsphilosophie. in H. Lenk (Hrsg.) Handlungstheorien - interdisziplinär. Band 2, erster Halbband (S. 279-350), München: Fink.
Mehan, H. & Wood, H. (1975). The reality of ethnomethodology. New York: Wiley & Sons.
Neisser, U. (1979). Kognition und Wirklichkeit. Stuttgart: Klett-Cotta.
Oerter, R. (1988). Wissen und Kultur. in H. Mandl & H. Spada (Hrsg.) Wissenspsychologie. (S.333-356), München: Psychologie Union.
Piaget, J. & Inhelder, B. (1970). Jenseits des Empirismus. in A. Köster & J.R. Smythies (Hrsg.) Das neue Menschenbild, Wien: Molden.
Piaget, J. (1947). Le jugement et le raisonnement chez l'enfant. Neuchatel: Delachaux & Niestle.
Piaget, J. (1972). Intelectual evolution from adolescence to adulthood. *Human Development* 15:1-15.
Popper, K. & Eccles, J.C. (1977). Das Ich und sein Gehirn. München Zürich: Piper.
Prinz, W. (1983). Wahrnehmung und Tätigkeitssteuerung. Berlin Heidelberg New York: Springer.
Pueyo, X. (1991). Diffuse Interreflexion Techniques for Form-Factor Computation: a Survey. *The Visual Computer* 7:200-209.
Putnam, H. (1975). The meaning of 'meaning'. Minneapolis: University of Minnessoto Press.
Rauterberg, M. (1985). Die Verarbeitung von Information bei lernenden Systemen. unveröffentlichte Diplomarbeit. Fachbereich Informatik, Universität Hamburg, Vogt-Kölln-Strasse 30, DW-2000 Hamburg 54.
Remane, A. (1981). Die biologischen Grundlagen des Handelns. in H. Lenk (Hrsg.) Handlungstheorien - interdisziplinär. Band 3, erster Halbband (S. 13-56), München: Wilhelm Fink.
Rubinstein, S.L. (1972). Sein und Bewußtsein. Berlin: Akademie-Verlag.
Schlagenhauf, K. (1984). Zur Frage der Angemessenheit des Rationalitätskalküls in den Handlungs- und Entscheidungstheorien. in H. Lenk (Hrsg.) Handlungstheorien - interdisziplinär. Band 3, zweiter Halbband (S. 680-695), München: Wilhelm Fink.
Schütz, A. (1932). Der sinnhafte Aufbau der sozialen Welt. Wien: Springer.
Stryker, T. (1991). Ist die Wirklichkeit etwas Virtuelles? in M. Waffender (Hrsg.) Cyberspace (S. 237-248), Reinbek: Rowohlt.
Treisman, A. (1990). Merkmale und Gegenstände in der visuellen Verarbeitung. in *Spektrum der Wissenschaft* Sonderheft "Gehirn und Kognition", S. 134-144.
Urech, S. (1992). Reale vs. virtuelle Welten: die Gestaltung von zukünftigen Benutzeroberflächen. Technical Report VR-1-92. Institut für Arbeitspsychologie, Zürich: Eidgenössische Technische Hochschule.
Ursul, A.D. (1975). The problem of objectivity of information. in L. Kubat & J. Zeman (eds.) Entropy and Information in Science and Philosophy. Amsterdam Oxford New York: Elsevier.
Watanabe, Y. & Suenaga, Y. (1991). Drawing Human Hair Using the WISP Model. *The Visual Computer* 7:97-103.

Sabine Thürmel, München

Imagination und Fiktion in virtuellen Welten

"Electronic media, and especially computers are used both as a thought-generating tool and a thought-storing medium" (Don 1992: 384). Die Speicherfähigkeit von Computersystemen ist unbestritten, aber können Computersysteme Denkprozesse, kreatives Arbeiten unterstützen? Überschreibt Bussiness Week einen Artikel über Virtual-Reality-Systeme zu Recht mit "How Technology can Amplify the Mind" (Hamilton 1992)? Diese Arbeit will untersuchen, ob spezielle Computersysteme, nämlich Virtual-Reality-Systeme eine qualitativ neue Kulturtechnik initiieren können. Die Spezifika dieser Systeme sollen kurz charakterisiert werden, um dann zu fragen, ob der Anspruch, die Imagination anzuregen, von ihnen prinzipiell eingelöst werden kann.

Im Bereich *Virtuelle Realität* (VR) wird daran gearbeitet, mögliche Welten am Computerbildschirm dreidimensional darzustellen. Es werden Hilfsmittel, wie Datenhandschuhe und spezielle 3D-Brillen, entwickelt, so daß die Systembenutzer das Gefühl haben, ein virtueller Doppelgänger von ihnen agiere in der dargestellten Welt, oder wie es in (Walker 1992; 444) charakterisiert wird: es entsteht eine "threedimensional interaction experience that includes the illusion that they are inside a world rather than observing in image". Solche Systeme haben schon heute z.B. in der naturwissenschaftlichen Forschung, der Ingenieursarbeit, der Medizin und last but not least bei den Computerspielen ihren Einzug gehalten.

Im folgenden soll an einigen Stichworten kurz skizziert werden, daß die VR an heutige kulturelle Tendenzen anknüpft, zugleich aber das Potential hat, sich zu einer neuen Kulturtechnik zu entwickeln. Die VR ist einerseits durch die starke Betonung des Visuellen, durch die Möglichkeit der aktiven (Um)Gestaltung des Dargestellten fest verankert in unserer Forschungs- und Lebenspraxis. Die instrumentelle Reduktion des Erfahrbaren und damit der Erfahrung ist gängige Praxis der Modellierung in den Natur- und Ingenieurswissenschaften. Andererseits erlaubt die VR, Raum und Zeit auf gänzlich neue Weise zu erfahren. Neue Wahrnehmungsbereiche werden erschlossen[1]. Die Irreversibilität der Zeit ist in den Simulationen scheinbar aufgehoben. Es ist (zumindest theoretisch) möglich, sich simultan in verschiedenen virtuellen Welten zu bewegen und quasiparallel in verschiedenen virtuellen Realitäten zu agieren[2]. Die virtuellen Welten können also neue Erlebensformen bedeuten. Die Schnittstelle zwischen Benutzer und System ist

---

[1] Ein Simulationsprogramm zum "molekularen Andocken" erlaubt es dem miniaturisierten Anwender, durch gegenständliche Modelle komplexer Moleküle gleichsam hindurchzufliegen. Durch einen sogenannten Force-feedback-Arm erfährt der Forscher direkt an seinem Arm, welche Wirkung ein Molekül bei der Verbindung mit einem anderen aufbaut (Brooks 1990).
[2] Hierüber ist nicht zu vergessen, daß heutige VR-Systeme recht krude sind. Zwischen Anspruch und Wirklichkeit klafft ein weiter Abgrund (Bishoff/Fisher 1992).

Sabine Thürmel, München

wie zwischen Zuschauer und Bühne, nur daß der Zuschauer zugleich Actor/Akteur, handelnder Schauspieler ist, der sich den vorgegebenen Rahmenregeln anpassen muß, will er oder sie mit den simulierten Objekten sowie den virtuellen Doppelgängern anderer Personen interagieren. Die Vorstellungskraft ist auf Veränderung ausgerichtet. So kommt das Imaginäre mit ins Spiel. Die dadurch potentiell ausgehende produktive Stimulation möchte ich am Beispiel der ingenieursmäßigen Forschung aufzeigen.

Bildliche Darstellungen können den mit ihnen vertrauten Rezipienten Zusammenhänge unmittelbar erschliessen. Gerade die experimentelle Mathematik macht davon Gebrauch, daß "Funktionsgebirge" auf einen Blick aufzeigen, wozu sonst neben Funktionsverlauf auch noch Ableitungen etc. benötigt werden. Hier wird die Mustererkennung zur Kulturtechnik. Nicht nur bei dem in Fußnote 1 erwähnten molekularen Andocken ist neben dem Mustererkennen die Musterveränderung wesentlicher Bestandteil des technischen Entdeckungs- und Entwurfsprozesses. Dieser wird getragen von form- und reizorientieren (Force-feedback Arm) Interaktionen im virtuellen Raum. Das Paradigma einer "eleganten" Formel wird von der sinnlichen Wahrnehmung verbundenen, ästhetischen Kriterien abgelöst. Es bestätigt sich hier also die Ahnung, daß "ästhetische Erfahrung und Reflexion heute mehr an Wirklichkeitszugang zu erschließen vermögen, als man bislang glauben mochte" (Welsch 1990: 62). Die Art der Interaktion ist am besten als spielerisch zu bezeichnen: "Das Kennzeichen der vorahmend-nachahmenden Spiele ist, daß sie in spielerischer Weise ein Verhalten, das kein Spiel ist, abbilden." (Jünger 1953: 51). Durch die Verwendung der VR-Techniken in Designprozessen ist also eine neue Kulturtechnik im Entstehen.

Es ist nun der Produktionsprozeß virtueller/fiktiver Welten zu betrachten. Analog dem Verständnis von Literaturgenese in (Iser 1991: 47) stellt hier "das Fiktive die Übersetzung des Imaginären [bezüglich der zu erzeugenden Welten] in die konkrete Gestalt zum Zwecke ihres Gebrauchs" dar. Wobei im Falle virtueller Welten ein Gebrauch im fast wörtlichen Sinn anvisiert ist. Die in der Literatur geschaffenen Sprachspiele können die Imagination der Leser anregen, stehen i.a. aber nicht zu ihrer Disposition. Die virtuellen Welten dagegeben sind für die Partizipation geschaffen. Ihre Bilderspiele, deren Struktur die "Weltenerzeuger" vorgeben, sind durch die aktive Teilhabe, durch die Interaktion charakterisiert. Beim Erforschen solcher Welten ermöglicht analog dem Literaturverständnis von Iser die "Semantisierung die Übersetzung eines erfahrbaren Ereignisses in die Verstehbarkeit des Bewirkten. Es sind diese komplementären Übersetzungsvorgänge des Imaginären, die das Imaginäre als die konstitutive Energie des fiktionalen Textes [hier: der virtuellen Welt] ausmachen (Iser 1991: 47)". Wie Iser es für die

Sabine Thürmel, München

Literatur ausmacht (Iser 1991), sind das Fiktive und das Imaginäre die Konstitutionsbedingungen überzeugender virtuellen Welten. Die Erzeugung virtueller Welten läßt sich, da auch sie einen "Akt des Fingierens" (Iser 1991: 23) darstellt, als "Irrealisierung von Realem und Realwerden von Imaginären" bezeichnen. Anders als in der Literatur (ibidem) soll sich jedoch nach dem derzeitigen Selbstverständnis der Weltenerzeuger die Irrealität der virtuellen Welten nicht selbst anzeigen. Die Weltenwanderer sollen in die virtuelle Welten eintauchen3. Die instrumentelle Reduktion des Erfahrbaren, z.B. in ingenieurswissenschaftlichen Modellwelten, soll die Erfahrungshorizonte auf das fokusieren, was für die zu lösende Aufgabe wesentlich ist. Ähnlich der traditionellen Sichtweise der Literatur werden "Aspekte der Welt dargestellt" (Federman 1992: 11). Zwar bietet der VR-Ansatz die technischen Möglichkeiten, nicht nur Abbilder, sondern auch verfremdete, surrealistische, rein fiktive Welten zu schaffen, aber der Blick ist immer auf das gelenkt, was da ist. Nicht das Abwesende, ein zentraler Begriff heutiger Literaturbetrachtung (u.a. Federman 1992, Iser 1991), das Spannungsfeld zwischen Außenwelt und virtueller Umgebung ist wesentlich, sondern (für den Erlebensmoment) ausschließlich die virtuelle Welt, in der der Beobachter eine zentrale Stelle einnimmt4. So ist die VR der Moderne verpflichtet - auch wenn ihr Potential der Generierung eines Hyperrealen sie als Teil unserer postmodernen medialen Wirklichkeit ausmacht. Simulationen können sich verselbständigen, so daß sich in der Tendenz die Überzeugung Baudrillards bewahrheitet: "Heutzutage funktioniert die Abstraktion nicht mehr nach dem Muster einer Karte, des Duplikats, des Spiegels und des Begriffs. Auch bezieht sich die Simulation nicht mehr auf ein Territorium, ein referentielles Wesen oder auf eine Substanz. Vielmehr bedient sie sich verschiedener Modelle zur Generierung eines Realen ohne Ursprung oder Realität, d.h. eines Hyperrealen" (Baudrillard 1978: 7).

Literatur ist nach Iser dadurch gekennzeichnet, daß sie "signalisiert, mit dem, was es nun vorzustellen gilt, nicht identisch zu sein" (Iser 1991: 34). Von andern fiktionalen Texten, wie sie sich in der Fundierung von Institutionen, Gesellschaften und Weltbildern (im soziologoschen Sinn) finden, unterscheidet sich der literarische Text, das er seine Fiktionalität anzeigt, sie entblößt (Iser 1991: 35ff). Fiktionssignale zeigen an, daß es sich bei dem Kontrakt zwischen Autor und Leser der Text nicht als Diskurs, sondern um einen inszenierten Diskurs handelt. Im

---

3 Wohl einzige bekannte Ausnahme ist Myron Krueger, dem in seinen "artificial environments" die Einbeziehung der realen Umgebung sehr wichtig war und ist (Krueger 1977, Krueger 1992). In seinen Experimenten wie Videoplace ließ er die Benutzer durch an reale Wände geworfene Bilder eine Verfremdung ihrer Aktionen erfahren.
4 So hat der Benutzer immer genau das im Blick, was für seinen virtuellen Doppelgänger sichtbar ist.

Sabine Thürmel, München

Einklang mit dem Ziel des Eintauchens in die virtuellen Welten, der Interaktion, treten nach der Weltenerzeugung deren Autoren in den Hintergrund. Sie sind auch weniger mit den Autoren eines Textes als mit denen eines (offen) Schauspiels zu vergleichen (sei der Plot auch heute noch so krude). Es wird von "dramatic immersion" (Kelso et al 1992) gesprochen, wobei die Autoren zugleich Regisseure5 sind. Emphatisch werden die dadurch möglichen Erfahrungen in (Kelso et al 1992: 1) wie folgt charakterisiert: "Although you control your own direction by choosing each action you take, you are confident that your experience will be good, because a master interactive storyteller controls your destiny." Von Schicksal in Zusammenhang mit den stereotypischen Wesen zu sprechen, die die Computer als Theater (Laurel 1990, Laurel 1991) bevölkern (sollen), ist ein Indiz, daß es sich hier (noch) um keine Kunstform handelt, sondern um eine Überhöhung eines Werkzeugs/Spielzeugs und der mit ihm verbundenen Perspektiven.

Zusammenfassend läßt sich sagen, daß VR Systeme das Potenial haben, die Mustererkennung in den Rang einer Kulturtechnik zu erheben. Das Zusammenspiel von Imagination und Fiktion kann man sich ähnlich vorstellen, wie es in (Iser 91) für die Literatur ausgeführt ist. Dennoch ist die VR (noch) keine eigenständige Kunstform

Literatur:

Baudrillard J. 1978. "Die Präzession der Simulacra" in *Agonie des Realen* Berlin: Merve, 7-70.
Bishop, G./ Fuchs H. 1992. "Research Directions in Virtual Environments". Report of an NSP Invitational Workshop.
Brooks 1990. "Project GROPE - Haptic Display for Scientific Visualization" *ACM Computer Graphics*, Band 24, Nr. 4, 177-185
Don A. 1992 "Narrative and the Interface" in *The Art of Human-Computer Interface Design* Laurel B. (Hg), Addison-Wesley: Menlo, Park, CA, 383-391.
Federman R. 1992. *Surfiction: Der Weg der Literatur.* Suhrkamp: Frankfurt.
Hamilton J. O'C. et al. 1992. "Virtual Reality - How Technology can Amplify the Human Mind". Business Week Oct. 5, 1992. McGraw-Hill.

---

5 Rötzer spricht hier sehr schön von "Animateuren, die einen Rahmen vorgeben, den auszufüllen die Benutzer mit ihrer Phantasie aufgefordert sind. Dies kann als Schauspiel für die Zuschauenden äußerst langweilig sein, für den involvierten Benutzer aber hinreichend spannend" (Rötzer 1993).

Sabine Thürmel, München

Iser W. 1991. *Das Fiktive und das Imaginäre - Perspektiven literarischer Anthropologie* Suhrkamp: Frankfurt

Jünger E. 1953. *Die Spiele. Ein Schlüssel zu ihrer Bedeutung.* Suhrkamp: Frankfurt

Kelso M. Th./ Weyhrauch P./ Bates J. 1992. *Dramatic Presence.* CMU Report CMU-CS-92-195.

Krueger, M. 1977. "Responsive Environments" *Proceedings of the National Computer Conference,* 423-433.

Krueger, M. 1992. *Artificial Reality II.* Reading, MA: Addison Wesley.

Laurel B. 1990. "Interface Agents: Metaphors with Character" in *The Art of Human-Computer Interface Design* Laurel B. (Hg), Addison-Wesley: Menlo, Park, CA, 355-365.

Laurel, B. 1991. *Computers as Theatre.* Reading, MA: Addison Wesley.

Rötzer F. 1993. *Interaktion und Spiel.* Vortragsmitschrift, 3.2.1993 Universität Lüneburg.

Walker J. 1992 "Through the Looking Glass" in *The Art of Human-Computer Interface Design* Laurel B. (Hg), Addison-Wesley: Menlo, Park, CA, 439-447.

Welsch W. 1990. *Ästhetisches Denken.* Stuttgart: Reclam.

Sektion 5

Mentale Modelle:
Gehirn, phänomenale Zustände und Realitätsbezug

Das Vorbild des Computers

Dieter Münch, Berlin

Informationsverarbeitende Systeme haben eine besondere Nähe zu menschlichen kognitiven Fähigkeiten. Der Computer als universale und frei programmierbare Maschine hat daher von Anfang an den Gedanken nahegelegt, das Denken erfassen zu können. Dies hat zu der These geführt, daß Computer denken können, sowie zur Entwicklung von Programmen, deren Anwendung den Menschen an Arbeitsplätzen, an denen nicht bloß Muskelkraft, sondern kognitive Kompetenzen erforderlich sind, ersetzen können. »Und sie schufen ihn nach ihrem Bilde« - dieser Satz scheint den Vorbildcharakter des Menschen für den Computer am besten charakterisieren zu können.

Wer in der kognitiven Wissenschaft den Menschen als Vorbild des Computers bezeichnet, dem geht es in der Regel um etwas anderes. Für den theoretischen Forscher ist es zumeist gar nicht das zentrale Ziel, einen künstlichen Menschen zu schaffen, vielmehr stehen Theorien und Prozeßmodelle etwa zum Problemlösen im Vordergrund. Die Programmiersprache erscheint als ein Ausdrucksmittel und der Computer als Werkzeug, an dem Ideen überprüft werden können. In dieser Zugangsweise ist das Programm das Entscheidende und nicht der Computer, auf dem das Programm läuft.[1] Daher kann die Frage, welche Eigenschaften dem Computer, auf dem das Programm läuft, zugeschrieben werden müssen, für diesen Ansatz relativ gleichgültig sein, er ist jedenfalls nicht auf die These festgelegt, daß der Computer denken kann.[2]

Fodor und Pylyshyn haben dagegen die Vorstellung vom Menschen als Vorbild des Computers weitergetrieben und für die Auffassung argumentiert, daß ein Mensch und (intelligenter) Computer dieselben kognitiven Zustände haben können. Das von ihnen vorgeschlagene Modell setzt eine Stufe höher an als das Prozeßmodell, da es sich nicht auf die Verarbeitungsprozesse, die *innerhalb* des Systems ablaufen, beschränkt, sondern das System in seiner Umwelt betrachtet. Ein intelligentes System - und nur darum geht es - ist dadurch charakterisiert, daß es sich an unterschiedliche Umweltsituationen anpassen kann. Das heißt, es ist in der Lage, sich nicht nur in einer Umwelt mit vollständig fixen Grundstrukturen erfolgreich zu verhalten, es kann vielmehr auch dann erfolgreich seine Ziele verfolgen, wenn die Umstände einmal anders als gewöhnlich sind. Wenn dem System bestimmte Dinge über die Umwelt mitgeteilt werden oder es davon unmittelbar über die Sinne Notiz nimmt, so wird dies in den »Überlegungen« des Systems mitberücksichtigt. Intelligente Systeme haben nach dieser Auffassung daher *Meinungen* über die Welt sowie bestimmte Ziele oder *Wünsche*, die sie erreichen wollen. Das Verhalten eines intelligenten Systems bestimmt sich aus diesen beiden kognitiven Komponenten, insofern es in rationaler Weise versucht, ein

---

[1] Es war daher möglich, daß Husserl das Forschungsprogramm der kognitiven Simulation antizipierte, bevor es Computer gab; vgl. Münch 1993a.

[2] Wir können dies mit Searle als schwache These der künstlichen Intelligenz bezeichnen. Sie ist schwach, insofern sie bestimmte Fragen offen läßt.

erfolgreiches Problemlösungsverhalten zu finden. Wenn Paul etwa hört, daß morgen der öffentliche Nahverkehr bestreikt wird, dann wird er morgen früh voraussichtlich nicht wie sonst zur U-Bahn gehen, sondern sein Fahrrad benutzen. Und dieses Verhalten ist nicht ein bloßer Zufall, sondern es steht offensichtlich in einem Zusammenhang mit der Mitteilung über den beschlossenen Streik, da wir voraussagen können, daß Paul sich so verhalten wird, wenn wir die Streikmeldung sowie seine Einstellung zu Autos kennen.

Für derartige Voraussagen ist es nicht erforderlich, etwas über den Mechanismus, der in Paul abläuft, zu wissen. Dies wird jedoch um den Preis erkauft, daß wir intentionale Ausdrücke wie »meinen« und »wünschen« verwenden müssen, die man üblicherweise für wissenschaftliche Erklärungen nach Möglichkeit meidet. Und zwar brauchen wir derartige Erklärungen, weil wir die Intelligenz nicht extensional beschreiben können; denn ob jemand intelligent ist und wir sein Verhalten in der skizzierten Weise voraussagen können, hängt nicht davon ab, ob bestimmte Sachverhalte vorliegen oder das Verhalten erfolgreich ist - im Gegenteil weiß der Volksmund, daß der dümmste und nicht der klügste Bauer die dicksten Kartoffeln erntet. Entscheidend ist vielmehr, daß das System bestimmte Annahmen, Meinungen über die Wirklichkeit hat. So ist es etwa für Pauls Verhalten gleichgültig, wenn der Streik - ohne daß er davon erfährt - kurzfristig abgesagt wird. Dabei kann eine weitere oder andere Meinung zu einem ganz anderen Verhalten führen, in unserem Beispiel etwa die, daß sein Fahrrad einen Platten hat, dazu, daß Paul sein Auto benutzt. Zwischen beiden Verhaltensweisen - dem Fahren mit dem Auto bzw. mit dem Fahrrad -, gibt es daher einen gesetzesartigen Zusammenhang, der sich jedoch nicht auf einer niedrigeren Erklärungsebene (etwa der neuronalen) erfassen läßt. Die Gemeinsamkeit läßt sich nur durch Bezugnahme auf Meinungen, Wünsche und der rationalen Strategien des Handelnden ausdrücken. Wenn es aber gesetzmäßiges Verhalten gibt, das nur in intentionalen Erklärungen erfaßt werden kann, dann sind die Prädikate dieser Gesetze *Natürliche-Art-Prädikate*.[3] Daher sind Kognitionen wie Meinungen und Wünsche natürliche Arten und Gegenstand einer eigenen Wissenschaft: der Kognitionswissenschaft.

Wenn ein Computer intelligent ist, dann muß er in der gleichen Weise erklärt werden; das aber heißt: zur Voraussage seines Verhaltens muß auf Meinungen und Wünsche Bezug genommen werden. Sollte der Computer lediglich einen schmalen Satz von Verhaltensmustern haben, das jeweils durch bestimmte Inputs ausgelöst wird, dann mag es zwar auf den ersten Blick so scheinen, als sei er intelligent. Ein näherer »Umgang« mit ihm wird dies jedoch als scheinbar erweisen. In diesem Fall wird dann auch die intentionale Erklärung überflüssig, weil der Computer dann nicht nach Maßgabe von Meinungen und Wünschen sich verhalten hat, sondern weil bestimmte Verhaltensmuster abgerufen wurden. Nur wenn sein Verhalten »kognitiv durchdringbar« ist, wenn sein Verhalten in relevanter Weise von seinen Meinungen abhängt, ist er wirklich intelligent.[4] Dann aber hat er auch Kognitionen, und zwar nicht nur in einem übertragenen Sinne, sondern im selben Sinn, in dem etwa Paul

---

[3] Derartige Prädikate greifen nicht willkürlich einen Gegenstandsbereich heraus, wie dies bei einem Prädikat wie »ist 500 Meter vom Eiffelturm entfernt« der Fall ist, sondern einen Bereich, zu dem es Gesetze oder gesetzesartige Aussagen gibt; vgl. Fodor 1974.

[4] Pylyshyn (1984) schlägt die kognitive Durchdringbarkeit als Kriterium für Kognitionen vor.

Kognitionen hat.[5]

Offensichtlich ist das Ideal des intelligenten Computers am Modell des intelligenten Menschen orientiert. Man kann natürlich fragen, ob es wirklich möglich ist, daß Computer Meinungen und Wünsche haben, oder ob dies lediglich ein oberflächlicher Schein ist, der durch Kenntnis der Funktionsweise sich als irrtümlich erweisen muß. Auf diese Frage hat Jerry Fodor eine überzeugende Antwort gegeben, indem er eine computationale Theorie für den skizzierten Kognitionsbegriff entwickelt hat.[6] Er geht hierbei davon aus, daß bei dem Computer das, *was* er meint oder wünscht, also seine »mentalen Repräsentationen«, in rein formaler Weise individuiert ist. Das heißt, die verschiedenen Meinungen (oder anderen Klassen kognitiver Akte) erhalten ihre semantische Bedeutung allein durch die Form. Auf diese formal individuierten mentalen Repräsentationen werden im Denkprozeß bestimmte Regeln angewandt, die zu dem intelligenten Verhalten führen. Es kann wohl kaum bezweifelt werden, daß Computer zumindest in geschlossenen Welten in diesem Sinne intelligente Maschinen sein können. Ob sich Computer in einer offenen Umwelt wie der menschlichen intelligent verhalten können, ist allerdings eine andere Frage, deren Beantwortung davon abhängt, ob man mit mentalen Repräsentationen, die allein durch die Form individuiert sind, auskommt. Wenn wir jedoch mit einem computergesteuerten Roboter konfrontiert werden sollten, der sich offenbar intelligent verhält, dann wird die Kenntnis der Tatsache, daß dem Verhalten des Roboters lediglich Symbolmanipulationen zugrunde liegen, nicht gegen die Annahme sprechen, daß er intelligent ist, sondern ein Beleg für die computationale Theorie der Kognitionen sein. Wenn Philosophen wie Searle (1980) eine ganz andere Intuition zu haben scheinen, so liegt dies daran, daß sie einen anderen Begriff von Kognition haben, der Bewußtsein einschließt.[7] Der hier verwendete Begriff der Kognition ist dagegen an den oben eingeführten intentionalen Erklärungen orientiert und setzt daher keineswegs Bewußtsein voraus. Er kann auch nicht durch Bezugnahme auf solche menschliche Leistungen entkräftet werden, für die, wie etwa bei der Kreativität, gar keine intentionalen Erklärungen gegeben werden können. Wenn wir uns also auf den oben angeführten Kognitionsbegriff einlassen, dann können wir die vieldiskutierte Frage, ob Computer auch kreativ sein können, davon abtrennen.[8] Halten wir an der Vorstellung eines Computers, der nach bestimmten Regeln Symbole manipuliert, fest, werden wir wohl zustimmen müssen, daß Computer sich im Prinzip intelligent verhalten können und daher Kognitionen im eigentlichen Sinne haben können.

---

[5] Daß die Bezugnahme auf Kognitionen auch für die Erklärung des Verhaltens von intelligenten Computern erforderlich ist, hat Newell (1980) festgestellt. Er nennt die kognitive Erklärungsebene etwas mißverständlich knowledge level.

[6] Die Absicht von Fodor ist es, eine Antwort auf die Frage zu geben, wie es möglich ist, daß Kognitionen kausale Kraft haben können, ohne einen Dualismus vertreten zu müssen. Die computationale Theorie der Kognitionen (oder »propositionalen Einstellungen«, wie Fodor sie nennt) ist daher als Beitrag zum Leib/Seele-Problem intendiert; vgl. auch Münch 1992b.

[7] Vgl. auch meine Auseinandersetzung mit Searle in Münch 1990.

[8] Dies bedeutet selbstverständlich nicht, daß die Frage der Kreativität im Kontext der Kognitionswissenschaft von untergeordneter Bedeutung ist.

Gegen einen derartigen Kognitivismus hat vor einigen Jahren ein anderer Ansatz protestiert, der von der Tatsache seinen Ausgang nimmt, daß das Gehirn ein neuronales Netz ist. Man will Repräsentationen ohne Symbolsysteme. Derartige Netze, wie sie etwa von Rumelhart / McClelland (1986) vorgestellt werden, sind den Symbolmanipulatoren insbesondere in den Bereichen überlegen, wo sich keine festen Regeln angeben lassen, etwa bei dem Balancieren einer Stange oder dem Erkennen von gesprochener Sprache oder von Gesichtern. Gegen konnektionistische Ansätze wenden die Vertreter des Kognitivismus allerdings ein, daß derartige Modelle letztlich nichts erklären und bloß ein Neuaufguß des längst überwundenen Assoziationismus seien.[9] Natürlich wollen auch Kognitivisten nicht leugnen, daß das Gehirn ein neuronales Netz ist; sie unterscheiden daher zwei Arten des Konnektionismus: den eliminativen und den implementativen Konnektionismus.[10] Der eliminative Konnektionismus besagt, daß im Gehirn keine Symbole und keine Regeln für die Manipulation repräsentiert sind. Dagegen sind nach dem implementativen Konnektionismus im neuronalen Netz die Symbole und Regeln, von denen der Kognitivismus handelt, implementiert. Das Netz ist der Neurocomputer auf dem ein Programm, das in einer höheren Programmiersprache beschrieben werden kann, abläuft. Deshalb ist diese Auffassung in Übereinstimmung mit dem Kognitivismus, ja in bezug auf den Menschen und andere Wesen mit einem Gehirn wird der Kognitivismus den implementativen Konnektionismus vertreten müssen.

Es hat jedoch für die intentionale Erklärung ganz erhebliche Auswirkungen, wenn man es mit einem lernenden neuronalen Netz, dessen Verbindungen zwischen den Neuronen sich immer wieder ändern, zu tun hat. Derartige Netze lernen über eine Art Assoziation, was zur Folge hat, daß Prozesse, die oft ablaufen, sich verstärken. Es entstehen in ihr, anders als in der herkömmlichen Computerarchitektur, notwendigerweise »Gewohnheiten«.[11] Wenn der Mensch aber ein lernendes Netzwerk ist - gleichgültig ob eliminativ oder implementativ -, dann hat dies Konsequenzen für die Erklärung von Handlungen, wie man sich an alltäglichen Beispielen klar machen kann. Denn warum ist Paul z. B. heute morgen mit dem Bus zur Arbeit gefahren? Hierauf gibt es unterschiedliche Antworten. Eine rationale Erklärung könnte etwa lauten: »Weil es mit dem Bus am bequemsten geht«, wobei die Vor- und Nachteile der verschiedenen Alternativen aufgezählt werden könnten. Nun geht es in der Debatte zwischen Kognitivisten und Konnektionisten um Fragen wie die, was heute morgen »im Kopf« von Paul vorgegangen ist, als er das Haus verließ. Und da wird er, wie wir im folgenden annehmen werden, nicht überlegt haben, was er tun soll. Die Erklärung, warum er heute den Bus genommen hat, wird lauten: weil Paul immer den Bus nimmt. In alltäglichen Kontexten wird damit zum Ausdruck gebracht, daß es keinen besonderen Erklärungsbedarf gibt - anders wäre es, wenn Paul sonst immer mit dem Fahrrad fährt, denn dann wollen wir einen Grund

---

[9] Vgl. dagegen Smolensky 1988 und 1991.

[10] Fodor / Pylyshyn (1988). Pinker und Prince unterscheiden noch eine dritte Zwischenform, die sie »revisionist-symbol-processing connectionism« nennen (1988: 78).

[11] Wir können daher problemlos einen gebrauchten Computer mit herkömmlicher Architektur kaufen, der jahrelang dieselbe einfache Aufgabe erledigt hat; sollte uns dagegen in einigen Jahren einmal ein gebrauchter Computer mit Netzwerk-Architektur angeboten werden, dann sollten wir sehr genau nachfragen, wofür er bisher benutzt wurde.

wissen, warum er sich heute anders verhält. In unserm Kontext, wo es darum geht, was im Kopf von Paul vorgeht, ist für die Einschätzung der Antwort entscheidend, mit was für einer Architektur wir es zu tun haben. Handelt es sich um ein neuronales Netz, dann besagt die Antwort so viel wie: durch den häufig gleichen Ablauf hat sich eine Verbindung zwischen den Neuronen aufgebaut und stabilisiert, die Paul, wenn er morgens mit seiner Aktentasche in der Tür steht, zur Bushaltestelle gehen läßt. Wenn wir wissen, daß ein neuronales Netz für diese Handlung verantwortlich ist, dann gibt die Antwort eine Erklärung für das heutige Verhalten von Paul, weil das frühere Verhalten kausal für sein jetziges Verhalten ist; sie nimmt dabei auf den Mechanismus Bezug, auf das, was im Kopf von Paul vorgegangen ist. Anders verhält es sich, wenn ein Neurologe bei Paul diagnostizieren würde »Intel inside«. Wir würden dann den Hinweis auf die Gewohnheit genauso wenig als Antwort akzeptieren, wie wir es akzeptieren, wenn jemand auf die Frage, warum der Computer immer den Bildschirminhalt ausdruckt, wenn wir die Taste »print« drücken, antwortet: er macht das immer so. Denn hier ist der Mechanismus so, daß die früheren Abläufe keinerlei Folgen für das spätere Verhalten haben. Verantwortlich sind vielmehr Programmabläufe, über die die Antwort nichts sagt. Wir werden sie daher auch gar nicht als Aussage über innere Zustände des Systems auffassen, sondern lediglich als Aussage über das äußere Verhalten, das wir früher beobachtet haben oder als Hinweis, daß der Computer sich normal verhält, das also Verhalten nicht auf einer Störung beruht.

Erklärungen von Verhalten unter Bezugnahme auf Gewohnheiten, sofern die Gewohnheit nicht Teil eines rationalen Kalküls ist (etwa wenn Paul denkt: »ich bin jetzt immer mit dem Bus gefahren, bin immer gut angekommen, und daher nehme ich an, daß ich auch jetzt mit dem Bus gut fahren werde«), sind in der Tat ein Problem für den Kognitivismus. Es ist daher sicherlich kein Zufall, daß Pylyshyn die Grenzen der kognitiven Erklärungen da sieht, wo es Wachstumsprozesse, hormonelle Einflüsse, Hirnverletzugen gibt, nicht jedoch bei Gewohnheiten. Wenn der Kognitivist Gewohnheiten und damit indirekt Assoziationen bei den Erklärungen von aktuellem Verhalten zuläßt, dann gibt er einen sehr großen Teil menschlichen Verhaltens dem Konnektionismus preis. Der Kognitivismus war ja gerade angetreten, um eine Alternative zu assoziativen Modellen zu bieten. Zwar sind auch dann, wenn der Konnektionismus Recht hat, intentionale Erklärungen weiterhin häufig sinnvoll, etwa um die Funktion des Verhaltens für das Überleben oder die Gesellschaft zu erklären, doch die Kognitionen, auf die dabei Bezug genommen wird, sind dann keine natürlichen Arten, für die eine computationale Theorie der von Fodor vorgestellten Art benötigt wird. Derartige kognitive Erklärungen sagen dann nichts darüber aus, was im Kopf vorgeht, was der Handelnde »wirklich« meint oder wünscht.[12] Der Herausforderung des Kognitivismus durch den Konnektionismus kann daher nicht dadurch begegnet werden, daß ein implementativer Konnektionismus behauptet wird. Nur dann, wenn das Netzwerk nicht über Assoziationen lernt, ist das Konzept sinnvoll. Bei unserm Gehirn verhält es sich jedoch anders.

Durch diese Überlegungen ist der Kognitivismus allerdings noch nicht gänzlich verloren. Es bleibt die Tatsache, daß wir manchmal überlegen; und das Bewußtsein liefert starke Belege dafür, daß dabei echte Kognitionen vorkommen. Es bleibt auch das Problem der Sprachkompetenz, die sich, wie Chomsky und im Anschluß daran auch Fodor und Pylyshyn (1988) argumentiert haben, nicht über Assoziationen erklären läßt, wohl aber über

---

[12] Vgl. auch Dennett (1981).

Regeln, die der Sprachbenutzer kennt. Dieses Phänomen ist in der Tat eine Herausforderung für den Konnektionismus; es ist jedoch keine Stützung des kognitivistischen Ansatzes, wie wir ihn hier im Anschluß an Fodor eingangs eingeführt haben. Denn die Kreativität der Sprache, die durch die Grammatik ermöglicht wird, wird typischerweise nicht über intentionale Erklärungen, die Meinungen und Wünsche als natürliche Arten involvieren, eingeführt, sondern eine Ebene tiefer, auf der Ebene des Programmablaufs. Erst auf der Ebene der Pragmatik tauchen, wie etwa im Ansatz von Grice, Intentionen auf.[13] Auch der Hinweis auf bewußte Überlegungen bedeutet nicht, daß Fodor und Pylyshyn Unrecht haben, wenn sie sagen, daß Kognitionen den Bereich des Bewußten und Nichtbewußten durchschneiden. Die computationale Theorie der Kognitionen scheint mir sehr plausibel für intelligente Systeme mit traditioneller Architektur. Wenn das Verhalten so ist, daß es intentional erklärt werden muß, und wenn die mentalen Repräsentationen, die in den Kognitionen involviert sind, tatsächlich in rein formaler Weise individuiert sind, dann hat dieses System natürlich echte Kognitionen.[14] Man sollte sich daher mit dem Gedanken vertraut machen, daß der Begriff der »echten Kognition« Heterogenes umfaßt. Zu den Wesen mit echten Kognitionen gehören (möglicherweise) sowohl Menschen, bei denen Kognitionen immer bewußt sind, als auch bestimmte Maschinen, die überhaupt kein Bewußtsein haben. Und die Kenntnis der Funktionsweise des einen Systems gibt uns möglicherweise keinen Aufschluß über die Funktionsweise des anderen. Dies mag irritieren, ist aber keineswegs so seltsam, denn bei anderen anderen Begriffen verhält es sich ähnlich. So gehören zu den selbstbewegenden Systemen sowohl Tiere, denen Aristoteles eine sensitive Seele zugeschrieben hat, als auch Automobile. Gleichwohl ist es verfehlt, Tiere nach dem Muster von Automobilen zu erklären.

Blicken wir zurück! Wir hatten zu Beginn gesagt, daß der Mensch das Vorbild des Computers sei. Jetzt erscheint es dagegen so, daß der Mensch ein unvollkommener »Besitzer von Kognitionen« (*cognizer*) ist, während der Computer geradezu als ein vollkommener Problemlöser konzipiert werden kann. Es erscheint so der Computer als Vorbild für den Menschen. Diese Umkehrung ist keineswegs nur künstlich hergestellt, sie verweist vielmehr auf komplexere Zusammenhänge. Denn damit der Mensch als Vorbild des Computers erscheinen kann, ist bereits eine bestimmte Auffassung des Menschen als ein Wesen, das nach rationalen Strategien handelt, vorausgesetzt. Dies ist eine Idealisierung; ein Ding, daß diese Idealisierung erfüllt, kann dann aber die Rolle des Vorbildes übernehmen.

Daß der moderne Mensch die Zweckrationalität, die durch den Compuer erfaßt werden kann, betont, ist bedingt durch gesellschaftliche Veränderungen, die Theoretiker von Max Weber bis Jürgen Habermas herausgearbeitet haben. In der Tat leuchtet es ein, daß die Berufspraxis eines Managers, der ständig und rasch situationsgerechte Entscheidungen zu treffen hat oder eines Juristen, der sich auf die wechselnden Klienten mit ihren unterschiedlichen Fällen jeweils neu einstellen muß, so beschaffen ist, daß es komplexe

---

[13] Pragmatische Ansätze stehen jedoch in einem Spannungsverhältnis zu Ansätzen, die sich an der Syntax orientieren; vgl. Münch (1991).

[14] Man könnte insofern sagen, daß der Computer starke Intelligenz und Kognitionen im eigentlichen Sinne hat, der Mensch hingegen, insofern er nur manchmal und mit großer Mühe nachdenkt und wirklich intelligent handelt, nur schwache Intelligenz und Kognitionen im übertragenen Sinne.

intentionale Erklärungen gibt, die auf echte Kognitionen Bezug nehmen.[15] Dies ist aber keineswegs in allen Lebenswelten der Fall. In dem von der Aufklärung beschriebenen historischen Zustand der Unmündigkeit, in dem der Einzelne von Institutionen wie der Kirche gegängelt wird, wird sicherlich nur in einem sehr eingeschränkten Maße intelligentes Verhalten zu finden sein, das durch komplexe Meinungen und Wünsche erklärt werden muß. Und noch größer wird der Unterschied, wenn wir an fremde Kulturen denken, in denen Traditionen eine zentrale Rolle spielen. So liefert etwa im archaischen Denken der Mythos Vorbilder für das Handeln.[16] Und bekanntlich gibt es nicht nur große interkulturelle, sondern auch große intrakulturelle Unterschiede, wovon man sich besonders leicht hier in Berlin überzeugen kann.

Es sollte klar sein, daß die Modelle des Menschen weitreichende gesellschaftliche und politische Entscheidungen nach sich ziehen, etwa, welche Wirtschafts- und Steuerpolitik gemacht wird, wie Stadtteile geplant werden oder Unternehmen geführt werden.[17] Das Thema Computer und Gesellschaft verdient daher heute besondere Beachtung, wobei allerdings nicht nur die Konsequenzen des *Einsatzes* von Computern zu behandeln sind, sondern auch die anthropologischen und gesellschaftlichen Voraussetzungen von unterschiedlichen Computermodellen des Geistes sowie ihren oft unbemerkten Konsequenzen. Daß es dabei in erster Linie um die Aufdeckung von Zusammenhängen gehen sollte, braucht wohl nicht besonders betont zu werden.

Literatur

Dennett, Daniel C., 1981, »True Believers: The Intentional Strategy and Why It Works«, in: Daniel C. Dennett, *The Intentional Stance*, Cambridge, MA: MIT Press 1987, 13 - 35.

Eliade, Mircea, 1957, *Das Heilige und das Profane*, Frankfurt: Insel.

Fodor, Jerry A., 1974, »Special Sciences (or The Disunity of Science as a Working

---

[15] Auch die Arbeit von Philosophen verlangt kognitive Erklärungen. Eine Philosophiegeschichtsschreibung, die dies ernst nimmt, wird, wie ich meine, zu neuen Erkenntnissen führen. Eine derartige »kognitive Philosophiegeschichtsschreibung«, die Teil der Kognitionswissenschaft ist, habe ich skizziert in Münch 1993b.

[16] »Der Mensch, der sich wie ein voll verantwortliches Wesen verhält, ahmt die beispielhaften Taten der Götter nach, wiederholt ihr Tun, gleich, ob es sich dabei um eine einfache physiologische Funktion wie die Ernährung handelt oder um eine soziale, wirtschaftliche, kulturelle oder militärische Tätigkeit« (Eliade, 1957: 57 f.) Die Nachahmung im kultischen Verhalten läßt eher an konnektionistische als an kognitivistische Modelle denken.

[17] Es ist kein Zufall, daß Herbert Simon, einer der Begründer der künstlichen Intelligenz-Forschung, den Nobelpreis für Wirtschaftswissenschaft erhielt.

Hypothesis), *Synthese* 28, 97 - 115; deutsch: »Einzelwissenschaften«, in: Münch 1992a, 134 - 158.

Fodor, Jerry A. / Zenon W. Pylyshyn (1988), »Connectionism and Cognitive Architecture: A Critical Analysis«, *Cognition* 28, 3-71.

Münch, Dieter, 1993a, *Intention und Zeichen. Untersuchungen zu Franz Brentano und zu Edmund Husserls Frühwerk*, Frankfurt: Suhrkamp.

— 1993b, »What is cognitive history of philosophy?«, in: Roberto Casati / Graham White (Hrg.), *Philosophy and the Cognitive Sciences. Proceedings of the 16th Wittgenstein Symposium*, Wien: Höler-Pichler-Tempsky.

— Hrg., 1992a, *Kognitionswissenschaft. Grundlagen, Probleme, Perspektiven*, Frankfurt: Suhrkamp.

— 1992b, »Computermodelle des Geistes«, in: Münch, 1992a, 7 - 53.

— 1991, »Kognitive Computerlinguistik?« (unveröffentlichtes Vortragsmanuskript).

— 1990, »Minds, Brains, and Cognitive Science«, in: Armin Burkhardt, Hrg., *Speech Acts, Meaning and Intentions. Critical Approaches to the Philosophy of John R. Searle*, Berlin: de Gruyter, 367-390.

Newell, Allen (1982), »The Knowledge Level«, *Artificial Intelligence* 1, 87-127.

Pinker, Steven / Alan Prince, 1988, »On Language and Connectionism: Analysis of a Parallel Distributed Processing Model of Language Acquisition«, *Cognition* 28, 73 - 193.

Pylyshyn, Zenon W., 1984, *Computation and Cognition. Toward a Foundation of Cognitive Science*, Cambridge, MA: MIT Press.

Rumelhart, David / James McClelland, Hrg., 1986, *Parallel Distributed Processing* 2 Bde., Cambridge, MA: MIT Press.

Searle, John, 1980, »Minds, Brains, and Programs«, *The Behavioral and Brain Sciences* 3, 63 - 73; deutsch: »Geist, Gehirn und Programme«, in: Münch, 1992a, 225 - 252.

Smolensky, Paul, 1988, »On the Proper Treatment of Connectionism«, *The Behavioral and Brain Sciences* 11, 1 - 23.

— 1991, »Connectionism, Constituency, and the Language of Thought«, in: Barry Loewer / Georges Rey, Hrg., *Meaning in Mind. Fodor and his Critics*, Oxford: Blackwell, 201 - 227.

"Logik ist nichts oder sie ist Psychologie"
Zum Psychologismus in der deutschen Philosophie am Beispiel Theodor Lipps'.

Matthias Rath

Eichstätt

Der Psychologismus wird zur Zeit wissenschaftshistorisch so gut wie nicht zur Kenntnis genommen. Diese Tatsache verdankt sich jedoch nicht historischer Ungenauigkeit oder Gleichgültigkeit der betroffenen Disziplinen Psychologie und Philosophie. Vielmehr haben wir es hier mit der spiegelbildliche Ausblendung der Geschichte des Psychologismusstreits zu tun. Die Psychologie ist als Wissenschaft und damit als Objekt ihrer Historiographie Ergebnis des Psychologismusstreits - der Psychologismusstreit gehört daher lediglich zu ihrer Vorgeschichte. Die Philosophie betrachtet den Psychologismus, spätestens seit Husserl als überwundene Häresie - der Psychologismusstreit sinkt damit herab zu einer ideengeschichtlichen Fußnote im Buch der Entwicklung der Philosophie bis zur Gegenwart. Der jetzige Stand der Disziplinen - die institutionalisierte Psychologie und die psychologiefreie Philosophie - kann nicht das Maß abgeben für einen historischen Zugang, da diese Trennung ja eben das Ergebnis des Psychologismusstreits darstellt. Man muß sich daher jenem Bereich zuwenden, in dem der Auszug der Psychologie aus der Philosophie nachvollziehbar wird, nämlich dem Bereich des wissenschaftlichen Diskurses. Dabei kann man jedoch keiner einheitlichen Entwicklung folgen. Vielmehr zeichnen sich drei "diskursive Stränge" ab, die in chronologisch sich überlappender Weise den Prozeß des Auszugs der Psychologie aus der Philosophie bilden.

Der erste Strang, der auch chronologisch am frühesten ansetzt, etwa bei Fries, ist durch die Zuschreibung charakteristischer Elemente der noch *philosophischen* Disziplin Psychologie an andere philosophische Teildisziplinen, vor allem an die Logik, gekennzeichnet. In diesem Diskurs, den wir als Diskurs der *Attribution* bezeichnen können, wird die Logik zur Psycho-Logik, zur psychologischen Logik.

Der zweite Strang läßt sich durch eine Ausweitung der Psychologie als Grundwissenschaft der Philosophie überhaupt - und damit aller Wissenschaften - charakterisieren. In diesem

Diskurs der *Substitution* ersetzt die Psychologie als Teildisziplin der Philosophie alle anderen Teildisziplinen und wird zur Führungswissenschaft (Schnädelbach).

Der dritte diskursive Strang, der der *Konstruktion*, führt über eine rege wissenschaftssystematische Auseinandersetzung hin zur Verselbständigung der Psychologie als Wissenschaft. Der Prozeß der *Institutionalisierung*, der die Realitätsbedingungen der Einzelwissenschaft "Psychologie" schafft, war nur im Durchgang durch diese drei diskursiven Stränge der Attribution, der Substitution und der Konstruktion argumentativ begründbar. An seinem Ende steht eine unphilosophische Psychologie und eine psychologieferne Philosophie.

In geradezu paradigmatischer Weise hat *Theodor Lipps* (1851-1914) diese Substitution der Philosophie durch Psychologie vorangetrieben und in seinen Schriften radikal vertreten.

1. Philosophie als Psychologie: ein erster Rettungsversuch

1880 legt Theodor Lipps einen Beitrag vor zur Aufgabe der Erkenntnistheorie unter Berücksichtigung der Wundtschen Logik. Gleich zu Beginn seines Beitrags wendet sich Lipps gegen die Auffassung, Logik sei normativ. Logik gibt nach Lipps vielmehr die Gesetze an, die man beachten muß, wenn man "richtig" denken will. Dieses Denken ist aber nichts anderes als das Denken, das wir, seiner Natur gemäß, denken müssen. Die Regeln des Denkens sind demnach "identisch mit den Naturgesetzen des Denkens selbst" (1880, S. 531). Erforschen können wir dieses Denken und die in ihm gemachten Erkenntnisse nur dadurch, daß wir "die Vorgänge selbst mit ihren Eigenthümlichkeiten, das einzige uns unmittelbar Zugängliche, zum Gegenstand machen" (ebd., 535).

Diese Orientierung an den subjektiven Erkenntnisvoraussetzungen und seine Ablehnung dser Normativität führt Lipps zu seinem ersten Substitutionsversuch, der neben Logik auch Ethik und Ästhetik erfaßt: "*[...] man kann fragen, was denn überhaupt Philosophie anders sein könne, als Psychologie in des Wortes weitestem Sinne.*" (ebd., 538, Herv. v. Verf.)

Fragt man nach dem Grund für solch eine radikale Substitution, so läßt sich bei Lipps und anderen Autoren ein Grundanliegen feststellen: Es geht letztlich um die Rettung der Philosophie als Wissenschaft (vgl. Rath 1990). Lipps fordert in diesem Sinne 1883 eine "Umgestaltung des ursprünglichen Begriffs der Philosophie" (1883, 3), was zunächst eine Neubestimmung ihres Erkenntnisgebietes notwendig macht. Dieses neue Gebiet soll sowohl ein "eigenthümlich geartetes" sein, als auch eine möglichst weite Erfassung der anderen Disziplinen leisten. Er definiert daher Philosophie als "Geisteswissenschaft oder Wissenschaft der inneren Erfahrung" (ebd., 3). Ganz im Sinne eines Versuchs, die Philosophie als Wissenschaft zu retten, fährt er fort: "Ich gestehe, keinen andern Weg zu wissen, wie man zu einem praktisch wertvollen Begriff der philosophischen Wissenschaft gelangen könnte, als den eben bezeichneten." (ebd.)

Als Disziplinen der Philosophie nennt Lipps Psychologie, Logik, Ästhetik, Ethik und Metaphysik, und er bestimmt ihre Objekte als "Vorstellungen, Empfindungen, Willensakte", die zweifelsohne von "den Gegenständen anderer Wissenschaften verschieden" (ebd.) seien. Er kann daher die Psychologie zur neuen, allerdings noch philosophisch verstandenen Führungswissenschaft erklären, zur "Grunddisciplin, auf der alle anderen basiren" (ebd.). Diese Position macht Lipps zu einer Ausnahme unter den zahlreichen, eher attribuierenden "Psychologisten" seiner Zeit. Lipps macht erstmals in radikaler Form Ernst mit dem attribuierenden Ansatz und führt ihn konsequent weiter zur Substitution der Logik durch die Psychologie.

2. Psychologie im System der Wissenschaft: Die vermeintliche Lösung

Die Arbeiten von Theodor Lipps bis etwa 1905 sind durchweg programmatischen Charakters. Ab 1905 jedoch ging Lipps daran, dieses Programm mit Inhalt zu füllen. Zugleich damit lassen sich differenziertere Betrachtungen bei Lipps finden. So unterscheidet Lipps 1905 z. B. zwei Psychologien, eine "reine Psychologie" als Geisteswissenschaft und eine Psychologie, die "ein *Seitenstück* der Naturwissenschaft" (1905, 65) darstelle. Dieser neue Ton in seiner Psychologiekonzeption läßt sich auch durch einen Vergleich der ersten und zweiten Auflage seines Lehrbuchs *Leitfaden der Psychologie* nachweisen. Definiert er in der ersten Auflage von 1903 Psychologie noch umfassend als "Wissenschaft der unmittelbaren Erfahrung" (1903, 5), so faßt Lipps in der zweiten Auflage von 1906 Psychologie als "Wissenschaft vom Bewußtsein *überhaupt*" differenzierter nach einem weiteren und einem engeren Sinn, nämlich als "*reine* Bewußtseins- oder *Geisteswissenschaft*" bzw. als "Psychologie im engeren und üblichen Sinne des Wortes" als "Wissenschaft von *individuellen* Bewußtsein, und dem, was in ihm *geschieht*" (1906b, 31f.).

Im gleichen Jahr, 1906, veröffentlicht Lipps einen Vortrag, gehalten vor der Königlich Bayerischen Akademie der Wissenschaften, zum Problem des Verhältnisses von Inhalt und

Gegenstand des Denkens. Im Rahmen dieses Vortrags unternimmt er eine Scheidung zwischen Logik und Psychologie sowie die Bestimmung beider im System der Wissenschaften. Er nimmt dabei, wie wir sehen werden, einigen Aussagen früherer Arbeiten zur Psychologie die Spitze in dem Sinne, daß er die dort genannten Ausdrücke wie "Psychologie", Bewußtseinswissenschaft" usw. in einem neuen Lichte erscheinen läßt. Mit diesem Text nähern wir uns einem Übergang. Noch immer vertritt Lipps eine substituierende Position, aber er verteidigt sie mit einer wissenschaftssystematischen Reflexion. Diese Systematisierung der Wissenschaften in ihrem Verhältnis zueinander ist Merkmal einer sich abzeichnenden Kostruktion der Psychologie als eigenständige, von der Philosophie unabhängige Disziplin.

Ausgangspunkt ist bei ihm die Frage, was die Gesetze der Logik seien. In Abwendung von Hume betont er den Eigenstand der von uns gedachten Dinge. Damit kann Lipps den Psychologismus näher bestimmen und seine besonderen Gefahren aufzeigen (ebd., 522 f.). Das "Grundwesen des Psychologismus" sieht Lipps in der Verwechslung der psychischen Phänomenen, also dem Bewußtsein und den Bewußtseinserlebnissen, mit den Gegenständen eben dieses Bewußtseins. In eins mit dieser Verwechslung gehe die psychologistische Umdeutung der Bewußtseinserlebnisse zu Gegenständen und damit letztlich zu Dingen.

Lipps versucht nun, diesem Psychologismus zu entgehen, indem er sich dem psychologistischen Grundsatz schlechthin zuwendet, der da lautet: In jeder wissenschaftlichen Aussage wird einer psychologische Tatsache "Ausdruck" verliehen. Nun ist in diesem psychologistischen Satz nur ein Teil der Bedeutung von Aussage enthalten: vom Ausdruck ist der Bericht zu unterscheiden. Meint "Ausdruck" das unmittelbar stattfindende *Erlebnis*, so bezeichnet "Bericht" nach Lipps Aussagen über einen *gedachten* und *betrachteten Gegenstand*.

Im Bezug auf das Gesamtphänomen Denken lassen sich somit für Lipps Psychologie und Logik unterscheiden. Die wissenschaftlichen Aussagen der *empirischen Psychologie* sind "ihrem Wesen nach" für Lipps Bericht. Die *Logik* hingegen ist für Lipps "bloß *ausdrückend*" (ebd., 540). In ihr kommen die logischen Gesetze unmittelbar zum Ausdruck, während die Psychologie die Erlebnisse selbst zum Gegenstand macht und über sie berichtet.

Hier nun könnten wir die Trennung von Psychologie und Logik bereits als vollzogen ansehen und das Bild des substituierenden psychologistischen Theodor Lipps fallen lassen. Doch Lipps' Ausführungen sind noch nicht an ein Ende gekommen. Auch die Disziplinen der reinen Wissenschaft haben es mit Bewußtseinstatsachen zu tun, sind also Wissenschaften vom Bewußtsein, wenn auch nicht vom individuellen Bewußtsein. Ist Psychologie die Wissenschaft vom Bewußtsein, so wäre unter der Hand Logik doch wieder mit Psychologie identisch. Lipps entgeht diesem allzu einfachen Schluß durch eine neuerliche Unterscheidung, nun der Psychologie.

Erfahrung kann mittelbar oder unmittelbar sein (vgl. ebd., 559). Im ersten Fall geht das Denken über das individuelle Bewußtsein hinaus auf die objektiv vorhandenen Gegenstände, im zweiten Fall bleibt es auf die Gegebenheit der Gegenstände, d. h. auf die Gegenstände als Bewußtseinserlebnisse beschränkt. In gleicher Weise unterscheidet Lipps zwischen der Gegenstanderfahrung, als Erfahrung der von mir verschiedenen Gegenstände, und der Icherfahrung, in der ich mir selbst zum Gegenstand werde (ebd., 560). Beide Unterscheidungen verbunden ergeben eine zweifache Unterscheidung der Psychologie. Psychologie ist einmal unterschieden von aller Gegenstandserfahrung. Sie ist die Wissenschaft von der Icherfahrung. Als solche kann sie aber, zweite Unterscheidung "entweder Wissenschaft der unmittelbaren oder Wissenschaft der mittelbaren Icherfahrung" (ebd., 561f) sein. Zunächst bietet sich für Lipps hiermit die Möglichkeit, Kontinuität zu seinen früheren Aussagen zu wahren (vgl. ebd., 562 f.). Logik, Ästhetik und Ethik seien demnach nur im Sinne der Psychologie als Geisteswissenschaft als psychologische Disziplinen zu verstehen. genannt. Dem gegenüber stehe jedoch die gängige Verwendung des Ausdrucks "Psychologie" für die Wissenschaft der *mittelbaren* Icherfahrung bzw. der empirischen Psychologie.

Aus dieser Entwicklung im Verständnis der Psychologie versteht sich auch Lipps' Zuordnung der Psychologie zu den anderen Wissenschaften. Zu diesem Zweck entwirft er eine Systematik, die von der Unterscheidung der Erkenntnisart Gegenstandserfahrung und Icherfahrung ausgeht (vgl. ebd., 646 ff.). Beide Wissenschaftsklassen können die Gegenstände als Gegenstände der Erfahrung oder als "dingliche, reale, d. h. vom individuellen Bewußtsein unabhängige Welt" (ebd, 646) betrachten (vgl. Tabelle 1).

Hat Lipps also seine ursprüngliche Position in eine strenge Dichotomie aufgespalten? Nur analytisch. Am Ende läuft alle Psychologie doch wieder auf seinen weiten, reinen Begriff hinaus. Denn alle Forschung nach dem individuellen Ich stellt, da im Ich der fordernde Gegenstand und das Denken, an das diese Forderung gestellt ist, in eins fällt, auf das reine Bewußtsein ab, führt also auf Psychologie im weiten Sinne zurück. Der Gegensatz zwischen einer empirischen Psychologie und einer Psychologie des Bewußtseins überhaupt, der Bewußtseins- oder Geisteswissenschaft, verschwindet. Lipps kann sagen: "An sich ist alles

Wirkliche Bewußtsein. Das Bewußtseinswirkliche erschient also hier entgiltig als das Wirkliche und einzig und allein Wirkliche." (ebd., 667)
Übrig bleibt eine unmittelbare Bewußtseinswissenschaft Psychologie, die für Lipps aber nichts anderes ist als Metaphysik, "die Wissenschaft, die ausgehend vom individuellen Bewußtsein und seinen Gegenständen zum reinen Bewußtsein und seinem Gegenstande führt; [...] *Psychologie der unmittelbaren Erfahrung*" (ebd., 669, Herv. v. Verf.). Sie ist Grundlage aller Wissenschaft, auch der empirischen Psychologie. Damit kommt Lipps auf seine ursprüngliche Position zurück. Alle Wissenschaft ist Psychologie, oder keine Wissenschaft. Allerdings ist diese These neu zu lesen. Lipps spricht von einer Psychologie, die keine Ähnlichkeit mit der Disziplin hat, von der man "gemeinhin" spricht. Sein Psychologismus ist metaphysischer Art.

3. Philosophie ist Psychologie: die vollendete Substitution

Was bedeutet diese wissenschaftssystematische Haltung Lipps' nun für das Verhältnis von Philosophie und Psychologie? Dieser Frage widmet er sich 1912, zwei Jahre vor seinem Tod. Er orientiert sich dabei wieder an der Funktion, die Psychologie im Gefüge der Philosophie übernehmen kann, so daß "[...] die Psychologie, die ihre Aufgabe *ganz erfülle*, eben damit auch die Aufgaben anderer philosophischer Disziplinen schon erfüllt *habe*, so daß diesen nun nichts mehr zu tun übrig bleibe" (1912, 1). Das heißt nichts anderes, als daß es zwar philosophische Probleme gibt, die zunächst nicht psychologisch sein mögen, z. B. ethische, ästhetische oder metaphysische Fragestellungen, daß diese dann aber nur auf psychologischem Wege zu lösen sind.
Deutlich macht Lipps diese Leistung der Psychologie am Beispiel der *Logik*. Er versteht unter Logik die "Urteilslehre" (ebd.). Nun ist das Urteilen ein "psychologisches Vorkommnis" (vgl. ebd.). Das im Urteilen abgegebene Urteil ist jedoch mit dem Urteilen, der "Beurteilung", selbst nicht identisch. Diese Beurteilung hat nun zunächst keinen anderen Charakter als der Glaube, daß etwas als Tatsache oder Sachverhalt vorliegt. Diesem "Urteilsakt" stellt Lipps den "Urteilsgegenstand", das, woran ich glaube, gegenüber (vgl. ebd., 5). Im Urteil formuliere ich eine Gewißheit, die Lipps selbst wieder als ein Gefühl faßt (vgl. ebd., 6).
Was macht nun das Urteil als Objekt der Logik aus? Der Urteilsakt als Vollzug eines

bestimmten Individuums ist Objekt des Psychologie. Der Gegenstand selbst, nicht als Gegenstand des Urteils, sondern als beurteilte Tatsache, ist Objekt anderer Wissenschaften. Das Urteil als Objekt der Logik ist demnach ein "Drittes oder Mittleres" (ebd.). Dieses Dritte vermag jedoch keinen disziplinären Eigenstand der Logik zu begründen. Ist nämlich ein Urteil in seinem logischen Sinne nicht anders zu fassen als in der Form des Urteilens, also in seinem psychologischen Sinne, so ist auch dieses Urteilen ohne den Aufweis des im Urteilen abgegebenen Urteils nicht möglich. Dieser gegenseitige Verweis ist für Lipps aber keineswegs ein symmetrischer. Es besteht seiner Meinung nach ein eindeutiger Überhang hin zur Psychologie, "mit anderen Worten, ich muß *psychologisch* vorgehen, wenn es mir darauf ankommt, in der *Logik* nicht blind darauf loszureden, sondern Sachliches zu sagen." (ebd., 10 f.)

Dieses psychologische Vorgehen wird von Lipps sehr weit gefaßt. Denn alles, was das Urteil, auch wenn man vom konkreten Urteilen absieht, ausmacht, ist erfahrungsmäßig gebunden. Sofern also überhaupt etwas über ein Urteil auszusagen ist, über das, was das Urteil als Urteil ausmacht, muß es auf Grund der Erfahrung ausgesagt werden. Eine reine Denknotwendigkeit gibt es für Lipps nicht. So gerinnt denn die anfangs analytisch vollzogene Unterscheidung von Logik und Psychologie zur reinen Identität. "Mit anderen Worten: *Logik ist nichts oder sie ist Psychologie.*" (ebd., 11, Herv. v. Verf.)

Wie selbstverständlich geraten damit auch die beiden anderen urteilenden Disziplinen, die Ethik und Ästhetik, mit der Logik unter die Psychologie. Und ebenso hält Lipps an seiner 1906 vertretenen Identität der Metaphysik als Bewußtseinswissenschaft von der unmittelbaren Erfahrung mit der Psychologie fest. Damit läßt sich eine grundlegende Wissenschaftssystematik formulieren, die das Gesamt der Wirklichkeit in zwei Grunddisziplinen erfaßt denkt.

> "Es gibt eine Wissenschaft von der Gesetzmäßigkeit des Wirklichen, die das Wirkliche selbst aber nur kennt in Gestalt oder in der Sprache seiner sinnlichen Erscheinung. Diese Wissenschaft heißt Naturwissenschaft. Neben ihr nun steht eine zweite von ihr total verschiedene Wissenschaft vom Wirklichen. Sie zielt auf die Erkenntnis vom *Wesen* des Wirklichen. Und sie trägt den Namen Philosophie. [...] Es gibt keinen anderen Zugang zu ihr als die Psychologie." (1912, 27)

Philosophie als zweite große Wissenschaft im Reich des Wirklichen hat für Lipps demnach "Psychologie zu ihrem Kern" (ebd.). Greifen wir die Formulierung von Lipps in Bezug auf die Logik (vgl. ebd., 11) auf, so müssen und können wir die radikal substitutionistischen Position von Theodor Lipps so formulieren: *Philosophie ist nichts oder sie ist Psychologie.*

Literatur

Lipps, Theodor (1880): Die Aufgabe der Erkenntnisstheorie und die Wundt'sche Logik. In: Philosophische Monatshefte, 16 (1880), 529-539.

- (1883): Grundtatsachen des Seelenlebens. Bonn 1912 [ND der 1. Aufl.].
- (1903): Leitfaden der Psychologie. Leipzig.
- (1905): Die Wege der Psychologie. In: Atti del V Congresso Internationale di Psicologia. Roma 1905. Reprint Nendeln 1974, 57-71.
- (1906a): Inhalt und Gegenstand; Psychologie und Logik. In: Sitzungsberichte der philosophisch-philologische und historischen Klasse der K. B. Akademie der Wissenschaften zu München. Jahrgang 1905. München 1906, 511-669.
- (1906b): Leitfaden der Psychologie. Zweite, völlig umgearbeitete Auflage. Leipzig.
- (1912): Zur "Psychologie" und "Philosophie". In: Psychologische Untersuchungen, 2,1 (1912), 1-29.

Rath, Matthias (1990a): Der Psychologismusstreit - die Geschichte eines gescheiterten Rettungsversuchs. In: A. Schorr & E. G. Wehner (Hrsg.): Psychologiegeschichte heute. Göttingen, Toronto, Zürich 1990, 112-127.

	Wissenschaft der Gegenstandserfahrung	Wissenschaft der Icherfahrung
Gegenstände als Gegenstände der Erfahrung	objektiv intuitive Wissenschaften (z.B. Geometrie)	reine Bewußtseinswissenschaft (Psychologie i.w.S.)
Gegenstände als bewußtseinsunabhängige Dinge	Naturwissenschaften	empirische Psychologie (Psychologie i.e.S.)

Tabelle 1: Die wissenschaftssystematische Stellung der Psychologie bei Theodor Lipps

H. Schnelle

"Computational Mind - Computational Brain" - Eine leibnizsche Analyse ihrer Beziehung.

1. Die philosophische Einschätzung zentraler kognitionswissenschaftlicher Fragen

Einige Denker unseres Jahrhunderts vertreten die Ansicht, das Ende der Metaphysik sei angebrochen; die Wissenschaft übernehme die Aufgabe, Antworten auf Fragen zu geben, die sich früher in der Metaphysik stellten. So unterschiedliche Philosophen wie Heidegger und Quine sind in diesem Punkt einig. Zugleich meinen sie, daß Grundzüge der heutigen wissenschaftlichen Analyse schon in der früheren Metaphysik angesprochen wurden und daß dies vor allem für die Gedankengänge der Philosophie von Leibniz gilt. Heidegger betont: "Leibniz [bestimmt] mehr geschichtlich verborgen als historisch sichtbar nicht nur die Entwicklung der modernen Logik zur Logistik und zur Denkmaschine, nicht nur die radikalere Auslegung der Subjektivität des Subjektes innerhalb der Philosophie des Deutschen Idealismus und ihrer nachkommenden Ableger. Das Denken von Leibniz trägt und prägt die Haupttendenz dessen, was wir, weit genug gedacht, die Metaphysik des modernen Zeitalters nennen können. Der Name Leibniz steht deshalb in unseren Überlegungen nicht als Bezeichnung für ein vergangenes System der Philosophie. Der Name nennt die Gegenwart eines Denkens, dessen Stärke noch nicht ausgestanden ist, eine Gegenwart, die uns erst noch entgegenwartet." (Heidegger, 1957, S. 65). Für die Entwicklung seit Leibniz stellt Heidegger fest: "Die Natur ist zum Gegenstand geworden und zwar eines Vorstellens, das ihre Vorgänge als berechenbaren Bestand herausstellt." (ibid. S. 100)."Ratio heißt [jetzt] Rechnung" (ibid. 168) und "Ratio ist als Rechnung: Grund und Vernunft."(ibid. S. 174) Die Entwicklung treibt zur Perfektion: "Diese Perfektion besteht in der Vollständigkeit der berechenbaren Sicherstellung der Gegenstände, des Rechnens mit ihnen und der Sicherung der Berechenbarkeit der Berechnungsmöglichkeiten." (ibid. S. 198)

Heidegger erkannte sehr klar das Streben nach Vollständigkeit und Perfektion in der wissenschaftlichen Entwicklung der letzten Jahrzehnte. Der Versuch, die natürliche Kognition und die künstliche Intelligenz im Forschungskontext der Berechenbarkeit der Natur zu erfassen, ist die letzte geschichtliche Konsequenz dieser Entwicklung und die Erfassung der Natur der Sprache ist hier ein besonders fortgeschrittener Sektor. (vgl Schnelle, 1991a). Die kalkulatorische Erfassung des Geistes unter den Stichwörtern "computational mind" und "computational brain" ist das Forschungsthema unserer Tage.

Dies versucht mein Beitrag zu erläutern. Es geht dabei weder um eine quellenkritisch exakte Bestimmung der Einzelheiten des leibnizschen Denkens (vgl. Schnelle 1991b), noch um die seinsgeschichtliche Einschätzung der von dieser radikalen Wissenschaftlichkeit mitgeprägten

Situation der Philosophie sondern nur darum zu zeigen, daß Leibniz' Entfaltung der Metaphysik aus dem Satz vom Grund in der Tat zu Konzeptionen führt, die die Wissenschaft von Geist und Gehirn auf naturwissenschaftlicher Grundlage als letzte Stufe der Entwicklung der mathematisierenden Wissenschaft fundieren. Wir lesen Leibniz Schriften als Übungen zu Prinzipien und Ausführungen von Systemkonstruktionen, die aber tiefgreifender, umfassender und grundlegender sind als das, was die Wissenschaften in ihren normalerweise eingeschränkteren Horizonten bieten können.

Die Besinnung auf Leibniz hat für die Wissenschaft einen fruchtbaren Aspekt: Sie wird ze gen, daß die heute ausgetragenen Kontroversen zum Teil überflüssig sind. Die Fundierung der Kognitionswissenschaft in einem Leibnizschen Ansatz würde zu einem besseren Forschungsrahmen führen als die heute diskutierten Alternativen.

2. Die Gegensätze zwischen reiner und konkreter Kognitionswissenschaft

Trotz heftiger Kontroversen herrscht in der Kognitionswissenschaft Einigkeit darüber, daß die Begriffe der *Repräsentation* und der *Kalkulation* ("*Computation*") grundlegende Charakteristika von Gebilden sind, die man *kognitive Einheiten* nennen könnte. Menschen und Computer sind die wichtigsten Beispiele für kognitive Einheiten; Menschen sind natürliche, Computer künstliche kognitive Einheiten. Trotz der Einigkeit in den Termini ist die Explikation der drei Grundbegriffe in den Ansätzen verschieden.

Man könnte zwei Richtungen der Kognitionswissenschaft unterscheiden: die reine und die konkrete . Die *reine Kognitionswissenschaft* studiert ausschließlich die formalen Eigenschaften der Repräsentation und Kalkulation ("computation") und versteht ihre Ansätze als moderne Explikate einer kalkulatorischen Theorie des Geistes ("computational theory of mind"). Sie meint damit, die entscheidenden Aspekte der Kognition vollständig zu erfassen und auf das Studium der kognitiven Einheiten selbst, und insbesondere auf ihre physische Struktur (zum Beispiel des menschlichen Gehirns oder des elektronischen Designs der Computer) verzichten zu können. Erkenntnisse über diese Struktur trügen nichts zur Klärung der wesentliche Aspekte der Kognitionswissenschaft bei. Einen bei aller Offenheit entschieden für die reine Kognitionswissenschaft plädierender Ansätz präsentiert R. Jackendoff (1987) mit seinem Buch "Consciousness and the Computational Mind".

Die *konkrete Kognitionswissenschaft* ist im Gegenteil der Meinung, daß die besondere Konstitution des Organismus oder Mechanismus erst eine fundierte Erklärung der Prozesse in den kognitiven Einheiten bietet. Sie versteht ihre Ansätze als Explikate zu einer kognitiv-kalkulatorischen Theorie des Gehirns ("computiontal theory of the brain", vgl Churchland and Sejnowski 1992). Die kalkulatorische Neurowissenschaft ist ihr Kernstück, insofern sie davon ausgeht, daß die Gehirne und Teile der Gehirne Netzwerke kalkulatorischer Gebilde sind, deren Basis-Vernetzung für die Art (den homo sapiens) spezifisch und für ihr Verhalten zweckmäßig aufgrund der natürlichen Evolution entstanden ist und deren Fein-Abstimmung durch die Adaptation und Lernvorgänge im Individuum geschieht. Auch wenn die Art der Vernetzung und die mit ihr verbundenen Aktivierungsprozesse wesentlich von der spezifischen Vernetzung in einem universalen programmgesteuerten Computer heutiger Bauart verschieden ist, so gehören doch beide zur Klasse der Computer als formal definierbare kalkulatorische Systeme. Daher die Betonung einer kalkulatorischen ("computational") Neurowissenschaft

Bei der Klärung der Theorie des formalen Geistes, folgt der kalkulatorische Ansatz entweder der Tradition der formalen Logik und der formalen Symbolsysteme und konzentriert sich vollständig auf die Erfassung der Eigenschaften, die formal die Kognition bestimmen könnten. In diesem Kontext versteht man unter Repräsentationen strukturierte Symbolgebilde und unter Kalkulationen algorithmische Prozesse. Dies ist der Ansatz der nun schon klassischen Theorie der Symbolverarbeitung mit ihren Verzweigungen in der Theorie der Turing-Maschinen, der Theorie der formalen Grammatiken und der sie integrierenden Theorie der kognitiven Fähigkeiten. Für diese Theorie ist also die *Repräsentationalität primär*, die Kalkulationen sind reine Transformationen oder "Verarbeitungen" von Repräsentationen.

Anders in der konkreten Kognitionswissenschaft. Hier geht man von einer Interpretation des dynamischen Wirkens von kognitiven Einheiten aus und erläutert sie mithilfe organismischer Konzeptionen: Repräsentationen sind in striktem Sinn *in* den Gehirnen. Aktuelle Repräsentationen sind Aktivierungen von Komponenten (Neuronen, Neuronengruppen, Gehirnbereichen und -systemen) und unterschiedliche Erinnerungen und Fertigkeiten sind unterschiedliche Formen der Vernetzung der Komponenten, die, bei gegebenen Anlässen zu spezifischen aktuellen Aktivierungen der Erinnerungen und Fähigkeiten führen. Wörter und reguläre Satzbildungen sind also Vernetzungen, während das aktuelle Verstehen des einen oder anderen Wortes oder des einen oder anderen Satzes Aktivierungsprozesse im Gehirn sind.

Ein angemessenes Verstehen der Funktionsweise des Gehirns erfordert aber nicht nur die Kenntnis der Vernetzung und ihrer Aktivierung sondern eine klare Einsicht in die zu leistenden Aufgaben und in die funktionale Architektonik des Gehirns, die zeigt, welche Teile welche Aufgaben erfüllen. Dies ist genau wie bei jedem anderen komplexen Gerät, zum Beispiel einem Fernseh- oder Rundfunkgerät: der Schaltplan allein ist nicht genügend aussagekräftig. Man muß wissen was Modulation und Demodulation ist und was die Rolle des zeilenweisen Bildaufbaus ist und man muß erkennen, welche Teile des Schaltplans welche welchen Beitrag zu welcher dieser Aufgaben liefert. Repräsentationen sind also nicht einfach ungegliederte Verteilungen von Aktivierungszuständen und Global-Vernetzungen. Sie sind stattdessen Zustände der Organe von funktional architektonisch gegliederten Organismen und Kalkulationen sind Prozesse, deren Elemente koordinierte oder "kooperative" Zustandsveränderungen der Organe bestimmen. Wie Churchland und Sejnowski hervorheben ist die hier geforderte

Analyse ein umgekehrter technischen Entwurf (reverse engineering): Man entwirft um technisch zu verstehen. (vgl. Churchland and Sejnowski 1992, p. 48, 474) Im Ansatz der konkreten Kognitionswissenschaft sind die *dynamische Kausalität* und die sie begründende *funktionale Architektonik primär*; die Kalkulation ("Computation") ist eine Abstraktion aus der dynamischen Kausalität und die Representationalität ist eine Abstraktion aus momentanen verteilten aber durch die funktionale Architektonik gegliederten aktiven Gebilden.

3. Leibniz

Auch im Leibnizschen Denken scheinen auf den ersten Blick zwei verschiedene Ansätze miteinander zu ringen: der symbolanalytische und formal-logische Ansatz auf der einen Seite und der organismisch-monadologische Ansatz auf der anderen Seite, kurz Logik und Metaphysik.. Die Interpreten des Leibnizschen Denken stellen dementsprechend häufig die eine oder die andere Seite in den Vordergrund indem sie Leibniz entweder mehr als Logiker oder mehr als Metaphysiker darzustellen.(Vgl. Heinekamp, 1988). Es kann aber kein Zweifel daran bestehen, daß Leibniz´ Denken zu einer Einheit strebte, und daß diese Einheit für ihn im wechselseitigen Bezug von Repräsentationalität und innerer Kausalität bestand: Repräsentationalität der kognitiven und aktiven Einheiten (Monaden) ist erschöpfend dadurch bestimmt, daß sie der (inneren) Kausalität (der kognitiven Einheiten oder Monaden) dient und zweckbestimmt in ihnen ausgebildet ist; die innere Kausalität ist ihrerseits nur genau bestimmt mithilfe der Selbst-Repräsentationalität und wechselseitigen Repräsentationalität der kognitiven Einheiten (Monaden). Repräsentationalität und innere Kausalität in der Wirklichkeit, d.h. in den Individuen oder Dingen, deren Gesamtheit die wirkliche Welt konstituiert, sind also zwei Seiten derselben Medaille sind. (vgl. Schnelle, 1991a, S. 469)

Die Ausarbeitung dieses Gedankens im kalkulatorischen Kontext verlangt, daß alle relevanten Gesichtspunkte formal oder mathematisch erfaßt werden, insbesondere die drei Aspekte

    a. der repräsentationellen (rational-sprachlichen und logischen)

    b. der dynamisch-genetischen, und

    c. der funktional-architektonischen

Analyse. Wir wollen diese Aspekte im einzelnen erläutern.

4. Die reine Repräsentationalität: Die Logik der Dinge und die Logik ihrer Repräsentation.

Die Darstellungen zur neueren Theorie des Geistes sind Entfaltungen der formalen Logik und der formalen Linguistik und Semiologie, die Leibniz als erster symbolanalytisch entwickelte. Das Konzept der komplex verknüpften Repräsentation war früher wie heute primär. Die Definition des Konzepts stützt sich auf den Begriff der Kombination bzw. Komposition:

Komplexe Repräsentationen werden aus einfacheren kombiniert und letztlich aus einfachen Grundelementen. Zur systematischen Erläuterung von Zusammenhängen werden auch die mengentheoretischen Grundrelationen ist-Element-von, ist-Teil-von etc. benutzt.
Der fundamentale Begriff der Kombination zur Erzeugung der Repräsentation kann, gemäß den schon seit Aristoteles geltenden Sektoren der Zeichen-Relation, in drei verschiedenen Bereichen angewendet werden (M. Dascal, 1978, p. 20, B.Mates, 1986, p. 47),und zwar
1. im Bereich der Symbol-Kombinationen (Syntax),
2. im Bereich der Begriffs-Kombinationen, (innere Repräsentationen, "Gedanken")
3. Im Bereich der Ding-Kombinationen (äußere Repräsentationen in der "Welt").
Die drei Bereiche haben nicht unmittelbar dieselbe Struktur. Sie müssen aber aufeinander bezogen werden. Im Bereich der Symbolkombinationen finden wir mehrere Stufen: die Kombination von Laut-Merkmalen, von Wörtern von Sätzen zu den jeweils komplexeren Einheiten. In der formalen Logik und der formalen Sprachtheorie spielt die syntaktische Kombination von Wörtern zu Sätzen aber auch zu komplexen Nominalausdrücken (z.B. in Definitionen, eine zentrale Rolle. Die Analyse der Sätze wird, in der Nachfolge aristotelischer Vorschläge, analytisch auf diese Form der Ist-Sätze bezogen : Sätze bestehen aus Subjekt und Prädikat wobei das Prädikat aus "ist" mit nachfolgen-dem Prädikatsnomen besteht.. Sätze mit Verben können auf Ist-Sätze reduziert werden.

Der Bereich der Begriffskombinationen ist ähnlich aufgebaut; anstelle der Wörter enthält er Grundbegriffe und anstelle der Sätze die kombinierten Begriffe. Leibniz hatte in seiner Ars combinatoria Vorschläge zur Aufzählung von Begriffskombinationen gemacht und schließlich die Begriffskombinatorik mit der Satz- (oder Urteils-) Kombinatorik verbunden. Hierbei spielen vollständige individuelle Begrifskombination und das Prinzip des *praedicatum inest subjectum* eine wichtige Rolle (vgl. Mates, 1985, pp62-64).In der neueren kalkulatorischen Linguistik gibt es verschiedene Varianten dieses Ansatzes, die als beispielhaft für kalkulatorische Theorien des Geistes verstanden werden (vgl.Jackendoff (1987, p. 47/8).

Den dritten Bereich kann man im bisher vorgestellten Rahmen so formalisieren, daß die Konstituenten der Welt, die Indivuduen oder eigentlichen Substanzen mit den vollständigen individuellen Konzepten identifiziert werden. Wegen des Prinzips der *identitas indiscernibilia* ist dies möglich. Dies entspricht aber nicht Leibniz' Intention, da auf diese Weise die oben angedeutete Einheitlichkeit des Ansatzes nicht realisiert würde.

So wird denn in einer abstrakteren Version die Welt als Gesamtheit von Punkten im Raum dargestellt. Dabei werden metaphysische Punkte, die die elementaren Dinge als kognitive und agierende Einheiten oder Monaden repräsentieren, aus denen die Welt zusammengesetzt ist, von mathematischen Punkten unterschieden, die als Korrelate der kartesischen Vorstellung gelten und die auch den formalen Raumpunkte in unserem heutigen Sinn entsprechen. Auf die letztgenannten werde ich an dieser Stelle aus Mangel an Platz nicht eingehen. Die metaphysischen

Punkte oder Monaden sind Interpretate der Individuenausdrücke. Sie haben, im Gegensatz zu den gewöhnlichen Interpretaten der modernen Logiker, aber eine reichhaltige Struktur, die einen organismischen Charakter hat. Will man sie angemessen darstellen so braucht man eine entsprechende Repräsentationssprache für kognitive Einheiten oder Monaden. Darauf werden wir im nächsten Abschnitt eingehen. Hier sei nur hervorgehoben, was auch Mates (1986, p. 10) betont: Nur der letztgenannte Bereich, d.h. die Gesamtheit der Monaden, existiert. Die Rede von Ideen oder Gedanken, ja von Zeichen und Symbolen, ist reduzierbar auf die Rede von geistigen Dispositionen auf bestimmte Weise zu denken und demgemäß zu handeln.

5.. Die dynamische Kausalität und Leibnizens System der auto-aktiven kognitiven Einheiten (Monaden)

Der Ansatz zur Analyse muß ein fundamental anderes Aussehen erhalten, wenn man, anstatt von den drei repräsentationellen Bereichen der Symbole, der Begriffe oder der Punkte auszugehen, die Konzeption der strukturierten kognitiven und aktiven Einheit - das Konzept der Monade - zum Ausgangspunkt einer dynamischen Theorie der Wirklichkeit nimmt. Repräsentationen und symbolische Kalkulationen ("symbolic processing") sind hier keineswegs angemessen. Sie können die organismischen Repräsentationen und dynamischen Prozesse nicht erschöpfend beschreiben. Diese sind stattdessen primär kognitive *Zustände* und *Zustandsänderungen* der kognitiven Einheiten. Leibniz nennt kognitive Zustände *Perzeptionen* und kognitive Bedingungen der Zustandsveränderungen *Appetitionen*. Wie ich in meinem Buch (1991, § 10.2) genauer ausgeführt habe, wird die Konzeption der Dynamik bei Leibniz stark auf der Grundlage des mathematischen Reihenbegriffs entwickelt, der ja auch für die Konstitution der Infinitesimalbegriffe wesentlich war. Die Entfaltung dieser Begriffe führte mathematisch zum Konzept des Zustandsraums, in dem die Zustände jedes Organs durch Vektoren eines ihm zugeordneten Vektor-Raums wiedergegeben werden und die Prozesse als Trajektorien im Vektor-Raum, deren Dynamik durch momentane Transitionen (Differenzen- oder Differentialquotienten) bestimmt werden.(vgl. Schnelle, 1991, § 10.3 und Kap. 8) Dieser Ansatz wird in der Tat in den kalkulatorischen Neurowissenschaften ("Computational Neurosciences) als grundlegend verwendet. (Vgl. Churchland, Sejnowski, 1992, p.64/5, vgl. auch 6/7). Wir haben hier also ein erstes Kernelement des Unterschiedes zwischen der formalen Repräsentationalität der kombinatorischen Symbolverarbeitung auf der einen Seite und der kognitiven Dynamik kognitiver Einheiten auf der anderen Seite markiert.

Es gibt zwei andere Kernelemente, dasjenige der organismischen Struktur und dasjenige der Interrepräsentationalität. Die einfache Charakterisierung der kognitiven Einheit durch die Dynamik eines Zustandsraums wird der kognitiven Einheit nicht gerecht.

In einer ersten (rein metaphysischen) Charakterisierung ist die Situation relativ einfach: Eine kognitive Einheit eines Menschen ist mit einem Organismus verbunden. Dieser Organismus ist ein hierarchisches System von Monaden. es enthält eine oberste Monade, die den Menschen charakterisiert insofern er eine kognitive und handelnde Einheit ist. Die anderen Monaden sind den einheitlich agierenden Teilen des Körpers zugeordnet, den Organen, den Organteilen, den Neuronen etc. in zunehmend kleineren Bereichen.

Jede Monade repräsentiert jede andere. Es gibt also eine allumfassende Interrepräsentationalität. In einem spezifischeren Sinne kann man aber sagen, daß die bestimmenden zentralen Monaden die Verhältnisse der untergeordneten Monaden bestimmen und nicht umgekehrt. Es gibt also eine Architektonik des Organismus, also auch eine Neuro-Architektonik des Gehirns, die zur Kennzeichnung der Leistungen und Handlungen der Monaden wichtig sind.

Viel bedeutender und für den wissenschaftlichen Kontext, den wir thematisiert haben, wichtiger ist die Analyse der Grade der Deutlichkeit der Interrepräsentationalität, bei der die Organismus-Struktur eine wesentliche Rolle spielt. Wie schon betont, sind sprachliche Repräsentationen und Kalkulationen eigentlich nur Dispositionen des Organismus der Monaden, hier also als Dispositionen auf die Symbole der Symbolverarbeitung zu achten. Symbolsysteme und Kalküle sind für Leibniz "fili meditandi", d.h. Fäden des Nachdenkens, die es dem Organismus erlauben, beim Nachdenken bei der Sache zu bleiben.

Zwar repräsentiert die kognitive Einheit im Prinzip alles. Deutlich im Bewußtsein repräsentieren kann sie aber nur etwas, für das es etwas gibt, das die Aufmerksamkeit zu fokussieren gestattet.. Dies ist das Zeichen. Es kann nur deutlich wahrgenommen werden mittels der Wahrnehmungsorgane, der visuellen und auditiven. Gerade der symbolische Denkprozess zeigt also sehr deutlich die Verschränkung der drei Komponenten - der repräsentationellen, der dynamischen und der organismischen - in den Prozessen der Monaden. Repräsentationen leiten und kontrollieren die Dynamik, wobei die Organe Bedingungen des distinkten Erkennens und Wirkens von Repräsentationen sind.

5. Zusammenfassung

Es ist also die präzise mathematische Erfassung der drei Bereiche -des repräsentationellen (rational-sprachlichen und logischen) des dynamisch-genetischen, und des architektonisch-organismischen - die zur Entfaltung der kalkulatorischen Kognitionswissenschaft erforderlich sind. Die allgemeine Theorie der Symbolverarbeitung einerseits und die Theorie der dynamischen Systeme andererseits bieten bereits eine sehr ausgearbeitete Basis. Es ist kein Wunder, daß die gegenwärtig aktivsten Forschungsgebiete der Kognitionswissenschaft mit der kalkulatorischen Theorie des Geistes dem einen Gebiet verpflichtet ist, die kalkulatorische Theorie des Konnektionismus als eines theoretischen Kernstück der Neurowissenschaft, dem anderen

Bereich. Beide können aber nur auf der Grundlage einer funktionalen Architektonik des neuronalen Systems und den in diesem Rahmen möglichen perzeptiven und aktivien Distinktivitäten aufeinender bezogen werden. Die kalkulatorische Struktur der deskriptiven architektonischen Ebenen, ihrer Beziehung zueinander und die mit ihnen verbundenen Aspekte des Reduktionismus sind jedoch noch nicht so weit entwickelt wie die beiden anderen Bereiche. Gerade die augenblicklich rasante Entwicklung der Neuroanatomie dürfte hier aber eine gute Basis auch für theoretische Fortschritte schaffen.

Mit einer integrierten Theorie des Geistes und des Gehirns wird das rationale Programm der Analyse der Natur vollendet, das die Philosophen der Antike zuerst in Angriff nahmen. Diese Vollendung und die Einsicht in diese Vollendung iwird die Vorraussetzung dafür sein, Neues außerhalb des Rahmens der klassischen Philosophie und Wissenschaft zu entbergen, das durch die nun sich vollendende Wahrheit gerade verborgen wird.

Literatur

Churchland, P.S. and Sejnowski, T.J. (1992) The Computational Brain. Cambridge MA: MIT Press
Dascal, M. (1978) La Semiologie de Leibniz. Paris: Aubier Montaigne
Heidegger, M. (1957) Der Satz vom Grund. Pfullingen: Neske.
Heinekamp, A. (1988) Einleitung. In: Heinekamp, A. und Schupp, F (Hrsg.) Leibniz' Logik und Metaphysik. Darmstadt: Wissenschaftliche Buchgesellschaft
Jackendoff, R.S. (1987) Consciousness and the Computational Mind. Cambridge MA: MIT Press.
Mates, B. (1986) The Philosophy of Leibniz. New York and Oxford: Oxford University Press
Schnelle, H. (1991a) Die Natur der Sprache - Die Dynamik der Prozesse des Sprechens und Verstehens. Berlin : de Gruyter
Schnelle, H. (1991b) "From Leibniz to Artificial Intelligence". In: Albertazzi, L. and Poli, R.(eds.) (1991b) Topics in Philosophy and Artificial Intelligence. Bozen: Istituto Mitteleuropeo di Cultura - Mitteleuropäisches Kulturinstitut

Matjaž Potrč, Ljubljana

PHAENOMENOLOGIE, ÖKOLOGISCHER ANSATZ UND NEURONALE NETZE

I. Die Phänomenologie

Es scheint eine Selbstverständlichkeit die Phänomenologie als Wissenschaft von den Phänomenen zu bestimmen. Doch diese Bestimmung ist nur so klar wie der in ihr vorausgesetzte Phänomenbegriff. Die Phänomene aber, mit denen sich die Phänomenologie befaßt, lassen sich am besten durch eine Gegenüberstellung mit dem Phänomenbegriff der Tradition charakterisieren.

In der philosophischen Tradition wurden die Phänomene den Substanzen gegenüber gestellt. Dies geht bereits aus der Etymologie des Wortes 'Phänomenon' hervor, als etwas, das sich durch sich selbst zeigt, also als Erscheinung. Im Gegensatz dazu wurden Substanzen als etwas Beständiges betrachtet. Die Substanz ist für Aristoteles ein Träger von Eigenschaften oder Attributen:

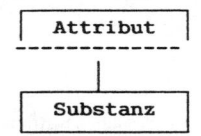

```
    | Attribut |
    -----------
         |
    | Substanz |
```

Es sei der Matjaž eine Substanz. Die Tatsache, daß sich Matjaž jetzt in Berlin befindet darf als etwas was der Substanz zugeschrieben wird, angesehen werden. Es ist dabei nicht notwendig daß eine bestimmte Eigenschaft von Matjaž überhaupt vorkommt. Matjaž als Substanz ist ein Träger von vielen Attributen, z.B. er hat einen rötlichen Bart, er hat heute Morgen Tee getrunken, Müsli gegessen und an die Katze gedacht. Keine von diesen Eigenschaften scheint für die Existenz von Matjaž notwendig zu sein. Doch ist die Existenz von Matjaž für jede dieser Eigenschaften notwendig damit diese als Attribute von Matjaž bestehen können.

Es scheint sinnvoll, diese Attribute als Phänomene zu verstehen. Sie sind etwas das in Beziehung zu Matjaž vorkommt und das verschwinden kann ohne daß Matjaž aufhört zu existieren. So sind die Attribute lediglich Erscheinungen oder Phänomene. Dies ist in dem Diagramm dadurch angedeutet, daß die Substanz durch ein vollständiges Rechteck repräsentiert ist, zu welchem die Attribute oder Phänomene hinzugefügt sind. Die Phänomene sind von der Substanz abtrennbar und sie stehen zur Substanz in der Relation der einseitigen Abhängigkeit. Dies ist durch die gestrickelte Linie das das Attribut repräsentierenden Rechtecks angedeutet.

Im Gegensatz zur aristotelischen Tadition stehen die Phänomene für die Phänomenologie in Zentrum der Auseinandersetzung. Wie darf dies dargestellt werden? Nehmen wir ein Phänomen, ein Attribut.

```
    | Phänomen |
```

Der Phänomen ist unabhängig, in demselben Sinne wie die

Substanz in dem früheren aristotelischen Verständnis ist. So kann man sagen, daß die Phänomenologie die Autonomie der Phänomene anerkennt.

Welche sind aber die Phänomene der so verstandenen Phänomenologie? Die Phänomenologie interessiert sich nicht dafür daß sich Matjaž in Berlin befindet oder daß die Katze dort gegenüber sitzt. Das Interesse der Phänomenologie beschränkt sich auf psychische Phänomene, wie dem Wunsch von Matjaž in Berlin zu sein oder seinen Denken an die Katze. In diesem Sinne hat jedes Phänomen als eine psychologische Tatsache einen Träger, in unserem Falle Matjaž. Dies kann folgendermaßen dargestellt werden:

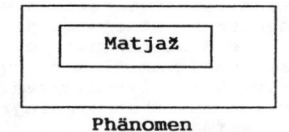

$$\boxed{\text{Matjaž}}$$

Phänomen

Wenn wir die oben verwendeten Termini verwenden, wird das Phänomendiagram zu:

$$\boxed{\text{Substanz}}$$

Attribut

Man sieht daß das Phänomen (das Attribut) autonom ist, genauso wie die Substanz im vorphänomenologischen Verständnis autonom gewesen ist. Es ist aber auch wichtig zu begreifen, daß obgleich den Phänomenen die Autonomie zukommt, sie noch immer Akzidenzen und keine Substanzen sind. Wir können sagen: Phänomene sind 'akzidentelle Ganzheiten', welche Substanzen als Teile enthalten.

Obgleich die Phänomene Ganzheiten sind, haben sie Teile, ohne welche sie aufhören würden zu bestehen. Es gibt keinen Gedanken von Matjaž an die Katze, wenn Matjaž nicht existiert, und zwar im selben Sinne wie es keine Katze ohne Herz geben kann, wenn das Herz ein notwendiger Teil von der Katze ist.

Es ist wichtig zu bemerken, daß es in einem jeden Phänomen nur einen notwendigen Teil gibt - seine Substanz und sonst nichts. Phänomene haben nicht unendlich viele (ja nicht einmal zwei Teile), im Gegensatz zu den vielen möglichen Eigenschaften von Substanzen nach dem aristotelischen Verständnis. Es gibt nur einen eigenen Teil ohne den das Phänomen aufhören würde zu existieren, trotz seiner Vollständigkeit.

Auch wenn es einigen Philosophen unheimlich erscheinen mag: es ist durchaus möglich die Phänomenologie naturalistisch und organismisch zu deuten. Im Gegensatz zur aristotelischen Ansicht, nach der Phänomene als unvollständig angesehen wurden, sind die

Phänomene der Phänomenologie vollständig, sie enthalten eine Substanz als Teil. Es ist nicht schwer zu sehen, daß diese Struktur mit einer naturalistischen und organismischen Deutung kompatibel ist. Wir können sagen, daß Phänomene deswegen naturalistisch sind, weil sie tatsächlich in natürlichem Rahmen auftreten. Das oben angeführte Diagram mag als ein erster Hinweis zur Betrachtung der Phänomene als ein Gebiet der naturwissenschaftlichen Forschung werden (dies ist eine Überzeugung von Brentano und Husserl, wobei Husserl herausstellte, daß die Phänomenologie eine Wissenschaft ist, während Brentano betonte, daß die Beschreibung von Phänomenen eine Aufgabe der Wissenschaft sei).

Die Struktur eines Phänomens ist eigentlich die Struktur der organischen Einheit. Ein Organismus ist zum Beispiel eine akzidentelle Ganzheit welche die Substanz als Teil enthält. Der 'substantielle' Teil kann das Leben von diesem Organismus sein (oder eine besondere Kette der DNA). Alle Hauptvertreter der Phänomnenologie können mit Hilfe des Phänomendiagrams in diesem organismischen Sinne gedeutet werden.

Das oben angeführte Phänomendiagramm ist dem spätem reistischen Brentano entnommen. Ein Zeichen des Organismus ist in jedem Phänomen anwesend, als die punktuelle Substanz. Man kann auch behaupten, daß das Diagramm einen Organismus darstellt.

Dasselbe Diagramm kann auch dazu benutzt werden, die Phänomenologie von Heidegger darzustellen. Hier übernimmt das Dasein die Rolle des 'substantiellen' Teils oder als eine Substanz, und das Ganze ist die Welt, in der das Dasein existiert. Den Unterschied zwischen der Brentanoschen und der Heideggerschen Substanz besteht darin, daß die erste in jedem gesonderten Phänomenon anwesend ist, die zweite dagegen ein 'substantieller' Teil der Welt. Das Dasein ist in die Welt eingetaucht und die Welt existiert durch es - so hält das Dasein als Substanz die Welt zusammen. Mit diesem Unterschied geht eine unterschiedliche Auffassung von Intentionalität einher; in dem einen Modell wird sie internalistisch, in dem andern dagegen externalistisch gedeutet.

II. Der ökologische Ansatz und die Phänomenologie

Der psychologische Ökologismus wurde durch J.J. Gibson begründet. Gibson stellte sich der Hauptströmung der kognitiven Psychologie entgegen, indem er behauptete, daß verschiedene Funktionen, vor allem die der Wahrnehmung, über die Erforschung der Interaktion eines Organismus in seiner Umgebung studiert werden soll. Der Ökologismus ist nicht externalistisch, weil der Externalismus eine Trennung zwischen dem Organismus und seiner Umwelt voraussetzt. Eigentlich ist die heideggersche Intentionalität ökologisch. Es ist deswegen keine große Überraschung, wenn man erfährt, daß der Ökologismus der Phänomenologie entgegengesetzt wird, da die Phänomenologie gewöhnlicherweise als internalistisch verstanden wird.

Eine Übersicht der Hauptstellungen zeigt aber überraschende Berührungspunkte. Die Hauptthesen des Ökologismus seien kurz besprochen und mit den entsprechenden Thesen der Phänomenologie verglichen. Ich möchte zeigen, daß die Hauptthesen des Ökologismus und der Phänomenologie kompatibel sind. Die Thesen des Ökologismus werden mit dem Buchstaben Ö gekennzeichnet, und die entsprechende Thesen der Phänomenologie mit dem Buchstaben P.

Ö1: Es gibt keine entscheidende Kluft zwischen dem Organismus und seiner Umwelt.

Dies ist die schon erwähnte Hauptthese des ökologischen Ansatzes von Gibson. Nach dieser Thesis gibt es keinen Unterschied zwischen Subjekt und Objekt, wie er nicht nur in gewöhnlich angenommen, sondern auch in der Philosophie und der experimentellen Psychologie vorausgesetzt wird. Dem Ökologismus zufolge dürfen der Organismus und seine Umwelt nicht als zwei entgegengesetzte Gebiete getrennt erforscht werden. Der Organismus und seine Umwelt bilden ein nicht zu trennendes Ganzes. für das sich der Name 'Synergie' eingebürgert hat.

P1: Es gibt keine entscheidende Kluft zwischen dem Organismus (der Substanz) und dem Phänomen (dem akzidentellen Ganzen).

Eine ähnliche These hinsichtlich des Fehlens eines grundsätzlichen Unterschiedes zwischen dem Organismus und dem Phänomen kann in der Phänomenologie gefunden werden. Der Organismus unterstützt die Phänomene: es ist die Substanz eines Phänomens. Das Phänomen ist ein akzidentelles Ganzes, das nur in Abhängigkeit von der Substanz existieren kann. Das Phänomen wird hier im brentanoschen Sinne verstanden, so daß man die Frage stellen kann, wie der Vergleich zum Weltelement im Ökologismus hergestellt werden kann. Die Antwort lautet, daß es wenigstens eine Form der Phänomenologie gibt, welche die Welt in die Betrachtung einbezieht: das Heideggersche In-der-Welt-sein des Daseins, von der wir bereits gehört haben. Die Idee des In-der-Welt-seins ist gerade die, daß es keine scharfe Grenzziehung zwischen dem Organismus (Dasein) und der Welt gibt; es ist daher eine Art 'phänomenologischer Synergie'. Nur wo es ein Dasein gibt darf man von einer Welt sprechen. Diese Betrachtungsweise wurde durch Husserls Aspektstudien genauer eingefürt.

Ö2: Es gibt keine epistemische Vermittler.

Diese zweite These des ökologischen Ansatzes von Gibson ergibt sich aus der vorherigen These Ö1. Wenn es keinen scharfen Unterschied zwischen dem Organismus und seiner Umwelt gibt, dann gibt es auch keinen Grund dafür, eine Entität einzuführen welche dazu dient, die Kluft zwischen dem Organismus und seiner Umwelt zu überbrücken. In traditionellen repräsentationelen Ansätzen fungieren als epistemische Vermittler Entitäten, die die Aufgabe zu erfüllen haben, einen Zugang zur Welt für den Organismus zu sichern. Solche Entitäten wie Vorstellungen oder psychologische Bilder werden aber nur dann gebraucht, wenn davon ausgegangen wird, daß es eine Kluft zwischen dem Organismus und seiner Welt besteht. Die Einführung epistemischer Vermittler wird durch Fragen nahegelegt wie: "Wie bin ich imstande, diese Katze dort drüben wahrzunehmen?" Und die Antwort darauf lautete: "Ich bin imstande die Katze wahrzunehmen, weil ich eine Repräsentation habe, die mir einen epistemischen Zugang zur Katze sichert." In der Wahrnehmungspsychologie spielten die epistemischen Vermittler wohl nur deswegen eine so wichtige Rolle weil die Wahrnehmung unter künstlichen Laborbedingungen studiert wurde, wo die meiste Information ausgeschlossen blieb, und die Wahrnehmungsforschung auf die erstarrten zeitlichen Schichten reduziert wurde. Im Gegensatz dazu zeigt die realistische Betrachtungsweise die Wahrnehmung als ein ständiges Umweltengagement des Organismus.

P2: Es gibt keine epistemischen Vermittler, da es nur Dinge gibt.

Auch wenn es ungewöhnlich klingt, es gibt eine entsprechende These auch in der Phänomenologie. Diese These besagt, daß es keine Notwendigkeit für das Bestehen der epistemischen Vermittler (Vorstellungen, psychologische Bilder) in der Phänomenologie gibt wenn die brentanosche reistische Betrachtungsweise der Phänomene eingenommen wird. Brentano zufolge gibt es nur die Phänomene. Von diesem Standpunkte aus ist es falsch zu behaupten, daß es Gedanken gibt. Es gibt nur die Denkdinge, oder Wünschdinge. Es solte bereits jetzt klar sein, daß diese Phänomene keine epistemischen Vermittler sind. Sie sind konkrete Dinge. Sie sind akzidentelle Dinge oder die Ganzheiten welche Organismen als substanzielle Teile enthalten. Wenn es nur Denkdinge gibt, dann gibt es keine epistemischen Vermittler. Die Phänomene selbst sind natürlich keine epistemischen Vermittler; es gibt sie daher nicht und die Phänomenologie braucht sie auch nicht. Husserl hat im übrigen dieselbe Ansicht vertreten. Er verwarf die epistemischen Vermittler als Erbe des Psychologismus. Die Ansichten Husserls stimmen in diesem Punkte mit der brentanoschen Phänomenauffassung überein.

Ö3: Die Bedeutung ist organismusabhängig und kommt durch die Affordanzen zustande.

Für das ökologische Ansatz von Gibson gibt es auch nicht die Bedeutung als eine selbständige Entität. Die Bedeutung ist vielmehr organismusabhängig. Genauer gesagt ist die Bedeutung von dem Organismus und seiner Welt als einem Ganzen abhängig. Hier kommt der Affordanzbegriff Gibsons ins Spiel. Nach Gibson wird der Organismus in dem Prozeß der Einbeziehung in die Welt durch die Entitäten seiner Umwelt "angesprochen" (afforded). So spricht mich dieser Stuhl an, mich auf ihn zu setzen. Die Affordanz ist dabei spezifisch für die jeweilige Organismus: derselbe Stuhl fordert etwa den Holzwurm auf, sich hineinzubohren. Bedeutung kommt so durch Affordanzen zustande, sie ist affordanzabhängig. Ein Organismus sammelt die Information in seiner Umwelt durch sein praktisches Engagement.

P3: Die Bedeutung kommt durch die Phänomene zustande, und ist substanz- (organismus-) abhängig.

In der Phänomenologie gibt es entsprechend keine

Bedeutung, die unabhängig von den Phänomenen ist. Nur die
Phänomene dürfen als die Bedeutungsträger angesehen werden. Alle
Phänomene haben Substanzen und sind so organismusabhängig (die
Substanz der Phänomene ist ein Organismus). Zwar hat die
Phänomenologie die Abhängigkeit der Phänomene von verschiedenen
Organismusarten noch nicht systematisch entwickelt, doch gibt
Husserl eine klare Illustration der Organismusabhängigkeit der
Phänomene, wenn er sich etwa in eine Beschreibung des Sammelns
von verschiedenen Abschattungen eines Objektes in dem
Wahrnehmungsakt des Sehens engagiert. Sollte die Phänomenologie
einmal so erweitert sein, daß sie verschiedene Organismusarten
umfaßt (Affen, Katzen, Ameisen), dann wäre es möglich, eine
systematische Darstellung der Phänomene für verschiedene
Organismen zu entwickeln.

III. Neuronale Netze

In den vergangenen Jahrzenten spielte der Computer für die
Entwicklung von Modellen des Geistes eine wichtige Rolle. So
konnten verschiedene kognitive Fähigkeiten simuliert werden und
sich eine "kognitive Revolution" Bahn brechen.

Trotz unseres wachsenden Verständnisses der kognitiven
Fähigkeiten, die durch die symbolischen Modelle des Geistes
möglich geworden sind, kamen verschiedene Unzulänglichkeiten des
klassischen Computermodells zum Vorschein. Die funktionalistische
Einstellung, die derartigen Modellen eigen ist, hat die Frage der
realistischen Einheit der studierten kognitiven Prozesse eines
Organismus vernachlässigt. Noch wichtiger war Gleichgültigkeit zu
kognitiven Prozessen aus der Sicht der realen Lage des Organismus
in seiner Umwelt. Darum ist die Ökologismusdiskussion bedeutsam.

Die unrealistische Einstellung des klassischen symbolischen
Modells des Geistes in bezug auf die Realität des Organismus mit
seinem Gehirn als Zentrum des Verhaltens und in bezug zur
Situiertheit des Organismus in seiner Umwelt ist die Hauptursache
für die Ersetzung des klassischen Modells durch das Modell
konnektionistischer Netze.

Dafür, das konnektionistische Modell an Bedeutung gewann war
nicht das Bewußtsein, daß es ein Gehirn gibt, ausschlaggebend,
sondern die realistische Sachlage, daß der Organismus in seiner
Umwelt agiert. Die Notwendigkeit, den Organismus in seiner
Situation zu studieren, ist längst bemerkt worden. Nun jedoch
wird gefordert, realistische Modelle des Geistes einzuführen und
auch das Lernen ist ökologisch aufzuklären.

"Die drei Ideen, das erklärungsmäßige Lernen, das Lernen durch
Verstärkung und vor allem das Verzögerungslernen sind wichtig,
indem die Tiere sie erfolgreich beherrschen, und so möchten wir,
daß die Maschinen dies auch beherrschen." (Myers)

So ist der Konnektionismus ökologisch und verhaltensmässig
begründet, wobei das Lernen immer mehr in Vordergrund rückt.

Diese Entwicklung der kognitiven Wissenschaft und besonders des
Modellierens neuraler Netze könnte noch größeren Aufschwung
nehmen, wenn ein allgemeines Modell der Lernsituation angegeben
werden könnte. Wir wollen das, was wir über Phänomenologie und

dem ökologischen Ansatz gesagt haben, kombinieren und es auf das
Lernen, das für neuronale Netze bedeutsam, anwenden.
 Ausgangspunkt ist, daß es eine Ähnlichkeit zwischen der
Phänomen- und der Lernstruktur gibt.
 Wir haben gehört, das ein Phänomen (in brentanoschen
ontologischen Sicht) eine akzidentielle Ganzheit ist, welche die
Substanz als Teil enthält:

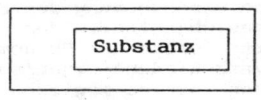

```
         ┌─────────────────────┐
         │      Substanz       │
         │                     │
         └─────────────────────┘
                Phänomen
```

Beim Erklären des Lernens beginnen wir mit einem lernendem
System (Organismus, Zeug). Ein derartiges System kann als
Substanz bezeichnet werden:

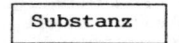

```
              Substanz
```

Manchmal lernt das System von selbst, und manchmal versuchen
wir es zu belehren. Wir erklären dem System, wie man einen
Fahrrad fährt oder wir zeigen es ihm. So haben wir einen Input:

```
       ------>  Substanz
        Input
```

Gibt es einen unmittelbaren Output wie im folgenden Diagramm?

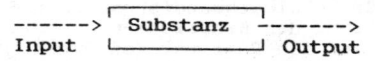

```
       ------>  Substanz   ------>
        Input                       Output
```

Nein, dieses Bild ist verfehlt.
 Es gibt einen Wiederstand in der Umgebung, und deswegen gibt
es einen Rückbezug von der Umwelt zum Organismus:

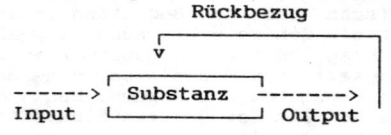

```
                    Rückbezug
              ┌─────────────────┐
              v                 │
       ------>  Substanz  ------>
        Input                   Output
```

So ist die Umwelt für das Lernen wichtig:

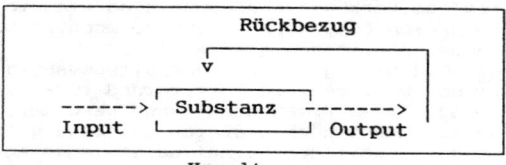

```
       ┌────────────────────────────┐
       │         Rückbezug          │
       │    ┌──────────────┐        │
       │    v              │        │
       ├─> Substanz  ──────┴──────> │
       │Input              Output   │
       └────────────────────────────┘
                  Umwelt
```

Das Bild scheint eine bestimmte Ähnlichkeit mit der Struktur der Phänomene zu besitzen, die wir früher angegeben haben. In demselben Sinne wie die Struktur des Phänomens nahe zum Organismus steht, so ist dieses Bild nahe zum Funktionieren des Organismus in seiner Umwelt. Die Welt (Umwelt) hat ihren Sinn für den Organismus, also für eine Substanz. Das Ganze ist dem In-der-Welt-sein nahe.

Gegen die Behauptung, eine Ähnlichkeit zwischen dem Phänomen im brentanoschen Sinne und dem Lernen, wie es in dem Diagramm skiziert ist, läßt sich folgendes einwenden:

1. In unserem Lerndiagramm erscheint das Lernen (im Unterschied zur Umwelt) nicht als das Ganze.

2. Das brentanosche Phänomen ist ontologisch und deskriptiv, unser Lerndiagramm muß aber funktional und genetisch abgefaßt werden.

Hierauf möchte ich folgendes zu bedenken geben:

ad 1. Die Struktur eines Phänomens ist nicht auf brentanosche Phänomene begrenzt. Wir betonten, daß dieselbe Struktur (das akzidentelle Ganzes, welches die Substanz als Teil enthält) schon in der heideggerschen Phänomenologie zu finden ist. Die Struktur von Phänomenen ist in dieser Allgemeinheit eingeführt worden. So ist es möglich, das Lernen durch die Umwelt zu bestimmen, in demselben Sinne wie das Phänomen als Akzidenz bestimmt wurde, und nicht nur mit der Hilfe von Substanzen.

ad 2. Das Phänomen wird von Brentano tatsächlich ontologisch und deskriptiv verstanden. Ich meine jedoch, daß eine naturalistische und organismische Deutung des Phänomens möglich ist. Das brentanosche Phänomen, z.B. ein Denkending, ist zwar selbst kein Organismus, es ist aber nur möglich, wenn es einen Organismus als seinen echten Teil einbezieht. Das Phänomen erhält sein Leben durch diese Beziehung auf einen Organismus. Genetische und deskriptive Zugangsweisen sind aus dieser Sicht verträglich.

LITERATUR
Baumgartner, E. u. W.: (unveröffentl.): "On the Origins of Phenomenology: Franz Brentano."; Chisholm, R. M.: (1982) "Brentano's Theory of Substance and Accident" in Brentano and Meinong Studies, Rodopi, Amsterdam; Myers, C. E.: (1992) Delay Learning in Artificial Neural Networks, Chapman & Hall, London; Potrč, M.: (1991) "A Naturalistic and Evolutionary Account of Content" in A.-T.Tymieniecka (ed.), Analecta Husserliana, Vol. XXXIV, 1991 Kluwer Academic Publishers, Netherlands; Potrč, M.: (1993) Phenomenology and Cognitive Science, Röll Verlag, Würzburg; Shawe-Taylor, J.: (unveröffentl.) "Mathematical Models of Learning and Connectionism"; Smith, B.: (1987) "The Substance of Brentano's Ontology", Topoi 6;

Klaus Sachs-Hombach, Magdeburg

Mentale Simulation - Eine neue Gestalt der Hermeneutik?

Unter dem Namen Kognitionswissenschaft haben sich seit den 50er Jahren verschiedene Disziplinen zusammengeschlossen, um nach wie vor ungelöste Fragen zur Natur und Gesetzlichkeit kognitiver Fähigkeiten zwar aus unterschiedlicher Perspektive, aber doch mit einer gemeinsamen Strategie zu beantworten.[1] Ihre Gemeinsamkeit ergibt sich aus der Orientierung am 'Computermodell der Geistes',[2] das in Zusammenwirkung mit der funktionalistischen Philosophie und in Opposition zum Behaviorismus entwickelt worden ist.[3] Durch eine Einbeziehung mentaler Zustände gelang es, eine spezifisch psychologische Erklärung des Verhaltens zu geben, ohne doch auf die traditionelle Bewußtseinstheorie zurückgreifen zu müssen.[4]

Das funktionalistische Paradigma hat ungeachtet seines Erfolges im Laufe der letzten Jahrzehnte vielfältige Kritik erfahren. Im folgenden werde ich eine der Diskussionen vorstellen, in der zur Zeit die Grundlagen der Kognitionswissenschaft in radikaler Weise kritisiert werden. Sie trägt den Titel 'Simulation-Debate'.[5] Es geht in ihr nicht um Fragen zur wohl denkbaren Möglichkeit, den menschlichen Geist künstlich zu simulieren, sondern um die Bedeutung der elementaren menschlichen Fähigkeit, sich in den Anderen hineinzuversetzen, ihn zu simulieren. Diese Fähigkeit sehen die Vertreter der Simulationstheorie als eine notwendige Bedingung des Verständnisses und der Vorhersage des Verhaltens anderer an.

Ihre Bedeutsamkeit erhält die 'Simulation-Debate' durch den Versuch, das traditionelle Verstehenskonzept der Hermeneutik in der Begrifflichkeit der analytischen Philosophie zu diskutieren.[6] Hierbei geht es einerseits um eine Klärung des Verstehensbegriffs, anderseits um die Frage, wie fundamental das Verstehen im Gesamtbereich des Kognitiven anzusiedeln ist. Entsteht damit, ließe sich fragen, eine neue Gestalt der Hermeneutik?

Erst Ende der 80er Jahre entstanden, lassen sich Tragweite und Zukunft der Simulationstheorie noch kaum abschätzen. Sicherlich handelt es sich um eine wichtige psychologische Diskussion. Darüber hinaus verspricht die Simulationstheorie aber, neue Einsichten auch für die philosophi-

---

1) Zur Entstehung und Geschichte der Kognitionswissenschaft siehe Gardner 1985.
2) Eine Darstellung des Computermodells des Geistes liefert Block 1990. Vgl. zur Geschichte dieses Modells Krämer 1991.
3) Trotz dieser Opposition läßt sich das Computermodell als Weiterentwicklung der behavioristischen Theorie begreifen: Es erweitert die behavioristische Erklärung des Verhaltens um interne Wissensrepräsentationen. Vgl. die kritische Diskussion der funktionalistischen Theorie bei Block 1978.
4) Den Kerngedanken des Funktionalismus liefert die Annahme, daß mentale Zustände funktionale Zustände sind, die sich durch ihre kausale Rolle auszeichnen. Schmerz z. B. steht im Zusammenhang mit bestimmten Ursachen, die ihn hervorrufen, und mit bestimmten Wirkungen, die er bedingt. Die Wirkungen finden sich hierbei sowohl im Bereich des Mentalen als auch im Bereich des Verhaltens. Ganz in Übereinstimmung mit dem Behaviorismus geht es daher nicht um eine Bestimmung intrinsischer Qualitäten, im Unterschied zu ihm werden aber mentale Zustände und ihre Korrelation mit anderen mentalen Zuständen berücksichtigt. Schmerz z. B. läßt sich nicht befriedigend verstehen, wenn er nicht mit bestimmten Überzeugungen und Wünschen im Zusammenhang gesehen wird.
5) Die 'Simulation-Debate' wurde 1986 durch Robert Gordons Aufsatz "Folk Psychology as Simulation" angeregt. 1989 veröffentlichte Alvin Goldman "Interpretation Psychologized", wo er Gordons Position mit wesentlichen Änderungen vortrug. Weitere Arbeiten lieferten unter anderen Heal 1986 und Ripstein 1987. Mind & Lanuage 1992 bietet eine gesamte Ausgabe zu dieser Diskussion.
6) Collingwood gilt als Vorläufer der Simulationstheorie innerhalb der angelsächsischen Philosophie. Vgl. Collingwood 1946. Die Wurzeln der gesamten Debatte liegen sicherlich in der Romantik. Vgl. hierzu Sachs-Hombach 1993.

Klaus Sachs-Hombach, Magdeburg

schen Fragen nach der Natur mentaler Zustände und den Bedingungen des Besitzes mentaler Begriffe zu liefern.[7] Im folgenden erläutere ich zunächst einige allgemeine Voraussetzungen der Kognitionswissenschaft (1.) und präzisiere die Fragestellung hiernach (2.). Anschließend werde ich die Ansätze von Gordon (3.) und Goldman (4.) darstellen und zum Abschluß auf den Begriff der Theorie genauer eingehen (5.).

1. Kognitionswissenschaftliche Voraussetzungen

Die Kognitionswissenschaft geht von zwei grundsätzlichen Annahmen aus: Kognitive Prozesse sind erstens als Informationsverarbeitung aufzufassen, hierzu ist zweitens eine Repräsentationsebene unverzichtbar.[8] Die Repräsentationsebene kann, in Analogie zum Computer, als interner 'Speicher' verstanden werden, in dem Wissen in Form von bedeutungshaften Symbolen repräsentiert ist. Das Gesamtmodell, kognitive Architektur genannt, besteht aus der Einheit von Speicher, Input/Output-Vorrichtungen und zentraler Verarbeitungseinheit, wobei der Speicher sowohl Verarbeitungsregeln oder Programme als auch Daten enthält.[9]

Unser Kontakt mit der Welt erfolgt diesem Modell zufolge im Medium der propositionalen Einstellungen, die definiert sind als Relation von Organismus und Repräsentationsgehalt. Die funktionalistische Theorie betrachtet nun die Begriffe solcher Einstellungen, besonders den Überzeugungsbegriff, als theoretische Begriffe, da sich ihre Bedeutung aus den Gesetzen ergibt, in denen sie auftreten. Verwenden wir bei der Verhaltenserklärung den Begriff der Überzeugung, stützen wir uns deshalb auf ein Theoriegeflecht. Hieraus folgt, daß die Implementierung der Regelsysteme abgeschlossen sein muß, um kognitive Fertigkeiten richtig ausführen zu können.

Aus der Annahme der Theoriehaltigkeit unserer elementarsten alltagspsychologischen Begriffe ergibt sich die Möglichkeit, jeden kognitiven Vorgang als unbewußtes Schlußverfahren zu interpretieren. Das zugrundeliegende Regelsystem, das eine Menge kausaler Generalisierungen umfaßt, ist hierbei in der Regel nicht bewußt. Versuchen wir eine beliebige Aufgabe zu lösen, werden auf einer tiefer liegenden Verarbeitungsebene die Daten mit entsprechenden Inferenzregeln kom-

---

7) Es lassen sich folglich zwei Untersuchungsbereiche unterscheiden. Der mehr psychologische Bereich umfaßt die Genese und die eigentliche Praxis simulativer Fähigkeiten. Ein philosophischer Bereich ergibt sich dagegen aus den Fragen nach der Natur des Mentalen und nach den Bedingungen des Verständnisses mentaler Begriffe. Sowohl im philosophischen als auch im psychologischen Bereich sind simulationstheoreotische Konzeptionen denkbar. Nur bei einigen ihrer Befürworter gilt die Simulation als ein erfolgversprechender Kandidat auch innerhalb der philosophisch relevanten Fragen.
8) Das wohl bekannteste Modell der Repräsentationstheorie hat sicherlich Fodor 1975 mit seiner Lanngugage-of-Thought-Hypothese entwickelt.
9) Programme und Daten liefern zwei unterschiedliche Form: n de: Wissens. Das Regelwissen bleibt als Handlungsanweisung zur kognitiven Verarbeitung der Information im Hintergrund und wird als intern repräsentierte Theorie gedeutet, während sich das Weltwissen aus dem empirischen Erwerb konkreter Fakten ergibt und in Form von Überzeugungen in kognitive Prozesse eingeht. Einen knappen Überblick zur kognitiven Architektur geben Simon and Kaplan ,1989.

biniert, so daß sich die Lösung einer Aufgabe mittels eines unbewußten Rechenprozesses ergibt. Beurteilen wir etwa einen Satz nach grammatischer Richtigkeit, verwenden wir eine implizite sprachliche Theorie, eine Grammatik. Beurteilen wir das Verhalten eines anderen Menschen, greifen wir auf eine implizite psychologische Theorie, eine Alltagspsychologie zurück. Die funktionalistische Philosophie, die diese Theorie als Computermodell des Geistes entwickelt hat, läßt sich daher als explizite Theorie einer das Mentale bestimmenden impliziten Theorie verstehen.

2. Theorie versus Simulation

Die dargestellten Annahmen liefern das strategische Gerüst der kognitionswissenschaftlichen Forschung. Sie werden von der Simulationstheorie unter dem Titel Theorie-Theorie zusammengefaßt. Von ihnen ausgehend, setzt die Simulationstheorie an einer bestimmten Fragestellung an: Wie verfahren wir, wenn wir das Verhalten anderer Menschen erklären oder vorhersagen? Sicherlich verwenden wir hierbei intentionale Begriffe, d. h. wir schreiben propositionale Einstellungen zu: Um den anderen zu verstehen, unterstellen wir bestimmte Überzeugungen und Wünsche.

Nach traditionellem Verständnis der Kognitionswissenschaften entspricht dies genau dem Verwenden einer impliziten Alltagspsychologie. Wir unterstellen, daß jemand glaubt, daß dies oder jenes der Fall ist, und daß er wünscht, daß dieses oder jenes eintreten wird.[10] Wollen wir Verhalten erklären oder vorhersagen, überlegen wir, welche Überzeugungen und Wünsche dem Verhalten zugrunde liegen. Aus diesen Annahmen wird mittels allgemeiner psychologischer Gesetzlichkeiten dann der faktische mentale Zustand oder das zukünftige Verhalten erschlossen.

Gegen das funktionalistische Modell wendet die Simulationstheorie nun ein, daß wir, statt eine Theorie zu verwenden, in der alle möglichen Verhaltensregelmäßigkeiten zusammengestellt sind, einfach eine Simulation vollziehen können. Die Simulation soll ein nicht-theoretischer Prozeß sein, der unmittelbare Aussagen ermöglicht, weil der andere auf dem eigenen kognitiven System imitiert wird.

Die Fragestellung ließe sich auch mit dem Begriff der Interpretation fassen, denn die Zuschreibung mentaler Zustände kann als Interpretation des Verhaltens gelten. Sind wir Theoretiker oder eher Simulatoren, wenn wir andere interpretieren? Nach welchen Kriterien verfahren wir hierbei?

---

10) Z.B. sehen wir, wie Peter sich ein Glas Wasser einschenkt. Um uns sein Verhalten verständlich zu machen, nehmen wir an, daß er Durst hat und sich deshalb (um etwas zu trinken) ein Glas Wasser einschenkt. Er wird, können wir des weiteren vorhersagen, das Wasser wahrscheinlich gleich trinken. Damit diese Überlegung plausibel ist, müssen wir einige weitere Annahmen unterstellen. Peter muß z. B. die Überzeugung haben, daß Wasser Durst löscht und daß dieses Wasser, was er gerade in Händen hält, genießbar ist. Wüßten wir, daß er wüßte, daß das Wasser vergiftet ist, würden wir nicht annehmen, daß er Durst hat, sondern vielleicht, daß er eine chemische Analyse vorbereitet oder aber erwägt, Selbstmord zu begehen. Welche Erklärung wir geben, hängt ganz wesentlich davon ab, welche weiteren Überzeugungen wir Peter zusätzlich zuschreiben.

Klaus Sachs-Hombach, Magdeburg

Erachtet man die interpretativen Fähigkeiten als fundamental, dann könnte eine Theorie der Interpretation zugleich eine angemessene Beschreibung der Natur des Mentalen liefern.

3. Alltagspsychologie als Simulation

Die elementarste Form der Simulation ist die Selbstvorhersage. Ich könnte mich z. B. fragen, was ich tun würde, wenn nachts Schritte im Keller zu hören wären. Eine Antwort setzt nach Gordon voraus, daß die Situation imaginiert wird. Ich stelle mir vor, Schritte zu hören, und sage mein Verhalten dann wie eine unmittelbare Handlungsintention vorher, mit dem Unterschied, daß ich mein Entscheidungssystem lediglich im 'Vorstellungsmodus' benutze.[11]
Das gleiche gilt nach Gordon für die 3. Person-Perspektive, wenn die Dinge hier auch etwas komplizierter liegen. Ich soll nun nicht vorhersagen, was ich, sondern was ein anderer in einer bestimmten Situation tun würde. In diesem Fall werden imaginative Angleichungen für relevante Unterschiede vorgenommen. Eine Vorhersage ist in dem Maße verläßlich, in dem es gelingt, die Situation des anderen mit dem eigenen kognitiven System in wesentlichen Aspekten zu imitieren. Gordon bezeichnet dieses Verfahren als Übertragung. In Abgrenzung zu nomologischen Verfahren sind hier praktisch-emotionale Merkmale entscheidend, denn wir imaginieren die Situation nach verhaltenswirksamen Gesichtspunkten, die oft von theoretischen Aspekten abweichen.[12] Zur Verdeutlichung unterscheidet Gordon 'heiße' und 'kalte' Methodologien. Nur 'heiße' Methodologien beziehen die eigene Fähigkeit zu Emotion, Motivation und praktischer Überlegung ein, während die Theorie-Theorie von dieser Fähigkeit absieht.
Die Simulation im Sinne einer einfachen Übertragung gilt als "default mode" (Gordon 1992, 13), als diejenige Einstellung unseres kognitiven Systems, die wir beständig und automatisch einnehmen.[13] Gordon nennt sie totale Übertragung. Werden Angleichungen vorgenommen, erfolgt eine Änderung der 'egozentrischen Karte'. Gordon führt hier den Begriff der imaginativen Identifikation ein. Imaginative Identifikation heißt nicht, daß *ich* die Situation erlebe und die Ergebnisse

---

11) Die 'Simulation-Debate' weist überraschende sachliche wie argumentative Parallelen zu einer etwas älteren Diskussion auf, die als 'Imagery-Debate' bekannt geworden ist. Die Vertreter der Simulationstheorie betonen allerdings, daß Imagination wie Simulation ohne Bildlichkeit erfolgen kann, und beanspruchen deshalb, ein fundamentaleres Problem zu behandeln. Eine sinnvolle Unterscheidung beider Debatten könnte die nach Medium und Prozeß sein. Die 'Imagery-Debate' behandelt das Problem unterschiedlicher Formen der internen Repräsentationen. Das Medium des Geistes kann propositional oder piktorial gestaltet sein. Der 'Simulation-Debate' geht es dagegen um die Frage, wie die kognitiven Prozesse ablaufen und durch welche Prinzipien sie gesteuert werden, unabhängig ihres verwendeten Mediums. Hier ließe sich ein theoriegeleitetes Verfahren denken oder ein mehr praktisch-hypothetisches Vorgehen.
12) Deshalb übertragen wir zuweilen Irrationalität. Die Simulationstheorie ist geeignet, diese Tatsache verständlich zu machen. Vgl. Gordon 1992, 15.
13) Die Verhaltensvorhersage stellt nur eine der komplexen Verwendungsweise unserer simulativen Fähigkeit dar. Schon die Wahrnehmung verwendet simulative Mechanismen: Wir tendieren dazu, dem Blick des anderen zu folgen und damit seine Perspektive einzunehmen, um ihn besser verstehen zu können. Gordon vermutet, daß hierfür ein besonderes Modul verantwortlich ist, das erst Rollenspiele ermöglicht und nach einer gewissen Reifung schließlich erlaubt, Prozesse mit nur vorgestelltem Input und Output ablaufen zu lassen.

meines Entscheidungssystems nun auf den anderen übertrage, sondern daß ich *der andere bin*, während ich ihn simuliere.[14]

Mit dem Begriff der imaginativen Identifikation will Gordon sicherstellen, daß wir, um Verhalten zu erklären, nicht von unserer Simulation auf den anderen *schließen* müssen, denn wäre ein Schluß nötig, ließe sich argumentieren, daß die Simulation eine theoretisch fundierte Tätigkeit ist, und dann würde zweifelhaft, ob die Simulationstheorie überhaupt eine Alternative zur Theorie-Theorie liefert. Erfolgreich ist der Begriff der imaginativen Identifikation allerdings nur in Verbindung mit dem Begriff der Übertragung, der sicherstellt, daß im Simulationsprozeß der kognitive Rahmen des eigenen Systems erhalten bleibt. Dies fordert die holistische Struktur des Geistes. Verhaltenserklärungen, selbst wenn sie Gesetze typischer Verursachung enthalten, setzen immer gleiche Umstände voraus (ceteris-paribus-Gesetze), wann aber gleiche Umstände vorliegen, ist nach Gordon nur innerhalb praktischen Simulierens festzustellen, nicht durch nomologische Verfahren, denn erst die Simulation liefert durch das eigene kognitive System den notwendigen Rahmen, in dem psychologische Gesetze anwendbar werden.

Der fundamentale Charakter der Simulation legt nahe, die Natur des Mentalen sowie den Erwerb und das Verständnis mentaler Begriffe aus simulationstheoretischer Perspektive zu deuten. Die gesamte theoretische Struktur der Alltagspsychologie wird damit zu einem Produkt simulativer Fähigkeiten. Nach Gordon läßt sich dieser Anspruch einlösen, indem gezeigt wird, daß die Zuschreibung "X glaubt, daß p" in eine X-Simulation zu übersetzen ist, die einfach "p" enthält. Wir simulieren also eine Überzeugung, ohne sie mit Hilfe des Begriffs der Überzeugung zuschreiben zu müssen.[15] Die Zuschreibung einer Überzeugung gilt folglich als das Aufstellen einer Behauptung als Tatsache im Kontext einer praktischen Simulation.[16] Damit wird es möglich, die philosophische Frage nach den notwendigen Bedingungen des Besitzes mentaler Begriffe im Horizont der Simulationstheorie zu stellen.

4. Simulation als heuristisches Verfahren

In der Literatur wird Gordons Vorschlag, die Simulation als fundamentalen Prozeß zu deuten, der geeignet ist, den Erwerb und das Verständnis mentaler Begrifflichkeit zu begründen, sehr kritisch betrachtet.[17] Mit einer veränderten Version der Simulationstheorie schlägt Alvin Goldman eine

---

14) Natürlich bleibe ich mir bewußt, daß ich simuliere. Wie beim traditionellen Verstehenskonzept muß immer eine kritische Instanz der Bewertung erhalten sein, die nicht im Verstehensprozeß aufgeht.
15) Wir benötigen in der Simulation das Wissen über eine bestimmte Situation, wir benötigen aber nicht den Begriff der Überzeugung, um jemanden mit dieser Überzeugung ausgestattet zu simulieren.
16) Vgl. Gordon 1986, 168.
17) Eine häufige Kritik ergibt sich aus Zirkularitätsvorwürfen. Vgl. Heal 1986.

Klaus Sachs-Hombach, Magdeburg

Theorie vor, die diese Schwierigkeiten vermeidet, dabei allerdings die philosophische Brisanz des Themas abzuschwächen scheint, da er annimmt, daß Simulationsprozesse mentale Zuschreibungen immer schon enthalten.

Goldman geht es ausschließlich um ein Verständnis der eigentlichen Interpretationspraxis konkreter Individuen, die sich ihm zufolge am besten als Simulation beschreiben läßt.[18] Soweit Simulation aber die Beherrschung der mentalen Begrifflichkeit bereits voraussetzt, kann sie nur als Heuristik gelten. Sie mag eine wichtige Fähigkeit im kognitiven System sein, sie kann aber nicht begründen wollen, wovon sie immer schon Gebrauch macht. Deshalb ergibt sich, daß gerade weil die Simulation das entscheidende Verfahren der Interpretation ist, die Interpretationsstrategie scheitert, die über eine Theorie der Interpretation Fragen zur Natur des Mentalen klären will.

Die Simulationstheorie beschreibt Interpretation bei Goldman nicht mit Mitteln der mathematischen Entscheidungstheorie oder unter Zuhilfenahme logischer Gesetze, sondern als den Versuch, sich in den anderen hineinzuversetzen. Dadurch wird eine Erklärung der Zuschreibung emotionaler Einstellungen plausibler. Sie besitzt zudem die Fähigkeit, mit propositonalen Inkonsistenzen umzugehen zu können. Zuweilen ist es sehr sinnvoll, falsche Überzeugungen oder sogar Irrationalität zuzuschreiben, da das Verhalten von Personen mitunter auf falscher Evidenz oder auf mangelhaften Verfahren beruht. Es ist vielleicht sogar die Regel, daß Interpretationen nicht logisch konsistent sind, wie sie es sein müßten, wenn eine logische Theorie ihnen zugrunde läge.[19]

Anders als Gordon vertritt Goldman ein 'Modell-Modell' der Simulation und verzichtet damit auf den Begriff der imaginativen Identifikation. Bei der Interpretation fremden Verhaltens nehmen wir uns als Modell und übertragen das Ergebnis auf den anderen. Wird das Verstehenskonzept unter Zuhilfenahme des Modellbegriffs erläutert, ergibt sich ein zweistufiges Analogieverfahren. Zunächst simuliere ich, wie ich mich unter bestimmten Bedingungen verhalten würde, dann übertrage ich das Ergebnis auf den anderen. Goldman nimmt an, daß ein solcher Analogieschluß als Mechanismus fest ins kognitive System eingebaut ist und deshalb bei unserer Interpretationspraxis nicht als theoretisches Verfahren bewertet werden muß. Regeln auf elementarer Ebene der kognitiven Architektur betrachtet er nicht mehr als kognitive Regeln, sondern als Ausstattung der 'hardware'. Durch diese naturalistische Interpretation des Analogieschlusses kann Goldman auf den Begriff der imaginativen Identifikation verzichten.[20]

---

18) Goldman wendet sich gegen sowohl gegen den Funktionalismus als auch gegen eine Rationalitätstheorie der Interpretation, wie er sie bei Davidson 1984 und Dennett 1987 vertreten sieht.
19) Das Paradox des Vorworts verdeutlicht dies. Jemand kann im Vorwort schreiben, daß er zwar von jeder einzelnen Aussage überzeugt sei, aber, weil er von seiner eigenen Fehlbarkeit ausgeht, dennoch glaube, daß eine seiner Aussagen sicherlich falsch sei. Logisch gesehen ist dies inkonsistent. Faktisch haben wir aber kein Problem, solche Überzeugungen zuzuschreiben. Ein Bezug zu idealen Normen scheint daher mit der psychologischen Praxis nicht übereinzustimmen. Goldmans Kritik nomologischer Regeln verläuft ganz analog. Vgl. Goldman 1986, 166.
20) Deshalb benötigt Goldman auch nicht den Begriff der "heißen" Methodologie. Er weist statt dessen auf den Unterschied zwischen wissenssarme und wissensreiche Paradigmen hin. Wissensreiche Prozeduren sind hochentwickelte und spezialisierte Algorithmen. Wissenssarme Prozeduren sind dagegen relativ primitive Grundmechanismen, die in Simulationsprozessen als Heuristiken dienen. In der Forschungspraxis der Kognitionswissenschaften ist es nach Goldman durchaus üblich, sich mit diesen Mechanismen zu beschäftigen.

Klaus Sachs-Hombach, Magdeburg

5. Ebenen der Theorie

Um die Simulationtheorie zu bestätigen, wurden zahlreiche experimentelle Daten angeführt. Da die empirischen Ergebnisse nach wie vor sehr umstritten sind, sollen sie an dieser Stelle nicht weiter erläutert werden.[21] Der Simulationstheorie, soviel scheint klar zu sein, kann es nicht um Formen der Repräsentation gehen, sondern um Formen der Grundprozesse.[22] Sowohl satzartige oder regelgesteuerte als auch pikoriale, selbst konnektionistische Repräsentationsformen können als theoriegeleitete Prozesse aufgefaßt werden. Somit ist der Theoriebegriff fundamentaler als der Repräsentationsbegriff.

Die Schwierigkeiten bei der Beurteilung der 'Simulation-Debate' resultieren wahrscheinlich aus der Vagheit des Theoriebegriffs. Gegen die Simulationstheorie wird immer wieder eingewandt, daß Simulationen von theoretischen Vorgaben abhängen.[23] Die Simulationstheorie liefere folglich gar keine Alternative zur Theorie-Theorie.[24] Es genügt deshalb nicht, die Existenz simulativer Verfahren zu behaupten, es ist zudem zu zeigen, daß Simulation ausschließlich prozeßgeleitet verläuft. Hierzu müssen auf verschiedenen Ebenen theoretische Verfahren ausgeschlossen werden. Ganz allgemein ließe sich eine Theorie als eine organisierte Menge von Regeln oder Prinzipien auffassen, als eine systematisch geordnete Wissensstruktur.[25] Auch wenn der Simulationsprozeß selbst nicht theoretisch ist, könnte eine Theorie für seine Anwendung unverzichtbar sein.[26] Zur Abwehr dieser Idee hat Gordon den Begriff der imaginativen Identifikation und Goldman den Gedanken nicht-kognitiver Regeln eingeführt. Schwieriger zu kontern ist das Problem ungleicher Ausgangsbedingungen. Benötigen wir nicht Kriterien, um Angleichungen adäquat vorzunehmen? Genau das macht Verstehen vielleicht aus: das Wissen, welche Informationen als relevant anzusehen sind. Stellen diese Kriterien kein theoretisches Wissen dar?

Die Simulationstheorie scheint sich hier auf eine natürliche Isomorphie der Systeme zu berufen. Besonders Goldman nimmt an, daß sich eine gemeinsame Form der Begriffs- und Klassenbildung aus identischen Eigenschaften unserer kognitiven Systeme ergibt. Wir verwenden deshalb anthropologische Kategorien, Farben etwa, nicht Wellenlängen. Ebenso unterliegt unsere Gegenstandsbildung bestimmten anthropologischen Konstanten, für die Goldman beispielhaft die Gestaltgesetze

---

21) Vgl. die entsprechenden Aufsätze in Mind and Language 1992.
22) Vgl. Stich und Nichols 1992.
23) Vgl. Dennett 1987, 100. Simuliere ich, wie sich eine Hängebrücke bei bestimmten Windverhältnissen verhält, benötige ich theoretisches Wissen über Hängebrücken. Warum sollte dies, fragt Dennett, bei Verhaltensvorhersagen anders sein. Auch wenn die Simulation eine besondere Phänomenologie besitzt, kann sie in einer tieferen Ebene theoretisch verankert sein.
24) Gefördert wird diese Gefahr durch den engen Bezug von Simulation und Entscheidungssystem. Wenn Simulation die Ein- und Ausgabe imaginierter Informationen in das Entscheidungssystem ist, sieht sie dem funktionalistischen Modell sehr ähnlich.
25) Eine Theorie muß nomologischen Charakter besitzen, Propositionalität ist kein ausreichendes Merkmal. Die Simulationssttheorie beschränkt sich ausdrücklich nicht auf Bildlichkeit, sondern läßt eine Verwendung von propositionalen Suppositonen zu.
26) Das Beispiel eines Flugsimulators legt nahe, daß wir eine Theorie brauchen, um das Modell selbst zu verstehen, und um vom Modell auf die Wirklichkeit zu schließen. Zudem mag das Verständnis der kausalen Relationen theoretisches Wissen voraussetzen.

anführt. Diese Konstanten sichern der Simulation einen intersubjektiven Rahmen, sie garantieren sowohl ähnliche Ausgangsbedingungen als auch eine Isomorphie des Prozesses. Gordon teilt die naturalisierende Betrachtungsweise Goldmans, verfährt aber radikaler: Auch der Erwerb mentaler Begriffe soll auf die Fähigkeit zur Simulation zurückgeführt werden. Das Entscheidungssystem benötigt aus diesem Grund lediglich ein ausreichendes Wissen über faktische Weltzusammenhänge, keineswegs eine psychologische Theorie, die Überzeugungen nach naturwissenschaftlichem Vorbild zuschreibt und erklärt. Simulationen des anderen gelingen, weil wir uns in relevanten Aspekten ähnlich sind, und deshalb entspricht Interpretieren viel eher dem, was traditionell 'einfühlendes' Verstehen genannt wurde, als dem nomologisch-theoretischen Verfahren des Naturerkennens. Die Simulationstheorie zeichnet, anders gesagt, erneut die 1. Person-Perspektive aus. Sie erneuert damit jedoch nicht die cartesischen Gewißheiten, sondern trägt unserer beharrlichen Intuition eines besonderen Vertrautseins im Umgang mit uns selbst Rechnung.

Literatur

Block, Ned (1978): Troubles with Functionalism, in: C. W. Savage (ed.), Perception and Cognition. Issues in the Foundation of Psychology, Minnesota Studies in the Philosophy of Science, vol. 9, 261-325.
Block, Ned (1990): The Computer Model of the Mind, in: D. N. Osherson and E. E. Smith, Thinking. An Invitation to Cognitive Sience, Cambridge MA: MIT Press.
Collingwood, R. G. (1946): The Idea of History, Oxford: Oxford University Press.
Dennett, Daniel (1987): The Intentional Stance, Cambridge, MA: MIT Press.
Fodor, Jerry (1975): The Language of Thought, Hassocks, Sussex: Harvester Press.
Gardner, Howard (1985): The Mind's New Science: A History of the Cognitive Revolution, New York: Basic Books.
Goldman, Alvin I. (1989): Interpretation Psychologized, in: Mind & Language, 4, 161-185.
Goldman, Alvin I. (1992): In Defence of the Simulation Theory, in: Mind & Language, 7, 104-118.
Gordon, Robert M. (1986): Folk Psychology as Simulation, in: Mind & Language, 1, 158-171.
Gordon, Robert M. (1992): The Simulation Theorie: Objections and Misconceptions, in: Mind & Language, 7, 11-34.
Heal, J. (1986): Replication and Functionalism, in: J. Butterfield (ed.), Language, Mind and Logic, Cambridge: Cambridge University Press, 135-150.
Krämer, Sybille (1991): Denken als Rechenprozedur: Zur Genese eines kognitionswissenschaftlichen Paradigmas, in: Kognitionswissenschaft 2, 1-10.
Mind & Language (1992): Mental Simulation: Philosophical and Psychological Essays, 7, Oxford: Basil Blackwell.
Ripstein, A. (1987): Explanation and Empathy, in: Review of Metaphysics, 40, 465-482.
Sachs-Hombach, Klaus (1993): Philosophische Psychologie im 19. Jahrhundert. Ihre Entstehung und Problemgeschichte, Freiburg/München: Alber.
Simon, Herbart A. and Craig A. *Kaplan* (1989): Foundations of Cognitive Science, in: Michael I. Posner (ed.), Foundations of Cognitive Science, Cambridge: MIT Press, 1-46.
Stich, Stephen and *Nichols*, Shaun (1992): Folk Psychology: Simulation or Tacit Theory, Mind & Language, 7, 34-71.

C.D. Broads a priori-Argument für die Emergenz phänomenaler Qualitäten
Achim Stephan, Mannheim

Fünfzig Jahre vor Beginn der sogenannten Qualia-Debatte hat C.D. Broad 1923 in seinen Tarner Lectures "The Mind and its Place in Nature" nahezu alle der in den letzten Jahren intensiv diskutierten nichtreduktiven Argumente vorweggenommen. Seine Überlegungen weisen zahlreiche Parallelen zu den "großen drei" Argumenten der gegenwärtigen Qualia-Debatte auf: dem "knowledge"-Argument, dem "absent qualia"-Argument und dem "explanatory gap"-Argument.[1] Darüber hinaus stiften Broads Ausführungen einen tieferen systematischen Zusammenhang zwischen diesen auf den ersten Blick eher separat erscheinenden Argumenten.

Broad ist zudem der erste Emergenztheoretiker, der sich von der im neunzehnten Jahrhundert vorherrschenden wissenschaftlichen Leitidee löst, nach der man ein Phänomen vor allem dann verstanden glaubte, wenn man seine Entstehung erklären konnte.[2] Der "alten" entwicklungsorientierten Wissenschaftsauffassung korrespondierte vor allem ein *diachroner* Emergenzbegriff, dessen wichtigste Konnotationen *Neuartigkeit* und *prinzipielle Unvorhersagbarkeit* sind.[3] Broad dagegen konzentriert sich zur Definition seines *synchronen* Emergenzbegriffes auf das Verhältnis zwischen der Mikrostruktur und dem charakteristischen Makroverhalten eines Systems. Für ihn ist entscheidend, ob aus einer vollständigen Kenntnis der Mikrovorgänge das Makroverhalten abgeleitet werden kann. Ist das prinzipiell ausgeschlossen, so handelt es sich Broad zufolge um ein emergentes Phänomen.

> Put in abstract terms the emergent theory asserts that there are certain wholes, composed (say) of constituents A, B, and C in a relation R to each other; that all wholes composed of constituents of the same kind as A, B, and C in relations of the same kind as R have certain characteristic properties; that A, B, and C are capable of occurring in other kinds of complex where the relation is not of the same kind as R; and that the characteristic properties of the whole $R(A,B,C)$ cannot, even in theory, be *deduced* from the most complete knowledge of the properties of A, B, and C in isolation or in other wholes which are not of the form $R(A,B,C)$. The mechanistic theory rejects the last clause of this assertion. (1925, 61)

Broads Theorie der Emergenz ist folglich durch zwei zentrale Behauptungen gekennzeichnet: (1) Das charakteristische Verhalten eines (beliebigen) Systems ist bereits durch das Verhalten und die Anordnung seiner Bestandteile vollständig determiniert, es ist durch seine Mikrostruktur bestimmt.[4] Diese These gilt nach Broad sowohl für emergente als auch für mechanisch erklärbare Phänomene.[5] Ausgeschlossen werden damit allerdings substanz-

---

[1] Nur die in der gegenwärtigen Debatte ebenfalls diskutierte Möglichkeit "invertierter qualia" (vgl. Block 1978, 1990, Shoemaker 1982, Levine 1988 und Harman 1990) scheint Broad für seine Argumentation nicht in Erwägung gezogen zu haben.

[2] Zum Wissenschaftsverständnis im ausgehenden neunzehnten Jahrhundert vgl. man z.B. Patricia Kitcher 1992, S. 7-8 und 11-37.

[3] Diachrone Aspekte der Emergenz wurden in den zwanziger Jahren vor allem von C. Lloyd Morgan und S. Alexander betont. In der heutigen Debatte scheinen K. Popper und M. Bunge wieder an diesem Begriff der Emergenz anzuknüpfen. Eine Darstellung und Kritik dieser Positionen findet sich in Stephan 1992, S. 30-37.

[4] Broad scheint an vielen Stellen das Haben einer Makroeigenschaft mit einem bestimmten *Verhalten* des entsprechenden Systems gleichzusetzen. Danach hat ein System eine bestimmte Makroeigenschaft genau dann, wenn es sich in der für diese Eigenschaft typischen Weise verhält. Man vgl. dazu z.B. die folgende Passage: (i) On the first form of the theory [that denies peculiar components like entelechies] the characteristic behaviour of the whole *could* not, even in theory, be deduced from the most complete knowledge of the behaviour of its components, taken separately or in other combinations, and of their proportions and arrangements in this whole. This alternative ... is what I understand by the "Theory of Emergence" ... (ii) On the second form of the theory the characteristic behaviour of the whole is not only completely *determined by* the nature and arrangement of its components; in addition to this it is held that the behaviour of the whole could, in theory at least, be *deduced* from a sufficient knowledge of how the components behave in isolation or in other wholes of a simpler kind. I will call this kind of theory "Mechanistic". (1925, 59)

[5] Broad gebraucht den Terminus "mechanisch" sowohl in einem engen ("Pure Mechanism", 44-52) als auch in einem weiten Sinn ("Mechanism about chemistry or biology", 46, 72). Im folgenden werden die Ausdrücke "mechanisch" und "mechanistisch" stets im weiten Sinn, nämlich als gleichbedeutend mit "physikalisch" bzw. "physikalistisch" gebraucht.

dualistische Positionen, die zur Erklärung bestimmter Eigenschaften oder Verhaltensweisen zusätzliche Komponenten postulieren (wie etwa Entelechien in Drieschs Vitalismus). (2) Bei einer emergentistischen Theorie kann jedoch das Gesetz, welches das charakteristische Verhalten eines Systems mit dessen Mikrostruktur assoziiert, nicht selbst aus anderen Gesetzen (über die Bestandteile bzw. deren mögliche Organisation in anderen Systemen) abgeleitet werden. Vielmehr ist es als ein rein empirisches Gesetz aufzufassen, das allein aus dem Studium genau der Systeme gewonnen werden kann, über die es etwas aussagt. In heutiger Terminologie bietet sich für Broads Begriff der Emergenz die folgende Rekonstruktion an:

Ist S ein komplexes System mit der Mikrostruktur $[C_1,...,C_n;R]$, dann ist eine Makroeigenschaft E von S genau dann emergent, wenn es zwar (i) ein Gesetz gibt, demzufolge alle Systeme mit der Mikrostruktur $[C_1,...,C_n;R]$ die Makroeigenschaft E haben, wenn aber (ii) nicht einmal im Prinzip aus den allgemein geltenden Naturgesetzen abgeleitet werden kann, daß Systeme mit der Mikrostruktur $[C_1,...,C_n;R]$ alle Merkmale haben, die für die Eigenschaft E charakteristisch sind.[6]

Nach Broads Überzeugung sind gemäß der von ihm vorgeschlagenen Kriterien für emergente Phänomene eine ganze Reihe von Makroeigenschaften als emergent anzusehen. Dies gilt besonders für viele Eigenschaften chemischer Verbindungen, aber auch für die charakteristischen Eigenschaften biologischer Systeme und für alle psychischen Eigenschaften. Innerhalb der von ihm für emergent gehaltenen Eigenschaften unterscheidet Broad jedoch deutlich zwischen zwei Gruppen. Während er nämlich einräumt, daß es sich herausstellen könne, daß die (zu seiner Zeit: mit guten Gründen) für emergent gehaltenen chemischen und biologischen Eigenschaften tatsächlich nicht emergent sind, hält Broad diese Möglichkeit bei psychischen Eigenschaften prinzipiell für ausgeschlossen.[7] In Broads Werk finden sich verschiedene Ansätze zur Begründung des seiner Meinung nach notwendig emergenten Charakters psychischer Eigenschaften. Alle Überlegungen haben jedoch die gleiche Wurzel, nämlich die Kernthese, daß Sinneseindrücke prinzipiell nicht auf physikalisch-physiologische Vorgänge zurückgeführt werden können.

Broad bringt seine Auffassung besonders deutlich in einem Gedankenexperiment zum Ausdruck. Um auszuschließen, daß die behauptete Emergenz einer Eigenschaft auf kontingenten Beschränkungen des menschlichen Erkenntnisvermögens beruht, imaginiert Broad einen *mathematischen Erzengel*, der neben unbegrenzter mathematischer Kompetenz zusätzlich die Fähigkeit besitzen soll, die einem System zugrundeliegende Mikroorganisation zu erkennen. Wenn die Makroeigenschaften chemischer Elemente und Verbindungen emergent wären, so wie Broad annahm, könnte auch ein mathematischer Erzengel nicht das Verhalten von Silber und Chlor oder die Eigenschaften von Silberchlorid vorhersagen. Aber wie stünden die Dinge, wenn der Mechanismus recht hätte? Wären in diesem Fall den Vorhersagefähigkeiten des mathematischen Erzengels überhaupt keine Grenzen gesetzt? Broad zufolge doch.

> Take an ordinary statement, such as we find in chemistry books; e. g., "Nitrogen and Hydrogen combine when an electric discharge is passed through a mixture of the two. The resulting compound contains three atoms of Hydrogen to one of Nitrogen; it is a gas readily soluble in water, and possessed of a pungent and characteristic smell." (1925, 71)

Wenn der Mechanismus zuträfe, so könnte nach Broad der mathematische Erzengel aus seinem Wissen über die Mikrostruktur der Atome zwar die ersten der zitierten Sätze deduzieren, der

---

[6] Ausführliche Begründungen für diese und vergleichbare Rekonstruktionen des Broadschen Emergenzbegriffes geben Beckermann 1992a, 17, 1992b, 103-6 und Stephan 1992, 37-39. Zur Formulierung "nichtreduktiv physikalistischer Positionen" erweist sich Broads Emergenztheorie den verschiedenen Varianten der im letzten Jahrzehnt vor allem von Kim ausgearbeiteten Supervenienztheorie als überlegen; vgl. dazu Beckermann 1992a 13-19, besonders 1992b 115-17.

[7] "Within the physical realism it always remains logically possible that the appearance of emergent laws is due to our imperfect knowledge of microscopic structure or to our mathematical incompetence. But this method of avoiding emergent laws is not logically possible for trans-physical processes" (81). Brian McLaughlin hat in seiner Arbeit "The Rise and Fall of British Emergentism" überzeugend ausgeführt, weshalb aus heutiger Sicht keine der von Broad für emergent gehaltenen chemischen oder biologischen Systemeigenschaften mehr als emergent gelten. Der Hauptgrund für diese veränderte Einschätzung ist die weitreichende Erklärungskraft der Quantenphysik. Vgl. McLaughlin 1992, 53-57, 89-90.

letzte bleibe ihm jedoch unzugänglich. Auch wenn er die genaue mikroskopische Struktur von Ammoniak kennen würde, wäre er nicht in der Lage vorherzusagen, wie diese Substanz riecht bzw., ob sie überhaupt zu Geruchsempfindungen führt.

> The utmost that he could predict on this subject would be that certain changes would take place in the mucuous membrane, the olfactory nerves and so on. But he could not possibly know that these changes would be accompanied by the appearance of a smell in general or the peculiar smell of ammonia in particular, unless someone told him so or he had smelled it for himself. (ibid.)

Broad schließt deshalb:

> If the existence of the so-called 'secondary qualities', or the fact of their appearance, depends on the microscopic movements and arrangements of material particles which do not have these qualities themselves, then the laws of this dependence are certainly of the emergent type. (71-72)

Aus heutiger Sicht ist Broads Argument allerdings weniger ein Argument für die Nichtdeduzierbarkeit bestimmter chemischer Eigenschaften (sekundärer Qualitäten), sondern vielmehr ein Argument für die prinzipielle Nichtdeduzierbarkeit phänomenaler Zustände (Qualia). Broad gesteht in seinen Überlegungen ausdrücklich zu, daß es möglich sein könnte, aus dem Wissen über die Atomstruktur den kausalen Einfluß einer chemischen Verbindung auf die menschlichen Sinnesorgane und die dadurch verursachten physiologischen Vorgänge im ZNS abzuleiten. Träfe eine mechanistische Biologie zu, so wäre der Erzengel darüber hinaus in der Lage, das molare Verhalten z.B. einer "riechenden Person" abzuleiten: vielleicht ein Rümpfen der Nase, ein Zurückweichen von der Geruchsquelle oder das Produzieren bestimmter Schallwellen ("riecht ja schrecklich"). Für nicht ableitbar hält Broad folglich (nur) den von der chemischen Substanz ausgelösten qualitativen Zustand, die spezifische Geruchsempfindung.[8]

Broads Argument läßt sich wie folgt darstellen:

(P1) Der mathematische Erzengel kennt die genaue atomare Struktur aller chemischen Stoffe und den genauen neuronalen Aufbau unserer Sinnesorgane und unseres ZNS, er kennt alle in diesem Zusammenhang einschlägigen Naturgesetze.

(P2) Der mathematische Erzengel kann aus seinem physikalisch-physiologischen Wissen nicht die für Geruchsempfindungen (Sinneseindrücke) charakteristischen Merkmale deduzieren.

(C) Selbst wenn Sinneseindrücke durch neuronale Vorgänge determiniert sind, sind sie notwendigerweise emergent.

Broads a priori-Argument für die Emergenz phänomenaler Qualitäten nimmt die zeitgenössischen nicht-reduktiven Argumente F. Jacksons und J. Levines in wesentlichen Punkten vorweg. Es scheint, als sei sein Gedankenexperiment dem "knowledge"-Argument Jacksons sogar in einer wichtigen Hinsicht überlegen.

Jacksons Gedankenexperiment (vgl. 1982, 1986) gilt der inzwischen zu philosophischem Ruhm gekommenen Wissenschaftlerin Mary, die in einer ausschließlich schwarz-weißen Umgebung aufwächst und dort speziell zu einer Expertin des Farbensehens ausgebildet wird. Sie lernt alles, was man physikalisch über das Licht und die Reflektanzeigenschaften von Gegenständen wissen kann, aber auch alles, was man neurophysiologisch über das Auge und den visuellen Cortex wissen kann. Was passiert nun, wenn Mary ihr "farbtonloses" Laboratorium verläßt und zum ersten Mal eine reife Tomate erblickt? Jacksons Antwort lautet: Selbst unter der Voraussetzung, daß das physikalische Wissen Marys vollständig ist, lernt Mary etwas Neues, nämlich, wie es ist, einen roten Sinneseindruck zu haben. Er schließt daraus, daß Mary vor dem Verlassen ihrer Umgebung nicht alles weiß, was es über das Farbensehen von Menschen zu

---

[8] In der Rezeptionsgeschichte wurde Broads Argumentation wiederholt als eine trivial-linguistische Überlegung mißverstanden (vgl. Nagel, 1961, 368 f. und Tully 1981, 266). McLaughlin räumt diese Fehlinterpretation der Broadschen Position jedoch überzeugend aus (1992, 81-82).

wissen gibt. Es gebe demnach im Hinblick auf das Farbensehen Tatsachen, die sich der physikalischen Darstellung entziehen.

Gegen Jacksons "knowledge"-Argument wurde vor allem von P. Churchland (1985, 1989) geltend gemacht, es beruhe auf einer Äquivokation. Denn Jackson verwende "Wissen" sowohl im Sinne von propositionalem Wissen als auch im Sinne von Wissen durch Bekanntschaft. Wissen in diesem zweiten Sinne könne jedoch mit der Fähigkeit, bestimmte sensorische Unterscheidungen zu treffen, gleichgesetzt werden.[9] Mary erweitere also nicht ihr propositionales Wissen. Einen ähnlichen Einwand hatten zuvor bereits Nemirow und Lewis gegen ein verwandtes Argument in Thomas Nagels "What is it like to be a bat?" erhoben.[10] Einwände dieser Art können jedoch nicht in dieser Form gegen Broads Erzengel-Argument vorgebracht werden. Mary verfügt (durch ihren Unterricht) bereits über das propositionale Wissen, daß bestimmte neuronale Vorgänge mit bestimmten qualitativen Zuständen einhergehen. Was ihr fehlt, ist allein das Wissen darüber, wie es ist, in einem solchen qualitativen Zustand zu sein. Und nur dies scheint kein propositionales Wissen zu sein. Dagegen hat Broads Erzengel nicht einmal propositionales Wissen darüber, daß bestimmte neuronale Vorgänge mit bestimmten qualitativen Erlebnissen einhergehen. Denn dies kann nach Broad prinzipiell nicht aus physiologischen Fakten abgeleitet werden. Broads Argument ist daher dem Argument Jacksons überlegen, wenn es ihm gelingt, seine zweite Prämisse (P2) gut zu begründen. Diese Prämisse ist aber auch die zentrale Prämisse des "explanatory gap"-Argumentes von J. Levine.

Um zu sehen, auf welchen weiteren Annahmen Broads Version des "explanatory gap"-Argumentes beruht, ist es am sinnvollsten, sich zu überlegen, in welchem Falle die Sinnesempfindungen keine emergenten Eigenschaften wären, d.h. in welchem Falle der Erzengel in der Lage wäre, die spezifischen Sinneseindrücke abzuleiten. Das scheint auf zumindest zweifache Weise möglich:

(1) Die die chemische Substanz riechende Person zeigt das molare Verhalten V; dies hat alle Merkmale, die für das Haben von Sinnesempfindungen überhaupt und für das Haben der spezifischen Geruchsempfindung im besonderen charakteristisch sind.

(2) Die die chemische Substanz riechende Person zeigt das molekulare (neuro-physiologische) Verhalten xyz; dies hat alle Merkmale, die für das Haben von Sinnesempfindungen überhaupt und für das Haben der spezifischen Geruchsempfindung im besonderen charakteristisch sind.

Gegen beide (epistemischen) Möglichkeiten stellt Broad zusätzliche Überlegungen an. Eine Begründung für die These, daß molare Verhaltensweisen nicht mit psychischen Vorgängen (insbesondere nicht mit Sinnesempfindungen) gleichgesetzt werden können bzw. nicht alle ihrer charakteristischen Merkmale haben, entwickelt Broad in seiner Auseinandersetzung mit dem Behaviorismus, einer Position, die seiner Ansicht nach als das psychologische Gegenstück zum Mechanismus in Chemie und Biologie anzusehen ist. In seiner Darstellung und Kritik des Behaviorismus betont Broad einen prinzipiellen Unterschied zwischen dem "Problem des Lebens" und dem "Problem des Geistes", der die Reduzierbarkeit des Geistigen viel unplausibler erscheinen lasse als die Reduzierbarkeit des Lebendigen. Für die Ansicht, daß etwas lebendig sei, gebe es nämlich nur eine Art von Evidenz: bestimmte Verhaltensmerkmale des entsprechenden Systems. Die Überzeugung, daß es psychische Vorgänge gebe, sei jedoch durch zwei verschiedene Zugangsweisen begründet: Verhaltensbeobachtung bei anderen, introspektive Erfahrung bei uns selbst.

> The one and only kind of evidence that we can ever have for believing that a thing is alive is that it behaves in certain characteristic ways. E.g., it moves spontaneously, eats, drinks, digests, grows, reproduces, and so on. Now all these are just actions of one body on other bodies. There seems to be no reason whatever to suppose that 'being alive' means any more than exhibiting these various forms of bodily behavior. (612)

---

[9] Paul Teller versucht auf diesem Wege auch Broads Argument zu entkräften; vgl. 1992, S. 180-199.
[10] Vgl. Nagel 1974, Lewis 1988 und Nemirow 1990.

Wäre Verhaltensbeobachtung in analoger Weise unser einziger Zugang für die Zuschreibung von psychischen Vorgängen, dann, so Broad, wäre es durchaus plausibel zu sagen, daß "hat Geist" soviel bedeute wie "zeigt das Verhalten G".[11] Broad formuliert jedoch eine ganze Reihe von Argumenten, die gegen die Gleichbehandlung von biologischem Mechanismus und Behaviorismus sprechen (vgl. 612-21):

(1) Personen schreiben sich selbst mentale Pozesse nicht aufgrund der Beobachtung ihres eigenen Verhaltens zu. Selbst wenn mentale Vorgänge stark mit Verhaltensvorgängen korreliert seien, seien diese nicht der Grund der Selbstzuschreibung mentaler Prozesse.

(2) Betrachte der Materialist seine Analyse als zwar vom allgemeinen Sprachgebrauch abweichend, der Sache nach aber zutreffend, so sei dagegen einzuwenden, daß uns der besondere (innere) Zugang zu psychischen Vorgängen berechtige, mehr als nur Verhaltensprozesse unter psychischen Vorgängen zu verstehen.

(3) Selbst wenn man annehme, daß bestimmte psychische Prozesse (z.B. das Wahrnehmen eines Gegenstandes) vollständig mit einem bestimmten molaren Verhalten kovariierten, folge daraus nicht die Reduzierbarkeit der psychischen Prozesse auf molares Verhalten, da Wahrnehmungen stets den Aspekt der Sinnesempfindungen enthielten. "Perception, therefore, cannot be reduced to the fact that my body is behaving in a certain way towards a certain external object unless the sensational element in it can be reduced to bodily behavior" (621). Sinnesempfindungen könnten jedoch nicht auf Verhalten reduziert werden, da es auch dann, wenn ein System S das für eine bestimmte Wahrnehmung typische Verhalten X zeige, immer möglich sei zu fragen: "Verhält sich S nur in der Weise X, oder nimmt es wirklich etwas wahr, d.h. wird das Verhalten X auch von der entsprechenden Sinnesempfindung begleitet?"[12]

Ein wichtiges Argument gegen die Ableitbarkeit von Sinnesempfindungen aus physikalisch-physiologischen Beschreibungen ist für Broad also, daß behaviorale Aspekte nicht hinreichen, die charakteristischen Merkmale von Sinneseindrücken zu erfassen, und daß sich mentale Ausdrücke - insbesondere Ausdrücke für Sinnesempfindungen - nicht ausschließlich in Verhaltenstermini analysieren lassen.[13] Aber dies allein reicht zur Begründung des notwendig emergenten Charakters von Sinnesempfindungen nicht aus. Denn auch wenn sich das Haben einer bestimmten Sinnesempfindung nicht auf ein spezifisch molares Verhalten reduzieren läßt, könnte es ja durchaus möglich sein, die für diesen Zustand charakteristischen Merkmale aus bestimmten neuronalen Bedingungen abzuleiten (s.o., die zweite Möglichkeit). Gegen die nach Broads Ansicht damit jedoch einhergehende (reduktive) Identifizierung von neuronalen Vorgängen mit Sinneseindrücken wendet er sich mit einem Kategorienfehler-Argument.

"Let us suppose, for the sake of argument, that whenever it is true to say that I have a sensation of a red patch it is also true to say that a molecular movement of a specific kind is going on in a certain part of my brain. There is one sense in which it is plainly nonsensical to attempt to reduce the one to the other" (622). Denn selbst wenn man annehme, es handele sich um zwei verschiedene Bezeichnungen derselben Sache, so gebe es Fragen, die man zurecht an den einen Vorgang stellen könne, die jedoch hinsichtlich des anderen Prozesses sinnlos seien und umgekehrt. "About a molecular movement it is perfectly reasonable to raise the question: 'Is it swift or slow, straight or circular, and so on? About the awareness of a red patch it is nonsensical to ask whether it is a swift or a slow awareness ... " (622-23).[14]

---

[11] Für die psychischen Eigenschaften scheint Broad demnach die Gleichsetzung von Eigenschaften mit charakteristischem Verhalten aufzugeben.
[12] Vgl. zu dieser Argumentation besonders Seite 621. Schon einige Seiten vorher betont Broad, daß es, selbst wenn ein System völlig den Kriterien eines Behavioristen z.B. für intelligentes Verhalten genüge, sinnvoll bleibe zu fragen: "Hat das System wirklich Geist oder ist es nur ein Automat?" (614). Offensichtlich ähnelt diese Überlegung Broads dem von Block gegen den Funktionalismus vorgebrachten "absent qualia"-Argument: Es ist stets sinnvoll zu fragen, ob Systeme, die funktional identisch sind mit Systemen, die qualitative Zustände haben, auch selbst qualitative Zustände haben. Vgl. dazu besonders Block (1978, 1980) sowie die Erwiderung von Shoemaker (1981).
[13] Broads Einwand gilt nach wie vor als einer der Standardeinwände gegen den Behaviorismus; vgl. Churchland 1989, S. 24 und 54.
[14] In der gegenwärtigen Debatte sind Argumente dieses Typs sehr umstritten. Paul Churchland hält sie für nichtssagend: "The meaning analysis here invoked might well have been correct, but all that would have meant is that the speaker should have set about changing his meanings. ... Perhaps we shall just have to get used to the idea that mental states have anatomical locations and brain states have semantic properties" (1989, 31). Peter Lanz dagegen weist Churchlands Auflösung des Problems entschieden zurück; vgl. 1992, S. 80-85 und 180-84.

Während Broad offenbar der Meinung war, die Identifizierung von Sinneseindrücken mit neuronalen Vorgängen stelle einen kategorialen Fehler dar, hält Levine in seiner Variante des "explanatory gap"-Argumentes Aussagen, die die Identität von Sinnesqualitäten mit neuronalen Vorgängen behaupten, zwar nicht (wie Broad) für sinnlos, jedoch für generell nicht-explanatorisch; sie erscheinen zufällig. Bei der Darstellung seines Argumentes geht Levine von einem Vergleich der Aussage (A) "Schmerz ist das Feuern von C-Fasern" mit der Aussage (B) "Wärme ist die Bewegung von Molekülen" aus.[15] Der entscheidende Unterschied zwischen den beiden Identitätsaussagen ist nach Levine, daß die zweite im Gegensatz zur ersten vollständig explanatorisch sei.

> Statement [(B)] ... expresses an identity that is fully explanatory, with nothing crucial left out. On the other hand, statements [like(A)] do seem to leave something crucial unexplained, there is a 'gap' in the explanatory import of these statements. (1983, 357)

Mit "vollständig explanatorisch" meint Levine, daß wir zum einen aufgrund unserer Kenntnis der physikalischen Gesetze verstehen können, weshalb die Bewegung von Molekülen genau die kausale Rolle hat, die wir sonst der Wärme zuschreiben. Ferner sei bereits unser makrophysikalischer Wärmebegriff allein durch genau diese kausale Rolle bestimmt.

> [Statement (B)] is explanatory in the sense that our knowledge of chemistry and physics makes intelligible how it is that something like the motion of molecules could play the causal role we associate with heat. Furthermore, antecedent to our discovery of the essential nature of heat, its causal role ... exhausts our notion of it. Once we understand how this causal role is carried out there is nothing more we need to understand. (ibid.)

Mit anderen Worten: Die Aussage (B) ist vollständig explanatorisch, weil die Eigenschaft der Wärme unter Bezugnahme auf die Bewegung von Molekülen im Sinne Broads mechanisch erklärbar und insofern nicht emergent ist. Der Grund dafür, daß auf der anderen Seite die Ausage (A) nicht vollständig explanatorisch ist, liegt nun Levine zufolge - und auch hier trifft sich seine Argumentation mit der Broads - darin, daß sich unser Begriff des Schmerzes (wie der jeder anderen Empfindung) nicht in seiner kausalen Rolle erschöpft. Der entscheidende Punkt ist, daß es nichts zu geben scheint, daß dafür spricht, daß das Feuern von C-Fasern besser zu der für Schmerzen typischen Erlebnisqualität paßt als zu irgendeiner anderen Empfindung.

In mehreren Aufsätzen diskutierten Levine und Hardin die Kernthese des "explanatory gap"-Argumentes am Beispiel von Farbqualitäten (vgl. Levine 1983, 1991, Hardin 1987, 1988, 1991). Levines letzter "Zug" in dieser Diskussion ist der folgende:

> If inverted qualia are possible, then the question why red things look reddish and not greenish has no adequate answer in physical/functional terms. Whereas, if inverted qualia are not possible, then the question why red things look reddish, and not some other (perhaps unimaginable) way or no way at all, still has no adequate answer in physical/functional terms. An explanatory gap persists. (1991, 39)

Hier greift Levine auf das von Block gegen den Funktionalismus vorgebrachte "absent qualia"-Argument zurück, nämlich daß neurobiologische/funktionale Tatbestände niemals eine Erklärung dafür liefern können, weshalb bestimmte neuronale Vorgänge überhaupt von qualitativen Zuständen begleitet werden.

Hardin hat auf dieses Argument hin versucht, deutlich zu machen, welche Lücke er sich prinzipiell zu schließen in der Lage sieht und welche nicht. Gehe man davon aus, daß Farberlebnisse phänomenal einfach und unstrukturiert seien, dann sei es in der Tat schwierig, sie an physiologische Vorgänge explanatorisch anzubinden. Tatsächlich sei jedoch davon

---

[15] Levine entwickelt seine Argumentation in Auseinandersetzung mit Kripkes These, Identitätsaussagen müßten notwendigerweise wahr sein. Psycho-physische Identitätsaussagen hätten jedoch im allgemeinen den Status kontingenter Aussagen, da es vorstellbar und deshalb möglich sei, daß diese Aussagen falsch seien. Diese epistemische Möglichkeit der Falschheit von Identitätsaussagen impliziert nach Levine jedoch nicht deren metaphysische Möglichkeit. Der eigentliche Kern der Kripkeschen Argumentation sei daher die These von einer "explanatorischen Lücke".

auszugehen, daß chromatische Phänomene zumindest in einigen Fällen eine Struktur zeigten, die gut zu neuronalen Vorgängen passe.

> We would for example, expect the neural process associated with orange to be relatively more complex than the process associated with red, and in fact, expect that the 'red-making' process would be in some fashion incorporated in the 'orange-making' process on the grounds that perceived redness is an ingredient in perceived orangeness. (1991, 44)

Hardin gesteht Levine freilich zu, daß es erheblich einfacher sei, den Unterschied zwischen Rot-Sehen und Grün-Sehen zu erklären als das Rot-Sehen oder Grün-Sehen an und für sich. Wir könnten durchaus ein Verständnis für die Unterschiede zwischen den Phänomenen haben, ohne das Vorkommen der Phänomene selbst erklären zu können. Damit scheint Hardin zugleich einzuräumen, daß die Chancen schlecht stehen, Broads Erzengel mit dem nötigen neurophysiologischen Wissen auszustatten. Denn nach Broads Aufbau der Geschichte kann es eben nicht genügen, den *Unterschied* z.B. zwischen dem Rot- und dem Grün-Sehen zu erklären; zur Debatte steht die sehr viel größere Frage, ob (perfekte) Einsicht in die neuronalen Vorgänge qualitative Zustände überhaupt zu deduzieren gestattet.[16] Hardins Argumente zeigen jedoch, daß empirische Befunde für die Frage, was möglich bzw. was vorstellbar ist, eine weitaus größere Rolle spielen, als von vielen Autoren, auch von Broad, bisher angenommen wurde.

Literatur

Beckermann, A. (1992a) "Introduction - Reductive and Nonreductive Physicalism", in: Beckermann, A., Flohr, H. und Kim, J. (eds.), *Emergence or Reduction? Essays on the Prospects of Nonreductive Physicalism*, Berlin und New York, S. 1-21.
Beckermann, A. (1992b) "Supervenience, Emergence, and Reduction", in: Beckermann, A., Flohr, H. und Kim, J. (eds.), *Emergence or Reduction? Essays on the Prospects of Nonreductive Physicalism*, Berlin und New York, S. 94-118.
Broad, C.D. (1925) *The Mind and its Place in Nature*, London.
Block, N. (1978) "Troubles with Functionalism", in: Savage, C.W. (ed.), *Perception and Cognition*, Minneapolis, S. 261-325. Wieder abgedruckt in: Block, N. (ed.), *Readings in Philosophy of Psychology*, Vol. 1, Cambridge, Mass., 1980, S. 268-305.
- (1980) "Are Absent Qualia Impossible?", in: *The Philosophical Review* 89, S. 257-74.
- (1990) "Inverted Earth", in: *Philosophical Perspectives*, Vol. 4, S. 53-79.
Churchland, P. (1985) "Reduction, Qualia, and the Direct Introspection of Brain States", in: *The Journal of Philosophy* 82, S. 8-28.
- (1988) *Matter and Consciousness*, revised edition, Cambridge, Mass. und London.
Feigl, H. (1958) "The 'Mental' and the 'Physical'", in: Feigl, H., Scriven, M. und Maxwell, G. (eds.), *Concepts, Theories, and the Mind-Body Problem. Minnesota Studies in the Philosophy of Science*, Vol. 2, Minneapolis, S. 320-492. Wieder abgedruckt als Monographie, Minneapolis, 1967.
Hardin, C.L. (1987) "Qualia and Materialism: Closing the Explanatory Gap", in: *Philosophy and Phenomenological Research* 47, S. 281-98.
- (1988) *Color for Philosophers: Unweaving the Rainbow*, Indianapolis.
- (1991) "Reply to Levine", in: *Philosophical Psychology* 4, S. 41-50.
Harman, G. (1990) "The Intrinsic Quality of Experience", in: *Philosophical Perspectives*, Vol. 4, S. 31-52.
Jackson, F. (1982) "Epiphenomenal Qualia", in: *American Philosophical Quarterly* 32, 127-36. Wieder abgedruckt in: Lycan, W. (ed.) *Mind and Cognition*, Oxford und Cambridge, Mass., 1990, S. 469-477.
- (1986) "What Mary didn't Know", in: *Journal of Philosophy* 83, S. 291-95.
Kitcher, P. (1992) *Freud's Dream. A Complete Interdisciplinary Science of Mind*, Cambridge, Mass. und London.

---

[16] Broad müßte, wenn Hardin recht hat, allerdings seine Maximalposition aufgeben, daß alle transphysikalischen Gesetze, d.h. alle Gesetze, die z.B. mikrophysikalische Prozesse mit Sinneseindrücken verbinden, emergent seien. Sind (emergente) den jeweiligen Qualitätsraum "aufspannende" Basisgesetze gegeben, die neuronale Vorgänge mit Sinnesqualitäten verbinden, so scheint es möglich zu sein, weitere Sinnesqualitäten mithilfe dieser Gesetze aus neuronalen Prozessen abzuleiten. Vgl. Feigls Beispiel der Vorhersage des Geruches eines neuen Parfumes (1958, S. 48-49 und Stephan 1992, S. 41-42).

Lanz, P. (1992) *Das Phänomenale Bewußtsein. Eine Verteidigung*, unveröffentlichte Habilitationsschrift.
Levine, J. (1983) "Materialism and Qualia: The Explanatory Gap", in: *Pacific Philosophical Quarterly* 64, S. 354-61.
- (1988) "Absent and Inverted Qualia Revisited", in: *Mind and Language* 3, S. 271-87.
- (1991) "Cool Red", in: *Philosophical Psychology* 4, S. 27-40.
Lewis, D. (1988) "What Experience Teaches", in: *Proceedings of the Russellian Society*, Sydney. Wieder abgedruckt in: Lycan, W. (ed.) *Mind and Cognition*, Oxford und Cambridge, Mass., 1990, S. 499-518.
McLaughlin, B. (1992) "The Rise and Fall of British Emergentism", in: Beckermann, A., Flohr, H. und Kim, J. (eds.) *Emergence or Reduction? Essays on the Prospects of Nonreductive Physicalism*, Berlin und New York, S. 49-93.
Nagel, E. (1961) *The Structure of Science*, New York.
Nagel, T. (1974) "What Is It Like to Be a Bat?", in: Philosophical Review 83, S. 435-50. Wieder abgedruckt in: Block, N. (ed.), *Readings in Philosophy of Psychology*, Vol. 1, Cambridge, Mass., 1980, S. 159-68.
Nemirow, L. (1990) "Physicalism and the Cognitive Role of Acquaintance", in Lycan, W. (ed.) *Mind and Cognition*, Oxford und Cambridge, Mass., 1990, S. 490-499.
Shoemaker, S. (1975) "Functionalism and Qualia", in: *Philosophical Studies* 27, S. 291-315. Wieder abgedruckt in Shoemaker, S., *Identity, Cause, and Mind: Philosophical Essays*, Cambridge, 1984, Essay No. 9.
- (1981) "Absent Qualia are Impossible - A Reply to Block", in: *Philosophical Review* 90, S. 581-99. Wieder abgedruckt in Shoemaker, S., *Identity, Cause, and Mind: Philosophical Essays*, Cambridge, 1984, Essay No. 14, S. 309-26.
- (1982) "The Inverted Spectrum", in: *Journal of Philosophy* 79, S. 357-81. Wieder abgedruckt in Shoemaker, S., *Identity, Cause, and Mind: Philosophical Essays*, Cambridge, 1984, Essay No. 15, S. 327-57.
Stephan, A. (1992) "Emergence - A Systematic View on its Historical Facets", in: Beckermann, A., Flohr, H. und Kim, J. (eds.) *Emergence or Reduction? Essays on the Prospects of Nonreductive Physicalism*, Berlin und New York, S. 25-48.
Teller, P. (1992) "Subjectivity and Knowing What It's Like", in: Beckermann, A., Flohr, H. und Kim, J. (eds.) *Emergence or Reduction? Essays on the Prospects of Nonreductive Physicalism*, Berlin und New York, S. 180-200.
Tully, R.E. (1981) "Emergence Revisited", in: Sumner, L.W., Slater, J.G. und Wilson, F. (eds.), *Pragmatism and Purpose: Essays presented to T.A. Goudge*, S. 261-77.

Bernhard Thöle, Berlin

NATURALISMUS UND IRREDUZIBLE SUBJEKTIVITÄT

I. Das naturalistische Motiv

Eines der Hauptmotive, das der philosophischen Diskussion des Leib-Seele-Problems in diesem Jahrhundert zugrundeliegt, ergibt sich aus einem ehrgeizigen Projekt: dem Projekt des Naturalismus. Dessen Grundidee läßt sich in groben Zügen folgendermaßen beschreiben: alle Phänomene sind letztlich natürliche Phänomene und können mit den Mitteln der Naturforschung im Prinzip vollständig erklärt werden.

Schon aus dieser noch recht vagen Charakterisierung des Naturalismus ergibt sich, daß es sich um eine Vision handelt. Kein noch so verbissener Naturalist würde sich zu der Behauptung versteigen, daß das Projekt auf dem gegenwärtigen Stand der Naturwissenschaften vollendet werden kann. Kurz: es ist noch viel zu tun.

Andererseits ist schon viel getan. Der Naturalist kann beachtliche und unbestreitbare Erfolge vorweisen: theologische Erklärungsmuster haben, obwohl sie gelegentlich immer noch auftauchen, in der Naturforschung ihre Attraktivität nahezu vollständig eingebüßt. Phänomene, die sich lange dem Zugriff naturwissenschaftlicher Erklärung zu entziehen schienen, stellen heute kaum mehr ernstzunehmende Probleme für die naturalistische Weltsicht dar: mit der Entwicklung der Evolutionstheorie hat die vermeintliche Zweckhaftigkeit der angeblichen Schöpfung ein naturalistisches Erklärungsschema gefunden, und mit der Ausbildung der molekularen Genetik sind Phänomene, die einst zum Rätselhaftesten gehörten, naturalistisch aufgeklärt worden. Der Newton des Grashalms ist nahe.

Die oben gegebene Charakterisierung des Naturalismus war zugestandenermaßen vage. Ein Schritt zur Präzisierung ist möglich, wenn wir einen allgemeinen Trend der Naturforschung ins Auge fassen, der geradezu das methodische Prinzip des Naturalismus kennzeichnet und am Beispiel der Molekulargenetik deutlich hervortritt: die Erklärung von Makrophänomenen durch Rückführung auf die Mikroebene, oder die Erklärung des Ganzen aus seinen Teilen.

Beachtet man diesen Trend, so ist verständlich, wieso der Naturalismus gewöhnlich die Form des Physikalismus annimmt: die Rückführung biologischer oder chemischer Phänomene auf physikalisch beschreibbare Ereignisse auf der Ebene von Atomen und Elementarteilchen.

II. Wieso sind mentale Phänomene eine Problem für den Naturalisten?

Trotz seiner unbestreitbaren Erfolge ist der Naturalismus - insbesondere in seiner physikalischen Version - nicht unumstritten. Einen Phänomenbereich, der notorisch widerspenstig erscheint, bildet unser Bewußtseinsleben, den man neuerdings auch in der deutschen Umgangssprache als den Bereich des Mentalen bezeichnen kann.

Es gibt gute Gründe für die Annahme, das Descartes Dualismus unter anderem durch einen, freilich eingeschränkten, Naturalismus motiviert war: Die radikale Unterscheidung geistiger von physischen Phänomenen, sollte den materiellen Seinsbereich von all dem entlasten, was einer mechanistischen Erklärung der physischen Natur entgegenzustehen schien. Obwohl Descartes radikaler Mechanismus sich als unhaltbar

Bernhard Thöle, Berlin

erwiesen hat und sein Dualismus aufgrund der bekannten Probleme kaum mehr ernsthaft vertreten wird, ist seine zugrundeliegende Annahme bis heute wirksam geblieben: Bewußtseinsphänomene scheinen sich dem naturalistischen Zugriff zu entziehen. Warum?

Ich glaube hier sind vor allem zwei Gesichtspunkte von Bedeutung: zum einen scheinen Bewußtseinsvorgänge nicht nach dem Teil-Ganzes-Erklärungsmuster physikalistisch erklärbar zu sein: mentale Vorgänge lassen sich nicht in ähnlich offensichtlicher Weise als komplexe physikalische Prozesse interpretieren, wie sich chemische Prozesse als komplexe physikalische Prozesse auffassen lassen, weil das Mentale nicht in der Weise aus physischen Teilen besteht, wie Moleküle aus Atomen bestehen. Es ist daher unklar, ob das Modell der Mikroerklärung auf Mentales überhaupt sinnvoll angewandt werden kann.

Der zweite Aspekt, der das Mentale zu einem Problem für den Naturalisten macht, läßt sich durch das Stichwort 'Subjektivität' bezeichnen: die für das Mentale anscheinend essentielle Subjektivität scheint sich dem Zugriff der wesentlich auf objektive Sachverhalte gerichteten Naturwissenschaft systematisch zu entziehen. Um eine, zumindest im gegenwärtigen Zusammenhang zu unrecht, diskreditierte Terminologie zu bemühen: die Naturwissenschaften mögen zwar das Ansichsein der Bewußtseinsvorgänge erklären können, sie sind aber prinzipiell ungeeignet, das den mentalen Phänomenen wesentliche Fürsichsein (oder Fürmichsein) zu erfassen.

III. Bedingungen für eine erfolgreiche Naturalisierung des Mentalen

Eine naturalistische Erklärung des Mentalen muß zumindest auf diese beiden Schwierigkeiten reagieren. Sie muß erstens entweder verständlich machen, daß das Teil-Ganzes-Erklärungsmodell trotz seiner prima-facie Unangemessenheit auch auf Bewußtseinsphänomene anwendbar ist, oder sie muß zeigen, daß eine naturalistische Erklärung des Mentalen auch ohne dieses Modell möglich ist. Und sie muß zweitens die Subjektivität des Mentalen als mit dem naturalistischen Objektivismus vereinbar erweisen.

IV. Naturalistische Theorien des Mentalen

Bekanntlich hat die philosophische Diskussion der letzten Jahrzehnte eine Reihe unterschiedlicher naturalistisch inspirierter Theorieansätze hervorgebracht. Die drei wichtigsten Formen sind: (a) der reduktive (b) der nicht-reduktive und (c) der eliminative Materialismus.

Ich gehe davon aus, daß der eliminative Materialismus keine ernstzunehmende Position darstellt. Kein vernünftiger Mensch kann ernsthaft behaupten, daß es Bewußtseinsphänomene überhaupt nicht gibt. Für den eliminativen Materialismus gilt das, was C. D. Broad bereits 1925 über behavioristische Reduktionsversuche gesagt hat: "They are instances of the numerous class of theories which are so preposterously silly that only very learned men could have thought of them"[1]

---

[1] C. D. Broad. *The Mind and its Place in Nature.* London 1925 S. 623.

Bernhard Thöle, Berlin

Wenn wir den eliminativen Materialismus beiseite setzen, folgt daß der Physikalist behaupten muß, daß mentale Eigenschaften letztlich nichts anderes sind, als physikalische Eigenschaften. Denn andernfalls würde die Existenz mentaler Eigenschaften *neben* physikalischen Eigenschaften zugestanden, und dies liefe auf einen Eigenschaftsdualismus hinaus, der mit dem Geist des Naturalismus schwerlich vereinbar ist. Ich werde im folgenden die These, daß mentale Eigenschaften nichts anderes sind, als physikalische Eigenschaften als *physikalistische Reduktionsthese* bezeichnen. Wenn man unter einem reduktiven Materialismus eine Position versteht, die diese These beinhaltet, dann muß ein Physikalist ein reduktiver Materialist sein.

Aber was genau heißt es, daß mentale Eigenschaften letztlich nichts anderes als physikalische Eigenschaften sind?

Eine naheliegende Antwort liefert die sogenannte Typ-Identitätstheorie. Aber bekanntlich ist diese Theorie, zumindest in ihrer einfachsten Form, unhaltbar. Denn die Eigenschaft, eine Rotempfindung zu haben, kann schon deshalb nicht mit der Eigenschaft, einen Gehirnzustand einer ganz bestimmten Art zu haben, identisch sein, weil ganz unterschiedliche Gehirnzustände mit Rotempfindungen korreliert sein können. Dies ist das sogenannte Argument von der verschiedenartigen Realisierbarkeit mentaler Zustände. Es zeigt, daß mentale Eigenschaften gewöhnlich nicht einmal koextensiv mit Typ-Eigenschaften von z.B. Gehirnzuständen sind. Es kommt hinzu, daß die Identitätsthese auch noch in einer anderen Hinsicht für die Zwecke des Physikalisten ungeeignet erscheint. Der Physikalist will ja behaupten, daß die mentalen Eigenschaften *nichts anderes sind* als physikalische Eigenschaften. Damit ist aber (implizit) ein *asymmetrisches* Verhältnis zwischen Mentalem und Physikalischem angesprochen. Denn der Physikalist will ja nicht zugleich sagen, daß (bestimmte) physikalische Eigenschaften letztlich nichts anderes sind als mentale Eigenschaften. Identität aber ist symmetrisch.

Diese beiden Nachteile der Typ-Identitätstheorie lassen sich vermeiden, wenn man anstelle von Identität von Realisierung spricht: so wie dispositionelle Eigenschaften in (unterschiedlichen) Eigenschaften der Dispositionsbasen, oder funktionale Eigenschaften durch (unterschiedliche) Eigenschaften der Hardware realisiert sein können, so sollen mentale Eigenschaften in (gegebenenfalls unterschiedlichen) Eigenschaften von Gehirnzuständen realisiert sein. Im Gegensatz zu Identität ist die Beziehung des Realisiertseins asymmetrisch und läßt zugleich zu, daß eine Eigenschaft in unterschiedlicher Weise (durch verschiedene Basiseigenschaften) realisiert ist.

Mir scheint daher, daß ein Physikalist, der nicht den Verzweiflungsschritt zum eliminativen Materialismus tun will, zumindest behaupten muß, daß mentale Eigenschaften in physikalischen Eigenschaften realisiert sein müssen.

V. Probleme bei der Identifizierung mentaler und physischer Eigenschaften

Es stellt sich dann natürlich sofort die Frage, unter welchen Bedingungen wir von einer Realisierungsbeziehung zwischen Eigenschaften ausgehen können.[10] Alle mir be-

---

[10]Zum Folgenden vgl. A. Beckermann: Supervenience, Emergence and Reduction. in: Beckermann et. al. (eds.): *Emergence or Reduction?* Berlin 1992 und P. M. Churchland: Reduction, Qualia and the Direct Introspection of Brain States. *The Journal of Philosophy 82* (1985)

Bernhard Thöle, Berlin

kannten Vorschläge zur Beantwortung dieser Frage basieren letztlich auf der folgende Grundidee: eine Eigenschaft F ist in einem System S genau dann in einer Eigenschaft R realisiert, wenn R in S die für F charakteristische kausale Rolle spielt.

Diese Charakterisierung der Realisierungsbeziehung scheint nun allerdings noch nicht die geforderte Asymmetrie aufzuweisen. Denn wenn R in S dieselbe kausale Rolle spielt wie F, dann spielt eben auch F in S dieselbe kausale Rolle, wie R. Die Asymmetrie soll nun dadurch ins Spiel kommen, daß die Eigenschaft R gegenüber der Eigenschaft F einen Erklärungsvorteil hat: R realisiert die Eigenschaft F in einem System S nur dann, wenn wir über eine Theorie verfügen, die *erklärt, wieso* das System aufgrund dessen, daß es die Eigenschaft R hat, die für F charakteristische kausale Rolle spielt.

Angewandt auf das Leib-Seeleproblem bedeutet das: Eine mentale Eigenschaft M ist physisch realisiert, wenn es für jeden Organismus O der M hat, eine physische Eigenschaft P_O gibt, so daß (i) O diese physische Eigenschaft P_O hat und (ii) aus einer allgemeinen *physikalistischen Theorie* folgt, daß P_O die für F charakteristische kausale Rolle spielt.

Es ist hier von entscheidender Bedeutung, daß der Umstand, daß P_O in O die F-Rolle spielt, aus einer *physikalistischen Theorie* folgt. Denn dies ist eine notwendige Bedingung dafür, daß es sich bei F nicht um eine emergente Eigenschaft handelt.

Was ist nun von diesem Vorschlag zu halten? Ich fürchte nicht viel. Ich nenne nur drei gravierende Schwierigkeiten.

1. der Vorschlag führt in einen Zirkel. Nehmen wir an, unser Physikalist behauptet, mein gestriger Zahnschmerz sei in einem bestimmten Gehirnzustand G realisiert. Er begründet dies dadurch, daß er aus seiner physikalistischen Theorie abzuleiten versucht, daß der Gehirnzustand G in mir gestern die kausale Rolle des Zahnschmerzes gespielt hat. Er muß dazu eine physikalistische Kausalerklärung z.B. dafür geben, daß ich infolge des Zahnschmerzes einen Termin beim Zahnarzt ausgemacht habe. Aber solange er auf der Ebene seiner physikalistischen Theorie bleibt, wird er bestenfalls zeigen können, wie der Gehirnzustand G einen anderen Gehirnzustand hervorgerufen hat, der seinerseits auf komplizierte Art dazu geführt hat, daß sich mein Körper in bestimmter Weise bewegt hat. Aber heißt das schon, daß er gezeigt hat, daß der Gehirnzustand G die kausale Rolle des Schmerzes realisiert hat. Das wäre offenbar erst dann gezeigt, wenn er zeigen kann, daß der Gehirnzustand G einen anderen Gehirnzustand verursacht, der meine Absicht, den Zahnarzt anzurufen realisiert, und daß dieser zweite Gehirnzustand eine Körperbewegung verursacht, die meine Suche nach der Telefonnummer des Arztes realisiert, usw. Aber woher weiß er, daß dieser zweite Gehirnzustand und diese Körperbewegung, die jeweiligen Handlungen bzw. Absichten realisieren. Der Physikalist wird antworten, daß dies deshalb so sei, weil der zweite Gehirnzustand die kausale Rolle der Absicht in mir gespielt hat. Aber das kann er nur dann behaupten, wenn die Ursache für diese Absicht, eben mein Zahnschmerz, durch die Ursache für den der Absicht korrespondierenden Gehirnzustand, also durch unseren ersten Gehirnzustand G, realisiert ist. Das aber sollte gerade erst gezeigt werden. Wir drehen uns also im Kreise.

Bernhard Thöle, Berlin

Man kann versuchen, diesen Zirkel durch einen bekannten Trick zu vermeiden. Wir verlangen nicht von unserem Physikalisten, daß er aus der physikalistischen Theorie ableiten kann, daß eine bestimmte Eigenschaft von Gehirnzuständen die kausale Rolle einer bestimmten mentalen Eigenschaft spielt, sondern nur, daß sich aus der Theorie ableiten läßt, daß die physikalistische Eigenschaft eine kausale Rolle spielt, die *strukturgleich* mit der kausalen Rolle der mentalen Eigenschaft ist.

Dieser Trick löst zwar das Zirkularitätsproblem, aber es ist fraglich, ob die so abgeschwächte Theorie noch den Anspruch erheben kann, eine physikalistische Theorie zu sein. Denn zum einen ist sie vereinbar mit einem strengen psycho-physischen Parallelismus; zum anderen verliert der Physikalist durch diese Abschwächung sein stärkstes Argument für seine Behauptung, daß mentale Eigenschaften *letztlich nichts anderes sind* als physische Eigenschaften. Solange der Physikalist nämlich seine ursprüngliche, stärkere These vertrat, wonach die physikalische Eigenschaft die kausale Rolle der mentalen Eigenschaft spielt, konnte er darauf verweisen, daß nur dann eine unplausible Überdetermination der Wirkungen mentaler Zustände ausgeschlossen werden kann, wenn man seiner These, daß mentale Eigenschaften letztlich nichts anderes als physische Eigenschaften sind, zustimmt. Der Gegner, der sich weigert, diese Konsequenz zu ziehen, muß zwischen zwei wenig plausiblen Alternativen wählen: entweder er behauptet, daß unsere Handlungen überdeterminiert sind, oder er verzichtet auf die kausale Wirksamkeit des Mentalen und wird Epiphänomenalist. Diese beiden Positionen sind deshalb wenig reizvoll, weil sie sich der kritischen Nachfrage aussetzen, wieso wir die Existenz von Eigenschaften annehmen sollen, deren Vorliegen keinen bemerkbaren Unterschied macht.

Diesen Einwand kann der Physikalist, nachdem er die Abschwächung akzeptiert hat, aber nicht mehr machen. Denn der Gegner kann nun behaupten, daß die Existenz mentaler Eigenschaften durchaus einen Unterschied macht: daß meine Handlung eine Handlung und nicht bloß eine Körperbewegung ist, liegt daran, daß sie von einer Absicht und nicht bloß von einem Gehirnzustand verursacht wurde.

Soviel zur ersten Schwierigkeit.

2. Die zweite Schwierigkeit ergibt sich daraus, daß das Modell des Physikalisten zur Reduktion mentaler Eigenschaften eine funktionalistische Auffassung des Mentalen voraussetzt. Denn nur dann, wenn die mentalen Eigenschaften durch ihre jeweilige kausale Rolle *erschöpfend* charakterisierbar sind, ergibt sich, daß eine Eigenschaft, die - gemäß der oben vorgeschlagenen Definition - in einer anderen Eigenschaft realisiert ist, nichts anderes ist, als diese Eigenschaft. Nun ist aber zumindest für die Empfindungsqualitäten höchst zweifelhaft, ob sie sich überhaupt, geschweige denn erschöpfend, durch ihre kausale Rolle charakterisieren lassen. Solange z.B. die Möglichkeit von Spektruminversion nicht ausgeschlossen ist, kann es dem Physikalisten nicht genügen, lediglich zu zeigen, daß z.B. eine Rotempfindung durch einen bestimmten Gehirnzustand (im Sinne der vorgeschlagenen Definition) realisiert ist. Denn solange Spektruminversion möglich ist, könnte derselbe Gehirnzustand auch eine Realisierung etwa einer Grünempfindung sein. Der Physikalist hätte also nicht erklärt, wieso dieser bestimmte Gehirnzustand gerade eine Rotempfindung realisiert. Solange dies aber nicht physikalistisch erklärt werden kann, muß gerade diejenige Eigen-

Bernhard Thöle, Berlin

schaft, durch die sich eine Rotempfindung z.B. von einer Grünempfindung unterscheidet, als emergent angesehen werden.

3. Die letzte unserer drei Schwierigkeiten zeigt, daß die vorgeschlagene Definition der Realisierungsbeziehung den Physikalisten sogar auf eigenem Boden in Schwierigkeiten bringt. Die Intuition, von der der Physikalist ausgeht, ist die folgende: zwei Eigenschaftsprädikate bezeichnen genau dann dieselbe Eigenschaft, wenn die von ihnen bezeichneten Eigenschaften dieselbe kausale Rolle spielen. Es soll nun gezeigt werden, daß diese Bedingung nicht nur die Möglichkeit von Spektruminversion ausschließt, sondern sich auch in dem Bereich, der unbestrittenermaßen physikalistisch zu beschreiben ist, nämlich der Physik, als zu stark erweist. Ich gehe dazu von einem – nicht völlig unrealistischen – Gedankenexperiment aus. Stellen wir uns eine Welt vor, die aus zwei Galaxien besteht, die bis ins kleinste Detail völlig symmetrisch zueinander angeordnet sind. Der einzige Unterschied zwischen den beiden Galaxien besteht darin, daß Galaxie M aus Materie und Galaxie A aus Antimaterie besteht. Nehmen wir nun weiter an – was so für die wirkliche Welt nicht ganz stimmt – daß die Gesetze für Teilchen und Antiteilchen gleich sind. Das haben die Physiker immerhin bis 1956 geglaubt. Ein Materieteilchen, z.B. ein Elektron, verhält sich also zu einem anderen Materieteilchen, z.B. einem Proton, ganz genauso, wie sich ein Positron zu einem Anti-Proton verhält. Ebenso verhält sich jedes Materieteilchen zu einem beliebigen Antiteilchen, wie das dem Materieteilchen entsprechende Antiteilchen sich zu dem dem ersten Antiteilchen entsprechenden Materieteilchen verhält. Im Rahmen der Theorie sind also z.B. Elektronen und Positronen durch ihre kausale Rolle nicht zu unterscheiden. Trotzdem sind sie verschieden: denn wenn ein Positron auf ein Elektron trifft, passiert etwas anderes, als wenn ein Elektron auf ein anderes Elektron trifft. Die Eigenschaft, ein Elektron zu sein, ist also verschieden von der Eigenschaft, ein Positron zu sein, obwohl die kausale Rolle dieser Teilchen im Rahmen der physikalischen Theorie nicht unterscheidbar ist. Das bedeutet aber, daß die Identität der theoretischen Rolle schon im Rahmen der Physik nicht hinreichend für die Identität von Eigenschaften sein kann.

VI. Bedingungen für die Identifizierung von Eigenschaften (Prinzip I)

Wir stehen damit erneut vor der Frage, unter welchen Bedingungen eine physikalistische Reduktion des Mentalen möglich ist, nachdem sich der soeben kritisierte Vorschlag als untauglich erwiesen hat. Da ich nun meinerseits keinen befriedigenden Alternativvorschlag für hinreichende Bedingungen für Eigenschaftsreduktion anzubieten habe, schlage ich eine andere Strategie vor. Anstatt nach hinreichenden Bedingungen zu suchen, soll erörtert werden, unter welchen Bedingungen überhaupt eine Eigenschaftsreduktion möglich ist. Es soll dann in einem zweiten Schritt gezeigt werden, daß unter diesen Bedingungen eine physikalistische Reduktion des Mentalen wenig aussichtsreich erscheinen muß.

Die analytische Philosophie hat zu der Frage nach den Bedingungen für Eigenschaftsidentifikation erstaunlich wenig zu sagen. Es ist klar, daß die weit verbreitete Annahme, daß zwei Eigenschaftsprädikate nur dann dieselbe Eigenschaft bezeichnen, wenn sie synonym oder analytisch äquivalent sind, nicht nur viel zu stark ist, son-

Bernhard Thöle, Berlin

dern auch von Anfang an jeden Versuch einer physikalistischen Reduktion mentaler Eigenschaften zum Scheitern verurteilen würde. Letzteres ist offenkundig, da mentale Prädikate nicht bedeutungsgleich mit physikalischen Prädikaten sind, ersteres zeigt sich an offenkundig wahren Eigenschaftsidentifikationen, die die Bedingung der Synonymie der identifizierten Prädikate nicht erfüllen, wie z.B. die Identifikation:

(a)   Blau = die Farbe des Himmels.

Aber hier ist zu beachten, daß solche Identitätsaussagen nur dann wahr sind, wenn man sie in einer ganz bestimmten Weise interpretiert. Das zeigt sich, wenn man modalisierte Sätze betrachtet:

(b)   Es ist möglich, daß die Farbe des Himmels = grün

(c)   Es ist möglich, daß blau = grün

Für (b) gibt es eine wahre Interpretation, für (c) dagegen nicht. Das bedeutet aber, daß die Verwendung von "die Farbe des Himmels" in (a) verschieden ist von der Verwendung in (b): in (a) ist der Ausdruck "die Farbe des Himmels" zu verstehen als: diejenige Farbe, die der Himmel in Wirklichkeit hat, während er in (b) als: "die Farbe, die der Himmel, welche sie auch immer sein mag" zu verstehen ist.

Das bedeutet aber, daß solche Aussagen nur dann wahr sind, wenn mindestens eines der Eigenschaftsprädikate sich indirekt - aufgrund eines kontingenten Zusammenhangs - auf die fragliche Eigenschaft bezieht: das Prädikat "die Farbe des Himmels" bezeichnet die Farbe Blau aufgrund des kontingenten Umstandes, daß der Himmel (in der Welt in der wir leben) blau ist.

Diese Überlegung führt uns zu unserer ersten Bedingung für die Identifizierbarkeit von Eigenschaften. Ich nenne sie These I.

(I)   Zwei nicht analytisch äquivalente Eigenschaftsprädikate können nur dann dieselbe Eigenschaft bezeichnen, wenn mindestens eines der beiden Prädikate sich indirekt (mittels eines (logisch) kontingenten Zusammenhangs) auf die Eigenschaft bezieht, die es bezeichnet.

Alle mir bekannten einigermaßen plausiblen Kandidaten für Eigenschaftsidentifikationen erfüllen diese Bedingung und die soeben skizzierten Überlegungen zu unserem Beispiel stützen sie ebenfalls.

Bevor ich nun die Konsequenzen von These I für psycho-physische Eigenschaftsreduktionen untersuchen will, möchte ich noch einige erläuternde Bemerkungen zu These I anfügen. These I besagt anders ausgedrückt, daß zwei nicht analytisch äquivalente Eigenschaftsprädikate, die sich beide direkt auf die von ihnen bezeichnete Eigenschaft beziehen, nicht dieselbe Eigenschaft bezeichnen können.

Ich nenne solche Eigenschaftsprädikate *direkte Eigenschaftsprädikate*. Ich vermute, daß alle direkten (empirischen) Eigenschaftsprädikate wesentlich ostensiv sind, d.h. daß sie nur durch Ostension in Situationen, in denen die Eigenschaft präsent ist, gelernt werden können. Daher kann z.B. ein Blinder kein direktes Farbprädikat lernen: er kann zwar den Ausdruck "die Farbe von Kornblumen" verstehen, nicht aber über das Prädikat *Blau* verfügen.

Bernhard Thöle, Berlin

VII. Folgen für die psycho-physische Eigenschaftsidentifikation

Wenn wir nun These I als notwendige Bedingung für Eigenschaftsidentifizierung akzeptieren, ergibt sich sogleich eine Schwierigkeit für psycho-physische Eigenschaftsreduktionen: denn zumindest einige mentalistischen Eigenschaftsprädikate beziehen sich direkt auf die von ihnen bezeichnete Eigenschaft: das gilt insbesondere von den Prädikaten für Empfindungsqualitäten. Ich will dies als These II bezeichnen:

(II)   Einige mentalistische Eigenschaftsprädikate (z.B. Empfindungsprädikate) beziehen sich direkt auf die von ihnen bezeichnete Eigenschaft.

Zur Stützung von These II können wir auf den oben angesprochen Test, wonach direkte Eigenschaftsprädikate wesentlich ostensiv sind, zurückgreifen, da wir Empfindungsprädikate nur durch Ostension in Situationen, in denen die Eigenschaft präsent ist, lernen können.

Die Thesen I und II haben nun aber zur Folge, daß psycho-physische Eigenschaftsidentifikationen nur dann möglich sind, wenn die in Frage kommenden *physikalistischen* Eigenschaftsprädikate indirekt sind. Dies aber würde bedeuten, daß wir es eher mit einer mentalistischen Reduktion einer physischen Eigenschaft als mit einer physikalistischen Reduktion einer mentalen Eigenschaft zu tun haben. Denn nur solche Eigenschaftsprädikate, die sich direkt auf eine Eigenschaft beziehen, sagen uns, was diese Eigenschaft eigentlich ist. Wer nicht weiß, daß Blau die Farbe des Himmels ist, weiß nicht, *welche* Farbe Vergißmeinnicht haben, wenn ihm nur gesagt wird, daß sie dieselbe Farbe wie der Himmel haben. Erst wenn er erfährt, daß die Farbe von Vergißmeinnicht Blau ist, weiß er nicht nur etwas *über* diese Farbe, sondern er weiß, um *welche* Farbe es sich handelt. Indirekte Eigenschaftsprädikate sagen uns also nur etwas über die von ihnen bezeichnete Eigenschaft, geben uns aber nicht an, welches diese Eigenschaft eigentlich ist. Wenn wir dieses Ergebnis auf den Fall von psychophysischen Eigenschaftsidentifikationen anwenden, ergibt sich somit aus These I und II, daß uns - zumindest für den Fall der Empfindungsprädikate - nicht das physikalistische, sondern das mentalistische Prädikat die betreffende Eigenschaft *selbst* zu erkennen gibt. Das aber kann kaum in Sinnes des Physikalisten sein. Der Physikalist scheitert also bereits an unserer Bedingung für Eigenschaftsreduktionen.

Ergebnis

Ich will die Ergebnisse der vorangegangenen Überlegungen kurz zusammenfassen. Ich habe zunächst zu zeigen versucht, daß ein naturalistisch inspirierter Physikalismus die physikalistische Reduktionsthese vertreten muß. Ich habe dann die Grundidee, mit der Physikalisten die Reduktionsthese zu explizieren versucht haben, kritisiert. Abschließend sollte dann gezeigt werden, daß eine physikalistische Reduktion des Mentalen zumindest für die Empfindungseigenschaften grundsätzlich unmöglich ist. Und diese Unmöglichkeit ergab sich paradoxerweise daraus, daß eine psychophysische Identifikation eher als eine Reduktion des Physischen auf das Mentale denn als eine Reduktion des Mentalen auf das Physische zu verstehen ist.

Sektion 6

Symbol und Sprache: Interpretationswelten

RENATE SCHLESIER (BERLIN)

PATHOS UND WAHRHEIT.
ZUR RIVALITÄT
ZWISCHEN TRAGÖDIE UND PHILOSOPHIE

Sokrates' Tod nimmt Platon zum Anlaß einer massiven Abgrenzung von der dramatischen Kunst und ebenso einer Anlehnung an sie. Sokrates' Sterben - Todesstrafe und Selbstmord zugleich - wird von Platon so effektvoll dargestellt, daß er einem auf der Bühne inszenierten Tod im Detail vergleichbar ist. Die von Platon dramatisierte und dogmatisierte Lehre des Sokrates aber kann nicht krasser dem widersprechen, was aus den Tragödien spezifisch zu lernen ist und was der Chor in Aischylos' *Agamemnon* (V. 177) auf folgende berühmte Formel gebracht hat: τῷ πάθει μάθος, "durch das Leiden Lernen", Lernen durch die mannigfaltigen Erfahrungen, Konflikte und Katastrophen der Affekte.

Die Ausprägung dieser Formel bei Aischylos und die Anwendung, die sie im Werk auch der anderen Tragiker gefunden hat, gehen weit über den Sinn des alten sprichwörtlichen (man könnte sagen: vorphilosophischen) Weisheitsspruches hinaus, von dem die Formel zweifellos abgeleitet ist und auf den auch Herodot (1, 207) und Platon (*Symposion* 222 b) verweisen. Pathei mathos, als Kennwort der Tragödiengattung, heißt nicht bloß: "durch Schaden wird man klug". Der Akzent liegt auf dem durch einen bestimmten Artikel hervorgehobenen Leiden, ohne das kein Lernen sei. Eine solche Leidenserfahrung mündet nicht in ein Wissen, das man getrost nach Hause tragen kann, nicht in eine Gewißheit, die ein für allemal unumstößlich feststeht. Das vom Leiden ausgelöste Lernen ist unbestimmt, ist ein Prozeß, der nicht etwa die schließliche Befreiung vom Leiden gewährt, sondern im Gegenteil die Möglichkeit des Weiterlernens einzig und allein immer neuem Leiden verdankt. Dieser Prozeß aber ist im Menschenleben unabschließbar. Die Pointe dabei ist, daß das Leiden wie das Lernen der Menschen nicht in menschlicher Macht liegt und auch nicht menschliche Macht zum Ausdruck bringt. Leiden und Lernen werden den Menschen durch die Götter vermittelt und entzogen, Leiden zusammen mit Lernen ist das, was die Menschen von den Göttern unterscheidet, die Bestimmung der condition humaine also par excellence. Durch die unüberschreitbare Differenz zwischen Menschen und Göttern ist das menschliche Wissen notwendig relativ und unzulänglich und schwankenden Perspektiven ausgesetzt.

Wollte man die gemeinsame Tendenz aller uns bekannten Tragödientexte auf einen Nenner bringen, so ließe sich sagen, daß sie dieses Motiv eines Lernens durch das Leiden in seinen unterschiedlichsten Aspekten immer wieder neu variieren. Platon dagegen, expliziter noch als seine philosophischen Vorgänger, versucht dieses Band zwischen Leiden und Lernen durchzuschneiden, und zwar sowohl mittels einer Hypostasierung des Lernens und wie mittels einer Perhorreszierung des Leidens. Lernen ohne das Leiden soll möglich sein, ja das Lernen ohne Leiden soll erst das wahre Lernen sein. Es ist nur konsequent, wenn Platon alle darstellenden Künste und Künstler, von Homer, dem "ersten Lehrer und Anführer aller dieser schönen Tragiker", wie Sokrates anerkennend und ironisch sagt (*Politeia*, 10. Buch, 595 c), bis zu den Komödien- und Tragödiendichtern selbst, aus dem von ihm projektierten idealen Staat verbannen und nur diejenigen Dichter und Sänger zulassen will, die dem Publikum ungemischt das Lob des von den Herrschern empfohlenen Guten, Wahren, Schönen präsentieren und weder Götter noch Menschen als Wesen vorführen, die unausweichlich den Affekten unterworfen sind.

Die Tragödie und mit ihr alle anderen darstellenden Künste müssen freilich für Platon nicht allein deshalb liquidiert werden, weil sie unzulässigerweise vom Leiden handeln, sondern nicht zuletzt auch deshalb, weil sie dem Projekt der Philosophie riskanterweise ein anderes Modell des Lernens entgegensetzen. Dieses andere Modell des Lernens ist aber eben das, was die Philosophie am meisten zu fürchten hat und wogegen sie alle ihre Sicherungsmechanismen mobilisieren muß, denn es stellt das Lernmodell wie die Lerninhalte der Philosophie fundamental, mit starken unüberhörbaren und unübersehbaren Gründen, in Frage. Platons Überzeugung ist: solange es Tragödien zu sehen, zu hören oder auch nur zu lesen gibt, solange bleibt die Philophie mit einem gefährlichen Konkurrenten konfrontiert und kann sich einer unangefochtenen Position nicht sicher sein.

Tatsächlich ist aus den Tragödien genau das Gegenteil von dem zu lernen, was die Philosophen verkünden - wie unterschiedlich ihre Positionen im einzelnen auch sein mögen. Man versteht Platons tiefe Besorgnis und Feindschaft gegenüber einem so mächtigen und radikalen Gegner. Und man versteht auch, warum Platon sich der Tragödie gegenüber nicht, wie gegenüber seinen philosophischen Kollegen, damit begnügen konnte, sie zu überbieten und überflüssig zu machen oder zu denunzieren und beiseitezuschieben; warum er versuchen mußte, sie nicht allein zu bekämpfen, sondern mit ihren eigenen Waffen zu schlagen und so die Philosophie als ein nicht zeit- und ortsgebundenes, als ein möglichst kult- und gesellschaftsunabhängiges Konkurrenzunternehmen zur Tragödie krisensicher zu etablieren. Man versteht aber nicht, wieso dies ihm und den folgenden Philosophen relativ rasch und relativ erfolgreich gelungen ist.

Um dies zu verstehen, muß neben Tragödie und Philosophie ein Drittes in Betracht gezogen werden, zu dem beide sich auf unterschiedliche Weise kritisch verhalten und von dem Platons Philosophie sich ebenfalls mit Erfolg zueigen machte, was sie brauchen konnte: nämlich der geheime Einweihungskult der Mysterien, und zwar sowohl der öffentliche und universale, allen Griechisch Sprechenden zugängliche der Göttinnen Demeter und Kore im attischen Eleusis, wie der eher private, sozial und lokal marginale des Dionysos. Die Mysterienkulte versprachen ihren Eingeweihten eine ein für allemal verwandelnde Erfahrung, welche sie von den Nicht-Eingeweihten unterscheiden und ihnen ein besseres Los im Jenseits garantieren sollte, die Glückseligkeit, oder gar die göttliche Existenzform selbst. Offensichtlich sind dies Botschaften, die manchen Versprechen der Philosophie auffallend ähnlich sind, und es überrascht nicht, daß die durch die Tragödienhandlungen demonstrierten Einwände gegen philosophische Positionen teilweise die Positionen der Mysterienkulte mitbetreffen konnten. Wie von der Philosophie wird von den Mysterienkulten die Unabschließbarkeit des Leidens wie die Unendlichkeit des Lernens revoziert. Anders jedoch als in der Philosophie und ähnlich wie in der Tragödie spielt bei den Mysterienkulten nicht das Lernen, sondern das Leiden die entscheidende Rolle. In einem von Platons Schüler Aristoteles überlieferten Fragment (*Peri philosophias*, fr. 15 Ross) heißt es über die in die Mysterien Einzuweihenden, daß sie "nicht etwas lernen müssen (ou mathein ti dein), sondern leiden (alla pathein) und in einen Zustand versetzt werden (diatethenai)". In den Mysterienkulten soll also das Ziel der Leidlosigkeit nicht wie in der Philosophie durch ein vom Leiden abstrahierendes Lernen erreicht werden, sondern, im Gegensatz auch zur Tragödie, durch ein auf Lernen verzichtendes Leiden. Anders als die Tragödie und ähnlich wie die Philosophie postulieren die Mysterienkulte Leidlosigkeit, aber sie lokalisieren sie nicht, wie die Philosophie, bereits im Leben, sondern erst nach dem Tod, dem der Eingeweihte, im Unterschied zum Nicht-Eingeweihten, glaubt hoffnungsvoll entgegensehen zu können.

Die Tragödienlosung pathei mathos erweist sich also nicht allein als ein Einspruch gegen die Philosophie und ihr das Leiden ausschließende Lernen, also das auf sich selbst gestellte mathos, sondern auch gegen die Mysterienkulte und deren vom Lernen Abstand nehmendes Leiden, also das ausschließliche Ins-Auge-Fassen des pathos. Platons Strategie im Kampf gegen das Lernmodell und die Lerninhalte der Tragödie bestand nun darin, sich mit dem anderen Konkurrenten der Tragödie, den Mysterienkulten, gegen die Tragödie zu verbünden. Zunutzemachen konnte er sich dabei, daß das Leiden in den Mysterienkulten anders als in den Tragödien nur eine vorbereitende und zeitlich begrenzte, sozusagen taktische Funktion aufwies, die leicht verzichtbar zu sein schien, sowie der Weg zum Endziel, der Leidlosigkeit, auch ohne den Umweg über das Leiden erreichbar wäre. Zunutzemachen konnte er sich auch, daß, wiederum im Unterschied zu den Tragödien, dem Lernen in den Mysterienkulten, jedenfalls in den meisten Etappen ihres Ablaufs, eine Leerstelle gelassen war, die er mit dem von ihm definierten Lernen füllen konnte. *Ein* Kunstgriff aber war es vor allem, dank dessen Platon in Anlehnung an den gesellschaftlich verbindlichen attischen Mysterienkult, die Mysterien von Eleusis, die Tragödie auf ihrem ureigensten Territorium zu schlagen trachtete: die Inkorporierung der Mysterienschau in das Projekt der Philosophie.

Platon beschränkt sich nicht darauf, die Philosophie zu einem Konkurrenzunternehmen zur Tragödie und zu den Mysterien von Eleusis auszugestalten, sondern er strebt ebenfalls danach, die Mysterien desjenigen Gottes für seine Zwecke umzuformen, der sowohl ein Mysteriengott wie der Tragödiengott par excellence ist: Dionysos. Bei diesem Unterfangen war es freilich ganz unmöglich, die sinnlichen und massenwirksamen Qualitäten völlig aus dem Spiel zu lassen. Die in diesem Zusammenhang unvermeidlichen Reizthemen Ekstase und Wein nimmt Platon in Kauf und tut sein Bestes, auch diese noch seinem Unternehmen dienstbar zu machen.

Zunächst die Ekstase: Bei der Klassifikation der mania im *Phaidros* (265 b) wird der göttliche Rausch des Dionysos weder dem Wein noch dem Theater - also den öffentlich bekanntesten Wirkungsbereichen dieses Gottes - zugeordnet, sondern mit den geheimen Einweihungen verrechnet. Nur so aber, als ein vom Theater und vom Wein so weit wie möglich losgelöstes Phänomen, kann Platon den dionysischen Rausch zu einem Modell für den Zugang zu seiner Philosophie machen. Dies geschieht angemessener- und listigerweise beim *Gastmahl* zu Ehren des Tragödiendichters Agathon (*Symposion* 218 b): Alkibiades redet die mit Sokrates zum Symposion versammelten Männer an als "allesamt an der philosophischen mania und bakcheia gemeinschaftlich Beteiligte" (pantes gar kekoinonekate tes philosophou manias te kai bakcheias). Philosophische mania und philosophische bakcheia werden in dieser Anrede des Alkibiades bemerkenswerterweise synonym gebraucht. Der Terminus bakcheia aber bezeichnet sonst die Raserei im Dienst des Dionysos Bakcheios - diese Raserei freilich ist nach Auskunft unserer Quellen (z. B. Herodot 4, 79) zunächst der Einweihung in die Mysterien dieses Gottes reserviert. Erst in den Tragödien, von Aischylos angefangen, bei Sophokles fortgesetzt und in zahlreichen Varianten bei Euripides, wird das bakcheuein, das bakchische Rasen, zu einer Ausdrucks- und Erfahrungsform, die das Leiden der Bühnenfiguren wie die plötzliche Veränderung ihrer Zustände zum Schlimmen besonders spektakulär repräsentiert und die zum Lernen besonders durchgreifend und verwandelnd Anlaß gibt.

Auch die Tragödie also, so zeigt sich hier, knüpft an die Mysterien desjenigen Gottes an, der mit ihrer Entstehung, Ausgestaltung und kultisch-institutionellen Funktion aufs engste verbunden ist; ja die Tragödie schöpft vielleicht wie die dionysischen Mysterien aus einer gemeinsamen Erlebnis- und Erkenntnisquelle. Denn so wie das pathein, die Leiderfahrung der Eingeweihten, den mythischen Schicksalen des Dionysos angeähnelt wird - des einzigen Gottes, den sich die Griechen nicht leidlos und vor dem Tode bewahrt vorstellen konnten - , so steht auch die Tragödie im Zeichen dieses Gottes, der die Einheit der Gegensätze und den Umschlag vom Glück zum Unglück, vom Unglück zum Glück (sagen wir mit Aristoteles: die Peripetie), wie kein anderer verkörpert. Die Tragödie aber, im Unterschied zu den dionysischen Mysterien, widerspricht grundsätzlich und in allen Einzelheiten der Zuversicht, daß die Umwandlungsprozesse zu einem Stillstand kommen mögen und daß am Ende ein Umschlag vom Unglück zum Glück stehen könne, der nicht wieder rückgängig zu machen sei.

Platons *Gastmahl* zeigt so offensichtlich wie kein anderer seiner Dialoge die Paradoxie seines philosophischen Unternehmens. Das Plädoyer für Entmischung wird auf der Basis aller nur erdenklichen Mischungen - also letztlich im Zeichen des Mischungsgottes Dionysos - geführt: Liebe und Erkenntnis werden eins, Weg und Ziel philosophischen Bemühens verschmelzen mit einer Einweihungszeremonie, diese wiederum besitzt Züge von Tragödie, Komödie und Satyrspiel zugleich, und die Wahrheit über Sokrates' praktisches (genauer gesagt: rein theoretisches) Verhältnis zur Liebe kommt weder durch die inspirierte Liebes-Mystagogin noch durch die nüchternen bakchantischen Symposiasten an den Tag, sondern durch den am Schluß zu ihnen stoßenden betrunkenen Alkibiades, der sich für seine Enthüllungen auf das schon seit der frühgriechischen Lyrik (Alkaios, fr. 66 Diehl; cf. Theognis 500; Aischylos, fr. 393, etc.) überlieferte Sprichwort "Im Wein ist Wahrheit" beruft (217 e).

Im Unterschied zur Behandlung des Motivs "Im Wein in Wahrheit" in einigen großen Tragödien sind Platons Variationen dieses Motivs so untragisch wie nur möglich. Als Platon gegen Ende seines Lebens in den beiden ersten Büchern der *Gesetze* ein letztes Mal auf Dionysos und den Wein zurückkommt, ist vom Charme der Szenerie des *Gastmahls* nichts mehr zu spüren. Die drei sich in den *Gesetzen* über den idealen Staat unterhaltenden Greise verhandeln dort in dürren Worten darüber, ob Wein unter gewissen Bedingungen erlaubt sein sollte und wenn ja, für wen und zu welchem Zweck. Was das Thema "Im Wein ist Wahrheit" betrifft, so bleiben hier nur noch denkbar trockene Varianten davon übrig. Das vom Athener unwidersprochen dekretierte Ergebnis lautet, daß bis zum Alter von dreißig kein Rausch gesetzlich erlaubt sein soll (666 a) und daß die Trinkgelage danach nur unter der Kontrolle von nüchternen philosophischen Befehlshabern ab sechzig abgehalten werden dürfen (671 e, cf. 640 c ff.). Nützlich für den Staat seien derartige sogenannte Dionysosfeste deshalb, weil man dabei auf unschädliche Weise testen könne, wer zu Rohheiten und ruhestörendem Verhalten neigt und wer nicht (649 d - 650 b). Dies sei jedenfalls eine einfachere, billigere und bessere Charakterprüfung der Mitmenschen, als ihnen die eigenen Töchter, Söhne und Gattinnen zu überlassen.

Ansonsten sei der Wein noch dafür gut, daß die älteren Leute (für Platon also die Dreißig- bis Sechzigjährigen) sich mit seiner Hilfe getrauen, in den staatlich verordneten Chören auf der Bühne (beileibe keiner Theaterbühne selbstverständlich) aufzutreten. Ihnen ist nämlich die Aufgabe vorgeschrieben, nach dem Musen-Chor der Kinder und dem Apollon-Chor der jungen Leute auch Dionysos zum Zeugen anzurufen (664 c - 665 e) für die Wahrheit der verordneten Lehre, die in ein und derselben Ansicht besteht, welche alle Bewohner des Staates ihr Leben lang wiederholen sollen in Liedern, Mythen und Reden (664 a). Wettkämpfe aber, bei denen sich womöglich alle Darstellungsformen miteinander messen und nur danach gefragt wird, welche den Zuschauern die größte Lust bereiten, dürfe es auf gar keinen Fall geben. Dann wäre nämlich unweigerlich die Tragödie die Gewinnerin, da sich für sie "die gebildeten unter den

Frauen (hai te pepaideumenai ton gynaikon) und die jungen Männer und wohl genauso die Masse aller Leute" überhaupt entscheiden würden (658 d).

Bis nahe an sein Ende also wird Platon weiterhin vom Schreckbild der Tragödie verfolgt, der übermächtigen Konkurrentin, deren allgemeine Beliebtheit unschlagbar ist. Denn - und spätestens jetzt muß auch dies noch hervorgehoben werden - die Tragödienlosung ist zwar pathei mathos, durch das Leiden, ja durch alle starken affektiven Erschütterungen Lernen, aber was dieses Lernen im Mitempfinden dieser Affekte, im Mitleiden, vermittelt, ist Lust. Das Motiv "Im Wein ist Wahrheit" - um nur dieses Beispiel aufzugreifen - haben etwa Sophokles und Euripides auf so umwerfende Weise dramatisiert, daß dagegen das zur Indifferenz erziehende, leidlose oder lustlose Lernen, das Platon zu diesem Thema wie zu manchem anderen offeriert, bis zur Lächerlichkeit oder Unkenntlichkeit verblaßt.

Im Zentrum von Sophokles' *König Ödipus* (V. 697-862) ist der große Dialog zwischen Iokaste und Ödipus plaziert, der den Wendepunkt der Handlung bildet. Danach erscheinen nur noch einer nach dem anderen die beiden Hirten, durch deren Hände das von den Eltern mit durchbohrten Füßen ausgesetzte Kind gegangen war, und die schreckliche Wahrheit - der Vatermord, der Mutterinzest, - kommt während ihrer Auftritte Schlag auf Schlag ans Licht. Zuvor aber, mitten im vertrauensvollen Gespräch zwischen Ödipus und seiner Gattin, die nicht wissen, daß sie Sohn und Mutter sind, erzählt Ödipus, was ihn dazu brachte, die Stadt seiner Jugend und das Königspaar, das er für seine Eltern hält, zu verlassen und beim delphischen Orakel genaue Auskunft über seine Herkunft einzuholen:

Ein Mann hatte bei einem Gastmahl übermäßig getrunken,
in der Trunkenheit
Nennt er mich beim Wein mit einem Namen, der besagte,
daß ich meinem Vater kein echter Sohn sei.
(V. 779 f.)

Erst viel später wird Ödipus wissen, daß dieser Zecher tatsächlich die Wahrheit ausgesprochen hat; aber dann wird er auch erkennen, daß dieses im Wein hingeworfene Wort nicht allein sein bisher ungetrübtes Wohlbefinden ins Schwanken gebracht, sondern seine gesamte Existenz bis in ihre Grundfesten erschüttert hat; ja dieses Wort war es, was ihn zum Apollo von Delphi, von da zum Dreiweg und zum Mord an dem unbekannten Mann, seinem Vater, von dort zur Sphinx und ihrem Rätsel, von ihr aber in das Bett seiner eigenen Mutter getrieben hat. Die Gabe des Dionysos ist es, die den ersten und alles entscheidenden Umschwung seines Lebens herbeigeführt hat, und sie ist es jetzt wieder, deren Evokation den beginnenden Umschwung der Handlung hin zur Erkenntnis der Wahrheit über ihn selbst markiert.

Auch in Euripides' *Ion* ist es der Wein, der am Wendepunkt der Handlung die Wahrheit verrät. Was für eine Wahrheit zunächst: ein Mordversuch einer Mutter an einem Sohn. Ions Mutter Kreusa, die zu wissen glaubt, daß Ion ein Bastard ihres Mannes und deshalb ihr Todfeind ist, aber nicht weiß, daß er in Wirklichkeit ihr Sohn ist, beschließt, ihn beim Festmahl durch eine Schale Wein töten zu lassen, in die blutiges Gift gemischt wurde. Der fromme Ion aber, Tempeldiener des delphischen Apoll, gießt den Trunk als Spende den Göttern aus, und als eine herbeigeflogene Taube davon kostet, verröchelt sie ihr Leben, wie es wörtlich heißt, "in bakchischer Raserei" (V. 1204). Was im weiteren Verlauf jedoch "durch die Spende des Dionysos offenbar" (V. 1231 f.) wird, ist nicht allein, daß Kreusa Ion nach dem Leben trachtete, sondern eine Fülle weiterer Wahrheiten über diese Mutter und diesen Sohn, zu allem Überfluß aber die bittersten Wahrheiten über den wirklichen Vater, nämlich den Orakelgott selbst. Am Schluß bleiben zwei durch Dionysos und Apollon hier ausnahmsweise einmal vor dem Morden und Gemordet-Werden gerettete Menschen zurück, die sich damit abfinden müssen, daß der väterliche Rätselgott sie aus Staatsräson zu einer Existenz des Verschweigens und der Lüge verdammt. Diese Wahrheitsbotschaft des Weins ist an Komplexität, Vieldeutigkeit und kritischem Potential kaum zu überbieten. Daß philosophische Konzepte und Rezepte dagegen helfen, ist heftig zu bezweifeln.

Vor einer so heillosen Götter- und Menschenwelt, wie sie die Erfahrung und die Tragödie lehrt, wollen philosophische Heilsversprechen schützen. Und gegen eine solche Hybris der Philosophen legt der unbestechlich illusionslose Realismus der Tragödiendichter Widerspruch ein. Die Rivalität beider Positionen hat an Aktualität bis heute nichts verloren. Vorausgesetzt allerdings, man nimmt diese Rivalität überhaupt wahr, die seit Aristoteles' *Poetik* fast vollständig in Vergessenheit geraten ist.

Bibliographische Hinweise

Belfiore, Elizabeth S. (1986) "Wine and *Catharsis* of the Emotions in Plato's *Laws*", *Classical Quarterly* 36, 421-437
Bollack, Jean (1990) *L' Oedipe Roi de Sophocle*, 4 Bde., Lille 1990
Burkert, Walter (1987/1990) *Ancient Mystery Cults*, Cambridge, Mass., und London 1987 (revidierte deutsche Ausgabe: *Antike Mysterien*, München 1990)
Croissant, Jeanne (1932) *Aristote et les mystères*, Liège
Dörrie, Heinrich (1956) "Leid und Erfahrung. Die Wort- und Sinn-Verbindung pathein - mathein im griechischen Denken", *Ak. d. Wiss. u. Literatur Mainz. Abh. d. geistes- und sozialwiss. Klasse* 5, 303-344
Gould, Thomas (1990)*The Ancient Quarrel between Poetry and Philosophy*, Princeton, N. J.
Nietzel, Heinz (1980) "*Pathei mathos* - Leitwort der aischyleischen Tragödie?", *Gymnasium* 87, 283-293
Padel, Ruth (1992) *In and Out of the Mind. Greek Images of the Tragic Self*, Princeton, N.J.
Paquet, Léonce (1973) *Platon. La médiation du regard*, Leiden
Riedweg, Christoph (1986) *Mysterienterminologie bei Platon, Philon und Klemens von Alexandrien*, Berlin und New York
Rosen, Stanley (1988) "The Quarrel between Philosophy and Poetry", in: *The Quarrel between Philosophy and Poetry:Studies in Ancient Thought*,New York and London, 1-26
Schlesier, Renate (1985) "Der Stachel der Götter. Zum Problem des Wahnsinns in der Euripideischen Tragödie," *Poetica* 17, 1-2, 1-45
Stanford, W. B. (1983) *Greek Tragedy and the Emotions. An introductory study*, London

Igors Šuvajevs

DER SYMBOLISMUS VON BELYJ-BUGAJEW

Nun braucht man ja nicht mehr die Rolle von Andrej Belyj in der modernen Kultur zu beweisen. Doch noch immer hören die Streite über seine Wirkung und Bedeutung nicht auf. Belyj wird als Urheber des Strukturalismus und der Semiotik der Kunst betrachtet, man meint, daß ohne seine Literaturkonzeption die Entwicklung der Gegenwartsliteratur nicht zu verstehen sei. Und zugleich gesteht man, daß er unverständlich sei.

Belyj ist ein Vertreter des russischen Symbolismus, den er inspiriert, praktiziert und theoretisch zu erfassen sucht. Und zugleich distanziert er sich von dieser literarischen Richtung, sie gleichsam von innen zerstörend. Belyjs Schaffen läßt sich nicht in die traditionellen Formulierungen der literarischen Formen und Gattungen einzwingen, die gemeingültigen Wertungskriterien machen sein Wirken und Schaffen nur noch unverständlicher. Belyj schafft unter der Ahnung einer Explosion, einer Katastrophe, und seine Leistung zersprengt auch die etablierte Literatur, Kritik und Wissenschaft und verwischt nicht selten die Grenze zwischen Wahnvorstellungen und wirklicher Erfassung.

Belyj ist ein Schriftsteller, Dichter, Maler, der sich ganz gut in den Naturwissenschaften orientiert und schon in den 20er Jahren vor der drohenden Atombombengefahr warnt, ein Theoretiker, der die philosophischen, religiösen, psychologischen und okkulten Diskussionen seiner Zeit beherrscht. Kurz - ein typischer poeta doctus der Moderne. Belyj ist ewig unterwegs, er schafft ununterbrochen, schreibt dasGeschriebene um und kommentiert sich selbst. Jedoch ist er nicht ein philosophierender Dichter oder ein poetisierender Philosoph, dessen Platz im "Hospital mißratener Dichter" (Novalis) wäre. Das von ihm Geschaffene findet keine abgeschlossene Einverleibung, sondern besteht gleichsam zwischen Leben und Kunst in unvollendeten und unvollendbaren Werken - im Übergang. Der Übergang ist auch eine Krise, eine Trennlinie, das ist Belyjs Such- und Leitbegriff, um sich und die Welt zu finden und zu begreifen.

Schon zu seinen Lebzeiten wird Belyj ein Sonderling genannt, und diese Rolle übernimmt er manchmal bewußt: überall und zu allen steht er als ein abgewiesener Außenseiter. Er wird sogar als wahnsinnig angesehen und kommtnur durch Zufall nicht ins Tollhaus. Symbolismus ist für ihn nicht eine abstrakte Theorie oder Kunstkonzeption, sondern ein Zeugen-Zeigen des Lebens, was wohl auch sein gesellschaftliches und philosophisches Abgewiesen-

und-vergessen-sein bedingt. In Belyj läuft alles zusammen: um ihn zu verstehen, soll man nichts trennen, sondern ihn als Ganzes umfassen, als Autor der Lebenskunst umfassen, der auf dem Weg zu sich selbst ist. Obwohl sich in ihm augenscheinlich auch ein Charakterzug der russischen Kultur offenbart, nämlich: alles ist in embryonalem Zustand, es bestehen nicht deutlich ausgeprägte Formen, sondern ihre Ansätze und Transmutationen. Aber vielleicht ist es überhaupt nicht möglich, die Lebenskunst zu Ende zu führen - sie ist einfach ein ewiges Suchen, ein unumgänglicher Weg; vergebens hofft Belyj, eine "Akademie der Suchungen" zu bilden, sie kommt nicht zustande, bekommt auch keine akademische Anerkennung. Vielleicht ist die Lebenskunst ein Übergang vom Naturellen zum Nichtnaturellen und Scheinbaren, wo das Wesentliche nicht der Übergang, sondern das Im-Übergang-sein ist.

Der Autor dieser Lebenskunst oder des Symbolismus ist gar nicht Andrej Belyj. (Das ist eins der Mißverständnisse oder Vorurteile, die das Begreifen seiner Suchenswege erschweren.) Andrej Beyj ist nur eine Maske, jedoch eine sinnvolle vieldeutige Maske. Belyj - das Weiße oder das Symposium aller Farben (und Begriffe). In der religiösen Dimension - ein neuer Christus, der eine neue Botschaft der Verwirklichung des Lebens gebracht hat, aber verlacht, ausgestoßen und vertrieben wird, weil man in ihm nur einen Harlekin, einen Schauspieler sieht. Das Weiße ist eine stehende Metapher in Belyjs Werken. Auch der Vorname Andrej weist auf diese Dimension hin; das ist der Name eines Apostels, der Name des erstgerufenen Apostels; Andreas ist der erste, der findet. Doch wessen Maske ist Andrej Belyj?

Andrej Belyj ist die Maske von Boris Bugajew, oder eigentlich auch seine Maske. Also gleichzeitig B. Bugajew (1880 - 1934) und A. Belyj (ab 1901). Zweideutigkeit ist eine der Voraussetzungen seines Schaffens und einer der Gegenstände der künstlerischen Wiedergabe. Sie sieht einen Übergang und einen Übertrag vor und zeichnet vielleicht das Wesentlichste in die Poetik der menschlichen Existenz ein - Metaphorik und Symbolik. Doch das ist auch eine scharf erlebte, stürmische und manchmal auch eine grausame Zweideutigkeit: Literat und Theoretiker, Lyriker und Wissenschaftler, Kind und Erwachsener. Belyj-Bugajew manifestiert gerade den Zwiespalt, nicht die Zweieinigkeit: sie streiten miteinander, und, miteinander zerfleischend, schaffen sie das, was sie vollbracht und nicht vollbracht haben. Wichtig ist nicht nur das Vollbrachte, sondern auch das Nichtvollbrachte. Belyj ist Bugajews Maske, Bugajew aber - Belyjs Maske: ineinander schauend, spielen sie gleichsam, messen sich miteinander und ... demaskieren sich. Was aber wird demaskiert? Vielleicht das eigene Selbst, auf dem Weg zu dem er ist, immer suchend? Ja, auch das eigene Selbst, das man im Rahmen der analytischen Psychologie C.G. Jungs interpretieren kann. Doch das Menschenleben ist nicht nur Formung des eigenen Selbst, und die Psychologie ist immer allzu psychologisch. Vielleicht enthüllt die Demaskierung das Wesentlichste, indem sie einen im Wahren und in der Wahrheit Raum finden, alles Weltgeschehen aufnehmen, nämlich die Grenzen und die eigene Begrenztheit überwinden läßt. Sich demaskieren heißt im Übergang sein, nämlich zugleich vergänglich und unvergänglich sein.

Die Lebenskunst Belyj-Bugajews erlaubt, sie mit einer bestimmten Sehweise der Welt einer bestimmten Denkweise und Art der Lebensorganisierung zu verbinden, die sich in der modernen Kultur deutlich manifestiert. Der Gegenstand der Dramatisierung sind nicht (und nicht so viel) die Wechselbeziehungen von Mensch und Natur oder zwischen den Menschen, sondern ihre Möglichkeit in der geschichtlichen Natur und in der naturellen Geschichte. Auf solche Weise bietet sich die Möglichkeit, eine einheitliche Perspektive zu bilden, wo alle Zeiten und alle Werte sich begegnen. Das ist ein Versuch, das Ursprüngliche zu enthüllen, das alles umfaßt und in sich faßt und alle Wahrheiten sich aufschließen läßt. Diese Urerneuerung und Urwiederholung verknüpft sich ganz unerwartet mit der Welt des Mythols, mit dem Lebensgeheimnis, das sich im Tode entpuppt, mit dem leeren Raum, der die unbestimmbare Ursprünglichkeit der Existenz ankündigt. Die Anerkennung des allumfassenden leeren Raums ist eine Art Rückkehr ins Chaos, in dem sich einanderer Kosmos andeutet oder, besser gesagt, sich Unterbrechungen andeuten, bei deren Erleben der Kosmos entsteht. Das Ursprüngliche ist eine verdeckte Offenheit, die sich in Momenten der Transformation, in symbolischen Sinnbildungen offenbart, die nicht natura creata, sondern natura creans et non creata sind.

Somit ist das künstlerische Schaffen nicht so viel ein Schaffen des Neuen als ein neues Schaffen, das sich als Nicht-Schaffen oder schöpferischer Nicht-Erfolg manifestiert. Das bedeutet nun, es im Nichtgeschaffenen und Nichtentfremdeten zu lassen, es nicht aber auf eine Idee oder auf Gestalten zu reduzieren. Es muß auf der Suche nach existentiellen Möglichkeiten des Menschen immer wieder erlebt und wiederholt werden, es zeichnet eine Aufgeschlossenheit für die Welt und die Geschichte ein, eine polyphone Bejahung der Menschlichkeit, in die man sich einschalten kann, ohne das letzte, endgültige Wort zu sagen. Das Zeugen-Zeigen des Lebens wird erlebt als eine stumme, rhythmische Geste des Seins, wo der Parallelismus des Dargestellten und des Darzustellenden nicht besteht. Und Belyj-Bugajew erlebt leidenschaftliche die qualvolle Agonie und die jubelnde Exaltation dieser stummen Expressivität - dieser Musik der Stille. Dieses "Neuschaffen" erscheint als ein Fest und als ein Nicht-nötig-sein des Schaffens - ein Wortspiel und ein Spiel mit Worten. Das künstlerische Schaffen dient nicht didaktischen Zwecken und nicht zur Unterhaltung - das ist eine spielerische Selbsterneuerung des Ursprünglichen.

Solches Nicht-Neuschaffen unterliegt nicht einer Interpretation, die Belyj-Bugajew zu einer literarischen (künstlerischen) Erscheinung oder einem klinischen Fall machen ließe. Das ist ein unaufhörliches Werden, wo das Gesagte und das Geleistete nicht dazu kommt, zu toten Termini oder zu einer unveränderlichen Gestalt zu erstarren. Das Spiel ist nicht vom menschlichen Leben zu trennen: selbst die ernsteste Beschäftigung hat etwas vom Spiel, und in jedem Spiel ist ein Teil Ernst. Obwohl in jeder Gesellschaft Normen und Bedingungen bestehen, die die Vieldeutigkeit des Spiels einschränken, ihm einen ideologisch akzeptierten Status und bestimmte Funktionen verleihen. Es hat aber keinen Sinn, dem Spiel eine funktionale Rolle einzuräumen: das Spiel ist die Onto-logik der menschlichen Existenz. Und in solchem Spiel spielt niemand etwas: im Spiel wird der Mensch selbst ausgespielt. Auch Belyj-Bugajew spielt, er spielt die mannigfaltigsten Möglichkeiten aus und verspielt. Sein Leben ist ein Tanz, er äußert eine "tanzende Weisheit" (Nietzsche) und bemüht sich, alles (Poesie, Theorie, Leben) auszutanzen. Seiner Meinung nach steckt der ursprüngliche Tanz noch immer in jedem Menschen, dessen Bewegungen den Rhythmus, die Bewegungen des Tanzes wiederholen. Diese Bewegungen finden ihre Gestalt auch im Wort, im Sprachklang.

In Worten enthüllt sich die Welt, enthüllt sich der Schöpfer, in Worten setzt sich der urzeugende Atem fest. Die Alltagswörter sind meist unpersönlich, doch sie leben im Atem, der Atem ist in Wörtern wiederzuerkennen - den Kasken des Atems. Dabei hat nicht der Mensch den Atem, sondern der Atem ist im Menschen, und das ist der Atem des Lebens oder der lebendige Atem, der den Menschen der Welt entdeckt und die Welt dem Menschen. Wenn dieser Atem sich des Menschen bemächtigt, muß der Mensch verstummen, um die Fülle, das Ur-Ganze des Lebens nicht preiszugeben. Oder versuchen, das Unsägliche, Unmögliche auszusprechen, stotternd hervorzustammeln, was von selbst sich ausspricht. In Worten blüht die Welt auf: es zeigt sich ihre Sichtbarkeit, es entsteht das Echo des Menschen selbst. Die Sprache ist der Horizont der Lebenswelt und zugleich auch eine Möglichkeit des Übergangs; sie ist ein unüberschreitbarer Übergang, ein Orientierungsraum und ein Orientierungsmittel, aber zugleich auch eine Möglichkeit des Übertrags in andere Räume.

Belyj-Bugajews "Neuschaffen" ist auch die Schaffung des Mythos - ein modernes Mythos-Schaffen, in seinen schöpferischen Nicht-Erfolgen kommen gleicherweise Modernismus und Archetypismus zum Ausdruck. Er braucht kein neues Leben, das nach Grundsätzen oder Gesetzmäßigkeiten der Kunst gebildet wäre - man muß das Leben von neuem entdecken. Er braucht keine neue Kunst - man muß die Kunst von neuem entdecken. Und Entdeckung ist Lebenskunst. Aber das Entdeckte (das Geschaffene, Ausgedrückte, Ausgestaltete) bringt die Notwendigkeit der Zerstörung mit sich - der Transformation oder der Deformation. Das ist ein Versuch, in seine Existenz den Tod einzubeziehen - den treuen Boten des neuen Lebens und die unentbehrliche Komponente des Neuschaffens. Im Tode verliert der Mensch sich selbst, entdeckt das Nichtübereinstimmen mit sich selbst, denn auch der Tod ist ja ein Übergang.

Einen analogischen Übergang beobachtet man, wenn man im Traum wach bleibt. Ist der Traum ein symbolischer Tod, so ruft das Wachsein Traum das Unvergeßliche, Ursprüngliche in Erinnerung. Wenn man sich in diesem Übergang fixiert, ist es möglich, sich an das Zukünftige zu erinnern. Belyj-Bugajew erinnert sich auf solche Art im Jahre 1907 an seinen Tod von 1934, erinnert sich auch an andere Begebenheiten, die er zwar später korrigiert. Worüber Belyj-Bugajew sich entsetzt, ist ein im Schlaf verlebtes und verträumtes Leben, das man dazu noch mit ideologisierter Argumentation zu rechtfertigen sucht. Doch solches Leben ist schrecklich nur in dem Sinne, daß man noch immer weiterschläft, der Traum begreift auch das Erwachen zum neuen Leben ein. Und gerade darauf muß nach Belyj-Bugajew der Künstler hinlenken, der Deuter der Wachträume, der eher als jemand sonst die drohende Gefahr wittert. Somit gleicht Belyj-Bugajews "Kunst" einem Rätselraten - die Rätsel hat er vielleicht weise aufgespürt, nicht aber erraten. Auch Belyj-Bugajew ist ein sich selbst und anderen aufgegebenes Rätsel oder, anders gesagt, ein Übergang.

Wenn auch Belyj-Bugajew ein Vertreter des Symbolismus ist, wendet er sich zugleich dagegen - gegen Symbolismus als bestimmteKunstart oder -strömung. Die Symbole sind ein Urelement der Kultur, das "Fundament" des Welterkennens und -begreifens. Das Symbol beinhaltet "Idee" und "Eidos", deren ursprüngliche Bedeutung "wissen" und "sehen" ist, in dem einen liegt die Betonung auf dem "Wissen", im anderen auf dem "Sehen". Doch das sind nicht getrennte Gebiete: zu einer Idee kommt man nicht durchs Schauen, sondern durchs Sehen, und sehen heißt mittendrin in der Idee sein, denn schauen heißt noch nicht sehen. Und Belyj-Bugajew manifestiert auch solch ein wissendes, weises Sehen und eine sehende Weisheit. Vielleicht ist das noch ein Grund, warum man ihn nicht versteht, den Choreographen des Gedankens und des Lebens nicht sieht, denn diese Gebiete werden künstlich getrennt, nämlich, Wissen und Wissenschaft für sich, Bilder aber und Bildhaftigkeit - ein Privatgarten der Kunst. Die Schreibweise Belyj-Bugajews offenbart die bildhaft plastische und akustische Bildhaftigkeit des Gesehenen.

Die Symbole gewähren das Sehen und Erleben in einem bestimmten Licht, ohne etwas widerzuspiegeln und über das Gesehene auszusagen. Die Symbole figurieren in gegenständlich semiotischen Gebilden, sind aber nicht darauf zu reduzieren. Die Symbole zeigen etwas und verhüllen sich gleichzeitig im Gezeigten, sie enthüllen und verhüllen zugleich, deshalb ist der Symbolismus immer eine Enthüllung und kann nicht eine Verhüllung sein. Die Symbole sind in die Unendlichkeit des Sinns gerichtet, doch ihre Ausdrucksmittel (die Zeichen) in die funktionale Bedeutung und Faktenkonkretheit. Die Symbole ermöglichen den Übergang in der menschlichen Welt, indem sie sie konstituieren und die Verbundenheit mit dem Ursprünglichen bewahren. Doch der Symbolismus ist apophatisch. Er sieht ein Gedeutetwerden vor, aber auch ein unausbleibliches Verstummen im Deuten.

Andrea Esser, München

Der Ort des Ästhetischen - Überlegungen im Anschluß an Kants "Kritik der Urteilskraft"

Die Frage nach der Realität des Ästhetischen stellt sich philosophisch zugleich als die Frage nach den Bedingungen der Möglichkeit des Ästhetischen selbst: Wie muß das ästhetische Phänomen gedacht werden, um seine Eigenständigkeit gegenüber den Bereichen der Theorie und der Praxis zu wahren? Der Nachweis seiner Autonomie erfordert es, die Irreduzibilität ästhetischer Urteile, im Sinne einer eigenen Urteilsart neben intellektuellen und moralischen Urteilen, aufzuzeigen. Nur dann kann man von einer Realität solchen Urteilens sprechen, wenn dieses sich nicht letztlich doch als theoretische oder praktische Beurteilung - und das meint: als Kategorisieren und Subsumieren unter allgemeine Begriffe und Regeln - dekuvrieren läßt.
Ein Sujet historisch, biographisch, kunstgeschichtlich oder auch moralisch zu analysieren und zu verstehen, mag interessant sein und daher intellektuell gefallen. Dabei wird das Gesehene hinsichtlich seiner Zugehörigkeit zu Klassen bestimmt und dann seinem Bedeutungsgehalt nach beurteilt. Die Darstellungen gewisser Motive, bekannter Intentionen des Autors oder charakteristischer Stilmomente werden wiedererkannt und unter bereits Gewußtes subsumiert. Ein Kunstwerk gefällt daher, wenn seine Elemente und sein Aufbau erklärbar sind und es dadurch als Zeichen intellektueller Inhalte decodiert werden kann[1]. Solchen Qualifikationen liegen ausschließlich Begriffe zugrunde - die erkannten Gehalte des Sujets einerseits und die gewußten Hintergründe und Regeln andererseits. Sie sind daher theoretische Urteile.
Gründet sich ein Urteil auf eine positive oder negative Gefühlsreaktion, so hängt es von der jeweiligen empirischen Subjektivität ab und ist daher in seiner Gültigkeit auf diese beschränkt. Die unmittelbare Begeisterung für mitreißende, bewegende Rhythmen und Klänge, die Freude an dadurch geweckten Erinnerungen oder Sehnsüchten sind mögliche Reaktionen, die sich kontingent einstellen im Zusammentreffen bestimmter Qualitäten mit einer persönlichen Disposition. Urteile über solche Zusammenhänge sind nur insofern "ästhetisch", als in ihnen ein Gefühl konstatiert wird. Der diesem Gefühl zugrundeliegende Kausalzusammenhang zwischen einer Objektqualität und der

---

[1] Panofsky beschreibt den Bezugspunkt solcher intellektueller Analysen als ikonographisches, bzw. den Gehalt betreffend, ikonologisches Sujet. Diese unterscheidet er vom primären Sujet, das, wie im folgenden diskutiert, den eigentlichen Ort des Ästhetischen bildet. Vgl. Erwin Panofsky, Sinn und Deutung in der bildenden Kunst, Köln 1978, S.38-41.

bewirkten Lustreaktion ist aber prinzipiell empirischer Forschung zugänglich und kann dadurch in seiner Mechanik aufgedeckt werden. Diese läßt sich dann in theoretischen Begriffen darstellen und einsehen. Die sich daraus ergebende Herstellbarkeit statistischer Häufigkeit bezüglich der Akzeptanz bestimmter Gegenstandsqualitäten kommt so etwa einer Psychologie des Marktes und der Medien entgegen - etabliert aber keine spezifische Regel ästhetischer Qualifikation als Klasse allgemein zustimmungsfähiger Urteile. Regelästhetik und Wirkungsästhetik, Objektästhetik oder die Annahme einer genetischen bzw. kulturell erworbenen Reaktionsfähigkeit entziehen sich selbst daher die Grundlage ihrer Autonomie, insofern als die "Bestimmungsgründe" bzw. Regeln ihrer Urteile jederzeit zurückführbar sind auf außerästhetische Faktoren.

Die Analyse ästhetischen Urteilens und der Nachweis, daß solchem Urteilen eine Regel zugrundeliegt, die ihm einen eigenen Referenzbereich eröffnet, stellen für die Grundlegung ästhetischer Urteile aber nur ein Erfordernis dar. Zugleich mit der sich daraus eröffnenden Möglichkeit ästhetischer Wertung muß auch die Seite des in Frage stehenden Phänomens, d.i. das zur Beurteilung vorliegende "Gegebene", in die Analyse aufgenommen werden. Denn was im ästhetischen Sinne "gegeben" ist, kann keineswegs selbstverständlich vorausgesetzt werden[2]. Mit der Frage ästhetischer Beurteilungskriterien muß auch ihr Bezugspunkt theoretisch reflektiert werden und sich aus dem Nachweis der Denkmöglichkeit des Ästhetischen selbst mit Notwendigkeit ergeben. Wird statt dessen die Existenz ästhetischer Qualitäten einfach gesetzt oder dazu auf unser Alltagsverständnis verwiesen, so wird das Ineinandergreifen von ästhetisch Gegebenem und seiner Normierung nicht verständlich. Die Regel ästhetischer Urteile ist dann nicht im vollen Sinne legitimiert, weil ihr Anwendungsbereich nicht theoretisch festgelegt ist. Die Bestimmung des Gegenstandes ästhetischer Kontemplation zeigt dagegen sowohl ihren Ort als auch die Möglichkeiten ihrer Interpretation.

Kant bestimmt in der "Kritik der Urteilskraft" den Bezugspunkt ästhetischen Reflektierens als die "aufgefasste Form" eines Gegenstandes, dessen Vorstellung dabei "nicht auf das Objekt, sondern auf das Subjekt bezogen

---

[2] Der Gegenstand ästhetischer Relexion wird in vielen Ansätzen als unproblematisch und selbstverständlich vorausgesetzt. Meist wird ausschließlich der Maßstab ästhetischer Wertung diskutiert. Auf welchen Aspekt, etwa eines Kunstwerkes, sich dieser überhaupt richten kann, wenn es um dessen ästhetische "Qualität" geht, steht dabei nicht im Zentrum der Analyse. Vgl. hierzu die Ansätze von A. Danto, N. Goodman, R. Wollheim, aber auch in der Kantliteratur: J. Kulenkampff, W. Bartuschat, W. Vossenkuhl.

wird"[3]. Diese Form ist dem Urteilenden empirisch gegeben und wird in der Reflexion, d.i. hinsichtlich der Möglichkeit der Erkenntniskräfte, an dieser Form in ein 'harmonisches Spiel' zu treten, qualifiziert. Sowohl der Gegenstand ästhetischer Wertung als auch die ästhetische Norm, das Spiel der Vermögen, sind aber im Text der dritten Kritik nicht hinreichend deutlich definiert und bedürfen daher zur weiteren Klärung einer Interpretation.

Die Frage nach Gegebenheit und Form sowie den Leistungen transzendentaler Erkenntnisvermögen wird von Kant bereits in der "Kritik der reinen Vernunft" (KRV) gestellt, wenn auch in Hinblick auf Erkenntnis. Zunächst stehen die Beschreibungen zentraler Elemente der Ästhetik Kants in Widerspruch zu den Ausführungen der KRV. So sind - Kants Erkenntnistheorie zufolge - Formen niemals gegeben, sondern gehen immer auf eine Leistung subjektiver Vermögen zurück. Apprehendiert werden ferner nur Empfindungen, von denen aber, als der Materie einer Vorstellung, in der ästhetischen Reflexion gerade abgesehen werden soll.

Einige Interpreten werten Kants Theorie der Form als ein, seiner ästhetischen Analyse eher äußerliches, von der Tradition bloß übernommenes Element[4]. 'Dieser historisch bedingte Formalismus' Kants gilt daher als inaktuell und philosophiegeschichtlich überwunden. Im Zentrum dieser Untersuchungen steht ausschließlich das "Spiel der Vermögen" in seiner Funktion eines ästhetischen Kriteriums. Dieses wird dabei als ein der Erkenntnisleistung analoger Prozeß in den Tiefen der Seele vermutet, welcher dem urteilenden Subjekt nur über eine Gefühlswirkung zu Bewußtsein kommt[5]. Das empfundene Wohlgefallen ist jedoch nach Kant jedoch nicht von Lustgefühlen anderen Ursprungs qualitativ unterschieden. Daher müssen diese Ansätze konsequenterweise die diskriminative Kraft der Konzeption des harmonischen Zusammenspiels entweder in Zweifel ziehen oder, um diese zu wahren, weitere Kriterien ergänzen[6]. Die Konstellation der im Spiel beteiligten Vermögen,

---

[3] I. Kant, Kritik der Urteilskraft (KU), zitiert nach Ausg. Meiner, 2. EL., XXXIV.
[4] Vgl. hierzu J. Kulenkampff, Über Kants Bestimmung des Gehalts der Kunst. In: Zeitschrift für philosophische Forschung, Bd.33/1979, S. 62-74. Ebenso W. Bartuschat, s. Fußnote 5; A. Danto, Die Verklärung des Gewöhnlichen, FFM 1982.
[5] Diese Auffassung vertreten insbesondere D. Henrich, Aesthetic Judgment and Moral Image of the World, Stanford 1993; P. Guyer, Kant and the Claims of Taste, Cambridge 1979; J. Kulenkampff, Kants Logik des ästhetischen Urteils, FFM 1978, W. Bartuschat, Zum systematischen Ort von Kants Kritik der Urteilskraft, FFM 1972.
[6] Vgl. hierzu jeweils die Ergebnisse von J. Kulenkampff und P. Guyer, a.o.g.S.

Einbildungskraft und Verstand, wird dabei als nicht klärbar oder als unverträglich mit Kants bisherigen Ausführungen bewertet. Die Frage nach dem Gegenstand der ästhetischen Reflexion, den Kant als "gegebene Form" bzw. als das "Formale einer Vorstellung" kennzeichnet, bleibt offen oder wird mit dem Verweis auf die Alltagspraxis beantwortet[7]. Das zur Beurteilung Stehende kann dann gleichermaßen die kategorial hergestellte empirische Form des Kunstwerks, sein intellektueller Gehalt, seine Farb- oder Klangqualität oder eine noch nicht begrifflich erkannte Mannigfaltigkeit sein.

Die erwähnten Schwierigkeiten der Interpretation des Spiels der Vermögen folgen meines Erachtens aus der unzureichenden Reflexion auf seinen theoretischen Ort und seinen Bezugspunkt. Dieser wird in den oben genannten Ansätzen intuitiv mit der <u>theoretischen</u> Form identifiziert. Dadurch wird eine konsistente Interpretation und eine Anwendung der Konzeption des Spiels als einer originär ästhetischen Reflexionsleistung ausgeschlossen.

Versteht man nämlich die Rede von der "gegebenen Form" als theoretische, d.i. als Objektform, so bedeutet dies nicht nur einen Verstoß gegen die von Kant geforderte Begriffslosigkeit des ästhetischen Urteils, sofern die objektive Form eines Gegenstandes das Resultat allgemeiner Bestimmungen - durch reine und empirische Begriffe - ist[8]. Diese - objektive - Form steht vielmehr auch ausschließlich in der Funktion der Objektkonstitution und ist deshalb gerade nicht differenzierbar in Formen mit und ohne ästhetischem Wert. Sie ist allgemeine Form und geht aus einer rein intellektuellen Tätigkeit hervor - im Sinne der Bestimmung einer sinnlichen Präsenz als Repräsentant eines allgemeinen Begriffs. Primär gegeben sind dem Subjekt nach Kant seine persönlichen Empfindungen. Diese sind bezüglich ihrer Qualität rein privater Natur und streng monadisch. Die Einbildungskraft nimmt diese Sinnesdaten in den Formen der Anschauung, Raum und Zeit, auf und setzt sie darin zu einem subjektiven Wahrnehmungsbild zusammen. Ihre Apprehension steht dabei immer schon unter den Kategorien, den apriorischen Formen des Verstandes. Diese bestimmen die subjektiven Empfindungen hinsichtlich ihrer Extension, ihres Realitätsgehaltes, ihrer Verhältnisse und ihres Modalitätsstatus' über das transzendentale Schema der Zeit. Das Gesehene, das unmittelbar präsente Wahrnehmungsbild wird als Vorstellung eines Objektes qualifiziert, es wird "gedacht als gegeben"[9]. Die rein subjektive Seite der zugrundeliegenden Empfindungen wird so überwunden. Daß es sich bei der

---

7   Vgl. die in Fußnote 5 genannten Autoren.
8   Vgl. KU, S. 32, 147
9   Vgl. I. Kant, Kritik der reinen Vernunft, B 182, A 143

sinnlichen Präsenz um einen bestimmten Gegenstand, etwa um einen Hund oder ein Haus, handelt, ermöglicht das jeweilige empirische Schema, wodurch das Gesehene unter einen empirischen Begriff subsumiert werden kann. Im subjektiven Wahrnehmungsbild wird so über die allgemeine Regel des Schemas die objektive Form (z.B. die Hund-, oder Hausform im Allgemeinen) wiedererkannt, was allein Mitteilbarkeit verbürgt.

Diese begrifflich erkannte Form kann nur eine intellektuelle, das meint: begriffliche Reflexion nach sich ziehen. Sie ist die Interpretation des Gehalts eines Sujets im Sinne eines Nachdenkens über Bedeutungszusammenhänge zwischen solchen Formen, die in der Repräsentationsfunktion allgemeiner Begriffe stehen. Es ist daher eine rein theoretische, d.i von Begriffen ausgehende und nur Begriffe betreffende Tätigkeit, aber keine ästhetische.

Die kategorial schematisierte Form eines Gegenstandes ist also seine gedachte Form. Sie ist das In-Anwendung-Sein von Regeln, die es ermöglichen, etwas als Gegenstand und als Repräsentant eines Begriffes zu erkennen. Ästhetisch im Sinne von sinnlich ist diese Form gar nicht vorhanden und so ergibt sich ihr Ausschluß quasi analytisch aus dem Begriff des Ästhetischen.

Ästhetische Qualifikationen müssen sich also auf die sinnliche Verfaßtheit eines Gegenstandes richten. Damit kann aber nicht die Qualität eines momentan empfundenen Sinneseindruckes gemeint sein. Denn da die Empfindung selbst monadisch verfaßt und in ihrer Gefühlswirkung kontingent ist, können weder ihre Qualität noch ihre Wirkung bei anderen Subjekten in gleicher Weise vorausgesetzt werden. Also ist sie eben wegen dieser Privatheit kein Kandidat möglicher ästhetischer Valenz. Die Empfindung selbst bildet vielmehr den Ort des Angenehmen, d.i. dessen, was zufällig gefällt.

Ästhetisches Urteilen soll nun einerseits eine sinnliche, d.i. durch Empfindung repräsentierte, Qualität betreffen. Diese muß aber andererseits allen Urteilenden in gleicher Weise vorgegeben sein[10]. Sie muß deshalb bestimmte Qualität sein - im Gegensatz zur unbestimmten einer nur subjektiven Empfindung. Sie muß dennoch qualitative Bestimmung sein - im Gegensatz zur intellektuellen durch Begriffe.

Wenn wir einen Gegenstand wahrnehmen, apprehendiert die Einbildungskraft die mannigfaltigen Empfindungsdata in den Formen der Anschauung. In diese Formen treten die Empfindungen als die Materie ein und bestimmen sie dadurch[11]. Umgekehrt erhalten die Empfindungen jeweils eine bestimmte Zeit-

---

10 Vgl. Kant, KU, S. 69.
11 Vgl. Kant, KRV, B 323, A 267

bzw. Raumstelle. Das Gesehene oder Gehörte kommt dann als geordnete Struktur zu Bewußtsein[12]. Diese ist die sinnliche Form, d.i. die individuelle Form eines jeweils Gesehenen und Gehörten in der Präsenz der Wahrnehmung. Der Kantische Terminus der "gegebenen Form eines Gegenstandes" meint eben diese in den sinnlichen Formen fixierten Empfindungen. Hier ist der theoretische Ort der ästhetischen Kontemplation.

Daß wir in unserer Wahrnehmung immer schon intellektuell bestimmt sind und auf eine Bedeutung hin sehen, muß vom Subjekt aktiv ausgeblendet werden, insofern dieser Blickwinkel den Zugang zu einer ästhetischen Beurteilung verstellt[13]. Nicht daß diese sinnliche Präsenz auch als Darstellung eines Begriffes verstehbar ist, ebensowenig daß sie unter kategorialer Bestimmung ein Objekt bedeuten kann, ist für das Ästhetische konstitutiv, sondern ausschließlich die sinnliche Bestimmtheit und Strukturierung von Empfindungen in Raum und Zeit, die als individuelle sinnliche Form wahrgenommen werden. Diese in Blick zu nehmen, erfordert eine Abstaktionsleistung des Subjekts, in der das Wahrnehmungsbild aus seinen begrifflichen Bestimmungen herausgelöst wird. Nichts anderes meint der Ausdruck: "ästhetische Einstellung".

Die in diesem Sinne "gegebene Form" soll nun in einem, von allen Subjekten vollziehbaren Prozeß bezüglich ihrer ästhetischen Valenz beurteilt werden. Das Schöne ist nach Kant das, dessen Form in der Reflexion gefällt. Treten darin die Erkenntniskräfte, d.i. die Einbildungskraft als sinnliches und der Verstand als intellektuelles Vermögen, in eine freie Kooperation, wird dieser Form ästhetischer Wert zugeschrieben. Die sinnliche Struktur als abstrakte Geordnetheit ist also selbst nicht schon qualitative Form. Sie ist das raum-zeitliche Stellensystem wahrgenommener Empfindungen und bringt darin eine empirische Gestalt zur Erscheinung. Doch die Geordnetheit der sinnlichen Form eröffnet die Möglichkeit zu einer qualitativen Bestimmung des Gesehenen und Gehörten[14]. Sie ist die "unumgängliche Bedingung" einer sie qualifizierenden Reflexion[15].

---

12 Dabei ist die Intellektualität in den Dienst der Sinnlichkeit zu stellen, in dem Sinne, daß das Wahrgenommene überhaupt als Struktur bewußt werden kann.
13 N. Goodman nimmt unsere tatsächliche Intellekt-bestimmtheit als einen Beweis dafür, daß Wahrnehmung jenseits eines intentionalen Sehens gar nicht möglich ist. (Vgl. Weisen der Welterzeugung, FFM 1984, S. 92). Aus diesem Faktum folgt aber nicht notwendig schon die Unmöglichkeit, eine Wahrnehmung aus ihren Wissenszusammenhänge herauszulösen.
14 Die qualitative Form basiert darauf, daß "die Wahrnehmung einer veränderten Qualität (nicht bloß des Grades der Empfindung) bei den verschiedenen Anspannungen auf der Farben- und Tonleiter, ferner, daß die Zahl derselben für <u>begreifliche Unterschiede</u> bestimmt ist". Kant, KU, S. 213.
15 Kant, KU S. 220

Die Qualität dieser Form ist das Produkt aus den Verhältnissen, die sich zwischen den strukturell bestimmten Empfindungen bilden lassen. Einer Empfindung selbst wird eine Qualität generiert, über ihre Verhältnissetzung zu ihrem jeweiligen Vorgänger und Nachfolger. Ein Ton oder eine Farbe - an ihrer jeweiligen Stelle für sich genommen - sind in ihrer Empfindungsqualität rein subjektiv und daher unbestimmt. Werden sie in Verhältnis zu einem ihm differenten Vorgänger bzw. Nachfolger gesetzt und wahrgenommen, so erhalten sie jeweils einen bestimmten Wert[16]. Dieser verändert sich, wenn an die Stelle des Vorgängers oder Nachfolgers ein anderer tritt, bzw. wenn dessen Qualität, die sich ja ebenfalls über das Verhältnis zu den, von ihr unterschiedenen Empfindungen definiert, sich ändert. Realisiert wird in diesen Beziehungen zwar jeweils ein bestimmter, aber kein absoluter Wert, denn die Qualitätsbestimmung geht aus der jeweiligen sinnlichen Form, d.i. dem spezifischen Stellensystem, hervor und hängt insofern von ihm ab. Gebildet wird so ein Wertsystem, d.i. eine qualitative und sinnliche Form, die über die Verhältnisse, wie sie das jeweilig kontemplierende Subjekt bildet, produziert wird. Diese Verhältnisse sind sinnliche, sie können nur herausgesehen, bzw. -gehört werden und sind deshalb nicht begrifflich beschreibbar, obgleich sie das Produkt allgemeiner mentaler Operationen sind.

Die Einbildungskraft, als das Vermögen der Sinnlichkeit, stellt diese qualitative Form her. Sie wird dabei nicht vom Verstand geleitet, sondern ist lediglich an die sinnliche Form des Gegenstandes gebunden[17]. Daran arbeitet sie produktiv - "als Urheberin willkürlicher Formen"[18] -, indem sie in beliebigen Verhältnisbildungen qualitativ bestimmte Einheiten heraussieht und -hört. Diese kombiniert sie frei zu immer komplexeren Verhältnissen, die sie in der Reflexion darstellt[19].

Der Verstand als intellektuelles Vermögen fixiert die Produktionen der Einbildungskraft und hebt sie aus ihrem zeitlichen Zusammenhang der empirischen Apprehension heraus. Dadurch werden mehrere Ebenen qualitativer Bestimmung möglich, die, - jeweils in Beziehung gesetzt - neue Werte

---

16 Vgl. Kants Ausführungen zur Form der Empfindung im § 14 der KU, S. 39,40; Ebenso: KU, S. 211,220; Der Gedanke der Wertbildung über den Bezug der Empfindung auf eine von ihr unterschiedene Empfindung stammt von P. Reisinger, der diese Überlegung mit Hinweis auf F. de Saussure in einem Vortrag zu Kants Begriff der Form im WS 92/93 anstellte. Vgl. dazu auch: F. de Saussure, Grundfragen der allgemeinen Sprachwissenschaft, Berlin 1967, S. 140 ff.
17 Kant, KU, S. 62
18 Kant, KU, S. 62
19 Zur Reflexion als Ort der Darstellung vgl. KU, 1.EL, zitiert nach Ausg. Suhrkamp (1974), VII, S.33,34, VIII, S.37;

hervorbringen. So erhalten gegenwärtige Sequenzen durch nachfolgende eine andere Qualität. Diese wiederum, in Verhältnis zu vorangegangenen Synthesen betrachtet, bestimmt das Ganze in seinem Wert neu. Unabschließbare sinnliche Bezugnahmen dieser Art werden so möglich. Der Beitrag des Verstandes zum ästhetischen Spiel besteht also nicht in dessen Abschluß durch eine begriffliche Fixierung des Materials, sondern darin, aus der Zusammenfassung und Vernetzung des frei produzierten Materials eine qualitative Komposition aufzubauen. Dabei "erkennt" sie bestimmte Motive wieder, stellt Variationen und Zitate qualitativer Art fest. Die sinnlichen Synthesen der Einbildung werden so im freien Spiel mit dem Verstand potenziert und einerseits zu immer komplexeren Formen gestaltet, die dann andererseits in immer allgemeinere Strukturen zusammengefasst werden können. Weshalb gewisse Einheiten als sinnlich geglückt in Bezug gesetzt werden können und ein Sujet deshalb als ästhetisch valent gilt, andere Synthesen dagegen ohne Valenz bleiben und die Kontemplation dann abbricht, liegt wesentlich an dem Moment des Passens zwischen den Vermögen. Ob sinnliche Formsynthesen in solcher Übereinstimmung mit dem Verstand stehen, hängt ab von dem Beitrag der Reflexion. Ihre Leistung muß zur vollständigen Aufklärung präzisiert werden.

Peter Vollbrecht, Delhi

DISKURSIRONIE. PAUL DE MANS THEORIE DER DEKONSTRUKTION

Aus der Perspektive des Literaturwissenschaftlers stellen sich die interessantesten Entwicklungen innerhalb der neueren Geschichte der Philosophie vielleicht etwas anders dar als für den Fachphilosophen. Kierkegaard, und mehr noch Nietzsche und Heidegger gelten den philologischen Disziplinen als Klassiker eines philosophischen Diskurses, der seine eigene Sprachlichkeit als Problem erkannt hat und der überdies - und das ist das wichtigere Motiv für die Attraktion des Literaturwissenschaftlers - der überdies literarische Verfahren in die philosophische Diskursentwicklung eingehen läßt.

Die Literarisierung der philosophischen Terminologie verlangt aber auch nach einer Art theoretischer Kontrolle, nach einer Epistemologie der Metapher. Man möchte wissen, wohin die Reise geht in solchen ästhetisierten Diskursen wie den Aufsätzen Heideggers oder Derridas, und man möchte dies um so mehr wenn es darum geht, die feuilletonistische Unterwanderung der Philosophie, die ihr von der "Billigform" der Postmoderne droht, abzuwehren.[1] Unter diskursethischer Perspektive muß also eine Untersuchung über die Figuralität des Diskurses interessieren. Sie soll klären, was an Tropik und was an Narrativität tolerierbar ist im philosophischen Diskurs, und sie soll darüber verständigen, was eher in den Bereich persuasiver Rhetorik als in den der Theorie fällt. Aus vielerlei Gründen darf man allerdings keine allzu hohen Erwartungen an eine solche diskursethisch indexierte 'Kritik der literarischen Diskursivität' stellen. Nicht allein der normative Charakter einer solchen 'Polizei des Diskurses' ist dabei das Problem. Auch schon die Erwartung, man könne die Figuralität der Sprache sauber gegen deren Konzeptualität abgrenzen und in einer nicht-metaphorischen Theorie formulieren, ist kaum zu erfüllen. Man kann, anders gesagt, in einer diskursethischen Metakritik sprachtheoretisch nicht einholen, was historisch zum Ausbruch aus der Theorie geführt hat.

Gleichwohl dispensiert diese Schwierigkeit nicht von theoretischer Reflexion auf die Figuralität des Diskurses. Ich möchte in diesem Zusammenhang die Theorie der Dekonstruktion in der Version des amerikanischen Literaturwissenschaftlers Paul de Man diskutieren. Sie paßt zugestandenermaßen nicht ins Bild einer zukünftigen 'Ethik des Diskurses', dafür ist sie selber viel zu metaphorisch und rhetorisch. Aber de Mans Aufsätze können auf Überlegungen hin gelesen werden, die eine 'Ethik des Diskurses' essentiell betreffen. Sie erörtern Fragen der Abgrenzung von Theorie und Literatur, oder genauer: von Diskursivität und Literarizität. Die Dekonstruktion stellt diese Fragen in einer für die Philosophie relevanten und möglicherweise beunruhigenden Weise wenn sie "zur Aufdeckung des literarischen, rhetorischen Wesens des Wahrheitsanspruchs der

---

[1] Zur Kritik der feuilletonistischen Postmoderne siehe Wolfgang Welsch; Unsere postmoderne Moderne. Weinheim ³1991. Zur "Billigform" siehe S. 23

Philosophie" (AL 158)² führen will. Das ist sehr vollmundig formuliert, nietzscheanisch in der steilen These, der Wahrheitsanspruch basiere auf Metaphern und Figuren. De Man versucht dieses theoretische Ziel in zwei Schritten zu erreichen: in einer 'Kritik der Rhetorik' und in einer diese Kritik dann fundierenden 'Kritik der Sprache'.

Die 'Kritik der Rhetorik' nimmt ihren Ausgang mit der Frage nach der "Intentionalität rhetorischer Figuren" (BI 188), so formuliert er es noch ganz in der Sprache der Intentionalität in "Blindness and Insight". Rhetorik wird dabei von de Man nicht mehr im klassischen Sinn als Kunst der Überredung verstanden, sondern als Figuralität, als Tropik der Sprache³, die de Man wiederholt mit der Literarizität der Sprache gleichsetzt. Dieser Ausrichtung der Dekonstruktion auf die Figuralität der Sprache korrespondiert eine leserorientierte Methodologie: "Criticism ist eine Metapher für den Akt des Lesens" (BI 107). Im Hintergrund solcher Emphase steht zunächst einmal das methodische 'close reading' des New Criticism. Über den New Criticism hinaus wird aber der Akt des Lesens in seiner Kontingenz als Kardinalbedingung der Möglichkeit textueller Bedeutung gesehen. Solche Rede ist allerdings zu kantianisch für einen Sachverhalt, der im Aktbegriff eher eine phänomenologische Dimension erkennen läßt. Der dem Begriff des Lesen korrespondierende Sprach- bzw. Textbegriff muß die Kontingenz des Lesens in sich reflektieren. In de Mans Dekonstruktion geschieht dies, wenn ich richtig sehe, durch zwei Traditionsstränge: durch Saussures Zeichentheorie, gelesen unter dekonstruktiver Perspektive,⁴ sowie durch den Pierce'schen pragmatischen Zeichenbegriff.⁵ Die erste begreift den Text von der differentiellen Natur des Zeichens her und sieht in ihm die Textur von Zeichen, was zu einer starken Metaphorisierung des Textbegriffs sowie des Diskursbegriffs geführt hat (Roland Barthes). Der Pierce'sche Pragmatismus hält mit frischem Wind den Interpretanten gegen diese Metaphorik. Der Text ist ein sprachlicher Text und kein Textil, die Textbedeutung verschwebt nicht in der Anfangs- und Endlosigkeit der differentiellen Textur, sondern sie hat im Leser ihren dezisionistischen Herrn. Der aufmerksame Leser aber, der - so will es de Man - dekonstruktive, dieser Leser weiß von der Kluft zwischen der dezisionistisch erzwungenen Referenz der Textelemente auf der einen

---

² De Man wird folgendermaßen zitiert: Blindness and Insight, Minneapolis ²1983 als (BI); Allegories of Reading, New Haven 1979 als (AR); wo nach der deutschen Ausgabe zitiert wird: Allegorien des Lesens, Frankfurt 1988 als (AL); The Resistance to Theory, Minneapolis 1986 als (RT). Alle Übersetzungen, sofern nicht nach AL zitiert, sind von mir.

³ AL 35

⁴ Saussure kommt in de Mans Werk an vielen prominenten Stellen vor. De Man setzt sogar die Geburtsstunde des Criticism mit dem Strukturalismus Saussures an: "Contemporary literary theory comes into its own in such events as the application of Saussurian linguistics to literary texts." (RT 8). Eine detailliertere Darstellung der poststrukturalistischen Lektüre Saussures, zudem aus der Feder eines Dekonstruktivisten, findet sich in: Jonathan Culler; Saussure. Cornell University Press 1986, S. 116ff. Klassisch ist auch die Darstellung in: Manfred Frank; Was ist Poststrukturalismus? Frankfurt 1983, S. 30-102

⁵ AR 8f

Seite und ihrer innersprachlichen Signifikation, die die referentiellen Möglichkeiten vervielfältigen, auf der anderen Seite. Die Dekonstruktion 'liest' sich in diese Kluft ein. Das Verfahren dekonstruktiver Lektüre, das zur Aufdeckung der 'Intentionalität rhetorischer Figuren' führen soll, konfrontiert die intendierte Aussage mit der Rhetorizität der theoretischen Propositionen. In "Blindness and Insight" entwickelt de Man dieses Verfahren anhand einer kritischen Lektüre verschiedener literaturtheoretischer Ansätze, die vom amerikanischen New Criticism über Husserl, Binswanger, Lukács, Poulet zu Heidegger und Derrida reichen. Gerade die Kernaussagen und die Prämissen dieser Texte sind bedroht, von der Rhetorik entwertet, ja sogar auf den Kopf gestellt zu werden, in der sie formuliert sind. In dem zentralen, Derridas Rousseau-Interpretation[6] gewidmeten Essay "The Rhetoric of Blindness" formuliert de Man ein erstes Fazit seiner Lektüren: "Alle diese Kritiker scheinen seltsamerweise dazu verurteilt zu sein, etwas völlig anderes zu sagen als das, was sie zu sagen vermeinen." (BI 105/6) Die intendierte Aussage wird sozusagen von der Rhetorik des Textes umgebogen zu einer anderen Aussage, die nicht mehr eine Paraphrase der intendierten Aussage ist. Es entsteht eine Schere zwischen Aussage und Bedeutung, und diese Schere ist der Dekonstruktion die Grundlage kognitiver Prozesse, die durch das Lesen aus dekonstruktiver Perspektive ermöglicht werden sollen. Diese kognitiven Prozesse versucht de Man mit der stark rhetorischen Doppelformel von 'Blindheit und Einsicht' zu beschreiben. Der Autor ist blind gegenüber der rhetorischen Hülle seiner Äußerungen, und so kann er auch nicht wahrnehmen, verkürzt gesagt, wie die Figuralität in die Propositionen hineinreicht und wie so die Aussage der Intention entgleitet. Dabei kommt es vor allem zur Kollision zwischen dem assertorischen Satzmodus und der Prädikation des Satzes, eine Situation, die de Man zwar anhand seiner Lektüren diverser literatur- und sprachtheoretischer Texte gewinnt, die er aber als Grundverfassung des kritischen Diskurses[7] systematisch nirgendwo darlegt. Man muß also andere Theoreme und Motivzusammenhänge bemühen, um hier Klarheit zu schaffen, und der Schlüssel dafür liegt im starken referentiellen Charakter des assertorischen Satzes. Der assertorische Satz, genauer: dessen 'Setzungscharakter' bringt eine semiologische Vorentscheidung hinsichtlich des Problems sprachlicher Repräsentation ein. Der assertorische Satz blendet mit seinem impliziten Abbildrealismus, und zur Kollision mit der Prädikation kommt es, sofern die Prädikation den denotativen Charakter gerade in Frage stellen möchte. Interessant sind nun insbesondere die Fälle, wo Kritiker zu Einsichten kommen, <u>weil</u> sie dieser Blindheit verhaftet sind. In dieser Spannung liegt ein kognitiver Gehalt, den allein der Leser wahrnehmen kann, indem er versucht, die "Blindheit der Aussage" festzuhalten und ihr gegenüber die "Einsicht

---

[6] In: Jacques Derrida; Grammatologie. Frankfurt 1974, S. 244-541.
[7] BI 110

der Bedeutung" (Bl 110) abzuheben. Daß der Autor eines kritischen Textes notwendigerweise mit Blindheit hinsichtlich dessen geschlagen ist, was sein Text 'eigentlich' sagt, hat seinen Grund darin, daß er die performative Kraft der Sprache nicht kontrollieren kann.[8] Einsicht, auf der anderen Seite, gibt es "nur für einen Leser in der privilegierten Position, die Blindheit als ein Phänomen mit eigenem Recht zu sehen" (Bl 106). Das alles läßt sich noch als entfernte Paraphrase des Schleiermacherschen Diktums verstehen, daß der Interpret eines Textes diesen besser verstehen könne und müsse als der Autor selber.[9] Doch de Man dehnt den Nexus von Blindheit und Einsicht weit über den hermeneutischen Horizont hinaus: "Die Augenblicke, in denen die Kritiker in größte Blindheit hinsichtlich ihrer eigenen kritischen Annahmen geraten, sind auch diejenigen Momente, in denen sie ihre größten Einsichten erzielen." (Bl 109) Mit der Doppelformel von 'Blindheit und Einsicht' wird also um höchste Einsätze gespielt, indem in kognitiven Akten eine Janusköpfigkeit gesehen wird, die folglich nun der Gegenstand kritischer Analyse sein muß: "Kritisch über Kritiker zu schreiben wird so zu einem Weg, auf die paradoxe Effektivität einer geblendeten Vision zu reflektieren, die durch diejenige Einsicht korrigiert werden muß, welche sie unbewußt vermittelt." (Bl, 106) Diesem Satz ist die Figur eines ironischen Selbstkommentars einbeschrieben, er fordert geradezu dazu auf, hinsichtlich seiner eigenen Blindheit gelesen zu werden.

Als Leser ist man spätestens ab hier, ab de Mans Derrida-Aufsatz, auf der Hut. Ein grundlegend ironischer Gestus gelangt als Konsequenz der Theoriestellung in die de Man'sche Dekonstruktion. Wenn der Nexus von 'Blindheit und Einsicht' die methodologische Achse ist, um die jeder kritische Diskurs revolviert, dann muß dies auch für die Dekonstruktion gelten, die sich an dieser Achse ironisch in Frage stellt. Die Dekonstruktion fordert damit ihre eigene Dekonstruktion ein und beschreibt mit dieser Figur des Setzens und Aufhebens ihrer selbst eine ironische Reflexion. Nichts dergleichen findet sich allerdings in de Mans eigenen Texten, die sich eher autoritär gebärden. Es ist verblüffend zu sehen, mit wieviel psychologischem Gespür er den argumentativen Motivationen seiner Kontrahenten nachstellt und wie wenig theoretische Sensibilität er an den Tag legt, wenn es um die eigenen Texte geht. De Mans Blindheit hinsichtlich der ironischen Erosion des eigenen Standpunktes ist fatal. Sie reproduziert jene Fälle klassischer Blindheit, die de Man an nicht-dekonstruktiven Texten aufzeigt, und sie fällt sogar noch hinter diejenige reflektiertere Blindheit zurück, die de Man Derrida unterstellt (Bl 139–41). Von solchem Rückfall ist die Dekonstruktion nur zu bewahren, wenn sie sich als ironischer Diskurs *versteht*, wenn also ihr ironischer Modus als ratio cognoscendi erkannt wird. Zu sagen, die

---

[8] "This (rhetorical) model is a fact of language over which Rousseau himself has no control." (AR 277)
[9] Friedrich Schleiermacher; Hermeneutik und Kritik. Hg. v. Manfred Frank, Frankfurt 1977, S. 94

Dekonstruktion sei ein ironischer Diskurs, ist dann gleichsam die Einsicht, die der Blindheit, mit der de Man seine Dekonstruktion durchführt, abgeschaut ist. Der Satz spricht dann von dem theoretischen Potential, das in der Dekonstruktion steckt, und er markiert auch die Differenz zu der Ausführung, die de Man ihr gegeben hat. Bevor ich darauf zurückkomme, muß der zweite Schritt kurz nachgezeichnet werden, der die Dekonstruktion über die 'Kritik der Rhetorik' zur 'Kritik der Sprache' führt.

Dieser Schritt führt zu einer entscheidenden Neuinterpretation des Nexus von Blindheit und Einsicht. Auf dieser Achse waren die operativen Begriffe der 'Kritik der Rhetorik' (wie z.B. der Begriff der Aussage als Proposition oder der Begriff der Bedeutung als dekonstruierte Aussage) eingetragen. Die 'Kritik der Sprache' reinterpretiert jene Achse nun mit einem anderem Begriffspaar, das von Allegorie und Symbol. In seinem klassischen Aufsatz "The Rhetoric of Temporality" folgt de Man der Literaturgeschichte beider Begriffe seit dem 18. Jahrhundert und liest sie als die Geschichte der Konkurrenz zweier konträrer Epistemologien. Goethes Bestimmung des Symbols als das im Besonderen geschaute Allgemeine[10] markiert dabei die eine Extremposition, die Symbol über die Allegorie setzt, weil nur das Symbol die unmittelbare Einheit von Erfahrung und sprachlicher Repräsentation garantiert. Dieser im Symbolbegriff auflebende mimetische Sprachbegriff behauptet die Möglichkeit der Präsenz des Repräsentierten in der Repräsentation und optiert für eine logozentrische Epistemologie. Der Metaphysik der Präsenz im Symbolbegriff kontrastiert eine andere Epistemologie, die ihre Wurzeln vor allem in der Romantik hat und die den allegorischen Charakter der Sprache zum Ausgang für einen nicht-mimetischen Sprachbegriff nimmt. De Man liest die Literaturgeschichte der Allegorie mit deutlichem Seitenblick auf Benjamins Allegoriebegriff, und zustimmend zitiert er auch Benjamins Wort vom Allegorischen, das "genau das Nichtsein dessen bedeutet, was es vorstellt".[11] In dieser Bedeutungsaporie der Allegorie wird nun die 'Kritik der Rhetorik' und insbesondere ihre epistemologische Achse von Blindheit und Einsicht fundiert. Interpretatorische Blindheit gründet in der Gleichsetzung von allegorischer Repräsentation und Referenz.

Es ist entscheidend, im Allegoriebegriff dessen sprachtheoretische Unterfütterung mitzulesen. Saussure'sche Semiotik, deren poststrukturalistische Erweiterung auf den Textbegriff und dessen Narrativität (Kristeva, Barthes), die Ontologie der 'différance' (Derrida), damit auch Anklänge an Heideggers Lesart der 'aletheia' gehen in ihn ein. Der Allegoriebegriff soll eine nicht-logozentrische episteme charakterisieren. De Man begreift aus dem nicht-mimetischen Sprachcharakter der Allegorie die Situation des traditionell gesprochen: Verstehens, das 'mißversteht', oder ins dekonstruktive Vokabular gewendet:

---

[10] J. W. v. Goethe; Maximen und Reflexionen Nr. 279 und 314.
[11] Walter Benjamin; Gesammelte Schriften I. Frankfurt 1978, S. 406

des Lesens oder der Lektüre, die sich 'verliest'. Der Kontrast zur Hermeneutik ist hier deutlich: Die Hermeneutik räumt zwar auch dem Mißverstehen und dem Verlesen eine konstitutive Funktion für Textverstehen ein, aber indem sie es in den hermeneutischen Zirkel verortet, verpflichtet es das Mißverstehen auf einen Textsinn, der letztlich in der Tradition verankert ist. Aus dekonstruktiver Perspektive geschieht hingegen das Mißverstehen und das Verlesen aus dem Inneren der Sprache: die Sprache "verspricht" sich (AR 277). Diese Variation über Heideggers Satz "Die Sprache spricht"[12] hebt vor allem deren durchkreuzte Referentialität hervor, die sie aufgrund ihres allegorischen Charakters hat. Daß die Sprache sich verspricht, liegt in der Aporie von Aussage und Bedeutung begründet, derzufolge jeder allegorischen Repräsentation die Revision ihrer Referenz einbeschrieben ist. Der Text, so treibt de Man den Gedanken weiter, ist dadurch eine Allegorie seiner Unlesbarkeit[13], sofern man voraussetzt, daß Referentialität eine conditio sine qua non des Lesens ist. Aber das ist nur die halbe Wahrheit. Zu sagen, der Text sei die Allegorie seiner Unlesbarkeit, verdankt sich doch einer allegorischen, und keiner wörtlichen Lektüre. 'Allegorien des Lesens' bezeichnen so Text und Lektüre.

Tritt man einen Schritt weit vom Jargon der Dekonstruktion zurück, so fällt auf, daß de Mans Theorie[14] auf einer engen begrifflich-methodologischen Achse rollt. In der Entfaltung seiner Argumente macht de Man durchgängig Gebrauch von binären Oppositionen. Die Opposition von Blindheit und Einsicht fungiert innerhalb der Opposition von intentionaler Aussage und Bedeutung-als-Signifikation, und der Gegensatz von Aussage und Rhetorik wird für die Dekonstruktion operabel nur unter der Voraussetzung der Opposition von Referenz und Signifikation. Auch der Allegoriebegriff, selber dem Symbolbegriff entgegengesetzt, ist ein Dual aus referentieller Option und signifikatorischer Praxis. Man kann diese Liste fortsetzten, nahezu jeder Schlüsselbegriff der Dekonstruktion entstammt dem Schema dualistischen Denkens. Es ist gleichsam die Grammatik der de Man'schen Rhetorik, die in auffallendem Kontrast steht zum dekonstruktivistischen Programm der Verflüssigung von Oppositionen. Ist dies ein Indiz für die Zirkularität der Dekonstruktion, die artistisch mit dualen Schemata jongliert zum Zwecke ihrer Dekonstruktion? Die Scheinprobleme erfindet, welche letztlich auf die eigene referentielle Verwirrung der Dekonstruktion zurückzuführen sind? Oder ist vielmehr diese Diskrepanz zwischen theoretischem Projekt und eigener Rhetorik ein Schachzug der Dekonstruktion selber, erfunden, um ihre epistemischen Optionen zu vergrößern?

Nun, dieser Streit kann hier nicht entschieden werden, zumal nicht von einem Literaturwissenschaftler. Liest man über die philosophische Notwendigkeit hinweg, den

---

[12] Martin Heidegger; Die Sprache. In: Unterwegs zur Sprache. Pfullingen 1959, S.13
[13] AR 77: "The Allegory of reading narrates the impossibility of meaning."
[14] De Man hat seine Dekonstruktion erst in einem seiner letzten Aufsätze ausdrücklich als Theorie bezeichnet.

Streit zu entscheiden, so wird eine aufschlußreiche theoretische Konstellation der Dekonstruktion sichtbar. Ihr theoretischer Status ist nicht eindeutig. Ist sie Philosophie, Literaturwissenschaft oder gar eine als Theorie verkleidete poetische Prosa? De Mans Selbstzeugnisse sind auffallend ambivalent in diesem Punkt. Als 'literary criticism' liest sie philosophische und literarische Texte, als gäbe es keinen Unterschied zwischen beiden. Sie reduziert das Modell literarischer Sprache auf das Modell des assertorischen Satzes[15] und gewinnt dann die Literarizität der Sprache zurück, indem sie die Propositionalität dekonstruiert, - schwerlich befriedigend für den Literaturwissenschaftler, der dieses Verfahren als Selbstermächtigung des linguistisch-philosophischen Diskurses deuten muß. Bei de Man wird denn auch die Figuralität und die Literarizität der Sprache primär unter dem Aspekt der Ambiguität thematisch, eher ein formalistischer Ansatz, der den Bereich der Poetizität ausblendet. Die Dekonstruktion scheint so einer sprachphilosophischen Ausrichtung verpflichtet. Auf der anderen Seite fällt auf, daß die Dekonstruktion das Modell ihrer Lektüre der postromantischen Literaturtradition abgeschaut hat. "Dichtung ist die avancierteste und verfeinertste Form der Dekonstruktion." (AL 48) Die Dekonstruktion konstruiert ihren epistemischen Ort zwischen theoretischem Diskurs und Literatur, aber nicht im Sinne eines blassen Sowohl-als-Auch, sondern als "eine 'wild card' im ernsten Spiel der theoretischen Disziplinen". (RT 8) 'Wild Cards' werden vergeben, um den Teilnehmerkreis des Turniers interessanter zu gestalten. Auf dem gegen die Regeln Zugelassenen lasten die Erwartungen, sein Dabeisein möge eine Herausforderung sein an die Teilnehmer wie auch für den Wettbewerb selber. Der Wert der Dekonstruktion bemißt sich dann an ihrer innovativen Funktion für andere Disziplinen[16] und weniger danach, ob sie vor der methodischen Strenge der Philosophie besteht. Eine Komplikation dieses Bildes ergibt sich aber dann, wenn man darauf achtet, daß die Rede von der "wild card im ernsten Spiel der theoretischen Disziplinen" zwar einerseits zu verstehen gibt, daß die Dekonstruktion keine 'ernste', d.h. vollgültige Theorie sein kann, daß aber andererseits die Dekonstruktion ihre Skepsis hinsichtlich der 'Ernsthaftigkeit' aller Theorie anmeldet. Da nun aber diese Skepsis nicht eigens in einer vollgültigen Theorie artikuliert werden kann, suspendiert die Dekonstruktion auch nicht die Notwendigkeit der Theorie, von der die Dekonstruktion nachgerade abhängt. Anders gewendet: Sie entkommt nicht dem dualen Schema, innerhalb dessen sie operiert. Einer glücklichen Formulierung Jonathan Cullers zufolge wird "ein Gegensatz, der dekonstruiert wird, (...) nicht zerstört oder aufgegeben, sondern

---

[15] zu dieser Reduktion: Art Berman; From the New Criticism to Deconstruction. Ilinois 1988, S. 243
[16] In der Anthropologie, die gegenwärtig ihre Literarizität als epistemologisches Problem erkannt hat, ist vielleicht das deutlichste Beispiel für die Innovativität der Deklonstruktion. Vgl.: James Clifford; The Predicament of Culture. Twentieth-Century Ethnography, Literature, and Art. London: Harvard University Press 1988, und James Clifford, Georg Marcus; Writing Culture. 1986

neu eingeschrieben'"[17], und eben dies geschieht der Dekonstruktion, deren theoretischer Status zwischen Theorie und Literatur oszilliert. Nur als Theorie kann sie den allegorischen Charakter des philosophischen Wahrheitsanspruchs 'aufdecken' (AL 158); - und bezeichnenderweise verwendet die Dekonstruktion in diesem Zusammenhang, wo sie ihre philosophischen Optionen ausspielt, in der Metaphorik des 'Aufdeckens' eine der gängigen Metaphern philosophischer Erkenntnis. Aber als dekonstruktive Theorie ist sie von ihrer Entdeckung pointierterweise mehr und stärker betroffen als die philosophische Theorie, der diese Entdeckung gilt. Ihr Nachweis des allegorischen Charakters der Theorie ist nämlich nicht wörtlich zu verstehen, da die Dekonstruktion ihre erkenntniskritischen Aussagen nur im Licht ihres eigenen allegorischen Sprachcharakters formulieren kann. Sie kann, anders gesagt, ihre Entdeckungen nur ironisch präsentieren. Das schwächt ihre philosophiekritische Intention, sofern man diese Intention als eine rein philosophische versteht. Auf der anderen Seite führt die Dekonstruktion das seit der Frühromantik eingebrachte Projekt einer Kritik der Philosophie fort. Kritik wächst der Philosophie nunmehr nicht mehr extern, nämlich von Seiten der Literatur, zu, sondern diese Kritik formiert sich selber als Diskurs. Die Ironie der Dekonstruktion ist der Preis, den sie für ihre Diskursivität zu entrichten hat. Inwiefern diese Ironie als Stärke zu sehen ist, hängt von den Entwicklungsmöglichkeiten eines ironischen Diskurses ab.

---

[17] Jonathan Culler; Dekonstruktion. Reinbek 1988, S. 148

Käthe Trettin, Berlin/Frankfurt a.M.

"Ich weiß, daß das ein Baum ist." - Bemerkungen zur feministischen Erkenntnistheorie

"Ich sitze mit einem Philosophen im Garten; er sagt zu wiederholten Malen 'ich weiß, daß das ein Baum ist', wobei er auf einen Baum in unserer Nähe zeigt. Ein Dritter kommt daher und hört das, und ich sage ihm: 'Dieser Mensch ist nicht verrückt: wir philosophieren nur'." (Wittgenstein, Über Gewißheit, # 467)

Diese bekannte Bemerkung Wittgensteins lädt ein zu einer Übertragung, die zugleich eine Erweiterung ist: "Ich sitze in einem Seminar mit dem Titel "Feministische Erkenntnistheorie". Eine Studentin sagt, 'ich weiß, daß ich eine Frau bin'. Eine andere Studentin sagt, 'ich weiß nur, daß ich als Frau bezeichnet werde'. Eine weitere Studentin sagt, 'ich weiß, daß ich ein Mensch bin, aber wissen das auch die Männer?'. Ein Student sagt, 'ich glaube, es geht hier um die Kritik des transzendentalen Subjekts'.

Wenn ich sage, "ich weiß, daß das ein Baum ist", so beschwichtige ich jene seltsamen Ungewißheitsgefühle, daß ich nicht weiß, warum ich das weiß. Zwar könnte ich sagen: meine Erfahrung hat mich gelehrt, Objekte dieser Art als Bäume zu identifizieren und zu benennen. Ich mache also automatisch die Operation, dieses "token", dieses aktuelle Baum-Ereignis, einem Typus ("type") zuzuordnen. Oder ich könnte mit Frege sagen: dieser Gegenstand, den ich da jetzt sehe, fällt unter den Begriff "Baum". Wird das seltsame Ungewißheitsgefühl, daß ich durch die Formel "ich weiß, daß" zur Räson, also zur Vernunft bringen will, durch diese logische Operation vertrieben? Wenn also die Gewißheit aus einer wahrheitsfunktionalen Aussage ("das ist ein Baum") abgeleitet würde?

Gewißheit ließe sich auf diese Weise nur dann plausibel machen, wenn ich kein Problem mit dem Begriff "Baum" habe. Wie aber sieht es aus, wenn ich epistemische Sprachspiele über die Geschlechtsbegriffe "Mann" und "Frau" zum Zuge kommen lasse?

Ich möchte im folgenden ein kleines philosophisches Test-

Käthe Trettin, Berlin/Frankfurt a.M.

spiel machen. Getestet werden soll einerseits die feministische These, daß das Geschlecht der Erkenntnissubjekte epistemologisch relevant sei[1], andererseits die Tauglichkeit epistemischer Formulierungen hinsichtlich einer wahrheitsrelevanten Geschlechtszuschreibungspraxis. Beide Testkandidaten werden wechselseitig zu Testbedingungen, das heißt, die feministische These muß sich an epistemischen Sprachspielen über den Begriff "Geschlecht" bewähren, und die wahrheitsrelevanten epistemischen Formulierungen müssen dem zugegebenermaßen prekären feministischen Kriterium genügen, Geschlechtsbegriffe einerseits als Konstanten, andererseits als Variablen einsetzen zu können.

Beginnen wir mit dem selbstzuschreibenden Beispiel "ich weiß, daß ich eine Frau (resp. ein Mann) bin". Logisch betrachtet haben wir es mit einem als Satz formulierten Ausdruck zu tun, der als eine bestimmte epistemische Relation, nämlich Wissen (im Unterschied zu Meinen und Glauben) zwischen einer Person und einer Proposition analysiert werden kann. Das Beispiel läßt sich unter die Semi-Formel "ich weiß, daß x ein F ist" subsumieren, wobei das Wissen postulierende "ich" und das propositionale "x" als identisch behauptet werden. Sehen wir uns nun näher an, wie diese Formulierung im Kontext möglicher Sprachspiele funktioniert.

Sprachspiel 1: Sie gehen durch einen nächtlichen Park. Sie lieben es, spätabends noch einen Spaziergang zu machen. Sie tragen kein auffälliges Kleid. An einem Abend verfolgt Sie eine Person. Als diese Sie mit dem Messer bedroht, sagen Sie: "Ich weiß, daß ich ein Mann bin". Glauben Sie, daß der Mensch mit dem Messer von ihrer Aussage überzeugt ist? Sind Sie sich darüber klar, daß die Evidenz Ihrer epistemischen Formulierung eher minimal ist? Wird er sie - und wenn wie - überprüfen? Und lassen Sie diese Überprüfung zu? Oder versuchen Sie, ihm das Messer

---

[1] Diese These wird explizit vertreten von Lorraine Code (*What Can She Know? Feminist Theory and the Construction of Knowledge*. Ithaca/London: Cornell Univ. Press, 1991), findet sich jedoch auch bei anderen feministischen Erkenntnis- und Wissenschaftstheoretikerinnen, z.B. Sandra Harding (*Whose Science? Whose Knowledge? Thinking from Women's Lives*. Ithaca/New York: Cornell Univ. Press, 1991).

Käthe Trettin, Berlin/Frankfurt a.M.

abzunehmen? **Sprachspiel 2**: Sie sind auf eine Künstlerparty eingeladen. Man spricht über dies und das. In einer Gruppe neben Ihnen hören Sie jemanden mit einer melodischen Stimme sagen: "Ich weiß, daß ich ein Mann bin. Steht ja schließlich in meinem Paß. Aber richtig wohl fühle ich mich nur, wenn ich abends in der Show als Zara Leander auftrete." - Was zeigen diese Beispiele? Der Transvestit aus Sprachspiel 2 handelt seinem Wissen entsprechend, allerdings nicht affirmierend, sondern zumindest partiell negierend. Er interpretiert sich zeitweilig als eine bestimmte Vorstellung von Frau und setzt dieses Bild für sich und die anderen in Szene. Sprachspiel 1 könnte man ebenfalls als ein Travestie-Beispiel auffassen, allerdings die heimliche oder schüchterne Variante, denn dieser Transvestit traut sich nur, im Dunkel des Parks in Frauenkleidern zu lustwandeln. Hält man ihn nun für eine Frau und bedroht ihn als solche, weiß er sofort sein "wahres" Geschlecht zu nennen, offenbar, um den Irrtum aufzuklären. Aber das Park-Beispiel läßt auch eine andere Interpretation zu. Nehmen wir an, die Person in Frauenkleidern ist eine Frau (aber was sagen wir damit, wenn wir das sagen?), die es, zumal in brenzligen Situationen, mit der Wahrheit nicht so genau nimmt. Sie lügt. Oder lügt sie doch nicht? Ihre Äußerung macht ja nur Sinn, wenn sie das Transvestitenspiel simuliert, und in diesem Spiel funktioniert die sog. Lüge als Wahrheit.

Sprachspiel 3: Sie sitzen in einem Café und lesen die Zeitung. Am Tisch nebenan unterhalten sich ruhig zwei Personen. Plötzlich hören Sie von dort wiederholt die Äußerung "ich weiß, daß ich eine Frau bin". Sie lassen die Zeitung sinken, die Leute drehen sich um. Die Person hört sofort auf, ihr diesbezügliches Wissen weiterhin lautstark zu äußern. - **Sprachspiel 4**: Sie sitzen wieder in einem Café. Am Nebentisch diskutieren zwei Personen. Sie hören zu wiederholten Malen die Äußerung "Ich weiß überhaupt nicht, daß ich eine Frau bin". Dazwischen fallen die Namen "Wittgenstein" und "Moore". Was schließen Sie aus den Caféhaus-Sprachspielen, falls Sie überhaupt etwas schließen? Sprachspiel 3 erscheint Ihnen unmittelbar signifikant für Unsinn oder Irrsinn. Da die Geschlechterdifferenzierung im allgemeinen Sprachgebrauch sehr übersichtlich, nämlich schlicht binär orga-

Käthe Trettin, Berlin/Frankfurt a.M.

nisiert ist, wir also nur 2 und nicht z.B. 87 bisher bekannte und etliche noch unbekannte Geschlechter kennen, steht eine Person, die emphatisch behauptet, zu wissen, eine Frau zu sein, sehr schnell im Verdacht, nicht mehr alle Tassen im Schrank zu haben. Sollte die Irrsinns-Hypothese nicht zutreffen, so bleibt die Unsinns-Hypothese, daß nämlich die Wissensbehauptung hier fehl am Platz ist. Denn gegen welchen Zweifel wird hier angekämpft? Kann sich jemand in seiner Geschlechtszugehörigkeit irren? Vermutlich nicht. Aber andere können sich irren, ohne den Irrtum zuzugeben. Die Unsinns-Hypothese entfiele, wenn hier mit Nachdruck gegen eine falsche Fremdzuschreibung die eigene leibliche Gewißheit bezüglich der Sexuierung behauptet würde. Der Irrsinn wäre in diesem Fall der Starrsinn der Fremdzuschreibung. Sprachspiel 4 hingegen wird von Ihnen sofort unter die Rubrik "philosophisches Sprachspiel" eingeordnet. Ob dies ein Irrsinn oder Unsinn ist, bleibt Ihrer Interpretation vorbehalten. Immerhin fragen Sie sich, was die Verneinung des epistemischen Prädikats hier bewirkt. Ist es möglich, daß ich nicht wissen kann, daß ich eine Frau resp. ein Mann bin? Normalerweise nicht, denken Sie. Aber vorstellbar wäre es, etwa bei weitgehendem Gedächtnisverlust. Fraglich ist jedoch, ob ich diesen Verlust, dieses Nicht-mehr-wissen lautstark äußern würde. Der Kontext zeigt vielmehr, daß die epistemische Formel mit ihrer wahrheitsrelevanten Geschlechtszuschreibung insgesamt abgelehnt wird. Die Verneinung des epistemischen Prädikats fungiert hier als Indikator einer Abwehr: ich will es nicht wissen.

Erfinden wir noch einen letzten Kontext. **Sprachspiel 5:** Eine Person studiert die Stellenangebote, kreuzt etwas an, setzt sich an den Computer und schreibt: "Ich weiß, daß ich keine Frau bin. Dennoch möchte ich mich um die ausgeschriebene Stelle einer Frauenbeauftragten bewerben". - **Sprachspiel 6:** Jemand schreibt einen Brief. Eine Passage des Briefes lautet: "Ich weiß sehr wohl, daß ich eine Frau bin. Aber warum erinnern Sie mich ausgerechnet in dem Moment an diesen nicht gerade neuen Tatbestand, da meine Bewerbung als Verfassungsrichterin auf dem Spiel steht? Was wollen Sie mir eigentlich zu verstehen geben?" - Sprachspiel 5 und 6 verdeutlichen, daß es zwar weder Probleme mit dem Wissen

Käthe Trettin, Berlin/Frankfurt a.M.

noch mit der Einordnung ins Geschlechtsregister gibt, daß aber genau diese Einordnung mit einer anderen, berufsgruppenspezifischen Ordnung nicht kompatibel zu sein scheint. Es paßt nicht zusammen, und das ist das Problem.

Diese Beispiele mögen genügen, um nun einige Ergebnisse unseres Testspiels zu formulieren, die allerdings hier nur den Status von Hypothesen haben können. Beantwortbar gemacht werden sollten zwei Fragen: (1) Gewährleistet die wahrheitsrelevante Geschlechtszuschreibungspraxis über epistemische Formulierungen einen für feministische Kritik hinreichenden Differenzierungsspielraum? (2) Wie ist die These, daß das Geschlecht der Erkenntnissubjekte epistemologisch relevant sei, philosophisch zu beurteilen, wenn man sie mit epistemischen Sprachspielen über den Begriff "Geschlecht" konfrontiert?

Hypothese 1: Die exemplarisch vorgeführten epistemischen Sprachspiele über den Begriff "Geschlecht" gehören zu einer Praxis, die ich mit Günter Abel als "fürwahrhaltendes Interpretieren" bezeichnen möchte.[2] Für "ich weiß, daß" kann ich auch sagen "ich halte für wahr, daß". Das, was ich da für wahr halte, etwa, "daß ich eine Frau bin", ist weder die abbildhafte Beschreibung eines präexistierenden "Frauseins", dem ich mich nun zuordne, oder eine sonstwie mit einem Substrat "Frau" korrespondierende Deskription. Das zuschreibende "ich bin" hat hier einen logisch-deutenden und keinen ontologisch-bestimmenden Status. Noch behaupte ich implizit, daß die Wahrheitsrelevanz meines Wissens letztlich naturalistisch (etwa durch mikrobiologisch-genetische Geschlechtsparameter) entschieden werden muß und auch einzig entschieden werden kann. Interpretieren ist vielmehr zu verstehen als ein Bedeutung generierender und transformierender Umgang von Personen mit z.T. bereits mehrfach interpretierten Zeichen. Diese gedeutete und zugleich umdeutungsfähige Zeichenwelt bildet das, was man "Realität" nennen könnte, vorausgesetzt, man würde den Realitätsbegriff antimetaphysisch und antinaturalistisch umdeuten. Im engeren Sinn ist die Interpreta-

---

[2] Günter Abel (1993): *Interpretationswelten. Gegenwartsphilosophie jenseits von Essentialismus und Relativismus.* Frankfurt/Main: Suhrkamp, S. 50.

Käthe Trettin, Berlin/Frankfurt a.M.

tionspraxis eine wahrheitsrelevante Zuschreibungs- und Zuordnungstätigkeit, die sich jedoch nicht in einem regelgeleiteten Sortieren erschöpft.[3] Soweit im Stenogramm die interpretationistische Hypothese. Was besagt sie hinsichtlich der Testfragen?

Die Sprachspiele hatten bei aller Unterschiedlichkeit zwei gemeinsame Aspekte: (a) Es war zunächst nur von "Personen" die Rede, d.h. eine präsupponierende Geschlechtszuschreibung wurde, so gut es ging, aus logischen Gründen vermieden; (b) die Geschlechtszuschreibung selbst operierte mit den geläufigen bipolaren Begriffen "Mann" und "Frau". Die "Personen" genannten Interpretationsakteure haben also nur zwei Optionen, sich geschlechtlich zuzuordnen und diese Zuordnung für wahr zu halten. Zudem haben sie die Möglichkeit, qua Negator entweder die Gewißheit abzustreiten oder eine der beiden Zuordnungen zu verneinen, was aber in der Regel automatisch die Zuordnung zur anderen Option nach sich zieht. ("Ich weiß, daß ich kein Mann bin" erzeugt die logische Äquivalenz "ich bin eine Frau"). Der Interpretationsrahmen ist somit durch distinkte und adjunktive Differenzen gekennzeichnet, was ihn einerseits als klar und übersichtlich, andererseits als eng und beschränkt erscheinen läßt. Hieraus ergibt sich

Hypothese 2: Das fürwahrhaltende Interpretieren als Geschlechtszuschreibungspraxis ist strukturell an einen Interpretationsrahmen gebunden, der sich temporär als unterkomplex erweisen kann. Diese strukturelle Unterkomplexität zeigte sich bereits im Transvestiten-Sprachspiel dadurch, daß die Wahrheitsrelevanz nur qua Simulation aufrecht zu erhalten war. Noch deutlicher hervortreten würde dies in einer Geschlechtszuschreibungspraxis, die mit graduellen oder prozessualen Geschlechtsbegriffen - etwa dem Begriff des "Transsexuellen" - operiert. Zudem ist es leicht vorstellbar, daß wir mit 17 oder 87 Geschlechtsbegriffen wunderbar zurechtkommen würden, vorausgesetzt, wir hätten sie nur lange genug eingeübt. Daß die distink-

---

[3] Ich beziehe mich hier allgemein auf Wittgensteins Bücher *Philosophische Untersuchungen* und *Über Gewißheit*. Vgl. auch Hans Julius Schneider (1992): *Phantasie und Kalkül*. Frankfurt/Main: Suhrkamp.

Käthe Trettin, Berlin/Frankfurt a.M.

te und adjunktive Begrifflichkeit von "Frau" und "Mann" sich in den Zeichen- und Bezeichnungssystemen des Geschlechts so hartnäckig hält, beweist weder deren realistische Adäquation[4], noch läßt dies den Schluß zu, daß sie zeitinvariant oder apriorisch ist. Die bisherigen Überlegungen ermöglichen nun auch eine erste Antwort auf die Testfragen.

Hypothese 3: Die Behauptung, das Geschlecht der Erkenntnissubjekte sei epistemologisch relevant, muß aus logischen und interpretationstheoretischen Gründen zurückgewiesen werden. Die selbstzuschreibenden epistemischen Sprachspiele zeigten, daß die fürwahrhaltenden Interpretationsakteure *logisch geschlechtsindifferent* sein müssen, damit eine selbstzuschreibende Geschlechtsinterpretation überhaupt möglich ist. Die apriorische Geschlechtszuschreibung begeht somit entweder eine *petitio principii* oder unterstellt stillschweigend ein realistisch-naturalistisches oder ontologisch-metaphysisches Weltbild, obwohl solche Präsuppositionen von den meisten feministischen Theoretikerinnen heftig abgewehrt werden. Der interpretationistische Ansatz legt zudem nahe, daß der Begriff "Kategorie", mit dem die feministische Philosophie und Theorie seit einiger Zeit zentral arbeitet, daraufhin überprüft werden sollte, ob er im gegenwärtigen Philosophieren, und das heißt auch im feministischen Philosophieren, nicht eine eher marginale Rolle spielen sollte. Judith Butler hat - wenn auch nicht in einer gezielt epistemologischen Argumentation - eine solche Kritik des feministischen Diskurses eingeleitet.[5] Statt schwere kategoriale Geschütze aufzufahren, sollte man lieber leichte treffsichere Begriffe kreieren.

Wenn also das Postulat von der erkenntnistheoretischen Relevanz des Geschlechts das philosophische Testspiel (zumindest

---

[4] Vgl. Abel (1993), a.a.O., S. 78.

[5] Judith Butler (1990): *Gender Trouble. Feminism and the Subversion of Identity*. New York/London: Routledge (dt.: *Das Unbehagen der Geschlechter*. Frankfurt/Main: Suhrkamp, 1991). Vgl. auch Andrea Rödig (1992): Geschlecht als Kategorie, *Feministische Studien*, 10. Jg., 1/1992, S. 105-112, sowie Käthe Trettin (1992): Formale Logik und feministische Kritik, in Maja Pellikaan-Engel (ed): *Against Patriarchal Thinking*. Amsterdam: VU University Press, S. 119-128.

Käthe Trettin, Berlin/Frankfurt a.M.

in diesem Durchlauf) auch nicht erfolgreich passieren konnte, so ist doch das feministische Desiderat, explizite und vor allem implizite, verschwiegene Geschlechtszuschreibungen in philosophischen Theorien und Argumentationen kritisch zu durchleuchten, ein philosophisch relevanter Impuls. Mit Blick auf den Test, der ja nicht nur eine feministische These, sondern auch einige Formulierungen der epistemischen Logik ins Visier nehmen sollte, findet dieser philosophisch relevante, feministische Impuls möglicherweise eine lohnende Aufgabe.

Hypothese 5: Der bereits genannte strukturell enge Interpretationsrahmen im Bereich der epistemischen Geschlechtszuschreibungspraxis fordert dazu heraus, über Möglichkeiten der Erweiterung nachzudenken. Da man Strukturen - in diesem Fall die "Mann/Frau"-Struktur - nicht dezisionistisch verändern kann, zumal dann, wenn man sich natürlicher Sprachen bedienen möchte und also nicht einfach eine mathematisch numerische Erweiterung (G1, G2,....Gn) konstruieren kann, und da es zudem überhaupt nicht ausgemacht ist, ob eine derart numerische Liste das Problem tatsächlich sinnvoll löst, bleibt nur eine genuin philosophische Vorgehensweise. Nachzudenken wäre (1) darüber, ob die unterkomplexe enge Struktur nicht schon hinreichend durch die sprachlichen Kontexte erweitert wird, in denen epistemische Formulierungen sich ereignen, (2) ob es nicht einer unterkomplexen Struktur bedarf, um Komplexität überhaupt zu ermöglichen, (3) ob und inwiefern die Wittgensteinsche Metapher des Sprachspiels, die ja zu einem Terminus philosophicus avanciert ist, gleichsam entstaubt und präzisiert werden muß, um feministisch relevant zu sein. Mit "feministisch relevant" meine ich, daß die Spielregeln möglicherweise der Revision oder der Innovation bedürfen, eine Frage, die aber nur durch eine präzise philosophische Reflexion auf Regeln und Regelverletzungen zu entscheiden ist. Epistemische Sprachspiele über den Begriff "Geschlecht" haben - um auch hier ein bündiges Testergebnis zu formulieren - deutlich besser abgeschnitten als das postulierte Geschlechts-Apriori der Erkenntnissubjekte. Dennoch sind sie, auch gerade unter feministisch-philosophischen Gesichtspunkten erweiterungsbedürftig und vermutlich auch erweiterungsfähig.

Christoph Kann, Paderborn

Materiale Supposition und die Erwähnung von Sprachzeichen

Sprachliche Ausdrücke können nicht nur in ihrer gewöhnlichen Funktion des Gebrauchs, d. h. der Bezugnahme auf von ihnen selbst verschiedenen Gegenstände, vorkommen, wie z. B. *Mensch*[1] in der Aussage "Ein Mensch ist ein Lebewesen", sondern auch ihrerseits Gegenstand einer sprachlichen Bezugnahme, d. h. einer Erwähnung, sein, wie z. B. *Mensch* in der Aussage "'Mensch' ist einsilbig".[2] Die Erwähnung sprachlicher Ausdrücke wird dabei als ein Zitieren aufgefaßt, wobei das Zitierte durch Anführungszeichen kenntlich zu machen ist.

Die Anführungszeichen stellen im Sinne ihrer systematischen Einführung durch Tarski ein namenbildendes Symbol dar, so daß in der Aussage "'Mensch' ist einsilbig" der Terminus *"Mensch"* einen zur Bezeichnung des Terminus *Mensch* gebildeten, hiervon verschiedenen Namen darstellt. Hierzu bemerkt Tarski: "In Verallgemeinerung dieser Ansicht hätten wir dann hinzunehmen, daß jedes Wort bisweilen als sein eigener Name auftreten kann; in der Terminologie der mittelalterlichen Logik hieße das, daß das betreffende Wort in *Suppositio materialis* verwendet wird und nicht in *Suppositio formalis*, d. h. in seiner gewöhnlichen Bedeutung. Die Konsequenz hiervon wäre, daß jedes Wort der gewöhnlichen oder wissenschaftlichen Sprache mindestens zwei Bedeutungen hätte, und man brauchte Beispiele für Situationen nicht von weither zu holen, in denen ernste Zweifel aufträten, welche Bedeutung gerade gemeint ist. Mit dieser Konsequenz wollen wir uns nicht abfinden und es lieber zur Regel machen, daß jeder Ausdruck (wenigstens in der Schriftsprache) von seinem Namen unterschieden werde. Damit entsteht das Problem, wie man allgemein Namen von Wörtern und Ausdrücken bilden soll. Hierfür gibt es mehrere Möglichkeiten. Die einfachste von ihnen besteht in der Verabredung, den Namen eines Ausdrucks dadurch zu gewinnen, daß man den Ausdruck in Anführungszeichen setzt."[3]

Bemerkenswert für den vorliegenden Zusammenhang ist vor allem die Parallelisierung der Unterscheidung von Wörtern und Namen von Wörtern mit der mittelalterlichen Unterscheidung formaler und materialer Supposition. Diese Parallelisierung kommt indessen nicht nur bei Tarski, sondern sowohl in zahlreichen Analysen beider Unterscheidungen in Logik-Lehrbüchern als auch in der allgemeinen Gewohnheit zum Ausdruck. in modernen Editionen mittelalterlicher Logik-Texte

---

[1] Kursivschreibung hat hier und im folgenden die Funktion, die zu unterscheidenden Sprachzeichen *Mensch* und *"Mensch"* beide als Sprachzeichen thematisieren zu können.

[2] Die terminologische Unterscheidung von Gebrauch (use) und Erwähnung (mention) geht zurück auf W.v.O. Quine, *Mathematical Logic*, Cambridge, Mass. 1951, S. 23.

[3] A. Tarski, *Einführung in die mathematische Logik*, Göttingen 1966, S. 71.

Beispiele für material supponierende Sprachzeichen mit den zur Kennzeichnung erwähnter Sprachzeichen eingeführten Anführungszeichen zu markieren. Daß beiden Unterscheidungen tatsächlich das übereinstimmende Anliegen der Differenzierung einer Bezugnahme von Sprachzeichen auf ihren außersprachlichen Denotationsbereich einerseits und einer autonymen Bezugnahme andererseits zugrundeliegt, provoziert offenbar eine Vernachlässigung wesentlicher Abweichungen im theoretischen Gehalt der mittelalterlichen und der modernen Differenzierung.[4]

Die Unterscheidung von formaler und materialer Supposition kann an den eingangs erwähnten Beispielen wie folgt exemplifiziert werden: In der Aussage "Ein Mensch ist ein Lebewesen" supponiert der Terminus *Mensch* formal, d. h. für dasjenige, was er normalerweise bezeichnet (significat). Man kann daher auch sagen, daß *Mensch* hier signifikativ gebraucht wird. In der Aussage "Mensch ist einsilbig" dagegen wird der Terminus *Mensch* nicht für dasjenige gebraucht, was er normalerweise bezeichnet, sondern er supponiert material, d. h. für ein Sprachzeichen. Er wird hier also nicht-signifikativ gebraucht.

Nach der heutigen Unterscheidung von Gebrauch und Erwähnung eines Sprachzeichens würde man sagen, daß *Mensch* in "Ein Mensch ist ein Lebewesen" gebraucht und in "'Mensch' ist einsilbig" erwähnt wird. Demgegenüber liegt der Differenzierung von Suppositionsarten der Ansatz zugrunde, autonyme Bezugnahme gerade ohne Erwähnung mittels Namenbildung zu ermöglichen, und zwar über eine bestimmte Weise des Gebrauchs, nämlich des nicht-signifikativen Gebrauchs für sich selbst. Während nach moderner Konvention ein Terminus in Anführungszeichen, z. B. *"Mensch"*, niemals für sich selbst, sondern immer nur als Name für einen Ausdruck ohne Anführungszeichen, hier *Mensch*, stehen kann, ist "stare pro se" ein üblicher Definitionsbestandteil der materialen Supposition.[5] Da also materiale Supposition autonyme Bezugnahme als eine bestimmte Weise des Gebrauchs und nicht als eine Erwähnung mittels Namenbildung auffaßt, sind entsprechende Beispielsätze korrekterweise ohne Anführungszeichen, also "Mensch ist einsilbig", zu schreiben. Wollte man hingegen Anführungszeichen verwenden und dem Terminus *"Mensch"* eine Suppositionsart zuschreiben, so könnte es sich, da *"Mensch"* ein für *Mensch* signifikativ verwendeter Eigenname ist, gar nicht um materiale

---

[4] Zur Problematik einer Gleichsetzung beider Unterscheidungen vgl. auch A.R. Perreiah, Einleitung zu: Paulus Venetus, *Logica parva*, München 1984, S. 41; P. King, *Jean Buridan's Logic*, Dordrecht 1985, S. 39-40; C.A. Dufour, *Die Lehre der Proprietates Terminorum: Sinn und Referenz in mittelalterlicher Logik*, München 1989, S. 172-189; Ch. Kann, 'Zur Suppositionstheorie Alberts von Sachsen', in: *Knowledge and the Sciences in Medieval Philosophy* (Proceedings of The Eighth International Congress of Medieval Philosophy, Helsinki 24-29 August 1987, vol. II), ed. S. Knuuttila, R. Työrinoja, S. Ebbesen, Helsinki 1990, S. 512-520 [517-520].

[5] Vgl. z. B. Albert von Sachsen, *Perutilis logica*, Venedig 1522, repr. Olms, Hildesheim 1974, fol. 11r2.

Supposition handeln – *Mensch* kommt in der Aussage als selbstständiger Terminus gar nicht vor und kann daher auch keine Suppositionsart aufweisen –, sondern um diejenige Suppositionsart, in der signifikativ verwendete singuläre Termini stehen, nämlich diskrete personale Supposition. Offensichtlich schließen sich also die Lehre von der Erwähnung von Sprachzeichen bzw. der damit verbundenen Verwendung von Anführungszeichen und die Lehre der materialen Supposition wechselseitig aus. Diesem Sachverhalt wird die implizite oder explizite Identifizierung beider Ansätze bei Tarski und anderen Autoren nicht gerecht.

Nun ist von verschiedenen Autoren der neueren sprachanalytischen Tradition die Unterscheidung von Gebrauch und Erwähnung bzw. die Namenbildung durch Anführungszeichen in einer Weise problematisiert worden, die diese keineswegs so unkompliziert erscheinen läßt, wie die bisherigen Ausführungen nahelegen. So sagt z. B. Quine dem Zitieren ein "gewisses anomales Merkmal" nach, und auch Church sieht darin eine Irrtumsquelle.[6] Derartige Problematisierungen, die sowohl auf Fragen der semantischen Struktur erwähnter Ausdrücke als auch auf Probleme der Funktion der Anführungszeichen und Möglichkeiten ihrer fehlerhaften Verwendung verweisen, nimmt Davidson zum Anlaß, das Mittel des Zitierens als Namenbildung durch Anführungszeichen hinsichtlich seiner Funktionsweise kritisch zu prüfen und zu präzisieren.[7] Als Ausgangspunkt formuliert er zunächst eine grundlegende Kritik der Dichotomie von Gebrauch und Erwähnung: "Oft wird gesagt, daß die angeführten Ausdrücke beim Zitieren nicht gebraucht, sondern erwähnt werden. Der letzte Teil dieser Behauptung ist verhältnismäßig klar. Suspekt erscheint dagegen der erste Teil, der besagt, daß zitierte Ausdrücke nicht gebraucht werden. Wieso ist die Einbeziehung eines Ausdrucks in ein Zitat kein Gebrauch dieses Ausdrucks?"[8] Die Auffassung, nach der mit der Erwähnung eines Sprachzeichens auch dessen Gebrauch verbunden sei, würde einerseits eine Annäherung an die mittelalterliche Suppositionstheorie bedeuten, die ja, wie gesagt, anstatt von einer Erwähnung von einer bestimmten Weise des Gebrauchs ausgeht, ist andererseits aber in mehrfacher Hinsicht problematisch. Die Unterscheidung von Gebrauch und Erwähnung geht davon aus, daß durch die Verwendung von Anführungszeichen ein Name, d. h. ein neuer, von dem ursprünglichen Ausdruck verschiedener Ausdruck gebildet wird. Wenn man sagt, daß in der Aussage "Ein Mensch ist ein Lebewesen" der Terminus *Mensch* gebraucht wird, und zwar signifikativ für Menschen, so wird man entsprechend sagen können, daß in der Aussage "'Mensch' ist

---

[6] Quine, loc. cit., S. 26; A. Church, *Introduction to Mathematical Logic*, vol. I, Princeton 1956, S. 62, Anm. 136.
[7] D. Davidson, *Zitieren* (1979), in: *Wahrheit und Interpretation*, Frankfurt 1990 (engl. Oxford 1984), S. 123-140.
[8] Davidson, loc. cit., S. 124 f.

einsilbig" dem neugebildeten Ausdruck *"Mensch"* ebenfalls eine Gebrauchsfunktion zukommt, und zwar die Funktion des signifikativen Gebrauchs für den Ausdruck *Mensch*. Zu Davidsons Frage ist demnach zu sagen, daß die Erwähnung eines Ausdrucks kein Gebrauch dieses Ausdrucks, sondern der Gebrauch eines auf den Ausdruck referierenden Namens ist. Der Unterschied zur mittelalterlichen Suppositionstheorie läßt sich nun so formulieren: Während wir nach der Unterscheidung formaler und materialer Supposition zwei verschiedene Gebrauchsweisen, eine signifikative und eine nicht signifikative, ein und desselben Teminus *Mensch* unterscheiden, stellen wir nach dem modernen Ansatz ein und denselben signifikativen Gebrauch zweier verschiedener Sprachzeichen, nämlich *Mensch* und *"Mensch"*, fest.

Davidson problematisiert die Dichotomie von Gebrauch und Erwähnung mittels dreier Beispiele, die jeweils "eine Mischung aus Gebrauch und Erwähnung" darstellen sollen.[9] Das erste Beispiel lautet "Quine sagt, daß das Zitieren 'ein bestimmtes anomales Merkmal hat'", und wird von Davidson wie folgt kommentiert: "Werden die zitierten Worte gebraucht oder erwähnt? Offenbar werden sie erwähnt, denn es sind Quines eigene Worte, und diesen Sachverhalt will ich kennzeichnen. Ebenso offensichtlich ist jedoch, daß die Worte gebraucht werden; andernfalls wäre das, was auf das Wort 'Zitieren' folgt, ein singulärer Terminus, und das kann nicht sein, sofern ich einen grammatischen Satz vorgebracht habe."[10] Tatsächlich liegt aber hier offenbar kein Fall von Erwähnung, sondern lediglich ein Gebrauch vor. Erwähnt zu werden heißt in dem hier relevanten terminologischen Sinn, Gegenstand einer Prädikation zu sein. Insofern heißt erwähnt zu werden, an Subjektstelle einer Aussage zu stehen. In dem Beispielsatz liegt durchaus eine Zitierung, nicht aber eine Erwähnung vor, ein Unterschied, dem Davidson hier nicht gerecht zu werden scheint. Jedes Erwähnen ist ein Fall von Zitieren, aber nicht jeder Fall von Zitieren ist ein Erwähnen bzw. impliziert eine Namenbildung. Vielmehr gibt es verschiedene Fälle von Zitierung, bei denen den Anführungszeichen nicht die Funktion der Namenbildung, sondern abweichende Funktionen zukommen. Davidson selbst nennt z. B. die Möglichkeit, mittels Anführungszeichen anzudeuten, daß der betreffende Ausdruck "etwas Seltsames oder Besonderes an sich hat", was durch "'ironische' oder 'distanzierende' Anführungszeichen" angezeigt werde.[11] In obigem Beispiel, das einen Gebrauch darstellt, deuten die Anführungszeichen an, daß Davidson, um eine Position seines Bezugsautors

---

[9] Davidson, loc. cit., S. 125 f.
[10] Ibid.
[11] Ibid.; daß er hier die Ausdrücke *ironische* und *distanzierende* wiederum mit Anführungszeichen versieht, soll ebenfalls eine ungewöhnliche Verwendung andeuten, impliziert aber natürlich keine Namenbildung.

Quine zu referieren, dessen Ausdrücke in derselben Form und Folge gebraucht; die Anführungszeichen machen also nur den Nachvollzug eines Gebrauchs kenntlich. Worte eines Bezugsautors werden hier gebraucht, um im eigenen Satz fortzufahren. Die Anführungszeichen deuten daher hier nicht an, daß kein Gebrauch vorliege, sondern daß hier ein Gebrauch vorliege, der demjenigen des Bezugsautors entspricht.[12]

Davidsons Problematisierung und Versuch einer Präzisierung unterscheidet drei mögliche Varianten einer Auslegung des Zitierens mittels Anführungszeichen, die er als "Eigennamentheorie", "Abbildtheorie", und "demonstrative Theorie des Zitierens" bezeichnet.[13] Er geht aus von der Eigennamentheorie, d. h. von der oben dargestellten Theorie, nach der ein durch Anführungszeichen kenntlich gemachter sprachlicher Ausdruck als ein einziges, logisch einfaches Wort aufgefaßt wird, wobei dessen einzelne Elemente, d. h. die Anführungszeichen sowie die Buchstaben und Zwischenräume des Zitierten, als zufällige Merkmale des einfachen Wortes und für sich genommen bedeutungslos aufgefaßt werden. Diese Position, die Church Frege zuschreibt,[14] wird so auch von Quine vertreten, der ebenfalls einen Anführungsnamen als einen unstrukturierten singulären Terminus ansieht.[15] Davidsons wesentlicher Kritikpunkt an dieser Theorie ist, daß, "außer einem Zufall der Schreibweise, keine Beziehung zwischen einem Ausdruck und dem Anführungsnamen dieses Ausdrucks" besteht,[16] so daß jeder in dieser Weise gebildete Name austauschbar und beliebig wäre. Die Eigennamentheorie der Erwähnung liefert also keine Erklärung dafür, wie ein solcher Ausdruck seinen Bezug seiner Struktur verdankt, obwohl ein Bezug eines Anführungsnamens zu dem erwähnten Ausdruck in der Praxis nicht nur intendiert, sondern auch offensichtlich ist, denn die allgemeine Bildungsregel für Anführungsnamen, nach der man einen zu zitierenden Ausdruck in Anführungszeichen setze, läßt keinen Raum für die Beliebigkeit der Namenbildung im üblichen Sinn.

---

[12] Auch die beiden weiteren Beispiele Davidsons für vermeintliche Mischfälle von Gebrauch und Erwähnung sind entsprechend problematisch, können aber hier nicht eigens thematisiert werden.

[13] In einem vierten, als Buchstabiertheorie bezeichneten und auf Tarskis Theorie strukturell-deskriptiver Namen zurückzuführenden Ansatz sieht Davidson "keine Theorie der Funktionsweise des Zitierens in natürlichen Sprachen" (loc. cit., S. 135). Da es sich hierbei letztlich um eine Methode handelt, wie auf der Grundlage der Eigennamentheorie gebildete Anführungsnamen aus der Sprache zu eliminieren sind, und da sich überdies kein sinnvoller Bezug zur Suppositionstheorie herstellen läßt, sei die Buchstabiertheorie hier übergangen; ausführlich diskutiert wird sie im Rahmen einer Analyse der demonstrativen Theorie Davidsons in J. Bennett, 'Quotation', in: *Noûs* 22, 1988, S. 399-418.

[14] Church, loc. cit., S. 61 f.

[15] Quine, loc. cit., S. 26.

[16] Davidson, loc. cit., S. 128.

Dieses Problem vermeidet der von Davidson als Abbildtheorie des Zitierens bezeichnete Ansatz, der sich von der Eigennamentheorie formal zunächst dadurch unterscheidet, daß nicht der sprachliche Ausdruck zusammen mit den Anführungszeichen, sondern lediglich der Ausdruck zwischen den Anführungszeichen als bezugnehmender Ausdruck angesehen wird. Diese Theorie kommt nach Davidson der intuitiv plausiblen Vorstellung entgegen, wonach ein Zitat infolge der Gleichheit von bezeichnendem und bezeichnetem Ausdruck dasjenige abbilde, was es zitiert. Die Vorstellung des Abbildens geht auf Quine und Stegmüller zurück, die ein Zitat als eine "Hieroglyphe" und "eine besondere Art von Bilderschrift" bezeichnen, die sich auf ihr Objekt beziehe, indem sie es abbilde:[17] Das zwischen den Anführungszeichen Stehende ist das Bild, und die Anführungszeichen bilden seinen Rahmen bzw. sind der Index für seine Bildfunktion. Indessen stellt Davidson fest, daß die so verstandenen Anführungszeichen einen Kontext schaffen, "in dem sich Ausdrücke auf sich selbst beziehen".[18] Neben diesem Sachverhalt der Selbstbezüglichkeit bleibe dann aber für die Vorstellung des Abbildens kein Raum mehr bzw. diese werde dann "schlicht irrelevant". Damit dürfte gemeint sein, daß die Selbstbezüglichkeit mit der Vorstellung des Abbildens - ein Bild ist immer von dem Abgebildeten zu unterscheiden und bezieht sich also nicht auf sich selbst - unverträglich ist. Zudem wird die Abbildtheorie offenbar kaum in Form einer von der Eigennamentheorie abgegrenzten selbständigen Konzeption vertreten, sondern die Vorstellung des Abbildens fließt bei verschiedenen Autoren, z. B. bei Quine,[19] in Formulierungen der Eigennamentheorie ein. Dies kritisiert Davidson, da sich die Eigennamentheorie, die von einem unstrukturierten Anführungsnamen ausgeht, und der Ansatz einer Abbildung, die sich nur einer signifikativen Funktion des sprachlichen Ausdrucks ohne die ihn umgebenden Anführungszeichen verdanken könne, wechselseitig ausschließen.

Davidson seinerseits schlägt nun als Theorie der Funktionsweise des Zitierens vor, die Andeutung metasprachlicher Bezugname mittels Anführungszeichen beizubehalten, wobei aber das zwischen den Anführungszeichen Vorkommende semantisch nicht zum Satz gehören soll. Während also nach der Eigennamentheorie ein zitierter Ausdruck zusammen mit seinen Anführungszeichen und nach der Abbildtheorie nur der Ausdruck ohne die Anführungszeichen einen singulären Terminus darstelle, ist nach Davidson "der singuläre Terminus (...) nichts anderes als die Anführungszeichen, die so gelesen werden können: 'der Ausdruck, dessen Einzel-

---

[17] Quine, loc. cit., S. 26; W. Stegmüller, *Das Wahrheits-Problem und die Idee der Semantik*, Wien 1957, S. 21.
[18] Davidson, loc. cit., S. 130.
[19] Quine, loc. cit., S. 26.

zeichen hier steht'"[20]. Davidson beansprucht für seine demonstrative Theorie des Zitierens die Vorzüge, daß den Anführungszeichen eine klare semantische Rolle zugeschrieben und zugleich der Vorstellung des Abbildens, die dem Zitieren zugrunde liege, entsprochen werde. Zugleich allerdings entfernt sich Davidson deutlich von seiner Ausgangsüberlegung, daß es sich auch bei der Erwähnung eines Sprachzeichens um eine bestimmte Weise seines Gebrauchs handeln könne.

An dieser Stelle ist auf einen Ansatz Christensens zu verweisen, der grundsätzlich davon abweicht, Anführungszeichen zur Bildung singulärer Termini in Anspruch zu nehmen.[21] Christensens gegen die Eigennamentheorie vorgebrachte Hauptthese ist die, daß wir, wenn wir etwas über ein Wort sagen wollen, gerade keinen Namen von ihm bilden, sondern das Wort selbst produzieren. So wird in der Aussage "'Mensch' ist einsilbig" nicht der Ausdruck *Mensch* metasprachlich erwähnt, sondern objektsprachlich aktualisiert. Christensen schlägt dabei das Beibehalten der Anführungszeichen vor, die aber dann nicht als namenbildendes Symbol sondern als "pointing finger" aufzufassen sind und insofern, vergleichbar mit ihrem Status gemäß der Abbildtheorie, auf die Funktion eines Index reduziert sind. Christensens wesentliche Kritik an der Eigennamentheorie ist anders als bei Davidson nicht an dem Aufweis bestimmter Problem- oder Mischfälle orientiert, sondern an der Feststellung, daß durch die als namenbildendes Symbol eingeführten Anführungszeichen sprachliche Ausdrücke produziert werden, die sich von Namen im herkömmlichen Sinn wesentlich unterscheiden. So müssen Anführungsnamen im Gegensatz zu Namen im üblichen Sinn nicht erlernt werden. Während bei einem gewöhnlichen Namen nie von diesem aus klar ist, worauf er referiert, ist bei dem Anführungsnamen *"Mensch"* klar, daß er auf *Mensch* referiert. Christensen sieht durch die Eigennamentheorie den Begriff des Namens im übliche Sinn entleert. Präzisierend ist festzustellen, daß Anführungsnamen mit gewöhnlichen Namen syntaktisch gemeinsam haben, an Subjektstelle einer Aussage zu stehen, sowie semantisch gemeinsam haben, auf einzelnes zu referieren. Sie unterscheiden sich jedoch darin, daß Anführungsnamen von sich aus bzw. natürlicherweise ihren Bezugsausdruck bezeichnen, während Namen im üblichen Sinn aufgrund konventioneller Vereinbarung etwas bezeichnen und damit beliebig sind.

Mit seiner Auffassung, daß in der Aussage "'Mensch' ist einsilbig" der Ausdruck *Mensch* objektsprachlich aktualisiert bzw. gebraucht wird, beruft sich Christensen auf die mittelalterliche Theorie der Suppositionsarten. Er geht wie Tarski zunächst von der Unterscheidung formaler und materialer Supposition anhand entsprechender Beispiele aus. Neben diesen beiden Gebrauchsweisen macht

---

[20] Davidson, loc. cit., S. 138.
[21] N.E. Christensen, 'The Alleged Distinction between Use and Mention', in: *The Philosophical Review* 76, 1967, S. 358-367.

Christensen dann aber eine dritte geltend, die er an dem Beispiel "You should never say 'never'" exemplifiziert sieht, da *"never"* nicht auf das sprachliche Zeichenmaterial selbst, sondern zugleich auf seine Bedeutung referiere. Dies nimmt Christensen zum Anlaß, die Suppositionseinteilung durch eine dritte Unterart, eine "suppositio semantica" zu ergänzen. Hierzu ist jedoch festzustellen, daß die mittelalterlichen Autoren ihrerseits meist von einer entsprechenden Dreiteilung der Supposition ausgehen. Danach supponiert ein Ausdruck personal, wenn er im Sinne des oben als signifikativ bezeichneten Gebrauchs für die Elemente seiner Extension verwendet wird. Material supponiert ein Ausdruck, wenn er für sich selbst als Sprachzeichen verwendet wird. Einfach supponiert ein Ausdruck, wenn er für eine Intention der Seele (intentio animae), d. h. für einen Begriff verwendet wird. Uneinigkeit besteht unter den mittelalterlichen Autoren darin, ob die einfache mit der personalen Supposition unter dem Oberbegriff der formalen Supposition als signifikative Gebrauchsweise zusammenzufassen ist, oder ob direkt von einer Dreiteilung ausgegangen und allein die personale Supposition als signifikativ aufgefaßt werden soll. Sachlich entspricht die von Christensen eingeführte "suppositio semantica" der einfachen Supposition, d. h. der Verwendung eines Terminus für seinen begrifflichen Gehalt.

Die mittelalterlichen Autoren bedienen sich zur Kennzeichnung der Zitierung der vorangestellten Partikel "li" bzw. "ly", die in der Literatur verbreitet als Analogon zu den heute üblichen Anführungszeichen verstanden wird. "Li" ist Christensens "pointing finger" vergleichbar und wird ebenso wie z. B. "ista vox" oder "ista oratio" als "signum materalitatis" bezeichnet. Eine Gleichsetzung mit Anführungszeichen ist jedoch nur dann berechtigt, wenn die Anführungszeichen nicht als namenbildendes Symbol, sondern, wie Christensen dies vorschlägt, im Sinne eines Index für einen bestimmten Gebrauch aufgefaßt werden. Die Kennzeichnung material supponierender Termini durch die Partikel "li" ist dabei in mittelalterlichen Texten keinesfalls durchgehend anzutreffen. Welche der drei Suppositionsarten einem Terminus an Subjektstelle zukommen, wird durch das mit ihm verbundene Prädikat festgelegt. Eine Suppositionsart kommt einem Terminus nur im Rahmen seiner kontextuellen Verwendung zu. Dagegen kann mittels der Anführungszeichen als namenbildendem Symbol auch unabhängig vom Satzzusammenhang ein Name für einen sprachlichen Ausdruck erzeugt werden.

Abschließend ist festzustellen, daß Christensens Ansatz einer Eliminierung der Erwähnung von Sprachzeichen zugunsten einer Differenzierung von Gebrauchsweisen nach dem Vorbild der mittelalterlichen Suppositionstheorie dem Versuch Davidsons, den Ansatz der Erwähnung von Sprachzeichen zu präzisieren, vorzuziehen ist. Eine Theorie verschiedener Gebrauchsweisen vermeidet nicht nur offensichtliche Schwierigkeiten der Theorie der Erwähnung, sondern ist auch weniger aufwendig und leistet im Bereich natürlicher Sprachen dasselbe.

Udo Tietz, Berlin

Begründung aus dem Kontext

Die folgenden Bemerkungen setzen sich zum Ziel, einige Vorschläge für ein Arbeitsprogramm zu formulieren, welches ich auf die Formel bringen möchte: *Begründung aus dem Kontext*. Gesucht sind Anschlüsse für eine moderne Kontexttheorie, die in bezug auf das Geltungsproblem stärker kontextorientiert ist als Theorien, die ihre geltungssicherndee Instanz in einer "idealen Kommunikationsgemeinschaft" bzw. in einem "idealen Konsens" (wie bei Apel und Habermas) oder in einem "idealen Abschluß der Forschung" (wie bei Putnam) erblicken, und die sich gegenüber überspannten Begründungsanforderungen abwiegelnd verhält. Die jedoch gegenüber Theorien, die durch die radikale wie selbstwidersprüchliche Verabschiedung aller normativer Ansprüche durch ihre kontextualistische Angleichung an jeweils vor Ort geltende Standards und Maßstäbe, wie bei Lyotard, Derrida oder Rorty, stärker universalistisch ist und demzufolge gegenüber einem radikalen Kontextualismus die Rolle des Aufwieglers übernehmen kann. Gesucht ist eine "haltbare Mittelposition", die die traditionelle Alternative, hier Faktizität dort Normativität, hinter sich läßt und durch ein Modell ersetzt, das es gestattet, mit dem Kontext einen "mittleren Bereich" zu eröffnen, der sich "der Scheidung in eine Sphäre des rein Faktischen ... und einer Sphäre des rein Normativen ... entzieht, weil er es mit situierten Ansprüchen zu tun hat."[1] Eine Position also, die den Kontext zentral in die Analyse, Begründung und Universalisierung von Geltungsansprüchen einbezieht und weder die Relativität der Kontexte gegen die Absolutheit der Geltung noch die Absolutheit der Geltung gegen die Relativität der Kontexte ausspielt.

Von einer solchen Position, so meine These, sind Kontextualisten wie Lyotard, Derrida und Rorty auf der einen Seite und Universalisten wie Apel, Habermas oder Putnam auf der anderen Seite gleich weit entfernt. Trotzdem teilen sowohl Kontextualisten als auch Universalisten eine Prämisse; die Prämisse nämlich, daß von den "unendlichen" und "ungesättigten" Kontexten eine geltungstheoretische Bedrohung ausgeht, weil gerade der Kontextbezug der Sprache zu einer Einspruchsinstanz gegenüber allen universalistischen Geltungsansprüchen wird.

Nun können die unendlich vielen Kontexte selbst in ihrer unendlichen Verschiedenheit nur dann zu einer geltungstheoretischen Bedrohung werden, wenn von vornherein ausgeschlossen wird, daß eine Entscheidung in Geltungsfragen bzw. eine Verständigung über Geltungsansprüche aus den jeweiligen Kontexten möglich ist. Allein unter der Voraussetzung, daß man die prinzipielle Möglichkeit verschiedener Kontextdeutungen als nicht weiter zu bearbeitende Tatsache ansieht, ergeben sich in bezug auf das Geltungsproblem katastrophale Folgen. Eben von dieser Annahme gehen sowohl Kontextualisten als auch Universalisten aus.

---

1 B. Waldenfels: Verhaltensnorm und Verhaltenskontext, in: Der Spielraum des Verhaltens, Frankfurt/M. 1980, S. 297

So wie Derrida und Rorty glauben, daß die Verschiedenheit der Kontextauslegungen jede Möglichkeit verbaut, in bezug auf Geltungsfragen zu irgendwie gehaltvollen Kriterien oder Maßstäben zu gelangen, da gerade die Anerkennung der Verschiedenheit der Kontexte die Bedingungen der Möglichkeit des Begründens und Rechtfertigens von Geltungsansprüchen zersetzt, so glauben Apel, Habermas und Putnam normativ unbedingte Ansprüche gegenüber allen Instanzen bloß kontingenter, historisch-empirischer, in jedem Fall also geltungsrelativer Art allein durch den Bezug auf eine "ideale Kommunikationsgemeinschaft", einen "idealen Konsens" oder einen "idealen Abschluß der Forschung" zu sichern sind. Bereits mit diesem Vorentscheid ist ein Urteil über jene Kontexte gesprochen, in denen sich überhaupt erst das Problem der Entstehung, sprachlichen Einfassung und Durchsetzung von Geltungsansprüchen stellt. Zwar wird hier ausdrücklich anerkannt, daß die "Akzeptanz von Geltungsansprüchen ... auf der kontextabhängigen Akzeptabilität von Gründen beruht." Oder, wie Habermas sagt: "die Akzeptanz von Geltungsansprüchen ... (beruht) auf der kontextabhängigen Akzeptabilität von Gründen ..., die stets dem Risiko ausgesetzt sind, durch bessere Gründe und kontextabhängige Lernprozesse entwertet zu werden."[2] Und in dieser Hinsicht ist hier auch die radikale wie unhistorische Entgegensetzung von Faktischem und Vernünftigem, empirischer Realität und transzendentaler Idealität oder von Faktizität und Geltung aufgegeben, die für den Kantischen Normativismus konstitutiv ist. Sie kehrt jedoch auf merkwürdige Weise zurück. Wenn aus der Anerkennung der Relativität kontextbezogener Zwecksetzungen und der damit verbundenen kontextuellen Bedingtheit der Erkenntnis kein geltungszersetzender Relativismus folgen und an der Unbedingtheit und Universalität der Vernunft- und Geltungsansprüche festgehalten werden soll, da anderenfalls, die Vernunft, erst einmal vom "transzendentalen Himmel auf den Boden der Lebenswelt" herabgeholt, in der babylonischen Vielzahl ihrer Stimmen unterzugehen droht, dann muß sich zeigen lassen, wie die Relativität und aspektuelle Beschränktheit von Diskursen plausibel und vor allem überschreitbar zu machen ist. Die Schwierigkeit liegt auf der Hand. Zum einen verbietet es sich für Apel, Habermas und Putnam die Möglichkeit, die Angemessenheit oder Unangemessenheit universeller Vernunft- und Geltungsansprüche mit Bezug auf eine "Welt an sich" zu prüfen, eine Welt, die ähnlich dem Kantischen "Ding an sich" hinter den unterschiedlichen Formen ihrer Wiedergabe oder Interpretation steht. Zum anderen kann die "Schwäche" der Teilnehmerperspektive nur dann in geltungstheoretischen Erfolg umgemünzt werden, wenn es gelingt, aus der Teilnehmerperspektive heraus ein nicht-partikulares und nicht-kontextuell bedingtes Prinzip zu formulieren, welches die kontextuell bedingten und demzufolge auch beschränkten Perspektiven überschreitet. Dazu - so Habermas - "genügt die Bezugnahme auf irgendeine *besondere* Interpretationsgemeinschaft, die sich in

---

[2] J. Habermas: Faktizität und Geltung. Beiträge zur Diskurstheorie des Rechts und des demokratischen Rechtsstaats, Frankfurt/M. 1992, S. 54

ihrer partikularen Lebensform eingerichtet hat, allerdings nicht."³ Darum konstruieren sowohl Apel und Habermas als auch Putnam in Anlehnung an Peirce mittels des "kontrafaktischen Begriffs der 'final opinion' ... so etwas wie eine Transzendenz von innen."⁴ Der Bezug auf diese "unbegrenzte Kommunikationsgemeinschaft" soll es nicht nur gestatten, die "Praktiken der an Wahrheitsansprüchen orientierten Rechtfertigungspraktiken von anderen, bloß durch soziale Konventionen geregelten Praktiken" zu unterscheiden, sondern darüber hinaus auch jenes Maß an "Unbedingtheit" bereitzustellen, ohne welches nach Lage der Dinge "universelle Maßstäbe" nicht zu haben sind. Dafür entrichtet man einen hohen Preis: Mit der transzendentalen Ablösung jener "idealen" Instanzen durch die Negation ihrer Voraussetzungen werden nicht nur die Kontexte zu bloßer Empirie vergleichgültigt, zugleich wird ein Historisches transzendental stillgelegt. Kurz: die Kontexte werden zu Randbedingungen für allgemeine Geltungsansprüche degradiert, sofern gerade die normative Rechtfertigung von diesen Kontexten freimacht und auf diese Weise die Universalisierung zustande bringt.⁵

Nun läßt sich jedoch zeigen, daß weder ein "idealer Abschluß der Forschung" noch "ein idealer Konsens" in einer "idealen Sprach-" bzw. "Kommunikationsgemeinschaft" ein irgendwie gehaltvolles Kriterium abgibt, das zur Bewertung von geschichtlich entstandenem Wissen taugt. Denn weder die Idee eines rationalen Konsenses unter idealen Bedingungen noch die Idee eines idealen Abschlusses der Forschung ist ein Gegenstand möglicher Erfahrung. Und aus dem bloß regulativen Gebrauch dieser Ideen läßt sich überhaupt nicht mehr der normativ-unbedingte Sinn entnehmen, den Apel, Habermas oder Putnam ihnen geben möchten. "Von einer Einlösung von Geltungsansprüchen kann (hier) streng genommen überhaupt nicht mehr die Rede sein."⁶ Sicher, wenn wir etwas für wahr halten, halten wir es definitiv für wahr. Es wäre sinnlos, von einer Wahrheit in diesem oder jenem Kontext zu sprechen. Mit der Idee der Wahrheit verbindet sich ein *universalistischer Sinn*. Aber Kontexte sind eben prinzipiell offen und folglich nicht ein für allemal präsuppositionstheoretisch zur Ruhe zu bringen. Daher bemessen sich Geltungsansprüche immer an Standards, die von Kontingenz bedroht sind. Demzufolge kann auch die Universal- bzw. Transzendentalpragmatik kein Regelset der Argumentation auszeichnen. Denn Regeln können in Diskursen geändert werden. Ob ein Argument ein gutes Argument ist, darüber entscheidet der Diskurs. Und dieser terminiert nun

---

3 Ebd. S. 30

4 Vgl. hierzu auch H. Putnam: Vernunft, Wahrheit und Geschichte, Frankfurt/M. 1990, S. 75 ff. und 285

5 Vgl. B. Waldenfels: Verhaltensnorm und Verhaltenskontext, a. a. O., S. 293 f.

6 A. Wellmer: Ethik und Dialog, Frankfurt/M. 1985, S. 78

mit Sicherheit nicht in einem "idealen Konsens" bzw. in einem "idealen Abschluß der Forschung",, in dem die Wahrheit nur noch von einer "idealen Kommunikationsgemeinschaft" erschweigbar wäre.

Das Problem ist also nicht, daß Apel, Habermas und Putnam am universellen Charakter von Vernunft- und Geltungsansprüchen festhalten. Das Problem besteht erstens darin, daß die mittels "transzendentaler Argumente" als unhintergehbar ausgewiesenen Präsuppositionen mit den von der Diskurs- bzw. Konsenstheorie der Wahrheit und der Normenbegründung beanspruchten Idealisierungen umstandslos kurzgeschlossen werden.[7] Und zweitens darin, daß jene Idealisierungen nur um den Preis einer Negation der Bedingungen zu haben sind, unter denen sprachliche Verständigung notwendig und auch nur möglich ist.

Wenn also der Versuch, Vernunft, Wahrheit und Rationalität in einer kontextunabhängigen Weise zu explizieren, von Anfang an auf Scheitern angelegt ist, da er nicht zu normativ gehaltvollen Maßstäben führt, die als Maßstäbe zur Bewertung von geschichtlich entstandenem Wissen taugen - denn das wären sie ja nur unter der Voraussetzung, daß wir wissen würden, wann eine Sprechsituation ideal ist bzw. wann der ideale Abschluß der Forschung erreicht ist, was in jedem Fall ein Wissen voraussetzen würde, das nicht von dieser Welt sein kann - wenn wir demzufolge nicht von *außen*, sondern nur aus dem *Inneren* einer Sprache bzw. Lebensform bestimmen können, was vernünftig, wahr und rational ist, also nur aus der performativen Einstellung von Kommunikationsteilnehmern, dann kann dies nur unter Rückgriff auf die jeweils in spezifischen Kontexten zur Verfügung stehenden Kriterien geschehen.

Derrida und Rorty scheinen das im wesentlichen erkannt zu haben. Statt nun jedoch die hier verleumdeten Kontexte, in denen Wissen generiert, stabilisiert und angewendet wird, konkret aufzuklären, verfallen sie in den komplementären Fehler, alle normativen Ansprüche kontextualistisch einzuziehen. Überfordern Apel, Habermas und Putnam die Norm, so überfordern Rorty und Derrida den Kontext. Aus Angst vor einem bodenlosen Universalismus machen sie die kontextualistischen Grundannahmen ihrer Theorien so stark, daß alle Geltungsansprüche an faktisch vor Ort geltende Konventionen angeglichen werden.[8]

Gewiß, Kontexte sind prinzipiell offen. Wie Rorty im Anschluß an Davidson und wie Derrida im Anschluß an Saussure und Husserl zeigen konnten, sind Kontexte in sich "unendlich" und "ungesättigt", da sich jeder Kontext auf unendlich verschiedene und abweichende Weise

---

[7] Vgl. U. Tietz: Transzendentale Argumente versus Conceptual Scheme. Bemerkungen zum Begründungsstreit zwischen Universalismus und Kontextualismus, in: Deutsche Zeitschrift für Philosophie 8 (1992), S. 916-936

[8] Vgl. U. Tietz: Der gemäßigte Kontextualismus Richard Rortys -Ein postanalytisches Pendant zur poststrukturalistischen Vernunftkritik, in: Poststrukturalismus - Dekonstruktion - Postmoderne, Hg. von K. W. Hempfer, Suttgart 1992, S. 141

auslegen läßt. Und für die Fähigkeit, "solche abweichenden Kontexte auszulegen", scheint es nun in der Tat "keine obere Grenze zu geben".⁹ Die Frage jedoch ist, ob aus dieser Feststellung tatsächlich das folgt, was Derrida und Rorty aus ihr folgern. Denn man wird zwar Derrida und Rorty zugeben müssen, daß Kontexte nicht stillgestellt werden können. Zu jeder Theorie, zu jeder Interpretation gibt es Alternativen. Es läßt sich aber allemal bestreiten, daß der Rekurs auf den Kontext schon deshalb zu einer geltungstheoretischen Katastrophe führen soll, weil die Instanz, der wir überhaupt unsere Geltungskriterien entnehmen, in sich unendlich ist und daher Produzent unabsehbarer und unkontrollierbarer Differenz. Denn Kontexte sind ja nicht nur theorie- und interpretationsoffen, sie sind zugleich theorie- und interpretationsbeschränkt. Schon Schütz und Luckmann haben darauf aufmerksam gemacht, daß Kontexte zwar "unbeschränkt auf die sie konstituierenden Einzelheiten zerlegbar und interpretierbar (sind). Dies gilt jedoch nur prinzipiell. Praktisch" ist jeder Kontext nur *"beschränkt auslegungsbedürftig"*. Aus dieser praktischen Beschränkung ergibt sich auch eine theoretische bzw. interpretatorische Beschränkung, die die "hinter- und untergründigen Resonanzen und Dissonanzen" jener Kontexte methodisch zumindest soweit unter Kontrolle hält, wie es praktisch für einen jeweiligen Zweck vonnöten ist. Völlig zu Recht berufen sich Schütz und Luckmann zur Stützung dieser Behauptung auf ein "pragmatisches Motiv".¹⁰

Denn faktisch werden nämlich immer nur jene Einzelheiten und Zusammenhänge aus einem situationsbezüglichen Horizont auswählend thematisiert bzw. interpretiert, die für die Konstitution eines wesensmäßigen Zusammenhangs nötig sind. Dies ist wiederum abhängig von dem jeweiligen erkenntnisleitenden, oder wie Schütz und Luckmann sagen, von dem "plan-bestimmten Interesse". Dieses "plan-bestimmte Interesse" begrenzt sowohl die Möglichkeit wie auch die Notwendigkeit der Kontextauslegung. Wenn z. B. ein Physiker den Wellencharakter des Lichtes nachweisen und interpretieren will, muß er seine Versuchsanordnung so einrichten, daß er nicht gleichzeitig auch den Teilchencharakter des Lichtes nachweisen kann, obwohl das Licht sowohl Wellen- als auch Teilchencharakter hat. Es sind also theoretische und pragmatische Motive und Zwecksetzungen, die den Kontext als Kontext überhaupt erst konstituieren und damit auch erst ein "thematisches Feld eröffnen".¹¹ Denn Kontexte fallen ja

---

9 Vgl. dazu J. R. Searle: "Wörtliche Bedeutung", in: Ausdruck und Bedeutung. Untersuchungen zur Sprechakttheorie, Frankfurt/M. 1982, S. 151, J. Derrida: Randgänge zur Philosophie, Frankfurt/M., Berlin, Wien 1976, S. 141, R. Rorty: Wittgenstein, Heidegger und die Hypostasierung der Sprache, in: "Der Löwe spricht ... und wir können ihn nicht verstehen", Frankfurt/M. 1991, S. 83 f.

10 A. Schütz/Th. Luckmann: Die Strukturen der Lebenswelt. Bd. 1, Frankfurt/M. 1979, S. 149

11 Daß Habermas dem Problem der Thematisierung in Abhängigkeit von den pragmatischen Motiven kaum Beachtung schenkt, hängt u. a. damit zusammen, daß den "zweckrational" bestimmten Kontexten Kontingenz unabwendbar eingeschrieben ist, die Habermas jedoch

nicht vom Himmel und warten dann auf ihre Auslegung oder Interpretation, sondern werden in Anknüpfung an vorgegebene Kontexte überhaupt erst geschaffen oder produziert. Dies ist jedoch keine Produktion ex nihilo, sondern eine Produktion, die als Bedingung ihrer Möglichkeit die Kontexte und Leistungen vergangener Kontexte und Leistungen voraussetzt. Allein aus diesem Tatbestand erklärt sich überhaupt erst das Phänomen der Fortbildung von Kontexten.

Nun wird man es zweifellos Kontextualisten wie Rorty und Derrida als Verdienst anrechnen müssen, auf dieses Phänomen der Kontextfortbildung aufmerksam gemacht zu haben. Da sie jedoch dieses Problem in Abkopplung von aller Pragmatik ausschließlich unter dem Gesichtspunkt der spezifisch welterschließenden Funktion der Sprache thematisch machen, geht ihnen dabei unter der Hand die Einsicht verloren, daß Geltungsansprüche mit Hilfe einer reflexiven Thematisierung von *Handlungen* aufgestellt und begründet werden. Diese Selbstthematisierung ist der Ursprung von Geltungsbehauptungen. Denn durch die Selbstthematisierung des Handelns ist es möglich, reflexiv *Gründe* der Vergewisserung des Wissens zu erzeugen.[12]

Man könnte hiergegen einwenden, wenn sich die jeweils in spezifischen Kontexten erhobenen Geltungsansprüche zunächst nur mit Bezug auf die in diesen Kontexten zur Verfügung stehenden Kriterien bewerten und begründen lassen, wenn also Begründung und Kritik strittiger Geltungsansprüche immer nur auf das Potential von Gründen rekurrieren kann, das in den jeweiligen Kontexten durch Selbstthematisierung zur Verfügung steht - und das war ja unsere These -, dann kann ihnen auch kein universalistischer Sinn gegeben werden. Mehr noch: Das Problem scheint sich noch verschärfen zu lassen, wenn man wie Winch oder Rorty davon ausgeht, daß jeder sprachlich- und kulturell bedingte Kontext seine eigenen Maßstäbe und Kriterien von wahr oder falsch in sich enthält, so daß sich scheinbar die Frage nach der Wahrheit oder Falschheit dieser Maßstäbe und Kriterien überhaupt nicht mehr sinnvoll stellen läßt. Indes auch dieser Einwand kann abgewehrt werden. Von dieser Annahme geht nämlich nur dann eine geltungstheoretische Bedrohung aus, wenn von vornherein ausgeschlossen wird, daß eine Entscheidung in Geltungsfragen bzw. eine Verständigung über Geltungsansprüche nicht möglich ist.

Dies ist jedoch keine zwangsläufige Konsequenz. Diese Konsequenz ergibt sich allein unter zwei Voraussetzungen: *Erstens* unter der Voraussetzung eines eindimensionalen oder

---

austreiben muß, um den Anspruch auf Reinheit und Absolutheit der Geltung nicht zu gefährden. Eine Rehabilitierung der "Doxa" könnte dabei helfen, Habermas' normativ überanstrengte Konsenstheorie zu entdramatisieren.

12 Vgl. W. Krohn: "Wissen ist Macht". Zur Soziogenese eines neuzeitlichen wissenschaftlichen Geltungsanspruchs, in: Wissenschaftsgeschichte und wissenschaftliche Revolution, Köln 1981, S. 37

monologischen Verständnisses der Geltungsbegründung. Und *zweitens* unter der Voraussetzung, daß Vernunft und Rationalität nicht offen und prozedural gefaßt werden. Man muß also unterstellen, daß Kontexte analog zum Husserlschen ego reine Monaden sind, zwischen denen es keine symmetrisch gestaltbare kommunikative Beziehung geben kann. Allein unter der Voraussetzung, daß die prinzipielle Möglichkeit verschiedener Kontextdeutungen als nicht weiter bearbeitbare Tatsache angesehen wird, ergeben sich in bezug auf das Geltungsproblem katastrophale Folgen.

Wir können also getrost zugeben, daß wir immer auf unsere Kriterien oder Maßstäbe von Vernunft, Wahrheit und Rationalität zurückgreifen müssen, wenn wir eigene oder fremde Ansprüche prüfend bewerten. Und ebenfalls ist es nicht bestreitbar, daß wir diese Standards oder Maßstäbe nicht durch das göttliche Licht der Vernunft empfangen. Lyotard und Derrida oder Rorty und McIntyre haben durchaus recht, wenn sie es ablehnen, nach sprachspielübergreifenden Kriterien der Wahrheit und der Rationalität zu suchen. Maßstäbe und Standards zur Bewertung praktischer und theoretischer Frage lassen sich nicht vom Kontext bestimmter Weltdeutungen und Lebensformen trennen." Aber daraus folgt ja noch lange nicht, daß, weil wir keine "anderen Kriterien der Wahrheit und der Rationalität zur Verfügung haben als diejenigen, die zu unserer Sprache gehören, ... wir unsere Sprache und die zu ihr gehörigen Kriterien nicht mit Gründen transzendieren können."[13] Im Gegenteil. Wo immer die eigenen aus einem konkreten Kontext erhobenen Ansprüche mit in anderen Kontexten erhobenen Ansprüchen zusammentreffen, wird, sofern der andere Anspruch überhaupt als Anspruch anerkannt oder bestritten wird, jeweils die Grenze des eigenen Kontextes und der eigenen Sprache oder Lebensform überschritten. Im Unterschied zum Sinn sprachlicher Äußerungen, der konstitutiv an bestimmte sprachlich-kulturelle Lebensformen gebunden ist, transzendiert der Anspruch auf Geltung, der mit sprachlichen Äußerungen erhoben wird, immer schon den Kontext, in dem er erhoben wird. Sowohl das Anerkennen als auch das Bestreiten von problematischen Geltungsansprüchen setzt voraus, daß Geltungs*ansprüche* kontext- und sprachspielübergreifend sind. Es bedarf also gar keiner Rückendeckung durch eine wie auch immer ausgemünzte "ideale" Instanz - egal ob es sich um einen "idealen Konsens", eine "ideale Kommunikationsgemeinschaft" oder um einen "idealen Abschluß der Forschung" handelt. Die Übersetzbarkeit der Sprachen, in deren Verlauf die Horizonte der an einem Gespräch

---

13 A. Wellmer: Ludwig Wittgenstein. Über die Schwierigkeiten einer Rezeption seiner Philosophie und ihre Stellung zur Philosophie Adornos, in: "Der Löwe spricht...", a. a. O., S. 147

Beteiligten verschmelzen,[14] liefert den Beweis dafür, daß im Verlauf eines beiderseitigen Tuns, also nicht wie bei Rorty durch die assimilierende Einordnung des Fremden in den eigenen Interpretationshorizont, sondern durch die wechselseitige Erweiterung der eigenen Sprache durch Aufnahme der Ausdrucks- und Wahrheitsmöglichkeiten einer anderen Sprache, *kontextübergreifende Rationalitätsmaßstäbe*, so sie nicht vorhanden sind, zumindest hergestellt werden können

Im Hinblick auf unser Problem bedeutet das, daß man Rationalität und Vernunft nicht in endlich viele Reflexions- oder Selbstreflexionsfiguren einschließen kann, sondern offen und prozedural fassen muß. Diese Offenheit ist auch der Grund, warum es keine Explikation von Vernunft und Rationalität für alle Kontexte geben kann, sondern nur für die, aus denen wir unsere Ansprüche von Vernunft und Rationalität anmelden und mit unseren Kriterien von Vernunft und Rationalität konfrontieren.[15]

Damit soll nicht bestritten werden, daß die anspruchsvollen Verfahrensbedingungen und Kommunikationsvoraussetzungen, in denen eine nachmetaphysische Vernunft eine prozedurale Gestalt angenommen hat, normativ gehaltvoll sind. Und auch nicht, daß sich für Sprachspiele Regeln angeben lassen. Bestritten ist damit lediglich zweierlei: Erstens, daß Sprachspiele, für die der Regelbezug konstitutiv ist, in ihrer Gesamtheit regelbare Spiele sind. Und zweitens, daß es soetwas wie einen "Konsensvorschuß" geben kann, der sich aus normativ gehaltvollen Präsuppositionen gewinnen lassen soll. Unterstellt dies ist richtig, dann ist damit nicht nur zugestanden, daß sich das "klassische Verhältnis von Faktizität und Geltung ändert, wenn Sprache als ein universelles Medium der Verkörperung von Vernunft begriffen wird", sondern auch, daß die Sprache sich nicht ein für allemal konstitutionstheoretisch ausmessen oder aber strukturtheoretisch beschreiben läßt, sondern eher im Sinn von Wittgenstein als "unbegrenzt erweiterbare Menge gesellschaftlicher Praktiken" aufgefaßt werden muß. Eben dieser Sachverhalt verweist auf die spezifisch welterschließende Funktion der Sprache und damit auf die *Offenheit und Prozeduralität einer nachmetaphysischen Vernunft*.

Dr. Udo Tietz, Wissenschafts-Integrations-Programm, Voßstraße 12, O-1080 Berlin

---

14 Vgl. hierzu aus hermeneutischer Sicht H.-G. Gadamer: Wahrheit und Methode. Grundzüge einer philosophischen Hermeneutik, Tübingen 1990 und aus analytischer Sicht D. Davidson: Die Wahrheit der Interpretation, Frankfurt/M. 1990

15 Vgl. H. Schnädelbach: Uber Rationalität und Begründung, in: Philosophie und Begründung, a. a. O., S. 75 f.

Beteiligten verschmelzen,[14] liefert den Beweis dafür, daß im Verlauf eines beiderseitigen Tuns, also nicht wie bei Rorty durch die assimilierende Einordnung des Fremden in den eigenen Interpretationshorizont, sondern durch die wechselseitige Erweiterung der eigenen Sprache durch Aufnahme der Ausdrucks- und Wahrheitsmöglichkeiten einer anderen Sprache, *kontextübergreifende Rationalitätsmaßstäbe*, so sie nicht vorhanden sind, zumindest hergestellt werden können

Im Hinblick auf unser Problem bedeutet das, daß man Rationalität und Vernunft nicht in endlich viele Reflexions- oder Selbstreflexionsfiguren einschließen kann, sondern offen und prozedural fassen muß. Diese Offenheit ist auch der Grund, warum es keine Explikation von Vernunft und Rationalität für alle Kontexte geben kann, sondern nur für die, aus denen wir unsere Ansprüche von Vernunft und Rationalität anmelden und mit unseren Kriterien von Vernunft und Rationalität konfrontieren.[15]

Damit soll nicht bestritten werden, daß die anspruchsvollen Verfahrensbedingungen und Kommunikationsvoraussetzungen, in denen eine nachmetaphysische Vernunft eine prozedurale Gestalt angenommen hat, normativ gehaltvoll sind. Und auch nicht, daß sich für Sprachspiele Regeln angeben lassen. Bestritten ist damit lediglich zweierlei: Erstens, daß Sprachspiele, für die der Regelbezug konstitutiv ist, in ihrer Gesamtheit regelbare Spiele sind. Und zweitens, daß es soetwas wie einen "Konsensvorschuß" geben kann, der sich aus normativ gehaltvollen Präsuppositionen gewinnen lassen soll. Unterstellt dies ist richtig, dann ist damit nicht nur zugestanden, daß sich das "klassische Verhältnis von Faktizität und Geltung ändert, wenn Sprache als ein universelles Medium der Verkörperung von Vernunft begriffen wird", sondern auch, daß die Sprache sich nicht ein für allemal konstitutionstheoretisch ausmessen oder aber strukturtheoretisch beschreiben läßt, sondern eher im Sinn von Wittgenstein als "unbegrenzt erweiterbare Menge gesellschaftlicher Praktiken" aufgefaßt werden muß. Eben dieser Sachverhalt verweist auf die spezifisch welterschließende Funktion der Sprache und damit auf die *Offenheit und Prozeduralität einer nachmetaphysischen Vernunft*.

---

14 Vgl. hierzu aus hermeneutischer Sicht H.-G. Gadamer: Wahrheit und Methode. Grundzüge einer philosophischen Hermeneutik, Tübingen 1990 und aus analytischer Sicht D. Davidson: Die Wahrheit der Interpretation, Frankfurt/M. 1990

15 Vgl. H. Schnädelbach: Über Rationalität und Begründung, in: Philosophie und Begründung, a. a. O., S. 75 f.

Dieter Teichert (Konstanz)

Intratextueller und kontextueller Zirkel

In den Debatten über die Begriffe des Verstehens, der Interpretation und der Erklärung ist der hermeneutische Zirkel ein kontrovers diskutierter Gegenstand. Unklarheiten und Mißverständnisse kennzeichnen die Diskussion über weite Strecken.

Im folgenden wird ein knapper Überblick über die Geschichte des hermeneutischen Zirkels gegeben (I.) und eine Unterscheidung zwischen einem intratextuellen Zirkel und einem Text-Kontext-Zirkel vorgeschlagen (II.). Abschließend werden zwei Fragen erörtert: Wie kann das Modell des hermeneutischen Zirkels den Verständnisgewinn berücksichtigen, den Interpretationen anstreben? Gibt es ein allgemeines Kriterium, das eine Unterscheidung zwischen richtigen und falschen Interpretationen ermöglicht? (III.)

I. Zur Geschichte des hermeneutischen Zirkels

Sieht man von den Ausführungen des Philologen F. Ast[1] ab, so ist *F.D.E. Schleiermacher* der erste wichtige Autor in der Geschichte des hermeneutischen Zirkels. Bei Schleiermacher wird ein Zirkel der Textinterpretation in zweifacher Hinsicht behandelt:

Der erste Aspekt des Zirkels betrifft das Verhältnis zwischen den Teilen eines einzelnen Textes und dem Gesamttext. Schleiermacher beschreibt einzelne Phasen der Textinterpretation. Am Anfang steht eine vage Vorstellung von der Bedeutung des Textes. Diese erste Bedeutungsantizipation kann sich etwa auf den Autor, das Sachgebiet, die Textgattung beziehen. Im Verlauf der Textlektüre wird die antizipierende Bedeutungszuschreibung bestätigt oder widerlegt, präzisiert oder modifiziert. Um einen Zirkel im Sinne eines fehlerhaften Verfahrens handelt es sich dabei nicht. Ein solcher würde nur dann vorliegen, wenn die anfängliche Bedeutungszuschreibung nicht korrigiert werden könnte.

Der zweite Aspekt des hermeneutischen Zirkels betrifft das Verhältnis zwischen einem Text und dem Produktionskontext. Die Berücksichtigung des Produktionskontexts ist eine Bedingung für das Gelingen der

---

[1] F. Ast: Grundlinien der Grammatik, Hermeneutik und Kritik. Landshut 1808, 178ff.

Textinterpretation. Die Rede vom Produktionskontext bezieht sich dabei auf die historische Situation der Textproduktion (allgemeine politische und kulturelle Zustände, Lebenssituation und Absichten des Autors usw.) und auf die für die Zeit der Textproduktion gültigen Regeln des Sprachgebrauchs. Daß dem Interpreten das relevante Wissen meist nur durch andere Texte zugänglich ist, stellt keine unlösbare Schwierigkeit dar. Schleiermacher spricht in diesem Zusammenhang explizit von einem "scheinbaren Kreise".[2]

W. Dilthey untersucht die allgemeinen Bedingungen des Verstehen in den historischen Geisteswissenschaften. Dabei stehen nicht die einzelnen Schritte einer Textinterpretation zur Debatte, sondern die allgemeinen Voraussetzungen, unter denen Interpretationsleistungen stehen. Nach Dilthey bestimmt das Vorwissen des Interpreten die Interpretation auf eine unhintergehbare Weise. Der Interpret kann dem Interpretandum nur solche Bedeutungen zuschreiben, die ihm von seinem eigenen historischen Kontext her zugänglich sind und die er in sein eigenes Vokabular übersetzen kann. Zirkulär droht die Interpretation deshalb zu werden, weil insbesondere im Fall der Interpretation historischer Gegenstände nicht auszuschließen ist, daß bestimmte Bedeutungen des Interpretandums ausgeblendet bleiben. Der hermeneutische Zirkel ist bei Dilthey ein wissenschaftstheoretisches Problem der Geisteswissenschaften.[3]

Im Gegensatz zu Dilthey bestimmt *M. Heidegger* den hermeneutischen Zirkel keineswegs als eine Aporie der Geisteswissenschaften. Der Zirkel

---

[2] *"Der Sprachschatz und die Geschichte des Zeitalters eines Verfassers verhalten sich wie das Ganze, aus welchem seine Schriften als das Einzelne müssen verstanden werden, und jenes wieder aus ihm. (...) Überall ist das vollkommene Wissen in diesem scheinbaren Kreise, daß jedes Besondere nur aus dem Allgemeinen, dessen Teil es ist, verstanden werden kann und umgekehrt."*
F.D.E. Schleiermacher: Hermeneutik und Kritik. Herausgegeben von M. Frank. Frankfurt/Main 1977, 95

[3] Der Hermeneutik weist Dilthey die Funktion zu, die "Allgemeingültigkeit der Interpretation theoretisch (zu) begründen (...) Aufgenommen in den Zusammenhang von Erkenntnistheorie, Logik und Methodenlehre der Geisteswissenschaften, wird diese Lehre von der Interpretation ein wichtiges Verbindungsglied zwischen der Philosophie und den geschichtlichen Wissenschaften, ein Hauptbestandteil der Grundlegung der Geisteswissenschaften."
W. Dilthey : Die Entstehung der Hermeneutik. In: ders.: Gesammelte Schriften V. Stuttgart [8]1990, 331

wird im Rahmen der Fundamentalontologie als eine Vollzugsform des Daseins beschrieben.[4] Die Auffassung, derzufolge die Abhängigkeit einzelner Verstehensakte von vorgängigen Orientierungen ein epistemologisches Problem darstellt, wird bei Heidegger als Verkennung einer grundlegenden "Vor-Struktur" des Verstehens verworfen. Die Heideggersche Affirmation des hermeneutischen Zirkels stellt das Vorverständnis nicht als ein Hindernis für die Erschließung der Interpretationsobjekte dar, sondern als deren Ermöglichung.

In seiner philosophischen Hermeneutik stellt *H.-G. Gadamer* eine Revision und Synthese der vor ihm ausgearbeiteten Konzeptionen her. Dabei will er keinen Beitrag zur Methodologie der verstehenden Wissenschaften leisten. Diesem Diltheyschen Erbe der Geisteswissenschaftsdiskussion steht Gadamer skeptisch gegenüber. In Heideggers Spuren denkt er über die Aufgaben und Möglichkeiten der Geisteswissenschaften nach. Dabei betont er unter dem Titel des hermeneutischen Zirkels den Umstand, daß das Verstehen in alltäglichen und in geisteswissenschaftlichen Zusammenhängen nicht durch Suspendierung des unreflektierten Vorverständnisses und die Befolgung einer bestimmten Methode erreicht wird. Gadamer betont, daß ein Verständnis von Situationen, Personen, Handlungszusammenhängen oder Texten nur dadurch gewonnen werden kann, daß die Vormeinungen des Interpreten, seine Wahrnehmungsmuster und (auch in der Alltagssprache sedimentierten) Interpretationsschemata im Verlauf des Interpretationsvorgangs explizit gemacht und möglicherweise revidiert werden.[5] Das Novum der Konzeption Gadamers gegenüber den bisherigen Überlegungen und im Gegensatz zu dem monologischen Verstehenskonzept Heideggers besteht in einer Betonung eines ethischen und dialogischen Aspekts des Interpretierens. Eine notwendige Bedingung für das Gelingen einer Interpretation ist die "Offenheit für die Meinung des anderen oder des Textes".[6] Die Arbeit der verstehenden Wissenschaften ist nach Gadamer nur dann sinnvoll, wenn

---

[4] M. Heidegger, Sein und Zeit, Tübingen [12]1972, 152f.
[5] "Wer einen Text verstehen will, vollzieht immer ein Entwerfen. Er wirft sich einen Sinn des Ganzen voraus, sobald sich ein erster Sinn im Text zeigt. Ein solcher zeigt sich wiederum nur, weil man den Text immer schon mit gewissen Erwartungen auf einen bestimmten Sinn hin liest. Im Ausarbeiten eines solchen Vorentwurfs, der freilich beständig von dem her revidiert wird, was sich bei weiterem Eindringen in den Sinn ergibt, besteht das Verstehen dessen, was dasteht."
H.-G. Gadamer: Wahrheit und Methode. Tübingen [4]1975, 251
[6] A.a.O., 253

sie durch ein Ethos des Dialogs, der Offenheit und der Revisionsbereitschaft gekennzeichnet ist. In der Formulierung dieser Einsicht - und nicht in methodologischen Reflexionen - liegt die Bedeutung der Hermeneutik Gadamers.

Der hermeneutische Zirkel bezieht sich bei Heidegger und Gadamer auf allgemeine Bedingungen des Verstehens. Sie formulieren einen ontologischen Verstehensbegriff, der die Seinsweise des Menschen charakterisiert als die eines Lebewesens, das - vor aller methodischen Erkenntnis - ein Verständnis seiner selbst und der Welt besitzt. Auf der Basis dieses ontologischen Verstehensbegriffs können epistemologische Überlegungen zu Methoden wissenschaftlicher Interpretationsarbeit aufbauen. Das Verhältnis des ontologischen Verstehenskonzepts und des epistemologischen Interpretationsbegriffs wurde in der Diskussion über den hermeneutischen Zirkel oft mißverstanden. Verstehen wurde als Methode der Geisteswissenschaften begriffen und in Opposition zu den Methoden der exakten Wissenschaften gesetzt. Dies ist unangebracht.

II. Intratextueller und kontextueller Zirkel

Der Begriff des hermeneutischen Zirkels bezieht sich sowohl auf die allgemeinen Bedingungen als auch auf methodische Aspekte von Interpretationen. Von einem Zirkel ("circulus vitiosus") spricht man in der Regel im Hinblick auf fehlerhafte Argumentationen und Beweisführungen. Im Fall der Textinterpretation ergibt sich der Anschein eines Zirkels dadurch, daß zwei nicht miteinander vereinbare Sätze Gültigkeit beanspruchen:

(I) Die Bedeutung des Gesamttexts T bestimmt die Bedeutungen der Teile $P_1...P_n$.

(II) Die Bedeutungen der Teile $P_1...P_n$ bestimmen die Bedeutung des Gesamttexts T.

Der Anschein einer zirkulären und fehlerhaften Charakterisierung der Sachlage läßt sich durch eine Umformulierung beider Sätze beseitigen:

(I)* Die Antizipation der Bedeutung des Gesamttexts T bestimmt die Bedeutungszuschreibungen zu den Teilen $P_1...P_n$.

Die Annahmen über die Bedeutung des zu lesenden Texts, das Vorwissen, die Hypothesen lenken die Interpretation der Einzelteile des Textes. Satz (II) kann entsprechend umformuliert werden:

(II)* Die sukzessiven Bedeutungszuschreibungen zu den Teilen $P_1...P_n$ bestimmen die Bedeutung des Gesamttexts T.

Nach dem Durchgang durch den ganzen Text hat der Interpret eine genauere Vorstellung von der Bedeutung des Gesamttexts als zu Beginn. Diesen Verständnisgewinn verdankt er der Lektüre der einzelnen Teile. Zirkulär in dem Sinn, den die Argumentationstheoretiker und Logiker dem Ausdruck geben, wäre eine Interpretation, wie bereits festgestellt wurde, nur dann, wenn sie die anfängliche Bedeutungsannahme über T stets bestätigen müßte, ohne zu einer Korrektur fähig zu sein. Das ist aber nicht der Fall. Das Wechselspiel von Bedeutungsantizipation, fortschreitender Determination der Bedeutung einzelner Teilbedeutungen, erneuter Antizipation der Gesamtbedeutung beschreibt in allgemeiner Form den Ablauf der Textinterpretation. Man kann im Hinblick auf diesen Aspekt der Interpretation von einem *intratextuellen Zirkel* sprechen.

Ein *Text-Kontext-Zirkel* besteht zwischen dem zu interpretierenden Text, dem Produktionskontext und dem Interpretationskontext. Die Bedeutung der expliziten Reflexion auf den Produktionskontext wurde vor allem im Rahmen der historischen Wissenschaften erkannt. In Bezug auf einen antiken Text leuchtet es beispielsweise unmittelbar ein, daß der heutige Leser sich spezielle Kenntnisse aneignen muß, um den Text angemessen zu übersetzen und zu interpretieren. Allerdings kann auch hinsichtlich eines zeitgenössischen Texts eine beträchtliche Divergenz zwischen dem Interpretationskontext und dem Produktionskontext bestehen. Die Divergenz des Produktions- und Interpretationskontexts ist nicht identisch mit der diachronen Distanz zwischen Produktion und Interpretation, sie bemißt sich an der Identität/Differenz von Lebensformen und der Homogenität/Heterogenität des kulturellen Wissens, das für die Textproduktion bzw. -interpretation relevant ist. Der Interpret rekonstruiert den Produktionskontext, um je nach Einzelfall relevant erscheinende Fragen bezüglich des Interpretandums zu beantworten. Wie eine solche Rekonstruktion im Einzelfall ausfällt, bleibt offen. Sie muß nicht immer explizit vorgenommen werden und kann sich auf die Klärung einzelner Fragen bezüglich der Umstände der Textproduktion beschränken. Weshalb kann im Zusammenhang mit der Divergenz von Produktions- und Interpretationskontext von einem Zirkel gesprochen werden? Weil die Rekonstruktion des Produktionskontexts nach Maßgabe der gegenwärtigen Situation des Interpreten erfolgt. Die Kreisbewegung des Verstehens nimmt ihren Ausgang von seinem Vorverständnis. Von hier aus wird der Text gelesen und bestimmte Verstehensprobleme formuliert. Kreisförmig ist die Bewegung der Interpretation insofern, als die Bindung an den Kontext des Interpreten nicht grundsätzlich überwunden wird. Die Rekonstruktion des Produktionskontexts ist nicht der Endpunkt der Interpretation. Das durch die Rekonstruktion explizierte kulturelle Wissen wird in den Interpretationskontext eingebracht und für die erneute Lektüre des Texts gebraucht.

III. Zirkel und Spirale

Der mit dem intratextuellen und Text-Kontext-Zirkel beschriebene Prozeß der Interpretation kann zu einer Aneignung von neuem kulturellem Wissen durch den Interpreten führen. Der Begriff kulturellen Wissens bezieht sich auf Wahrnehmungsmuster, Interpretationsschemata, Einstellungen, Normen, Verhaltensweisen und Selbstverständnisse der Mitglieder historisch wandelbarer Lebensformen. Das kulturelle Wissen des Interpreten ist nicht abgeschlossen und unveränderlich, sondern es kann durch die Interpretation erweitert werden. Insofern ist auch hier der Begriff des Zirkels nicht in seiner argumentationstheoretischen Bedeutung zu verstehen. Um die Möglichkeit des Verständnisgewinns, der Modifikation und Erweiterung des Wissens des Interpreten terminologisch zu berücksichtigen, wurde der Vorschlag gemacht, von einer Spirale des Verstehens zu sprechen.[7] Dieser Vorschlag ist sinnvoll. Wenn man ihn nicht auf die Interpretation apophantischer Texte (Geltungsanspruch

---

[7] Vgl. W. Stegmüller: Der sogenannte Zirkel des Verstehens. In: K. Hübner (ed.): Natur und Geschichte. Hamburg 1973, 21-46; P. Lorenzen: Logik und Hermeneutik. In: ders., Konstruktive Wissenschaftstheorie. Frankfurt/Main 1974, 11-22.

propositionaler Wahrheit) begrenzt, sondern für Text- und Handlungsinterpretation gleichermaßen in Anschlag bringt, ergibt sich das folgende Schema:

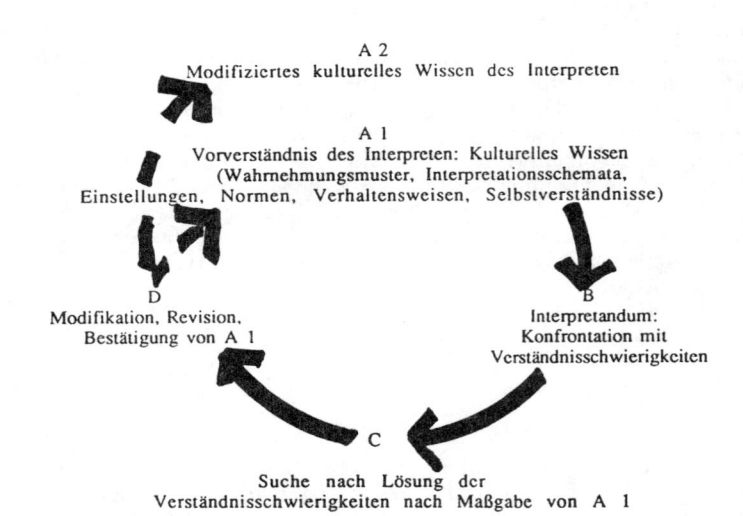

A 2
Modifiziertes kulturelles Wissen des Interpreten

A 1
Vorverständnis des Interpreten: Kulturelles Wissen
(Wahrnehmungsmuster, Interpretationsschemata,
Einstellungen, Normen, Verhaltensweisen, Selbstverständnisse)

D
Modifikation, Revision,
Bestätigung von A 1

B
Interpretandum:
Konfrontation mit
Verständnisschwierigkeiten

C
Suche nach Lösung der
Verständnisschwierigkeiten nach Maßgabe von A 1

Die Rede von einer Spirale der Interpretation trägt im Gegensatz zum Bild des Zirkels dem Umstand Rechnung, daß durch die Interpretation ein Verständnisgewinn erreicht werden kann. Sie vermeidet zudem die irreführende Vorstellung, daß die Bindung der Interpretation an das Vorverständnis des Interpreten eine methodische Unvollkommenheit darstelle.

Im Hinblick auf das Spiralschema stellt sich die Frage nach den Gründen, die beim Schritt von C nach D zu einer Modifikation, Revision oder Bestätigung von A 1 führen: Wann kann der Interpret sicher sein, daß er seine Verständnisschwierigkeiten angemessen gelöst hat? Woran erkennt man, daß das neugewonnene Verständnis eines Interpretandums nicht nur ein neues Verständnis, sondern ein angemessenes oder besseres

Verständnis ist? Für die Beurteilung von Textinterpretationen ist es notwendig zu klären, ob textkritische und philologische Standards erfüllt sind. Diese Klärung kann in einigen Fällen zu dem Ergebnis kommen, daß eine Interpretation sachlich falsche Aussagen enthält. Eine Interpretation, die in wesentlicher Hinsicht falsche Behauptungen enthält, wird nicht akzeptiert werden. Allerdings steht damit kein allgemeines Kriterium der Beurteilung von Interpretationen zur Verfügung. Denn Interpretationen können nicht als Menge wahrer Behauptungen über 'objektive Tatsachen' begriffen werden. Die textkritischen und philologischen Anforderungen stellen nur eine Grundvoraussetzung dar, die eine gute Interpretation erfüllt. Eine Beurteilung von Interpretationen als wahr/richtig oder falsch/unrichtig ist nicht möglich. Interpretationen werden vielmehr hinsichtlich der durch sie zu lösenden Verständnisschwierigkeiten in graduierbarer Weise als gelungen oder ungelungen bezeichnet.

Wer diese Position für relativistisch hält, erwartet von Interpretationen etwas anderes, als sie leisten können. Der hermeneutische Kontextualismus ist kein Plädoyer für interpretatorische Willkür. Er verpflichtet zu Klarheit, Nachprüfbarkeit und Verständlichkeit.

Gabriele G o s l i c h
Wuppertal

VOM ZEICHEN ZUM SYMBOL: SPRACHE ALS AUSDRUCK VON WELTANSICHTEN
ASPEKTE DER SPRACHTHEORIE WILHELM VON HUMBOLDTS

Wer dem Humboldtschen Sprachdenken nach-denken will, stößt bald auf das Nicht-Machbare, auf die Grenzen der menschlichen Sprache und auf Geheimnisse wie dieses: Über Entstehung und Herkunft der Sprache läßt sich nur sagen, daß sie als "Wunderwerk aus dem Nichts und auf Einmal entstand" (VII, 46).
Das klingt merkwürdig im Zeitalter der unbegrenzten Kommunikationsmöglichkeiten, in dem Mitteilung eindeutig und durchschaubar geworden ist. Im Unterschied hierzu möchte ich die Entwicklung der Humboldtschen Sprachtheorie vom Zeichen zum Symbol skizzieren, die sich, zunächst noch auf dem Boden der traditionellen Zeichentheorie, immer mehr, jedoch nicht immer geradlinig, zu einer Wertschätzung der historisch gewachsenen, symbolträchtigen Sprache durchringt - wohl wissend um ihre Unzulänglichkeiten, aber auch um ihre unerschöpflichen Möglichkeiten.
Die Empfindung und das Bewußtsein von der Unvollkommenheit der Sprache hängt bei Humboldt zunächst eng zusammen mit der Auffassung von Sprache als Verständigungsmittel, als Werkzeug zu einem Zweck. Die Betrachtung der Sprache als Instrument und Zeichen hat eine lange Tradition und ist mit der Vorstellung verbunden, daß Denken und Erkennen sprachunabhängige Vorgänge sind. So sagt <u>Platon</u> im Kratylos (388 b), daß die Wörter Werkzeuge sind, die das in der sprachunabhängigen Schau der Ideen Gesehene unterscheiden, bezeichnen und lehrend mitteilen. Auch <u>Aristoteles</u> geht von einer Erkenntnis außerhalb von Sprache aus; es sind die Bewußtseinsinhalte, die - für alle Menschen gleich - mit lautlichen Gebilden verbunden sind, die sich in den verschiedenen Sprachen nur materiell voneinander unterscheiden aufgrund der Tradition einer historischen Gemeinschaft.[1] Den sprachlosen Bewußtseinsinhalten des Aristoteles entspricht im Deutschen Idealismus bei <u>Fichte</u> die Idee einer Begriffsbildung außerhalb der Sprache. Fichte sieht in seinem Essay "Von der Sprachfähigkeit und dem Ursprung der Sprache" die Möglichkeit eines sprachlosen Denkens.[2] Auch in der <u>Kantischen Transzendentalphilosophie</u> ist die Sprache dem reinen Denken, d.h. der Schematisierungsleistung des reinen Verstandes nachgeordnet. Sie kann eine transzendentale Deduktion der Kategorien nicht ersetzen, weil sie als empirisches Bezeichnungsvermögen[3] auf das Verfahren angewiesen ist, Gegenstände in Analogie zu anderen Vorstellungen bildhaft erfahrbar zu machen. Die Sprache erweckt von Begriffen "analogische Vorstellungen", die "wohl nicht der geistige Begriff selber, aber doch deren Symbole sind"[4]. Wegen den Zufälligkeiten des Ursprungs der Sprache[5] und ihrer empirisch bedingten Verschiedenheit und Uneinigkeit[6] gelingt nur selten eine relative Einheit von Idee und ihrer sprachlichen Erscheinung;[7] jede Sprache enthält "einige nicht zu ändernde Unrichtigkeiten" und Unsicherheiten[8] des Redegebrauchs. Angesichts der Vielfalt symbolischer Wirklichkeitsauslegungen in den Sprachen bedarf es daher im Bereich philosophischer Erkenntnisse der kontinuierlichen Kontrolle des Sprachgebrauchs durch den reinen Verstand.[9]
Auf dem Boden dieser traditionellen Ansicht von Sprache als Zeichen für außersprachliches Denken stehen auch die Sprachreflexionen des frühen Humboldt. In den sechzehn Thesen "Über Denken und Sprechen" vom Winter 1795/96 (VII, 581-583), der frühsten Aufzeichnung, die sich mit dem Wesen der Sprache beschäftigt, werden die Sprachzeichen als sinnlich wahrnehmbare artikulierte Töne angesehen. Sie werden den "Einheiten [...] , zu welchen gewisse Portionen des Denkens vereinigt werden", als äußere Kennzeichen hinzugefügt. Die sinnlichen Sprachzeichen bezeichnen einen Gegenstand, den der Mensch "als geschieden von sich erkannte" (These 12), aber auch abstrakte Begriffe (These 13). Der Sprachlaut wird hier ausschließlich als Zeichen, als Instrument verstanden, mittels dessen der Mensch auf außersprachliche Gegenstände und Begriffe referiert.
Auch in dem 1798 fertiggestellten Werk "Über Göthes Herrmann und Dorothea" (II, 113-323) ist die Sprache noch rein verstandesmäßiges Zeichen für "allgemeine Begriffe", ist "O r g a n d e s M e n s c h e n", dem die individuelle Einbildungskraft des sinnlichen Bildes, der Kunst als "Spiegel der W e l t" gegenübersteht. Dieser Gegensatz zwischen verstandesmäßiger Sprache und sinnlicher, welthaltiger Kunst, zwischen Be-

griff und Anschauung soll durch die Dichtung als Sprachkunst so zusammengefaßt werden, "dass aus beidem ein E t w a s werde, was mehr sey, als jedes einzeln für sich war" (II, 158 f.).

Eine Revision dieses verstandesorientierten Sprachbegriffs vollzieht Humboldt in seinem Brief an Schiller vom September 1800 über dessen Drama 'Wallenstein'.[10] Die Sprache ist nun nicht mehr ausschließlich "Zeichen eines Gegenstandes", sondern bringt ihn "dem Menschen durch Intellectualisierung näher" (200). Sprache und Denken sind nicht mehr getrennt; Sprache ist vielmehr ein "Erzeugniß des menschlichen Geists" und wirkt als solches auf das menschliche Denken und Empfinden, ja, sie erzeugt die Gegenstände, die "Objekte unsres Denkens sind" (195). Die Veränderung des Sprachbegriffs im Wallenstein-Brief wird besonders deutlich in der Anknüpfung an die 6. These des Fragments "Über Denken und Sprechen": wurde Sprache hier noch als "sinnliche Bezeichnung von Einheiten" vorgestellt, "zu welchen gewisse Portionen des Denkens vereinigt werden", so bestimmt Humboldt nun die Worte als "die sinnlichen Zeichen, [...] wodurch wir [...] gewisse Portionen unsres Denkens zu Einheiten machen" (196): erst in der sprachlichen Artikulation synthetisiert sich die Einheit des Gedankens. Nicht mehr die Dichtung, sondern die Sprache selbst ist nun die Mittlerin zwischen Verstand und Empfänglichkeit, denn die Sprachfähigkeit wird als Fähigkeit charakterisiert, "innere Gedanken und Empfindungen und äußere Gegenstände vermöge eines sinnlichen Mediums, das zugleich Werk des Menschen und Ausdruck der Welt ist, gegenseitig aus einander zu erzeugen, oder vielmehr seiner selbst, indem man sich in beide theilt, klar zu werden" (198).

Wenn die Sprache als "Ausdruck der Welt" die "Weltauffassung" (VII, 76) oder "Weltansicht"[11] eines Individuums oder einer Sprachgemeinschaft enthält, dann ist damit das subjektive Element und die daraus resultierende Vielfalt symbolischer Wirklichkeitsauslegung in den Sprachen angesprochen, die Kant im Bereich philosophischer Erkenntnisse dazu veranlaßt hat, dem reinen Verstand gegenüber der empirischen Sprache eine Vorrangstellung einzuräumen. Es ist dieser "blosse Verstand", der sich – um mit Humboldt zu sprechen – dagegen sträubt, "die Sprache als wesentlich mit dem Menschen verwachsen, als ein nur ganz zu ergründendes Geheimniss zu betrachten", und der dazu neigt, "sie nur als einen Inbegriff gesellschaftlich erfundener, in sich gleichgültiger Zeichen anzusehen, "deren lästiger Verschiedenheit man nun einmal nicht los werden kann" (VI, 232).

Wenn Sprache nur als Instrument unmißverständlicher Mitteilung betrachtet wird, erwächst "aus dem Grade des Gefühls jener Unzulänglichkeit" der Sprache das "Streben sie [die Unzulänglichkeit, G.G.] aufzuheben" (IV, 432) – durch eine eindeutige Universal- oder Fachsprache. Nach Humboldt kann "das Gemüth [...], vermöge der Kraft der Abstraction" (IV, 29), zum Zeichenhaften gelangen, das "jede Subjectivität von dem Ausdruck abzuschneiden, oder vielmehr das Gemüth ganz objectiv zu stimmen versucht" (IV, 30). Eine solche rein zeichenhafte Sprachverwendung, der "wissenschaftliche" Sprachgebrauch, ist für Humboldt legitim auf dem Gebiet der "Wissenschaften der reinen Gedanken Construction" und bei gewissen "Behandlungsarten der Erfahrungswissenschaften" (IV, 29 f.), d.h. in der Mathematik, bei der Verwendung der Sprache als Terminologie und schließlich auch im alltäglichen Geschäftsleben. Den Begriffen, "welche durch blosse Construction erzeugt werden können, oder sonst rein durch den Verstand gebildet sind" (IV, 21 f.), spricht er sogar – noch ganz unter dem Einfluß von Kants Kritik der reinen Vernunft – universelle, sprachunabhängige Geltung zu. Sie gehören zu einem angenommenen "Mittelpunkt aller Sprachen", der "ganz a p r i o r i bestimmt, und von allen Bedingungen einer besonderen Sprache getrennt werden" kann. Humboldt betont aber sogleich, daß "sich damit nur ein kleiner Theil der Masse des Denkbaren erschöpfen" läßt. Eine viel größere Menge von Begriffen und grammatischen Eigenheiten ist nach Humboldt so sehr "in die Individualität ihrer Sprache verwebt", daß sie mit den Ausdrücken und grammatischen Strukturen der jeweiligen Sprache eine untrennbare Einheit bildet und nicht "ohne Umänderung [...] in eine andere übertragen werden" kann. (IV, 22 f.) Damit wird der Idee einer Universalsprache eine deutliche Absage erteilt. Außerhalb von Mathematik und Wissenschaftssprache ist es für Humboldt "ein thörichter Wahn, sich einzubilden, dass man dadurch, ich sage nicht, aus aller Sprache, sondern auch nur aus dem bestimmten und beschränkten Kreise seiner eigenen hinausträte" (IV, 22).

Dies wird von der modernen Sprachforschung bestätigt. So berichtete Helmut Gipper 1974 während einer Tagung der Humboldt-Gesellschaft in Aachen von den großen Schwierigkeiten, auf internationaler Ebene eine Metasprache zur Verständigung über die Beschreibung von Sprachstrukturen zu erstellen angesichts der Tatsache, daß es Kategorien wie Substantive oder Verben zwar in vergleichbarer Form in fast allen Sprachen gibt, nicht aber die gleichen Gegenstände in der gleichen Kategorie versammelt sein müssen. So kann eine Erscheinung wie "Wolke",[12] je nach Sprachgemeinschaft - als Substantiv, Verb oder auch Adjektiv erscheinen. Da die Verschiedenheit der Sprachen "nicht eine von Schällen und Zeichen, sondern eine Verschiedenheit der Weltansichten selbst" (IV, 27; VI, 119) ist, ist es auch nicht möglich, das sprachabhängige Denken wörtlich zu übersetzen. Es ist zwar möglich, durch eine Änderung des Kontextes in der anderen Sprache den zu übertragenden Gedanken so zu formulieren, daß das diesem Entsprechende wiedergegeben wird. Dies gilt jedoch lediglich auf empirischem Gebiet konkreter Sachverhalte, nicht jedoch für den Bereich abstrakter Vorstellungen oder für den literarischen Bereich, wo es auf die Struktur der jeweiligen Sprache ankommt.[13]

Humboldts Überlegungen zur Wissenschafts- und Universalsprache in der Abhandlung "Ueber das vergleichende Sprachstudium in Beziehung auf die verschiedenen Epochen der Sprachentwicklung" aus dem Jahre 1820 macht deutlich, daß er die instrumentelle Verwendung von Sprache zur eindeutigen Bezeichnung der immer gleichen objektiven Sachen und Begriffe als durch eine "Gewaltthat des Verstandes" (IV, 26) reduzierten Sprachgebrauch ansieht. Denn diese Auffassung von Sprache verfehlt das Wesen der Sprache als "Weltansichten", als je verschiedene Weisen, sich die Welt geistig anzueignen, wobei die Bedeutungen der Wörter subjektiv gestaltete Inhalte sind, die - wie Humboldt später ausdrücklich betont - mit dem Signifikanten eine unauflösliche Einheit bilden. Das Wort ist nicht mehr vom Begriff und damit vom Denken getrennt, sondern vereinigt den Sprachlaut (V, 410), für den auch die Synonyme "Schall" (VII, 631) und "Ton" (V, 417) verwendet werden, mit dem Inhalt (V, 426) - Synonyme hierfür sind "Begriff" (V, 410) und "Bedeutung" (VII, 631). Damit widerspricht Humboldt der arbiträren, instrumentellen Sprachansicht: Sprache ist "nicht bloss die Bezeichnung der unabhängig von ihr geformten Gedanken, sondern selbst das bildende Organ des Gedanken" (V, 374).

In seinen späteren Schriften bestimmt Humboldt den Ort der Sprache zwischen Zeichen und Bild oder Abbild (der Welt), wobei er letztere Ausdrücke unter Rückgriff auf Creuzer auch durch den Terminus Symbol ersetzt;[14] ein weiteres Synonym für Symbol ist die Metapher[15]. In dem schon erwähnten Akademievortrag "Ueber das vergleichende Sprachstudium in Beziehung auf die verschiedenen Epochen der Sprachentwicklung" sagt Humboldt, daß "die Sprache zugleich Abbild und Zeichen, nicht ganz Product des Eindrucks der Gegenstände, und nicht ganz Erzeugniss der Willkühr der Redenden ist" (IV, 29). Sprache ist nicht ganz identisch mit dem Abbild der äußeren Realität, weil sie stets subjektive Interpretation der objektiven Welt bleibt. Sie ist aber auch "nicht ganz Erzeugniss der Willkühr der Redenden", weil die Sprache neben dem subjektiven Element auch das objektiv Gegebene, "die Form der äusseren Wirklichkeit" (V, 435) in sich aufnehmen muß. Subjektives und Objektives konstituieren daher nach Humboldt gleichermaßen die "Sprachansichten"[16] der Menschen.

In den "Grundzügen des allgemeinen Sprachtypus" (1824-1826) grenzt Humboldt das Wort vom Zeichen und vom Symbol ab, um "zu zeigen, dass das Wort zwar mit den beiden andren Eigenschaften theilt, aber, seiner innersten Natur nach, von beiden verschieden ist" (V, 428). Das Wort ist ein Zeichen, "insofern es den Begriff durch seinen Laut hervorruft" (ebenda), d.h. insofern seine sinnliche Komponente auf etwas Geistiges verweist. Es unterscheidet sich jedoch vom Zeichen dadurch, daß seine Bedeutung erst mit dem Ton entsteht, der Begriff "erst selbst seine Vollendung durch das Wort erhält, und beide nicht von einander getrennt werden können", während "das Bezeichnete ein von seinem Zeichen unabhängiges Daseyn hat" (ebenda), weil einer schon bekannten Bedeutung im Sinne der traditionellen Zeichentheorie durch Konvention ein Zeichen zugeordnet wird.

Obwohl Humboldt seinen Ansatz zur Überwindung der Zeichentheorie nicht konsequent verfolgt hat und auch in seinen späteren Schriften immer wieder auf die Unterscheidung zwischen sinnlichem Stoff der Sprache und geistigem Inhalt zurückgekommen ist[17], entwickelt sich seine Sprachansicht jedoch insgesamt mehr in eine andere Richtung,

die Bruno Liebrucks als "überzeichenmäßig"[18] charakterisiert hat. Hier steht das Wort in enger Verbindung zum Symbol und damit letztlich zum Kunstwerk. Den Unterschied zwischen Wort und Symbol sieht Humboldt in den "Grundzügen" darin, daß beim Symbol die sinnliche Naturform auch ohne die "sie durchdringende Idee" bestehen kann, insofern beide "dasselbe", aber "nicht Eins" sind, während die beiden Seiten des Wortes außerhalb ihrer Verbindung unvollständig sind und daher notwendig ein Wesen ausmachen (V, 429). Die "Naturform", die materielle Seite des Symbols, hat deshalb außerhalb der symbolischen Relation eine eigene Daseinsberechtigung, weil sie auch dann als Gegenstand bestehen bleibt, wenn keine Idee aus ihr "vorstrahlt" (so hat z.B. die Taube auch außerhalb ihrer Bedeutung als Friedenssymbol eine unabhängige Existenz als Vogel). Der Sprachlaut ist dagegen nicht von seiner Bedeutung zu trennen; er ist "die Handhabe, an welcher der Geist die intellectuellen Begriffe auffasst" (V, 427). Bezeichnend für den überzeichenmäßigen Humboldtschen Sprachbegriff ist jedoch der Gedanke der Synthesis von materieller Form und Inhalt, eine Verbindung, die das Wort mit dem Symbol teilt:
"Insofern das Wort den Begriff in einen sinnlichen Stoff vor der Einbildungskraft verwandelt, gleicht es dem Symbol. Denn es schiebt der Idee eine Gestalt unter, und abstrahirt bei dem körperlichen Gegenstand von der Totalität seiner Wirklichkeit, indem es ihn an Einem Merkmale fest hält, und ihn in diesem durch etwas, ihm fremdes, einen Ton, bezeichnet. Der Laut schliesst also, auf diese Weise einer Hieroglyphe gleich, den Begriff in sich." (V, 428)
Schon im Wallenstein-Brief hatte Humboldt - wie ich oben in anderem Zusammenhang bereits angesprochen habe - in "Über Göthes Herrmann und Dorothea" aufgeworfenen Gegensatz zwischen (verstandesmäßiger) Sprache und (welthaltiger) Kunst zurückgenommen, indem er die vermittelnde Kraft zwischen Sinnlichkeit und Verstand der Sprache zugesprochen hat. Nun wird darüber hinaus deutlich, worin diese synthetisierende Kraft besteht: die Einbildungskraft als gemeinsame Kraft von Sprachsinn und künstlerischer Einbildungskraft.[20] Der Mensch verknüpft in der Sprache ebenso wie im Kunstwerk durch die produktive Tätigkeit seiner Einbildungskraft im synthetischen Verfahren (VII, 94) des Aktes "des selbstthätigen Setzens durch Zusammensetzung" (VII, 213) die "Idee mit dem Stoff" (VII, 95), das Geistige mit dem Sinnlichen. Die Genese der Synthesis kann nicht mehr rekonstruiert werden. Ihre Unerklärbarkeit drückt Humboldt mit Naturmetaphern aus: "Die wirkliche Gegenwart der Synthesis muss gleichsam immateriell sich in der Sprache offenbaren, man muss inne werden, dass sie, gleich einem Blitze, dieselbe durchleuchtet und die zu verbindenden Stoffe, wie eine Gluth aus unbekannten Regionen, in einander verschmolzen hat." (VII, 212 f.)
Während nach Humboldt im Kunstwerk die "wirkliche Natur auf eine eigene Weise zubereitet"[21] wird, wobei die "allgemeinste Aufgabe" der Kunst darin besteht, das "Wirkliche in ein Bild zu verwandeln" (II, 126), wird im Sprachakt ebenfalls nicht das getreue Abbild des wahrgenommenen Gegenstandes, sondern "ein Abdruck [...] des von diesem in der Seele erzeugten Bildes" mit dem "Ton" des Wortes verbunden. (VII, 60) Diesen weltinterpretierenden Effekt des Synthetisierens meint Humboldt später in der Kawi-Einleitung (1830-1835) mit dem Ausdruck "Symbolisirung". In dieser späten Schrift spricht er von der "symbolischen Uebereinkunft der inneren Vorstellung mit dem äusseren Laute" (VII, 113) zu "beständig symbolisirender Thätigkeit" (VII, 251), wobei nun "die Articulation und die Symbolisirung" als "das ursprünglichste Wesen der Sprache" (VII, 162) gilt. Die Symbolisierung als Konstitution von sinnmäßig bestimmten Gegenständen in der sprachlichen Artikulation ist der inhaltliche "Ausdruck des Eindrucks"[22], den die Welt auf den Menschen macht und gemacht hat, die sinnmäßige Produktion einer historisch entwickelten Weltansicht, die in der Sprache aufgehoben ist. In diesem Sinne spricht Humboldt auch von den Sprachen als "Hieroglyphen, in denen jeder die Welt und seine Phantasie abdrückt" (VII, 602).
Humboldt nimmt in dem Aufsatz "Ueber den Zusammenhang der Schrift mit der Sprache" (1823/24) an, daß das menschliche Bewußtsein "von dem Bilde aus zu dem Gedanken, und endlich dem Worte übergieng", wobei dem "symbolisirenden Geiste [...] die ganze Natur Eine grosse Hieroglyphe" war (V, 67). Der Mensch hat entsprechende Vorstellungen gebildet, die selbst aus der bildhaft erfahrenen Wirklichkeit stammen. Als Beispiel für solche Bildbegriffe nennt Humboldt die weißen und schwarzen Felder des Ibis, die "zugleich auf den Mond, wegen seiner Licht- und Schattenseite, und auf den Hermes,

und die Sprache bezogen" wurden, "welche, erst im Gedanken verborgen, durch die Zunge hervortritt. So bildete man also durch dies Zeichen den Begriff des halb Offenbaren und halb Ungesehenen, worauf man, ohne das Symbol, wohl schwerlich gekommen wäre [...] Die Hieroglyphen waren nicht bloss Zeichen, sondern wirkliche Wörter für das Auge" (V, 68).

Auch heute noch hat die Sprache als "Kunst des Übersetzens, des Übertragens des Sinns bzw. der Bedeutung von Sinnlichem auf ein entsprechendes Unsinnliches"[23] immer dann Bildcharakter, sind Worte 'vergilbte Metaphern'[25], wenn die Sprache nicht im wissenschaftlichen Sprachgebrauch auf ihre Zeichenfunktion reduziert wird, sondern im rednerischen Gebrauch in ihren "natürlichen Verhältnissen" (IV, 29) belassen wird. Als "sinnfälliges" Beispiel für solche Bildworte macht Günter Wohlfart auf das Wort "Sinn" selbst aufmerksam, das - wie Hegel gezeigt hat - sinnlich-unsinnlich 'in zwei entgegengesetzten Bedeutungen gebraucht' wird: als Bezeichnung der Sinnesorgane und als Bezeichnung der Gedanken, der Bedeutung.[27] Diese symbolische Kraft der Sprache entfaltet sich immer dann, wenn Menschen jenseits von lebenspraktischen Verrichtungen in geselligem Beisammensein miteinander reden, besonders aber in Geschichte, Philosophie und Poesie, wo gezeigt wird, wie die Sprache arbeitet.

Schiller hat seinem Freund Humboldt "ein Übergewicht des urteilenden Vermögens über das frei bildende" bescheinigt, was dessen schriftstellerischem "Gelingen vorzüglich im Wege"[26] stehe. Es ist jedoch in diesem Zusammenhang bemerkenswert, daß Humboldt mit <u>metaphorischen Ausdrücken</u> den Ursprung, die Struktur und die Entwicklung der natürlichen Sprache umschreibt und damit die Aufmerksamkeit auf ihren symbolischen Charakter lenkt. So bezeichnet er die Sprache mit Naturmetaphern als "das bildende Organ des Gedanken[s]"(VII, 53), dessen Hervorbringung dem Menschen ebenso wie seine Körperorgane natürlich ist und die durch eine "nicht weiter zu erklärende Einrichtung der menschlichen Natur"(VII, 53), durch "einen intellectuellen [Naturinstinkt] der Vernunft" (IV, 15) geschieht. Darüber hinaus beschreibt Humboldt das Sprachsystem als einen lebenden "Organismus des Geistes", dessen Funktionen er vergleicht mit denen der "Muskelfasern", mit dem "Kreislauf des Bluts" und der "Verzweigung der Nerven" (IV, 249). Jeder Sprachorganismus ist ein System, das eine bestimmte Struktur aufweist, ein zusammenhängendes, harmonisches Gewebe von Analogien (VII, 278) und ein Netz von Metaphern, die nach bestimmten Kombinationsregeln miteinander verknüpft sind entsprechend dem "Bedürfnis des Gedankens" (V, 196 f.), wobei jedes Teil vom anderen abhängt und "Alles nur durch die eine, das Ganze durchdringende Kraft besteht" (III, 2 f.). Wie eine Spinne arbeitet der Mensch am Netz der Sprache und ist gleichzeitig mit ihr verwoben, denn durch "denselben Act, vermöge dessen er die Sprache aus sich herausspinnt, spinnt er sich in dieselbe ein, und jede zieht um das Volk, welchem sie angehört, einen Kreis, aus dem es nur insofern hinauszugehen möglich ist, als man zugleich in den Kreis einer andren hinübertritt" (VII, 60).

Die Grenzen, die dem Menschen durch sein jeweiliges historisch gewachsenes Sprachnetz gesetzt sind, aber auch die Freiräume, die ihm dennoch bleiben, hat Humboldt ebenfalls auf metaphorische Weise aufgezeigt: Jede Sprache "umschlingt" mit ihrem eigentümlichen Lautsystem, ihren Analogien der Wortbildung und ihren grammatischen Gesetzen beschränkend eine Nation und mischt wie in einem Kunstwerk "der Farbe der Gegenstände auch die ihrige bei". Schließlich hält sie "der Nation, ohne dass diese sich dessen selbst einzeln bewusst wird, in jedem Augenblick ihre ganze Denk- und Empfindungsweise, die ganze Masse des geistig von ihr Errungenen, wie einen Boden gegenwärtig, von dem sich der auftretend beflügelte Fuss zu neuen Aufschwüngen erheben kann, als eine Bahn, die, ohne zwängend einzuengen, gerade durch die Begränzung die Stärke begeisternd vermehrt" (VI, 124).

Die Sprache nötigt dem Menschen zwar ihre Anschauungsweise auf, erfährt jedoch auch "in verschiedenen Zeiten in Umfang und Art Aenderungen" (IV, 26) durch das Weiterspinnen am Netz, durch Wortneuschöpfungen und neue Kombinationsregeln in Analogie zu bereits bestehenden als Werk der geschäftigen Einbildungskraft (VI, 28), wobei die "den Gedankenausdruck hervorbringende geistige Thätigkeit immer zugleich auf etwas schon Gegebenes gerichtet [ist], nicht rein erzeugend, sondern umgestaltend" (VII, 419), damit die jeweilige Sprache als charakteristisches organisches Ganzes erhalten bleibt.

Die Sprachtheorie Humboldts zeichnet sich gegenüber der analytischen Zeichentheorie durch eine starke Aufwertung der natürlichen Metaphernsprache aus, die mit ihrem Reichtum an aufgehobener Welterfahrung ein Medium zur Gedankenerzeugung, zum Weiterdenken und zum Entdecken zuvor unerkannter Wahrheiten bildet. Jürgen Trabant hat die Vorzüge der natürlichen Sprache betont, die ihr nach Humboldt zukommen: "Jugend und Kraft, Glanz und Schönheit" sowie "Licht und Wärme" (IV, 30), wobei er die letztgenannten Eigenschaften mit dem Wind-Relief des Apeliótes an einem Turm der Humboldt-Villa in Tegel zum Symbol des fruchtbringenden Humboldtschen Geistes verbindet.[27]

Das sprachliche Netz verbindet die Menschen jedoch nicht nur mit der Welt, sondern auch mit dem anderen Individuum, mit seiner Sprachgemeinschaft sowie "mit allen Völkern und allen gewesenen Geschlechtern" (VI, 121). Die Sprache ist nach Humboldt aus dem Bedürfnis nach geselliger Verbindung entstanden, wobei das Wechselgespräch als "Mittelpunkt der Sprache" gesehen wird, "die in ihren Ursprüngen, wie ihren Umwandlungen, nie Einem, sondern immer Allen angehört, in der einsamen Tiefe des Geistes eines jeden liegt, und doch nur in der Geselligkeit hervortritt" (IV, 435). Der Mensch benötigt den anderen Menschen zur Selbsterkenntnis, zu der er nur gelangen kann durch das "sinnliche" und "menschliche Mittel" der Sprache, "und zu diesem Zweck" - so hat es Humboldt in einem Brief an Schiller formuliert - "muß man sie brauchen und tauglich machen".[28]

Hier ist jedoch wiederum die bereits von Herder[29] erkannte Ambivalenz der Sprache zu bedenken: zwar baut sie "Brücken von einer Individualität zur andren" und vermittelt "das gegenseitige Verständniss", vergrößert aber auch den Unterschied zwischen den Individuen (VII, 169), weil sich jeder innerhalb des sprachlichen Netzes und seines Reichtums an Analogien frei bewegen kann und daher - abhängig von bereits Erlebtem und Gedachtem sowie der "Phantasiekraft" (III, 145) jedes Individuums - bei den Worten der Sprache keiner genau das denkt, was der andere denkt. "Alles Verstehen ist daher immer zugleich ein Nicht-Verstehen" (VII, 64), sagt Humboldt und vergleicht die Sprache mit einem Musikinstrument, mittels dessen sich die Menschen im aktuellen Vollzug des Sprachlichen verstehen, indem sie "dieselben Tasten ihres geistigen Instruments anschlagen, worauf alsdann in jedem entsprechende, nicht aber dieselben Begriffe hervorspringen" (VII, 170).

Wenn die Menschen bereit sind, die Andersartigkeit der anderen zu tolerieren, voneinander zu lernen und gemeinsam um Erkenntnis zu ringen, dann vereinigt die Sprache gerade "in ihrer völkertrennenden Eigenschaft [...] durch das Wechselverständniss fremdartiger Rede die Verschiedenheit der Individualitäten, ohne ihnen [in ihrer Eigentümlichkeit, G.G.] Eintrag zu thun" (VI, 117).

Dahinter steht eine Idee im Kantischen Sinne, die anzustreben, aber nie vollkommen zu verwirklichen ist: es ist die Idee "der Menschlichkeit, das Bestreben, die Gränzen, welche Vorurtheile und einseitige Ansichten aller Art feindselig zwischen die Menschen stellen, aufzuheben, und die gesammte Menschheit, ohne Rücksicht auf Religion, Nation und Farbe, als Einen grossen, nahe verbrüderten Stamm zu behandeln. Es ist dies das letzte, äusserste Ziel der Geselligkeit, und die Richtung des Menschen auf unbestimmte Erweiterung seines Daseyns, beides durch seine Natur selbst in ihn gelegt" (VII, 114).

Auf dem Gebiet der Sprachforschung ist Humboldt heute fast uneingeschränkt anerkannt. Er gilt als Begründer der modernen Sprachphilosophie. Sein sprachtheoretisches Werk wird als der "entscheidende Ausgangspunkt für sprachphilosophische und sprachwissenschaftliche Grundfragen" angesehen, so daß Clemens Menze in dieser Hinsicht zutreffend von einer "Humboldt-Renaissance"[30] sprechen kann. Auf Humboldts zentrale Gedanken der sprachlichen Weltansicht, der inneren Sprachform oder des Energeia-Begriffs berufen sich u.a. Leo Weisgerber, Ferdinand de Saussure, Jost Trier, die hermeneutische Sprachphilosophie Hans-Georg Gadamers sowie - seit der Verbreitung von Noam Chomskys generativer Transformationsgrammatik - die Vertreter der strukturalen Semantik. Zu erforschen bleibt, inwieweit sich Elemente des Humboldtschen Sprachdenkens auch im Spätwerk des Sprachkritikers Ludwig Wittgenstein nachweisen lassen.

ANMERKUNGEN

Die Nummern in den Anmerkungen beziehen sich auf das entsprechend numerierte Werk in der Literaturliste.

[1] Vgl. hierzu Nr. 11, 52 ff.. [2] Vgl. Nr. 10, 31. [3] AA (Akademieausgabe) VII, 191 ff..

[4] AA II, 339. [5] AA II, 73. [6] AA VII, 168 und 367. [7] AA II, 73.

[8] AA II, 90. [9] AA II, 291 f.. [10] In: Nr. 2, 195-200.

[11] IV, 27 ff. und 420; V, 387 f.; VI, 179 f.; VII, 60 f.. [12] Vgl. Nr. 6, 219.

[13] Siehe hierzu das Gespräch zwischen Hugo Dyserinck und Helmut Gipper in Nr. 6, 220 f..

[14] Nr. 11, 74. [15] Nr. 7, 186 Anm. 78. [16] Vgl. den gleichnamigen Titel der Untersuchung von Tilman Borsche!

[17] Vgl. z.B. IV, 22 f.; V, 428; VI, 157; VII, 72. [18] Nr. 8, 121 ff..

[19] Nach Nr. 13, 51, sind der Sprachsinn und die künstlerische Einbildungskraft verschiedene Richtungen der einen Einbildungskraft.

[20] Vgl. die von Humboldt zwischen Kunstwerk und Sprache gezogene Parallele in IV, 433; VII, 95 und VIII, 129 f..

[21] VII, 584. - Humboldt verwendet "Natur" und "Wirklichkeit" synonym (vgl. II, 133).

[22] Nr. 8, 307. [23] Nr. 12, 242. [24] Ebenda, 242. [25] Ebenda, 241.

[26] Schiller an Humboldt, 22. Juli 1796. Zitiert nach Nr. 3, 188.

[27] Vgl. hiermit den entsprechenden Titel der Arbeit von Jürgen Trabant!

[28] In: Nr. 2, 197. [29] Nr. 4, 348. [30] Nr. 9, 29.

LITERATUR

1) Die Nachweise im Text beziehen sich auf die Gesammelten Schriften Wilhelm v. Humboldts, hg. bei Preußische Akademie der Wissenschaften v. Albert Leitzmann e.a., 17 Bde., Berlin 1903-1936.

2) Joachim Wohlleben: Wilhelm von Humboldts ästhetische Versuche. In: Bernfried Schlerath (Hg.): Wilhelm von Humboldt. Vortragszyklus zum 150. Todestag, Berlin/ New York 1986.

3) Flitner/Giel (Hg.): Wilhelm von Humboldt. Werke in fünf Bänden, Darmstadt 1981.

4) Martin Bollacher (Hg.): Johann Gottfried Herder: Ideen zur Philosophie der Geschichte der Menschheit, Frankfurt a.M. 1989.

5) Tilman Borsche: Wilhelm von Humboldt. München 1990.

6) Klaus Hammacher (Hg.): Universalismus und Wissenschaft im Werk und Wirken der Brüder Humboldt: Beiträge zu zwei Tagungen 1972 (Gras-Ellenbach) und 1974 (Aachen), Frankfurt a. Main 1976.

7) Irina König: Vom Ursprung des Geistes aus der Geschlechtlichkeit, Egelsbach/ Köln/New York 1992.
8) Bruno Liebrucks: Sprache und Bewußtsein, Bd. 2, Frankfurt a. Main 1965.
9) Clemens Menze: Wilhelm von Humboldts Lehre und Bild vom Menschen, Ratingen 1965.
10) Christian Stetter: Die Bestimmung der Ausgangskonstellation der Humboldtschen Sprachphilosophie "zwischen Fichte und Herder". In: Hans-Werner Scharf (Hg.): Wilhelm von Humboldts Sprachdenken, Essen 1989, 25-46.
11) Jürgen Trabant: Apeliotes oder der Sinn der Sprache. Wilhelm von Humboldts Sprach-Bild, Regensburg 1986.
12) Günter Wohlfart: Der Satz. Bemerkungen zu Sprache und Kunst ausgehend von W. v. Humboldt. In: Hans-Werner Scharf (Hg.): Wilhelm von Humboldts Sprachdenken, Essen 1989, 239-258.
13) Detlef Zöllner: Wilhelm von Humboldt. Einbildung und Wirklichkeit, Münster/ New York 1989.

Bernhard Debatin
Symbolische Welten und die Möglichkeit der Metaphernreflexion

Bei der Erzeugung von symbolischen Welten spielen, wie Nelson Goodmans Symboltheorie zeigt, Metaphern eine zentrale Rolle. Eine metaphorische Prädikation setzt neuartige symbolische Distinktionen und ordnet die Gegenstände innerhalb einer symbolischen Sphäre auf neue Weise.[1] Die kreative und kognitive Kraft der Metapher tritt so vor allem bei der Erzeugung neuer symbolischer Welten in Erscheinung. Bringt man die Symboltheorie mit der hermeneutischen Metaphorologie in Verbindung, so wird deutlich, daß nahezu jedes Symbolsystem im Bereich der natürlichen Sprache auf unauflösbaren metaphorischen Grundbeständen und Distinktionen beruht (Blumenberg, Johnson/Lakoff). Vor allem im Bereich der wissenschaftlichen Erkenntnis ist die Rationalität dieser Distinktionen jedoch umstritten: Während auf der einen Seite hervorgehoben wird, daß die Metapher sowohl nichtsubstituierbare Grundlage, als auch rationales und wahrheitsfähiges Element der Sprache ist (Goodman, Hesse, Black), werden auf der anderen Seite die jeweiligen Metaphern eines Symbolsystems als Kontingente Resultate der Geschichte angesehen, weshalb ihnen weder eigene Bedeutung noch Wahrheit zukommen kann (Rorty, Davidson). Strittig ist darüber hinaus auch die Frage, ob paradigmatisch-epochale Hintergrundmetaphorik dabei a priori unhintergehbar und so Basis jeder Metaphysik ist (Derrida), oder ob sie hermeneutisch-kritisch transzendiert und somit in ihrem Geltungsanspruch reflektiert werden kann (Ricoeur). Die hier skizzierte Problemlage will ich im folgenden zunächst im Hinblick auf die erkenntnistheoretische Funktion des Metaphernverbots in der Wissenschaftssprache untersuchen. Meine These ist dabei, daß die Differenz wörtlich/metaphorisch im rationalistischen Diskurs durch die Ausgrenzung der Metapher erst konstituiert wird. Im Anschluß daran werde ich die Metapher als rationalen Vorgriff bestimmen und dann schließlich Möglichkeit und Notwendigkeit der Metaphernreflexion diskutieren.[2]

In den letzten Jahrzehnten ist die Frage nach der Bedeutung der Metapher in der wissenschaftlichen Erkenntnis zunehmend zum Gegenstand metaphorologischen und wissenschaftstheoretischen Interesses geworden, und die Funktion der Metapher als heuristisches, wenn nicht gar konstitutives Mittel der Erkenntnis ist weitgehend anerkannt.[3] Um so erstaunlicher ist der auch heute noch verbreitete Ikonoklasmus in der Wissenschaft, der mit dem rationalistischen Ideal einer wörtlich-eindeutigen Wis-

---

[1] Vgl. Nelson Goodman/Catherine Z. Elgin: Revisionen, Frankfurt 1989.
[2] Der vorliegende Vortrag beruht auf Überlegungen, die ich in meiner z.Zt. im Abschluß befindlichen Dissertationsschrift »Die Rationalität der Metapher« weiter ausgeführt habe. Im folgenden gebe ich aus Platzgründen nur die wichtigste Literatur an.
[3] Ein Großteil der neueren metapherntheoretischen Untersuchungen (Black, Hesse, Goodman, Rorty, Davidson, Ricoeur, Blumenberg, Kittay, MacCormac u.a.) wurde ja durch erkenntnis- und wissenschaftstheoretische Fragen motiviert.

senschaftssprache zusammenhängt. Es ist zu fragen, aus welchen Gründen die Metaphernfeindlichkeit in der Wissenschaft so bedeutsam werden konnte, obwohl die Wissenschaftssprache auch der erklärten Metapherngegner immer reich an Metaphorik ist. Ein Blick in die Wissenschaftsgeschichte zeigt, daß die Entwicklung der neuzeitlichen Wissenschaft mit einer umfassenden Kritik der Umgangssprache verbunden ist, da diese aufgrund ihrer Ungenauigkeit und Bildhaftigkeit den neuen Anforderungen einer klaren und differenzierten Naturerkenntnis nicht entspricht. Gegen den ungezügelten *Diskurs der Ähnlichkeit*, dessen »endloses Wuchern« seinen unzähligen metaphorisch-analogischen Anknüpfungsmöglichkeiten entspringt, setzt der *rationalistische Diskurs* Foucault zufolge nicht nur das Prinzip von Identität und Unterschied sondern auch Prozeduren der Ausschließung, der Verknappung und der Kontrolle.[4] Metapher und Analogie werden dabei als Ausdruck einer falschen, magischen Sprache oder eines scholastisch-religiösen Atavismus betrachtet. Schon Bacon kritisiert das mythisch-mimetische Prinzip der Ähnlichkeit und die aus ihm entspringenden Götzenbilder *(Idola)* der Höhle, des Theaters, des Stammes und des Marktes, als Sinnestäuschungen, die den Geist verwirren.[5] Foucault hat gezeigt, wie diese Kritik vor allem vom cartesianischen Rationalismus des 17. Jahrhunderts aufgenommen und in eine allgemeine Abwertung des Ähnlichkeitsprinzips überführt wurde:

"Das Ähnliche, das lange Zeit eine fundamentale Kategorie des Wissens *(savoir)* gewesen war, – zugleich Form und Inhalt der Erkenntnis –, findet sich in einer in Termini der Identität und des Unterschiedes erstellten Analyse aufgelöst. (...) Die Ähnlichkeit ist nicht mehr die Form des Wissens, sondern eher die Gelegenheit des Irrtums, die Gefahr, der man sich aussetzt, wenn man den schlecht beleuchteten Ort der Konfusionen nicht prüft."[6]

Damit ist zugleich die Entwicklung der rationalistischen Sprachkritik verbunden: Die Erkenntnis der »nackten Wahrheit« erfordert die Ent-deckung der Dinge aus ihrer sprachlichen Verhüllung.[7] Der Rationalismus, ob in seiner skeptizistischen, empiristischen oder sensualistischen Spielart, versucht unter dem Eindruck der metaphern- und anspielungsreichen Sprache des Barocks die Unklarheiten der Sprache durch die Bildung einer eigenen und eindeutigen Terminologie mit wörtlich-eigentlichen Bedeutungen zu beseitigen. So zählt Thomas Hobbes im »*Leviathan*« die Metapher zusammen mit der Bedeutungsschwankung, der Täuschung und der Beleidigung zu den Formen des sprachlichen Mißbrauchs. Als Schlußform ist die Metapher für die wissenschaftliche Erkenntnis ungeeignet, da sie zu absurden Konklusionen führt. Hobbes fordert deshalb, die Sprache von figurativen und persuasiven Elementen freizuhalten und

---

[4] Vgl. hierzu v.a. Michel Foucault: *Die Ordnung der Dinge*, Frankfurt 1977 und ders.: *Die Ordnung des Diskurses*, Frankfurt/Berlin/Wien 1971.
[5] Vgl. Foucault 1971 (a.a.O.):84ff. und Max Horkheimer/Theodor Adorno: *Dialektik der Aufklärung*, Frankfurt 1969:7ff.
[6] Foucault 1971 (a.a.O.):87 und 83.
[7] Zu diesem spezifischen Metaphernfeld vgl. etwa Hans Blumenberg: Paradigmen zu einer Metaphorologie, in: *Archiv für Begriffsgeschichte*, Bd. 6, Bonn 1960, Kap. 3.

eine unzweideutige, wörtliche Sprache zu gebrauchen, da nur so Wissen erworben und kommuniziert werden kann.[8] Ganz ähnlich auch die Kritik von John Locke, der in seiner Untersuchung »Über den menschlichen Verstand« trennt zwischen der *bürgerlichen* (heute würde man sagen: umgangssprachlichen), d.h. ungenauen und mehrdeutigen Verwendung der Wörter, und dem *philosophischen* Gebrauch der Sprache, der "dazu dient uns die genauen Begriffe von den Dingen zu vermitteln und in allgemeinen Sätzen sichere und zweifellose Wahrheiten auszudrücken, auf die der Geist sich verlassen kann und mit denen er sich auf seiner Suche nach Erkenntnis zufrieden geben kann."[9] Deshalb ist in der Wissenschaft auf einen möglichst genauen und klaren Gebrauch der Wörter zu achten und insbesondere die *mißbräuchliche* Verwendung[10] der Wörter ist zu vermeiden. Der *wissenschaftliche* Wortgebrauch soll dann klar und deutlich, so genau wie möglich und streng definitorisch sein, sowie in präziser Entsprechung zu den Dingen stehen und auf konstanten Bedeutungen beruhen. Dabei spricht Locke der Rhetorik und der Metapher nicht nur ihre Wahrheitsfähigkeit ab, vielmehr gelten sie ihm geradezu als eigentliche Ursache von Unwahrheit und Täuschung.[11]

In gleicher Absicht – und deshalb soll dies hier auch nicht weiter ausgeführt werden[12] – kritisieren etwa auch Galilei, Montaigne, Descartes, Bayle, Harvey, und Leibnitz die Redekunst und die Metapher – ohne freilich ihrerseits die metaphorische Sprache vermeiden zu können, so daß die Zuflucht häufig in der Begrenzung der Metapher auf ihre pädagogischen und veranschaulichenden Funktionen gesucht wird. Noch John Stuart Mill versucht diese Trennung plausibel zu machen, indem er der Metapher einerseits eine pädagogisch-persuasive Nützlichkeit bei der Argumentation zuspricht, ihr aber andererseits eine eigene argumentative Kraft abspricht.[13] Die Abwertung von Rhetorik und Metapher ist damit beschlossene Sache, wenn auch durchaus noch lange nicht durchgesetzt: Die Sprachkritik des Rationalismus tritt ja zunächst nur als programmatische Forderung gegen eine allgemein herrschende Hochschätzung von Rhetorik und Metaphorik an. Der seitdem zu findende emphatische Ikonoklasmus und die mit ihm verbundene Forderung nach einer von Metaphorik »gereinigten«, eigentlichen Sprache sind bis in die moderne Sprachphilosophie und Lingui-

---

[8] Vgl. Thomas Hobbes: *Leviathan* (1651), Teil I/ Kap. 4 und 5.
[9] John Locke: *Über den menschlichen Verstand* (1690), Buch III,9/3 (zit. nach der zweibändigen deutschen Übersetzung im Felix Meiner Verlag, Hamburg 1968).
[10] Locke (a.a.O.: III,10) versteht unter Sprachmißbrauch v.a. inhaltslose Ausdrücke, Unbeständigkeit im Wortgebrauch, erkünstelte Dunkelheit, Verwechslung von Wort und Ding, Fehlprädikationen, fälschliche Unterstellung fester Bedeutung und schließlich auch die metaphorische Rede.
[11] Vgl. Locke (a.a.O.): III,10/34.
[12] Vgl. hierzu z.B. Jürgen Nieraad: *»Bildgesegnet und Bildverflucht«* – *Forschungen zur sprachlichen Metaphorik*, Darmstadt 1977, Kap.4.2.1 und Gerhard Kurz/Theodor Pelster: *Metapher. Theorie und Unterrichtsmodell*, Düsseldorf 1976:31ff.
[13] Vgl. John S. Mill: *A System of Logic* (1843), Book V, Chapter V, § 7.

stik wirksam:[14] Die Fixierung auf das Ideal wörtlicher Eindeutigkeit und die Kritik an der Uneigentlichkeit der metaphorischen Sprache ist dabei nicht nur zum philosophischen Allgemeinplatz geworden, sondern auch zum beständigen Motiv für Versuche, idealsprachliche Kalküle und Wörtlichkeitssemantiken an die Stelle der Umgangssprache zu setzen. Die Unterscheidung zwischen Wissenschafts- und Umgangssprache wird damit parallel zur Differenz zwischen eigentlicher und uneigentlicher Sprache und diese wiederum parallel zur Differenz wörtlich/metaphorisch gezogen.

Nun ist von metapherntheoretischer Seite häufig die Kritik zu hören, daß die Metaphergegner selbst keineswegs eine metaphernfreie Wissenschaftssprache zu realisieren im Stande sind und ihr Argument deshalb inkonsistent sei.[15] Tatsächlich sind ja die Texte der Metapherngegner nicht weniger metaphernreich als die ihrer Anhänger. Die gesamte philosophische Wahrheits- und Erkenntnistheorie ist beispielsweise von einer selbst gar nicht zur Disposition stehenden Lichtmetaphorik durchzogen, die – wie die metaphorologischen Untersuchungen von Blumenberg und Derrida gezeigt haben – gleichsam unhintergehbar ist, da sie ihren Gegenstand allererst konstituiert.[16] Somit gibt es keinen metaphernfreien Raum innerhalb dessen ein Diskurs über Wahrheit und Erkenntnis geführt werden könnte. Die unhintergehbaren, »absoluten Metaphern« lassen sich, wie Blumenberg es ausdrückt, »nicht ins Eigentliche, in die Logizität zurückholen«, sie sind »Grundbestände« der philosophischen Sprache und bilden damit eine unerschöpfliche »katalysatorische Sphäre« der Begriffsbildung.[17] Unterhalb der offensichtlichen, pädagogisch-illustrativen Metaphorik befindet sich also eine Schicht von fundamentalen Metaphern, die auch die Logik des sich als nichtmetaphorisch ausgebenden Diskurses steuern und die meist in den blinden Fleck der wissenschaftlichen Reflexion fallen.

Meine These ist nun, daß die erwähnte Inkonsistenz ganz im Sinne der Metapherngegner ist, denn durch das andauernde Hindeuten auf die pädagogisch-illustrative Oberflächenmetaphorik, durch den demonstrativ zur Schau gestellten Kampf um eine metaphernfreie Sprache, wird die Differenz zwischen wörtlicher und metaphorischer Rede in der Wissenschaftssprache erst hergestellt und abgesichert: Die Aufmerksamkeit wird auf die pädagogisch-illustrative Oberflächenmetaphorik gerichtet, von der die

---

[14] Noch in einem unlängst erschienen philologischen Werk können wir lesen: "In der Umgangssprache (...) ist es legitim und auch erhellend, solche »Anschauungsäquivalente« durch Metaphern zu geben. In der Wissenschaftssprache hat die metaphorische Rede aufgrund ihrer exponierten Subjektivität keinen Platz." (Klaus Kanzog: *Einführung in die Filmphilologie*, München 1991:39f.)

[15] Vgl. z.B. Susanne Ledanff: Die »nackte Wahrheit« in metaphorischer Beleuchtung, In: *Sprache im technischen Zeitalter*, 68/1979:282-289; F.C.T. Moore: On Taking Metaphor Literally, in: David Miall (ed.): *Metaphor - Problems and Perspectives*, Brighton 1982:1-14, sowie Nieraad 1977 (a.a.O.):88ff.

[16] Vgl. Jacques Derrida: Die weiße Mythologie, in: ders.: *Randgänge der Philosophie*, Wien 1988:205-258; sowie Blumenberg 1960 (a.a.O.).

[17] Vgl. Blumenberg 1960 (a.a.O.):7f.

'normale' Wissenschaftssprache sich als wörtlich abgrenzt, wodurch gleichzeitig die metaphysische Tiefenmetaphorik der Wissenschaftssprache verdeckt und der immer schon metaphorische Raum der Erkenntnis in einen wörtlichen umgedeutet wird. Damit die Unterscheidung zwischen wissenschaftlich-eigentlicher und umgangssprachlich-uneigentlicher Sprache auf Dauer gestellt werden kann, muß die Differenz wörtlich/metaphorisch im wissenschaftlichen Diskurs immer wieder neu konstruiert werden, indem die offenkundige Metaphorik von der auf fundamentaler Metaphorik beruhenden Sprache abgetrennt und in die Peripherie des Diskurses projiziert wird. Die Ab- und Ausgrenzungsstrategie gegenüber der Oberflächenmetapher dient also dazu, eine Art »differenzbildende Schutzschicht« zu erzeugen, durch die der rationalistische Diskurs seine scheinbar wörtliche Eigentlichkeit erst gewinnt. In diesem Sinne geht es gar nicht so sehr darum, die Metapher tatsächlich aus der wissenschaftlichen Sprache zu verbannen, sondern vielmehr darum, sie zu disziplinieren und zu kontrollieren, ihre Suggestivkraft zu bändigen und ihr Wuchern zu begrenzen,[18] um sie so als Differenzkriterium nutzbar zu machen. Als eine solche Kontrollprozedur kann auch der Diskurs über die Metapher selbst interpretiert werden, in dem die Metapher immer wieder aufs Neue klassifiziert und auf bestimmte Bereiche eingeschränkt wird,[19] womit die Differenz zwischen wörtlicher und metaphorischer Sprache rituell wiederholt, bestätigt und in die diskursive Praxis der Wissenschaft eingeschrieben wird. Damit entsteht ein dichotomes Schema paralleler Polaritäten, das bis heute wirksam geblieben ist:

wörtlich	– eigentlich	– rational	– Wissenschaftssprache (Philosophie)
metaphorisch	– uneigentlich	– irrational	– Umgangssprache (Rhetorik/Poetik)

Die paradoxe Strategie des uneinlösbaren Ikonoklasmus kann darüber hinaus aber auch als ein Bewältigungsversuch der erkenntnistheoretischen Krise gedeutet werden, in die das Denken gerät, als mit dem Beginn der Neuzeit die analogische Ontologie des Ähnlichen zerfällt. An der Auflösung dieser Paradoxie scheitert freilich noch Nietzsche, der zwar die Unvermeidbarkeit der Metapher erkennt, daraus jedoch zugleich ihre Unwahrheit folgert.[20] Da nämlich die für wahr gehaltenen Aussagen nur aus den jeweils und zufälligerweise geltenden usellen Metaphern entspringen, kann es keine Wahrheit und auch keine rationalen Kriterien für Metaphorik geben; die Metapher wird damit zum Mythos. Wenn somit jedoch Wahrheit von der Kontingenz etablierter Metaphorik abhängt, dann sind auch Wahrheit oder Lüge der Metapher nur

---

[18] Im Sinne der Diskurstheorie von Foucault heißt dies, daß weniger das Verbot des in Frage stehenden Gegenstandes, als vielmehr seine Diskursivierung, das ständige Sprechen über ihn und seine Einbindung in gesellschaftliche Praktiken, eine erfolgreiche Kontrolle garantieren.
[19] Vgl. hierzu auch Derrida 1988 (a.a.O.), v.a. 210ff.
[20] Vgl. Friedrich Nietzsche: *Über Lüge und Wahrheit im außermoralischen Sinn*, in: Werke in vier Bänden (Hrsg. von Gerhard Stenzel), Salzburg 1985, Bd. 4:541-554.

noch im Modus des performativen Widerspruch zu behaupten. Nietzsche bleibt so nur mehr der Übergang zur ästhetisch-ironischen Haltung.[21]

Eine Auflösung der Paradoxie zeichnet sich erst mit der Bestimmung der Reflexionsfunktion der Metapher ab, nämlich mit ihrer Umdeutung von einem Störfaktor, der als semantische Anomalie bzw. als kategorialer Fehler die Ordnung des wörtlichen Diskurses bedroht, hin zu einem Reflexionsfaktor, durch den die Ordnung der Sprache reflektiert und rekategorisiert wird. Erst in dieser reflexiven Funktion kann die Metapher zu dem »sprachlichen Kern einer nachanalogischen Ontologie der Moderne« (Strub) werden, in der die Kontingenz der ontologischen Einteilungen und Kategorien gewußt und mittels der Metapher reflektiert wird.[22] Die Differenz zwischen wörtlicher und metaphorischer Rede ist dann nur mehr eine pragmatische, die aus konkreten Kontexten heraus zu bestimmen ist: Mit einer Metapher wird gegenüber der jeweils als wörtlich geltenden objektsprachlichen Ebene eine *metasprachliche* Ebene eingeführt, die die objektsprachliche Ebene auf spezifische Weise reflektiert. Indem die Metapher dabei die Grenzen des je Wörtlichen überschreitet und damit Reflexiv thematisiert, kann hier von einer *reflexiven Struktur* der Metapher gesprochen werden.[23]

Darüber hinaus hat die Metapher auch eine *selbstreflexive Struktur*, insofern sie nämlich eine neue Sichtweise im Modus des »Als ob« vorschlägt. Die »metaphorische Neubeschreibung« (Hesse) kann, so meine These, als ein *rationaler Vorgriff* auf das Neue verstanden werden, ein Vorgriff, der die alte Ordnung in reflektierter Negation in sich enthält und zugleich eine neue Ordnung zur Diskussion stellt.[24] Wenn aber die metaphorische Neubeschreibung nicht nur beliebiger Mythos, sondern tatsächlich rationaler Vorgriff sein soll, dann hat sich ihre Rationalität nicht nur an ihrer *internen* Angemessenheit zu dem Symbolsystem, in dem sie verwendet wird, zu messen, denn schon dieses könnte bloßer Mythos oder Ideologie sein. Vielmehr muß sie sich auch darin bewähren, daß das epistemische Paradox der metaphorischen »Als ob«-Prädikation, d.h. ein Ding zu identifizieren und zugleich die Differenz zu ihm auszudrücken, reflektiert wird und reflektierbar bleibt. Dies verweist, wie Ricoeur bemerkt, zugleich auf das »unüberwindliche Paradox«, das in dem metaphorischen Wahrheitsbegriff liegt, daß es nämlich »keine andere Möglichkeit gibt, dem Begriff der metaphorischen Wahrheit gerecht zu werden, als die kritische Spitze des (wörtlichen) 'ist nicht'

---

[21] De Man beschreibt Nietzsches Scheitern an dieser Paradoxie so, daß seine Kritik der Rhetorik sich in einer »unendlichen Reflexion« verfängt: Indem sie »den Fallgruben der Rhetorik dadurch zu entkommen sucht, daß (sie) sich der Rhetorizität der Sprache vergewissert«, ist sie zugleich »unfähig, dem rhetorischen Trug zu entfliehen, den sie denunziert«. (Paul de Man: *Allegorien des Lesens*, Frankfurt 1988:153 u. 159).

[22] Vgl. Christian Strub: *Kalkulierte Absurditäten*, Freiburg/München 1991:471ff.

[23] Vgl. Wilhelm Köller: *Semiotik und Metapher*, Stuttgart 1975:46ff. und 72ff.

[24] Vgl. Paul Ricoeur: *Die lebendige Metapher*, München 1988:188ff.; Mary Hesse: *Models and Analogies in Science*, Notre Dame 1966, 156-184; Goodman/Elgin 1989 (a.a.O.):28ff.; sowie Eva F. Kittay: *Metaphor - Its cognitive Force and its Linguistic structure*, Oxford 1987, v.a. Kap. 2, 4 und 8.

in die ontologische Vehemenz des (metaphorischen) 'ist' einzuschließen«.[25] Das bedeutet jedoch, daß bei der Verwendung einer mit Wahrheitsansprüchen verbundenen Metapher die Möglichkeit wie auch die Notwendigkeit der *Metaphernreflexion* mitgesetzt ist. Entscheidend ist dabei weniger die Differenz wörtlich/metaphorisch, als vielmehr die Differenz mythisch/metaphorisch, insofern nämlich der Mythos das Resultat eines Zu-wörtlich-nehmens einer Metapher, also eines reifizierenden Sprachgebrauchs ist. Die Metapher wird zum Mythos, wenn sie nicht als Katachrese in *eine* (d.h. fallible) wörtliche Wahrheit überführt wird, sondern als *die eine* wörtliche (also unveränderliche) Wahrheit betrachtet wird; wenn sie wissentlich und willentlich so tief in die Überzeugung verankert wird, daß sie nicht mehr in Frage gestellt werden kann.[26]

Metaphernreflexion bedeutet deshalb nicht, die metaphorische in wörtliche Rede zu überführen, sondern die Differenz zwischen Metapher und Mythos zu bestimmen, d.h. den »Als ob«-Status der Metapher auch dort, wo die Metapher unvermeidlich und unhintergehbar ist, gegenüber der fraglosen Gewißheit des Mythos abzugrenzen. Erst durch die gleichermaßen *kontextbezügliche* wie *selbstbezügliche* Metaphernreflexion, durch eine Reflexion des Sinnganzen der Metapher, kann die Wahrheit der Metapher aufgewiesen und der Gebrauch der Metapher *rational* legitimiert werden.[27] So wie jeder faktische Konsens über Wahrheit das Signum der Revidierbarkeit trägt, ohne damit schon seinen Anspruch auf unbedingte Gültigkeit zu verlieren, so hat die metaphorische Neubeschreibung den Status einer »Als ob«-Prädikation und doch kann sie Wahrheit für ihre Aussage beanspruchen: Die Metapher ist – wie Berggren sagt – ein »kontrafaktisches Statement«, dem eine »implizite oder möglicherweise kontrafaktische Wahrheit« zukommt.[28] Als Maßstab für die Rationalität der metaphorischen Neubeschreibung hat dabei ihre Adäquatheit zu gelten, die dadurch zu ermitteln ist, daß die neue Metapher zu den vorherigen Beschreibungen ins Verhältnis gesetzt wird und daraufhin befragt wird, inwiefern sie neue Sichten und Einsichten vermittelt und ob sie sich im Wahrheitssprachspiel bewährt. Diese reflexive Einholung der Metapher ist allerdings sowohl beim rationalen Vorgriff wie bei der Entmythisierung der Metapher nur im nachhinein und im Rahmen eines argumentativen Diskurses möglich.[29]

---

[25] Ricoeur 1988 (a.a.O.):251.
[26] Vgl. Douglas Berggren: The Use and Abuse of Metaphor, in: *Review of Metaphysics*, Vol. 16/1963: 237-258 und 450-472; Warren A. Shibles: Die metaphorische Methode, in: *Deutsche Zeitschrift für Literaturwissenschaft und Geistesgeschichte* (48) 1974:1-9; Walter L. Bühl: *Die Ordnung des Wissens*, Berlin 1984:151ff.; Köller 1975 (a.a.O.):224; Nieraad 1977 (a.a.O.): 26ff., Ricoeur 1988 (a.a.O.):245ff.
[27] Vgl. Jörg Villwock: *Metapher und Bewegung*, Frankfurt 1983, v.a. 297.
[28] Vgl. Berggren 1963 (a.a.O.):240 und 253.
[29] Vgl. Bühl 1984 (a.a.O.):158. Wie beim prozeßhaften pragmatischen Wahrheitsbegriff ist auch die Bestimmung der Wahrheit einer Metapher *als Prozeß ihrer Auslegung* retrospektiv orientiert: Wir können erst im nachhinein sagen, inwieweit die Wahrheit beanspruchende Aussage – sei sie wörtlicher oder metaphorischer Natur – dauerhaft als wahr gelten kann, d.h. sich *in the long run* als wahr bewährt.

Bernhard Debatin, Berlin

Ein systematisches Verfahren zur Metaphernreflexion kann aus einer Erweiterung der »metaphorischen Methode« von Shibles[30] gewonnen werden, die ich als *reflexive Metaphorisierung* bezeichne: Hierunter verstehe ich alle in metaphernkritischer Absicht durchgeführten Prozesse der Metaphernbildung, -erweiterung, -veränderung, -erschöpfung, -konfrontation und -historisierung, die der Reflexion über einen metaphorischen oder einen (scheinbar) wörtlichen Ausdruck dienen. Indem Prozesse der reflexiven Metaphorisierung in Gang gesetzt werden, wird der in Frage stehende Ausdruck *dekontextualisiert* und damit ebenso aus seiner Eindeutigkeit wie aus seiner Evidenz herausgezogen und *in Frage gestellt*, also bewußt in die »Als ob«-Perspektive gerückt. Durch diese systematische Ausschöpfung des metaphorischen Potentials und durch die Dekontextualisierung von Metaphern können neue Sichtweisen und Zusammenhänge eröffnet, neue Distinktionen und Differenzierungen sichtbar, sowie die internen und externen Geltungsgrenzen der jeweiligen Metaphorik eruiert werden. Selbst die paradigmatisch-epochale Hintergrundmetaphorik kann durch diese Operationen einer Reflexion zugänglich gemacht werden.

Nur mit einem reflektierten Bewußtsein des konstruktiven »Als ob«-Charakters jeder Metaphorik kann die Mythifizierung der Metapher und die Ausbildung substantialistischer Auffassungen vermieden werden. Wenn wir diesen »Als ob«-Vorbehalt Mitdenken, können wir – mit Kant gesprochen – den »dogmatischen Anthropomorphismus« vermeiden und wir beschränken uns dann auf einen »symbolischen Anthropomorphismus, der in der Tat nur die Sprache und nicht das Objekt selbst angeht«.[31] Die Metapher ist zwar notwendig anthropomorph und insofern auch in die Welt hinein vor- und ausgreifend, aber als ein reflektierter, auf das symbolische beschränkter Anthropomorphismus verfällt sie nicht dem Mythos einer konkretistischen und substantialistischen Ontologie. Rationaler Vorgriff – und insofern auch wahrheitsfähig – ist die Metapher deshalb nur in der *Einheit von antizipatorischer Evidenz und rationaler Sinn- und Geltungsreflexion*. Da aber die Metapher nicht nur eine eigene Reflexivität, sondern aufgrund ihrer »Evidenz und Suggestionskraft« (Blumenberg) gerade in der Wissenschaft auch eine immanente Tendenz zur Mythifizierung eignet, ist eine die Denkzwänge auflösende Metaphernreflexion nicht allein eine wissenschaftstheoretische und metaphorologische Frage, sondern auch eine *wissenschaftspraktische Aufgabe*.[32]

---

[30] Vgl. Shibles 1974 (a.a.O.).
[31] Immanuel Kant: *Prolegomena* (1783), §57/Abs.15 (ed. Vorländer, Hamburg 1965).
[32] Zeit- und Arbeitszwänge stehen der ausführlichen Metaphernreflexion in der Praxis entgegen, dennoch will ich hier zwei normativ-praktische Prinzipien für den reflexiven Umgang mit Metaphern vorschlagen: Erstens sind zur Beschreibung von Phänomenen *alternative Metaphern* systematisch zu suchen und zuzulassen, wodurch auch die jeweils etablierte Metaphorik wieder hypothetischen Charakter bekommt; zweitens ist in wissenschaftlichen Zusammenhängen ein *methodisch kontrollierter Umgang* mit Metaphern anzustreben, indem die Metaphorik ständig auf ihre erkenntniseröffnende oder -verschließende Funktion hin überprüft wird.

Gregor Paul (Motomachi/Japan)

Der schlechte Mythos von einer östlichen Logik

Viele, die für Religion, Mythos und Alternativen zu einer angeblich spezifisch westlichen Rationalität plädieren, berufen sich dabei gern auf eine besondere östliche Logik oder, was auf dasselbe hinausläuft, ein östliches Denken, das jedenfalls nicht westlicher Logik folge[1]. Benutzt man jedoch das Wort "Logik" in einer Bedeutung, die Klassen oder Theorien logischer Grundgesetze einschließt, und vergleicht man, was verglichen werden sollte — also z.B. aristotelische und buddhistische Logik und nicht etwa aristotelische Logik und Zen-Ontologie — so ist die Rede von einer östlichen Logik gegenstandslos. Es läßt sich dann kein signifikanter Unterschied zwischen westlicher und östlicher Logik — logischem Denken und Logiktheorie in Ländern wie Indien, China, Tibet, Korea und Japan — ausfindig machen. Mit logischen Grundgesetzen meine ich Prinzipien wie die Sätze der Identität, der Widerspruchsfreiheit und des ausgeschlossenen Dritten.

Soweit die These von einer östlichen Logik überhaupt Sachgehalt besitzt, bezieht sie sich auf eine für diese Logik angeblich kennzeichnende Leugnung des Tertium non datur und dabei insbesondere auf die in buddhistischen Texten übliche Argumentationsform des Tetralemma [skt. *catuskoti*, jap. *shiku fumbetsu*].

Wie ich jedoch zeigen möchte, ist die Rede von einer östlichen Logik auch dann ein schlechter Mythos — ein weder sachlich noch begriffspragmatisch zu rechtfertigendes und überdies politisch bedenkliches Vorurteil. An frühere Erörterungen anschließend[2], untersuche ich deshalb Formulierungen des Tetralemma, wie sie in den für die buddhistische Philosophie von Indien bis Japan kanonischen Schriften vorkommen. Allgemeine Überlegungen zur Universalität der drei erwähnten [in begriffslogischem Sinn verstandenen] Gesetze sowie Hinweise auf die im vorchristlichen China entwickelten logischen Theorien sollen meiner Argumentation zusätzliche Überzeugungskraft verleihen. Ich beginne mit den allgemeinen Überlegungen.

---

1 Vgl. z.B. Daisetz Suzuki, *Die große Befreiung*, München [8]1978, und Hartmut Buchner [Hrsg.], *Japan und Heidegger*, Sigmaringen 1989, inbes. S. 39–61.
2 Meine Arbeiten *Die Aktualität der klassischen chinesischen Philosophie*, München 1987, S. 72–96; *Mythos, Philosophie und Rationalität*, Frankfurt/M. 1988, *Aspects of Confucianism*, Frankfurt/M. 1990; und *Philosophie in Japan*, München [iudicium] 1993, im Druck.

1. Die Fähigkeit zum logischen Denken ist dem Menschen angeboren. Sie gehört zu den stärksten Anlagen des Homo sapiens. Ohne sie zu entwickeln und einzusetzen, kann kein Mensch überleben.

2. Wollen wir eine fremde Kultur verstehen, so müssen wir voraussetzen, daß ihre Mitglieder logisch denken können und es im allgemeinen auch tun. Dies ist im übrigen ein unumgängliches method[olog]isches Prinzip allen Verstehens überhaupt. Wenn wir beispielsweise einen Text interpretieren, dann müssen wir davon ausgehen, daß er in bestimmter Hinsicht den Regeln der Logik folgt. Sonst könnten wir ihm gar keinen Sinn abgewinnen. Dasselbe gilt für Übersetzungen, die ja Spezialfälle von Interpretationen sind. Wir lesen damit keineswegs Logik in den Text. Wir fallen auch keinem Circulus vitiosus zum Opfer; denn unser Ansatz erlaubt den Schluß, daß ein bestimmter Text völlig unverständlich sei, was dann in der Tat bedeuten kann, daß der Text nicht nur Regeln der Logik verletzt, sondern Regeln folgt, die von denen der Logik völlig verschieden sind. Der erste Fall ist unwichtig, da wir z.B. auch mathematische Regeln verletzen. Im zweiten Fall aber wären wir unfähig, die von den Regeln der Logik gänzlich abweichenden Prinzipien anzugeben. Ich kenne keine Interpretation, die zu dem Schluß gekommen wäre, daß ein Text durch solch mysteriöse Regeln bestimmt sei, geschweige denn eine ganze Kultur. Zwar haben einige Taoisten und Zen-Jünger logische Regeln attackiert, aber das taten z.B. auch die sogenannten griechischen Sophisten. Wer jedoch versuchte, dabei zu überzeugen, mußte selbst logische Regeln anwenden.

3. Fundamentale logische Regeln wurden nicht nur im alten Griechenland, sondern unabhängig davon auch im vorchristlichen China des vierten Jahrhunderts und im Indien der Zeitenwende formuliert. Sie sind miteinander vereinbar und teilweise äquivalent. Die in China entstandene spätmohistische Logik enthält Formulierungen der drei eingangs genannten logischen Regeln. Dabei lautet die dem Tertium non datur äquivalente Form "Ein Ding ist notwendigerweise dies oder nicht dies"[3]. Entsprechendes gilt für die noch vor Ende des 6. Jahrhunderts in Indien entwickelte buddhistische Logik. Dies zeigt im übrigen an, daß Logik sprachunabhängig ist.

4. Lehrstücke der buddhistischen Logik, die in jeder logisch relevanten Hinsicht mit aristotelischen Logik-Theorien übereinstimmen, wurden von chinesischen und schließlich japanischen Logikern übernommen. Sie erreichten Japan in der zweiten Hälfte des 7. Jahrhunderts und wurden in der Nara-Zeit [710-94] unter dem Namen *immyô* zum Gegenstand ausgedehnter Studien. In ähnlicher Weise

---

[3] Vgl. *Die Aktualität der klassischen chinesischen Philosophie*, S. 89.

eigneten sich seit dem 9. Jahrhundert arabische Gelehrte Aristotelische Logik an und setzten sich mit ihr auseinander. Der Transfer "indischer" und "griechischer" Logik wäre unmöglich gewesen, wenn nicht eine universal gültige Kernlogik, d.h. eine Klasse logischer Gesetze existierte, die im [unter 2] gekennzeichneten Sinn faktisch allenorts und jederzeit als Normen angesehen werden.

5. Mathematische Theoreme wie der Satz des Pythagoras wurden unabhängig voneinander in Ägypten, Mesopotamien, Griechenland und China formuliert. Auch das dokumentiert, daß überall dieselben logischen Gesetze gelten.

Wie angedeutet, begründen ernster zu nehmende Vertreter der Hypothese einer östlichen Logik ihre Ansicht mit der Behauptung, daß zahlreiche einschlägige klassische Texte buddhistischer Tradition das Tertium non datur leugneten. Dabei berufen sie sich insbesondere auf Nāgārjunas [2. Jh.?] Philosophie und da vor allem auf Kumārajīvas [344-413] chinesische Übertragung einer kommentierten Version der *Mūlamadhymakakārikā*, das *Chung lun* [jap. *Chūron*], die "Lehre oder den Traktat von der Mitte [zwischen den Extremen]". Das in diesem – in Tibet, China und Japan ungeheuer einflußreichen – Werk verwendete Tetralemma gilt ihnen als überzeugendstes Exempel einer Negation des Tertium non datur. Ja, in seinem Buch *Rogosu to remma*, "Logos und Lemma", geht Tokuryū Yamauchi [1890-1982] soweit, im – wie auch er glaubt, Tertium non datur-freien – Tetralemma die Wurzel der asiatischen Kultur zu sehen! Da ich die Ansicht, daß das Tetralemma das Tertium non datur negiere, schon an anderen Orten kritisiert habe, beschränke ich mich im folgenden auf exemplarische Analysen von *Chung lun*, *Abhidharmakosa* [jap. *Kusharon*] und *Cheng wei shi lun* [jap. *Jōyuishikiron*].

Das *Chung lun* versucht zu zeigen, daß jede Bestimmung eines Objekts widerlegt werden kann und deshalb ungeeignet ist, die Dinge so zu erfassen, wie sie wirklich existieren. Dabei verfährt es im allgemeinen nach folgendem Schema:

Behauptung: A existiert nicht.

    Beweis:

    [1] Angenommen, A existiere.

    [2] Dann existiert A entweder als A1 oder als Nicht-A1.

    [3] Dies ist jedoch unmöglich. Und zwar aus mindestens einem der folgenden Gründen: [a] A1 und Nicht-A1 sind empirisch nicht nachzuweisen. [b] Sie anzunehmen, führt auf einen Widerspruch, läuft auf einen infiniten Regreß hinaus oder schließt Annahmen ein, die ebenso fragwürdig und beweisbedürftig sind wie die Behauptung selbst.

[4] Schlußfolgerung: Also existiert A nicht.[4]

Ein Beispiel, in dem die Anerkennung und Funktion des Tertium non datur besonders klar zum Ausdruck kommt, hat die Form:

"[Behauptung:] Es gibt keine Gehenden. Warum [nicht]?
[1] Wenn es Gehende gibt, so [2] zwei Arten. Sie sind entweder [selbständig?] Gehende oder nicht [selbständig?] Gehende. Außer diesen zwei Arten gibt es keine dritte Art von Gehenden."[5]

[3] Diese zwei Arten aber existieren nach dem *Chung lun* nicht, da keine von ihnen angenommen werden könne, ohne daß sich Widersprüche ergäben.

Statt [2] und [3] findet sich auch die als Tetralemma bekannt gewordene Argumentationsform:

[2*] Dann existiert A entweder als A1, Nicht-A1, A1 *und* Nicht-A1, oder *weder* A1 *noch* Nicht A1.

[3*] Dies ist jedoch aus empirischen und/oder logischen Gründen unmöglich.[6]

Ein Beispiel lautet:

"[2*] Die *dharma* [d.h. i.d.Zh. etwa "alles" (G.P.)] entstehen weder von selbst noch aus anderem noch aus beidem noch grundlos.
[3*] So wird erkannt, daß sie gar nicht entstehen."[7]

Das Tetralemma soll kombinatorische Vollständigkeit sichern – d.h. jeden nur denkbaren Fall erfassen, mag er auch von vornherein unsinnig erscheinen. Sowenig wie die erstgenannte, üblichere Form des Schemas [1-4] negiert es die Allgemeingültigkeit des Widerspruchsfreiheitsprinzips. Wie 2 und 2* zeigen, macht es zudem vom Tertium non datur Gebrauch.

2*, das so oft als Beleg für die Existenz einer "östlichen Logik" angeführt wird, stellt das Tetralemma in einer allgemeinen, formalisierten Gestalt dar, der kaum eine der tatsächlichen Formulierungen in den buddhistischen Klassikern entspricht. Dies gilt insbesondere für die durch die Formalisierung suggerierte logische Form. [a] In vielen Fällen fehlen "A1 und Nicht-A1" oder "weder A1 noch Nicht-A1" entsprechende Wendungen völlig. [b] Wo diese Wendungen vorkommen, sind "A1" und "Nicht-A1" im allgemeinen in konträrem und nicht in kontradiktorischem Sinn gebraucht. Sie beziehen sich dann z.B. auf ewig-unveränderlich und spurenlos-vergänglich-momentan Seiendes. [c] Sind "A1" und "Nicht-A1" in kontradiktorischem Sinn verwendet, so bedeutet "A1 und Nicht-A1"

---

[4] Max Walleser [Übers.], *Die Mittlere Lehre des Nâgârjuna*, Heidelberg 1912, S. 7-11, 14-18.

[5] Walleser, a.a.O., S. 14

[6] Vgl. z.B. Walleser, a.a.O., S. 5, 47, 115 und 146.

[7] Walleser, a.a.O., S. 5.

oft gar kein Bestehen von Gegensätzen, sondern bezeichnet eine in bestimmtem
Sinn vollständige logische Summe, d.h. die Verbindung zweier Komponenten, die
zusammengenommen den gesamten relevanten Bereich ausmachen. Das zweite Zitat
ist ein Beispiel dafür. Was teilweise aus sich selbst ["A1"] *und* teilweise
nicht aus sich selbst ["Nicht-A1"] entsteht, das entsteht aus A als Ganzem.
[d] In der wiedergegebenen Stelle zielt das Tetralemma darauf, die Nicht-Existenz eines bestimmten A nachzuweisen. Soweit es um diesen Nachweis geht, sind
Ausdrücke wie "A1 und Nicht-A1" oder "weder A1 noch Nicht-A1" unproblematisch,
da ja dann "weder A1 noch Nicht-A1" gültig ist: Wie behauptet, existiert gar
kein A. Das Zitat belegt, welch entscheidende Rolle das Tertium non datur in
dieser – mit Abstand häufigsten – Anwendung des Tetralemma spielt[8]. Doch mag
ein unphilosophisches Exempel leichter zu verstehen sein: Wenn es weder blaue
noch nicht blaue geflügelte Pferde gibt, dann gibt's gar keine.

Zusammenfassend gesagt, gestattet selbst das *Chung lun*, das
Paradebeispiel der Anhänger der These von der Existenz einer "östlichen Logik", keinen Schluß auf irgendwelche Besonderheiten. Vielmehr fungiert das
Tertium non datur in ihm als ein unabdingbares Instrument und Kriterium ontologischer Analyse, deren gefeiertes Ergebnis – das Resultat, daß der Satz vom
ausgeschlossenen Dritten kein ontologisches Prinzip sein kann und uns die
Wirklichkeit an sich [auch] deshalb für immer verschlossen bleibt [eine undramatische Einsicht, die auch der aristotelische Logiker Kant teilte] – übrigens
exemplarisch zeigt, daß klar zwischen logischen Grundprinzipien und wirklichkeitsinhärenten Strukturregeln zu unterscheiden ist.

Im 9. Kapitel des von Vasubandhu [5. Jh.] verfaßten und von Hsuan Tsang
[600-664] ins Chinesische übertragenen *Abhidharmakosa*, der "Schatzkammer der
Dogmatik", des von Indien bis Japan vielleicht grundlegendsten Werks des
philosophischen Buddhismus, findet sich die Passage:

> "Der Buddha beantwortete die vier Fragen nach der Ewigkeit der Welt [skt.
> *loka*, j. *se*] nicht. Dies geschah erneut, weil er die Intention des Fragenden berücksichtigte. (A) Falls dieser *loka* als 'Ich' [skt. *ātman*, j.
> *ga*] versteht, so sind die vier Alternativen [des Tetralemma (G.P.)] inkorrekt; denn solch ein Ich existiert nicht absolut. (B) Falls er *loka*
> als Kreislauf der Wiedergeburten [skt. *samsāra*] versteht, so sind die
> vier Alternativen inkorrekt: (I) Falls der Kreislauf ewig ist, würde niemand Nirvana erreichen; (II) falls er nicht ewig ist, würde jeder durch
> spontanes Vergehen und nicht durch Anstrengung Nirvana erreichen; (III)

---

8 Vgl. die übrigen Anwendungen des Tetralemma im *Chung lun* I: 7, II: 1, 8, 12,
15, 24, 25, VII: 14, 20, 22, VIII: 7-11, XI: 3-5, XII: 1, 9, 10, XVIII: 6, 8,
XXII: 12, XXIII: 17, 18, 20, XXV: 10, 13, 16, 17, 18, 22, 23, XXVII: 13 und
20; Walleser, a.a.O.

falls er sowohl ewig als auch nicht-ewig ist, würden einige niemals das Nirvana erreichen, während andere es spontan erreichen würden; zu sagen, daß (IV) *loka*, im Sinne von *samsāra*, weder ewig noch nicht-ewig sei, heißt schließlich, zu sagen, daß Lebewesen das Nirvana sowohl erreichten als auch nicht erreichten, ein begrifflicher Widerspruch."[9]

(A) besagt erneut, daß die vier Alternativen des Tetralemma deshalb ungültig seien, weil das zur Diskussion stehende Objekt gar nicht so existiert, wie angenommen. Im Fall (B) ist "ewig" im Sinne strenger Identität und Unveränderlichkeit des Ewigen gemeint, während "nicht ewig" annihilistischen Sinn besitzt. (I) und (II) sind danach konträr zueinander. (III) bedeutet, wie im entsprechenden Beispiel aus dem *Chung lun*, keinen Widerspruch, sondern eine logische Summe. (IV) wird eben darum abgelehnt, weil es eine Kontradiktion bildet.

Wie alle grundlegenden Texte buddhistischer Philosophie, die ontologische Fragen erörtern, versucht auch das von Hsuan Tsang konzipierte *Cheng wei shi lun*, die umfassendste Darstellung der buddhistischen Lehre von der transzendentalen Funktion des Bewußtseins in der Erkenntnis, zu widerlegen, was es für falsche Existenzkonzepte der *dharma* – d.h. i.d.Zh. der "Objekte" – hält. Dabei spiegelt es Vollständigkeit vor, indem es, Nāgārjunas Tetralemma nutzend, vier Fälle unterscheidet:

(I) Eine Schule, so Hsuan Tsang, behaupte, daß "die existierenden *dharma* und die Natur der Existenz [...] in der Substanz identisch seien". Diese Ansicht widerspreche der von der Schule vertretenen These, daß Qualitäten wie Gutheit oder Aktivität unterschiedliche Substanzen besäßen. Außerdem widerspreche sie "der Tatsache, daß die verschiedenen *dharma* der Welt sich unterscheiden".

(II) Eine andere Schule behaupte, daß "sich die existierenden *dharma* und die Natur der Existenz in der Substanz gänzlich unterscheiden". Der Text weist die These mit dem Argument zurück, daß es gar nichts geben könne, wenn die Substanz der *dharma* gar nicht an der Natur der Existenz teilhabe. Überdies sei es eine "Tatsache, daß in der Welt Dinge [...] existieren".

(III) Eine dritte Schule behaupte, daß "die existierenden *dharma* und die Natur der Existenz [...] sowohl identisch als auch verschieden seien". Nach Hsuan Tsang ist die These unhaltbar, da sie in sich widersprüchlich ist. "Die zwei Merkmale [sc. Identität und Differenz] widersprechen sich."

---

9 Zit. nach Leo M. Pruden [Übers.], *Abhidharmakosabhāsyam*, 4 Bde., Berkeley 1988-1990, Bd. 4, S. 1334f. Weitere Anwendungen des Tetralemma in Bd. 1, S. 61, 201, 202, 236, 290, 292; Bd. 2, S. 380, 696; und Bd. 3, S. 800.

(IV) Eine vierte Schule behaupte, "daß die existierenden *dharma* und die Natur der Existenz weder identisch noch verschieden seien".
Die Gegenargumente lauten:

> "Diese These widerspricht der Vernunft. Warum? Weil die These, daß existierende *dharma* und Natur der Existenz weder identisch noch verschieden seien, letztendlich der These entspricht, daß existierende *dharma* und Natur der Existenz sowohl identisch als auch verschieden seien [ein Schluß, der sich auf das Tertium non datur stützt (G.P.)]. Ist der Ausdruck 'weder identisch mit noch verschieden von' eine Affirmation oder eine Negation? Ist er eine Affirmation, so sollte [die Regel] der Doppelten Negation nicht angewendet werden. Ist er eine Negation, so sollte die These nicht vertreten werden. Ist er sowohl eine Affirmation als auch eine Negation, so ist er ein Selbst-Widerspruch. Und ist er weder Affirmation noch Negation, so ist er Unsinn."[10]

Der dritte und vierte Fall sind keine logischen Alternativen, sondern rein mechanisch-kombinatorische Möglichkeiten. Denn beide gelten offenbar von vornherein als widersprüchlich oder unsinnig. Dies wirft Licht auf die zahlreichen Passagen in den buddhistischen Schriften [denen das Schema folgt], die in ähnlicher Weise logisch bedeutungslos sind.

Doch auch die kombinatorische Vollständigkeit besteht nur dem Anschein nach. Denn der erste und zweite Fall sind lediglich konträre, keine kontradiktorischen Gegensätze. Dritter und vierter Fall wiederum stehen zu erstem und zweitem nur in konträrem Gegensatz. Im übrigen ist zu bezweifeln, daß die als dritter und vierter Fall angeführten Thesen je in der Form vertreten wurden, in der sie wiedergegeben sind.

Die Widerlegung der vierten These ist zwar brillant und setzt, wie gesagt, neben anderen logischen Regeln auch das Tertium non datur ein, aber die These selbst ist eben nur ein Strohmann.

Ich kann es mir nicht versagen, meine Anmerkungen zum Tertium non datur mit einem Zitat der Worte zu schließen, mit denen Hsüan Tsang seine Kritik der vier Schulen beendet, und den gläubigen Anhängern "östlicher Logik" entgegenzuhalten:

> "Die Lehre, daß etwas weder identisch [mit] noch verschieden [von anderem] ist, widerspricht der in der Welt allgemeinen Erkenntnis, daß die Dinge entweder identisch [mit] oder verschieden [von anderen] sind".[11]

---

10 Zit. nach Wei Tat, *Cheng Wei-Shih Lun, The Doctrine of Mere-Consciousness. By Hsüan Tsang*, Hong Kong 1973, chin. Text und engl. Übertragung, S. 42-45.
11 Wei Tat, S. 44f. Zu weiteren Anwendungen des Tertium non datur vgl. S. 15, 19, 21, 31, 33, 41, 47, 57, 83, 197, 211, 213 und zahlreiche andere Stellen.

Die meisten Vergleiche, die westliche und östliche Kulturen oder Kulturerscheinungen einander gegenüberstellen und dabei von Unterschieden in der Logik reden, beruhen auf Konfusionen oder terminologischen Mißverständnissen. So sollte man zwischen unabdingbaren method[olog]ischen und metatheoretischen logischen Gesetzen einerseits und ontologischen Strukturprinzipien andererseits unterscheiden und nicht Logik und durch Logik ermittelte – eventuell "Unbestimmtheit" oder "Mehrwertigkeit" bedingende – Strukturregeln der Wirklichkeit durcheinanderbringen. Taoistische und buddhistische Ontologie verdienen den Namen "Logik" genauso wenig wie in Europa entwickelte Konzepte mystischer Wirklichkeit und sollten [z.B.] mit letzteren verglichen, aber nicht mit aristotelischen Schlußfolgerungstheorien konfrontiert werden. Ebenso irreführend ist es, Ausdrücke wie "östliche Logik" im vagen Sinn eines inhaltlich spezifischen Denkens zu gebrauchen, während man mit "westlicher Logik" Aristotelische Syllogistik meint. Und schließlich sind auch grammatische, stilistische, systematische und allgemein-rationale Regeln von logischen Regeln zu unterscheiden.

Allgemein gesagt, sind Termini wie "logisch" überhaupt ungeeignet, wichtige Kulturunterschiede zu beschreiben. Man mag sie so feinsinnig "definieren", wie man will: gewöhnlich werden sie in einem Sinn verstanden, in dem sie sich [auch] auf logische Grundgesetze beziehen. Sie täuschen ein Ausmaß und eine Gewichtigkeit kultureller Unterschiede vor, die es nicht geben kann und erschweren so interkulturelles Verstehen. Da ein Terminus wie "logisch" normalerweise mit der Absicht verwendet wird, logische Grundgesetze zumindest mit zu bezeichnen, wird sein Gebrauch noch problematischer. Beispiele, in denen eine solche Bedeutung explizit ausgeschlossen wäre, kenne ich nicht, und wenn es sie gäbe, so wären sie kaum überzeugend. In der Tat: Wann immer Termini wie "Logik" und "logisch" dazu dienen sollen, wichtige kulturelle Unterschiede zu charakterisieren, rufen sie Vorstellungen fast mysteriös fremdartiger Welten hervor.

Werner Stegmaier, Bonn/Greifswald

Einstellung auf neue Realitäten.
Orientierung als philosophischer Begriff

> Es ist so schwer, den *Anfang* zu finden. Oder besser: Es ist schwer, am Anfang anzufangen. Und nicht zu versuchen, weiter zurückzugehen. - Warum soll denn das Sprachspiel auf einem Wissen ruhen?
>
> Wittgenstein, Über Gewißheit, § 471 u. 477

Neue Realitäten sind als solche noch nicht auf den Begriff gebracht. Die Vernunft ist durch sie einem Andern ausgesetzt, auf das sie sich einstellen muß. Im Zuge der gegenwärtigen Diskussion um die Vernunft ist zunehmend denkbar geworden, daß die Vernunft sich dabei selbst wandeln, das Denken sich mit der Zeit selbst anders denken könnte. Um sich anders denken zu können, muß die Vernunft aber einen anderen Begriff von sich voraussetzen, der ihren bisherigen Begriff überschreitet. In diesem Sinne hat schon KANT im Verlauf des Pantheismusstreits den Begriff der *Orientierung* aufgegriffen und ihn aus einem geographischen zu einem philosophischen Begriff gemacht: So wie die Vernunft, um die "Gegenden im Raume" bestimmen zu können, der subjektiv-leiblichen Einstellung bedürfe, habe sie auch, um nach ihrem kategorischen Imperativ *leben* zu können, das "subjektive Bedürfnis" eines "Vernunftglaubens" daran, daß die Glückswürdigkeit, die sie erwerben soll, durch eine Glückseligkeit belohnt werde, die nicht mehr durch Vernunft zu bestimmen sei, weil sie von den jeweiligen Lebensbedingungen abhänge. Nach Kant bedarf die Vernunft in einer immer andern Welt also einer Orientierung, die selbst nicht mehr reine Vernunft sein kann. Reine Vernunft muß danach, um sich auf eine immer neue Welt einstellen zu können, ihren Sinn über sich hinaus erweitern und als Orientierung Nicht-Vernunft in sich aufnehmen.

Beim Versuch, die Vernunft über ihren bisherigen Begriff von sich hinaus weiterzudenken, wird heute zunehmend der Begriff der Orientierung gebraucht. Er wird jedoch kaum eigens thematisiert. Man setzt ihn als selbstverständlich voraus, erklärt durch ihn, ohne das Bedürfnis zu haben, ihn selbst zu erklären.[1] Das hat offenbar mit unserem bisherigen Begriff des *Wissens* zu tun. Das Ideal der Vernunft war bis ins 19. Jahrhundert hinein ein allgemeingültiges, eindeutiges und überzeitliches Wissen, und zur Sicherung seiner Allgemeingültigkeit, Eindeutigkeit und Überzeitlichkeit wurde es auf Begründbarkeit und möglichst Letztbegründbarkeit fixiert; es war so selbstverständlich, daß auch der Skeptizismus sich noch daran hielt und sich von ihm her als Skeptizismus verstand. Im Licht dieses Ideals aber wird das, was wir >Orientierung< nennen, unsichtbar. Ihr Wissen ist statt allgemeingültig individuell, statt eindeutig vieldeutig, statt letztbegründet oberflächlich und statt überzeitlich von nur augenblicklicher Geltung. Gemessen am herkömmlichen Ideal des Wissens ist es bestenfalls ein Vor-Wissen. Orientierung geht dem Wissen voraus, ohne selbst Wissen im herkömmlichen Sinn zu sein, sie führt auf Begriffe hin und entzieht sich selbst dem Begriff.

Nun haben sich seit dem 19. Jahrhundert immer mehr *Voraussetzungen des Wissens* herausgestellt, die nicht selbst vom Charakter dieses Wissens sind und seinen Standards nicht gehorchen, Leben und Lebenswelt, Geschichte und Weltanschauungen, Prozeß und begriffliche Schemata, Sorge und Ganzheit des Daseins, Sprache und Sprachspiel, Interpretation und Interpretationskonstrukte, Zeichen und Zeichensysteme. Ein Ende der Reihe solcher Voraussetzungen des Wissens ist nicht abzusehen. Es gibt, zumindest zur Zeit, kein Kriterium, um sie abzuschließen. Vielmehr wird in den Philosophien, die von ihnen ausgehen, ihre Zeitlichkeit ausdrücklich zugestanden. Die Flüssigkeit des Wissens und seiner Voraussetzungen ist ihre gemeinsame Voraussetzung.

Im Begriff der Orientierung nun wird die *Flüssigkeit des Wissens* nicht nur kritisch, sondern zugleich konstruktiv gedacht. Orientierung ist im Fluß und bietet dennoch zu jeder Zeit einen Halt im Fluß. >Orientierung< ist der Begriff dafür, wie wir mit Wissen leben.

Unter >Orientierung< verstehen wir ein immer neues Zurechtfinden in einer immer neuen Welt. Orientierung *ist* Einstellung auf neue Realitäten und als solche ein *Grundvorgang unseres Weltverstehens*. Wir müssen uns laufend auf neue Realitäten einstellen, nicht nur im großen, sondern auch im kleinen. Man muß sich nicht nur in jedem neuen Land und in jeder neuen Stadt, sondern auch in jedem neuen Büro und in jeder neuen Hosentasche orientieren, und nicht nur in Örtlichkeiten, sondern auch in der Kommunikation, und hier wieder nicht nur in Kommunikationen von der Größenordnung der Politik, Ökonomie, Moral, Pädagogik, Wissenschaft oder Philosophie, sondern auch in jedem einzelnen Text, in jedem Gespräch und schließlich, für uns vielleicht am unauffälligsten und doch am wichtigsten, in jedem neuen Gesicht.

Orientierung ist nach der herkömmlichen Begriff des Denkens schwer zu denken. Dennoch gelingt sie uns in den meisten Fällen problemlos und sicher. Wenn sie nicht gleich gelingt, gelingt sie in aller Regel doch mit der Zeit. Sofern Orientierung ein *Problem* ist, ist sie es also offenbar weniger in ihrem Vollzug als für das Denken, für das Denken, wie wir es bisher gedacht haben. Orientierung könnte darum nicht nur ein Problem *für* das Denken, sondern darüberhinaus ein Problem *des* Denkens, des Denkens des Denkens sein, sie könnte zu einem neuen Begriff des Begriffs herausfordern.

Sie stellt das Problem, daß wir, wenn wir die Herausforderung ernstnehmen, uns auf neue Realitäten einzustellen, nicht mehr voraussetzen können, daß sich im Übergang von einer alten Welt zu einer neuen Welt irgendetwas notwendig erhält. Im Übergang zu neuen Realitäten könnte sich alles geändert haben, keine Voraussetzung unberührt geblieben sein. Zwar kann sich, zumindest für uns, nicht alles zugleich verändern, wenn wir Veränderung überhaupt erfahren sollen. Aber wir können, wenn wir uns auf neue Realitäten einstellen, nicht von vornherein sagen, *was* da von Fall zu Fall bleibt. Es muß bei immer neuen Übergängen zu immer neuen Realitäten nicht immer dasselbe, sondern könnte in jedem Fall etwas anderes sein, das bleibt. Orientierung besteht dann gerade darin, von Fall zu Fall herauszufinden, was sich verändert hat und was geblieben ist.

In der folgenden Skizze, die nur thetischen Charakter haben kann, soll einerseits gefragt werden, wie Orientierung, Einstellung auf neue Realitäten, zu denken ist, und andererseits, wie vom Prozeß der Orientierung her wieder der Bestand einer Welt und der Bestand von Gegenständen in ihr denkbar wird, so wie wir sie alltäglich voraussetzen.

(A) Wie ist Orientierung, Einstellung auf neue Realitäten, zu denken?

(1) Orientierung im Zusammenhang einer Welt. - Wenn wir uns orientieren, setzen wir immer schon eine uns vorgegebene Welt voraus, *in* der wir uns orientieren, im großen und im kleinen, räumlich und gedanklich. Wir orientieren uns *in* einer Welt *über* diese Welt. Es gibt sie schon, und sie wird doch als solche erst erschlossen; für die Orientierung ist eine Welt zugleich Randbedingung und Gegenstand.
(a) Orientierung operiert auf der Grenze zwischen beiden und verschiebt die Grenze dabei unablässig. Dies bleibt in ihr stets bewußt. Realitäten sind für sie immer nur erschlossene Realitäten; sie könnten sich immer wieder anders zeigen. Nennen wir das die *Hypothetizität* der Orientierung.
(b) Realitäten werden in der Orientierung bewußt von einem Standpunkt, von jeweiligen Voraussetzungen aus. Dies ist die *Perspektivität* der Orientierung.
(c) Der Standpunkt der Orientierung wird als jeweiliger Standpunkt jedoch erst durch seine Verschiebung bewußt, dadurch, daß *ein* Standpunkt aufgegeben und ein anderer eingenommen wird. Dies ist der Modus von *Reflexivität* in der Orientierung.
(d) Diese Reflexivität ist keine unbedingte, überzeitliche, sondern eine bedingte, zeitliche Selbstbezüglichkeit, eine Rückbezüglichkeit auf sich von einem schon veränderten Ich aus. In dieser Reflexivität liegt darum zugleich die *Transitivität* der Orientierung.

(2) Orientierung auf Zeit. - Die Transitivität der Orientierung ist ihre innere Zeitlichkeit. Orientierung ist auch in Welten, die man kennt, immer *Neu-Orientierung*; man orientiert sich nur, wenn man sich neu orientieren muß. Orientierung muß sich darum immer aufs neue bewähren und korrigiert sich dabei laufend. Orientierungen unterscheiden sich so nur in Graden der Neuheit.

Vom Grad ihrer Neuheit aber hängt dann ihre Schnelligkeit, Sicherheit und Reichweite ab. Orientierungen müssen schnell, das heißt aktuell und pragmatisch sein. Ihr Sinn ist, einem Individuum in einer individuellen Handlungssituation ein Wissen bereitzustellen, auf das hin es handeln kann, ein *Wissen im Augenblick und unter Handlungsdruck*. Dies gilt auch dann noch, wenn man gelassen Wissenschaft treibt; der Augenblick kann dann lediglich länger und der Handlungsdruck schwächer sein. Orientierungswissen ist darum nur generalisierbar, soweit Handlungssituationen einander gleichen können, also niemals unbedingt. Wissen von der Orientierung her gedacht ist immer bedingtes Wissen, Wissen in seinem Gebrauch unter Lebensbedingungen, Wissen auf Zeit.

Ein Wissen auf Zeit kann und muß *voreilig* sein, das heißt vieldeutig und oberflächlich bleiben. Orientierung verzichtet in der Regel auf Eindeutigkeit und Gründlichkeit, durch die logische Notwendigkeit möglich wird, und gibt doch Sicherheit. Vom Ansatz bei der Orientierung her steht gegen logische Notwendigkeit Lebensnotwendigkeit. Lebensnotwendigkeit ist aber zugleich Voraussetzung dafür, daß logische Notwendigkeit überhaupt gesucht wird. Dies aber geschieht nur in besonderen Fällen, für die man aktuelle und pragmatische Gründe haben muß. Durch Allgemeingültigkeit, Eindeutigkeit und Gründlichkeit bestimmtes Wissen erscheint so als *eine* Option des Wissens unter anderen.

(3) Orientierung durch Zeichen. – Schnelligkeit der Orientierung wird erreicht durch *Abkürzung der Welt in Zeichen*. Zeichen lassen sich als Anhaltspunkte der Orientierung verstehen: Orientierung ist Orientierung *an* etwas, es geht nicht um die Anhaltspunkte und die Zeichen selbst, sondern um das, worauf sie zeigen. Dennoch bleibt es, nach dem Stand der Philosophie des Zeichens, bei Anhaltspunkten und Zeichen; Zeichen zeigen immer wieder nur auf andere Zeichen, niemals auf Dinge an sich, denn Dinge zeigen sich nur in Zeichen. In der Orientierung *weiß* man – und dies ganz alltäglich – um die Abkürzung, ist nicht verführt, Zeichen für Dinge selbst zu nehmen. Man *will* hier gar nicht zu Dingen selbst, sondern immer nur zu weiteren Anhaltspunkten kommen. Orientierung ist ein Prozeß, der bei keinem Ziel stehenbleibt. Ist ein Ziel erreicht, eröffnen sich von ihm aus sogleich wieder neue Wege. Der Sinn der Orientierung ist das Weitergehen-, Weitermachen-, Weiterleben-Können, und darum muß ihr Zeichenprozeß unendlich sein.

Als Zeichenprozeß bietet sie Alternativen, Entscheidungsmöglichkeiten an jedem Anhaltspunkt: Anhaltspunkte der Orientierung sind Ausgangspunkte von Alternativen, diesen oder jenen weiteren Zeichen und nicht nur diesen oder jenen Zeichen, sondern auch diesen oder jenen Zeichensystemen zu folgen, Zeichensystemen verschiedenster Art, Landmarken, Buchstaben, Gesichtsausdrücke, Aktienkurse usw. Sie entwirft von Fall zu Fall Welten aus Zeichen auf Zeit, die von Fall zu Fall wieder überholt werden. Aufgrund ihres Entscheidungscharakters kann sie das nicht nach

Regeln, zumindest nicht nach letzten Regeln tun. Sie ist daher eine Kunst, eine *Weltabkürzungskunst.*[2] Sie ist die Kunst, Unübersichtliches übersichtlich, Komplexes einfach zu machen, das Einfache, Klare und Deutliche, von dem das Denken im herkömmlichen Sinn ausgeht, ist ihr Werk.

Als Kunst sucht sie selbst nicht Ableitungen, sondern *Passungen*. Passungen sind Muster von Anhaltspunkten, die gerade nicht voneinander abhängig und darum auseinander ableitbar, sondern möglichst voneinander unabhängig sind. Eine Passung von Unabhängigem, nicht auseinander Folgendem gibt gerade die Sicherheit. Man traut in der Orientierung mehr und entschließt sich zum Handeln, wenn vieles Verschiedene zusammenkommt, als wenn etwas noch so streng, aber eben nur aus Einem folgt. Es muß dann nicht einmal alles und vieles nicht genau passen, es muß nur einiges einigermaßen passen, um hinreichende Sicherheit zum Handeln zu geben. Eine Orientierung ist nicht aufgebaut wie ein Haus, das wankt, wenn das Fundament wankt, sondern aufgespannt wie ein Netz, das, gerade weil es an jeder Stelle wanken kann, noch sicher trägt, wenn alles bebt.

(B) Rückfrage, wie vom Prozeß der Orientierung her der Bestand einer Welt und der Bestand von Gegenständen in ihr denkbar wird, so wie wir sie alltäglich voraussetzen

(1) Struktur versetzter Kontinuität. – In der geographischen Orientierung arbeiten wir mit *doppelten Signaturen*: Will man sich mit Hilfe einer Karte im Gelände orientieren, so muß man sich zugleich mit Hilfe des Geländes in der Karte orientieren. In beiden Fällen, nicht nur im Blick auf die Karte, orientieren wir uns an Zeichen, auch das Gelände wird im orientierenden Blick in markante Zeichen abgekürzt. Aber beide Zeichensysteme müssen insoweit voneinander unabhängig sein, daß sie einander verdeutlichen, Passungen herstellen können.

Analoges gilt für die Kommunikation: Auch hier gleicht man laufend die willentlich gegebenen Sprachzeichen mit den unwillentlichen mimischen und gestischen Zeichen ab, um zu sehen, wie man zu verstehen hat, was der andere sagt. Orientierung operiert generell mit mehrfachen Signaturen, zwischen denen sie Passungen sucht. Die Redundanzen aber, die durch die Mehrfachcodierung entstehen, werden zugleich zur Eröffnung der Welt genutzt, die wir alltäglich voraussetzen. Mehrfache Signaturen machen es möglich, sich, solange die eine Signatur keine hinreichende Dichte von Passungen liefert, an die andere zu halten und so die Lücken der ersten zu überbrücken. Man orientiert sich ein Stück weit nur im Gelände, bis man seinen Standort wieder auf der Karte feststellen kann.

Indem man zwischen Zeichensystemen hin und her wechselt, hat man immer eine Orientierung, aber in versetzter Kontinuität. Dies gilt nicht nur für Zeichensysteme in Orientierungen, sondern auch für ganze Orientierungen, Orientierung in der Berufswelt, in der Politik, in einem Land usw.

Auch sie können *Strukturen versetzter Kontinuitäten* miteinander bilden, und aus ihnen kann sich dann die Welt eines Individuums aufbauen: keine einheitliche, einheitlich beschreibbare Welt, sondern eine Vielheit inkommensurabel miteinander zusammenhängender Welten, zwischen denen sich das Individuum sicher hin und her bewegen kann. Die Welt eines Individuums, könnte man sagen, ist seine Orientierung über seine Orientierungen.

Diese Welt ist dann, im Unterschied zu der herkömmlichen, festfundierten und hierarchisch aufgeschichteten Welt, als lebendige, zu *laufender Erneuerung* fähige denkbar. Denn in einer Orientierung über Orientierungen können die Gewichte zwischen den Orientierungen immer wieder wechseln. Aber es können auch dauernde Abhängigkeits- und Fundierungsverhältnisse zwischen ihnen entstehen, und man kann an der einen Orientierung eine Zeit lang starr festhalten, wenn man sich in einer anderen neuen Realitäten öffnen und sie im ganzen in Bewegung bringen will. Man *muß* stets an einer Orientierung festhalten, wenn man eine andere in Bewegung bringen will, es muß aber auch hier nicht immer dieselbe sein. Die Struktur versetzter Kontinuität läßt zu, daß sich die Welt in allem verändern und dennoch immer die eine Welt bleiben kann.

(2) **Fluktuanz.** – So, als Strukturen versetzter Kontinuität, sind auch Gegenstände in der Orientierung zu denken. Sie wurden herkömmlich als Substanzen gedacht, mit Hilfe der Unterscheidung zwischen einem Zugrundeliegenden, das bleibt, und dem auf ihm Aufliegenden, das wechselt. Um Veränderungen in der Zeit zu denken, wurde der Veränderung in der Zeit also etwas entzogen, die ousía, das Wesen, die Substanz. Es erwies sich aber von Anfang an als schwierig, ein solches zeitloses Wesen von einem zeitlichen Unwesentlichen abzugrenzen.[3] Sollte es etwa bei einem Baum der Stamm sein, der bleibt, während die Blätter fallen und nachwachsen? Aber natürlich konnte der Stamm ohne Blätter nicht über mehr als einen Winter ein Baum bleiben. Wir kommen wohl ohne den Substanz-Begriff nicht aus, wenn wir Gegenstände denken und sie trotz des Laufs der Zeit noch wiedererkennen wollen. Es hindert uns aber nichts, ihn nun seinerseits zu einer fließenden Substanz, einer ›Fluktuanz‹, wie ich sie genannt habe, zu temporalisieren. Eine Fluktuanz in der Orientierung ist ein *Geflecht von Anhaltspunkten*, von denen einmal die einen, einmal die anderen zum Wiedererkennen hinreichen. Wenn aber nicht immer alle, sondern immer nur einige Merkmale zugleich relevant sind, können, sofern nur einige auf Zeit festgehalten werden, andere ausgetauscht werden, und so können auch unsere Begriffe von Gegenständen in Bewegung bleiben, fließende, lebendige Begriffe sein in einem Wissen, mit dem man lebt.

(3) **Plausibilitätsstandards.** – Berühren wir nach dem kosmologischen und dem ontologischen Aspekt noch kurz den epistemologischen Aspekt der Orientierung. Die Orientierung folgt, wenn ihr Bild hier richtig getroffen

ist, offenbar primär nicht der Logik, die wir als *die* Logik kennen. Die herkömmliche Logik ist selbst, wie auch von Logikern heute weitgehend zugestanden wird, eine nach bestimmten Bedürfnissen allgemeingültig, eindeutig und überzeitlich *gemachte* Logik. Sie kann wohl ein Mittel der Orientierung sein. Darüberhinaus folgt die alltägliche Orientierung aber Plausibilitätsstandards, die in aller Regel nicht definiert und nicht begründet, ja, nicht einmal bekannt sind. Plausibilitäten brauchen, wie immer sie auch aussehen mögen, keine Begründungen, sondern erübrigen gerade Begründungen. Sie sind dort in Kraft, wo man aufhört, nach Begründungen zu suchen, wo man sich zufriedengibt und zu einem andern, der hier noch weitersuchen will, einfach "Ach Unsinn!" sagt.[4] Für die alten Griechen entstand Unsinn, wenn ein infiniter Regreß entstand, Descartes' Zweifel hörte vor der Substanz-Akzidens-Relation auf, Kants Kritik reichte nicht mehr bis zum Form-Inhalt-Schema. Dies sind Beispiele für Plausibilitätsstandards, die wir nennen können, weil sie für uns inzwischen zur Disposition stehen. Wir müssen aber annehmen, daß wir sie unsererseits nur von Plausibilitätsstandards aus zur Disposition stellen können, die uns zur Zeit nicht zur Disposition stehen.

Wenn man sich im Denken orientiert, muß man stets damit rechnen, daß man sich immer auch aufgrund von Ungedachtem, von noch Undenkbarem orientiert. WITTGENSTEIN hat in *Über Gewißheit* gezeigt, daß alles methodische Zweifeln, alles Fundieren von Fundamenten etwas Unbezweifeltes, Unfundiertes voraussetzt, in seiner Sprache ein Sprachspiel, das das Zweifeln und Fundieren erst ermöglicht. Die Evidenz, die ein solches Sprachspiel gibt, braucht dann aber wiederum, so Wittgenstein, nicht auf seiner Logik beruhen, sondern kann in schlichten empirischen Sätzen liegen, die man nicht bezweifeln kann, ohne zugleich allen Zweifel fraglich zu machen: "Wenn einer bezweifelte, ob die Erde vor 100 Jahren existiert hat, so verstünde ich das *darum* nicht, weil ich nicht wüßte, was dieser noch als Evidenz gelten ließe und was nicht."[5] Daß es sich um empirische Sätze handelt, bedeutet, daß auch sie wanken können, wenn man sich auf neue Realitäten einstellt. Doch dann, so Wittgenstein, werden wieder andere fest. Die Frage >Was kann ich wissen?< geht dann in die Frage >Worauf kann ich mich verlassen?< über,[6] und selbst diese Frage wird nur dann gestellt, wenn man sich zuvor auf etwas anderes nicht mehr verlassen konnte. Wissen in der Orientierung wäre danach das auf eine bestimmte Zeit selbstverständlich Gewordene, das, wonach man während dieser Zeit nicht mehr fragt, sondern worauf man sich einfach verläßt, Anhaltspunkte, deren Zeitlichkeit man für diese Zeit vergessen hat. Sie brauchen nicht systematisch zusammenzuhängen, ihre Evidenzen können "von sehr zerstreuter Art" sein, und zuweilen muß zwischen ihren Evidenzen auch "entschieden" werden.[7] So aber bleibt die Orientierung stets für neue Realitäten offen.[8]

Anmerkungen

1. Das *Historische Wörterbuch der Philosophie* enthält keinen Artikel ›Orientierung‹, nur einen Artikel ›Orientierungsreflex‹ im Anschluß an Pawlow (Bd. 6, Basel/Darmstadt 1984), die *Enzyklopädie Philosophie und Wissenschaftstheorie*, hg. v. J. Mittelstraß, Bd. 2, Mannheim 1984, verzeichnet zwar ›Orientierung‹, jedoch nur im mathematischen und physikalischen Sinn.

2. Vgl. NIETZSCHE, Nachgelassene Fragmente, VIII 5 [16], KSA 12, 190. Nietzsche gebraucht den Begriff ›Abkürzungskunst‹ jedoch nur in Bezug auf die klassische Logik und die sie voraussetzende klassische Mechanik und hier wiederum in abwertendem Sinn: "Logik und Mechanik sind nur auf das *Oberflächlichste* anwendbar: eigentlich nur eine Schematisir- und Abkürzungskunst, eine Bewältigung der Vielheit durch eine Kunst des Ausdrucks, - kein ›Verstehen‹, sondern ein Bezeichnen zum Zweck der *Verständigung*. Die Welt auf die Oberfläche reduziert denken heißt sie zunächst ›begreiflich‹ machen."

3. Vgl. vom Verf., Substanz. Grundbegriff der Metaphysik, Stuttgart-Bad Cannstatt 1977.

4. Vgl. WITTGENSTEIN, Über Gewißheit, § 495.

5. A.O., § 231.   6. Vgl. a.O., § 508.   7. A.O., §§ 600, 641.

8. Am Grunde von Plausibilitäten lassen sich wiederum Moralen vermuten. Dies ist ein anderes, die theoretische in die ethische Orientierung überführendes Thema.

Literatur

- KANT, Immanuel, Was heißt: Sich im Denken orientieren?, in: Kants gesammelte Schriften, Akad.-Ausg., Bd. VIII, Berlin 1912/1923, Nachdruck Berlin 1968, 131-148

- NIETZSCHE, Friedrich, Nachgelassene Fragmente, Sommer 1884 - März 1888, in: F.N., Sämtliche Werke. Kritische Studienausgabe in 15 Bdn., hg. v. G. Colli u. M. Montinari, Bde. 11-13, München/Berlin/New York 1980

- WITTGENSTEIN, Ludwig, Über Gewißheit (1950/51), hg. v. G.E.M. Anscombe u. G.H. von Wright, in: L.W., Werkausgabe, Bd. 8, Frankfurt am Main 1984

- KAULBACH, Friedrich, Weltorientierung, Weltkenntnis und pragmatische Vernunft bei Kant, in: F. Kaulbach u. J. Ritter (Hgg), Kritik und Metaphysik. Studien. Heinz Heimsoeth zum achtzigsten Geburtstag, Berlin 1966

- LÜBBE, Hermann (Hg), Der Mensch als Orientierungswaise? Ein interdisziplinärer Erkundungsgang, Freiburg/München 1982

- STEGMAIER, Werner, Die fließende Einheit des Flusses. Zur nachmetaphysischen Ontologie, in: K. Gloy u. E. Rudolph (Hgg), Einheit als Grundfrage der Philosophie, Darmstadt 1985, 355-379

- LENK, Hans, und SPINNER, Helmut F., Rationalitätstypen, Rationalitätskonzepte und Rationalitätstheorien im Überblick. Zur Rationalismuskritik und Neufassung der ›Vernunft‹ heute, in: H. Stachowiak (Hg), Pragmatik. Handbuch pragmatischen Denkens, Bd. III: Allgemeine philosophische Pragmatik, Hamburg 1989, 1-31

- SIMON, Josef, Philosophie des Zeichens, Berlin/New York 1989

- STEGMAIER, Werner, ›Was heißt: Sich im Denken orientieren?‹ Zur Möglichkeit philosophischer Weltorientierung nach Kant, in: Allgemeine Zeitschrift für Philosophie 17.1 (1992) 1-16
- -, Philosophie der Fluktuanz. Dilthey und Nietzsche, Göttingen 1992
- -, Wahrheit und Orientierung. Zur Idee des Wissens, in: V. Gerhardt und N. Herold (Hgg), Perspektiven des Perspektivismus. Gedenkschrift für Friedrich Kaulbach, Würzburg 1992, 287-307
- -, Der Rat als Quelle des Ethischen. Philosophische Grundzüge, in: G. Fürst u. W. Stegmaier (Hgg), Der Rat als Quelle des Ethischen. Zur Praxis des Dialogs, Stuttgart 1993.

Dieter Thomä, Rostock

Die Interpretation des Lebens als Erzählung

Die Art, wie wir unser Leben führen, sei »zutiefst erzählerisch«, meint Arthur Danto[1]. Paul Ricœur[2] behauptet gar, das Leben »brauche« die Erzählung, habe sie am Ende »verdient«. Es gibt also zwei Optionen: auf der einen Seite die Feststellung, das Leben *sei* so etwas wie eine Erzählung, auf der anderen Seite den Wunsch, das Leben möge erst noch zur Erzählung *werden*. Die Erzählung befindet sich also auf der Grenzlinie zwischen theoretischen und praktischen Fragestellungen: auf der einen Seite geht es um die angemessene *Beschreibung* des menschlichen Lebens, auf der anderen Seite um die Frage, ob es dem Leben guttäte, so zu sein wie eine Erzählung. Wäre man spitzfindig, müßte man sagen, die beiden Optionen schlössen sich gegenseitig aus. Denn wäre das Leben sowieso nach Art einer Erzählung verfaßt, käme der Wunsch nach ihr nicht noch auf.

Aber so spitzfindig muß man nicht sein. Man könnte sagen, das »Leben« bestehe in einer schlichten Weise aus einer Kette von Geschehnissen, die man narrativ wiedergeben könne wie in einer Kinderrede: Erst war x, *und dann* y, *und dann* z etc.; es sei aber »gut«, über diese Reihung hinaus dem Leben in bewußter Gestaltung die Form einer Erzählung zu geben.[3] So ergäbe sich aus dem Befund, das Leben sei narrativ verfaßt, die Forderung, das Leben als Erzählung zu gestalten.

Trivial ist die Feststellung, daß man, wenn man lebt, anderen ständig irgendetwas erzählt. Trivial ist auch noch der Versuch, sein Leben insgesamt in Form einer Erzählung zusammenzufassen: die Form, die man dann wählt, ist die der Autobiographie. Zu diesem Vorhaben bedarf es gemeinhin eines gesteigerten Geltungsgefühls oder eines besonderen Mitteilungsbedarfs. Die Autobiographie bleibt also - mehr oder weniger direkt - orientiert auf einen Adressaten, der an einem anderen Leben Interesse finden soll.

Nicht trivial ist die Erzählung des eigenen Lebens, die Erzählung seiner selbst *als Eigenbedarf*. Ich kenne niemanden, der sich regelmäßig oder gelegentlich zuhause hinsetzt und sich sein Leben erzählt. Genau diese nicht-triviale Variante der Erzählung ist es aber, die zur Zeit in verschiedenen Disziplinen und ganz gegensätzlichen Theoriekontexten für vielversprechend gehalten wird. Dies gilt - naturgemäß neben der Literaturwissenschaft - mindestens für die Soziologie, die Psychoanalyse und die Philosophie. Philosophisch wirkt die »Erzählung« auf ganz heterogenen Feldern brisant: sei es in der Debatte um »personale Identität« und das »Subjekt«,[4] sei es bei der Entpflichtung der Moral von der Pflicht,[5] sei es bei der Konzeptualisierung der »Zeit« menschlichen Lebens und seiner »Geschichte«,[6] sei es bei der Verbindung pragmatisch-handlungsorientierter und sprachphilosophischer Modelle mittels der »Handlung« der »Erzählung«.[7] Durch die Erzählung erfahre man, so heißt es, wer man »selbst« sei, sie biete eine anti-hierarchische Ordnung, sichere die lebensgeschichtliche Kohärenz, sei Ausdruck der Selbstgestaltung und -entfaltung.

Ich glaube, daß dieses nicht-triviale Konzept einer »Erzählung seiner selbst« Tücken hat, derer sich seine Verfechter nicht ausreichend bewußt sind. Ich will jene gerade nur erwähnten verschiedenen Nutzungsversuche nicht im einzelnen diskutieren, nur einige grundsätzliche Probleme erörtern, die entstehen, wenn man eine Erzählung zur Erzählung seiner selbst, zur Erzählung des eigenen Lebens umwidmet. Es geht hier also nicht darum, Antworten zu geben, sondern Fragen aufzuwerfen.

Die Abweichung vom herkömmlichen Modell des Erzählens besteht, so viel steht schnell fest, im Wegfall des Adressaten, also im Wegfall der kommunikativen Funktion. Dies läßt sich auch nicht dadurch vertuschen, daß man den Selbst-Erzähler schnell auch zum Adressaten der eigenen Erzählung erklärt. Die kommunikative Funktion der Erzählung besteht insbesondere darin, zu *zeugen* von Unbekanntem, Erfahrungen zu vermitteln, Erinnerungen wachzuhalten.[8] Die Mitteilung, der Sprechakt werden lädiert, wenn jene Funktion in den Hintergrund tritt; beschreiben läßt sich dies auf verschiedene Weise, sei es als perlokutionäres Pech (Austin), sei es als Verlust des Kontakts zum Empfänger (Jakobson). Man muß dann also neu fragen, *wozu* man etwas erzählt, und den Zweck beim Erzähler selbst suchen.

Damit geht eine weitere Veränderung einher. Es kann nun nichts völlig Fremdes und Überraschendes mehr sein, was ich erfahre. Anders gesagt: der *Inhalt*, das, *was* ich erzähle, kann nicht mehr unangefochten im Mittelpunkt des Interesses stehen. Natürlich ist denkbar, daß ich durch die Erzählung meiner selbst Neues über mich erfahre, daß ich mir gelegentlich (übrigens hoffentlich nicht gerade hier und jetzt) eingestehen muß: »Abgründe tun sich auf«. Aber im großen und ganzen meint man sich doch recht gut zu kennen. Wenn das, *was* ich erzähle, mich nicht allein schon fesseln kann, dann muß es auch auf die Art ankommen, *wie* ich es erzähle, es kann nicht nur um die »histoire« gehen, sondern auch um den »discours«.[9] Dadurch ergibt sich übrigens auch die Möglichkeit, die Erzählung in einem engeren ästhetischen Sinn für das Leben geltend zu machen. (Deshalb sagt Martha Nussbaum[10] nicht nur: »A view of life is *told*.«, sondern auch: »A well lived life is a work of literary art.«)

Hier muß man natürlich höllisch aufpassen, nicht auf eine altertümliche Unterscheidung zwischen »Was« und »Wie«, zwischen Stoff und Form zu verfallen.[11] Mir genügt deshalb die Feststellung, daß es bei der Erzählung seiner selbst jedenfalls einer ausdrücklichen Reflexion auf deren formalen Aspekt bedarf, weil es nicht um bloßen Informationsgewinn, erst recht nicht um Erfahrungsaustausch geht.

Der Inhalt, der Gegenstand der Erzählung wird deshalb aber nicht liquidiert, gerät nicht völlig in die Abhängigkeit des »Diskurses«. Bevor man sich also letzterem zuwendet, bleibt festzuhalten, daß man beim Blick auf das eigene Leben (von) *etwas* erzählt, daß die Erzählung von *etwas* handelt. Und dieses *etwas* ist nichts Fiktives, sondern soll »mein Leben« sein. Natürlich ist damit nicht schon gesagt, daß ich dieses wirklichkeitsgetreu erzählte; die Erzählung meiner selbst würde aber ihre Pointe einbüßen, erhöbe sie nicht wenigstens den Anspruch, als Geschichte meines Lebens zu gelten.

Sie hat also einen *historischen* Gegenstand, und damit stellen sich bei dieser Selbst-Erzählung ähnliche Probleme, wie sie sich in der Geschichtsschreibung aus der Spannung zwischen erzählerischer Gestaltung und Faktentreue ergeben;[12] dies genau ist auch der Punkt, an dem die Spannung zwischen »histoire« und »discours« deutlich wird - eine Spannung, die im Falle der Erzählung noch stärker ist als in der Geschichte.

Der Erzähler seiner selbst kann sich auf Erinnerungen stützen, die auch einem noch so gründlichen Biographen gar nicht zugänglich sind. Wer sich an sein eigenes Leben erinnert, sein eigenes Leben erzählt, verfügt über einen privilegierten Zugang zu seinem Gegenstand. Dies meint aber nicht einfach nur die Erschließung einer neuen, ergänzenden Informationsquelle, auf daß die (Auto-)Biographie treffender, kompletter würde. Die interne Zugänglichkeit von Empfindungen, von Erinnerungen beeinträchtigt umgekehrt gerade das Urteil darüber, ob etwas zutrifft oder nicht. Jene Erinnerungen sind nicht in derselben Weise wahrheitsfähig wie äußere Geschehnisse. D.h.: die Möglichkeit, eine solche erzählerische Fassung des eigenen Lebens zu *bestreiten*, wird beeinträchtigt, also auch ihr *historischer* Anspruch. Und dies noch aus einem weiteren Grund.

Wenn ich *mir* etwas Falsches von mir erzähle, kann die Einrede: »So stimmt das aber gar nicht!« eben wieder nur von mir selbst kommen. Man kann ungerecht gegen sich selbst handeln, man kann sich selbst täuschen. (Hitler z. B. sieht sein eigenes Leben im Rückblick anders als Joachim Fest, und dieser Unterschied hat andere Gründe als der Unterschied zwischen Fests Biographie und irgendeiner anderen.) Wenn ich es als Selbst-Erzähler nur mit mir zu tun habe, so fehlt bei der Prüfung, ob *stimmt*, was ich erzähle, die äußere Instanz. Und es ist nicht sicher, ob ich überhaupt darauf erpicht bin, mich selbst zu überprüfen oder gar zu überführen. So entrüstet man beim Lesen der wahrheitsgemäßen Biographie eines Unholds sein kann, so unerträglich wäre die Vorstellung, selbst an dessen Stelle treten zu sollen, so unwahrscheinlich wäre es auch, daß man dieses Leben selbst ungeschminkt kundtäte; und würde man sich dazu durchringen, hätte man umgekehrt schon fast seine Schlechtigkeit wettgemacht.

Ob die Erzählung stimmt oder nicht, scheint nicht mehr mehr so entscheidend zu sein wie in der Geschichtsschreibung. Es geht vielmehr auch darum, ob sie mir gefällt (also ob ich mir gefalle), was ich von ihr habe etc. Es gibt also affektive Voreingenommenheit ebenso wie praktische Bedürftigkeit. Man ist in dieses Leben, das man erzählt, verwickelt und befindet sich in einer aktuellen Situation, von der aus man sich auf seine Vorgeschichte bezieht. Der Autor befindet sich jenseits der Erzählung, die sein vergangenes Leben darstellt, und doch ist es dieses eigene Leben, das weiter geht und das er weiter führt.

Die narrative Ordnung, die sprachliche »Konsekution«[13] scheint diesen zeitlichen Prozeß des Lebens nachvollziehen zu wollen. Paul Ricœur[14] vertritt sogar die starke These, die »Erzählung« sei das Medium, das für die Darstellung der »Zeitlichkeit« des menschlichen Lebens schlechterdings einschlägig ist; ich möchte dies bezweifeln und stattdessen für einen Pluralismus von Zeiterfahrungen plädieren. Sosehr die Kontinuität der Erzählung zum Prozeßcharakter des »Lebens« paßt, sowenig paßt sie für andere Zeitformen wie den »kairos«, den Augenblick. Da taugt auch die Schutzbehauptung nicht viel, solche Zeiterfahrungen seien als Extreme zu marginalisieren; sie sind alltäglicher, als dies die Erzähltheoretiker wünschen. Also *scheitert* hier die Identifizierung von Erzählung und Leben.

Man kann vielleicht vorsichtiger sagen, im Blick auf das »Leben« als »histoire« biete die Erzählung als »discours« eine bestimmte Struktur an. Hilfreich erscheint mir dabei die Unterscheidung zwischen einer progressiv-prospektiven und einer regressiv-retrospektiven Sicht: In der Erzählung entwickelt sich - progressiv - eine Kette von Geschehnissen und Handlungen, die doch - regressiv - erst so organisiert, eben erzählt wird.

Bezogen auf das zukünftige Leben könnte man diese Doppelung zusammenbinden und sagen, man führe es eben gerade *historisch* weiter, *indem* man es *narrativ* fortschreibe. Überspitzt gesagt: Ich (als »Autor«) lasse mich (als »Person«) das tun, was ich mir für mich ausgedacht habe.[15] Und damit wird auch die Retrospektive wichtig. Die Erzählung des vergangenen Lebens wird historisch gebunden an die Fortsetzung, die gerade jetzt ansteht. Man stellt damit die konstruierte Vorgeschichte auf die Probe, fragt, ob sie einen kohärenten Anschluß ermöglicht.

Von der *Struktur* her findet sich dieses Kohärenz-Modell ganz ähnlich bei zwei großen Antipoden einer narrativen Deutung des Lebens, nämlich bei Richard Rorty und Charles Taylor. Rortys[16] Modell der »Erzählung« meint »ein Netz aus kontingenten Beziehungen, ein Gewebe, das sich rückwärts in die Vergangenheit und vorwärts in die Zukunft erstreckt«. Taylor[17] meint: »Um meiner gegenwärtigen Handlung Sinn zu verleihen, (...) bedarf es eines narrativen Verständnisses meines Lebens, eines Sinns dafür, was ich geworden bin, wie ihn nur eine Geschichte (story) geben kann. Und indem ich mein Leben weiter entwerfe, entwerfe ich eine zukünftige Geschichte.«

Es ist freilich nicht geregelt, nach welchen Kriterien die eigene Vorgeschichte für passend und damit dann auch für zutreffend erklärt werden soll; es ist auch noch nicht gesagt, wie eine solche Erzählung ausfallen muß, damit man sie für gelungen hält. Wie mir scheint, kann man hier zwei Kriterien unterscheiden, und dies ist dann der Punkt, an dem Taylor und Rorty in Gegensatz zueinander geraten.

Die Vergangenheit kann bedeutsam sein, um - wie man früher gesagt hätte - eine »Moral aus der Geschichte« zu ziehen. Ich kann also mit der Erzählung *ethische* Interessen verbinden, bestimmte Handlungen, die ich vorhabe, unter Hinweis auf einschlägige Erfahrungen rechtfertigen, die entweder negativ als abschreckendes Beispiel oder positiv als leuchtendes Vorbild dienen. In dieser Hinsicht sorgt die Erzählung für eine bestimmte Kohärenz, die man auch als Treue zu sich selbst, als Verläßlichkeit, als Verträglichkeit des gegenwärtigen mit dem vergangenen Tun beschreiben kann. Um dieser Verläßlichkeit willen bezieht man sich über einen einzelnen Präzedenzfall hinaus auf dessen Kontext und tendenziell eben auf das »ganze Leben«. Die narrative Kohärenz verhindert dabei wohlgemerkt nicht Veränderung, fordert nur, daß sie motivierbar sein muß. Der Fortgang des Lebens soll dann als eine plausible Fortsetzung der Erzählung erscheinen. Letztlich geht es dabei auch - wenn man Charles Taylor folgt - um eine ethisch qualifizierende Bestimmung dessen, was mich ausmacht, wie mein »Selbst« ist.[18] Dieser »Selbst«-Begriff scheint eng mit dem zusammenzuhängen, was man früher »Charakter« genannt hat.

Die Vergangenheit kann aber auch unabhängig von moralischer Qualifizierung narrativ strukturiert werden. Die Kohärenz der Erzählung erscheint dann als eine *ästhetische*. Zweifellos enthält der Kohärenz-Begriff selbst eine Zweideutigkeit, der ihn sowohl für ethische wie für ästhetische Deutungen verwendbar macht, und mit dieser Zweideutigkeit wird heutzutage gerne gespielt. Immerhin soll nun auch der ästhetischen Beurteilung eine praktische Funktion zukommen: Der Fortgang des Lebens, der als narrativer Vorgang zu verstehen ist, wird an seiner ästhetischen Qualität gemessen. Sie soll sich nach Rorty darin zeigen, daß wir die Geschichte unseres Lebens kreativ »in einer neuen Sprache erzählen« können: »Das Paradigma einer solchen Erzählung ist das Leben einer genialen Persönlichkeit, die (...) ein Selbstsein gefunden hat, das nicht einmal der Möglichkeit nach ihren Vorgängern bekannt war.«[19] Auf andere Weise als bei Taylor enthält also auch Rortys Modell der Lebens-Erzählung eine Bestimmung des »Selbst«, das nun aber nicht als »Charakter«, sondern als »Individualität« zu verstehen ist; die Kohärenz verdankt sich einem kreativen Akt, wird zum ästhetischen Konstrukt.

Ich möchte abschließend auf einige Probleme hinweisen, die sich m. E. sowohl in der ethischen wie in der ästhetischen Version der Lebens-Erzählung stellen - Probleme, die an den jeweils reklamierten »Selbst«-Begriffen zum Ausdruck kommen.

Charles Taylor bestimmt den »Selbst«-Begriff - ethisch - aus der narrativ gestützten Identifizierung mit wesentlichen Eigenschaften und Wertvorstellungen, also im Grunde durch eine Subjektwerdung von Prädikaten. Das »Selbst« ist damit ein Gütesiegel, mit dem die Aneignung emphatisch hochgeschätzter Eigenschaften besiegelt wird,[20] ein Gütesiegel, für deren Erteilung freilich keine eigenen Kriterien angegeben werden. Taylor sieht Erzählungen als Speicher von Traditionen; diese können zwar miteinander konkurrieren, das »Selbst« aber ist von ihnen nicht freigestellt, sondern durch sie bestimmt, und wenn es sich nicht eine falsche Souveränität zumuten will, so legt es sich - auf dem Wege »spontaner Treue« - auf ein »*unmittelbar* gemeinsames Gut« fest.[21] Zur Rechtfertigung dieses »Guts« ist man auf eine anthropologische Dimension verwiesen. Taylor koppelt also sprachlich sedimentierte Qualitäten mit personaler Identität.

Im Gegensatz zum »Selbst« ethischer Bekräftigung gibt das ästhetische »Selbst« sich von vornherein als Konstrukt, als kontingentes Produkt zu erkennen. Für Rorty[22] ist insofern erklärtermaßen die »Unterscheidung zwischen einer Eigenschaft und einem konstitutiven Element des Ich (...) metaphysisch«, auch bei ihm geht also das »Selbst« in seinen Eigenschaften auf oder unter. Es identifiziert sich aber nicht durch das Bekenntnis zu Traditionen, sondern durch die artistische Abweichung von ihnen; in der Verfügung über das sprachliche Material schafft es sich eine eigene Geschichte. Das »Selbst« stellt sich her als Kunstprodukt, indem es - wie zitiert - »in einer neuen Sprache erzähl(t)« wird.

Bei der ästhetischen wie bei der ethischen Wendung zur »Erzählung« ergibt sich also das »Selbst« aus Eigenschaften, zeigt es sich an Eigenheiten. Man sieht darin einen Fortschritt, den Abschied von einem weltlosen, unbeweglich vorausgesetzten »Ich«. Meines Erachtens schafft dieser Ausweg aus den Problemen traditioneller Subjekttheorie aber andere unnötige, vielleicht sogar unlösbare Probleme, und insofern wird auch die Funktion der Erzählung als Quelle oder Schauplatz jener Qualitäten des »Selbst« weit überschätzt.

Die Konstellation, die im Erzähl-Modell impliziert ist, meint ein Verhältnis zwischen Erzähler und Erzählung, zwischen Autor und sprachlicher Struktur. Man kann dieses Verhältnis unterschiedlich gewichten. Entweder sieht man schon in der sprachlichen Form Lebensformen vorgeprägt (Taylor), betont also die narrative Struktur, oder man setzt auf die schöpferische Souveränität des Autors (Rorty). Eines aber bleibt diesen Alternativen gemeinsam: die Fixierung auf eine sprachliche Struktur als dem Schauplatz, an dem sich das »Selbst« des Menschen zeigen soll. Wäre der Begriff nicht schon so einseitig festgelegt, könnte man sogar von einem logozentrischen Selbst-Begriff sprechen.

Im Sinne jenes qualitativen »Selbst«-Begriffs muß man sich jemanden denken, der sozusagen in Heimarbeit sich die Qualitäten zuschreibt, die er dann als *sich selbst* identifiziert. Das »Selbst«, das es qualitativ durch Narration zu gestalten gilt, geht auf diese Aktivität zurück. Sofern man nicht die nietzscheanische Ausflucht bemühen will, es handle sich hier um ein »Tun« ohne »Täter«, muß zu jener *Aktivität* auch ein *Akteur* gehören; damit aber schleicht sich so etwas wie ein »Selbst«, das doch erst hinterher seine Qualitäten zeigen soll, vorweg in das narrative Spiel ein. Wenn man die Instanz des Autors[23] derart betont, vergegenständlicht man letztlich sich selbst als Person, der man immer schon zuvorkommt, und kann andere Menschen nur noch als Personnage zulassen. Wenn man dagegen die Souveränität des Autors nicht so forciert, verlagert sich der Druck der personalen Identifizierung auf die sprachliche Form, auf die Erzählung selbst; von dieser Erzählung kann man aber nicht erwarten, daß sie selbst unverkennbar genau für dieses einzelne Leben steht, sie bietet eher, wie Bachtin sagen würde, einen »pluralistischen« Zusammenhang. Damit aber scheitert die Gleichsetzung »life is a story«.

Die Deutung des Lebens als Erzählung überspringt - kurz gesagt - die Frage der interaktionellen oder intersubjektiven Konstitution von Identität;[24] und dies gilt erstaunlicherweise nicht nur für die ästhetische, sondern auch für die ethische Variante des Erzählmodells. Will man Identitätsbildung angemessen beschreiben, kann man sich weder auf die sprachliche *Form* noch auf die sprachliche *Bearbeitung* allein stützen. Ein Begriff des Selbst, der sich aus der sprachlichen Identifizierung mit Prädikaten ergibt, bleibt defizitär, wie übrigens auch schon der hier zugrundeliegende Sprachbegriff defizitär ist.

Die Erzählung als ethische Kohärenz läßt doch nicht erkennen, wie man sich mit Wertungen kritisch auseinandersetzt, wie sich vor allem das »Selbst« im Handlungskontext konstituiert; eben dies wäre interaktionstheoretisch zu beschreiben, und hier lassen die ethischen Erzähltheoretiker Leerstellen - überdeutlich MacIntyre, aber auch Taylor, trotz dessen Hinweis auf die Netze der »interlocution«, in denen sich der Mensch befindet.[25] Und Rortys Erzählung als Kunstform der Selbstschaffung kann nicht verhehlen, daß der Erfolg des Unternehmens sich letztlich an einer sozialen Anerkennung des »neuen« Selbst als eines kulturellen Helden ausweisen soll; Rorty eröffnet also eine interaktionelle Dimension, ohne doch jenseits dieser sozialen Bescheinigung artistischer Singularität den sozialen Kontext *positiv* beschreiben zu wollen.

Die ästhetische und die ethische Variante der Erzählung seiner selbst vollstrecken damit auf kuriose Weise zwei verschiedene Optionen, die bei einem Philosophen angelegt sind, der gleichfalls seine liebe Not mit der Interaktion hatte, nämlich Martin Heidegger.

Das ästhetische Modell sozialer Bestätigung der Singularität verweist zurück auf das »Miteinandersein« aus »Sein und Zeit«, bei dem man dem anderen nur die »Eigentlichkeit« bestätigen, sich aber sonst der Einmischung enthalten sollte; das ethische Modell narrativ gestützter Sozialität weist Ähnlichkeiten auf mit dem heideggerschen Modell des »Erbes«, das merkwürdig indifferent und pauschal demjenigen, der »eigentlich« geworden war, zufiel. *Jene* Vereinzelung und *diese* Vereinnahmung sind die zwei Felsen, zwischen denen das Erzählen des Lebens nur hindurchfindet, wenn es sich nicht nur mit der Erzähl-*Form* oder dem Erzähl-*Akt* befaßt, sondern auch mit der Frage, *wem* man etwas erzählt. Mit dieser Bemerkung sei das, was ich Ihnen zu erzählen hatte, beendet.

---

[1] A. C. Danto: Narration and Knowledge. Columbia UP, New York 1985, S.XIII. Dieser Befund ist in ganz heterogenen Theoriekontexten gemacht worden; vgl. z. B. auch R. Barthes: Einführung in die strukturale Analyse von Erzählungen. In: ders.: Das semiologische Abenteuer. Suhrkamp, Frankfurt a. M. 1988, S.102.

[2] P. Ricœur: Zeit und Erzählung. Fink, München 1988ff., Bd.1, S.119.

[3] Für diese Unterscheidung vgl. Ch. Taylor: Sources of the Self. Cambridge UP, Cambridge 1989, S.47.

[4] Vgl. z. B. J. Glover: I. The Philosophy and Psychology of Personal Identity. Penguin, London 1988, Kap. 14.
[5] Vgl. z. B. A. MacIntyre: Der Verlust der Tugend. Campus, Frankfurt /New York 1987.
[6] Vgl. z. B. P. Ricœur: Zeit und Erzählung, a.a.O.; D. Carr: Time, Narrative, and History. Indiana UP, Bloomington/Indianapolis 1986; A. P. Kerby: Narrative and the Self. Indiana UP, Bloomington/Indianapolis 1991.
[7] Vgl. z. B. F. Jacques: Dialogue and Subjectivity. Aubier Montaigne, Paris 1982.
[8] Gleichwohl beruft man sich auf diese Funktion der Zeugenschaft scheinbar ganz selbstverständlich im Kontext der auf sich selbst angewandten Erzählung; vgl. A. P. Kerby: Narrative and the Self, a.a.O., S.53; P. Ricœur: Zeit und Erzählung, a.a.O., Bd. 1, S.119.
[9] Vgl. zur Systematisierung dieser Unterscheidung S. Chatman: Story and Discourse. Narrative Structure in Fiction and Film. Cornell UP, Ithaca/London 1978.
[10] M. C. Nussbaum: Love's Knowledge. Oxford UP, New York/Oxford 1990, S.5, 148.
[11] Vgl. z. B. kritisch zum Erklärungswert von Chatmans Unterscheidungen B. H. Smith: Narrative Versions, Narrative Theories. Critical Inquiry 7/1, 1980, S.213-236, bes. S.222f.
[12] Diese Parallele ist auch der Historiographie bewußt; vgl. z.B. die Parallele zwischen Lebensgeschichte und Geschichte bei H. White: Auch Klio dichtet oder Die Fiktion des Faktischen. Klett-Cotta, Stuttgart 1986, S.107f.
[13] Vgl. R. Barthes: Die Handlungsfolgen, a.a.O., S.144-155. Ich lasse die Frage hier unerörtert, ob die Erzählung - wie Barthes meint - völlig unabhängig von realer Zeit eine eigene Ordnung, eine »logische Zeit« etablieren kann, würde aber die Gegenposition vertreten.
[14] Vgl. P. Ricœur: Zeit und Erzählung, a.a.O.; vgl. dagegen wesentlich weniger dogmatisch P. Bieri: Zeiterfahrung und Personalität. In: H. Burger (Hg.): Zeit, Natur und Mensch. Arno Spitz, Berlin 1986, S.261-282.
[15] Zu »Ich als Autor« und »Ich als Person« vgl. L. C. Lima: Das gesellschaftsfähige Individuum. Deutsche Zeitschrift für Philosophie 40/9, 1992, S.1008-1022, bes. S.1019.
[16] R. Rorty: Kontingenz, Ironie und Solidarität. Suhrkamp, Frankfurt a. M. 1989, S.80.
[17] Ch. Taylor: Sources of the Self, a.a.O., S.48.
[18] Ebd., S.47, 97 u.ö.
[19] R. Rorty: Kontingenz, Ironie und Solidarität, a.a.O., S.60, 62.
[20] Vgl. hierzu auch kritisch M. Frank: Die Wiederkehr des Subjekts. Internationale Zeitschrift für Philosophie 1992/1, S.120-145, bes. 144.
[21] Ch. Taylor: Aneinander vorbei: Die Debatte zwischen Liberalismus und Kommunitarismus. In: A. Honneth (Hg.): Kommunitarismus. Campus, Frankfurt/New York 1992, S.103-130, hier 115, 119.
[22] R. Rorty: Solidarität oder Objektivität? Reclam, Stuttgart 1988, S.99.
[23] Zu verschiedenen Typen von Autorschaft als »Metaphern« des »Subjekts« vgl. den interessanten Aufsatz von Ch. Menke: Liberalismus im Konflikt. Zwischen Gerechtigkeit und Freiheit. In: M. Brumlik/H. Brunkhorst: Gemeinschaft und Gerechtigkeit. Fischer, Frankfurt a. M. 1993, S.218-243, bes. 227ff. Mein Einwand gegen Menke geht in die Richtung, daß man mit dem Autor-Paradigma die unterschiedlichen Lebensentwürfe nur unzureichend erfassen kann; so untergräbt das sog. »Praxismodell« der Autorschaft letztlich die Institution des »Autors«, weil soziale Gemeinschaft von diesem her nicht zureichend erfaßt werden kann. (Es sei denn, man etablierte z. B. als »Ghostwriter« aller MacIntyre'schen »Co-Autoren« einen Autor-Gott.)
[24] Ein ähnlicher Einwand wird gegen den »Kommunitarismus«, auch gegen Taylor erhoben von H. Fink-Eitel: Gemeinschaft als Macht. Zur Kritik des Kommunitarismus. In: M. Brumlik/H. Brunkhorst: Gemeinschaft und Gerechtigkeit, a.a.O., S.306-322, bes. S.311. Vgl. jetzt immerhin Ch. Taylor: Multiculturalism and »The Politics of Recognition«. Princeton UP, Princeton 1992.
[25] Ch. Taylor: Sources of the Self, a.a.O., S.35.

Sektion 7

**Politische Utopien
und gesellschaftliche Wirklichkeit**

Josef Früchtl

'Die Phantasie an die Macht'. Eine zeitgemäße Utopie des Liberalismus

Die politische Utopie, vereinfacht: die Utopie erfreut sich am Ende des 20. Jahrhunderts keines guten Rufes. Dabei war sie noch vor nicht allzu langer Zeit, vor 25 Jahren, in aller Munde. So oder so mußte man ihr gegenüber Stellung beziehen. Sie bevölkerte die Straßen und beschäftigte die politischen Kommentatoren. Sie hörte bevorzugt auf die Namen Marx, Lenin, Mao Tse Tung und Che Guevara, häufig aber auch einfach auf Rock'n Roll, Drogen und Liebe, Liebe und noch einmal Liebe. Individuelles Glück und Politik vereinigten sich schließlich auch in jener Parole, die sie sich von Novalis und der künstlerischen Avantgarde des frühen 20. Jahrhunderts entlieh und die bis heute nachhallt: "Die Phantasie an die Macht".

Das Verblassen der Utopie läßt sich in der Folge für die westliche Welt an verschiedenen Etappen stichwortartig belegen. Im Bereich der Politik erhält mit dem Rücktritt des ersten sozialdemokratischen Kanzlers der Bundesrepublik Deutschland, Willy Brandt, pragmatisches Denken vor dem reformerischen wieder eindeutig den Vorzug. Jene Splittergruppen der studentischen Revolte, die die surrealistische Avantgarde wörtlich nehmen und die Phantasie terroristisch in die Tat umsetzen, erzeugen ein angespanntes innenpolitisches Klima, das die Linke vor allem in der Bundesrepublik in eine Defensive drängt, die zuletzt nur noch den Fluchtort der 'klammheimlichen Sympathie' bereithält. Die 'Ölkrise' läßt mit den 'Grenzen des Wachstums' auch die Grenzen einer luxurierenden Utopie in das Bewußtsein treten. Seither setzt sich das Thema der Ökologie in der Öffentlichkeit fest. Mit dem Ende des Vietnam-Kriegs, der 'Revolution der roten Nelken' in Portugal und dem Tod Francos gehen auch ehedem zentrale moralische Angriffspunkte verloren, die sich in der demotivierenden Normalität kommunistischer und - nach einigen portugiesisch-sozialistischen Turbulenzen - konservativer Politik auflösen. Der 'Eurokommunismus' gelangt weder in seiner französischen noch in seiner italienischen Variante an die Macht. Zum Wahlsieg von Francois Mitterand und von Felipe

Gonzales Anfang der achtziger Jahre tanzen die Menschen nur in Paris und Madrid; die westdeutschen Zuschauer wissen bereits, was auf die beiden europäischen Nachbarn zukommt. Das Ende der sozialliberalen Koalition wird hier nur noch achselzuckend zur Kenntnis genommen. Nur Die Grünen bieten als neu gegründete Partei eine Alternative. Mit erheblicher Verspätung schlägt die ehemalige Studentenbewegung nun den Weg in die (Real-)Politik ein. Die Katastrophe im sowjetischen Kernkraftwerk Tschernobyl markiert eine Zäsur. Mit Jean-Paul Sartre stirbt die Figur des 'universalen Intellektuellen', mit Ronald Reagan und Margaret Thatcher feiert der Kapitalismus Triumphe, die soziale Verelendung nimmt zu und mit Michail Gorbatschow beginnt der Staatssozialismus zu kapitulieren. Nun wird von konservativer Seite definitiv und triumphierend das Ende der Utopie ausgerufen. Was von der Utopie noch übrigbleibt, beschreibt Ulrich Beck unter dem Begriff der "Risikogesellschaft", deren normativer Gegenentwurf sich "eigentümlich negativ und defensiv" geben muß: "Hier geht es im Grunde genommen nicht mehr darum, etwas 'Gutes' zu erreichen, sondern nur noch darum, das Schlimmste zu _verhindern_."[1]

Für den langsamen Abschied von der Utopie ist Hans Magnus Enzensberger ein trefflicher, weil zeitdiagnostisch treffender Zeuge. Gut zehn Jahre nach dem studentischen Aufbruch zu neuen Ufern besingt er mit dem _Untergang der Titanic_ komödiantisch auch den Untergang der euphorischen Gedanken von einem wenn nicht besseren, so doch ganz anderen Leben. Und noch einmal gut zehn Jahre später braucht er nur noch einen "Nachtrag" zum Thema der Utopie zu liefern. Es ist natürlich eine sozialistisch inspirierte Utopie, die zu Ende gegangen ist, aber das Scheitern einer bestimmten Idee veranlaßt dazu, die Idee generell in Zweifel zu ziehen, und um das tun zu können, muß man wissen, was im aktuellen Fall unter Utopie überhaupt zu verstehen ist. Enzensberger listet dazu rhapsodisch einige Bestimmungen auf, die sich auch, quer durch die politischen Lager, bei anderen Autoren finden lassen. "Utopie" ist ein großes Wort, und, so weiß in diesem Zusammenhang ein anderer Experte, Ernst Bloch, "je größer die Worte, desto eher kann sich Fremdes in

---

[1] U.Beck, Risikogesellschaft. Auf dem Weg in eine andere Moderne, Frankfurt/M. 1986, 65.

ihnen verstecken."² Man muß also genau, auch argwöhnisch hinsehen, um zu wissen, wovon die Rede ist, wenn das Ende der Utopie verkündet wird.

Zunächst meint Utopie bei Enzensberger und anderen "mehr als den schlichten Traum vom Glück, vom Paradies." Deshalb vertritt im angesagten nachutopischen Zeitalter auch niemand die Ansicht, daß die individuellen Vorstellungen eines besseren Lebens verboten werden sollten oder könnten. Ein transindividuelles, metaeudämonistisches Verständnis der Utopie impliziert, daß sie "keineswegs eine anthropologische Konstante" ist. Es hat "Tausende von menschlichen Gesellschaften" gegeben, die ohne diese Utopie ausgekommen sind. Sie ist in diesem Sinne eine europäische Erfindung der Neuzeit. Daher ist die Behauptung, ohne Utopie könne man nicht leben, "bestenfalls eine Viertelswahrheit", nämlich eine auf das individuelle Viertel beschränkte Wahrheit. Was der Begriff der Utopie zum weitaus größten Teil beinhaltet, sind transindividuelle, wenn nicht gar antiindividuelle Bestimmungen. Zusammengefaßt finden sie sich in der Bestimmung, die sich historisch dann als die "fatalste" erweist: "der projektive Größenwahn, der Anspruch auf Totalität, Endgültigkeit und Neuheit."³ In diesem allumfassenden Anspruch wird aus der Regulierung beinahe zwangsläufig eine Reglementierung des Lebens. Die aus heutiger Sicht klassische Utopie vereinigt in sich einen totalitären, universalistischen und idealistischen Aspekt. Totalitär ist sie, indem sie auf unmittelbare oder autoritäre Weise eine Einheit in der Vielheit herstellen will. Für die unmittelbare Einheit liefert Rousseaus <u>volonté générale</u> das theoretische Modell; das praktische Modell liefert der Bereich der 'Gemeinschaft', der vormodern in der Sippengemeinschaft und modern rudimentär in dem durch familiäre und freundschaftliche Beziehungen gekennzeichneten privaten Lebensbereich vor Augen liegt. Das Ideal ist hier die Identität von Individual-

---

² E.Bloch, Das Prinzip Hoffnung, Gesamtausgabe Bd. 5, Frankfurt/M. 1959, 614.
³ H.M.Enzensberger, Gangarten. Ein Nachtrag zur Utopie, in: Kursbuch, H. 100 (1990), 4; vgl. E.Nolte, Was ist oder was war die 'politische Utopie'?, in: R.Saage (Hg.), Hat die politische Utopie eine Zukunft? Darmstadt 1992, 13 f.; J.Fest, Leben ohne Utopie, in: Saage (1992), 19, 23; R.Saage, Reflexionen über die Zukunft der politischen Utopie, in: ders. (1992), 156.

und Allgemeininteresse, die Utopie "der Entwurf von Gemeinschaft innerhalb der Gesellschaft", und das heißt "die Sehnsucht nach dem Unpolitischen inmitten der Welt der Politik. Alle Utopie", so kann man diesbezüglich sagen, "hat einen unpolitischen Zustand im Auge, und insofern gibt es keine 'politische Utopie'."[4] In der Brüderlichkeit als der dritten Losung der Französischen Revolution wird das Unpolitische der politischen Utopie zum Ausdruck gebracht. Die autoritär durchgesetzte Einheit in der Vielheit, die auch noch die individuellen, selber als Totalitäten zu verstehenden Lebensentwürfe in Regie nimmt und auf eine Totalität im Singular reduziert, erhält in allen "Ordnungsutopien" (Bloch) ihre bevorzugte Gestalt. Im Staatssozialismus ist sie graue Wirklichkeit geworden. Der zweite, universalistische Aspekt der Utopie liegt in ihrem Anspruch auf allgemeine, globale und auf notwendige, infallible Geltung; daher auch ihr Perfektionismus. Idealistisch ist sie schließlich in ihrer Ausrichtung an der Fiktion, der auf der historischen Ebene die Zukunftsdimension und auf der geschichtsphilosophischen Ebene die Fortschrittsideologie entspricht; mit dem Perfektionismus verschmilzt der Idealismus im Ideal des 'neuen Menschen'. Dieses Utopiemodell wird philosophisch und gesellschaftstheoretisch heute in der westlichen Welt unisono verabschiedet. Philosophisch wird ihm schon seit langem opponiert. Seit Hegels Tod, seit Nietzsche spätestens ist die Kritik am Systemgedanken in eine Beschleunigungsbahn geraten, an deren (vorläufigem) Ende das 'postmoderne' oder 'nachmetaphysische' Denken steht. Es darf allerdings nicht übersehen werden, daß der 'neue Mensch' als wissenschaftlich-technische Utopie nach wie vor die Köpfe und Gemüter bewegt.

Vor diesem zeitgeschichtlichen und konzeptuellen Hintergrund ist es überraschend, die Utopie in einem politischen Lager wieder auferstehen zu sehen, dem sie bisher prinzipiell fremd war, im Liberalismus nämlich. Hält man der Studentenbewegung als der in der westlichen Welt bisher letzten utopisch inspirierten Bewegung ihre politische Folgenlosigkeit, ihren bloß 'kulturrevolutionären' Charakter vor, so wird just dieser Charakter heute vom Liberalismus affirmativ aufgegriffen. Freilich birgt der Begriff des Liberalis-

---

[4] Nolte (1992), 5.

mus kaum weniger Aspekte als der der Utopie. Gemeint ist natürlich eine gewisse Spielart des Liberalismus, und repräsentiert wird sie in der Philosophie durch Richard Rorty. Wenn gesagt wird, Utopien seien tiefstes 19. oder gar 16. Jahrhundert, zeigt man sich allzusehr auf Europa fixiert, denn man könnte auch in diesem Zusammenhang zu der halb enthusiastischen, halb ironischen Einsicht gelangen, daß das Heil eher doch aus Nordamerika komme, das man schließlich nicht zufällig einmal die 'neue Welt' nannte. Eines kann man vorweg schon konstatieren: die aus dem Geiste des Liberalismus geborene Utopie tritt leise auf. Das martialische Getöse ums große Ganze ist ihr so sehr zuwider, daß es nicht nur gegen ihre normative Grundlage, sondern geradezu gegen ihren guten Geschmack verstößt. "Es gibt keine liberale Utopie", wenn die Utopie den Gedanken des geschlossenen Systems kopiert.[5] Seit Rorty muß man sagen: 'Und es gibt sie doch!' Mehr noch: all jenen Unbelehrbaren, die immer noch den Dritten Weg zwischen Kapitalismus und Staatssozialismus suchen, hält Joachim Fest die resignativ-bescheidene "einfache Wahrheit" entgegen, "daß die modernen Sozialstaaten der offenen Gesellschaft ... dieser Dritte Weg sind."[6] Und Fest hat recht, aber, wie Rorty hinzufügen würde, anders als erhofft.

Die "Möglichkeit einer liberalen Utopie",[7] die Rorty vorstellt, läßt sich im Kontrast zur klassisch-systematischen Utopie erläutern. Den _Totalitätsaspekt_ streicht Rorty getreu der liberalistischen Fundamentalopposition des Öffentlichen und des Privaten, aber er streicht ihn nicht ersatzlos. Er parallelisiert diese Opposition mit der von Gerechtigkeit und gutem Leben, Gemeinschaftssinn und Selbsterschaffung, Solidarität und private Perfektionierung. Ein gemeinwohlorientierter Wille stellt sich nicht nach dem Modell des privaten Lebens her, sondern nach dem des Marktes und des Sports. "Competing groups", miteinander konkurrierende und wetteifernde Gruppen stoßen in der Arena allgemeiner Willensbildung aufeinander.[8] Um Fragen nach dem Sinn des Lebens wird in die-

---
[5] Fest (1992), 22.
[6] Fest (1992), 25 f.
[7] R.Rorty, Kontingenz, Ironie und Solidarität, Frankfurt/M. 1989, 15.
[8] R.Rorty, Feminism and Pragmatism, in: Michigan Quarterly Review,

ser Arena aber nicht (mit Worten) gekämpft. Sie muß jede und jeder einzelne für sich selbst beantworten. Die Pointe von Rortys Liberalismus, die ihm erst utopische Qualität verleiht, ist nun, daß er das Gewicht deutlich auf die Seite des Privaten verlagert. Die Steigerung der individuellen Totalität ist der Ersatz für die soziale Totalität. Der Grund dafür liegt sowohl im bürgerlich-schlechten politischen Gewissen als auch in der Verabschiedung des Universalismus. Auch Rorty kann nämlich nicht übersehen, daß "der typische Charakter der Menschen in liberalen Demokratien fade, berechnend, kleinlich und unheroisch" ist.[9] Aus diesem Grund wird der "kraftvolle Dichter und der utopische Revolutionär" zum "Helden der liberalen Gesellschaft" gekürt. Als zweiter Grund kommt hinzu, daß die alten Kulturhelden, "der Krieger, der Priester, der Wilde oder der wahrheitssuchende, der 'logische', 'objektive' Naturwissenschaftler", auch der wahrheitssuchende Philosoph universalistisch denken und handeln, und eben diese Voraussetzung für Rorty nicht mehr gegeben ist.[10] Damit ist auch der <u>Universalitätsaspekt</u> der klassischen Utopie gestrichen. Einen Ersatz gibt es diesbezüglich nur noch ironisch: in der universell gewordenen Ironie, die lächelnd erklärt, daß die Phantasie erkenntnistheoretisch immer schon an der Macht ist und ethisch an die Macht kommen sollte. Wahr ist nicht, was allein eine einzelne Person behauptet; wahr ist aber auch nicht, was alle behaupten. Wahrheit ist eine Einbildung, der individuell vertretene und konsensuell bestätigte Glaube an das, was man für wahr hält. Transzendental ist der Ethnozentrismus, der sich allerdings universalistisch transzendieren soll. "We look forward ... to a time when the Cashinahua, the Chinese, and (if such there be) the planets which form the Galactic Empire will all be part of the same cosmopolitan social democratic community."[11] Für diese universalistische Transzendierung in weltbürgerlicher, ja interga-

---

30:2 (1991), 234 (=1991a).
[9] R.Rorty, Der Vorrang der Demokratie vor der Philosophie, in: ders., Solidarität oder Objektivität? Drei philosophische Essays, Stuttgart 1988, 103.
[10] Rorty (1989), 109 u. 98.
[11] R.Rorty, Cosmopolitanism without emancipation: A response to Jean-Francois Lyotard, in: ders., Objectivity, relativism, and truth. Philosophical Papers Vol 1, Cambridge University Press 1991, 212 (=1991b).

laktischer sozial-demokratischer Absicht gibt es wiederum keine andere Basis als die im vorpolitischen Sinn liberale, tolerante Verständigungsbereitschaft und die Einbildungskraft. Erstere gehört zum westlichen Ethos, von dem wir mit Rorty gezwungen sind auszugehen, was allerdings nicht eo ipso heißt, daß wir auch gezwungen wären, von der Verständigungsbereitschaft auszugehen. Für sie muß vielmehr, als einer Traditionslinie neben anderen, beständig gekämpft und geworben werden. Die Einbildungskraft als Korrelat wird vor allem durch die Kunst und die Literatur geschult, Medien also, die einen allgemeinen Geltungsanspruch nicht oder nicht in der gleichen Art erheben können wie die wahrheitssuchende Theorie. Auch hier liegt das Gewicht also auf dem privaten Bereich. Den _idealistischen Aspekt_ der klassischen Utopie erhält Rorty schließlich beinahe uneingeschränkt aufrecht. Daß die Utopie keine geschichtsphilosophische Grundlage mehr bekommen kann, versteht sich nach der Kritik am Universalismus von selbst. Aber als literarische Fiktion und als in die Zukunft weisende regulative Idee wird sie umso bedeutsamer. "Innovation" wird zur alles überragenden Losung, der Perfektionismus ausdrücklich anerkannt, auch hier aber konzentriert auf den privaten Bereich und in Abgrenzung von jeglichem Radikalismus. Das Neue ist demzufolge nie ganz neu, sondern setzt die in der Vergangenheit unterdrückten Möglichkeiten frei.[12] Und die "Phantasie, nicht Vernunft" ist "das zentrale menschliche Vermögen", "die Begabung, anders zu sprechen, nicht gut zu argumentieren, das Hauptinstrument kulturellen Wandels."[13] Idealistisch gibt sich Rortys liberale Utopie aber noch in einem direkteren Sinn. Schillers Erziehungsideal des ästhetischen Spiels gelangt nämlich unverhofft, seiner bildungsbürgerlichen Weltfremdheit entkleidet, wieder zu Ehren. Denn auch die "zufriedene Hingabe an das Schillersche 'Spiel' (ist) in der neueren Geschichte der liberalen Gesellschaften ein wichtiges Vehikel des moralischen Fortschritts gewesen"[14] und, so darf man anfügen, wird es auch weiterhin sein.

---

[12] Vgl. Rorty (1991a), 239, 244.
[13] Rorty (1989), 28.
[14] Rorty (1988), 108.

Rortys ästhetisch pointierte liberalistische Utopiekonzeption befreit die klassische Utopie von ihren fatalen Momenten, steht aber auch auf einem schwächeren Fundament, als sie ohnehin eingesteht. So muß sie als erstes die strikte Dichotomie von Öffentlichem und Privatem zur Disposition stellen. Der ästhetisierte Liberalismus ist diesbezüglich unnötig ängstlich und konservativ. Abgesehen davon, daß er diese Dichotomie, wie sich etwa am Beispiel des Feminismus zeigt,[15] nicht durchhalten kann, mutet sie fremd an in einer Philosophie, die die Kategorie des Spiels wiederentdeckt. Jürgen Habermas und Jean-François Lyotard, ein liberal-moderner und ein anarchisch-postmoderner Gegenspieler Rortys, sind an diesem Punkt konsequenter, wenn sie das politische Prinzip der Gewaltenteilung auf die gesellschaftliche Sphäre erweitern. Liberal ist eine Utopie, die den spielerischen Sinn für Gewaltenteilung universalisiert. Als zweites muß und kann Rortys Utopie auch auf die Dichotomie von Argumentation und Nicht-Argumentation verzichten. Das heißt vor allem, daß sie sich der spezifischen Logik des ästhetischen Diskurses öffnet und so auch einen Übergang schafft zwischen Gemeinsinn und Selbsterschaffung. Als drittes könnte Rortys Utopie den Gedanken des Spiels auch konkreter fassen. So träte sie auch als genuin politische Utopie stärker hervor. Auch hier gibt es zwischen der Gewalt als dem "inneren Wesen der Politik"[16] und dem Wort, der sprachlichen Neubeschreibung, deren sich Rortys 'utopischer Revolutionär' einzig bedienen darf, vermittelnde Bereiche. Helmuth Plessner hat sie im Rückgriff auf Schiller und in einer weitsichtigen Kritik des Gemeinschaftsradikalismus als die "Logik der Diplomatie" und die "Hygiene des Taktes" beschrieben.[17]

---

[15] Vgl. N.Fraser, From Irony to Prphecy to Politics: A Response to Richard Rorty, in: Michigan Quarterly Review (1991), 262.
[16] Nolte (1992), 7.
[17] H.Plessner, Grenzen der Gemeinschaft. Eine Kritik des sozialen Radikalismus, in: ders., Gesammelte Schriften V, Macht und menschliche Natur, Frankfurt/M. 1981, 95 ff.

Dimitri Ginev, Sofia

DAS UTOPISCHE DEFIZIT DER MODERNE
(Die Perspektive des hermeneutischen
Anarchismus)

"Die Utopie der Erkenntnis hat die Utopie
zum Inhalt" (Theodor W. Adorno)

Ich werde meine Überlegungen mit einer skizzenhaften Zeitdiagnose beginnen. Sie besagt, dass die Etablierung einer neuen globalen (politischen, ökonomischen und kulturellen) Weltordnung Hand in Hand mit einer sozio-kulturellen Partikularisierung und Pluralisierung der modernen Gesellschaften geht. Die durch die wachsende Vernetzung von Problemen verschiedener Art beschleunigte Globalisierung der - vom Modernisierungsprozess hervorgerufenen - Entwicklungstendenzen verwirklicht sich unter den Bedingungen der intensiven Verselbstständigung von spezifischen sozio-kulturellen Lebensformen in den einzelnen Gesellschaften. Die Verschränkung zwischen dieser Autonomisierung und jener Globalisierung kann auf die folgende Formel gebracht werden: Je heterogener die sozio-kulturelle Struktur moderner Gesellschaften wird, desto komplexer wird die vom Modernisierungsprozess determinierte globale Weltordnung. Es handelt sich um eine "heterogensierende Globalisierung", wobei die wachsende Komplexität der Weltordnung durch die Partikularisierung und Pluralisierung von kulturellen Wertsystemen intensiviert wird. Diese Formel bringt auch einen der Hauptwidersprüche der Moderne an den Tag. Die wachsende Komplexität der Weltordnung unter der Mitwirkung der "dekonstruierenden-pluralisierenden Vernunft der Epoche" trägt zur Verminderung des Orientierungspotentials moderner Gesellschaften bei. Die "heterogenisierende Globalisierung" vernichtet die Anhaltspunkte für die Kontrolle der Entwicklungstendenzen des Modernisierungsprozesses. Der Mangel an Orientierungspotential zeigt sich in erster Linie an der Unmöglichkeit eine globale

Dimitri Ginev

Strategie zur Behandlung der Krisenkonstellation unserer Gegenwart zu entwickeln. Die Entstehung und die Vertiefung dieses Mangels erweist sich als ein Moment der "historischen Metamorphosen der instrumentellen Vernunft". Das Verschwinden des Orientierungspotentials dieser Vernunft stellt eine historische Konsequenz der Entwicklung des aufklärerischen Projekts einer vollständigen Instrumentalisierung der Kultur dar.

Die von der "heterogenisierenden Globalisierung" bestimmte kulturelle Eigenart der modernen Gesellschaften kann man anhand der Kategorien von Lyotards Dissens-Theorie erläutern. Der kognitive Ausdruck der kulturellen Partikularisierung und Pluralisierung der sozialen Wirklichkeit besteht in der Durchsetzung einer Vielfalt von erzählerischen Wissensformen, die von spezifischen Sprachspielen reguliert werden. Das Fiasko der grossen, sinnstiftenden Erzählungen von der Emanzipation der Menschheit, von der Teleologie des Geistes, und von der Hermeneutik des Sinns "legalisiert" die vermehrende Entropie von kontingenten Sprachspielen. Die universellen Orientierungsstrategien der neuzeitlichen Meta-Erzählungen werden durch eine universelle "Agonistik" der begrenzten und heterogenen Sprachspiele ersetzt. Das aus dieser Diagnose folgende postmoderne Plädoyer für die Trennung der ethischen Fragestellungen von der Suche nach Kommunikationskonsens ist vollständig berechtigt. Was ich aber nicht akzeptieren würde ist die These, dass unter den postmodernen Bedingungen jede Art von kritischer Theorie der Gesellschaft ihre Chance verliert, insofern die epistemologische Struktur einer solchen Theorie auf einem Metadiskurs beruht. Im Gegensatz zu Lyotards Ansicht möchte ich behaupten, dass die Möglichkeit einer kritischen Theorie in der Entwicklung einer - dem Mangel an Orientierungspotential entgegengestzten - "Hermeneutik des Dissens"

Dimitri Ginev

liegt.

Der Untergang der neuzeitlichen Metadiskurse kündigt sich durch den Übergang von einem Hyperutopismus aufklärerischer Provenienz zu einem Hypoutopismus postmoderner Prägung an. Der eschatologische Charakter der ideologischen Metadiskurse impliziert eine Redundanz von utopischen Ansprüchen. Die Entwicklung von wissenssoziologischen (seit K.Mannheim) und philosophisch-anthropologischen (seit E.Bloch) Versionen eines affirmativen Utopiebgriffes im 20. Jahrhundert, in denen die Unersetzbarkeit der Utopie durch das wissenschaftliche Denken pointiert wird, kritisieren im Prinzip nicht die eschatologischen Grundlagen des Hyperutopismus.[1] Obwohl sie erfolgreich argumentieren, dass die Utopie über eine eigenständige kulturelle Existenz verfügt und dass sie keineswegs eine Vorstufe der sozial-kritischen Wissenschaftlichkeit ist, bleiben sie im Banne von klassischen Utopiekonzeptionen.[2] Demgegenüber manifestiert sich der Hypoutpismus in der Unmöglichkeit die gegenwärtige historische Situation zu transzendieren. Er ist also eine Charakteristik der kritiklosen Affirmativität des status quo. Das vom Hypoutopismus determinierte resignierende Bewusstseins ist das Bewusstseins des "Verfallens" in die "Sozialtechnologie der Alltäglichkeit". Die berühmte kritisch-rationalistische Doktrin einer "lokalen sozialen Ingenerie" bildet die ideologische Rechtfertigung dieses "Verfallens". Gleichzeitig deckt der Hypoutopismus das Elend des historischen Selbstbewusstseins der Moderne auf. Die Vielfalt von möglichen historischen Alternativen wird auf eine Dichotomie verkürzt: Entweder eine Weiterentwicklung des Projekts der Moderne, oder eine dekonstruktiv-postmoderne Auflösung der Moderne. Der Hypoutopismus bildet das Milieu der progressierenden Desaktivierung der sozialen Einbildungskraft.[3]

Wie kann der - für die Reduzierung des Orientierungspotenzials

Dimitri Ginev

der Gegenwart verantwortlichte - Hypoutopismus uberwunden werden? Natürlich nicht durch eine Renaissance des alten Hyperutopismus. Jeder Versuch einer Überwindung soll von Anfang an die Rehabilitierung der metadiskursiven Rsourcen der totalitären Manipulation ausschliessen. Die Wiederbelebung des utopischen Geistes ist nicht nur ein unersetzbares Mittel in der Bekämpfung der instrumentalistischen, pragmatischen und technokratischen Verarmung der Kultur (im weitesten kulturanthropologischen Sinne des Wortes), sondern auch eine notwendigen Bedingung der wirklichen Befreiung von der Last der eschatologischen Ideologien. Damit kann die Problemsituation wie folgt charakterisiert werden: Das Orientierungspotential der modernen Gesellschaften ist durch die Vermeidung ihres Hypoutopismus zu vergrössern, ohne den Hyperutopismus der totalitären ideologischen Mythen zu rehabilitieren.[4] Der Ausweg aus dieser Problemsituation, der gleichzeitig einen dritten Weg neben der modernen Redundanz utopischer Ansprüche und dem postmodernen anti-utopischen Nihilismus eröffnen soll, wird durch das Herausarbeiten des Begriffs eines neuen Utopietyps ermöglicht.[5] Es handelt sich um einen Utopietyp, der nicht im Bann der historischen Metamorphosen der instrumentellen Vernunft steht. Darüber hinaus soll dieser Typ von jeder Art geschichtsmetaphysischen Teleologismus losgelöst sein, und mit dem Bild des "dritten Reichs" - sowohl rechts-romantischer als auch links-radikaler Prägung - nichts zu tun haben. Das wichtigste Merkmal des neuen Utopietyps soll darin bestehen, dass die den status quo transzendierenden Pläne und Ansprüche aus den "autochtonen" Wertorientierungen und Lebensprojekten der lokalen soziokulturellen Lebensformen in den einzelnen Gesellschaften folgen müssen. Die Utopien sollen diesen Formen immanent sein. Sie sind nicht von universalistischen politisch-ideologischen Doktrinen abzuleiten. Mit anderen Worten: die neuen Utopien sollen nicht von

Dimitri Ginev

einer gegenüber den kontingenten Lebensprojekten externen Position (durch politische und sozio-manipulative Mittel) durchgesetzt werden. Die den lokalen sozio-kulturellen Lebensformen immanenten Utopien werde ich als "lokale Utopien" bezeichnen.[6]

Der Begriff der "lokalen Utopien" setzt einen radikalen Abschied von jedweder Konzeption eines einheitlichen kollektiven Subjekts der gesellschaftlichen Praxis voraus. (Diese Konzeptionen sind für die Entwicklung des Neomarxismus seit Georg Lukacs' <u>Geschichte und Klassenbewusstsein</u> besonders typisch.) Hinter der Pluralität der konkreten kollektiven Subjekten der lokalen sozio-kulturellen Lebensformen gibt es kein "konstitutives Subjekt" des Geschichtsprozesses. Gleicherweise gibt es keinen "Plan" dieses Prozesses, der hinter den lebensweltlichen Orientierungen der konkreten kollektiven Subjekten liegt, und dessen Aufdeckung die Aspirationen der staatlichen Herrschaftsinstitutionen legitimieren kann. In diesem Sinne ist die Herausbildung von lokalen Utopien jedem unifizierenden politischen Programm und a fortiori der ganzen system-politischen Machtskontrolle in einer radikalen Art und Weise entgegengesetzt.

Die utopischen Ansprüche einer Gemeinschaft qua Subjekt einer lokalen sozio-kulturellen Lebensform sind in der ganzen Sphäre der jeweiligen Symbolproduktion zu finden. Man braucht aber einen besonderen Diskurs, in welchem diese Ansprüche die kohärente Form einer lokalen Utopie bekommen können. Da dieser Dikurs nicht auf einer gegenüber den "autochtonen" Diskursen der sozio-kulturellen Lebensformen bestehenden Meta-Ebene entwickelt werden soll, ist er eher als einen kontinuierlichen interpretativen Dialog mit den symbolproduzierenden konkreten kollektiven Subjekten zu formieren. Es handelt sich also nicht um einen Diskurs mit abgeschlossener kognitiver Kernstruktur, sondern um einen solchen Diskurs, der sich in einem ewigen status nascendi befindet. Dies ist der Diskurs der interpretativen Geistes- und Sozialwissenschaften. Die lokalen Utopien können ihre expliziten und kohärenten Formulierungen nur im Erfahrungsraum dieser Wissenschaften bekommen. Das ist die erste Funktion des interpretativ-wissenschaftlichen Diskurses in der Überwindung des utopischen Defizits der modernen Gesellschaften. Darüber hinaus gibt es noch eine, viel wichtigere Funktion. Sie besteht in der interpretativen Vermittlung zwischen den sozio-kulturellen Lebensformen in einer Gesellschaft. Aufgrund dieser Vermittlungsfunktion wird die kulturelle Integration der modernen Gesellschaften möglich. Im optimalen Fall wandeln sich diese Gesellschaften von politisch regulierten, struktur-funktionalen Handlungssystemen in "interpretative Konföderationen von sozio-kulturellen Lebensformen" um. Die interpretative Vermittlung ist nicht mit der univiversalpragmatischen Suche nach einem kommunikativen Konsens über die - die soziale Lebenswelt konstituierenden - Diskurse gleichzusetzen. Der Dissens unter den soziokulturellen Lebensformen der modernen Gesellschaften ist unvermeidbar. Die Aufgabe der interpretativen Vermittlung (oder: die "praktische Aufgabe der hermeneutischen Wissenschaften") ist nicht diesen Dissens zu eliminieren, sondern den interpretativen Rahmen einer friedlichen Koexistenz der lokalen Utopien abzustecken. Die Lösung dieser Aufgabe führt zu einer "Hermeneutik des Dissens", durch die die Prinzipien der interpretativen Selbstorganisation moderner Gesellschaften erschlossen werden müssen. Auf diese Art und Weise treten die interpretativen geistes- und sozialwissenschaftlichen Diskurse an die Stelle der machtsstrebenden politischen Programme. Mit der Hervorhebung dieser schon nicht-lokalen Utopie, die die Essenz des "her-

Dimitri Ginev

meneutischen Anarchismus" zusammenfasst, möchte ich meine Überlegungen abschliessen.

ANMERKUNGEN

1 Vgl. G.Scholtz, "Die Weltbilder und die Zukunft: Prophetie - Utopie - Prognose", in: ders., <u>Zwischen Wissenschaftsanspruch und Orientirungsbedürfnis</u>, Frankfurt am Main 1991. Die meisten von den Versuchen in diesem Jahrhundert den klassischen Utopiebegriff zu revidieren brechen nicht mit der eschatologischen Idee ab, sondern suchen nach einer "verbesserten Variante" dieser Idee. Ein typisches Beispiel ist Blochs Begriff der "konkreten Utopie", deren Geschäft die Artikulierung der Erwartungstendenzen ist, wobei sich der Marxismus als "das Novum einer konkreten Utopie" erweist.

2 Vgl. S.Benhabib, <u>Kritik, Norm und Utopie (Die normativen Grundlagen der Kritischen Theorie)</u>, Frankfurt am Main 1992.

3 Eine hervorragende Kritik des Hypoutopismus macht Milan Šimečka in seinem Aufsatz "A World With Utopias or Without Them?" (in: P. Alexander & R.Gill [eds.], <u>Utopias</u>, London 1984.) Er schreibt: "Let us erase everything utopian from our entire cultural heritage... Do this, and history is robbed of one dimension, the dimension of dreams, of transcendence, of journeys beyond the frontiers of our everyday experience... A world without utopias would be a world without social hope, a world of resignation to the status quo and the devalued slogans of everyday political life." (pp. 174-75).

4 Wenn der Hyperutopismus ein Symptom der Pathologie der totalitärsozialistischen Gesellschaften ist, ist der Hypoutopismus eine Charakteristik der "Hyperrealität" (im Sinne von J.Baudrillard) der spätkapitalistischen Gesellschaften. Das Verfallen in der utopielosen alltäglichen Trivialität ist die Kehrseite der sozialen Ordnung, in der die konsumativen Orientierungen zu den alltäglichen Gegenständen die kulturellen Koden des sozialen Verhaltens bilden.

5 Über eine Typologie der historischen Vielfalt von Utopien siehe, Manuel, Frank E. & Fritzie P., <u>Utopian Thought in the Western World</u>, Oxford 1979.

6 Wie sind die lokalen sozio-kulturellen Lebensformen einer Gesellschaft theoretisch zu identifizieren? Habermas hat mit Recht das folgende betont: "(Die) Lebensformen bestehen ja nicht nur aus Institutionen, die unter den Aspekt der Gerechtigkeit fallen, sondern aus 'Sprachspielen', aus geschichtlichen Konfigurationen von eingewohnten Praktiken, Gruppenzugehörigkeiten, kulturellen Deutungsmustern, Sozialisationsformen, Kompetenzen, Einstellungen usw." (J.Habermas, "Replik auf Einwände", in: ders., <u>Vorstudien und Ergänzungen zur Theorie des kommunikativen Handelns</u>, Frankfurt am Main 1984, S. 539). Diese Charakterisierung reicht jedoch

nicht aus, auf die gestellte Frage zu beantworten. Eine theoretische Identifizierung der Lebenformen muss auf die Problematik der Symbolproduktion rekurrieren. Aus einer breiteren Perspektive kann man behaupten, dass die theoretische Auffassung der lokalen Utopien auf dem kulturanthropologischen Bild von den lokalen sozio-kulturellen Lebensformen beruht. (Ich habe vor Augen in erster Linie Mary Douglas' 'grid-group' Analyse und Victor Turners Theorie der Rituale des Übergangs.) Die lokalen sozio-kulturellen Lebensformen sind kulturell spezifizierte Gemeinschaften, die durch eine eigenständige Art und Weise der Symbolproduktion ausgezeichnet sind. Die extremstsen (im Hinblick auf den Grad der Eigenständigkeit) von diesen Gemeinschaften sind die sogenannten "Subkulturen", d.h. die Gemeinschaften, die eine vollständige Verselbstständigung von den dominierenden Kulturmodellen der jeweiligen Gesellschaften erreicht sind. Wichtig für die Identifizierung und die Analyse der Wechselbeziehungen der Lebensformen in einer Gesellschaft ist der Konnex zwischen Symbolproduktion und Ritualisierung. In Anlehnung an Mary Douglas kann das Symbol als eine Struktur von Handlungen, die den Glauben an bestimmte symbolische Ordnungen zum Ausdruck bringen, definiert werden. (Vgl. M.Douglas, _Ritual, Tabu und Korpersymbolik_, Frankfurt am Main 1986.) Da sich auf der Ebene der sozialen Interaktion die Symbolproduktion als Ritualisierung ausdrückt, verselbständigen sich die lokalen sozio-kulturellen Lebensformen durch eine wachsende Ritualisierung, durch welche sie eine von den dominierenden Kulturmodellen der Gesellschaft unabhängige symbolische Identität bilden. Gegenüber der instrumentell-rationalen sozialen Ordnung hat diese Ritualisierung einen destruktiven Effekt. Die Chance einer "Dekolonisierung der Lebenswelt" liegt nicht in der kommunikativen Vernunft der Moderne, sondern in der - mit dem Projekt der Moderne unverträglichen - sozio-kulturellen Fragmentarisierung der modernen Gesellschaften.

Zur Neutralität des liberalen Staates

Das Charakteristikum einer liberalen Auffassung vom gerechtem Staat ist der Schutz von Gleichheit und Freiheit als grundlegende Werte durch Rechte.[1] Damit hängt - auf eine noch zu thematisierende Weise - als ein (weiteres) spezifisch liberales Merkmal die Forderung nach der Neutralität des Staates zusammen.[2] Im Gegensatz zu illiberalen Staaten, die es als ihre primäre Aufgabe ansehen, sich um den moralischen Charakter der Gesellschaft zu kümmern, spricht der Liberalismus dem Staat das Recht ab, seinen Mitgliedern eine bestimmte Konzeption des guten Lebens aufzuzwingen. Diese Beschränkung der staatlichen Verfügungsmacht bildet die Grundlage der politischen Freiheit im Liberalismus. Der Staat darf sich nicht in die Interpretation der den Bürgern/innen zugesicherten Freiheitsspielräume einmischen.

Die Idee der Neutralität ist dabei zu verstehen als eine Reaktion auf eine Vielzahl von Möglichkeiten, ein gelungenes Leben zu leben, die sich in modernen Gesellschaften herausgebildet haben. Mit dem 'Verlust' metaphysischer und traditionaler Begründungen in der Moderne stehen keine allseits überzeugenden Gründe mehr zur Verfügung, eine bestimmte Konzeption des guten Lebens einer anderen vorzuziehen. Wir sind daher nicht nur gezwungen, die Existenz einer Vielzahl divergierender Konzeptionen des guten Lebens anzuerkennen, sondern, was viel bedeutender ist, auch die Unmöglichkeit einer vernünftigen, für alle annehmbaren Übereinkunft über Fragen des guten Lebens. Damit fallen zwei Dinge auseinander, die früher verbunden waren: die Moral im engeren Sinn von Gerechtigkeitsproblemen auf der einen Seite, und Konzeptionen des guten Lebens, die jetzt nur noch als subjektive Projekte verstanden werden, auf der anderen Seite.[3] Wenn man dies einmal (an)erkannt hat, ergibt sich für eine moderne liberale Staats- und Rechtsordnung, die Legitimität nur noch beanspruchen kann, wenn ihr von allen freiwillig zugestimmt wird, daß der Staat sich folglich neutral zu allen Konzeptionen des guten Lebens verhalten muß. Unter Neutralität versteht man also prima facie das Prinzip, daß der Staat nicht versuchen sollte, deswegen eine bestimmte Konzeption des guten Lebens zu fördern, weil er annimmt, sie sei intrinsisch höherwertig, d.h. weil sie angeblich eine wahrere oder bessere Konzeption des guten Lebens ist. Der Staat darf hingegen die Verfolgung einiger bestimmter Konzeptionen des guten Lebens aus Gerechtigkeitsgründen einschränken, wenn sie z. B. die Rechte anderer verletzen. Dieser Gedanke vom sog. Vorrang des Rechten vor dem Guten bedeutet, daß die zulässigen Konzeptionen des guten Lebens die Grenzen der politischen Gerechtigkeit beachten müssen.

Obwohl die Idee der Neutralität mithin ein wesentliches Element des Liberalismus ausmacht, ist unklar oder strittig, und damit eine wichtige Frage innerhalb der Debatte liberaler Theorien, aus welchen Gründen Neutralität für einen liberalen Staat erforderlich ist und welche Art von Neutralität der Liberalismus voraussetzen muß.[4] Bevor ich auf die Gründe für politische Neutralität näher eingehen kann, möchte ich vorher kurz ein mögliches Mißverständnis ausräumen, indem ich erläutere, welche Art von Neutralität im liberalen Staat nur gemeint sein kann.

Welche Art von Neutralität?

Neutralität des Staates läßt sich auf verschiedene Weise definieren, wobei man grob zwei Arten unterscheiden kann: Neutralität der Wirkungen staatlichen Handelns und Neutralität der Begründungsverfahren von politischen Prinzipien.[5]

Das Hauptmißverständnis, das der Ausdruck "Neutralität" nahelegt, ist die Deutung als *Neutralität der Wirkungen* staatlichen Handelns. Danach wäre eine Regelung dann neutral, wenn sie keine der verschiedenen Konzeptionen des Guten der betroffenen Bürger/innen begünstigen oder benachteilligen würde. Die faktischen Auswirkungen einer jeden politischen Regelung müßten im Hinblick auf die verschiedenen Konzeptionen des Guten gleich sein, um als neutral in diesem Sinne zu gelten. Aber eine solche Art Neutralität ist im Liberalismus nicht zu haben. Warum?

Neutralität der Auswirkungen würde bedeuten, daß der Staat dafür zu sorgen hätte, daß die Individuen die gleiche Chance haben, ihre jeweiligen Konzeptionen des Guten zu verfolgen und zwar so, daß alle ein gleiches Maß an Befriedigung daraus ziehen. Und da liegen die Schwierigkeiten:[6] Erstens ist es philosophisch strittig, ob es ein einheitliches Maß der Befriedigung gibt, das zu Vergleichen zwischen verschiedenen Individuen und unterschiedlichen Konzeptionen des Guten herangezogen werden kann. Zweitens läßt sich die Befriedigung, die man erfährt, wenn es gelingt, seine Konzeption des Guten zu realisieren, nicht immer graduieren. Es gibt Konzeptionen, bei denen Individuen keine Befriedigung verspüren, wenn sie sie nicht vollständig erreichen, während bei anderen Konzeptionen die Befriedigung in dem Maß ansteigt, in dem die Lebensform realisiert werden kann. Zwischen diesen beiden Arten von Lebenskonzeptionen läßt sich kein gleicher Befriedigungslevel finden. Drittens kann man einwenden, daß das Kriterium der Befriedigung, mit der verschiedene Konzeptionen des Guten verglichen werden sollen, selbst schon eine bestimmte Konzeption des Guten impliziert. Dieses hedonistische Kriterium ist nicht neutral gegenüber jenen Konzeptionen des Guten, wie z.B. bestimmte Religionen, die statt subjektiver Befriedigung eher ewige Wahrheit etc. als höchstes Ziel ansehen. So muß der Vetreter konsequentialistischer Neutralität einen besseren Vorschlag für den Vergleich der Konsequenzen statlichen Handelns präsentieren, z.B. das Prinzip gleicher Erfüllung. Aber auch bei diesem Vorschlag gibt es unüberwindliche Schwierigkeiten: Erstens stellt sich wiederum das Problem des interpersonalen Vergleichs, weil nicht klar ist, wann eine Konzeption des Guten, vor allem wenn sie aus mehreren Werten zusammengesetzt ist, in welchem Maß erreicht bzw. erfüllt ist. Zweitens ist fraglich, ob etwas komplexere Konzeptionen des Guten jemals zu Lebzeiten als erfüllt gelten können. Lebenspläne ändern sich zum einen und greifen zum anderen meist in die Zukunft hinaus. Drittens sind simplere Konzeptionen des Guten einfacher und schneller zu erfüllen als anspruchsvollere. Deshalb ist das Kriterium der gleichen Erfüllung wiederum nicht neutral gegenüber den Konzeptionen des Guten.

Noch ein weiteres generelles Argument spricht gegen Neutralität der Wirkungen: Staatliches Handeln besteht zu wesentlichen Teilen aus Regelungen von Streitfällen bzw. konkurrierenden Ansprüchen. Eine solche Regelung aber, die neutral gegenüber allen Lebensformen sein soll, wäre keine Entscheidung des Streitfalls mehr. Was immer der Staat macht, welche Entscheidungen er fällt und umsetzt, wird das immer einigen Leuten mehr nutzen als anderen. Jeder vernünftige politische Grundsatz legt notwendigerweise Konzeptionen des Guten Beschränkungen auf, und die grundlegenden Institutionen, welche die Grundsätze vorschreiben, bestärken unausweichlich einige Konzeptionen des Guten und beeinträchtigen andere oder schließen sie sogar aus. Das scheint unvermeidbar. Damit hat sich gezeigt: eine Politik, die sich Neutralität der Wirkungen vorgenommen hat, ist undurchführbar.

Neutralität muß deshalb anders aufgefaßt werden, nämlich prozedural mit Bezug auf ein *Begründungsverfahren*. Neutral ist nur eine solche Legitimation von grundlegenden Institutionen und öffentlichen politischen Maßnahmen, bei der sich die Rechtfertigung auf neutrale Gründe stützen kann. Unter einem neutralen Grund versteht man dabei einen, der unabhängig von rein subjektiven und damit umstrittenen Wertschätzungen ist. Das ist absichtlich vage formuliert, denn verschiedene Konzeptionen politischer Neutralität haben jeweils andere Auffassungen darüber, was als neutraler Grund in einem politischen Begründungsverfahren fungieren kann. Darauf komme ich nachher zurück. Auf jeden Fall ist festzuhalten: Politische Neutralität besteht in einer Einschränkung jener Faktoren, die bei Begründungen politischer Entscheidungen zulässig sind. Jede öffentliche Rangordnung von intrinsischen Werten verschiedener Lebensweisen ist bei der Begründung politischer Prinzipien unzulässig.

Neutralität der Begründungsverfahren bedeutet nicht, daß eine Rechtfertigung ohne Bezug auf irgendeine Konzeption des Guten geliefert werden soll und auch nicht, daß alle Konzeptionen des Guten gleich gut unter liberalen Institutionen wegkommen. Man beachte außerdem: Neutralität bestreitet nicht, daß das Ziel liberaler Institutionen ist, das gemeinsame Gute zu verfolgen, statt dessen stellt sich die Frage, wie das gemeinsame Gute aufzufassen ist und wie es legitimer Weise verwirklicht werden darf. Liberale verstehen zudem Neutralität als ein politisches Prinzip. Die Maßnahmen und Institutionen des Staates sollen neutral zu rechtfertigen sein. Liberale verlangen hingegen nicht, daß die Maßnahmen anderer sozialer, d.h. ziviler Institutionen (z.B. Kirche, Gewerkschaften) in der Gesellschaft nach dem gleichen Prinzip gerechtfertigt werden. Neutralität als ein politisches Ideal bestimmt die öffentlichen Beziehungen zwischen dem Staat und seinen Bürgern/innen, aber nicht die privaten Beziehungen zwischen Personen untereinander oder zu anderen Institutionen. Diese Trennung zwischen privat und öffentlich ist für den Liberalismus fundamental.

Nach diesen Vorklärungen kann ich jetzt zu der Frage übergehen, warum ein liberaler Staat eigentlich politisch neutral gegenüber den verschiedenen Konzeptionen des Guten sein soll, d.h. jetzt warum er seine Maßnahmen und die sie leitenden Prinzipien neutral begründen können muß.

Warum Neutralität?

Zu Beginn hatte ich als Grund für das Neutralitätsprinzip zunächst einmal die Tatsache angeführt, daß verschiedene Leute verschiedene Konzeptionen des guten Lebens vertreten und daß unter den Bedingungen der Moderne keine Gründe zur Verfügung stehen, die jeden überzeugen würden, eine bestimmte Konzeption als intrinsisch höherwertiger als jede andere anzusehen. Die Reaktion auf dieses sog. Faktum des Pluralismus mittels des Neutralitätsprinzips kann man nun verschieden interpretieren. Meines Erachtens lassen sich die vielfältigen Begründungen für das Neutralitätsprinzip (grob) in zwei idealtypische Herleitungen unterscheiden. Neutralität wird entweder als notwendige Folge bestimmter (natur-)rechtlicher Prinzipien gesehen (1) oder sie wird als dasjenige methodische Mittel betrachtet, mit dessen Hilfe allein ein überlappender Konsens zur Sicherung von Gerechtigkeit und sozialer Integration möglich sein könnte (2). Zum Zwecke dieses Vortrags scheint es mir legitim, die Selbstverständigungsdebatte, die innerhalb des Liberalismus seit kurzem auch über das Neutralitätsprinzip geführt wird, auf diese zwei prima facie ganz unterschiedlichen Begründungen bzw. Herleitungen liberaler Neutralität zuzuspitzen.[7] Im folgenden werde ich die beiden Herleitungen des Prinzips der Neutralität skizzieren, und anschließend beide Stränge gegeneinander abzuwägen versuchen.

(1) *Neutralität als notwendige Folge*

Eine weit verbreitete Rechtfertigungsstrategie für das Neutralitätsprinzip besteht darin zu zeigen, daß Neutralität eine notwendige Folge aus liberalen Grundprinzipien wie entweder (a) Freiheit und/oder (b) Gleichheit ist.

(a) *Freiheit* bzw. *Autonomie*: Liberalismus als politische Doktrin wird allgemein mit dem Ideal der Freiheit assoziiert.[8] Klassische Versionen des Liberalismus wie sie bei LOCKE, KANT u.a. zu finden sind, betrachten es als das basale politische (Natur-)Recht der Bürger/innen, in der Lage zu sein, ihre gegenwärtigen Ziele einzuschätzen, zu revidieren und rational zu verfolgen. Freiheit und Autonomie gilt es deshalb im Staat vorrangig zu schützen. Die liberalen Freiheitsrechte ergeben sich entweder vertragstheoretisch (z.B. bei LOCKE), weil die Menschen im Naturzustand als eines Zustands vollkommener Freiheit und Gleichheit einen Staatsvertrag aushandeln, mit dem primären Interesse, ihre natürliche Freiheit und Frieden zu sichern. Oder sie ergeben sich moralisch (z.B. bei KANT), weil die Personen qua praktischer Vernunft das allgemeine Prinzip des Rechts erkennen, nach der jede Handlung recht ist, die oder nach deren Maxime die Freiheit der Willkühr eines jeden mit jedermanns Freiheit nach einem allgemeinen Gesetze zusammen bestehen kann.[9] Zu den liberalen Grundfreiheiten - und darauf kommt es in diesem Kontext an - gehört wesentlich das Recht, seine Konzeption des Guten frei, d.h. autonom wählen zu dürfen und insoweit frei von äußerem Zwang verfolgen zu dürfen, wie dadurch die gleiche Freiheit der anderen nicht ungerecht eingeschränkt wird. Neutralität, d.h. die Idee, daß die Regierung keine bestimmte Lebensform den Individuen aufzwingen soll, läßt sich so als ein spezifischer Aspekt der rechtlich geschützten bürgerlichen Freiheiten erweisen.

(b) Recht auf *gleichen Respekt* bzw. Achtung als Gleicher: Besonders R. DWORKIN[10] verteidigt seine Version des Liberalismus mit Rekurs auf ein letztlich naturrechtlich fundiertes Recht auf gleiche Beachtung und Achtung (equal concern and respect). Aus diesem fundamentalen Menschenrecht auf Behandlung als Gleicher ergibt sich für ihn, daß politische Entscheidungen soweit wie möglich unabhängig von, d.h. neutral gegenüber jeder speziellen Konzeption des guten Lebens sein müssen. Da die Bürger/innen einer Gesellschaft sich in ihren Konzeptionen des Guten unterscheiden, würde eine Regierung sie nicht als Gleiche behandeln, wenn sie eine Konzeption des Guten einer anderen vorzöge, egal ob aus dem Grund, daß sie glaubt, diese Konzeption sei intrinsisch höherwertig, oder daß sie von mehr oder mächtigeren Leuten unterstützt werde. Um seine Bürger/innen wirklich als Gleiche zu behandeln, muß ein liberaler Staat nach DWORKIN eine soziale Marktwirtschaft und eine representative Demokratie einführen. Um den Verzerrungen und Ungleichbehandlungen, die in diesen Institutionen möglich sind, zu begegnen, müssen jedem/r Bürger/in individuelle Rechte als Trümpfe zugesprochen werden, die jedem auch das Recht auf eine selbstbestimmte Auffassung des guten Lebens gewährt.

Gegen diese Ableitung aus ersten Prinzipien wird oft eingewandt, daß uns keine allseits überzeugenden (Letzt-)Begründungen mehr für diese Prinzipien wie Freiheit, Autonomie oder Gleichheit zur Verfügung stehen. Diese Begründung der Neutralität ist in den Augen der Kritiker selbst nicht neutral. Sie beansprucht Freiheit, Autonomie oder Gleichheit als eine Art objektiver Gründe. Diese sind aber - so die Kritik - zentrale Werte, die selbst Teil bestimmter Konzeptionen des Guten sind bzw. eine solche Konzeption implizieren.[11] Oder andersherum: Es gibt viele Konzeptionen des guten Lebens, für die Autonomie, aber auch Freiheit etwas schlechtes ist. Diejenigen, die solche Konzeptionen des Guten vertreten, lassen sich nicht dadurch beeindrucken, daß sie ihre Aktivitäten einschränken sollen, um die Autonomie anderer zu schützen. Eine Begründung von Neutralität, die auf kontroverse Werte und Ansichten über die eigentlich zu schützenden Werte beruht, wird nur die überzeugen, die diese Ansichten teilen, alle anderen aber nicht.

(2) *Neutralität als methodisches Mittel*

Statt dessen - so die alternative Auffassung - können politische Prinzipien nur dann von allen Individuen mit unterschiedlichen Idealen des guten Lebens akzeptiert werden, wenn sie keines der konkurrierenden Ideale bevorzugen. Liberalismus basiert danach auf einer Idee von politischer Rechtfertigung, nach der Regelungen und Prinzipien nur dann legitim sind, wenn sie gegenüber allen gerechtfertigt werden können in dem Sinn, daß alle freiwillig zustimmen können. Daraus ergibt sich der zentrale methodische Stellenwert von Neutralität in dieser Version des Liberalismus. Die öffentliche Rechtfertigung politischer Prinzipien und Maßnahmen ist neutral, wenn alle trotz unterschiedlicher Konzeptionen des Guten ihr zustimmen können. Und allgemeine freiwillige Zustimmung ist nur zu neutralen Rechtfertigungen zu erwarten. Da die freiwillige Zustimmung aller das Legitimitätkriterium ist, nenne ich diese Position kontraktualistischen Liberalismus. Er kommt in zwei Spielarten vor. Entweder glaubt er die Idee von Wahrheit oder Richtigkeit im praktischen Bereich ganz aufgeben zu müssen und sucht deshalb nur nach einer pragmatischen Einigung (modus vivendi) (a), oder aber der Kontraktualismus sucht nach einer vernünftigen Einigung durch eine (moralische) Begründung, die alle teilen, weil sie ethisch neutral ist (b).

a) *Modus vivendi* soll hier jener Versuch heißen, politische Neutralität auf rein strategische Überlegungen zu stützen.[12] Gemäß dieser Auffassung können sich die Individuen, die zwar unterschiedliche Konzeptionen des Guten, aber auf lange Sicht ungefähr gleich viel Macht haben, sich aus egoistischen Motiven darauf einigen, daß die zu akzeptierenden politischen Prinzipien keines der konkurrierenden Ideale bevorzugen soll. Dieser von HOBBES her bekannte Ansatz zielt darauf ab, ein moralisches Prinzip (hier: Neutralität) auf das nicht moralische Motiv der Klugheit zu gründen. Die Probleme und Schwierigkeiten dieses Ansatzes sind hinreichend bekannt. Ohne sie hier im einzelnen zu nennen, kann man m. E. festhalten, daß alle Versuche, die besondere Autorität und Geltung moralischer Prinzipien mittels Klugheitsüberlegungen im starken Sinn zu begründen, scheitern. Das schließt nicht aus, daß dies Verfahren der praktischen Einigung aus Klugheit evtl. das beste ist, was wir haben, wenn der Pluralismus soweit geht, daß nicht mehr hinreichend viele und gewichtige moralischen Grundüberzeugungen geteilt werden. Denn auch oder gerade dann benötigen wir Einigung, nur der gesuchte Konsens kann dann nur ein faktischer sein. Modus vivendi wäre so der letzte Rettunganker zur Sicherung eines einigermaßen friedlichen und in Maßen gerechten Zusammenlebens. Nur ist dieser Zustand notorisch instabil, weil sich Macht und Überzeugungen ständig ändern können und eine neue Vereinbarung nötig machen. Ein bloßer modus vivendi kann also für die meisten Liberalen nur eine letzte fall-back-Position sein.

b) Deshalb will eine stärker Variante des Kontraktualismus, nach der Regelungen nur dann legitim sind, wenn gezeigt werden kann, daß sie für alle akzeptabel sind, dieses "akzeptabel für jeden" nicht an rein faktischer Zustimmung festmachen. Der Kern dieser kontraktualistischen Auffassungen im Unterschied zum modus vivendi liegt im Begriff *"vernünftiger Grund"*, den jede(r) haben soll, um zuzustimmen. Dazu müssen allerdings alle einen gemeinsamen Standard teilen, was eine vernünftige Forderung ist und was nicht.[13] Bei diesem kontraktualistischen Begriff von Vernünftigkeit soll es sich nicht um objektive, externe Gründe handeln, weil ein externer Standard nichts mit Zustimmung und Neutralität zutun hätte. Solange man sich nicht auf einen gemeinsamen Standard geeinigt hat, erfüllt jeder angeblich objektive Grund die kontraktualistische Bedingung nicht, welche besagt, daß etwas nur dann politisch legitim ist, wenn die Betroffenen zustimmen können. Praktische Gründe, wie sie im öffentlichen Diskurs verwendet werden können, wenn man zu einer Einigung bezüglich der grundlegenden Struktur der Gesellschaft kommen will, müssen Gründe sein, die die Adressaten überzeugen können. Andererseits soll es sich aber auch nicht um interne Gründe im Sinne von faktischen subjektiven Präferenzen handeln, weil sonst jede einzelne Person ein Veto gegen jede Regelung hätte, die ihm oder ihr nicht gefiel. Jede Einigung wäre instabil. Auf die klassischen liberalen Freiheiten könnte man sich z.B. so nie einigen, weil diese immer einigen in der konkreten Situation Nachteile bringen.

Als Alternative zu rein objektiven und rein subjektiven Gründen bleibt die Möglichkeit einer Rechtfertigung mit Bezug auf etwas, was gemeinsam geteilt wird. Als eine solche allgemein geteilte Grundlage sehen Liberale wie RAWLS, LARMORE (z.T. mit Bezug auf HABERMAS) und ACKERMAN ein Einverständnis über das richtige Verfahren, einen Konsens zu erzielen.[14] Nur mittels des Prinzips neutraler Rechtfertigung sei es möglich, unter den Bedingungen der Moderne einen vernünftigen Konsens zu erzielen. Die kontraktualistische Rechtfertigung liberaler Neutralität beruht auf der gemeinsamen, vernünftigen Einsicht, daß eine nicht-kontroverse, in dem Sinn neutrale Basis für die politische Einigung notwendig ist. Nichtkontroverse Behauptungen können deshalb benutzt werden, kontroverse nicht, um zu einen vernünftigen Konsens zu kommen.

RAWLS wendet in seinen späteren Arbeiten das Prinzip der Toleranz auf die Philosophie an.[15] Alle kontroversen Behauptungen sollen aus dem politischen Diskurs ausgeklammert werden, weil es darum geht, daß sich alle auf eine Konzeption politischer Gerechtigkeit für die Grundstruktur der Gesellschaft einigen können sollen. Durch die Beschränkung auf die Suche nach einer gerechten Grundstruktur ohne Wahrheits- oder Begründungsanspruch hofft Rawls einen überlappenden Konsens zu erreichen, welchem alle trotz entgegengesetzter religiöser, philosophischer und moralischer Lehren zustimmen können. Das neutrale Verfahren, mit dem der politische Konsens hergestellt werden soll, nennt RAWLS (neuerdings) "öffentliche Vernunft".[16] Dieser normative Begriff besagt, daß Bürger einer Demokratie, die wissen, daß sie verschiedene vernünftige umfassende Sichtweisen haben, als vernünftige Personen anderen Personen die Grundlage ihrer Handlungen in solchen Begriffen zu erklären bereit sein sollen, von denen wir vernünftigerweise erwarten können, daß andere ihnen beipflichten. Diese Forderung öffentlichen Vernunftgebrauchs beruht auf einem bestimmten normativen Verständnis des Bürgers als eines freien, gleichen und zur Selbstbestimmung fähigen moralischen Wesens, von dem RAWLS unterstellt, daß wir es alle teilen.

LARMORE will die liberalen Grundsätze neutral mittels der beiden (universalen) Normen des *rationalen Dialogs* und des gegenseitigen Respekts begründen. Die Norm des rationalen Dialogs besagt, daß bei einer zur Lösung eines Problems geführten Diskusssion (z.B. darüber, welche Prinzipien politischer Gemeinschaft sie annehmen sollten) sich die Beteiligten bei auftauchenden Meinungsverschiedenheiten auf einen neutralen Grund bzw. auf die von allen geteilten Überzeugungen zurückziehen sollen, um entweder den Konflikt zu lösen oder zu umgehen.[17] Was uns das Diskutieren bzw. Weiterdiskutieren trotz Meinungsverschiedenheit gebietet ist die Norm des gegenseitigen Respekts.

ACKERMANs Entwurf einer liberalen Gerechtigkeitstheorie beruht auf drei Prinzipien.[18] Da ist zum ersten das Begründungsprinzip, daß soziale und politische Machtverhältnisse dialogisch mit guten Gründen gerechtfertigt werden, zweitens das Konsistenzprinzip, wonach sich die angeführten Gründe für verschiedene Ansprüche nicht widersprechen dürfen, und drittens das Prinzip der Neutralität: Ein Grund kann dann nicht als guter Grund gelten, wenn der Machtinhaber explizit behauptet oder implizit voraussetzt, a) daß seine Konzeption des Guten besser sei als die eines jeden anderen, oder b) daß unabhängig von seiner Konzeption des Guten er intrinsisch höherwertiger ist als ein anderer. Für ACKERMANs Theorie ist also der Grundsatz der Neutralität selbst konstitutiv.

Sieht man sich diese drei Theorien, die Neutralität als Verfahren zur Herstellung eines Konsenses benutzen und dadurch rechtfertigen wollen, genauer an, so fällt auf, daß in allen drei das Verfahren der neutralen Rechtfertigung politischer Prinzipien selbst an substanzielle Annahmen gebunden ist, nämlich an geteilte moralische Grundprinzipien wie gleicher Respekt (explizit bei LARMORE) oder die geteilte Konzeption des Bürgers als Freier und Gleicher (explizit bei RAWLS) oder die Anerkennung des anderen als gleichberechtigt (implizit bei ACKERMAN).

Das ist auch nicht wirklich überraschend. Denn damit es sich - wie intendiert - um mehr als einen modus vivendi handelt, muß auch mehr als das Verfahren der Vermeidung kontroverser Aussagen benutzt werden. Denn die ganze Strategie der Einklammerung all jener umfassenden Sichtweisen, die kontrovers sind, wenn man nach grundlegenden Gerechtigkeitsprinzipien sucht, scheint höchst problematisch. Es ist nämlich zu bezweifeln, ob es überhaupt möglich bzw. konsistent denkbar ist, einige seiner ethisch-moralischen Grundüberzeugungen, die andere nicht akzeptieren (können), einzuklammern, wenn man mit anderen nach einem Konsens über Gerechtigkeitsprinzipien für die Grundstruktur der Gesellschaft sucht.[19] Liberale Toleranz hat ihre Grenzen. Man kann nicht gegenüber Verstößen gegen seine moralischen Grundüberzeugungen tolerant sein. Die Lektion, die der Liberalismus laut Rawls aus den Religionskriegen gelernt hat, kann m. E. nur sein, daß einige Prinzipien, die man früher gerne als Grundlage des Staates gesehen hätte, zur Privatsache erklärt wurden. Solange man noch einen *vernünftigen* Konsens wünscht über *gerechte* Prinzipien für die Gesellschaft, kann man aber nicht alle moralischen Überzeugungen in den Privatbereich abschieben. Sofern Liberale an diesem Anspruch festhalten wollen, müssen sie deshalb eine andere Basis für die Einigung voraussetzen als allein das Neutralitäts- bzw. Ausklammerungsprinzip. Damit scheinen wir wieder auf die erste Herleitung von Neutralität aus ersten Prinzipien wie gleichen Respekt und Freiheit zurückgeworfen. Wo diese Prinzipien divergieren, gibt es kein übergeordnetes oder neutrales Verfahren mehr.

Wenn ein moralisches Einverständnis über die liberalen Grundlagen der Gesellschaft nicht herzustellen sein sollte, bleibt noch die Möglichkeit eines modus vivendi. Echte Toleranz und vollständige Neutralität ist nur mit einem modus vivendi zu vereinbaren, weil hier jegliche Wahrheits- und starken Begründungsansprüche aufgegeben werden. Deshalb ist das Verfahren der Einklammerung kontroverser Ideale hier auch nicht paradox. Man kann weiterhin wirklich überzeugt an seinen umfassenden Sichtweisen festhalten, versucht sich aber nach den leidvollen Erfahrungen von mit Gewalt ausgetragenen Konflikten auf Toleranz und friedliche Regelungen zu einigen. Das kann letztlich zu nicht mehr als einem Vertrag ohne gemeinsame Grundwerte führen. Das allein dürfte nicht ausreichen, um eine gerechte Basis für den Staat abzugeben. Dazu bedürfte es noch faktischer Gemeinsamkeiten in moralischen Sichtweisen.

So läßt sich abschließend feststellen, daß das liberale Neutralitätsprinzip außer bei einem modus vivendi stets aus Prinzipien abgeleitet wird, die die gemeinsame moralische Grundlage der liberalen Gesellschaft bildet. Die beiden Begründungen für die Neutralität des liberalen Staates erweisen sich daher als gar nicht so verschieden.

---

[1] Die Differenzen der verschiedenen Versionen des modernen Liberalismus ergeben sich aus den strittigen Fragen, wie diese Werte zu verstehen und in der politischen Struktur der Gesellschaft zu gewichten sind.
[2] Möglicherweise ist "Neutralität" nicht das beste Wort, um den gemeinten Sachverhalt auszudrücken. Rawls z.B. vermied diesen Ausdruck bis vor kurzem wegen seiner vielen und häufig mißverständlichen Bedeutungen. Er benutzt statt dessen den Ausdruck "der Vorrang des Rechten vor dem Guten". Vgl. RAWLS, Die Idee des politischen Liberalismus, S. 376. Aber auch dies ist mehrdeutig, so meint RAWLS damit den Vorrang der Neutralität vor dem Perfektionismus und der Deontologie vor der Teleologie. Vgl. KYMLICKA, Two Models of Pluralism and Tolerance, S. 168 f. Anm. 6.
[3] Vgl. WOLF, Überlappender Konsens und öffentliche Vernunft, S. 2 und HABERMAS, Moralbewußtsein und kommunikatives Handeln, S. 118; RAWLS. Mit dieser Trennung geht die Hoffnung der Liberalen einher, es sei möglich wenigstens für dem Bereich der Moral im engeren Sinn eine Begründung zu liefern (HABERMAS) oder für diejenigen Gerechtigkeitsfragen, die für die Grundstruktur der Gesellschaft relevant sind, einen überlappenden Konsens herzustellen (RAWLS). Kritisch dazu WOLF, Überlappender Konsens und öffentliche Vernunft, S. 8.
[4] Eine dritte Frage, ob und inwieweit Neutralität jeweils möglich und nötig ist, kann hier nicht behandelt werden. Sie läßt sich natürlich nur vor dem Hintergrund der Antworten auf die ersten beiden Fragen beantworten.
[5] Vgl. zu dieser Unterscheidung LARMORE, Patterns of moral complexity, S. 43-47 und RAWLS, Die Idee des politischen Liberalismus, S. 376-380.
[6] Vgl. JONES, The Ideal of the Neutral State, S. 14 ff.
[7] Aus den beiden Herleitungen können sich unterschiedliche Implikationen für das Recht auf individuelle Freiheit ergeben. Vgl. dazu DE MARNEFFE, Liberalism, Liberty, and Neutrality.
[8] Darin liegen m. E. auch einige Gefahren, weil "Freiheit" soviel verschiedenes bedeuten kann und sich der Begriff dadurch ideologisch gebrauchen läßt. Außerdem verkennt die Betonung dieses Ideals die viel gewichtigere Bedeu-

tung des Gleichheitsgedankens im Liberalismus, wie vor allem DWORKIN immer wieder deutlich zu machen versucht; vgl. bes. ders, Liberalism.

[9] Vgl. KANT, Metaphysik der Sitten, S. 230

[10] Vgl. DWORKIN, Liberalism.

[11] Vgl. LARMORE, Patterns of moral complexity und ders., Politischer Liberalismus, S. 136 ff. So auch RAWLS, Die Idee des politischen Liberalismus, S. 284 f., 385.

[12] Vgl. zu dem Terminus RAWLS, Der Gedanke eines übergreifenden Konsenses, S. 306. LARMORE verwendet den Terminus eher im Sinne der weiter unten skizzierten Position (b).

[13] vgl. für dies und das folgende RIPSTEIN, Liberal Justification and the Limits of Neutrality, insbes. IV

[14] Vgl. auch NAGEL, Moral Conflict and Political Legitimacy. Eine alternative Möglichkeit wäre ein Einverständnis darüber, was im Leben wichtig ist, wie die sog. vernünftige Grundgüter in RAWLS, Eine Theorie der Gerechtigkeit, § 15.

[15] RAWLS, Die Idee des politischen Liberalismus, S. 255; vgl. zu der pragmatischen Lesart von RAWLS RORTY, Der Vorrang der Demokratie vor der Philosophie. RAWLS selbst lehnt diese pragmatische Deutung seiner Theorie ab und betont, daß die Basis der politischzen Gerechtigkeitskonzeption nicht ein bloßer modus vivendi zwischen ethischen Gemeinschaften, sondern selbst von moralischer Art ist.

[16] Vgl. RAWLS, The Idea of Public Reason.

[17] Vgl. LARMORE, Patterns of moral complexity, S. 53, ders., Politischer Liberalismus, S. 141 f.

[18] Vgl. ACKERMAN, Social Justice in the Liberal State, bes.Kap. I.

[19] Vgl. WOLF, Überlappender Konsens und öffentliche Vernunft, S. 13.

Bibliographie

Ackerman, Bruce, Social Justice in the Liberal State, New Haven 1980
Dworkin, Ronald, Neutrality, Equality, and Liberalism, in D. MacLean, C. Mills (Hg.), Liberalism Reconsidered, Tottowa 1983
Dworkin, Ronald, Liberalism, wiederabgedruckt in ders., A Matter of Principle, Oxford 1985
Habermas, J., Moralbewußtsein und kommunikatives Handeln, Frankfurt 1983
Jones, Peter, The Ideal of the Neutral State, in R. E. Goodin, A. Reeve (Hg.), Liberal Neutrality, London, New Yorck 1989, 9-38.
Kant, Metaphysik der Sitten, Werke (Akademie-Ausgabe) Berlin 1907,
Kymlicka, Will, Liberal Individualism and Neutrality, wiederabgedruckt in S. Avineri, A. DeShalit (Hg.), Communitarianism and Individualism, Oxford 1992, S. 165-185
Kymlicka, Will, Two Models of Pluralism and Tolerance, Analyse und Kritik 14 (1992), S. 33-56
Larmore, Charles , Patterns of moral complexity, Cambridge 1987
Larmore, Charles , Politischer Liberalismus, in A. Honneth (Hg.), Kommunitarismus, Frankfurt 1993
Marneffe, P. de, Liberalism, Liberty, and Neutrality, Philosophy and Public Affairs 19 (1990)
Nagel, Thomas, Moral Conflict and Political Legitimacy, Philosophy and Public Affairs 16 (1987), S. 215-240
Rawls, John, Eine Theorie der Gerechtigkeit, Frankfurt a. M. 1975 (orig. 1971)
Rawls, John, Die Idee des politischen Liberalismus, Frankfurt a. M. 1992
Rawls, John, Der Gedanke eines übergreifenden Konsenses, in ders., Die Idee des politischen Liberalismus, Frankfurt a. M. 1992
Rawls, John, The Idea of Public Reason, MS.
Ripstein, Arthur, Liberal Justification and the Limits of Neutrality, Analyse und Kritik 14 (1992), S. 3-17
Rorty, Richard, Der Vorrang der Demokratie vor der Philosophie, in ders., Solidarität oder Objektivität, Stuttgart 1988.
Wolf, Ursula, Überlappender Konsens und öffentliche Vernunft, MS 1992

Mirko Wischke

Birgt die Struktur der Moral eine gelingende Weise von gesellschaftlicher Organisation in sich ? Kritische Bemerkungen zum Verhältnis von Moralphilosophie und Sozialutopie am Beispiel von Theodor W. Adorno.

Dr. Mirko Wischke (Berlin)

Im terminologischen Gebrauch des Utopiebegriffs schwingen bei Adorno mehrere Konnotationen mit: geschichtsphilosophisch involviert Utopie die Idee einer opferlosen Subjektivität, sozialpsychologisch die Vorstellung eines freies Zusammenspiel der einzelnen Triebanteile des Subjekts, ästhetisch die Möglichkeit von Versöhnung mit dem Anderen und moralphilosophisch die visionäre Form einer geglückten Vergesellschaftung. Wie es scheint, sind im Utopiebegriff verschiedene Interpretationsansätze verschränkt worden: weder ist hinreichend ersichtlich, was die Idee einer opferlosen Subjektivität mit der Vision einer geglückten Vergesellschaftung verbinden soll, noch wird plausibel, wie die Vorstellung eines freien Zusammenspiels der Triebanteile im ästhetischen Kontext von Versöhnung systematisierbar wäre. Eine Ausnahme bilden jene Textpassagen, in denen von einem "utopischen Überschuß" (1) der Kantischen Moralphilosophie die Rede ist; darin lassen sich Aussagen finden, die Aufschluß darüber geben, wie die verschiedenen Konnotationen des Utopiebegriffs argumentativ ineinander verschränkt sind.

In der unter psychoanalytischen Vorzeichen stehenden Kritik der Kantischen Moralphilosophie ist Adorno zu zwei konträren Ergebnissen gelangt: während einerseits das Gewissen zum "Schandmal der unfreien Gesellschaft" (2) stigmatisiert wird, ist andererseits mit Emphase von der Idee eines "freien Zusammenlebens der Menschen" (3) die Rede. Sie wird als der "utopische Überschuß" (4) der Kantischen Moralphilosophie bezeichnet. Die Stichworte, in denen Adorno das Ergebnis seiner Kant-Kritik resümierend zusammenfaßt, resultieren aus der konflikthafte Zusammenführung von zwei verschiedenen Theorietraditionen: einer durch Nietzsche und Freud vorgeprägten, sozialpsychologisch inspirierten Moraltheorie, und einer, Elemente von Schopenhauer aufnehmenden, versöhnungstheoretischen Reformulierung der Kantischen Moralphilosophie.

Für die erste Traditionslinie steht die dem Werk Adornos insgeheim eine orientierende Einheit verleihende Utopie einer opferlosen Subjektivität. Ihr geschichtsphilosophischer Ausgangspunkt ist, daß der Mensch, um sich gegen die ihn bedrohende Natur behaupten zu können, seine amorphen Bedürfnis- und Triebregungen in solche Richtungen kanalisieren muß, die es ihm gestatten, seine ganze Energie auf die Nutzbarmachung der natürlichen Umwelt zu richten: er kann Natur nur in dem Maße sich verfügbar machen, in dem es ihm gelingt, seine innere Natur zu beherrschen; ohne Opfer und Leiden ist die Herausbildung menschlicher Subjektivität unmöglich. Beides, das Opfer wie das Leiden, nimmt Adorno als untrügliche Indizien dafür, daß der auf Selbsterhaltung gegründete soziale Lebenszusammenhang der Gesellschaft im Grunde ein pathologischer Zwangszusammenhang ist, der letztlich zum Mißlingen der Kultur führt; ein Zwangszusammenhang, der, so wird nahegelegt, in sich zusammenfallen würde, wenn das Subjekt sowohl sein Triebleben als auch sein inneres Empfindungssensorium ungezwungen miteinander kommunizieren lassen könnte. Erst in der nicht bemächtigenden Hingabe an das Andere entdeckt das Subjekt ein sowohl zwangfreies wie authentisches Selbstverhältnis. Die Fähigkeit zur "selbstentfremdenden Einfühlung" (5) in das Andere hat Adorno als den Impuls moralischen Handelns bezeichnet; ein Impuls, der in solchen Momenten deutlich wird, in denen sich beispielsweise das Subjekt betroffen dem Mitgefühl mit dem stummen Leiden von Tieren überläßt.

Der normative Gehalt der Utopie einer opferlosen Subjektivität, den Adorno aus der Rekonstruktion der Genese menschlicher Subjektivität am Leitfaden des Begriffs der Selbsterhaltung gewinnt, strukturiert die narrative Ordnung seiner Metakritik der Kantischen Moralphilosophie: Kants Versuch, Moralität aus der Selbstbeziehung und -entfaltung der Vernunft zu verstehen, wird rigoros abgelehnt, während an der Kantische Annahme eines strukturellen Zusammenhangs von Moral und sozialem Lebenszusammenhang festgehalten wird. Diese, für Adorno die Geschichte der Moralphilosophien theorieprägende Idee eines in der Struktur der Moral begründbaren sozialen Lebenszusammenhangs, wird unter den Einfluß der Prämissen seiner Geschichtsphilosophie eigenwillig uminterpretiert: da die Subjekte nur das tun, was von Natur ihrer Erhaltung dienlich ist, kann die Funktionsweise des gesellschaftlichen Zusammenlebens die wechselseitigen Ansprüche auf Achtung und Anerkennung nicht garantieren. Der Kantische Grundgedanken, in einem Moralprinzip eine die divergenten Einzelinteressen übersteigende Solidarität nachweisen zu wollen, könne daher nur noch darin Bestand haben, eine endlich nicht einlösbare Forderung zu sein. Gerade in dem Scheitern der positivierenden Behauptung ihrer Einlösbarkeit wird für Adorno die Erfahrung freigelegt, aus der sie ihren unabgegoltenen Anspruch ableitet: eine Weise von gesellschaftlicher Organisation, aus der Unrecht und Leiden verbannt sind, die, da sie nicht existiert, als eine Forderung zu formulieren ist. Dieser Schritt impliziert eine innertheoretische Problemverlagerung: Moral wird, statt den Ansatz einer gelingenden Interaktion fortzuschreiben, wie sie im Modell des mimetischen Impulses handlungstheoretisch angelegt ist, zum transzendenten Strukturprinzip des endlich nicht einlösbaren Ideals einer geglückten Gemeinschaft. Sie bezeichnet Adorno als ein **versöhntes Ganzes**. (6)

Mirko Wischke

Diese innertheoretische Problemverlagerung läßt eine widersprüchliche Konstellation in Adornos moralphilosophischen Überlegungen hervortreten: einerseits wird versucht, ein in der Struktur der Moral begründbaren sozialen Lebenszusammenhang versöhnungstheoretisch zu rekonstruieren, ohne andererseits die These von einem Zwangszusammenhang des Sozialen fallen zu lassen. Wenn jedoch Subjektivität allein am Prinzip der Selbsterhaltung festgemacht wird und der soziale Lebenszusammenhang nur auf zweckgerichtete Erwägungen basieren soll, die der Imperativ der Selbsterhaltung diktiert, dann fällt das menschliche Selbst derart unter der Beschreibung der Negativität eines durch Selbsterhaltung zwanghaft konstituierten Subjekts, daß es letztendlich ununterscheidbar von diesem ist.

So gibt es zahlreiche Textpassagen, die den Gedanken entfalten, daß Subjektivität überhaupt schuldhaft sei, und zwar in den Textstellen, an denen die These einer "verfehlten Individuation" entwickelt wird (7); darin heißt es apodiktisch, daß das "Selbst das Inhumane" ist. (8) Der Anspruch der Philosophie der Moral, in der Frage nach dem normativ Richtigen und Gerechten insgeheim immer auch eine visionäre Form von geglückter Vergesellschaftung zu geben, ist für Adorno nur einlösbar, wenn er eine versöhnte Fassung des Identitätsprinzips menschlicher Subjektivität zur Voraussetzung hat.

Die hypothetische Annahme, daß allein im Horizont von Versöhnung Moral möglich ist (9) täuscht darüber hinweg, daß unter der Prämisse, daß das menschliche Selbst inhuman ist, Versöhnung selbst nicht mehr praktisch begründbar, sondern einzig jenseits von Handlungen thematisierbar ist. Auf Adornos Bemühen, das Projekt der Kantischen Moralphilosophie versöhnungstheoretisch zu reformulieren, übt diese Prämisse einen insgeheimen Zwang aus: sie zwingt, Moral von der Zeitlichkeit der individuellen Existenz des Menschen abzukoppeln; nur dergestalt kann die Idee eines zwangsfreien Ganzen noch aufrechterhalten werden. Denn nicht auf eine Versöhnung des Individuums mit anderen richtet sich die Moral, wie es Schopenhauer mit dem Mitleid intendiert, sondern auf die "Idee einer Verfassung der Welt, in der nicht nur bestehendes Leiden abgeschafft, sondern noch das unwiderruflich vergangene widerrufen wäre". (10)

In zusammengeraffter Form gibt dieses Zitat das zwiespältige Resultat wieder, zu dem Adorno letztlich in dem Versuch gelangt, sowohl den Utopiebegriff versöhnungstheoretisch in die Moralphilosophie zu projezieren als auch auf der Grundlage einer durch Nietzsche und Freud inspirierten Moraltheorie die Kantischen Moralphilosophie versöhnungstheoretisch zu reformulieren: das Verdikt, daß das menschliche Selbst immer mit Schuld und Leiden verschränkt ist, ist so dominant, daß es mit der Intention, den "utopischen Überschuß" der Kantischen Moralphilosophie zu retten, in einem unvermeidlichen Konflikt gerät. Das sozialutopische

Mirko Wischke

Potential, dessen sich Adorno bei seiner Kant-Lektüre vergewissert, kann er nur unter der Voraussetzung einer Neubeschreibung des Subjekts reaktivieren. Gerade dieses Problem bleibt jedoch unter den Prämissen seiner Geschichtsphilosophie unauflösbar. (11) Daß dennoch am utopischen Potential festgehalten wird, gibt jenen Denkmotiven eine transzendente Wendung, die Adorno in der konflikthaften Zusammenführung von beiden moralphilosophischern Theorietraditionen gewinnt: die Konzeption eines versöhnten Ganzen als Eingedenken eines Zustandes der zwangslosen Kommunikation unterschiedlicher Subjekte und die Utopie einer opferlosen Subjektivität als "Hoffnung (auf) eine leibhafte Auferstehung". (12) Dieses Zitat deutet an, wie Adornos disparate Interpretationsansätze von Utopie zu systematisieren sind: als systematische Problembereiche, deren Konstellation die Umrißlinien einer negativen Moraltheologie hervortreten lassen (13)

Anmerkungen

1 Th. W. Adorno, Drei Studien zu Hegel, Frankfurt/M. 1971, S. 216

2 Ders., Negative Dialektik, Frankfurt/M. 1982, S. 272

3 Ders., Dialektik der Aufklärung, in: Max Horkheimer, Gesammelte Schriften, Bd. 5, Frankfurt/M. 1987, S. 106

4 Ders., Drei Studien zu Hegel, a.a.O., S. 216

5 Ders., Ästhetische Theorie, Frankfurt/M. 1973, S. 424

6 Ders., Drei Studien zu Hegel, a.a.O., S. 216

7 Ders., Kierkegaard. Konstruktion des Ästhetischen, Frankfurt/M. 1986, S. 569

8 Ders., Negative Dialektik, a.a.O., S. 294

9 Dazu: ders., Kierkegaard, a.a.O., S. 157

10 Ebd., S. 395

11 Dazu: M. Wischke, Kritik der Ethik des Gehorsams. Zum Problem der Moral bei Theodor W. Adorno, Frankfurt/M. 1993, S. 174 ff.

12 Th. W. Adorno, Negative Dialektik, a.a.O., S. 393

13 Ganz in diesem Sinne heißt es: "Philosophie, wie sie im Angesicht der Verzweiflung einzig zu verantworten wäre, ist der Versuch, alle Dinge so zu betrachten, wie sie vom Standpunkt der Erlösung aus sich darstellen." Ders., Minima Moralia, Frankfurt/M. 1989, S. 333

Peter Prechtl
Würzburg

Das Utopische als konstitutives Moment politischen
Handlungswillens.

I.

Die vorherrschende distanzierte Einstellung gegenüber einer
jeden Form von Utopie bezieht sich a) auf den Glauben, daß
sich die Welt nach einem ausgedachten Bild von Grund auf
ändern lasse und b) auf den Entwurf einer totalen Gesellschaft, in der für die Individualität und die Offenheit
komplexer Fragen kein Platz ist. Die These des Referats
stellt sich allerdings gegen eine verallgemeinerte Kritik an jeder Art des Utopischen. Der Irrtum einer solchen
Verallgemeinerung ist durch eine Differenzierung der historischen Utopien nach Form und Inhalt aufzulösen. Von
Form und Inhalt spreche ich in dem Sinne, daß jeder Utopie
ein materialer Gehalt in Gestalt einer idealen bzw. idealisierten Ordnung eigen ist, und jeder Utopie eine Form in
Gestalt der Modalität bezüglich der Realisierung zugehört.
Die historischen Utopien lassen sich danach unterscheiden
in
1. Utopien mit einer ideal und absolut gesetzten Gesell-
   schafts- und Regierungsordnung, über deren Möglichkeit/
   Realisierbarkeit nichts ausgesagt wird.
2. Utopien mit geschichtsmetaphysischer Grundlage, die einem Fortschritts- und Entwicklungsgedanken anhängen, und
   die die Realisierung als politische Aufgabe (der Menschheit) verstehen.
3. Utopien, die ohne geschichtsphilosophischen Hintergrund
   kritisierte Elemente eines gegenwärtigen Zustands in einer idealisierten Gestalt als Zielzustand angeben, der
   die darin enthalten Ideale als praktische Postulate

enthalten. Diese Ideale sind entweder zu verstehen als vollkommen zu realisierende Ordnungen oder als Zielvorgaben, deren Realisierbarkeit nicht losgelöst von dem historisch-sozialen Kontext einer ständigen Reflexion oder Problematisierbarkeit unterliegt.

Die These des Referats ist, daß für jedes politische Handeln, das den allgemeinen Grundsätzen von Demokratie, Freiheit, Gleichheit, Solidarität verpflichtet ist, allgemeine Ideale in Geltung sind, deren Realisierbarkeit hinsichtlich der Modalität und der inhaltliche materialen Füllung ständig zur Diskussion steht.

II.

Die gegenwärtige gesellschaftliche Situation ist von einer Vielzahl divergenter Utopien geprägt.
1. Utopien, die i. S. futurologische Aussagen, das drohende Ende der 'Bewohnbarkeit der Erde' prognostizieren. Ihre Funktion läßt sich als Handlungsappell in einem nicht-technischen Sinne bestimmen.
2. Utopien, die den idealisierten Zustand in die Innerlichkeit des Menschen verlegen und damit den Handlungsaspekt partialisieren.
3. Utopien, die aus einer Vernunftskritik heraus einem allgemeinen praktischen Appell absagen und die Lösung einer Pluralität der Lebensformen überantworten. Der utopische Gehalt resultiert aus der ursächlichen Verknüpfung von Vernunftanspruch und gesellschaftlichen Krisenerscheinungen und aus der Perspektive, durch Aufhebung dieses Vernunftanspruchs auch den Weg aus der Krise angeben zu können.

Diesen Utopiegestalten ist gemein, daß sie zwar keinen idealisierten gesellschaftlichen Zustand als Handlungsvorgabe benennen, aber einen allgemeinen Handlungsaspekt aufstellen, über dessen Realisierbarkeit nur sehr vage zu bestimmen ist.

III.

Die These des Referats geht davon aus, daß politisches Handeln immer in einem situativen Kontext stattfindet. Das Handeln im politischen Bereich umfaßt jene gesellschaftliche Prozesse, wie bspw. Ökonomie, Technologie und Soziales, die fortwährend Prozessen der Entscheidung unterliegen. Andererseits ist das gegenwärtige Unbehagen an der Politik gerade darin begründet, daß die in einem beschränkt pragmatisch-funktionalistischen Sinne vollzogenen Entscheidungsprozesse zu divergenten Problemlösungsstrategien führten. Von daher zeigt sich die Notwendigkeit, politisches Handeln in Bezug zu jenen allgemeinen 'Idealen' zu stellen, in denen sich unser Selbstverständnis aufgehoben weiß.

Das politische Handeln ist über den funktionalistischen Problemlösungsansatz hinaus in allgemeine Perspektiven eingeordnet. Diese allgemeinen Perspektiven können wiederum als Ideale verstanden werden, die nun nicht mehr von einer utopischen Vorstellung i. S. eines idealen Gegenentwurfs zur bestehenden Welt und nicht i. S. perfektionalistischer Vorvollkommung einer bestehenden Welt getragen sein können. Vielmehr unterstehen sie mehreren Vorbehalten: 1. Sie dürfen sich nicht abstrakt allgemein nur auf die Gesellschaft oder die Menschheit beziehen, ohne Bezug zum Handlungskontext der Individuen; 2. Sie können nicht als partikulare Interessen bestehen, ohne die Gefahr eines praktischen Widerspruchs in Gestalt entgegengesetzter partikularer Handlungsentwürfe zu thematisieren. Die Rolle des Utopischen oder Idealen ergibt sich aus dem Handlungsaspekt selbst: Die Handlung hat Allgemeinheitsansprüchen zu genügen, ohne das empirische Subjekt und die damit verbundene Kontextbezogenheit zu vernachlässigen. Wenn das politische Handeln an die Maßgabe solcher Ideale wie Freiheit, Gleichheit, Solidarität u.a. rückzubeziehen ist, dann stellen diese allgemeine transsituative Grundsätze dar.

Das utopische Moment darin ist in dem Begriff des Ideals

selbst begründet: Es ist nicht deckungsgleich mit der Wirklichkeit und signalisiert einen Handlungsbedarf oder Handlungsorientierung. Als Ideal ist es nicht gleichzusetzen mit einem Zustand des Perfektionismus. Die Funktion des Ideals ergibt sich aus den Kontingenz- und Kontextbedingungen des Handelns: Sie bedürfen eines solchen Handlungsrahmens, um realisiert werden zu können. Andererseits stellt jede Realisation eine zeitlich und situativ bedingte dar, die für sich nicht in Anspruch nehmen kann, der vollkommene Ausdruck eines Ideals zu sein. Angesichts der Zeitlichkeit des Handelns und der Partikularität des historisch-situativen Kontextes verbleibt dem Ideal notwendig ein "Rest" des noch nicht Verwirklichten. Dem Ideal ist die Unmöglichkeit einer vollkommenen Realisierung inhärent. Es artikuliert sich aufgrund bestimmter Ausgangsbedingungen, unterliegt veränderten Interpretationen aufgrund der sich im Handeln verändernden Situation und ist immer nur in bebestimmten Verständnissen gegeben. Der utopische Charakter ergibt sich aus dessen Doppelstruktur: Es stellt eine durch den Prozeß der Konkretisierungsversuche hindurchgehende Einheit dar, ohne daß dafür ein Kriterium der adäquaten Realisierung namhaft gemacht werden könnten. In der utopischen Form bleibt es konstitutiv für jedes politische Handeln.

Walter Reese-Schäfer, Halle/S.

Kritik des Müßiggangs als Topos utopiekritischen Denkens in Hans Jonas' "Prinzip Verantwortung"

Die Machbarkeit von utopischen Vorstellungen ist eigentlich immer in Zweifel gezogen worden und meist mit ziemlich kontingenten Argumenten. Wenn aber das hochgesteckte Ziel der Utopie selbst bei näherer Betrachtung und bei kritischer Durchdringung der utopischen Rhetorik sich als gar nicht wünschenswert, wenn die von den Utopikern beschriebenen Lebensformen sich vielmehr als unwürdig und unmenschlich erweisen würden, dann gäbe es überhaupt keinen Grund mehr, irgendwelche Anstrengungen oder Risiken zur Verwirklichung auf sich zu nehmen.[1] Diese Argumentation hat Hans Jonas im "Prinzip Verantwortung" neben zwei anderen Argumentationslinien gegen Ernst Blochs "Prinzip Hoffnung" vorgebracht. Ich will mich in diesem Sektionsreferat auf diesen Punkt konzentrieren und die anderen antiutopischen Kritikpunkte von Hans Jonas, nämlich seine Einwände gegen die Berechtigung der Kritik, die die Autoren von Utopien an der gegenwärtigen Gesellschaftsform üben, und seine aus dem Energie-, dem Rohstoffproblem, dem Problem der Überbevölkerung und der Umwelterhitzung begründeten Zweifel an der Realisierbarkeit an dieser Stelle nicht behandeln.

Diese Referat konzentriert sich also auf den Topos der Muße. Die Frage ist: Hat Jonas mit seinem Urteil recht, es sei unwürdig, wenn eine zukünftige Gesellschaft in erster Linie von freiwilliger oder erzwungener Muße bestimmt wäre, oder könnte nicht genau dies - auch aus ökologischen Gründen - sogar eher wünschenswert sein?

Diese Überlegungen gehen "von der Prämisse aus, daß politische Utopien Fiktionen innerweltlicher Gesellschaften sind, die sich entweder zu einem Wunsch- oder einem Furchtbild verdichten. Ihre Zielprojektion zeichnet sich durch eine präzise Kritik der Institutionen und sozio-politischer Verhältnisse aus, der sie eine durchdachte und rational nachvollziehbare Alternative entgegenstellt. Die Wunsch- oder Furchtträume der politischen Utopie sind also 'wirklichkeitsangemessen'."[2] In diesen Bereich gehören auch Ernst Blochs Überlegungen, die ja, wie erinnerlich, sich selbst als "konkrete Utopie" verstanden wissen wollten.

Marx hat immer wieder betont, daß er kein Utopist, sondern streng wissenschaftlicher Prognostiker sein wolle. Durch diese Konstruktion wird aber der unzweifelhafte Utopismus seines "Reichs der Freiheit" um so mehr aus dem Bereich des gesellschaftskritischen Gedanken- und Konversationsspiels, wie etwa in Thomas Morus' Utopia, in die harte Welt des bei Strafe der Barbarei zu realisierenden Konzepts erhoben. Hans Jonas hält sich bei dieser Frage, ob nämlich Marx überhaupt als Utopist gelten kann, gar nicht auf, sondern zitiert gleich die einschlägigen Stellen aus dem dritten Band des "Kapital" und aus der "Kritik des Gothaer Programms".[3] Jonas' Kritik an dieser Art von Utopie: eine Arbeit, die nicht mehr durch Notwendigkeit und äußere Zweckmäßigkeit bestimmt ist, weil alle Lebensvoraussetzungen hinreichend vorhanden sind und "alle Springquellen des genossenschaftlichen Reichtums voller fließen"[4] wäre eine "zwecklose, zweckfreie Arbeit", die in die Nähe von Freizeitgestaltung und Beschäftigungstherapie rücken würde. Da es auf den Nutzen der Arbeit dann nicht mehr ankommt, würde sie dann zu einer Art von Luxusbedürfnis werden.[5] In einigen Bereichen läßt sich eine Rotation der Tätigkeiten noch vorstellen, aber gewiß nicht bei der Spitzenforschung, wo die Arbeitsteilung wohl unaufhebbar ist. Jonas führt auch Berufe wie Ärzte, Lehrer, Sozialarbeiter an, wo sein Argument aber schon weniger schlüssig wird. Deutlicher noch als Marx spricht Ernst Bloch über dieses "Wunschideal der tätigen Muße".[6] An ihn richtet Jonas deshalb seine insistierende Frage: Wie sähe die "Muße als universaler Zustand" aus, wenn ihre technischen Realisierungsbedingungen - was Jonas bekanntlich für ausgeschlossen hält - erfüllt wären?[7]

Als erstes problematisiert Jonas die Vorstellung, die Trennung von geistiger und körperlicher Arbeit und die Arbeitsteilung könnten aufgehoben werden. Er "fragt sich, ob Marx dafür ein allgemeines Dilettantentum eintauschen wollte, wo jeder jedes tun kann".[8] Vor allem aber: geistige Arbeit wird nach Jonas "der letzte Ort wirklicher Arbeit sein".[9] Er meint damit wohl in erster Linie naturwissenschaftliche Beobachtungstätigkeiten mit ihren "mikroskopischen, spektroskopischen, teleskopischen"[10] Prüfungen, überhaupt die Strapazen der Beobachtung. Schon Jonas' Beispiele wirken in keiner Weise einleuchtend, da in diesen Bereichen die Arbeitsteilung längst massiv eingezogen ist und etwa ein in seinem einstigen Fach keineswegs zu unterschätzender Physiker wie Carl Friedrich von Weizsäcker die Meinung vertritt, daß man diese Art von intellektuellem Hochleistungssport nur in jüngeren Jahren betreiben könne und in späteren lieber den Beruf wechseln solle, was er dann ja auch getan hat.

Jonas vertritt die These, daß Geistesarbeiter rein kompensatorische Tätigkeiten wie das Lösen von Kreuzworträtseln oder Schachproblemen als nicht besonders attraktiven "Ersatz" ablehnen würden.[11] Auch das will ich dahingestellt sein lassen, weil sich zwar mein spontanes Urteil mit seinem deckt, ich mir aber nicht sicher bin, ob diese These einer Umfrage unter Spitzenforschern oder Geisteswissenschaftlern standhalten würde.

Walter Reese-Schäfer, Halle/S.

Ernst Bloch hatte die Imagination, daß die sogenannten Hobbys, die in Amerika die Leere der Berufsarbeit kompensieren, in der Zukunftsgesellschaft verschwinden, "wenn sie einmal den richtigen Beruf ausmachen (...). bis dahin ist vom Steckenpferd zu lernen, wie erfüllte Muße privat geträumt wird, als Arbeit, die wie Muße erscheint."[12] Hier setzt Jonas' Problematisierung ein: wenn die technologische Saturierung als Vorbedingung erfüllt wäre, hätte die Mußetätigkeit allein noch eine psychologische Funktion, könnte diese aber, weil sie ja überflüssig wäre, nur sehr bedingt ausfüllen. Gewiß kann Handweberei geschmackvollere Resultate hervorbringen als industrielle Massenproduktion, aber man kann genausogut Verachtung dafür empfinden und muß dann "eben im Glück der Utopie leiden"[13]. "Begeisterung dafür wird man sich versagen müssen (eher drängt sich das jiddische 'nebbich' auf). Dann aber wird man auch recht nüchtern den für ihre Herbeiführung geforderten Preis - den hohen Menschenpreis der Revolution - zu wägen haben. Das letztere umso mehr, als das sich abzeichnende Bild eine verdächtige Ähnlichkeit mit dem aufweist, was sowieso bevorsteht [Hervorhebung WRS], womit bei weiterem Fortschritt der planetarischen Technik jede künftige Menschheit unter jedem politischen Etikett sich wird einrichten müssen - was den Stoff zu dem ganz neuen literarischen Genre der 'negativen Utopie' liefert (zum Beispiel bei Aldous Huxley)."[14]. Dieser letzte Hinweis auf das, "was sowieso bevorsteht", scheint auf den ersten Blick inkonsistent zu sein zu Jonas' Versuch nachzuweisen, daß die technisch-physikalische Gestalt dieser Utopie ohnehin nicht zu realisieren ist. Ich verstehe ihn allerdings so, daß der "'Umbau des Sterns Erde' durch entfesselte Technologie"[15] auch unter kapitalistischen Bedingungen in die Umweltkatastrophe führen würde, und da ich mich hier nur auf das Problem der utopischen Muße konzentrieren will, kann ich die mögliche Inkonsistenz der Kritik hier übergehen. Einige Hinweise, mit denen Jonas seine Kritik illustriert, möchte ich hier noch anführen: Wenn das Hobby zum Beruf wird, geht die Spontaneität verloren, ebenso die Freiheit; denn: da es keine private Kasse mehr gibt, müssen die Hobbys aus der öffentlichen finanziert werden. Daraus ergibt sich, daß jeder eines aufgezwungen bekommt, um nicht die Langeweile des Müßiggangs durch Alkohol, Rauschgift, Kriminalität oder sonstige Erregungskitzel zu kompensieren.[16] Aus dem Kann wird also ein Muß, das Jonas nur noch mit einem gewissen Hohn betrachten kann: "Man versuche, sich die vielarmige und vieläugige, in die privaten Lebensbereiche hineinleuchtende Bürokratie vorzustellen, die hier als Organ der regierenden Lehrer alle Hände voll zu tun haben wird".[17] An dieser Stelle wird überdeutlich, wie stark Jonas' Kritik von den Topoi der negativen Utopie, besonders

Aldous Huxleys, geprägt ist. Manipulation, Aufhebung der Privatsphäre, Wirklichkeitsverlust und Verlust der Menschenwürde sind die leitenden Begriffe. Bloch hatte noch geglaubt, daß, wenn die "schäbigste" Sorge das Daseins, nämlich "die des Erwerbs", abgeschafft sei, dann würden "die einzig wahren Existenzsorgen beginnen"[18]. Jonas hält das für baren Unsinn und führt dagegen die Würde des Daseinskampfes der urmenschlichen Jäger, des Eskimos, "der dem arktischen Eis die Nahrung für sich und die Seinen abtrotzt" und des phönizischen Seefahrers an, "der Sonnenglut und Meeressturm und das Unbekannte fremder Küsten um des Gewinnes willen ertrug".[19]

Der Grundirrtum ist seiner Meinung nach, daß die Freiheit dort beginne, wo die Notwendigkeit aufhört, während doch mit "dem Ernst der Wirklichkeit, die immer auch Notwendigkeit ist", auch die Würde verschwindet, und so z.B. in einer Gesellschaft der allgemeinen Sekurität geradezu der "Hunger nach entbehrter Wirklichkeit" die Sehnsucht nach dem Ernstfall vorauszusagen ist. Jonas belegt das mit dem Hinweis auf die Kriegsbegeisterung der bürgerlichen Jugend von 1914, als diese "dann mehr vom tödlichen Ernst zu kosten bekam, als irgendwer wünschen konnte".[20] Es gibt Freiheit nur innerhalb der Notwendigkeit, während eine Scheintätigkeit genausowenig vor Verzweiflung und Anomie schützt wie die Untätigkeit.[21] Auch dieser Punkt müßte unter dem Aspekt der Erfahrungen mit der Berufstätigkeit in der ehemaligen DDR einmal etwas genauer unter die Lupe genommen werden. Die Betroffenen selbst zumindest neigen ja dazu, eine unproduktive Scheintätigkeit für sinnvoller zu halten als die Arbeitslosigkeit - und das offenbar nicht nur unter dem Aspekt der Bezahlung. Die Würde des Daseinskampfes ist eine nicht ganz unproblematische Vorstellung.

Daß die Gestaltung der zwischenmenschlichen Beziehungen nun anstelle des Daseinskampfes einen sinnvollen Inhalt der Muße bilden könnte, problematisiert Jonas ebenfalls mit dem Hinweis auf den dann erforderlichen bürokratischen Stab von Gruppentherapeuten, Ehe- und Geschlechtsberatern, Beratern bei der Partnerauslese und Individualtherapeuten für alle Arten von Komplexen.[22] Solche antitherapeutokratischen Bemerkungen gehören heute zur Standardargumentation jeder ernsthaften Sozialtheorie und lassen sich in Habermas' "Theorie des kommunikativen Handelns" ebenso wie in Luhmanns "Liebe als Passion" erheblich ausführlicher und gründlicher noch als bei Jonas finden. Jonas setzt den 'Ernst geteilter Wirklichkeit'[23] dagegen.

Im Grunde unterstellt Jonas dem Blochschen Prinzip Hoffnung die Vorstellung einer jeden Ernstes entbehrenden parasitären Gesellschaft von Schnorrern und Müßiggängern. Er weiß selbst, daß Überlegungen, wie eine

Walter Reese-Schäfer, Halle/S.

von materieller Not "und schließlich sogar von Arbeitszwang befreite Menschheit sich verhalten wird".[24] völlig spekulativer Natur sind: "Aber die Erwartung sollte nicht zu sanguinisch sein. Was wir bisher von moralischen und sonstigen psychologischen Folgen des Müßiggangs wissen, überhaupt eines von Pflichten nicht zeitrhytmisch strukturierten Daseins, sollte eher schrecken. Selbst eine müßige Aristokratie, noch am meisten geschützt durch Standestradition und -disziplin, durch soziale Sichtbarkeit und Beispielsrolle, hat oft die Flucht aus der Langeweile in die Ausschweifung genommen: Glücksspiel, sexuelle Frivolität, etc. (Exzentrizität als harmlosere und oft liebenswertere Alternative). Die buchstäblichste 'Liebhaberei' von allem, die Don-Juan-Karrierre mit dem Stolz der Leporello-Liste, wird schwerlich als utopie-gerechtes Steckenpferd passieren, obwohl die Begründung, warum nicht, gar nicht einfach wäre."[25] Die eben zitierte Passage hat Jonas in den Anmerkungsapparat gesteckt - wohl wegen des eher privaten und nicht recht verallgemeinerbaren Charakters seiner darin enthaltenen Werturteile. Aber unter soziologischen Aspekten ist der Hinweis auf den strukturierten Müßiggang, der in Teilen der Adelsgesellschaft praktiziert wurde, in der Tat außerordentlich interessant. Denn würdelos erscheint die Adelsmuße eigentlich erst in der Perspektive ihrer bürgerlichen Kritik, die sich zudem in erster Linie mit Verfallsformen zu befassen hatte. Warum sollte sie auf eher antibürgerliche Gestalten wie Ernst Bloch und Karl Marx nicht vielmehr außerordentlich anziehend wirken? Stimmt es tatsächlich, daß sie nur durch sinnlose Scheinbeschäftigungen auszufüllen wäre? Wie verhielt es sich eigentlich mit Goethes Leben das uns weitgehend von Tag zu Tag überliefert ist, und in dem berufliche Tätigkeit und Lebensernst nur einen verschwindend geringen Teil ausgemacht haben? War es nicht im wesentlichen der Unterhaltung des Hofes und der Selbstvervollkommnung gewidmet? Führen eigentlich unsere mit 60 oder 65 Jahren pensionierten Rentner, unsere Eltern, die ja oft, wenn sie den Krieg überlebt haben und keine bleibenden Schäden zurückbehalten haben, bis zu 80 oder 90 Jahren alt werden, in dieser Zeit ein würdeloses, weil tätigkeitsloses Leben? Haben nicht vielmehr viele Rentner, wenn und soweit sie dem Ernst der Daseinssorge enthoben sind, also jene, die nicht mit Krankheit und Versorgungsproblemen belastet sind, den Eindruck, sich nunmehr "eigentlichen", wirklichen und sinnvollen Tätigkeiten hingeben zu können? Es gibt in der bürgerlichen Gesellschaft eine Haltung, das Rentnerdasein verächtlich zu machen und allenfalls für gerechtfertigt zu halten unter dem Aspekt, daß man auf ein angeblich erfüllte und entbehrungsreiches Arbeitsleben zurückblicken könne. Ich nehme jedenfalls an, daß nur wenige Rentner ihre Zeit als eine ansehen, in der sie sich in Ruhe auf den wirklichen Ernst des Todes vorbereiten.

Die Beachtung, die Hans Jonas mit seiner Kritik am Utopismus gefunden hat, basiert wohl in erster Linie darauf, daß er ökologische Argumente ins Spiel gebracht hat. Doch gerade in ökologischer Sicht könnte es so etwas wie eine "Pflicht zur Faulheit"[26] geben, die mehr wäre als das bloße Genießen eines "Rechts auf Faulheit", wie es einst Paul Lafargue formulierte[27]. "Pflicht zur Faulheit" deshalb, weil man sie auch verstehen könnte als ein gelassenes Abstandnehmen von der rastlosen, aufopferungsvollen und den Ernst des Kampfes um Off-Shore-Bohrungen, Pipelinebauten in Alaska und Sibirien ausmachenden menschlichen Tätigkeit, die uns an den Rand der ökologischen Katastrophe gebracht hat. Gerade von hier aus könnte die Muße (und auch die realistischerweise anzuerkennenden Probleme, sie sinnvoll auszufüllen) eine neue Bedeutung gewinnen - sie wäre dann keine Muße des materiellen Überflusses mehr, sondern des Verzichts auf einen Teil der materiellen Reichtümer durch erhebliche Zugewinne in der Zeitökonomie und damit der Freiheit der eigenen Lebensgestaltung. Gerade der Ernst der ökologischen Gefahren könnte uns dahin bringen, eine Gesellschaft des Müßiggangs anzustreben, die sogar Pseudo- und Kompensationsaktivitäten wie die Raserei auf Skiern und mit Autos begrenzen und regulieren müßte. Eine Vorstellung, der Hans Jonas nach der ganzen Argumentationsweise vielleicht sogar zustimmen könnte, wenn er nicht seine aktivistische Ablehnung der freien Muße so sehr in das Zentrum stelle würde. Utopie und Freiheitsverlust können verbunden sein, das sieht Jonas richtig. Er versteht sich aber als Apokalyptiker[28]: "um das Schlimmste zu verhüten" können mindestens ebenso radikale Freiheitseinschränkungen begründet werden wie mit dem Zukunftsziel des allgemeinen Wohlergehens. Er kann sich eine Erhaltung der Menschheit, die für ihn das wesentliche Ziel ist, nur vorstellen, wenn die Naturzerstörung nicht durch weiteres Wachstum der Produktion vorangetrieben wird. Eine solche "gebremste Ökonomie" ist nach Jonas' Meinung möglicherweise sogar durch eine Tyrannis zu verwirklichen, die allerdings ein hohes Maß an Askese, Gleichheit, Wohlwollen, "Aufgeklärtheit" und Moralität beinhalten müßte. An dieser Spezifizierung kann man übrigens erkennen, daß Jonas den Begriff "Diktatur" meint, obwohl er das Wort "Tyrannis" verwendet. Eine marxistisch geprägte Diktatur böte nach Jonas' Meinung die Voraussetzungen einer rational gesteuerten Ökonomie, wenn sie nicht neben den asketischen und Gleichheitszügen auch das utopische Element enthielte, daß alle Fesseln der bisherigen Technikentwicklung und der materiellen sowie geistigen Produktion gesprengt und alle Springquellen

Walter Reese-Schäfer, Halle/S.

des Reichtums fließen sollten. Hermeneutisch unbarmherzig ausgelegt, liefe Jonas' "Prinzip Verantwortung" auf eine asketische Diktatur in umweltschützerischer Absicht, einen Marxismus ohne Utopie hinaus. Dieser Punkt läßt sich allerdings nicht ganz klären, weil das zwar so eindeutig in Jonas' Text steht[29], er es aber, wenn es ihm z.B. von Karl-Otto Apel und anderen vorgehalten wird, abstreitet, eine Ökodiktatur anzustreben.[30] Wenn die Marxsche und Blochsche Utopie eine industrialistische Diktatur zu legitimieren suchten, dann legitimiert Jonas' Art der Argumentation die Ökodiktatur. Die Abwehr der Wirtschaftsdynamik und der mit ihr verbundenen sozialen Verwerfungen war charakteristisch für die frühneuzeitlichen Utopien, die beinahe ausnahmslos das Konzept einer gebremsten Ökonomie vertreten haben.[31] Alle diese Utopien, von Thomas Morus "Utopia" bis Campanellas "Sonnenstaat", kennen keinen Platz für individuelle Menschenrechte[32] - übrigens auch nicht die herrschaftsfeindlichen, anarchistischen Utopien von Rabelais' Abtei von Thelema über Diderots "Nachtrag zu Bougainvilles Reise" bis zu William Morris. So bleibt mein Schlußproblem ob nicht auch die aktuellen ökologischen Utopien, die neben den feministischen noch nach dem Scheitern sozialistischer Gesellschaftsutopien übriggeblieben zu sein scheinen, als konzeptionellen Kern die gebremste Ökonomie haben - mit allen Folgen der Überwachung, Unterdrückung und Reglementierung nach kollektiven Imperativen, die menschrechtsfeindliche Züge annehmen könnten. So attraktiv man sich den Müßiggang als freie Selbsttätigkeit ausmalen mag - als erzwungene und reglementierte Un-Tätigkeit wäre er eine schlimme Zumutung. Nicht die Muße wäre dann das Problem, sondern die Unwürdigkeit und Unerträglichkeit von Repression und Reglementierung.

---

[1] Hans Jonas, Das Prinzip Verantwortung. Versuch einer Ethik für die technologische Zivilisation, Frankfurt 1984 (zuerst 1979) S. 326
[2] Richard Saage, Politische Utopien der Neuzeit, Darmstadt 1991, S. 3
[3] Das Kapital, Bd. 3, MEW 25, Berlin 1976, S. 828; Randglossen zum Programm der deutschen Arbeiterpartei [Kritik des Gothaer Programms], 1987, Marx/Engels Studienausgabe, Hg. Iring Fetscher, Frankfurt 1966, Bd. III, S. 179f, vgl. Jonas S. 343f
[4] Marx/Engels Studienausgabe, Hg. Iring Fetscher, Bd. 3, S. 180
[5] Jonas, a.a.O. S. 344f
[6] Jonas, a.a.O. S. 347
[7] ebda. S. 348
[8] ebda. s. 350
[9] ebda. s. 352
[10] ebda.
[11] ebda S. 352f.
[12] Ernst Bloch, Das Prinzip Hoffnung, Frankfurt 1969, S. 1061

[13] Jonas, a.a.O. s. 356
[14] ebda
[15] ebda S. 327
[16] ebda S. 360
[17] ebda S. 362
[18] Ernst Bloch, Das Prinzip Hoffnung, a.a.O. S. 1073, S. 1083
[19] Jonas, a.a.O. S. 363f
[20] ebda. s. 365
[21] ebda S. 366
[22] ebda S. 367
[23] ebda S. 369
[24] ebda S. 408
[25] ebda S. 408f.
[26] Reinhart Klopfleisch, Die Pflicht zur Faulheit. Freizeit zwischen Streß und Muße, Düsseldorf, Wien, New York 1991
[27] Paul Lafargue, Das Recht auf Faulheit, o.O. 1980
[28] vgl. Jonas S. 251, dazu Heiner Hastedt, Aufklärung und Technik, Frankfurt 1991, S. 172 "Die Heuristik der Furcht wirkt wie eine apokalyptische Umkehrung der Fortschrittseuphorie."
[29] Hans Jonas, Das Prinzip Verantwortung. Versuch einer Ethik für die technologische Zivilisation, Frankfurt 1984 (zuerst 1979), S. 262, 269
[30] So in der mündlichen Diskussion auf der Kieler Tagung "Ethik und Politik heute. Verantwortliches Handeln in der technisch-industriellen Welt", Kiel, 22. Feb. 1990.
[31] Richard Saage, a.a.O. S. 34, 38
[32] Richard Saage, Utopie und Menschenrechte, Universitas H. 4, 1992, S. 319-330

Anton Grabner-Haider

Nation und Humanität
Kulturphilosophische Überlegungen

Einleitung: Vermutlich können kulturphilosophische Überlegungen wenig zur Klärung gesellschaftlicher Problemlagen beitragen. Dennoch soll über zwei Teilaspekte nachgedacht werden, die heute Relevanz haben. "Nation" und "Humanität" sind zwei Begriffe, um die sich riesige Problemlagen bündeln, in Europa und in anderen Kulturen. Trotz globaler Telekommunikation erleben wir kulturelle Ungleichzeitigkeiten, die sich kaum vermindern. So zeigt der Wert "Humanität" krasse Bedeutungsunterschiede in den großen Kulturräumen - man denke an die verschiedenen Rechts- und Strafsysteme in islamischen Ländern, in China, in Nordamerika, in Westeuropa und in Osteuropa. Nur technokratische Träumer erzählen uns von einem großen "Weltdorf" der Kommunikation und einer weltweit entstehenden humanen Lebenswelt.

1. Realistischerweise müssen wir also von starken kulturellen Ungleichzeitigkeiten ausgehen, bezogen auf Wertvorstellungen, Daseinsdeutungen und Lebensformen - nicht nur in Europa, sondern weltweit. Mit dem Gefälle im Wertgefüge haben wir in Europa nicht mehr gerechnet, unsere Informationen über Sozialisationsprozesse und Lebenswelten in autoritären und geschlossenen Gesellschaften waren ungenügend, wie sich jetzt zeigt. So sind die Vorstellungen von Humanität, von Toleranz, von Menschenrechten und Demokratie höchst unterschiedlich, auch wenn dieselben Worte benutzt werden. Vermutlich werden wir genötigt sein, verstärkt in Kommunikation zu treten mit fremden Kulturen und Lebenswelten.

2. Der Zielwert *"Humanität"*, ein Verhalten, das dem menschlichen Wesen entspricht, findet sich im Ansatz wohl in allen Schriftkulturen, in China wie in Indien, in Japan wie im Islam. Doch die Inhalte dieses Wertes werden in jeder Kultur anders bestimmt, je nach Daseinsdeutung und Kulturentwicklung. So gilt es in großen Rechtsschulen des Islam als human und dem menschlichen Leben angemessen, Dieben die Hände oder Füße abzuhacken oder Ehebrecherinnen zu steinigen. Im kommunistischen China ist es nicht inhuman, der Staatsgewalt widerstrebende Personen zu töten. An schönen Worten für diese Zielwerte mangelt es in keiner Kultur; aber schöne Worte sind nicht wahr, und wahre Worte sind selten schön - so wissen es schon die Anhänger der alt-chinesischen Tao-Religion aus leidvoller Erfahrung.[1]

Der Lebenswert der Humanität im europäischen, genauer im westeuropäischen Sinn wurde ansatzweise von einigen griechischen Philosophen formuliert, zuerst bei den Sophisten, die aus der sozialen Mittelschicht kamen;[2] dann bei Philosophenschulen, die auch Personen aus den unteren Schichten (Metoiken und Sklaven) in ihren Reihen hatten und die auch Frauen von der Suche nach Weisheit nicht ausschlossen, bei Kynikern, Stoikern, Epikureern etwa.[3] Ihnen war nicht mehr einsichtig, daß einige Menschen der oberen Schichten mehr Wert haben sollten als andere; niemand sei von Natur aus ein Sklave oder ein Herr; Frauen seien nicht weniger der Weisheit fähig als Männer; Patriarchen sollen nicht über das Leben ihrer Sklaven oder Kinder verfügen. Gleichzeitig legitimieren die aristokratischen Philosophen, Plato vor allem, die Gesellschaftsordnung der Herren mit philosophischen und theologischen Argumenten: Freies Denken in Bezug auf Götter und Riten soll es nicht geben im idealen Staat, ein "nächtlicher Rat" solle alle Häretiker zum wahren Glauben zwingen, mit Todesandrohung.[4] Dies ist das Humanitätsideal aller späteren geschlossenen Gesellschaften und Glaubensinquisitionen.[5]

3. Ein anderer Impuls zum Zielwert "Humanität" ist religiös motiviert und kommt aus der jüdischen Jesusbewegung bzw. dem frühen *Christentum*. Auch dort sind es Anhänger der mittleren und der unteren sozialen Schichten, auch sozial Ausgegrenzte, die jüdische Lebenswerte mit stoisch-kynischen Wertvorstellungen verbinden.[6] Nicht nur von der Natur, auch vom Schöpfergott her seien alle Menschen gleichwertig, Freie und Sklaven, Juden und Nichtjuden, Frauen und Männer. Jedes Leben habe einen Wert und dürfe nicht getötet werden; neugeborene Kinder dürfen nicht ausgesetzt werden, Sklaven und Frauen sollen wie freie Männer als Personen gelten; Gladiatoren sollen nicht mehr im Circus kämpfen müssen;[7] Sippenrache soll zu Ende kommen, die Menschen sollen die Kunst der Versöhnung lernen; Gegner sollen nicht mehr als Feinde betrachtet werden; auch fremden Sippen sei mit Wohlwollen und Nächstenliebe zu begegnen.[8]

Hier entsteht eine alternative Lebensform mit Zielwerten, die in unserer Kultur, trotz späterer Pervertierung in der Reichs- und Feudalkirche, nicht mehr vergessen werden. Freilich, die Vordenker der Reichs- und Feudalkirche, Aurelius Augustinus z.B., orientieren sich an Plato. Erst bei einigen Humanisten und vor allem in der *europäischen Aufklärung* werden diese Zielwerte wieder in Erinnerung gerufen und politisch eingefordert.[9] Es waren vor allem die englischen und schottischen Moralphilosophen des 16. und 17. Jhs., die sich bei der Verteidigung der englischen Hochkirche auf biblische Zielwerte beriefen (Richard Hooker, Herbert von Cherbury, John Toland, Matthew Tindal, Th. Chubb, Anthony Shaftesbury, Joseph Butler u.a.).[10] Später waren es J. Locke, D. Hume, P. Bayle, D. Diderot, F. Voltaire u.a., die diese Zielwerte näher abgrenzten: Jeder Mensch solle ein Recht haben auf seine Überzeugung, niemand soll wegen seines Glaubens verfolgt werden, Folter und Inquisition sollen zu Ende kommen, die Sklavenhaltung sei ein Unrecht. Es wird angenommen, daß vor allem die Entfaltung der Vernunft zu humaneren Lebensformen beitragen kann. Einige dieser Werte wurden nach viel Blutvergießen in staatliche Rechtsordnungen aufgenommen und als Menschenrechte formuliert.

Nun gibt es heute vermehrt Denker, auch Philosophen, die die Emanzipationsbewegung der europäischen Aufklärung fundamental abwerten, sie werfen ihr nicht nur Ambivalenzen vor, sondern unterstellen ihr Mitschuld an den großen Ideologien

Anton Grabner-Haider

und Diktaturen im 20. Jh. Der nationale und der internationale Sozialismus seien Direktfolgen der Aufklärung, sagt in einem Wortspiel H. Lübbe.[11] Doch die genauere Hinsicht zeigt, daß es die subtilen und lauten Gegner der Aufklärung waren, die autoritäres Denken auf eine neue mythische und ideologische Basis gestellt haben und die Zielwerte der Aufklärung ins Gegenteil pervertierten. Intellektuelle Redlichkeit wäre die Minimalvoraussetzung, wenn überhaupt kulturelle Lernprozesse möglich werden sollen.

Es waren nicht zufällig die mystischen, theologischen und idealistischen Denker der Romantik, die sich wieder die aufgeklärten Staatsmodelle wünschten und Idealwelten beschrieben, die ein Zuviel an Rationalität und vielleicht auch an Humanität für alle nicht ertragen wollten. In diesem Kontext wird der Begriff der "Nation" wichtig und bekommt neue Inhalte.[12] Wem sonst sollten wir denn die Zielwerte der Humanität verdanken, wenn nicht der rationalen Aufklärung? Damit sollen ihre ambivalenten Folgen und Nebenfolgen nicht bestritten werden. Doch es wäre Zynismus, wollten die nachweislichen Verhinderer der Aufklärung und der Humanisierung der Lebenswelt ihre restriktiven Bemühungen den Gegnern als "Scheitern" in die Schuhe schieben.

4. Nun kurz zum Zielwert der *Nation*, der heute vor allem in Europa wieder virulent geworden ist. Einige kulturgeschichtliche Reminiszenzen mögen zum Verständnis nützlich sein. Die Humanbiologen sagen uns, daß die frühen Menschen wie ihre tierischen Vorfahren Kleingruppenwesen seien.[13] So leben auch die Menschen als Jäger und Sammler in Gruppen zwischen 15 und 50 Personen, ohne feste Rollenverteilung und soziale Schichtung. Erst die niederen und höheren Ackerbauern bilden größere Populationen, behalten aber Kleingruppenstruktur der Sippen und Clane bei.[14] Die Regeln des sozialen Wohlverhaltens gelten zuerst nur innerhalb der eigenen Bezugsgruppe, nicht darüberhinaus. Dies können wir in der jüdischen Bibel genauso nachlesen wie bei Konfuzius in China. Es bedarf großer moralischer und gesetzgeberischer Anstrengung, dieses Wohlverhalten auch auf fremde Gruppen, Sippen, Clane und Stämme auszudehnen. Auch hier sind es wieder griechische und hellenistische Denker, die vorschlagen, dieses Wohlverhalten auf alle fremden Stämme und Völker auszudehnen und sich als Bürger eines "Weltstaates" zu fühlen.[15]

Das hellenistische Reich und das römische Imperium bilden den gewaltsamen Zusammenhalt vieler Stämme und Völker auf unterschiedlichen Kulturstufen. Die römische Reichskirche liefert bald die religiöse Ideologie für diesen Zusammenhalt. "Natio" bedeutet in der mittelalterlichen Feudalgesellschaft vor allem die sprachliche Zugehörigkeit und Zuordnung, etwa erkennbar in den Inskriptionslisten mittelalterlicher und neuzeitlicher Universitäten. Die europäische Romantik betont diese sprachliche Zuordnung zu einem Kulturraum, doch damit wird Nation auch zu einem Teilungsprinzip. Doch die Nationwerdung in Europa verläuft heterogen;[16] Elsässer und Lothringer fühlen sich erst aufgrund politischer Ereignisse schrittweise der französischen Nation zugehörig; und Schweizer aus drei Sprachkulturen bilden eine politische Nation. Nordiren fühlen sich teils der englischen teils der irischen Nation zugehörig.

5. *Nation versus Nationalismus*: Heute wird uns der Wert der Nation wieder stärker in Erinnerung gerufen, vielleicht mehr als uns lieb ist. Er hat wohl eine bleibende Funktion bei der Bildung und Aufrechterhaltung sozialer Identität. Das soll nicht übersehen werden, auch wenn uns die Pervertierungen dieses Wertes noch belasten. Auch wenn es keinen Konsens über die Begriffsabgrenzung gibt, läßt sich wohl eine politische von einer kulturellen Nation unterscheiden. Liechtensteiner mögen sich als politische, nicht als kulturelle Nation fühlen. Und so ähnlich dürfte es wohl einigen kleinen Staaten in Europa ergehen.

Zu bedenken bleibt die kulturelle Nation, die durch gemeinsame Sprache und damit auch Lebensform und Wertungen geprägt wird. Unsere Sprache formt nicht nur Bezeichnungen und Benennungen, sondern auch Einstellungen, Wertungen, Lebenswelten stärker als Historiker meinen.[17] Man vergleiche germanische mit romanischen oder slawischen Sprachstrukturen, es geht um Deutungsmuster der Lebenswelt. So ist die Zugehörigkeit zu einer politischen und zu einer kulturellen Nation ein bleibender Wert, ohne ihn wären soziale und personale Entwurzelung wohl noch stärker, als wir sie ohnedies beklagen.

Das soziale Problem entsteht erst bei den verschiedenen *Nationalismen*. Wie kommt es zu den Monopolansprüchen und Überlegenheitsbehauptungen dieser Ideologien? Diese habe ihre Vordenker und Vorsprecher, sie halten sich und ihr Volk berufen, sei es durch göttliche "Vorsehung" oder ein ewiges "Weltgesetz", das wahre Menschsein zu leben und über andere Völker als Herrenmenschen zu gebieten. Sozialpsychologen mögen herausfinden, daß diese Vordenker eine ähnliche Personstruktur haben, häufig ein negatives Selbstbild, hohe Grade an Lebensangst, latente Schuldgefühle, eine schwache Selbstidentität, subtil lebensfeindliche Einstellungen,[18] daß sie eine ideale Gegenwelt ihrer emotionalen Befindlichkeit entwerfen. Doch warum können sich in bestimmten Situationen viele Zeitgenossen mit solchen Vordenkern identifizieren? Es müssen zumindest im Ansatz ähnliche Personstrukturen und damit Lebensgeschichten gegeben sein. Nationalistische Ideologien werden zunächst von kleinen Gruppen verbreitet, ersichtlich in unserer letzten europäischen Geschichte bis zur Gegenwart.[19]

6. Welche Rolle spielt *Religion* in solchen Ideologien? Wir erkennen eine deutliche Ambivalenz, denn ihre älteren Schichten unterstützen solches Denken und Handeln, sie geben dafür die Legitimation. Das gilt für den Islam, den japanischen Shinto, das orthodoxe Christentum. Doch gibt es Religionsformen, vor allem wenn sie partiell mit rationaler Aufklärung in Berührung gekommen sind, die nationalen Ideologien entgegenarbeiten, weil sie eine supranationale Gemeinschaft bilden wollen. Doch meist tun sie das nur halbherzig, um nicht Anhänger zu verlieren, und so erweist sich ihr Widerstand als zu schwach.[20] Wir müssen auch in der Religion zwei Glau-

Anton Grabner-Haider

benstypen unterscheiden, einen autoritären und geschlossenen und einen relativ offenen und toleranten. Der erste benötigt Absolutheitsansprüche und fordert blinden Gehorsam, er beruft sich auf Geheimwissen und bekämpft Andersdenkende, er hat eine ideologische Struktur. Der zweite benötigt keine Monopolansprüche und gibt den Gläubigen autonome Handlungsfreiheit, er fixiert keine Feindbilder, sondern leitet zur Versöhnung der Menschen an. Er kann akzeptieren, daß sich göttliche Offenbarungen bei allen Völkern und Religionen finden. Ihn erkennen wir nur in Ansätzen, in Teilen des Buddhismus, der Tao-Religion, im frühen Christentum.[21]

Glaubensformen werden durch bestimmte Personen und Gruppen geprägt, daher sind hier sozialisationsgeschichtliche Fragen von Interesse. Offensichtlich haben ideologische oder gar fanatische Prägungen mit starken emotionalen Defiziten, mit fehlender Akzeptanz, mit seelischen Verletzungen zu tun. Nicht die Analyse ist das Problem, es geht um die Frage, ob die Veränderungen ideologischer Personstrukturen und Denkmuster möglich sind. In den westlichen Demokratien wird umfassend sozialtherapeutische Arbeit geleistet, doch dies ist in den Ländern Osteuropas nicht der Fall. Auch hier zeigt sich die kulturelle Ungleichzeitigkeit. Wir haben noch kein ausreichendes Wissen über die emotionalen und sozialen Folgen der großen Diktaturen, die über mehrere Generationen das Leben bestimmten. Jedenfalls sind die systematischen Verdrängungen von emotionalen Defiziten und Verletzungen ein guter Nährboden für neue, auch für nationale Ideologien.[22]

7. Sind in Europa und in anderen Kulturen soziale und personale *Lernvorgänge* möglich, so daß uns neue Großideologien erspart bleiben? Mit Sicherheit kann das niemand wissen, aber wir sehen zumindest reale Möglichkeiten des Lernens, in einer Gesellschaft und über deren Grenzen hinweg. Dazu gehört die umfassende Erinnerung der seelischen Verletzungen und Deprivationen, die in autoritären Gesellschaften geschehen sind, das Aufdecken von Schmerzerfahrung und Unterdrükkung, das Bewußtmachen der verdrängten Lebensgeschichte. Man mag dies in Anschluß an S. Freud "Trauerarbeit" oder "Erinnerungsarbeit" nennen, wie das Alexander und Margarete Mitscherlich tun.[23] Eine mühsame Arbeit ist es auf alle Fälle, und niemand sollte den Begriff der Arbeit lächerlich machen. Es zeigt sich, daß damit Lebensängste und diffuse Schuldgefühle vermindert, daß lebensfeindliche Einstellungen relativiert, daß Rachephantasien überwunden werden, daß Menschen schrittweise offene und tolerante Kommunikation erlernen können.[24]

Auch kognitive Lernprozesse mögen dafür nützlich sein, doch sie allein sind keineswegs ausreichend. Es geht ja um die Korrektur von emotionalen Erfahrungen und deren Folgewirkungen. Freilich ist diese Erinnerungsarbeit interkulturell nötig, über viele Grenzen hinweg. Auch die sogenannten Sieger in der Geschichte haben dafür Bedarf. Freilich gibt es Personen und Gruppen, die sich solcher Erinnerung widersetzen, die sie vehement ablehnen. Niemand kann zu emotionalen Lernprozessen gezwungen werden, wenn er nicht dazu motiviert werden kann. Das scheint eine sozialpsychologische "Tatsache" zu sein. Folglich bleibt uns die Notwendigkeit, daß wir uns vor solchen Personen und Gruppen rechtzeitig mit allen möglichen Mitteln zu schützen versuchen.[25] Ob sich Demokratien vor aufkommenden Ideologien in jeder Situation schützen können, ist keineswegs sicher.

8. Lassen sich die Zielwerte *Nation und Humanität* verbinden? Zumindest demokratische Staaten ringen um diese Verbindung, sie akzeptieren den Wert eines Nationalgefühls, kulturell und politisch. Aber gleichzeitig gelten ihnen ungeteilte Humanität und Menschenrechte als unabdingbare Werte, für die eigene Kultur und für alle anderen Kulturen. Damit versuchen sie, nationale Überheblichkeit zu relativieren, und es wird ein interkultureller Austausch auch im Wertebereich möglich. So sind demokratische Gesellschaften, eine Minderheit in der Welt, ständig genötigt, humane und demokratische Lernprozesse in anderen Kulturen zu unterstützen, und sei es mit wirtschaftlichen und politischen Mitteln. Wenn sie das nicht mit Nachhalt tun, könnte eines Tages ihre eigene Werteordnung akut gefährdet sein.

Freilich müssen in einen *interkulturellen Austausch* alle Kulturen und Völker ihre Lebenserfahrung und Daseinsdeutung einbringen können. Es können nicht europäische und nordamerikanische Staaten allein entscheiden, was Humanität und Menschenrechte beinhalten. Doch wenn von einer ähnlichen Bedürfnisstruktur aller Menschen ausgegangen werden kann, dann wird einsichtig, daß demokratische Staaten auf der Basis der europäischen Aufklärung einen deutlichen Vorsprung bei der Verwirklichung von Humanität und Menschenrechten haben. Und dieser sollte auch nicht leichtfertig aufs Spiel gesetzt werden. So sind fanatische Vertreter des Weltislam der Überzeugung, diese westlichen Menschenrechte seien ein Verstoß gegen die autoritäre göttliche Weltordnung und ein Werk teuflischer Mächte. Das philosophische Lächeln ist als Antwort auf solche Einstellungen sicher zu wenig.

9. Es geht um die Verteidigung *demokratischer Humanität* mit geeigneten Mitteln, bei gleichzeitiger Akzeptanz nationaler Identitätsbildung. Rationaler Dialog und emotionale Erinnerungsarbeit mögen geeignete Hilfen dabei sein, doch am interkulturellen Austausch führt uns kein Weg vorbei. Wahrscheinlich sind die Lebenswerte der Humanität unteilbar, auch wenn sie nur in Stufen erreichbar sein dürften.[26] Daß demokratische Staaten auch weiterhin bereit sein werden, Menschenrechte in fremden Ländern und Kulturen zu verteidigen, hat sich in den letzten Konflikten als unwahrscheinlich erwiesen. Wirtschaftlicher Wohlstand ist keine Motivation zum Teilen von Lebensgütern und Lebenswerten. Das müssen wir jetzt erkennen, doch die Folgen dieser Entscheidungen sind nicht abzusehen.

Wir erleben eine deutliche Entsolidarisierung, von den Kirchen seit längerem beklagt, nicht nur in der eigenen Gesellschaft, sondern interkulturell. Die Stärkeren können es sich leisten, mit vielerlei Maß zu messen, doch wie lange ihr eigener Vorteil anhält, ist auch ihnen nicht erkennbar. Seit König Hamurabi im 18. Jh.v.Chr. in seinem Reich auf Stein- und Tontafeln einschreiben ließ, daß sich die Stärkeren nicht sollen über die Schwächeren erheben können, war dies ein Grundwert nachfolgender Kulturen. Heute findet er keinen Konsens mehr.

Ideologiekritik möchte stereotype Feindbilder abbauen helfen und zur Verständigung beitragen. Doch sie möchte damit nicht den Blick verstellen, daß es reale Gegner, Fanatiker und Aggressoren gibt. Und sie möchte dazu beitragen, daß sich Gesellschaften rechtzeitig vor diesen schützen können. Friedensbewegungen haben sich konfliktfreie Zustände so sehr gewünscht, daß sie ideologische und aggressive Potentiale kaum zu sehen vermögen. Unsere Träume waren noch nie die soziale Wirklichkeit. Auch "multikulturelle" Gesellschaften können nur in kleinen Schritten und mit Augenmaß eingeübt werden, und mit viel Wissen über fremde Kulturen. Es geht um klare Analysen und möglichst reale Sichtweisen sozialer Prozesse, nur dann können entstehende Bedrohungen rechtzeitig aufgedeckt werden. Wir können aus den Fehlern unserer vergangenen Geschichte lernen; nur diejenigen bezweifeln das generell, die selber nicht lernfähig sind. Sie sagen dann stereotyp, "der Mensch" lerne nichts dazu, und einige Biologisten springen ihnen mit Argumenten von gestern sofort bei.[27]

So müht sich eine kritische Kulturphilosophie um den interkulturellen Austausch, aber sie vergißt dabei nicht ihre eigenen Zielwerte. Eine naive Nivellierung von Kulturen und Glaubenssystemen würde niemandem nützlich sein, und der kleinste gemeinsame Nenner von Humanität und Menschenrechten erscheint nicht als ausreichend. Wir leben in großen kulturellen Ungleichzeitigkeiten, doch es muß nicht dabei bleiben. Kritische Philosophie, die sich der rationalen Aufklärung verpflichtet weiß, kann vermutlich mehr zu den interkulturellen Lernvorgängen beitragen als sie selber glaubt.[28] Denn es bleibt uns ein Funken realistischer Hoffnung, daß die Zielwerte der Menschenrechte und der Humanität nicht in der Minderheit bleiben oder gar verloren gehen, sondern daß sie weltweit schrittweise vorankommen, den gegenwärtigen Widerwärtigkeiten zum Trotz.

Anton Grabner-Haider

Anmerkungen

1. Lao tse, Tao te king. Dt. von R. Wilhelm. Düsseldorf 1978, Nr. 81.
2. A. Graeser, Die Philosophie der Antike 2, München 1983, S. 63-69.
3. M. Hossenfelder, Die Philosophie der Antike 3, München 1985, S. 45-68.
4. Plato, Gesetze 716c; 888b; 885b; 886a; 907d-909d.
5. K.R. Popper, Die offene Gesellschaft und ihre Feinde I-II, Bern 1954.
6. G. Theißen, Die Soziologie der Jesusbewegung, München 1977, S. 12-24.
7. A. Demandt, Die Spätantike. Römische Geschichte von Diocletian bis Justinian, München 1989, S. 292ff., 297ff., 437ff.
8. G. Theißen, a.a.O., S. 57ff.
9. Pico della Mirandola, De dignitate hominis, Bologna 1496; J. Locke, Briefe über Toleranz, London 1704.
10. R. Hooker, On the Laws of ecclesiastical polity, London 1594; H. von Cherbury, Tractatus de veritate, Paris 1624; J. Toland, Christianity not mysteries, London 1696; A. Collins, A discourse of free-thinking, London 1713; M. Tindal, Christianity as old as creation, London 1730; T. Chubb, The true gospel of Jesus Christ, London 1738; A. Shaftesbury, An inquiry concerning virtue, London 1699; F. Hutcheson, A system of moral philosophy, Glasgow 1755.
11. H. Lübbe, Nach der Aufklärung. In: A. Grabner-Haider/K. Weinke (Hrsg.), Angst vor der Vernunft? Graz 1989, S. 20-28.
12. K. Hübner, Das Nationale. Verdrängtes, Unvermeidliches, Erstrebenswertes, Graz 1991, S. 96-126.
13. F.M. Wuketits, Verdammt zur Unmoral? Zur Naturgeschichte von Gut und Böse, München 1992, S. 5-12.
14. F. Vivelo, Handbuch der Kulturanthroplogie, Stuttgart 1983, S. 71ff., 89ff., 105ff.
15. M. Hossenfelder, a.a.O., S. 94ff., 118ff., 183ff.
16. K. Hübner, a.a.O., S. 147-184.
17. E. Renner, Die Kognitive Anthroplogie. Aufbau und Grundlage eines ethnologisch-linguistischen Paradigmas, Berlin 1980, S. 38ff., 83ff.
18. M. Rokeach, The Open and the Closed Mind, New York 1960; F. Heider, Psychology of Interpersonal Relations, New York 1953.
19. M. Fischer/O. Weinberger (Hrsg.), Politik als Dämonologie, Frankfurt 1991, S. 25ff., 73ff., 123ff.
20. A. Grabner-Haider, Ideologie und Religion, Wien 1981, S. 27ff.
21. W. James, The Varieties of Religious Experience, New York 1902.
22. M. Fischer/O. Weinberger, Entartete Ideale, Graz 1992.
23. A. und M. Mitscherlich, Die Unfähigkeit zu trauern, München 1967; M. Mitscherlich, Erinnerungsarbeit, Frankfurt/M. 1987.
24. Th. Bauriedl, Die Wiederkehr des Verdrängten, München 1988.
25. A. Grabner-Haider, Befreiung durch Erinnerung. Trauerarbeit in Religion und Kirche, München 1991.
26. Fischer/Weinberger (Hrsg.), Politik als Dämonologie, a.a.O., S. 25-41.
27. K. Salamun (Hrsg.), Aufklärungsperspektiven, Tübingen 1989, S. 149ff., 203ff.
28. E. Topitsch, Erkenntnis und Illusion, Tübingen ²1988.

* * *

LUDGER HEIDBRINK (HAMBURG)

Utopie und Verantwortung

Utopie und Verantwortung werden gemeinhin als Gegensätze betrachtet. Das utopische Denken gilt als abstrakt, idealistisch und folgenvergessen: abstrakt, weil es den Begriff über die Realität stülpt; idealistisch, weil es die Praxis der Idee unterordnet; folgenvergessen, weil es von Entscheidungskonsequenzen absieht. Im Gegenzug dazu erscheint verantwortliches Handeln als konkret, realistisch und folgenbewußt: konkret, weil es auf die vorhandene Wirklichkeit gerichtet ist; realistisch, weil es das Machbare im Auge hat; folgenbewußt, weil es die Angemessenheit von Entscheidungen berücksichtigt.

Die Schlußfolgerungen, die sich insbesondere nach dem Scheitern des realen Sozialismus im Blick auf die Zukunft der liberalen Demokratie stellen, lauten deshalb: Verzicht auf das utopische Denken und Ablösung durch einen kollektiven Verantwortungsbegriff, der nicht mehr auf die Umformung des "Ganzen" gerichtet ist, sondern sich mit der Reform im Detail zufrieden gibt. An die Stelle der utopischen Trias von Planung, Veränderung und Versöhnung muß – so die Forderung – eine Ethik der Erhaltung, Bewahrung und Verhütung treten[1]. Nur durch den Wechsel vom "Prinzip Hoffnung" zum "Prinzip Verantwortung" kann die verhängnisvolle Moralisierung der Geschichte im Namen der absoluten Freiheit aufgehoben und in einen regulativen Fortschrittsbegriff überführt werden, der allein auf diskursiven Entscheidungsprozessen beruht[2]. Mit einem Wort: Der *gesinnungsethische* Utopiebegriff soll durch einen *verantwortungsethischen* Politikbegriff abgelöst werden, da nur so die die Chance besteht, einen angemessenen Zugang zu den Problemen demokratischer Gemeinwesen unter Bedingungen der Moderne zu finden.

Ich möchte nun im folgenden zeigen, daß die Ablösung der Utopie durch die Verantwortung *selbst* eine Utopie bleibt, solange der Verantwortungsbegriff in einem *universalistischen* Sinn verstanden wird. Denn Verantwortung bildet kein 'Prinzip', weder ein ontologisches wie bei Hans Jonas noch ein diskursethisches wie bei Karl-Otto Apel, sondern eine Form der Anteilnahme, des Engagements und der Fürsorge, die auf dem "guten Willen" (Kant) des Einzelnen beruht. Gerade deshalb besitzt die Verantwortung ihrerseits ein 'utopisches' Moment: Sie beruht auf einem idealistischen Überschuß, der sich weder argumentationslogisch begründen noch naturalistisch ableiten läßt.

Meine These lautet: Der 'utopische' Kern von Verantwortung ist genau das, was übrigbleibt, wenn das utopische Denken in Verantwortung umgesetzt wird. Oder anders formuliert: Es geht nicht darum, an die Stelle einer gesinnungsethischen eine verantwortungsethische Utopie zu setzen, sondern den utopischen Überschuß in der Verantwortung aufgehen zu lassen. Der veränderten gesellschaftlichen Wirklichkeit ist keine verantwortungsethische Utopie gewachsen, sondern nur eine *'utopische' Verantwortung*, die in der ethischen Haltung des Einzelnen verankert wird.

---

[1] Vgl. Hans Jonas, Prinzip Verantwortung. Versuch einer Ethik für die technologische Zivilisation, Frankfurt/M. 1979, S. 249.
[2] Vgl. Karl-Otto Apel, Diskurs und Verantwortung. Das Problem des Übergangs zur postkonventionellen Moral, Frankfurt/M. 1990, S. 179ff.

LUDGER HEIDBRINK (HAMBURG)

Ich werde zuerst auf die Diskussionen um die Zukunft der politischen Utopie eingehen, danach das Verhältnis des utopischen Gedankens zum Verantwortungsbegriff behandeln und abschliessend die Frage stellen, welche Vorteile ein 'utopisches' Verständnis von Verantwortung gegenüber einem verantwortungsethischen Utopiebegriff hat.

I.

Schaut man sich die Diskussionen um das Erbe des utopischen Denkens an, die nach 1989 geführt worden sind, lassen sich – grob betrachtet – drei unterschiedliche Positionen ausmachen[3]: Als erstes gibt es die Gruppe derjenigen, die das utopische Experiment für gescheitert erklären und keinerlei Anknüpfungsmöglichkeiten an die geschichtsphilosophische Tradition sehen. In dieser Sicht wird das utopische Denken einem totalitären Politikverständnis gleichgesetzt, das seinen Ursprung in historizistischen Deutungsmodellen, einer Selbstermächtigung von intellektuellen Eliten und einer quasi messianischen Erlösungshoffnung hat. Dabei wird der Begriff einer politischen Utopie von vornherein auf sozialistische Staatsentwürfe eingegrenzt und ausgeschlossen, daß es so etwas wie eine 'liberale Utopie' geben könne. Utopie wird so entweder als Wegbereiter des Totalitarismus und eines fortdauernden 'Weltbürgerkriegs' verworfen oder in den Bereich privater Illusionen und Phantastereien verbannt[4].

Als zweites gibt es die Gruppe derjenigen, die zwar ebenfalls das Scheitern der objektiven Utopien zugestehen, jedoch eine Fortsetzungsmöglichkeit im subversiv-kritischen Charakter des utopischen Denkens ausmachen. Hiernach ist es gerade der seinstranszendente Zug des Utopischen, der spielerische Charakter und die imaginative Dimension einer politischen Phantasie, die im Durchexerzieren zukünftiger Möglichkeiten emanzipatorische Züge besitzt. Dabei wird insbesondere auf die lebensweltliche und individualistische Seite einer utopischen Kritik hingewiesen, wie sie heute in Subkulturen, Bürgerrechtsgruppen und alternativen Bewegungen zum Ausdruck kommt[5].

Und schließlich gibt es drittens die – zahlenmäßig wohl größte – Gruppe derjenigen, die nach einem gangbaren Mittelweg zwischen einer globalen Verurteilung und einer subversiven Fortsetzung des utopischen Denkens suchen. Hier vereinen sich verschiedene Lager, sei es die postmodernistische Revision des traditionellen Utopiediskurses in vernunftkritischer Absicht, die radikaldemokratische Suche nach einem "Sozialismus mit menschlichem Antlitz" und die linksliberale Entwicklung eines deliberativen Demokratiemodells. In dieser Perspektive wird vor allem die grundsätzliche Differenz von Utopie und Totalitarismus betont und der aufklärerische Gehalt einer genuin politischen Utopietradition herausgestellt, die auch heute noch – nach dem

---

[3] Vgl. auch Jürgen Habermas, Die nachholende Revolution, Frankfurt/M. 1990, S. 181ff, der dort insgesamt sechs Deutungsmuster aufgreift, die sich zur Idee des Sozialismus entweder affirmativ oder kritisch verhalten.
[4] So exemplarisch die Beiträge von Ernst Nolte, Joachim Fest und Eckhard Jesse in: Richard Saage (Hg.), Hat die politische Utopie eine Zukunft?, Darmstadt 1992.
[5] Siehe dazu exemplarisch die Beiträge von Udo Bermbach, Rolf Schwendter und Ferdinand Seibt in: R. Saage, Hat die politische Utopie eine Zukunft?, a.a.O.

Scheitern des etatistisch-autoritären Utopiegedankens – als innerweltliche Sozialkritik und regulatives Geschichtsprinzip ihre Legitimität besitzt[6].

Eine solche Legitimität der politischen Utopie – und damit komme ich auf die Ausgangsfrage zurück – ist jedoch nur gegeben, wenn der Nachweis gelingt, daß "die individuelle Vernunft des Einzelnen ihr notwendiges Korrektiv in der kollektiven Vernunft einer solidarischen Gesellschaft und ihrer Institutionen hat und umgekehrt"[7]. Genau diese Synthese vermag ein rein *politischer* Utopiebegriff jedoch nicht zu leisten, da er weder in der Lage ist, Kriterien anzugeben, nach denen sich seine eigene *Wirklichkeitsangemessenheit* bewerten ließe, noch Mittel zur Verfügung zu stellen, mit denen der anvisierte gesellschaftliche Zustand *realisiert* werden kann. Denn die Frage, ob Utopien der bestehenden Wirklichkeit "eine durchdachte und rational nachvollziehbare Alternative" gegenüberstellen, kann genausowenig im utopischen Diskurs selbst beantwortet werden, wie die utopische Annahme berechtigt ist, daß die Menschen von allein "in der Lage sind, die Gesellschaft zu gestalten, in der sie ein 'gutes Leben' führen können"[8].

Die somit aufgeworfene Frage zielt in zwei Richtungen: Vor welcher *Instanz* läßt sich die Angemessenheit der utopischen Idee ausweisen, und auf welchem *Weg* läßt sie sich verwirklichen? Die Instanz nun, vor der gemeinhin utopische Ideen gerechtfertigt werden, ist – seit Platon – nicht ein allgemeiner Begriff des Gerechten, sondern des *Guten*. Utopien haben, wie Richard Saage zurecht schreibt, "die Wunsch- und Furchtbilder von *Gemeinwesen*" zum Gegenstand[9]. Insofern Utopien auf individuelle oder kollektive Wunschbilder gerichtet sind, übersteigen sie jedoch von vornherein den sozialen und politischen Bereich: Sie bilden keine innerweltlichen Handlungsmodelle, sondern übergeschichtliche Orientierungskonzepte. Utopien im genuinen Sinn des Wortes zielen nicht auf institutionelle Alternativen zum Bestehenden, sondern artikulieren lebensweltliche Erwartungen der Veränderung. Mit einem Wort: Utopien sind in letzter Konsequenz keine normativen Gesellschaftsmodelle, sondern *evaluative Gemeinschaftsentwürfe*[10].

Was also an Utopien interessant ist, das ist nicht ihr regulativer Charakter im Sinn eines politischen und historischen Korrektivs, sondern die utopische Intention als Vorgriff auf eine bestimmte Idee des Guten. Aus diesem Grund sind Utopien nicht nur als "Instrument einer kritischen Gesellschaftstheorie"[11] untauglich, sondern stehen in einem direkten Spannungsverhältnis zum Begriff des Politischen unter den Bedingungen der Moderne. Von daher ist

---

[6] So vor allem Richard Saage, Politische Utopien der Neuzeit, Darmstadt, 1991, S. 2ff, 341ff.
[7] R. Saage, a.a.O., S. 341.
[8] Ebd., S. 3.
[9] Ebd., S. 4.
[10] Diese Behauptung müßte sicherlich genauer begründet werden. M. E. läßt sich jedoch zeigen, daß in der utopischen Tradition nicht ein politischer, sondern ein moralischer Begriff von Gesellschaft im Vordergrund steht, der auf jeweils unterschiedlichen Vorstellungen des 'guten Lebens' beruht – und nicht auf Konzepten sozialer Gerechtigkeit. Vgl. dazu die Darstellung der utopischen Sehnsucht bei Melvin J. Lasky, Utopie und Revolution, Reinbek bei Hamburg, 1989.
[11] Arnhelm Neusüss, Schwierigkeiten einer Soziologie des utopischen Denkens, in: Utopie. Begriff und Phänomen des Utopischen, hrsg. u. eingel. von A. Neusüss, Berlin/Neuwied 1968, S. 13–112, hier S. 29.

sowohl der ersten der oben skizzierten Positionen recht zu geben, insofern das utopische Denken notwendigerweise mit einem totalitären Zugriff auf die Geschichte verbunden ist, als auch der zweiten Position, wonach die Besonderheit des utopischen Denkens in dessen Überschußpotential liegt. Eine *politische Utopie* stellt deshalb in Hinsicht auf die Moderne einen Widerspruch in sich dar: denn entweder ist ein Begriff des Politischen erforderlich, der nicht utopisch sein *darf*, oder ein Begriff des Utopischen, der nicht politisch sein *kann*.

Damit ist freilich nicht gesagt, daß sich Utopie und Politik gegenseitig ausschließen. Gesagt ist nur, daß das Utopische und das Politische zwei verschiedenen Ebenen angehören, der moralischen Ebene des Guten und der sozialen Ebene des Gerechten. Die utopische Intention als Vorgriff auf eine Gemeinschaft, in der ein gutes Leben geführt werden kann, befindet sich vielmehr gerade unter Bedingungen der Moderne in einem Dauerkonflikt mit einem politischen Begriff von Gesellschaft, die allein nach Kriterien der Gerechtigkeit organisiert werden soll.

Es muß also die Frage gestellt werden, wie das utopisch Gute – die Vernunft des Einzelnen – mit dem politisch Gerechten – der Vernunft der Gesellschaft – vermittelt werden kann, *ohne* dabei auf einen politischen Utopiebegriff zurückzugreifen. Meine These ist, daß allein eine 'utopische' Verantwortung in der Lage ist, diesen Weg vorzuzeichnen.

II.

Ich habe zu zeigen versucht, daß unter den Bedingungen der Moderne – und das heißt immer im Kontext pluraler Lebensformen und eines liberalen Gerechtigkeitsverständnisses – der Begriff einer politischen Utopie in sich widersprüchlich ist und seine Legitimität verloren hat. Insofern ist die Kritik an der utopischen Tradition als einer genuin politischen Tradition berechtigt. Utopien, soweit sie auf gesellschaftliche Gegenentwürfe zielen, führen entweder in einen substantialistischen Rückfall oder verlieren ihren utopischen Charakter. Eine politische Utopie ist nicht zu haben, es sei denn, man gibt den politischen Bezug auf oder streicht die utopische Intention.

Warum dann aber am Begriff des Utopischen überhaupt noch festhalten? Ist es nicht sinnvoller, das utopische Denken auf die ideologische Müllhalde der Vergangenheit zu befördern und sich zeitgemäßeren Problemen zuzuwenden? Ich denke, daß dieser Schritt voreilig ist, und zwar nicht, weil es etwas 'Unabgegoltenes' in der utopischen Tradition gibt, sondern weil der *utopische Gedanke* selbst eine bestimmte Aktualität besitzt, eine Aktualität, die freilich neu interpretiert werden muß.

Was ist damit gemeint? Unter dem utopischen Gedanken verstehe ich im Unterschied zu sämtlichen Funktionalisierungen des Utopischen (als Handlungspostulat, geschichtliches Regulativ, soziale Alternative oder ästhetische Gegenwelt) den Vorgriff auf eine Idee des gelungenen Lebens, soweit dieses unter den gegenwärtigen Umständen nicht oder noch nicht möglich ist. Damit ist mehr gemeint als die bloße Unzufriedenheit mit den bestehenden Verhältnissen oder eine rein privatistische Illusion des glücklichen Daseins. Der utopische Gedanke bezieht sich vielmehr auf eine *allgemeine* Idee des Guten, die sich nur auf *politischem* Weg realisieren läßt und in einen *kontingenten* Geschichtsverlauf eingebettet ist. Der utopische Ge-

LUDGER HEIDBRINK (HAMBURG)

danke gründet zwar – genealogisch betrachtet – in der heilsgeschichtlichen Eschatologie einer zukünftigen Einheit von Mensch und Welt und der geschichtsphilosophischen Hoffnung auf die Versöhnung von Individuum und Gesellschaft, er geht jedoch weder in dieser Tradition auf noch bleibt er ihr notgedrungen verhaftet. Der utopische Gedanke ist in seinem Kern weder ein genuin theologischer noch ein unmittelbar sozialer Gedanke, sondern ein moralischer. Er ist durch die *ethische* Vorstellung gekennzeichnet, daß allein der Einzelne in der Lage ist, *für* das "Ganze" die Verantwortung zu übernehmen, ohne dabei *im* "Ganzen" aufzugehen und *vor* dem "Ganzen" Rechenschaft schuldig zu sein.

Ersetzen wir nun das "Ganze" durch die Einheit von Gesellschaft und Geschichte, wird deutlich, worin die besondere Verbindung von Utopie und Verantwortung liegt: Der utopische Gedanke – als Derivat des utopischen Denkens – läßt sich erstens auf einen allgemeinen Begriff des Guten richten, in dem verschiedene Lebensformen (als Ursprung) und Lebensentwürfe (als Ziel) gleichermaßen berücksichtigt werden. Insofern hierbei auf ein umfassendes Verständnis des Guten als Hintergrund und Horizont gesellschaftlicher und geschichtlicher Entwürfe Bezug genommen wird, enthält der utopische Gedanke in sich eine *moralische* Dimension der Verantwortung, durch die eine Berücksichtigung partikularer ethischer Ansprüche gewährleistet ist. Der utopische Gedanke läßt sich zweitens auf einen Begriff von Gerechtigkeit richten, in dem die konkurrierenden Vorstellungen des Guten unter Maßgabe einer kollektiven Vernunft zur Disposition gestellt und aufeinander abgestimmt werden. Insofern hierbei ein konkretes Verständnis des Gerechten vorherrscht, das auf diskursivem und institutionellem Wege unterschiedlichste Konflikte zu lösen vermag, enthält der utopische Gedanke in sich eine *politische* Dimension der Verantwortung, durch die eine öffentliche Diskussion konfligierender Interessen möglich ist. Der utopische Gedanke läßt sich drittens so auf die Geschichte richten, daß diese nicht als teleologischer, sondern als kontingenter Prozeß einer zunehmenden Ausdifferenzierung von Wert- und Handlungssphären erscheint. Insofern hierbei die praktischen Konsequenzen des technisch-wissenschaftlichen Fortschritts nicht einfach der Eigendynamik der Systeme zugeschrieben, sondern als vermeidbare Folgeschäden bei Planungen und Entscheidungen berücksichtigt werden, enthält der utopische Gedanke auch eine *historische* Dimension der Verantwortung.

Diese grobe Skizzierung sollte zeigen, inwiefern eine Auflösung des utopischen Gedankens in einem Begriff von Verantwortung möglich ist, der gleichermaßen in moralischer, politischer und historischer Hinsicht wirksam wird. Dabei ist jedoch zu berücksichtigen, daß sich der utopische Gedanke nicht unmittelbar auf die drei Ebenen von Verantwortung übertragen läßt, sondern nur deren *intentionale Grundlage* bildet. Der utopische Gedanke darf weder direkt auf die Ideen des Guten bezogen werden, als Medium von Gerechtigkeit in Kraft treten noch die Planungsinstanz von Geschichte bilden, da ansonsten der Rückfall in das utopische Denken vorprogrammiert ist.

In gleicher Weise ist mit dem Begriff der Verantwortung zu verfahren: Es ist zwar unerläßlich, eine Ebenenspezifizierung von Verantwortung vorzunehmen, da Verantwortung sich immer nur auf bestimmte Bereiche bezieht, *für* die Verantwortung übernommen wird[12]. Verantwortung in

---

[12] Vgl. Ralf-Peter Koschut, Strukturen der Verantwortung, Frankfurt/M. u.a. 1989.

einem genuinen Sinn bleibt jedoch an identifizierbare Personen gebunden und auf deren Handlungsbereich beschränkt. Dabei bezieht sich Verantwortung nicht nur auf die argumentative Vermittlung von Normenbegründung und Normenanwendung, sondern vor allem auf die praktische Einsicht, daß es besser ist, für bestimmte Entscheidungen einzutreten und andere zu unterlassen. Kurz, unter Verantwortung im eigentlichen Sinn des Wortes ist – im Unterschied zur normativen Legitimation, institutionellen Zuständigkeit und rechtlichen Verpflichtung – die ethische Bereitschaft zu verstehen, sich bei Entscheidungen so zu verhalten, daß deren Konsequenzen allgemein akzeptiert werden können[13]. Von daher haben wir es auf der Ebene des Guten genau betrachtet nicht mit Fragen der Verantwortung, sondern mit Fragen der Moral, auf der Ebene der Gerechtigkeit mit Fragen der Politik und auf der Ebene der Geschichte mit Fragen der Planung zu tun. Verantwortung selbst bildet nur die *ethische Grundlage* im Sinne einer jeweils übernommenen Verantwortlichkeit, die von der autonomen Entscheidung des Einzelnen abhängt[14].

Damit wird deutlich, worin die Chance, aber auch die Grenze einer Auflösung des utopischen Gedankens im Begriff der Verantwortung liegt. Das Telos des utopischen Gedankens, der Vorgriff auf eine Idee des Guten in einer gerechten Gesellschaft, findet in der Verantwortung insofern eine angemessene Umsetzung, als Verantwortung eine *pragmatische Reflexion* des intentionalen Überschusses im utopischen Gedanken ermöglicht. Durch die Umstellung des utopischen Gedankens auf Verantwortung wird der abstrakte, idealistische und folgenvergessene Kern des utopischen Denkens in ein konkretes, realistisches und folgenbewußtes Handlungskonzept umgesetzt.

Utopischer Gedanke und verantwortliches Handeln ergänzen sich dabei gegenseitig: Während der utopische Gedanke ohne Verantwortung blind ist, bleibt verantwortliches Handeln ohne utopische Intention leer. Denn ohne den utopischen Gedanken – und darin liegt die eigentliche Pointe – fehlte jeder Anlaß, überhaupt verantwortlich zu handeln. Der utopische Gedanke als Vorgriff auf eine Idee des Guten in einer gerechten Gesellschaft bildet den Antrieb und die Motivation dafür, *daß* Verantwortung übernommen wird. Allerdings ist damit in keiner Weise geklärt, *inwieweit* Verantwortung übernommen werden kann und soll, ob in Hinsicht auf moralische, politische oder geschichtliche Fragen. Der utopische Gedanke leitet Verantwortung nur erst auf den Weg zur ethischen *Verantwortlichkeit*, d.h. zur Bereitschaft einer Übernahme von Verantwortung selbst, ohne daß deren Angemessenheit und Reichweite schon bestimmt wäre.

Was aber ist damit gewonnen, wenn der utopische Gedanke sich allein in der Motivation von Verantwortung erschöpft und diese ihrerseits auf die Haltung einer individuellen Verantwortlichkeit beschränkt bleibt? Wird so Verantwortung nicht wieder an die utopische Tradition an-

---

[13] Vgl. in diesem Zusammenhang zum Unterschied von moralischer und rechtlicher Verantwortung Wilhelm Vossenkuhl, Moralische und nicht-moralische Bedingungen verantwortlichen Handelns, in: Schuld und Verantwortung. Philosophische und juristische Beiträge zur Zurechenbarkeit menschlichen Handelns, Hg. H.-M. Baumgartner/A. Eser, Tübingen, S. 109-140.

[14] Vgl. dazu Joseph J.M. van der Ven, Verantwortung und Verantwortlichkeit, in: Schuld und Verantwortung, a.a.O., S. 31-50.

gebunden und einem substantiellen Moralismus überantwortet, der im Widerspruch zum moralischen Universalismus der Moderne steht?

III.

Ich denke – und damit komme ich zum Schluß –, daß dies nicht der Fall ist und daß in der Umsetzung des utopischen Gedankens in einen ethischen Begriff von Verantwortlichkeit die Chance besteht, verantwortliches Handeln in moralischer, politischer und geschichtlicher Hinsicht nicht nur motivieren, sondern auch begründen zu können.

Denn unter der Voraussetzung, daß es sich bei Verantwortung um die Bereitschaft handelt, Entscheidungen so zu fällen, daß deren Folgen allgemein akzeptiert werden können, liefert der utopische Gedanke nicht nur überzeugende Motive dafür, daß überhaupt verantwortungsvoll gehandelt werden soll, sondern auch vernünftige Argumente, mit denen die Frage nach der Legitimation von Verantwortung beantwortet werden kann. Der utopische Gedanke führt einerseits dazu, Verantwortung als eine *ethische* Haltung auszuzeichnen, zu deren Übernahme wir uns aus dem Vorgriff auf ein gelungenes Leben in einer gerechten Gesellschaft unmittelbar bereit erklären. Und darüber hinaus stellt ein 'utopischer' Verantwortungsbegriff Gründe dafür zur Verfügung, daß es *rational* besser ist, Normen in allgemeiner Hinsicht zu begründen, mit Blick auf deren Konsequenzen zu vertreten und praktisch zu realisieren, als darauf zu verzichten. Beide Momente zusammen, der ethische Vorgriff auf das Gute im Gerechten und die rationale Einsicht der allgemeinen Begründung sorgen dafür, daß eine 'utopische' Verantwortung auch unter den Bedingungen der Moderne vertretbar bleibt[15].

Damit wird aber auch deutlich, was die 'utopische' Verantwortung von universalistischen Verantwortungskonzepten unterscheidet, seien sie diskursethisch, ontologisch oder – wie bei Georg Picht – eschatologisch begründet[16]. Im Unterschied zur Ableitung verantwortlichen Handelns aus der moralischen Struktur von Sprache, einer inneren Werthaftigkeit des Seins oder der transzendenten Einheit der Zeit bleibt der 'utopische' Verantwortungsbegriff voraussetzungslos, bis auf die eine Prämisse, daß jeder ein Interesse daran hat, ein gelungenes Leben in einer gerechten Gesellschaft zu führen. Aus dieser Sicht erscheint gerade der Versuch, Verantwortung aus universalistischen Grundsätzen ableiten zu wollen, als Rückfall in die utopische Tradition, da entweder auf substantielle Ideen zurückgegriffen oder ein formaler Moralbegriff zugrundegelegt wird, der dazu führt, daß die ethische Bereitschaft zur Verantwortung in letzter Konsequenz rechtlich eingefordert werden muß[17].

Stattdessen muß davon ausgegangen werden, daß Verantwortung unter den Bedingungen der Moderne selbst kontingent und partikular bleibt. Kontingent, weil keine Normen mehr zur

---

[15] In einem ähnlichen Sinn verortet Wolfgang Huber Verantwortung zwischen einer normativen Ethik der sozialen Welt und einer subjektiven Ethik der inneren Welt: Sozialethik als Verantwortungsethik, in: Ethos des Alltags. FS für Stephan H. Pfürtner, Hg. A. Bondolfi, Zürich u.a. 1983, S. 55–76, hier S. 75f.
[16] Georg Picht, Der Begriff der Verantwortung, in: ders., Wahrheit, Vernunft, Verantwortung, Stuttgart 1969, S. 318–342.
[17] Die diskursethische Angewiesenheit von Moral auf Recht ist jetzt besonders deutlich zu sehen bei Jürgen Habermas, Faktizität und Geltung. Beiträge zur Diskurstheorie des Rechts und des demokratischen Rechtsstaats, Frankfurt/M. 1992, S. 135ff.

Verfügung stehen, die zu verantwortlichem Handeln verpflichten; partikular, weil Verantwortung immer auf bestimmte Lebensformen bezogen und auf bestimmte Gemeinschaften beschränkt bleibt, von der Reichweite des Verantwortungbegriffs einmal ganz abgesehen, der proportional zur zunehmenden Komplexität moderner Gesellschaften schrumpft.

Dies muß nun jedoch nicht dazu führen, die Hände in den Schoß zu legen und an der "Ohnmacht des Sollens" zu resignieren. Im Gegenteil, sobald an die Stelle eines verantwortungsethischen Utopiebegriffs ein 'utopisches' Verständnis von Verantwortung tritt, so wie es hier skizziert worden ist, lassen sich durchaus gute Argumente für ein gleichermaßen moralisches und politisches Engagement finden. Verantwortung erscheint unter pragmatischen Aspekten weniger als lästige Pflicht oder bloßer Appell, sondern vielmehr als Herausforderung an diejenigen, die – wie Richard Rorty es ausgedrückt hat – "Engagement mit dem Sinn für die Kontingenz ihres Engagements"[18] zu verbinden in der Lage sind.

Mir scheint, um dies abschließend zu bemerken, daß die Debatte um das Verhältnis von Liberalismus und Kommunitarismus, die seit einigen Jahren geführt wird, in dieser Hinsicht mehr an wertvollen Einsichten in das Verhältnis von Moral und Politik hervorgebracht hat, als die doch letztlich wenig ergiebige Diskussion um das Erbe der utopischen Tradition[19]. Wenn ich dennoch für einen 'utopischen' Verantwortungsbegriff plädiert habe, dann nur in der Hoffnung, den Begriff des Utopischen auf diese Weise zum Verschwinden gebracht (und so gleichsam im Untergang seine 'Aktualität' freigelegt) zu haben. Denn nur ohne den Ballast der utopischen Tradition läßt sich die "gesellschaftliche Wirklichkeit" ins Auge fassen, eine Wirklichkeit, die umso mehr eines realistischen Handlungskonzepts bedarf, als nach dem Scheitern der großen Gesellschaftsprojekte die Vermittlung von Freiheit und Gerechtigkeit zum vordringlichen Problem geworden ist. Ein pragmatisches Verantwortungskonzept, in dem der Widerspruch zwischen dem Guten und dem Gerechten nicht als Verlust oder Bedrohung aufgefaßt wird, sondern als Anspruch an die ethische Kompetenz des Einzelnen, bietet dazu möglicherweise eine Chance[20].

---

[18] Richard Rorty, Kontingenz, Ironie und Solidarität, Frankfurt/M. 1989, S. 111.
[19] Dazu jetzt Axel Honneth (Hg.), Kommunitarismus. Eine Debatte über die moralischen Grundlagen moderner Gesellschaften, Frankfurt/M. 1993; Micha Brumlik / Hauke Brunkhorst (Hg.), Gemeinschaft und Gerechtigkeit, Frankfurt/M. 1993.
[20] Im Anschluß an die hier durchgeführten Überlegungen wäre vor allem zu zeigen, inwieweit der Verantwortungsbegriff *selbst* in der Lage ist, zwischen dem Guten und dem Gerechten zu vermitteln, und zwar im Sinne eines inneren Zusammenhangs von *ethischer* Verantwortlichkeit, *moralischer* Verantwortung und *politischer* Gerechtigkeit. Vgl. in diesem Kontext die Beiträge von Christoph Menke und Martin Seel in: M. Brumlik / H. Brunkhorst (Hg.), Gemeinschaft und Gerechtigkeit, a.a.O.

Bernhard H.F. Taureck, Hamburg

Eine künftig denkbare Utopienbalance

Über Utopien scheint tatsächlich alles Relevante gesagt worden zu sein: Daß sie, obwohl als Negation eines erreichbaren Ortes (tópos) gedacht, schon in der Sophistik[1] und dann seit dem Ende des 18.Jahrhunderts zukunftsbezogen verzeitlicht wurden und eigentlich "Uchronien" (ou&chrónos) heißen müßten[2] ; daß sie, als der Historie bzw. den bestehenden Verhältnissen konträr gegenüberstehende Modelle systematisch von Erfahrungen absehen[3] und dabei der Satire gleichen können[4]; daß sie Möglichkeiten der Zukunft vorwegnehmen bzw. konstruieren; daß sie selbstbezüglich werden, d.h. Konzepte des von Rousseau neu geprägten Wortes *perfectiblité* unter den Bedingungen des linguistic turn reformulieren.[5]

Die hier vorgetragenen Überlegungen bedienen sich der Ergebnisse bisheriger Utopieerforschung zu einem gänzlich anderen Zweck als bisher darin vorgesehen war.Sie versuchen, gegenwärtige Ereignisse mit utopischen bzw. utopologischen Kennzeichnungen zu deuten. Was als geschichtliche Gegenwart gilt, wird in einer beabsichtigten Umkehrung als Utopie gezählt.Auf diese Weise kann, so die Unterstellung, in einem bestimmten Sinn auch von dem geredet werden, was kommen kann und von dem, was kommen soll.

Gegenwart als Utopieimplosion

Hätte im Herbst 1983 jemand geäußert, daß sechs Jahre später die DDR und wenig später der Ostblock und noch ein wenig später die UdSSR als politische Gebilde verschwinden würden, so hätte er nichts ausgesprochen als ein politisches Leitziel der Vereinigten Staaten von Amerika und ihrer westlichen Verbündeten und wäre dennoch als ein lächerlicher Utopist angeprangert worden. Eine zentrale (außen-)politische Zielsetzung der genannten Länder war das Ende der sozialistischen Staaten in Europa. Zeitlich aber war diese Zielsetzung offenbar nicht so ins Auge gefaßt worden, daß man ihr Eintreffen begrenzen und noch weitergehende Zielsetzungen in Angriff nehmen wollte. Wenn diese paradoxe Haltung - Hinarbeiten auf x, Absehen von einem Eintreffen von x - tatsächlich

---

[1] Vgl.R. Herzog in : Voßkamp 1985, Bd. 2
[2] Vgl. R. Koselleck in: Voßkamp 1985, Bd. 3, S. 3
[3] Vgl. J. Rüsen in Voßkamp 1985, Bd. 1
[4] Vgl. Voßkamp 1985, Bd. 1, Einleitung
[5] Vgl. Voßkamp 1985, Einleitung und K.-O. Apel in Voßkamp 1985, Bd. 1

bestand, dann folgt, daß die Ereignissse seit dem Herbst 1989 *Wunscherfüllung* und *Erwartungsenttäuschung* zugleich waren. Was längst den Charakter einer Utopie angenommen hatte, war hier und jetzt Wirklichkeit geworden.

Die unerwartete Erwartungserfüllung bringt eine Differenzlosigkeit. Vor 1989 bestanden Differenzen: Streben nach Überlegenheit, Koexistenz Verschiedener, Konfrontation. Das Abtreten des anderen (des Kommunismus) stellt vor das Problem einer Selbstbeziehung und ihrer Beziehungen zur Alterität. Indem alter entfällt, entsteht faktisch eine Singularität des einen. Die Ereignisse- nennen wir sie *Utopieimplosion* - erbringen Differenzverlust und *Unipolarität* des übrig bleibenden singulären Gebildes. Dabei ist es zunächst gleichgültig, wie die faktische Unipolarität artikuliert wird. Es gibt offene Bekenntnisse zu einer US-unipolarity, aber es bestehen auch Hinweise darauf, daß der Unipol verschleiert wird.[6]

Konsequenzen aus der Utopieimplosion können grundsätzlich in zwei Richtungen gezogen werden, d.h. als Entutopisierung bzw. Reutopisierung. *Entutopisierung* besagt: Da die Utopie eines Wegfalls des Ostblocks reale Faktizität wurde, werden Utopien nicht mehr benötigt, jedenfalls keine Utopien, die Handeln beeinflussen sollen. Utopie kann jedoch noch zugelassen werden , allerdings in Gestalt von Zeitenthobenheit und irrealer Verräumlichung, d.h. als Utopie im Sinn der Renaissance. *Reutopisierung* besagt: An die unvorbereitet realisierte Utopie wird eine utopische Deutung des künftig Möglichen angeschlossen, so daß politische Handlungsspielräume durch Utopien mitbestimmt werden. Utopien schließen hierbei Techniken der Zukunftserschließung ein. Sie sind Verzeitlichungen von Zustandsausmalungen, zu denen verfügbare Ressourcen lediglich aktual nicht angegeben werden können.

Entutopisierung und Reutopisierung sind weniger trennscharf als es den Anschein hat. Die Entutopisierung ist selber durch und durch utopiegetränkt.Ihr Ausgangspunkt ist dadurch bestimmt, daß das, was man sich irreal wünschte, aller Irrealität zum Trotz Realität wurde. Der Wunsch, nunmehr utopiefreie Zukunftsgestaltung zu betreiben und dabei das Utopische umzudefinieren in zeitenthobene Verräumlichungen, könnte jederzeit eingeholt werden von handlungsrelevanten Wünschen. Das religiöse Pathos der Selbstartikulation derjenigen Bestrebungen, die mit dem Eigennamen der *USA* bezeichnet werden, ließe es z.B. zu, die *USA* als Idee im Bewußtsein Gottes einen ausgezeichneten Sitz haben zu lassen. *Unter allen Rassen hat Gott das amerikanische Volk zu seinem Volk gemacht, das*

---

[6]Offenes Bekenntnis bei Charles Krauthammer in *Foreign Affairs* 1991,1, ferner in der Pentagonstudie, die im März 1992 bekannt wurde oder in Clintons Antrittsrede vom Januar 1993. Andeutende Verschleierung eher in der Rede von James Baker in der Universität Princeton Dez. 1992 und in den Beiträgen des von D. G. Haglund edierten Bandes 1992 : *Can America remain committed?Security Horizons in the 1990s. San Francisco/ Oxford u.a.*

die Welt endlich wiederherstellen wird, befand 1940 der Senator Albert Bevridge unwidersprochen vor dem Senat. Jenes Pathos ließe es ebenfalls zu, eine Verräumlichung zu konzipieren, die den *USA* eine dauerhafte Erdraumkontrolle einräumt, und zwar etwa in Gestalt der sog. SDI-Programme oder jener Überlegungen, Megameteroiten durch Atomraketen mit einer Sprengkraft zu zerstören, die das Zehntausendfache bisheriger Atombomben betragen. Reutopisierung, verstanden als effektive Programmierung der Zukunft, geht von utopischen Zielen aus in der Erwartung, das einmal Geschehene - die Utopienimplosion, die Realisierung irrealer Wünsche - auf absehbare Zeit zu verwirklichen. Entutopisierung bleibt utopieverquickt, und Reutopisierung bleibt realitätsverstrickt. Vielleicht handelt es sich, was immer in absehbarer Zeit im Hinblick auf eine globalpolitische Singularität der USA geschieht, um eine und dieselbe Zielsetzung, die sich nur als Entutopisierung bzw. Reutopisierung darstellt, und diese Zielsetzung ist die Wahrnehmung des realisierten irrealen Wunsches, Unipol zu sein.

Die unipolistische Zukunftsoption

Utopien können minimal dadurch gekennzeichnet werden, daß sie einerseits exakt beschreibbar und andererseits ohne Angabe aktual verfügbarer Ressourcen zu ihrer Realisierung sind. Die unipolistische Stellung der USA scheint im Hinblick auf ihre Wertparameter , ihre Zielsetzung und ihre Mittel sich wie folgt zu definieren: 1. Wertmaßstab ist die amerikanische Verfassung mit dem *pursuit of happiness* als zusätzlicher Akzentuierung zu den *freedom* und *well-being* enthaltenden *human rights*.[7] Die Zielsetzung eines Unipols ist *präventionistisch*. Verhindert werden sollen eine Wiederholung strategischer Bipolarität bzw. Multipolarität. Verhindert werden sollen durch den unipolistischen Besitz von Macht- und Gewaltmitteln ferner der Ausbruch von Kriegen zwischen den restlichen Ländern. 3. Das letztlich als sicherstes Mittel eingeschätzte Instrument zur Erreichung des präventionistischen Ziels ist die Androhung bzw. Verwirklichung militärischer Intervention wie 1990 bei der Invasion Panamas oder wie 1991 im Krieg gegen den Irak . Charles Krauthammer faßte 1991 zusammen, was mit Staaten geschehen soll, die nicht-konventionelle Waffen besitzen oder erwerben: *such states that acquire such weapons anyway will have to submit to strict outside control or risk being physically disarmed. ... and there is no one to do that but the United States, backed by as many allies as will join the endeavor. ... The alternative to unipolarity is chaos. ...Our best hope for safety in such times, as in difficult times past, is an American strenght and will.*

---

[7] Zu A. Gewirths Ableitung der Menschenrechte vgl. in diesem Zusammenhang Taureck, Ethikkrise. Krisenethik, Reinbek 1992, S. 178-193

Votum für eine Parallelutopie und Utopienbalance

Der Utopieimplosion entspricht eine Explosion der Revolutionserwartungen, und philosophische Reflexion besitzt die Chance zur Formulierung eines Kontrastprogramms gegenüber der reutopisiert- entutopisierten Wahrnehmung des globalstrategischen Unipols. Auch für sie bestehen grundsätzlich zwei Möglichkeiten, Verabschiedung von Utopie oder Reutopisierung. Verabschiedung von Utopie könnte dabei heißen: Anwendung des Arsenals ontotheologiekritischer Argumente von Feuerbach, Stirner, Marx oder Nietzsche auf den neuen *american dream* vom Unipol.[8] Die *american unipolarity* erschiene in dieser Kritik als ein Ersatz der schaffenden, regierenden und richtenden moralischen Gottheit. Die positive Seite dieser Entlarvung könnte im Gegenzug zu den Entmoralisierungsversuchen bei Stirner, Marx, Nietzsche jedoch ein Votum für Verständigung auf moralische *Normativität* darstellen. Statt eine Entlastung von ethisch-moralischen Reflexionen in utopischen Regulativen zu suchen, wären diese dann zugunsten einer Verständigung über moralisch Richtiges zu suspendieren.

Was damit allerdings erreicht würde, wäre kaum mehr als eine Wiederholung gewisser Ansprüche von Aufklärungsphilosophie, allerdings zugunsten politischer Instanzen, deren Selbstverständnis und deren Status längst fragwürdig wurde.[9]

Zu erwägen wäre daher, ob eine ethisch begründete Kritik des reutopisiert-entutopisierten Unipols nicht besser daran täte, sich ihrerseits auf die beschriebene Re- und Entutopisierung einzulassen, d.h. das Spiel der Utopieverstrickung mitzuspielen, ohne auf Ethik zu verzichten. Was könnte sich in diesem Fall ergeben? Funktional formuliert, könnte eine globale Gegeninstanz zum militärstrategischen Unipol entstehen, eine Art Quasi-Parlament mit Exekutivverzicht, eine *Art UNO moralischer Normierung und Normenreflexion.*

Wenn eines nicht sehr fernen Tages verschiedene Kriege gegen verschiedene Kriegsvorbereiter , die die globale Sicherheit antasten, vorbereitet werden, dann könnte ein *Weltgremium Ethik* auf den Plan treten, das die moralischen Selbstbeschreibungen des Unipols analysiert, prüft, beurteilt. Gegenüber der UNO bzw. gegenüber bisher bestehenden internationalen Vereinigungen mit moralischem Anspruch wie der *Internationalen Menschenrechtskommission, Amnesty International, Greenpeace* u.a.m. könnte ein *Weltgremium Ethik* den Vorteil eines

---

[8] Zum *american dream* vgl. P.Boerner in Voßkamp 1985, Bd. 2 (mit weiterer Literatur).
[9] Vgl. K. von Beyme, Theorie der Politik im 20. Jahrhundert. Von der Moderne zur Postmoderne. Frankfurt 1991

gewählten Parlaments genießen, das an die Zustimmung der betroffenen Völker gebunden ist.
Das *Weltgremium Ethik* wäre indessen nicht nur ein unipol-reaktives Organ, sondern könnte weitergehend eine *Charta stabilis* erarbeiten, d.h. einen Normenkatalog, der biologische Überlebensbedingungen (Bios), Bedingungen für eine international gerechte Verteilung von Freiheit und Wohlergehen (Nomos) und Bedingungen für eine international gerechte Verteilung von Arbeit und Einkommen (Plutos) regelt.

Fünf Fragen

Das *Weltgremium Ethik* wäre eine Utopie mit der Funktion der Balance gegenüber dem globalstrategischen Unipol. Die Fülle möglicher Fragen zu der damit behaupteten Utopienbalance soll abschließend und ausschnittweise in fünf Fragen gebündelt werden.

1. Frage: Läuft das Weltgremium Ethik auf eine prämoderne (katholische) außerstaatliche Instanz hinaus?
Moderne Ansätze haben - vgl. die Anarchismen Godwins oder G. Sorels - immer wieder prämoderne Optionen enthalten. Kein gegenwärtiger Vorschlag ist davor geschützt, prämoderne Züge aufzuweisen . Und in der Tat könnte ein *Weltgremium Ethik* wie eine Verselbständingung von Teilfunktionen der ecclesia catholica erscheinen, eine Art sacerdotium, das dem imperium als gleichberechtigte autonome Instanz gegenübertritt, es zensiert und richtet.Dies wäre eine Parodie der ethischen Parallelutopuie zum Unipol. Die Zielrichtung des Gremiums ist jedoch *postmodernistisch* : Sie vermeidet Festlegungen auf dogmatisch definitive Sätze, ist auf Selbstbreflexivität (einschließlich Selbstkorrektur) angelegt und ruht nicht auf einer traditionalen Legitimation wie das prämoderne sacerdotium.Die Möglichkeit, daß das Gremium sich zu einer Art prämodernem sacerdotium entwickeln kann, ist Teil seiner Selbstreflexivität und Provokation zur Differenzgewinnung einer postmodernen Utopie gegenüber prämodernen Optionen und Hoffnungen.

2. Frage: Soll der Unipol als negative und das Weltgremium Ethik als positive Utopie verstanden werden?
Eine Dualisierung *Unipol=negative / Weltgremium Ethik= positive Utopie*[10] wäre ein Modus unter vielen und somit eine kontingente Beziehung der beiden Utopien. Negativ wäre der Unipol, wenn er eine *freer and safer world* als ständige Kriegsverhinderungs-Kriegsbereitschaft darstellte. Denn dann liefe ein prinzipiell alle Staaten außer dem Unipol betreffender

---

[10] Zur Unterscheidung von negativer und positiver Utopie vgl. zusammenfassend U. Hommes, Art. *Utopie* in: Krings,Baumgartner, Wild (Hg.) Handbuch philosophischer Grundbegriffe. München 1974, Bd. 6

Verdacht um, *weapon state* zu werden oder zu sein. Das Attribut *weapon state* würde als Rechtstitel dienen, um staatliche Autonomie zu beschneiden. Bisher wird im übrigen ein doppeltes Maß sichtbar: Duldung isrealischer, indischer oder pakistanischer Nuklearrüstung, Verurteilung irakischer oder nordkoreanischer.

Mir scheint, die Dualisierung in negative/positive Utopie betrifft ein prognostisches Wissen von dem, was kommen wird. Wer weiß hier was? Der "Antiamerikanist" z.B. wird um eine Antwort kaum verlegen sein, für ihn ist vorab entschieden, daß ein Unipol der Vereinigten Staten von Nordamerika zu einer globalen Freiheitsminimierung im Namen einer *freer and safer world* führen wird. Deshalb ist an dieser Stelle daran zu erinnern, daß unser Wissen vom Künftigen nicht eindeutig ist, sondern sich auf zwei verschiedene Klassen verteilt. Über Künftiges wissen wir zunächst, daß bestimmte Entscheidungen bestimmte Folgen haben werden. Zerfallszeiten von radioaktivem Müll sind uns heute in ihren den Horizont von Geschichtszeit überragenden Dimensionen bekannt. Dieses Wissen ist ein *Konsequenzwissen* vom Künftigen. Davon unterscheidet sich ein Zukunftswissen, z.B. hinsichtlich künftiger Generationen. In dieser Hinsicht wissen wir lediglich: *Wenn* unsere Generation Nachkommen hervorbringt, dann beginnt eine Möglichkeit für spätere Generationen. Dies ist ein *konditionales* Wissen vom Künftigen. Es schließt keine Angaben ein wie das Konsequenzwissen, d.h. z.B. keine genauen Zeitangaben. Das Konsequenzwissen ist ein Wissen vom *Was* des Künftigen, das konditionale Wissen dagegen bedeutet Wissen nur von einem *Daß*. Unser Konzequenzwissen über das Kommende ist sehr beschränkt, so daß die Zukunft sich nahezu durch eine Diskrepanz zwischen Konsequenzwissen und konditionalem Wissen definiert. Und dort, wo wir ein Konsequenzwissen beanspruchen, leuchten wir wie mit Scheinwerfern in den Nebel des Künftigen und lassen ihn sichtbar werden, statt ihn zu durchdringen.[11]

Hinsichtlich einer freiheitsminimierenden Wirkung des Unipols bewegen wir uns im Umkreis eines Konsequenzwissens, das eine Prognose nicht erlaubt.Freiheitsminmierung ist nicht analytisch in dem Unipol enthalten.

3.Frage: Ist ein Weltgremium Ethik auch ohne den Unipol denkbar und wünschenswert?
Ein gobalstrategischer, entutopisiert-reutopisierter Unipol ergibt keinen Begründungs- , sondern nur einen Entdeckungszusammenhang für die Konzeption der Parellelutopie eines *Weltgremiums Ethik*. Letzteres definiert und begründet sich prinzipiell unabhängig von der Wahrnehmung

---

[11]Vgl. zu der Differenzierung des Wissens vom Künftigen : Taureck, Ethikkrise, Krisenethik. Reinbek 1992, S. 297 ff. und : Gebauer/Taureck/ Ziegler, Ausländerfeindschaft ist Zukunftsfeindschaft. Plädoyer für eine kulturintegrative Gesellschaft. Frankfurt /M. 1993, S. 171 ff.

des Unipols. Daraus folgt, daß es auf verschiedene Entwicklungen Bezug nehmen kann. Und es erscheint wünschenswert, daß es dies vermag, um selbständig handlungsfähig zu sein. Gleichwohl ist zu bedenken, daß Entdeckungszusammenhänge nicht gering geschätzt werden sollten. So begründet sich auch die UNO nicht durch den 2. Weltkrieg, sondern durch normative Gehalte der Aufklärungsmoderne; trotzdem bedurfte es der postkatastrophalen Situation nach 1945, um sie einzurichten. Ähnlich könnte es sich mit einem *Weltgremium Ethik* verhalten: Die Möglichkeit des Unipols kann als auslösende Provokation dienen, eine Parallelutopie zu entwerfen.

4. Frage: Welchen Stellenwert für die Praxis besitzen beide Utopien?
Es scheint generell zwei Fälle von Realisierungsbedingungen von Utopien zu geben: (1.) Es besteht strikte Unrealisierbarkeit von Utopien mit der Folge, daß sich nur Annäherungen verwirklichen lassen, die idealiter das Zweitbeste, realiter aber das Beste bedeuten. (2.) Es besteht kein prinzipielles Hindernis zur Verwirklichung. Die Realisierung kann ggf. in bestimmten Staffelungen erfolgen. So geschah die außergewöhnlich rasche Utopieimplosion auch nicht gänzlich simultan, sondern mit einer gewissen Sukzession von der Öffnung der Mauer bis zum Ende der Sowjetunion.[12]

Beide Utopien werden als realisierbar betrachtet. Sie sind exakt beschreibbar, aber ohne aktual benennbare Ressourcenverfügbarkeit. Exakt beschreibbar: Variationen der Interventionen in Panama und in Somalia bzw. Variationen des Krieges gegen den Irak ergeben erste Konturen von Zwangsmaßnahmen, die sich bei strenger Unipolarität mutatis mutandis wiederholen können. Und es fehlt weder an Voten für ein Inkaufnehmen von Kriegen für eine *freer and safer world* (hinzuzufügen ist: *of unipolarity*) noch auch an Stimmen, die die wirtschaftliche Schwäche der Vereinigten Staaten für einen Mythos halten.[13]

Hinsichtlich des *Weltgremius Ethik* wäre bei einer Verwirklichung zunächst an eine institutionalisierte Kooperation vorhandener Aktivitäten wie der genannten Greenpeace, Amnesty International, Menschenrechtskommission usw. zu denken, aus welcher über Mitgliederwerbung über verschiedene Zwischenstufen die Wahl eines Quasi-Parlaments mit Exekutivverzicht hervorgeht.

Die Verwirklichung hängt ab von der Ressourcenbereitstellung und diese vom Bedarf und der Bedarf von der empfundenen Dringlichkeit.

---

[12] Bei Platons *Politeia* ist unklar, ob (1.) oder (2.) vorliegt, vgl. den Artikel *Utopianism* von David Robertson in seinem *Dictionary of Politics*. London 1985, S. 330

[13] Vgl. zu den ersteren R. Väyrynen (Hg.), *The Quest for Peace. Transcending Collective Violence and War among Societies, Cultures and States*. London u.a. 1987. K. O. Hondrich, *Lehrmeister Krieg*. Reinbek 1992. Zu den letzteren vgl. H. R. Nau, *The Myth of America's Decline*. Oxford 1990. Ferner: Michel Blanchot, *Etats-Unis. Les armes de la puissance*. Paris 1992

5. Frage: Enthält die Vorstellung des Weltgremiums Ethik latent totalitäre bis terroristische Züge ?
Die hier vorgestellte Utopie des Weltgremiums ist mit ihrem Exekutivverzicht vor terroristischen Zügen geschützt, sofern *Terrorismus* Praxis von Totalitarismus bedeutet. Der beschriebene Dogmatismusverzicht bildet einen Schutz vor Totalitarismus. Totalitarismus und Terrorismus sind außerdem Gegenstand der Normenreflexion des Gremiums. Diese Angaben haben keinen prognostischen , sondern nur programmatischen Status. Ein Konsequenzwissen davon , daß das Gremium totalitäre Züge annehmen wird, ist niemandem gegeben. In die Beschreibung des Weltgremiums Ethik kann in der Form von Ausdrücklichkeit all das eingehen, was aus *vertu* und *terreur* , aus *realdialektischer Notwendigkeit* und *Archipel Gulag*, aus dem Votum für eine Gewalt, die die von ihr geschlagenen Wunden selber wieder heilt, **gelernt** worden ist.

Ein Weltgremium Ethik kann programmatisch auch so gefaßt werden, daß es dem Verdacht entgeht, eine Variante jener Wünsche zu sein, die eine *Diktatur* zur Rettung des genus humanum rationalen Entscheidungen vorziehen.

Die Utopie des globalstrategischen Unipols setzt auf Lernen durch Krieg. Eine mögliche Präambel der *Charta stabilis* des *Weltgremiums Ethik* sollte daher folgende Formulierung aufgreifen: **Denn im Frieden und Wohlstand ist die Denkungsart der Menschen und der ganzer Völker besser, weil keine aufgezwungenen Notwendigkeiten sie bedrängen; aber der Krieg, der das leichte Leben des Alltags aufhebt, ist ein gewalttätiger Lehrer und stimmt die Leidenschaften der Menge nach dem Augenblick.**[14]

Literatur

Wilhelm Voßkamp (Hg.), Utopieforschung. Drei Bände. Frankfurt /M. 1985

Weitere Literatur: Vgl. die Fußnoten

---

[14] Thukydides, Geschichte des Peloponnesischen Krieges, III, 82, meine Hervorhebung.

Sektion 8

**Idee und Realität Europas
als philosophische Herausforderung**

Reinhart Maurer, Berlin

Der metatechnische Sinn Europas

Früher, als es noch Metaphysik gab, hätte man nach dem metaphysischen Sinn Europas fragen können. Nun, da die Physis sich in Technik auflöst, kann man nach dem metatechnischen Sinn fragen, wenn man meint, Europa müsse noch einen anderen Sinn haben als den einer potenten Wirtschaftsmaschine auf wissenschaftlich-technischer Basis (der zweitstärksten hinter ihrem Vorbild USA, solange ihm nichts Asiatisches diesen zweiten Rang abläuft.) Doch eben dies ist das Problem, das in der gerade gegebenen Darstellung der Realität Europas steckt: Welchen Sinn hat eine "wissenschaftlich-technische Basis", wenn durch sie Physis sich in Technik auflöst? Am Ende gar doch einen meta-physischen, indem sie uns alle von unserer physischen Existenz befreit?

Anders gefragt: Ist nicht die ganze Art der Lösungssuche falsch, wenn man die Lösung der menschlichen Makroprobleme allein oder vor allem auf technische Weise sucht? Das jedoch tut der technische Humanismus, unsere vorherrschende Weltanschauung, in Theorie und Praxis. Und dabei muß er scheitern, und zwar aus folgendem Grunde: Seine Wirklichkeit bestimmt der Gehlensche Kategorische Imperativ. Er lautet: "die Versorgung steigender Bevölkerungen bei steigenden Ansprüchen mit zunehmenden Gütermengen muß gewollt werden".[1] Der Kantsche Kategorische Imperativ hat sich faktisch dahin transformiert und spukt in seiner ursprünglichen Gestalt nur noch in einigen Philosophenhirnen und Sonntagsreden herum. Der Gehlensche jedoch, den man faktisch befolgt, führt zu der anfangs angesprochenen Auflösung von Physis in Technik, und Auflösung heißt hier Vernutzung gemäß jenem anderen Gehlenwort: "Die Naturwissenschaft ist eine komplizierte Vorform der Verwandlung aller ihrer Objekte in Konsumdinge oder Zerstörungswaffen".[2]

Die Formulierung "komplizierte Vorform" bringt auf elegante Weise vieles auf einen Nenner (darunter auch die ganzen methodologisch-wissenschaftstheoretischen Pirouetten, welche die Philosophie höchst kunstvoll darbietet), indem sie nur aufs Ergebnis schaut. Nun soll hier nichts gegen nötige Konsumdinge gesagt werden (unter Absehung von ihrem Zusammenhang mit Zerstörungswaffen) und nichts gegen die Wissenschaft und Technik, die erforderlich ist, sie für sinnvoll mögliche Bevölkerungsdichten bereitzustellen. Aber das Problem ist,

Reinhart Maurer, Berlin

daß diese naturwissenschaftlich-technische Basis der modernen Erdgesellschaft nur für einen von drei Faktoren, der im Gehlenschen Imperativ angesprochenen Steigerungsdynamik primär zuständig ist. Die beiden anderen Faktoren: Bevölkerungs- und Anspruchswachstum, gehören primär in den Bereich der anderen der "zwei Kulturen" (C.P. Snow usf.[3]), der nicht wissenschaftlich-technischen, sondern der geistes-, kultur- und sozialwissenschaftlich zu erfassenden, der lebensweltlichen, traditionellen, ethisch-normativen Kultur. Denn das Bevölkerungswachstum ist dann kein nur technisches Problem der Empfängnisverhütung und/oder Abtreibung, wenn dabei gesamtkulturelle bis hin zu religiösen Einstellungen eine maßgebende Rolle spielen. Und das Anspruchswachstum hängt ebenfalls mit der gesamten Bedürfniskultur einer Gesellschaft zusammen, nicht bloß mit der wissenschaftlich-technisch-industriellen Art der Bedürfnisbefriedigung.

Nun ist interessant zu beobachten, daß die Vertreter der einen, der naturwissenschaftlich-technischen Kultur teils erwartungsvoll, teils eifersüchtig auf die andere Kultur, die literarisch-geisteswissenschaftlich-philosophisch-ethisch-religiös-politische schauen, indem sie von dort entscheidende Anstöße zur Begrenzung der beiden Faktoren Bevölkerungs- und Anspruchswachstum erwarten. Denn sie wären nötig, damit der technische Fortschritt Schritt halten kann mit der Bedürfnisexpansion, ohne die Naturbasis Erde zu ruinieren. Aber diese Seite ist viel schwächer, als die naturwissenschaftlich-technische annimmt und verläßt sich ihrerseits weitgehend auf das technische und sozialtechnische Problemlösungspotential. Da ist keine _Ziel- und Zweckvernunft,_ welche der zusammen mit den Bedürfnissen/Ansprüchen schnell weiter expandierenden _instrumentellen Vernunft_ gewachsen wäre; keine Kultur des Handelns (praxis), welche die wissenschaftlich-technische Kultur des Machens (poiesis) in vernünftigen Grenzen halten könnte. Was da ist, reicht nur, um an Symptomen herumzudoktern. So wuchert eine kybernetisch-computeriell immer raffinierter werdende instrumentelle Vernunft krebsartig in alle Bereiche hinein und zerstört die Reste sinnvoller Zwecke, so wie die an Masse und Potenz zunehmenden Verkehrsmittel die Ziele zerstören, zu deren Erreichung sie dienen sollten, dabei durch ihre wachsende, ökologisch ruinöse Masse (Beispiel Autos) auch noch sich selbst behindernd. Da gähnt ein so eindrucksvolles Vakuum an Ziel- und Normvernunft, daß es der früheren Rede von "Nihilismus" die Sprache verschlägt. Der Nihilismus geht, das Nichts kommt näher, und die Versuche des philosophisch-analytischen Scharfsinns, einer selbst technisierten Art Philosophie,

Reinhart Maurer, Berlin

diesem Vakuum "reparaturethisch"[4] beizukommen, nehmen sich gar putzig aus.

Europa hatte einmal (wie auch andere Erdteile) eine Kultur, welche die Bedürfnisse zusammen mit den Mitteln ihrer Befriedigung nicht zu einem expansiven Selbstlauf, unendlichen Progreß freigab. Die Frage ist, ob dergleichen auf der jetzigen, ungleich mächtigeren Stufe menschlicher (oder systemisch selbstorganisierender) Naturbeherrschung wieder möglich ist - und was die Philosophie dazu beitragen kann. Wichtig wäre zunächst, die Aufgabe in ihrer ganzen Schwierigkeit zu erkennen. Dazu gehört eine Fundamentalselbstkritik (das ist etwas ganz anderes als pauschale Verwerfung) der eurogenen Fortschrittsvernunft und ihres technochiliastischen Humanismus. Ansätze dazu gibt es, zum Beispiel bei Nietzsche, Heidegger und Horkheimer/Adornos "Dialektik der Aufklärung". Daran kann man anknüpfen. Aus der europäischen Kultur ist die technologische Erdzivilisation unter großen Spannungen hervorgegangen. Die Frage ist, ob nicht gerade in diesen Spannungen, näherhin in den immanenten Gegenströmungen zur Rationalität universaler Vernutzung, die Ansätze zu deren Zähmung verborgen sind.

Heidegger sagte im SPIEGEL-Interview: "... daß nur von demselben Weltort aus, an dem die moderne technische Welt entstanden ist, auch eine Umkehr sich vorbereiten kann ... Es bedarf zum Umdenken der Hilfe der europäischen Überlieferung und ihrer Neuaneignung"[5]. Dazu ist zu fragen, welche speziellen Kräfte in der europäischen Kultur angelegt sein sollen, die in der Menschheitsentwicklung eine umfassende Wende oder "Kehre" (Heideggers Wort dafür) bewirken könnten. Es müßten immanente Gegenkräfte sein, denn bisher hat sich ja vor allem gezeigt, daß die Initialkräfte zu dem die ganze Erde überziehenden technologischen und politisch-moralischen Fortschrittsprozeß aus Europa stammen. Heidegger hilft bei der Suche nach konkreten Gegenkräften nur wenig. Denn so prinzipiell er den Ansatz einer tiefgreifenden Alternative herausarbeitet und nach dem "anderen Anfang" sucht, der schon in dem altgriechischen Anfang der abendländischen Vernunfttradition verborgen sein könnte, so wenig kommt dabei praktisch heraus außer einer vagen Haltung der Erwartung und der Bereitschaft zur großen Alternative ("Attentismus" nennt es Alexander Schwan[6]). Das SPIEGEL-Interview hat darum einen Satz als Titel, der in ihm vorkommt, nämlich: "Nur noch Gott kann uns retten". Daß menschliches Wirkenwollen und Machenkönnen keine Kehre vermögen, wenn sie auf dieselbe Weise moralisch-politisch-technisch-rational sind wie diejenigen Kräfte, die in die jetzigen Schwierigkeiten

Reinhart Maurer, Berlin

hineingeführt haben, leuchtet ein. Doch war hier ja von Gegenkräften eben dazu die Rede, und zwar von solchen, die der moderne Mensch nicht einfach aus sich planen und entwickeln kann, sondern die er in seiner abendländischen Herkunftskultur sowie womöglich in anderen Altkulturen erst einmal entdecken oder wiederentdecken muß, um sie aktivieren zu können, ein Aktivieren übrigens, das eher nach einem Verzicht auf Dynamik im derzeit üblichen Sinne aussieht. So wird Heideggers, etwa im "Brief über den Humanismus" ausgesprochene Warnung vor jedem direkten Aktionismus und Praktizismus beherzigt und wird doch der Schritt "Von Heidegger zur praktischen Philosophie"[7] gewagt. Leitend ist dabei die Vermutung, daß nicht bloß in der theoretischen Philosophie Europas, zumal in der prima philosophia Metaphysik, andersanfängliche Möglichkeiten stecken könnten, sondern auch in der traditionellen praktischen Philosophie.

Jedenfalls waren die Spannungen, aus denen der eurogene Fortschrittsprozeß hervorgegangen ist, sowohl theoretischer wie praktischer Art. Die alteuropäische praktische Philosophie griechisch-antiker wie christlicher Prägung stellte für die neu entstehende fortschrittliche Weltanschauung ursprünglich durchaus ein Hindernis dar, das freilich von dem Neuen bald überrollt wurde. Direkte Gegenargumente ließen sich aus der älteren Formation kaum ableiten, da man die genauen Umrisse des Neuen, was da heraufkam, noch nicht kennen konnte. Doch jetzt kennen wir es besser, und so können wir, von heute her auf die alteuropäische Tradition der praktischen Philosophie zurückblickend, treffende Argumente gegen wesentliche Einstellungen der modernen Weltanschauung gewinnen. Dabei spielt sicher eine Rolle, daß diese selbst unter dem freilich vieldeutigen Titel "Postmoderne" Erscheinungen des Veraltens, Obsoletwerdens zeigt. So ist gar nicht sicher, ob die moderne Weltanschauung noch zeitgemäß ist, ob ihr nicht vielmehr die Philosophie und Ideologie von gestern zugrundeliegt. André Glucksmann schreibt denn auch: "Denken ist fortan nur möglich als Kritik der Ideologien von gestern im Namen der älteren Kultur Europas"[8]. - "Reaktionär"? - Nicht im gängigen Sinne, denn das Alteuropäische kommt dabei nur in verwandelter Form zum Tragen: "postmodern", d.h. nach dem Durchgang durch die Erfahrungen mit der Moderne.

Soviel zu allgemeinen, geschichtsphilosophischen Strukturen. Doch worum geht es inhaltlich? Welches ist im Bereich der praktischen Philosophie der wunde Punkt, der an der modernen Weltanschauung durch die soeben skizzierte vor- und nach-moderne Umfassungsstrategie

Reinhart Maurer, Berlin

getroffen wird? Welches ist der Hauptkritikpunkt an der Moderne, der durch zunehmend negative Erfahrungen mit ihr selbst nahegelegt wird? - Der Hauptvorwurf ist, daß der Moderne unter Titeln wie "Humanismus", "Humanitarismus" eine hybride Selbstermächtigung des Menschen, d.h. der heute schon über 5 Milliarden zugrundeliegt, und daß diese mit Notwendigkeit auf einen unendlichen Progreß der Bedürfnisse und Ansprüche hinauslaufe, der die Naturbasis alles höheren Lebens einschließlich des menschlichen ruiniert. Dasselbe mit den alteuropäischen Begriffen Grenze, Maß formuliert: Der Mensch als Maß aller Dinge bedeutet in der modernen Ausprägung dieser altsophistischen, frühmodernen Maxime praktisch Maßlosigkeit. Denn in ihrer modernen Interpretation erklärt dieses anthropozentrisch-humanistische Prinzip primär alle Bedürfnisse, Interessen, Ansprüche aller lebenden Menschen für gleichermaßen berechtigt. Sekundär wird dann womöglich ein Diskurs aller mit allen bis zum allgemeinen und ungezwungenen Konsensus postuliert[9], in dem diese Ansprüche vernünftig geprüft und harmonisiert werden sollen und zwar so, daß in diesem Diskurs auch die Maßstäbe der Prüfung allererst festgesetzt werden.

Dieser idealdemokratische Lösungsweg, der mit Habermas, einem seiner Vordenker, Demokratie als diskursive Kommunikation versteht[10], ist jedoch aus zwei Gründen völlig illusorisch: 1. ist ein Diskurs wirklich aller mit allen, also von 5, demnächst mehr Milliarden Menschen, praktisch nicht durchführbar, auch nicht annäherungsweise. Er ist und bleibt auf ewig "kontrafaktisch", wie es in dieser Theorie oft genug mit Anflügen von Ehrlichkeit heißt. 2. Wenn er durchführbar wäre, könnte er in endlicher Zeit zu keinen praktischen, geschweige denn konsensualen Ergebnissen führen. Denn der Diskurs hat nur eine feste, freilich inhaltlich ganz leere Norm: seine eigene Ermöglichung in Gleichheit aller Beteiligten, also nach Möglichkeit jener 5 Milliarden. Jeder von ihnen oder jede Gruppe kann alle möglichen Bedürfnisse, Interessen, Ansprüche sowie Normvorstellungen in ihm geltend machen und kann damit zugleich dasjenige bestreiten, was von anderer Seite eingebracht wird. Da keine übergeordneten Normen und Entscheidungskriterien anerkannt werden, kann dieses ganze Geschiebe nur auf eines hinauslaufen, nämlich auf die Befriedigung der jeweils durchsetzungsfähigsten Ansprüche, teils zu Lasten anderer, weniger durchsetzungsfähiger, teils zu Lasten umgebender Natur, die für diesen humanen Zweck vernutzt werden muß. Da nun das "zu Lasten anderer" dem zugrundeliegenden Gleichheitspostulat widerspricht, ist diese Möglichkeit offiziell diskreditiert - freilich faktisch keineswegs

Reinhart Maurer, Berlin

ausgeschlossen, sondern allgegenwärtig. Als egalitär-human besserer Weg bietet sich jedoch der zweite an: die Befriedigung steigender Ansprüche steigender Bevölkerungen zu Lasten umgebender Natur. Wissenschaft und Technik liefern die dazu erforderliche instrumentelle Vernunft. Die ökologische Krise ist somit unabwendbar.

Daß Ansprüche und Menschenmenge zunehmen, kann die instrumentelle Vernunft nicht verhindern. Dazu bedürfte es einer normativ Zwecke und Grenzen bestimmenden praktischen Vernunft, die bei diesem Interessengeschiebe jedoch nicht resultieren kann, da es auf den liberalistisch losgelassenen Bedürfnissen beruht. Und diese sind beim Menschen bekanntlich nicht durch feste Instinkte wohlumgrenzt wie beim Tier, sondern neigen zum unendlichen Progreß, zur Pleonexie, wie der alte, Platonische Name dafür heißt. Instrumentelle Vernunft steht in ihren Diensten. Und diskursive Vernunft ist ihr keineswegs übergeordnet, sondern besteht mindestens zur Hälfte aus ihr, denn in dem Diskurs - so wie er tatsächlich stattfindet - gibt es kaum ein besseres Argument als: etwas sei machbar. Es kommt darauf an, herauszufinden, "wie wir leben möchten, wenn wir im Blick auf erreichbare Potentiale herausfänden, wie wir leben könnten", sagt Habermas[11]. Das heißt: Einerseits wird aus den wissenschaftlich-technisch erschlossenen Potentialen argumentiert, also mit instrumenteller Vernunft. Andererseits macht sich jenes "wie wir leben möchten" geltend mit zwei Hauptkomponenten: 1. Normvorstellungen aus traditionell geprägten Lebenswelten, 2. von Natur beim Menschen nicht festgelegte, nie endgültig festlegbare, sondern unendlich plastische bis chaotische Bedürfnisse und Ansprüche. Dabei steht die traditionell lebensweltliche und institutionelle Geprägtheit unter stetem Abschaffungs- und Rechtfertigungsdruck gegenüber einer Kombination von stets neuen Möglichkeiten der Machbarkeit mit steter Anspruchsexpansion. Jede ihrer konkreten Ausprägungen steht so prinzipiell auf der Abschußliste emanzipativer Tendenzen.

Die Diskursvernunft nun ist vor allem der Versuch der Vermittlung zwischen den drei genannten Faktoren. Da sie jedoch für dieses Geschäft kein normatives Eigenpotential mitbringt außer jenem formalen Postulat einer gleichen Beteiligung aller, gerät sie mit Notwendigkeit in den Sog der beiden stärksten, miteinander verbündeten Faktoren, also einer Kombination von Anspruchswachstum mit dem Fortschritt technischer Naturbeherrschung. Damit ist sie zwar das Organ einer relativen Übersicht übers gesellschaftliche Geschehen, bleibt dabei jedoch verstrickt in den mit expandierender

Reinhart Maurer, Berlin

instrumenteller Vernunft ablaufenden unendlichen Progreß der Ansprüche. Sie steht letztlich ohnmächtig vor dem Abgrund dieser Unendlichkeit im Menschen selbst, dem schon Platons Sorge galt, dem ápeiron etwa des "Philebos", ja, sie unterstützt die instrumentelle Vernunft bei der Übertragung des unendlichen Progresses der Ansprüche von innen nach außen, von der menschlichen Subjektivität/Intersubjektivität auf die umgebende Natur. Diese wird dabei ebenso sehr be- wie vernutzt, denn auch fortschrittlichste Technik kann beides nicht voneinander trennen und nur das Benutzen behalten. Das leisten eher altertümliche Formen der Technik, etwa der Agrikultur, die aber wenig abwerfen. Moderne Diskursvernunft ist in diesen Vernutzungsprozeß verwickelt, da sie ihrem Selbstverständnis nach nicht über dem gesellschaftlichen Interessengeschiebe steht. Fein egalitär-demokratisch sucht sie nach einem Platz in ihm, erhebt nur gelegentlich expertokratische, ja hypermoralische Ansprüche aus besonderer Einsicht in seine abstrakten Rahmenbedingungen.

Mit den Augen alteuropäischer praktisch-philosophischer Vernunft gesehen, ist also die altbekannte Pleonexia, das Mehrhabenwollen, das Geheimnis im Wesen neuzeitlicher, unendlich expansiver Technik. Man braucht also nicht mit Heidegger zu warten, "bis eines Tages durch alles Technische hindurch das Wesen der Technik west im Ereignis der Wahrheit", bis jenes Geheimnis als ein Seinsgeschick in "jäher Entbergung" offenbar wird.[12] Es ist bereits offenbar in Form der wachsenden Ansprüche wachsender Menschenmassen. Durch den darin auf menschlich-allzumenschliche Weise wirksamen Umschlag von Qualität in Quantität ist der Mensch allerdings - wenn auch konkreter als Heidegger meint - in höchstem Maße herausgefordert. Denn er wird sich hinter der Fassade humanistischer Ideologie selbst zum Feind. "Menschen an sich sind der derzeit größte Umweltschaden", schreibt der Biologe Paul Leyhausen.[13] Und im Blick auf die ökonomischen Implikationen sagt Nicolás Gómez Dávila: "Wenn man ausschließlich danach strebt, eine wachsende Zahl von Waren einer wachsenden Zahl von Wesen zuzuführen, wobei weder die Qualität der Wesen noch die der Waren etwas zählt, so ist der Kapitalismus die perfekte Lösung."[14]

Die abendländische wie auch andere Kulturen hatten in der Tat einmal andere Vorstellungen vom Menschen und seiner Um- oder vielmehr Mitwelt. Zu einem metatechnischen Sinn Europas würde gehören, solche Vorstellungen auch unter heutigen Bedingungen zur Geltung zu bringen - bis hin zur Veränderung dieser Bedingungen. Ob das durch ethische oder sonstige Diskurse möglich ist, kann mit dem hier und anderswo von mir

Reinhart Maurer, Berlin

Gesagten bezweifelt werden. Interessant wäre ein Diskurs über die begrenzten Möglichkeiten von Diskursen. So würde zunächst einmal im intellektuellen Bereich Raum geschaffen für diejenigen Möglichkeiten, die sich in der europäischen und anderskulturellen Geschichte seit je als geeignet erwiesen haben, den Humanexpansionismus in Grenzen zu halten, nämlich: Herrschaft, Institutionen, Religion.

Anmerkungen

1 A. Gehlen: Die Seele im technischen Zeitalter, Reinbek 1957, 80.

2 Ders.: Urmensch und Spätkultur, Frankfurt a.M. ^{3}1975, 163.

3 Die zwei Kulturen. C.P. Snows These in der Diskussion, ed. H. Kreuzer, München 1987.

4 Vgl. J. Mittelstraß: Auf dem Wege zu einer Reparaturethik?, in: Universitas 44, 1989, 898-904.

5 DER SPIEGEL 1976, Nr. 23, 214 f.

6 A. Schwan: Politische Philosophie im Denken Heideggers, Opladen ^{2}1989, 248.

7 Vgl. Verf.: Von Heidegger zur praktischen Philosophie, in: Rehabilitierung der praktischen Philosophie Bd. I, ed. M. Riedel, Freiburg i.B. 1972, 415-454 - mein erster Versuch in dieser Sache, dem weitere Versuche gefolgt sind.

8 A. Glucksmann: Philosophie der Abschreckung, aus dem Französischen, Stuttgart 1984, 233.

9 J. Habermas: Technik und Wissenschaft als 'Ideologie', Frankfurt a.M. 1968, 163 f.

10 ebd. 113.   11 ebd. 100.

12 M. Heidegger: Die Frage nach der Technik, in: Vorträge und Aufsätze, Pfullingen 1954, 13-44.

13 P. Leyhausen: Bevölkerungsdichte und Ökologie, in: Sterbendes Volk, ed. J. Gründel, Düsseldorf 1973, 1-32, loc. cit. 30.

14 N. Gómez Dávila: Auf verlorenem Posten, aus dem Spanischen, Wien 1992, 96.

Citizenship, Rationalität und Europa

1. Zum Begriff *citizenship*

"*Citizenship*" läßt sich ins Deutsche nicht angemessen übertragen: Die Übersetzung in "Staatsbürgerschaft" würde *Citizenship* auf die Eigenschaft 'Bürger/in eines Staates zu sein' verkürzen und die gesellschaftliche Dimension von *Citizenship* unterschlagen. Ein bloßes "Bürger/in sein" aber wäre offensichtlich zu schwach.

Citizenship konstituiert sich durch deskriptive und normative Charakteristika. "*Citizenship*" kann extensional die Gesamtheit der BürgerInnen einer staatlichen Einheit und intensional eine (holistische) Eigenschaft bezeichnen. Der normative Gehalt des Bergiffes wird etwa deutlich in der Verwendung des Begriffes "Weltbürger". Nicht jeder Mensch ist ein Weltbürger. Der Weltbürger ist durch bestimmte Einstellungen gekennzeichnet, die auf die Existenz einer Weltgesellschaft mit den charakteristischen (konstitutiven) Regeln der Interaktion und der kollektiven Entscheidungsfindung von *citizenship* verweisen. Man kann Weltbürger sein, selbst, wenn eine *world citizenship* noch eine reine Fiktion ist. Es mag ein Maß für die Intensität und Verbreitung dieser charakteristischen Einstellung geben, dessen Überschreitung eine Weltgesellschaft im Sinne von *citizenship* erst konstituieren würde. Diese Einstellung wäre getragen von - oder käme zum Ausdruck in - bestimmten Annahmen darüber welche Regeln und ggf. Institutionen transnationalen, transethnischen, transkulturellen Verhaltens angemessen sind.

Die Annahme universaler Menschenrechte, sei es nur im Sinne negativer Rechte (Abwehrrechte), oder auch im Sinne positiver Rechte (Anspruchsrechte) wäre ein zentrales Element von *world citizenship*. Ein weiteres bestünde in der Existenz universaler Wir-Intentionen, auf die wir unten näher eingehen. Beide hier genannten Elemente haben eine Gemeinsamkeit: Normative Regeln werden als bindend gegenüber Menschen als solchen und nicht als Mitglieder einer Nation, einer Ethnie, einer Kultur wahrgenommen, sie haben diese Rechte qua Mensch und nicht qua Angehörige eines Kollektivs. Die Analogie zu regionaler *citizenship* besteht darin, daß auch hier die (konstitutiven) normativen Regeln als bindend gegenüber den Mitgliedern der betreffenden regionalen staatlich-gesellschaftlichen Einheit als solche und nicht qua ihrer Zugehörigkeit zu einer nationalen, ethnischen oder kulturellen Untergruppe wahrgenommen werden.

2. *Citizenship* und Rationalität

Zumindest im englischen Sprachraum dominiert eine konsequentialistische Konzeption praktischer Rationalität. Auf dem europäischen Kontinent wird die Vorherrschaft dieser Konzeption durch Kantisch geprägte Auffassungen - in jüngster Zeit insbesondere in einer diskursethischen Aktzentuierung - herausgefordert. Die Dominanz der konsequentialistischen Konzeption praktischer Rationalität ist jedoch in der Ökonomie, der ökonomischen Theorie der Politik und der Soziologie, also gerade in den dynamischen Sparten der Sozialwissenschaft ungebrochen. Das Konkurrenzmodell des *homo sociologicus*[1], eines sozialwissenschaftlichen Theorieansatzes, der in seinen radikalen Varianten individueller Rationalität jegliche explanatorische Relevanz abspricht, zeigt andererseits alle Anzeichen eines degenerierenden Forschungsprogrammes im Sinne Lakatos'.

Die konsequentialistische Konzeption praktischer Rationalität wird durch den paradigmatischen Kern der rationalen Entscheidungstheorie abgestützt. Dieser stellt eine Begrifflichkeit zur Verfügung, die es erlaubt jede rationale Handlung als eine Folgen-optimierende zu rekonstruieren, wobei die betreffende Rekonstruktion axiologisch neutral bleibt: Eine rationale Person optimiert eine, wie auch immer geartete subjektive Wertfunktion - ob es sich dabei um persönliche Interessen, Wohlergehen, Nutzen, altruistische Motive oder anderes handelt.

Tatsächlich ist dieser Konnex zwischen entscheidungstheoretischer Rekonstruierbarkeit rationaler Handlungen und konsequentialistischer Interpretation nicht zwingend[2]. Hinzu kommt, daß gerade die Forschungsergebnisse der verschiedenen Subdisziplinen der rationalen Entscheidungstheorie, darunter besonders die Theorie nicht-kooperativer Nicht-Nullsummenspiele[3] und die Logik kollek-

---

[1]Vgl. Karl-Dieter Opp: "Das Modell des Homo Sociologicus", *Analyse und Kritik*, 8 (1986) 1-27.

[2]Vgl. dazu Verf.: *Ökonomische Rationalität und ethische Theorie. Eine Kritik des Konsequentialismus*. München: Oldenbourg 1993, i.E., bes. §§ 8-10 u. 50,51.

[3]Vgl. dazu die Beiträge von W.Spohn: "Wie läßt sich die Spieltheorie verstehen?", Jean Louis Arni: "Handlungserklärung - Handlungsrationalität" und Verf. "Das rational-choice-Paradigma - Extensionen und Revisionen" jeweils in *Praktische Rationalität*, hg. von J. Nida-Rümelin, Berlin: de Gruyter 1993

tiver Entscheidungen[4] zur 'Subversion'[5] des konsequentialistischen Paradigmas beigetragen haben.

Schon der bloße Konflikt individueller Interessen läßt jegliche Stabilität einer gesellschaftlichen Ordnung, wenn sie nicht hochgradig repressive Züge aufweist, als ein erklärungsbedürftiges Rätsel erscheinen, sofern man sich die Perspektive des optimierenden *homo rationalis* zu eigen macht. Erst recht gilt dies unter den Voraussetzungen einer pluralistischen Gesellschaft die von unterschiedlichen kulturellen Wertorientierungen und Gruppeninteressen geprägt ist. Die Hobbes'sche Tradition politischen Denkens weist dem institutionellen - speziell dem staatlichen - Gefüge einer gesellschaftlichen Ordnung - entscheidungstheoretisch gesprochen - die Funktion zu, bei unveränderten subjektiven Wertfunktionen die Auszahlungsfunktionen so zu verändern, daß die konsequentialistisch optimierende Person in Konformität zu denjenigen Regeln handelt, die das notwendige Mindestmaß gesellschaftlicher Kooperation sicherstellen. Und ohne Zweifel hat das institutionelle Gefüge *unter anderem auch* diese Funktion. Um die anderen Funktionen zu verstehen, die das institutionelle Gefüge einer gesellschaftlichen Ordnung hat, ist jedoch eine Modifikation der konsequentialistischen Konzeption praktischer Rationalität unumgänglich. Die konsequentialistische Konzeption des *homo rationalis* ist nicht nur intern inkohärent, sondern führt auch zu einem inadäquaten Verständnis von *citizenship*.

3. Konsequentialistische Rationalität und Leviathan

Ich zögere etwas, die Konzeption von *citizenship* von der ich mich i.F. absetzen möchte mit dem Hobbes'schen Leviathan in Verbindung zu bringen. Vieles in *De Cive* und *Leviathan* deutet darauf hin,

---

[4]Eine deutsche Darstellung ihrer Ergebnisse liegt bisher noch nicht vor. Die Standardwerke sind: Kenneth Arrow: *Social Choice and Individual Values*, New York u.a. 1963; Amartya K. Sen: *Collective Choice and Social Welfare*, San Francisco u.a. 1970; Kotaro Suzumura: *Rational Choice, Collective Decisions and Social Welfare*, Cambridge u.a. 1983. Eine zusammenfassende Darstellung bietet A.Sen: *Social Choice Theory*, in *Handbook of Mathematical Economics*, hg. von K.Arrow u. M.Intriligator, Bd. III, Amsterdam u.a. 1986, S. 1073-1181

[5]Vgl. Jon Elster: *Ulysses and the Sirens. Studies in Rationality and Irrationality*, Cambridge u.a. 1979; ibid., *Sour Grapes. Studies in the Subversion of Rationality*, Cambridge u.a. 1983. Die wichtigsten Teile dieser beiden Bände wurden u.d.T. *Subversion der Rationalität*, Frankfurt/New York 1987 ins Deutsche übertragen. Vgl. a. ibid. *Nuts and Bolts for the Social Sciences*, Cambridge 1989

daß Hobbes selbst, die mit seinem Namen gemeinhin assoziierte Staatskonzpetion jedenfalls nicht in Reinform vertreten hat. Dafür spricht schon allein sein Vertrauen auf die praktische Wirksamkeit seiner Schriften. Dieser aufklärererische Impetus setzt voraus, daß Menschen mitunter auch aus Einsicht handeln und nicht die je individuell Folgen-optimierenden *corpora* sind, die sich von anderen *corpora* nur im Hinblick auf ihre Fähigkeit der Voraussicht unterscheiden. Der hier vorgestellte *Leviathan* mag insofern eine Karrikatur des historischen *Leviathan* sein. In einer systematischen Betrachtung ist dies aber - 'for the sake of the argument' - zulässig.

Der *Leviathan* verändert die Auszahlungsbedingungen von Strategien über Sanktionsandrohungen. Bei gleichen subjektiven Werten ändert der optmierende *homo rationalis* seine Strategienwahl. Um eine stabile gesellschaftliche Ordnung zu ermöglichen, wird diese Veränderung der Auszahlungsbedingungen verstetigt und transparent gestaltet: sie wird in allgemein bindende Gesetze gegossen. Wer diese Gesetze erläßt, ist gleichgültig. Die Zentralinstanz kann demokratisch, oligarchisch oder monarchisch verfaßt sein. Da Gesetze nicht immer Pareto-vergleichbar sind - für manche ist das eine Gesetz, für manche andere das andere Gesetz günstiger - gibt es einen Interessengegensatz, dessen Eskalation bei Hobbes schon durch das Verbot konkurrierender politischer Wahrheitsansprüche ausgeschlossen wird. Die Konzentration der Gewaltmittel bei der Zentralinstanz ist für den *status civilis* Bedingung seines Fortbestandes. Erst wenn das eigene Leben von der Zentralinstanz nicht mehr beschützt ist, kann es einen Grund für den optmierenden *homo rationalis* geben, Widerstand gegen die Staatsgewalt zu leisten. Modernere Varianten des *Leviathan* sind toleranter: sie erlauben konkurrierende Wahrheitsansprüche, aber bestehen auf dem fundamentalen Gegensatz von Normenbegründung und Normensetzung. Die Gültigkeit einer Norm ist eine Frage des Verfahrens. Konkurrierende Wahrheitsansprüche müssen vor der Legitimation durch Verfahren zurücktreten, sie entfalten keine handlungsleitende Kraft.

Das Leviathan-Modell scheint die einzige Option zu sein, aus je individuell-optimierenden Personen Elemente einer gesellschaftlichen Ordnung zu machen. Es hat jedoch eine zentrale Schwäche, die angesichts der jüngsten Entwicklung in Mittel- und Osteuropa nach dem Ende des kommunistischen Regimes erneut deutlich geworden ist: Das für den *Leviathan* konstitutive Gewaltmonopol ist kein naturalistisch beschreibbarer Zustand, es besteht nicht in einer bestimmten Verteilung von Gewaltmitteln, es wird labil oder kollabiert, wenn es durch normative Orientierungen nicht mehr hinreichend gestützt ist. Es ist eine begrifflich und empirisch schwierig zu beantwortende Frage, welche Bedingungen ein stabiles Gewaltmonopol ausmachen, aber es kann wohl kaum bestritten werden, daß diese Bedingungen sich nicht auf die Verteilung von Gewaltmitteln allein beziehen können. Die Diffusion von Gewaltmitteln reicht i.d.R. immer hin, um das faktische Bestehen eines Gewaltmonopols von einem Minimalbestand an normativer Stützung abhängig zu machen: 'Gewaltmonopol' ist insofern ein genuin normativer Begriff - was nur seine naturalistische, nicht seine empirische Beschreibbarkeit ausschließt.

4. Strukturelle Rationalität und *citizenship*

Das konsequentialistische Paradigma versteht Handeln als eine Weise die Welt zu verändern. Die Welt sähe anders aus, wenn die betreffende Person so nicht gehandelt hätte. Rationales Motiv einer Handlung ist es, die Welt in der - kausal oder probabilistisch - zu erwartenden Weise verändern zu wollen. Der rationale Akteur äußert damit in seinem Handeln eine subjektive Bewertung von Weltzuständen, er legt eine - idealiter vollständige und transitive - Rangfolge aller empirisch möglichen Weltzustände offen. Diese schrittweise Offenlegung geschieht simultan mit der Offenlegung seiner subjektiven Wahrscheinlichkeiten über die möglichen Umstände, die die Folgen seines Handelns bestimmen können.

Da es eine Vielzahl unterschiedlicher axiologischer Haltungen, und persönlicher Motive gibt, ergibt sich eine Vielzahl unterschiedlicher Rangordnungen und in der Folge ein Problem gesellschaftlicher Koordination und Kooperation. Da konsequentialistisch agierende Personen ihre jeweiligen subjektiven Rangordnungen optimieren, sind Regeln der Kooperation und der Koordination nur insofern stabil, als sie den gemeinsamen subjektiven Zielen der Kooperationspartner zufällig entsprechen, oder (sofern sie hinreichend sanktioniert sind), um ihre Einhaltung im je individuell-subjektiven Interesse erscheinen zu lassen. Die Unmöglichkeitstheoreme der Logik kollektiver Entscheidungen machen allerdings klar, daß diese Stabilität sich in der Regel nicht einstellen wird.

Die empirische Tatsache des Fortbestandes eines *status civilis* scheint nur zwei Erklärungsmuster zuzulassen: Entweder der Mensch ist nicht in dem angenommenen Maße *homo rationalis*, sondern doch *homo sociologicus*, also durch Dispositionen und Rollenmuster in seinem optimierenden Verhalten so eingeschränkt, daß dieses i.d.R. keine Institutionen-sprengende Wirkungen entfaltet, oder der *homo rationalis* folgt anderen Kriterien praktischer Rationalität als vom konsequentialistischen Modell angenommen. In der Tat gibt es gute Gründe für die zweite Annahme. Die Konzeption *struktureller Rationalität* ist eine Antwort auf dieses hier skizzierte Dilemma⁶.

Die Konzeption strukturelle Rationalität für die es unabhängig von politiktheoretischen Problemen gute Gründe gibt, erlaubt es, einerseits Stabilität und Legitimitität gesellschaftlicher Institutionen neu zu interpretieren und macht andererseits den Weg frei für eine Auffassung von *citizenship*, die mit supranationaler z.B. europäischer *citizenship* vereinbar ist. Die zentralen Elemente seien hier thesenförmig skizziert:
1. *Strukturell rational* ist ein Prädikat, das sich auf *individuelle Handlungen* (im Sinne von *token*) bezieht.
2. Eine Handlung kann nur dann *strukturell rational* sein, wenn sie auf einer *freien Entscheidung* beruht.
3. Eine Handlung ist *strukturell rational* bezüglich der *subjektiven Wertschätzung struktureller Elemente* von seiten der handelnden Person
4. Eine *strukturell rationale* Handlung wird von der handelnden Person mit der *motivierenden Absicht der Strukturkonformität* gewählt.

Es gibt eine Reihe begrifflicher Probleme, die mit diesen Charakterisierungen struktureller Rationalität einhergehen. Um wenigstens einige von diesen zu erwähnen:
- Die Beschreibungsrelativität von Handlungen bewirkt, daß die gleiche Handlung je nach Beschreibung als strukturell rational und als strukturell irrational gelten kann.
- 'Strukturkonformität' und damit 'strukturelle Rationalität' scheint sich eher auf generische (type), denn auf konkrete Handlungen zu beziehen.
- In der Regel ist ein komparativer Konformitätsbegriff angemessener, als ein qualitativer.
- Probabilistische Aspekte müssen einbezogen werden.
- Es gibt es Probleme der Über- und Unterbestimmung struktureller Rationalität.

Auf diese und andere klärungsbedürftige Aspekte des Begriffs können wir hier nicht eingehen, sie sind ohnehin nicht spezifisch für die Konzeption struktureller Rationalität, sondern verweisen auf Probleme der philosophischen Handlungstheorie generell. Hier

---

⁶Paradoxerweise stärkt diese Konzeption die Verwendung des *homo rationalis*-Modells für explanatorische Zwecke in den Sozialwissenschaften. Die methodologische Konkurrenz ökonomischer und soziologischer Erklärungsansätze in den Sozialwissenschaften erscheint in der Perspektive struktureller Rationalität weitgehend aufgehoben: Die Attraktivität des ökonomischen Modells mit seiner individualistischen Metaphysik bleibt hier ebenso erhalten, wie die gesellschaftskonstitutive Bedeutung der Rollen- und Regelkonformität.

interessieren in erster Linie die Implikationen dieses Begriffs für das Verständnis von *citizenship*. Dazu drei Thesen:

I. *Menschen verhalten sich in hohem Mae strukturell rational.*

Zur Bestätigung dieser These kann angeführt werden:

- Das 'satisfycing'-Konzept der ökonomischen Theoriediskussion

- Die bedeutende Rolle, die nicht-konsequentialistische Gründe für das alltägliche Handeln spielen

- Die Strukturierung der individuellen Lebensform, auch dort, wo andere Handlungsoptionen mit subjektiv vorteilhaften Konsequenzen offenstehen.

II. *Strukturelle Rationalität ist für Handeln im gesellschaftlichen Kontext konstitutiv.*

Zur Bestätigung dieser These kann angeführt werden:

- Kooperationsnormen sind nur zwischen Interaktionspartnern wirksam, die ihrem optimierenden Handeln Beschränkungen auferlegen.

- Die Ausprägung von Wir-Intentionen[7] spielt eine wesentliche Rolle für Handeln im gesellschaftlichen Kontext.

III. *Citizenship konstituiert sich durch das Zusammenwirken formaler institutioneller Rahmenbedingungen und struktureller Rationalität.*

Zur Bestätigung dieser These kann angeführt werden:

- Die Instabilität von Institutionen ohne normative Abstützung

- Die Unterbestimmtheit struktureller Rationalität ohne institutionelle Rahmenbedingungen

- Die Rolle sekundärer Regeln für Institutionen

---

[7] Der Begriff der 'We-Intention' ist insbesondere von Raimo Tuomela sorgfältig analysiert worden. Vgl. R.Tuomela: *A Theory of Social Action*, Dordrecht 1984. Interessant dabei ist besonders die Verbindung eines begrifflichen Individualismus mit dem prima facia holistischen Begriff der 'Wir-Intention'.

4. Europäische vs. nationale *citizenship* - Einige Implikationen

Die nationalstaatliche Konzeption von *citizenship* konstituiert einen *kollektiven Akteur*. Die Individualwillen sollen über unterschiedliche Verfahren zu einem gemeinsamen Willen aggregiert werden und damit eine Nation konstituieren. Der Nationalstaat vereint idealiter drei Dimensionen: Ein Territorium, ein Volk, ein Staat. Die deutsche und osteuropäische Denktradition ist dabei ethnisch geprägt: das Staatsvolk soll idealiter eine ethnisch - oder moderner: kulturell - homogene Einheit darstellen, während die französische Denktradition das Staatsvolk republikanisch interpretiert: die durch gemeinsam getragene Institutionen definierte Bürgerschaft.

Beiden Konzeptionen ist jedoch eigen, daß es individuelle Personen *und* eine *Quasiperson* - die Nation - geben soll. Die Nation schützt sich nach außen, sie kooperiert mit anderen Quasipersonen, schließt Verträge, trägt Verantwortung, bewahrt eine über die Zeitläufte sich durchhaltende Identität bei wechselnder personellen Repräsentanz etc. und sie optimiert ihre Interessen - ist also wie die natürliche Einzelperson konsequentialistisch rational. Die Nationen als Quasipersonen leben in einem *status naturalis*, dessen Aufhebung die beteiligten Nationen selbst aufheben würde. Natürlich gibt es eine Vielzahl von Abschwächungen: der deutsche Rückzug unter dem Eindruck jahrzehntelanger Teilung auf die Kulturnation, der französische Rückzug auf die außenpolitische Souveränität unter den Zwängen europäischer Integration in weiten Bereichen der Wirtschafts- und Finanzpolitik etc. Diese Suche nach der nationalen Identität wird jedoch bei einem, auf der Konzeption struktureller Rationalität beruhenden Verständnis von *citizenship* obsolet.

Strukturelle Rationalität sichert sich institutionell auf verschiedenen Ebenen gesellschaftlicher Kooperation ab. Diese Ebenen können in mehr oder weniger starkem Ausmaß miteinander verkoppelt sein. Gesellschaftliche Kooperation - auch sofern sie institutionell gestützt ist - ist von der kleinsten bis zur umfassendsten Einheit auf Elemente handlungsleitender Wir-Intentionen angewiesen, die wechselseitig eher in einem Verhältnis der Komplementarität, als der Konkurrenz stehen. *Citizenship* ist Ausdruck dieser Wir-Intentionen. Sie ist - recht verstanden - auf kollektive Akteure nicht angewiesen. Es kann *citizenship* ohne Nationalstaat geben, unter anderem kann es eine genuine europäische *citizenship* geben, auch wenn Europa - was zu wünschen ist - kein Nationalstaat wird.

Maciej Potępa, Warszawa

Revolution, Bürgerliche Gesellschaft, Demokratie

Laut dem Begriff der Revolution von H. Arendt hatten alle Revolutionären das Gefühl, einer neuen Welt Anfang zu geben und durch ihr Handeln eine neue Ordnung zu initiieren. Eben in den revolutionären Perioden haben die Menschen Gelegenheit, ihre Freiheit und Handlungsfähigkeit am tiefsten zu erfassen. Das Problem der Revolution ist das Problem der Legitimität des Anfangs, d.h. für H. Arendt das eigentliche Kernproblem des Politischen. Es dürfte an dieser Stelle noch bemerkt werden, daß Arendt eine große Enthusiastin der amerikanischen Revolution und ein entschiedener Kritiker der französischen Revolution war; dieser ersten gelang es, den politischen Charakter zu bewahren, und ihr Ziel war vom Anfang bis Ende, einen politischen Raum für die menschliche Freiheit und für das Handeln zu schaffen. Die französische Revolution dagegen anstatt die Grundlagen für eine neue Ordnung, für ein neues Haus des Menschen auf der Erde zu schaffen, in dem die Freiheit und nicht die Sattheit und Sicherheit des Menschen das höchste Wohl wäre, sank zum Niveau einer sozialen Revolution mit all ihren destruktiven Folgen herab. Die Analyse dieses Vorgangs steht im Mittelpunkt ihres Buches "Über die Revolution" und ergibt sich, daß unter allen Revolutionen am Ende doch allein die amerikanische den Preis verdiene, 'Politik' restituiert oder restauriert zu haben. H. Arendt schrieb: "In keinem einzigen Falle hat sich wiederholt, was in der amerikanischen Revolution zum erstenmal in Gang gekommen war. Die verfassungsgebende Tätigkeit wurde nie wieder als die wichtigste und bedeutungsvollste aller revolutionären Taten empfunden."[1]

In Osteuropa kann man mit guten Gründen von zwei revolutionären Traditionen sprechen, bei denen es zum einen um nationale Unabhängigkeit und zum anderen um eine soziale Revolution nach dem Vorbild der Französischen und der Russischen Revolution ging.[2] Die Frage, ob wir es bei vergangenen Ereignissen mit einer Revolution zu tun hatten, läßt sich am besten unter dem Aspekt beantworten, die ich abgekürzt als die strukturelle bezeichnen möchte. Aus ihm ergibt sich eine besondere Fragestellung: kann man mit Recht von einer Transformation der fundamentaler Strukturen der betreffenden Gesellschaft sprechen? Diese Frage ist in Hinblick auf Polen mit ja zu beantworten. Ich bin der Meinung, daß wenn man überhaupt von einer Revolution in Osteuropa sprechen will, dann von einer "konservativen" im Sinne von Hannan Arendts Analyse der amerikanischen Revolution, wo eine organisierte Gesellschaft den pouvoir constituant repräsentierte und nicht atomisierte Individuen in einem rechtlichen Naturzustand. Auf der anderen Seite erfaßt den Begriff einer "konservativen Revolution", nicht alles um was es heute eigentlich geht. Mit dem Begriff "konservative Revolution" gelingt es nicht, die dringende heute Frage zu lösen, wie sich etwas von Geist der revolutionären öffentlichen Freiheit in geltende Verfassung hinüberretten läßt.

In Osteuropa hat die Politik der sich selbst beschränkenden Revolutionen bisher erfolgreich die Gefahren bannen können, denen eine radikale Revolution ausgesetzt ist. Es ist zu hoffen, daß dieser Ablauf jeder Revolution (sämtliche Phasen: „die Herrschaft der Gemäßigten", "das Mitregieren der Extremisten", "die Herrschaft des Schreckens und der Tugend" und schließlich den "Thermidor") nicht zwingend ist und daß es anderen Weg in die Zukunft in Osteuropa gibt.[3] Eine Revolution lauert als Gefahr in allen Übergängen von heute und wir sollten nicht vergessen, daß Revolutionen mehr Probleme schaffen als sie lösen. Doch in unserem Jahrhundert sind die Gesellschaften, die sich in der Schwebe zwischen dem Alten und dem Neuen befinden, auch der Gefahr eines Faschismus dieser oder jener Spielart, einer Tyrannei mit dem Anspruch auf ethnische oder nationale Homogenität oder auf ideologische Reinheit aussetzt. Das alles liegt im Bereich des Möglichen.

Es scheint mir in diesem Kontext sehr wichtig zu sein die Idee der bürgerlichen Gesellschaft (civil society). Ich bin der Meinung, daß der Übergang zur civil society eines der wichtigsten Probleme ist, die sich jetzt in Mittel- und Ostmitteleuropa stellt. Wir haben uns daran gewöhnt, daß man den Kommunismus als Versuch definiert, die civil society zu zerstören. Die totale Gewaltherrschaft zerstört jede Bindung zwischen Individuen und unterbindet den öffentlichen Austausch ihrer Meinungen. Damit zerstört sie die kommunikativen Strukturen, in denen Macht allein entstehen kann. Sie nimmt ihnen die Kraft zur Initiative und beraubt ihre sprachliche Interaktion der Kraft zur spontanen Einigung des Getrennten. Wie H. Arendt das überzeugend formuliert hat, in der totalen Herrschaft ist die oberste Bedingung menschlichen Handelns, daß nämlich alles Handeln einer Pluralität von Handelnden bedarf, zugunsten des Singulars des einzig handelnden Willens abgeschafft. Das ganze läuft hinaus, daß an die Stelle der Wirklichkeit das Reich des Möglichen gesetzt wird; das geschieht in der unaufhörlichen Vernichtung und Zerstörung der wirklichen Welt und ihrer Bereiche. Alle Wirklichkeit wird ebenso zu Möglichkeiten verarbeitet, wie alle Möglichkeit bedingungslos verwirklicht werden soll. Das heißt, all die menschlichen Bande und Beziehungen, die sich über Jahrhunderte spontan geknüpft haben, werden hier vom Staat künstlich und oft gewaltsam ersetzt durch Scheinbeziehungen.

Laut einigen Autoren das Marxsche sozialistisch-kommunistische Ideal der klassenlosen Gesellschaft stellte nichts Anderes als den Versuch dar, das Rad der europäischen Zivilisation- und Modernitätsgeschichte in Richtung auf eine reaktionäre Erneuerung einer "geschlossenen Gesellschaft" zurückzudrehen. Marxismus erzeugte nach dieser Interpretation unter den modernen Bedingungen der Entfremdung leidenden Menschen die großartige Illusion der Wiederkehr einer solidarischen, familienmoralischen Lebensform, die als realisierbare Möglichkeit von ihm vorgespielt war. Solche Elemente der Doktrine wie: der Haß auf die Kapitalistenklasse und der Anspruch auf eine wissenschaftliche Rechtfertigung des politischen Ideals des Sozialismus waren nur die Mittel zur Erzeugung dieser Illusion.[4]

Das Problem der Staaten Mittel- und Ostmitteleuropa ist ja, daß die nahezu vierzigjährige kommunistische Herrschaft auch eine geistige Verwüstung angerichtet hat.

Es ist unbestreitbar, daß der Übergang zur Demokratie in Osteuropa setzt die Existenz der Freiheit voraus, wodurch die Möglichkeiten freier Betätigung und Kooperation eröffnet werden, die sich dann in Institutionen ausformen können. Wenn es ein Projekt gibt, das politische und wirtschaftliche Reformen miteinander verbindet, dann hat es etwas mit der bürgerlichen Gesellschaft zu tun. Die Demokratie ruht auf zahlreichen vorpolitischen Institutionen, die die Politik tragen und die zur Politik hin vermitteln. Die Demokratie braucht ein Fundament in einer strukturierten Gesellschaft.

In den ostmitteleuropäischen Ländern sind diese gesellschaftlichen Institutionen nicht mehr vorhanden und müssen jetzt nach der Revolution erst wieder geschaffen werden. Was not tut, ist jedoch der Aufbau von Institutionen, nicht die Niederschrift von Konstitutionen. Der Aufbau von Institutionen ist ein mühsamer und vor allem langwieriger Prozeß. In diesen Überlegungen geht es darum, daß in den Ländern Osteuropas, in denen Zwang und zentrale Planung zunehmend durch Produktionsanreize und Marktmechanismen ersetzt werden, ebenso freie und volle Staatsbürger braucht wie eine politische Gemeinschaft, in der an die Stelle einer Einparteienherrschaft ein demokratisches Staatswesen tritt.

Meine Hypothese ist, daß die Theorie der bürgerlichen Gesellschaft nicht nur dazu beitragen kann, zumindest einige Typen von Übergangsprozessen, wie wir sie in Osteuropa kennen, zu beschreiben, sondern zugleich eine Perspektive ermöglicht, unter der eine immanente Kritik dieser Prozesse unternommen werden kann. Wenn man bei uns von einer civil society spricht, dann entweder im Sinne einer Utopie oder als Metapher, mit deren Hilfe man die Tatsache umschreiben will, daß es bei uns schon während der kommunistischen Herrschaft in gewissen Bereichen Unabhängigkeit gab.

Ich verwende hier den Ausdruck die bürgerliche Gesellschaft im Hegelschen Sinne, in dem sie dem Staat gegenübergestellt wird. Dieser Begriff bezeichnet bei ihm die Gesamtheit der individuellen, korporativen und Gruppeninteressen, einschließlich all der Beziehungen, die sich naturwüchsig und spontan zwischen den Menschen bilden. Also der Ausdruck die "bürgerliche Gesellschaft" meint weder die Gesellschaft, die dem Naturzustand gegenübergestellt ist (wie bei Rousseau) noch die Gemeinschaft der Bürger die gleichen Gesetze genießen und die sich in gleichem Maße für die öffentliche Sache verantwortlich fühlen.

Die Formel von der civil society bietet jedoch bis heute keine brauchbare Beschreibung unserer gesellschaftlichen und wirtschaftlichen Situation. Wie treffend der polnische Soziologe J. Szacki bemerkt hat, "von der civil society haben wir bestenfalls die Ideologie, wobei diese wiederum auf einen nicht gerade großen Kreis von Menschen beschränkt ist, die irgendeine Vorstellung von Unserer Zukunft haben". Es gibt bei uns einige charakteristische revolutionäre Illusionen – setzt Szacki in diesem Text fort – eine davon ist, daß die nach Emanzipation strebende Gesellschaft im wesentlichen bereits alles besitzt, was sie braucht, um wirklich glücklich zu leben, und daß das Haupthindernis auf dem Weg zum Glück die "Herrschenden" sind, die sich nur von ihren eigenen partikularen Interessen leiten lassen oder fremde Interessen vertraten.

Aber dieses Schema einer Emanzipation der Gesellschaft ist in doppelter Hinsicht falsch. Erstens berücksichtigt es nicht die Tatsache, daß die civil society erst geschaffen werden muß, wobei es noch ungewiß ist, woraus. Zum zweiten läßt es völlig außer acht, daß die kommunistische Herrschaft der Gesellschaft in hohem Maße Umriß und Struktur verliehen hat und der Gesellschaft ein be-

stimmtes Minimum an Zusammenhalt und Gleichgewicht gewährt hat.
Zwar war immer dieses Gleichgewicht labil, aber daraus läßt sich
keineswegs ableiten, daß die Krise dieser Regime an sich schon
einen tiefgreifenden Integrationsprozeß und die Stabilisierung des
Gleichgewichts begünstigt.

Unter den gegebenen Verhältnissen in den postkommunistischen
Ländern wird der Staat - paradoxerweise - bei der Wiederherstellung
der civil society ein unverzichtbares Instrument sein. Selbst wenn
genug Zeit wäre, würde sich die civil society kaum organisch und
spontan selbst restaurieren, eher würde der Zerfall fortschreiten
und eine Art Anarchie entstehen. Das Paradox unserer Situation beruht zuletzt darauf, daß das, was wir immer häufiger, "normal",
oder "demokratisch" nennen, der desorientierten Mehrheit wenn nicht
gerade gegen ihren Willen so doch dem Schwinden ihrer passiven Zustimmung zum Trotz erst aufgezwungen werden muß. In vielen Bereichen
(ausgenommen der Wirtschaft) taucht das gleiche Muster auf: Beschränkungen verschwinden, es entstehen sogar ausgesprochene Anreize, aber nichts oder fast nichts geschieht - das Gewebe der Gesellschaft ist tot.

Wir leben jetzt in einer Periode, wo die alten Mechanismen
nicht mehr arbeiten und neue noch nicht existieren. Eine bürgerliche Gesellschaft ist das Sesam, öffne dich! zu jedem erfolgreichen
Übergang. Dieser Schlüssel ist allerdings nicht frei zugänglich. Es
läßt sich nicht einfach aus den Ländern, in denen er einen Dienst
getan hat, auf beliebige Verhältnisse anderswo übertragen. Man kann
damit beginnen, hier und jetzt Institutionen aufzubauen, ohne unbedingt auf jene blicken zu müssen, die auf demselben Weg bereits
eine gewisse Strecke zurückgelegt haben. Andererseits viele Analytiker bestehen zu Recht darauf, daß eine auf der bürgerlichen Gesellschaft beruhende Übergangsstrategie nicht verabsolutiert werden
darf und daß der Übergang zur Demokratie ebenso die Aktivität einer
politischen Gesellschaft mit ihren konkurrierenden, strategisch
ausgerichteten Parteiorganisationen zur Voraussetzung hat. Wir sollten nicht vergessen, daß eine bürgerliche Gesellschaft, die ein wesentliches Element der Demokratie ist, auch Konfliktgesellschaft
bedeutet: eine Gesellschaft, in der es unterschiedliche Interessen,
eigennützige Kräfte, widersprüchliche Gesellschaftskonzeptionen
und Prinzipien gibt.

Diese Konflikte sind nicht nur erstrebenswert, sondern ein wesentliches Element der Demokratie. Es ist nach den Revolutionen in

Osteuropa ein Hauptproblem entstanden: Wie läßt man den Raum für Konflikte, für den Pluralismus und die Heterogenität der ideologischen und kulturellen Prinzipien und bändigt sie zugleich durch einen gesamtgesellschaftlichen Konsens, der auf Prinzipien wie Demokratie und Menschenrechte beruht?

Demokratie besteht aus weit mehr als der Niederschrift einer Verfassung oder der Wahl eines Parlaments. Man braucht nur bei Tocqueville nachzulesen, um zu erkennen, auf wie vielen, in diesem Sinne vorpolitischen Institutionen die amerikanische Demokratie im 19. Jahrhundert beruhte. Auch die formalen demokratischen Institutionen allein garantieren weder Bürgerrechte noch Stabilität.

Es gibt zahlreiche Beispiele dafür, daß die durch traditionelle wie auch fundamentalistische Kräfte bedroht werden können. Und sie sind gefährdet durch das, was man die wirtschaftliche Ohnmacht der Demokratie bezeichnen könnte. Man hat schon mehrmals betont, daß die Mehrheit in den Übergangszeiten selbst in politischer Hinsicht zurückhaltend bleibt. Auch in wirtschaftlicher Hinsicht stellt sich das Vertrauen wenn überhaupt noch langsamer ein. Während ein altes korruptes System außer Funktion gesetzt wird, hat sich ein neues noch nicht etabliert.

Für den Augenblick hat eine Demokratie in ihren Anfängen in Polen mehr Klagen und Beschwerden freigesetzt als die Bereitschaft, die doppelte Aufgabe wirtschaftlicher und politischer Reformen in Angriff zu nehmen. Alle einfachen Theorien des Zusammenhangs zwischen Wirtschaft, Politik und Freiheit falsch sind.

Marx irrte sich, als er eine notwendige Verknüpfung zwischen wirtschaftlichen und politischen Wandel unterstellte. Von der Geschichte wird auch nicht bestätigt, daß man über Primat der Politik über die Wirtschaft oder umgekehrt sprechen kann. Es trifft auch nicht zu, daß demokratische Institutionen an sich schon wirtschaftliche Kräfte freisetzen; noch führt ein marktorientiertes Wachstum quasi automatisch zu einer freiheitlichen Verfassung. Zumindest besteht eine beträchtliche zeitliche Verzögerung zwischen wirtschaftlichem und politischem Wandel.

Demokratie scheint in Polen an sich ein wünschenswertes Ziel zu sein. Es kann keine wirksamen bürgerlichen Rechte ohne Demokratie geben, und ebensowenig können wir ohne sie auf allmähliche statt gewaltsamere Änderungen hoffen. Zwei Mechanismen sind notwendig, um eine Stabilität (sie ist immer bedroht) der Demokratie zu gewährleisten. Zum einen gehört ein Rechtssystem, das die verschiedenen Interessen einschränkt. Der zweite Mechanismus ist komplexer und betrifft die Artikulation: zwischen civil society und political society. Einerseits soll die Gesellschaft nicht von den Parteien dominiert werden, andererseits bedarf es der Koordinierung und des Kontakts zwischen Gesellschaft und Politik. Nirgendwo steht geschrieben, daß wir im Aufbau einer blühenden Marktwirtschaft und in der Schaffung einer stabilen Demokratie Erfolg haben werden. Ganz im Gegenteil - vieles scheint darauf hinzuweisen, daß die Chancen nicht so groß sind, wie sie uns vor kurzem noch scheinen wollten. Unser Los scheint Ungewißheit, nicht aber Hoffnungslosigkeit zu sein.

Anmerkungen

1. H.Arendt,Über die Revolution,München 1968,2.Aufl.1974,S.206.
2. Tatsächlich ist H.Arendt selbst vorzuwerfen,daß sie auch in diesem wichtigen Punkt die Unterschiede zwischen der Amerikanischen und der Französischen Revolution nicht gesehen hat.
3. R.Dahrendorf,Müssen Revolutionen scheitern?,In: Transit:europäische Revue/hrsg.am Institut für die Wissenschaften vom Menschen in Wien,I(1990)
4. W.Becker,Der Bankrott des Marxismus,Politisches Denken,Jahrbuch 1992,S.8
5. J.Szacki,Traum und Wirklichkeit,In:Transit,Op.cit.,S.81.

Juris Rozenvalds
Universitaet Lettland

"Phaenomenologie in Lettland - Uebernationale Tradition oder nationale Eigenheiten ?"

Dieser Beitrag behandelt die philosophische Taetigkeit eines der beruehmtesten Philosophen Lettlands des XX Jahrhunderts Prof. Theodor Celms (1893-1989), dessen 100-jaehriges Jubilaeum 1993 begangen sein wird. Was bedeutet Theodor Celms fuer die lettische Kultur ? Ist er ein in der lettischen Sprache schreibender Vertreter der uebernationalen philosophischen Kultur oder doch lettischen Philosoph ? Diese und aehnliche Fragen werden immer aktueller bei der Gestaltung der neuen Konzeption ueber die Entwicklung Europas. Einerseits strebt Europa nach einer immer groesseren Einheit, nach der Entwicklung solcher Bande, die ueber staatliche Grenzen und nationale Eigenarten hinausgehen, andererseits ist fuer Europa das Enstarken des nationalen Faktors im politischen und kulturellen Leben charakteristisch. Gewiss kann diese Tatsache verschiedenartig bewertet werden, besonders in ihren extremen Erscheinungsformen, aber sie ist nicht zu leugnen. In der Philosophie transformieren sich diese Probleme in die Frage nach der nationalen und regionalen Spezifik der Philosophie. Einerseits vertritt der Philosoph in der nationalen Kultur die allgemeinmenschliche Bewusstseinsschicht, seine Interessen gehen ueber die Grenzen der Nation hinaus. In der Philosophie wird jedes Problem vom "Standpunkt der Ewigkeit" betrachtet. Gleichzeitig aber, wenn die Philosophie die Welt nicht als blosse Summe der Dinge zu erfassen versucht, sondern die Stelle des Menschen in dieser Welt begreifen will, die auch als Selbstbewusstsein der Kultur betrachtet werden kann, ist sie in ihren Erkenntnissen unvermeidlich auch historisch, regional und national. Es ist moeglich ueber zwei Arten der regionalen und nationalen Determinierung der Philosophie zu sprechen.

Erstens kann die Rede von dem Versuch des Denkers sein,

direkt auf die Fragen zu antworten, die fuer eine regionale oder nationale Kultur spezifisch sind. Aber so ein Versuch bedeutet gewoehnlich ein Hinausgehen ueber die philosophische Stellung der Probleme.

Zweitens wirken wechselseitig in jeder philosophischen Theorie zweierlei Verbindlichkeiten. Einerseits besteht die innere Logik der Entwicklung der in der Theorie zu behandelnden Probleme, die ausserhalb der regionalen und der nationalen Bestimmungen steht. Andererseits kann die Auswahl des Philosophen zugunsten der einen oder der anderen Loesung des Problems durch konfessionelle, regionale, etnische und individuelleEigenarten, ebenso auch durch Faktoren der sozialen und der politischen Entwicklung wesentlich beeinflusst werden. Das bedeutet, die regionalen und die nationalen Eigenarten der philosophischen Konzeptionen koennen auftreten nicht nur in den Schlussfolgerungen, Ergebnissen, die in unterschiedlichen Kulturumgebungen entwickelten Lehren oft sehr aehnlich sein koennen, sondern auch in der Wechselwirkung der Faktoren der Struktur dieser Lehren, auf dem Weg, der zu dieser Schlussfolgerungen gefuehrt hat.

In Zusammenhang mit Theodor Celms kann man ueber phaenomenologische Bewegung sprechen. Diese Auswahl ist durch den grossen Einfluss der Phaenomenologie auf Lettland zu erklaeren. In Zusammenhang mit Lettland kann man ueber zwei prominente Phaenomenologen sprechen - ueber den Letten Theodor Celms und den Vertreter der deutschen Minderheit, den Deutschbalten Kurt Stavenhagen (1885-1951), der als Lehrkraft an dem Herderinstitut in Riga gearbeitet hat. An den Beispielen Celms und Stavenhagen kann man beide oben genannten Arten der regionalen und der nationalen determinierung beobacten. Wenn wir die Werke Stavenhagens aus den dreissigen Jahren betrachten, sehen wir, dass er sich nicht von den theoretischen Interessen sondern von der eigenartigen Lage der deutschen Minderheit in dieser Zeit in Lettland leiten liess. Es sind in diesem Zusammenhang folgende Werke zu nennen: "Grundlage von Gemeinschaften" (1931), "Das Wesen der Nation" (1934), "Kritische Gaenge in die Volkstheorie" (1936), "Heimat als Grundlage menschlicher Existenz" (1939). Obwohl in der Taetigkeit von Th. Celms die Fragen des nationalen Lebens keine so grosse Rolle wie in den Werken K. Stavenhagens spielen, kreuzen sich und wirken wechselseitig auch in seiner Taetigkeit mehrere oft widerspruechliche, fuer das lettische philosophische Denken charakteristische Tendenzen.

Einerseits, kann man von zwei Hauptquellen sprechen, von denen fast alle Kulturen Europas ihre Kraefte geschoepft haben, das sind die Folklore und die Tradition des Christentums, die in das Leben eines jeden Volkes die allgemeinmenschliche Dimension gebracht hat. Obwohl die Letten schon im 13. Jahrhundert gewaltsam zum Christentum bekehrt werden, verbreitete sich das Christentum unter dem einheimischen Einwohnern so richtig erst Ende des 18. und Anfang des 19. Jahrhunderts. Wegen der Spezifik der historischen Entwicklung des lettischen Volkes (bis Mitte des 19. Jahrhundert waren Letten ein Bauernvolk) spielte hier die Folklore eine viel groessere Rolle als bei anderen Voelkern. Auf unsere Kultur haben immer emotionelle Momente eine grosse Wirkung ausgeuebt, mit Recht kann man die lettische Kultur als eine poetische Kultur charakterisieren. Das Ende des 19. Jh. und den Anfang des 20. Jh. kann man in der lettischen Kultur als die Epoche der Kuenstler und der Dichter bezeichnen. Sie haben eine grosse Wirkung auf die Gedanken und Herzen der Menschen ausgeuebt. Darum haben auch in unserer philosophischen Tradition die logischen Aspekte der Philosophie keine weitgehende Entwicklung erfahren. Dadurch ist auch der grosse Einfluss des Irrationalismus auf die lettische Philosophie zu erklaeren, insbesondere Ende des 19. Jahrhunderts und in den ersten vierzig Jahren des 20. Jahrhunderts.

Das zweite wesentliche Merkmal des geistigen Lebens in Lettland ist der Einfluss der Ideen der wissenschaftlichen Rationalitaet, die in die Kultur Lettlands und in die lettische Kultur mit Leibnitz, mit der Ideologie der Aufklaerung (J.-G. Herder und G. Merkel), und insbesondere mit den Ideen I. kants kamen. Man kann ueber mehrere

Verbindungen Kants mit Lettland sprechen: die moegliche Abstammung Familie Kants aus dem Baltikum, mehrere Angebote an Kant, des Professor an der Academia Petrina in der Hauptstadt des Kurlaendischen Herzogtums Jelgava (Mitau) zu arbeiten. Die dritte und die wichtigste Verbindung Kants mit Lettland ist die Herausgabe seiner wichtigsten Werke im Johann Friedrich Kartnoch-Senior Verlag. Im Unterschied von Westeuropa und Russland, wo in den zwanziger bis vierziger Jahren des neunzehnten Jahrhunderts Hegel und Schelling in den Vordergrund traten, hat das Baltikum sein Interesse an Kant das ganze neunzehnte Jahrhundert bewahrt. Das ist mit der Taetigkeit der Philosophen der Dorpater Universitaet verbunden. Vor allem muss man den Schueler Kants Gotlieb Benjamin Jaesche (1762-1842) nennen. Jaesche hat das Werk Kants "Logik" fuer die Herausgabe vorbereitet.

In der Geschichte der phaenomenologischen Bewegung ist Celms als Autor des Werkes "Der phaenomenologische Idealismus Husserls" (1928), als einer der schaerfsten Kritiker der transzendentalen Phaenomenologie Husserls vor dem zweiten Weltkrieg bekannt. Gleichzeitig gehoert Celms zu denjenigen Schuelern Husserls, die die irrationalistische Interpretierung der Husserlschen Phaenomenologie angeboten haben. Bei der Interpretierung der Geschichte aehnlich wie Fr.Nietsche, G.Simmel und O.Spengler, haelt Celms fuer das wichtigste den Widerspruch zwischen der "psychophysischen Stroemung" und den objektiven Kulturformen - sowohl den materiellen (z.B. Bauten und Verkehrsmittel), als auch den geistigen (Produkte der Wissenschaften, Kuenste, Sittlichkeiten, Religionsrechte usw.). In dieser Polaritaet sieht Celms die Ursache der periodischen Krisen der Kultur, was die Auflehnung des "Lebens" gegen die erstarrte Form bedeutet. Die Schrift "Kulturkrise in dem modernen Abendland", wo Celms seinen Standpunkt zu diesem Problem darlegt, wurde veroeffentlicht als sich in den Publikationen Husserls das Thema der "Lebenswelt" noch nicht abgezeichnet hatte. In seinem zweiten in den lettischen Sprache herausgegebenen Buch "Wahrheit und Schein" (1939), in der Schrift ueber Husserl erwaehnt Celms zwar einen Auszug aus dem Artikel Husserls (veroeffentlicht in der Belgrader Zeitschrift "Philosophia"), der das Thema der Krise der europaeischen Wissenschaften in der phaenomenologischen Philosophie beruehrt hatte. Aber Celms hat keinen besonderen Wunsch, das "Telos" von Husserl anstelle der Vorstellungen der "Lebensphilosophen" zu legen. Celms ist nicht von den Bestrebungen Husserls begeistert, in der Krisensituation der europaeischen Kultur den Glauben an die Vernunft, die Hoffnung auf die "Wiedergeburt Europas aus dem philosophischen Geist, dank dem Heldentum der Vernunft"[1] zu bewahren. Husserl sieht den Grund der Schwierigkeiten der rationalen Kultur nicht in dem Wesen des Rationalismus, sondern in seiner Vergegenstaendlichung und in seiner Verwandlung in den "Naturalismus" und "Objektivismus", die die Subjektivitaet aus der Welt vertreiben und die Deutung der Subjektivitaet in Objektsprache zulassen, so dass aus ihrer eigenartigen Qualitaet nichts mehr uebrig bleibt.

Celms Auffassung nach wurzelt die Moeglichkeit der irrationalistischen Deutung der Phaenomenologie in dem Wesen der Husserlschen Phaenomenologie und Celms bemueht sich, sie im Lauf der Kritik des phaenomenologischen Idealismus Husserls zu begruenden. Celms unterstreicht, Husserl reduziere die ganze Vollkommenheit der Welt auf das individuelle Bewusstsein. dass gerade diese und nicht andere immanenten Moeglichkeiten verwirklicht werden, dafuer ist das Schicksal verantwortlich zu machen. Aber im Verstaendnis von Celms schliesst die eidetische Sphaere eine beliebige Verbindung mit dem Begriff "Schicksal" aus, es handelt sich hier ja um eine apodiktische Gesetzmaessigkeit, die das Anderssein ausschliesst. Celms meint, dass Husserls Phaenomenologie nichts weniger ist als ein einseitiger Rationalismus. "Alles weist auf die Faktizitaet des Lebens zurueck, und diese als solche ist, trotz aller absoluten apriorischen Regelung, ewig irrational"[2]. Husserl dagegen war der

Meinung, dass gerade eine "radikale Wende vom naiven Objektivismus zum transzendentalen Subjektivismus"[3]. Eine sichere Grundlage fuer die Wissenschaft und eine rationale Begruendung der Prozeduren der Einzelwissenschaften schafft. Husserl zufolge fordert der Geist der radikalen Autonomie der Philosophie und der Wissenschaft, dass alles, was in der Wissenschaft hinzugedacht und unbewusst angenommen wird, expliziert und rational erklaert sein wuerde. Rationalitaet zeigt sich bei Husserl als Offenbarung der intentionalen Verbindungen des Seins und seiner verdeckten Teleologie. Husserl selbst hat seine Konzeption "Ueberrationalismus" genannt: Naturwissenschaften und die positivistische Philosophie, die ihre Anschauungen zusammenfasst, sind ein begrenzter Rationalismus, der die Natur a priori als einen festgesetzten Sinn auffasst, aber die Quelle dieses Sinnes nicht erklaert. Die Phaenomenologie als "Erste Philosophie" deckt diese Quelle in der Taetigkeit der transzendentalen Subjektivitaet auf.

In diesem Fall ist es wichtig, in Betracht zu ziehen, dass Celms die Termini "Rationalismus" und "Rationales" offensichtlich in einem anderen Sinne als Husserl gebraucht. Das Verstaendnis der Rationalitaet bei Celms stuetzt sich auf die Philosophie Kants. Wenn aufgrund seines kritischen Verhaeltnisses zu der transzendentalen Phaenomenologie Husserls naeherte sich Th.Celms der Muenchener-Goettingener Schule der Phaenomenologie (A.Pfaender, A.Reinach, H.Conrad-Martius, E.Stein u.a.), dann ist ihre Einstellung zur Tradition des Kantianismus radikal unterschiedlich. In diesem Zusammenhang ist es zu vermerken, dass es in den 30er Jahren in der "Deutschen Literaturzeitung" mehrere Rezensionen Celms erscheinen, und es ist bezeichnend, dass die meisten von ihnen verschiedenen Interpretierungen Kants gewidmet sind. Dazu gehoert auch das Werk Heideggers "Kant und das Problem der Metaphysik". Im Unterschied von vielen anderen Interpreten Kants interessiert sich Th.Celms gerade fuer den historischen Kant mit all seinen Widerspruechen, mit all dem, was spaeter Reinhold, Fichte, Hegel und andere Philosophen fuer Inkonsequenz hielten, vor allem Kants Lehre ueber das "Ding-an-sich". So sehen wir, dass es gesetzmaessig ist, dass eine der drei Hauptfragen auf die Th. Celms in dem Werk "Der phaenomenologische Idealismus Husserls" zu antworten sucht, lautet "Kann man den Husserlschen Idealismus fuer transzendental im Kantschen Sinne halten ?" Th. Celms bemueht sich zu zeigen, dass der Idealismus Husserls kein transzendentaler Idealismus in dem seit Kant ueblichen Sinne des Wortes ist.

1) Celms deutet die Phaenomenologie Husserls als Intuitivismus, dabei betrachtet er den Intuitivismus und das transzendental kritische Denken als gegenseitig ausschaltende Begriffe. Die transzendentale Philosophie kennt, Celms zufolge, nur das konstruktive Verstaendnis der Wahrheit, Husserl aber betrachtet sie nur in bezug auf die Welt, nicht aber auf das eigene "reine Ich" und die fremden "reinen Ich". Diese Wahrheiten sind nach Husserl bloss abbildend.

2) Celms zufolge deutet die transzendentale Philosophie das Subjekt als irreales (zeitloses) Subjekt. Husserl dagegen unterstreicht die Zeitlichkeit des phaenomenologisch reinen Bewusstseins. Wenn die transzendentale Philosophie das ganze Sein auf die Irrealitaet des transzendentalen Bewusstseins stuetzt, so loest Husserl die transzendent- zeitliche Existenz in der immanent-zeitlichen Existenz auf.

3) Das reine Bewusstsein bedeutet bei Husserl eine Vielfalt der "reinen" Einzelsubjekte, die transzendentale Philosophie dagegen, Celms Meinung nach, reduziert alles auf ein einziges numerisch identisches reines Bewusstsein.

Husserl wirft Kant gewisse Naivitaet vor: "Die letzten Voraussetzungen der Moeglichkeit und Wirklichkeit objektiver Erkenntnis koennen nicht objektiv erkennbar sein <...> in neuer Art doch wissenschaftliche Philosophie entwirft"[4]. Einer der Ausgangspunkte der Kantschen Philosophie ist die Analyse der Errungenschaften der Naturwissenschaften der Neuzeit, die als unbestreitbare Tatsachen gelten. In diesem Sinne ist die Kantsche "Kritik der reinen Vernunft" als systematisiertes "Selbstbewusstsein" der Wissenschaft der

Neuzeit anzusehen. Auch in der Philosophie des Neukantianismus, vor allem in ihrer Marburger Interpretierung, wird die Philosophie vor allem als Logik der Wissenschaft verstanden. Der Erkenntnisprozess wird auf den logischen Prozess reduziert und es wird mit dem Prozess des logischen Konstituierens der Objekte der Wissenschaft identifiziert. Celms lehnt sich in diesem Sinne an Kant und an die Neukantianer an. Fuer Th. Celms faellt die Rationalitaet mit der Sphaere des konzeptuell diskursiven Verstaendnisses, mit der Sphaere des Vernuenftigen, zusammen. Aus diesem Grunde will Celms Husserls Suchen nach der Deutung der neuen nichtklassischen Rationalitaet nicht annehmen. Th. Celms bewertet sie als einen Schritt zum Irrationalismus. Offensichtlich ist diese Interpretierung nicht nur durch theoretische Argumente zu erklaeren, hier muss man auch den auf die Eigenarten der nationalen und regionalen Kultur gestuetzen Einfluss des deutschen Irrationalismus in Betracht ziehen.

Anmerkungen

1. Husserl E. Die Krisis der europaeischen Wissenschaften und die transzendentale Phaenomenologie // Husserliana, Den Haag, 1954, Bd. VI, S. 347-348.
2. Celms T. Der phaenomenologische Idealismus Husserls. Riga, 1928, S. 423.
3. Husserl E. Cartesianische Meditationen und Pariser Vortraege // Husserliana. Den Haag, 1950, Bd. I, S. 4.
4. Husserl E. Die Krisis der europaeischen Wissenschaften und die transzendentale Phaenomenologie // Husserliana, Den Haag, 1954, Bd. VI, S. 98.

Ladislav TONDL, Prag

Die Erneuerungs- und Transformationsprozesse im Herzen Europas
und die Rolle der Philosophie

1.

Schon Jahrhunderte gehörte Prag, die Hauptstadt des alten Königreiches, die Stadt mit der ältesten Universität in Mitteleuropa zu den wichtigsten intellektuellen und kulturellen Zentren Europas. Besonders vom Anfang des 20. Jahrhunderts und namentlich in den zwanziger und dreissiger Jahren war Prag an der Spitze von etlichen wissenschaftlichen Initiativen. An den Prager Universitäten wirkten Persönlichkeiten wie Ernst Mach, eine Zeitlang Albert Einstein, Thomas Masaryk, ein grosser tschechischer Philosoph und Humanist, Philipp Frank, Rudolf Carnap, in Prag entstand eine wichtige linguistische Schule, mit Prag /gemeinsam mit Wien und Berlin/ war der Aufstieg der Wissenschaftsphilosophie und der analytischen Methode in der Philosophie verbunden. Diese Situation, die man auch mit vielen anderen Namen und Beispielen bestätigen könnte, war durch ein seltsames Klima beeinflusst: Prag, Böhmen und die ganze Republik zwischen den Weltkriegen war eine Insel der Freiheit und Demokratie im Herzen Europas, ein Vorbild der europäischen Vielfältigkeit, die Stadt mit einer tschechischen, einer deutschen und eine Zeitlang mit einer russischen Universität, mit alter jüdischer Tradition.

Prag dieser Zeit war eine seltsame Aggregation von vielen Einflüssen, wissenschaftlichen und philosophischen Richtungen und Traditionen, die aus aller Welt gekommen waren. Für manche Wissenschaftler, Denker, Schriftsteller und Künstler war Prag nicht nur ein Asyl, sondern auch eine Zwischenstation, wo sie eine gewisse Zeit gewirkt und gearbeitet haben. Diese seltsame Aggregation vieler Sprachen, Kulturen und wissenschaftlicher Traditionen hatte keineswegs mit einem "melting pot", wie es die Amerikaner bezeichnen, etwas zu tun. Auf gewissen Gebieten waren die Prager "intellectual clusters" sogar an der Spitze einiger Wissenschaftsgebiete und zugleich mit anderen Zentren gut verbunden. In gewisser Hinsicht war das intellektuelle Milieu von Prag ein Vorbild

Ladislav TONDL, Prag

möglicher europäischer Integration zu Ende dieses Jahrhunderts. Die sprachlichen und nationalen Unterschiede spielten dabei – besonders an den Hochschulen und in der Forschung – keine grössere Rolle. Auch die überwiegende Mehrzahl der tschechischen Intellektuellen beherrschte beide Landessprachen fliessend. Erst die Einflüsse eines rechtsextremen Nationalismus, der in das Land importiert wurde, haben in der zweiten Hälfte der dreissiger Jahre die Störungen dieses Milieus gestartet.

Der zweite Weltkrieg, die Besatzung des Landes, die Schliessung der tschechischen Hochschulen und die Unterbrechung der Tätigkeit etlicher Forschungszentren, die Destruktion des kulturellen und intellektuellen Lebens und letzten Endes die erste Welle einer starken Emigration /darunter auch der deutschen Wissenschaftler/ war der erste Anschlag gegen das intellektuelle Leben in der Wissenschaft und Kultur. Der kommunistische Umsturz im Jahre 1948 hat den zweiten Anschlag bedeutet und hat eine neue Emigrationswelle ausgelöst. Das neue totalitäre Regime hat zwar die Kultur, die Forschung und die Wissenschaft verbal unterstützt, machte aber alle diese intelektuellen Gebiete zu einer Magd der monopolistischen Macht. Nach einer relativ kurzen Periode gewisser Freiheit während des Prager Frühlings kam, nach der sowjetischen Invasion, die Rückkehr der monopolistischen Macht, eine weitere Emigrationswelle, die "innere Emigration", die mit einer Reihe von Säuberungen verbunden war.

Die demokratische Revolution im November 1989 hat zwar die alten politischen Strukturen an der höchsten Ebene zerstört, auf neue Hoffnungen gebracht und die Erneuerungsprozesse auch auf vielen Gebieten des kulturellen und intellektuellen Lebens gestartet. Zugleich zeigte sich, dass das Erbe oder die "genetische Ausstattung" tiefer und stärker ist, als man in den ersten Tagen und Monaten vorgesehen hat. Das betrifft nicht nur die technischen Gebiete, das Wirtschaftsleben, die Umweltprobleme, aber vor allem auch die Lebensstandards, die Denkweisen, die Entscheidungsformen, die Bewertungkriterien u.a.

Ladislav TONDL, Prag

Was die "genetische Ausstattung" in der Sphäre der Forschung, der Wissenschaft und der Philosophie anbelangt, sind folgende Aspekte zu betonen:

- Jahrzehntelang standen die Wissenschaftler und Philosophen unter einem ideologischen Druck. In den Naturwissenschaften und in den technischen Wissenschaften funkzionierte als eine Form der Abwehr ein Isolationismus, die scharfen Grenzen von gewissen wissenschaftlichen und technischen Domänen. Das erklärt auch ein gewisses dauerhaftes Misstrauen gegenüber den Problemen, die einen globalen, interdisziplinären und auch philosophischen Charakter haben.

- Lange Zeit hindurch funktionierte in den meisten Sphären der Wissenschaft und Forschung eine Form der Auslese, die man als negative Selektion oder als einen verkehrten intellektuellen Darwinismus bezeichnen könnte. /Die Situation war in direkter Verbindung mit dem System der kommunistischen Nomenklatur, d.h. der Notwendigkeit einer völliger Zustimmung der monopolen Macht mit der gegebenen personellen Auswahl./ Das führte zur Zerstörung vieler wissenschaftlicher Schulen oder Gemeinschaften /intellectual clusters/, zu Umständen, die man als "Diktatur des Durchschnitts" bezeichnen kann. Diese Bedingungen sind wiederholbar, und zwar unter anderen politischen Verhältnissen, z.B. unter den Parolen des "Demokratisierungsprozesses" der Forschung und Wissenschaft. Das Gleichgewicht zwischen der Stellung, die man als "peer review" bezeichnet, und einer effektiven und verantwortungsvollen demokratischen Kontrolle hat sich als eine schwierige Aufgabe erwiesen.

- Zur genetischen Ausstattung" während der totalitären Periode gehörte auch eine urwüchsige Wertstruktur mit einem Kult der Gradation oder oft auch der Megalomanie, mit einer Orientierung nur auf Zuwachsinnovationen /incremental innovations/, auf nur extensive Entwicklung und zugleich eine Unterschätzung radikaler Innovationen. Auf dem Gebiete des intellektuellen Lebens, der Wissenschaft, der schöpferischen Arbeit in der Technik und auch in der Kultur waren damit diejenigen Werte eng verbunden, die man als "Dienstkomplex" bezeichnen kann. Der Dienstkomplex - in der offiziellen Terminologie - ist charakterisiert durch die Forderung,

Ladislav TONDL, Prag

die Wissenschaft, die schöpferische Tätigkeit auf allen Gebieten und natürlich auch die Kultur solle "der Praxis" dienen. Praktisch hatte diese Forderung folgende Bedeutung: den gegebenen Machtstrukturen, der Monopolmacht, der gegebenen Produktion /die in den meisten Fällen einen rückständigen Charakter hatte/. Nach dem Sturz der Monopolmacht kam auch der Sturz dieser Wertstrukturen. Es hat sich aber gezeigt, dass der Aufbau einer neuen Wertstruktur und zugleich eines Systems der Wissenschafts- und Forschungspolitik, der technologischen Politik eine schwierige Aufgabe sei.

Zusammenfassend kann man sagen, dass die Überwindung dieses Erbes im intellektuellen und kulturellen Leben eine schwierige und zugleich langjährige Aufgabe bedeutet. Dabei kann auch die Frage entstehen, welche Rolle in diesen Aufgaben die Philosophie und besonders die Philosophie der Wissenschaft und Technik spielen kann. Natürlich muss man betonen, dass diese Transformationsprozesse keineswegs nur der Philosophie und den Geisteswissenschaften gehören. Es handelt sich hauptsächlich um die globale Umwandlung des ganzen Milieus, um die Ausarbeitung von neuen Ziel- und Wertstrukturen, um die Überwindung von alten Strukturen in den Bereichen des Denkens, der Entscheidungsprozesse und der Bewertung. Mann darf auch der Philosophie keinen neuen "Dienstkomplex" zurechnen.

2.

Die erwähnten Probleme der Erneuerungs- und Transformationsprozesse im intellektuellen und wissenschaftlichen Leben verweisen dabei an die doppelte Funktion der Philosophie der Wissenschaft und Technik: Einerseits soll sie in diesen Prozessen mitwirken, anderseits hat sie eigene neue Probleme und Aufgaben, die mit der gegebenen Situation der Wissenschaft und Forschung im direkten oder indirekten Zusammenhang stehen. Nach unseren Erfahrungen sind das besonders folgende Probleme:

- die Notwendigkeit einer Selbstreflexion der Wissenschafts- und Forschungstätigkeit,

Ladislav TONDL, Prag

- die Veränderungen in der Konzeption und Funktion der Wissenschaft in der gegenwärtigen kritischen Situation,
- die Analyse und Bewertung von allen positiven, aber auch negativen Traditionen, einschliesslich dessen, was man als "genetische Ausstattung" der Wissenschaft und Forschung bezeichnen kann,
- die kritische Analyse aller Zusammenhänge und möglicher Folgen, mit Akzenten auf die integrierende Aggregierung von verschiedenartigen Kenntnissen und Werten, mit dem Akzent auf die Interdisziplinarität oder Transdisziplinarität, mit Akzent auf die Verantwortlichkeit und die ethischen Werte in allen kognitiven, sowie Entscheidungs- und Bewertungsprozessen in der Wissenschaft.

Unter einer <u>Selbstreflexion jeder Wissenschafts- und Forschungstätigkeit</u> versteht man einen Überblick des ganzen Komplexes von allen Aktivitäten in der Wissenschaft, d.h. nicht nur der kognitiven, sondern auch der Entwurfs-, Entscheidungs- und Bewertungstätigkeiten. Bedeutend sind dabei die primären Entscheidungen, die Zielsetzung, die Abschätzung der gegebenen Kapazitäten und Mittel oder, mit anderen Worten, nicht nur die Fragen was zu tun ist, aber auch weshalb, wozu, mit welchen Folgen, in welcher Reihenfolge usw. Vom philosophischen Standpunkt aus erweitert diese Forderung den Horizont der klassischen analytischen Philosophie und bringt neue Akzente mit, zum Beispiel neben der traditionellen Umsicht auf die Sprache, Formen des Wissens, auf die epistemologischen Prozesse auch auf die Tätigkeit, Ziele, Erwartungen, Werte usw. Für eine Selbstreflexion jeder Wissenschafts- und Forschungstätigkeit ist eine möglichst genaue Rekonstruktion der Reihenfolge der zukünftigen Schritte, der möglichen Trajektorien und möglicher Risiken in gewissen Abschnitten dieser Trajektorien sehr bedeutent. Das hängt mit der Zeitrichtung /im Sinne von Hans Reichenbach/ zusammen. Die Selbstreflexion begrenzt sich also nicht nur auf die Annahme eines Forschungsprojektes, auf die primäre Entscheidung, sondern auch auf weitere Etappen einer möglichen Trajektorie der Forschung, Entwicklung und Anwendung der Ergebnisse in weiteren Schritten.

Ladislav TONDL, Prag

Die Wandlungen der Konzeption und Funktion der Wissenschaft
betrifft vor allem neue Tendenzen in der Zielsetzung, in den
Wertstrukturen und in der sozialen Bewertung der Funktionen der
Wissenschaft zu Ende dieses Jahrhunderts. Man kann auch über
die Veränderungen gewisser Paradigmen in der Zielorientierung
und der Funktion der Wissenschaft sprechen. In aller Kürze kann
man diesen Wandel folgendermassen charakterisieren, d.h. als
folgende Tendenzen:

- von der Konzeption des Wissens als einer Macht, als eines Mittels möglicher Änderungen, der anthropogenetischen Tätigkeit des Menschen, von der Konzeption der Wissenschaft als einer Produktionskraft oder des Weges zur Konstruktion der "zweiten Natur", zur Konzeption der Erhaltung oder sogar der Rettung aller humanistischen Werte, aller Rechte einschliesslich der menschlichen Rechte und der "Rechte der Natur",
- von der Konzeption der "unendlichen Horizonte" zum Bewusstsein gewisser Grenzen, einschliesslich der Grenzen, die mit der menschlichen Natur, mit den Kapazitäten der Natur verbunden sind,
- von der Konzeption, dass die Wissenschaft und die mit den wissenschaftlichen Kenntnissen verbundene technische Tätigkeit prinzipiell alle Probleme zu bewältigen im Stande sei, und zwar, wenn nicht gegenwärtig, dann in der Zukunft.

Die Konzeption des Wissens als eines Mittels zur Bewältigung, der möglichen Umwandlung von Natur oder Umwelt hat alte philosophische Traditionen: Von Francis Bacon, von der klassischen Physik bis zu den Illusionen über die unbegrenzten Horizonte der modernen Wissenschaft und Technik. Die offizielle Ideologie hat diese Aspekte sogar absolutisiert und der Wissenschaft die Funktion einer Weltanschauung oder sogar einer Religion zugeordnet.

Wenn der Philosophie neben allen anderen Aufgaben auch eine Funktion der "Metawissenschaft" gehört, so ist diese Aufgabe eng verbunden mit der Analyse und Bewertung aller positiven und auch negativen Traditionen in diesem mitteleuropäischen Raum. Zweifel-

Ladislav TONDL, Prag

los ist es hauptsächlich eine historisch orientierte Aufgabe. Da aber ein wesentlicher Anteil dieser Traditionen als eine "genetische Ausstattung" weiterhin besteht und sich auf die gegenwärtige Situation auswirkt, verlangt diese Situation auch eine aktive Zusammenarbeit derjenigen Wissenschaftler, Philosophen und Soziologen, die alle diese Probleme zu erklären, analysieren und bewerten im Stande sind. Es ist natürlich, dass die Transformation der ganzen Umwelt der intellektuellen und schöpferischen Tätigkeit, besonders die Transformation der Wertstrukturen, eine schwierige und langfristige Aufgabe ist. Besonders aus diesen Gründen gehört zu diesen Aufgaben nicht nur die kritische Analyse der "genetischen Ausstattung" im negativen Sinne, sondern auch die Bewertung und Erneuerung aller positiven Traditionen, besonders des Humanismus, der nationalen Toleranz und der Toleranz zu Meinungsunterschieden. Zu diesen positiven Traditionen gehören die Ideen grosser Denker, Wissenschaftler und Philosophen, die in Prag tätig waren, darunter insbesondere die Ideen von Thomas Masaryk, Jan Patočka u.a.

Jahrzehntelang konzentrierten sich die meisten schöpferischen Leute in der Wissenschaft und in der Forschung auf spezifische Probleme ihrer Disziplinen. Dieser Isolationismus war teilweise durch die gegebene Situation berechtigt, und zwar als eine Form der Abwehr gegen den ideologischen oder politischen Zwang. Die Übertreibung dieses Isolationismus war doch mit vielen Schaden verbunden, besonders in den technischen Bereichen. So wurden technische Systeme projektiert und auch realisiert nur auf der Grundlage von Kenntnissen und Forderungen von einzelnen Fächern, ohne Rücksicht auf weitere Zusammenhänge und Folgen in anderen Sphären. So wurden grosse Kapazitäten der Schwerindustrie konstruiert, und zwar ohne Rücksicht auf die Notwendigkeit grosser Importe von Energie und Rohmaterialien. Ein Serienbau der Staudämme an der Moldau hat das ganze Temperatur- und Wasserregime an diesem Strom verändert. Das schlimmste Beispiel ist die Konzentration der Stromerzeugung im Norden von Böhmen, die aus diesem Gebiet eine Region mit der schlimmsten ökologischen Situation Europas gemacht hat. Es

Ladislav TONDL, Prag

ist natürlich, dass die Hauptschuld dabei die Machthaber in Prag /und Moskau/ haben, die die Monopolmacht und die herrschende Ideologie getragen haben. Zugleich aber haben diese Mächte das Denken in Systemzusammenhängen, jeden globalen Zutritt mit Bezug auf Zeit- und Raumzusammenhänge, auf alle möglichen Folgen in der Biosphäre und Anthroposphäre scharf abgelehnt. Aus denselben Gründen standen sie ganz feindlich gegenüber den Problemkreisen, die man in der Welt als Wissenschafts- und Technikphilosophie, als Technikbewertung und Technikfolgenabschätzung bezeichnet. Der Aufbau dieser Problemkreise zusammen mit der Ausarbeitung von interdisziplinären oder transdisciplinären Methoden gehört also zu den wichtigen Aufgaben der gegenwärtigen Philosophie.

Mit dieser kritischen Analyse aller Zusammenhänge und möglicher Folgen der Forschungs- und Entwicklungstätigkeit, mit dem Ende des "Ethos der unbegrenzten Möglichkeiten der Wissenschaft" /wie es V. Bush gleich nach dem zweiten Weltkrieg bezeichnet hat, was aber in Westeuropa und Amerika durch andere kritische Konzeptionen ersetzt wurde/ sind in engem Zusammenhang die Akzente auf ethische Werte in Prozessen des wissenschaftlichen Denkens, der Entscheidungen und der Bewertung. Das betrifft vor allem die Verantwortungsethik in der Wissenschaft und Technik, die ethischen Werte und Systeme in verschiedenartigen Bereichen der intellektuellen Tätigkeit, das Bestreben die Zusammenhänge von Gesinnungsethik und Verantwortungsethik dieser Art auszuarbeiten. Aus diesen Gründen sind für uns die neuen Arbeiten und Initiativen der deutschen Kollegen in diesem Raum sehr bedeutend stimulierend.

Sektion 9

Das metaphysische Realitätsproblem einst und heute

ZUM VERHÄLTNIS VON REALITÄT UND BEWUSSTSEIN
Von Horst S e i d l (Rom)

Der metaphysische Realismus der klassischen Tradition ist in Moderne und Gegenwart der Kritik einer «naiven Metaphysik» ausgesetzt. Unser Referat prüft in Teil I diese Kritik und geht in Teil II den ihr zugrundeliegenden modernen Bewußtseinsphilosophien nach. Doch verbinden sich auch mit ihnen selbst wiederum Probleme. Ihre Klärung führt zu Überlegungen über Bewußtsein und Realität, die auf Einsichten des traditionellen metaphysischen Realismus zurückverweisen. Sie sollen, im Anschluß an diesen, in Teil III dargelegt werden sollen.

I) Das epistemologische Fundament des klassischen metaphysischen Realismus vom Seienden als solchem

1) Die moderne Kritik von Kant bis Heidegger an der klassischen Metaphysik betrifft vor allem zwei Hauptpunkte: daß sie 1. unreflektiert - und d.h. naiv - vom Seienden an sich, vom Realen, spreche und 2. alles so, wie es uns begegne, für wahr halte. Bei modernen Denkern dagegen ergibt sich ein Vorrang der Reflexion vor dem Realen, das sich aus dem reflektierenden Bewußtsein versteht und begründet: bei Descartes durch den universalen Zweifel an aller Erkenntnis von Realem, bei Kant durch die Kritik der reinen Vernunft, welche die Bedingung der Möglichkeit menschlicher Erfahrung und Erkenntnis festlegt, bei Husserl durch die Einklammerung der Realitätsthese, bei Heidegger durch die Frage nach dem Sein, wonach das traditionelle «erste Bekannte», das «Seiende als solches», eine oberflächliche Seinsmeinung sei (*Sein und Zeit*, 1927, Einleitung).

2) Ein näheres Studium von Klassiker-Texten erweist jedoch, daß sie eine Fülle von erkenntnistheoretischen oder epistemologischen Reflexionen enthalten[1], die der modernen Kritik nicht mehr gegenwärtig sind. Hiernach

---

[1] so bei Platon, Aristoteles, den Stoikern, Plotin und anderen Neuplatonikern, Kirchenvätern (besonders Augustinus), Scholastikern, wie Albert d. Gr., Thomas v. Aquin, Duns Scotus u.a. Im folgenden müssen wir uns hier auf

ergibt sich, daß der Gegenstand der Metaphysik: das Seiende als solches (τὸ ὄν ᾗ ὄν, *ens qua ens*), von einer epistemologischen Fragestellung thematisiert wird. Es geht um die Frage, was für alle Erkenntnis vorausgesetzt wird. Sie führt zu der Antwort, daß dies das Sein der Dinge ist, sowohl in ihrem Dasein, als auch in ihrem Wassein: «Das Seiende ist das Bekannteste» (*ens est notissimum*)[2].

Der Vorwurf der Naivität trifft somit auf die klassische Metaphysik nicht zu. Zwar beinhaltet die Aussage: «Das Seiende ist das Bekannteste», daß wir ein unmittelbares, unreflektiertes Wissen von Seiendem überhaupt haben. Aber diese Aussage selber ist Ergebnis einer epistemologischen Reflexion, die auf die fundamentale Bedingung aller Erkenntnis, einschließlich auch der Reflexion über sie, hinauskommt[3].

3) Das Begründungsverhältnis zwischen Erkenntnis und Metaphysik ist in der Tradition ein wechselseitiges. Einerseits begründet eine epistemologische Reflexion den Gegenstand der Metaphysik, das Seiende als solches, andererseits verweist damit die Reflexion über sich selbst hinaus auf ihre eigene erste Bedingung: das Seiende. Es hat den Vorrang vor aller Erkenntnis, auch vor der Reflexion über sie. Das Seiende als Grundlage aller Erkenntnis drückt die Transzendentalienlehre der traditionellen Ontologie/Me-

---

einige Quellenhinweise zu Aristoteles und Thomas beschränken.

[2] Siehe Thomas v. Aqu., *De veritate*, qu.I, a.1, mit Verweis auf Avicenna, *Metaphysica*, lib.I, cap.9, der sich auf Aristoteles, *Metaph.* IV u. VI stützt, wo dieser den Gegenstand der «Ersten Philosophie» einführt, das Seiende als solches, in Abgrenzung von den Gegnständen der übrigen Wissenschaften. Aristoteles bezieht sich dort auf die *Analyt. poster.* I 1-2, II 1. Vgl. den Kommentar meiner Ausgabe: *Aristoteles' Zweite Analytiken*, mit Einleitung Übersetzung und Kommentar, Amsterdam-Würzburg, 1984, ²1987 (Elementa-Texte Bd.1).

[3] Im übrigen fehlt bei Heidegger die wichtige Unterscheidung zwischen dem verursachten Sein der Dinge und dem Sein selbst als ihrer ersten Ursache; in der Scholastik: *esse causatum* und *esse* als *prima causa, ipsum esse*. Ersteres ist das Bekannteste, letzteres das für uns zunächst Unbekannte. Vgl. meinen Aufsatz: *Zur Seinsfrage bei Aristoteles und Heidegger*, in: Zeitschr. f. philos. Forschung (1976) 30, 203-226.

taphysik aus: «Alles Seiende ist wahr», intelligibel, erkennbar (*omne ens est verum*).

Die beiderseitige Bedingung zwischen Seiendem und Erkennen ist eine formale. Es bleibt offen, ob der Erkenntnisinhalt wahr oder falsch erkannt wird. Auch für eine falsche Erkenntnis gilt die Bedingung, daß das Subjekt überhaupt mit etwas Seiendem befaßt ist, und daß das Seiende an sich erkennbar ist, an welchem das Subjekt etwas wahr oder falsch erkennen kann.

4) Ferner findet sich bei Aristoteles und Thomas v. Aqu. auch die Einsicht, daß die Weise, in der die Dinge im Subjekt erkannt werden – nämlich durch allgemeine, abstrakte Formen –, nicht dieselbe ist, in der die Dinge in Wirklichkeit sind. Gegen Platon betonen sie, daß «das Allgemeine keine Substanz ist»[4].

II) Das Reale in Abhängigkeit vom Bewußtsein:
Erörterungen zu modernen Bewußtseins-Philosophien

Mit der Kritik an der klassischen Metaphysik verbindet sich in der Neuzeit die Ausbildung philosophischer Positionen, welche die Abhängigkeit des Realen von Erkenntnisbedingungen im Subjekt, besonders vom reflektierenden Ich-Bewußtsein, herausarbeiten. Die subjektiven Erkenntnisbedingungen werden konstitutiv für das Reale, das Objekt der Erkenntnis. Bei Kant (*Kritik der reinen Vernunft*) konstituieren subjektive Bedingungen: nämlich sinnliche Anschauungsformen, Verstandeskategorien und transzendentales Bewußtsein, das Erkenntnisobjekt, das sich aber nun auf seine «Erscheinungen» verkürzt, während sich das «Ding an sich» gänzlich der Erkenntnis entzieht. Hegel betrachtet (in der *Phänomenologie des Geistes*) alles Reale, Objekte und Subjekte, als Erscheinungsformen des Bewußtseins im Geiste, der sich vom abstrakten Allgemeinen zu seinen vielfältigen Konkretio-

---

[4] Aristoteles, *Anal. poster.* I 24-25, über den Wert der wissenschaftlichen Allgemeinerkenntnis. Sie bezieht sich auf die Formursachen in den konkreten Dingen, die in ihnen in anderer Weise sind, als das Allgemeine im Intellekt ist. Vgl. Thomas, *S.th.* I 76, 2 ad 4; 84, 1. *S.c.G.* II 75 (nec tamen oportet...). – Daß das Allgemeine keine Substanz ist, s. Aristoteles, *Metaph.* VII 12.

nen hin entwickelt (auf den verschiedenen Stufen des objektiven, subjektiven und absoluten Geistes).

Die hier genannten modernen Philosophien haben zu wichtigen Einsichten geführt, so vor allem in den subjektiven Anteil im Erkenntnisprozeß, das transzendentale Bewußtsein als Erkenntnisbedingung, die dynamische Entwicklung des Geistes u.a.m. Doch treten auch Einseitigkeiten auf, in Richtung auf einen idealistischen Monismus (mit geradezu pantheistischen Zügen). Im folgenden gehen wir auf zwei Probleme näher ein.

1) Das eine Problem betrifft die subjektive Leistung in der Erkenntnis des Realen: Wenn man von den modernen Erkenntnistheorien auf die klassische zurückblickt, so kann man sehen, daß auch in dieser der subjektive Anteil in der Erkenntnis bedacht worden ist. So stellt Thomas v. Aqu., einer langen Tradition folgend, fest, daß das Seiende nach der Weise des Erkennenden erkannt wird (*ad modum cognoscentis*), nämlich auf abstrakte, vernunftförmige Weise. Doch bezieht er diese Leistung auf die spezifischen Erkenntnisinhalte oder -formen (*formae sensibiles, formae intelligibiles, species*), die das Medium sind (*medium quo*), wodurch die Objekte (auf der Sinnes- und Vernunftebene) erkannt werden. Was Kant und die Idealisten vom Objekt selbst lehren, nämlich daß es vom Subjekt konstituiert werde, trifft eigentlich nur auf das Erkenntnis-Medium im Subjekt zu. Die Erscheinungsformen des realen Objektes im Subjekt werden von den modernen Denkern mit dem Objekt selbst verwechselt. Daher soll nun nach ihrer Lehre das Subjekt nicht nur die Erkenntnis leisten, sondern auch die Konstitution des realen Objekts selbst und so auch die Funktionen übernehmen, die nach traditioneller Lehre die Seinsursachen der Dinge leisten (sc. die immanenten Materie- und Fromursachen, sowie die transzendente erste Ursache, Gott).

2) Ein anderes Problem betrifft das Verständnis des Bewußtseins als reflektierendes Ich-Bewußtsein: bei Descartes und Kant als Ich-denke, bei Fichte im Identitätsprinzip herausgestellt als Ich-bin-ich, bei Hegel als die Selbstbewegung des Geistes, mit der dieser auf allen Stufen seines dialektischen Prozesses auf sich selbst zurückkommt. D. Henrich und seine Schüler haben hier auf ein Problem der Selbstbeziehung aufmerksam gemacht, wie es

exemplarisch bei Fichte auftritt[5]: Damit nämlich der Geist in der Bewußtseinsreflexion auf sich zurückkommen kann, muß er sich bereits in gewisser Weise kennen, oder in einer unmittelbaren Weise schon bei sich sein; denn nur so kann er das, was er von sich erkennt, auf sich zurückbeziehen und mit sich identifizieren («Ich bin ich», d.h. das, was ich von mir erkenne). Die Untersuchung gelangt zu dem wichtigen Ergebnis, daß die ursprüngliche Form des Bewußtseins nicht die der Reflexion sein kann, sondern daß ihr die Form eines nicht-ichlichen Bewußtseins zugrundeliegt.

Unabhängig von dieser Untersuchung, aber in Übereinstimmung mit ihr, führen heute auch andere philosophische Ansätze zu der Einsicht, daß die menschliche Erkenntnis des Realen nicht als erste Bedingung die Reflexion auf sie haben kann, sondern diese vor-reflexiv sein muß: Heidegger geht auf existentielle Grundgestimmtheiten des Menschen zurück, Sartre auf ein prä-kogitatives Bewußtsein, Henrich spricht von einem vor-ichlichen Bewußtsein und verbindet es mit dem Erlebnisstrom bei Husserl. Hiervon angeregt, erscheint es mir nun naheliegend, das fundamentale, vor-reflexive Bewußtsein mit jenem unmittelbaren Wissen vom Seienden zu verbinden, das schon die Tradition als erste Bedingung aller Erkenntnis aufgewiesen hat (s.o. Teil I).

III) Das Bewußtsein in Abhängigkeit vom Realen:
    Erwägungen zum metaphysischen Realismus

Wenden wir uns wieder jener traditionellen, epistemologischen Reflexion zu, die zum Seienden als Erstbekanntem führt. Sie spricht von ihm als Vor-gewußtem, sowie von dem ihm korrespondierenden Vor-wissen oder Mitwissen. Der letztgenannte Begriff, griech. συνείδησις, der mit dem lateinischen Terminus *conscientia* der Vorläufer des modernen Bewußtseins-Begriffes wird, bezeichnete zuerst auf praktisch-moralischem Gebiet das Mitwissen,

---

[5] D. Henrich, *Selbstbewußtsein*, in: *Methode und Wissenschaft* (Festschr. Gadamer), Tübingen 1970, 257-284; ferner: U. Pothast, *Über einige Fragen der Selbstbeziehung*, Frankfurt/M. 1971.

womit das Subjekt vom Gutsein (oder Schlechtsein) seines Handelns und Lebens weiß. Auf theoretischem Gebiet bezeichnet er dann[6] das Mitwissen vom Sein der Dinge, der Objekte und des Subjekts, das alle inhaltliche Erkenntnisse begleitet. Wenn wir im Anschluß an die Tradition diesen Begriff weiter bedenken, so lassen sich folgende Merkmale vom Bewußtsein erschließen, durch welche auch der traditionelle metaphysische Realismus eine erneute Bedeutung gewinnt.

1) Da das Sein der Dinge – in allen Aspekten, auch als schlichtes Dasein – intelligibel ist, muß das Bewußtsein immer ein Akt des Intellekts/der Vernunft sein und als transzendentales bezeichnet werden. Ein «sinnliches Bewußtsein» gibt es nicht.

Jenes unmittelbare Realitätsbewußtsein, das Kant dem inneren Sinn zuweist und als «sinnliches Bewußtsein» bezeichnet, ist in Wahrheit transzendental (und Prinzip allem sinnlich Empirischen gegenüber), während das von Kant so genannte «transzendentale Bewußtsein» als die Reflexion des Ich-denke der Vernunft bereits eine anfängliche Form der Selbsterkenntnis ist.

Bei Kant resultiert das Sein der Erfahrungsdinge aus zwei Komponenten: einerseits aus dem faktischen Gegensein des empirischen Materials in einer bestimmten Raum-Zeitstelle, andererseits aus dem Bewußtseinsakt der Vernunft, die jenem gegebenem Material die Einheit eines Gegenstandes zudenkt. Damit konstituiert sie den Gegenstand als Erscheinung (im Gegensatz zum Ding an sich) und «setzt» dessen Sein. In Wahrheit jedoch ist das Erfahrungsding nicht nur Erscheinung, sondern hat sein substantielles Sein als Ding an sich. Und dies ist weder ein sinnlich Gegebenes in einer Raum-Zeitstelle, noch eine Setzung durch die Vernunft, die ihm das Sein zudenkt.

2) Da im Seinsakt die Dinge ihre Einheit haben, entspricht ihm das Bewußtsein als ein einfacher intuitiver Akt, als geistige Wahrnehmung, mit der uns die Dinge gegenwärtig sind[7].

Da dem Menschen eine eigentliche intellektuale Wesensanschauung fehlt, ist vielleicht der Bewußtseinsakt, mit dem die Dinge als gegenwärtig

---

[6] vor allem von Descartes an, dann bei Leibniz, Wolff und Baumgarten, Kant und den Idealisten. Wolff übersetzt den lateinischen Terminus *conscientia* mit «bewußt sein».

[7] Daß deshalb die traditionelle, thomistische Position kein Intuitionismus ist, vgl. meinen Artikel: *Über die Erkenntnis erster, allgemeiner Prinzipien nach Thomas v.Aqu.*, in: Miscellanea mediaev. 19 (1988), 103-116; ferner: *Zur Erkenntnis als Maßverhältnis bei Aristoteles und Thomas v. Aquin*, in: ebd. 1983, 32-42.

erfaßt und gleichsam «berührt» werden, die einzige Form intellektualer Anschauung, über die wir verfügen. Es ist dies ein geistiges «Erfahren», im Unterschied zur üblichen Bedeutung des Begriffes, die auf das sinnlich empirische Kennenlernen von etwas festgelegt ist.

Die modernen Auffassungen vom Bewußtsein als einer Reflexion, wie des Ich-denke, oder als sinnsetzender Intention, oder als geschichtlichen Bewußtseins, d.h. als Erfahrung der Geschichtlichkeit, u.ä. sind nicht haltbar; denn es handelt sich hier bereits um Formen der (Selbst-)Erkenntnis, die schon vom Seins- oder Realitätsbewußtsein überhaupt begleitet werden.

3) Wenn der Anstoß für das Bewußtsein vom Sein der Dinge ausgeht, die ihm gegenwärtig sind, verhält sich das Bewußtsein zu ihrem Sein rezeptiv in der Weise, daß es die Wieder-gegenwärtigung, Re-präsentation der Dinge ist, die mit ihrem Seinsakt der Vernunft gegenwärtig sind. Man kann auch sagen, daß es die Re-aktualisierung ihres Seinsaktes ist. Die Repräsentation des Objekts im Subjekt hat kein anderes Sein als das des Bewußtseins selbst, mit dem sie in ihm ist. In der Erkenntnis identifiziert das Subjekt das Erkannte mit dem realen Objekt selbst[8].

Somit erweist sich auch, daß sich das Bewußtsein nicht rein passiv verhält; denn wiewohl es ein rezeptiv-intuitiver Akt ist, bietet es doch die genannte aktive Leistung von seiten der Vernunft, jedoch nicht im idealistischen Sinne, daß es die Realität hervorbrächte[9].

4) Das soweit besprochene Seins- oder Realitätsbewußtsein überhaupt differenziert sich in Subjekt- und Objekt-Bewußtsein: Mit der soeben dargelegten Leistung des Bewußtseins ist dieses die Bedingung für alle Objekt- und Subjekterkenntnis, die durch vermittelnde Repräsentationen erfolgt. Wenn sich nun die Erkenntnistätigkeit auf Objekte ausrichtet, so ist das be-

---

[8] Daher ist uns auch als Objekt nicht die Repräsentation des real Gegebenen im Intellekt bewußt, sondern dieses selbst, seien es wir selbst oder die Dinge außerhalb von von uns, als vom Bewußtsein unabhängig existierende.

[9] Zu Hegels Versuch, Aristoteles' Lehre vom tätigen Intellekt und von der νόησις νοήσεως des göttlichen Intellekts idealistisch umzudeuten, vgl. meinen Artikel: *Bemerkungen zu Hegels Interpretation von Aristoteles' "De anima" III 4-5 und "Metaph." XII 7 u. 9*, in: Neues Jahrb., Persp. d. Philos. 12 (1986), 209-236.

gleitende Bewußtsein von ihrem Sein Objekt-Bewußtsein. Wenn sich hingegen die Erkenntnis auf das Subjekt selbst zurückwendet, so ist das begleitende Bewußtsein Subjekt-Bewußtsein. Die Erkenntnisrelation zwischen Subjekt und Objekt bildet sich also noch einmal im Bewußtsein ab.

Das mit Vernunft begabte Subjekt ist im ursprünglichen Bewußtsein unmittelbar bei sich selbst und weiß von etwas Seiendem überhaupt, ohne schon zu unterscheiden zwischen dem Objekt-Sein, das auf das Bewußtsein wirkt, und dem Subjekt-Sein, das sich seiner selbst in der Reflexion bewußt wird (und der Repräsentation des Objekts im Subjekt Sein verleiht). Man kann auch so sagen, daß das Subjekt von sich selbst als Seiendem früher weiß als von sich als Erkennendem (was sich auch genetisch beim Kleinkind zeigt, im vor-ichlichen Bewußtsein).

5) Aus den oben dargelegten Merkmalen des Bewußtseins erhellt auch seine Offenheit zum Sein alles Realen, sei es der Objekte, sei es des Subjekts selbst, bei dem es schon unmittelbar ist. Dieses unmittelbare Beisichsein ist noch keine Reflexion, sondern geht ihr als deren Voraussetzung vorher.

Es empfiehlt sich nicht, diese Offenheit des Bewußtseins als seine Selbsttranszendenz zu bezeichnen; denn sie würde nahelegen, daß das Bewußtsein an sich immanent wäre, mit der Tendenz, sich selbst zu transzendieren, wobei dann das Problem auftaucht, ob und wie vom immanent in sich geschlossenen Bewußtsein aus überhaupt etwas Bewußtseins-Transzendentes erreicht werden könne. In Wahrheit ist jedoch das Bewußtsein seiner Natur nach offen, in Berührung mit dem Seienden, den Objekten und dem Subjekt selbst, so daß das Problem der Bewußtseins-Transzendenz nicht auftritt. Wenn es auch Seiendes gibt, das außerhalb des Subjekts liegt, so liegt es doch nicht außerhalb des Bewußtseins. Vielmehr umfaßt das Seins- oder Realitätsbewußtsein alles.

Abschließend gesehen läßt sich der metaphysische Realismus rechtfertigen und sein Verhältnis zur Epistemologie (mit der erkenntniskritischen Reflexion) so bestimmen: Die Metaphysik hat, ontologisch gesehen, den Vorrang, weil sie die Seinsvoraussetzung der Erkenntnis in Subjekt und Objekt betrifft. Die epistemologische Reflexion kann dies nur im nachhinein aufweisen, hat aber methodisch den Vorrang, sofern die Philosophie mit der Epistemologie beginnt, um von ihr aus das Seiende als solches zu thematisieren, wie eingangs dargelegt.

Matthias Kaufmann, Erlangen

Ockhams Kritik der Formaldistinktion: Überwindung oder petitio principii?

Desmond Paul Henry bezeichnete vor zwanzig Jahren die Herausarbeitung der *distinctio formalis a parte rei* durch Duns Scotus und die von Ockham daran geübte Kritik als einen, wenn nicht den Wendepunkt in der Geschichte westlichen Denkens.[1] Ob man derartige Superlative nun übernehmen mag oder nicht: es ist einigermaßen unbestritten, daß Ockhams Kritik am Begriffsrealismus seiner Zeit irgendwie eine Rolle bei der Herausbildung neuzeitlichen Denkens spielt, und sei es nur die des Indikators einer Entwicklung. Offenbar wirkte sie jedoch nicht so durchschlagend, daß die anderen Ansichten damit obsolet geworden wären.

Unbestreitbar gilt die besondere Aufmerksamkeit Ockhams der Position des Duns Scotus, des Doctor Subtilis, "der die anderen in der Genauigkeit des Urteils übertraf" (qui alios in subtilitate iudicii excellebat, I sent. 2 VI, OTh II 161).[2] Ihr sind eine eigene *quaestio* der *ordinatio* und ein eigenes Kapitel der Summa Logicae[3] gewidmet. Die historische Relevanz einer exakten Analyse der Argumentation Ockhams und ihrer Probleme dürfte einleuchten, mir scheint sie jedoch auch systematisch von Interesse.

Im folgenden werde ich erst die wichtigsten Argumente Ockhams und ihre Unzulänglichkeiten vorstellen, in einem zweiten Teil in terminologischer Anlehnung an Quine andeuten, warum Ockhams Position mir dennoch attraktiver als die von Scotus erscheint, und schließlich einige der theoretischen Probleme der Formaldistinktion ansprechen, auf die Ockhams Argumente eher hinweisen, statt sie zu explizieren.

1. Ockhams Darstellung und Kritik der *distinctio formalis*

Ockham bemüht sich in seinem Sentenzenkommentar, die Position des Doctor subtilis exakt wiederzugeben. Er greift dazu auf einige längere Zitate, vor allem aus der *distinctio* 3 des Opus Oxoniense II (Wadding Bd. VI)[4] zurück.

Dieser Auffassung nach gibt es ein Universales *realiter extra animam*, vom Individuum der Natur der Sache nach verschieden, aber nicht real, sondern lediglich formal verschieden. In jedem Ding außerhalb der Seele gibt es eine Natur (natura communis) und eine zusammenziehende Differenz (differentia contrahens), die formal, aber nicht real vom Ding und voneinander verschieden sind. Diese Natur ist für sich weder universell noch singulär (Opus Oxoniense II dist. 3 qu. 1; ed. Wadding VI 334ff.). Universell wird sie als Begriff im

---

[1] D.P. Henry, Medieval Logic and Metphysics, London 1972, 89.
[2] Wilhelm von Ockham, In librum I sententiarum distinctio 2 quaestio VI; Guillelmi de Ockham Opera theologica II, St. Bonaventure 1970. Das erste Buch von Ockhams Sentenzenkommentar (OTh I-IV) wird auch als seine *ordinatio* bezeichnet, da er es nochmals überarbeitet hat.
[3] Wilhelm von Ockham, Summa Logicae I, Cap. 16; Guillelmi de Ockham Opera Philosophica I, St.Bonaventure 1974.
[4] Die Opera Omnia des Duns Scotus gibt es in der 1639 in Lyon erschienenen Edition Wadding (neu herausgegeben von Vivès 1891-95, hier zitiert nach dem reprographischen Nachdruck der Lyoner Ausgabe, Hildesheim 1968) und in der seit 1950 unter Leitung von P.C.Balic erscheinenden kritischen Vaticana-Ausgabe.

Matthias Kaufmann, Erlangen

menschlichen Verstand, singulär ist sie in der Verknüpfung mit der *differentia contrahens*. Sie bildet eine Einheit "unterhalb" der numerischen Einheit (unitas realis minor unitate numerali, Ockham OTh II 161), insofern sie alle Dinge, denen sie zukommt, zu einer Art Einheit verbindet. Die Individuation zum singulären Gegenstand erfolgt dadurch, daß der Natur die in Analogie zur spezifischen Differenz gedachte *differentia individualis* beigefügt wird, durch die die Natur zum Einzelding "zusammengezogen" wird (Op. Ox. II d. 3 qu. 6, Wadding VI 407f., 413f.).

Ockham sieht zwei Hauptwege, gegen diese Auffassung zu argumentieren. Einmal kann man bezweifeln, daß es solch eine Formaldistinktion gibt, da alles, was verschieden ist, entweder realiter verschieden ist oder begrifflich oder so wie ein reales Ding von einem Begriff. Diesem Ansatz sind die ersten drei der folgenden fünf Argumente gewidmet.

Einige von Ockhams Argumenten:

1) Sollten die scotische Natur und die zusammenziehende Differenz nicht dasselbe sein, so läßt sich etwas von der einen wahrhaft aussagen und von der anderen verneinen, etwa die Eigenschaft, singulär zu sein. Da sie real dasselbe Ding sein sollen, könnte man dann von ein und demselben Ding dasselbe aussagen und verneinen (SL I 16; OPh I 55; OTh II 173f.). Hier muß Ockham natürlich voraussetzen, daß jede Aussage, die man von der allgemeinen Natur macht und jede Aussage, die man von der individuellen Differenz macht, sich ebenso auf das Ding anwenden läßt, dessen Natur bzw. dessen Differenz sie ist. Beiden fehlte demnach die Fähigkeit, als Subjekte von Aussagen zu fungieren, die nur auf sie zutreffen. Sie als Subjekte eigenständiger Aussagen ablehnen heißt jedoch nach einem von Ockham ebenso wie heutzutage von Quine akzeptierten Grundsatz, ihre Existenz negieren.

2) Es gäbe, wenn die gemeinsame Natur realiter daselbe wäre wie die individuelle Differenz, gleich viele allgemeine Naturen wie kontrahierende Differenzen, so daß keine davon allgemein wäre (SL I 16; OPh I 55). Hier unterstellt Ockham, daß die einzige denkbare oder jedenfalls zählbare Einheit die numerische Einheit ist, sei es von Einzeldingen, sei es von Begriffen. Nur so folgt ja eine Vervielfachung der Naturen gemäß der Vervielfachung der Individuen. Dies widerspricht der von Duns Scotus gemachten und von Ockham zitierten Voraussetzung einer Einheit unterhalb der numerischen.

3) Jedes Ding unterscheidet sich (von anderen) von selbst oder durch etwas Intrinsisches. (Ein weiterer der unerschütterlichen Grundsätze Ockhams, der nicht unbedingt selbstverständlich ist.) Die Menschheit des Sokrates ist etwas anderes als die des Platon, also braucht man keine (der Menschheit als *natura* extrinsische) zusammenziehende Differenz mehr (ib.). Hier unterstellt Ockham schlicht seine Abstraktionslehre, nach der die Menschheit des Sokrates kein anderer Gegenstand ist als Sokrates selbst, wohl aber ein anderer Gegenstand als die Menschheit Platons.

Doch ist die Auffassung des Doctor Subtilis laut Ockham auch dann nicht haltbar, wenn man annimmt, es gebe diese Formaldistinktion.

4) Kommt nämlich einem Ding einer von zwei Gegensätzen zu, so muß der andere von ihm negiert werden. Für Duns Scotus ist jedoch jedes Ding außerhalb der Seele ein Einzelnes, wenngleich es das eine von sich aus ist, das andere durch etwas Hinzugefügtes. Daher kann kein Ding außerhalb der Seele real allgemein sein (nulla res extra animam est realiter communis, OTh II 177). Hier bleibt die entscheidende Frage, inwieweit die Natur als Ding angesehen werden muß - mit allem, was man bei einer *res* eben unterstellen muß - oder ob sie nur die von Scotus angenommene Einheit unterhalb der numerischen Einheit besitzt. Ockham nimmt offenbar an, daß sie auch ein Ding, somit numerisch Eines ist, wie seine weitere Argumentation an diesem Punkt zeigt. Seien nämlich die Sukzedentien zweier Schlüsse unvereinbar, dann auch die Antezedentien. Doch gelte: "a ist allgemein oder von einer geringeren Einheit, also ist a mit der Vielheit vereinbar" und es gelte "a ist von numerischer Einheit, also ist a nicht mit der Vielheit vereinbar" und beide Antezedenzien würden von Scotus vertreten (OTh II 178). Weiterhin sei die Vereinbarkeit mit der Vielheit unverträglich mit der von Duns Scotus angenommenen reellen Gleichheit von Natur und individueller Differenz. Wann immer nämlich zwei reell dasselbe seien, könne Alles, was das Eine durch göttliche Allmacht sein könne, auch das Andere sein. Niemals aber könne die individuelle Differenz mit der Vielheit vereinbar sein (OTh II 179). Nimmt man mit Ockham an, daß es sich bei Natur und individueller Differenz um so etwas wie reale Dinge handelt, so dürfte dieser Angriff Ockhams tatsächlich "fatal" für die scotische Theorie sein.[1] Doch würde, wer dieser Theorie nahesteht, wohl genau diese Voraussetzung abstreiten und die von Ockham angesprochene Passage aus dem Opus Oxoniense (Op.Ox d.3 q.1 n.7; ed. Wadding VI 357) anders interpretieren wollen. So hebt etwa Ludger Honnefelder[2] (unter Verweis auf Ord. I d.2 p. 2 qu. 1-4; Vat. II 356f.) hervor, daß für Scotus "die formale Identität als solche >außerhalb< (adhuc ultra) der Stufen der realen Einheit steht". Es zeige "sich in den als solchen erfaßbaren *formalitates* eine Weise von Seiendheit, die >jenseits< der ontischen Weisen von Seiendheit liegt".

Dieselbe Ignorierung der von Scotus eingeführten Zusatzontologie zeigt sich in Ockhams letztem Argument:

5) Unterscheiden sich, unter der Annahme, es gebe die Formaldistinktion, Natur und zusammenziehende Differenz mehr als zwei Individuen oder weniger?

Nicht mehr: sie unterscheiden sich nicht real, Individuen hingegen schon.

Nicht weniger: sonst wären sie dem (Wesens-)Begriff nach gleich, denn Individuen derselben Spezies sind es.

Also sind sie genauso voneinander verschieden wie zwei Individuen (SL I 16; OPh I 55f.).

---

[1] Marilyn McCord Adams, William Ockham, Notre Dame 1987, 53.
[2] Scientia transcendens. Die formale Bestimmung der Seiendheit und Realität in der Metaphysik des Mittelalters und der Neuzeit, Hamburg 1990, 391.

Hier wie bei den anderen Argumenten setzt Ockham voraus, daß zwei Entitäten entweder begrifflich oder numerisch verschieden sind oder so wie reales Ding und Begriff. Handelt es sich also nur um eine Sammlung von *petitiones principii*, "a persistent begging of the question", wie Adams bei einigen von Ockhams Argumenten konstatiert?[1] In einer derzeit gebräuchlichen Redeweise und weniger negativ ausgedrückt: Sind die beiden Begriffsschemata so inkommensurabel, daß eine Kritik des einen vom anderen aus notwendig fehlschlagen muß?[2]

2. Weisen des Theorievergleichs

Der Grundgedanke dieser Redeweise - innerhalb der analytischen Philosophie vor allen Dingen von Quine und seinen Schülern verbreitet - besteht darin, daß zwischen einem Begriffschema - d.h. in etwa einer Sprache und der in ihr enthaltenen Theorien - und der akzeptierten Ontologie, dem was es für die Benutzer dieser Sprache gibt, eine enge Beziehung herrscht. Nach Quines ursprünglicher Auffassung (z.B. in "On What There Is") kann man von "wahr" und "falsch" nur im Rahmen eines Begriffsschemas sinvoll reden, und Beurteilungen eines Begriffsschemas von einem anderen aus sind prinzipiell nicht möglich. Man muß sich schon zwischen den ganzen Schemata entscheiden.

Eine Ontologie wird natürlich wesentlich durch den zugrundeliegenden Seinsbegriff geprägt. Scotus' Bestimmung des *ens* als das, *cui non repugnat esse*, als allgemeinste Weise des Seienden, als *ens communissime sumptum*, bringt es wesentlich in Verbindung mit unserer Begrifflichkeit. Im weitesten Sinne ist es alles, was keinen Widerspruch enthält, sei es innerhalb oder außerhalb der Seele, in einem engeren Sinn ist es das, was außerhalb der Seele existiert oder existieren kann. Erst in einer zweiten Bedeutung bezieht sich "Ding" oder "Seiendes" nur auf absolute Gegenstände wie Substanzen, Quantitäten und Qualitäten (Quodl. qu.3 n.3, Wadding XII, 67).[3] Im engsten Sinne schließlich geht es allein um die Substanzen. Ockham hingegen besteht ohne weitere Begründung darauf, daß Alles, was außerhalb der Seele ist, *per se*, ohne unser Zutun ist. Es gibt also nur absolute Gegenstände und *entia rationis*. Letztere werden in der späteren Auffassung Ockhams mit den als absolute Gegenstände existierenden *actus intelligendi* verknüpft.[4] Insbesondere ist in Ockhams Ontologie kein Platz für eine zusätzliche Weise der Seiendheit oder vielleicht gar zwei unterschiedliche Weisen der Seiendheit, die der *natura communis* und der *differentia contrahens* zukommen könnten. Da Ockham dies bei seiner Kritik an Scotus stets ohne Begründung voraussetzt, laufen die beiden Begriffsschemata tatsächlich z.T. nebeneinander her.

---

[1] Adams a.a.O. 49.
[2] Vgl. Graham White: "what he (cf. Ockham) has done, basically, is to have discovered Davidson's puzzle (how can I find out if someone is committed to an ontology different from mine, when I will always use my semantics - and thus, implicitly, my ontology - when interpreting that person's utterances?)". (Ockham and Wittgenstein, in Vossenkuhl/Schönberger, Die Gegenwart Ockhams, Weinheim 1990, 165-188, 175).
[3] Vgl. Mark Henninger, Relations, Oxford 1989, 93, Honnefelder a.a.O. 5f.
[4] Vgl. z.B. Adams 73ff.

Doch hat sich selbst Quine mittlerweile von Davidson davon überzeugen lassen, daß es keine unvergleichbaren Theorien gibt, sondern nur Fälle, in denen eine Theorie bei geeigneter Übersetzung theoretische Terme enthält, die nicht auf solche der anderen Theorie reduzierbar sind.[1] Es lassen sich also stets konkurrierende Theorien in einer gemeinsamen Sprache vergleichen. Widersprechen sich zwei Sätze aus den beiden Theorien hinsichtlich eines Termes T, so führt man eine Unterscheidung in Terme T_1 und T_2 durch und erhält zwei unabhängige Sätze. In unserem Fall wäre etwa "es existiert" ein Beispiel eines solchen Terms, "Es existiert eine Einheit unterhalb der numerischen Einheit" und "Es existiert keine Einheit unterhalb der numerischen Einheit" wären widersprüchliche Sätze, die anhand der Rede von einer "nicht-ontischen Seinsweise" nebeneinander bestehen könnten. Durch diese Möglichkeit rücken gegenüber dem der Kohärenz andere Kriterien des Theorienvergleichs wie Einfachheit und Natürlichkeit in den Vordergrund.

Das vorliegende Beispiel konkurrierender Theorien scheint wie geschaffen, um dies zu illustrieren. Die Erstellung einer beide Konkurrenten umfassenden Theorie kann in diesem Rahmen natürlich nicht vorgenommen werden, sondern nur eine erste, vorläufige Erläuterung. Soferne man bereit ist, die Differenzen über Quantitäten als absolute Gegenstände oder auch über die Seinsweise des Nichtwidersprüchlichen einmal hintanzustellen, so bleibt die Formaldistinktion als nicht ins ockhamsche Begriffsschema reduzierbares Grundelement der scotischen Theorie erhalten.

Man kann gegenüber dieser Situation nun eine "ökumenistische", beide Theorien akzeptierende, oder eine "sektiererische" Haltung einnehmen, die die nichtintegrierbaren Terme einfach zurückweist, wie etwa die moderne Chemie den Term "Phlogiston" (Quine a.a.O. 99f.). Offenbar hat Ockham gegenüber dem von Scotus ausgearbeiteten, komplizierten Begriffssystem eine solche "sektiererische" Einstellung. Man kann ihm evtl. vorwerfen, daß er diese einfach vertritt, ohne den Verzicht auf die umfangreichere Terminologie zu begründen. Doch gilt dies m.E. nur begrenzt. Ockham kann nämlich zeigen, daß die Formaldistinktion und die von ihr postulierten Entitäten mit einigen Grundannahmen des traditionellen aristotelischen Begriffssystems zu kollidieren drohen (Identität u. Verschiedenheit, Teil-Ganzes-Relation, Substanz-Akzidens etc.). Ockham kann auch die unerwünschten platonistischen Implikationen in der Theorie seines Gegners andeuten. Vor diesen Inkohärenzen wird sie, überspitzt und polemisch ausgedrückt, durch zusätzliche Annahmen geschützt, bis sie beinahe logisch unabhängig vom ursprünglichen Begriffssystem ist, damit aber auch jede

---

[1] In Pursuit of Truth (PT, Harvard 1990, 96f.) gibt Quine ein auf Poincaré zurückgehendes Beispiel: Nimmt man auf der einen Seite unsere Common-Sense-Vorstellung eines unendlichen Raumes mit starren Körpern, die sich darin frei und ohne Ausdehnung und Schrumpfung bewegen und andererseits die Konzeption eines endlichen sphärischen Raumes, in welchem die Körper gleichmäßig mit zunehmender Entfernung vom Mittelpunkt schrumpfen, so sind beide Ansätze mit allen möglichen Beobachtungen vereinbar, daher empirisch äquivalent. Doch unterscheiden sie sich nicht nur sprachlich, da im ersten Ansatz kein Platz für einen Mittelpunkt der Welt ist. Quine gesteht nun als Reaktion auf Davidson auch eine prinzipielle Übersetzbarkeit zu (97f.), möchte jedoch mit der Unterdeterminiertheit globaler Theorien weiterhin sagen, daß es unterschiedliche vertretbare Weisen gibt, die Welt zu erfassen (102).

Erklärungsfunktion innerhalb dieses Systems verliert. Es scheint fraglich, ob die mit ihr zu erzielenden Vorteile eine Revision des ursprünglichen aristotelischen Instrumentariums zu legitimieren vermögen. Ist es notwendig oder auch nur sinnvoll, einen derart komplizierten und schwer faßbaren Gegenstand (im logischen Sinne) zu postulieren, um die selbständige Existenz von etwas Anderem außerhalb der Seele abzusichern, dessen Notwendigkeit wiederum jedenfalls nicht unumstritten ist. Im vorliegenden Fall geht es um die Existenz von etwas Nicht-Individuellem, Allgemeinem in den Dingen.[1]

Noch zugespitzter und noch polemischer: Auf die Frage, ob es auch allgemeine oder nur einzelne Dinge gibt, hilft die Einführung eines Dinges, das sowohl allgemein als auch einzeln und zugleich weder das eine noch das andere ist, kaum weiter. Gegenüber der Setzung einer Formaldistinktion hat Ockhams simple und naive Unterstellung, daß die Dinge um uns solche sind, ob wir sie erfassen oder nicht, m.E. Einiges an Einfachheit und Natürlichkeit für sich.[2]

3. Einige Probleme der Formaldistinktion

Eine angemessene Beurteilung der Formaldistinktion wird prüfen müssen, welche Aufgaben sie innerhalb des scotischen Begriffsschemas erfüllt, um dann zu sehen, ob ihre Leistungen die mit ihrer Setzung eingehandelten Probleme überwiegen. Da eine umfassende Analyse hier nicht möglich ist, seien einige Gründe angegeben, daß Zweifel an den Vorzügen dieser Konzeption möglich, obgleich nicht zwingend sind.

Auch wenn es für die Formaldistinktion zahlreiche Anwendungsfälle gibt,[3] so scheinen doch die zwei Hauptbereiche hervorzutreten, auf die auch Olivier Boulnois in einem neueren Aufsatz hinweist.[4] Dies ist erstens die Sicherung der Realität der Relationen, insbesondere bei den göttlichen Personen und im Zusammenhang der Transsubstantiationslehre. Dies ist zweitens im Zusammenhang des Universalienproblems die Möglichkeit, zu erklären, was z.B. den Dingen einer Art gemeinsam ist, ohne in den Platonismus verfallen zu müssen und ohne sich die Nachteile der signierten Materie als Individuationsprinzip oder vergleichbarer Ansätze einzuhandeln.

Bei den Relationen zwischen den göttlichen Personen gibt Ockham nach und erkennt eine bestehende Formaldistinktion an (I sent. 30 IV), für Henninger ohne Not.[5]

---

[1] Eine ähnliche Situation tritt bei der Existenzsicherung für die Relation zwischen Gott und den Geschöpfen auf (Henninger 83).
[2] Vgl. Ruedi Imbach: "Der Verlust einer Einsicht in eine eidetische Wesensstruktur der Wirklichkeit wird durch den Gewinn an Unmittelbarkeit ausgeglichen;" (Wilhelm von Ockham, Texte zur Theorie der Erkenntnis und der Wissenschaft, Stuttgart 1984, 126).
[3] Vgl. z.B. R.Schönberger, Realität und Differenz. Ockhams Kritik an der distinctio formalis, in: Vossenkuhl/Schönberger a.a.O. 97-122, 102.
[4] Olivier Boulnois, Réelles intentions: Nature commune et universaux selon Duns Scot, in: Revue de métaphysique et de morale 97 (1992), 3-33.
[5] Henninger a.a.O. 143f.

Matthias Kaufmann, Erlangen

Im Zusammenhang des Universalienproblems bleibt er dagegen hart. Seine Argumente können einige Schwierigkeiten der attackierten Lehre streifen, dies sind die folgenden:
1) Es wird schwierig, für die einzelnen gemeinsamen Naturen und zusammenziehenden Differenzen Identitätskriterien innerhalb des aristotelischen Rahmens - inklusive des Verhältnisses von Materie und Form sowie der Teil-Ganzes-Relation - zu finden, da dieser Rahmen ja ausdrücklich umgangen wird. Ockhams erstes Argument über die Unterscheidungskriterien dürfte genau in diese Richtung zielen. Letztlich ist es eine andere Formulierung von Quines "No entity without identity". Es scheint mir durchaus sinnvoll, mit Scotus und Ockham und gegen Quine und die meisten modernen Autoren eine begriffliche Existenz von einer Existenz außerhalb der Seele, bei der wesentlich das Werden und Vergehen von Dingen eine Rolle spielt, zu unterscheiden. Identitätskriterien für nur begrifflich Existierendes lassen sich dabei heutzutage über die Gebrauchsregeln der Terme ermitteln, in Ockhams mentaler Sprache wird man zwei Terme identifizieren, wenn sie erstens referentiell synonym und zusätzlich austauschbar *salva veritate* sind.[1] Doch bedeutet es m.E. eine unverhältnismäßig starke Verkomplizierung einer Theorie, dann *zusätzlich* noch mindestens einen weiteren Existenzbegriff mit schwer zu ermittelnden Identitätskriterien für die so existierenden Entitäten hinzuzufügen.
2) Soll die gemeinsame Natur mehreren Substanzen gemeinsam sein, so muß sie auch ein wesentlicher Teil dieser Substanzen sein. Dasselbe gilt für die zusammenziehende Differenz, schließlich hat Scotus Autoren wie Ägidius Romanus vorgeworfen, mit der Quantität machten sie ein Akzidens (hier nicht nur im kategorialen, sondern auch im topischen Sinne zu verstehen) zum Individuationsprinzip.[2] Es bleibt dann jenseits der formelhaften Anwendung des Grundsatzes, beide Bestandteile seien real identisch mit der Substanz, aber formal von ihr verschieden, schwer erkennbar, wie hinsichtlich der *natura communis*, die ja nun in der Wirklichkeit der Dinge vorhanden sein soll, der Platonismus vermieden werden könnte. Eine platonische Ideenlehre lehnt Scotus jedoch ebenso wie die meisten seiner Zeitgenossen ausdrücklich ab, wenngleich er sie nur für überflüssig hält (Quaestiones in Metaphysicam VII, qu.18),[3] während Ockham sagt, daß sie "niemand gesunden Geistes verstehen" könne (I sent. 2 IV; OTh II 118).

M.E. umkreisen Ockhams Argumente gegen Scotus diese Probleme, indem sie die üblichen Erfassungskriterien für Gegenstände an die allgemeine Natur und die zusammenziehende Differenz anlegen. Dies sind etwa Einheit und Vielheit, Zählbarkeit, ferner die übliche Ontologie begrifflicher und extramentaler Existenz sowie die Fähigkeit, als Subjekt einer Aussage zu fungieren. Keines dieser Argumente und auch keines der genannten Probleme führt

---

[1] Entgegen einer verbreiteten Auffassung sind referentielle Synonymie - d.h. das Bezeichnen derselben Gegenstände - und Austauschbarkeit *salva veritate* bei Ockham keineswegs dasselbe (vgl. Summa Logicae I 8; OPh I 30).
[2] E.Bettoni, Duns Scotus: The Basic Principles of his Philosophy, Westport/Connecticut 1978, 60.
[3] Boulnois a.a.O. 20.

Matthias Kaufmann, Erlangen

zu einer Widerlegung der scotischen Theorie im Sinne eines Nachweises von Inkohärenzen. Wohl aber wird die schwierige Handhabbarkeit dieser Theorie innerhalb des aristotelischen Begriffsgefüges deutlich. Sollte eine zufriedenstellende Lösung der mittels der Formaldistinktion bearbeiteten Probleme ohne Rückgriff auf diese möglich sein, so wäre diese Theorie aus Gründen der Einfachheit und Natürlichkeit vorzuziehen. Ob es Ockham geglückt ist, eine solche gleichstarke aber sparsamere Theorie zu schaffen, darüber scheiden sich bekanntlich die Geister. Eine genaue Untersuchung, ob und unter welchen Bedingungen eine solche Lösung von den Prämissen Ockhams aus möglich ist, steht noch aus. Sie müßte im Rahmen einer beide Theorien umfassenden Begrifflichkeit stattfinden. Sie könnte vielleicht nicht alle Probleme aus diesem Bereich endgültig lösen, wohl aber zeigen, welche logisch notwendigen Folgen man sich mit welcher Entscheidung einhandelt.

Reiner Hedrich, Giessen

"NEUROEPISTEMOLOGIE"
–
PLÄDOYER FÜR EINE SYNTHETISCHE ERKENNTNISTHEORIE

I. EINLEITUNG :

Die neueste Entwicklung in der Diskussion erkenntnistheoretischer Positionen ist gekennzeichnet durch eine Tendenz, die hin zu einem disziplinübergreifenden, weitgehend kohärenten Bild unseres Erkenntnisprozesses führen könnte. Zu dieser Tendenz tragen vor allem zwei Komponenten bei, die auf den ersten Blick nichts miteinander zu tun zu haben scheinen:
Zum einen deutet sich innerhalb der reinen Erkenntnistheorie (also der philosophischen Disziplin, die sich mit den prinzipiellen Bedingungen und Möglichkeiten sowie der Reichweite unserer Erkenntnis beschäftigt) erstmals die Möglichkeit eines konsistenten Brückenschlages zwischen empiristisch, konzeptrelativistisch, konstruktivistisch und realistisch geprägten Positionen an, die im Laufe einer jahrhundertealten Diskussion als praktisch unvereinbar erschienen. Als typischer Vertreter (wenn auch möglicherweise nicht als einziger) eines empiristisch-realistischen Kompromisses kann der sogenannte "interne Realismus" bzw. "Internalismus" angeführt werden, der vieles der Kantschen Erkenntniskritik verdankt und der der Unmöglichkeit einer direkten, nicht-epistemischen Bezugnahme auf eine metaphysische Realität-an-sich hinter den "Bildern der Realität" Rechnung trägt.
Zum anderen ist man im Rahmen erkenntnistheoretisch relevanter, jedoch im Bereich der empirischen Wissenschaften anzusiedelnder, deskriptiv-naturalistischer Ansätze, die sich mit der Erschliessung der Arbeitsweise unseres organischen bzw. neuronalen Erkenntnisapparates beschäftigen, erstmals nicht mehr darauf angewiesen, eben diesen unseren (organischen) Erkenntnisapparat als "black box" zu behandeln. Vielmehr bietet die empirische Forschung in jüngster Zeit die Möglichkeit, den Erkenntnisprozess und seine neuronalen Grundlagen näher zu analysieren, wenngleich diese Entwicklung noch am Anfang steht. Einen wichtigen Beitrag zu dieser Entwicklung leisten: die moderne Hirnforschung, die theoretisch orientierte "Neuroinformatik" sowie die viele Facetten umfassenden, modernen Kognitionswissenschaften.

Die gezielte und vorsichtige Einbeziehung dieser neuen Befunde aus dem Kontext der empirischen Wissenschaften in den Rahmen der traditionellen reinen bzw. analytischen Erkenntnistheorie bietet die Möglichkeit zu einer Neuorientierung im Rahmen einer "synthetischen Erkenntnistheorie", die sich als philosophisch orientierter, disziplinübergreifender Ansatz den Einflüssen aus den empirischen Wissenschaften nicht entzieht, sondern diese als argumentative Komponenten bei der Beantwortung originär philosophischer Fragestellungen gelten lässt. Im Rahmen einer solchen "synthetischen Erkenntnistheorie" kommt den analytischen Komponenten argumentative Priorität zu, so dass darauf zu achten ist, dass die deskriptiv-naturalistischen Komponenten mit den "analytischen Randbedingungen" verträglich sind. Über die Vorgehensweise der reinen bzw. analytischen Erkenntnistheorie hinausgehend, bietet die "synthetische Erkenntnistheorie" den Vorteil, die analytischen Argumentationslinien einer weiteren "Kontextkonsistenzprüfung" im Zusammenhang mit den empirischen Wissenschaften auszusetzen. Zudem lassen sich erkenntnistheoretisch relevante, deskriptive Elemente ableiten, zu denen man im Rahmen einer rein analytischen Betrachtung nicht gelangen kann.

Ältere Ansätze einer deskriptiv-naturalistischen Erkenntnistheorie, wie etwa die, wahrscheinlich zu Recht, sehr umstrittene "Evolutionäre Erkenntnistheorie", deuten die phylogenetische (stammesgeschichtliche) Entwicklung unseres Erkenntnisapparates noch in Richtung auf einen unscharfen ("metaphysischen") Realismus klassischer Prägung. Die neueren Befunde der empirischen Forschung hingegen legen nahe, dass die Implikationen der deskriptiv-naturalistischen Seite einer "synthetischen Erkenntnistheorie" gerade mit einer empiristisch-realistischen (bzw. einer realistisch-konzeptrelativistischen) Zwischenposition verträglich zu sein scheinen, so wie sie sich schon als argumentativer Kompromiss aus der neueren analytischen Erkenntnistheorie herauslesen lässt.

II. DER ÜBERGANG VON DER REINEN, ANALYTISCHEN ERKENNTNISTHEORIE ZU EINER SYNTHETISCHEN BETRACHTUNGSWEISE, DIE ANALYTISCHE UND DESKRIPTIV-NATURALISTISCHE ELEMENTE IN SICH VEREINIGT :

1. Die traditionellen erkenntnistheoretischen Konzeptionen - vor allem der (klassische) Rationalismus und der (klassische wie der moderne) Empirismus - scheitern zumindest in ihrem Vorhaben einer sicheren Fundamentlegung und dem Versuch der Letztbegründung unserer Erkenntnis.

Am Beispiel des modernen Empirismus lässt sich die (jüngere) Entwicklung dieses partiellen Scheiterns hochgesteckter fundamentalistischer Ambitionen der Erkenntnistheorie sehr gut ablesen. Einige wichtige Stationen dieser Entwicklung sind:

(i) der Versuch der empiristisch-logizistischen Fundamentlegung unserer Erkenntnis, wie sie der logische Empirismus des Wiener Kreises anstrebte[1],
(ii) dessen erste, aufgrund des Induktionsproblems[2] notwendige, "Korrektur" durch den Falsifikationismus Karl Poppers und
(iii) schliesslich die Relativierung des Vorhabens einer empiristischen Basislegung unserer Erkenntnis im Rahmen der holistischen Epistemologie Willard V. O. Quines, die zwar den grundsätzlich empiristischen Rahmen beibehält, jedoch die Suche nach einer sicheren Fundamentlegung unserer Erkenntnis als Chimäre herausstellt und zugunsten eines ganzheitlichen empirischen Hypothesenkontextes aufgibt, in dem keine prinzipielle Trennlinie zwischen Philosophie und empirischen Wissenschaften besteht.[3]

2. Diese historische Entwicklung hin zu einer Einschätzung der Aussichtslosigkeit der Suche nach einem Fundamentierungsmodus sicherer Erkenntnis hat - unter Voraussetzung des Wunsches der Vermeidung eines prinzipiellen Erkenntnisskeptizismus' - unmittelbare Bedeutung für die generelle Ausrichtung erkenntnistheoretischer Forschung: Eine Sichtweise, die den Erwerb und vor allem die Rechtfertigung von Erkenntnis in einem holistischen Kontext empirischer Hypothesen und Hypothesengebäude betrachtet, lässt eine Öffnung der "reinen" (d.h. analytischen) Erkenntnistheorie hin auf die Einbeziehung deskriptiver, empirisch-wissenschaftlicher Argumente im Rahmen einer "synthetischen Erkenntnistheorie" nicht nur sinnvoll, sondern notwendig erscheinen.[4] Wenn sogar philosophische, erkenntnistheoretische und

---

1 Der logische Empirismus liess als einzige Ausgangsbasis wissenschaftlicher Erkenntnis analytische Wahrheiten und empirische Daten zu. Über die Form, in der die empirischen Daten in eine wissenschaftlich-sprachlich Form zu bringen wären, gab es jedoch erhebliche Uneinigkeit, wie die sogenannte "Protokollsatzdebatte" zeigte. Siehe W. Stegmüller: Hauptströmungen der Gegenwartsphilosophie" Bd. I, Stuttgart [6]1978, Kap. IX und X.
2 Genauer: Aufgrund der induktiven Unterbestimmtheit von Allsätzen mit empirischer Relevanz (z.B. "Naturgesetzen"). Diese Allsätze lassen sich nicht aus der Erkenntnisbasis des logischen Empirismus, d.h. allein aus empirischen Daten und ihren logischen Verknüpfungen, ableiten. Das Problem war seit David Hume bekannt. Vgl. K.R. Popper: Logik der Forschung, Wien 1935.
3 Einer der wichtigsten Auslöser für eine holistische Sichtweise, die die Überprüfung des Wahrheits- bzw. Sinngehaltes von empirischen Hypothesen nicht auf eine einzelne Aussage bezieht, sondern auf einen grösseren Kontext empirischer Hypothesen, ist die sogenannte "Duhem-Quine-These". Diese - eine Erweiterung eines Satzes der elementaren Logik - besagt, dass nicht einzelne empirische Hypothesen, sondern immer nur ein Hypothesenverbund, der Instanz der empirischen Daten ausgesetzt wird und und es bei Inkonsistenzen von Voraussagen mit den empirischen Daten nicht ohne weiteres feststellbar ist, welche der involvierten Hypothesen die Ursache für die Inkonsistenz liefert. Siehe W.V.O. Quine: Two dogmas of empiricism, in: ders.: From a logical point of view, Cambridge, Mass. 1953.
4 Siehe W.V.O. Quine: Naturalisierte Erkenntnistheorie, in: ders.: Ontologische Relativität und andere Schriften, Stuttgart 1975.

logische Elemente als graduelle Abstufungen innerhalb eines ganzheitlichen Gesamtkontextes der Natur- bzw. Realitätserfassung gesehen werden, lässt sich nur schwerlich eine scharfe Trennlinie zwischen analytischen und empirisch-wissenschaftlichen bzw. synthetischen Argumentationsweisen ziehen. Graduelle Abstufungen und Ausprägungen bleiben davon natürlich unbenommen.

3. Als Folge der Einsicht in die Unmöglichkeit einer sicheren epistemologischen Fundamentlegung und als Folge der Einsicht in die Unmöglichkeit einer scharfen Trennung von rein analytisch-philosophischen und empirisch-wissenschaftlichen Entscheidungsinstanzen sind analytische und synthetische Argumentationslinien im Rahmen der Erkenntnistheorie als nur graduell voneinander verschieden zu erachten; sie sind letztlich auf gemeinsamer Ebene diskutierbar. Dabei wird jedoch aufgrund "konservativer" Modifikationsmechanismen wohl immer noch eine Tendenz zur Priorität analytischer Argumente erhalten bleiben. Bei Schwierigkeiten der Vereinbarkeit wird man eher die problematischeren Implikationen empirischer Resultate zu revidieren gewillt sein, als dass man ohne weiteres analytische Argumente aufgibt, von deren logischen Konsistenz man überzeugt ist. Die empirisch-wissenschaftlichen bzw. naturalistischen Elemente synthetischer Argumentationslinien heben insofern die analytischen Überlegungen nicht auf, sondern ergänzen sie im Rahmen eines synthetischen Ansatzes. Dies setzt selbstverständlich die Verträglichkeit der verschiedenen beteiligten Komponenten voraus.

III. DIE ABWÄGUNG ZWISCHEN REALISTISCHEN UND RELATIVISTISCH-KONSTRUKTIVISTISCHEN ARGUMENTEN UND DIE EINSCHRÄNKUNG DER ARGUMENTATIV VERTRETBAREN MÖGLICHKEITEN :

1. Grundsätzliche Schwierigkeiten mit dem korrespondenztheoretischen Wahrheitsbegriff und dem nicht-epistemischen Referenzbegriff[5], die bis zum heutigen Tage noch keine eindeutige Lösung erfahren haben, legen nahe, dass die sie enthaltenden Teilthesen des semantischen[6]

---

5 Es sei an dieser Stelle an die Argumente Hilary Putnams für die logische Inkonsistenz eines epistemisch unzugänglichen Referenzbegriffes und eines korrespondenztheoretischen Wahrheitsbegriffes erinnert. Eine mit den empirischen Daten vollständig verträgliche, pragmatisch ideale Theorie müsste unter der Voraussetzung eines metaphysischen Realitätsbegriffes noch nicht unbedingt eine wahre Theorie sein. Wahrheit würde zu einem epistemisch unzugänglichen Konzept. Es sei auch an Putnams Gedankenexperiment der "Gehirne im Tank" erinnert. Siehe H. Putnam: Vernunft, Wahrheit und Geschichte, Frankfurt 1982.
6 Der semantische Realismus vertritt die These der Existenz einer sprachunabhängigen, objektiven Realität, die im Rahmen unserer sprachlichen Möglichkeiten deskriptiv erfasst wird – auf keinen Fall jedoch auch nur partiell durch unsere sprachlichen, begrifflichen und konzeptionellen Voraussetzung konstituiert wird.

und des "wissenschaftlichen"[7] Realismus durch schwächere Thesen ersetzt werden müssen. (Bei der Erörterung des Wahrheitsbegriffs reicht das Spektrum von Donald Davidsons Kohärenztheorie der Wahrheit[8] über Michael Dummetts dreiwertigen Begriff der "begründeten Behauptbarkeit"[9] bis zu Hilary Putnams "Wahrheit" als "idealisierte rationale Akzeptierbarkeit"[10].)

2. Trotz dieser Schwierigkeiten mit dem Wahrheitsbegriff und dem Begriff der Referenz, lassen sich Argumente anführen, die vor allem die ontologischen Komponenten realistischer Konzeptionen stützen.
Eines der wichtigsten dieser Argumente bezieht sich auf Koinzidenzen zwischen Theorieelementen, die verschiedenen empirischen Hypothesen- und Theoriengebäuden angehören. Diese Koinzidenzen liegen nicht nur im Bereich des Konzeptionellen und der strukturalen Elemente der beteiligten Hypothesengebäude und Theorien, sie reichen vielmehr bis hin zu theorieübergreifenden numerischen Identitäten. Als anschauliches Beispiel lässt sich die theoretische Vorhersage der Werte einiger "Naturkonstanten"[11] anführen, die auch bei logisch unabhängiger Herleitung im Rahmen verschiedener empirischer Theorien zu numerischen Identitäten führen und somit als Indiz für ontische Invarianzen gewertet werden können. Relativistische, konstruktivistische und rein empiristische Konzeptionen können hierfür keine gleichwertige Erklärung liefern. Das Argument der theorieübergreifenden Koinzidenzen kann somit als eines der wichtigen Argumente - wenn auch nicht als einziges - für eine grundsätzlich realistische Sichtweise betrachtet werden.

3. Die den Realismus einschränkenden und die den Realismus stützenden Argumente legen in ihrer Konsequenz ein mögliches Spektrum realistischer Konzeptionen - bildlich gesprochen: eine Schnittmenge - nahe, als dessen konsistenter Vertreter der sogenannte "interne Realismus" angeführt werden kann. Im Rahmen dieser erkenntnistheoretischen Position sind die Eigenschaften und Strukturen der Natur,

---

Referenz und Wahrheit stellen im Rahmen des semantischen Realismus Relationen zwischen sprachlichen Termen bzw. Aussagen und Elementen der objektiven Realität dar.
7 Der wissenschaftliche Realismus geht von der logischen Unabhängigkeit von Theorie und objektiver Realität aus. Er impliziert die Objektivität einer rein deskriptiven Naturbeschreibung, die in annähernd adäquater und "wahrer" Weise von den heutigen empirischen Wissenschaften gewährleistet wird. Auch der wissenschaftliche Realismus setzt einen nicht-epistemischen Referenzbegriff und einen korrespondenztheoretischen Wahrheitsbegriff voraus.
8 D. Davidson: Eine Kohärenztheorie der Wahrheit und der Erkenntnis, in: P. Bieri: Analytische Philosophie der Erkenntnis, Frankfurt 1987.
9 M. Dummett: Realism, Synthese 52 (1982) 55-112
10 Putnam a.a.O.
11 Ein bekanntes Beispiel ist die "Avogadro-Konstante", die sich aus einer Vielzahl verschiedener, logisch unabhängiger "empirischer Hypothesengebäude" ableiten lässt.

Welt oder Realität zwar objektiv vorhanden, aber nicht eindeutig, sondern nur relativ zu einem theoretischen Kontext der Beschreibung (also internalistisch) erfassbar; sie erweisen sich als sprach- und theorieabhängig. Die Realität-an-sich erweist sich als nicht selbst theoriefähig, aber im Rahmen von Theorien darstellbar.

Die realistische Grundausrichtung einer objektiv existenten Welt bleibt erhalten. Diese weist jedoch keine eindeutigen, konzeptfreien, objektiven Eigenschaften und Strukturen auf. Die Unmöglichkeit konzeptfreier Zuordenbarkeit von Eigenschaften und Strukturen impliziert nicht, dass konzeptionelle Erfassungen von Realitätsaspekten nicht objektiv sind; sie sind objektiv allerdings in Relation zur gewählten begrifflichen und konzeptionellen Ausgangsbasis. Die Welt besitzt, dem internen Realismus zufolge, potentiell viele mögliche Strukturen. (Dies ist zu verstehen im Sinne einer Superposition von strukturalen Potentialitäten.) Diese erschliessen sich im Rahmen verschiedener, z.T. nicht-äquivalenter Beschreibungssysteme. Erst durch die Wahl einer Perspektive (Theorie, Sprache, konzeptionelle Grundlage) manifestiert sich eine Struktur. Es gibt nicht das, was Putnam eine "vorfabrizierte Welt" nennt.[12] Wir finden also keine eigenschafts- und struktureindeutige Welt vor, die z.B. schon von vorneherein in Objekte segregiert ist, von denen jedes sein Namensschild trägt. Die Ausgrenzung von Objekten, die Vergabe von Namensschildern und viele weitere Prozesse der Strukturierung werden nicht von der Welt selbst erbracht, sondern stellen ein Produkt unseres aktiven Erkenntnisprozesses und unserer aktiven Modellbildung im Rahmen theoretischer Konzeptionen und sprachlicher Regelungen dar.

Ob man eine Position wie den "internen Realismus" als realistisch bezeichnen möchte oder nicht, bleibt letztlich eine willkürliche Entscheidung. So schwach der interne Realismus jedoch als realistische Position erscheinen mag, ist er dennoch wahrscheinlich die stärkste vertretbare, konsistente realistische Position.

IV. NATURALISTISCHE UND SYNTHETISCHE ARGUMENTATIONSLINIEN :

1. Das im Rahmen einer synthetischen Erkenntnistheorie nahegelegte Hinzuziehen von Argumentationslinien, die Elemente aus den empirischen Wissenschaften enthalten, dient nicht etwa dem Versuch einer Letztbegründung oder Fundamentlegung unserer Erkenntnis.[13] Die empirischen Elemente im Rahmen einer synthetischen Erkenntnistheorie sind vielmehr als Möglichkeit für "Kontextkonsistenzprüfungen" erkenntnistheoretischer Konzeptionen zu betrachten. So wie im Rahmen analytischer Abwägungen die logische Selbstkonsistenz einer erkenntnistheoretischen Sichtweise zur Debatte steht, so liefert die syn-

---

12 H. Putnam: Why there isn't a ready-made world, Synthese 52 (1982) 3-23
13 Den normativen Aspekten der Erkenntnistheorie kann sicherlich nur im Rahmen einer analytischen Betrachtung Rechnung getragen werden.

thetische Einbeziehung empirischer Elemente die Möglichkeit der Prüfung der Verträglichkeit erkenntnistheoretischer Konzeptionen mit dem empirisch-wissenschaftlichen Kontext. Die analytischen und die empirisch-wissenschaftlichen Elemente müssen dabei miteinander vereinbar sein. Die synthetischen Überlegungen zur Kontextkonsistenz einer erkenntnistheoretischen Konzeption müssen den analytischen "Randbedingungen" der "reinen" Erkenntnistheorie Rechnung tragen.

2. Die "evolutionäre Erkenntnistheorie", deren Status als Erkenntnistheorie hier nicht zur Debatte stehen soll, wird in diesem Rahmen als Ansatz einer synthetischen Prüfung der Kontextverträglichkeit einer erkenntnistheoretischen Sichtweise verstanden. Ihr grundlegendes Argument, welches sich auf die Einbeziehung der biologischen Evolutionstheorie in die Beantwortung der Frage nach dem phylogenetischen Zustandekommen lebensweltlicher, mesokosmischer - nicht etwa empirisch-wissenschaftlicher - Erkenntnis stützt, kann nicht als generelle naturalisierte erkenntnistheoretische Neukonzeption gesehen werden, die zu einer Ablösung der reinen Erkenntnistheorie führen könnte. Vielmehr stellt sie einen ersten, wenn auch sehr eng begrenzten, Versuch einer Überprüfung der Verträglichkeit einer erkenntnistheoretischen Konzeption (hier: eines nicht sehr klar umrissenen hypothetischen Realismus) mit dem empirisch-wissenschaftlichen Kontext (hier: fast ausschliesslich die biologische Evolutionstheorie) dar.

Was aus dem Blickwinkel der analytischen Erkenntnistheorie als zirkulärer Schachzug eines rein deskriptiv-naturalistischen Ansatzes gesehen werden könnte, erscheint unter dem Blickwinkel einer synthetischen Ankopplung an den empirisch-wissenschaftlichen Bereich als erstes tentatives (wenn auch nicht durchgängig schlüssiges) Modell einer empirischen Kontextkonsistenzschleife[14], die nicht die analy-

---

14 Unter "Kontextkonsistenzschleife" soll die sukzessive Modifikation einer erkenntnistheoretischen Position verstanden werden, die durch die Überprüfung ihrer Verträglichkeit mit dem Kontext der empirischen Wissenschaften zustande kommt. Eine solche Kontextkonsistenzschleife hat zwei sich ergänzende Aspekte.
Der erste Aspekt besteht in der Veränderung einer erkenntnistheoretischen Position aufgrund ihrer nicht vollständigen Verträglichkeit mit bestimmten, erkenntnistheoretisch relevanten Elementen aus dem Bereich der empirischen Wissenschaft, wobei die auf diese Weise veränderte Position wiederum einer "Kontextkonsistenzprüfung" zu unterziehen ist. Dies wiederholt sich solange, bis vollständige Verträglichkeit gewährleistet ist. Dabei müssen nicht notwendigerweise nur erkenntnistheoretisch relevante Schlüsse modifiziert werden. Zum Teil werden auch Modifikationen in der Interpretation empirischer Daten notwendig.
Der zweite Aspekt bezieht sich auf das Notwendigwerden von Modifikationen aufgrund der Einbeziehung immer weiterer, für die Fragestellung der Erkenntnistheorie relevanter Bereiche der empirischen Wissenschaften.
Die Voraussetzung einer solchen Kontextkonsistenzschleife ist die analytische Selbstkonsistenz jeder in der "Iteration" auftretenden erkenntnistheoretischen Sichtweise. Der synthetische Ansatz setzt somit die Randbedingungen der reinen Er-

tische Erkenntnistheoriediskussion ersetzen kann, sondern diese um ein Element synthetischen Argumentierens ergänzt.

3. Da der Ansatz der evolutionären Erkenntnistheorie keineswegs mit den aus analytischen Überlegungen ableitbaren, argumentativen Einschränkungen erkenntnistheoretischer Konzeptionen verträglich erscheint[15] und zudem den Rahmen empirisch-wissenschaftlicher Elemente sehr eng zieht, wird ein ernstzunehmenderer synthetischer Ansatz sich von den unnötigen apriori-Festlegungen der evolutionären Erkenntnistheorie trennen müssen und sich vor allem – unter Wahrung der Ergebnisse der reinen Erkenntnistheorie – gegenüber weiteren empirisch-wissenschaftlichen Elementen gezielt öffnen müssen.

4. Für eine Erweiterung des synthetischen Ansatzes erscheint zur Zeit die gezielte Einbeziehung empirischen Materials aus der kognitiven Neurobiologie (unter Ergänzung des theoretischen Hintergrundes der Neuroinformatik) vielversprechend. Da sich die kognitive Neurobiologie (unter anderem) direkt mit dem ontogenetischen (individualgeschichtlichen) Zustandekommen phänomenaler Erfahrung und Erkenntnis beschäftigt, haben ihre Ergebnisse unmittelbare Relevanz im Rahmen einer synthetischen Betrachtung des organischen Erkenntnisprozesses und sind damit mittelbar für erkenntnistheoretische Betrachtungen von Bedeutung.
Bei der Einbeziehung von empirischem Material aus der Neurobiologie und Hirnforschung ist vor allem darauf zu achten, dass die aus diesem Material gezogenen Schlüsse nicht nur additiv die analytischen Argumentationslinien der reinen Erkenntnistheorie ergänzen, sondern dass die synthetische Argumentationsweise in Konsistenz und Einklang mit den Ergebnissen der analytischen Diskussion steht. Nur so kann die "Selbstkonsistenzschleife" der analytischen Diskussion adäquat durch die "Kontextkonsistenzschleife" der synthetischen Diskussion ergänzt werden.

Für Anmerkungen zu früheren Textversionen dieses Papiers danke ich ganz herzlich den Herren Berthold Suchan, PD Dr. Andreas Bartels, Prof. Dr. Bernulf Kanitscheider und Andreas Machura. Meine Verantwortung für inhaltliche Fragen bleibt davon unbenommen.

---

kenntnistheorie voraus. (In einem etwas anderen Kontext nennt man den geschilderten Iterationsprozess "hermeneutischen Zirkel".)
15 Sie trägt den Problemen des korrespondenztheoretischen Wahrheitsbegriffes und des nicht-epistemischen Referenzbegriffes, wie auch weiteren argumentativen "Randbedingungen" der reinen Erkenntnistheorie, ganz sicher nicht Rechnung.

Maria-Sibylla Lotter (Berlin)
METAPHYSIK UND KRITIK

In letzter Zeit wird viel über den Verlust von Werten und zivilisatorischen Normen und eine Zunahme der rohen Gewalttätigkeit in der westlichen Welt geklagt. Mitunter richtet sich die Klage explizit gegen ein "zuviel ein Aufklärung" und verlangt nach einer neuen "Metaphysik" als Gegengift.[1] Mit dem Begriff "Metaphysik" verbindet man hier vermutlich (erläutert wird es kaum) ein Denken, das sich an traditionell vorgegebenen Normen und Werten im Rahmen eines öffentlich verbindlichen Weltbildes orientiert, wobei die freizügige Interpretation und mögliche Verletzung solcher Normen durch Individuuen durch kognitive und politische Sicherungen restringiert ist. Die mit diesem Metaphysikverständnis verbundene Aufwertung des Begriffs Metaphysik wird allerdings nicht von allen Zeitgenossen geteilt. Ganz im Gegenteil : Von einem großen Teil derjenigen, die mit "Aufklärung" etwas positives verbinden und eine "kritische Haltung" einnehmen, wird "Metaphysik" für faktisch obsolet gehalten, meist in Verbindung mit dem Werturteil, daß es sich um etwas "Überwundenes" bzw. erst noch vollständig zu "Überwindendes" handle. In der Metaphysikkritik seit Kant kommen die unterschiedlichsten philosophischen Richtungen (wie die sogenannten Positivisten, die hermeneutisch-historistische Schule, die Phänomenologen) darin überein, daß Metaphysik mit einer unkritischen, unreflektierten Einstellung verbunden sei. Man wird sich allerdings nie einig darüber, was *Kritik* nun eigentlich bedeutet. Diese Uneinigkeit verhinderte jedoch nie, daß fast alle modernen Kritikbegriffe polemisch in Dienst genommen wurden, um auf metaphysische Unternehmen ein ungünstiges Licht zu werfen : diejenigen Richtungen, die in der Nachfolge Kants den Begriff Kritik mit einer Selbstbeschränkung auf Bereiche des gesicherten Wissens verbinden und den Kritiker als "Richter" über diesen Bereich einsetzen möchten (KRV B779), verbinden das Wort Metaphysik mit einer eher windigen und haltlosen Spekulation über Fragen, die man aus erkenntnistheoretischen Gründen nie *endgültig entscheiden* kann. Wer hingegen (in den Traditionen der Historisten, Nietsches oder Marx') Erkenntnisansprüche vorwiegend als Ausdruck individueller, historischer und gesellschaftlicher Interessen, Strukturen und Mächte versteht, kritisiert an der Metaphysik einen in Bezug auf Herkunft und Interessengeflecht von Erkenntnisleistungen völlig unre-

---

[1] So Gräfin Dönhoff in der ZEIT Nr. 11, 1993 unter dem Titel "Dem Bürger wieder Ziele setzen"; vgl. die zustimmenden Repliken von Prof. Dr. Schmucker-v.Koch, Christa v. Bethmann-Holweg und Götz von Boding in der ZEIT Nr. 14 und die dort ebenfalls zu findenden Reaktionen von empörten Bürgern.

flektierten (und daher nach Meinung einiger gar antihumanen) Universalitätsanspruch.2

Die Metaphysikkritiker, die meinen, Kritik sei ohne Metaphysik möglich, gehen von einem ganz ähnlichen Metaphysikbegriff us wie die Aufklärungskritiker, die nach einer Metaphysik als autoritativer Instanz rufen : Metaphysik wird als eine rein positive Setzung und Verabsolutierung von Normen verstanden, die Negation und Relativierung ausschließt (oder im Hegelschen Sinne in sich "aufhebt"). An der Geschichte der Metaphysik könnte man leicht zeigen, daß dies ein einseitiger und inadäquater Metaphysikbegriff ist. Das wäre nicht weiter wichtig, wenn es nur darum ginge, wie man das Wort Metaphysik verwendet. Aber es hat Folgen, die über Konventionen des Wortgebrauchs hinausgehen : Folgen für unser Verständnis von Kritik und insbesondere für die Wahrnehmung der Verpflichtung zur Explikation und Konstruktion gemeinschaftlicher Kriterien, die mit Kritik verbunden ist. Denn es ist zu vermuten, daß man mit den Begriffen Kritik und Metaphysik nur dann sinnvolle Unternehmungen verbinden kann, wenn sie nicht als einander ausschließende, sondern als kohärente, einander bedingende Größen aufgefaßt werden. Dagegen erscheinen mir Kritik ohne Metaphysik und Metaphysik ohne Kritik nur als verschiedene Gestalten derselben dogmatischen Einstellung.

Kritik ohne Metaphysik war zumindest als Slogan lange Zeit eine Selbstverständlichkeit. Wenn in akademischen Kontexten3 (katholische Akademien sind hier vermutlich eine Ausnahme) die Frage nach Sinn und Funktion der Philosophie aufgeworfen wird, wird man sich leicht darin einig, daß man ja heutzutage keine metaphysischen Systeme oder ethischen Normen mehr aufstellen könne, aber doch an dem, "was die Leute so denken", Kritik üben4 müsse. Oder so ähnlich.
Was bedeutet hier "Kritik" ? Was bedeutet überhaupt "Kritik" ?

---

2 Eine differenziertere Auflistung metaphysikkritischer Positionen findet man in vielen Veröffentlichungen der letzten Jahre, z.B. bei Klaus Hartmann, *Metaphysik und Metaphysikkritik*, in : Metaphysik und Erfahrung. Neue Hefte für Philosophie 30/31, 1991.
3 In außerakademischen Bereichen scheint die Tendenz einerseits eher umgekehrt zu sein; östliche Philosophien haben im westlichen Raum möglicherweise gerade deshalb eine große Anziehungskraft, weil man ihr kritisches Potential durch die Unvertrautheit mit den Kritikkontexten besonders leicht ausblenden und sich an den abstrakten und dadurch mysteriösen Restbestand an rein positiven Einsichten halten kann. Aber diese werden andererseits auch als Normen zur Kritik der eigenen Kultur benutzt, dienen also offenbar offenbar einem kritischen Bedürfnis von Individen, obgleich sie wegen ihrer mangelndem kulturellen Verwurzelung keine kritische Funktion für die Gemeinschaft übernehmen können.
4 Hier hat vermutlich Adorno's Konzept der Gesellschaftskritik einen großen Einfluß gehabt.

Unter Kritik hat man traditionell zweierlei verstanden : *erstens* die Beurteilung von etwas relativ auf eine gemeinsame Norm, und *zweitens* eine Denkbewegung, die die Berechtigung prinzipiell aller gemeinsamen Normen und aller gewohnten Interpretationen in Frage zu stellen bereit ist. Es ist üblich geworden, die zweite Bedeutung einer sogenannten "modernen" oder "neuzeitlichen" Haltung zu reservieren[5], da sie an einen sehr starken Begriff von menschlicher Freiheit geknüpft wird, den man mit der Moderne verbindet; demgegenüber wird die erste Bedeutung als eine "nur funktionale und instrumentale" betrachtet, die typisch für Antike und Mittelalter sei. Gegen eine solche Aufteilung ist jedoch einiges einzuwenden. Zum einen macht der erste Kritikbegriff offenkundig einen wichtigen Teil des zweiten aus. Schließlich muß in jeder Kritik zumindest vorläufig auf eine Norm Bezug genommen werden; und außerdem zielt Kritik im Unterschied zur radikalen Skepsis nicht nur und auch nicht primär auf die Auflösung von Normen, sondern stets auf die Findung einer besseren Norm als der kritisierten. Aber auch die Abkoppelung des zweiten Kritikbegriffs vom ersten, indem er als eine rein moderne Denkhaltung interpretiert wird, ist fragwürdig. Denn schließlich wird uns schon bei Platon vorgeführt, wie scheinbar schlichte Beurteilungsversuche im Sinne des ersten Kritikbegriffs in eine immer weiter ausgreifende Bewegung der Kritik geraten, die prinzipiell vor keiner Denkgewohnheit Halt macht.

Nun ist sinnvolle Kritik nur im Hinblick auf eine Norm möglich, die der Kritiker mit dem Kritisierten teilt. Wenn man von vornherein darauf verzichtet, Normen zu entwerfen und als gemeinschaftliche Normen zu rechtfertigen, reduziert sich Kritik auf privates Ressentiment.[6] Wir müssen also die obigen Kritikbegriffe um eine weitere Bestimmung ergänzen : Kritik ist ein Sichverhalten gegenüber Normen, das diese entprivatisiert und auf ihre Fähigkeit hin untersucht, gemeinsame Richtlinien einer Gemeinschaft abzugeben. Im Sinne des zweiten Kritikbegriffs wäre das eine prinzipiell unbegrenzte Gemeinschaft, die der Kritik nicht vorausgesetzt sein kann, sondern durch sie erst erzeugt wird.

---

[5] Vgl. hierzu die philosophischen Wörterbücher, z.B. den Artikel "Kritik" von C.v.Bormann im *Handbuch Philosophischer Grundbegriffe* 3, Hrsg.v. H. Krings/H.-M. Baumgartner/Chr.Wild, München (Kösel) 1973, S. 809ff.
[6] Die Bereitschaft zur Explikation und Etablierung von Gemeinschaft als Bedingung aller berechtigten Kritik hat Hegel in seinem Aufsatz *Über das Wesen der philosophischen Kritik überhaupt und ihr Verhältnis zum gegenwärtigen Zustand der Philosophie insbesondere* ausführlich dargestellt (Werke 2, S. 171ff, Frankfurt 1986).

Kann es Kritik in diesem Sinne ohne Metaphysik geben ? Um sich auf eine gemeinsame Grundlage berufen zu können, werden von Vertretern einer solchen Auffassung oft "kritische Kategorien" wie Gesellschaft, Macht, Interesse, Totalität etc., ins Spiel gebracht, wobei der Glaube an die *Wichtigkeit* und *Tragweite* solcher Begriffe und an ihre Eignung, die Auffassungen Andersdenkernder zu *entlarven*, gewiß geeignet ist, eine Gruppengemeinschaft der Kritiker zu stiften. Eine kritische Gemeinschaft kann hieraus aber erst dann werden, wenn man bereit ist, den metaphysischen Gehalt, und das bedeutet : den systematischen Kontext solcher Kategorien zu explizieren. Andernfalls ist der Rückfall in den antikritischen Dogmatismus unausweichlich. Schließlich sind die *Bedeutungen* dieser "kritischen Kategorien" nicht durch die eingespielten Praktiken gewöhnlicher Verständigung festgelegt, sondern entstammen selbst der metaphysischen Tradition. Wenn sie aus ihren metaphysischen Systemzusammenhängen gelöst und in andere Kontexte verpflanzt werden[7], verlieren sie erstens ihre formale Bedeutung und entziehen sich zweitens aufgrund ihrer umgangsprachlichen Nichtfestgelegtheit der Begriffskritik; das kann mitunter dazu führen, daß sie die Rolle von quasi mythischen Instanzen annehmen, deren Relevanz und Reichweite keiner Kritik und Kontrolle mehr unterliegt. Um das zu verhindern, muß eine ernstzunehmende Kritik daher selbst *konstruktiv* sein. Sie muß nicht nur ihre Normen nennen, sondern auch deren begrifflichen Kontext explizieren bzw. - wenn sie sich radikal versteht - neu festlegen. Mit anderen Worten - sie muß metaphysisch werden.

Metaphysiken von sehr unterschiedlichem Stil wie das metaphysische System A.N. Whiteheads und die Dialoge Platons bieten klassische Beispiele für ein Ineinanderübergehen von Metaphysik und Kritik und sollen im folgenden in ihren gemeinsamen Zügen verallgemeinert werden. Wie vielleicht schon deutlich geworden ist, verstehe ich unter *Metaphysik* nicht nur die mittlerweile bei den analytischen Philosophen als einigermaßen respektabel geltenden sogenannten deskriptiven Ontologien, in denen "ontologische Verpflichtungen" unserer Sprache expliziert werden. Sondern unter "Metaphysik" verstehe ich alle spekulativen Versuche, Dinge wie Fakten und Werte, Gegenstände und Subjekte o.a. *als allgemeine* Dinge zu thematisieren und durch Herstellung allgemeiner Beziehungen unter ihnen einen systematischen Kontext zu konstruieren. Eine solche metaphysische Spekulation ist natürlich ein

---

[7] Man denke z.B an Adornos Kategorien der Totalität, der Monade u.a., deren Anwendbarkeit ihm so wenig reflexionsbedürftig scheint, daß Recki seine Gesellschaftstheorie mit Recht als eine "vorkritische Metaphysik" bezeichnet. Vgl. Birgit Recki, Die Metaphysik der Kritik..., in : Metaphysik und Erfahrung, a.a.O., S. 171.

sprachliches Gebilde, aber sie muß nicht als ein Urteil über die Welt interpretiert werden, das wahr oder falsch ist; es kann sich auch um eine explizit gemachte Sichtweise, eine durch ein Begriffschema8 ausdrückbare Weise der "Organisation von Erfahrung"9 handeln, die allererst eine bestimmte Art von Welt konstituiert.

Kritik im Sinne des radikalen sokratischen Fragens und Metaphysik gehen in Platons Dialogen unmittelbar ineinander über. Das sokratische Fragen setzt die Konsistenz der vertrauten Denkweisen z. B. darüber, was "gut" ist, der Kritik aus : und zwar einer radikalen Kritik10 , die für den Vollzug der gewohnten Lebenstätigkeiten gar nicht erforderlich ist und aus diesen heraus auch gar nicht verständlich sein kann. Denn hier werden nicht einzelne inhaltliche Normen kritisiert, indem man sich auf andere inhaltliche Normen stützt und Analogien bildet, sondern im Prinzip werden alle vertrauten Inhalte fraglich. Diese Kritik ist nur vor dem Hintergrund einer Krise möglich, bei der es schon denkbar ist, daß sie sich auf alle Selbstverständlichkeiten des gemeinsamen Lebens ausdehnen könnte. Für sie ist zweierlei typisch : *Erstens* nimmt sie einen fiktiven Standpunkt außerhalb der gewohnten Welt ein, von dem aus das eigene Leben und die Praktiken der Gemeinschaft als *Ganze* erfaßt werden können. Und *zweitens* zielt sie auf die *Formalisierung* der Normen, nach denen wir unsere Lebenszusammenhänge beschreiben und bewerten,11 denn nur durch eine inhaltliche Entleerung kann eine einheitliche Bedeutung etwa des Begriffs des Guten gesichert werden. Nur durch die Formalisierung von Normen und die Formalisierung von Begründungsverfahren können gemeinsame Kriterien gefunden werden, die einerseits als Maßstäbe der Kritik dienen, andererseits nicht im gleichen Sinne der Kritik ausgesetzt sind. Hiermit erhält man schon

---

8 Den Ausdruck *Begriffsschema* verwende ich hier natürlich nicht in dem engen und auf Tarski zurückgehenden Sinne von *eine Menge von Sätzen, die wahr oder falsch sind*, wie ihn etwa Davidson in seinem Aufsatz *Was ist eigentlich ein Begriffsschema* unterstellt. (Vgl. D.Davidson, *Wahrheit und Interpretation*, Frankfurt 1986, S. 261ff.) Sofern Begriffsschemata die Erfahrung überhaupt erst organisieren, sind sie Aussagen über bestimmte Rahmenbedingungen der Wahrheitsmöglichkeit, aber keine Aussagen mit einem eigenen Wahrheitswert.
9 Stephan Körner, *Metaphysics : its structure and function*, Cambridge University Press 1984.
10 Entsprechend sah Auguste Comte die Metaphysik gegenüber der Theologie als eine zersetzende, negative, auflösende Instanz an. Vgl. hierzu Pierre Aubenque, der diesen Gedanken in der Interpretation Platons ausführt und gegen die onto-theologisierende Interpretation Heideggers wendet: *Die Metaphysik als Übergang*, in H. Schnädelbach/G. Keil (Hrsg.), Philosophie der Gegenwart - Gegenwart der Philosophie, Junius 1993, S. 161ff.
11 Vgl. hierzu Helmut Kuhn, *Sokrates. Versuch über den Ursprung der Metaphysik*, München (Kösel) 1959, insbes. S. 82ff.

ein metaphysisches Schema : eine Matrix von Begriffen, die hinreichend allgemein und hinreichend formal sind, um auf alles anwendbar zu sein und die Einheit der mannigfaltigen Fälle des wirklichen Lebens zu garantieren.

Letzteres hat aber gerade die Kritik auf sich gezogen. Denn die Fiktion eines außerweltlichen Standpunkts zur Beurteilung der Welt im Ganzen war gewöhnlich von mehr oder weniger inhaltlichen metaphysischen Annahmen über die Natur unseres Geistes, über den ewigen Charakter bestimmter Ideen und anderen Dingen begleitet - Angelegenheiten, die wohl nur aus der nicht-fiktiven außerweltlichen Perspektive eines göttlichen Verstandes aus entschieden werden könnten. Demgegenüber wurde auf der innerweltlichen Gebundenheit aller menschlichen Erkenntnisleistungen durch historische, soziale und individuelle Vorurteile und Mächte insistiert und die kritische *Reflexion* auf dergleichen Bindungen eingeklagt. Da die kritische Reflexion der historischen, sozialen und individuellen Gewalten jedoch nicht ohne metaphysische Begriffe auskommt, wie schon gesagt, kann sie zwar eine Ergänzung und Kontrollinstanz, aber keine ersetzende Alternative zur Metaphysik sein.

Am Beispiel A.N. Whiteheads und seiner pragmatistischen Zeitgenossen sieht man außerdem, daß Metaphysik nicht nur in keinen Gegensatz zu historistischen, gesellschafts- und kulturrelativistischen Denkweisen treten muß, sondern mit diesen eine kreative Beziehung der wechselseitigen Ermöglichung sowohl auf der Ebene der Rechtfertigung wie der Findung von Inhalten eingehen kann; Whiteheads verknüpft in seinen metaphysischen Schriften[12] die formale Explikation metaphysischer Kategorien mit wissenschaftshistorischen und -soziologischen Untersuchungen über die Herkunft und die Funktionen traditioneller metaphysischer und wissenschaftlicher Begriffe in ihren historischen und gesellschaftlichen Kontexten. Der Entwurf universaler Hypothesen schließt die Reflexion auf die historische und soziale Bedingtheit der eigenen Interpretation mit ein. Die Funktion des metaphysischen Schemas ist bei Whitehead und den Pragmatisten weniger die einer theoretischen Erklärung, die post hoc eine Begründung oder Erklärung für bekannte Phänomene liefert, als die *praktische* Funktion einer Leitidee, Erfahrungsweisen zu ermöglichen. Das Schema hat folgende Funktionen :

---

[12] Vgl. Alfred North Whitehead, *Science and the Modern World* (1925); *Process and Reality* (1929); *Adventures of Ideas* (1933); *Modes of Thought* (1936)

(1) Die *Koordination* der Begrifflichkeiten unterschiedlicher Wissenschafts- und Erfahrungsbereiche.13
(2) Die *Explikation* von Begriffen und Deutungsmustern, die *unbewußt* unsere Erfahrung leiten. Diese können durch ihre Verdeutlichung einerseits an Effizienz gewinnen, andererseits werden sie hierdurch überhaupt erst der Kritik zugänglich.14
(3) Die *Konstruktion* von *neuen* Begriffen, die unser Verständnis der komplexen Welt und hierdurch auch unsere Praxis verbessern.15
(4) Die *Kritik* vorherrschender Begrifflichkeiten. Dies ist die wichtigste Aufgabe, die von den vorherigen nicht getrennt werden kann. Das spekulative Schema dient hier als Matrix zur Kritik von Abstraktionen. Diese Kritik betrifft zum einen das Aufzeigen der Inadäquatheit von Begriffen in ihrer Funktion als Leitideen.
Wissenschaftliche Begriffe werden häufig von einem Anwendungsbereich auf andere Bereiche durch Analogien übertragen. Das kann zur Eröffnung interessanter neuer Perspektiven führen, es kann aber auch eine Verengung oder Verzerrung des Blickwinkels bewirken, wenn die Unterschiedlichkeit des neuen Kontextes ausgeblendet wird. Hier hat das spekulative Schema die Funktion, die systematische Reichweite von Begriffen festzustellen.16

Zum anderen dient das Schema generell dazu, sich der Abstraktheit gewohnter Denkweisen bewußt zu werden; Begrifflichkeiten, an die man sich gewöhnt hat, werden oft mit der konkreten Wirklichkeit gleichgesetzt. Whitehead bezeichnet das als eine *Fallacy of Misplaces Concreteness,* eine Verwechslung des Abstrakten mit dem Konkreten. Nur bei ungewohnten Begrifflichkeiten ist noch ein Gefühl der Nichtidentität von Begriff und Erfahrung präsent. Hier dient das Schema dazu, durch das Postulat einer vollständigen konkreten Tatsache die Abstraktheit aller bestimmten Interpretationen ins Bewußtsein zu rufen. - Das metaphysische Kategorienschema ist also kein Zweck und Endziel der Philosophie, sondern nur Mittel, in der Diskussion begriffliche Klarheit herzustellen. Es erhebt keinen Anspruch auf Wahrheit, noch auf Endgültigkeit, sondern bewährt sich allein in seiner Nützlichkeit als Matrix für Begriffskritik.

Können spekulative Metaphysiken wie die whiteheadsche heute wieder relevant werden ? Auch wenn man aus guten Gründen der Auffassung ist, daß metaphysische Diskussionen irgendwelcher Art nötig sind, um

---
13 Vgl. *Adventures of Ideas*, New York (MacMillan) 1967, S.222.
14 Vgl. *Science in the Modern World* , New York (Free press) 1959, S.VII, S. 24.
15 Vgl. *Modes of Thought*, New York (Macmillan) 1966, S. 174.
16 Vgl. *Science in the Modern World*, a.a.O., S.87.

die systematischen Voraussetzungen gewisser Grundbegriffe in den Wissenschaften zu klären, ist damit noch nicht die Frage beantwortet, ob wir deshalb wieder metaphysische Systeme und gar noch solche brauchen, die sich nicht als rein deskriptive Ontologien von den heilsgeschichtlichen Tradition loslösen zu können meinen. Diese Frage wird derzeit in der Regel eindeutig verneint. Man meint, die "Begründungslast" für Ideen des Guten nicht tragen zu können.[17]

Diese Fixierung auf eine bestimmte Art von Begründungspflicht erscheint mir jedoch im Hinblick auf heutige (wirkliche und mögliche) Metaphysiken kurzsichtig. Sie geht offenbar davon aus, daß die Berechtigung metaphysischer Entwürfe in ihrer theoretischen Begründbarkeit aus Prämissen von universaler Verbindlichkeit liegen müßte. Dabei wird einerseits die *praktische* Funktion theoretischer Kategorien zur Interpretation von Erfahrung und zur Orientierung des Handelns ausgeblendet, die auch nur an praktischen Kriterien geprüft werden kann. Andererseits wird übersehen, daß es neben der kontinentalen Tradition in diesem Jahrhundert schon "pragmatistische Metaphysiken" gab, die auf theoretische Selbstbegründung verzichten und die Güte praktischer Konseqenzen zum Kriterium ihrer Berechtigung erheben. Aus dem Mangel an theoretischer Begründbarkeit zu schließen, daß Metaphysik ein weites Feld bloßen Meinens sei, das der rationalen Entscheidung unzugänglich sei, erscheint mit daher weder nötig, noch geboten. Es ist nicht nötig, weil die Frage theoretischer Begründbarkeit im Hinblick auf Kategorien, die praktische Konsequenzen haben, gar nicht relevant ist. Es kann auch nicht geboten sein, weil man so den ganzen Bereich der religiösen Einstellungen und Werteinstellungen, an die sich menschliche Emotionen mit sehr gewalttätigen Auswirkungen heften können, wie wir aus der Geschichte der Heilslehren wissen, einer rationalen Diskussion entzieht. Mit der etwa verbrauchten Vokabel "rationale Diskussion" meine ich hier natürlich gerade nicht eine Diskussion, die sich nur auf die theoretische Begründbarkeit von gegebenen Wert- und Heilsvorstellungen einläßt, sondern den Versuch, Normen und Werte begrifflich zu bestimmen, ihre systematischen Voraussetzungen zu klären, Alternativen zu konstruieren und zu versuchen, ihre praktischen Konsequenzen für das menschliche Leben zu erfassen.

---

17 So etwa Hans Poser, Rainer Specht u.a. in einer Diskussion über die heutigen Möglichkeiten von Metaphysik, in : *Metaphysik heute ?*, Hrsg. v. W. Oelmüller, Paderborn 1987, S. 178ff.

Vladimir Malachov, Moskau

Nationale Utopien als Objekt der philosophischen Ethnologie.

I.1. In der Forschungsliteratur zur nationalen Problematik läßt sich eine Reihe von Werken unterscheiden, die eine philosophische Rechtfertigung der Nation durchführen. Es fällt nicht schwer, in diesem Unternehmen die Reaktion auf die unreflektierte Anwendung des Begriffs "Nation" zu sehen, die die Mehrzahl der historischen und soziologischen Abhandlungen kennzeichnet. Die Vertreter dieses philosophischen Ansatzes - nennen wir ihn "spekulativer" - fordern auf, die Dimension der Nation zu durchdenken, die von der soziologischen und politischen Wissenschaft nicht erfasst wird, und bieten damit eine "Metaphysik der Nation" an. Es scheint angebracht zu sein, die theoretischen Grundlagen dieser Perspektive zu analysieren.
I.2. Die verschwommene Begrifflichkeit der "Metaphysik der Nation" fällt sofort auf. "Das nationale Sein", "das nationale Denken", "das nationale Bewußtsein" - alle diese Benennungen sind äußerst undeutlig (wenigstens vieldeutig). Was ist das - "das nationale Bewußtsein"? Das Bewußtsein einer bestimten sozialen Gruppe, das vorwiegend national geprägt ist, oder das gesamte Bewußtsein einer Nation? Was ist die Nation? "Das nationale Sein" - wie bezieht es sich auf "das gesellschaftliche Sein" bzw. auf "das Sein der Gesellschaft"? Noch weniger deutlich ist der Terminus "das nationale Denken". Erkenntnistheoretisch ist es absurd. Denken ist Handeln bezüglich des Allgemeinen, es liegt also in der Natur der Sache, das es nicht "national" sein kann. Die Autoren, die diesen Terminus benutzen, würden ihn wahrscheinlich nicht in dem erkenntnistheorethischen, sondern in dem kulturwissenschaftlichen Aspekt gebrauchen. Aber diese Aspekte des Denkens machen das Problem der Kultursoziologie, der "cultural anthropology", der "Mentalitätsgeschichte" und anderen wissenschaftlichen Disziplienen aus. Das Problem der Philosophie sind sie nicht.
Indem einige Philosophen diese Schwierigkeiten zu meiden suchen, führen sie den Begriff "das Nationale" ein.[1] "Das Nationale" wird als der substanzielle Inhalt der Nation aufgefasst, der mit ihren empirischen Formen nicht identisch ist. Die frappante Ähnlichkeit dieses Terminus mit dem hegelschen "Volksgeist" außer acht lassend, machen wir auf eine weitere Reihe der methodischen Schwierigkeiten aufmerksam, die auf dem Weg der "Metaphysik der Nation" liegen. Diese sind
a) der latente Naturalismus; "das Nationale" wird hierin zu einem selbstverständlichen Gebilde, zu etwas natürlich Gegebenen, anders gesagt, zu einer Entität; es wird dadurch "ahistorisiert" und vernaturalisiert; b) die Mythologisierung, d.h. die Umwandlung der geschichtlich bedingten Erscheinung in eine von vornherein vorhandene unveränderliche Realität.
Indem einige Vertreter der Metaphysik der Nation diese Mängel zu beseitigen versuchen, wenden sie **das historische Argument** an. Die Nation in der Konzeption von K.Hübner wird als

geschichtliches Phänomen dargestellt. Sie sei keine geistig-seelische Substanz, sondern die "strukturierte geschichtliche Systemmenge"[2]. Ihr liegt nicht Natur, sondern Kultur zugrunde; sie wird nicht durch die ethnische Gemeinsamkeit, sondern durch die Gemeinsamkeit der historischen Erfahrung konstituiert. Sieht man jedoch genauer zu, merkt man, daß die Geschichte - wie sie in der Konzeption von K.Hübner aufgefasst wird - in etwas Nichtgeschichtliches umschlägt. Die Geschichte selbst wird hierin naturalisiert. Man versteht darunter keine soziale Geschichte (d.h. keine sich in der Zeit vollziehende kulturelle, ökonomische, demographische und andere Veränderungen), sondern Selbsetfaltung der in sich selbst ruhenden Substanz.

Indem K.Hübner auf die zweite der obengenannten methodischen Schwierigkeiten reagiert (die Gefahr der Mythologisierung), bietet er ein radikales Verfahren an: Es geht darum, Rechenschaft darüber abzulegen, daß die mythische Dimension aus dem menschlichen Sein nicht zu eliminieren sei, und den Mythos aus dem Gesichtspunkt seiner Produktivität zu durchdenken[3]. Der nationale Mythos wird dadurch gegen die rationalistisch-aufklärerische Kritik in Schutz genommen. Eine konsequente "Mythologisierung" des Denkens fällt mit seiner "Nationalisierung" zusammen.

Wir gehen im folgenden auf die Analyse der von K.Hübner vorgelegten Betrachtungsweise des Mythischen nicht ein; wir machen jedoch darauf aufmerksam, daß der Mythos, der bewußt ausgewählt wird, kein Mythos mehr ist. Wo die Reflexion anfängt, hört der Mythos auf.

I.3. Die Philosophen des Nationalen sind dort wirksam, wo sie die theoretischen Voraussetzungen ihrer Opponenten kritisieren (Aufklärungsillusionen, Szientismus, ethischer Formalismus). Das Plädoyer für das Nationale, die einige deutsche, österreichische und russische Autoren polemisch gegen dessen Verleugnung entwickeln[4], scheint überzeugend zu sein. Es bleibt aber eine Frage, die vom Standpunkt dieses Ansatzes nicht zu beantworten ist: wie kann man das Nationale denken, ohne dem Nationalismus zu verfallen? Im Rahmen dieser Einstellung ist der Begriff "Nationalisnus" eigentlich sinnlos.

Die Grenze zwischen dem "Nationalen" und "Nationalistischen" ist in der Tat nicht zu ziehen, wenn man unter dem "Nationalismus" eine "Übertreibung" oder "Hypertrophie" des "nationalen Gefühls" versteht. Denn, wo ist der Maßstab, mit dem sich das erstrebenswerte Nationale von dem unerwünschten Nationalistischen trennen ließe? Logisch konsequent reagiert auf diesen Widerspruch Ernst Gellner, der beide Begriffe als inhaltlose ablehnt.

II.1. Die provokative These Gellners lautet:
"Die Kritik an Nationalismus, die ihn als die politische Bewegung leugnet, aber verschwiegenerweise die Existenz der Nationen anerkennt, ist nicht ausreichend".[5]
Der Anspruch des Nationalismus, der, so Gellner, sich auf die Forderung der Deckungsgleichkeit der ethnischen und politischen Grenzen zurückführen läßt, sei von vornherein utopisch. Die

nationale Identität könnte sich heutzutage als entscheidende durchhalten, weil dies dem Charakter der modernen Gesellschaft nicht entspreche. Man kann der von Gellner angebotenen Konzeption des Nationalismus die Konsistenz nicht absprechen. Sein Ansatz jedoch (nennen wir ihn - mutatis mutandis - "szientistischer") ist von der philosophischen Tradition geprägt, die gegenüber der metaphysischen Problematik eine erstaunliche Unempfindlichkeit zeigt.(Dazu gehört z.B. das in der *Encyclopedia of Philosophy*[6] angeführte Argument gegen das Bestehen des kollektiven historischen Gedächtnisses, dementsprechend ein Individuum sich daran nicht erinnern kann, was geschah bevor er geboren wurde.) In diesem Zusammenhang läßt sich die Konzeption Gellners - mit dem Terminus aus der Sprachphilosophie - als die nominalistische bezeichnen. Ausgerechnet von der nominalistischen Einstellung ist die skandalöse These Gellners über die Fiktivität des Nationalen[7] bestimmt. Indem Gellner die Nationen für die Fiktionen hält, geht er von der starren Gegenüberstellung des Realen und des Fiktiven aus. Unter dem "Realen" versteht er das empirisch Fixierbare (Verifizierbare!) und unter dem "Fiktiven" das Eingebildete, das Ausgedachte. Daß hierin die vereinfachte Interpretation des Begriffs der Realität angeführt wird, ist offensichtlich.
Der andere Mangel der Betrachtungsweise von Gellner ist der ihr ungefragt zugrundeliegende Fortschrittgedanke, der dort deutlich wird, wo Gellner den Nationalismus mit "atavistic feelings"[8] verbindet.

III. Diese Position ist keine gute Antwort auf die Herausforderung des Phänomens Nationalismus. Um sich mit einer Utopie auseinanderzusetzen, braucht man sie nicht zu desavouieren, sondern sich ihrer Anziehungskraft bewußt zu werden und die Ursachen ihrer Wirksamkeit zu analysieren.
Weder die Rehabilitierung des Nationalen, die der spekulative Ansatz vornimmt, noch die Demythologisierung des Nationalen, die der szientistische Ansatz darstellt, sind geeignet, um dem Phänomen Nationalismus theoretisch gerecht zu werden. Im ersten Fall wird die Nation hypostasiert (von dem sie zustandebringenden historischen Kontext losgelöst und vergegenständlicht), im zweiten Fall wird die Nation zu einem Epiphänomen und wird verächtlich behandelt als ein rudimentäres Moment der totalen Industrialisierung und Technisierung. Damit man aus dieser Sackgasse herauskommt, braucht man eine Position jenseits der geschilderten Dichotomie. Diese Aufgabe könnte m.E. eine interdisziplinär orientierte philosophische Ethnologie erfüllen.

IY.1. Das heuristische Potential einer solchen Ethnologie besteht darin, daß sie das Phänomen Nationalismus nicht auf der ideologischen oder kulturellen (d.h. auf der diskursiven) Ebene, sondern auf der Ebene seiner nichtdiskursiven Voraussetzungen analysiert. Diese Ebene der Analyse läßt sich als die Ebene des "Körpers" bezeichnen[9].
Es erübrigt sich zu erklären, daß der Körper, der hier in

Betracht gezogen wird, nicht im physischen oder physiologischen, sondern im phänomenologischen Sinne zu verstehen ist, d.h. als etwas, was mit bestimmten Bewußtseinszustände verbunden ist. Was kann eigentlich dieser Begriff neues für die Sozialphilosophie bringen, wodurch sich "Körper" von dem "Unbewußten" bzw. von dem "kollektiven Unbewußten"(C.G.Jung), von der "Mentalität"( ) *Les Annales= -Schule* von der "Typ der Weltanschauung" (W.Dilthey, K.Jaspers)? Der wesentliche Unterschied des "Körpers" von der "Mentalität" und "Weltanschaung" besteht darin, daß diese die Charakteristika der Denkweise sind, der Körper vielmehr die Seinsweise charakterisiert. Der Begriff des kollektiven Unbewußten setzt die Gegenüberstellung bewußte/unbewußte voraus, während der Körper außerhalb dieser Differenz steht.

IY.2. Die nationalen Utopien sind mächtiger und beständiger als die ideologischen, weil sie den ideologischen Utopien an Intensität überlegen sind. Der Klassenidentität, auf die sich die kommunistische Ideologie stützt, mangelt es an Körper. (Der Klassenfeind, im bezug auf den die Klassenidentität gebildet wird, ist sozial bestimmt; mit seiner Beseitigung werden die Fäden, die die Mitglieder einer Klasse zusammenhielten, schwächer.) Der ideologischen Utopien fehlt es an **symbolische Konkretheit**. Solche Konkretheit zu gewähren, ist nur Nationalismus imstande. Es war nicht zufällig, daß die kommunistische Ideologie im stalinschen Rußland sich zum National-Kommunismus entwickelt hat.

IY.3. Die nationale Identität, die zum Zustand des nationalen Körpers erhoben wird, ist der Nationalismus.
Die Kraft des Nationalismus wurzelt in der ungeheueren Attraktion des von ihm produzierenden kollektiven Körpers[10]. Der kollektive Körper entzieht sich der Repräsentation. Der Repräsentierende (Vorstellende) muß sich von den Repräsentierenden (Vorgestelltenten) unterscheiden lassen. Der kollektive Körper löscht diesen Unterschied. Da der nationale Körper ein kollektiver Körper ist, existiert er nicht auf der Ebene der Repräsentation. Er braucht keine **Re-präsentation** (keine Zeichen-Darstellung), weil er auf der Ebene der Sinnen schon **präsent** ist. Das Nationale läßt sich empfinden. Es ist im Geruch und Geschmack da, es kann "berührt" werden.

IY.4. Der Aufbauprozeß des nationalen Körpers kann von dem Kulturnationalismus vollzogen werden. Der aufgebaute nationale Körper ist immer mit dem politischen Nationalismus verbunden. Der nationale Körper strebt danach, den sozialen Raum vollständig in Besitz zu nehmen. Deshalb bringt der an Macht gekommene Nationalismus unausweichlich den Totalitarismus hervor. Der Nationalismus, der das soziale Sein durch das nationale ersetzt, ersetzt die Zeichen-Realität durch die **symbolische**. Während das Zeichen ein Stellvertreter, ein Repräsentant von etwas anderen ist, repräsentiert das Symbol nichts. Das Zeichen ist ein Äquivalent eines Wertes; der Zeichentausch hat immer einen rationalen Charakter. Das Symbol dagegen genügt sich selbst. Der Nationalismus, der dem Zeichentausch ein Ende setzt, setzt an seine Stelle den Symboltausch.

IY.5. Der Nationalismus ist utopisch, weil der nationale Körper, den er konstruiert, nichts anders sein kann als der ekstatische Körper. Aber die Ekstasis kann nicht lange dauern. Damit der nationale Körper in einem konstruierten Zustand verbleiben kann, ist die ständige Anwesenheit eines Feindes erforderlich, ein ständiger Zustand des Kriegs oder am Rande dessen.
Eine philosophische Ethnologie, die den Vollzug des Aufbauens und des Zerfalls der verschiedenen nationalen Körper analysiert, scheint in der Lage zu sein, zur nicht-ideologisierten Nationalismusforschung einen seriösen Beitrag zu leisten.

1.Vgl.:K.Hübner, Das Nationale. Verdrängtes, Unvermeindliches, Erstrebenswertes, Graz, Wien, Köln 1991.

2.Vgl.: Op.cit, S.227-238.

3.Vgl.: K.Hübner,Die Wahrheit des Mythos, München, 1985. S.349-365.

4.Vgl.:
R.Bubner, Die Nation - das partikularisierte Allgemeine, in: Politisches Denken, Jahrbuch, 1992. Hg.V.Gerhardt, H.Ottmann, M.Thomson. Stuttgart,1992, S.19-28;
T.Mayer, Prinzip Nation: Dimensionen der nationalen Frage am Beispiel Deutschlands, Opladen 1987.
J.Borodaj, Potschemu pravoslavnym ne goditsja protestantskij kapitalism? (Warum ist der protestantische Kapitalismus für die Russischorthodoxen nicht geeignet?), in: Nasch Sovremennik, Moskwa 1990, Nr.10, S.3-16.
A.Gulyga. Philosophie und Perestroika. Zur geistigen Situation in Rußland. In: Mesotes. Zeitschrift für philosophischen Ost-West Dialog, Wien 1991, Nr.4, S.59-63.

5.E.Gellner, Nations and Nationalism, L.1983, S.48.

6.Vgl.: Nationalism, in: The Encyclopedia of Philosophy. Ed.P.Edwards. L., NY, 1967, Bd.5, S.443.

7.Vgl.: E.Gellner. Thought and Change. L.,1964, S.169.

8.Vgl.: E.Gellner, Scale and Nation, in: Ders., Contemporary Thought and politics, L.1974, S.150.

9.Solche Auffassung des "Körpers" habe ich dem Moskauer Autor V.Podoroga zu verdanken, der seinerseits auf die Arbeiten von zeitgenössischen französischen Philosophen - vor allem von G.Deleuze - stützt.

10.Vgl.: K.Theweleith, Männerphantasien, Frankfurt 1978, Bd.2, S.94-110.

[signature] 30.03.93.

Der sprachlogische Ort der Außenwelt im Spätwerk Heideggers. Eine kritische Überlegung zur 'metaphysischen Wende' der Zeichenphilosophie.

In seinem Aufsatz 'Das Wesen der Sprache' von 1957/58 schreibt Heidegger: "Die Möglichkeit ergibt sich, daß wir mit der Sprache eine Erfahrung machen, in solches gelangen, was uns umwirft, d.h. unser Verhältnis zur Sprache verwandelt" (UzS 214f). Dasjenige was uns hier 'umwirft' bezeichet Heidegger mit jenem in Anführungszeichen gesetzten 'ist' des "Es gibt".[1] Es wird durch "die Sage ... in das gelichtete Freie und zugleich Geborgene seiner Denkkbarkeit" (UzS 215) gebracht. Was aber heißt dies? Eine potentielle Antwort hierauf muß sich auf die Kernbegriffe von Heideggers Gedankengang einlassen. D.h. sie muß die Begriffe 'uns', also Mensch, 'Sprache', 'Sage' und 'Ist' zueinander in Verbindung bringen. Das aber heißt, sie muß sich auf jenes vierfache Verhältnis von Mensch, Sprache, Sage und Sein einlassen, um das das gesamte Spätwerk Heideggers kreist. In sprachkritischer Perspektive gesehen steht dabei besonders das seinshermeneutische Verhältnis von 'Sage' und 'Sprache' zur Debatte. Denn nicht nur ist die Bedeutung jenes ereignisontologischen 'ist' erklärungsbedürftig, sondern auch der Modus von dessen Selbstauslegung in der 'Sage'. Die Leitfrage dieses Vortrags lautet daher, von was für einer Erfahrung spricht Heidegger, wenn er sagt, mit ihr ändere sich unser Verhältnis zur Sprache. Wäre es möglich, diese Frage anhand eines sprachkritischen Vokabulars zu entfalten, könnte vielleicht einsichtig gemacht werden, worin der epistemologische Wert von Heideggers Spätwerk liegt.

Im folgenden gehe ich in drei Schritten vor. Zuerst soll Heideggers Vorstellung der ontologischen Gegründetheit unseres Sprache-Weltbezugs entfaltet werden. Daran anschließend wird Heideggers seinshermeneutisches Sprachverständnis skizziert. Im dritten Schritt wird dieses dann mit der zeichentheoretischen These konfrontiert, Ontologie und Epistemologie seien selbst nur eine Weise der interpretierenden Welterzeugung.[2] Dieser Schritt ist m.E. deshalb gefordert, da nur mit ihm deutlich gemacht werden kann, worin die Bedeutung von Heideggers seinrhermeneutischer Sprachkritik besteht. Heidegger versucht nämlich in ihr zu begründen, daß unser sprachlich vermitteltes Welt- und Selbstverständnis in einem 'ontologischen Apriori' gründet. Weiterhin versucht er dafür zu argumentieren, daß allein mit der Einsicht in dieses Apriori erfaßt werden kann, was die eigentliche Bedeutung, Referenz und Erfüllungsbedingung unserer Zeichenpraxis konstituiert. Diesseits von Realismus, Idealismus oder subjekttheoretischen Setzungen versucht er damit zu explizieren, was der ontologische Grund unserer Zeichenpraxis sei.

1.) Der ontologische Grund unserer Zeichenpraxis

Unsere Ausgangsfrage lautet, was ist das Verhältnis zur Sprache, das sich in der Erfahrung des 'ist' verwandelt? Eine erste vorgreifende Antwort hierauf lautet: was sich hier wandelt ist das fundamental-ontologische Sprachverständnis. An seine

---
[1] Cf. ZuS 5, 19ff.
[2] Cf. Goodman 1960; 1978.

Stelle tritt ein seinshermeneutisches. Warum aber ist dieser Übergang erforderlich und worin besteht er? Für Heidegger ist er gefordert, sofern wir den Grund der Bedeutsamkeit unserer Sprachpraxis erkennen wollen.[3] Denn hierzu genügt es nicht, den Sprache-Weltbezug aus einer fundamental-ontologischen Perspektive heraus zu analysieren. Dieser gemäß gründet unsere Sprachpraxis in der existential-holistischen Sorgestruktur. D.h. die drei semantischen Merkmale Bedeutung, Referenz und Erfüllungsbedingung werden durch die lebensweltlichen Um-zu-Bezüge, Bewandtnisganzheiten und Zeugzusammenhänge fundiert.[4] Die subsumierende Identitätslogik unserer Urteilspraxis erfordert dabei, von dem jeweils Singulären des dem Urteil unterlegenen Einzelnen abzusehen. Denn nur insofern das Urteil die Welt hinsichtlich allgemeiner Merkmale aufgliedert und so in jener hypostasierten logischen Gemeinsamkeit von Satz- und Dingbau gründen läßt,[5] kann der praxisorientierte Kommunikationsfluß erfolgreich sein.

Laut Heidegger verfehlt ein solches Sprachverständnis jedoch den eigentlichen Grund der Bedeutsamkeit des Sprache-Weltbezugs. Dieser liegt für ihn darin, daß Sprache immer Sprache über 'etwas' ist.[6] Dieses 'etwas' ist der Sprache nicht äußerlich, sonderen umfaßt in seinshermeneutischer Perspektive gerade denjenigen "Mehrbestand" (GA/34, 183), der das singuläre Zeichen zum Zeichen eines Singulären macht. Da sich der materiale Mehrbestand dieses 'Singulären' den Allgemeinheitsvorstellungen der existential-holistischen Urteilspraxis entzieht, erfordert die seinshermeneutische Einsicht in diesen 'Mehrbestand' die Kritik der dieser Praxis unterliegenden Identitätslogik. Was hierbei zum Vorschein kommt, ist dann "keineswegs der nachgetragene sprachliche Ausdruck des Erscheinenden" (UzS 257), sondern das sich "zeigen, erscheinen-, sehen- und hören-lassen" (UzS 252) dessen, was Heidegger das 'ist' nennt.

An diesem 'ist' als dem Grund unseres Sprache-Weltbezugs orientiert sich der Wandel unseres Verhältnisses zur Sprache. Denn für die existential-holistische Sprachpraxis bleibt dessen seinshermeneutische Ausdeutung irrelevant. Gemäß der Lebensweltsemantik heißt 'sprechen lernen' einzig, im Urteil handelnd übereinstimmen zu können. Hierzu ist es erforderlich, daß man jene semantischen 'Gemeinsamkeiten' erfaßt auf denen die urteilslogische "Entsprechung zwischen den Begriffen 'Bedeutung' und 'Regel'" (Wittgenstein 1969, 62.) beruht. In der seinshermeneutischen Perspektive steht dagegen das Singuläre, eben der 'Mehrbestand' des jeweils dem Urteil unterlegenen 'ist' im Zentrum des Interesses. Da dieses nicht durch unsere Urteilspraxis erfaßt wird, jedoch in seiner urteilslogischen Nichtidentifizierbarkeit nicht nichts ist, kann es einzig erfahren werden mit einer Sprache, die von der existential-holistischen Identitätslogik absieht. Termini wie 'Sage' und 'Dichtung' stehen für eine solche Sprache. Deren Gehalt wird mit Heideggers seinshermeneutischem Kernsatz "Ein 'ist' ergibt sich, wo das Wort zerbricht" (UzS 216) umrissen. Als 'Sprache des Wesens' zielt sie auf jenes urteilslogisch Nichtiden-

---

[3] Cf. WM 380 mit WM 313f.
[4] Cf. SuZ § 34 mit § 38 und § 68,d.
[5] Cf. HW 6ff mit N/II 429ff.
[6] Cf. SuZ 321.

tifizierbare, welches sich einzig in der 'Sage als Zeige' eröffnet. "Deren Zeigen gründet nicht in irgendwelchen Zeichen, sondern alle Zeichen entstammen einem Zeigen, in dessen Bereich und für dessen Absichten sie Zeichen sein können" (UzS 254). Was sich aus seinshermeneutischer Perspektive im Zeigecharakter der Zeichen zeigt ist somit der ontologische Grund unserer Zeichenpraxis. Es repräsentiert dasjenige, was man mit Heidegger das ontologische Apriori unserer lebensweltlichen Urteilspraxis nennen könnte.

2.) Hermeneutik, Sprache und Sein

Was für eine Gedanke steht hinter der Vorstellung, daß sich in der 'Sage' etwas zeigen würde das, urteilslogisch gesprochen, als 'Nichtidentifizierbares' den Grund unserer Zeichenpraxis repräsentiert? Können wir überhaupt der Idee eines am 'Zerbrechen des Wortes' sich zeigenden 'ist' Sinn abverlangen? Müssen wir nicht vielmehr mit Tugendhats eindringlicher Kritik darauf pochen, daß die am 'Zerbrechen des Wortes' orientierte Seinshermeneutik in eins mit der Preisgabe des identitätslogischen Wahrheitsbegriffs "schließlich zur Selbstaufgabe der Philosophie" (Tugendhat 1967, 404) führt?

Zwei Argumente lassen sich aus Heideggers Perspektive gegen diesen Einwand vorbringen. Das erste lautet: die existential-holistische Lebensweltsemantik verfehlt mit der Einsicht in den Mehrbestand des dem Urteil unterlegenen 'ist' die ontologische Dimension der Gegründetheit des Sprache-Weltbezugs. Das zweite besagt: mangels der Einsicht in diese Gegründetheit verfehlt die existential-holistische Lebensweltsemantik zugleich die Einsicht in den Grund ihrer eigenen Zeitlichkeit.

Rekapitulieren wir Heideggers seinshermeneutisches Interesse. Es richtet sich auf die ontologische Dimension des Singulären, eben den 'Mehrbestand' des jeweils dem Urteil unterlegenen 'ist'. Da dieser nicht durch unsere Urteilspraxis erfaßt wird, jedoch in seiner urteilslogischen Nichtidentifizierbarkeit nicht nichts ist, kann er einzig mit einem Sprachverständnis erfahren werden, das von der existential-holistischen Identitätslogik absieht. Nur in einem solchen Verständnis wird das 'etwas' erfahren, das in die lebensweltliche Urteilspraxis ein- nicht aber in ihr aufgeht. Das, was hier nicht aufgeht, urteilslogisch ein Transzendentes bleibt, ist für Heidegger der sich im 'Ereignis' lichtende Grund unserer Sprachpraxis.

Die Pointe von Heideggers Überlegungen ist nun, daß wir uns auf diesen 'Grund' besinnen müssen, wollen wir der Zeitlichkeit des existential-holistischen Sprache-Weltbezugs bewußt werden. Denn nur mit Bezug auf dasjenige, was im Urteil nicht aufgeht, kann die Perspektivität unserer Urteilspraxis erfahren werden. Der Sprache-Weltbezug wird dabei als derart bestimmt erfahren, daß er aus seinshermeneutischer Perspektive nicht dem skeptizistischen Einwand der Relativität ausgesetzt ist. D.h. die nichtrelativistische Einsicht in die ontologische Gegründetheit der 'Wandelbarkeit von Wesen und Wahrheit'[7] garantiert für Heidegger diesseits skeptizistischer Einwände die Einsicht in die spezifische Zeitlichkeit des Sprache-Weltbezugs. Um dies zu begründen geht Heidegger in zwei Schritten vor. Zuerst entfal-

---

[7] Cf. N/I 172ff.

tet er den Grund der hermeneutischen Zirkularität unseres sprachlich vermittelten Selbst- und Weltverständnisses. In einem zweiten Schritt verknüpft er dann diese Einsicht mit seiner seinshermeneutischen Sprachkritik. In Kurzform argumentiert Heidegger damit wie folgt:

A1: 'Satz-' und 'Dingbau', also die Formen unseres Welt- und Selbstverständnisses, unterliegen der raum-zeitlich determinierten Sorgestruktur und damit dem Apriori der Lebensform.

A2: Diese Sorgestruktur kann bloß in der hermeneutischen Rückwendung auf die ursprüngliche 'Grammatik' der eigenen Lebensform, d.i. den raum-zeitlich bestimmten Horizont der Selbstauslegung, expliziert werden.

Aus A1 und A2 folgt:

C1: Die Begriffe, die zu dieser Selbstauslegung benötigt werden, unterliegen aufgrund von A2 gleichfalls der Zeitlichkeit.

Gelten nun Argument A2 und Conclusio C1 so folgt:

C2: Die Grammatik und Logik unseres Selbst- und Weltverständnisses, also von 'Satz-' und 'Dingbau', können gleichfalls bloß in der hermeneutischen Rückwendung auf die ursprüngliche Grammatik der Lebensform (der Sorgestruktur) expliziert werden.[8]

Gilt nun C2 und A2, folgt:

C3: P1.

Unterliegen nämlich die zur Bestimmung der spezifischen Form des eigenen Selbst- und Weltverständnisses vorausgesetzten Begriffe der von A2 behaupteten ursprünglichen Grammatik der Lebensform, verdankt sich die Einsicht in die spezifische Form unseres Welt- und Selbstverständnisses, also A1, der mit A2 und C2 postulierten Hermeneutik. Ist folglich A1 in dem eben spezifizierten Sinn 'begründet', folgt:

C4: Der Sprache-Weltbezug kann nicht als etwas zeitlos Notwendiges, zweifach intrinsisch Determiniertes begriffen werden. Aufgrund der Unhintergehbarkeit unseres bloß hermeneutisch bestimmbaren Welt- und Selbstverständnisses (C1 und C2) steht uns kein Gesichtspunkt zur Verfügung, von dem aus der zeitlos notwendige (metaphysisch-reale) Zustand von Sprache, Welt und Selbst erfaßt werden könnte.

Würde man es bei diesem Argument zugunsten der hermeneutischen Zirkularität unseres Welt- und Selbstverständnisses bewenden lassen, wäre jegliche Auslegung des Sprache-Weltbezugs dem skeptizistischen Einwand der Relativität ausgesetzt. Zur Zurückweisung dieses Einwandes wird daher ein zweites Argument erfordert. Heidegger glaubt es in dem oben entwickelten Argument zugunsten der ontologischen Gegründetheit des Sprache-Weltbezugs gefunden zu haben. Im Anschluß an das hermeneutische Zirkelargument argumentiert Heidegger damit: Sprache ist immer Sprache über 'etwas'. Dieses 'etwas' wird innerhalb der existential-holistischen Lebensweltsemantik nur bezüglich seiner allgemeinen Merkmale klassifiziert. Abhängig von der Grammatik und Logik dieser Klassifikation bleibt der mate-

---

[8] Cf. SuZ 165 und WM 311ff mit ZuS 18-19 und Met. 40-50.

riale Mehrbestand des dem Urteil unterliegenden 'ist' ausgeblendet. Da sich jedoch in der Hermeneutik der ursprünglichen Grammatik der Lebensform die Grammatik und Logik unserer Urteilspraxis freilegen läßt, kann in der hermeneutischen Rückwendung auf das, was durch deren Klassifikationen ausgeblendet bleibt dasjenige erfahren werden, was als Mehrbestand unserer Urteilspraxis zugrundeliegt.

Seinshermeneutisch formuliert zeigt sich also in der Rückwendung auf dasjenige, was ausgeblendet bleibt erstens die ontologische Bedingtheit des Sprache-Weltbezugs. Zweitens eröffnet sich damit zugleich die Sicht auf die spezifische Perspektivität (Zeitlichkeit) unseres sprachlich vermittelten Selbst- und Weltverständnisses. Das aber heißt, in der seinshermeneutischen Reflexion auf dieses, was sich im 'Zerbrechen des Wortes' zeigt, eröffnet sich uns der in sich bestimmte Grund der Wandelbarkeit von Wesen und Wahrheit und mit ihm die Einsicht in die ontologische Dimension der Zeitlichkeit des Sprache-Weltbezugs. Termini wie 'Riß', 'Transzendenz' und 'Zerbrechen des Wortes' markieren so für Heidegger den seinshermeneutischen Ort jener Grenzerfahrung, an dem mit dem Mehrbestand des dem Urteil unterliegenden 'etwas' die ontologische Bedingtheit des Sprache-Weltbezugs und mit dieser der diesseits skeptizistischer Einwände liegende Grund der Wandelbarkeit von Wesen und Wahrheit erfahren werden kann.

3.) Metaphysische Zeichen

Worin liegt der Wert von Heideggers Ansatz? Dies kann hier nur noch in groben Zügen skizziert werden. Er besteht in zwei ineinandergreifenden Einsichten. Beide betreffen den Grund unserer Zeichenpraxis. Die erste Einsicht zielt darauf, daß diesseits unserer 'Weisen der Welterzeugung' das einzelne Zeichen in etwas gründet, was als Gegebenes urprünglicher ist als seine identitätslogische Ausdeutung als 'Etwas'. Dieses 'etwas', das "Es gibt" des 'ist', worin das urteilslogische 'Etwas' der existential-holistischen Sprachpraxis gründet, ist für Heidegger der diesseitige Grund unserer Zeichenpraxis. Folglich ist er dem Zeichen nichts äußerliches. Dennoch ist es als dessen Grund ein ihm Transzendentes. Denn als das dem Zeichengebrauch unterliegende Singuläre kann es nicht durch die identifizierende Zeichenpraxis erfaßt werden. Die erste Einsicht von Heideggers Überlegungen besteht folglich darin, daß dieses Diesseitige einerseits als Grund unserer Zeichenpraxis anerkannt werden muß, als solcher Grund sich jedoch jedweder identitätslogischen Ausdeutung und damit jedweder realistischen, idealistischen oder subjektphilosophischen Vereinnahmung entzieht.

Mit dieser Einsicht ist eine zweite verbunden. Sie betrifft die Diskussion zwischen Davidson (1986) auf der einen, Hacker (1987), Hacking (1986) und Mulhall (1990) auf der anderen Seite. In ihr wird die These verhandelt, ob Bedeutungen einer radikalen Interpretation unterliegen oder nicht. Mit Heidegger wird es m.E. möglich, den Grund dieser Diskussion und damit den Grund der von Simon betonten zeichenphilosophischen Differenz von 'unmittelbarem Zeichenverstehen und diskursiver Zeicheninterpretation'[9] näher zu bestimmen. Rekapitulieren wir Hei-

---

[9] Cf. Simon 1989, 68.

deggers Ansatz. Ihmgemäß unterliegt der Sprache-Weltbezug nicht nur dem Apriori der Lebensform sondern mit diesem zugleich dem ontologischen Apriori. Folglich kann nur im seinshermeneutischen Rekurs auf dieses Apriori die wahre Bedeutsamkeit des Sprache-Weltbezugs erfahren werden. Aus Heideggers Perspektive heißt dies für die Lebensweltsemantik: sie unterliegt zwei Unschärfen. Erstens der Unschärfe der kommunikativen Sprachpraxis. Diese wird üblicherweise im Zusammenhang des Sprecher-Hörermodells der Kommunikation verhandelt und entweder wie von Grice (1969) mit Rekurs auf Sprecherintentionen oder wie von Davidson (1974) anhand des interpretationstheoretischen 'Prinzips der Nachsichtigkeit' zu neutralisieren versucht. Die zweite Unschärfe betrifft dagegen die ontologische Unschärfe unserer Urteilspraxis. Sie basiert darauf, daß das, was dem einzelnen Urteil unterliegt, in seinem Mehrbestand nicht durch das Urteil erfaßt werden kann.

Vor dem Hintergrund dieser zwei Unschärfen läßt sich die Differenz zwischen Mulhall und Davidson so reformulieren. Aus einer an Wittgensteins Regelargument orientierten Perspektive der Lebensweltsemantik unterliegen die Bedeutungen keiner Interpretation. Denn die zur Kommunkation benötigte lebensweltliche Urteilspraxis basiert auf jenen semantischen Identitätsvorstellungen, die die "Entsprechung zwischen den Begriffen 'Bedeutung' und 'Regel'" (Wittgenstein 1969, 62.) konstituiert. Das aber heißt, die alltägliche Sprachpraxis beruht einzig darauf, im Urteil handelnd übereistimmen zu können. Hierzu ist es in der Regel nicht erfordert, den Differenzen des dem Urteil unterlegenen Singulären, also dem jeweiligen 'etwas' Rechnung zu tragen. In Davidsons Ansatz spielt jedoch gerade dieses dem Urteil unterlegenen Singuläre eine zentrale Rolle. Denn nur im Rekurs auf das 'etwas' worüber wir urteilen, kann Davidson jenen Begriff der 'Wahrheit' gewinnen, mittels welchem er den Begriff der Bedeutung definieren kann.[10] In dem Maße nun, in dem das urteilslogische 'Etwas' anhand des ihm unterliegenden ontologischen 'etwas', also der singulären Gegebenheit, erfahren wird, ist das kommunikative Verständnis des Sprache-Weltbezugs offen und damit konstitutiv interpretativ. Denn in der Kommunikation bleibt mit der rechten Seite der tarskischen W-Formel "'p' ist wahr genau dann wenn p" gerade dasjenige unbestimmt, was man mit Davidson und Heidegger den referenzlosen Grund der Bedeutsamkeit des Sprache-Weltbezugs nennen könnte. Referenzlos ist er insofern, da er diesseits des Schema-Gehalt-Dualismus und damit diesseits unserer Urteilspraxis die Bedeutsamkeit des Sprache-Weltbezugs offenbart. Mit Heidegger formuliert, ist es dieser offene Grund des Sprache-Weltbezug, in dem sich das ontologische Apriori und mit ihm die spezifische Bedeutsamkeit des Sprache-Weltbezugs 'lichtet'.

Heidegger geht jedoch einen Schritt weiter. Er versucht nämlich darauf aufmerksam zu machen, daß nur die Lebensweltsemantik, nicht jedoch die seinshermeneutische 'Sprache des Wesens' dieser Interpretativität unterliegt. Damit führt er eine dreigliedrige Sichtweise auf den Status des Sprache-Weltbezugs ein. Aus der Perspektive der existential-holistischen Sorgestruktur orientiert sich unsere Urteilspraxis an dem identitätslogischen 'Etwas'. Da in dessen Zuhandenheit von der Singu-

---

[10] Cf. Davidson 1967.

larität des dem Urteil unterlegenen 'etwas' abgesehen wird, ist der Umgang mit ihm nicht interpretativ.[11] Reflektiert man jedoch auf die ontologische und kommunikative Unschärfe unserer Sprachpraxis und damit auf das dem Urteil unterliegende 'etwas', eröffnet sich die Einsicht in die konstitutive Interpretativität des Sprache-Weltbezugs.

In der seinshermeneutischen Reflexion auf diese Interpretativität zeigt sich dann auf einer dritten Ebene für Heidegger das, was man den ontologischen Grund des Sprache-Weltbezugs nennen könnte. Denn das, was sich in den Unschärfen als der Mehrbestand des 'ist' zeigt, ist für Heidegger die diesseits subjektiver Setzungen liegende Offenheit des sprachlogischen Ortes der Welt diesseits ihrer existentialholistischen Zu- und urteilslogischen Vorhandenheit. Was sich in ihr 'lichtet' ist die metaphysische Dimension unserer Zeichenpraxis. Heidegger betitelt sie mit der Offenheit von 'Riß' und 'Geviert' in welcher sich das 'ist' ergibt, also das, was Simon das unmittelbare Zeichenverstehen nennt. Unmittelbar ist es nämlich nur dort, wo das diskursive Verständnis dem nichtdiskursiven weicht, also dort, wo das Wort in seiner praxisorientierten Zeichenfunktion zerbricht.

Sofern man nun mit Simon 'die Zeit der Metaphysik' immer noch als 'unsere Zeit' begreift[12], kann man die These verteten, daß Heidegger mit dem Hinweis auf das im zerbrechenden Wort sich ergebenden 'ist' versucht, den metaphysischen Grund möglicher Zeichenhaftigkeit zu beschreiben. In seiner seinshermeneutischen Sprachkritik versucht er somit zu zeigen, wie die existential-holistische Gleichursprünglichkeit von Sprache, Welt und Selbst in etwas gründet, das als Vorgängiges die Gehalte unserer Urteilspraxis konstituiert ohne in ihnen aufzugehen. Mit der Thematisierung dieses nichtdiskursiven Grenzpunktes sprachlicher Mitteilbarkeit versucht Heidegger damit diesseits realistischer, idealistischer oder subjekttheoretischer Setzungen zu verdeutlichen, worüber wir sprechen, wenn wir sinnvoll sprechen. Ist diese Rekonstruktion von Heideggers seinshermeneutischer Zielrichtung schlüssig, ergibt sich jedoch erneut Tugendhats Problem. Wie können wir überhaupt über diesen Grenzpunkt sprachlicher Mitteilbarkeit reden? Hierzu befragt hüllt sich der Seinshermeneut in beredte 'Stille', - 'dichtend' vernimmt er und schweigt. Es liegt deshalb an der Zeichenphilosophie zu antworten auf die Frage, wie in Bezug auf jenen 'Mehrbestand' der nicht nur von Heidegger, sondern auch von so heterogenen Philosophen wie Adorno, Goodman oder Steiner vollzogene Übergang zur Ästhetik beschrieben werden kann.

---

[11] Cf. Mulhall 1990, 111-120 mit 137-155.
[12] Cf. Simon 1989, 5.

Literaturverzeichnis:

Davidson, D.:
(1967) Truth and Meaning. In: ders. (1984), S. 17-36.
(1974) On the Very Idea of a Conceptual Scheme. In: ders. (1984), S. 183-198.
(1984) *Inquiries into Truth and Interpretation.* Oxford, 3rd ed. 1986.
(1986) A Nice Derangement of Epitaphs. In: LePore, E. (Hg.) (1986), S. 433-446.
Grice, H.P.:
(1969) Utterer's meaning and Intentions. In: *Philosophical Review,* 78, S. 147-177.
Goodman, N.:
(1960) The Way the World Is. In: ders.: *Problems and Projects.* Indianapolis/New York, 1972, S. 24-32.
(1978) *Ways of Worldmaking.* Indianapolis.
Hacker, P.M.S.:
(1987) *Appearance and Reality. A Philosophical Investigation into Perception and Perceptual Qualities.* Oxford.
Hacking, I.:
(1986) The Parody of Conversation. In: LePore, E. (Hg.) (1986), S. 447-458.
Heidegger, M.:
(GA/34) *Vom Wesen der Wahrheit. Zu Platons Höhlengleichnis und Theätet.* (Gesamtausgabe, Bd. 34) Frankfurt/M., 1988.
(HW) *Holzwege.* Frankfurt/M., 6. Aufl., 1980.
(Met.) *Einführung in die Metaphysik.* Tübingen, 5. Aufl., 1987.
(N/I,II) *Nietzsche.* (2. Bde.) Pfullingen, 4. Aufl., 1961.
(SuZ) *Sein und Zeit.* Tübingen, 15. Aufl., 1984.
(UzS) *Unterwegs zur Sprache.* Pfullingen, 9. Aufl., 1990.
(WM) *Wegmarken.* Frankfurt/M., 2. erw. Aufl., 1978.
(ZuS) *Zeit und Sein.* In: ders.: *Zur Sache des Denkens.* Tübingen, 2. Aufl., 1976, S. 1-25.
LePore E. (Hg.):
(1986) *Truth and Interpretation. Perspectives on the Philosophy of Donald Davidson.* Oxford/New York.
Mulhall, S.:
(1990) *On Being in the World. Wittgenstein and Heidegger on Seeing Aspects..* London/New York.
Simon, J.:
(1989) *Philosophie des Zeichens.* Berlin/New York.
Tugendhat, E.:
(1967) *Der Wahrheitsbegriff bei Husserl und Heidegger.* Berlin, 2. Aufl., 1970.
Wittgenstein, L.:
(1969) *Über Gewißheit.* Frankfurt/M., 1970.

Friedrich Glauner, M.A., Leibnizstraße 59, 10629 Berlin 12

Immanente und transzendente Wirklichkeit

In der Philosophie der Wirklichkeit sind epistemologische und ontologische Aspekte auf eigentümliche Weise miteinander verflochten. Während es in der Ontologie um die Frage geht, worin die Wirklichkeit ihrem Begriff nach besteht, geht es in der Epistemologie darum, in welchem Ausmaß und unter welchen Bedingungen die Wirklichkeit erkennbar ist. Häufig wird dabei der Fehler gemacht, nur das als wirklich anzusehen, was in bestimmter Weise erkennbar ist. Doch auch die Wirklichkeitsauffassung des common sense ist inadäquat. Um dies zu erläutern, beginne ich mit einem einfachen Beispiel.

Vor mir steht ein Tisch. Ich sehe ihn. Er ist ein dreidimensionales Gebilde. Die Platte ist rechteckig und braun. Ich weiß, daß er nicht halluziniert, sondern wirklich ist. Wenn ich ihn ansehe und wieder wegsehe, ändert sich dadurch an ihm nichts. Klopfe ich auf die Tischplatte, so entsteht an dieser Stelle ein Geräusch, das an mein Ohr dringt, so daß ich es höre.

Aber wie kommt es, daß ich den Tisch sehe und das Klopfgeräusch höre? "Den Tisch sehen" heißt ja u.a.: Das, was ich sehe, ist *identisch* mit dem Tisch. Dieser gehört zur sog. *Außenwirklichkeit*. Alles Außenwirkliche ist räumlich und damit zeitlich. Es ist *objektiv* in dem Sinne, daß weder sein Dasein noch seine Attribute abhängig von darauf gerichteten Denkakten sind. Darüber hinaus ist außenwirklich nur, was *intersubjektiv* und in *gesetzmäßiger* Weise geordnet ist.

Schon hier entstehen Ungereimtheiten. Denn vom Begriff her ist der Tisch nicht auf einen bloßen Zeitpunkt beschränkt, sondern er hat eine Vergangenheit, und es ist anzunehmen, daß er noch geraume Zeit existieren wird. Das, was ich jetzt wahrnehme, kann also nicht mit dem Tisch *identisch* sein, da dieser *jetzt* gar nicht vollständig da ist. Was ich jetzt wahrnehme, ist also nur eine *momentane Phase* des Tisches. Wenn der Tisch jedoch das Ganze seiner Phasen ist, dann existieren mit der jeweils wahrgenommenen gegenwärtigen Tisch-Phase auch alle seine vergangenen und künftigen Phasen. Das aber steht im Widerspruch zu der weitverbreiteten Auffassung, daß Vergangenes nicht mehr und Künftiges noch nicht existiert.

Was ich in einem bestimmten Moment vom Tisch sehe, ist allerdings nur ein Teil seiner Oberfläche. Daß er auch eine Unterseite und ein Inneres hat, sehe ich nicht, sondern das erschließe ich aus anderen Daten. Das Sehen dieses Tisches reduziert sich somit auf das Sehen eines momentanen Teils seiner Oberfläche.

Vertieft man sich näher in die Eigentümlichkeiten der Wahrnehmung, so stößt man auf eine Fülle von philosophischen Fragen. Ein Beispiel: Ich blicke aus dem Fenster und sehe in der Ferne einen Turm. Ich weiß, daß dieser weitaus größer ist als das Fenster. Nichtsdestoweniger hat das, was ich als Turm sehe, innerhalb des von mir gesehenen Fensterrahmens bequem Platz. Im Alltag behilft man sich damit, zu sagen, daß der Turm eben kleiner gesehen werde als er in Wahrheit ist. Der gesehene Gegenstand sei aber der Turm selbst (bzw. ein momentaner Teil seiner Oberfläche) und nicht etwas, das tatsächlich kleiner *ist* als der gesehene Fensterrahmen.

Trifft diese Auffassung zu? Sind damit alle philosophischen Bedenken ausgeräumt? Keineswegs! Freilich folgt daraus, daß der Turm *anders* gesehen wird als er ist, nicht, daß etwas *anderes* als der Turm gesehen wird. Dennoch ist es geradezu augenfällig, daß beim Sehen des Turmes etwas vorliegt, das tatsächlich kleiner *ist* als der gesehene Fensterrahmen. Das was hier kleiner ist, wird zwar im üblichen Sinn des Wortes nicht "gesehen", ist aber unleugbar da.

Dieser Zwiespalt findet sich in fast jeder Wahrnehmungssituation. Erblicke ich beispielsweise einen Würfel, so sehe ich die frontal zu meiner Blickrichtung befindliche Seite quadratisch, also so wie sie ist. Verändere ich die Blickrichtung, so sehe ich eine andere Seite in rhombischer Gestalt, also nicht so wie sie ist. Nach Auffassung des naiven Realismus - und dieser entspricht der Denkweise des Alltags - liegt wieder ein Fall des Anderswahrnehmens vor: das Wahrgenommene ist zwar identisch mit etwas Außenwirklichem, erscheint aber anders als es in Wahrheit ist. Die Annahme einer Entität, die rhomische Form hat, ist danach verfehlt.

Nun ist es gewiß richtig, daß eine als rhombisch gesehene *Würfelseite* nicht rhombisch sein kann. Ebensowenig ist aber zu leugnen, daß in dieser Situation etwas Rhombisches vorliegt, wenn es auch nicht mit der Würfelseite identisch ist. Dabei wird folgendes Prinzip vorausgesetzt: Wenn etwas als soundso wahrgenommen wird, dann existiert etwas, das soundso ist.

In der Erkenntnistheorie hat man immer wieder versucht, mithilfe dieses Prinzips die Subjektivität *alles* Wahrgenommenen darzutun. Man argumentiert etwa so: Derselbe Gegenstand wird unter verschiedenen Bedingungen verschieden wahrgenommen. Je nachdem, aus welcher Richtung ich beispielsweise den Würfel betrachte, wechselt das, was ich von ihm wahrnehme. Beim kontinuierlichen Übergang von einer Position zur anderen geht etwa eine quadratische Fläche in eine rhombische über. Da beide Flächen nach dem obigen Prinzip existieren, wäre das ein ohne erkennbare Zäsur erfolgender Übergang von etwas Objektivem in etwas Subjektives, eine Konsequenz, die absurd anmutet. Demnach scheint keine andere Möglichkeit zu bestehen als die, alles Wahrgenommene als subjektiv anzusehen.

Der naive Realist wird das freilich nicht akzeptieren. Er könnte geltend machen, daß die Subjektivitätsthese *zuverlässige* Wahrnehmungen, welche die Dinge so zeigen, wie sie sind, ausschließe. Woher wolle man dann aber wissen, daß es *derselbe* Gegenstand ist, der unter verschiedenen Bedingungen verschieden wahrgenommen wird? Und wie seien die jeweils bestehenden Wahrnehmungsbedingungen erkennbar? Nicht nur die Beschaffenheit dieser Bedingungen, sondern auch ihre Verschiedenheit müßten erkennbar sein. Ohne zuverlässige Wahrnehmungen sei das aber nicht möglich. Nach naiv-realistischer Auffassung müßten wir somit ein *Kriterium* haben, mit dessen Hilfe in bezug auf jede Wahrnehmung festgestellt werden könnte, ob sie zuverlässig ist.

Ein solches allgemeines Wahrnehmungskriterium kann es aber nicht geben. Angenommen nämlich, es gäbe ein solches Kriterium. Da die Zuverlässigkeit einer Wahrnehmung u.a. darauf beruht, daß sie unter entsprechenden (z.B.: normalen) Wahrnehmungsbedingungen zustande kommt, setzt die Erkenntnis der Zuverlässigkeit einer Wahrnehmung voraus, daß die jeweiligen

Wahrnehmungsbedingungen erkannt werden. Dies kann jedoch nicht ohne Wahrnehmungen geschehen, deren Zuverlässigkeit anhand weiterer Wahrnehmungen erkannt werden müßte, usw. ad infinitum.

Mit der Forderung nach einem allgemeinen Wahrheitskriterium gelangt man also zu einem unendlichen Regreß. Hieraus folgt freilich nicht, daß zwischen zuverlässigen und nichtzuverlässigen Wahrnehmungen kein Unterschied besteht. Im Alltag nehmen wir de facto auf Schritt und Tritt entsprechende Unterscheidungen vor. Das ist mit der Nichtexistenz eines allgemeinen Wahrnehmungskriteriums durchaus vereinbar. Rein *begrifflich* ist der betreffende Unterschied jedenfalls fundamental und unaufhebbar.

Allerdings ist damit nicht gesagt, daß es tatsächlich Wahrnehmungen gibt, in denen sich die Dinge so zeigen, wie sie sind. Wer die Existenz solcher Wahrnehmungen leugnet, muß dem im Alltag gemeinten Unterschied zwischen zuverlässigen und nichtzuverlässigen Wahrnehmungen in anderer Weise gerecht werden. Eine Theorie, nach der dieser Unterschied sinnlos ist, kann nicht adäquat sein.

Nun erweist es sich jedoch, daß die gewöhnliche, auch vom naiven Realismus geteilte Wahrnehmungsauffassung grundsätzlich fragwürdig ist. Auch im Traum haben wir Wahrnehmungen, die ebenso intensiv und realistisch sein können wie die Wahrnehmungen im gewöhnlichen Leben. Träume ich zum Beispiel, eine Kugel zu sehen, so besteht zwischen diesem Sehen und "echtem" Sehen kein qualitativer Unterschied, obwohl ich die Kugel mit geschlossenen Augen sehe! Man wird hier einwenden, daß eine im Traum gesehene Kugel keine wirkliche Kugel ist. Echtes Sehen, so denkt man, kommt dadurch zustande, daß vom gesehenen Gegenstand Lichtsignale ausgehen, die das Auge treffen und über den Sehnerv im Gehirn gewisse Prozesse auslösen. Ohne diese teils physikalischen, teils neuphysiologischen Vorgänge kann der psychische Vorgang des Sehens nicht einsetzen. Ist das im echten Sinn Gesehene aber das Endglied einer vielgliedrigen Kausalkette, an deren Anfang der außenwirkliche Gegenstand steht, so kann dieser nicht identisch mit dem Gesehenen sein. Die Wirkung ist immer von der Ursache verschieden. Im Rahmen des naiven Realismus ist also eine Erklärung für das Zustandekommen der Wahrnehmung unmöglich.

Beim echten Sehen ist das, was man sieht, nicht identisch mit dem außenwirklichen Gegenstand, den man zu sehen glaubt. Das gilt selbstverständlich auch für das Gehirn, von dem hier die Rede ist. Die graue Masse, die ein Chirurg bei einer Schädeloperation sieht, ist nicht identisch mit dem außenwirklichen Gehirn, durch welches beim Chirurgen die Wahrnehmung eines Gehirns ausgelöst wird. Da die außenwirklichen Gegenstände, welche am Anfang der zur Wahrnehmung führenden Kausalkette stehen, selbst nicht wahrnehmbar und somit nicht erfahrbar sind, haben sie nicht *immanenten* Charakter, sondern sind der Erfahrung gegenüber *transzendent*. Die Außenwirklichkeit erweist sich damit als eine transzendente Realität. Sie ist nicht Gegenstand der Erfahrung, sondern nur des Denkens.

Aber können wir sicher sein, daß es diese transzendente Außenwirklichkeit überhaupt gibt? Handelt es sich nicht vielleicht um ein bloßes Phantasieprodukt? Solche Zweifel können nur dadurch entkräftet werden, daß man statt des genetischen Aspekts der Wahrnehmung den inhaltlichen, erlebnismäßigen Darbietungsaspekt näher untersucht. Dann zeigt es sich nämlich, daß das Wahrgenommene gar nicht das ist, wofür es gehalten wird. Die Annahme einer transzendenten Außenwirklichkeit erhält dadurch den Charakter einer philosophischen Erklärung der Verhältnisse innerhalb der immanenten Wahrnehmungswelt.

Grundlegend ist hierbei die Tatsache, daß die Wahrnehmung keine unauflösliche Einheit darstellt, sondern aus zwei verschiedenartigen Komponenten besteht. Wie die psychlogische Analyse zeigt, ist jede Wahrnehmung ein *Verschmelzungsprodukt* sinnlicher Eindrücke mit einer bestimmten Deutung. Diese Deutung ist ein *Dafürhalten* : Bestimmte Eindrücke werden für etwas Gegenständliches gehalten. Beispielsweise kann es vorkommen, daß ein Braun-weiß-Komplex inmitten eines Grün-Eindrucks für eine gescheckte Kuh auf einer grünen Wiese gehalten wird.

Eindrücke als solche haben Momentancharakter, sie sind subjektiv, kaleidoskopartig und instabil. Erst dadurch, daß sie mit einer Deutung versehen werden, gewinnen sie gegenständlichen Charakter. Insofern stellt die Deutung zugleich eine *Umdeutung* dar. Wir *identifizieren* die Eindrücke mit dem, wofür wir sie kraft Deutung halten. So wird es verständlich, daß wir etwa einen Farbeindruck von rhombischer Form als eine Würfelseite interpretieren, die er in Wahrheit nicht ist. Sämtliche Eindrücke im Zusammenhang mit der Würfelwahrnehmung sind subjektiv. Der Würfel aber, den wir vor uns zu haben glauben, existiert gar nicht.

Die gegenständliche Deutung der Eindrücke vollzieht sich in der Regel mit psychologischer Zwangsläufigkeit und kommt uns als solche nicht zu Bewußtsein. Die meisten Menschen bemerken das Vorhandensein der Eindrücke daher gar nicht. Nur durch hinreichende Übung im Analysieren ist es möglich, sich der Existenz der Eindrücke zu vergewissern. Je mehr es dabei gelingt, zwischen dem sinnesqualitativen Material und seiner begrifflichen Deutung zu unterscheiden, desto deutlicher erkennt man, daß die Wahrnehmungswelt letztlich nichts weiter ist als eine gedankliche Konstruktion.

Alles Wahrnehmen ist eine Art Lesen: Wie die Buchstaben beim Lesen eines Textes mit Sinn erfüllt werden, so werden die Eindrücke beim Wahrnehmen kraft Deutung mit Sinn erfüllt. Sie werden als außenwirkliche Gegenstände aufgefaßt, die sie nicht sind. In dieser falschen Identifikation der Eindrücke mit dem, wofür sie gehalten werden, liegt der Kardinalfehler des naiven Realismus. Es ist freilich ein Fehler, den wir nur *theoretisch* zu erkennen vermögen. Im praktischen Leben vollziehen wir unentwegt solche Interpretationen, ohne daß wir uns dessen erwehren können.

Die gesamte Wahrnehmungswelt ist voller Absurditäten und Fiktionen, die aber ohne Analyse und Reflexion unbemerkt bleiben. Indem ich etwa eine gelbliche kreisförmige Scheibe in meinem Gesichtsfeld als den Vollmond auffasse, identifiziere ich paradoxerweise eine Fläche mit einer Kugel. Die wirklich vorliegenden Gesichtseindrücke sind stets flächenhaft, also zweidimensional. Das Sehen von Körpern besteht darin, daß wir diese Flächen dreidimensional umdeuten. Der dreidimensionale Gesichtsraum, in dem wir diese Körper lokalisieren, wird noch dazu mit Bestandteilen anderer Sinnesgebiete angereichert, die in ihm gar keinen Platz haben. Ein Geräusch etwa kann nicht innerhalb einer aus Farben bestehenden Mannigfaltigkeit auftreten. Der dreidimensionale Wahrnehmungsraum erweist sich bei genauerer Analyse als eine bloße Fiktion: in Wahrheit ist er gar nicht da! Das Gesichtsfeld ist zweidimensional. Jede darin verlaufende Linie zerschneidet es vollständig in zwei einander ausschließende Teile. Der Übergang zur dritten Dimension hat letztlich nur den Charakter eines Erklärungsprinzips. Ohne die Fiktion einer dritten Dimension ergäbe sich für uns im Gewühl der Eindrücke keine Ordnung, keine Gesetzmäßigkeit und Stabilität. Darauf sind wir aber angewiesen, damit wir uns in der Welt orientieren können.

Die gegenständliche Deutung der Eindrücke hat eine tiefe ontologische Relevanz. Rein epistemologisch ist nur feststellbar, daß die wirklich vorliegenden Eindrücke in fiktiver Weise mit einer Deutung erfüllt werden. Die daraus resultierende Wahrnehmungswelt hat daher unter epistemologischem Aspekt nur den Charakter einer subjektiven Konstruktion. Erst wenn diese Konstruktion ontologisch als *Repräsentation* einer transzendenten Außenwirklichkeit aufgefaßt wird, gewinnt die Wahrnehmungswelt einen objektiven Bezug. Durch die Annahme der Existenz einer transzendenten Außenwirklichkeit können subjektive Wahrnehmungsgegenstände objektiven Gegenständen der Außenwirklichkeit zugeordnet werden. Die Ordnung und Gesetzmäßigkeit, die wir in der immanenten Wahrnehmungswelt vorfinden, wird damit auf eine entsprechende Ordnung und Gesetzmäßigkeit im Bereich der transzendenten Außenwirklichkeit zurückgeführt.

Hieraus ergibt sich, daß die Gleichsetzung der Wirklichkeit mit Erfahrbarkeit unhaltbar ist. Verbindet man sie mit der richtigen Prämisse, daß Transzendentes nicht erfahrbar ist, so folgt die *empiristische* Konsequenz, daß Transzendentes nicht wirklich ist. Verbindet man sie hingegen mit der antiempiristischen richtigen Voraussetzung, daß Transzendentes wirklich ist, so ergibt sich die *mystizistische* Konsequenz, daß Transzendentes erfahrbar ist.

Im Rahmen des naiven Realismus wird die Wahrnehmungswelt mit der Außenwirklichkeit gleichgesetzt, weil sie sich in vieler Hinsicht so verhält, *als ob* sie die Außenwirklichkeit selbst wäre. Im Unterschied zum bloß Geträumten bewährt sich diese Gleichsetzung immer wieder. Macht man jedoch die Annahme der Existenz einer transzendenten Außenwirklichkeit, so muß man jene Gleichsetzung preisgeben und die Subjektivität der gesamten Wahrnehmungswelt akzeptieren. Die immanente Wahrnehmungswelt kann mithin ebensowenig als objektiv angesehen werden wie ein stereoskopisch erzeugtes dreidimensionales Bild. In beiden Fällen handelt es sich um etwas Subjektives, das nur für den Betrachter, nicht an sich existiert.

Die Frage, wie die transzendente Außenwirklichkeit näher zu charakterisieren ist, kann hier aus Platzgründen nicht erörtert werden. Nur soviel sei angemerkt, daß die transzendente Außenwirklichkeit aus Gründen, die mit der Struktur der Wahrnehmungwelt zusammenhängen, als eine vierdimensionale Raum-Zeit-Einheit und damit als etwas völlig Unanschauliches aufzufassen ist. -

Claus v. Bormann, Bielefeld

Unbewußtes und Realität

> "C'est cet abîme ouvert à la pensée qu'une pensée se fasse entendre dans l'abîme, qui a provoqué dès l'abord la résistence à l'analyse."
> (Jacques Lacan)

Die Philosophie hat ihre Anstöße immer wieder aus einer ihr äußerlichen Realität erfahren: so etwa Platon und Aristoteles aus dem Mythos, der Politik und den Verwirrungen der Sprache oder Descartes und Kant aus der Mathematik und Physik ihrer Zeit oder Hegel aus der Französischen Revolution. Für die Philosophie heute müßte die Erfahrung des Unbewußten, wie sie von der Psychoanalyse beschrieben wird, einen solchen Anstoß bilden - aber bis auf wenige Ausnahmen läßt man sich weder durch Freuds Entdeckungen noch durch Lacans Verbindung von dessen Begriffen mit den Funktionen der Sprache beirren. Vielmehr nimmt die Philosophie die Psychoanalyse entweder als Form der Medizin auf, beschränkt sie auf die Therapie von seelischen Fehlentwicklungen, oder beschreibt sie als die andere Seite des rationalen Denkens, wie sie sonst in Kunst und Literatur am Platze ist: das Unbewußte ist Trieb oder Phantasie. Damit sind die Psychoanalyse und ihr Gegenstand, das Unbewußte, dem gewohnten Erfahrungszusammenhang eingeordnet, und ihre Anstößigkeit beschränkt sich auf ihre Inhalte. Walter Schulz etwa begreift die Psychoanalyse als eine Form der "wissenschaftlichen Anthropologisierung des ethischen Verhaltens", welche "die Triebe (als) anthropologische Grundschicht" anerkenne, die es nun sinnvoll zu regulieren gelte, um derart eine therapeutische "Balance von Ich und Trieben" herzustellen. Das Unbewußte zeige sich in den daraus entstehenden Konflikten, sei aber nur von dem physikalisch gedachten Trieb her zu bestimmen, der im Bereich des Seelischen eine nicht weiter ableitbare Kraft darstelle. [1)] Auf der anderen Seite versteht beispielsweise Alfred Schöpf das Unbewußte als Ausdruck der von der aufklärerischen Vernunft "ausgeschlossenen und unterdrückten leiblichen Gefühle", die "einen anderen, alternativen Sinn" der Phänomene geltend machen und damit die Psychoanalyse als Wissenschaft konstituieren würden. Die Triebe will er "nicht als biologische Tatbestände aufgefaßt" haben, sondern als "Wünsche oder Bedürfnisse im psychisch erlebbaren Sinne, im Unterschied zum organischen Bedarf". [2)] Beide reihen wie auch andere die Entdeckungen Freuds den Vorstellungen von Schopenhauer und Nietzsche ein - und können sich damit auf das Zeugnis Freuds berufen -, die Psychoanalyse erscheint als nur einer der vielen Versuche des 19. Jahrhunderts mehr, das menschliche Denken und Wollen auf andere Voraussetzungen als Erkenntnis und Freiheit zu relativieren. Diese beiden philosophischen Bestimmungen der Psychoanalyse mögen als typisch gelten, auch wenn vielleicht der Ansatz von Habermas und anderen, die Psychoanalyse auf eine ins Subjektive hinabreichende Gesellschaftskritik zu reduzieren, in den 60er und 70er Jahren wirkungsvoller war. Doch wurde hier der Ansatz der Psychoanalyse von vornherein in Richtung auf Soziologie überschritten. Immer wird das eigene Objekt der Psychoanalyse, das sie für die Philosophie interessant machen könnte, verkannt: das unbewußte Denken.

Denn entscheidend ist, daß Freud das Unbewußte vom Ursprung an als "Denken" oder "Gedanken" oder "Vorstellung" bestimmt. Der Traum beweise, wie übrigens auch "die verständnisvolle Beobachtung" von Neurotikern (später werden Freud die Fehlleistungen als plausibelstes Beweismittel dienen), "daß die kompliziertesten Denkleistungen ohne Mittun des Bewußtseins möglich sind".[3] Lacan stellt gar die Behauptung auf, daß die Vorgehensweisen von Descartes und Freud in einem wichtigen Punkt konvergieren, um sich dann allerdings umso schärfer zu trennen: Beide gehen vom Zweifel aus. Dieser versichere Descartes, daß da ein Denken ist, das er mit "cogito" identifiziert. Ebenso sei Freud gewiß, daß dort, wo er zweifelt, im Verhältnis zu seinen Träumen, "ein Denken ist, das unbewußt ist, und das heißt, daß dieses Denken sich als abwesendes darstellt". Für beide finde sich Gewißheit im Denken als solchem, doch der Ort dieses Denkens sei verschieden: für den einen ist er das Subjekt, für den anderen das Unbewußte.[4] Für beide wird derart allerdings die Realität zum Problem. Nach dem cartesischen Ansatz erhält sie ihre Gewißheit zum einen durch den nötigen Gottesbeweis, zum anderen durch die als Wissenschaft abgesicherte Erfahrung, wie Kant zeigen wird.

In der Psychoanalyse spielt die Realität als Realität des Unbewußten eine merkwürdige Rolle, welche auch die anfangs genannten Mißdeutungen erlaubt. Ist sie die "praktische Realität" als Widerpart zur unbewußten Phantasie, oder ist sie die hinter dieser sich verbergende biologische Realität des Triebes? Im ersten Fall wäre die Psychoanalyse zurückzuführen auf Soziologie und ihr folgende Psychologie, im zweiten auf Biologie; als Theorie des Unbewußten hätte sie mit Realität nichts zu tun. Die offizielle Version der Psychoanalyse und ihrer Geschichte gibt, so scheint es, beiden Recht: Die Realität der Symptome soll zunächst im realen Erlebnis eines Traumas fundiert sein; dieses offenbart sich dann als Phantasiebildung der Kranken; hinter diesen Phantasien wird die Entwicklung des realen Trieblebens der Kinder entdeckt. So referiert Ernst Kris.[5] Freud hatte ursprünglich die "Ätiologie der Neurose", und damit den auffallenden Anteil des Unbewußten, in frühkindlichen realen sexuellen Erfahrungen der Verführung ("koitusähnlichen Vorgängen") gefunden. [6] Dieser Fund erwies sich ihm als falsch: [7] "Man hatte also den Boden der Realität verloren." [8] Die Verführungserlebnisse waren von den Kranken phantasiert worden. Statt sich enttäuscht von diesem unfruchtbaren Forschungsgebiet abzuwenden, setzte Freud jedoch an die Stelle der "praktischen" oder "materiellen" Realität des Traumas diese Phantasien als "psychische Realität" und sah in ihnen die entscheidenden Ursachen für die Neurose. Damit beginnt erst eigentlich die Psychoanalyse, indem sie in den unbewußten Phantasien ihr spezifisches Objekt gefunden hat. [9] Hinter ihnen enthüllte sich die Entwicklung des infantilen Sexuallebens als "ein bisher unbekanntes Stück des biologischen Geschehens", die Partialtriebe, zu deren Verhüllung die produzierten Phantasien gedient hatten. [10] Nun hat die Psychoanalyse die Realität wiedergefunden und kann als Theorie des Trieblebens verstanden werden.

Aber so einfach läßt sich das Unbewußte nicht fassen, trotz der gelegentlich vereinfachenden Darstellung von Freud selbst. Es ist nicht etwa der empörte Aufschrei der Feministinnen, die auf dem Trauma der Kindesverführung beharren - mit einem partiellen Recht, das die Psychoanalyse nie geleugnet, wozu sie aber nichts zu sagen hat, zum großen Teil jedoch mit absurder Mythologisierung der realen Möglichkeiten, [11] - als vielmehr eine rationale und Freuds Texte genau lesende Revision der Traumatheorie Freuds, welche deutlich macht, daß der Begriff der Realität des Unbewußten bei Freud tiefer in die philosophische Frage nach der Realität führt, als dies zunächst den Anschein erweckt. [12] Es ist auffallend, daß Freud trotz seinem Abrücken von der Verführungstheorie sie weiter behauptet, ja sie sogar in der Entwicklung seiner Theorie ausweitet. Sowohl in seinen Briefen an Fließ, als auch in einem Aufsatz von 1898 über "Die Sexualität in der Ätiologie der Neurosen" oder in seiner "Traumdeutung", aber auch in späteren Schriften wie den "Vorlesungen zur Einführung in die Psychoanalyse", sogar in seinem Vermächtniswerk über den "Mann Moses ..." besteht Freud auf seiner Verführungs- und Traumatheorie. Was dieser Gegensatz von Ablehnung und Festhalten der Theorie für den Begriff der Realität des Unbewußten bedeutet, wird an zwei Schriften besonders deutlich, den "Drei Abhandlungen zur Sexualtheorie" von 1905 sowie dem Fall des sogenannten "Wolfsmannes" von 1914, publiziert 1918. Freud hat nie behauptet, daß die Hysterikerinnen lügen, wenn sie ihre Phantasien über die Verführung ausbreiten; allerdings müssen sie durch einen erweiterten Begriff von Sexualität interpretiert werden, dies geschieht in den "Drei Abhandlungen". Gegen C. G. Jungs Einwand, die

Behauptung einer infantilen Sexualität sei eine bloße Phantasie des Erwachsenenlebens, hält er an der Realität von kindlichen sexuellen Erfahrungen fest und sucht sie an dem Fall des "Wolfsmannes" zu beweisen, eine merkwürdige und schwer zu verstehende Realität jedoch, die es zu entwickeln gilt.

Freud versucht, den Begriff der "psychischen Realität", der ihm vielleicht durch ähnliche Formulierungen seines philosophischen Lehrers Franz Brentano nahegelegt ist - dort aber als der einfache Gegensatz von "physischen" und "psychischen Phänomenen", [13] - am unbewußten Traumwunsch zu verdeutlichen, der sich einer solchen Zweiteilung entzieht: Er hat "eine besondere Existenzform", nicht zu verwechseln mit der "materiellen Realität", aber auch nicht mit den bewußten gedanklichen Assoziationen, in die sich der Traumwunsch kleidet. [14] Freud fehlt die Kategorie, seine Realität genauer und positiv auszudrücken. Um sie zu fassen, muß man auf den Begriff zurückkommen, ohne den seine Traumatheorie unbegreiflich wäre, der auch seine spätere Theorie des Unbewußten erst verständlich macht und der weder in den bisherigen Zitaten noch in der alten Diskussion über Freuds Traumatheorie eine Rolle spielt, den der "Nachträglichkeit", [15] der jedoch durch die Lacansche Theorie in den Vordergrund gerückt ist. Von ihm aus lassen sich die Aporien der Traumatheorie klären. Freud bestimmt Wesen und Wirken des Traumas vor allem durch seine Zweizeitigkeit, eine Struktur, die ebenso die anderen Erscheinungen des Unbewußten, wie sie später beschrieben werden, aufweisen: die Verdrängung vor allem, die auch den zweizeitigen Ansatz der Sexualität -in der Kindheit und in der Pubertät - bedingt, dann aber genau so die Traumarbeit mit ihren Mechanismen der Verschiebung und Verdichtung, die Wiederholung und die Übertragung. (Schon die Worte machen je die Doppeltheit der Struktur deutlich: Ver..., Wieder...,Über...) Diese Zeitstruktur macht sich als Nachträglichkeit geltend, "après coup", wie die Franzosen sagen, im Schlag, der auf den ersten folgt. In den Jahren 1895/96 stellt Freud dar, wie das Trauma erst als Erinnerung entsteht: Ein - vom Standpunkt des Erwachsenen - sexuelles Ereignis wirkt auf das kleine Kind "präsexuell" (ohne sexuellen Reiz). Als Erinnerung erweckt dieses Geschehen in einer späteren Situation, die sich mit ihm assoziativ verknüpfen läßt, bei erwachtem anderem Verständnis "nachträglich" "eine sexuelle Entbindung", damit Angst und das Trauma. "Hier ist die einzige Möglichkeit verwirklicht, daß eine Erinnerung nachträglich stärker entbindend wirkt, als das ihr entsprechende Erlebnis gewirkt hatte." [16]

Nach dieser Klärung der Struktur des Traumas bleiben zwei Probleme, welche die Modifikationen der Freudschen Theorie in ihrer Entfaltung - und daher auch ihre möglichen Mißverständnisse - bedingen: erstens, was wirkt so traumatisch? zweitens, wie real ist das erste Erlebnis? Die Probleme ziehen sich in die eine Frage zusammen: "Wie konnte die erste 'präsexuell sexuelle' Szene für das Subjekt Bedeutung annehmen?" [17] Für Freud ist vor allem die Faktizität des ersten Schlags entscheidend; sie sucht er im "Wolfsmann" durch Rekonstruktion einer ersten Szene, die aufgrund der damaligen Jugend des Patienten nicht phantasiert sein konnte, zu beweisen. [18] Wäre die erste Szene nicht wirklich, so würde die zweizeitige Struktur des Unbewußten ineins zusammenfallen, so könnte man sich das Trauma auch als phantasievolle Einbildung vorstellen, so hätte man mit einem Unbewußten zu tun, das willkürlich wuchert und dem mit ebensolcher therapeutischen Beliebigkeit begegnet werden könnte (wie es heute weithin geschieht). Die Frage heißt für Freud - und für jeden, der die Psychoanalyse ernstnehmen will -, wie führt das Trauma, dieses erste Erlebnis, zu einer Struktur, zur Einrichtung eines zeitlich gegliederten Unbewußten im Subjekt, das seine anthropologische Bedingung ausmacht, das ihm seine Sexualität zugleich als ein fremdes Gebilde und als sein eigenes Sein aufdrängt und derart seine Lebensgeschichte verursacht? Welches ist "die Kategorie", mit der sich das Subjekt die Realität aneignet und unter der wir es also betrachten müssen?

Freud gibt in seiner Theorieentwicklung viele Antworten, die in ihrer Konkretion willkürlich anmuten, um deren Struktur es aber schließlich nur geht (ich schematisiere etwas): Zuerst - das ist die Position der ursprünglichen, später aufgegebenen Traumatheorie - weist er auf die sexuelle Gewaltsamkeit der ersten Szenen hin, "Ausschreitungen, die von Wüstlingen und Impotenten bekannt sind". [19] Dann - in Ablösung dieser Auffassung durch die sogenannte Triebtheorie, also die Entwicklung einer endogenen Sexualität mit den bekannten Libidostufen - nimmt er an, daß die Kinder "aller psychischen und vieler somatischen Sexualleistungen fähig" sind, so daß für den Ausbruch der Neurose "die Momente der Konstitution und Heredität" ausschlaggebend werden. [20] Schließlich stützt er diese Momente in ihrer Tatsächlichkeit durch die - ziemlich gewagte - Annahme von vorzeitlichen Festlegungen: zum einen durch die sogenannten "Urphantasien" (Beobachtungen des elterlichen Geschlechtsverkehrs, Kastration oder ihre Androhung und eben die Verführung), nach denen das Kind, einer psychischen Notwendigkeit folgend, die Realität ummodelt, ob sie nun getroffen wird oder nicht. Freud sieht darin ein "hereditäres Schema", das die zufälligen und individuellen Erlebnisse nach den immer gleichen Inhalten der Urphantasien, die sich alle auf den sexuellen Ursprung oder den Ursprung der Sexualität des Subjektes beziehen, umarbeitet. [21] Zum anderen wiederholt Freud im Zusammenhang mit diesen Urphantasien sein vielleicht aberteuerlichstes Theoriestück, nämlich die Behauptung der Vererbung von erworbenen Eigenschaften, in diesem Fall der phylogenetischen Übertragung von Erlebnissen der Vorzeit auf die hereditäre Disposition des Individuums, so daß die Urphantasien, aber auch die neurotischen Dispositionen "in den Urzeiten der menschlichen Familie einmal Realität war(en)". Auf diese Weise versucht Freud auf der Suche nach einem "Kern des Unbewußten" - für den ihm, wie gesagt, die allgemeine Kategorie fehlt -, in dem realen Geschehen einer mythologischen Urzeit den Grund für die gleichbleibende Struktur der Urphantasien, die Disposition zu bestimmten Neurosen, die Unterdrückung der Sexualität, die Unausweichlichkeit des Schuldgefühls und in dieser Verbindung auch den Ursprung der Religion zu finden. [22]

Die vor diesen Erklärungsversuchen gestellte Frage ist die nach der Realität des psychischen Traumas und des entsprechenden Unbewußten, zugleich damit die Frage, warum das Trauma und das Unbewußte stets sexuelle Inhalte haben. Freud untersucht zu Beginn seines Werks "die Sexualität ... als Quelle psychischer Traumen" und stellt die These auf: "Es muß eine unabhängige Quelle der Unlustentbindung im Sexualleben geben." [23] Und in der Schrift "Das Unbehagen in der Kultur" von 1930 zieht er das Fazit seiner Forschungen: "Es sei nicht allein der Druck der Kultur, sondern etwas am Wesen der Funktion selbst (sc. der Sexualität) versage uns die volle Befriedigung und dränge uns auf andere Wege." [24] Welches ist denn nun der Ursprung, die erste Szene und damit die Realität der Sexualität? Das Entscheidende an der Sexualität ist, wie Freud in den "Drei Abhandlungen zur Sexualtheorie" zeigt, daß sie keinen Ursprung, kein erstes Mal hat. Ihre zweifellose Faktizität besteht darin, daß sie gerade auf keinem Faktum beruht, sondern nur Struktur ist. An ihr ist alles traumatisch - später sagt Freud dies von den "sogenannten Trieben". [25] Und an ihr ist nichts natürlich, endogen und biologisch gesteuert. Vielmehr entsteht die menschliche Sexualität "in Anlehnung an eine der lebenswichtigen Körperfunktionen" "und macht sich erst später von ihr selbständig", [26] oder, wie Freud auch definiert, "die Sexualerregung (entsteht) als Nebenwirkung bei einer großen Reihe innerer Vorgänge", etwa bei Erwärmung, mechanischen Erschütterungen, Muskeltätigkeit, Affektvorgängen, auch bei geistiger Anspannung, und erst in diesem Zusammenhang auch als Reizung sogenannter "erogener Zonen", die dann die Libidostufen benennen helfen. [27] Aber "die Eigenschaft der Erogeneität (kann) allen Körperstellen und inneren Organen" zukommen. [28] Es gibt keine Grenze für die Künstlichkeit der entstehenden Sexualität (Freud nennt die Perversionen und den Kuß als Beispiele). So gewinnen erst die Vorstellungen der Verführung und der anderen Urphantasien ihre Verständlichkeit, sie entspringen dem Umgang des Kindes mit seiner Umgebung, etwa bei der Körperpflege und anderen frühen, stets wiederkehrenden Erfahrungen in jenem Bereich, in dem später die Sexualität im engeren Sinne ihre Spiele treibt. [29)] Freud hat diesen Ursprung der Sexualität und die Widersprüchlichkeit ihrer Lust, die um eine leere Mitte, ein "verlorenes Glück", kreisen, so genau herausgearbeitet, daß es schon auffallender Verkennungen bedarf, sie wieder auf eine Triebnatur zurückzuführen.

Aber ihm fehlt die Kategorie für diese Verhältnisse, daher schwankt er, auch in den "Drei Abhandlungen", zwischen Trauma und Trieb, den er aber nur mit vielen Kautelen gebraucht, und bemüht sich um Urphantasien und um phylogenetische Schemata. Er weiß allerdings mit der ganzen Sicherheit einer neuen Erkenntnis, daß das Subjekt transsubjektiven Schemata unterliegt, die es nicht wählen kann, die es vielmehr bedingen, "die wie philosophische 'Kategorien' die Unterbringung der Lebenseindrücke besorgen".[30)] Hier setzt die Theorie der Psychoanalyse von Lacan ein - die jetzt nur noch angedeutet werden kann -, welche zeigt, daß das Unbewußte im Freudschen Sinn die Kluft eines "Nichtrealisierten" (non-réalisé) ist, hervorgebracht durch "das Gesetz des Signifikanten".[31)] Wie die Sprache nur in Abgrenzung und Verbindung von Signifikanten und in ihrer Übersetzbarkeit besteht und weder real noch irreal ist, wohl aber als bloße Form oder Struktur die Realität leer sein läßt und zugleich Realität schafft, so entleert die Sexualität als Inhalt des Unbewußten die Realität und ist doch die Realität, um deretwillen die Menschen streben und begehren. Die Psychoanalyse ist, indem sie dies belegt, kein "zweiter Psychologismus", [32)] als führe sie das Denken auf einen anderen Anfang zurück; sie ist nicht so sehr an der Genese interessiert - oder dies nur in mythologischen Annäherungen oder bei Gelegenheit einer individuellen Kur -, sondern zeigt das Denken als prinzipiell durchzogen von einem Mangel, den es nie einholen kann und - als Denken - auch gar nicht will, weil es mit ihm identisch ist. Es folgt daraus oder könnte folgen ein anderes Denken mit einer anderen Hermeneutik, einer anderen Ethik und einer anderen Metaphysik.

<u>Anmerkungen:</u>

1) Walter Schulz, Philosophie in der veränderten Welt, Pfullingen 1972, 638ff., 673 f., 675 f.
2) Alfred Schöpf, Sigmund Freud, München 1982, 15, 136, vgl. 47, 138
3) Sigmund Freud, Die Traumdeutung, Studienausgabe Bd. II, 563 und 579 f.
   Fast jede Seite des Traumbuches macht dies deutlich, so daß es unverständlich ist, wie man das von Freud bestimmte Unbewußte auf die Affekte reduzieren kann.

4) Jacques Lacan, Die vier Grundbegriffe der Psychoanalyse, Olten 1978 (franz. Paris 1973), 42f. (36f.), 50 (44f.), vgl. 235 ff. (204f.)
5) Ernst Kris, Einleitung zu: Sigmund Freud, Aus den Anfängen der Psychoanalyse (1950), in: Sigmund Freud, Briefe an Wilhelm Fließ, hrsg. von J. M. Masson, Frankfurt 1986, 543f. und 548 f.
6) S. Freud, Zur Ätiologie der Hysterie (1896), Studienausgabe Bd. VI, 64ff.; Weitere Bemerkungen über die Abwehr-Neuropsychosen (1896), Ges. Werke Bd. I, 380ff.
7) S. Freud, Brief an Wilhelm Fließ vom 21.9.1897, a.a.O., 283f.; Meine Ansichten über die Rolle der Sexualität in der Ätiologie der Neurosen (1906), Studienausgabe Bd. V, 152
8) S. Freud, Zur Geschichte der psychoanalytischen Bewegung (1914), in: Selbstdarstellung. Schriften zur Geschichte der Psychoanalyse, hrsg. von I. Grubrich-Simitis, Frankfurt 1971, 153
9) Ebd., 154; Selbstdarstellung, a.a.O., 64; Meine Ansichten..., a.a.O., 152
10) Meine Ansichten..., 153ff.; Selbstdarstellung, 65ff.
11) Vgl. dazu von Seiten der Psychoanalyse: Alice Miller, Du sollst nicht merken, Frankfurt 1981, 138ff.; kritisch zur Funktion der Medien für dieses Problem: Katharina Rutschky, Erregte Aufklärung, Hamburg 1992, bes. 26ff.
12) Nach Jacques Lacan, etwa Die vier Grundbegriffe...,a.a.O., 59ff. (53ff.), vor allem Jean Laplanche/J.-B. Pontalis, Urphantasie (1964), Frankfurt 1992; Jean Laplanche, Die allgemeine Verführungstheorie und andere Aufsätze, Tübingen 1988; Ilse Grubrich-Simitis, Trauma oder Trieb - Trieb und Trauma, in: Psyche 41. Jg. (1987), 992ff.
13) Franz Brentano, Psychologie vom empirischen Standpunkt (1874), Bd. I, Hamburg 1973, 28f. und 112ff., bes. 136f.
14) Freud, Die Traumdeutung, a.a.O., 587
15) Vgl. Jean Laplanche/J.-B. Pontalis, Das Vokabular der Psychoanalyse (1967), Frankfurt 1972, 313ff.
16) Freud, Entwurf einer Psychologie (1895), Ges. Werke, Nachtragsbd., 444ff.; Briefe an W. Fließ, a.a.O., 147, 170f.; Weitere Bemerkungen über die Abwehr-Neuropsychosen, a.a.O., 384; Die Sexualität in der Ätiologie der Neurosen (1898), Studienausgabe Bd. V, 31; vgl. Laplanche/Pontalis, Urphantasie, a.a.O., 19ff.
17) Laplanche/Pontalis, ebd., 23; Freud beruhigt sich zum Schluß seines Werks theoretisch mit der "Vorstellung einer gleitenden sogenannten Ergänzungsreihe" von Trauma und konstitutioneller Disposition (Der Mann Moses..., Studienausgabe Bd. IX, 522); auch I. Grubrich-Simitis läßt es bei einem solchen harmonischen Nebeneinander von Trauma und Trieb bewenden (a.a.O., 1013ff.)
18) Aus der Geschichte einer infantilen Neurose, Studienausgabe Bd. VIII, 172f., 208ff., 214f.
19) Zur Ätiologie der Hysterie, a.a.O., 75
20) Die Sexualität in der Ätiologie der Neurosen, a.a.O., 31; Meine Ansichten über die Rolle der Sexualität..., a.a.O., 153
21) Weitere Belege bei Laplanche/Pontalis, Vokabular der Psychoanalyse, s. v. Urphantasien; die ursprüngliche Version in: Aus der Geschichte einer infantilen Neurose, a.a.O., 229f.
22) Vgl. Vorlesungen zur Einführung in die Psychoanalyse, Studienausgabe Bd. I, 362; Das Unbehagen in der Kultur, Studienausgabe Bd. IX, 255ff.; Der Mann Moses..., a.a.O., 528ff.; vgl. aber auch die von Freud nicht zur Veröffentlichung bestimmte, kürzlich aufgefundene Schrift "Übersicht der Übertragungsneurosen", Ges. Werke, Nachtragsbd., bes. 640ff.; vgl. dazu I. Grubrich-Simitis, a.a.O., 1002ff.
23) Studien über Hysterie, Vorwort, Ges. Werke Bd. I, 77; Briefe an W. Fließ, Manuskript K., a.a.O., 171
24) Das Unbehagen in der Kultur, a.a.O., 235
25) Jenseits des Lustprinzips, Studienausgabe Bd. III, 244
26) Drei Abhandlungen zur Sexualtheorie, Studienausgabe Bd. V, 88f.
27) Ebd., 106ff.
28) Ebd., 90f.
29) Ebd., 126f.
30) Aus der Geschichte einer infantilen Neurose, a.a.O., 229
31) Lacan, Die vier Grundbegriffe..., a.a.O., 26ff. (23ff.)
32) Odo Marquard, Transzendentaler Idealismus. Romantische Naturphilosophie. Psychoanalyse, Köln 1987, 14 ff., bes. 21, 210ff., bes. 247ff. und 257 f.

Christa Hackenesch (Berlin)

WELTOFFENHEIT UND WELTERZEUGUNG
ZUR NACHMETAPHYSISCHEN THEORIE DES MENSCHEN

Die philosophische Frage darnach, "was der Mensch sei", scheint heute einzig noch in pragmatischer Absicht sinnvoll gestellt werden zu können. Jenseits des Anspruchs, von einem "Wesen des Menschen" zu sprechen, gerät sie zur skeptisch-moralistischen Reflexion über die Natur des Menschen, eine Reflexion, die sich auf "Weltkenntnis" gründet, auf Erfahrung statt auf Begriffe, die dieser Erfahrung vorhergingen.

Philosophische Anthropologie "nach dem Ende der Metaphysik" präsentiert sich zunächst als Depotenzierung der Kategorie des Geistes. Der Geist, ehemals vorgestellt als die Macht, die den Menschen jede bloß gegebene Wirklichkeit zu seiner umzugestalten befähigt, erscheint als kraftlose Instanz: "Von Hause aus und ursprünglich hat der Geist keine Energie."[1] - Gemäß der Logik eines umgekehrten Platonismus avancieren die "Lebenstriebe" zum bestimmenden Prinzip, bleibt trotzdem (in der Tradition Schopenhauers und Freuds) der Anspruch bestehen, diese "Triebe" dem Maß des Geistes zu unterwerfen.

Die heute nahezu zum Dogma erhobene These einer Konkurrenz von philosophischer Anthropologie und Geschichtsphilosophie ist einzig auf dieser elementaren Ebene eines umgekehrten Platonismus einsichtig. Hier erfolgt tatsächlich eine "Hinwendung zur Natur" als Antwort auf den Verlust des Glaubens an die Geschichte als den Ort, die Instanz der Verwirklichung des Geistes. Solch elementare Opposition aber weicht bald der Einsicht, daß der Verzicht auf die Wesenskategorie "Geist" auch die Kategorie der Natur betrifft: Was "die Natur des Menschen" sei wird zu einer offenen Frage, der gegenüber absolute Antworten unmöglich geworden sind.[2]

Vom Menschen statt vom Geist (und seiner Geschichte) auszugehen kann unter Bedingungen der Kontingenz nur heißen, jenseits des starren metaphysischen Dualismus von Geist und Natur ("Seele" und "Leib") ihn in seiner <u>Situation</u> zu beschreiben: Der Mensch ist immer, <u>handelt</u> immer schon als "Seele" und "Leib" zugleich. Statt also darüber zu rätseln, wie die "unabhängigen Substanzen" des Geistigen und Natürlichen in ihm sich verbinden, hat eine philosophische Anthropologie zu klären, wie der Mensch diesem "Zugleich", das er ist, Gestalt gibt. Was der Mensch sei - diese Frage wird konkret nur als die danach, welche Wirklichkeit er sich <u>in der Welt</u> zu geben vermag.

Menschsein, so formuliert es Plessner, beschreibt keine feststehende Wirklichkeit, sondern eine Möglichkeit, "die jeder ergreifen oder verfehlen kann"[3] - die Möglichkeit, als ein Wesen, das einen Körper hat und also ein Teil der materiellen Welt ist, das immer schon in einer bestimmten kulturell-geschichtlichen Welt lebt und also auch deren Teil nur ist, als ein solches Wesen doch "weltoffen" zu sein, Welt zu gestalten, indem es sich in ihr seine eigene Gestalt gibt.

Die für die philosophische Anthropologie, das ihr eigene Profil zentrale <u>Differenz zu Heidegger</u> ist schon in dieser Bestimmung des Menschseins manifest: Der Mensch ist nicht allein "in der Welt" (in seiner Welt, mit der er immer schon umgeht, die er immer schon versteht), deren Wirklichkeit, so Heidegger, den Raum seiner Möglichkeiten absolut umgrenzt, von der er sich also zu lösen hat, will er seine Möglichkeit(en) überhaupt <u>als seine</u> erfassen. Er existiert vielmehr als ein "weltoffenes" Wesen, das, so Cassirer, sich "über die Grenzen der eigenen endlichen Existenz hinauszuwagen"[4], Welt als den offenen Raum seiner Möglichkeiten zu ergreifen hat.

Das Wagnis, das Plessner und Cassirer beschreiben, ist ein ganz anderes als das, das Heidegger kategorisch als "Wählen der Wahl" einfordert. Das Pathos der Wahl meint die Entscheidung für einen existentiellen Solipsismus: Der Mensch verlässt die mit anderen geteilte Welt (die Welt des bloßen "Man"), um "sich" zu ergreifen. "Weltoffenheit" dagegen meint den Anspruch an den Menschen, den engen Raum seines Ichs zu verlassen, "welthaft" zu werden und so die Welt zu seiner erst wirklich zu machen.

Die Differenz, die Gegenläufigkeit der Positionen hat ihr Zentrum im <u>Begriff der Endlichkeit.</u> - Heidegger spricht nicht von der Endlichkeit des Menschen, sondern von der "Endlichkeit in ihm"[5]. Seine Frage ist die "nach dem Dasein im Menschen"[6], darnach, wie aus dem jenseits der Welt des "Man" aufbrechenden Verstehen der eigenen Endlichkeit das des "Seins" erwächst. Seine Empörung darüber, daß die philosophische Anthropologie "nicht nur die Wahrheit über den Menschen" suche, sondern "jetzt die Entscheidung darüber" beanspruche, "was Wahrheit überhaupt bedeuten kann"[6], spiegelt <u>seinen</u> Anspruch, den Menschen zu transzendieren. In einer Vorlesung vom Winter 1929/3o über "Welt - Endlichkeit - Einsamkeit" wirft er Cassirer vor, in der bloßen Darstellung des Menschen wie des Ausdrucks seiner Leistungen den <u>"Weg zu seinem Wesen"</u> zu verstellen[7]. Dieser Weg aber ist für ihn der, den Menschen "in ein

Christa Hackenesch

ursprünglicheres Dasein zu verwandeln"[8], ihn vorzubereiten für "das Eingehen in das Geschehen des Waltens der Welt"[9]. - Ein "Walten der Welt", als dessen Autor der Mensch sich gerade nicht mißverstehen darf, dem er sich, als seinem "Schicksal", im Verstehen seiner Nichtigkeit vielmehr auszusetzen hat.

"Welt" ist für Heidegger nicht die mögliche Welt des Menschen, "Endlichkeit" nicht der Index menschlicher Existenz, sondern die Dimension der Erfahrung einer den Menschen übergreifenden Wahrheit. Von dieser seiner den Menschen mediatisierenden Metaphysik her entläd sich sein Groll über die philosophische Anthropologie, von ihr her motiviert sich sein Verdacht, hier werde, nach dem von ihm selbst betriebenen Ende einer Metaphysik der Subjektivität, deren Erbe beharrlich festgehalten.

Der Verdacht ist zutreffend. Gegen Heidegger behauptet die philosophische Anthropologie die Kraft des Menschen, "sich eine eigene Welt zu errichten". Sie wiederholt darin die Figur der Selbsterzeugung des Subjekts - unter den Bedingungen der Kontingenz. Es geht darum, so Cassirer, "das Unmögliche so (zu) behandeln, als ob es möglich wäre"[10] Das heißt, hier artikuliert sich eine Philosophie der Subjektivität als "Philosophie des Als ob". "Endlichkeit", Index der Differenz, die den Menschen vom"Subjekt"Hegels, vom"Ich" Fichtes trennt, ist für sie nicht Anlaß zum Skeptizismus, zur bescheidenen Hinnahme einer Welt des Gegebenen. "Welt", so Plessner,"fällt für uns mit der Perspektive zusammen, in der wir sie sehen"[11]. Welt existiert gar nicht als ein absolutes Außerhalb des Menschen, ihre und seine Gestalt sind identisch. "Statt mit den Dingen", so Cassirer, "hat es der Mensch ...

gleichsam ständig mit sich selbst zu tun"[12]. Dies nicht im Sinne einer Hegelschen "Versöhnung", sondern in dem einer Selbstobjektivierung des Menschen, die(aber)ihr Maß am Gedanken einer sie umgreifenden Wahrheit, eines "Wesens des Menschen", verloren hat.

Das Festhalten am Gedanken der <u>Freiheit des Menschen gegenüber der Welt</u> bei gleichzeitigem Verlust der metaphysischen Kategorie der Subjektivität provoziert die Frage nach <u>dem Recht der Gestalten</u>, die er sich in der Welt gibt. Diese Gestalten sind nicht länger, wie in Hegels "Phänomenologie des Geistes", Gestalten <u>einer</u> Welt. Sie sind kontingenter Ausdruck endlicher Menschen, "Institutionen", die, so Gehlen, "an die Stelle des objektiven Geistes"treten.[13] Ihre Kontingenz aber bedeutet das Brüchige ihres Geltungsanspruchs – für Gehlen die ständige Bedrohung der Anarchie, für Cassirer und Plessner Anlaß zu dem Bemühen, in den verschiedenen Gestalten der Welt einer "übergreifenden Funktion" menschlicher Selbstobjektivierung nachzuspüren. Am Ende seines "Essays on Man" schreibt Cassirer: "Die verschiedenen Formen der Kultur werden nicht durch eine Identität in ihrem inneren Wesen zusammengehalten, sondern dadurch, daß sich ihnen eine gemeinsame Grundaufgabe stellt."[14] Diese "Grundaufgabe" bestimmt sein Begriff des Menschen als "animal symbolicum": Der Mensch "kann sein Leben nicht leben, ohne es zum Ausdruck zu bringen"[15]. Aber reicht diese Bestimmung, die Möglichkeit einer Verständigung der Kulturen zu begründen? – Plessner bleibt gegenüber diesem Problem seltsam hilflos, wenn er "Übersetzbarkeit" der Kulturen nur behauptet aufgrund unserer Fähigkeit zur "Versachlichung" sowie "einer sich immer wieder durchsetzenden menschlichen Wurzel"[16].

Christa Hackenesch

Die Kontingenz des Menschen bedeutet die der Gestalten, die er sich gibt. Konnte Hegel noch dem "lebendigen Individuum" in seiner "Wissenschaft der Logik" den Raum einer Totalität zuweisen, forderte Fichte, abstrakter, es auf, sich mit dem Begriff des Ich, der Subjektivität zu identifizieren, so verfügen weder Cassirer noch Plessner mehr über eine solche metaphysische Sicherung von Identität. Ihr Ausgangspunkt ist <u>das Faktum der Endlichkeit</u>, ihr eigentliches Thema aber <u>das Faktum der Formen</u>, in denen Menschen ihre "Geworfenheit" transzendieren, einen objektiven Raum schaffen, in dem sie sich selbst und den Anderen in bestimmter Weise zu erkennen vermögen.

Heidegger verachtet dieses entschiedene Festhalten an der regulativen Idee der Form als ein Ausweichen vor der Radikalität des Gedankens der Endlichkeit. In der Diskussion mit Cassirer wirft er diesem vor, der eigentlichen Aufgabe der Philosophie auszuweichen, der nämlich, "den Menschen radikal der Angst auszuliefern",[17] ihn frei werden zu lassen für seine Endlichkeit. Er polemisiert gegen den "faulen Aspekt" des Geistes und fordert stattdessen, "den Menschen zurückzuwerfen in die Härte seines Schicksals"[18].

Es wäre zu einfach, wollte man dieser seltsamen Konkurrenz von "Geist" und "Schicksal" nur affektiv begegnen. Es bedeutete, den intellektuellen Kern der Argumentation Heideggers zu ignorieren. Für Heidegger ist mit dem metaphysischen Hintergrund der Kategorie der Subjektivität der in ihr sedimentierte Anspruch auf Freiheit, auf Selbstbestimmung endgültig destruiert. Der Gedanke der "Freiheit zum Tode", wie ihn "Sein und Zeit" expliziert, dokumentiert die Absolutheit dieser Destruktion. Freiheit bedeutet für Heidegger Einsicht in die "Nichtigkeit" des eigenen Daseins.

Christa Hackenesch

Die philosophische Anthropologie widerspricht dieser Absolutheit. Sie verpflichtet sich dem Gedanken der Subjektivität als einer heuristischen Fiktion, einer Fiktion aber, die sie nicht gewählt hat, sondern zu der es keine Alternative gibt. Auf diese Fiktion zu verzichten hieße, auf den Begriff des Menschen zu verzichten - wozu weder Cassirer noch Plessner bereit sind.

Zudem: Heuristische Fiktionen bedeuten keine Wunschbilder, sondern sind wirklich in ihrem konstitutiven Charakter. Hier zeigt sich nicht nur das kantische Erbe zum Beispiel Cassirers, sondern das der philosophischen Anthropologie als solcher. Der Verlust des Begriffs eines transzendentalen Subjekts bedeutet nicht, daß nicht unser Bild, unser Begriff von dem, was es heißt, Mensch zu sein, bestimmend bliebe für die Gestalt der Welt. Dies macht die Bedeutung der philosophischen Anthropologie aus - ohne daß sie noch imstande wäre, jenseits unserer Kontingenz Endgültiges über den Menschen und die vielen Gestalten seiner Welt zu formulieren.

Anmerkungen

1 Max Scheler, Die Stellung des Menschen im Kosmos, Bonn 1991^{12}, S.66.
2 Odo Marquard, Repräsentant der These einer Konkurrenz von Philosophischer Anthropologie und Geschichtsphilosophie, sieht dies letztlich selbst: "Der Naturbegriff erleidet Veränderungen, wenn die Vernunft die menschliche Natur verlässt."(Vgl. Odo Marquard, Transzendentaler Idealismus, Romantische Naturphilosophie, Psychoanalyse, Köln 1987, S.55).
3 Helmuth Plessner, Die Frage nach der Conditio humana. Aufsätze zur philosophischen Anthropologie, Frankfurt 1976, S.11.
4 Vgl. Ernst Cassirer, Versuch über den Menschen, Frankfurt 1990, S. 9of.

5 Vgl. Heidegger, Kant und das Problem der Metaphysik, Frankfurt 1973, S.222.
6 Vgl. ibid, S.23o.
7 Heidegger, Die Grundbegriffe der Metaphysik. Welt - Endlichkeit - Einsamkeit, Bd.29/3o der Vorlesungen (WS 1929/3o), Frankfurt 1983, S. 113.
8 Vgl. ibid, S. 5o8.
9 Vgl. ibid, S. 51o.
1o Ernst Cassirer, Versuch über den Menschen, a.a.O., S. 99.
11 Helmuth Plessner, Die Frage nach der Conditio humana, a.a.O., S. 3o.
12 Ernst Cassirer, Versuch über den Menschen, a.a.O., S. 5o.
13 Arnold Gehlen, Mensch und Institutionen, in: ders., Philosophische Anthropologie, Reinbek 1986, S.7o.
14 Ernst Cassirer, Versuch über den Menschen, a.a.O., S.337.
15 ibid, S. 339.
16 Helmuth Plessner, Die Frage nach der Conditio humana, a.a.O., S. 55.
17 Vgl. die "Davoser Disputation zwischen Ernst Cassirer und Martin Heidegger", nunmehr im Anhang der 5. Auflage von: Heidegger, Kant und das Problem der Metaphysik, Frankfurt 1991, S. 286.
18 Vgl. ibid, S. 291.

BEMERKUNGEN ZUM NATURBEGRIFF

Gottfried Heinemann (Kassel)

1.

Ich erspare Ihnen und mir die Blütenlese: Die sogenannte Natur ist ins Gerede gekommen. "Gerede" ist nach Heidegger (*SuZ* 168 f.) ein Verhalten, das "den primären Seinsbezug zum beredeten Seienden verloren bzw. nie gewonnen hat" und sich daher "nicht ... in der Weise der ursprünglichen Zueignung dieses Seienden" mitteilt, "sondern auf dem Wege des *Weiter-* und *Nachredens*". Ihm entspricht ein Verstehen, das sich im "Besorgen des Geredeten", d.h. im bloßen Weiterreden, erschöpft: ein mimetisches Verhalten, das auf jede "Zueignung der Sache" verzichtet.

Heidegger dachte hier nicht speziell an das Gerede über die sogenannte Natur. Erst später - und längst nachdem er die fundamentalontologische Systematik von *SuZ* zugunsten einer seinsgeschicklichen Geschichtskonstruktion verabschiedet hatte - hat Heidegger in dem Wort 'Natur' ein "Grundwort der abendländischen Metaphysik" erkannt, das "Entscheidungen über die Wahrheit des Seienden in sich birgt", mit dieser aber auch "durch und durch fragwürdig geworden" sein sollte (*Wegmarken* 239). Heidegger will diese Fragwürdigkeit aus einer "Geschichte der Wesensdeutung der *physis*" (ebd.) verstehen. Eine direkte "Zueignung" (*SuZ* 168 f.) der unter Verwendung des Worts 'Natur' beredeten Sache scheint unmöglich geworden zu sein, und stattdessen wird ein indirekter Zugang über den "anfänglichen und daher höchsten denkerischen *Entwurf()* des Wesens der *physis*, wie er uns in den Sprüchen von Anaximander, Heraklit und Parmenides noch aufbewahrt ist", sowie über die aristotelische *Physik* als dessen "letzte(n) Nachklang" im "erste(n) denkerisch geschlossene(n) Begreifen der *physis*" gesucht (*Wegmarken* 240).

Von Heraklit und Parmenides sagt Heidegger an anderer Stelle (*EiM* 104), sie teilten "denselben Standort. Wo sollen diese beiden griechischen Denker, die Stifter alles Denkertums, auch anders stehen als im Sein des Seienden?" Heideggers interpretatorischer Zugriff auf das "anfängliche" Griechentum ist so problematisch wie die Geschichtskonstruktion, die ihn letztlich begründet. Die *physis* als "das Sein selbst, kraft dessen das Seiende erst beobachtbar wird und bleibt" (*EiM* 11), als das "aufgehend-verweilende Walten" und "scheinende Erscheinen" (*EiM* 77) oder als dasjenige, "worinnen vom voraus Erde und Himmel, Meer und Gebirg, Baum und Tier, Mensch und Gott aufgehen und als Aufgehende dergestalt sich zeigen, daß sie im Hinblick darauf als 'Seiendes' nennbar sind" (*Heraklit* 88) erweist sich bei näherem Hinsehen als ein Artefakt der - ausdrücklich eingestandenen - "Gewaltsamkeit und Einseitigkeit des Heideggerschen Auslegungsverfahrens" (*EiM* 134).

Gerade die Behauptung einer authentischen "Zueignung der Sache" - und sei es in Form einer Zuschreibung, etwa ans "anfängliche Griechentum" - fällt ins Gerede zurück. Das Reden und mimetische Weiterreden wird nur durch die *Verweigerung der Mimesis im Gespräch* unterbrochen. Im durchaus nicht mehr anfänglichen Griechentum ist erst Sokrates mit seiner notorischen Forderung, über die Verwendung von Worten "Rechenschaft" abzulegen (*logon didonai*), als wären die Worte ein öffentlicher, dem jeweiligen Sprecher nur befristet anvertrauter Besitz, der Protagonist dieser Verweigerung und dadurch zugleich der Begründer dessen, was wir heute noch Philosophie nennen können.

Gottfried Heinemann

Sicherlich wird die geforderte Rechenschaft über das jeweils Gesagte jeweils auch die angesprochene Sache ins Spiel bringen müssen. Die Sokratische Forderung besagt wenig anderes als die Forderung eines zeitgenössischen Arztes (der wie Sokrates ein Kritiker der Naturforschung war), es müsse angegeben werden, "worauf man [sc. das Gesagte] zu beziehen habe, um sich Gewißheit zu verschaffen".[1] Aber die Sache kommt dann erst dadurch ins Spiel, daß diese Forderung jeweils eingelöst wird: der adäquate Zugang zur Sache wird durch Philosophie reklamiert, nicht geleistet.

Was Heidegger "Gerede" nennt, kann demnach als ein um die eigene Rechenschaftsfähigkeit - oder die Nachvollziehbarkeit des behaupteten Zugangs zur Sache - unbesorgtes Verhalten beanstandet werden.[2] Und sofern sich Philosophie in dieser Kritik nicht erschöpft, besteht ihre Aufgabe darin, die Möglichkeit eines anderen als des beanstandeten Verhaltens zu erörtern. Philosophie versucht Bedingungen aufzuzeigen, durch welche die Rechenschaftsfähigkeit des jeweils Gesagten und die Nachvollziehbarkeit des dabei jeweils behaupteten Zugangs zur Sache von vornherein gewährleistet wären.

2.

Wenn Begriffe "nichts anderes [sind] als Verwendungsweisen von Worten" (Tugendhat *1977*, 106), dann besteht die Aufgabe einer *philosophischen Erörterung des Naturbegriffs* eben darin, Bedingungen aufzuzeigen, unter denen die Rechenschaftsfähigkeit der Verwendung des Worts 'Natur' - oder allgemeiner: eines aus diesem Wort gebildeten Vokabulars - gewährleistet wäre. Die geforderte Nachvollziehbarkeit des für den Gebrauch dieses Vokabulars jeweils beanspruchten Zugangs zur Sache müßte nach der von Tugendhat (*1976*) ausgearbeiteten Systematik (an die ich mich hier ohne weitere Diskussion anlehnen muß) durch eine Erklärung der Bedeutung dieses Vokabulars gewährleistet werden. Dies obliegt freilich zunächst den Verwendern des fraglichen Vokabulars. Die Kompetenz der *Philosophie* muß sich auf die Erörterung der verschiedenen Möglichkeiten beschränken, wie die geforderte Erklärung in befriedigender Weise gegeben werden könnte. Gerade hinsichtlich des Naturbegriffs müßte ihr Verfahren ein Sokratisches sein - und ihre Darstellungsform daher der Sokratische Dialog, so daß es den Gesprächspartnern überlassen bliebe, über ihre Verwendung jenes Vokabulars Auskunft zu geben und dabei evtl. auch ihre Meinungen über die sogenannte Natur geltend zu machen. Die folgenden Ausführungen sind gewissermaßen als ein Exposé zu diesem ungeschriebenen Dialog zu verstehen.

a) Man kann den Naturbegriff anhand der Bedeutung eines singulären oder eines generellen Terminus zu erklären versuchen. Die sogenannte Natur würde demnach entweder als ein *Gegenstand* oder als eine *Klasse* von Gegenständen (evtl. als eine Relation zwischen Gegenständen) aufgefaßt. Beides scheint, wie zu zeigen sein wird, zu mißlingen:

Unter Voraussetzung des *Kontextprinzips* in der Form, daß das Verstehen sprachlicher Ausdrücke auf das Verstehen prädikativer Sätze zurückgeführt werden muß, sowie eines *semantischen Sinnkriteriums*, wonach man einen solchen Satz genau dann versteht, wenn man weiß, unter welchen Umständen er wahr ist, müßte die
-- Erklärung der Bedeutung eines *singulären Terminus* durch Angabe einer *Identifikationsregel* erfolgen, anhand derer sich derjenige Gegenstand aufsuchen und von anderen Gegenständen unterscheiden läßt, für den dieser singuläre Terminus steht; und andererseits müßte die

---

[1] Ps.-Hippokrates, *V.M.* 1.3; vgl. Platon, *Charm.* 163D und *Crat.* 425D.

[2] Selbstverständlich wird hierdurch die Tendenz der Polemik verkehrt: Diese richtet sich bei Heidegger gegen die im "Gerede" *hergestellte*, hier aber gegen eine durch das "Gerede" nur *prätendierte* "Öffentlichkeit".

Gottfried Heinemann

-- Erklärung der Bedeutung eines *generellen Terminus* oder (evtl. mehrstelligen) *Prädikats* durch Angabe einer *Verifikationsregel*
erfolgen, anhand derer sich für gegebene (d.h. bereits identifizierte) Gegenstände entscheiden läßt, ob dieses Prädikat auf sie zutrifft.

Dabei sind Identifikationsregeln für Gegenstände und Verifikationsregeln für Prädikate aufeinander bezogen: Gegenstände sind in solcher Weise zu identifizieren, daß sich dann die Verifikationsregeln für die einschlägigen Prädikate ohne weiteres anwenden lassen. Bei der Erörterung der Bedeutung singulärer Termini kann man sich daher jeweils an einer Auswahl einschlägiger Prädikate und ihrer Verifikationsregeln orientieren, ohne irgendwelche Meinungen über Gegenstände ungeprüft in die Argumentation einfließen lassen zu müssen.

Eine solche Auswahl würde beispielsweise dadurch getroffen, daß man Prädikate durch ihre Verifikationsregeln auf *Situationen* bezieht, so daß der Wahrheitswert der fraglichen Aussagen anhand der Gegebenheiten der jeweiligen Situation festgestellt werden kann. Die Identifikation der involvierten Gegenstände kann dann durch *Handlungen des Zeigens* (evtl. mit Erläuterung durch geeignete sortiale Prädikate) erfolgen, und diese *situative Identifizierung* der fraglichen Gegenstände (z.B. des Mondes, wie er am Himmel sichtbar ist) genügt in der Regel, um dann sogleich zur *situativen Verifikation* des Zutreffens der fraglichen Prädikate (z.B. kreisrund zu sein) überzugehen.

b) Sollte der Ausdruck 'die Natur' ein *singulärer Terminus* sein, dann ist der Gegenstand, für den dieser Ausdruck steht, sicherlich *nicht situativ identifizierbar*. Das heißt, es ist keine Situation vorstellbar, in der jemand die Bedeutung des Ausdrucks 'die Natur' durch eine geeignete hinweisende Geste und die Erläuterung erklären könnte, dies (oder der gezeigte, durch ein geeignetes sortiales Prädikat spezifizierte Gegenstand) sei "die Natur". Das Gezeigte (und durch ein sortiales Prädikat Spezifizierte) wäre vielleicht ein Baum, Berg oder Sumpf usf.: "ein Stück Natur", wie man sagen könnte, aber eben deshalb nicht dasselbe wie "die Natur".

Als Alternative zu einer situativen Identifizierung bietet sich die *Identifizierung durch eine Kennzeichnung* an. Diese kann sich im einfachsten Fall anhand bereits identifizierter Gegenstände durch gewisse - z.B. raumzeitliche, kausale oder das Verhältnis von Teil und Ganzem betreffende - Relationen vorwegnehmend auf eine situative Identifizierung beziehen: So mag "der Baum hinter diesem Haus" ein wohlbestimmter Gegenstand sein, desgleichen "das Feuer, von dem dieser Rauch aufsteigt", oder "das Schachspiel, zu dem dieser schwarze König gehört" - und zwar deshalb, weil diese Kennzeichnung eine Anweisung zum Aufsuchen einer Situation gibt, in welcher der fragliche Gegenstand dann unschwer situativ identifiziert werden kann.

Aber für die sogenannte Natur kommt eine derartige Kennzeichnung nicht in Betracht: Wenn die Natur *irgendwo* sein sollte, dann wäre sie allenfalls
-- dasjenige, was *überall* ist;
oder als ein Ganzes verstanden, wäre sie doch keinesfalls das aus gewissen gegebenen Teilen nach bestimmten Regeln gebildete Ganze, sondern vielmehr
-- dasjenige Ganze, das *überhaupt alles* umfaßt;
und wenn man in der Natur so etwas wie eine Ursache sieht, dann wäre sie etwa
-- dasjenige, welches *alles nicht durch Menschen Bewirkte bewirkt*,
oder etwas anders gewendet: die *unverfügbare Ermöglichung und unüberschreitbare Bedingung* alles menschlichen Tuns.
Die Problematik dieser Kennzeichnungen (die übrigens zur Unterscheidung von "Natur" und "Raum", "Welt" bzw. "Gott" noch präzisiert werden müßten) ist unübersehbar: Daß sie auf mindestens einen,

Gottfried Heinemann

aber auch nicht auf mehr als einen Gegenstand zutreffen, müßte vorab sichergestellt sein. Wenn nicht durch situative Identifizierung eines geeigneten Gegenstands (von dem dann noch gezeigt werden müßte, daß er der einzige ist), kann dies nur durch *Argumente* geschehen. Man kennt solche Argumente, die eine situative Identifizierung ersetzen, aus der Physik: Beispielsweise läßt sich die Unschärferelation der Quantenmechanik so interpretieren, daß gewisse Standardbedingungen der situativen Identifizierung nicht erfüllt sind, wenn es sich bei dem fraglichen Gegenstand um ein Elementarteilchen handelt; aber gleichwohl sind Elementarteilchen durch geeignete Kennzeichnungen identifizierbar, von denen im Rahmen der physikalischen Theorie gezeigt werden kann, daß sie auf genau einen Gegenstand zutreffen müssen.

Wenn man einen Gegenstand nicht situativ, sondern nur durch *theoretische Kennzeichnungen* identifizieren kann, dann kann man auch keine Behauptungen über diesen Gegenstand situativ verifizieren. Aber das schließt die situative Verifizierbarkeit (oder Falsifizierbarkeit) anderer Behauptungen der Theorie, die man zu dieser Kennzeichnung heranzieht, nicht aus - sofern es sich dabei nämlich um Behauptungen über andere Gegenstände handelt, die ihrerseits situativ identifiziert werden können. Hierdurch können dann auch die Behauptungen derselben Theorie über einen theoretisch gekennzeichneten Gegenstand eine indirekte Bestätigung finden. Die Verwendung derartiger Kennzeichnungen ist daher mit dem Festhalten an einem Wahrheitsbegriff vereinbar, der letztlich auf situative Verifikationen und Falsifikationen rekurriert.

Metaphysisch möchte ich demgegenüber eine solche Kennzeichnung nennen, bei der die Behauptung der Existenz und Eindeutigkeit des gekennzeichneten Gegenstandes in keinem - wie immer indirekten - Implikationsverhältnis zu situativ verifizierbaren oder falsifizierbaren Aussagen steht. Und in diesem Sinne metaphysisch sind sicherlich die oben genannten Kennzeichnungen der sogenannten Natur. Für sie ist ein argumentativer Kontext erfordert, in dem *situative Verifikationen und Falsifikationen irrelevant* sind (oder eine nachgeordnete Rolle spielen), und in diesem Kontext wäre dann auch der Naturbegriff zu explizieren.

c) Wenn nicht als einzelner Gegenstand, dann kann die sog. Natur als eine *Klasse von Gegenständen* (seien dies Dinge, Vorgänge oder Ereignisse) aufgefaßt werden. Der Naturbegriff würde demnach anhand der Bedeutung genereller Ausdrücke erklärt. Hierfür bieten sich die bekannten Antithesen an, mit denen man zwischen "Natur" und "Technik", zwischen "Natur" und Geschichte" oder zwischen "Natur" und "Geist" unterscheidet: Man kann Gegenstände als Naturdinge oder Artefakte, als Naturvorgänge oder menschliche Handlungen bzw. als körperliche oder mentale Ereignisse charakterisieren und dann jeweils die sog. Natur mit der Klasse der ersteren identifizieren.

Wer dies tut, müßte freilich die Auffassung Schellings (*Einleitung*, 273) verwerfen, es sei in der Natur "alles auch [d.h. konsequenterweise] aus Natur-Kräften zu erklären": Als eine Klasse von Gegenständen wäre die Natur nach dieser Auffassung insgesamt durch *kausale Abgeschlossenheit* ausgezeichnet. Andererseits sind aber gewisse kausale Beziehungen zwischen Naturdingen und Artefakten, zwischen Naturvorgängen und menschlichen Handlungen oder auch zwischen körperlichen und mentalen Ereignissen schwer zu bestreiten. Als ein kausal abgeschlossener Bereich von Gegenständen würde die Natur daher mit den Naturdingen auch die Artefakte, mit den Naturvorgängen auch die menschlichen Handlungen und mit den körperlichen auch die mentalen Eignisse umfassen, und insgesamt wäre sie daher von der Klasse aller Gegenstände kaum unterscheidbar.[3]

---

[3] Soll die sog. Natur eine *Relation* zwischen Gegenständen sein, ist das Ergebnis dasselbe: Unter naheliegenden Voraussetzungen würde durch diese Relation einfach nur alles mit allem verknüpft.

Gottfried Heinemann

Ebenso würde die Auffassung problematisch, daß die *Teile* von Naturdingen stets auch Naturdinge sind: Beispielsweise könnte dann die Biosphäre der Erde, da von Artefakten wimmelnd, kein Naturding mehr sein, und die sog. Natur würde entweder in zusammenhanglose Stücke gerissen oder aber in unberührte, unerreichbare Ferne gerückt.

3.

Es ist also nicht empfehlenswert, den Naturbegriff anhand der Bedeutung singulärer oder gewöhnlicher genereller Termini zu erklären. Insbesondere sollten die genannten Antithesen - "Natur" vs. "Technik" usf. - nicht von vornherein als Klassifikationen von Gegenständen aufgefaßt werden. Stattdessen schlage ich vor, den Naturbegriff anhand einschlägiger Konzepte *höherer Stufe* zu erklären.[4] Anstelle des Ausdrucks 'die Natur', der überhaupt nur durch metaphysische Kennzeichnungen und somit in einem zunächst unausgewiesenen argumentativen Kontext erklärt werden kann, bieten sich hierfür beispielsweise die folgenden Wendungen an: 'Es ist ein *Naturgesetz*, daß ...', 'Es ist *naturbedingt*, daß ...', 'Es ist *naturgemäß*, daß ...' - oder etwa die für den griechischen Naturbegriff einschlägige Wendung 'Es gehört zur *physis* von *x*, daß ...'. Jeweils folgt ein ganzer Aussagesatz: *nicht Gegenstände, sondern Sachverhalte* werden als "ein Naturgesetz" usf. charakterisiert (oder z.B. als "naturbedingt" von den Resultaten menschlichen Tuns unterschieden).[5]

Daß nicht alle wahren - und auch nicht alle wahren universellen - Aussagen als *Naturgesetze* aufgefaßt werden können, ist wohl unbestritten, kontrovers sind nur die erforderlichen Zusatzbedingungen. Aber eine *wahre* Aussage soll die Behauptung eines Naturgesetzes jedenfalls sein, und die Kenntnis der Naturgesetze wird gemeinhin um der Kenntnis dessen willen, was der Fall ist, gesucht. Freilich scheint bereits das populärste aller Naturgesetze, Galileis Fallgesetz, ein Gegenbeispiel hierfür zu sein. Denn daß bei allen Fallbewegungen Zeit und Geschwindigkeit proportional sind, ist durchaus nicht wahr; und wenn man das Antezedens dieser Aussage geeignet verschärft, so daß die genannte Proportion nur für alle "freien" Fallbewegungen gelten soll, wird die Aussage evtl. leer, was ebenso unerwünscht ist. Diese Schwierigkeit wird bekanntlich dadurch behoben, daß Bestätigungsfälle für die Behauptung eines Naturgesetzes *durch geeignete technische Verfahren herstellbar* sein sollen. Man nennt dies ein wissenschaftliches *Experiment*; und mit der Charakterisierung des fraglichen Sachverhalts als "ein Naturgesetz" scheint man nichts anderes als die *Reproduzierbarkeit* der einschlägigen Experimente zu behaupten.

Die Kenntnis der Naturgesetze wird somit auf *technisches Wissen* zurückgeführt, und umgekehrt wird technisches Wissen durch den Begriff des Naturgesetzes in charakteristischer Weise *interpretiert*: In Aussagen, die sich nicht direkt auf menschliches Tun, sondern nur auf die dabei bewirkten Vorgänge als solche beziehen, wird ein Aspekt dieses Wissens isoliert und - über die technische *Bewährung* hinaus - durch seine Integration in wissenschaftliche Theorien, die auf jegliche Vorgänge zutreffen sollen, den denkbar anspruchsvollsten *Kohärenz-* und *Konsistenz*bedingungen unterworfen. Zugleich erschließt man sich dabei über den Naturbegriff die philosophische Tradition als ein *heuristisches Potential*, dessen Unverzichtbarkeit für die wissenschaftliche Theoriebildung und somit letztlich auch

---

[4] Daß auch Kant, sofern nämlich die "formale" Bedeutung des Worts 'Natur' der "materiellen" Bedeutung systematisch vorhergeht (vgl. *Metaphys. Anfangsgründe* A iii), den Naturbegriff aus Begriffen höherer Stufe wie 'Gesetz' und 'Notwendigkeit' (ebd. vi f.) erklärt, sei hier nur am Rande vermerkt.

[5] Es ist hier nicht möglich, die für die folgenden Ausführungen einschlägige Literatur auch nur zu nennen; eine gewisse Nähe meiner Argumentation zur sog. konstruktivistischen Schule (vgl. etwa Mittelstraß *1973*, Tetens *1982*) ist unleugbar.

Gottfried Heinemann

für die Prüfung und Erweiterung technischen Wissens an dieser Stelle nicht weiter dargelegt werden muß.

Wenn diese Skizze einigermaßen zutreffend ist, dann wird durch die Charakterisierung eines Sachverhalts als "ein Naturgesetz" zu verstehen gegeben, daß man hinsichtlich dieses Sachverhalts (und verwandter Sachverhalte, die insbesondere die Gegenstände technischen Wissens betreffen) *in einer bestimmten Weise zu argumentieren* gedenkt. Oder wenig anders gewendet: Über den Gebrauch des Worts 'Naturgesetz' Rechenschaft zu geben bedeutet, eine *Strategie zur Begründung von Behauptungen* offenzulegen und somit zur Diskussion zu stellen, die insbesondere auch die Gegenstände technischen Wissens betreffen. Bei der Beschreibung und Erörterung dieser Strategie scheint der Naturbegriff dann entbehrlich zu sein.

Vermutlich lassen sich auch andere zum Naturbegriff gehörige Konzepte höherer Stufe ('naturbedingt', 'naturgemäß' usf.) als verdeckte Hinweise auf gewisse, insgesamt *für den Naturbegriff charakteristische Begründungsstrategien für Behauptungen* interpretieren. Durch eine solche Interpretation ergäbe sich dann zugleich auch eine indirekte Erklärung der zum Naturbegriff gehörigen Konzepte niederer Stufe. Beispielsweise könnte man eben diejenigen Gegenstände zu der als *Klasse* aufgefaßten "Natur" rechnen, hinsichtlich derer man - und zwar im Hinblick auf eine bestimmte Auswahl von Sachverhalten - eine bestimmte, für den Naturbegriff charakteristische Strategie zur Begründung von Behauptungen verfolgt. Bei verschiedener Wahl dieser Strategie und/oder der betrachteten Sachverhalte würden sich dabei evtl. auch verschiedene Klassifikationen ergeben: so kann etwa die mit dem Geltungsbereich der Naturgesetze identifizierte "Natur" durchaus auch Artefakte umfassen, da sich die Unterscheidung von Naturdingen und Artefakten auf andere Sachverhalte und andere Argumentationen (aber eben hinsichtlich derselben Gegenstände) bezieht.

Es bleibt die Problematik der *metaphysischen Kennzeichnungen* der sogenannten Natur. Auch wenn man die für den Naturbegriff charakteristischen Begründungsstrategien für Behauptungen akzeptiert, kann man bestreiten, daß Ausdrücke wie 'das umfassende Ganze' oder 'die unverfügbare Ermöglichung und unüberschreitbare Bedingung alles menschlichen Tuns' als Kennzeichnungen eines Gegenstands zulässig sind. Wenn man sich freilich um eine Rechtfertigung dieser Strategien bemüht, wird man möglicherweise auf Argumentationen zurückgreifen müssen, die es nahelegen, auch die genannten Kennzeichnungen für zulässig zu halten. - Aber bereits mit der Erörterung eines diesbezüglichen Rechtfertigungsbedarfs wäre der Rahmen dieses Vortrags überschritten.

<u>Literaturangaben:</u>

Heidegger, Martin: *Sein und Zeit (SuZ)*, 15. Aufl. Tübingen 1979
-: *Einführung in die Metaphysik (EiM)*, 5. Aufl. Tübingen 1987
-: Vom Wesen und Begriff der *Physis*, in: ders., *Wegmarken*, 2. Aufl. Frankfurt/M. 1978
-: *Heraklit*, in: ders., *Gesamtausgabe* Bd. 55, Frankfurt/M. 1979
Hippocrate: *De l'ancienne médicine (V.M.)*, ed. J. Jouanna, Paris 1990
Kant, Immanuael: *Metaphysische Anfangsgründe der Naturwissenschaft*, in: ders., *Werke*, hg. von W. Weischedel, Bd. V, Wiesbaden 1957
Mittelstraß, Jürgen: Metaphysik der Natur in der Methodologie der Naturwissenschaften, in: *Natur und Geschichte*. X. Deutscher Kongress für Philosophie, hg. von K. Hübner und A. Menne, Hamburg 1973, S. 63-87
Platon: *Werke*, hg. von G. Eigler, Darmstadt 1970 ff.
Schelling, F.W.J.: *Einleitung zu dem Entwurf eines Systems der Naturphilosophie*, in: ders., *Schriften 1799-1801*, Darmstadt 1975
Tetens, Holm: Was ist ein Naturgesetz? Z. *allg. Wissenschaftstheorie* 13 (1982) 70-83
Tugendhat, Ernst: *Vorlesungen zur Einführung in die sprachanalytische Philosophie*, Frankfurt/M. 1976
-: Die Seinsfrage und ihre sprachliche Grundlage (1977), in: ders., *Philosophische Aufsätze*, Frankfurt/M. 1992

Claudia Bickmann. Bremen

KANTS IDEE DER `VOLLENDUNG DER KOPERNIKANISCHEN WENDE' IN SACHEN METAPHYSIK.

Ein Philosophie-Kongreß, der sich von `neuen Realitäten' herausfordern läßt, wird den Realitätsbegriff zu klären haben, der im Mittelpunkt dieses Interesses steht. Kann er - nach einem `Abschied vom Prinzipiellen' - nur mehr auf eine Vielzahl möglicher Welten bezogen sein oder erschließt sich ihm gar im Begriffe der `der Vielzahl möglicher Welten˜ die Eine Welt? Diese Frage ist metaphysischer Art und läßt sich nur mit Blick auf ein weiteres Kernthema metaphysischer Reflexion beantworten, mit Blick auf die Frage nach dem Verhältnis von Einheit und Vielheit, von Identität und Differenz. Das Realitätsproblem scheint von metaphysischen Grundentscheidungen darum unabtrennbar; metaphysische Fragen zur Bewältigung des Realitätsproblems unvermeidlich. Und es war Kant, der den Realitätsgedanken zugleich zu einem Angelpunkt seiner `Propädeutik zu einer Metaphysik als Wissenschaft' gemacht hat: An der Art seiner Bewältigung sollte es sich entscheiden, ob Metaphysik den Rang einer Wissenschaft zu Recht verdient. So hat Kant 1. - und dies beschreibt sein negative Resultat in Sachen Metaphysik - auf die Paralogismen und Antinomien aufmerksam gemacht, in welche sich unser Wissen vom **Weltganzen**, von ihren **ersten Bestimmungsgründen**, ihren **innersten Prinzipien** verstrickt. Die nachkantischen Versuche der `Pluralisierung der Welten', der `historischen Situierung der Vernunft', der Hinwendung zur Sprache wie auch der Umkehrung des Verhältnisses von Theorie und Empirie können darum als je verschiedene Weisen aufgefaßt werden, den **metaphysikkritischen** Impetus der kantischen Philosophie einzulösen und der Unhintergehbarkeit des **Erfahrungsfundamentes** Rechnung zu tragen. Doch ist das negative Resultat der kantischen Metaphysikkritik nur die **eine** Seite seiner `Kritik'. Ihren positiven Impuls bezieht sie vielmehr 2. aus der Frage, wie die notwendigen Vernunftideen von einem Weltganzen, seinen innersten Prinzipien und ersten Bestimmungsgründen mit unserem Erfahrungswissen widerspruchsfrei zu vereinbaren sind?

In dieser knappen Vortragszeit über Kants kritische Wende der Metaphysik zu sprechen, wird vielleicht nicht nur denjenigen gewagt erscheinen, die metaphysisches Denken mit Blick auf die negativen Resultate der kantischen Metaphysikkritik bereits verabschiedet haben, sondern mehr noch denjenigen, die metaphysische Fragen mit unserem Denken zwangsläufig verbunden sehen, denen eine Verständigung über metaphysische Fragen, wie sie Kant vorschwebte, somit selbst am Herzen liegt. Darum möchte ich das Problemfeld wie folgt einschränken: Weder soll die interne Entwicklung des kantischen Metaphysikverständnisses nachgezeichnet werden, noch können die Traditionslinien zur Sprache kommen, die **auf Kant zu** und **von ihm fort** den Wandel seiner Denkungsart in Gang gebracht, bzw. ihrem eigenen Selbstverständnis nach vollendet haben, sondern es soll allein Kants `**Wendepunkt in Sachen Metaphysik**' durch dasjenige Experiment erläutert werden, das er die Vernunft mit sich selbst anstellen läßt, um ihre **Tauglichkeit** als Vernunft- und Prinzipienwissenschaft zu erproben.

In fünf Schritten soll dieser **experimentelle** Weg skizziert und als eine Weichenstellung in der Entfaltung dieser ältesten aller Disziplinen zur Sprache gebracht werden.

1. Die Wiederkehr eines unbewältigten Problems

Der sachliche Bezugspunkt, der Kants Kritik am Systemprogramm der Leibniz-Wolffschen Metaphysik wie auch seiner Kritik am `Pantheismus' Spinozas zugrundeliegt, läßt sich in einer knappen Problemskizze wie folgt beschreiben:

Claudia Bickmann

Wenn 1. gelten soll, daß die Bestimmung eines **Einzelnen** (als `Gegenstand überhaupt') an die **Idee** des `**Alls der Realität'** notwendig gebunden ist; unser Weltbegriff darum als **durchgängig bestimmt** vorgestellt werden muß, wenn ein Einzelnes als sein Teil erkannt werden soll, und wenn 2. gilt, daß ein solcher Weltbegriff von der Realität der **Freiheit** unabtrennbar ist, so ist Freiheit nur zu retten, wenn wir den Gedanken dieser durchgängig bestimmten `Seinsordnung' nicht auf ein **extramundanes Prinzip** gründen, dem natürliche und intelligible Bestimmungsgründe als **seine** Attribute bereits eingeschrieben sind. Denn Freiheit als das **innere Bewegungsprinzip** eines dynamischen Weltbegriffs ist mit dem Ganzen der durchgängig bestimmten Erscheinungswelt nur dann in einem Systemgedanken zu vereinen, wenn intelligible Kausalitäten in dieses Systemganze widerspruchsfrei integrierbar sind und das systemtragende Prinzip darum mit Freiheit kompatibel ist. Freiheit als eine spontane Handlungsquelle frei setzender Wesen und Naturkausalität als Bewegungsform der äußerlich bewirkten Erscheinungsmannigfaltigkeit bringen nämlich, so Kant, unsere Vernunft nur dann nicht in einen Widerstreit ihrer Prinzipien untereinander, wenn die kausal **geschlossene, erscheinende** Welt mit der **Offenheit** der auf Freiheit gründenden **moralischen** Welt in **einem System** zusammenbestehen kann, ohne entweder unseren **Verstandesbegriff** der Erfahrung oder aber die **Vernunftidee** der Freiheit zu gefährden.[1]

Wie aber soll Freiheit als ein **intelligibler** Bestimmungsgrund in den kausal geschlossenen Bereich der **sinnlich** gegebenen Erscheinungswelt integriert werden können, ohne 1. das Prinzip ihrer Verbindung **in einem extramundanen Einheitsgrund** zu finden, und 2. beide Sphären nur mehr als Attribute dieses Einheitsprinzipes selbst zu beschreiben? Dies ist die Kernfrage, vor die sich Kants kritisch gewandelte Metaphysik gestellt sieht[2]. Ohne einen **einfachen** Bestimmungsgrund aller Vernunftzwecke untereinander bliebe nämlich, so lautet seine Überlegung, unsere Vernunfteinheit ohne ein transzendentales Prinzip. Und da die Notwendigkeit ihrer inneren Übereinstimmung nur durch ein solches Prinzip eingesehen und gerechtfertigt werden kann, das selbst noch die **Vernunfteinheit** auf Gründe bringen kann, so scheint die Frage nach dem **extramundanen** `**Schlußstein'** des Systems der **Vernunftzwecke** zugleich unabweisbar.[3] Und es ist die Frage nach einer widerspruchsfreien Bestimmung dieses obersten Systemortes, die Kant dann zugleich vor diejenige Schwierigkeit stellt, die seit ihrer erstmaligen systematischen Betrachtung in Platons `Parmenides' mit der Verständigung über ein solches systemtragendes Prinzip verbunden ist: Wird der Systemgrund **außerhalb** des Systems gesetzt, so stellt sich die Frage, wie das Mannigfaltige aus ihm begrifflich zu machen ist; soll das systemtragende Prinzip umgekehrt **innerhalb** der Grenzen des Systems zu finden sein, so fragt sich, wie es dann ihr Grund noch sein kann.[4]

Gelänge es nun Kants `veränderter Denkungsart', die genannte **Aporie** einer jeden sich ihrer Grundlagen vergewissernden philosophischen Theorie zu vermeiden und ein oberstes Prinzip widerspruchsfrei als Grund und Substrat aller Vielfalt und Differenz zu denken, ohne es durch das zu bestimmen, was aus ihm allererst begreiflich zu machen ist, dann stünde einer kritischen Erneuerung der Metaphysik nichts mehr im Wege. Nun kann die Übereinstimmung der natürlichen mit den intelligiblen Kausalitäten im Sinne Kants nicht mehr in einem Prinzip gefunden werden, in welchem beide nach dem Muster einer absoluten Substanz oder einer göttlichen Urmonade als apriori vereinigt gedacht werden können. Vielmehr muß die Tragweite unserer Vernunft zur Entdeckung und Erhellung eines solchen Prinzips allererst geprüft werden. Eine erkenntniskritisch gewendete Metaphysik wird dann nicht mehr - aristotelisch - auf das `Seiende, insofern es **ist'**, direkt bezogen sein, sondern sie wird nach der **Erkenntnisart** eines `Seienden, insofern es durch Freiheit möglich ist', fragen wollen, um zu sehen, ob und in welcher Weise die **Ideen des Unbedingten** als intelligible Bestimmungsgründe unserer **integrierenden Vernunft** mit den **funktionalen Einheitsgründen** unseres **Erfahrungswissens** im System der **Einen Vernunftwissenschaft** harmonieren können.

2. Die Vernunft selbst als ein Organ vorgestellt. Suche nach Übereinstimmung ihrer Vermögen untereinander in einer Vernunfterkenntnis aus Begriffen

Wie nun, so lautet in einem zweiten Schritt die Frage, kann die Übereinstimmung der Vernunftvermögen untereinander erreicht werden? Welches Bild der Vernunft wird vorausgesetzt, wenn ihre Einheit nicht nur postuliert, sondern im Begriffe ihrer Vermögen auch realisiert werden soll? Da im Sinne Kants eine mögliche Metaphysik allein mit dem befaßt ist, was die **Vernunft rein aus sich selbst zu erkennen** vermag, so hat sie als Prinzipienwissenschaft in der Vernunft ihren Sitz. Und insofern Metaphysik als Vernunftwissenschaft auf zweifache Weise - als Selbst- und als Welterkenntnis - als eine Grenzwissenschaft erscheint, so ist sie zugleich in eine doppelte Perspektive gebracht: Zum einen ist sie auf einen **Weltbegriff** bezogen, dessen Substrat allein in einem Raum-Zeitlichen zu finden ist. Zum anderen erstrebt sie die **Einheit aller Vernunftprinzipien** untereinander, welche selbst nur durch ein übersinnliches, systemtragendes Prinzip zu rechtfertigen ist. Und beide Perspektiven - die welterschließende, sich veräußernde wie auch die selbstreflexiv gewordene, inwendige Perspektive - müssen in ihren Funktionen zugleich harmonieren können, wenn die Übereinstimmung der Vernunft mit sich selbst gewahrt bleiben soll. Kant verdeutlicht die erstrebte Übereinstimmung zunächst durch eine **Spiegelung** der Vernunft im Bilde der Natur. Die Vernunft wird als eine mit sich einige Größe vorgestellt, "... in welcher ein jedes Glied, wie in einem organisierten Körper, um aller anderen und alle um eines willen dasind, und kein Prinzip mit Sicherheit in e i n e r Beziehung genommen werden kann, ohne es zugleich in der d u r c h g ä n g i g e n Beziehung zum ganzen reinen Vernunftgebrauch untersucht zu haben."[5] Die sich selbst erhellende Vernunft wird dann jedoch nicht allein als eine durchgängig bestimmte, mit sich einhellige Größe im **Bilde der Natur** - quasi-teleologisch - als ein zweckmäßiges Ganzes aus Teilen, mithin also als ein System aufeinander bezogener Zwecke greifbar. Die **Projektion** der Vernunft auf das Bild der Natur hat im Sinne Kants vielmehr auch eine **methodische** Konsequenz. Ganz im Sinne der aristotelischen Unterscheidung der vier Seinsgründe[6] wird die Vernunft nämlich - quasi-entelechial - als eine **zweckgerichtete Einheit** beschrieben: In dieser wird die **Materie** ihrer Tätigkeit von den **Formen**, in welchen sie sich vollzieht, ebenso unterschieden, wie zugleich die Bedingungen untersucht werden, unter denen ihre Betätigung, von **äußeren Quellen** veranlaßt, zur Erkenntnis einer **gegebenen Seinsordnung** führen - oder aber, unter denen sie, aus **inneren Quellen**, aus **moralischen Zwecken** in Gang gebracht, eine **Sollensordnung** zu begründen vermag, welche allein nur durch Freiheit möglich ist.

Im `Organgedanken' der Vernunft liegt dann für Kant zugleich auch das **Prüfkriterium** ihrer inneren Übereinstimmung mit sich selbst: Bildet nämlich die Vernunft ein Verständnis ihrer Vermögen aus, nach welchem ihre Teilfunktionen in einen nicht auflösbaren Streit geraten, so hebt sie sich als Einheit zugleich selber auf. Wie aber soll ein solcher innerer Widerstreit der Vernunft zu entdecken und zu beheben sein? Kann doch die Vernunft auf dem Gebiete der **Metaphysik** nicht wie die reine Mathematik oder die reinen Naturwissenschaften ein "... Experiment mit ihren **Objekten** machen"[7]. Die Gültigkeit ihrer Annahmen wird sie, so Kant, an der **Übereinstimmung ihrer Prinzipien und Begriffe untereinander** ablesen müssen. Und wenn dabei ein Rückfall in eine dogmatische Metaphysik vermieden werden soll, so wird es im Sinne Kants erforderlich sein, **Vernunfterkenntnis** als eine Ideenwissenschaft zu begründen, der eine zweifache Funktion zugesprochen werden muß: Es wird 1. zu ihren Aufgaben gehören, unsere **Verstandeserkenntnisse** auf ein Erfahrungsfundament zu stellen, dem der Verstand zwar die Regeln gibt, welches durch seine Synthesisakte aber nicht allererst hervorgebracht wird. Denn Sein und Setzen sind im Sinne Kants nicht identisch. Ferner wird eine solche Vernunftwissenschaft 2. nicht allein die systematische Einheit unserer Verstandeserkenntnisse aus **Prinzipien** begreiflich machen müssen, sondern sie wird vermittels solcher Prinzipien auch eine **aus Freiheit mögliche - moralische -**

Weltordnung schaffen wollen.[8] Indem Kant in der Konsequenz seiner Kritik an den Prämissen reinrationaler Metaphysik darum 1. - in seiner **theoretischen** Philosophie - nicht mehr davon ausgeht, daß synthetische Urteile versteckte analytische Urteile sind, - so daß im Begriffe bloß entrollt und im Urteil bloß ent-wickelt werden müßte, was etwa im Urbilde an sich seiender Ideen, im Bilde einer Urmonade oder eines ersten Bewegers bereits antizipiert werden kann, - so sucht er die **Ontologie** seiner zukünftigen Metaphysik in einer Transzendentalphilosophie zu verankern. Als Propädeutik zu einer zukünftigen Metaphysik und als Grenzwissenschaft im Bereiche unseres Erfahrungswissens soll sie beschreiben, wie weit unsere Erfahrungserkenntnisse reichen und in welcher Weise gleichwohl ein Raum freigeben werden kann für die Annahme der Ideen des Unbedingten. Ein **sinnlichkeitsbezogener Verstandesbegriff**, dem erkennbar nur ist, was in irgendeiner Weise in Raum und Zeit erscheint, soll einem **vernunftbezüglichen Ideenbegriff**, der im Horizont eines Übersinnlichen ein **Absolutes** erstrebt, gemäß sein können, ohne die Übereinstimmung der Vernunftprinzipien untereinander zu gefährden. Und insofern es nun 2. - im Sinne Kants - zu den **praktischen** Bestrebungen unserer Vernunft gehört, die Regeln zu finden, durch die unsere sittlichen Zwecke mit den Bedingungen unserer Sinnlichkeit auch harmonieren können, so stellt sich auch auf diesem Gebiete die Frage, wie sittliches Handeln auf ein verbindliches Fundament gestellt werden kann, ohne seine Bedingungen aus einem universalen Präformationssystem apriori geleisteter Übereinstimmung mehr ableiten zu können.[9] Insofern nämlich die erstrebte Übereinstimmung nicht analytisch bereits im Begriffe der **Tugend** (so im Stoizismus) oder im Begriffe der **Glückseligkeit** (wie im Epikuräismus) enthalten ist, muß nach den Regeln ihrer Übereinstimmung allererst gesucht werden.

3. Auf dem Wege zu einer aporiefreien Bestimmung des höchsten Prinzips

Wie, so lautet nun in einem dritten Schritt die Frage, soll die antinomische Lage, in welche unsere Vernunft durch die Annahme zweier entgegengesetzter Kausalitätsprinzipien geraten ist, zu vermeiden sein? Als Lösung der genannten Schwierigkeit in den beiden Bereichen der reinen Vernunft schlägt Kant programmatisch folgende, für die Einhelligkeit der Vernunft mit sich selbst zugleich unabdingbare Unterscheidung vor: "Die Vereinigung der Kausalität, als Freiheit, mit ihr als Naturmechanism, davon die erste durchs Sittengesetz, die zweite durchs Naturgesetz, und zwar in einem und demselben Subjekte, dem Menschen, fest steht, ist unmöglich, ohne diesen in Beziehung auf das erstere als Wesen an sich selbst, auf das zweite aber als Erscheinung, jenes im reinen, dieses im empirischen Bewußtsein, vorzustellen. Ohne dieses ist der Widerspruch der Vernunft mit sich selbst unvermeidlich."[10] Darum, so heißt es in der Vorrede zur zweiten Auflage der `Kritik der reinen Vernunft', schied "... die **Analysis** des Metaphysikers (...) die reine Erkenntnis apriori in zwei ungleichartige Elemente, nämlich die der Dinge als Erscheinungen und dann der Dinge an sich selbst. Die **Dialektik** verbindet beide wiederum zur Einhelligkeit mit der notwendigen Vernunftidee des **Unbedingten**, und findet, daß diese Einhelligkeit niemals anders, als durch jene Unterscheidung herauskomme, welche also die wahre ist."[11] Wäre nämlich, so sucht Kant die erfolgte Unterscheidung zu rechtfertigen, die Erscheinung zugleich als ein Ding an sich selbst aufgefaßt, so könnte es ein **Jenseits oder Außerhalb** zur erscheinenden Welt nicht geben, das den Titel vertrüge, ein **Unbedingtes** zu sein. Die antinomische Situation bezogen auf die rechte Begründungsart des philosophischen Systems, in welche er die verschiedenen rationalistischen Konzeptionen befangen sieht, wäre damit unvermeidlich.[12] Denn nur, insofern die Substrate der Erscheinungen, die nicht-erscheinenden Dinge an sich selbst, wenn auch nicht **erkennbar**, so doch als **absolute** Größen wenigstens widerspruchsfrei **denkbar** sind, steht auch der Annahme eines **höchsten Urwesens** als des obersten Substrates des durchgängig bestimmten Erfahrungsganzen wie des systemtragenden Grundes der Vernunfteinheit der Zwecke nichts mehr im Wege.[13] Eine `transzendentale Subreption' in der hypostatischen Bestimmung eines Unbedingten ist demnach im

Sinne Kants nur zu vermeiden, wenn die Annahme eines Unbedingten, als dessen `Statthalter' die Ideen fungieren, mit den Bedingungen unserer Erfahrungserkenntnis nicht auf **derselben Ebene und in derselben Reihe** gedacht werden.[14]
Und daß es zugleich, wenn von `Ding an sich selbst' die Rede ist, gänzlich unausgemacht bleiben muß, ob eine solche `transempirische Größe' die Funktion eines **subjektiven** oder aber eines **objektiven** Substrates innehat, da es sowohl als der Grund aller Verknüpfung in unserem Denken, als `transzendentale Einheit der Apperzeption', oder als dasjenige transzendentale X fungieren kann, das einer empirischen Erscheinung, dem Erfahrungsganzen oder auch dem Sittengebot als ein **unbedingtes** Substrat zugrundeliegt, ist im Sinne Kants dann die Konsequenz der Funktion dieser **indifferent** gebliebenen Systemstelle. Sie erhält in ihrer Funktion als Fix- und Fluchtpunkt aller gedanklichen Verknüpfung wie auch als Einheitsort unserer praktischen Zwecke den **logischen Status** eines **Dritten**, das weder durch Kategorien aus dem Bereich des Subjektiven noch mit solchen aus dem Bereich des Objektiven hinreichend bestimmt werden kann. Und dies ist für Kant dann gleichbedeutend damit, daß es für unsere **theoretische** Spekulation ein bloßer **Grenzbegriff** bleiben muß, durch den eine kritische Metaphysik in ihrem theoretischen Teil nur mehr als eine `**negative Metaphysik**' zu beschreiben ist. In ihrem **praktischen** Teile jedoch wird sie die Wirksamkeit solcher Ideen postulieren können, die als innere Beweggründe dieser Seins- und Sollensordnung dem sich selbst bestimmenden und in Freiheit sich entäußernden Urprinzip **Realität** verleihen können. Ganz im Sinne einer `**theologia negativa**' wäre dann der Gedanke eines obersten Systemortes nur durch ein **Ausgrenzen und Absprechen** all der Prädikate greifbar, die raumzeitlich gegebenen Erscheinungen zuzusprechen sind[15]; ihr **positiver** Bestand jedoch, die Suche nach einem Prinzip der Übereinstimmung unserer sinnlichen mit unserer sittlichen Natur, könnte gleichwohl in einer aporiefrei denkbaren **Finalursache** münden, welche nach **Analogie** zu einem höchsten Wesen so aufgefaßt werden kann, **als ob** sie dieses durchgängig bestimmte Ganze der gegebenen Seins- und Sollensordnung `gründen, erhalten und vollführen' kann.[16] So schließt Kant einen **generativen** Ableitungsgang - von diesem Prinzip ausgehend auf das Prinzipiierte - für unseren praktischen Weltbezug zwar nicht aus, setzt ihn aber unter einen `**Als-ob-Vorbehalt**', um sowohl die Unerreichbarkeit eines solchen Urprinzipes im Begriffe zu wahren, als auch den **Bildcharakter** zu betonen, der für uns mit der Antizipation eines solchen unendlichen Horizontes verbunden ist.

4. Die vernünftige Weltordnung in einem `Urbilde' antizipiert

Und ganz im Sinne der nun kritisch gewandelten Denkungsart auf dem Gebiete der Metaphysik ist darum - wie im vierten Schritt zu zeigen ist - für Kant der Gedanke leitend, daß wir uns eine Welt harmonisch sich fügender sinnlicher und sittlicher Zwecke nur denken können, wenn wir sie nach den Regeln unserer Vernunftvermögen selbst allererst **hervorbringen**. Der Prozeß des freien Lebens wird dann solchen Regeln folgen können, die inneren und nicht bloß äußeren Bewegursachen entspringen, so daß die selbstbestimmt agierenden Einzelnen nicht in eine `prästabilierte' Ordnung bloß hineingestellt sind, sondern sich eine mögliche Ordnung durch ihren eigenen Willen und ihr eigenes Streben hindurch allererst ereignen und vollziehen kann. Denn mit dem Gedanken einer Finalursache, die Grund der erstrebten Übereinstimmung aller freien Willen untereinander genannt werden kann, ist kein extramundanes Prinzip mehr ins Spiel gebracht, nach dem wir unser Handeln bloß auszurichten hätten. Im Sinne Kants verhält es sich vielmehr umgekehrt so, daß wir ein solches einigendes Prinzip - im **Ideal** erstrebter Übereinstimmung der höchsten sinnlichen mit den höchsten sittlichen Zwecken - unserem eigenen Streben zugrundelegen, um in seinem **Urbilde** die Idee einer auf Freiheit gründenden moralischen Weltordnung zu antizipieren.[17] Einer Selbstgesetzgebung aus **Vernunftgründen** zu folgen, bereitet dann weder dem Gedanken allseitiger Machbarkeit und Nützlichkeit den Weg, noch weiß sie sich von äußeren

Handlungsmotiven bestimmt. Vielmehr bedeutet vernünftige Selbstgesetzgebung demnach allein, eine freie und nach Regeln der Sittlichkeit mögliche Welt nach einem **Bilde** zu gestalten, welches sich "... das **Ideal** der **höchsten ontologischen Vollkommenheit** zu einem **Prinzip der systematischen Einheit** nimmt, welches nach allgemeinen und notwendigen Naturgesetzen alle Dinge verknüpft, **weil sie alle in der absoluten Notwendigkeit eines einigen Urwesen ihren Ursprung haben.**"[18] Eine aus Ideen mögliche Welt kann darum mit der gegebenen Welt der Erscheinungen auch nur harmonieren, weil sie nicht in einer prästabilierten Ordnung bereits **gegeben**, sondern, ganz im Sinne der kopernikanischen Wende der Metaphysik, durch unser freies Handeln **allererst aufgegeben** ist. Und darum bringen wir auch durch das gesetzgebende Vermögen unserer Freiheit dieses durchgängig bestimmte Weltganze selbst allererst auf einen freien, sich seiner selbst gewissen wie bestimmenden Grund. Und es läßt sich aus diesem Grunde die **Realität** des höchsten Prinzips von unserem zwecksetzenden Vermögen auch nicht mehr abtrennen und hypostatisch in einem Urwesen verkörpern, von dem wir dann unsererseits das Gebot unseres Handelns empfangen könnten. Denn das oberste Prinzip, insofern es unserem eigenen Handeln als Urbild in der Bestimmung des `abgeleiteten höchsten Gutes' dient, wird auch in **seiner eigenen** Realität durch diese aus Freiheit mögliche Ordnung allererst gesetzt.[19] Insofern wir nämlich als frei setzende Wesen dieses durchgängig bestimmte Ganze nach einem **inneren Bewegungsprinzip** gestalten und erneuern, so ist auch **seine** Realität nur in der **Realisierung** unserer eigenen auf Freiheit gründenden Ordnung greifbar. `Sein' und `Setzen' finden darum erst in diesem frei gesetzten wie frei sich setzenden Sein - in den Aktionen selbstbestimmt agierender Wesen - das höchste Prinzip ihrer Einheit, so daß auf diese Weise "... alle Naturforschung eine Richtung nach der Form eines Systems der Zwecke" erhält und "... in ihrer höchsten Ausbreitung **Physikotheologie**" wird.[20] Insofern aber, so setzt Kant diesen Gedanken fort, durch das freie Setzen selbstbewußt agierender Wesen das durchgängig bestimmte Ganze selbst auf ein **unbedingtes** Fundament gestellt werden kann, so ist dieses Unbedingte der gegebenen Seinsordnung vom freien Setzen eines selbstbewußten höchsten Prinzips zugleich unabtrennbar.[21]

Und wenn ferner gilt, daß die Vernunft zwar ihren eigenen Regeln gemäß sich verhalten kann, sie aber nicht zugleich auch die **Bedingungen setzen** kann, unter denen ihrer moralischen Absicht auch ein Erfolg beschieden ist, - da eine geglückte Übereinstimmung der höchsten sinnlichen mit den höchsten sittlichen Zwecken nicht apriori in einer Welt der prästabilierten Harmonie bereits antizipiert werden kann, - so wird eine mögliche Physikotheologie dann in einer **"transzendentalen Theologie"** zu verankern sein.[22] Denn eine glückende Übereinstimmung kann nur **erhofft**, nicht aber gewußt oder im durchgängig bestimmten Ganzen bereits gegeben sein. Und es hat die **Hoffnung** auf Übereinstimmung zwischen beiden Sphären im Sinne Kants nur dann eine Aussicht auf Erfolg, wenn beiderlei Gesetzgebungen in einem **obersten, übersinnlichen Substrat** den Grund ihrer Einheit finden können. Dieser aber kann dann weder durch unsere Vernunftzwecke bloß **gesetzt**, noch mit unserer sinnlichen Natur bereits **gegeben** sein.[23]

Und `um der Vernünftigkeit unserer eigenen Zwecke willen' wird das höchste Prinzip dann selbst als vernunftgemäß vorgestellt werden müssen. Denn insofern in uns selbst eine unbedingte Quelle, ein inneres Bewegungsprinzip wirksam ist, das die Zweckmäßigkeit der Natur auf Gründe zu bringen vermag, so haben wir - auch im Sinne Kants - teil am Prinzip `Sich-Bestimmen', wie Wolfgang Cramer als absoluten Bestimmungsgrund der gegebenen Seinsordnung in Anlehnung an Fichte nennt.[24] Doch sind es erst Fichte und Hegel, die diesen kantischen Gedanken einer Weltordnung unter moralischen Zwecken in einem **Systemprinzip** verankern, als dessen **eigene** Entäußerung und Entfaltung sich dieses in Freiheit vollendende Ganze dann beschreiben läßt. Aus der Teilhabe menschlicher Freiheit an dieser absoluten Perspektive im Sinne Kants wird in diesen Konzeptionen dann die Beschreibung und Bestimmung der Bewegung dieser absoluten Perspektive selbst, so daß das Selbstbewußtsein der frei handelnden Einzelnen mit dem sich seiner selbst bewußt werdenden Sein ineinsgefügt wird. Die Strukturform unseres eigenen Selbstbewußtseins erscheint

der Struktur des gedachten Urprinzips dann äquivalent. Mit seinem vorbehaltlichen **Als-Ob** läßt jedoch bereits Kant das Selbstsein einer auf Ideen gegründeten Ordnung mit dem im **Ideal** repräsentierten durchgängig bestimmten Zweckordnung zusammenfallen; doch quittiert er nicht ihre Differenz. Denn Freiheit wäre dahin, wenn sie im Urbilde einer durchgängig bestimmten Seinsordnung in ihrer Bewegungsrichtung bereits antizipiert werden könnte. Und so erhält er die Äquivalenz beider `absoluter Bestimmungsgrößen' allein in der Differenz ihrer Seinsmodi: Der Differenz zwischen dem abhängigen Sich-Bestimmen unserer eigenen Vernunft und der Vernünftigkeit des frei sich selbst wie sein Anderes setzenden Urprinzips.
Im Sinne Kants zugleich als das **Ideal unserer reinen Vernunft** vorgestellt, ist dieses oberste Einheitsprinzip dann zwar auf seine **regulative Funktion** für die Übereinstimmung aller Vernunftzwecke untereinander beschränkt. Insofern dieses Ideal aber zugleich so aufgefaßt wird, als könnte es in unserer freien Selbstbestimmung auch eine **konstitutive** Funktion erhalten, so wird **seine Realität** an der Realität einer auf Freiheit gründenden Seinsordnung zu bemessen sein. Und doch wird das Ideal als das **Schema** durchgängiger Bestimmung ein bloß **subjektives** Prinzip bleiben, da (1) die Idee einer auf Freiheit gründenden Seinsordnung nur **in uns selbst** ihren Ursprung haben kann und (2) eine solche Idee auch nur als ein subjektives Prinzip apodiktisch gewiß sein kann. Denn wäre ein solches Urprinzip als eine von uns selbst verschiedene Quelle vorgestellt, es wäre nicht zugleich auch **seine eigene** Ordnung, die wir im Urbilde der aus Freiheit möglichen Weltordnung antizipieren. Und besäße dieses Prinzip nicht in unserem sittlichen Streben zugleich seine eigene Realität, die Möglichkeit der Übereinstimmung aller freien Willen untereinander müßte unbegreiflich bleiben. Und darum rettet nach Kant auch erst die **Subjektivierung der Ideen** - analog zur Subjektivierung der **Anschauungsformen**, welche die Mathematik auf den Weg der Wissenschaft gebracht hat, sowie auch nach Analogie zur Subjektivierung unserer **Verstandesformen**, wie sie eine Wissenschaft der erscheinenden Welt ermöglicht, - ihre **objektivitätsgarantierende Funktion**. Und erst durch diese Subjektivierung läßt ein dann ein **Unbedingtes** wie `die Idee einer Gesetzgebung aus Freiheit' mit dem bloß Begrenzten und Bedingten unseres Erfahrungsfundamentes im Horizont der Einen Vernunftwissenschaft vereinbar erscheinen. Und da wir selbst es sind, die diese Widerspruchsfreiheit nicht allein erstreben, sondern durch unser freies Handeln zugleich bewirken müssen, so kann auch das Urprinzip der erstrebten Übereinstimmung aller vernünftigen Zwecke untereinander durch unser eigenes freies Handeln hindurch allererst **Realität** und **Gestalt** gewinnen. Und darum führt auch erst der Gedanke einer durch Freiheit möglichen Welt das metaphysische System in das **Offene** einer bloß erstrebten, niemals jedoch erreichten Harmonie. Denn die Welt der bedingten Kausalitäten ist mit der Freiheit selbstbestimmt handelnder Wesen nur vereinbar, wenn das Ideal des `höchsten Guts' nicht als eine **Seinsordnung** vorgestellt, sondern nur in einer auf freier Selbstgesetzgebung beruhenden **Sollensordnung** erstrebt werden kann. Und dann erst sind die höchsten Zwecke des vernünftig bestimmten Seins auch nichts mehr, dem wir unsere eigenen Zwecke bloß anzugleichen hätten, sondern nur mehr der Ausdruck unseres eigenen, **in einem Unbedingten gründenden Selbstbewußtseins**. Das Postulat freier Selbstgesetzgebung läßt sich im Sinne Kants darum in eine `Wissenschaft vom Weltganzen' widerspruchsfrei nur zu integrieren, wenn auch auf dem Gebiete der Metaphysik die **Ideen** den Status apriorischer **subjektiver** Prinzipien erhalten, die als **unbedingte** Quellen unserer Vernunftordnung ihre Wirksamkeit in unserem Denken und Handeln erfüllen, ohne am Erfolg oder Mißerfolg des je Erreichten sich das Maß ihrer Gültigkeit nehmen zu müssen.

5. Ausblicke

Und wenn schließlich gilt, daß die Möglichkeit einer aus inneren, aus freien Quellen bewirkten Welt wie auch die Idee ihres Ursprungs aus einem höchsten Prinzip **ohne die getroffene**

Unterscheidung der noumenalen von der phänomenalen Welt widerspruchsfrei nicht denkbar sind, ein solches oberstes Substrat aber als der Grund der erstrebten Übereinstimmung aller Vernunftzwecke untereinander unausweichlich ist, wenn Sinnliches und Sittliches, Intelligibles und Sensibles, in einer `Realrepugnanz' entgegengesetzter Kräfte zugleich als vereint gedacht werden sollen, so erweist sich diese Unterscheidung als berechtigt und Kants Vollendung der kopernikanischen Wende in Sachen Metaphysik wäre geglückt.[25]

Denn erst, so lautete die Konsequenz dieser vollzogenen Revolution, wenn Sinnliches und Übersinnliches nicht `in derselben Reihe und auf der selben Ebene' gedacht werden, muß die Spannung zwischen diesen entgegengesetzten und in ihrer Funktion zugleich sich ausschließenden Prinzipien nicht kontradiktorisch sein; und erst, wenn ihre Verbindung in einem gemeinsamen Dritten auch begriflich geworden ist, kann am Leitfaden der drei Gegenstandsbereiche der speziellen Metaphysik eine widerspruchsfreie Antwort auf die Fragen gefunden werden:

In welchem Sinne wir (1) mit Blick auf das `Leib-Seele-Problem' die sinnlichen Bedingungen unseres empirischen Ichs mit den transzendentalen Bedingungen unseres erkennenden Ichs vereinen können; in welcher Weise (2) eine auf Freiheit und Selbstbestimmung gründende Ordnung die Integration intelligibler Kausalitäten in den kausal geschlossenen Bereich der sinnlichen Erscheinungen erreichen kann, und schließlich (3), wie der höchste Systemort metaphysischer Reflexion - ganz im Sinne der kopernikanischen Wende der Metaphysik - mit den Bedingungen der menschlichen Freiheit derart in Einklang gebracht werden kann, daß er selbst in dieser aus Freiheit möglichen Ordnung erst seine eigene Realität gewinnt.

Anmerkungen

1 Immanuel Kant, Kritik der reinen Vernunft, Werke in zehn Bänden, hrsg. v.W.Weischedel, Bd.3 u.4, Darmstadt 1956 ff., B XV.
2 KrV, A 815 ff. B 843 ff..
3 KrV, A 107; A 669 ff. B 697 ff; A 815 ff. B 843 ff..
4 Platon, Parmenides, 137 c sq..
5 KrV, B XXIII.
6 Aristoteles, Physikvorlesung, II. Buch, 194 b 17 - 195 a 3; ferner: Aristoteles, De anima, II. Buch, 415 b 9 sq..
7 KrV, B XIV; B XVIII (Fn).
8 KrV, A 321 ff. B 377 ff..
9 Immanuel Kant, Kritik der praktischen Vernunft, Werke Bd. 6, A 198 ff..
10 KpV, A 10 (Fn).
11 KrV, B XXI (Fn).
12 KrV, A 617 f. B 645 f..
13 KrV, B XXVI.
14 KrV, A 621 B 469.
16 KrV, A 675 ff. B 703 ff..
16 KrV, A 814 B 842.
17 KrV, A 569 B 597; A 673 B 701.
18 KrV, A 816 B 844.
19 KrV, A 810 B 838
20 ebd..
21 ebd..
22 KrV, A 816 B 844.
23 KrV, A 813 B 841.
24 ebd.; vgl. dazu: Kant, Opus postumum, Akademie-Ausgabe Bd.XXII,S.63.
25 vgl. dazu: Heinz Heimsoeth, Studien zur Philosophie Immanuel Kants II, Bonn 1970, S. 109-132 und S. 248-280.

János Boros
Pécs, Ungarn

PALIMPSESTISCHE EPISTEMOLOGIE
– Ein Vorschlag zur Überwindung klassischer Gegensätze –

Handlungen weisen mindestens einen doppelten Deutungsspielraum auf. Der Mensch nimmt seine Handlungen nämlich nicht nur wahr wie einen ausser ihm ablaufenden Bewegungsprozess, sondern er erlebt und gestaltet sein Handeln auch.

HANS LENK

Das Ziel wird nun, diesen Kosmos zu begreifen, statt für alle möglichen Welten geltende Gesetze zu finden, dieses Ökosystem, diese Kultur, diesen Menschen und dieses Kunstwerk in der Genese verstehbar zu machen.

HANS POSER

Die beiden Welten des menschlichen Erkennens sind die äussere und die interne Welt, oder wie Nagel sagt, wir können zwei Perspektiven der Betrachtung der Dinge haben, die äussere und die innere Perspektive[1]. Unsere Perspektiven konstituieren unsere Welten. Die äussere Welt kann nur durch und mithilfe der inneren Welt erkannt werden, die innere Welt "existiert" in der und durch die äussere Welt. Wir Menschen erkennen die Welt und wir nehmen diese Erkenntnis in unserer Kognition "wahr". Unser Erkennen wird ständig von der Kantschen Einheit der Apperzeption, von dem "ich denke" begleitet. Anderseits sind wir in der Welt, die uns als Aussenwelt erscheint, und in der wir uns *auch* (als körperliche, soziale usw. Wesen) wahrnehmen. Wir können uns aus der äusseren Welt genauso nicht wegdenken, wie die äussere Welt aus unserem Denken, aus der inneren Welt nicht wegzudenken ist. Es besteht eine *Interdependenz* zwischen den beiden Welten, also die beiden Welten als *Welten für uns* hängen ontologisch gegenseitig voneinander ab. Das untrennbare Ineinander-Gebettetsein der äusseren und der inneren Welt des Menschen ist die *interdependente* Realität. Eine Epistemologie, die das Ineinander-Geschriebensein der inneren und äusseren Welt in Betracht zieht, möchte ich *palimpsestische Epistemologie* nennen[2]. Bei dieser

---

[1] Die beiden Perspektiven, das Objektive und das Subjektive werden von Thomas Nagel in mehreren Schriften behandelt. Vergleiche den besonders einleuchtenden Artikel, "Das Subjektive und das Objektive", Thomas Nagel, *Die Grenzen der Objektivität*, Stuttgart: Reclam 1991 99-128.

[2] Den Begriff *Palimpsest* verdanke ich meiner Frau Jolán Orbán, die sich vor allem mit philosophischen Aspekten der Schönen Literatur und mit Literaturtheorie beschäftigt. Die Idee einer palimpsestischen Epistemologie und interdependenten Ontologie haben wir in gemeinsamen philosophischen Forschungen entwickelt.

János Boros, Pécs Ungarn

Epistemologie können zum Beispiel die Kantschen Apriorien (die Anschauungen, die Kategorien, die Schemata) als etwas von der (zwar vorerst unerkannten, aber voraus-gesetzten) Natur in unsere Kognition Hineingeschriebenes betrachtet, wobei selbst diese "schreibende" Natur gerade dadurch zu erkennen ist, wie sie die Erkenntniskapazität vor unserem bewussten Mitwirken gestaltet hat, also was sie in diese Erkenntniskapazität hineingeschrieben hat.

Die beiden "Schriften" - "Aussenwelt" als in die "Innenwelt" geschrieben und "Innenwelt" als in die "Aussenwelt" eingebettet - können voneinander nicht getrennt werden, weil sie ähnlich wie beim Palimpsest voneinander nicht trennbar sind. Sie können nur mit spezifischen Methoden, z.B. bei palimpsestischen Texten mit Röntgenstrahlen, gelesen werden. Allerdings sind bei einer palimpsestischen Epistemologie selbst die Methoden untrennbar ineinander verwoben und mit dem ganzen "Buch", mit der äusseren und internen Realität zusammengeschrieben. Die palimpsestische Epistemologie und die interdependente Ontologie sind Korrelate, wo die äussere von der inneren und die innere von der äusseren abhängt, und wo die beiden eigentlich nicht zu trennen sind. Die Interdependenz bedeutet zugleich eine Identität und eine Differenz. Die Aussenwelt und die Innenwelt sind eine Wirklichkeit.[3] - Die drei - miteinander in palimpsestischen Beziehung befindenden - Thesen meines Vortrages sind: 1. Die innere Welt ist eine Realität, die ontologisch in eine äussere Welt eingebettet ist. 2. Die äussere Welt ist epistemologisch eingebettet in die innere Welt. 3. Die beiden interdependenten Welten der palimpsestischen Wirklichkeit sind die äussere und die innere Welt.

Der Mensch ist ein bewusstes Wesen, der zwar in der Welt ist, aber er ist bewusst in der Welt, und dieses Bewusstsein sichert ihm auch eine gewisse Distanz zur Aussenwelt. Nagel meint, wir haben eine äussere und eine innere Perspektive der Welt, die nicht ohne weiteres aufeinander zu reduzieren sind. Jede dieser beiden Perspektiven "beruft sich" auf gewisse Rechte, wobei die Innerperspektive Vorrang, die externe Sichtweise Dominanz beansprucht.[4] Die innere Sicht bleibt immer unreduzierbar auf die äussere Welt. Zur Illustration bringt Nagel den Geschmack von Schokolade.[5] Man kann zwar vielleicht mit elektronischen Mitteln die

---

[3] "Wirklichkeit" wird hier als "alles was irgendwie *ist*" verstanden.
[4] Thomas Nagel, "Das Subjektive und das Objektive", *Die Grenzen der Objektivität*, Stuttgart: Reclam 1991, 100-101.
[5] Thomas Nagel, *Was bedeutet das alles?* Stuttgart: Reclam 1990, 26-27.

János Boros. Pécs Ungarn

Veränderungen in unserem Gehirn verfolgen, wenn wir in eine Schokolade beissen, aber das Erlebnis, dass *ich* den Schokoladegeschmack spüre, kann auf keine technische Mittel, kann auf kein Element der Aussenwelt übertragen werden.
Es stellt sich die Frage, wie diese Innenwelt und Aussenwelt im Erkennen aufeinander wirken, wie sie in der Erkenntnis funktionieren, bzw. wie sie die Erkenntnis gestalten.
Das, was es gibt, gibt es *für uns* dadurch, dass wir wissen, dass es ist, und dass wir es irgendwie erkennen. Das Erkennen ist dadurch möglich, dass wir von dem, was ist, irgendwie "affiziert" werden.[6] Vielleicht zeigt sich für uns das was *an sich* ist (Kant wäre damit nicht einverstanden), vielleicht zeigt sich uns das *Ding an sich* gar nicht an sich, sondern nur als Erscheinung (Kant wäre damit einverstanden).[7] Ohne hier die Kantsche Epistemologie zu analysieren, möchte ich auf die *palimpsestischen Aspekte* dieser Theorie hinweisen. Die Erkenntnis eines Dinges besteht, grob ausgedrückt, aus zwei für uns untrennbaren "Komponenten", die eine ist, was von dem Erkennenden zur Erkenntnis hinzukommt, die andere, was von dem zu erkennenden oder erkannten Ding kommt. In der Erkenntnis sind die beiden Komponente untrennbar, wobei sie zusammen die Erkenntnis ausmachen. In der Erkenntnis ist weder die eine noch die andere eine Substanz, worin die andere als Akzidenz eingeimpft wäre, sondern sie sind zwei ineinandergeschriebene "Instanzen" der Erkenntnis, und ausser ihnen gibt es keine Substanz der Erkenntnis. Die Substanz der Erkenntnis ist also ursprünglich und untrennbar

---

[6] Affiziert wird aber hier nicht in dem transzendental-empirischen Sinne spezifiziert, wie dies Kant tut.

[7] Ob das Kantsche Ding an sich erkennbar ist oder nicht, ist nicht zu entscheiden. Die theoretische Unerkennbarkeit des Dinges an sich ist zwar eine "Axiome" der Philosophie von Kant, man hat schon öfters darauf hingewiesen, dass jeder Begründungsversuch dieses Satzes zu einer Tautologie führt. So vertritt diese Auffassung z.B. P.F. Strawson, "Sensibility, Understanding, and Synthesis", E.Förster (ed.) Stanford: Stanford University Press: 1989, 73, "...die These dass wir keine Erkenntnis über Dinge *wie sie in sich sind* haben können, reduziert sich zu einer Tautologie, dass keine Erkenntnis über Dinge möglich sei, *ausgenommen unter der Bedingung, dass es möglich ist*; oder: wir können von Dingen nur das wissen, was wir von diesen wissen können." (Übersetzung aus dem Englischen von mir, J.B.) Strawson hat zwar recht, erwähnt aber nicht, dass jede erkenntnistheoretische Position oder Axiome gleichermassen tautologisch ist. Die Kantsche erkenntnistheoretische Axiome bezieht sich allerdings auf ein formales und triviales Minimum der Möglichkeit der Erkenntnis. Um "Dinge" zu erkennen, müssen wir sie erkennen können, und aus dem entstandenen Erkenntnis können wir davon nicht abstrahieren, dass wir es sind, die die Dinge erkennen. Kein relativer Erkennender, also keiner, der kein absolut erkennender Gott ist, kann die Welt oder die Dinge so erkennen, wie sie unabhängig von seinen erkennender Strukturen (Wahrnehmung und Denken) sein könnten. R.Chisholm sieht diese Tautologizität jeder Erkenntnistheorie klar, und er meint nicht mehr, dass wir absolute Begründungen für unsere Erkenntnis haben könnten. Er sagt einfach, die Erkenntnistheorie sei nur die Begründung unserer Überzeugungen oder Glauben. Vgl. R.Chisholm, Theory of Knowledge, Englewood Cliffs: New Jersey,1977,5. "The theory of knowledge could be said to have as its subject matter the *justification of belief* or more exactly, the justification of *believing*."

János Boros,   Pécs Ungarn

zusammengesetzt aus dem Erkennenden und Erkannten - und dies auf verschiedenen Ebenen. Die Erkenntnis ist also ein Palimpsest, wo man nicht feststellen kann, was ursprünglich wozu gehört. Dadurch ist klar, wieso die Aussage der Unerkennbarkeit des Dinges an sich einfach sinnlos wird, oder zumindest bedeutungslos. Ob unsere Erkenntnis eine *An-sich*-Erkenntnis oder eine Erscheinungs-Erkenntnis ist, wissen wir nicht, ist für uns unentscheidbar, und so hat diese Frage keine Relevanz für uns. Die Wirklichkeit, die wir erkennen, ist unsere Wirklichkeit, eine Wirklichkeit, die sich möglicherweise mit uns zusammen ständig verändert, was auch die Veränderungen unserer Erkenntnis und Wissenschaft erklärt. Die Welt erscheint uns als eine Welt, die eine Mit-Welt ist, wobei wir nicht wissen, was in unserem Erkennen zur Welt und was zu uns gehört.[8]

Das, was für uns existiert, zeigt sich für uns, und wir erkennen es auf eine geschichtlich, sozial, psychologisch usw. bedingte Art und Weise. Falls wir die Dinge erkennen möchten, dann müssen wir auch unsere Erfahrungen, Denkstrukturen erkennen, die auch Stationen im Erkenntnisprozess sind. Unsere erkennenden biologischen und kognitiven Strukturen sind Strukturen der Wirklichkeit, die wir erkennen möchten. Die Wirklichkeit wird von uns auf verschiedene Art und Weise erkannt, wobei wir selber nicht nur diese Wirklichkeit erkennen, sondern wir sind (in einem ontologischen Sinne) *in* dieser Wirklichkeit, die durch unsere Erkenntnis (epistemologisch) irgendwie "in uns (unsere kognitive Strukturen) hineinkommt".

Die kognitiven Strukturen des Menschen haben also doppelte Aspekte. Wie N.Rescher feststellt, können die physischen Prozesse, wie die biologischen Grundlagen der Gedanken, mithilfe der Kausalität (d.h. biologischer Prozesse) verstanden werden. "Eine evolutiv produktiv/kausale Überlegung ist von dem Blickwinkel der Beobachterperspektive entwickelt. Der substantive Inhalt dieser Prozesse aber müssen von innen, von dem Aussichtspunkt der Perspektive des Performers verstanden werden."[9]

Die erkennenden Strukturen können als solche Entitäten aufgefasst werden, die in der Aussenwelt sind und im bestimmten Sinne Teile der Aussenwelt sind, zugleich aber sind sie Träger von substantiven Inhalten und gehören nicht

---

[8] Über den Zusammenhang der Kantschen a priori und der evolutionären Erkenntnistheorie vgl. W.Lüttenfels, "Zur idealistischen Rechtfertigung einer evolutionären Erklärung des Apriori", W.Lüttenfels (Hrsg.), *Transzendentale oder evolutionäre Erkenntnistheorie*, Darmstadt: Wissenschaftliche Buchgesellschaft 1987, 1-32, 6. "Kants Argumentation scheint - konsequent weitergedacht - selber ihre eigene Entwertung zu implizieren sowie die Nötigung dazu, in einem empirischen Verfahren die Apriori-Faktoren zu ermitteln und dann auch in ihrer Genese möglicherweise empirisch zu erklären."

[9] N.Rescher, *A Useful Inheritance, Evolutionary Aspects of the Theory of Knowledge*, Savage: Maryland: Rowman&Littlefield Publ. 1990, 120-127.

János Boros, Pécs Ungarn

ohne weiteres zur Aussenwelt, sondern sie haben einen irreduziblen "introspektiven" Charakter. Die kognitiven Strukturen tragen und zeigen uns die Strukturen der Aussenwelt für uns, also die Dinge innerhalb der kognitiven Strukturen und "ausserhalb" dieser.

Das Erkennen der Welt geschieht durch und in zwei Welten: das sind die äussere und die innere Welt. Die äussere Welt wird nur durch die innere Welt erkannt. Die äussere Welt würde für uns nicht existieren ohne unsere innere Welt – wir würden über die Welt nichts wissen. Die *innere Welt* würde aber *nicht* existieren *ohne* die äussere Welt, die teilweise schon vor dem Entstehen der inneren Welt (vor unserer Geburt) irgendwie, zwar nicht erkannt, aber nachträglich von uns gedacht, existiert hat, *ohne* also einer mit der inneren Welt ko-aktiven, teilweise vor-zeitigen und später (nach unserer Geburt) zeitgenössischen biologischen und epistemologischen Evolution, also *ohne* die existierende *äussere Welt*. Dies bedeutet, wir können den Menschen nie ohne die Erkenntnis der Aussenwelt erkennen. Umgekehrt, die äussere Welt kann nicht erkannt werden, ohne durch unsere inneren kognitiven und epistemischen Strukturen, ohne unsere Innenperspektive. Während unseres Erkennens werden also in einem strengen Sinne die ineinandergeschriebene Aussen- und Innenwelt als untrennbar erkannt.

Man könnte bezüglich verschiedenster Probleme zeigen, dass die Erkenntnis der äusseren Welt in eine innere, erkennende Welt eingebettet oder eingeschrieben ist. Jede Philosophie, jede Epistemologie ist reduktiv und dadurch, was ihre Wirklichkeitsrelevanz betrifft, degenerativ, wenn sie die palimpsestische Charakteristik jeden Erkennens nicht in Betracht zieht. Was ich bei Kant skizzenhaft gezeigt habe, und was die evolutionären Epistemologen zu zeigen versuchen, dass nämlich die Kantschen Apriorizitäten evolutionär-biologisch bedingt also "palimpsestisch" sind, könnte man auch mutatis mutandis an den verschiedensten Philosophien zeigen.

Die palimpsestische Epistemologie will nicht trennen und Prioritäten feststellen, auch nicht aus methodologischen Gründen.[10] Falls eine Analyse aus praktischen oder

---

[10] Die Palimpsestische Epistemologie hat also keine Machtambitionen, will nicht epistemische oder ontologische Machtpositionen ausbauen, und zwar aus der Einsicht, dass jede Position und jede Macht nur eine Frage der systematischen oder historischen Perspektive ist und jederzeit veränderbar oder ablösbar ist. Dadurch relativiert sie jede imperiale Ambitionen der Vernunft und versucht sie mit der Wirklichkeit auszusöhnen. (Z.B. über die imperialen Ambitionen der cartesianischen Philosophie vgl. S.Toulmin, *The Future of Cosmology*, Berkeley: University of California Press 1982, 244.: "Descartes' philosophical program had imperial ambitions.") Über die Machtansprüche der philosophischen Vernunft ist besonders einleuchtend, J.F.Lyotard, *La condition postmoderne*, Paris: Minuit 1979. Die Palimpsestik versucht eine Art solidare Philosophie zu sein, vielleicht ähnlich dazu, wie R.Rorty die Solidarität auf die soziale Welt "anwendet". (Vgl. R.Rorty, "Solidarity or objectivity?", J.Rajchman, C.West,ed. *Post-Analytic Philosophy*, New York: Columbia University Press 1985 3.-5.) In diesem Vortrag versuche ich

János Boros, Pécs Ungarn

theoretischen Gründen es notwendig macht, sollen natürlich gewisse Trennungen, Hierarchisierungen durchgeführt werden. Eine palimpsestische Verfahrensweise markiert aber immer das Ganze und hält die Reduktionen in ihren methodischen Grenzen, damit eine theoretische Analyse nicht zu reduzierenden ontologischen Konsequenzen führt (also zu sozialem Terror, Machtansprüchen, Rassismus, ökologischen Katastrophen). Die Wirklichkeit als Ganzes bleibt für uns ohne Zweifel für immer unerkennbar. Ihre "Idee" kann aber eine epistemische Sehnsucht in uns erwecken, damit wir diese Wirklichkeit nicht in sinnlose Teile zerstückeln und zerstückeln lassen, also zerstören. (Diese Methode wird zum Beispiel auf einer ökonomischen Ebene immer mehr in Form einer "ökologische Ökonomie", einer Art Ökolonomie[11] angewandt. Man trennt Produktionseinheiten nicht von der Umwelt, man maximiert nicht die Produktivität und den Gewinn ohne weitere Rücksichtsnahme auf eine ganzheitliche Umwelt. Zur Planung und Gestaltung neuer Prozesse werden immer die sogenannten "ganzheitlichen" Aspekte in Betracht gezogen.) W.Vossenkuhl plädiert "halb-palimpsestisch" für eine ökologische Ethik, "uns selbst als Teil der Natur zu verstehen"[12]. Ich denke, seine Argumentation könnte palimpsestisch ergänzt und dadurch "schlagfertiger" werden: *Die Natur sollte zugleich als Teil von uns verstanden werden*. Für die Verwirklichung einer ökologischen Ethik schlägt Vossenkuhl ein palimpsestisches "Ineinanderschreiben" (von ihm Strukturmodell genannt) der verschiedenen Wissenschaften, "einen qualitativen Sprung über die Grenzen zwischen Natur-, Sozial- und Geisteswissenschaften".[13]

Die palimpsestische Epistemologie setzt, dass es nur eine Wirklichkeit gibt, diese aber aus zwei voneinander abhängigen, ineinandergeschriebenen und palimpsestischen Welten besteht. Die Wirklichkeit *für uns* ist ein Palimpsest, wobei zwei Welten ineinanderschreiben. Das Ineinander-Geschriebensein ist für uns nicht auf zwei verschiedene Schriften zertrennbar. Die beiden Schriften können nicht zugleich gelesen werden, mit der Kantschen Terminologie, sie können gedacht, nicht aber erkannt werden. Die palimpsestische Epistemologie vermittelt uns eine interdependente Ontologie. Während des Erkennens können wir über die interne oder externe Welt sprechen, wir können über die biologische Base oder die ideationale Perspektive

---

gerade die Solidarität auf die Epistemologie (und dadurch auf jede Art Philosophie und Wissenschaft) auszudehnen.

[11] Eine palimpsestische Ökonomie, die ganzheitlich denkt und auch die ökologischen Aspekte einbezieht, könnte *Ökolonomie* genannt werden. Ich mache hier diesen terminologischen Vorschlag.

[12] W.Vossenkuhl,"Ökologische Ethik", *Information Philosophie*, Februar 1993, 18.

[13] Vossenkuhl,19.

János Boros. Pécs Ungarn

(Rescher) sprechen. Die verschiedenen Paradigmen (Kuhn), Dekonstruktionen (Derrida), Wörterbücher (Rorty), Sprecharten sind Versuche, eine Schrift der untrennbar vielen Schriften zu lesen, wobei selbst die Paradigmen, Wörterbücher und Sprecharten schon einzelne Schriften der vielen ieneinander-verwobenen Schriften sind.

Mithilfe der palimpsestischen Epistemologie können wir über die Wirklichkeit sagen, dass sie interdependent kausal, palimpsestisch-epistemologisch und evolutiv-genetisch ist. Allerdings unser kognitiver Erfolg in der Welt ist nicht substantiell, also nicht metaphysisch, sondern praxisorientiert.[14] Dabei haben wir die Möglichkeit, konform in dieser Palimpsestik zu leben, und das ist unsere Freiheit. Man kann die neu entwickelte Beziehungen zwischen Wissenschaft und Ethik als palimpsestische Bezeichnen. Selbst wissenschaftliche Forschung und technische Anwendung sind je Handlungen mit und in der Wirklichkeit. Dabei kann man in der Zeit der subtilen Verfeinerung der in die Strukturen der Wirklichkeit eingreifenden Techniken (Telekommunikation, Gentechnologie, usw.) nicht mehr Wissenschaft und Praxis - also Ethik - trennen, da ein theoretisch geleitetes Eingreifen in die Tiefenstruktur der Wirklichkeit diese strukturell, also "wesentlich" verändern kann; und deshalb ist es immer eine ethisch zu verantwortbare Handlung. Die Feststellung von Hans Lenk weist auf die Notwendigkeit der Zusammenbringung Wissenschaft und Ethik: *"Wir können es uns schon heute und besonders künftig nicht mehr leisten, die drängenden ethischen Probleme der Wissenschaft und besonders der angewandten Wissenschaften zu vernachlässigen."*[15]

Man könnte eine palimpsestische Lesung der Philosophiegeschichte, der Wissenschaften, der Ökonomie und Politik usw. geben[16], da selbst die verschiedenen Disziplinen palimpsestisch ineinandergeschrieben sind. Eine

---

[14] Vgl. Rescher 1990, 71-73.

[15] H.Lenk, "Zu einer praxisnahen Ethik der Verantwortung in den Wissenschaften", Hans Lenk (Hg.), *Wissenschaft und Ethik*, Stuttgart: Reclam, 1991, 71.

[16] Die Ineinander-Gewobenheit verschiedener Disziplinen, Perspektiven, d.h. verschiedener Welten, ist eine Wirklichkeit, wo die Perspektiven "menschliches Wissen, Können und Tun" nicht mehr isoliert von der Perspektive der Natur und der objektiven Welt verstanden werden. In einer palimpsestischen Wirklichkeitsauffassung ist der Mensch in der Natur und die Natur ist im Menschen (und in der menschlichen Gesellschaft). Dadurch wird jeder Umweltschutz, jede Ökologie als Ökonomie grundsätzlich begründet. Der Mensch schützt in der Natur sich selbst - und der Mensch schützt in sich selbst die Natur. Dann wird die Natur auch uns schützen. *Waldemar Hopfenbeck* drückt die Forderung nach einer praktischen Aussöhnung mit der Natur aus: "Umweltschutz darf nicht mehr auf Teilbereiche der Gesellschaft reduziert bleiben, darf nicht überwiegend als Verbesserung der Umweltschutz-'Technik' verstanden werden. (...) Wohlstandsfortschritt ist gekoppelt an ökologische Folgeschäden, aber auch an soziale und kulturelle Folgen, da zunehmend nicht nur die Natur, sondern auch der Mensch überfordert scheint. Diese Folgen unseres Wirtschaftens bedürfen dringend einer gesellschaftlichen Begründung."(W.Hopfenbeck, *Umweltorientiertes Management und Marketing*, Landsberg/Lech: Verlag Moderne Industrie, 1990, 19.)

neue Stellung der Kognition, des Menschen und der menschlichen Aktivitäten in der Welt können ausgearbeitet werden. Die genetisch-historische Einheit von Wissenschaften, wofür Hans Poser plädiert, kann auch als eine palimpsestische Wissenschaftstheorie aufgefasst werden.[17]

Eine palimpsestische Philosophie anerkennt die kognitiven Grenzen unserer Erkenntnis, und das ist die Wirklichkeit. Dieses Wort (Wirklichkeit) verstehen wir aber aus epistemischen, sprachlichen, kognitiven usw. Gründen nicht. Allerdings, um mit Rescher zu sprechen,[18] die Natur des Denkapparates begrenzt nicht die Substanz unseres Denkens. Aber sie kann uns auch nicht helfen, sichere metaphysische Behauptungen aufzustellen, da wir aus der palimpsestischen Zirkularität oder eher "Eingewobenheit" nicht hinaustreten können. Wir gelangen also nicht zur Lösung solcher substanziellen Probleme, wie es Wittgenstein in *Tractatus* formuliert hat: "Nicht *wie* die Welt ist, ist das Mystische, sondern *dass* sie ist."[19] Diese Fragen würden aus der Palimpsestik hinausweisen, da aber die Sprache auch darin ist, können sie nicht hinaus. Allerdings, die Frage nach dem, "*dass* sie ist", wird doch gestellt. Obwohl wir sie - wie erwähnt - gar nicht stellen. Und gerade dies *ist* die Frage.

---

[17] H.Poser, "Gibt es eine Einheit der Wissenschaft?", *Information Philosophie* Dezember,1987,18.
[18] Rescher 1990 125. "The nature of the *apparatus* of thought does not restrict the *substance* of thinking."
[19] Wittgenstein, *Tractatus* 6.44.

Michael Esfeld, Münster

Mechanismus und Subjektivität. Hobbes' Realitätskonzeption und die Problematik des menschlichen Selbstverständnisses in der modernen Welt

Thomas Hobbes (1588-1679) ist der erste, der das mechanistische Erklärungsmodell der frühneuzeitlichen Naturwissenschaft auf die Anthropologie und die politische Philosophie anwendet. Er weist alle Formen eines Welt- und Selbstverständnisses zurück, die Existenzbehauptungen über etwas enthalten, das nicht bewegter Körper ist. Auch als Denkender und Handelnder ist der Mensch ein Körper. Seine Gedanken und Absichten sind mit körperlichen Bewegungen identisch. Der Mensch kann folglich vollständig in Termini von Materie und Bewegung beschrieben werden. Andererseits wird in Hobbes' Philosophie zum ersten Mal neuzeitliche Subjektivität als etwas manifest, das aus sich selbst heraus schöpferisch tätig ist. Am deutlichsten wird dieses in folgenden Metaphern, die Hobbes gebraucht: Menschen schaffen durch Technik nicht nur selbstbewegte Maschinen wie Uhren, die er als künstliche Lebewesen bezeichnet; sondern sie schaffen auch einen künstlichen Menschen, indem sie per Vertrag eine politische Gemeinschaft errichten.[1] Der von Menschen hervorgebrachte Staat ist nach Hobbes ein sterblicher Gott.[2] Gibt es einen Zusammenhang zwischen diesen beiden Polen, Mechanismus und Subjektivität? Meine These ist: Gerade weil Hobbes das mechanistische Ordnungskonzept der frühneuzeitlichen Naturwissenschaft auf die Anthropologie anwendet, tritt in seiner Philosophie der Mensch als Subjekt im Gegensatz zur mechanistisch gedachten Welt hervor.

Die Welt, sagt Hobbes, ist das Aggregat aller Körper.[3] Seine Theorie vom Körper entspricht Descartes' Naturphilosophie: Ein Körper ist eine Gestalt räumlicher Ausdehnung, die durch Bewegung von anderen Körpern geschaffen worden ist und die selbst wiederum andere Körper bewegt.[4] Alles, was wirklich wird, ist eine Bewegung, die durch vorhergehende Bewegungen determiniert ist.[5] Jedes Ereignis ist folglich notwendig in bezug auf ihm vorgängige Ereignisse.[6] Alle Eigenschaften außer Raumgestalt und Bewegung - wie Farben, Töne, Wärme - sind nicht real, sondern Phantasmen; sie sind Weisen, wie Körper vorgestellt werden.[7] Über die Zurückweisung der aristotelisch-scholastischen Ontologie hinaus stellt Hobbes' Theorie somit ein eigenständiges Ordnungskonzept dar, das von dieser Ontologie aus durch die folgenden beiden

---

[1] Lev. Introduction, 1 (EW III, IX-X). Folgende Schriften von Hobbes werden zitiert:
- English Works, 11 Bd., Hg. W. Molesworth, London 1839-45 (EW)
- Opera Latina, 5 Bd., Hg. W. Molesworth, London 1839-45 (OL)
- The Elements of Law, natural and politic, Hg. F. Tönnies, London 1969 (2. Aufl.) (El)
- Leviathan, Hg. C.B. Macpherson, Harmondsworth 1968 (Lev.) (Die erste arabische Ziffer gibt das Kapitel an, die zweite die Seitenzahl der Head-Ausgabe von 1651)
- Critique du "De mundo" de Thomas White (lat. Text), Hg. J. Jacquot/ H.W. Jones, Paris 1973 (Anti-White)
Ferner werden folgende Abkürzungen gebraucht:
cor. = De corpore (OL I); hom. = De homine (OL II, 1-132)
[2] Lev. 17, 87 (EW III, 158).
[3] Cor. 26, 5; Lev. 34, 207; 46, 371 (EW III, 381, 672).
[4] Vgl. cor. 2, 14; 6, 13; 8, 1-5 u. 14 u. 20 u. 23-24.
[5] Vgl. cor. 6, 5; 8, 19; 9, 5; Anti-White 27, 5; EW IV, 274-75; EW V, 221-28.
[6] Vgl. cor. 9, 5; 10, 5; Anti-White 35, 7; EW V, 380.
[7] Vgl. cor. 25, 3 u. 10; 27, 2-3; 29, 1; hom. 2, 1; El. I, 2, 7-9; Lev. 1, 3-4; 5, 20 (EW III, 2, 34); Anti-White 4, 1; OL IV, 329/ EW VII, 28.

Michael Esfeld, Münster

Schritte erreicht wird:
1) Die Behauptung, daß es intelligible Formen in den Dingen oder jenseits von ihnen gibt, wird negiert. Als das, was Substanz ist, werden nicht mehr intelligible Formen angesehen, sondern Materie im Sinne von Körperlichkeit (= räumliche Ausdehnung).
2) Ordnung und Regelmäßigkeit werden nicht mehr auf intelligible Formen hin gedacht, die zu erreichen Ziel für Sinnliches und seine Bewegungen ist, sondern als zielloser, kausal-mechanischer Bewegungszusammenhang konzipiert.

Mit *"mechanistischem Ordnungskonzept"* meine ich die Theorie, daß Zusammenhang und Einheit in der gesetzmäßigen Folge zielloser Bewegungen von Körpern bestehen, mit *"mechanistischer Realitätskonzeption"* die Theorie, daß die Welt der ziellose Bewegungszusammenhang von Körpern ist.

Hobbes' Leistung ist es nun, als erster auch den Gegenstand der Anthropologie gemäß diesem Ordnungskonzept zu denken. Descartes' Folgerung aus dem "cogito, ergo sum" darauf, daß es eine Substanz gibt, die denkt, stimmt er zwar zu, aber diese Substanz ist nach ihm der Körper.[8] Er nimmt die Selbsterfahrung von Gefühlen, Wahrnehmungen, Gedanken, Absichten als Phänomen auf und sagt, daß alles Mentale identisch mit körperlichen Bewegungen ist.[9] Mentalistisches Vokabular und mentalistische Beschreibungen und Erklärungen einschließlich teleologischer Erklärungen des Verhaltens von Lebewesen können somit beibehalten werden. Sie können nach ihm auf physikalistisches Vokabular und mechanistische Beschreibungen und Erklärungen reduziert werden.[10] Physische Ereignisse sind also - direkt oder indirekt - für alles Mentale ursächlich. Ebenso können Vorstellungen oder propositionale Einstellungen wie glauben, wissen oder wollen, daß etwas der Fall ist, physische Ereignisse verursachen.[11] Die Annahme, daß es einen Kausalzusammenhang zwischen Mentalem und Physischem gibt, stellt für Hobbes kein Problem dar, weil nach ihm alles Mentale identisch mit körperlichen Bewegungen ist.

Hobbes' Leistung besteht also darin, das mechanistische Ordnungskonzept nicht nur als Erklärungsmodell für Ereignisse in Raum und Zeit zu verwenden, sondern auch ein Selbstverständnis auszuarbeiten, das diesem Ordnungskonzept entspricht. Er will auf diese Weise eine vollständige Alternative zum aristotelisch-scholastischen Welt- und Menschenbild entwickeln. Damit ein Selbstverständnis gemäß dem mechanistischen Ordnungskonzept möglich ist, kann dieses Ordnungskonzept nicht bloß als ein Konstrukt angesehen werden, das als etwas Nützliches in Hinblick auf die technische Beherrschung der Natur gebraucht wird. Wenn dieses Ordnungskonzept es dem Menschen ermöglichen soll, sich selbst ihm gemäß zu verstehen, dann muß es mit dem Anspruch vertreten werden, aufzuzeigen, was der Mensch ist. Hobbes' Anthropologie

---

[8] 2. Einwand (OL V, 252-54).
[9] Siehe z.B. cor. 25, 2; El. I, 2, 7; I, 7, 1; Lev. 1, 3; 3, 8; 6, 25 (EW III, 2, 11, 42); Anti-White 7, 1; 27, 19; 30, 3; OL V, 258. Vgl. T.L. Lott, Hobbes's mechanistic psychology, in: J.G. van der Bend (Hg.), Th. Hobbes - his view of man, Amsterdam 1982, 63-75, bes. 70-71; W. Kersting, Th. Hobbes, Hamburg 1992, 57, 66-68.
[10] Vgl. zur Reduzierbarkeit finaler Erklärungen des Verhaltens von Lebewesen auf mechanistische bes. Anti-White 27, 2. Dazu, daß Hobbes teleologische Erklärungen nicht eliminiert, siehe bes. J. Barnouw, Respice finem! The importance of purpose in Hobbes's psychology, in: M. Bertman/ M. Malherbe (Hg.), Th. Hobbes. De la métaphysique à la politique, Paris 1989, 47-61, bes. 47, 52-61; derselbe, Hobbes's psychology of thought, History of European Ideas 10 (1989), 519-45, hier 519, 523-32.
[11] Siehe El. I, 6, 9; I, 12, 1 u. 6; I, 13, 6; Lev. 6, 23 (EW III, 39); OL V, 261; EW IV, 247, 272.

Michael Esfeld, Münster

geht dementsprechend davon aus, daß alles Mentale körperliche Bewegungen sind. Diese Aussage wird als a priori gültig angesehen, wie aus folgendem hervorgeht:
1) Nicht nur ist die Rede von einer Substanz, die nicht körperlich ist, nach Hobbes eine contradictio in adiecto,[12] sondern insgesamt sind alle Aussagen über etwas, das nicht als Fall von Ausdehnung und Bewegung explizierbar sein soll, sinnlos.[13]
2) Alles, was es gibt, ist Wirkung einer Ursache. Jede Ursache ist eine Bewegung. Bewegung kann nur Bewegung produzieren.[14]
3) Die Identität von Mentalem mit körperlichen Bewegungen kann nicht empirisch überprüft werden: Diese Bewegungen sind nach Hobbes unsichtbar, weil sie Bewegungen durch einen sehr kleinen Raum in einer sehr kleinen Zeit (conatus) sind.[15]

Hobbes' Anthropologie basiert folglich auf der These, daß alles, was sein kann, etwas räumlich Ausgedehntes oder dessen Bewegung sein muß. Es ist mithin notwendige und hinreichende Bedingung für seine Anthropologie, das mechanistische Ordnungskonzept als Ordnungskonzept für die Welt als ganze zu verstehen, d.h. es als eine Konzeption von Realität anzusehen, die beansprucht, wahr zu sein in dem Sinne, die Welt als solche zu treffen. Weil Hobbes ein Selbstverständnis gemäß dem mechanistischen Ordnungskonzept ausarbeiten will, ist seine Philosophie somit Metaphysik in dem Sinne, daß sie eine Theorie über die Welt als ganze ist.[16]

Vor diesem Hintergrund ist es zu verstehen, daß Hobbes die Prinzipien des mechanistischen Ordnungskonzepts für *selbstevident* hält.[17] Das heißt: Die Sätze "Alles, was es gibt, ist ein Körper, nämlich eine Gestalt räumlicher Ausdehnung, die relativ auf andere Körper bewegt ist" und "Jede Bestimmtheit eines Körpers ist durch Bewegung von anderen Körpern determiniert" sind notwendigerweise wahr. Wissen unterscheidet sich nach Hobbes dadurch von Erfahrung, daß es infallibel ist.[18] Hobbes' Programm ist es, auf der Grundlage der selbstevidenten Prinzipien des mechanistischen Ordnungskonzepts eine Mathematik und reine Bewegungslehre zu entwickeln, die es ermöglicht, Kausalerklärungen für Ereignisse in der Welt zu entwerfen.[19] Die Erklärungen der Physik sind fallibel, weil sie von der Wahrnehmung von Ereignissen ausgehen: Zu gegebenen Ereignissen werden mögliche Ursachen aufgezeigt.[20] Aussagen darüber, mit welchen physischen Ereignissen gegebene mentale Phänomene identisch sind, sind folglich ebenfalls kontingenterweise wahr - oder falsch. Die Aussage jedoch, daß alles Mentale mit körperlichen Bewegungen identisch ist, ist notwendigerweise wahr. Sie folgt aus den selbst-

---

[12] El. I, 11, 4; Lev. 4, 17; 5, 19; 12, 53; 34, 207 u. 214 (EW III, 27, 32-33, 96, 381 u. 393).
[13] Z.B. Lev. 1, 4; 4, 16-17; 5, 19; 34, 207 u. 214 (EW III, 3, 27, 32-33, 381 u. 393).
[14] Lev. 1, 3 (EW III, 2).
[15] Vgl. cor. 6, 6 in fine u. 17 III; El. I, 12, 1; Lev. 6, 23 (EW III, 39); Anti-White 37, 4.
[16] Vgl. dagegen die Interpretation von Hobbes' Materialismus als Hypothese. Diese Interpretation geht zurück auf P. Natorp, Descartes' Erkenntnistheorie, Marburg 1882, 142-46. Ihre wichtigsten Vertreter sind A. Pacchi, Convenzione e ipotesi nella formazione della filosofia naturale di Th. Hobbes, Firenze 1965 und Y.-Ch. Zarka, La décision métaphysique de Hobbes, Paris 1987.
[17] per se nota - cor. 6, 5 u. 12 u. 15 III.
[18] El. I, 11, 8; Lev. 5, 21-22; 13, 60; 25, 135; 46, 367 (EW III, 36-37, 110, 247, 664); Anti-White 1, 3; 23, 1; OL IV, 390.
[19] Vgl. cor. 6, 6 u. 17 III; OL IV, 26-29.
[20] Siehe cor., Widmung; 25, 1; 26, 11; 30, conclusio; hom. 10, 5; OL IV, 299-300, 311/ EW VII, 3-4, 11; EW VII, 88, 183-84.

Michael Esfeld, Münster

evidenten Prinzipien zusammen mit der Anerkennung der Existenz mentaler Phänomene.

Den Menschen, auch insofern er Denkender und Handelnder ist, als Fall von Ausdehnung und Bewegung anzusehen, bedeutet, seine Vernunft mit einer körperlichen Bewegung zu identifizieren: Vernunft ist nach Hobbes eo ipso sprachlich,[21] und Sprache ist identisch mit der jeweiligen Sprechbewegung.[22] Sprache besteht darin, eine Folge von Vorstellungen in eine Folge von Worten zu übertragen.[23] Das heißt: Sie besteht darin, Vorstellungen zu bezeichnen (significare), aber äußere Körper oder deren Bewegungen zu benennen (denotare).[24] Namen werden willkürlich bzw. per Konvention gesetzt.[25] Universalien sind diejenigen Namen, die als etwas Individuelles für mehreres andere Individuelle stehen.[26] Sätze, und nur sie, sind als Verbindungen von mindestens zwei Namen wahr oder falsch.[27] Da Lautfolgen willkürlich als Namen gesetzt werden, wurden die ersten wahren Sätze willkürlich durch die Zuteilung bestimmter Namen zu bestimmten Gegenständen geschaffen.[28] Mit der Willkür der Namensgabe ist nur gemeint, daß die Namen in keiner Ähnlichkeitsrelation zur Beschaffenheit der benannten Sache stehen.[29] Die Namensgabe - und der jeweilige Gebrauch von Namen - ist durch äußere Umstände determiniert.[30]

Indem jedoch eine bestimmte Lautfolge per Konvention als Name für einen bestimmten Gegenstand gesetzt wird, ist das, was sie zum Zeichen macht, nicht ihr Charakter als Lautfolge, sondern das - willkürliche - Setzen dieser Lautfolge als Name. Die Lautseite der Sprache kann folglich nicht der Grund dafür sein, daß das Sprachliche Zeichen ist. Mithin kann die Lautseite auch nicht der Grund für die Wahrheitsdifferenz des Sprachlichen sein. Der Transfer einer Vorstellungsfolge in eine Lautfolge schafft als Bilden von Propositionen somit etwas, das nicht in seiner Lautseite als physikalisch beschriebener Sprechbewegung aufgeht. Dasselbe gilt für den universalen Geltungsanspruch einiger Sätze: Aus Hobbes' diesbezüglichen Äußerungen geht hervor, daß ein allgemeingültiger Zusammenhang zunächst entdeckt wird und dann eine Lautfolge als Regel, die Zeichen für ihn ist, gesetzt wird.[31] Die Durchführung von Hobbes' Sprachtheorie impliziert also, daß die Merkmale von Propositionen, Zeichen zu enthalten, die z.T. für mehreres andere stehen, wahr oder falsch zu sein und z.T. einen zeit- und ortsinvarianten Geltungsanspruch zu erheben, nicht identisch mit physikalischen Eigenschaften von Sprechakten sein können.

Die Schwierigkeiten von Hobbes' Identitätstheorie beginnen aber schon früher: Wahrnehmung kommt nach ihm dadurch zustande, daß andere Körper auf die Sinnesorgane des

---

[21] Z.B. Lev. 5, 18 u. 21 (EW III, 30, 35-36).
[22] Siehe bes. El. I, 5, 14. Vgl. Lev. 4, 12 (EW III, 19); Anti-White 30, 19.
[23] El. I, 5, 14; Lev. 4, 12 (EW III, 19); Anti-White 30, 19.
[24] Vgl. cor. 2, 5-6; El. I, 5, 2; I, 6, 4. Siehe zu Hobbes' Sprachtheorie insgesamt M. Isermann, Die Sprachtheorie im Werk von Th. Hobbes, Münster 1991.
[25] Cor. 2, 1-2 u. 4; 5, 1; hom. 10, 1-2; El. I, 4, 11; I, 5, 1-2.
[26] Siehe bes. Anti-White 2, 6. Dazu, daß nur Namen allgemein sind, siehe cor. 2, 9; 5, 5; 8, 5; El. I, 5, 6; Lev. 4, 13 (EW III, 21); Anti-White 30, 21.
[27] Siehe cor. 3, 2 u. 7; El. I, 5, 9; Lev. 4, 14-15 (EW III, 23); Anti-White 30, 17.
[28] Cor. 3, 8. Vgl. 25, 1; cive 17, 28; El. I, 4, 11; I, 13, 3; OL V, 257-58.
[29] Vgl. cor. 2, 4; 5, 1; hom. 10, 2.
[30] Vgl. Lev. 32, 196 (EW III, 360). Siehe A. Robinet, Pensée et langage chez Hobbes, Rev. internat. de philos. 33 (1979), 452-83, hier 471-82.
[31] Siehe das Dreiecksbeispiel in cor. 6, 11 u. Lev. 4, 14 (EW III, 22).

Michael Esfeld, Münster

menschlichen Körpers einwirken. Die Bewegung des einwirkenden Körpers setzt sich durch die Sinnesorgane zum Gehirn und Herzen fort. Dort trifft sie auf die Lebensbewegung, die er mit dem Blutkreislauf identifiziert.[32] Dieser Zusammenstoß wird als Vorstellung (Phantasma) bewußt. Das Phantasma erscheint aufgrund des Gegendrucks, in welchem es entsteht, dem Wahrnehmenden als etwas Äußeres.[33] Konsequenz dieser physikalistischen Erklärung ist mithin, daß nur scheinbar äußere Objekte, in Wirklichkeit aber die eigenen Phantasmen wahrgenommen werden. Diese Konsequenz will Hobbes vermeiden. Er versteht daher unter einer Wahrnehmung nicht nur das Haben von Phantasmen, sondern auch ein vorpropositionales Urteilen über Objekte aufgrund von Phantasmen, nämlich durch Vergleichen und Unterscheiden der Phantasmen.[34] Deshalb sagt er, daß nicht die eigenen Phantasmen, sondern Objekte wie die Sonne gesehen werden.[35] Dieses Urteilen geht folglich über den Zusammenstoß der von außen ausgelösten Bewegung mit der Lebensbewegung hinaus: Es besteht darin, daß der Wahrnehmende aus sich selbst heraus seine Phantasmen auf die Wahrnehmung von Objekten hin überschreitet. Der Sprechbewegung kann dieses Urteilen nicht zugeschlagen werden. Denn diese setzt bei der Namensgabe für Äußeres an, das dem Wahrnehmenden von seinen Phantasmen aus gegenständlich geworden ist.[36]

Die Probleme dieser Theorie haben ihren Ursprung noch eine Stufe tiefer: Wenn Wärme, Farben, Töne etc. körperliche Bewegungen sind, dann entfällt das Argument dafür, daß sie nur Phantasmen und keine Eigenschaften von Objekten sind. Weil aber z.B. Farben nicht als Raumgestalten oder Bewegungen gesehen werden, identifiziert Hobbes sie nicht mit Raumgestalten und Bewegungen von Objekten, sondern denkt solche Bewegungen nur als Ursache dafür, daß im Wahrnehmenden Farbphantasmen auftreten. Wenn jedoch schon Eigenschaften wie rot und heiß etwas anderes sind als Eigenschaften wie rund und gleichförmig bewegt, wie könnte dann eine Eigenschaft wie, sich z.B. einer Raumgestalt oder Bewegung bewußt zu sein, selbst eine Raumgestalt oder Bewegung sein?

Den Zusammenhang von Erkennen und Handeln konzipiert Hobbes nun in folgender Weise: Indem die Bewegung, welche die Wahrnehmung ist, in einem Zusammenstoß einer von außen bewirkten Bewegung mit der Lebensbewegung entsteht, ist die Wahrnehmung entweder Förderung oder Hinderung der Lebensbewegung. Sie wird daher als angenehm oder unangenehm empfunden. Im ersteren Fall führt sie zu einer Minimalbewegung (conatus) auf den wahrgenommenen Gegenstand hin, im letzteren Fall zu einer Minimalbewegung von ihm weg. Erstere Bewegung ist eine Begierde, letztere eine Abneigung oder Furcht.[37] Selbst als Förderung oder Abschwächung der Lebensbewegung ist die Wahrnehmung jedoch von sich aus nicht hinreichend, um eine Begierde nach oder eine Abneigung gegen ihren Gegenstand zu bewirken. Hinreichend dazu ist sie nur unter der Voraussetzung, daß der Wahrnehmende nach der Veränderung von

---

[32] Cor. 25, 12. Vgl. hom. 2, 1; Lev. 6, 23 mit 25 (EW III, 38 mit 41).
[33] Siehe cor. 25, 2 u. 12; 29, 1; hom. 11, 1; El. I, 2, 8-9; Lev. 1, 3 (EW III, 1-2); Anti-White 27, 19; 30, 3; OL IV, 328/ EW VII, 27.
[34] Cor. 25, 5.
[35] Cor. 25, 3 u. 10. Vgl. J. Barnouw, Hobbes's causal account of sensation, Journal of the history of philos. 18 (1980), 115-30, bes. 123.
[36] Vgl. bes. El. I, 6, 4.
[37] Cor. 25, 12; El. I, 7, 2; Lev. 6, 23 u. 25 (EW III, 39 u. 42).

anderem um der Förderung seiner Lebensbewegung willen strebt. Dieses räumt Hobbes ein: Er spricht von angeborenen Begierden; diese sind auf das bezogen, was zum Überleben nötig ist; sie sind keine Begierden nach bestimmten Gegenständen.[38] Diese angeborene Begehrlichkeit wird mithin durch Wahrnehmung auf bestimmte Gegenstände gerichtet; darauf folgen dann entsprechende Handlungen.

Wahrnehmen als vorpropositionales Urteilen über Objekte aufgrund von Phantasmen, Sprechen als Bilden von Propositionen und Handeln als absichtsvolles Bewegen des eigenen Körpers stellt also eine Intentionalität dar, deren Beschreibung nicht reduziert werden kann auf die physikalische Beschreibung der körperlichen Bewegungen, in denen diese Intentionalität auftritt. Die Erkenntnisleistungen dienen nach Hobbes eo ipso dem Handeln zur Bedürfnisbefriedigung: Nur indem der Mensch ein Ziel hat, bringt er eine Ordnung in seine Phantasmen; das Ziel ist nicht die Erkenntnis, sondern die Veränderung von Wirklichkeit.[39] Wir gewinnen damit folgendes Bild: Jeder Mensch wird mit einer Intentionalität auf die Veränderung von anderem um seiner Selbsterhaltung willen geboren. Aufgrund dieser Intentionalität überschreitet er seine Phantasmen in vorpropositionalen Urteilen auf das Wahrnehmen von Objekten hin. Diese Intentionalität entwickelt sich dann weiter zu Vernunft in Form von Sprache und Wissenschaft. Die Bedeutung von Sprache und Wissenschaft besteht darin, ein Handeln um der Selbsterhaltung willen aus langfristiger Zukunftsplanung zu ermöglichen.

Indem Hobbes ein Selbstverständnis gemäß dem mechanistischen Ordnungskonzept ausarbeitet, will er, wie gesagt, eine vollständige Alternative zur aristotelisch-scholastischen Philosophie vorlegen. Diese Alternative basiert mithin auf der Ablehnung der Theorie, daß die Welt durch eine im Kosmos verankerte Vernunft strukturiert ist. Nichts Objektives ist daher nach Hobbes darauf gerichtet, ein Ziel zu verwirklichen; ziellos zu sein, charakterisiert den kausalmechanischen Zusammenhang. Nichts Objektives ist daher als solches ein Zeichen, und nichts Objektives ist daher allgemein oder wahr. Wie sich nun gezeigt hat, kommen dem Menschen, insofern er durch die beschriebene Intentionalität gekennzeichnet ist, jedoch die Merkmale zu, die als Merkmale des objektiven Seins zurückzuweisen konstitutiv für Hobbes' Theorie ist: Der Mensch bringt etwas hervor, das Zeichen für anderes ist, Universalien enthält und wahr oder falsch ist. Seine Leistung ist es, die Theorie, daß Sein mechanistisch geordnet ist, zu entwickeln. Und der Mensch ist auf die Verwirklichung von Zielen gerichtet, indem er absichtsvoll agierend in dieses Sein eingreift. Insofern er Denkender und Handelnder ist, tritt der Mensch damit als *Subjekt* im Unterschied zum Sein als *Objekt* hervor, das nur durch Ausdehnung und Bewegung gekennzeichnet ist.

Gerade weil Hobbes die Selbsterfahrung von Gefühlen, Wahrnehmungen, Gedanken, Absichten als Phänomen aufnimmt und das mechanistische Ordnungskonzept auf sie anwendet, um so eine vollständige Alternative zum aristotelisch-scholastischen Welt- und Selbstverständnis zu entwickeln, gelangt er dazu, dem Menschen eine Intentionalität zuzuschreiben, aufgrund derer

---

[38] Lev. 6, 24 (EW III, 40).
[39] Vgl. cor. 25, 9 mit El. I, 4, 2 und Lev. 3, 9 (EW III, 13) sowie Anti-White 30, 9-10.

Michael Esfeld, Münster

er dann aber Subjekt im Unterschied zum Sein als Objekt ist:[40] Da Hobbes die Theorie einer im Kosmos verankerten Vernunft negiert, Gedanken aber nicht eliminiert, muß er dem Menschen zusprechen, das, was er gemäß dieser Theorie aus dem Sein aufnimmt, aus sich selbst heraus hervorzubringen. Vernunft ist somit eo ipso aktiv. Weil die Rezeption intelligibler Formen, die in der Gottesschau gipfelt, nach seiner Theorie entfällt, ist Vernunft seiner Theorie gemäß nicht selbständig, sondern steht automatisch im Dienst von Praxis. Vernunft ist, wie gezeigt, Entwicklungsstufe einer Intentionalität, die auf die Veränderung von anderem um der Selbsterhaltung willen gerichtet ist. Von Hobbes' Determinismus her ist es konsequent, diese Intentionalität als angeborene zu denken. Der Mensch ist folglich darauf ausgerichtet, das zu tun, was er jeweils für das Förderlichste in Hinblick auf seine Selbsterhaltung hält. Erhaltung seiner selbst ist das, um dessentwillen gehandelt wird, weil ein ideales Selbstbild, auf dessen Verwirklichung das eigene Streben gerichtet ist, mit der Ablehnung der Theorie intelligibler Formen entfällt. Diese Subjektivität ist mithin nicht ein theoriefreies Phänomen, das sich nicht in das mechanistische Ordnungskonzept einfügen läßt, sondern etwas Theorieabhängiges. Sie tritt in Hobbes' Theorie hervor als Folge seines Versuchs, ein Selbstverständnis zu entwickeln, das im Rahmen der mechanistischen Realitätskonzeption steht.

Welche Konsequenzen hat dieses Resultat nun, wenn es auf Hobbes' eigene Theorie angewendet wird? Auch diese Theorie kann nur Produkt des Denkens eines Körpers in der Welt sein. Die Selbstevidenz ihrer Prinzipien ist angesichts dessen nicht zu halten: Um selbstevident sein zu können, müßten diese Prinzipien metaphysisch verankert sein. Sie müßten die einer Vernunft sein, die für die Ordnung des Kosmos ursächlich ist. Einerseits impliziert Hobbes' Anthropologie somit, wie ausgeführt, daß seine Theorie eine metaphysische ist, deren Prinzipien sich auf die Welt als ganze beziehen und mit dem Anspruch selbstevidenter Geltung verbunden sind. Andererseits impliziert seine Anthropologie, daß die Prinzipien nur Produkte des Denkens eines Körpers in der Welt sind, die diesem immanent sind. Das hat nun zur Folge, daß auch die Prinzipien nur willkürliche bzw. konventionelle Festsetzungen sein können, bei denen es sinnlos ist, zu fragen, ob sie wahr sind. Einige Äußerungen von Hobbes können so interpretiert werden, daß sich Willkür nicht nur auf die Wahl der Namen, sondern auch auf den Gehalt erster Sätze bezieht.[41]

Gemäß Hobbes' Erkenntnistheorie besteht Wahrnehmung darin, daß körperliche Bewegungen als Phantasmen bewußt werden. In einem vorpropositionalen Urteilen soll durch Vergleich und Unterscheiden der Phantasmen Zugang zu äußeren Objekten gewonnen werden. Nichtsdestoweniger sind damit jedoch die eigenen Phantasmen und nicht äußere Objekte das, was dem Wahrnehmenden anschaulich gegenständlich ist. Anschaulich gegenständlich ist mithin eine farbige Welt, die allerdings nur die der eigenen Phantasmen ist; die Wirklichkeit besteht aus Körpern, denen nur Ausdehnung und Bewegung zukommen. Hobbes' Theorie ist folglich mit dem sogenannten *Außenweltproblem* konfrontiert: Weil dieser Theorie gemäß nur die eigenen Phantasmen anschaulich gegenständlich sind und weil ein Bezug zur Welt durch Rezeption

---

[40] Vgl. in diesem Zusammenhang auch M. Meyer, Leiblichkeit und Konvention. Struktur und Aporien der Wissenschaftsbegründung bei Hobbes und Poincaré, Freiburg 1992, bes. 16-17, 65-66, 136, 141, 153-54.
[41] Vgl. cor. 3, 9; 25, 1; cive 17, 28; EW VII, 460.

intelligibler Formen oder angeborener Ideen entfällt, gibt es kein Argument dafür, daß jenseits der Phantasmen eine Welt existiert, die das Aggregat bewegter Körper ist. Hobbes kommt dieser phänomenalistischen bzw. skeptizistischen Konsequenz stellenweise nahe.[42] Das Außenweltproblem ist in Hobbes' Theorie also gerade Folge einer objektorientierten, mechanistischen Realitätskonzeption. Von dem, worüber jemand redet, kann somit nicht mehr gesagt werden, als daß es seine privaten Vorstellungen sind.

Es ergibt sich damit folgendes Resultat: Hobbes' Schritte, das aristotelisch-scholastische Welt- und Menschenbild zu negieren und eine mechanistische Realitätskonzeption sowie ein Selbstverständnis, das im Rahmen dieser Konzeption steht, an dessen Stelle zu setzen, führen ihn einerseits dazu, Vernunft eo ipso als etwas Aktives zu denken, das genau die Merkmale hat, die als Merkmale des Seins zurückgewiesen werden. Diese Schritte schließen es andererseits jedoch aus, komplementär zu dem mechanistischen Verständnis der äußeren Welt eine für diese Vernunft spezifische Komponente der Theorie, die eine subjektspezifische Komponente wäre, auszuarbeiten. Vernunft tritt infolgedessen als etwas je Privates und Subjektives im Sinne von Willkürlichem auf. Wegen dieses skeptizistischen Resultats fehlt letztlich eine eigenständige theoretische Alternative zur aristotelisch-scholastischen Philosophie: Das Welt- und Selbstverständnis ist nur eine Angelegenheit subjektiven Beliebens. Weil in Hobbes' Theorie somit als Folge des Versuchs, ein Selbstverständnis gemäß dem mechanistischen Ordnungskonzept zu entwickeln, aus sich selbst heraus tätige Subjektivität manifest wird, diese aber nicht in die mechanistische Realitätskonzeption integriert werden kann, ist von Hobbes' Theorie aus der Weg zur neuzeitlichen Subjektphilosophie verständlich.[43] Seine Argumentation gegen jeden Interaktionismus von verschiedenartigem Seienden einerseits und die Probleme seiner Theorie andererseits, die nicht erst auf der Ebene des Denkens und Handelns, sondern schon auf der von Eigenschaften wie Farben einsetzen, machen jedoch auch Folgendes deutlich: Diesem Weg kann nicht einfach gefolgt werden, um zu einem vernünftigen Welt- und Selbstverständnis in der Moderne zu gelangen; sein Fundament ist vielmehr zu überdenken.[44]

---

[42] Siehe cor. 7, 1; Lev. 4, 16 (EW III, 26). Vgl. J. Leshen, Reason and perception in Hobbes. An inconsistency, Noûs 19 (1985), 429-37.
[43] Vgl. dagegen A. Baruzzi, Th. Hobbes: Strukturelle Einheit von Körper und Methode, in: J. Speck (Hg.): Grundprobleme der großen Philosophen - Philosophie der Neuzeit I, Göttingen 1986, 2. Aufl., 74-100, hier 96-97.
[44] Ich hoffe, u.a. die in diesem Papier angesprochenen Punkte demnächst in einer Monographie über *Hobbes' mechanistische Philosophie und die Stellung des Menschen in der Moderne* ausgearbeitet vorlegen zu können.

Klaus Erich Kaehler, (z.Zt.) Memphis/TN, USA

Der Grund der Realität in Kants Idealismus

So wenig Kant eine Lehre der Metaphysik gelten lassen will, die nicht durch die Kritik der sie begründenden Vernunft als legitim erwiesen wäre, so sehr nimmt er doch eine ganz bestimmte Verfassung des erkennenden Subjekts dieser Vernunft zum Ausgangspunkt. Es läßt sich zeigen, daß diese Verfassung der Sache nach mit derjenigen übereinstimmt, die Leibniz als Verfassung der endlichen vernünftigen Monade (mens) hinsichtlich ihrer subjektiven Wissens- bzw. Bewußtseinsweisen bestimmt hat.

In dieser Übereinstimmung erweist sich konkret, daß der Kantische Schritt über Leibniz hinaus, der erst mit der ersten 'Kritik' prinzipielle Bedeutung gewinnt, zu verstehen und zu rekonstruieren ist als Rückbezug der natürlich-endlichen Vernunft auf sich selbst als auf diejenige Begründungsinstanz, innerhalb derer alle philosophischen Wahrheitsansprüche allein zu entscheiden sind. Indem alle Erkenntis zuerst und vor allem auf genau diejenigen Bedingungen und Grenzen festgelegt wird, die durch die Verfassung der natürlich-endlichen Vernunft als solcher feststehen und sich in ihrer Selbstreflexion vorfinden, gewinnt die ihrer selbst gewisse Vernunft auch erst ihre wahre Selbständigkeit im Ganzen des Seienden. Denn was ein Seiendes ist, bestimmt sich nun genau nur nach Maßgabe der Beziehung auf dieses erste Sein der unmittelbaren Selbstgewißheit des Ich denke. Da dieses aber nicht mehr, wie bei Descartes, leerer Vollzug, sondern immanent umfassende Vollzugsform aller Inhalte der für sich endlichen Vernunft ist, breitet sich deren eigene Struktur insgesamt aus zu einem Netzwerk derjenigen durch die subjektive Vernunft vorgegebenen Bedingungen, unter denen etwas überhaupt erst sein, weil in die Beziehung auf den Vollzug von Subjektivität eintreten kann.

Hiermit gelangt das Subjekt als Prinzip uneingeschränkt zur Geltung. Die Aufgabe einer immanenten Entfaltung dieses Prinzips Subjekt ist aber nichts anderes als die reflexive Bestimmung seiner Verfassung als Subjekt der vormals natürlichen Vernunft. Indem die Prinzipien und Formen dieser Vernunft nunmehr allem möglichen Seienden die wesentlichen Bedingungen seines Seins und seiner Realität voraussetzen, erhalten sie für alles reale, sachhaltige Erkennen eine prinzipiell-methodische Bedeutung: Alles Erkennen kann nur so auf seinen Gegenstand bezogen werden, wie es jene Bedingungen zulassen. Diese Bedingungen, das System der Prinzipien und Formen der an ihr selbst betrachteten endlichen Vernunft, muß somit allem gemeinsam sein, was als selber nicht diesem subjektiven System angehörig, also als Anderes für das Erkennen sein kann. Kant führt deshalb für die Untersuchung dieser Bedingungen, durch die erst die Beziehung auf Anderes, sei es als Erfahrung, sei als apriorische objektive Erkenntnis, also Metaphysik, möglich wird, eine Bezeichnung ein, die bereits in der Schulphilosophie dasjenige bezeichnete, was allem Seienden als Seienden gemeinsam sein sollte, nämlich die der 'Transcendentalien': Omne ens qua ens est unum, verum, perfectum. Nachdem nun jede metaphysisch behauptende Ontologie suspendiert ist und ihr die Bedingungen der Möglichkeit von nicht-subjektivem Sein in der reinen Vernunft vorgeordnet sind, erhält die Bezeichnung 'transzendental' folgerichtig die neue Grundbedeutung, die Kant ihr gibt. Das vormalige Ens, das Seiende, wird zum Gegenstand: Es ist, was es ist, in der bestimmten Beziehung auf das Subjekt. Die Bedingungen, unter denen diese Subjekt-Objekt-Beziehung möglich ist, sollen vom Subjekt selbst, gemäß den internen Strukturen seiner Vernunft, unterschieden, untersucht und bestimmt werden. Diese Unterscheidung und Untersuchung - insgesamt die "Kritik" - ist unabhängig von irgendeiner bestimmten Erfahrung, da die Vernunft a limine so vorausgesetzt und genommen werden soll, wie sie gerade vor und außer allen Erkenntnisansprüchen objektiven Inhalts an ihr selber ist. Diese Kritik ist somit "a priori" möglich; und sie ist ferner ihrem methodischen Charakter nach "transzendental", da sie sich gar nicht auf die Erkenntnis von Gegenständen, also von Seiendem, richtet, sondern eben nur auf die "Erkenntnis*art*", d.h. auf diejenigen Formen, Prinzipien und Begriffe, die Erkenntnis überhaupt erst möglich machen und somit notwendigerweise für alle Gegenstände gültig sind.

Diese eigentümliche Untersuchung der Erkenntnisart und der in ihr liegenden Bedingungen der Möglichkeit objektiv-realer Erkenntnis, diese transzendentale Untersuchung führt zwar offensichtlich zu einem Wissen, etwa dem, das in den drei 'Kritik'-Werken niedergelegt ist; aber dieses Wissen hat, wenngleich einen Inhalt - sonst wäre es kein Wissen -, so doch keinen Gegenstand. Wenn in der Kritik der Vernunft deren Formen, Prinzipien und Begriffe als Bedingungen der Möglichkeit gegenständlicher Erkenntnis aufgewiesen werden, so ist damit die Vernunft selber als Inbegriff und schließlich als artikuliertes System dieser Bedingungen zum Inhalt des transzendentalen Wissens geworden. Aber diese transzendentale Selbsterkenntnis macht Vernunft nicht zum Gegenstand, sondern in ihr bezieht sich diese transzendental erkennende Vernunft auf sich selbst als Grund aller möglichen Gegenständlichkeit und damit aller Realität überhaupt. Darum bezeichnet Kant die Kritik der reinen theoretischen, d.h. spekulativen Vernunft als einen "Tractat von der Methode". Alle Grundbegriffe und Prinzipien a priori sollen hier in systematischem Zusammenhang bestimmt werden. Doch auch die zum vollständigen System entwickelte Transzendentalphilosophie, zu der die Kritik nur den "Grundriß" liefert, behält diesen prinzipiell-methodischen Status, daß in ihr nicht seiende Gegenstände als solche, sondern nur Erkenntnisbedingungen erkannt werden.

Dieser ungegenständliche Charakter des transzendentalen Wissens zeigt nun allerdings bereits an, daß das Subjekt dieses Vernunft-Wissens sich gerade durch seinen Rückzug von allem Objektiven als Ansich-Sein, das real getrennt von ihm wäre, vereinseitigt hat. Gerade aus dieser Reinheit, mit der es sich nur auf sich bezieht, und die doch überhaupt erst den Abstoß von der objektivistischen Metaphysik, dieser Blockierung seiner Selbstvollendung, ermöglicht hat, erwächst nun wiederum das spezifische Grundproblem der transzendentalen Position insgesamt.

II

Der Grund der Realität kann nicht mehr als an sich seiende <u>ultima ratio</u> metaphysisch vorgestellt und behauptet werden. Er muß sich vielmehr aus der immanenten Verfassung der sich selbst "ausmessenden" Vernunft (ich gebrauche hier Kants Ausdruck aus der Vorrede B) ergeben. - Die seit Descartes beanspruchte Selbständigkeit der natürlichen Vernunft bleibt noch bei Leibniz für das sich reflektierende Subjekt dieser Vernunft zweideutig: Einerseits ist jeder authentische Vollzug von Rationalität eine wahrhafte Realität; andererseits muß der sich als <u>endlich</u> wissende und unterscheidende Vollzug sich in seinem eingeschränkten Modus doch von einer ihm uneinholbar überlegenen Vollendungsform her verstehen und bewerten. In diesem Wissen zerreißt somit die Kontinuität der methodisch immanenten Selbsterkenntnis des Vernunft-Subjekts. Es bindet sich selbst zurück an die metaphysisch verobjektivierte Vollendungsgestalt seines eigenen Vermögens.

Die Formen des endlichen Wissens hat Leibniz deshalb nur als defiziente Formen der ursprünglich vollkommenen Produktivität des göttlichen Vernunft-Grundes anerkannt. Allem zuvor hängt schon die Existenz geschaffener Subjekte überhaupt von der transzendenten göttlichen Vernunfttätigkeit ab, insofern diese nämlich insgesamt sich als Schöpfung vollzieht. <u>In dem, was hier als höchstes metaphysisches Subjekt gegenständlich wird, kommen Gewißheit und Wahrheit zwar zur Deckung. Doch dies gilt gerade nicht für den Vollzug dieses gegenständlichen Vorstellens selber. Die Wahrheit der Schöpfung als an ihr selbst absoluter Vernunftakt des vollkommenen Einsehens, Wollens und Vollbringens bleibt eine für das Wissen uneinholbare Voraussetzung. Die Bestimmtheit des hierin Vorausgesetzten bleibt ein Jenseits für das endliche Wissen und ist deshalb für es ein <u>Wunder</u>.

Diesseits dieser Grenze ergibt sich deshalb eine <u>andere</u> Perspektive auf die Formen und Bestimmungen des endlichen Wissens für sich selbst: Der Bezug des Subjekts auf alle mögliche und wirkliche Realität vollzieht sich nur zu einem sehr geringen Teil <u>in der Form der Vernunft</u>. Die eigene Rationalität wird faßbar nur auf der Ebene abstrakter Allgemeinheit und in der Weise formaler Strukturen. Die unendliche Konkretion des Individuellen kann nur als dunkle und indistinkte Komplexion wahrgenommen, perzipiert werden. Der an sich intelligible Sachgehalt und die an sich durchgehend rationale Struktur alles wahrhaft Individuellen, das den Perzeptionen wie ihren Objekten zu Grunde liegen soll - der Metaphysik zufolge -, bleibt immanent gesehen ein leerer Gedanke: Über den Abgrund des Wunders, <u>daß</u> solche gegenständlichen Komplexe gegeben sind, vermag kein endlicher Geist hinüber zu gelangen. Mit anderen Worten: Nicht durch seinen vollständigen <u>Begriff</u>, sondern nur in der Bindung an die Form <u>sinnlicher Anschauung</u> und <u>Wahrnehmung</u> kann Individuelles zum Gegenstand des Bewußtseins werden.

Damit ist die entscheidende Grenzlinie für das Subjekt der transzendentalen Position gezogen. - Indem die Reduktion aller Erkenntnis auf die Bedingungen des endlichen Subjekts prinzipiellen Rang gewonnen hat, ist die erste und fundamentale Unterscheidung, die die transzendentale Reflexion zu treffen hat, diejenige in rationale und nicht-rationale, d.h. sinnliche Bedingungen von Erkenntnis. Nach der Aufhebung aller metaphysisch-realen Begründung, insbesondere und vor allem der göttlichen Vernunft-Ursache, muß nun die rationale Ordnung und Verknüpfung alles Seienden von dieser irreduziblen Differenz der beiden "Stämme" des Erkenntnisvermögens ihren Ausgang nehmen. Nicht mehr eine objektiv vorgestellte seingebende Ursache, sondern das endliche, sich methodisch reflektierende Subjekt selbst muß für Existenz und rationale Ordnung aller Realität aufkommen. Das endliche Subjekt muß also mit den Erkenntnismitteln und -vermögen, die es für sich selbst zu unterscheiden und zu bestimmen vermag, eine solche Ordnung allererst hervorbringen und rechtfertigen. Zugleich aber bedarf dieser transzendentale Idealismus prinzipiell einer Ergänzung, um überhaupt Realität zu haben: Das Gegeben_sein_ dessen, was nur vermittels sinnlicher Anschauung zum wirklichen Objekt des synthetischen Bewußtseins werden kann, bleibt für das Subjekt unverfügbar - in der Tat so unverfügbar wie für das vormalige endliche Subjekt der natürlichen Vernunft die Existenz seiner selbst und seiner Perzeptionsinhalte, d.h. so unverfügbar wie die metaphysisch gedachte Schöpfung, der absolute Übergang vom Möglichen zum Wirklichen.

III

Einen Grund des Gegeben_seins_ dessen, was das Subjekt zu seinem Gegenstand machen kann, zu denken, bedeutet aber, das Subjekt zu überschreiten. Das Resultat dieser Selbstüberschreitung - denn es ist eben allein das Subjekt selbst, das solches Denken vollbringen könnte - hat Kant bekanntlich (zunächst) in die Formel des Dinges an sich gefaßt. Daß damit kein ontologischer oder überhaupt metaphysischer Anspruch erhoben wird, ist nach dem Gesagten klar: Es handelt sich um eine Aufgabe des Denkens auf der Ebene der Transzendentalphilosophie, nicht der Erkenntnis von Gegenständen resp. von Seiendem. Daß ein metaphysischer Realismus auszuschließen ist, weil er rein dogmatisch bliebe, ist der methodische Grund für Kants "kritischen" Idealismus. Daß gleichwohl innerhalb der idealistischen Reflexion-in-sich des Subjekts die begründungstheoretische Alternative einen systematischen Ort erhält, ist völlig konsistent: Eben damit wird die Denkmöglichkeit des dogmatisch-metaphysischen Realismus, ohne die auch keine Kritik desselben formulierbar wäre, allererst gesichert. Innerhalb des subjektiven Systems des transzendentalen Wissens erhält deshalb die Idee eines nicht-subjektiven Grundes der Realität ihre schritt- und stufenweise nähere Bestimmung, worauf ich hier nur hinweisen kann: Von der zur Einheit der

Apperzeption korrelativen Bestimmung des "transzendentalen Objekts" über das Noumenon, als leer gedachten Gegenstand der reinen Kategorie, das Ideal der reinen Vernunft, als "Grund der Möglichkeit aller Dinge", bis zu dessen Bestimmung als Urheber der Übereinstimmung von Natur- und Freiheitsgesetz kann eben von einem Realgrund der Realität nur in der Selbstreflexion der reinen spekulativen und der praktischen Vernunft, d.h. nur als subjektivem Gedanken resp. Postulat, die Rede sein.

Hierin entfaltet sich nur die innere Doppelseitigkeit desjenigen Grundes, den der transzendentale Idealismus allein zuläßt: nämlich des Subjekts der endlichen Vernunft. Wie schon die zwei elementaren "Stämme" des Erkenntnisvermögens nicht einfach gleich- oder nebengeordnet sind, da Rezeptivität nur in der Spontaneität eine Relevanz für Erkenntnis, ja für jegliches Bewußtsein haben kann, so übergreifen alle apriorischen, deshalb subjektiven Formen, Prinzipien und Ideen das Aposteriori der materialen Sinnlichkeit, als den subjektiven Ort des Ankommens unbegründbarer Gegebenheit. Jenes Apriori aber übergreift das Aposteriori eben nur als notwendige, nicht als hinreichende Bedingung. Die gesamte Erfahrung wäre zwar nicht möglich ohne die transzendentalen Idealitäten; diese aber erhalten ihrerseits Realität nur in der Beziehung auf das Faktum der Erfahrung - und sie stehen per se in dieser Beziehung, andernfalls käme ihnen, als Bedingungen der Möglichkeit jenes Faktums, auch keine transzendentale Bedeutung zu; sie blieben leere Formen und Gedanken a priori.

Das systematische einigende Subjekt aller transzendentalen Bedingungen ist zwar an ihm selbst ein Unbedingtes; es kann sich frei in die Gewißheit seiner selbst zurückziehen. Doch zeigt sich gerade in diesem Abstrahieren, daß es insgesamt immer schon in jener Beziehung auf das Bedingte, empirisch Existierende steht. Seine Ablösung vom Anderen seiner selbst, dem Aposteriori und damit den materialen Bestimmungen seiner raumzeitlichen Existenz, erreicht in den apriorischen Formen und Prinzipien keine höhere Wirklichkeit, sondern bleibt eben eine bloße Abstraktion. Somit erweist sich die derart reduzierte transzendentale Subjektivität an ihr selbst als begrenzt durch dasjenige, was sie nicht ist, die unverfügbare und unantizipierbare Vorgabe von etwas, das zwar nur für das Subjekt, also auch nur in dessen Ordnungsformen da ist, somit also auch nur in der Beziehung auf die Selbsttätigkeit des Subjekts; das dieses aber gleichwohl auf keine Weise und niemals aus sich selbst hervorbringen kann, auf das es sich vielmehr in seiner faktischen Existenz immer schon bezogen vorfindet, ja ohne das es überhaupt nicht faktisch existieren würde.

So erweist das transzendentale Wissen fundamental und insgesamt eine Bedingtheit in der Unbedingtheit seines Subjekts, für die keine weitere Erklärung möglich, kein letzter Grund mehr angebbar ist. Diese immanente Bedingtheit ist vielmehr selber die äußerste Grenze des Subjekts, das sich diesseits derselben vorfindet und eben darin seine ursprüngliche Konstitution vollbringt.

Die Vernunft des endlichen Subjekts ist somit zwar Grund aller Objektivität; aber dieser Grund ist nur der Ermöglichungs-Grund: das System aller Bedingungen der Möglichkeit; er ist nicht - und wird von Kant nicht behauptet als - der Real- oder Seinsgrund aller objektiven Realität. An dieser prekären Grenzbestimmung innezuhalten und die Probleme der Philosophie in die daraus resultierende Perspektive zu stellen - das scheint mir die genuine Aufgabe zu sein, die Kants Idealismus dem Denken ein für alle Mal gestellt hat.

Walter Mesch, Tübingen

Was ist das Seiende? Bemerkungen zum Realitätsbegriff der aristotelischen Ontologie

Das Realitätsproblem stellt sich im Rahmen der aristotelischen Ontologie vor allem in Gestalt der Frage, wodurch es für Aristoteles möglich wurde, sowohl das εἶδος wie das Einzelding als im ersten Sinne Seiendes, als οὐσία, ja sogar als erste οὐσία, aufzufassen. Es handelt sich dabei um eines der notorischten Probleme der an Schwierigkeiten gewiß nicht armen *Metaphysik*, das in den letzten Jahrzehnten wieder verstärkt Gegenstand der Diskussion geworden ist. Man hat sich dabei allerdings weitgehend darauf beschränkt, unmittelbar den Gehalt der οὐσία- Theorie zu untersuchen, wie sie in den Büchern Z und H der *Metaphysik* präsentiert wird. Die dialektische Programmatik der Ontologie aus Buch Γ, an der Aristoteles seine Untersuchungen orientiert, hat dagegen verhältnismäßig wenig Beachtung gefunden. Angesichts der anhaltenden Kontroverse um die eigentliche Pointe der aristotelischen οὐσία- Abhandlungen erscheint es geboten, danach zu fragen, wie Aristoteles ein aus der platonischen Dialektik übernommenes Realitätsproblem am Leitfaden jener weiterentwickelten Dialektik zu lösen versucht. Zu diesem Zweck erinnere ich in einem ersten Schritt daran, daß es sich bei der problematischen Differenz innerhalb der aristotelischen οὐσία- Konzeption um eine Konsequenz handelt, die sich für Aristoteles aus den Aporien der platonischen Ideenlehre ergibt.

I

Nach Aristoteles hat Platon nicht nur behauptet, die Ideen seien als unbewegte Gegenstände von Definitionen das eigentlich Wißbare, sondern auch, daß sie eben deshalb abgetrennt von den bewegten Einzeldingen existierten [Met A6, 987a 29ff.]. Die Definierbarkeit der Ideen setzte für Platon einen Chorismos voraus, durch den die Ideen auch zum eigentlich Seienden werden. Denn die vielen sinnlich wahrnehmbaren Einzeldinge sollen an den neben ihnen existierenden Ideen, nach denen sie benannt werden, lediglich teilhaben. Während Aristoteles einräumt, daß nur εἴδη definiert werden können, führt der Chorismos, genauer gesagt die darin behauptete Selbständigkeit der Ideen für ihn nun aber unweigerlich in die Aporie. In immer neuen Abwandlungen versucht er zu zeigen, weshalb es sich dabei nur um eine unsinnige Verdopplung der Realität handeln kann, die gerade das nicht zu verstehen erlaubt, was sie nach Platon verständlich machen sollte: die schon von Sokrates unterstellte Definierbarkeit von εἴδη.

Walter Mesch, Tübingen

Ich brauche den dabei gegebenen Argumenten hier im einzelnen nicht nachzugehen und weise stattdessen nur auf die Konsequenz hin, die sich daraus für die aristotelische Ontologie ergibt: waren für Platon Wißbarkeit und Selbständigkeit des Seienden in der Idee untrennbar verknüpft, müssen diese Kriterien für Aristoteles zunächst einmal unweigerlich in Konkurrenz miteinander geraten. Das εἶδος ist für ihn zwar weiterhin Gegenstand von Definitionen, kann aber angesichts der Aporetik der Idee bloß deshalb nicht schon als selbständig betrachtet werden. Selbständig scheint vielmehr nur das bewegte Einzelding sein zu können, das über das εἶδος lediglich erkannt wird. Gleichwohl kann es kein völliges Auseinandertreten von wißbarem εἶδος und selbständigem Einzelding geben, wenn die aristotelische Ontologie nicht an einem grundsätzlichen Widerspruch scheitern soll. Εἶδος und Einzelding können nicht schlechthin differieren. Ansonsten wäre nämlich weder verständlich, wie etwas von der Selbständigkeit des Einzeldinges gewußt werden kann, noch könnte der besondere Seinsstatus eingesehen werden, der für die Wißbarkeit des εἶδος verantwortlich ist. Wenn Wißbares und Selbständiges völlig auseinanderträten, könnte, pointiert gesagt, was ist, nicht mehr gewußt werden und was gewußt wird, nicht mehr sein. Beides ist für Aristoteles mit Sicherheit unhaltbar. Gerade das zentrale Buch Z legt dafür ein deutliches Zeugnis ab. Denn bei aller Unsicherheit hinsichtlich konkreter Ergebnisse wird hier doch unmißverständlich klar, daß Aristoteles der οὐσία sowohl Wißbarkeit wie Selbständigkeit zuspricht. Die entscheidende Schwierigkeit besteht dabei erwartungsgemäß darin, daß kaum zu sehen ist, wie dies möglich sein soll, ohne sofort wieder in die Aporien der Ideenlehre zurückzufallen. Es ist deshalb auch immer wieder behauptet worden, daß die aristotelische Ontologie an diesem von Platon ererbten Grundproblem gescheitert sei.[1] Überwiegend wird ihre Leistung freilich positiver beurteilt. Es lassen sich im wesentlichen drei Forschungspositionen unterscheiden, die natürlich jeweils in einer ganzen Reihe von Varianten vertreten werden. Da erst die Berücksichtigung dieser kontroversen Positionen das Realitätsproblem in seiner ganzen Schärfe zu profilieren erlaubt, möchte ich sie vor der Präsentation meines eigenen Vorschlages in einem zweiten Schritt wenigstens skizzenhaft erläutern.[2]

II

Zwei der zu erwähnenden Positionen sind dadurch gekennzeichnet, daß sie jeweils einen der beiden Aspekte der οὐσία besonders akzentuieren und dann

Walter Mesch, Tübingen

auf dieser Basis auch dem anderen soweit wie möglich gerecht zu werden versuchen. So hält die eine Position vor allem an der negativen Seite der aristotelischen Auseinandersetzung mit Platon fest und orientiert sich deshalb an der ontologischen Priorität des Einzeldinges, die am prägnantesten in der *Kategorienschrift* formuliert ist. Aristoteles unterscheidet dort bekanntlich Einzeldinge als erste οὐσίαι von εἴδη, die allenfalls zweite οὐσίαι sein können, weil sie auch als nicht in einem Zugrundeliegenden Seiendes von jenen ausgesagt werden. Die Vertreter dieser Position sehen darin die Kennzeichnung des εἶδος als eines bloßen Allgemeinen, mit der nicht nur die οὐσία- Konzeption der *Kategorienschrift*, sondern auch die des vermutlich deutlich später verfaßten und wesentlich komplizierteren Buches Z der *Metaphysik*, umschrieben sein soll. Aristoteles habe seine Theorie hier lediglich weiter differenziert, und zwar vorrangig dadurch, daß das εἶδος nun auch als eine allgemeine Form begriffen wird, die durch ihren Bezug auf einen bestimmten Stoff ein Einzelding zu dem macht, was es wesentlich ist.[3] Es spricht nun sicherlich einiges dafür, zunächst einmal Kontinuität in der Entfaltung der aristotelischen Ontologie zu unterstellen. Dennoch muß festgestellt werden, daß die ontologische Priorität des Einzeldinges angesichts der aus der *Kategorienschrift* beibehaltenen Parallelisierung von essentiellem εἶδος und akzidenteller Qualität mit der in Buch Z erarbeiteten Kennzeichnung des εἶδος als erster οὐσία trotz aller Harmonisierungsversuche kaum zu vereinbaren sein dürfte.

Die zweite Position vermag demgegenüber, diese Schwierigkeit von vornherein zu vermeiden, indem sie sich vor allem an der in Buch Z behaupteten ontologischen Priorität des εἶδος orientiert. Entsprechend wird hier betont, daß Aristoteles die Ideenlehre Platons nicht nur zu kritisieren, sondern auch positiv weiterzuführen unternimmt. So überzeugend dies grundsätzlich sein mag, so wenig kann doch die extrem platonistische Deutung überzeugen, die der ontologischen Priorität des εἶδος von den Vertretern dieser Position zugesprochen wird. Es wird nämlich unterstellt, daß die Realität des Einzeldinges insofern in das εἶδος aufgehoben ist, als dieses den Grund von dessen Sein ausmacht. Um die Aporien der Ideenlehre zu vermeiden, wird zwar davon ausgegangen, daß das εἶδος dabei als eine schlechthin einfache Gestalt aufzufassen sei, die von sich aus weder einzeln noch allgemein ist und deshalb im Logos auch nicht wirklich greifbar wird. Selbst wenn man den gewagten Grundgedanken akzeptiert, der sich mit der in Buch Z behaupteten Definierbarkeit des εἶδος nur schlecht verträgt, ist dies aber alles andere als unproblematisch. So zwingt diese Deutung dazu, die *Kategorienschrift*, in der nun einmal auch das essentielle εἶδος als Allgemeines aufgefaßt ist, auf irgendeine Weise abzuwerten. Manche Interpreten gehen sogar so weit, ihre Authentizität erneut zu bestreiten, was unabhängig von den genannten Motiven kaum nachvollzogen werden kann.[4] Wichtiger noch ist aber, daß auf diese Weise das Festhalten der aristotelischen Untersuchungen am Gedanken des Zugrundeliegenden, der auch in Buch Z eine entscheidende Rolle spielt, kaum verständlich gemacht werden kann.

Eine dritte Position versucht deshalb schließlich, die beiden anderen Positionen dadurch zu vermitteln, daß Aristoteles die Konzeption eines sogenannten individuellen εἶδος zugeschrieben wird.[5] Während die beiden anderen Positionen insofern Extreme darstellen, als sie Wißbarkeit und Selbständigkeit der οὐσία entweder platonkritisch differenzieren oder platonistisch identifizieren, soll durch die Unterstellung eines individuellen εἶδος nun ein Ausgleich möglich werden. Aristoteles wird zwar auch dabei eine Ontologie zugesprochen, in der die εἶδη und nicht die Einzeldinge erste οὐσίαι sind. Da diese εἶδη nun aber individuell, d.h. anders als die unterste Art, die ja allen Individuen gleichermaßen zukommt, den Einzeldingen eigentümlich sein sollen, käme in ihrer ontologischen Priorität nichts anderes zum Ausdruck als das Sein der Einzeldinge selbst. Die ontologische Priorität des εἶδος, wie sie in Buch Z behauptet wird, könnte demnach als eine Konsequenz betrachtet werden, die sich aus der hier geleisteten Reflexion auf die interne Konstitution der Einzeldinge zwangsläufig ergibt. Sie würde also so wenig einen Widerspruch zur ontologischen Priorität der Einzeldinge aus der *Kategorienschrift* darstellen, als sie diese lediglich fundiert. Eine Unterscheidung von individuellen εἶδη und allgemeinen Arten ist bei Aristoteles nun zwar sicherlich häufig anzutreffen. Gleichwohl kann schwerlich behauptet werden, er hätte seine Ontologie irgendwo auf eine ausgearbeitete Konzeption individueller εἶδη gegründet. Vor allem aber sieht sich diese Deutung, ganz angesehen davon, daß die Individualität der εἶδη ohne Rekurs auf die Individualität der Einzeldinge kaum ausgewiesen werden kann, mit dem schwerwiegenden Einwand konfrontiert, daß die Definierbarkeit der εἶδη für Aristoteles nun einmal voraussetzt, daß diese nichts Einzelnes, sondern Allgemeines sind. Auch die dritte Forschungsposition kann also wohl kaum Anspruch darauf erheben, eine erfolgreiche Vermittlung zwischen der ontologischen Priorität des Einzeldings und der des εἶδος zu liefern.

Dennoch sind wir mit unserem Durchgang wenigstens ein bischen weitergekommen. Die zu bewältigende Schwierigkeit läßt sich unter Berücksichtigung der Stärken dieser drei verbreiteteten Positionen nun nämlich noch etwas präziser fassen: wenn es überhaupt möglich sein sollte, die ontologische Priorität des Einzeldinges mit der ontologischen Priorität des

Walter Mesch, Tübingen

εἶδος widerspruchsfrei zusammenzudenken, so muß es gelingen, diese über den Konstitutionsgedanken als Fundierung von jener aufzufassen, wie es von der dritten Position angestrebt wird. Da ihre Orientierung an individuellen εἴδη nicht aufrechtzuerhalten ist, bleibt als Begründung hierfür nur die Flucht nach vorn: vorauszusetzen ist, daß gerade in der von der ersten Position betonten Definierbarkeit allgemeiner εἴδη, die in Buch Z gegenüber der *Kategorienschrift* in den Vordergrund rückt, das Kriterium für ihre von der zweiten Position betonte ontologische Priorität ausgemacht werden kann. Daß sich daraus notwendig eine gewisse Nähe zur Ideenlehre ergibt, die der platonisierenden Ausrichtung von Buch Z freilich durchaus entspricht, braucht nicht mehr eigens hervorgehoben zu werden. Ich komme damit zu meinem dritten und letzten Schritt und versuche nun zu zeigen, wie eine Berücksichtigung der dialektischen Programmatik der aristotelischen Ontologie hier weiterzuhelfen vermag.

III

Wenn meine Darstellung korrekt ist, dann muß davon ausgegangen werden, daß die skizzierten Forschungspositionen bei allen Schwierigkeiten, mit denen sie konfrontiert sind, jeweils ein partielles Recht für sich reklamieren können. Dennoch empfiehlt es sich, zunächst einmal von den so schwer zu vereinbarenden Theoremen abzusehen und danach zu fragen, von welchem Vorgehen Aristoteles sich eine Lösung überhaupt erhoffen konnte. Die Divergenz der ontologischen Priorität von εἶδος und Einzelding weist nämlich direkt auf das Aporienbuch B zurück. Und wenn eines in diesem Buch grundsätzlich klar wird, so ist es Folgendes: mit einer einfachen Verlängerung der Überlegungen, durch die es zur metaphysischen Aporetik kommt, kann aus dieser kein Ausweg gefunden werden. Insofern kommt auch der Widerspruchsthese ein partielles Recht zu. Aristoteles konzipiert mit der Ontologie und ihrer Untersuchung des Seienden als eines Seienden in Buch Γ nun aber eine neue Wissenschaft, die den Schlüssel zur Auflösung jener Aporetik liefern und das alte metaphysische Projekt einer Wissenschaft von den ersten Prinzipien und Ursachen in einer modifizierten Form allererst durchführbar machen soll. Entscheidend ist dabei die Programmatik aus Γ2, in der Aristoteles andeutet, wodurch die Ontologie ihre Einheit als Wissenschaft zu finden vermag. Das Seiende werde zwar in vielfachen Bedeutungen ausgesagt, aber stets im Hinblick auf Eines und auf eine Natur.

Dieses Ausgesagtwerden im Hinblick auf Eines ist in unterschiedlichster Weise interpretiert worden. Im Anschluß an das aus den platonischen

Walter Mesch, Tübingen

Dialogen vertraute Problem des Verhältnisses von Einheit und Vielheit läßt es sich meines Erachtens am zwanglosesten als Kennzeichen einer weiterentwickelten Dialektik auffassen, die Einheit ohne Reduktionismus verständlich zu machen versucht. Die Auffassung der Ontologie als einer Fundamentaldialektik müßte natürlich aus der Perspektive der *Topik* abgesichert werden.[5] Für unseren Zusammenhang sind aber vor allem die Folgen interessant, die sich aus der Programmatik von Buch Γ für die eben geforderte Ausweisung der ontologischen Priorität von εἴδη durch ihre Definierbarkeit ergeben. Es ist deshalb darauf hinzuweisen, daß diese Programmatik ihrerseits wesentlich mit der unterschiedlichen Definierbarkeit des Seienden zu tun hat. Wie zurecht festgestellt worden ist, werden die anderen Bedeutungen des Seienden nämlich nur deshalb im Hinblick auf Eines ausgesagt, weil ihre Definitionen die Definition der οὐσία in jeweils unterschiedlicher Weise enthalten.[7] Εἴδη sind allein aufgrund ihrer Allgemeinheit für Aristoteles also nicht etwa unterschiedslos Gegenstand von Definitionen. Vielmehr begründet recht gesehen gerade ihre unterschiedliche Definierbarkeit die bekannte kategoriale Differenz zwischen der οὐσία im Sinne eines essentiellen εἶδος und den anderen εἴδη, die als bloße Akzidenzien aufzufassen sind. Wenn bestimmte εἴδη aufgrund ihrer voraussetzungshaften Definitionen akzidentiell sein sollen, so ist nun aber auch zu vermuten, daß die essentiellen εἴδη umgekehrt aufgrund ihrer eigentlichen Definitionen als selbständig ausgewiesen werden können. Die kategoriale Differenzierung ist damit nicht nur platonkritisch, sondern eröffnet zugleich einen Rahmen für das gesuchte platonisierende Argument.

Die kategoriale Unterscheidung allein vermag nun aber offenkundig nicht, diesen Rahmen wirklich zu auszufüllen. Dies zeigt sich schon daran, daß Aristoteles gerade in Z1 als Kriterien für die οὐσία nicht nur die erwähnte Priorität für Definition und Erkenntnis erwähnt, sondern auch ihre Abgetrenntheit und Selbständigkeit. Wenn die Orientierung an der Programmatik von Buch Γ wirklich weiterhelfen soll, so muß sie also auch verständlich werden lassen, weshalb die Definitionsproblematik in Buch Z eine so große Rolle spielt, daß die Selbständigkeit der οὐσία schon von Z3 an nicht mehr wirklich von ihrer Definierbarkeit unterschieden wird. Ein genauerer Blick auf Γ2 liefert dafür den Ansatzpunkt. Entgegen der gängigen Ansicht bezieht sich das dort behauptete Ausgesagtwerden der vielfachen Bedeutungen des Seienden im Hinblick auf Eines nämlich nicht nur auf die kategoriale Unterscheidung von akzidentellen εἴδη und οὐσία, sondern auch auf das οὐσία- interne Verhältnis zwischen Einzeldingen und essentiellen εἴδη. Da die οὐσία die Einheit der Bedeutungen des Seienden begründen soll, während sie zunächst doch nichts anderes sein kann, als eine

Walter Mesch, Tübingen

dieser vielfachen Bedeutungen selbst, ergibt sich für die Auffassung der οὐσία notwendig zweierlei: einerseits ist über die Differenz zwischen Akzidenzien und οὐσία hinaus eine Differenz von verschiedenen Bedeutungen der οὐσία zu unterstellen, andererseits muß angenommen werden, daß Aristoteles auch diese Differenz durch das Ausgesagtwerden der einen Bedeutung im Hinblick auf die andere in eine Einheit gebracht sieht. Da akzidentielle εἴδη die Definition von οὐσίαι nur insofern enthalten können, als sie die Definition von essentiellen εἴδη enthalten, und alle Bedeutungen des Seienden im Hinblick auf dieses Eine ausgesagt werden sollen, kommt auch als οὐσία- interner Bezugspunkt nur das essentielle εἶδος infrage. Auch das Einzelding müßte also im Hinblick auf das essentielle εἶδος ausgesagt werden.

Wenn Aristoteles dies nirgendwo ausdrücklich behauptet, so vermutlich deshalb, weil das Verhältnis von Einzelding und essentiellem εἶδος in einem entscheidenden Punkt ganz anders gedacht werden muß als das zwischen essentiellen und akzidentiellen εἴδη. Da das Einzelding als solches überhaupt nicht definierbar ist, kann auch keine Definition des Einzeldings die des essentiellen εἶδος enthalten. Gleichwohl ist nicht nur die in Z1 auftauchende Differenz von Einzelding und essentiellem εἶδος als Konsequenz aus der Programmatik von Buch Γ zu betrachten, sondern auch der sich daran anschließende Versuch, diese Differenz in eine Einheit zu bringen. Dies zeigt sich schon am Gedankengang von Z3, mit dem die für den Rest von Buch Z maßgebliche Konzentration auf das εἶδος motiviert wird. Aristoteles geht hier davon aus, daß das Einzelding als ein zusammengesetztes Ganzes zu verstehen ist. Im Anschluß daran zeigt er, daß die οὐσία, wenn sie lediglich als Einzelding und letztes Zugrundeliegendes von Aussagen betrachtet wird, als bloße ὕλη aufzufassen ist, womit sie nicht nur undefinierbar, sondern auch unselbständig werden soll [1029a 27]. Darin ist unterstellt, daß die an sich völlig unbestimmte ὕλη [1029a 20] Selbständigkeit ausschließt. Wenn die οὐσία bloße ὕλη wäre, so könnte sie nichts Selbständiges sein, weil sie dazu ein bestimmtes Selbständiges, ein τόδε τι, sein müßte. Damit sind wir am entscheidenden Punkt. Denn daraus folgt unmittelbar, daß das Verständnis der οὐσία vorrangig in der Untersuchung eines essentiellen εἶδος gesucht werden muß, das nicht nur für die Wißbarkeit, sondern durch diese Wißbarkeit auch für die Selbständigkeit des Einzeldinges steht. Das Einzelding kann überhaupt nur οὐσία sein, weil es durch das essentielle εἶδος als etwas Bestimmtes konstituiert wird.

Die Auffassung des Einzeldinges als eines Zugrundeliegenden, die in der *Kategorienschrift* zu seiner Kennzeichnung als erster οὐσία geführt hatte, wird in der *Metaphysik* also nicht lediglich ausdifferenziert,

Walter Mesch, Tübingen

sondern über den Konstitutionsgedanken in einer Weise fundiert, die es erforderlich macht, von nun an das essentielle εἶδος als erste οὐσία aufzufassen. Andererseits strebt Aristoteles dabei offenkundig auch keine Reduktion des Einzeldinges auf das εἶδος an. Das Einzelding soll als Zusammengesetztes zwar später sein als das εἶδος, muß aber immer noch als οὐσία begriffen werden, weil das εἶδος auch als Bestimmungsgrund einer an sich unbestimmten ὕλη diese als ein von ihm verschiedenes Bestimmbares voraussetzt und somit selbst nur in den Einzeldingen realisiert sein kann, die es konstituiert. Auf diese Weise zielt Z3 auf ein Verhältnis von Einzelding und εἶδος, das sich insofern am Leitfaden von Γ2 orientiert, als es expliziert, was das dort unterstellte Ausgesagtwerden des Einzeldinges im Hinblick auf das essentielle εἶδος beinhaltet. Dabei ist klar, daß auch hier noch mehr ein Untersuchungsprogramm geliefert ist als eine detaillierte Konzeption. Gerade diese Programmatik läßt aber gegenüber den sich kontextabhängig immer wieder ändernden Gewichtungen der folgenden Untersuchungen, die für die extreme Divergenz der Forschungspositionen letztlich verantwortlich sind, besonders deutlich erkennen, wodurch der Realitätsbegriff der aristotelischen Ontologie grundsätzlich gekennzeichnet ist: das Einzelding ist zwar auch οὐσία, erste οὐσία ist aber das im Einzelding realisierte essentielle εἶδος, weil nur durch diesen Bezugspunkt eigentlicher Definitionen verständlich wird, wodurch das Einzelding zu einer Bestimmtheit kommt, die es als Zugrundeliegendes von Prädikationen infrage kommen läßt. Die interne Spannung dieser Auffassung ist kaum zu übersehen. Wer sie zu einem Widerspruch verfestigt, ignoriert aber, daß Aristoteles selbst offenbar meinte, daß die verschiedenen Bedeutungen der οὐσία lediglich in eine Einheit gebracht werden können, in der ihre Differenz nicht aufgehoben ist.

Anmerkungen

1. Der Ahnherr dieser Auffassung ist E. ZELLER, *Die Philosophie der Griechen in ihrer geschichtlichen Entwicklung*. Leipzig 1879[3].
2. H. STEINFATH, *Selbständigkeit und Einfachheit. Zur Substanztheorie des Aristoteles*. Frankfurt a.M. 1991, unterscheidet die drei im Folgenden genannten Positionen in seiner Forschungskritik als "prädikative", "idealistische" und "individualistische Interpretation".
3. Besonders deutlich wird dies in der Interpretation von W. LESZL, *Aristotle's Conception of Ontology*. Padua 1975.
4. Zu nennen ist hier vor allem H. SCHMITZ, *Die Ideenlehre des Aristoteles*. Bonn 1985.
5. Ich beziehe mich auch bei dieser besonders variantenreichen Position nicht durchgängig auf einen einzelnen Autor. Zu denken ist aber etwa an M. FREDE/ G. PATZIG, *Aristoteles "Metaphysik Z"*. München 1988.
6. vgl. dazu die demnächst erscheinende Arbeit des Verf. zum Verhältnis von Ontologie und Dialektik bei Aristoteles.
7. vgl. dazu G.E.L. OWEN, *Logic and Metaphysics in Some Earlier Works of Aristotle*. In: *Logic, Science and Dialectic*. London 1986. S.184

Ante Pažanin, Zagreb

DIE PÄNOMENOLOGISCHE ERNEUERUNG DES EUROPÄISCHEN MENSCHENTUMS

Es ist bekannt, dass Edmund Husserl schon während des ersten Weltkrieges und besonders in der Zeit zwischen zwei Weltkriegen mehrere Aufsätze und Studien der Erneuerung Europas gewidmet hat. In dieser Hinsicht sind insbesondere seine in den Jahren 1923 und 1924 in der japanischen Zeitschrift The Kaizo veröffentlichten Aufsätze über Eneuerung des Menschen und der Kultur[1] wie sein Spätwerk Die Krisis der europäischen Wissenschaften und die transzendentale Phänomenologie[2] bedeutsam. Da Husserl in der Krisis die grundsätzliche phänomenologische Kritik der neuzeitlichen Naturwissenschaft, deren falsche Nachahmung in allen anderen Bereichen der Weltwirklichkeit nicht nur zur "Krisis der europäischen Wissenschaften", sondern auch zur Krisis des europäischen Menschentums geführt hat, mit der praktischen Aufgabe von Philosophie und Wissenschaft für einzelpersonales und gemeinschaftliches Leben verbindet, stellt sich die Frage: welche Bedeutung die Kaizo-Aufsätze darin haben und was die phänomenologische Bewegung zur Erneuerung des europäischen Menschentums und der Menschheit überhaupt leistete und heute noch leisten kann?

Schon in seiner Freiburger Antrittsrede am 3. Mai 1917 erklärte Husserl, dass unsere historische Epoche "eine Epoche gewaltigen Werdens" ist, in der nach "neuen Formen" gesucht wird, in denen sich "die unbefriedigte Vernunft" sowohl in der Politik und im wirtschaftlichen Leben als auch in der Technik und in den schönen Künsten wie in den Wissenschaften und in der Philosophie "freier entfalten könnte"[3].

Hier ist es nicht möglich, auf diese ganze Problematik einzugehen - ja, nicht einmal auf die Husserlsche Auffassung von Philosophie und Wissenschaft, obgleich die Erneuerung einer Kultur auch sehr vom Verständnis und besonders von der Entfaltung der Wissenschaften einer Zeit abhängig ist. Es sei daher nur erwähnt, dass wir nach Husserl "exakte" Naturwissenschaften und durch sie "jene vielbewunderte Technik der Natur, die der modernen Zivilisation ihre gewaltige

Überlegenheit gab, aber freilich auch vielbeklagte Nachteile im Gefolge hatte", haben, aber dass es "an einer rationalen Wissenschaft vom Menschen und der menschlichen Gemeinschaft"[4] durchaus fehlt. Speziell fehlen uns "humane Geisteswissenschaften", die "das eigentümliche Wesen des Geistigen in der Innerlichkeit des Bewusstseinslebens" erforschen und aussprechen, denn "zur wirklichen Rationalisierung des Empirischen ist eben erfordert (hierin ganz wie im Falle der Natur) ein Rückgang auf die massgebenden Wesensgesetze, also der spezifischen Geistigkeit, als der Welt der Innerlichkeiten" (XXVII, 8-9). Im Gegensatz sowohl zu Naturwissenschaftlern als auch zu den Philosophen, die es "noch zu sehr" lieben, "von oben her zu kritisieren anstatt von innen zu verstehen und zu studieren", wiederholt Husserl seinen phänomenologischen Ruf zum Studium der Sachen selbst in verschiedenen Gebieten des Lebens. Im Bereiche des humanen Geistes haben wir aber nicht nur "die Aufgabe der Rationalisierung", sagt Husserl, der "blossen Tatsachen des Daseins" durch sogenannte "erklärende Theorien" und "gemäss einer apriorischen Disziplin, welche das Wesen des Geistes rein sachlich erforscht. Vielmehr tritt hier auch eine völlig neuartige Beurteilung und Rationalisierung alles Geistigen auf: diejenige nach Normen bzw. nach normativen apriorischen Disziplinen der Vernunft, der logischen, wertenden und praktischen Vernunft" (XXVII, 9). In diesem Sinn ist "Erneuerung des Menschen - des Einzelmenschen und einer vergemeinschafteten Menschheit - das oberste Thema aller Ethik" (XXVII, 20).

Wie Husserl 1923 an Albert Schweitzer schrieb, lautete sein Thema "in Beziehung auf den Titel der Zeitschrift 'Erneuerung'", weil "Kaizo" auf japanisch "Erneuerung" bedeutet, aber er nahm "Erneuerung im Sinne *ethischer* Umkehr und Gestaltung einer universalen *ethischen* Menschheitskultur" (XXVII, S. XI).

Es ist sehr bedeutend, dass Husserl "unter dem Titel Ethik nicht die blosse Moral", sondern die praktische Philosophie im breiten sokratisch-platonischen, ja, aristotelischen Sinn versteht. Indem die Moralphilosophie das praktische "Verhalten des Menschen in Beziehung auf seine Nebenmenschen unter

Ideen der Nächstenliebe regelt" und damit "nur ein ganz unselbständiger Teil der Ethik" ist, muss die Ethik als "die Wissenschaft von dem gesamten handelnden Leben einer vernünftigen Subjektivität unter dem dieses gesamte Leben einheitlich regelnden Gesichtspunkte der Vernunft" (XXVII, 21) gefasst werden. Die Vernunft hat Husserl dabei "völlig allgemein" genommen, so dass "Ethik und Wissenschaft von der praktischen Vernunft zu gleichwertigen Begriffen werden".

Ethisch und vernünftig entfaltet sich nicht nur der Einzelne als Person oder Willenssubjektivität, sondern auch die Gemeinschaft. In welchem Sinn ist aber die Gemeinschaft auch eine "personale", Husserl sagt, "sozusagen vielköpfige und doch verbundene Subjektivität"? Ist nicht eine vielköpfige Gemeinschaft doch "in einem höheren Sinne 'kopflos': nämlich ohne dass sie sich zur Einheit einer Willenssubjektivität konzentrierte und analog wie ein Einzelsubjekt handelte"? (XXVII, 22). Um die Analogie des handelnden Lebens einer Gemeinschaft zum ethischen personalen Einzelleben zu verstehen, muss dieses Einzelleben des Menschen selbst begriffen werden. Als Ausgangspunkt dafür nimmt Husserl "die zum Wesen des Menschen gehörige Fähigkeit des Selbstbewusstseins in dem prägnanten Sinn der persolanen Selbstbetrachtung (inspectio sui) und der darin gründenden Fähigkeit zu reflexiv auf sich selbst und sein Leben zurückbezogenen Stellungnahmen bzw. persolaen Akten: der Selbsterkenntnis, der Selbstwertung und praktischen Selbstbestimmung (Selbstwollung und Selbstgestaltung). In der Selbstwertung beurteilt der Mensch sich selbst als gut und schlecht, als wert und unwert. Er wertet dabei seine Akte, seine Motive, seine Mittel und Zwecke, bis hinauf zu seinen Endzwecken" (XXVII, 23).

In den Endzvecken erkennt der Mensch die Wesensmöglichkeiten seiner freien Selbstgestaltung als "spezifisch menschliche Lebensformen", in denen sich ganzes Leben nach der personalen "Wertentscheidung" entfaltet. Husserl geht dabei von der Auffassung aus, dass der Mensch sein gesamtes Leben "einheitlich überblicken und es nach Wirklichkeiten und Möglichkeiten universal bewerten" kann, wenn auch "in sehr verschiedener Bestimmtheit und Klarheit" (XXVII, 26). So können "für den einen die Güter der Macht, für den anderen die des Ruhmes, der Nächstenliebe usw. als die unbedingt vorzüglichsten gelten" (XXVII, 27). Diese Güter, die den Menschen selig machen können, sind den aristotelischen Wesensweisen des menschlichen Lebens ähnlich, da darin das höchste Gut als menschliches Gut zum Vorschein kommt.

Husserl findet in der griechischen Urstiftung der europäischen Kultur nicht nur ihre Begründung von Philosophie und Wissenschaft als "eine Kulturgestalt eines rein theoretischen Interesses" (XXVII, 83), sondern auch, wie Klaus Held in seiner Interpretation des Husserlschen Wiener Votrags von 1935 sagt, "die rechenschaftliche Übernahme von letzter Verantwortung für die Gestaltung der menschlichen Existenz"[5]. Held spricht dabei mit Recht von zwei Motiven, die Husserl in der griechischen Urstiftung des europäischen Menschentums sah: "Das Neugiermotiv und das Verantwortungsmotiv, _theoria_ und _logos_ , gehören durch das Bindeglied der Doxakritik zusammen". Im Einklang mit dem Grundprinzip der phänomenologischen Philosophie spricht Held seine These mit den Worten aus: "Die doxakritische Weltoffenheit als Einheit von _theoria_ und _logos_ überwindet die so verstandene 'natürliche Einstellung' und lässt in Europa von den Griechen ausgehend eine Kultur entstehen, die sich durch diesen Einstellungswechsel fundamental von allem Bisherigen unterscheidet"[6].

In den Erneuerungsaufsätzen spricht Husserl von der Ausbildung der philosophischen Kultur in Griechenland nicht als einer "autonomen Kultur theoretischer Vernunft", sondern des "ganzen Kulturlebens nach allen Seiten, die durch die verschiedenen Aktarten bestimmt sind, denen eben verschiedene Vernunftarten zugeordnet werden", so dass das ganze Kulturleben als Leben aus freier Vernunft "den allgemeinen Charakter der _Freiheit_ hat" (XXVII, 83). Erst durch die "einzigartige Schöpfung der Idee logischer Wissenschaft und einer Logik als universaler Wissenschaftslehre, als normierender zentraler Wissenschaft überhaupt" erhält "der Begriff des Logos als autonomer Vernunft", wie Husserl sagt, "seine ursprüngliche Konzeption und zugleich seine weltumgestaltende Kraft". Im Unterschied zu allen anderen Kulturen handelt es sich bei den Griechen "um eine Erkenntniskultur eines neuen Stils und zudem um eine Kultur, die dazu bestimmt war, die Menschheit überhaupt hinsichtlich ihres gesamten Lebens und Wirkens auf eine neue Stufe zu erheben. Die Griechen sind es, die in Konsequenz der Schöpfung der Philosophie in ihrem prägnanten (Platonischen) Sinn der europäischen Kultur eine allgemeine neuartige Formidee eingepflanzt haben, wodurch sie den allgemeinen Formcharakter einer rationalen Kultur aus wissenschaftlicher Rationalität oder einer philossophischen Kultur annahm" (XXVII, 83-84).

Wie sich diese Rationalität und "philosophische Kultur" in Europa und in der Welt dann entfaltete und wie sie sich weiter entfalten kann, sind die grossen Fragen, die wir hier nicht thematisieren können. Husserl untersucht nicht, "wie das historisch möglich werden sollte und in der Tat möglich geworden ist, dass diese Idee in der offen endlosen europäischen Menschheit, diese wirkende praktische Zweckidee, Wurzel fasste" (XXVII, 88), sondern macht einen Hinweis auf Platons Staat und seine Idee einer Sozialethik mit der Feststellung, dass es dabei um "die normativen Wissenschaften von der vergemeinschafteten Menschheit als einer ihr gesamtes Leben nach Vernunftnormen gestaltenden Menschheit" handelt. Diese Idee der philosophischen Wissenschaft haben die Griechen zwar "nicht adäquat zu realisieren vermocht" (XXVII, 88), aber ihre "grossen eindrucksvolle Systeme" gewinnen trotzdem eine "überwiegende Kraft im griechischen Kulturleben" in dem "sozusagen jedermann nun auch wirklich ein Philosoph sein" will, insofern er nämlich "dieses Ideal der Humanität mindest der Form nach" anerkennt und es "in sich verwirklichen" will (XXVII, 89). Auf diese Art und Weise ist dieses Idea zugleich zur "allgemein herrschenden Überzeugung" geworden, so dass Husserl meir dass eine Renaissance dieser alten griechischen Kulturidee nicht nur wieder möglich ist, sondern dass sie mit der neuzeitlichen und gegenwärtigen Philosophie vielmehr, in der Wirklichkeit weiter entwickelt werden kann. Denn "auch in der

Lebenseinheit einer Menschheit ist keine verlorene Kulturidee wirklich verlorene, keine Lebensform, kein Lebensprinzip der Vergangenheit wirklich und endgültig versunken. Eine einheitliche Menschheit hat, wie ein einzelner Mensch, ein einheitliches Gedächtnis, alte Traditionen können wieder lebendig werden, können wider motivieren, können wieder, gleich, ob halb oder ganz verstanden, ob ursprünglich oder umgebildet, wieder wirksam werden" (XXVII, 90). Bei all dem betont Husserl, dass er "nicht einem schlechten Konservatismus das Wort" redet, d. h. dem Konservatismus, der "in einer gewordenen Kulturgestaltung der Vergangenheit das Mass und Ziel sieht für Erneuerungen" (XXVII, 118).

Es ist nicht zufällig, dass Husserl eben in den Erneuerungsaufsätzen zu einer neuen Auffassung der beurteilenden Vernunft und, wie schon erwähnt, "Rationalisierung alles Geistigen" kommt. Damit befürwortet er die Entwicklung "aller möglichen echten Wissenschaften" und eine "rationalisierende Menschheit" als Menschheit aus freier Vernunft, die sich im Kulturleben universal frei entfaltet. Husserl lässt sogar die "Aufklärung" und den Glauben an ihre "praktische Verwirklichung" als "Kultur aus praktischer Vernunft" gelten, aber betont zugleich den "wahren geschichtsphilosophischen Sinn" sowohl seiner Interpretation der Urstiftung und der Geschichte der europäischen Kultur als auch ihrer Erneuerung und Weiterentwicklung. Im Einklang damit hebt Husserl hervor, dass "Kultur aus freier Vernunft und zuhöchst aus freier, ins Universale strebender Wissenschaft die absolute Zweckidee, die wirkende absolute Entlechie" bezeichnet, welche "die Idee der europäischen Kultur als einer Entwicklungseinheit definiert und, wenn die Wertung eine richtige ist, rational definiert" (XXVII, 109)[7].

Mit seinen Analysen macht Husserl nicht nur klar, dass seine "Wertung eine richtige ist", sondern grundsätzlich, dass "das ethische Leben seinem Wesen nach in der Tat ein Leben aus einer 'Erneuerung', aus einem ursprünglichen und dann immer wieder zu reaktivierenden Erneuerungswillen" (XXVII, 42) ist. Das wahre ethische Leben kann sich nicht "in der Weise organischer Passivität", sondern nur durch die lebendige Vernunft frei entwickeln und so immer wieder "erneuern" und das ganze Leben leiten und gestalten. "Ein Neues muss werden" (XXVII, 4), betont Husserl, und "ein Mensch, ein Menschenleben kann nicht vernünftig sein, sondern nur vernünftig werden, und es kann nur vernünftig werden, es sei denn im Werden nach oder unter dem bewusst gewordenen kategorischen Imperativ" (XXVII, 119). Im Zusammenhang damit lautet der kategorische Imperativ der Husserlschen Individualethik folgenderweise: "Nur aus eigener Freiheit kann ein Mensch zu Vernunft kommen und sich sowie seine Umwelt vernünftig gestalten" (XXVII, 42-43).

Da das ethische Leben nach Husserl aber "Kampf" mit den "herabziehenden

Neigungen" ist, kann es auch als "eine kontinuierliche Erneuerung beschrieben werden" (ibd.). Wie keine Wissenschaft nach Husserl durch die blosse Renaissance, sondern aus dem Studium der Sachen selbst zur echten Wissenschaft wird, so wird keine Erneuerung durch die blosse Wiedergeburt des Vergangenen, sondern nur durch die "ethische Umkehr und Gestaltung" des individuellen und gemeinschaftlichen Lebens als eines Lebens aus der universalen Vernunfteinsicht und letzten Verantwortung des Menschen für die Gestaltung seiner Welt. In diesem Sinn schreibt Husserl: "Jeder für sich und in sich muss einmal im Leben jene universale Selbstbesinnung vollziehen und den für sein ganzes Leben entscheidenden Entschluss fassen, mit dem er zum ethisch mündigen Menschen wird, sein Leben als ein ethisches ursprünglich begründet" (ibd.).

Wie schon erwähnt, ist Ethik aber nicht nur eine Individualethik, sondern auch "Sozialethik" und "eine Ethik der Gemeinschaften als Gemeinschaften", und "im besonderen auch jener universalen Gemeinschaften, die wir 'Menschheiten' - eine Nation oder eine mehrere Nationen umfassende Gesamtmenschheit - nennen" (XXVII, 21). Hier können wir nicht auf die Probleme der nationalen, übernationalen und Weltgemeinschaften eingehen. Husserl spricht darüber, dass Individual- und Sozialethik untrennbar sind, wobei die Frage entsteht, wie "die Gemeinschaft von der Stufe einer blossen Lebensgemeinschaft auf die Stufe einer personalen und dann einer ethisch personalen" Gemeinschaft kommt, bzw. wie sie sich selbst unter einen "kategorischen sozialen Imperativ" stellt (XXVII, 50). Dabei ist weiter zu fragen, welche Form der Verwirklichung der Idee des kategorischen Imperativs neben jener dem Individuum eingeborenen singulären "unendlichen Idee" in der geschichtlichen Wirklichkeit als "neue Gestalt ... des gesollten und gerechtfertigten Lebens" übernimmt?

Die Idee einer "echten Menschheit, eines echten Gemenschaftslebens, die, einmal zum Gemeinschaftsbewusstsein gekommen, zum kategorischen Gemeinschsftsimperativ wird", kann von Menschen in verschiedenen Formen gedacht und gewertet werden, aber konkret geschichtlich nur in einer "betätigenden Menschheit" im Staate verwirklicht wird. Husserl selbst sagt: "Die beiden Ideen, die für das Einzelsubjekt und für die Gemeinschaftssubjektivität, stehen offenbar in naher Beziehung, sofern das Einzelsubjekt nur in Gemeinschaft leben kann und zu seinem kategorischen Imperativ gehört, dass es in rechter Weise Gemeinschaftsglied ist, und andererseits beschliesst der Gemeinschaftsimperativ den Individualimperativ in sich, da eben der Einzelne Zelle der Gemeinschaft ist und sein Leben Teil des Gemeinschaftslebens ist" (XXVII, 118). Bei Husserl bleibt aber die Frage offen, ob diese "Gemeinschaftssubjektivität" und der "Gemeinschaftsimperativ" eine übernationale Kultureinheit oder einen "Weltstaat" oder einen nationalen Staat als wirkliche geschichtliche Gemeinschaft des ethischen Lebens bedeuten. Daran scheiden sich die Geister noch immer, denn niemand will sich selbst aus der Weltmenschheit ausschliessen, obgleich jeder weiss, dass niemand direkt dem "Weltstaat" und der Weltgeschichte gehört - wenigstens "solange die Welt als politisches Pluriversum nach Staaten als den massgebenden Handlungseinheiten geordnet ist und diese Staaten als politische Einheit der sie tragenden Gesamtheit von Menschen organisiert und voneinander abgegrenzt sind"[8].

Anmerkungen:

1 S. Einleitung der Herausgeber der Husserliana, Edmund Husserl, Gesammelte Werke, Band XXVII, Dordrecht, Boston, London 1989, S. X ff.

2 Husserliana Band VI und Band XXIX.

3 Husserliana XXV, 68.

4 XXVII, 6. Die römische Zahl in Klammern bezeichnet den Band der Husserliana und die arabische Zahl die Seite in diesem Band.

5 K. Held, "Husserls These von der Europäisierung der Menschheit", in: <u>Phänomenologie im Widerstreit</u>, hrsg. von Ch. Jamme und O. Pöggeler, Frankfurt 1989, S.14.

6 Ibidem, S. 18.

7 Über die absolute Zweckidee und Entelechie der europäischen Kultur s. meine Arbeit "Teleologieproblem bei Husserl", erscheint in: <u>Beiträge zum Problem der Teleologie</u>, hrsg. von J.-E. Pleines, Würzburg 1993.

8 E.W. Böckenförde, <u>Staat, Verfassung, Demokratie</u>, Frankfurt 1991, S. 312.

Gisela Raupach-Strey (Berlin)

Leonard Nelson Philosophie der Erkenntnis aus heutiger Sicht

LEONARD NELSON (1882-1927), mit dem ich mich als Begründer der Sokratischen Methode in der neueren Tradition befaßt habe, hat als Philosoph des Kritizismus in der Traditionslinie I.Kant - J.F.Fries - E.F.Apelt immerhin ein Werk von neun Bänden hinterlassen, mit dem sich bedauerlicherweise in der Gegenwart kaum jemand ernsthaft auseinandersetzt. Denn auch wenn Nelsons Denken im bewußtseinsphilosophischen Horizont angesiedelt ist, könnte gegenwärtigem Philosophieren doch die Klarheit und Deutlichkeit seiner philosophischen Sprache ebenso wie seiner Thesen und seiner Aussage-Bereitschaft wegweisender Maßstab sein - nicht weniger übrigens auch sein eindeutiger Wille, die theoretischen Einsichten der praktischen Philosophie (Rechtslehre, Politik, Ethik, Pädagogik) in die Praxis umzusetzen. Wieweit solch ein weg-weisendes Maß sich auch für die Inhalte seines Denkens, insbesondere im Bereich der theoretischen Philosophie, behaupten läßt, möchte ich untersuchen.

Grundpfeiler in Nelsons Philosophie der Erkenntnis sind seine These von der Unmöglichkeit der Erkenntnistheorie sowie seine Lehre von der unmittelbaren Erkenntnis, eingebettet in die Entdeckungsmethode der "regressiven Abstraktion" und die Beweismethode der "psychologischen Deduktion".

I. Zum ersten, gewissermaßen dem destruktiven Teil von NELSONS Erkenntnis-Philosophie: "Die Unmöglichkeit der Erkenntnistheorie"[1] betitelte NELSON seinen 1911 auf dem internationalen Kongreß für Philosophie in Bologna gehaltenen Vortrag. In ihm setzt er sich mit neukantianischem Erbe auseinander, um im konstruktiven Teil seinen eigenen Weg vorzustellen. Aufgabe der Erkenntnistheorie sei es, die Wahrheit oder objektive Gültigkeit unserer Erkenntnis zu prüfen (II, S.465). Daß dieses Problem jedoch unlösbar sei, beantwortet er folgendermaßen: Um die Wahrheit einer Erkenntnis entscheiden zu können, brauche man ein erkenntnistheoretisches Kriterium. Dieses kann nicht selbst eine Erkenntnis sein, weil dann ja auch *seine* Gültigkeit noch nicht gesichert wäre. Wenn es andererseits keine Erkenntnis sei, so müßte es doch immerhin *als* Wahrheitskriterium bekannt und daher auch erkannt sein, d.h. wir müßten das Kriterium bereits angewandt haben. Beide Alternativen führen also auf einen Widerspruch.

Das Problematische an diesem Ansatz ist nach NELSON die Voraussetzung, daß die Objektivität der Erkenntnis zunächst zweifelhaft und nur nachträglich mittels eines Verfahrens gesichert werden könne. Die dargestellte erkenntnistheoretische Positon nimmt *fälschlich* an, daß *jede* Erkenntnis begründet werden müsse. Denn wenn *jede* Erkenntnis einer anderen als ihres Grundes bedarf, so führt diese Denkfigur in einen unendlichen Regreß. Das universale Begründungspostulat ("alle Erkenntnis ist zu begründen") *ist* lt. NELSON das erkenntnistheoretische Vorurteil.

Gleichbedeutend mit dieser, aufgrund der Regreß-Konsequenz zu verwerfenden Voraussetzung ist die Annahme, *jede* Erkenntnis sei ein Urteil, d.h. die "Assertion" komme erst zu einer an sich problematischen Vorstellung hinzu. (NELSON nimmt hier die Unterscheidung zwischen Proposition und performativem Akt aus der analytischen Philosophie der Sprechhandlungen in anderer Sprache

---

[1] LEONARD NELSON, Gesammelte Schriften in neun Bänden, Felix Meiner Verlag, Hamburg 1970-72; "Die Unmöglichkeit der Erkenntnistheorie" in Bd II, S. 459-483. Dieser Aufsatz ist zusammen mit weiteren unten genannten Abhandlungen auch abgedruckt in: LEONARD NELSON, Vom Selbstvertrauen der Vernunft, Philosophische Bibliothek Meiner Bd. 288, Hamburg 1975

vorweg.) Denn wenn jede Erkenntnis ein Urteil ist, kann die Begründung nur ein Beweis sein, die Rückführung auf ein anderes Urteil als seinen Grund. Die letzten Urteile in einer solchen Beweiskette sind unbewiesen und unbeweisbar, so daß sich wieder die Unmöglichkeit des Begründens ergibt - oder man müßte auf dieser letzten Stufe auf ein *anderes* Begründungsmittel als den Rückgriff auf ein weiteres Urteil rekurrieren können. Letzteres ist der Ausweg, den NELSON beschreitet nicht nur im Sinne eines Durchspielens von Hypothesen, von dessen Gültigkeit er vielmehr überzeugt ist. Er folgt darin seinem philosophischen Lehrer FRIES, auf dessen Überlegungen eigentlich Alberts "Müchhausen-Trilemma" zurückgeht.

NELSON führt zusätzlich ein psychologisches Argument ins Feld: die Mittelbarkeit der Erkenntnis widerspricht den Tatsachen der inneren Erfahrung (II,468). Das Ursprüngliche sei das Faktum der Erkenntnis selbst, und das Problem nicht Möglichkeit der Erkenntnis, sondern die Möglichkeit des Irrtums.

NELSON will also nicht etwa aus der Unmöglichkeit der Erkenntnis*theorie* auf die Unmöglichkeit der Erkenntnis selbst schließen - dieser skeptische Schluß wäre gerade nur unter Voraussetzung des "erkenntnistheoretischen Vorurteils" möglich. Ebensowenig will NELSON auf die Notwendigkeit einer dogmatischen Metaphysik schließen. Die Alternative zwischen Erkenntnistheorie und Dogmatismus verschwinde, wenn man die Voraussetzung, jede Erkenntnis sei ein Urteil, aufgebe, denn dann könne man dem Postulat der Begründung auf andere Weise genügen (II,473).

Dieser andere Weg besteht darin, daß NELSON statt des widersprüchlichen Erkenntniskriteriums ein Wahrheitskriterium angibt, das zwar kein Urteil ist, dennoch nicht außerhalb der Erkenntnis liegt: die von ihm so genannte <u>unmittelbare Erkenntnis</u>.

Es gibt zwei Sorten unmittelbarer Erkenntnisse: die unproblematischen sind die Wahrnehmungserkenntnisse, die aus unmittelbarer Anschauung entspringen. Im Hinblick auf das Begründungsproblem geht es aber um Grundurteile, und zwar solche, die nicht analytisch sind, vielmehr eine notwendige Verknüpfung der Dinge denken lassen; ihnen liegt eine metaphysische unmittelbare Erkenntnis zugrunde. NELSON bezeichnet seine Position als <u>metaphysischen Kritizismus</u>, den er von den drei anderen möglichen Positionen des metaphysischen Logizismus, Mystizismus und Empirismus abgrenzt. Der metaphysische Logizismus behaupte die Reflexion als Erkenntnisquelle für die Grundurteile, der metaphysische Mystizismus die Anschauung, der metaphysischen Empirismus lehne beide ab. Der metaphysische Logizismus scheitert an der Mittelbarkeit und Leerheit der Reflexion; der metaphysische Mystizismus an der ursprünglichen Dunkelheit der metaphysischen Erkenntnis, der metaphysische Empirismus an der Existenz der metaphysischen Erkenntnis. Diesen Positionen liege noch die dogmatische Disjunktion von Reflexion und Anschauung zugrunde, deren Gefahr die Blindheit gegen die klarsten Tatsachen der Selbstbeobachtung sei. Der vierte Weg liegt im Aufgeben dieser Disjunktion und der Annahme einer <u>nicht-anschaulichen unmittelbaren Erkenntnis</u>. Denn nicht jede unmittelbare Erkenntnis brauche uns unmittelbar bewußt zu sein; es ist möglich, daß sie uns erst durch Vermittlung der Reflexion zu Bewußtsein kommt, und eben dies behauptet NELSON von der nicht-anschaulichen unmittelbaren Erkenntnis, durch die die Begründungskette zum Stillstand kommt.

Daraus ergibt sich dann auch die *Aufgabe der Philosophie*, diese unmittelbaren Erkenntnisse erst künstlich aufzuweisen; solcher "<u>Aufweis</u>" ist Aufgabe einer psychologischen Untersuchung. Vom Standpunkt des Kritizismus dient der Begründung der Metaphysik die Wissenschaft der *Psychologie* - die in früherem Sprachgebrauch folgend noch nicht losgelöst von der Philosophie zu denken ist. Ihr empirischer Charakter ist mit der rationalen und metaphysischen Natur der zu begründenden Sätze nach NELSON sehr wohl verträglich, weil der *Grund* der letzteren ja nicht in den Sätzen der psychologischen Kritik liegt, sondern in der unmittelbaren Erkenntnis selbst (II,481). In letzterer hat NELSON gewissermaßen den "archimedischen Punkt" seiner Philosophie der Erkenntnis gefunden; daher nenne ich die folgenden Darlegungen zur Entdeckungs- und Begründungsmethode den konstruktiven Teil seiner Philosophie der Erkenntnis.

II. Was ist nach NELSON philosophische Erkenntnis?

In seinem Vortrag zur Sokratischen Methode[2] beantwortet er die Frage nach dem "Wesen philosophischer Erkenntnis" eben durch die Angabe der kritischen Methode, die zugleich die sokratische, auf das "Wesentliche" zielende ist[3]: Philosophieren heißt, die Prinzipien aufzudecken, die unserem Denken und unserem Urteilen zugrundeliegen.

Solche Prinzipien, allgemeinen Sätze wie beispielsweise die Beharrlichkeit der Substanz, die Gleichheit des Anspruchs auf Interessenbefriedigung oder die Strafwürdigkeit eines Verbrechens sind Bedingung der Möglichkeit von Erfahrungsurteilen und Grund für die gefällten Einzelurteile. Die Prinzipien gilt es aufzudecken, indem man "von den Folgen zu den Gründen aufsteigt" (I,281). Bei diesem Regreß wird von den zufälligen Tatsachen, auf die sich das Einzelurteil über eine konkrete Situation bzw. Frage bezieht, abstrahiert und das Allgemeine, Zugrundeliegende erhoben - nicht wie im Induktionsverfahren auf dieses Allgemeine geschlossen. Denn das Allgemeine ist zwar zunächst noch verdeckt, gleichwohl bereits vorhanden: "Die regressive Methode der Abstraktion, die zur Aufweisung der philosophischen Prinzipien dient, erzeugt nicht neue Erkenntnisse, weder von Tatsachen, noch von Gesetzen. Sie bringt nur durch Nachdenken auf klare Begriffe, was als ursprünglicher Besitz in unserer Vernunft ruhte und dunkel in jedem Einzelurteil vernehmlich wurde." (I,281/2) Dieses Erheben der schon vorausgesetzten, allgemeineren - 'meta-physischen' - Grundsätze unseres Denkens kennzeichnet den philosophischen Erkenntnisprozeß. Für das in der regressiven Methode der Abstraktion Gewonnene gebraucht NELSON den Begriff "Einsicht" (I,283), der gut zur Lichtmetapher paßt (das Dunkle ist aufzuhellen) und der aus zwei Gründen stärker Eingang in den wissenschaftlich-philosophischen Sprachgebrauch finden sollte: Um Verwechslungen insbesondere mit konstruierenden Erkenntnisbegriffen zu umgehen und um das aktive Moment auf der Subjektseite zu betonen, die Selbsttätigkeit der Vernunft, die bei diesem Prozeß am Werke ist. NELSON selbst hält sich jedoch nicht konsequent an die begriffliche Unterscheidung von Erkenntnis und Einsicht.

Was in der regressiven Abstaktion gewonnen wird, ist zunächst einmal *keine* neue Wahrheit[4] in dem Sinne, als der Aufweis der Grundprinzipien logisch abhängig ist von den "Konsequenzen", den Folgesätzen, aus deren Zergliederung sie gewonnen wurden, ihnen gleichwohl erst Gültigkeit verleihen. Das Verfahren bleibt "mit seinen Resultaten immer von jenen ersten Zugeständnissen abhängig, die doch selbst erst durch die gefundenen Prinzipien ihre objektive Begründung erhalten." (I,18, Z.7f)

Diese Denkfigur erscheint vielleicht beim ersten Eindruck verquer; die Abhängigkeit der Grundsätze von den Ausgangssätzen ist jedoch keine logische, sondern eine heuristische, sie betrifft den Denkweg: Wenn wir von anderen Ausgangssätzen ('Data', 'Konsequenzen') ausgehen, gelangen wir, je nach Untersuchungsgegenstand, zu anderen Grundsätzen. Zudem ist nach NELSON ein

---

[2] "Die Sokratische Methode" Ges.Sch. Bd. I, S.269-316, hier S.279
[3] ähnlich bei GUSTAV HECKMANN (*1898), der im Anschluß an NELSON die Sokratische Methode in der Lehrerbildung verankerte: GUSTAV HECKMANN: "Das sokratische Gespräch. Erfahrungen in philosophischen Hochschulseminaren", Hannover 1981
[4] "Die kritische Methode und das Verhältnis der Psychologie zur Philosophie. Ein Kapitel aus der Methodenlehre." Ges. Sch. Bd. I, S.9-78; hier S.17/18

solcher 'Aufweis' kein 'Beweis' im üblichen erkenntnistheoretischen Sinn der Rückführung auf andere Urteile, vielmehr eine 'subjektive Berufung ad hominem'. Umgekehrt wiederum ist das, <u>was</u> aufgewiesen wird, die logische Bedingung der Möglichkeit der vorher faktisch anerkannten Sätze; in dieser Richtung besteht also eine *logische* Abhängigkeit, die erst sichtbar wird, wenn der Aufweis gelungen ist.

Die Wahrheit des Grundsatzes selber wird damit nicht nachgewiesen, sondern gezeigt: 'Wenn du den Folgesatz F anerkennst, wie du getan hast, dann mußt du auch den darin enthaltenen Grundsatz G anerkennen.' Appelliert wird also an die Einsicht in die Notwendigkeit der Gewißheitsübertragungung; möglich ist jedoch auch, wie NELSON zugesteht, daß der Gesprächspartner den aufgewiesenen Grundsatz so sehr in Zweifel zieht, daß er umgekehrt zur Übertragung des Zweifels auf den vorher anerkannten Folgesatz bereit ist. Der Zweifel am Grundsatz selbst erübrigt sich erst, wenn feststeht, daß er wirklich ein Grundsatz ist (I,20); dann kann auch mit Fug und Recht auf seinen Beweis verzichtet werden.

Das regressive Verfahren selbst erweist also nicht einen Grundsatz als letzten Grundsatz, der gültig ist, insofern er Wahrheit verbürgt, sondern lediglich als logisch vorausgesetzten des Ausgangssatzes. Zum Zweck der Gültigkeits- Sicherung bedarf es noch eines anderen Kriteriums, das die Fortsetzung des regressiven Verfahrens begrenzt. Sonst könnte jeder Grundsatz weiter zergliedert werden und wiederum nach seinem Grund gefragt werden.

Der Grund dieser letzten Urteile muß nach Nelson unabhängig von der Reflexion in einer *unmittelbaren Erkenntnis* liegen. Im Falle empirischer Urteile ist das die empirische Anschauung, im Falle mathematischer Urteile ist es die mathematische Anschauung. Im Falle der metaphysischen Urteile gibt es keine Anschauung, also muß es eine unmittelbare Erkenntnis nicht anschaulicher Art geben (I,23), die den Grund unserer metaphysischen Urteile bildet. – Die Möglichkeit, aber darüberhinaus auch die Notwendigkeit der metaphysischen Grundsätze setzt NELSON voraus; hieran zweifelte er in der Nachfolge Kants nicht. "Der Grund allen Denkens liegt also zuletzt in der unmittelbaren Erkenntnis, und die Wahrheit aller Urteile besteht in ihrer Übereinstimmung mit dieser unmittelbaren Erkenntnis." (I,23)

Im Vergleich mit dieser unmittelbaren Erkenntnis wird also die Wahrheit von Urteilen geprüft; sie selbst bzw. ihre Gewißheit kann nicht in Frage gestellt werden, sie liegt vielmehr ihrerseits der Möglichkeit des *Irrtums* zugrunde. "Über die Wahrheit der unmittelbaren Erkenntnis kann kein Streit sein, sondern nur darüber, welches die unmittelbare Erkenntnis sei." (I,24)

Die *Begründung* der Grundurteile selbst (I,26) geschieht im Fall der mittelbaren Urteile durch Beweis, im Fall der unmittelbaren Urteile durch Demonstration oder Deduktion. *Demonstration* ist der Aufweis einer (empirischen oder mathematischen) Anschauung, *Deduktion* eben der Aufweis einer unmittelbaren, metaphysischen Erkenntnis. Diese kommt uns nicht unmittelbar zu Bewußtsein, sondern *nur* durch Vermittlung der Reflexion, nur durch das Urteil (I,26). In Nelsons Sprachgebrauch ist also die Unmittelbarkeit der Erkenntnis von der des Bewußtseins zu unterscheiden, so daß scheinbar paradox die <u>unmittelbare Erkenntnis nur durch Vermittlung</u> erhoben werden kann. Während mit Vermittlung hier die philosophische Arbeit des Aufweisens gemeint ist (im Falle der mittelbaren Erkenntnisse ist es die Arbeit des Ableitens), ist die <u>U</u>nmittelbarkeit der metaphysischen Grundsätze ein Evidenz-analoges, jedoch nicht anschauliches Moment zur Kennzeichnung gerade der metaphysischen Urteile; die Vorstellung bei NELSONS Begriffswahl mag hier so etwas wie ein Aha-Erlebnis am Ende der aufweisenden Deduktion gewesen sein: der Grundsatz "leuchtet" *als* Grundsatz ein.

Das Gültigkeitskriterium steht uns im Falle der metaphysischen Urteile also nicht unmittelbar zur Verfügung, sondern wir müssen uns künstlich in seinen Besitz bringen. Das geschieht in der von Nelson so genannten "Deduktion", und in ihr besteht die wichtigste Aufgabe der philosophischen Kritik. (I,27).

Diese Kritik ist bei Nelson eine "*Wissenschaft aus innerer Erfahrung*". NELSON stellt sich zur Aufgabe, "den Besitzstand dieser unmittelbaren Erkenntnis der reinen Vernunft selbst erst zum Gegenstand einer wissenschaftlichen Untersuchung zu machen" (I,28). Da dies die Wissenschaft aus innerer Erfahrung ist, "geistige Selbstbeobachtung", hat die Deduktion der metaphysischen Grundsätze psychologischen Charakter. Hier liegt der Grund, weshalb in die Literatur die FRIES-NELSONsche Richtung des Neukantianismus als 'psychologische Richtung' gekennzeichnet wird. - Als Alternative zur Bezeichnung 'Psychologie' gibt NELSON an: 'Transzendentalpsychologie' oder 'philosophische Anthropologie' oder eben das 'das zweideutige Wort Erkenntnistheorie' (I,29); in jedem Falle geht es darum, daß nur die innere Erfahrung der Aufgabe zu genügen imstande ist.

In der Deduktion im oben eingeführten Sinne gibt NELSON als Gültigkeitsgrund der unmittelbaren Erkenntnis an: "Es ist das **Selbstvertrauen der Vernunft** auf die Wahrheit der unmittelbaren Erkenntnis" (I,31); auf ihm beruht die "Schlußkraft" in der Beantwortung des "quid juris" (gemeint ist 'Schlüssigkeit', nicht etwa Schlußfolgerungen im ableitenden Sinne). "Das Selbstvertrauen der Vernunft ist das allgemeine Prinzip, das die psychologischen Ableitungen aus der Theorie der Vernunft zu kritischen Deduktionen macht, d.h. daß es uns ermöglicht, aus der inneren Erfahrung einen Leitfaden für die systematische Begründung der Philosophie zu finden."(I, 31/32)
Gleichwohl geht es nicht um singuläre Sachverhalte als solche: "Wir gehen gar nicht auf die individuellen Phänomene des Bewußtseins aus, sondern auf die allgemeine Form des inneren Lebens, wie sie der Vernunft als solcher angehört, den Bewußtseinstätigkeiten als Norm zugrundeliegt und der Reflexion ihre Regeln gibt."(I,29)
Die Deduktion hat jetzt so etwas wie Beweiskraft ("enthält einen Beweis"). Es wird jedoch nicht ein metaphysischer Grundsatz bewiesen, sondern *daß* er wirklich ein metaphysischer Grundsatz ist. "Die Kritik beweist den psychologischen Satz, daß die Erkenntnis, die einen gewissen metaphysischen Satz ausspricht, eine unmittelbare Erkenntnis aus reiner Vernunft ist. Der Beweis dieses psychologischen Lehrsatzes ist die Deduktion jenes metaphysischen Grundsatzes." (I,32)

Der Grundsatz vom Selbstvertrauen der Vernunft ist ein kritisches, transzendentales Prinzip, das ein Kriterium der Legitimität metaphysischer Sätze gibt ohne selbst ein metaphysischer Satz zu sein. Kant habe, so NELSON, noch solch ein einheitliches kritisches Prinzip gefehlt. (I,33)

Für NELSON ist (I,36) mit der psychologischen Unterscheidung der Willkürlichkeit der Reflexion von der Selbsttätigkeit der Vernunft (und entsprechend von Beweis und Deduktion) "der Skeptizismus endgültig abgetan und der einzig mögliche Standpunkt der Evidenz in der Philosophie gewonnen" (I,36). Die "Philosophie als Naturanlage" (I,12), deren Grundsätze dunkel, unsicher und umstritten sind, wird durch die kritische Methode, die die Grundsätze klärt, in die "Philosophie als Wissenschaft" überführt ohne einem Dogmatismus zu verfallen. - Es war NELSONs erklärtes Ziel und Motiv für sein systematisches Philosophieren, den unwürdigen Zustand des 'Herumtappens' der Philosophie zu beenden und sie auf den sicheren Weg der Wissenschaft zu bringen (I,275; II,462). "Die Philosophie ist einer endgültigen Gestalt fähig, die ihr durch die Vernunft selbst unabänderlich vorgezeichnet ist."[5]

---

5 "Von der Kunst, zu philosophieren", Ges.Sch. Bd.I, S.219f; S.231

III. Damit ist der Punkt erreicht, an dem *wir* die Frage stellen können: Wieviel Evidenz, wieviel Plausibilität zumindest besitzt NELSONs Philosophie der Erkenntnis für uns heute?
Zu folgenden **Problemen** will ich im Sektionsreferat Stellung nehmen, die ich für die Diskussion hier zunächst jeweils mit einer vorläufigen These beantworte:

1. Wie ist der destruktive Teil von NELSONs Erkenntnis-Philosophie, die These von der Unmöglichkeit der Erkenntnistheorie, zu beurteilen? Ist der Nachweis der Unmöglichkeit eines Erkenntniskriteriums überzeugend?
   These: NELSON hat diese These nicht nur um der Widerlegung willen aufgestellt, die Frage nach der Wahrheit bzw. Objektivität ist vielmehr eine gängige Denkfigur in nach-kantischer Tradition. – Sein Widerspruchsbeweis läßt sich auch mit Mitteln der sprachanalytischen Philosophie rekonstruieren.

2. Ist NELSONs 'Glaube' an die Möglichkeit metaphysischer Urteile einem 'naiven Realismus' zuzurechnen mit der Gefahr, sich unkritisch dem 'common sense' auszuliefern?
   These: Das Philosophieren nach kritischer Methode geht zwar von Erfahrungsurteilen aus, nimmt aber an, daß diese auf allgemeingültigen Prinzipien beruhen, die es zu erheben gilt, da sie gerade nicht offensichtlich sind. Die spontan gefällten Alltagsurteile werden daher ebenso einer kritischen Untersuchung unterworfen wie die resultierenden Behauptungen höheren Abstraktionsgrades. – Andererseits ist der Rekurs auf die Wirklichkeitserfahrung als Ausgangspunkt auch für theoretische Reflexionen eine philosophische Tugend, auf die sich gegenwärtig praktizierte Philosophie insbesondere im akademischen Bereich durchaus zurückbesinnen sollte.

3. Beruht NELSONs Begründungstheorie, in der die Deduktion der Prinzipien auf dem Grundsatz vom Selbstvertrauen der Vernunft basiert, nicht auf einem willkürlichen Abbruch des Verfahrens?
   These: Es handelt sich um eine Beendigung des Weiterfragens nach Gründen, aber nicht um eine willkürliche, sondern um eine notwendige und eine begründete. Die Betrachtungsweise eines kritischen Rationalisten wäre zu einäugig, denn bei aller argumentativ verfahrenden Philosophie wird auf die Kraft des Arguments (den Logos-Grundsatz) zurückgegriffen, was nichts anderes bedeutet, als der Vernunft die letzte Beweiskraft zuzutrauen *ohne* sie noch durch eine andere, ihr äußerliche Instanz zu legitimieren. Ist das Störende ggf. nur der direkte Zugriff in der Benennung?

4. Wie kann, nachdem die Philosophie des 20.Jahrhunderts durch die Historismus-Kritik, die Sprach-Kritik und die Hermeneutik hindurchgegangen ist, heute noch von 'unmittelbarer Erkenntnis' gesprochen werden?
   These: Es ist richtig, daß NELSON weder auf eine sprachliche, noch auf eine geschichtliche, gesellschaftliche oder kulturelle Bedingtheit der Erkenntnisse reflektiert hat, und auch nicht auf eine solche des begrifflich-paradigmatischen Vorverständnisses. – Andererseits handelt es sich bei seinem Begriff der nicht-anschaulichen 'unmittelbaren Erkenntnis' um einen Terminus mit einem bestimmten systematischen Stellenwert, und dessen Funktion dürfte nicht so einfach zu widerlegen sein – es sei denn, man bestreitet in skeptizistischer Manier überhaupt die Möglichkeit des Erkennens.

5. In der 'unmittelbaren Erkenntnis' werden der Vernunft die *obersten* Grundprinzipien einsichtig. Setzt NELSON bei dieser Begründungsidee nicht ein ontologisches Stufenschema und einen gerade in kritischer Einstellung zu verwerfenden Fundamentalismus voraus?

These: NELSON ging offensichtlich von einem einheitlichen Denksystem aus, an dem alle Menschen teilhaben, und das wohl auch ein ontologisches System impliziert. Diese ihm selbstverständlichen Voraussetzungen können wir heute weder unter lebensweltlicher, noch unter wissenschaftlicher Perspektive teilen. - Dennoch könnte NELSONs Begründungskonzept ein fruchtbares Modell abgeben, wozu ich drei bzw. vier Ansatzpunkte sehe:
(a) Es ist denkbar, daß jedes Individuum nur dann denk- und reflexionsfähig ist bzw. wird, wenn es *für sich* ein derartiges Denksystem entwickelt und für das weitere Nachdenken voraussetzt.
(b) Es ist denkbar, daß die Vielheit der Denksysteme ihrerseits auf einem noch fundamentaleren und allgemeineren 'Denksystem' aufruht und NELSON überhaupt erst *diese* Ebene anvisiert hat, nicht *ein* System unter anderen möglichen.
(c) Es ist denkbar, daß eine Vielheit von Denksystemen nur gedacht werden kann und erst recht untereinander erst kommunikabel werden kann, wenn wir zumindest hypothetisch allen gemeinsame Grundlagen voraussetzen.
(d) Selbst wenn ein solches unhintergehbares Fundament nicht mehr, wie bei NELSON, inhaltliche Aussagen enthalten könnte, so blieben doch zumindest die formalen, von der Transzendentalpragmatik untersuchten allgemeinen Kommunikationsbedingungen und -Verpflichtungen.

6. Wird das Ideal, für die Philosophie ein axiomatisches Wissenschaftssystem erreichen zu wollen, zum einen von NELSON eingelöst und ist es zum anderen der Philosophie überhaupt angemessen?
These: NELSON hat sein Begründungstheorie nicht mehr so weit durchgeführt, daß entscheidbar wäre, ob sie die gegenwärtigen Standard-Postulate für eine Theorie erfüllen kann: Die Axiomatisierbarkeit aller Grundurteile, die Widerspruchsfreiheit und die Vollständigkeit. Auch die - nach Hilbertscher Auffasung - "Verschiebbarkeit" der Axiome und damit die Systemrelativität in der Eigenschaft, Grund-Satz oder abgeleiteter Satz zu sein, bekam er nicht in den Blick. - Andererseits mag es problematisch sein, diese wissenschaftstheoretischen Maßstäbe an NELSONs Begründungskonzept anzulegen, weniger aus anachronistischen denn aus intentionalen Gründen: Wollte NELSON nicht eher den philosophischen Rahmen thematisieren, innerhalb dessen überhaupt erst Theorien entwickelt werden können?

7. Wie ist die gegenwärtig ungewöhnliche Beanspruchung der Psychologie für die Philosophie zu beurteilen?
These: Es scheint mir ein Verdienst NELSONs (bzw. der psychologischen Richtung des Neukantianismus) zu sein, daß er die Dimension der "inneren Erfahrung" anerkennt und in den philosophischen Diskurs aufnimmt. In der teilweise ängstlich anmutenden Abgrenzung der Philosophie gegen die Psychologie, wie sie in der gegenwärtigen akademischen Philosophie anzutreffen ist, sehe ich eher ein Problem, das auf einem zu engen Philosophie-Begriff beruht.

8. Woher bezieht NELSON seine starke Aussage-Willigkeit, wie hat er sich im Kontext philosophischer Positionen seiner Zeit verstanden?
Antwort: Nach außen grenzte sich NELSON ab gegen Romantik und Mystizismus auf der einen Seite, die die Ideale der Aufklärung aufgegeben haben[6] und gegen den Positivismus auf der anderen Seite, der den Naturalismus der Wissenschaft preisgegeben habe und konsequent "in der Zerstörung seiner selbst und aller wahren Wissenschaft" endigt.[7] Innerhalb seines eigenen philosophischen Ansatzes wollte er hindurchsteuern zwischen Dogmatismus

---
6 "Vom Beruf der Philosophie unserer Zeit für die Erneuerung des öffentlichen Lebens", Ges.Sch. Bd. VIII, S.193-211
7 "Die Unhaltbarkeit des Positivismus", Ges.Sch. Bd I, S.199-206

und Skeptizismus, und entwickelte aus diesem Grunde sein Begründungskonzept. "Was die Philosophie lehrt, soll Wahrheit sein, und die Form, in der sie es lehrt, soll Wissenschaft sein."[8] "Freilich liegen die notwendigen Erkenntnisse dunkel in der menschlichen Vernunft, und es bedarf ernster und ehrlicher Arbeit des Verstandes, um sie zur Klarheit des Bewußtseins zu erheben. Diese Arbeit ist die Aufgabe der Philosophie" (VIII, 210).

Zusammenfassende Einschätzung

Einige Einwände zu NELSONs Philosophie der Erkenntnis, die sich im Rückverweis auf eine unkritische Stufe naturalistischer Erkenntnis(theorie) zusammenfassen lassen, legen sich lediglich durch einen heute unüblichen Sprach- und Begriffsgebrauch nahe und erübrigen sich bei genauer Erfassung der Text-Intentionen oder verlieren zumindest ihre Schärfe.

Eine Gruppe von Einwänden ist berechtigt, insofern in gegenwärtiger Erkenntnis- und Wissenschaftstheorie keine derart starken ontologischen Implikationen mehr konsensfähig sind, ebensowenig wie das Ideal eines axiomatischen Wissenschaftssystems für die Philosophie.

Eine weitere Gruppe von Einwänden ist doppelgesichtig: Einwände, die an heutigen wissenschaftstheoretischen Standards messen oder die Differenz zwischen bewußtseinsphilosophischem und sprachpragmatischem Paradigma im Auge haben, sind ernst zu nehmen. Andererseits ist zu fragen, ob diese Einwände NELSON gerecht werden. Sie treffen seine Intention dann nicht, wenn er eine grundlegendere Ebene philosophischer Erkenntnis zu formulieren versucht hat, die Reflexionen heutiger Erkenntnis- und Wissenschaftstheorie noch vorausliegen, und die vielleicht nur im scheinbar naiven Zugriff originären Philosophierens erschließbar sind. - Im Letztbegründungsanspruch ist NELSONs Philosophie anderseits den heutigen Transzendentalpragmatikern verwandt, und in anderen Punkten zeichnen sich möglicherweise weitere Parallelen zur Gegenwartsdiskussion ab. NELSON könnte somit einige Problemkonstellationen vorausweisend angesprochen haben, die wir erst heute - wenn auch unter anderer Sprach- und Begrifflichkeit - in den Blick bekommen.

Von der Sinnhaftigkeit des Philosophierens "im Geiste Kants" geht meine Erörterung aus; wird diese Voraussetzung in Frage gestellt, eröffnet sich noch ein weiteres Problemfeld.

Unberührt von den angesprochenen Problemlinien scheint mir jedoch NELSONs Beitrag zu einer **Rationalitäts-Kultur**: Sein Bestreben, theoretische wie praktische Philosophie als Wissenschaft zu betreiben, gewinnt angesichts gegenwärtiger Irrationalismen sowohl in der Philosophie wie in unserer Demokratie erneute Aktualität. Der Vorrang der Methode wirkt als Korrektiv gegen bloße Bestätigung von Vorurteilsstrukturen. Von NELSONs unbeirrbarem Wertbewußtsein, das sich ja *auch* im Anspruch auf Aufklärung der Grundprinzipien ausdrückt, von seiner sprachlichen Klarheit, seiner radikalen Begründungsforderung, seinem methodenbewußten Vorgehen und seinem Willen zur Eindeutigkeit im Sprechen wie im Handeln können "Anfänger" wie "Fortgeschrittene" im Philosophieren auch heute Gewinn ziehen.

---

8 siehe Anm.5, S.245

Hans-Christoph R a u h (Greifswald/Berlin)

Zum Realitätsproblem in der "Ontologie der Wirklichkeit" des Greifswalder Universitätsphilosophen Günther Jacoby

Angesichts des unsäglichen Vergehens der vormaligen (ost-bzw. teildeutschen)DDR-Philosophie - "Neue Realitäten" involvieren hier tatsächlich eine "Herausforderung der Philosophie" - erweisen sich erneute philosophisch-systematische Rückbesinnungen durchaus nicht als eine rein beschauliche philosophiehistorische Aufarbeitung oder bloß universitär-akademische Gedenkveranstaltung. Derartige philosophische Neubestimmungen und Umorientierungen vollziehen sich auch nicht voraussetzungslos, sondern knüpfen zumeist an naheliegende, frühere philosophische Überlegungen und Konzepte an, insbesondere wenn diese bisher selbst einer ~~Acon keiner bzw~~. höchst widersprüchlichen Rezeptionsgeschichte unterlagen und vor allem aus einer ähnlichen philosophischen Umbruchsituation erwuchsen. Und noch eins: will bisheriges philosophisches Arbeiten nicht gänzlich umsonst gewesen sein und sich nicht einfach aufgeben, so sieht es sich nach solcherart charakteristischer Übergänge und Neuansätze um.

Dem bedeutsamen Greifswalder Universitätsphilosophen Günther Jacoby (1881-1969) (1) verdanken wir ein bemerkenswertes philosophisches Grundlagenkonzept einer "Allgemeinen Ontologie der Wirklichkeit" (2), das von seinem Autor über einen ungewöhnlich langen wie historisch bewegten Zeitraum von 30 Jahren (1925/55: Weimarer Republik, NS-Faschismus, SED-Herrschaft) erarbeitet und herausgegeben wurde. Es ist im wahrsten Sinne des Wortes sein Lebenswerk, wozu in früheren Jahren - nach einem Theologie- und anschließendem Philosophiestudium - Arbeiten zu Herders und Kants Ästhetik (1906/7) sowie in den späteren u.a. noch ein umfänglicher Diskussionsbeitrag (3) zum Verhältnis von philosophischer Logik und Logistik gehören (1962).

Obwohl Jacoby anerkanntermaßen neben Nicolai Hartmann zum wichtigsten Wegbereiter, Begründer und Vertreter der sogenannten "Neuen Ontologie", gelegentlich auch als "Neu-Realismus" bezeichnet, gerechnet wird, blieb seine dreibändige, rund 1600 Seiten umfassende "Wirklichkeitsontologie" (vor 1933 nicht vollendet und nur teilweise /nach 1945 nochmals verspätet, erst 1955 als Ganzes in der DDR, im damals gerade enteigneten Max-Niemeyer-Verlag Halle erschienen) bis auf einige wenige Rezensionen (4) und Artikel (5) in der zweiten Hälfte der fünfziger Jahre bis heute fast unbeachtet und wurde schließlich in den letzten Jahrzehnten gar nicht mehr rezipiert; hierbei machen die staatlich-ideologisch getrennten ost- und westdeutschen Philosophie-Verhältnisse (sicher aus ganz unterschiedlichen Gründen) bis 1989/90 überhaupt keinen Unterschied. So war es vor allem immer wieder Jacoby selbst, der bis ins allerhöchste Lebensalter hinein, auf Philosophiekongressen (6) sowie vermittels eines, überhaupt noch nicht aufgearbeiteten umfänglichen Briefwechsels (7) sein originelles realitäts-bzw. wirklichkeits-orientiertes Ontologiekonzept, dasselbe unermüdlich erklärend, propagierend und verteidigend aufmerksam machte.

Jacoby steht in den 20ziger Jahren mit am Anfang der Entwicklung jener gegen den Subjektivismus des Neukantianismus und seine besondere Erkenntnistheorie-Spezialisierung gerichteten bedeutsamen neorealistischen philosophischen Grundströmung unseres Jahrhunderts, erlebt aber zugleich noch deren fundamentalontologische Abwandlung bei Heidegger sowie generelle Verdrängung durch die aus dem logischen Positivismus hervorgehende analytische Philosophie, an deren aktuelle Debatten des Realitätsproblems die neorealistische Ontologie offenbar fast gar keinen Anteil mehr hatte. Trotzdem, obwohl in Jacobys Wirklichkeitsontologie explizit vom "metaphysischen Realitätsproblem" keine Rede ist, erscheint uns das diesem Werk zugrunde liegende philosophierealistische Konzept einer Ontologie als durchaus diskussionswürdig und wert, erneut vorgestellt, durchdacht und rezipiert zu werden.

Kurz und zusammenfassend (was dann im einzelnen zu erläutern wäre) sei zunächst etwas zum offensichtlich dreigliedrigen Aufbau des Gesamtwerkes der "Wirklichkeitsontologie" gesagt, worauf Jacoby selbst, in eigenen späteren thematischen Erläuterungen mehrfach hingewiesen hat. Diese eigentlich sehr durchdachte Gliederung ist leider durch die angedeuteten zeitlichen Verzögerungen und drucktechnischen Widrigkeiten (bis in die Bandaufteilung der einzelnen Kapitel hinein) immer noch ungemein schwer verständlich und nicht unmittelbar durchschaubar; sie abverlangt daher unabdingbar ein zusammenhängendes Studium und Verständnis des Ganzen!(8)

Der 1. Teil entspricht im wesentlichen Bd. I/1925 und steht noch ganz in der Tradition der überkommenen *Immanenzontologie* und deren Klärungsversuches der Beziehung von Außen- und Bewußtseinswirklichkeit; er endet jedoch letztlich mit deren, von Jacoby vielschichtig nachgewiesenen "Scheitern" und "Zusammenbruch" (I, 388ff). Zugleich damit erfährt dieser 1. Teil aber seine entscheidende Aufhebung, Wendung und Fortführung im abschließenden Kapitel des immer noch I. Bandes von 1925, das daher auf keinen Fall überschlagen werden darf, da es sich hierbei nicht nur um das umfangreichste, sondern auch grundsätzlichste Kapitel des Gesamtwerkes überhaupt handelt, betitelt "Die logischen Grundlagen der Transzendenzontologie" (I,388-576).

Dem schließt sich im 2. Teil, als Bd. II ebenfalls bereits 1928/32 in vier Teillieferungen erschienen, die eigentliche Ausführung der *Transzendenzontologie* an, zunächst fortgesetzt durch ein weiteres, ebenso umfangreiches wie grundsätzliches Kapitel zu den "transzendenzontologischen Grundbegriffen" (II/1, 1-149), gefolgt von erneuten, dem 1. Teil ganz analogen Kapiteln, nun aber zur transzendenzontologischen Klärung der Beziehungen von Außen-und Bewußtseinswirklichkeit.

Den 3. Teil bilden schließlich, wie gesagt erst 1955 als Bd. II/2 veröffentlicht, vier weitere, sogenannte angewandte "Anhangs"- bzw. "Ergänzungskapitel" (I/2, 646 ff), überschrieben mit "Ontologie der Ideen", "ontologische Grundlagen der Natur- bzw. Geistes(Ideen)wissenschaften" sowie "Theologische Ontologie". Das abschließende Kapitel vermittelt als *"Ergebnis"* (II/2, 900-1004) eine historisch-kritische Zusammenfassung des Ganzen sowie dessen allerknappste Einordnung in die/eigentlich Abgrenzung von den wichtigsten philosophischen Grundströmungen unseres Jahrhunderts, vom Neukantianismus und der Erkenntnistheorie bis zur ungleichen Hartmannschen Ontologie, von der Phänomenologie über die Existenz-philosophie bis zum dialektischen Materialismus.

Überschaut man das Ganze, so erscheint eine mehrfach wiederkehrende Dreigliedrigkeit der Jacobyschen Wirklichkeitsontologie nachweisbar, gleichermaßen betreffend die Außen-, Bewußtseins- und Ideenwirklichkeit, was sicher nicht ganz zufällig an die zeitgleich von Nicolai Hartmann konzipierte ontologische Schichtenlehre (anorganische, organische und geistige Seinsschicht) erinnert, ebenso wie dann an Karl Poppers spätere Dreiweltentheorie: objektive Welt, subjektive Erfahrungswelt und Geisteswelt des Menschen.

Der unmittelbare "Anstoss" für Jacobys "*Allgemeine Ontologie der Wirklichkeit*" bildete übrigens 1920 die im Titel zunächst sehr ähnlich klingende, aber der Sache nach ganz entgegengesetzt angelegte "*Allgemeine Erkenntnislehre*" (Berlin 1918, 2. Aufl. 1925) von Moritz Schlick, seinem früheren philosophischen Amtskollegen in Rostock. Vor allem deren grundsätzliches "Versagen in Wirklichkeitsfragen" brachte Jacoby dazu, "dass in diesen *ontologisch* bei dem objektiven Begriffe der Wirklichkeit anzusetzen ist, nicht *erkenntnistheoretisch* bei unseren subjektiven Erkenntnismitteln für sie". (Vorwort Bd. II/1, 1955, o.S.).

Damit vollzog Jacoby offenbar viel grundsätzlicher und konsequenter als z.B. N. Hartmann in seiner damaligen "Metaphysik der Erkenntnis" (1921, 2.Aufl. 1925) den entscheidenden Bruch mit der überkommenen besonderen Spezialisierung der nachklassischen deutschen Philosophie des 19. Jahrhunderts, speziell im Rahmen des Neukantianismus, auf die Erkenntnistheorie.

Jacoby stellt sich nun die Aufgabe, in Abkehr von jeder verselbständigten (subjektivistischen) Erkenntnistheorie, den übergreifenden (allgemeinen) philosophisch-theoretischen "*Bedeutungsgehalt des Begriffes Wirklichkeit*" allseitig zu untersuchen. Dazu wird der traditionell im englisch-französischen Sprachgebrauch vorliegende, aber wiederum wesentlich im bewußtseins- bzw. erkenntnistheoretischen Dualismus des Sensualismus/Empirismus/Materialismus wurzelnde und fixierte Realitätsbegriff (Realität als Teilwirklichkeit steht hier immer in einem metaphysischen erkenntnistheoretisch-"grundfragenmäßigen" Gegensatz zur Wirklichkeit des rein Ideell-Geistigen) offensichtlich von Jacoby ganz bewußt durch den weit umfassenderen, ontologisch-ganzheitlich ausgelegten *Wirklichkeitsbegriff* ersetzt ,der außerdem philosophiegeschichtlich gesehen noch das Moment des Möglichen und Wirkens in sich enthält sowie schon in Hegels dialektischer Philosophie ("Wesenslogik") als synthetische Einheit von Wesen und Existenz, von Innerem und Äußerem usw. aufgefaßt wird.

Allgemein-philosophisch gesehen geht es also Jacoby in bester dialektisch-vernunftsphilosophischen Tradition um einen umfassenden, *ganzheitlichen* Wirklichkeitsbegriff. Dabei ignoriert und umgeht Jacoby trotz seines ontologischen Ansatzes in keiner Weise die traditionelle wie grundsätzliche philosophische Unterscheidung von sogenannter transzendenter (objektiver) Außen--Wirklichkeit und immanenter (subjektiver) Wahrnehmungs-Wirklichkeit, will jedoch auf jeden Fall die erkenntnistheoretisch-positivistische Reduzierung der ersteren auf die letztere ebenso überwinden wie jede letztlich nur scheinbar darüberhinausgehende ontologisch-dualistische (unvermittelte, beziehungslose) Gegenüberstellung von materiell-realer Außenwirklichkeit und ideellrealer Bewußtseinswirklichkeit vermeiden. Ein *"allumfassender Wirklichkeitsbegriff"* liegt somit seiner allgemeinen Ontologie der Wirklichkeit zugrunde, unter dem alle nur denkbaren wie realexistierenden - Jacoby nennt sie späterhin *meinbare* - "Wirklichkeitsarten" subsumierbar sind.

Im Zentrum steht sozusagen die fundamentalphilosophische Frage, "was der *Begriff der Wirklichkeit* bedeutet", der für Jacoby zu den "allgemeinsten Begriffen (gehört), mit deren Bedeutungsgehalt es die Philosophie zu tun hat" (I,1). Es geht also in diesem allein philosophischen Sinne um einen allseitig "theoretisch durchgebildeten Wirklichkeitsbegriff" und z.B. nicht um dessen alltäglich-praktischen oder fachwissenschaftlichen Gebrauch. Ebensowenig gehe es um die Frage, ob es Wirklichkeit überhaupt gibt oder wie sie im einzelnen strukturiert ist und erforscht wird, was alleinige Aufgabe diesbezüglicher Fach- bzw. Einzelwissenschaften sei. Und philosophisch gesprochen bedeutet das weiterhin, daß, so wie seit der Jahrhundertwende unwiderruflich "zwischen der Psychologie des Denkens und der reinen Logik" geschieden werde, nun "hier zwischen einer Lehre von der Wirklichkeitserkenntnis und einer reinen Ontologie der Wirklichkeit zu trennen" sei (I,15). Damit hängt schließlich auch der entscheidende "Unterschied zwischen einer *erkenntnistheoretischen* und der *ontologischen* Betrachtung " der Wirklichkeit zusammen. "Die *Erkenntnistheorie* fragt danach, wie wir zu einer gültigen Erkenntnis der Außenwirklichkeit kommen. Die *Ontologie* fragt danach, was wir unter Außenwirklichkeit verstehen." (I/39).

Jacoby wurzelte offenbar (was noch genauer zu erforschen wäre) von Anbeginn weit weniger gerade in dieser übernommenen , einst alles beherrschenden philosophisch-erkenntnistheoretischen Tradition, sei es nun neuzeitlich die bis Kant oder lebenszeitlich die des Neukantianismus. Bereits in seinen frühen umfänglichen Herderstudien (1906) befindet sich daher wohl nicht zufällig jener, wie ein allererstes philosophisches Bekenntnis klingende Schlüsselsatz, der schon die neue Richtung seiner kommenden "Ontologie der Wirklichkeit" andeutet und der da schlicht und einfach lautet: "Das Weltproblem Herders triumphierte über das Erkenntnis-Problem".(9) Nebenbei bemerkt, gelangte auch ein anderer Greifswalder Philosoph, Hans Pichler (1882-1958), schon frühzeitiger als Jacoby selbst, allerdings dann später in keiner Weise dies so konsequent und umfassend durchführend wie dieser, über Arbeiten zu Wolff und Leibniz zur Wiederentdeckung der ontologischen Fragestellung. Jacoby vermerkt daher, daß alle heutigen Seinslehren thematisch jener "bahnbrechenden Dissertation Pichlers über Wolffs Ontologie (Über die Arten des Seins, Heidelberg 1906) verpflichtet" seien (II/2, 974)."Pichlers Schrift über Wolff hat die ontologische Bewegung des 20. Jahrhundert eingeleitet."(10)

Was den durchgehenden Gebrauch des *Wirklichkeitsbegriff* betrifft, und zwar wie wir jetzt sehen, bewußt anstelle des traditionellen *Seinsbegriff* bzw. aktuellen *Realitätsbegriff* gesetzt, so kann vermutet werden, daß Jacobys frühzeitige internationale Beschäftigung mit dem amerikanischen Pragmatismus (Leipzig 1909) sowie daraus resultierend eine Studien- und Vortragsreise nach Amerika, ihn zu einer keineswegs nur literarisch äußerlich gebliebenen Rezeption der *"Neuen Wirklichkeitslehre"* in der nordamerikanischen Philosophie (so jedenfalls ist ein mehrteiliger Literaturbericht 1913/14 überschrieben) geführt haben. Darin heißt es einleitend: "Der Hauptgegenstand dieser philosophischen Richtung ist der Versuch einer neuen Wirklichkeitslehre, die in mancher Hinsicht an Avenarius, Mach und Schuppe erinnert, in anderer Hinsicht wieder an Bestrebungen von Johannes Rehmke und denen von Oswald Külpe entgegenkommt, sich bisweilen eng mit der Philosophie von G.E. Moore und Bertrand Russell berührt und doch von allen diesen Lehren unterschieden ist..."(11). Im einzelnen identifiziert sich Jacoby in seiner Analyse dieser neuen wirklich-keitsphilosophischen Richtung vor allem mit deren entschiedener zum Teil fachwissenschaftlicher Kritik einer jeden verselbständigten spekulativ-idealistischen "Bewußtseinslehre", eines Bewußtseins getrennt von aller Wirklichkeit usw., was ihn, wie bereits angesprochen, schließlich zu seiner umfassenden und übergreifenden *"Wirklichkeitslehre"* anstelle der nur scheinbar gänzlich voraussetzungslosen, weil realitätslosen bzw. wirklichkeitsabgehobenen "Bewußtseins-" bzw. *"Erkenntnislehre"* führen sollte.

Nur angedeutet kann hier werden, daß Jacoby anstelle der überkommenden eingeschränkten *"erkenntnistheoretischen Grundfrage"* schon in den genannten Kapiteln zu den logisch-begrifflichen Grundlagen der Transzendenzontologie und dann weiter durchgehend eine für ihn weit umfassendere *"gnoseologische Relation"* (I,525ff) setzt, womit die Relation des Meinens und Gemeintwerdens eines meinenden Subjekts bzw. einer gemeinten Sache bezeichnet werden sollen. Jacoby erläutert: "An sich" ist der gemeinte Sachverhalt so, wie er unabhängig von unserer Meinung ist. "Für uns" ist unsere Meinung über ihn. Diese "gnoseologische Relation zwischen dem meinenden Subjekte und dem gemeinten Objekte" ist für Jacoby nunmehr zugleich die unmittelbar wirklichkeits-ontologisch erfaßbare philosophische Grundbeziehung überhaupt (I,549), was u.a. auch zwangsläufig entsprechende Konsequenzen für seinen objektiven Wahrheitsbegriff (I,553ff) haben mußte. Von Freytag Löringhoff nennt daher wohl nicht zufällig die Jacobysche Analyse der *"Meinungsrelation"*, diese von vornherein schon ontologisch bestimmte "gnoseologische Grundrelation" (also nicht erkenntnistheoretisch!), den "Schlüssel zur Transzendenzontologie des Bewußtseins und zu allem weiteren" (12).

Im Ganzen gesehen überspringt aber wohl auch Jacobys sehr breit angelegte wirklichkeitsontologische Diskussion des schwierigsten Bewußtseins- bzw. Realitätsproblems letztlich nicht die traditionelle Entgegensetzung von Ontologie und Gnoseologie, ebensowenig wie die begriffsgeschichtlich fixierten Beziehungen von Objekt und Subjekt, Physischem und Psychischem, Leib und Seele, Materie und Bewußtsein, Materiellem und Ideellem usw. (ohne Frage alles tatsächliche geistige "Spaltungen unseres Weltbildes") natürlich damit aus der Welt des philosophischen Denkens zu schaffen sind.

Ist aber der überkommenen klassischen spekulativ-idealistischen Identitätsphilosophie Hegels als solcher ebensowenig zu folgen wie deren versucht-gescheiterter vulgärmaterialistischen (marxistisch-leninistischen) Umstülpung (was wurde da eigentlich philosophisch vom Kopf auf die Füße gestellt?!), so bleibt letztlich nur das sachgerechte (philosophiegeschichtlich belegbare) Angebot von philosophischen Denkbestimmungen bzw. fachphilosophischer Begrifflichkeit, wozu es hinsichtlich der bleibenden Klärung des Realitätsproblems – in welcher Form auch immer – gerade in Jacobys bedeutsamen, bisher viel zu wenig beachteten philosophischem Grundlagenwerk bemerkenswerte, m.E. immer noch diskussionswürdige Hinweise gibt.

Was Jacoby schließlich im "Ergebnis" (II/2,900ff) seiner über dreißigjährigen philosophischen Forschungsarbeit dann sprachlich-begrifflich scheinbar ganz paradox klingend auf den Punkt zu bringen versucht, ist der philosophische Grundstandpunkt einer "*subjektfreie(n) Objektivität*" (13). Doch Jacoby will sich damit, ganz aus der gewohnten erkenntnistheoretischen Subjekt-Objekt-Relation herausgehend, einzig und allein von einer für ihn im 19. und 20. Jahrhundert vorherrschenden "erkenntnistheoretischen Subjektivität" (um nicht Subjektivismus zu sagen), egal ob es sich dabei um Neukantianismus oder Positivismus, Phänomenologie oder Existentialismus handelt, abgrenzen.

Jacoby erläutert in seiner bestechend knappen wie glasklaren Sprechweise den entscheidenden Unterschied wie folgt: "*Subjektgebunden objektiv* heißt: Zentrum ist zwar die erfaßte Sache, aber nur so, wie wir sie erfassen, abhängig von Bewußtseinsbedingungen in der Subjekt-Objekt-Relation. Erst *subjektfrei objektiv* ist sie von diesen unabhängig, so wie sie auch ohne uns ist. Dort steht ihr Fürunssein, hier Ansichsein". Der alles beherrschende "Satz des Bewußtseins" bzw. die "Erkenntnistheorie" haben diese gewissermaßen wieder zurückzunehmende kopernikanische (Kehrt-)"Wende zu dem subjektfrei Objektiven bisher verhindert".(14) Philosophie als Wissenschaft ist so gesehen für Jacoby allein "durch deren Wende zu subjektfreier Objektivität" möglich! — Dem sollte seine "Ontologie der Wirklichkeit" vor allem dienen.

Somit verbindet sich für den Greifswalder Universitätsphilosophen Günther Jacoby also nicht nur ein stets energisch vorgetragener wie umfassend begründeter Neuansatz zu einer grundsätzlichen Umkehr und Wende des Philosophierens unseres Jahrhunderts, sondern zugleich ein ungebrochener philosophischer Anspruch, vertreten in allerschwersten politisch-ideologischen Umbruchzeiten, der bis heute beeindruckt.

Mai
1993
       H.-C. Rauh (Berlin/Greifswald)

Anmerkungen:

Anmerkungen:

(1.) Zu Leben und Werk des Philosophen vgl. B. Baron v. Freytag-Löringhoff: Günther Jacoby 80 Jahre alt. In: Zeitschrift für phil. Forschung, Bd. XV (1961) H. 3, S. 237 ff sowie neuerlich: H.-C. Rauh: Günther Jacoby und die Greifswalder Universitätsphilosophie, H. Scholl: Ein Philosoph, der in der DDR geblieben war. In: Günther Jacoby (1881 - 1969) - Zu Werk und Wirkung, hrsg. von H. Frank und C. Häntsch, Greifswald 1993.

(2.) G. Jacoby: Allgemeine Antologie der Wirklichkeit, Bd. I und II (in 2 Halbbänden), Halle 1925/28 und 1955. In Vorbereitung befindet sich gerade eine Neuauflage (wiederum bei Niemeyer, Tübingen) dieses Werkes, hrsg. vom wichtigsten Schüler und Anhänger Jacobys, dem Tübinger Logikerphilosophen von Freytag Löringhoff.

(3.) Der genaue Titel dieses umfänglichen Diskussionsbeitrages von G. Jacoby lautet übrigens: Die Ansprüche der Logistiker auf die Logik und ihre Geschichtsschreibung, Stuttgart1962.

(4.) Drei dieser zeitgemäßen Rezensionen des dreibändigen Jacobyschen Gesamtwerkes (Ausgabe Halle 1955) seien hier genannt: G. Lehmann, Deutsche Literaturzeitung, Jg. 77, H. 10 (Okt. 1956) Sp.722 - 730; W. Del-Negro, Philosophischer Literaturanzeiger, Bd. X (1957) H. 2 und 3, S. 49 - 59 u. S. 128 - 138; G. Hennemann, Zeitschrift für phil. Forschung, Bd. XII (1958), S. 596 - 611.

(5.) Hier wären wiederum nur die schon in Anmerkung 4 genannten Autoren aufzuführen: W. Del-Negro: Ontologie als Wissenschaft vom Seienden. In: Zeitschrift für phil. Forschung, Bd XII (1959) S. 557 - 575; G. Lehmann: Die deutsche Philosophie der Gegenwart, Stuttgart 1943, speziell zu Jacobys Ontologie S. 426 - 436; J. Hessen: Die philosophischen Strömungen der Gegenwart, Rottenburg a. N. 1940, speziell zu Jacoby S. 149 - 154, Neuauflage 1951, S. 179 - 184.

(6.) G. Jacoby: Die Seinsfelder der Einzelwissenschaften. In: Actes du deuxième congrès international de l'union de philosophie des sciences. Zürich 1954, Bd. IV pp. 19 - 25. Neuchatel 1955; ders.: Subjektfreie Objektivität. Beitrag zum IV.Kongreß der Allgemeinen Gesellschaft für Philosophie in Deutschland, Stuttgart 1954. In: Zeitschrift für phil. Forschung, Bd. IX (1955) H. 2, S. 219 - 228 sowie ein Vortrag von G. Jacoby: Die ontologischen Grundlagen des psycho-physischen Problems. In: Erkenntnis und Wirklichkeit (Festschrift zu Ehren von R. Strohal), Innsbruck 1958, S. 47-54; ders.: Das Wirklichkeitsbild des Menschen als Ergebnis der Auseinandersetzung mit der Natur. In: Atti del XII Congresso Internationale de Filosofia , Venezia 1958, Firenze 1960, Vol. 2 pp. 215 - 220.

(7.) Jacobys umfangreicher wissenschaftlicher Briefwechsel befindet sich seit seinem Tode (1969) in über 1000 Stücken als Nachlaß im Archiv der UB Tübingen.

(8.) Im folgenden werden Zitate und Hinweise aus Jacobys Hauptschrift, Ausgabe Halle 1955, im Text mit Angaben von Band und Seite in Klammern nachgewiesen.

(9.) G. Jacoby: Herders und Kants Ästhetik, Leipzig 1907, S. 8.

(10.) G. Jacoby: Denkmal Hans Pichler zum 5. Todestag. In: Zeitschrift für phil. Forschung, Bd. XVII (1963) S. 467.

(11.) G. Jacoby: Die "Neue Wirklichkeitslehre" in der amerikanischen Philosophie. In: Internationale Monatsschrift für Wissenschaft, Kunst und Technik, 8. Jg. (Okt. 1913) Sp. 1.

(12.) B. Baron v. Freytag Löringhoff: Günther Jacoby 80 Jahre alt. In: Zeitschrift für phil. Forschung, Bd. XV (1961) S. 241.

(13.) G. Jacoby: Subjektfreie Objektivität. In: Ebenda, S. 219 - 228 sowie Bd. II/2, S. 945 - 957.

(14.) Ebenda, S. 221 bzw. Bd. II/2, S. 956 ff.

Hans Scholl, Berlin

Günther Jacobys "Theologische Ontologie" und die Grenzbestimmung zwischen philosophischer Metaphysik und Theologie

Günther Jacoby lebte 1881-1969 und lehrte - mit einigen Unterbrechungen - 1909-1958 an der Universität Greifswald.[1] Die Veröffentlichung seines Hauptwerkes, der "Allgemeinen Ontologie der Wirklichkeit",[2] brach nach dem Erscheinen des ersten Bandes (1928) und der ersten vier Lieferungen des zweiten (1928-1932) ab. Eine "Theologische Ontologie" war in der damaligen Verlagsvorschau nicht vorgesehen.[3] Um sie war der Inhalt erweitert, als der zweite Band - erst 1955 - abgeschlossen wurde.

Jacobys Weg führte beim Thema "Theologische Ontologie und philosophische Metaphysik" einerseits von Herder[4] über Hegel zu seiner eigenen Lehre vom "absoluten Geist" und andererseits von Kant über den amerikanischen Pragmatismus und kritischen Realismus[5] zu seiner Ontologie. Beide Linien vereinigten sich in dem Abschnitt des Hauptwerks über den "absoluten Geist"[6] und in der "Theologischen Ontologie."[7]

Als ich im Wintersemester 1948/49 in Greifswald zum ersten Mal Jacobys Vorlesungen hörte, behandelte die eine die "Geschichte der Philosophie von Kant bis zur Gegenwart"[8]. Er führte sie bis zu Hegel einschließlich. Zu Beginn stellte er das Problem des "Geistes" als das Hauptthema dieser Epoche der deutschen Philosophie und den Gegensatz der Königsberger (Kant, an den Fichte anschloß) und der Weimarer Linie (vor allem Herder) in der Auseinandersetzung über dieses Thema in den Mittelpunkt. Kants Kritizismus erklärte das "Ding an sich" für unerkennbar, den Geist (das Apriori unserer Erkenntnis) zum Schöpfer der Natur (des uns allein Erkennbaren, der Erscheinungswelt): "Der Verstand

---

[1] Über Jacobys Leben und Werk ausführlicher: Bruno Baron v. Freytag-Löringhoff: "Günther Jacoby 80 Jahre alt." In: Zeitschrift für philosophische Forschung, Bd. XV, Heft 2, April-Juni 1961, S.237-250.
[2] Erschienen im Max Niemeyer-Verlag Halle.
[3] Nachlaß Günther Jacoby: Univ.-Bibl. Tübingen, Md 1077, Kapsel 13, Mappe 216. - Im Folgenden jeweils abgekürzt: "K." und "M.". Die z.T. hinzugefügte weitere Nummer betrifft den Platz des betr. Schriftstücks in der angegebenen Mappe. Da diese von mir zusätzlich eingeführten Ziffern in den Mappen nicht erscheinen, habe ich in diesen Fällen jeweils den Textanfang ("TA") notiert.
[4] Hierzu von Jacoby vor allem: Philos. Dissertation "Herders Kalligone und ihr Verhältnis zu Kants Kritik der Urteilskraft. Teil 3". Berlin 1906; "Herders und Kants Ästhetik". Leipzig 1907; "Herder als Faust". Leipzig 1911; unabgeschlossenes Manuskript "Herder und Kant": K.2, M.27.
[5] Im Vortrag unberücksichtigt. Hierzu v. Jacoby vor allem: "Der Pragmatismus." Leipzig 1909; "Der amerikanische Pragmatismus und die Philosophie des Als Ob." In: Zeitschr. f. Philosophie u. philos. Kritik, Bd. 147, S. 172-184; "Die neuen Wirklichkeitslehren in der amerikanischen Philosophie". In: Internat. Monatsschrift. Berlin 1914, S. 45-70. 317-338. 865-894. 1097-1118.
[6] "Allgemeine Ontologie der Wirklichkeit" (im Folgenden "AO") II, S.683-695
[7] Erster öffentlicher Vortrag hierüber wohl in der Hegelgesellschaft: K.15, M.246,20 (TA: "In einer Hegelgesellschaft ..."; Datierung: Frühestens 1939 wegen Bezugnahme auf "Das Problem des geistigen Seins" v. Nicolai Hartmann, 1932, und auf Korrespondenz mit diesem über das Buch vor "über sieben Jahren" auf S.1/2 des Ms.); erste gedruckte Veröffentlichung in "VERITATI. Festschrift zum 60. Geburtstag v. Prof. D.Dr.Johannes Hessen." Hrsg.: Willy Falkenhahn. München 1949, S.17-52, mit vielen sinnentstellenden Druckfehlern.
[8] Hierüber im Folgenden nach meiner Mitschrift in dieser Vorlesung.

Hans Scholl, Berlin

... ist selbst die Gesetzgebung für die Natur."[9] Die Idee "Gott" wurde in dem "transzendentalen", auf der Seite des Erkenntnissubjekts, sozusagen "diesseits der Natur" zu suchenden Bereich angesiedelt, zu dem auch die apriorischen Anschauungs- und Denkvoraussetzungen gehören, womit Kant der Notwendigkeit überhoben war, etwas Genaues über einen tatsächlichen Zusammenhang Gottes mit der wirklichen Welt auszusagen. Herder hingegen widmete sich ohne solche grundsätzlichen Erkenntniskrupel und mit erheblicher Kritik am Kritizismus direkt dem Studium der Sachen, wie in der Natur so im geschichtlichen Leben. Und mit diesem war für seine kirchlich-biblische, zu einem Pantheismus neigende Betrachtungsweise Gott aufs engste verknüpft.[10] Den Kant-Fichteschen Ansatz und den Herderschen führte, so stellte es sich für Jacoby dar, Schelling zusammen, an den dann der ihm hierin geistesverwandte Hegel anknüpfte. Auch dieser wandte sich namentlich der Erfassung der Geistesgeschichte als einer Realität ohne den grundsätzlichen kritizistischen Erkenntniskrupel zu. Aber indem er Natur und Geschichte idealistisch als Ausdruck eines sich in ihnen manifestierenden Geistigen deutete, hielt er doch auch an Kants Ansatz vom Verstand als der Gesetzgebung der Natur in einer modifizierten Form fest. Im letzten Abschnitt des realdialektischen Kampfes, den bei ihm die hypostasiert gedachten Begriffe sozusagen miteinander ausfechten, der Geistesgeschichte der Menschheit, kommt Gott unter dem Namen "absoluter Geist" zu sich selber.

Metaphysik als Erkenntnis des Dinges an sich "hinter der Physis (= der Erscheinungswelt)" hatte Kant als unmöglich abgewiesen. Er hatte dafür eine Metaphysik als Wissenschaft von den "vor der Physis" liegenden "apriorischen" Voraussetzungen, die jeder machen müsse, etabliert.[11] Für die idealistische Betrachtungsweise Hegels ist Metaphysik so etwas wie Mystik und wie die Annahme von Entelechien im Sinn des Aristoteles: "Das Geistige allein ist das *Wirkliche*":[12] Aus dem Wirklichen spricht zu uns - zwar geheimnisvoll und sich nicht jedem ohne weiteres erschließend - wenn es doch wie wir ein Geistiges ist, etwas uns Verwandtes, mit dem wir uns - bei Versenkung in es - verbunden und intuitiv vertraut fühlen dürfen.

Auch Jacoby lehrte einen "absoluten Geist", erstmals veröffentlicht in seinem Artikel zum Stichwort "Geist" im von dem Ministerialrat a.D. Hermann Schwartz herausgegebenen "Pädagogischen Lexikon" 1929.[13] Der absolute Geist war ihm dort Gott selber. Und der eigentliche Kern wahrer Religion besteht, wenn man das ernst nimmt, darin, diesen absoluten Geist zu verwirklichen. Er kennzeichnet den "absoluten Geist" in dem Lexikon als eine Bestimmtheit der Denkinhalte des subjektiven und objektiven Geistes (des Denkens der einzelnen und der Gemeinschaften) durch die höchsten Werte, die "man .. als unbedingt und für jedermann gültig betrachtet". Damit ist er - nach einer späteren Formulierung Jacobys - "keine Substanz. .. Er lebt in uns als bewußtheitliche Haltung, als Funktion."[14]

---

[9] Immanuel Kant: "Kritik der reinen Vernunft", Ausg. v. 1781, S.126-127
[10] Belege z.B. in: Jacoby: "Herder und Kants Ästhetik", S.5-9; Manuskript "Herder und Kant" (K.2, M.27), S.29f., 95f., 103, 155ff.
[11] Vgl.: "Kritik der reinen Vernunft" (s. Anm.9!), S. 844f.
[12] G.W.F. Hegel: "Phänomenologie des Geistes". 1806, Vorrede. Hier nach Sonderausgabe "Vom wissenschaftlichen Erkennen". Philosoph. Bibliothek Meiner, Heft 36. 1947, S.24
[13] In 3 Bänden. Hrsg.: Hermann Schwartz. Bd.II Bielefeld-Leipzig 1929, Sp.399-400
[14] AO II, S. 684

Hans Scholl, Berlin

Zwar stand in dem Artikel auch: In der Theologie erscheine "Gott, man mag ihn nun gegenständlich fassen oder nicht, als der absolute Geist selbst." Aber Jacoby faßte ihn "nicht gegenständlich". Gott war demnach für ihn damals eine Funktion des menschlichen Geistes. Im übrigen entnahm er die Gleichsetzung von absolutem Geist und Gott Hegel. Denn der habe zwei mögliche Auffassungen von einem absoluten Geist (als Bestimmtheit durch höchste Werte) zusammengeführt: die eine, nach der es den absoluten Geist als Ausformung des subjektiven und des objektiven, nämlich dann gibt, wenn "sich der subjektive und objektive Geist implizite oder explizite auf die höchsten Werte verpflichtet erklärt", und die andere, nach welcher der absolute Geist der Geist eines göttlichen Wesens ist, das "die höchsten Werte ... diktiert" habe. Beides werde identisch, wenn, wie Hegel will, "sich der göttliche Geist selber in dem subjektiven und objektiven Geiste auswirkt" (was bedeutet: er der hier selber gegenwärtige Gott *ist*).[15]

In einer auf einen Zeitpunkt frühestens im Jahr 1930 datierbaren Äußerung Jacobys finden wir diesen Gedanken wieder: "Die Urwerte sind mit uns geboren. Wir haben sie nicht gemacht. Die Duplizität im Menschen: ... das Böse u. das Gute. Das Verabscheute u. das Begehrte. In uns stecken zwei Mächte. Die eine ist bei allen dieselbe. Sie ist nicht wir sondern <u>etwas über uns in uns</u>. Wer diese Macht vertritt, dem stimmt innerlich jeder zu. .. Gut und schön ist das, was diese Macht in uns will. - Eine andere Definition gibt es nicht. Die Religion ist die letzte Grundlage d. Ethik und Ästhetik." Und dann weiter: "Stellt man sich diese Macht als eine fremde, Gehorsam heischende Person vor, so hat man den christlichen Gottesbegriff."[16] Der "absolute Geist" sei, so sagt er an wieder einer anderen Stelle, das entscheidende Merkmal Gottes, wenn wir ihn "heilig" nennen, falls wir darunter nicht nur "tabu" verstehen sollen.[17]

Hier steckt nun bei Jacoby die Auffassung von Metaphysik, die eine in den Dingen verborgene "Entelechie", in ihnen ein "Telos" voraussetzt. Das zeigte sich, wenn er den so verstandenen absoluten Geist den "Lebensgott" im Gegensatz zum "Schöpfergott" nannte[18] und in einem Vortrag in der Hegelgesellschaft, den er frühestens 1939 hielt, erklärte: "Die natürliche Deutung des absoluten Geistes wäre," so sagte er, "eine biologische. Sie würde besagen, daß jeder in seiner ihm unter dem Oberflächenbewußtsein verborgenen Tiefe nicht nur er sondern auch Gesamtleben und für dieses verantwortlich ist. Was wir Gott nennen, wäre ein geheimer Sinn unseres Lebens in der Welt, Religion eine zweckmäßige Funktion zur Erfüllung dieses Sinnes. Die Theologie des absoluten Geistes wäre Ausschnitt aus der Teleologie des Lebens."[19] Jacoby deutete Orientierung an diesem "Gesamtleben" damals ausdrücklich als etwas "Mystisches".[20]

Bei einer Metaphysik als einer Wissenschaft vom "Ding an sich", die Kant für unmöglich erklärte, liegt ein anderes Verständnis des Begriffes zugrunde: Dieses hat Jacoby in seiner "Ontologie" mit Aus-

---

[15] a.a.O. (s. Anm.13!)
[16] Fünf Zettel in K.8, M.121; h. Nr. 2 (Rücks.v. Nr.3 m. Datum: 11.I.30). Unterstreichung durch mich.
[17] K.15, M.246 in 59-64 ("Die Seele", TA: "Hinter dem vermeinten Selbstsein der Welt ...") auf 62 = S.4 dieses Teil-Ms.; M.247,1 (TA: "Die Wurzel der abendländischen Religionen ..."), Abschn.3
[18] K.15, M.246, 19 (TA: "Theologie heißt Lehre von Gott. Aber Gott als Person ..."; Brief, auf dessen Rückseite ein Teil des Ms. steht, v. 1937), Abschn. 24. 26
[19] K.15, M.246, 20 (vgl. Anm. 7!), S.5
[20] K.15, M.246,19 (vgl. Anm. 18!), Abschn. 24-25

führungen verdeutlicht, die er wohl zum Schluß aus dem Werk gern noch getilgt hätte, da sie der "Theologischen Ontologie" widersprechen: Er erläuterte da "metaphysische Transzendenz"[21] am - nun allerdings "gegenständlichen" - "Gottesbegriff der Theologen": Gott, führte er hier aus, werde von ihnen "als jemand gedacht, der gewissermaßen hinter unserer Wahrnehmungswirklichkeit steht, wobei der Begriff des Dahinterstehens natürlich nicht in einem immanenzräumlichen Sinne verstanden werden darf." "Ein solcher Gott," schreibt er, "wäre als ein spezifisch metaphysisches Wesen gedacht. ... Denn in unserer Wahrnehmungswelt wäre er als solcher weder beobachtbar, noch würde er einen Teilfaktor in ihr bilden, der ihren naturgesetzlichen Zusammenhang ergänzte und dem wir daher eine bestimmte Raumstelle zuweisen könnten. Er stünde .. außerhalb ihres naturgesetzlichen, und .. außerhalb ihres räumlichen Zusammenhanges." Und dann heißt es bei Jacoby: "Eine funktionale Unabhängigkeit unserer Wahrnehmungswelt von diesem außerhalb ihrer stehenden und deshalb metaphysischen Reiche ist in einer solchen Begriffsbildung nicht eingeschlossen,"[22] womit deutlich wird: So steht es eben zwischen Ding an sich und Erscheinung, nicht zwischen Gott und Welt: Denn: Was immer hier "funktionaler Zusammenhang" heißen soll: Für die besagten Theologen ist klar: Die Welt ist Gottes "Schöpfung, nicht seine Erscheinung."[23]

Wie Kant, so hat Jacoby - in seiner "Ontologie" -das Problem "Ding an sich und Erscheinung" untersucht, aber ontologisch, nicht erkenntnistheoretisch: Er fragte nicht, ob man Außenwirkliches erkennen könne, sondern was mit dem Begriff des Außenwirklichen gemeint sei, unabhängig von der Erkennbarkeit:[24] Sein Ausgangspunkt war die "Immanenzontologie", ein Verständnis der Wirklichkeit, das er so nannte, weil wir mit ihm in der Welt dessen bleiben, was wir in unserem Bewußtsein aufgrund unserer Sinneseindrücke unmittelbar zu gewahren meinen. Er machte in ausführlichen Erörterungen, auf die ich hier nur hinweisen kann,[25] deutlich: Wir können uns dank unserer Einbettung in die Welt in ihr praktisch nur mittels dieser Immanenzontologie orientieren. Dennoch ist sie, wenn man sie als Erfassung der Wirklichkeit in ihrer tatsächlichen Beschaffenheit nimmt, falsch. Die in ihr auftretenden Widersprüche zeigen es. So konstatierte Jacoby den "Zusammenbruch der Immanenzontologie"[26] und gelangte er zu einer "Transzendenzontologie", mit der wir über die Schranken des uns im Bewußtsein Vorliegenden hinausschreiten in den Bereich der "Wirklichkeit an sich", des "Metaphysischen" hinter dem Erscheinungsbild der Physis. Jeder vollzieht diesen Übertritt ins Transzendente, sobald er z.B. Sichteindrücke aus Lichtwellen, ihrer Rezeption durch das Auge und der Verarbeitung der Eindrücke im Gehirn erklärt. Schon dieses Beispiel zeigt: Entgegen dem Verdikt Kants ist Erkenntnis über das Metaphysische (das "Ding an sich"), wie die Physiker - manchmal entgegen ihrer eigenen Erkenntnistheorie - praktisch voraussetzen, in einem bestimmten Umfang möglich.

---

[21] Hierzu vgl. auch AO II, S.192-198!
[22] AO II, S. 194-195
[23] K.15, M.248,85 (TA: "Ontologie ist die Lehre von dem Sein."), 2. Abs.
[24] Vgl. AO I, S.14f.!
[25] Die These: AO II, S.900; vgl.auch AO I, S.391f.!
[26] Die These: AO II, S.901

Hans Scholl, Berlin

Dieses Metaphysische ist dabei tatsächlich jenseits aller unserer "immanenten" Wahrnehmungswelten (z.B der Sicht- oder der Tastwelt).[27] Es kommt in dem Sinn, wie es an der erwähnten Stelle über den Gott der Theologen behauptet worden war, tatsächlich in diesen Welten nicht vor;[28] "aus unseren Immanenzsystemen führt .. zu der transzendenten Außenwirklichkeit weder energetisch noch räumlich irgendein Weg."[29] Und doch ist dieses Metaphysische mit der Wahrnehmungswelt "funktional" verbunden: Außenwirklich kausal bedingt, kommt in uns eine Repräsentation des Außenwirklichen in Gestalt des "deutungslos Gegebenen unserer Empfindungen" für unser Bewußtsein ("für uns") zustande, die wir dann für die Wirklichkeit selbst zu nehmen pflegen.[30]

Aber was für ein Gebilde ist die bewußtheitliche, deutende Registrierung dieser Repräsentation? Jacobys Antwort: Eine "Urteilsmeinung", und zwar - worauf es für uns aber hier nicht hauptsächlich ankommt - (deshalb, weil immanenzontologisch die Repräsentation als etwas anderes, als sie ist, nämlich als außenwirkliche Bestände, gedeutet wird:) eine falsche.[31] Auf der Seite des Bewußtseins ist demnach ein "Denken" oder, wie Jacoby auch sagt, ein "Meinen" im Spiel, das tatsächlich so wenig in der Wahrnehmungswelt vorkommt wie bei Kant das Apriori des Menschengeistes in der "Natur". "Denken" nennt Jacoby etwas "Gnoseologisches".[32] Das in der Wahrnehmung steckende deutende Denken, mit dem wir es - unbewußt - bei der Erfassung der Außenwirklichkeit einsetzen, nennt er "ontologisierende" (unsere uns vom Alltag her gewohnte Immanenzontologie aufbauende) "Gnoseologie". Von ihr unterscheidet er die "ideisierende",[33] in der die schon bei der ontologisierenden betätigte Fähigkeit, etwas zu denken, unabhängig von der Orientierungsnotwendigkeit des Alltags sozusagen "für sich" stattfindet. Das geschieht, wo immer wir über etwas nach- oder wir uns etwas ausdenken, z.B. bei Beschäftigung mit Mathematik, Rechtssätzen oder einer Dichtung.

Jacoby macht durch seine Analyse deutlich: Die Begriffe werden als in einer Weise vom denkenden Bewußtsein abhängig gedacht, die nicht den Charakter der Verursachung eines realen physikalischen Tatbestandes durch einen anderen hat. Wie die Wahrnehmungsdeutung, so kommen auch die übrigen Gedankengebilde in der realen Wirklichkeit überhaupt nicht vor. Sie sind eben nicht wirklich, sondern "nur erdacht".[34] Es ist offensichtlich eine neue Art der Transzendenz, die zwischen dem Wirklichen und dem nur Erdachten waltet, eine andere als die metaphysische.[35] Ein Hinweis auf das Besondere dieser Beziehung, die Jacoby als das Sein der "Ideen" in der "Ideenontologie" behandelt, liegt in dem Umstand, daß wir mühelos alles beliebige "meinen" können, unabhängig davon, ob es im geringsten eine Möglichkeit gibt, auch real an den Ort des gemeinten Gegenstandes zu gelangen (den Andromedanebel und das

---

[27] Darstellung der Wahrnehmungs- = Immanenzwelten: AO I, S.83-163
[28] AO I, S.299-301; AO II, S.466
[29] AO II, S.196
[30] AO II, S.944; vgl. zu "Repräsentation": AO II, S.1-149, bes. 52-54!
[31] AO II, S.148
[32] Vgl. AO I, S.525ff., AO II, S.124ff.!
[33] AO II, S.646
[34] AO II, S.647
[35] AO II, S.109

Hans Scholl, Berlin

Erdinnere ebenso wie das Papier, das vor mir liegt).[36] Jacoby nennt diese Beziehung - allerdings erst in dem gleich zu erwähnenden späteren Zusammenhang - "ontisch", d.h. "das Sein eines Seienden begründend"[37] und macht so darauf aufmerksam, daß hier ein (unwirkliches) Sein von einem anderen (wirklichen) abhängt: Es ist "der einzige uns bekannte Fall" wirklicher "Schöpfung", ein Schaffen "aus Nichts".[38] Am anschaulichsten wird dieses Abhängigkeitsverhältnis, wenn man als Beispiel für eine erdachte Wirklichkeit eine erdachte Welt nimmt, wie sie in einem Roman vor Augen gestellt wird.[39] Der diese Beziehung auszeichnende Charakter - daß sie nämlich nicht wie eine zwischen physikalischen Gegebenheiten waltende Kausalbeziehung in ein und derselben Wirklichkeit stattfindet - wird am deutlichsten, wenn, was die Regel ist, die erdichteten Personen in einer früheren, der Dichter aber in einer späteren Zeit lebt.[40]

Damit ist der Kerngedanke der "Theologischen Ontologie" Jacobys erreicht. Doch zunächst war das für ihn eine rein philosophische Entdeckung innerhalb der Ideenontologie. Er dachte, als er sie machte, nicht daran, etwa einer Glaubensgemeinschaft etwas Gutes zu erweisen. Aber in der Tat: ".. die Ideenontologie .. öffnet das Tor zu der Überwelt, das die Transzendenzontologie als Lehre von dem Dinge an sich hinter der Erscheinung verschließt", schreibt er nun bald.[41] Daß dies eine akzeptable Konsequenz wäre, war ihm jedoch nicht von Anfang an klar. Es gibt im Nachlaß einen Text, der belegt, daß er die Möglichkeit einmal durchdacht, aber zunächst verworfen hat: Er benennt sie da: "Wie die Idee zu dem denkenden Menschen, verhält sich die Welt zu dem schaffenden Gotte. Die Welt ist Gottes Gedanke. Gott ist a se. Die Welt ist ab alio, nämlich a Deo." Aber dann fährt er fort: "Der Fehler liegt darin, daß die Wirklichkeit die aseitas, den unbedingten Ansichbestand schon einschließt. Wirklicher als wirklich sein kann man nicht. Und ist man nicht wirklich, dann ist man ganz unwirklich. In diesem Sinne ist das esse ab alio ein ganz unwirkliches Sein. Wären wir daher Gottes Gedanken, so wären wir überhaupt nicht, wir wären nur fingiert. Und wir könnten dann auch nicht selber denken."[42]

Genau das hier Abgewiesene vertritt Jacoby in der Theologischen Ontologie. So begann er in der "Vorlesung mit Diskussion" über "Die Seinsgrundlagen des Christentums" 1948/49[43] und in der Festschrift für Hessen, der ersten Publikation der "Theologischen Ontologie",[44] ihre Darstellung mit der provozierenden Frage, woher wir eigentlich wüßten, daß "die Welt die ganze Wirklichkeit sei, es nur sie gebe" und "daß das Sein der Welt unabhängig, eigenständig sei," um festzustellen, daß wir für keine der beiden Voraussetzungen, die wir für selbstverständlich zu halten pflegen, ein Argument haben. Die Ausmalung der Möglichkeit, daß erdichtete Gestalten trotz ihrer Unwirklichkeit denken können und

---

[36] AO I, S.537
[37] AO II, S.799ff.
[38] AO II, S.647
[39] AO II, S.807ff.
[40] AO II, S.824f.: "Veritati" (vgl. Anm.7!), S.31
[41] "Veritati" (vgl. Anm.7!), S.25
[42] K.15, M.246, 1 (TA: "Theologie. Neben der essentiellen geringeren Vollkommenheit ..."; Rückseite: Jahresangabe: 1933)
[43] Erster Teil des Vorlesungs-Ms. in K.8, M.124
[44] s. Anm.7!

Hans Scholl, Berlin

also auch wir, die wir denken, von einem "Dichter" "erdacht" sein könnten, ist ein Hauptinhalt der "Theologischen Ontologie".[45]

Deren Grundgedanke lautet also: Im Christentum wird Gott nach der Analogie des Dichters gedacht, der eine Dichtwelt schafft, als wirklicher Schöpfer im Sinn einer creatio ex nihilo, nicht als eine Anfangsursache, die zu Beginn der Weltentwicklung vorhanden war und sie einst anstieß. Die "Theologische Ontologie" "räumt mit dem Glauben auf, als wäre das Christentum mit der heutigen Wissenschaft, ja schon mit dem Kopernikanischen Systeme erledigt. Alle Kollision mit den Einzelwissenschaften ist beseitigt."[46] Naturwissenschaftliche Welterklärung und Schöpfungsglaube und ebenso Freiheit samt der ethischen Verantwortung in der Welt und völlige Abhängigkeit vom Schöpfer sind vereinbar als Situation einmal in einem engeren Horizont und das andere Mal in der Horizontfreiheit Gottes. Der engere ist für uns allerdings praktisch unüberwindbar.[47] Hier brechen Fragen auf. Jacoby betont: Die Dichtungsanalogie ist nur ein Gleichnis. Gott ist mit unseren Begriffen nicht faßbar. Allein die "negative Theologie", die nur über alle uns zur Verfügung stehenden Begriffe sagt, daß sie auf Gott nicht anwendbar sind, wäre wahrheitsgemäß.[48] Aber wir kommen nicht umhin, uns die Problematik zu verdeutlichen, in der wir uns durch die Tatsache unserer Existenz befinden. Das können wir, zeigt Jacoby, nur mit den mangelhaften Begriffen der "positiven Theologie", indem wir sie als eine unangemessene Bildersprache, als Notbehelf benutzen.[49] In der "Theologischen Ontologie" wird somit die von der Physik zu untersuchende "Wirklichkeit an sich" als im weiteren Horizont doch noch nicht "an sich", sondern von einem Gott geschaffen gedacht. Das im Vergleich zur Wahrnehmungswelt Transzendente wird abermals und in einer anderen Weise transzendiert. Jacoby nennt die physikalische "Wirklichkeit an sich" in dem erläuterten Sinn und aus dem genannten Grund "metaphysisch". Die das Metaphysische abermals transzendierende göttliche Wirklichkeit nennt er "metakosmisch".[50]

In der endgültigen Fassung der Lehre vom absoluten Geist in Jacobys "Ontologie" ist von ihm nicht mehr als "Gott" die Rede. In der Endfassung der "Theologischen Ontologie" sind beide Begriffe scharf voneinander geschieden. Der Ausdruck "absoluter Geist" wird in den eigentlich theologischen Gedankengängen Gott untergeordnet: Heißt es über ihn zunächst noch, er sei "das Tor" zur jenseitigen Heimat der Seele, "Gottes Stimme",[51] "Empfänglichkeit für Gott", "Organ .. der Anbetung",[52] so in der abschließenden Fassung nur noch, er sei "für den Christen Gottes Schöpferwille mit uns", "theonom, weil von Gott abhängig".[53] Im übrigen wird er dort eliminiert und durch den Ausdruck "Seele" ersetzt (mit dem übrigens Jacoby so wenig wie mit dem "absoluten Geist" die Vorstellung von einem selbständigen

---

[45] z.B. AO II, S.810. 812f.
[46] K.15, M.248,95 (TA: "Die heutige Theologie ist anthropologisch .. ; Rücks.: Datum: 22.5.42)
[47] Vgl. AO II, S.816ff. 822. 875. 877. 944ff.!
[48] AO II, S.887f.
[49] AO II, S.892f.
[50] AO II, S.806
[51] K.15, M.246, in 59-64 (vgl. Anm.17!), auf 62 = S.4 dieses Teil-MSs.
[52] K.15, M.247,1 (vgl. Anm.17!), Abschn.24
[53] AO II, S.845f.

Hans Scholl, Berlin

Seelenwesen verbindet, das beim Tod unseren Leib verlassen und überleben könnte).[54] Nun bedeutet es für ihn einen Unterschied, ob er vom "absoluten Geist" oder von "Seele" spricht: Absoluter Geist ist ihm die "gottabgewandte Diesseitigkeit", ein "Mißverständnis der Seele", diese die "gottzugewandte Jenseitigkeit", "das Selbstverständnis des absoluten Geistes".[55] Das Merkmal des absoluten Geistes ist nun dem kühleren Weisen der heidnischen Antike im Gegensatz zum liebeerfüllten "Heiligen", dem Christen, vorbehalten.[56]

Diese begriffliche Klärung war die Voraussetzung für die Zusammenführung der beiden theologischen Denkansätze Jacobys. Nun konnte er schreiben, man könne "beides verbinden, nämlich Gott Dichter des Weltdramas und dessen Sinn die Erfüllung des Lebens sein lassen."[57] Das bedeutet die endgültige Abkehr von einem Pantheismus, der die Welt beschönigt und das Theodizeeproblem leicht nimmt: "Gibt es nur die Welt, so läßt sie sich nicht rechtfertigen. Grundlos, sinnlos, ist sie in sich nach unseren Werten untergut, oft teuflisch, ein Jammertal, ihre Ontik wider unsere Ethik. Dagegen hilft kein Lobpreis, keine Verschleierung, keine Vogelstraußpolitik." heißt es in einer der späteren Bearbeitungen der "Theologischen Ontologie". Und wenn er dann fortfährt: "Das innerweltlich Unbegreifbare ist" dem Christen "Gottes überweltlicher unerforschbarer Ratschluß, Leid Aufgabe, eigenes Leid Weg zu Gott, ohne Kampf und Kreuz das Erdenleben wertlos,"[58] so ist das nicht als Bagatellisierung des Problems zu lesen, sondern als ein Hinweis, wie ein gläubiger Mensch mit ihm leben kann.

In meinen Darlegungen begegneten fünf verschiedene Begriffe von "Metaphysik". Man kann sie in einer Zusammenstellung bei Jacoby selbst ganz ähnlich wiederfinden.[59] Deutlich ist, daß das behandelte "Metaphysische im engeren Sinn" gar nichts mit einem Gottesglauben zu tun hat. Es bleibt also für unsere Fragestellung allein das Metakosmische.

Die Lehre von ihm ist ein Teilgebiet der Philosophie, sofern diese die Aufgabe hat, die Grundlagen der Begriffsbildung der Einzelwissenschaften, und so auch die der Theologie, zu prüfen. Es ist dann das "philosophischste der philosophischen"; denn es betrifft das Problem des Seins, und d.h. das des Grundes und des Sinns der Welt und damit auch unseres Lebens. Der Ansatz der "Theologischen Ontologie" erlaubt es, sie und die christliche Glaubensantwort exakt zu formulieren.

Die Lehre vom Metakosmischen ist aber zugleich ein Teilgebiet der Theologie, und zwar, da es das eigentlich Theologische an dieser ausmacht, ihr fundamentales. Eine Grenze zwischen Philosophie und Theologie außer der, daß sich die eine mehr auf das Problem der Denkvoraussetzungen, die andere mehr auf die - auch praxisbezogene - Einzelausführung spezialisiert, gibt es nicht. "Theologie ist Philosophie in metakosmischem Felde."[60]

---

[54] AO II, S.829
[55] AO II, S.845
[56] AO II, S.846f.:"Adiaphoron" ; K.15, M.246,59-64 (vgl. Anm.17!) auf 63 = S.5 dieses Teil-Ms.("Apatheia, Ataraxia, Epoche"); K.15, M.246, 15 (TA: "Das von Jesus und dem Urchristentum erwartete ...", hs. Überschrift: "Christenheit ist Abendland")
[57] K.15, M.246,19 (vgl. Anm.18!), Abschn.14
[58] K.15,M.248 in 99-105 ("Die Theologie", pag. als S.23-29), auf 101 = S.25 dieser Paginierung.
[59] AO II, S.904
[60] AO II, S.896; zu den beiden letzten Absätzen noch: AO II, S.895 und 899

Andrzej Przylebski, Poznan

RICKERTS ONTOLOGISCHE WENDE

Das Denken H. Rickerts gilt noch für viele als Musterbeispiel einer Philosophie, zu deren Hauptmerkmalen der eindeutige Vorzug der Erkenntnis, und dadurch selbstverständlich der Erkenntnistheorie, gehörte. Für diese Einseitigkeit der Auffassung wurde Neukantianismus aller Abschattierungen scharf aber zurecht kritisiert. Ob diese Kritik auch die Positionen Rickerts zutrifft, ist jedoch fraglich. Schon der Ausgangspunkt seiner gesamten Konzeption: das Interesse an der Berücksichtigung und Erforschung der Kultur, führte sein Denken mit der Zeit weit über strikt erkenntnistheoretischen Überlegungen. Man darf sogar eine Behauptung riskieren, dass die Entwicklung des Rickertschen Denkens immer mehr in die Richtung einer gewissen Ontologisierung der Philosophie ging.

In den folgenden Erwägungen stelle ich mir zwei eng zusammenhängende Aufgaben: Erstens, möchte ich die Gestalt der ontologischen Wende seiner Philosophie darstellen, und zwar in seiner zweifachen Bedeutung, der impliziten und der expliziten, die nicht unbedigt übereinstimmen müssen, und, zweitens, beabsichtige ich, die Stelle dieses Ontologisierungsversuchs im Rahmen eines viel breiteren Prozesses innerhalb deutscher Philosophie der 30-ger Jahre kurz zu skizzieren.

Es lassen sich, wie gesagt, zwei Wege der Ontologisierung im Rickertschen Werk feststellen. Der erste war eher implizit und eng mit der Erforschung des Hauptobjektes seiner Philosophie, nämlich der Kultur und Geschichte, verbunden. Der zweite war mehr offenkundig und fand seine beste Formulierung in der 1930 publizierten Abhandlung über "Die Logik des Prädikats und das Problem der Ontologie".

Andrzej Przylebski, Poznan

Es ist unbestreitbar, dass die Philosophie Rickerts ursprünglich erkenntnistheoretisch konzipiert war. Der Primat der Wissenschaftlichkeit im Bereich des Theoretischen und des Theoretischen innerhalb der Philosophie führten bekanntlich zu wirkungsvollen Abhandlungen auß dem Gebiet der Erkenntnistheorie und Methodologie der Wissenschaften. Der ursprüngliche Neukantianismus seiner Konzeption manifestiert sich vor allem im Vorrang der Konstitution vor der Gegebenheit: Der Gegenstand soll uns nicht gegeben, sondern eher aufgegeben sein, d.h. er ist ein Produkt der wissenschaftlichen oder vorwissenschaftlichen Begriffsbildung. Es ist das Erkenntnisinteresse, das entscheidet, was für ein Forschungsobjekt entsteht. Die Wirklichkeit "an sich" (wenn man überhaupt diese Formulierung gebrauchen darf) ist ein heterogenes Kontinuum. Es kann als solches zwar erlebt werden, im Moment des Erkenntnisses verwandelt es sich jedoch sofort entweder in ein heterogenes Diskretum oder in ein homogenes Kontinuum. Die Wirklichkeit ist uns zwar im Erleben vorgegenständlich gegeben, ein voller Gegenstand wird sie (oder besser gesagt: ein Teil ihrer) erst durch die Formung, durch die Umfassung von einer logischen Erkenntnisform, d.h. durch einen Akt des Subjekts. Es ergab sich selbstverständlich sofort die Frage, durch welche Instanz die Formanwendung gebunden ist, damit der Gegenstand und seine Erkenntnis allgemeine Gültigkeit beanspruchen dürfen. Die Zurückweisung jeder Abbildtheorie der Wahrheit führte Rickert bekanntlich zu einer Konzeption, die in der quasi-ethischen, wertbezogenen Einstellung des Subjekts, in seinem Gehorsam einer "theoretischen Pflicht", den eigentlichen "Gegenstand" der Erkenntnis erblickte.

Die Idee war ebenso originell wie gefährlich und fand eigentlich keine vorbehaltslose Akzeptanz sogar unter Rickerts Anhänger. Die wohl in Augen Rickerts schärfste Kritik übte sein Freund und ehemaliger Schüler, Emil Lask, der in seinem Kongressvortrag von 1908 den Primat der praktischen Vernunft

Andrzej Przylebski, Poznan

in der Logik explizit abgelehnt hat. Er kritisierte auch die Ungebundenheit der Form an den Inhalt. Die Formen, sagte er, schwimmen bei Rickert irgenwie in der Luft. Lask blieb bis seinem tragischem Tod im Jahre 1915 im lebendigen Gedankenaustausch mit Rickert. Seine eigene Auffassung des Form-Inhalt-Problems drückte er aus im 1911 publizierten Werk u.d.T. "Die Logik der Philosophie und die Kategorienlehre", dem ein Jahr später "Die Lehre vom Urteil" beigelegt wurde. Die beiden Abhandlungen haben Rickert zu vielen Veränderungen seiner Konzeption überzeugt. Die Spuren der geistigen Auseinandersetzung mit der viel mehr objektivistisch, beinahe realistisch orientierten Lehre Lasks findet man sowohl in seiner Korrespondenz wie auch in seinen Werken, z.B. in der 3.Auflage des "Gegenstandes der Erkenntnis". Der transzendental psychologischen, auf dem Akt des Urteilens sich stützenden Analyse der Erkenntnis wurde eine zusätzliche und zugleich ergänzende Verfahrensweise zugegeben, die er selber einen tranzendental-logischen Weg nannte. Sein Ausgangspunkt bildet etwas ontologisch mehr intersubjektives als Akt des Subjekts, nämlich ein sprachlich formulierter Satz, in dem sich ein unsinnliches, aber zugleich allgemein zugängliches Sinngebilde manifestiert.

Diesem Ausbau innerhalb der Erkenntnistheorie begleitet ein ähnlicher Prozess in der allgemeinen Methodologie der Wissenschaften. Rickert stellt zwar nach wie vor fest, dass das, ob wir mit einem Objekt der Natur- oder Geschichtswissenschaften zu tun haben davon abhängt, daß wir ihn entweder als wertfrei oder wertbezogen behandeln, d.h. ihn entweder als Exemplar einer Gattung oder als ein unerseztbares Individuum begreifen. Diesem, wie er sagt, "formalen" Kriterium gibt er jedoch ein materiales hinzu: Gewisse Objekte sollten eigentlich, um möglichst adäquat aufgefaßt zu werden, als Güter, d.h. als Objekte, an denen Wert haftet, betrachtet werden.

Und das besagt: Man darf zwar jeden Gegenstand, auch ein

Andrzej Przylebski, Poznan

Kulturobjekt, in der Art und Weise behandeln, wie die Naturwissenschaften vorgehen, er hört dadurch aber nicht auf, ein Gut zu sein. Die wertbezogene Behandlung hat bei ihm den Vorrang soz.wegen seines ontologischen Wesens. Er wird uns irgendwie als Gut gegeben, wir ahnen in ihm ein Wert und nicht erst konstituieren ihn als wertvoll. Mehr noch, wir brauchen ein vorgefundenes Objekt überhaupt nicht wertvoll zu finden, um an ihm einen gewissen Sinn, Zweck, kurz: Wert konstatieren zu können.

Durch die Hervorhebung des ontologischen Unterschieds zwischen Kultur und Natur, durch die Berücksichtigung des materialen Kriteriums, vollzieht sich in der Rickertschen Konzeption eine Akzentverschiebung von der Konstitution zur Gegebenheit. Sie entwickelt sich weiter in den nächsten Werken und kulminiert in dem Systemversuch vom Jahre 1921. Dieser Prozeß wurde schon einmal von L.Kuttig verfolgt, dessen Überlegungen mit meinen Bemerkungen in dieser Hinsicht grundsätzlich übereinstimmen. Deswegen werden wir nun auf einen anderen Aspekt Rickerts Denkens eingehen.

1930 veröffentlichte er, wie schon bemerkt wurde, eine Abhandlung, die sich direkt mit dem Problem der Ontologie auseinandersetzte. Rickert zeigt sich hier als elastisch einerseits und seinen alten Idealen getreu anderseits. Elastisch in dem Sinne, dass er seinen Sprachgebrauch ändert und den Termin "sein" nicht mehr nur für das Sinnlich-Seiende, sondern für alles Denkbare überhaupt verwendet. (Das übrigens nicht erst in diesem Werk, sondern bereits in der 4.Aufl. des "Gegenstandes ...."). Dies wiederum ermöglicht ihm, seine gesamte Konzeption als eine Ontologie der Welt aufzufassen. Es war eigentlich immer sein Hauptanliegen, eine Theorie des Seins der Welt in ihrer Mannigfaltigkeit zu schaffen. Anderseits, und hierin zeigt sich seine Treue der alten Idealen, ist er bereit, diese ontologische Weltlehre nur im engen Zusammenhang mit der Welterfahrungs- oder Weltauffassungslehre zu denken.

Andrzej Przylebski, Poznan

Schon der Titel des Buches weist darauf hin, dass Ontologie möglicherweise in einer tiefen Beziehung zur Logik steht. Rickert unterscheidet dabei eine engere und eine breitere Bedeutug dieses Termins. Im ersten Sinne heißt Logik soviel wie eine formale Denklehre. Die breitgemeinte Logik dagegen beschäftigt sich mit den Formen unserer gegenständlichen Erkenntnis. So verstanden hat sie Kant als transzendentale Logik getrieben. Rickert bevorzugt es, lieber von einer Erkenntnistheorie zu sprechen.

Jede Ontologie - und das ist seine eigentlich dogmatische Voraussetzung - strebt danach, eine Wissenschaft zu werden. Sie muss also z.B. in den eine allgemeine Gültigkeit beanspruchenden theoretischen und logisch korrekten Sätzen ausgedrückt werden. Der Hauptgegenstand dieser Wissenschaft soll das Sein sein. Das Sein ist jedoch kein Subjekt im echten Sinne des Wortes. Es ist ein vergegenständlichtes, substantiviertes Prädikat. Deswegen brauchen wir eine Logik des Prädikats, um Klarheit darüber zu bekommen, wie es eigentlich mit dem Prädikat "sein" ist.

Rickert unterscheidet drei Bedeutungen dieses Prädikats. Erstens kann es als die Kopula auftreten, die das grammatische Subjekt und das Prädikat sowohl verbindet wie auch trennt. Zweitens ist es eine blosse Denkform, die jedem Denken eines Etwas immer begleitet. In diesem Sinne ist das allgemeinste, noch völlig undifferenzierte "Sein" ein unentbehrliches Denkprädikat. Das Sein ist, drittens, und es ist seine Hauptfunktion, eine Erkenntnisform.

Es wird sofort evident, so Rickert, wenn wir uns an wirkliche Erkenntnisprädizierung wenden. Wir konstatieren aber dabei, daß unsere nicht immer bewußte Kategorisierung der Welt uns nicht erlaubt, jedes Prädikat jedem Objekt zuzuschreiben. In verschiedenen Wirklichkeitsbereichen - und Wirklichkeit versteht Rickert jetzt so breit wie möglich - gibt es verschiedene Anwendung des Prädikats "sein". Anders "ist" ein sinnlich wahrmehmbares Ding, anders - ein Gegenstand der

Andrzej Przylebski, Poznan

Mathematik, noch anders - ein Kulturobjekt. Es läßt sich nach Rickerts Meinung zeigen, dass in verschiedenen inhaltlich bestimmten Prädizierungen ein gewisses Urprädikat mitbeinhaltet ist. Rickert zeichnet vier solche Urprädikate und dementsprechend vier verschiedene Seinsgebiete aus. Es sind: 1) das Sinnlich-Seiende, als Gegenstand der Einzelwissenschaften, 2) das Ideal-Existierende, Gegenstand der Mathematik, 3) das Unsinnlich-Geltende, womit sich Logik beschaftigt, und 4) das Übersinnlich-Wirkliche, problematischer Gegenstand der Methaphysik. Das Sein der metaphysischen Objekte ist nur problematisch angenommen, nichtdestoweniger beendet seine Annahme die langjährige Verbannung der Metaphysik aus der kritischen Philosophie. Metaphysik ist jedoch auf keinen Fall mit der Ontologie identisch. Sie kann eventuell - unter der Bedingung, daß man irgendwie Zutritt zu den metaphysischen Inhalten findet - nur als ein Teil der Ontologie getrieben werden.

Es bleibt vielleicht noch zu erklären übrig, warum Rickert eine sich anbietende Gelegenheit nicht nutzt, Ontologie als die Lehre vom Sein als Denkprädikat aufzufassen. Dadurch wäre er ja so modern und der Ontologie der sog. möglichen Welten nah. Ontologie will - dessen ist Rickert vollkommen sicher das Sein der Welt erforschen, und zwar nicht einer potentiellen Welt, sondern der von uns erfahrbaren, wobei die Erfahrung auf keinen Fall mit der psycho-physischen Realität gleichzusetzten ist. Ontologie soll eine "empirische Basis" gewinnen, d.h. pluralistisch vorgehen. Erfahrung versteht jedoch Rickert ebenso breit, wie Wirklichkeit. Das Erfahrbare heißt für ihn jetzt das, was erlebt werden kann, das, was unmittelbar "anschaulich gegeben" ist. Und so gegeben sind nicht nur die Gegenstände der physikalischen Welt. Auch das Verstehbare ist uns gegeben, und zwar viel intersubjektiver als z.B. das psychische Leben eines Anderen.

In der Hervorhebung der Seinsweisen erinnert die Ontologie Rickerts an die Schichtenontologie N.Hartmanns. So wie Hart

Andrzej Przylebski, Poznan

mann, wendet sich auch Rickert gegen den Monismus als Ausgangspunkt der Ontologie. Nichtdestoweniger gibt es vieles, was die beiden trennt. Vor allem teilt Rickert die realistische Einstellung Hartmanns nicht. Hartmanns Definition des Erkennens als ein "Bezogensein des Bewusstseins auf Ansichseiendes" vergisst seiner Meinung nach die ganze Lehre Kants über die Unerkennbarkeit des Dinges an sich. Er weist die Hartmannsche Alternative: das Ansichseiende – das bloss Gedachte, als unzureichend zurück. Man braucht nicht, stellt er fest, die erfahrbaren Objekte auf Gedanken zu reduzieren, wenn man ihnen das metaphysische Ansichsein abspricht. Rickert gibt gerne zu, dass es keine Erkenntnis gibt, die zugleich nicht Erkenntnis eines Seienden wäre. Für ihn gilt aber ebenfalls die Umkehrung dieses Prinzips: es gibt kein Seiendes ohne seine Erkenntnis, weil ich vom Seienden nur dank Erkenntnis weiss.

Anders gestaltet sich das Verhältnis der Rickertschen Konzeption zum Heideggerschen Versuch einer Fundamentalontologie. In seinen Bemerkungen zu Heidegger, die *expressis verbis* nur den Vortrag "Was ist Metaphysik?" erwähnen, jedoch auch die Spuren seiner Lektüre von "Sein und Zeit" zeigen, wendet sich Rickert gegen den ursprünglichen Monismus seiner Auffassung der Seinsfrage. Rickert ist wohl der erste, der den Jargon der Eigentlichkeit kritisiert. In der aletheialogischen Wahrheitsauffassung erblickt er nicht mehr, als Erforschung der Vorbedingungen der Wahrheit, nicht aber Erforschung ihres Wesens. Auch die Vorgehensweise Heideggers ist ihm fremd. "Sein" ist Prädikat und jede andere Verwendung dieses Ausdrucks ist alles andere als selbstverständlich. Ebenso irreführend ist in Rickerts Augen die Behandlung des Problems des Nichts bei Heidegger. Durch eine Analyse des Begriffes des Nichts als eines Quasi-Prädikats versucht Rickert der Heideggerschen Konsequenz zu entgehen, die Nichtsfrage der Vorherrschaft der Logik zu entziehen.

Zusammenfassend läßt sich folgendes sagen:

Andrzej Przylebski, Poznan

Der Rickertsche Ontologieversuch bedeutet keinen Bruch mit seinen früheren Konzeptionen. Er ist eher seine Weiterführung und Entwicklung. Man sieht es evident in seiner Hartmann-Kritik. Anderseits ist es wirklich ein ontologischer Versuch, indem Rickert bei der Auffassung festhält, dass der Gegenstand mit der Wahrheit von ihm oder über ihn nicht identisch ist. Die Heideggersche Umkehrung in die Richtung einer pragmatisch und existentiell orientierten Ontologie blieb ihm verschlossen. In der völlig misslungenen Analyse des Heideggerschen Verständnisses des Nichts ist es besonders offensichtlich. Viel näher scheint ihm die Ontologie Hartmanns, trotz ihres unkritischen Ansatztes, zu sein. Die ontologische Wende in der Philosophie Rickerts war idealistisch und entsprach seiner in den früheren Jahren entwickelten Immanenzlehre, die - der Kant-Fichteanischen Tradition getreu - keinen Anlass gesehen hat, das Ansichseiende als vollkommen Selbstständige und Gegenständliche zugleich in die Philosophie annehmen zu müssen.